Mayer

EUROPA-FACHBUCHREIHE
für elektrotechnische Berufe

Fachkunde
Elektrotechnik

D1729677

15., neubearbeitete Auflage

Bearbeitet von Lehrern an beruflichen Schulen und von Ingenieuren
(siehe Rückseite)

Lektorat: Professor Dr. Günter Springer

VERLAG EUROPA-LEHRMITTEL · Nourney, Vollmer & Co., OHG
KLEINER WERTH 50 · POSTFACH 201815 · 5600 WUPPERTAL 2

Europa-Nr.: 30138

Autoren der Fachkunde Elektrotechnik:

Häberle, Heinz	Dipl.-Gwl., Oberstudiendirektor, VDE	Friedrichshafen
Kusterer, Horst	Ing. (grad.), Gewerbeschulrat, VDE, VDI	Reutlingen
Rinn, Hans	Dipl.-Gwl., Studienprofessor	Reutlingen
Schwarz, Hans Albrecht	Dipl.-Ing., Professor	Ludwigsburg
Springer, Günter	Dr., Dipl.-Gwl., Professor	Stuttgart
Stricker, Frank-Dieter	Dipl.-Gwl., Oberstudiendirektor	Freudenstadt
Theuner, Siegfried	Ing. (grad.), Studiendirektor	Schweinfurt
Wilde, Franz	Gewerbefachlehrer, Elektromaschinenbau-Meister	Schongau

Leitung des Arbeitskreises und Lektorat:
Professor Dr. Günter Springer

Bildbearbeitung:
Zeichenbüro des Verlags Europa-Lehrmittel, Stuttgart

ISBN 3-8085-3015-4

Aus dem Vorwort zur 13. Auflage

Die FACHKUNDE ELEKTROTECHNIK möchte auch in der vorliegenden Neubearbeitung den Auszubildenden der elektrotechnischen Berufe helfen, in das interessante, aber abstrakte Gebiet der Elektrotechnik und in die Grundlagen der Elektronik einzudringen.

Das Buch wurde didaktisch und methodisch neu gestaltet und auf den gegenwärtigen Stand der Technik gebracht. Der Umfang wurde erweitert und zum Teil vertieft. An neuen Inhalten wurden aufgenommen: Schaltungstechnik, Blitzschutz, Antennentechnik und Verbindungstechniken. Erweitert sind die Kapitel Grundbegriffe der Elektrotechnik, elektrisches Feld, Elektrogeräte und Grundlagen der Elektronik. Als Ergänzung zur Fachkunde enthält das Buch eine Werkstoffkunde für die elektrotechnischen Berufe einschließlich der zum Verständnis erforderlichen physikalischen und chemischen Grundlagen.

Im vorliegenden Buch sind die gültigen VDE-Bestimmungen und DIN-Normen berücksichtigt und dort, wo es erforderlich erscheint, auch zitiert. Sind für dasselbe Betriebsmittel nach Norm verschiedene Schaltzeichen zulässig, z. B. bei der Darstellung der Induktivität (Bild 164/3), wurde nach der erkennbaren Entwicklung verfahren und jeweils die methodisch sinnvolle Darstellung gewählt.

Wie auch bei den vorausgegangenen Auflagen wurden Bilder eingesetzt, die Funktionen und elektrotechnische Zusammenhänge deutlich machen. Die in den Bildern verwendeten Farben entsprechen methodischen und didaktischen Gesichtspunkten.

Der FACHKUNDE ELEKTROTECHNIK ist eine große Zahl von Versuchen zugrunde gelegt. Viele Erkenntnisse sind aus einfachen Versuchen hergeleitet. Alle Versuche sind genau beschrieben, erprobt und, wo vertretbar, auch dimensioniert. Um den Realitätsbezug nicht zu verlieren, wurde es für notwendig gehalten, wichtige Versuche mit Netzspannung durchzuführen. Aus Sicherheitsgründen ist in diesen Fällen ein Trenntransformator oder ein Fehlerstromschutzschalter mit dem Auslösestrom 30 mA vorzuschalten.

Um die Übersicht zu fördern und die Wiederholung zu erleichtern, sind in den Lehrtext Merksätze in Rotdruck eingefügt; Formeln sind durch einen roten Rahmen hervorgehoben. Die Wiederholungsfragen am Ende der einzelnen Abschnitte lassen sich aus dem vorausgegangenen Text beantworten. Durch diese Fragen soll das gründliche Durcharbeiten des Lehrtextes kontrolliert werden.

Das Buch wurde so konzipiert, daß die meisten Kapitel in unterschiedlicher Reihenfolge behandelt werden können. Dadurch ist eine Anpassung an den jeweils verbindlichen Lehrplan möglich und der Lehrer erhält Freiheit bei der Gestaltung des Unterrichts.

Für die FACHKUNDE ELEKTROTECHNIK wurde auch in der 13. Auflage die bewährte einbändige Form beibehalten. Damit wird das ständige Wiederholen und das Verknüpfen des Unterrichtsstoffs mit früher behandelten Teilgebieten erleichtert. Außerdem bleiben die Anschaffungskosten in den Grenzen, die für ein elektrotechnisches Unterrichtswerk vertretbar sind.

Die FACHKUNDE ELEKTROTECHNIK wird ergänzt durch andere Bücher der EUROPA-Fachbuchreihe, für elektrotechnische Berufe, z. B. durch das Rechenbuch Elektrotechnik, Formelsammlung für Elektrotechniker, Tabellenbuch Elektrotechnik, Prüfungsbuch Elektrotechnik und Fachzeichnen.

Das Buch eignet sich für die Ausbildung der Elektroberufe der Richtung Energietechnik im dualen System in Handwerk und Industrie, in Berufsschulen, Berufsfachschulen und Fachschulen sowie im Berufsgrundbildungsjahr. Es orientiert sich an den Berufsbildern der energietechnischen Berufe, ist also in erster Linie für Elektroinstallateure, Elektroanlageninstallateure, Energieanlagenelektroniker, Energiegeräteelektroniker, Elektromechaniker, Elektrogerätemechaniker und Elektromaschinenbauer gedacht. Den Anwärtern auf die Meisterprüfung und die Technikerprüfung wird das Buch ebenso zuverlässiges Fachwissen vermitteln wie den Schülern Technischer Gymnasien und Berufsoberschulen sowie den Praktikanten für das Ingenieurstudium.

Für Verbesserungsvorschläge sind Autoren und Verlag dankbar.

Vorwort zur 15. Auflage

Die vorliegende Auflage wurde überarbeitet und entspricht bezüglich der Normen und VDE-Bestimmungen dem neuesten Stand. Dies betrifft z. B. den Blitzschutz, das Errichten von Leuchtröhrenanlagen, insbesondere jedoch die Schutzmaßnahmen nach VDE 0100 Teil 410 (Schutz gegen gefährliche Körperströme) sowie nach Teil 540 (Erdung, Schutzleiter und Potentialausgleich).

Januar 1984

Inhaltsverzeichnis

2. Teil: Werkstoffkunde

1 Grundbegriffe der Elektrotechnik

Die Elektrizität ist eine Form der Energie, wie Wärme, Licht, mechanische Energie oder chemische Energie. Elektrizität ist die hochwertigste Energieform. Elektrische Energie hat gegenüber anderen Energieformen auch wesentliche Vorteile:

Elektrische Energie kann *leicht transportiert* werden. Kraftwerke versorgen durch Übertragungsleitungen weite Gebiete.

Elektrische Energie läßt sich *einfach in andere Energieformen umwandeln*, z. B. in Wärme, Licht oder mechanische Energie. Sie wird deshalb im Haushalt, im Handwerk und in der Industrie bevorzugt verwendet.

Der Verbrauch elektrischer Energie nimmt immer mehr zu **(Bild 9/1)**. Er verdoppelt sich etwa alle 10 Jahre. Der Zuwachs war in den letzten Jahren zwar nicht mehr so groß, ohne einschneidende Sparmaßnahmen muß man aber in Zukunft mit einer Erhöhung von jährlich 5% rechnen.

Wie stark unsere moderne Welt von der Elektrizität bestimmt ist, wird deutlich, wenn elektrische Geräte und Anlagen einmal ausfallen. Bleibt der „Strom" weg, dann steht z. B. ein Haushalt mit seiner Beleuchtung, seinem Kühlschrank, Tiefkühltruhe, Elektroherd, Waschmaschine, Küchenmaschine usw. still.

In einem Industriebetrieb kommt bei Ausfall der Stromversorgung die ganze Produktion zum Stillstand.

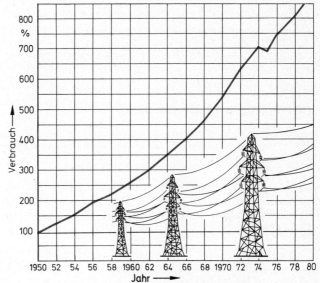

Bild 9/1: Verbrauch elektrischer Energie in der Bundesrepublik Deutschland

1.1 Elektrischer Stromkreis

1.1.1 Bestandteile und Aufbau

Verbraucher

Elektrische Energie kann auf viele Arten nutzbar gemacht werden. So liefert z. B. die Glühlampe Licht, der Tauchsieder Wärme; Elektromotoren treiben Maschinen.

Glühlampen, Tauchsieder, Bügeleisen, Heizkissen, Leuchtstofflampen und Elektromotoren, aber auch Rundfunk- und Fernsehgeräte nennt man *elektrische Verbrauchsmittel* oder kurz *elektrische Verbraucher*.

Aufbau des Stromkreises

Elektrische Energie kann z. B. von einem Generator oder von einer Batterie geliefert werden.

Versuch 9/1: Schließen Sie eine 4-V-Glühlampe mit zwei blanken Kupferdrähten an eine Taschenlampenbatterie an **(Bild 10/1)**!
Die Lampe leuchtet nur auf, wenn sie über die beiden Drähte mit den Kontaktfedern (Anschlußklemmen) der Batterie verbunden ist.

Die Ursache für das Aufleuchten der Lampe ist der *elektrische Strom*. Er fließt von der Batterie durch den einen Draht zum Fußkontakt der Lampe, durch den Glühfaden hindurch zum Lampengewinde und durch den anderen Draht zur Batterie zurück.

Der elektrische Strom wird von der Taschenlampenbatterie geliefert. Sie ist in diesem Versuch der *Erzeuger*.

Der elektrische Strom fließt über einen geschlossenen Weg, den man *Stromkreis* nennt. Der Strom fließt vom Erzeuger zum Verbraucher, durch den Verbraucher wieder zurück zum Erzeuger und durch den Erzeuger hindurch. Als äußeren Stromkreis bezeichnet man den Weg durch Hinleitung, Verbraucher und Rückleitung, als inneren Stromkreis den Weg durch den Erzeuger.

Elektrischer Strom fließt nur im geschlossenen Stromkreis.

Ein elektrischer Stromkreis besteht mindestens aus Erzeuger (Batterie oder Generator), Hin- und Rückleitung und Verbraucher.

Bild 10/1: Einfacher Stromkreis

Unterbrechen des Stromkreises

Versuch 10/1: Fügen Sie an beliebiger Stelle im Stromkreis von Versuch 9/1 einen Schalter ein **(Bild 10/2)**! Schließen und öffnen Sie den Schalter!

Die Lampe leuchtet nur, wenn der Schalter geschlossen ist.

Einen Verbraucher muß man in Betrieb nehmen und wieder abschalten können. Deshalb ist es üblich, in die Leitung einen Schalter einzubauen, mit dem man den Stromkreis schließen und öffnen kann.

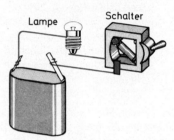

Bild 10/2: Stromkreis mit Schalter

Leiter und Isolierstoffe

Versuch 10/2: Fügen Sie in den Stromkreis von Versuch 9/1 nacheinander Stäbe aus Kupfer, Aluminium, Eisen, Kohle, Glas, Kunststoff und Porzellan ein **(Bild 10/3)**!

Nur bei den Stäben aus Metallen und beim Kohlestab leuchtet die Lampe.

Versuch 10/3: Bauen Sie einen Stromkreis auf, bei dem der elektrische Strom durch eine Flüssigkeit fließen kann **(Bild 10/4)**! Halten Sie die beiden Drahtenden A und B in gereinigtes (destilliertes) Wasser, und geben Sie später etwas Kochsalz hinzu!

Bei gereinigtem Wasser bleibt die Glühlampe dunkel. Dagegen leuchtet sie nach dem Auflösen des Kochsalzes auf.

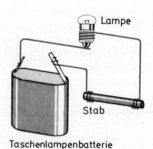

Bild 10/3: Leiter und Isolierstoffe im Stromkreis

In ihrer Fähigkeit, den elektrischen Strom zu leiten, zeigen die verschiedenen Stoffe große Unterschiede. Stoffe, die den elektrischen Strom gut leiten, wie Kupfer, Aluminium oder andere Metalle, verwendet man als *Leiter*. Stoffe, die den elektrischen Strom sehr schlecht leiten, wie Luft, Gummi, Glas oder Kunststoffe, werden als *Isolierstoffe* benutzt. Man nennt Isolierstoffe auch *Nichtleiter*.

Stoffe, deren elektrische Leitfähigkeit zwischen der von Leitern und der von Isolierstoffen steht, bezeichnet man als *Halbleiter* (Seite 302). Sie werden für Bauelemente der Elektronik verwendet.

Leiter sind alle Metalle, Kohle, feuchte Erde und manche Flüssigkeiten.

Isolierstoffe sind z. B. Luft, Gummi, Glas, Porzellan, Kunststoffe.

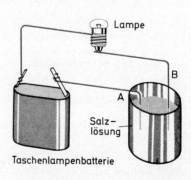

Bild 10/4: Salzlösung als Leiter

Schaltzeichen

Um einen Stromkreis möglichst einfach zeichnen zu können, verwendet man für die Darstellung der Schaltelemente genormte Sinnbilder, die man *Schaltzeichen* nennt (**Tabelle 11/1**).

In einem Schaltplan werden elektrische Einrichtungen durch Schaltzeichen dargestellt (**Bild 11/1**).

Wiederholungsfragen

1. Aus welchen Teilen besteht ein Stromkreis?
2. Unter welcher Bedingung fließt im Stromkreis ein elektrischer Strom?
3. Welche Aufgabe hat der Schalter in einem Stromkreis?
4. In welche drei Gruppen kann man alle Stoffe nach ihrem elektrischen Verhalten einteilen?
5. Welche Stoffe sind elektrische Leiter?
6. Nennen Sie einige Isolierstoffe!

Tabelle 11/1:	Schaltzeichen	
Benennung	Bild	Schaltzeichen
Leitung		—
Leitungs-kreuzung		+
Leitende Verbindung		+
Batterie		⊣⊢
Glühlampe		⊗
Schalter		ohne · mit Darstellung der Verbindungsstellen

1.1.2 Wirkungen des elektrischen Stromes

Bei den Versuchen 9/1 bis 10/3 wurde das Fließen des Stromes durch das Leuchten einer Glühlampe nachgewiesen. Den elektrischen Strom selbst kann man nicht sehen. Nur an den verschiedenen Wirkungen läßt sich feststellen, ob ein elektrischer Strom fließt. Auch zum Messen des Stromes nutzt man eine Stromwirkung aus.

Den elektrischen Strom erkennt man nur an seinen Wirkungen.

Wärme-Wirkung

Versuch 11/1: Spannen Sie zwischen zwei Klemmen einen Eisen- oder Konstantandraht mit etwa 0,3 mm Durchmesser aus (**Bild 11/2**), und schließen Sie die Drahtenden an einen Stelltransformator an! Steigern Sie langsam den Strom!

Der Draht erwärmt sich, glüht und schmilzt schließlich durch.

Versuch 11/2: Spannen Sie zwischen Standklemmen einen etwa 50 cm langen, möglichst dünnen Aluminiumdraht aus! Schließen Sie die Drahtenden an einen Erzeuger an, z. B. an Bleiakkumulatoren oder an einen einstellbaren Versuchstransformator! Steigern Sie langsam den Strom!

Der Aluminiumdraht erhitzt sich bis zur hellen Weißglut. Dabei wird er zu einer Röhre aus Aluminiumoxid, gefüllt mit einer weißglühenden, flüssigen Aluminiumschmelze. Schließlich explodiert der Draht, weil das Aluminium verdampft und die Aluminiumoxidhülle sprengt.

(Vorsicht! Dieser Versuch muß auf feuerfester Unterlage hinter einer Schutzglasscheibe durchgeführt werden.)

Der elektrische Strom erwärmt jeden Leiter.

Die Wärmewirkung des elektrischen Stromes wird ausgenützt z. B. bei elektrischen Bügeleisen, Heizöfen, Kochplatten, Herden, Tauchsiedern, Heißwassergeräten, Heizkissen, Lötkolben, Schmelzsicherungen, Trockenöfen, Härteöfen und Schmelzöfen.

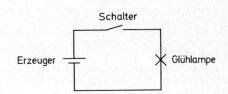

Bild 11/1:
Schaltplan des Stromkreises von Bild 10/2

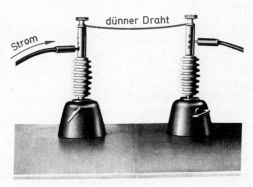

Bild 11/2:
Wärme-Wirkung des elektrischen Stromes

Licht-Wirkung

In der Glühlampe erhitzt der elektrische Strom einen dünnen Draht aus Wolfram so stark, bis dieser glüht und dadurch Licht aussendet.

Korb-
glimmlampe

Versuch 12/1: Schließen Sie eine Bienenkorb-Glimmlampe an eine Steckdose (220 V ~) an **(Bild 12/1)**!

Die Glimmlampe leuchtet. In der Lampe leuchten die Wendeln selbst nicht. Die Lichtwirkung tritt erst in einigem Abstand von den Wendeln auf. Die leuchtende Glimmlampe erwärmt sich dabei kaum.

Die Glimmlampe enthält Gas mit geringem Druck. Der elektrische Strom bringt das Gas in der Lampe zum Leuchten, erwärmt es aber nur wenig.

Bild 12/1: Licht-Wirkung des elektrischen Stromes

Die Lichtwirkung des elektrischen Stromes wird z. B. bei Glimmlampen, Leuchtröhren und Leuchtstofflampen ausgenützt.

Bei Glühlampen entsteht aus elektrischer Energie vorwiegend Wärme, und zwar werden etwa 95% der elektrischen Energie in Wärme umgewandelt und nur rund 5% in Licht.

Leuchtstofflampen verwerten die elektrische Energie etwas besser. Sie formen etwa 20% der elektrischen Energie in Licht um, 80% sind Wärmeverluste.

Magnetische Wirkung

Versuch 12/2: Schließen Sie eine Spule aus Kupferdraht an die Klemmen eines Akkumulators für 6 V oder 12 V an **(Bild 12/2)**, und halten Sie die Spule über kleine Eisenteile, wie Nägel oder Büroklammern!

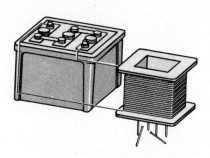

Bild 12/2: Magnetische Wirkung des elektrischen Stromes

Sobald Strom durch die Spule fließt, werden die Eisenteile angezogen.

Eine stromdurchflossene Spule zieht Eisen wie ein Magnet an.

Versuch 12/3: Spannen Sie zwischen zwei Klemmen einen Kupferdraht in Nord-Süd-Richtung aus, und schließen Sie die Drahtenden über einen Schalter an einen Akkumulator mit etwa 2 V (oder an eine Zelle einer Akkumulatorenbatterie) an! Bringen Sie dicht unter dem Draht eine drehbar gelagerte Kompaßnadel an! Schließen und öffnen Sie den Schalter!

Die Kompaßnadel stellt sich in Nord-Süd-Richtung ein, wenn kein Strom durch den Draht fließt. Sie wird beim Fließen des Stromes von dieser Richtung abgelenkt.

Jeder elektrische Strom zeigt in seiner Umgebung eine magnetische Wirkung.

Die Spule und der ausgespannte Draht erwärmen sich beim Stromdurchgang. Diese Wärme ist eine unerwünschte Nebenwirkung.

+

O_2

$2H_2$

Akkumulator   Salzlösung

Bild 12/3: Chemische Wirkung des elektrischen Stromes

Die magnetische Wirkung wird nutzbar gemacht z. B. bei Elektromagneten, Elektromotoren, elektromagnetisch betätigten Schaltern (Schütze und Relais), bei Meßinstrumenten, Klingeln, Telefonhörern (Handapparate), Lautsprechern und Mikrofonen.

Chemische Wirkung

Versuch 12/4: Schließen Sie zwei Drähte an einen Akkumulator von z. B. 6 V an, und tauchen Sie die beiden blanken Enden in ein Gefäß mit Wasser **(Bild 12/3)**, dem etwas Schwefelsäure oder Natriumsulfat (Glaubersalz) zugesetzt ist!

An den Drahtenden bilden sich Gasblasen. Das Wasser wird in seine Bestandteile Wasserstoff und Sauerstoff zerlegt.

Der elektrische Strom zerlegt leitende, nichtmetallische Flüssigkeiten. Man nennt diesen Vorgang *Elektrolyse* (Seite 134). Als unerwünschte Nebenwirkung erwärmt der Strom die Flüssigkeit.

Anwendungsbeispiele: Elektrolyse zur Gewinnung von Metallen und Chemikalien, Galvanisieren (Herstellen metallischer Überzüge, z. B. Vernickeln), Ladevorgang beim Akkumulator.

Wirkung auf Lebewesen (physiologische* Wirkung)

Versuch 13/1: Berühren Sie die beiden Klemmen einer Taschenlampenbatterie mit der Zunge!

Man spürt ein leichtes Zucken.

Der Strom „elektrisiert". Beim Berühren blanker elektrischer Leitungen kann durch den menschlichen Körper ein Strom fließen. Man erhält dabei einen „elektrischen Schlag".

Die physiologische Wirkung des elektrischen Stromes wird nutzbringend in der Elektromedizin verwendet. Bei elektrischen Weidezäunen und Viehbetäubungsgeräten wird ebenfalls die physiologische Wirkung ausgenutzt.

Schutz vor Gefahren des elektrischen Stromes Seite 33.

Wiederholungsfragen

1. Nennen Sie die Wirkungen des elektrischen Stromes!
2. Welche Stromwirkung wird bei der Glimmlampe ausgenutzt?
3. Zählen Sie einige technische Anwendungen der magnetischen Wirkung des elektrischen Stromes auf!
4. Welche Stromwirkung tritt meist als unerwünschte Nebenwirkung auf?
5. Bei welchen technischen Verfahren wird die chemische Wirkung des Stromes ausgenutzt?
6. Ordnen Sie folgende elektrischen Verbraucher nach den einzelnen Stromwirkungen: Glimmlampe, Schmelzsicherung, Elektromagnet, elektrischer Schmelzofen, galvanisches Bad, Lötkolben, Relais, Leuchtstofflampe, Tauchsieder, elektrische Klingel, Akkumulator (beim Laden)!

1.2 Aufbau der Stoffe

Vom elektrischen Strom sind nur seine Wirkungen sichtbar oder spürbar. Das elektrische Geschehen spielt sich im Bereich des atomaren Aufbaus ab. Um es zu verstehen, muß man wissen, wie die Materie (der Stoff) aufgebaut ist.

1.2.1 Chemische Grundlagen

Chemische Reaktionen

Vermischt man verschiedene Stoffe, z.B. Eisenpulver und Schwefelpulver, so entsteht ein *Gemenge* (eine Mischung) dieser Stoffe. Dieses Gemenge kann man wieder in seine Bestandteile zerlegen. Hierzu nützt man die unterschiedlichen Eigenschaften der Gemengebestandteile aus. So läßt sich z.B. ein Eisen-Schwefel-Gemenge mit einem Magneten trennen (Eisen ist magnetisierbar, Schwefel nicht). Oder man schlämmt das Gemenge in Wasser auf, d.h. man versetzt das Gemenge mit Wasser, rührt um und läßt absetzen (Schwefel hat eine wesentlich geringere Dichte als Eisen).

In einem Gemenge bleiben die Eigenschaften der Bestandteile erhalten.

Erhitzt man dagegen ein Gemenge von Eisen- und Schwefelpulver (Masseverhältnis 7:4), so glüht das Gemenge auf. Auch nach Entfernen der Flamme setzt sich das Glühen durch die ganze Stoffmenge fort. Nach dem Erkalten bleibt ein blauschwarzer Stoff zurück, der weder die Eigenschaften von Eisen noch die von Schwefel besitzt. Der neue Stoff ist unmagnetisch, er sinkt im Wasser unzerlegt zu Boden. Es ist eine *chemische Verbindung* aus Eisen und Schwefel entstanden, Eisensulfid genannt.

Bei einer chemischen Reaktion ändern sich die Stoffe. Neue Stoffe mit anderen Eigenschaften entstehen.

Bei einer *chemischen Reaktion* kann aus mehreren Stoffen ein neuer Stoff entstehen, oder ein Stoff wird in einfachere Stoffe zerlegt.

Bei einer Synthese (Stoffaufbau) entsteht eine chemische Verbindung aus mehreren, einfacheren Stoffen.

Beispiel: Eisen + Schwefel → Eisensulfid

Durch *Synthese* können eine Reihe von Stoffen, die aus Naturprodukten gewonnen wurden, auch künstlich hergestellt werden, z.B. Gummi. Es können auch völlig neue Stoffe erzeugt werden mit Eigenschaften, die ähnliche Naturprodukte nicht besitzen, z.B. Kunststoffe wie Phenolharz, Polystyrol, Polyamid.

* Physiologie = Wissenschaft von den Erscheinungen und Vorgängen im Körper von Lebewesen

Erhitzt man eine kleine Menge roten Quecksilberoxids in einem Reagenzglas **(Bild 14/1)**, so schlägt sich am oberen, kalten Ende des Glases Quecksilber nieder. Außerdem entsteht ein farbloses und geruchloses Gas, das einen glühenden Span zum Aufflammen bringt. Dieses Gas ist Sauerstoff. Die chemische Verbindung Quecksilberoxid ist durch Erhitzen in ihre Bestandteile Quecksilber und Sauerstoff zerlegt worden.

Bei diesem Versuch entsteht der sehr giftige Quecksilberdampf. Deshalb ist darauf zu achten, daß aus der Versuchsanordnung kein Gas entweicht.

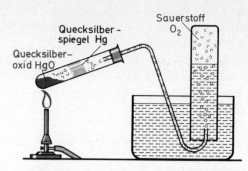

Bild 14/1: Zerlegung von Quecksilberoxid

Das Zerlegen einer chemischen Verbindung nennt man Analyse.

Beispiel:
Quecksilberoxid → Quecksilber + Sauerstoff

Durch Erhitzen lassen sich nur wenige chemische Verbindungen in ihre Bestandteile zerlegen. Oft sind weitere chemische Reaktionen oder eine Elektrolyse dazu nötig.

Grundstoffe (Chemische Elemente)

Stoffe, die sich durch chemische Analyse nicht weiter zerlegen lassen, nennt man Grundstoffe oder *chemische Elemente*. Es gibt 92 natürliche Elemente, außerdem zur Zeit 12 durch künstliche Atomkern-Umwandlung entstehende sogenannte Transurane*.

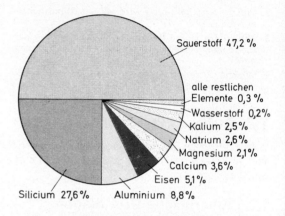

Bild 14/2: Anteil der Grundstoffe an den Stoffen der Erdrinde in Masse-Prozent

Die Elemente werden eingeteilt in:

1. **Metalle,** z.B. Eisen, Kupfer, Zink, Zinn, Blei, Silber, Gold; Natrium, Kalium (Alkalimetalle); Magnesium, Calcium (Erdalkalimetalle).

2. **Nichtmetalle,** z.B. Wasserstoff, Sauerstoff, Stickstoff, Chlor, Schwefel, Kohlenstoff, Phosphor.

Der prozentuale Anteil der Grundstoffe an den Stoffen der Erdrinde ist sehr unterschiedlich **(Bild 14/2)**.

Die Grundstoffe haben Kurzbezeichnungen (Symbole, *chemische Zeichen*), die meist von ihren lateinischen Namen abgeleitet sind, z.B. Blei Pb von Plumbum, Eisen Fe von Ferrum, Sauerstoff O von Oxygenium.

Chemische Zeichen der wichtigsten Grundstoffe siehe Tabellenbuch Elektrotechnik.

Atome und Moleküle

Das kleinste chemisch einheitliche Teilchen eines Grundstoffes ist das *Atom***. Es kann durch chemische Vorgänge nicht in kleinere Teile zerlegt werden.

Grundstoffe bestehen nur aus gleichartigen Atomen.

Viele chemische Verbindungen haben als kleinste Teilchen *Moleküle****. Das Molekül einer chemischen Verbindung ist das kleinste Teilchen, das noch die Eigenschaften der Verbindung hat. Es besteht aus den Atomen der Grundstoffe, aus denen die Verbindung entstanden ist.

Chemische Verbindungen enthalten verschiedenartige Atome.

* Diese Elemente stehen im Periodensystem trans, d.h. jenseits, des Elements Uran
** atomos (griech.) = unteilbar
*** molecula (lat.) = kleine Masse

14

Um die *chemische Formel* einer chemischen Verbindung zu bilden, setzt man die chemischen Zeichen der Grundstoffe, aus denen die Verbindung besteht, nebeneinander. Sind von einem Grundstoff mehrere Atome vorhanden, so wird das durch eine kleine Ziffer rechts unten am chemischen Zeichen angegeben.

Wasser hat die Formel H_2O. Ein Wassermolekül besteht also aus zwei Atomen Wasserstoff und einem Atom Sauerstoff. Eisensulfid hat die chemische Formel FeS.

Die meisten gasförmigen Grundstoffe bestehen ebenfalls aus Molekülen, z.B. Wasserstoff aus H_2-Molekülen (je zwei miteinander verbundene Wasserstoffatome), Sauerstoff aus O_2- oder Ozon aus O_3-Molekülen.

1.2.2 Atombau

Elektrische Ladungen

Versuch 15/1: Reiben Sie einen Stab aus Kunststoff mit einem Wolltuch, und bringen Sie ihn in die Nähe von kleinen Papierschnitzeln!
Der geriebene Kunststoffstab zieht Papierschnitzel an.

Auch Stäbe aus Glas, Hartgummi und anderen Isolierstoffen ziehen nach dem Reiben mit einem Tuch kleine, leichte Teile wie Papierschnitzel, Watte, Holundermark, Haare u. ä. an. Durch das Reiben der Stäbe werden Kräfte wirksam. Die Ursachen dieser Kräfte sind *elektrische Ladungen.*

Durch Reiben entstehen elektrische Ladungen.

Versuch 15/2: Reiben Sie mit dem Wolltuch einen Stab aus Hartgummi, der an einem dünnen Faden aufgehängt ist! Bringen Sie einen zweiten geriebenen Hartgummistab in seine Nähe **(Bild 15/1)!**
Der drehbar aufgehängte Stab wird abgestoßen.

Die Hartgummistäbe erhalten durch das Reiben mit dem Wolltuch elektrische Ladungen. Diese gleichartigen Ladungen stoßen sich ab.

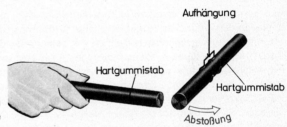

Bild 15/1: Abstoßung geriebener Hartgummistäbe

Versuch 15/3: Reiben Sie mit dem Wolltuch einen Glasstab, und hängen Sie ihn an einem dünnen Faden auf!
Bringen Sie einen zweiten geriebenen Glasstab in seine Nähe!
Der zweite geriebene Glasstab stößt den drehbar aufgehängten Glasstab ab.

Die gleichartigen elektrischen Ladungen der geriebenen Glasstäbe stoßen sich ebenfalls gegenseitig ab.

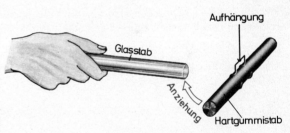

Versuch 15/4: Reiben Sie mit dem Wolltuch einen Hartgummistab und einen Glasstab!
Hängen Sie einen der geriebenen Stäbe an einem dünnen Faden auf, und nähern Sie den anderen Stab (Bild 15/2)!
Die Stäbe ziehen sich an.

Bild 15/2: Anziehung von geriebenem Hartgummi- und Glasstab

Die elektrische Ladung des geriebenen Hartgummistabs zieht die Ladung des geriebenen Glasstabs an.

Werden Hartgummistäbe mit dem Wolltuch gerieben, so erhalten sie gleichartige elektrische Ladungen und stoßen sich gegenseitig ab. Entsprechend tragen Glasstäbe nach dem Reiben unter sich dieselbe Ladungsart und stoßen sich ebenfalls ab.

Der geriebene Glasstab und der geriebene Hartgummistab ziehen sich an. Das zeigt, daß sie verschiedenartige Ladungen tragen.

Die Versuche zur Reibungselektrizität (Versuche 15/2, bis 15/4) gelingen besser, wenn man den Hartgummistab durch einen Polystyrol- oder PVC-Stab und den Glasstab durch einen Acrylglasstab ersetzt.

Gleichartige Ladungen stoßen sich ab. Ungleichartige Ladungen ziehen sich an.

Die beiden Ladungsarten werden als **positiv** (+) und **negativ** (−) bezeichnet.

Man hat festgelegt: Durch Reiben aufgeladenes Glas bzw. Acrylglas trägt positive Ladung, durch Reiben aufgeladenes Harz bzw. Polystyrol und aufgeladenes Hartgummi tragen negative Ladung.

Aufbau der Atome (Bohrsches Atommodell)

Der Durchmesser eines Atoms beträgt etwa $1/_{10000}$ µm. Jedes Atom hat einen *Kern*. Der Kerndurchmesser ist ungefähr 10000mal kleiner als der Durchmesser des ganzen Atoms. Um den Kern kreisen *Elektronen*. Das sind Elementarteilchen, die elektrisch geladen sind.

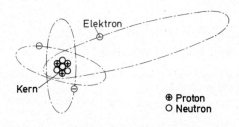

Elektronen kann man aus einem Metall durch Erwärmung freimachen und als Elektronenstrahl durch einen luftleer gepumpten Glaskolben treiben (Oszilloskopröhre, Fernsehbildröhre). Dieser Strahl wird von einem geriebenen Hartgummistab (negative Ladung) abgestoßen.

Jedes Elektron ist negativ geladen. Es trägt die kleinstmögliche Ladungsmenge (Elementarladung*).

Bild 16/1: Aufbau des Lithiumatoms

Die verschiedenen Grundstoffe unterscheiden sich durch ihren Atomaufbau. Lithium hat von allen Metallen den einfachsten Atombau **(Bild 16/1)**. Dieses Atom besitzt drei Elektronen. Sie umkreisen den Atomkern auf verschiedenen Bahnen mit sehr hoher Geschwindigkeit. Fliehkräfte würden sie aus dem Atom herausschleudern, wenn sich nicht Atomkern und Elektronen gegenseitig anziehen würden. Der Atomkern ist positiv geladen. Er besteht aus den Elementarteilchen *Protonen* und *Neutronen*. Jedes Proton hat eine positive Elementarladung. Die Neutronen besitzen die gleiche Masse wie die Protonen, haben aber keine Ladung. Sie sind elektrisch *neutral*. Ein Kernteilchen wiegt etwa 2000mal soviel wie ein Elektron. Deshalb ist fast die ganze Masse des Atoms im Atomkern vereinigt. Sind in einem Atom ebenso viele Protonen wie Elektronen vorhanden, so wirkt das Atom nach außen elektrisch neutral **(Bild 16/2)**. Der geschilderte Atomaufbau entspricht dem des „Bohrschen Atommodells". Dieses Modell veranschaulicht nur einen Teil der Wirklichkeit. Die Elektronenbahnen werden beim Bohrschen Atommodell der Einfachheit halber in einer Ebene dargestellt und als Kreisbahnen gezeichnet.

Protonen stoßen sich gegenseitig ab. Sind sie jedoch wie im Atomkern in Berührungsnähe und sind Neutronen dabei, so werden sie durch starke Kernkräfte zusammengehalten.

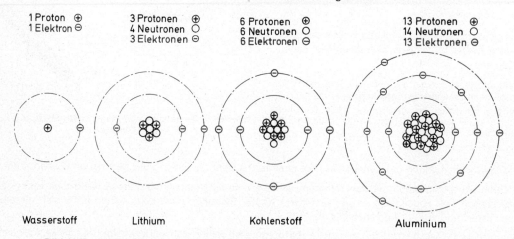

Bild 16/2: Aufbau einiger Atome, Darstellung der Elektronenschalen als Kreisbahnen

* Elementarladung $e = 0{,}16 \cdot 10^{-18}$ C $= 0{,}16$ aC („a" vor dem Einheitenzeichen C für Coulomb ist das Vorsatzzeichen „Atto" und bedeutet 10^{-18}. Siehe auch Seite 25).

Ein Atom besteht aus einem positiv geladenen Kern und aus negativen Elektronen, die den Kern umkreisen. Im Atomkern befinden sich Protonen und Neutronen.

Hat ein Atom ebenso viele Protonen wie Elektronen, so wirkt es nach außen elektrisch neutral.

Wiederholungsfragen

1. Woran erkennt man eine chemische Reaktion?
2. Was versteht man unter einer chemischen Verbindung?
3. Erklären Sie die Begriffe Synthese und Analyse!
4. Woran erkennt man einen Grundstoff?
5. Welche kleinsten Teilchen enthalten Grundstoffe?
6. Welcher Unterschied besteht zwischen chemischen Verbindungen und Grundstoffen?
7. Wie ist ein Molekül zusammengesetzt?

1.3 Elektrische Spannung

1.3.1 Trennen elektrischer Ladungen

Bei den Versuchen zur Reibungselektrizität (Versuche 15/2 bis 15/4) sind die Atome des Glasstabs bzw. des Hartgummistabs zunächst elektrisch neutral. Insgesamt ist die Zahl der negativen Elektronen ebenso groß wie die Zahl der positiven Protonen in den Atomkernen.

Reibt man den Glasstab (oder das Acrylglas) mit dem Wolltuch, so entfernt man dabei unter Arbeitsaufwand einige Elektronen von der Oberfläche des Stabes. Diese Elektronen bleiben auf dem Wolltuch hängen. Dem Glasstab fehlen somit Elektronen. Die Protonen sind jetzt in der Überzahl (Bild 17/1). Der Stab ist positiv geladen.

Positive Ladung bedeutet Elektronenmangel.

Reibt man den Hartgummistab (oder Polystyrol) mit dem Wolltuch, so bleiben vom Wolltuch einige Elektronen auf der Oberfläche des Hartgummistabs hängen. Der Hartgummistab enthält nach dem Reiben mehr Elektronen als Protonen (Bild 17/2). Der Stab ist negativ geladen.

Negative Ladung bedeutet Elektronenüberschuß.

In einem Erzeuger, z.B. in einer Batterie oder einem Generator, werden die positiven und negativen Ladungen, die in allen Stoffen enthalten sind, unter Energieaufwand voneinander getrennt.

Eine Klemme des Erzeugers hat dadurch Elektronenüberschuß: Sie ist elektrisch negativ. Die andere Klemme hat Elektronenmangel: Sie ist elektrisch positiv. Zum Trennen von Ladungen braucht man Energie.

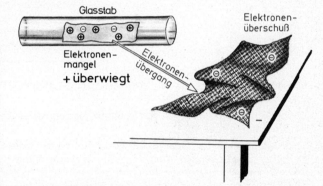

Bild 17/1: Entstehung der positiven Ladung auf dem Glasstab

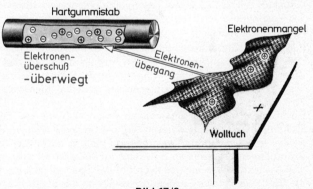

Bild 17/2:
Entstehung der negativen Ladung auf dem Hartgummistab

Die in den getrennten Ladungen gespeicherte Energie entspricht der elektrischen Spannung (Seite 25).

Im Erzeuger entsteht also Spannung. Man nennt ihn deshalb auch *Spannungserzeuger*. In einem Stromkreis kann nur ein Strom fließen, wenn im Stromkreis Spannung erzeugt wird.

Elektrischer Strom fließt nur, wenn Spannung vorhanden ist.

Die Spannung des Erzeugers ist die Ursache des Stromes und wird deshalb auch *Urspannung* genannt.

Elektrische Spannung tritt auf

a) zwischen Stellen mit Elektronenmangel und Elektronenüberschuß (zwischen positiver und negativer Ladung),

b) zwischen Stellen mit großem und kleinem Elektronenmangel,

c) zwischen Stellen mit großem und kleinem Elektronenüberschuß.

In manchen Schaltungen gibt man Spannungen an, die auf einen bestimmten Punkt, z. B. Masse oder Erde, bezogen sind. Die Spannung gegenüber einem solchen Punkt nennt man *Potential*.

1.3.2 Messen der Spannung

Die elektrische Spannung wird mit dem *Spannungsmesser* (Voltmeter) gemessen **(Bild 18/1)**.

Die elektrische Spannung (Formelzeichen U) hat die Einheit Volt (Einheitenzeichen V).

Als allgemeines Zeichen für die Einheit einer Größe wird das Formelzeichen in eckige Klammern gesetzt.

$[U]$* bedeutet also die Einheit der elektrischen Spannung: $[U] = V$

Gesetzliche Festlegung der Einheit Volt siehe Seite 25.

Umrechnung:

$1\,\text{Kilovolt} = 1\,\text{kV} = 1000\ \text{V}$

$1\,\text{Millivolt} = 1\,\text{mV} = \dfrac{1}{1000}\ \text{V}$

$1\,\text{Mikrovolt} = 1\,\mu\text{V} = \dfrac{1}{1000000}\ \text{V}$

Tabelle 18/1: Spannungserzeuger und Spannungen	
Spannungserzeuger	Nennspannung
Monozelle (Einzelzelle)	1,5 V
Taschenlampen-Batterie	$3 \cdot 1{,}5\ V = 4{,}5\ V$
Bleiakkumulator	2 V je Zelle
Gleichspannungsnetze	110 V, 220 V
Wechselspannungsnetze	220 V, 380 V

Die *Nennspannung* ist die auf dem elektrischen Betriebsmittel angegebene Spannung.

Die üblichen Nennspannungen von Spannungserzeugern sind zum Teil genormt **(Tabelle 18/1)**.

Zur Messung muß der Spannungsmesser an die zu messende Spannung angeschlossen sein. Spannung kann immer nur zwischen zwei verschiedenen Punkten bestehen, z. B. zwischen den Klemmen eines Erzeugers oder eines Verbrauchers. Man mißt die Verbraucherspannung durch Verbinden der Klemmen des Verbrauchers mit den Klemmen des Spannungsmessers **(Bild 18/2)**. Der Spannungsmesser liegt dann neben dem Verbraucher, also im *Nebenschluß* (parallel).

Zur Messung der elektrischen Spannung am Verbraucher schließt man den Spannungsmesser an die Anschlußklemmen des Verbrauchers an. Zur Messung der Spannung der Spannungserzeuger schließt man den Spannungsmesser an die Klemmen des Erzeugers an.

Damit die Zeiger der Spannungsmesser nicht in die falsche Richtung ausschlagen, müssen sie mit richtiger Polung angeschlossen werden (Bild 18/2), und zwar muß man die Plusklemme des Spannungsmessers an der Stelle im äußeren Stromkreis anschließen, die näher am positiven Pol der Spannungsquelle sitzt, die Minusklemme des Spannungsmessers an der Stelle, die näher am negativen Pol der Spannungsquelle liegt.

Weil der Spannungsmesser durch diesen Anschluß parallel geschaltet ist, fließt durch ihn ein elektrischer Strom, der die Anzeige bewirkt. Dieser Strom muß möglichst klein sein. Durch den Aufbau des Spannungsmessers, z. B. Drehspule mit vielen Windungen dünnen Drahtes (Seite 293) oder durch einen vorgeschalteten elektronischen Verstärker, wird versucht, die Belastung des Stromkreises durch die Spannungsmessung klein zu halten.

* $[U]$: sprich: Einheit von U

Schaltzeichen: ─⊙V⊙─

Bild 18/1: Spannungsmesser

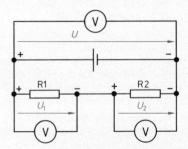

Bild 18/2: Spannungsmessung im Stromkreis

1.3.3 Arten der Spannungserzeugung

Bleibt bei einem Spannungserzeuger eine Klemme dauernd positiv und die andere dauernd negativ geladen, so liefert der Erzeuger Gleichspannung. Wechselt die Polarität der Klemmen ständig, so gibt der Erzeuger Wechselspannung ab.

Spannungserzeugung durch Induktion

Versuch 19/1: Schließen Sie eine Spule an einen Spannungsmesser mit Millivolt-Meßbereich (Drehspulinstrument mit Nullpunkt in Skalenmitte) an!

Bewegen Sie einen Dauermagneten in die Spule hinein und wieder aus der Spule heraus **(Bild 19/1)**!

Solange die Bewegung anhält, schlägt der Zeiger des Spannungsmessers aus. Beim Herausbewegen schlägt der Zeiger entgegengesetzt wie beim Hineinbewegen aus. Es entsteht eine Wechselspannung.

Wird ein Dauermagnet in einer Spule hin- und herbewegt, so entsteht in der Spule eine Wechselspannung.

Die Spannungserzeugung mit Hilfe des Magnetismus nennt man *Induktion**. In Generatoren (Fahrraddynamo, Lichtmaschine im Kraftfahrzeug, Generator im Kraftwerk) wird diese Art der Spannungserzeugung ausgenutzt (Induktion Seite 106).

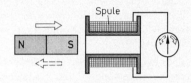

Bild 19/1: Spannungserzeugung durch Induktion

Spannungserzeugung durch chemische Wirkung

Versuch 19/2: Lösen Sie etwas Kochsalz in Leitungswasser auf! Stellen Sie zunächst zwei Kupferplatten in die Salzlösung! Schließen Sie einen Spannungsmesser (Meßbereich 3 V) an die Platten an! Ersetzen Sie die eine Kupferplatte durch eine Zinkplatte **(Bild 19/2)**!

Der Spannungsmesser zeigt nur eine Spannung an, wenn zwei verschiedene Metallplatten in der Flüssigkeit sind. Der Zeiger schlägt dabei nur in einer Richtung aus.

Zwischen zwei verschiedenen Leitern, die sich in einer leitenden Flüssigkeit befinden, entsteht eine Gleichspannung.

Einen derartigen Spannungserzeuger nennt man *galvanisches Element***. Galvanische Elemente verwendet man für Taschenlampenbatterien, Monozellen usw. (Galvanische Elemente Seite 137).

Auch in Akkumulatoren (Seite 142) wird Spannung durch chemische Wirkung erzeugt. In Brennstoffelementen wird chemische Energie ohne Umweg in elektrische Energie umgewandelt.

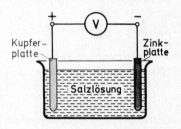

Bild 19/2: Spannungserzeugung durch chemische Wirkung

Spannungserzeugung durch Wärme

Versuch 19/3: Verbinden Sie einen Kupfer- und einen Konstantandraht an einem Ende z. B. durch Zusammendrillen oder Schweißen, und schließen Sie die beiden anderen Drahtenden an einen empfindlichen Spannungsmesser (Millivoltmeter) an **(Bild 19/3)**!

Erwärmen Sie die Verbindungsstelle der Drähte!

Solange die Verbindungsstelle warm ist, zeigt der Spannungsmesser eine Spannung an (bei 100 °C etwa 4 mV).

In der erwärmten Verbindungsstelle von zwei verschiedenen Metallen entsteht eine Gleichspannung. Einen derartigen Spannungserzeuger nennt man *Thermoelement****.

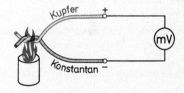

Bild 19/3: Spannungserzeugung durch Wärme (Thermoelement)

Durch die Erwärmung gehen infolge der Wärmebewegung besonders viele Elektronen vom Kupferdraht (viele freie Elektronen) auf den Konstantandraht (wenig freie Elektronen) über. Im Kupfer entsteht der positive Pol des Spannungserzeugers (Elektronenmangel), im Konstantan der negative Pol (Elektronenüberschuß). Man verwendet das Thermoelement meist zur Temperatur-Fernmessung (Seite 430). Thermoelemente lassen sich an schwer zugänglichen Stellen, z. B. in Öfen oder in Wicklungen, anbringen.

---

* inducere (lat.) = einführen
** Galvani: italienischer Naturforscher (1737 bis 1798)
*** thermos (griech.) = warm

Spannungserzeugung durch Licht

Versuch 20/1: Schließen Sie ein Foto-Element an einen Spannungsmesser (Millivoltmeter) an **(Bild 20/1)**! Beleuchten Sie das Foto-Element mit einer Glühlampe!

Bei Beleuchtung des Foto-Elements zeigt der Spannungsmesser eine Gleichspannung an.

Im Foto-Element* befindet sich z.B. eine Siliciumschicht auf einer Grundplatte. Das Silicium ist entweder mit einer lichtdurchlässigen, leitenden Schicht bedeckt oder direkt mit einem Kontaktring verbunden (Bild 20/1). Jedes Foto-Element hat im Innern der wirksamen Schicht (Silicium) eine Sperrzone, die nur in einer Richtung Elektronen durchläßt (Seite 314). Durch die Beleuchtung des Foto-Elements entstehen in der wirksamen Schicht freie Elektronen, die von einer Seite der Sperrzone auf die andere Seite gedrückt werden. An der Grundplatte bildet sich ein Elektronenmangel (positiver Pol), an der Deckschicht oder am Kontaktring ein Elektronenüberschuß (negativer Pol).

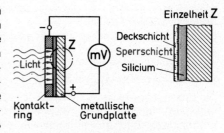

Bild 20/1: Spannungserzeugung durch Licht (Foto-Element)

Foto-Elemente werden für Belichtungsmesser, für elektronische Steuerungen und Regelungen sowie zur Stromversorgung von Satelliten verwendet.

Spannungserzeugung durch Kristallverformung (Piezo-Elektrizität)

Versuch 20/2: Schließen Sie einen Piezo-Kristall** an ein Verstärkervoltmeter an **(Bild 20/2)**!
Drücken Sie auf den Kristall!

Solange der Druck auf den Kristall ansteigt oder abnimmt, schlägt der Zeiger des Verstärkervoltmeters nach rechts oder nach links aus.

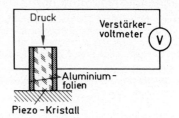

Bild 20/2: Piezo-Elektrizität

An zwei Flächen des gedrückten oder gezogenen Kristalls entstehen verschiedene elektrische Ladungen. Druckwechsel bewirkt Wechselspannung.

Die Kristalle von Quarz, Turmalin oder Seignettesalz haben ein Kristallgitter mit regelmäßig verteilten positiven und negativen Ladungen. Schneidet man aus einem solchen Kristall quer zur sogenannten elektrischen Achse ein Stück heraus, so gelangen an diesem Stück durch Druck oder Zug unterschiedliche Ladungen an zwei gegenüberliegende Oberflächen. Dort können sie durch leitende Beläge abgenommen werden (Bild 20/2).

Die Spannungserzeugung durch den sogenannten *piezoelektrischen Effekt* wird z.B. bei Kristall-Tonabnehmern von Plattenspielern und bei Kristall-Mikrofonen, bei Feuerzeugen oder zur Zündung der Flamme in Gasboilern ausgenutzt.

Spannungserzeugung durch Reibung

Durch Reiben von Isolierstoffen können elektrische Ladungen getrennt und damit Spannung erzeugt werden. Elektrische Spannung durch Reibung entsteht ungewollt z.B. bei Fahrzeugen, Flugzeugen, Papier und Kunststoffolien, Geweben aus Chemiefasern und bei Kunststofftreibriemen.

Wiederholungsfragen

1. Worauf beruht jede Spannungserzeugung?
2. Was versteht man unter elektrischer Spannung?
3. In welcher Einheit wird die elektrische Spannung gemessen?
4. Wie ist ein Spannungsmesser anzuschließen?
5. Beschreiben Sie die Spannungserzeugung durch Induktion!

6. Wie ist ein galvanisches Element aufgebaut?
7. Beschreiben Sie den Aufbau eines Thermoelements!
8. Welcher Spannungserzeuger erzeugt aus Licht elektrische Spannung?
9. Welche Spannungserzeuger nützen den piezoelektrischen Effekt aus!

---

* Foto aus dem griechischen „phos" = Licht, Helligkeit
** Piezo (sprich: pi-ezo) von piedein (griech.) = drücken

1.4 Elektrischer Strom

1.4.1 Elektrischer Strom in Metallen

In Metallen liegen die Atome dicht beieinander. Ein Elektron auf der Außenbahn eines Atoms kann an eine Stelle gelangen, die vom Kern des benachbarten Atoms ebensoweit entfernt ist wie vom eigenen Kern **(Bild 21/1)**. An dieser Stelle heben sich die Anziehungskräfte beider Atomkerne auf das Elektron auf. Innerhalb des Metalls ist dann dieses Elektron frei beweglich. Man nennt es ein *freies Elektron*. Gute Leiter, wie Silber und Kupfer, haben etwa ebenso viele freie Elektronen wie Atome.

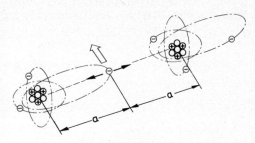

Bild 21/1:
Entstehung freier Elektronen in Metallen

Sobald im Metall ein freies Elektron entsteht, fehlt dem Atom, von dem es stammt, eine negative Elementarladung. Dadurch überwiegt bei diesem Atom die positive Ladung des Atomkerns. Aus dem Atom ist ein positives Ion geworden. Der ganze Leiter hat aber trotzdem ebenso viele Elektronen wie positive Elementarladungen. Er wirkt also nach außen elektrisch neutral **(Bild 21/2)**.

Metalle haben freie Elektronen, die im Innern des Leiters frei beweglich sind.

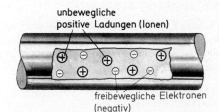

Bild 21/2: Freie Elektronen und positive Ladungen eines Leiters

Verbindet man die Enden eines Leiters (z. B. den Glühfaden einer Glühlampe) mit den Klemmen eines Spannungserzeugers, so drückt der Spannungserzeuger an der *negativen Klemme* freie Elektronen in den Leiter hinein. Diese Elektronen stoßen die benachbarten freien Elektronen im Leiter vor sich her, weil alle Elektronen negativ geladen sind und sich gegenseitig abstoßen. Im Leiter pflanzt sich der Stoß mit einer Geschwindigkeit von fast 300 000 km/s fort. Die letzten freien Elektronen am Ende des Leiters wandern zur *positiven Klemme* des Spannungserzeugers **(Bild 21/3)**. Der Spannungserzeuger drückt auf einer Seite so viele Elektronen in den Leiter hinein, wie er auf der anderen Seite absaugt. Die Zahl der freien Elektronen im Leiter bleibt also zu jeder Zeit gleich.

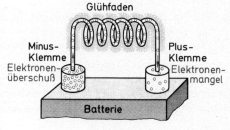

Bild 21/3:
Fortbewegung freier Elektronen im Leiter

Der elektrische Strom in Metallen ist die gerichtete Bewegung freier Elektronen.

Unter der elektrischen Stromstärke versteht man die in einer Sekunde durch den Querschnitt des Leiters bewegte Zahl elektrischer Ladungen.

Die freien Elektronen kommen bei ihrer Bewegung im Atomverband nur langsam vorwärts; sie bewegen sich je nach Stromstärke, Größe des Leiterquerschnitts und Leiterwerkstoff mit verschiedenen Geschwindigkeiten. Ihre Geschwindigkeit ist meist nicht größer als einige Millimeter je Sekunde. Jedoch leuchtet z. B. eine Glühlampe beim Einschalten sofort auf, weil sich alle freien Elektronen im Stromkreis beinahe gleichzeitig in Bewegung setzen.

1.4.2 Messen des Stromes

Das Messen des elektrischen Stromes kann man mit dem Messen eines Wasserstromes vergleichen. Beim Wasserstrom könnte man die Tropfen zählen, die in einer Sekunde durch den Rohrquerschnitt fließen. Die Einheit Tropfen je Sekunde wäre jedoch zu klein. Man verwendet die praktischere Einheit Liter je Sekunde. Den Wassertropfen entsprechen die freien Elektronen beim elektrischen Strom.

Die Einheit der elektrischen Stromstärke ist das Ampere*.

* Ampère: franz. Mathematiker und Physiker (1775 bis 1836)

Für die gesetzliche Festlegung der Einheit der elektrischen Stromstärke hat man die magnetische Wirkung des Stromes verwendet (DIN 1301 und 1357): Zwei parallele Leiter, die von elektrischem Strom durchflossen werden, üben eine Kraft aufeinander aus (Seite 88). Fließt durch zwei parallele Leiter, die einen Abstand von 1 m voneinander haben, eine Stromstärke von 1 Ampere, so tritt zwischen ihnen je Meter Leiterlänge eine Kraft von $2 \cdot 10^{-7}$ Newton auf.

Die elektrische Stromstärke (Formelzeichen I) mißt man in Ampere (Einheitszeichen A). $[I] = A$

1 **Kiloampere** $= 1\,kA = 1000 \quad A = 10^3\,A$

1 **Milliampere** $= 1\,mA = \dfrac{1}{1000} \quad A = 10^{-3}\,A$

1 **Mikroampere** $= 1\,\mu A = \dfrac{1}{1000000}\,A = 10^{-6}\,A$

Das Meßinstrument **(Bild 22/1)** zum Messen der elektrischen Stromstärke nennt man *Strommesser*.

Der Strom muß durch das Meßinstrument fließen. Zur Messung trennt man den Stromkreis auf und schaltet den Strommesser in die Leitung **(Bild 22/2)**. Der Strommesser liegt dann in Reihe mit dem Verbraucher.

Zum Messen der elektrischen Stromstärke muß der Strommesser in die Leitung geschaltet werden.

Schaltzeichen:

Bild 22/1: Strommesser

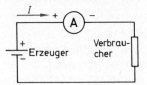

Bild 22/2: Strommessung in einem Stromkreis

1.4.3 Stromrichtung

Man hat die Stromrichtung im äußeren Stromkreis von der Plusklemme zur Minusklemme (von + nach −) festgelegt, bevor man Kenntnis von der Bewegung der freien Elektronen hatte **(Bild 22/3)**.

Die freien Elektronen bewegen sich jedoch in umgekehrter Richtung. Im äußeren Stromkreis drückt der Spannungserzeuger die freien Elektronen von der Klemme mit Elektronenüberschuß zur Klemme mit Elektronenmangel (Bild 22/3). Die Elektronen bewegen sich also im Verbraucher vom Minuspol zum Pluspol.

Der Spannungserzeuger pumpt in seinem Innern die Elektronen vom Pluspol zum Minuspol.

Stromrichtung:
Im Verbraucher fließt der Strom vom Pluspol zum Minuspol, im Erzeuger vom Minuspol zum Pluspol.

Richtung der Elektronenbewegung:
Im Verbraucher bewegen sich die Elektronen vom Minuspol zum Pluspol, im Erzeuger vom Pluspol zum Minuspol.

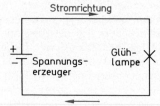

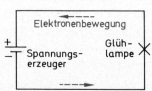

Bild 22/3: Stromrichtung und Richtung der Elektronenbewegung

1.4.4 Stromarten

Gleichstrom (Zeichen: −, zur besseren Unterscheidung ===)
Versuch 22/1: Schließen Sie einen Verbraucher, z. B. eine Glühlampe, über einen Strommesser (Drehspulinstrument) an eine Taschenlampenbatterie an! Messen Sie die Stromstärke in diesem Stromkreis!

Der Strommesser zeigt während der Messung einen gleichbleibenden Strom an **(Bild 22/4)**.

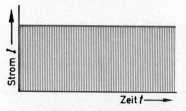

Bild 22/4: Strommessung im Gleichstromkreis

22

Die freien Elektronen bewegen sich immer nur in gleicher Richtung und bei gleichen Leiterquerschnitten auch mit gleichbleibender Geschwindigkeit. Einen solchen Strom nennt man *Gleichstrom*. Zeichnet man die Stromstärke in Abhängigkeit von der Zeit in einem Schaubild (Bild 22/4) auf, so ergibt sich eine gerade Linie parallel zur Zeitachse.

Gleichstrom ist ein elektrischer Strom, der immer nur in gleicher Richtung und mit gleicher Stärke fließt.

Wechselstrom (Zeichen: ∿)

Versuch 23/1: Schließen Sie eine Glühlampe über ein Drehspulinstrument (mit Nullstellung des Zeigers in der Mitte der Skala) an die Klemmen eines Fahrraddynamos an! Drehen Sie langsam den Läufer des Fahrraddynamos!
Der Zeiger des Strommessers schlägt abwechselnd nach rechts und nach links aus.

Die freien Elektronen bewegen sich hin und her, und zwar in beiden Richtungen gleich weit. Einen Strom dieser Art nennt man *Wechselstrom*. Zeichnet man den Strom abhängig von der Zeit in einem Schaubild **(Bild 23/1)** auf, so erhält man eine Wellenlinie.

Wechselstrom ist ein elektrischer Strom, der ständig seine Richtung und seine Stärke ändert.

Mischstrom (Zeichen: ∿)

Wenn sich in einem Stromkreis gleichzeitig eine Gleichspannung und eine Wechselspannung auswirken, so fließt ein *Mischstrom* **(Bild 23/2)**.

Bei einem Mischstrom wie in Bild 23/2 bewegen sich die freien Elektronen alle in einer Richtung; sie bewegen sich aber einmal langsamer und einmal schneller.

Ist der Wechselstromanteil größer als der Gleichstromanteil, so bewegen sich die Elektronen in beiden Richtungen, jedoch in einer Richtung weiter als in der anderen. Die Kurve verläuft in diesem Fall teilweise unter der Zeitachse.

Mischstrom ist ein Strom mit einem Gleichstromanteil und einem Wechselstromanteil.

Wechselstrom und Mischstrom sind *periodische Ströme*. Periodisch nennt man einen Vorgang, der sich ständig in gleichen Zeitabständen wiederholt.

Wechselstrom ist ein periodischer Strom ohne Gleichstromanteil.

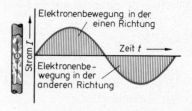

Bild 23/1: Strommessung im Wechselstromkreis

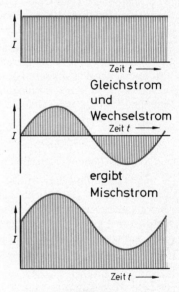

Gleichstrom
und
Wechselstrom

ergibt
Mischstrom

Bild 23/2: Entstehung des Mischstromes

1.4.5 Stromdichte

Der elektrische Strom, der durch eine Glühlampe fließt, erhitzt die dünne Drahtwendel in der Lampe bis zur Weißglut. Die gleiche Stromstärke erwärmt aber die dickeren Leitungen kaum.

Bei gleicher Stromstärke fließen durch einen großen und einen kleinen Leiterquerschnitt gleich viele Elektronen je Sekunde. In dem Leiter mit kleinem Querschnitt bewegen sich die Elektronen jedoch schneller als in dem großen Querschnitt. Dadurch ist die Erwärmung im kleinen Querschnitt größer. Die Stromstärke je mm² Querschnitt nennt man *Stromdichte S**. Sie hat meist die Einheit A/mm².

$$\text{Stromdichte} = \frac{\text{Stromstärke}}{\text{Querschnitt}}$$

S Stromdichte
I Stromstärke
A Querschnitt

$$[S] = \frac{A}{mm^2}$$

$$\boxed{S = \frac{I}{A}}$$

* Nach DIN 1304 statt S auch J.

Beispiel: Durch eine Glühlampe fließt ein Strom von 0,2 A. Wie groß ist die Stromdichte
a) in der Zuleitung mit 1,5 mm² Querschnitt, b) im Glühfaden mit 0,0004 mm² Querschnitt?

Lösung: a) $S = \dfrac{I}{A} = \dfrac{0{,}2\ A}{1{,}5\ mm^2} = \mathbf{0{,}133\ A/mm^2}$ b) $S = \dfrac{I}{A} = \dfrac{0{,}2\ A}{0{,}0004\ mm^2} = \mathbf{500\ A/mm^2}$

Schließt man eine Glühlampe an die Netzspannung an, so ist die Stromstärke an jeder Stelle des Stromkreises gleich groß. In der Drahtwendel der Lampe ist jedoch die Stromdichte wegen des geringen Drahtquerschnitts wesentlich größer als in den Zuleitungen.

Ein Leiterstück erwärmt sich um so mehr, je größer die Stromdichte ist.

In Leitungen, in den Wicklungen von Spulen, Transformatoren und Motoren darf die Stromdichte bestimmte Höchstwerte auf die Dauer nicht überschreiten, damit keine Brandgefahr eintritt.

Leitungen mit einer Isolation aus *Gummi* dürfen sich nicht über 60 °C, PVC-isolierte Leitungen nicht über 70 °C erwärmen (VDE 0100). Deshalb sind für die genormten Leiterquerschnitte jeweils höchstzulässige Strombelastungen festgelegt **(Tabelle 24/1)**.

Bei größeren Umgebungstemperaturen als 30 °C muß die Stromstärke je 10 K Temperaturerhöhung um etwa 15% kleiner gewählt werden. Für Leiterquerschnitte der Tabelle 24/1 sind bei einadrigen und frei verlegten Leitungen höhere Stromstärken zulässig.

Tabelle 24/1: Strombelastbarkeit isolierter Leitungen nach VDE 0100 (Teil 523), Gruppe 2 (Mehraderleitungen)	
Leiterquerschnitt in mm²	Kupfer Stromstärke in A
0,75	12
1	15
1,5	18
2,5	26
4	34
6	44
10	61
Werte bei Umgebungstemperaturen bis 30 °C	

Aus Tabelle 24/1 erhält man für die Stromdichte in Kupferleitungen

bei 1 mm² Querschnitt: $S = I/A = 15\ A/1\ mm^2 = 15\ A/mm^2$

bei 10 mm² Querschnitt: $S = I/A = 61\ A/10\ mm^2 = 6{,}1\ A/mm^2$

Die zulässige Stromdichte ist also bei kleinen Leiterquerschnitten höher als bei großen. Bei doppeltem Leiterdurchmesser und gleicher Leiterlänge ist die Oberfläche doppelt so groß, das Volumen des Leiters beträgt jedoch das Vierfache. Das Verhältnis von Leiteroberfläche zu Leitervolumen ist demnach bei dünnen Leitern größer als bei dicken Leitern. Deshalb können dünne Leiter besser abkühlen.

Drähte im Innern einer Wicklung werden von der Außenluft nur wenig abgekühlt. Bei Wicklungen und Spulen ist deshalb nur eine kleine Stromdichte zulässig ($S = 2$ bis $6\ A/mm^2$).

Die zulässige Stromdichte bei Leitungen richtet sich nach dem Leiterquerschnitt, dem Leiterwerkstoff und nach der Abkühlungsmöglichkeit.

1.4.6 Elektrizitätsmenge
(Elektrische Ladung)

Versuch 24/1: Legen Sie Metallpapier-Kondensatoren von 2, 4 und 8 µF nacheinander über ein Drehspul-Mikroamperemeter (Nullpunkt in Skalenmitte) an eine Taschenlampenbatterie von 4,5 V **(Bild 24/1)**!

Der Zeiger des Strommessers schlägt kurzzeitig aus, und zwar um so mehr, je größer die Kapazität des Kondensators ist (Seite 76).

Versuch 24/2: Schließen Sie die aufgeladenen Kondensatoren in gleicher Polung mit dem Umschalter an das Mikroamperemeter an!

Der Strommesser schlägt jeweils etwa gleich weit, jedoch in entgegengesetzter Richtung wie bei Versuch 24/1 aus.

Kondensatoren können Elektrizität speichern. Bei der Ladung fließt kurzzeitig Strom. Die Stromstärke ist um so größer, je größer die *Kapazität* des Kondensators, d. h. je höher sein Fassungsvermögen ist.

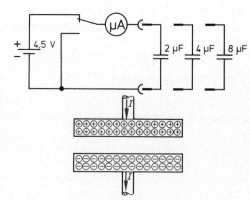

Bild 24/1: Speichern elektrischer Ladung mit Kondensatoren

Versuch 25/1: Tauchen Sie in einen Becher, der mit verdünnter Schwefelsäure gefüllt ist, zwei Bleiplatten, und schließen Sie diese über einen Strommesser (Nullpunkt in Skalenmitte) an eine Taschenlampenbatterie mit 4,5 V Nennspannung an **(Bild 25/1)!** Laden Sie dieses Bleiakkumulator-Modell etwa 1 Minute lang auf!

Der Strommesser zeigt über die ganze Zeit der Ladung eine etwa gleichbleibende Stromstärke an.

Versuch 25/2: Nehmen Sie den Spannungserzeuger der Versuchseinrichtung 25/1 weg, und schließen Sie statt dessen ein 1,5-V-Glühlämpchen an!

Das Glühlämpchen leuchtet über einige Zeit und wird dann langsam dunkler. Der Strommesser zeigt eine Stromstärke in entgegengesetzter Richtung wie bei Versuch 25/1 an, die langsam geringer wird.

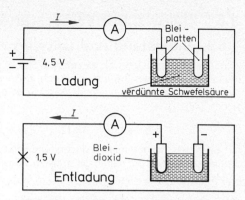

Bild 25/1: Speichern elektrischer Ladung mit Akkumulator

Die Bleiplatten in Schwefelsäure bilden einen kleinen Akkumulator. Er kann ebenfalls Elektrizität speichern. Im Gegensatz zu den Kondensatoren in Versuch 24/1 und 24/2 fließt in einen Akkumulator längere Zeit ein Strom, es läßt sich auch entsprechend längere Zeit Strom entnehmen.

Die *Elektrizitätsmenge* (Formelzeichen Q), auch *elektrische Ladung* genannt, ist um so größer, je größer die Stromstärke I und je größer die Zeit t sind.

Ladung = Stromstärke · Zeit $\qquad [Q] = C = A \cdot s$ $\qquad \boxed{Q = I \cdot t}$

Die Einheit der Ladung ist das Coulomb* (Einheitenzeichen C).

Die Ladung 1 C ist ein Vielfaches der Elementarladung e: $1\,C = 6,24 \cdot 10^{18}\,e$

Die **Einheit der Stromstärke**, das Ampere, kann auch so erklärt werden: Durch einen Leiter fließt ein Strom von 1 A Stärke, wenn sich je Sekunde eine Elektrizitätsmenge von 1 C durch den Leiterquerschnitt bewegt. (Das ist je Sekunde die außerordentlich große Zahl von $6,24 \cdot 10^{18}$ Elektronen = 6 240 000 000 000 000 000 Elektronen.)

$$I = \frac{Q}{t} \qquad [I] = A = \frac{C}{s}$$

Die **Einheit der Spannung**, das Volt, wird mit Hilfe der Elektrizitätsmenge Q gesetzlich festgelegt. Zum Erzeugen elektrischer Spannung müssen ungleichartige Ladungen voneinander getrennt werden. Hierzu ist Energie (Arbeit) notwendig.

Elektrische Spannung ist die Energie (Arbeit) W, die zum Trennen oder zum Transport je Ladungseinheit erforderlich ist.

U Elektrische Spannung
W Energie (Arbeit) $\qquad [U] = V = \dfrac{J}{C} = \dfrac{N \cdot m}{C} \qquad\qquad U = \dfrac{W}{Q}$
Q Elektrizitätsmenge

(Einheit der Energie bzw. der Arbeit: Joule J und Newtonmeter Nm, siehe Seite 52 und 55)

Wiederholungsfragen

1. Welche Ladungsträger können sich in Metallen bewegen?
2. Nennen Sie Formelzeichen und Einheit der elektrischen Stromstärke!
3. Wie muß man einen Strommesser schalten?
4. In welcher Richtung bewegen sich die Elektronen in einem Gleichstromkreis durch den Verbraucher?
5. Wie hat man die Stromrichtung festgelegt?
6. Was versteht man unter Gleichstrom, Wechselstrom und Mischstrom?
7. Welche Zeichen sind für Gleich-, Wechsel- und Mischstrom genormt?
8. Was versteht man unter Stromdichte?
9. Mit welcher Formel berechnet man die Stromdichte in einem Leiter?
10. Welche Wirkung hat eine hohe Stromdichte in einem Draht?
11. Warum schmilzt („brennt") eine Schmelzsicherung durch, obwohl sich die angeschlossene Zuleitung kaum erwärmt?
12. Wonach richtet sich die zulässige Stromdichte bei Leitungen?
13. Mit welcher Formel berechnet man die Elektrizitätsmenge (elektrische Ladung)?
14. Was versteht man unter der elektrischen Spannung?

* Coulomb: Franz. Physiker (1736 bis 1806)

1.5 Elektrischer Widerstand

1.5.1 Widerstand und Leitwert

Fließt durch einen Leiter ein elektrischer Strom, so bewegen sich die freien Ladungsträger (die freien Elektronen) zwischen den Atomen hindurch. Dabei werden sie in ihrer Bewegung behindert. Jeder Leiter setzt dem elektrischen Strom einen *Widerstand* entgegen, der durch die Spannung überwunden werden muß.

Der elektrische Widerstand (Formelzeichen R) hat die Einheit Ohm* (Einheitenzeichen Ω**).

$$1 \text{ Kiloohm} = 1 \text{ k}\Omega = 1000 \, \Omega \qquad 1 \text{ Megaohm} = 1 \text{ M}\Omega = 1000000 \, \Omega$$

Ein Leiter mit einem geringen Widerstand leitet den elektrischen Strom gut. Er hat einen großen *Leitwert*. Umgekehrt besitzt ein Leiter mit großem Widerstand einen kleinen Leitwert.

Der elektrische Leitwert (Formelzeichen G) hat die Einheit Siemens*** (Einheitenzeichen S).

Der Leitwert ist der Kehrwert des Widerstands **(Bild 26/1)**.

$$\text{Widerstand} = \frac{1}{\text{Leitwert}} \qquad \boxed{R = \frac{1}{G}}$$

Einheit: $\qquad [R] = \Omega = \dfrac{1}{S}$

$$\text{Leitwert} = \frac{1}{\text{Widerstand}} \qquad \boxed{G = \frac{1}{R}}$$

Einheit: $\qquad [G] = S = \dfrac{1}{\Omega}$

Bild 26/1:
Leitwert und Widerstand

Jede Leitung und jeder Verbraucher hat einen elektrischen Widerstand. Bei Leitungen ist der Widerstand jedoch unerwünscht.

Bauelemente, die dem elektrischen Strom einen Widerstand entgegensetzen sollen, nennt man auch *Widerstände*. Man unterscheidet Drahtwiderstände und Schichtwiderstände. Drahtwiderstände bestehen aus einem Isolierkörper, der eine Wicklung aus Widerstandsdraht trägt. Bei den Schichtwiderständen ist eine dünne Hartkohleschicht auf einem Keramikrohr angebracht (Seite 31).

Das Wort Widerstand wird also in einem doppelten Sinne verwendet: Einmal bezeichnet es das *Bauelement* Widerstand, den man in die Hand nehmen kann; zum anderen die *Eigenschaft,* dem elektrischen Strom einen Widerstand entgegenzusetzen. Diese Eigenschaft wird in Ohm gemessen.

Falls bei der Verwendung des Begriffes Widerstand ein Irrtum entstehen kann, in welchem Sinne man diesen Begriff verwendet, bezeichnet man die in Ohm zu messende Eigenschaft als *Widerstandswert*.

Beispiel: Ein Widerstand (Kohleschicht-Widerstand) hat einen Widerstandswert von 250 Ω.

1.5.2 Ohmsches Gesetz

Versuch 26/1: Schließen Sie einen Widerstand von 5 Ω an eine Zelle eines Bleiakkumulators (2 V) an, und messen Sie Stromstärke und Spannung **(Bild 26/2)**!

Schließen Sie den Widerstand an 4 V und dann an 6 V (an 2 bzw. 3 Zellen eines Bleiakkumulators) an, und messen Sie jeweils Stromstärke und Spannung!

Man erhält
bei der Spannung U = 2 V eine Stromstärke I = 0,4 A,
bei U = 4 V $\qquad\qquad$ I = 0,8 A,
bei U = 6 V $\qquad\qquad$ I = 1,2 A.

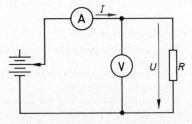

Bild 26/2: Messen von Strom und Spannung bei einem Widerstand

Die Stromstärke wächst im gleichen Verhältnis wie die Spannung. Sie ist der Spannung proportional. Eine große Spannung bedeutet eine große Kraft auf die freien Elektronen. Dadurch bewegen sich die freien Elektronen schneller, es fließt ein größerer Strom. Je höher die Spannung an einem Widerstand ist, desto größer ist die Stromstärke.

---

* Georg Simon Ohm, deutscher Physiker (1787 bis 1854) $\qquad$ ** Ω = griech. Großbuchstabe Omega
*** Werner von Siemens, deutscher Ingenieur (1816 bis 1892)

Versuch 27/1: Schließen Sie die Widerstände 1 Ω, 2 Ω und 3 Ω an eine Spannung von 6 V an!
Messen Sie jeweils Stromstärke und Spannung (Bild 26/2)!

Man erhält bei dem Widerstand $R = 1\ \Omega$ eine Stromstärke $I = 6$ A,
bei $R = 2\ \Omega$ $I = 3$ A,
bei $R = 3\ \Omega$ $I = 2$ A.

Bei gleicher Spannung verhält sich die Stromstärke *umgekehrt* wie der Widerstand. Der doppelte Widerstand ergibt die halbe Stromstärke, der dreifache Widerstand ein Drittel der Stromstärke usw. Je größer der Widerstand ist, desto kleiner ist die Stromstärke. Die Stromstärke ist dem Widerstand umgekehrt proportional.

Der elektrische Strom ist also von der Spannung und vom Widerstand abhängig.

$$\text{Stromstärke} = \frac{\text{Spannung}}{\text{Widerstand}}$$

I Stromstärke in A
U Spannung in V
R Widerstand in Ω

$$\boxed{I = \frac{U}{R}}$$

Die Stromstärke I ist um so größer, je größer die Spannung U und je kleiner der Widerstand R ist.

$$[I] = A = \frac{V}{\Omega}$$

Nach seinem Entdecker Georg Simon Ohm heißt dieses Gesetz „Ohmsches Gesetz". Sind Spannung und Widerstand bekannt, so kann man daraus den Strom berechnen.

Beispiel 1: Welche Stromstärke fließt durch eine Glühlampe für 4,5 V, die im Betrieb einen Widerstandswert von 1,5 Ω besitzt?

Lösung: $I = \dfrac{U}{R} = \dfrac{4{,}5\ V}{1{,}5\ \Omega} = \mathbf{3\ A}$

Sind Widerstand und Stromstärke bekannt, so kann man die Spannung U am Widerstand berechnen. Die Spannung muß nämlich um so größer sein, je größer der Widerstand R ist und je größer der Strom I sein soll.

$$\text{Spannung} = \text{Widerstand} \cdot \text{Strom}$$

$$\boxed{U = R \cdot I}$$

Beispiel 2: Welche Spannung liegt an einem Widerstand von 500 Ω, durch den eine Stromstärke von 0,2 A fließt?

$$[U] = V = \Omega \cdot A$$

Lösung: $U = R \cdot I = 500\ \Omega \cdot 0{,}2\ A = \mathbf{100\ V}$

Der Widerstand R läßt sich berechnen, wenn Spannung und Strom bekannt sind. Treibt eine Spannung nur einen kleinen Strom durch den Widerstand, so ist der Widerstand R groß.

$$\text{Widerstand} = \frac{\text{Spannung}}{\text{Strom}}$$

$$\boxed{R = \frac{U}{I}}$$

Beispiel 3: Durch einen Lötkolben fließt eine Stromstärke von 0,27 A, wenn er an 220 V angeschlossen ist. Wie groß ist der Widerstand des Lötkolben-Heizkörpers?

$$[R] = \Omega = \frac{V}{A}$$

Lösung: $R = \dfrac{U}{I} = \dfrac{220\ V}{0{,}27\ A} = \mathbf{815\ \Omega}$

Läßt die Spannung 1 V einen Strom von 1 A fließen, so ist der Wert des Widerstandes 1 Ω.

Trägt man die Meßergebnisse der Versuche 26/1 und 27/1 in ein Schaubild ein **(Bild 27/1)**, so entstehen bei Verbindung der Meßpunkte für die einzelnen Widerstände gerade Linien. Der größere Widerstand hat im Strom-Spannungs-Schaubild die flachere Widerstandsgerade, denn bei gleicher Spannung fließt durch den größeren Widerstand der kleinere Strom.

Die Stromstärke ist von der elektrischen Spannung abhängig. Die Spannung ist die Ursache für den Strom. Im Strom-Spannungs-Schaubild (Bild 27/1) wird deshalb auf der waagrechten Achse die Ursache, hier die Spannung, und auf der senkrechten Achse die davon abhängige Wirkung, hier die Stromstärke, abgetragen.

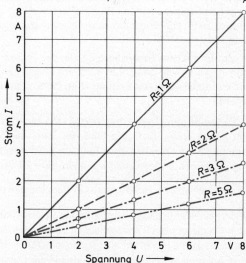

Bild 27/1: Ohmsches Gesetz (Schaubild)

1.5.3 Messen des Widerstandes

Die Größe eines Widerstandes läßt sich durch Strom- und Spannungsmessung ermitteln (Bild 26/2). Dabei mißt man nicht direkt den Widerstand, sondern berechnet ihn aus den Meßwerten von Strom und Spannung. Man nennt diese Art der Messung *indirekte Widerstandsbestimmung* (Seite 50).

Mit dem *Widerstandsmesser* (Ohmmeter) läßt sich eine unmittelbare (direkte) Widerstandsmessung durchführen. Dieses Meßgerät enthält ein Drehspulmeßwerk und eine Batterie. Die Batterie muß eine *gleichbleibende Spannung* liefern, auch bei sich ändernder Belastung.

Die Skala dieses Drehspulmeßwerks ist in Ohm geeicht **(Bild 28/1)**.

Bild 28/1: Skala eines Widerstandsmessers

Durch den zu messenden Widerstand fließt ein um so kleinerer Strom, je größer der Widerstand ist. Daher beginnt die Skala mit ∞ Ω (unendlich Ohm). Am Endausschlag des Zeigers steht an der Skala 0 Ω (Null Ohm). Die Widerstandsskala verläuft umgekehrt wie die Stromskala.

Mit einer Widerstandsmeßbrücke (Seite 49 und 300) kann man ebenfalls Widerstände direkt messen.

Die Größe eines Widerstands kann man indirekt durch die Messung von Strom und Spannung ermitteln oder direkt mit einem Widerstandsmesser.

1.5.4 Zählpfeile

Im Versuch 26/1 ist darauf zu achten, daß Strom- und Spannungsmesser in richtiger Polung angeschlossen werden. Sonst schlagen die Zeiger der Meßinstrumente in falscher Richtung aus. Der Spannungsmesser wird entsprechend der Polung des Spannungsabfalls am Widerstand angeschlossen (+ an + und − an −), der Strommesser so, daß der Strom von + nach − durch das Meßinstrument fließen kann **(Bild 28/2)**.

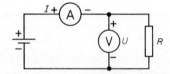

Bild 28/2: Polung von Strom- und Spannungsmesser

In allen elektrischen Netzen ist es nötig, für die Anwendung des Ohmschen Gesetzes und der Kirchhoffschen Regeln (Seite 40) den Richtungssinn von Strömen und Spannungen durch *Zählpfeile* anzugeben.

Der **Zählpfeil des Stromes** zeigt in die Richtung, in der die Stromstärke positiv gerechnet wird. Im Schaltplan zeichnet man den Strompfeil neben die Leitung **(Bild 28/3)** oder neben das Bauelement.

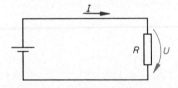

Bild 28/3: Zählpfeile für Strom und Spannung

Der **Zählpfeil der Spannung** zeigt in die Richtung des Spannungsabfalls, also am Verbraucher von + nach −. In dieser Richtung wird der Wert der Spannung positiv gerechnet. Im Schaltplan wird der Spannungspfeil zwischen zwei Punkten oder zwischen zwei Leitungen gezeichnet. Man kann den Spannungspfeil auch bogenförmig zeichnen (Bild 28/3).

Zählpfeile geben die Richtung an, in der eine elektrische Größe positiv gerechnet wird.

Die dargestellten Bezugsrichtungen für Ströme und Spannungen nennt man „Verbraucher-Pfeilsystem". Es wird in diesem Buch ausschließlich verwendet. Zeichnet man die Strompfeile wie oben beschrieben, die Spannungspfeile jedoch in entgegengesetzter Richtung, spricht man von einem „Erzeuger-Pfeilsystem". Seine Anwendung ist selten und nur für die Darstellung von Strömen und Spannungen in elektrischen Erzeugern zweckmäßig.

1.5.5 Leiter-Widerstand

Spezifischer Widerstand

Versuch 29/1: Schließen Sie zuerst einen Kupferdraht und dann einen Konstantandraht von jeweils 0,1 mm Durchmesser und 1 m Länge an einen Akkumulator (2 V) an!

Ermitteln Sie jeweils den Widerstand durch Strom- und Spannungsmessung **(Bild 29/1)**!
$R_{Cu} \approx 2,3\ \Omega$, $R_{Konst.} \approx 62,4\ \Omega$.

Der Widerstand des Konstantandrahts ist etwa 27mal so groß wie der Widerstand des Kupferdrahts.

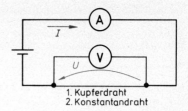

1. Kupferdraht
2. Konstantandraht

Bild 29/1: Widerstandsermittlung von Drähten

Beim Vergleich verschiedener Leiter mit gleicher Länge und gleichem Querschnitt stellt man fest, daß ihre Widerstände verschieden groß sind.

Der Leiterwiderstand ist vom Werkstoff des Leiters abhängig.

Ein Kupferdraht von 1 m Länge und 1 mm² Querschnitt z.B. stellt mehr und leichter bewegliche freie Elektronen zur Verfügung als ein Konstantandraht gleicher Abmessung. Sein Widerstand ist deshalb kleiner. Jeder Leiterwerkstoff hat einen bestimmten Widerstand, der für ihn „spezifisch" (arteigen) ist.

Der spezifische Widerstand ist der Widerstand eines Leiters von 1 m Länge und 1 mm² Querschnitt.

Der spezifische Widerstand hat das Formelzeichen ϱ* und die Einheit $\frac{\Omega \cdot mm^2}{m}$. Er wird meist für 20 °C angegeben. Bei Isolierstoffen verwendet man für ϱ die Einheit Ωm oder Ωcm.

In der Energietechnik wird oft mit der *Leitfähigkeit* statt mit dem spezifischen Widerstand gerechnet. Die Leitfähigkeit $\varkappa$** ist der Kehrwert des spezifischen Widerstandes. Sie hat die Einheit $\frac{m}{\Omega \cdot mm^2}$.

$\varkappa$ Leitfähigkeit
ϱ spezifischer Widerstand

$$[\varkappa] = \frac{m}{\Omega \cdot mm^2}$$

$$\boxed{\varkappa = \frac{1}{\varrho}}$$

Der spezifische Widerstand z.B. von Aluminium
$$\varrho = 0,0278\ \frac{\Omega \cdot mm^2}{m} = \frac{1}{36}\ \frac{\Omega \cdot mm^2}{m}\ \text{bedeutet:}$$

Ein Aluminiumdraht von 1 m Länge und 1 mm² Querschnitt hat einen Widerstand von 0,0278 Ω; oder:
36 m Aluminiumdraht von 1 mm² Querschnitt haben einen Widerstand von 1 Ω.

Leiterwerkstoffe, z.B. Kupfer, haben einen kleinen spezifischen Widerstand und eine große Leitfähigkeit **(Tabelle 29/1).**

Widerstandswerkstoffe, z.B. Kohle, haben einen großen spezifischen Widerstand und eine kleine Leitfähigkeit.

Tabelle 29/1: Leitfähigkeit und spezifischer Widerstand

Werkstoff	Leitfähigkeit $\varkappa$ in $\frac{m}{\Omega \cdot mm^2}$	Spezifischer Widerstand ϱ in $\frac{\Omega \cdot mm^2}{m}$
Silber	60	0,0167
Kupfer	56	0,0178
Aluminium	36	0,0278
Konstantan (CuNi 44)	2,04	0,49
Kohle	0,015	65

Die Werte sind gerundet und gelten für 20 °C

Bei **Isolierstoffen,** z.B. Porzellan, ist der spezifische Widerstand sehr groß und die Leitfähigkeit beinahe Null.

Berechnung des Leiterwiderstands

Aus Versuch 29/1 ergibt sich: Der Widerstand eines Leiters ist um so größer, je größer der spezifische Widerstand des Leiters ist. Der Widerstand ist dem spezifischen Widerstand proportional.

Versuch 29/2: Messen Sie den Widerstand eines Nickelindrahtes von 0,1 mm Durchmesser bei einer Länge von 1 m, 2 m und 3 m (Bild 29/1)!

Der Widerstand des Nickelindrahtes mit 2 m Länge ist doppelt so groß wie der Widerstand des Drahtes mit 1 m Länge. Dreifache Leiterlänge gibt den dreifachen Widerstand.

Der Widerstand eines Leiters wächst im gleichen Verhältnis wie die Leiterlänge.

Man sagt: Der Widerstand ist der Leiterlänge proportional.

* ϱ = griech. Kleinbuchstabe rho   ** $\varkappa$ = griech. Kleinbuchstabe kappa. Nach DIN 1304 statt $\varkappa$ auch γ (gamma) oder σ (sigma).

Versuch 30/1: Messen Sie den Widerstand des Nickelindrahtes aus Versuch 29/2 von 1 m Länge bei doppeltem Querschnitt (2 Drähte parallel geschaltet) und bei dreifachem Querschnitt (3 Drähte parallel geschaltet)!

Der Widerstand des Nickelindrahtes mit doppeltem Querschnitt ist halb so groß wie der Widerstand des Drahtes mit einfachem Querschnitt. Dreifacher Drahtquerschnitt ergibt ein Drittel des Widerstandes.

Der Widerstand eines Leiters ist um so größer, je kleiner sein Querschnitt ist.

Man sagt, der Widerstand ist dem Querschnitt umgekehrt proportional.

Ergebnis:

Der Widerstand eines Leiters hängt vom Leiterwerkstoff, von der Länge und vom Querschnitt ab.

R Widerstand
ϱ spezifischer Widerstand
l Leiterlänge
$\varkappa$ Leitfähigkeit*
A Querschnitt

$$[R] = \frac{\frac{\Omega \cdot mm^2}{m} \cdot m}{mm^2} = \Omega \qquad \boxed{R = \frac{\varrho \cdot l}{A}}$$

$$[R] = \frac{m}{\frac{m}{\Omega \cdot mm^2} \cdot mm^2} = \Omega \qquad \boxed{R = \frac{l}{\varkappa \cdot A}}$$

Die Einheit des elektrischen Widerstands kann auch durch einen Leiter aus Quecksilber dargestellt werden.

1 Ω ist der Widerstand einer 1,063 m langen Quecksilbersäule von 1 mm² Querschnitt bei 0 °C.

1.5.6 Widerstand und Temperatur

Versuch 30/2: Schließen Sie eine Metallfadenlampe (220 V/40 W) einmal an 10 V und einmal an 220 V an!
Ermitteln Sie den Widerstand durch Strom- und Spannungsmessung **(Bild 30/1)**!

Die Lampe bleibt bei 10 V dunkel, der Metallfaden hat eine geringe Temperatur. Sein Widerstand ist klein. Bei 220 V glüht der Metallfaden der Lampe, seine Temperatur ist hoch. Er hat jetzt einen wesentlich größeren Widerstand.

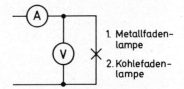

1. Metallfadenlampe
2. Kohlefadenlampe

Bild 30/1: Widerstandsmessung bei Glühlampen

Der Widerstand des Metallfadens nimmt bei Temperaturerhöhung zu.

Versuch 30/3: Wiederholen Sie Versuch 30/2 mit einer Kohlefadenlampe (220 V/40 W)!
Der Widerstand des kalten Kohlefadens ist größer als der Widerstand des glühenden Fadens.

Der Widerstand des Kohlefadens nimmt bei Temperaturerhöhung ab.

Metalle leiten in kaltem Zustand besser als in warmem. Man nennt sie deshalb *Kaltleiter* (PTC-Widerstände Seite 307). Kohle hat einen hohen spezifischen Widerstand, sie gehört zu den Halbleitern. Halbleiter leiten in heißem Zustand meist besser als in kaltem. Solche Halbleiter nennt man deshalb *Heißleiter* (NTC-Widerstände Seite 305).

Der Widerstand von Kaltleitern (z.B. Metallen) nimmt bei Temperaturerhöhung zu.

Der Widerstand von Heißleitern (z.B. Kohle) nimmt bei Temperaturerhöhung ab.

Die Größe der Widerstandszunahme wird bei Metallen durch den *Temperaturbeiwert* α** angegeben. Den Temperaturbeiwert nennt man auch Temperaturkoeffizient (Einheit 1/K).

Der Temperaturbeiwert gibt an, um wieviel Ohm der Widerstand 1 Ω bei 1 K Temperaturerhöhung*** größer wird.

Für Berechnungen verwendet man häufig den Temperaturbeiwert in %/K.

Temperaturbeiwerte:

Kupfer	$\alpha = 0,0039/K = 3,9 \cdot 10^{-3}/K$	
Aluminium	$\alpha = 0,004/K = 4,0 \cdot 10^{-3}/K$	

Nickelin	$\alpha = 0,00015/K = 0,15 \cdot 10^{-3}/K$
Manganin	$\alpha = 0,00001/K = 0,01 \cdot 10^{-3}/K$

* Nach DIN 1304 statt $\varkappa$ auch γ oder σ

** α = griech. Buchstabe alpha

*** Temperaturerhöhungen werden häufig in Kelvin (K) angegeben (Seite 430).

Die Temperaturbeiwerte gelten für eine Temperaturerhöhung ab 20 °C.

$$\Delta R = \alpha \cdot R_k \cdot \Delta \vartheta$$

ΔR Widerstandsänderung*
R_k Kaltwiderstand (bei 20 °C)
R_w Warmwiderstand
α Temperaturbeiwert in 1/K
$\Delta \vartheta$ Temperaturänderung** in K

$$[\Delta R] = \frac{1}{K} \cdot \Omega \cdot K = \Omega$$

$$R_w = R_k + \Delta R$$

$$R_w = R_k + \alpha \cdot R_k \cdot \Delta \vartheta$$

$$R_w = R_k (1 + \alpha \cdot \Delta \vartheta)$$

Beispiel: Wie groß ist der Drahtwiderstand der Kupferwicklung eines Transformators bei 80 °C, wenn bei einer Temperatur von 20 °C ein Widerstand von 30 Ω gemessen wird?

Lösung: $\Delta R = \alpha \cdot R_k \cdot \Delta \vartheta = 0,0039 \frac{1}{K} \cdot 30 \,\Omega \cdot 60 \,K = 7,02 \,\Omega;$ $R_w = R_k + \Delta R = 30 \,\Omega + 7,02 \,\Omega = \mathbf{37,02 \,\Omega}$

Der Widerstand von Kaltleitern nimmt bei Abkühlung immer mehr ab. Bei einigen Metallen verschwindet der Widerstand in der Nähe des absoluten Nullpunktes (−273 °C) ganz. Diese Metalle sind dann *supraleitfähig* (überleitfähig). So verliert z. B. Blei seinen Widerstand bei −269 °C vollständig.

1.5.7 Bauformen der Widerstände

Ohmsche Widerstände, die als Bauelemente dienen, werden als Festwiderstände und als veränderbare Widerstände gebaut. Festwiderstände **(Bild 31/1)** haben einen vom Hersteller festgelegten Widerstandswert (Normreihen siehe Tabellenbuch Elektrotechnik). Der Widerstandswert der veränderbaren Widerstände ist einstellbar.

Bei **Festwiderständen** unterscheidet man je nach Form und Art des Widerstandswerkstoffes Drahtwiderstände und Schichtwiderstände. Bei den *Drahtwiderständen* wird ein Widerstandsdraht auf einen Keramikkörper gewickelt **(Bild 31/2)**. Als Werkstoff für den Widerstandsdraht verwendet man Legierungen mit hohem spezifischen Widerstand, z. B. aus Kupfer und Nickel bzw. aus Kupfer, Nickel und Mangan. Drahtwiderstände sollen möglichst temperaturunabhängig sein. Dies ist besonders bei Meßwiderständen wichtig. Die Legierung CuNi 44 (Konstantan) enthält 44% Nickel und als Rest Kupfer (Seite 445). Sie besitzt einen Temperaturbeiwert von 0,004%/K, einen spezifischen Widerstand von 0,49 Ω · mm²/m und ist bis 600 °C belastbar. Außerdem verwendet man noch CuMn 12 Ni (Manganin mit 12% Mangan, 2% Nickel, Rest Kupfer) und CuNi 30 Mn (Nickelin mit 3% Mn, 30% Ni, Rest Cu).

Bild 31/1: Festwiderstände

Bild 31/2: Drahtwiderstand

Drahtwiderstände werden zum Schutz oft mit Lack, Zement oder Glas überzogen. Glasierte Drahtwiderstände sind sehr hoch belastbar sowie korrosions- und tropenfest. Die Belastbarkeit der Festwiderstände ist außer vom Werkstoff auch von der Umgebungstemperatur abhängig. Die Belastbarkeit ist bei höherer Umgebungstemperatur niedriger.

Schichtwiderstände enthalten als Widerstandswerkstoff eine dünne Schicht aus Kohle oder einem Metalloxid auf einem Keramikkörper. Die Schicht wird durch Tauchen oder Aufdampfen im Vakuum auf den Träger aufgebracht. Der Wert des Widerstandes, z. B. 33 kΩ, wird durch die Dicke der Schicht, den Werkstoff und einen wendel- oder mäanderförmigen Schliff **(Bild 31/3)** bestimmt. Als Anschlüsse dienen Schellen, Kappen oder Drähte an beiden Enden der Schicht. Zum Schutz gegen Feuchtigkeit und gegen me-

Bild 31/3: Kohleschichtwiderstand mit Mäanderschliff

chanische Beschädigung erhalten die Kohle- oder Metalloxid-Schichtwiderstände einen Überzug aus Lack, Kunststoff oder Silikonzement. Sie werden z. B. für die Nennbelastungen 0,05; 0,1; 0,25; 0,5; 1; 2; 3; 10 und 20 W gebaut.

---

* Δ (griech. Großbuchstabe Delta): Zeichen für Differenz;   ** ϑ (griech. Kleinbuchstabe theta): Formelzeichen für Temperatur

Der Widerstandswerkstoff von Kohleschichtwiderständen ist eine 0,001 bis 10 µm dicke Kohleschicht.

Metallschichtwiderstände haben ein Glasrohr als Träger. Auf die Rohrinnenwand ist eine Edelmetallschicht aufgedampft. Nach Herstellen der Anschlüsse werden die beiden Enden des Glasrohres zum Schutz gegen Feuchtigkeit verschlossen. Metallschichtwiderstände sind höher belastbar als Kohleschichtwiderstände, besser isoliert und beständiger gegen Feuchtigkeit.

Metallfilmwiderstände sind auf einem ebenen Tragkörper aufgebracht. Die dünne Metallschicht kann durch ein Fotoätzverfahren mit einem Mäander versehen und genau abgeglichen werden (Toleranz ≤ 0,01 %).

Zur **Kennzeichnung** von Festwiderständen mit kleinen Abmessungen werden Farbringe oder Farbpunkte **(Tabelle 32/1)** bzw. alphanumerische Angaben verwendet. Bei der Farbkennzeichnung ist der erste Ring (oder Punkt) nahe an einem Ende des Widerstands angebracht. Der 1. Ring bedeutet die erste Ziffer des Widerstandswertes, der 2. Ring die zweite Ziffer und der 3. Ring den Multiplikator für die Zahl aus erster und zweiter Ziffer. Der 4. Ring gibt die Toleranz des Widerstands in % an. Die Farbringe Rot, Violett, Braun und Gold bedeuten also: $27 \cdot 10\ \Omega \pm 5\% = 270\ \Omega \pm 5\%$. Bei alphanumerischer Kennzeichnung heißt z. B. R33: 0,33 Ω; 3R3 ist 3,3 Ω und 33R bedeutet 33 Ω. Die Kennzeichnung 33k bedeutet einen Widerstand von 33 kΩ. Ein Widerstand von 33 MΩ wird mit 33M bezeichnet.

Veränderbare Widerstände werden als Stellwiderstände **(Bild 32/1)** und als Drehwiderstände **(Bild 32/2)** gebaut. Die Einstellung des Widerstandswertes erfolgt durch einen Schleifkontakt. Die drei Anschlüsse werden mit E (Eingang), S (Schleifkontakt) und A (Ausgang) bezeichnet. Der Schleifer besteht aus einem Kontaktstück, das von einer Feder gehalten wird. Beim Schicht-Drehwiderstand schleift ein Kohlekontakt über eine Widerstandsschicht (meist aus Kohle), beim Draht-Drehwiderstand schleift der Kontakt auf der Wicklung. Zum Schutz vor Überlastung und für eine gute Wärmeabgabe ist der Teil des Drahtwiderstandes, der nicht vom Schleifer berührt wird, mit einer Glasur oder mit Zement überzogen.

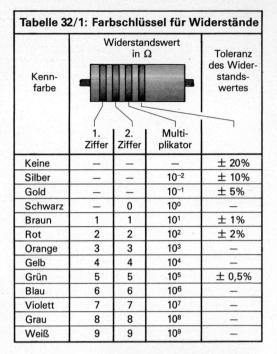

Tabelle 32/1: Farbschlüssel für Widerstände

Kennfarbe	Widerstandswert in Ω			Toleranz des Widerstandswertes
	1. Ziffer	2. Ziffer	Multiplikator	
Keine	—	—	—	± 20%
Silber	—	—	10^{-2}	± 10%
Gold	—	—	10^{-1}	± 5%
Schwarz	—	0	10^{0}	—
Braun	1	1	10^{1}	± 1%
Rot	2	2	10^{2}	± 2%
Orange	3	3	10^{3}	—
Gelb	4	4	10^{4}	—
Grün	5	5	10^{5}	± 0,5%
Blau	6	6	10^{6}	—
Violett	7	7	10^{7}	—
Grau	8	8	10^{8}	—
Weiß	9	9	10^{9}	—

Bild 32/1: Einstellbarer Widerstand

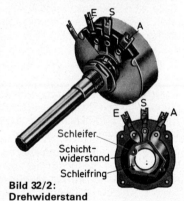

Schleifer
Schichtwiderstand
Schleifring

Bild 32/2: Drehwiderstand

Wiederholungsfragen

1. Mit welcher Formel berechnet man den Leitwert aus dem Widerstand?
2. Welche Einheit hat der Widerstand?
3. Wie lautet das Ohmsche Gesetz?
4. Wie ist die Einheit der Spannung festgelegt?
5. Was versteht man unter indirekter Widerstandsermittlung?
6. Geben Sie zwei Möglichkeiten zur direkten Messung von Widerständen an!
7. Was versteht man unter dem spezifischen Widerstand eines Leiterwerkstoffes?
8. Geben Sie den Zusammenhang zwischen Leitfähigkeit und spezifischem Widerstand an!
9. Von welchen Größen hängt der Widerstand eines Leiters ab?
10. Wieviel Meter Kupferdraht von 1 mm² Querschnitt haben einen Widerstand von 1 Ω?
11. Welchen Einfluß hat eine Temperaturerhöhung auf den Widerstand eines Kaltleiters?
12. Welchen Einfluß hat eine Temperaturerhöhung auf den Widerstand eines Heißleiters?
13. Was versteht man unter dem Temperaturbeiwert eines Leiterwerkstoffs?

2 Schutz vor Gefahren des elektrischen Stromes

Die meisten Unfälle im Bereich der Elektrotechnik entstehen nicht durch technische Mängel an Geräten und Anlagen, sondern durch Unachtsamkeit.

Die Gefahren des elektrischen Stromes erfordern daher von allen, die elektrische Energie nutzen, besondere Umsicht und Sorgfalt.

2.1 Schutz für Menschen und Tiere

2.1.1 Wirkungen des elektrischen Stromes im menschlichen Körper

Der elektrische Strom ist für den Menschen aus mehreren Gründen gefährlich. Alle Flüssigkeiten des menschlichen Körpers, z. B. Schweiß, Speichel, Blut und Zellflüssigkeit, sind Elektrolyte, d. h. sie leiten den elektrischen Strom.

Menschliche und tierische Körper leiten den elektrischen Strom.

Fast alle menschlichen Organe funktionieren aufgrund elektrischer Impulse, die vom Gehirn ausgehen. So wird z. B. die Bewegung der Muskeln durch schwache elektrische Impulse von z. B. 50 mV gesteuert. Die Impulse werden vom Gehirn an die Muskeln herangeführt. Ist der Nerv unterbrochen, arbeitet der Muskel nicht mehr, er ist gelähmt. Zwischen den Gehirnzentren, z. B. Sehzentrum, Bewegungszentrum oder Schmerzzentrum, fließen ebenfalls elektrische Ströme. Fallen diese aus, spricht man vom Gehirntod.

Alle Ströme im Körper (körpereigene Ströme) können über Elektroden erfaßt und gemessen werden. So zeigt z. B. das EKG (Elektro-Kardiogramm) die elektrische Aktivität des Herzens (**Bild 33/1**), das EEG (Elektro-Enzephalogramm) die elektrische Aktivität des Gehirns.

Körpereigene Ströme können gemessen werden.

Auch das Herz funktioniert aufgrund von elektrischen Strömen, die es jedoch selbst erzeugt. Es ist also nicht vom Gehirn abhängig. Das Herz erzeugt je Minute etwa 80 Impulse, die der Herzmuskel mit je einer Kontraktion (Zusammenziehung) beantwortet. Wird die nötige Zahl an Impulsen nicht mehr geliefert, schlägt es zu langsam. Dann müssen die Impulse durch Ströme von außen (Fremdströme) ersetzt werden, z. B. durch einen Herzschrittmacher.

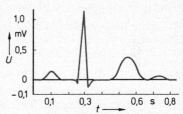

Bild 33/1: Elektrokardiogramm eines gesunden Herzens

Von außen kommende Ströme beeinflussen die Funktionen von Organen.

Fließt ein Strom durch den menschlichen Körper, z. B. beim Berühren eines unter Spannung stehenden Leiters, so verkrampfen sich die Muskeln, wenn der von außen kommende Strom (**Tabelle 33/1**) größer ist

Tabelle 33/1: Gefährliche Stromstärken			
Bereich	Stromstärke in mA	Wirkungen auf den Körper	Folgen
1	1 bis 2 bis 10 bis 25	„Kribbeln" Muskelkrampf Ansteigen des Blutdrucks	Erschrecken Lähmungserscheinungen Bewußtlosigkeit
2	25 bis 50	starke Muskelverkrampfungen Magenverkrampfungen Herzkammerflimmern*	starke Lähmungserscheinungen Übelkeit Gehirn ohne Sauerstoff
3	über 50	Herzkammerflimmern*	Herzstillstand, Tod
4	über 3000	starke Verbrennungen, Herzstillstand	Tod durch Verbrennungen
* Besonders gefährlich sind Wechselströme, wenn sie länger als 0,1 Sekunden auf den Körper einwirken und wenn sie über das Herz führen.			

als der körpereigene Strom. Der Verunglückte ist dann unfähig, die Berührungsstelle wieder loszulassen. Fließt Wechselstrom über das menschliche Herz, so versucht es, den schnelleren und stärkeren Impulsen von außen zu folgen. Es arbeitet deshalb schneller. Dabei kommt es zu Rhythmusstörungen des Herzens, d.h. das Herz arbeitet unregelmäßig. Ab einer Einwirkungszeit von etwa 0,1 s kommt es zu dem gefährlichen Herzkammerflimmern. Als Folge davon fallen Herztätigkeit und Atmung aus (Herztod). Das Blut wird nicht mehr durch den Körper gepumpt. Werden die Gehirnzellen nicht mehr mit dem nötigen Sauerstoff versorgt, sterben sie ab. Damit erlischt die Gehirnfunktion (Gehirntod).

Entscheidend für die Folgen eines elektrischen Unfalles ist der Strom, der beim Berühren unter Spannung stehender Teile durch den Körper fließt. Aus Erfahrung weiß man, daß schon eine Stromstärke von 50 mA den Tod herbeiführen kann, wenn der Strom seinen Weg über das Herz nimmt.

Ströme über 50 mA sind lebensgefährlich.

Der durch den Körper fließende Strom hängt von der Spannung ab und vom Widerstand des Körpers. Dieser Widerstand setzt sich aus dem kleinen inneren Widerstand des Körpers (*Körperinnenwiderstand* R_i) und den *Übergangswiderständen* $R_ü$ an der Stromeintritts- und Stromaustrittsstelle zusammen (**Bild 34/1** und **34/2**). Die Übergangswiderstände sind von den äußeren Verhältnissen abhängig. Trockene Haut und trockene Kleidung haben einen großen Widerstand. Bei Feuchtigkeit, z.B. Schweiß oder nassem Fußboden, ist der Übergangswiderstand dagegen gering. Er sinkt dann z.B. auf 1000 Ω. Der Übergangswiderstand wird außerdem um so kleiner, je größer die Berührungsfläche ist.

Bei einem Gesamtwiderstand der Ersatzschaltung von 1000 Ω und einer Stromstärke von 50 mA beginnt die gefährliche Spannung daher bei $U = R \cdot I = 1000\ \Omega \cdot 0,05\ A = \textbf{50 V}$.

Spannungen über 50 V sind lebensgefährlich.

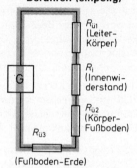

Bild 34/1: Directes Berühren (einpolig)

Bild 34/2: Ersatzschaltung zu Bild 34/1

Die Wärmewirkung des elektrischen Stromes führt bei großer Stromstärke (Tabelle 33/1) an der Ein- und Austrittstelle zu Verbrennungen. Dort entstehen die sogenannten Strommarken. Dabei kann es durch auftretende Lichtbogen bis zum Verkohlen von Körperteilen kommen (Verbrennungen 4. Grades). Die Folgen starker Verbrennungen führen zur Überlastung der Nieren und zum Tode. Infolge der Stromeinwirkung kommt es, vor allem bei längerer Einwirkungsdauer, auch zu Zersetzungen des Blutes und damit zu schweren Vergiftungserscheinungen. Solche Folgeerkrankungen können auch erst nach einigen Tagen auftreten. Um sicher zu gehen, sollte man daher bei elektrischen Unfällen auch dann einen Arzt aufsuchen, wenn zunächst keine Anzeichen einer Schädigung vorliegen (Erste Hilfe Seite 35).

Wechselstrom mit 50 Hz ist gefährlicher als Gleichstrom. Hochfrequenzströme fließen wegen des Hauteffekts (Seite 112) nur über die Körperoberfläche. Während bei Spannungen unter 1000 V der Tod meist durch Atemlähmungen und Ersticken eintritt, wirken sich Unfälle in Hochspannungsanlagen meist durch sehr starke Verbrennungen aus (Maßnahmen zum Schutz bei indirektem Berühren Seite 275).

Wegen der Unfallgefahr ist das Arbeiten an Teilen, die unter Spannung stehen, verboten!

Bei Betriebsspannungen über 50 V Wechselspannung oder 120 V Gleichspannung sind Arbeiten an Teilen, die unter Spannung stehen, nur dann gestattet, wenn diese Teile aus wichtigen Gründen nicht spannungsfrei geschaltet werden können. Solche Arbeiten dürfen jedoch nur durch Fachkräfte, nicht aber durch Auszubildende, ausgeführt werden (VDE 0105).

Wiederholungsfragen

1. Ab welcher Stromstärke besteht bei Berührung Lebensgefahr?
2. Welche Folgen können Stromstärken haben von a) 1 bis 25 mA, b) 25 bis 50 mA, c) über 50 mA?
3. Warum kann ein in einer elektrischen Anlage Verunglückter nach einer Berührung von spannungsführenden Leitern die Berührungsstelle nicht mehr loslassen?
4. Warum kommt es zu Rhythmusstörungen, wenn Wechselstrom über das menschliche Herz fließt?
5. Warum ist das Herzkammerflimmern lebensgefährlich?
6. Wodurch kann im Berührungsfall der Übergangswiderstand verkleinert werden?
7. Ab welcher Spannung kann bereits Lebensgefahr bestehen? Begründen Sie Ihre Antwort?
8. Welche Folgen haben Unfälle in Hochspannungsanlagen?

2.1.2 Direktes und indirektes Berühren

Nach VDE 0100 unterscheidet man zwischen direktem und indirektem Berühren.

Direktes Berühren liegt dann vor, wenn der menschliche Körper mit betriebsmäßig unter Spannung stehenden Teilen eines Betriebsmittels, z. B. einer Leitung, Kontakt hat (Bild 34/1). Um direktes Berühren zu verhindern, müssen alle betriebsmäßig spannungführenden Teile mit Isolierungen oder Abdeckungen versehen sein.

Indirektes Berühren ist möglich, wenn wegen eines Isolationsfehlers Spannung an Teile gelangt, die betriebsmäßig keine Spannung führen, z. B. das Gehäuse (Körper) einer elektrischen Maschine (Bild 35/1). Die durch den Isolationsfehler entstandene leitende Verbindung nennt man Körperschluß (Seite 275). Auch durch Kurzschlüsse, z. B. durch Lichtbögen oder Erdschlüsse, z. B. bei Erdkabeln, ist ein indirektes Berühren möglich.

Bild 35/1: Indirektes Berühren (einpolig)

Nach den VDE-Bestimmungen müssen alle Anlagen und Betriebsmittel mit einer Spannung über 50 V Wechselspannung bzw. 120 V Gleichspannung mit Maßnahmen zum Schutz bei indirektem Berühren ausgerüstet sein (Sonderfälle Seite 275). Um sicherzustellen, daß alle erforderlichen Maßnahmen getroffen werden, dürfen nur Fachleute elektrische Anlagen errichten, abändern oder warten.

2.1.3 Erste Hilfe bei Unfällen

Häufig hängt das Leben eines Verletzten davon ab, daß ihm möglichst rasch und noch am Unfallort Erste Hilfe geleistet wird. Dies gilt besonders für Unfälle durch den elektrischen Strom. Jeder Elektro-Facharbeiter muß daher die wichtigsten Regeln der Ersten Hilfe kennen.

Maßnahmen zur Ersten Hilfe: Stromkreis unterbrechen, Verletzten in Seitenlage bringen, Atem spenden. Ferner sind möglichst rasch ein Arzt bzw. auch die Polizei zu verständigen.

Unterbrechen des Stromkreises: In Niederspannungsanlagen (bis 1000 V) ist der Netzstecker zu ziehen oder sind die Sicherungen herauszunehmen. Kann der Stromkreis nicht unterbrochen werden, so ist der Verunglückte durch einen nichtleitenden Gegenstand, z. B. eine Isolierstange, von den unter Spannung stehenden Teilen zu trennen. Steht die Anlage noch unter Spannung, so muß der Helfer mit größter Vorsicht vorgehen (isolierende Unterlage, Isolierhandschuhe).

In Hochspannungsanlagen (kenntlich durch den Hochspannungspfeil und die Aufschrift: „Hochspannung, Vorsicht Lebensgefahr") darf der Stromkreis nur vom Fachmann (Fachkraft) abgeschaltet werden. (Sicherheitsregeln Seite 273).

Die *Seitenlage für den Verletzten* ist erforderlich, wenn Atmung und Puls nach dem Unfall in Ordnung sind. Blut und andere Verunreinigungen sowie Zahnprothesen sind aus der Mundhöhle vorsichtig zu entfernen, damit die Atemwege frei sind.

Atemspende. Die *Atemspende* ist bei Atemstillstand erforderlich. Atemstillstand kann z. B. durch einen vor den Mund gehaltenen Spiegel oder durch ein Stückchen Papier festgestellt werden. Den Puls fühlt man an der Daumenseite des Handgelenks. Hat die Atmung aufgehört, so muß sofort Atemspende erfolgen. Atemstillstand verursacht in allen Organen, vor allem aber in dem besonders empfindlichen Gehirn, Sauerstoffmangel. Jede Sekunde ist kostbar.

Bei Atemstillstand sofort Atemspende!

Bei der Atemspende wird vom Helfer Atemluft in die Nase oder in den Mund eingeblasen. Der Helfer kniet dabei neben dem Verunglückten, der zuvor in Rückenlage gebracht wurde. Er atmet tief ein und bläst dann dem Verunglückten kräftig Luft ein. Der Helfer drückt dabei den Kopf des Verunglückten mit beiden Händen nach hinten (Bild 35/2). Die Ausatemluft des Helfers enthält noch soviel Sauerstoff, daß das Blut des Verunglückten damit versorgt werden kann. Die Beatmung wird etwa 15mal je Minute durchgeführt.

Wiederbelebungsmaßnahmen sind solange durchzuführen, bis die Atmung wieder einsetzt oder ein Arzt den Tod feststellt.

Bild 35/2: Atemspende

2.1.4 Unfallverhütungsvorschriften

Unfallverhütungsvorschriften dienen der Verhütung von Unfällen und von Berufskrankheiten. Sie verpflichten die Arbeitgeber, Einrichtungen zum Verhüten von Arbeitsunfällen zu schaffen. Sie verpflichten aber auch die Arbeitnehmer zur Beachtung der vorgeschriebenen Schutzmaßnahmen.

Elektrounfälle lassen sich zurückführen auf technische Mängel (z. B. fehlende Schutzabdeckungen oder fehlerhafte Isolation), organisatorische Mängel (z. B. fehlende oder ungenügende Arbeitsanweisungen) und durch persönliche Fehler, z. B. durch Fehlhandlungen. Technische Anlagen müssen daher sicherheitsgerecht und immer in technisch einwandfreiem Zustand sein. Die meisten Unfälle lassen sich durch Umsicht und durch vorbeugende Maßnahmen vermeiden. Mängel an Werkzeugen, Maschinen und Anlagen müssen sofort gemeldet werden, weil sonst vielleicht der Nächste einen Unfall erleidet, bevor er den Mangel bemerkt. So müssen auch die Verkehrs- und Fluchtwege freigehalten werden.

Gefahren müssen sofort beseitigt werden.

Schutzvorrichtungen und Hinweisschilder dürfen nicht entfernt werden. Sicherheitsfarben erleichtern die Kennzeichnung von Gefahrenstellen. Die Sicherheitsfarbe Rot bedeutet „Halt! Unmittelbare Gefahr!", z. B. beim Blitzpfeilzeichen (Rot auf gelbem Grund) oder bei NOT-AUS-Tastern. Die Sicherheitsfarbe Gelb bedeutet „Vorsicht!", z. B. als Warnung vor Feuer- und Explosionsgefahr, die Farbe Grün „Gefahrlosigkeit! Freier Weg!", z. B. zur Kennzeichnung der Fluchtwege und der Stellen zur Ersten Hilfe.

Gefahrenstellen müssen abgeschirmt und gekennzeichnet werden.

Geeignete Schutzkleidung und Schutzmittel, z. B. Schutzhelme, Schutzbrillen und Sicherheitsgurte, können in vielen Fällen eine Gefährdung und damit Unfälle verhindern.

Gefährdung muß verhindert werden.

Eine weitere wichtige Voraussetzung zur Unfallverhütung ist die regelmäßige Überwachung von elektrischen Anlagen und Geräten, sowie die Verwendung von VDE-mäßigem Installationsmaterial. Von besonderer Bedeutung für den Unfallschutz ist das Gesetz über technische Arbeitsmittel (Gerätesicherheitsgesetz, Seite 270).

Wiederholungsfragen

1. Was versteht man unter direktem Berühren?
2. Wodurch wird bei elektrischen Betriebsmitteln verhindert, daß eine direkte Berührung auftreten kann?
3. Was versteht man unter indirektem Berühren?
4. Welche Maßnahmen sind bei Elektrounfällen in Niederspannungsnetzen zu treffen?
5. Welche Maßnahmen sind bei Elektrounfällen in Hochspannungsnetzen zu treffen?
6. Wie kann man Atemstillstand feststellen?
7. Beschreiben Sie die Atemspende!
8. Wie lange müssen Wiederbelebungsversuche durchgeführt werden?
9. Welche Aufgabe haben die Unfallverhütungsvorschriften?
10. Worauf lassen sich Elektrounfälle in den meisten Fällen zurückführen?

2.2 Schutz elektrischer Leitungen und Verbraucher

2.2.1 Überstromschutzeinrichtung (Sicherungen)

Versuch 36/1: Spannen Sie eine Aluminiumfolie von etwa 5 mm Breite zwischen zwei Klammern! Schließen Sie die beiden Klemmen über einen Strommesser und einen Stelltransformator an das Netz an! Erhöhen Sie langsam die Stromstärke!

Je größer der Strom wird, desto mehr erwärmt sich der Aluminiumstreifen. Er dehnt sich dabei aus, glüht und brennt schließlich durch. Nach dem Schmelzen des Streifens entsteht kurzzeitig ein Lichtbogen.

Jeder stromdurchflossene Leiter erwärmt sich. Durch unzulässig große Ströme können daher *Brände* entstehen. Zur Vermeidung der Brandgefahr in elektrischen Anlagen muß ein zu starker Strom abgeschaltet werden. Als Überstromschutzeinrichtung kann man in die Leitung z. B. eine Schmelzsicherung einbauen. Die Sicherung enthält einen Leiter mit kleinem Querschnitt, der bei zu großem Strom durchschmilzt. Der Stromkreis wird unterbrochen. Dadurch werden Brand oder Zerstörung der Leitungen und der angeschlossenen Geräte verhindert.

Sicherungen schützen Leitungen und Geräte vor Überlastung und Kurzschluß.

Die **Schmelzsicherung** besteht aus *Sicherungssockel, Paßeinsatz* (Paßschraube bzw. Paßhülse), *Schmelzeinsatz* (Sicherungspatrone) und *Schraubkappe* (**Bild 37/1**).

Die vom Netz kommende Leitung ist stets mit dem Fußkontakt, die zum Verbraucher führende Leitung mit dem Gewindering des Sicherungssockels zu verbinden (Bild 37/1). In den Sockel wird die Paßschraube oder die Paßhülse eingesetzt.

Schmelzeinsätze sind zylindrische Hohlkörper aus Porzellan, die mit Quarzsand gefüllt sind. Durch den Quarzsand führen ein oder mehrere Schmelzleiter, die am Kopfkontakt und am Fußkontakt befestigt sind (Bild 37/1). Der Schmelzleiter besteht aus Silber, Kupfer oder einer Legierung aus beiden Metallen. Neben dem Leiterdraht wird vom Fußkontakt aus noch ein *Haltedraht*, z. B. aus Konstantan, zum Kopfkontakt geführt. Am Haltedraht ist über eine kleine Feder der Unterbrechungsmelder befestigt. Beim Durchschmelzen des Schmelzleiters wird auch der Haltedraht unterbrochen und der farbige Unterbrechungsmelder abgeworfen.

Die Nennstromstärken der Schmelzeinsätze sind genormt (**Tabelle 37/1**), ebenso die Sicherungssysteme. Die Systeme D 01, D 02 und D 03 (Handelsname NEOZED) sind platzsparender als die Systeme D I, D II, D III, D IV H und D V H (Handelsname DIAZED). Die Nennstromstärken beim NEOZED-System reichen von 2 A bis 100 A, die Nennspannung bis 380 V. Die Nennstromstärken des DIAZED-Systems gehen von 2 A bis 200 A bei einer Nennspannung von 500 V.

Niederspannungs-Hochleistungssicherungen (NH-Sicherungen) mit Nennstromstärken von 6 A bis über 1000 A werden in 6 Größen verwendet (NH 00, NH 0, NH 1 bis NH 4). Sie haben Messerkontakte. Man kann diese Schmelzeinsätze (NH-Sicherungen Seite 397) nur mit einem isolierten Betätigungsgriff mit daran fest angebrachtem Unterarmschutz einsetzen bzw. entfernen. Das Gesicht muß dabei durch einen Gesichtsschutz geschützt sein. Zum Absichern von Geräten der Meßtechnik und der Elektronik werden Geräteschutzsicherungen (Feinsicherungen) verwendet.

Um eine fahrlässige oder irrtümliche Verwendung von Schmelzeinsätzen für zu hohe Stromstärken zu verhindern, haben die Fußkontakte der Patronen je nach den Nennströmen verschiedene Durchmesser (**Bild 37/2**). Deshalb passen Schmelzeinsätze für höhere Nennströme nicht in Paßeinsätze für niedrigere Nennströme. Eine Ausnahme bilden 10-A-Schmelzeinsätze, die es auch mit dem kleineren Fußkontakt-Durchmesser der 6-A-Patrone gibt.

Paßeinsätze dürfen nicht durch solche für größere Nennströme ersetzt werden.

Durchgeschmolzene Schmelzeinsätze müssen gegen neue ausgewechselt werden. Flicken oder Überbrücken von Schmelzeinsätzen ist verboten, weil dadurch der Schutz der Leitung aufgehoben wird (VDE 0100). Ist ein geflickter oder überbrückter Schmelzeinsatz die Ursache eines Brandes, so kann die Gebäudebrandversicherung die Zahlung der Entschädigung verweigern. Außerdem kann eine Anzeige wegen fahrlässiger Brandstiftung erfolgen.

Sicherungen dürfen nicht geflickt oder überbrückt werden!

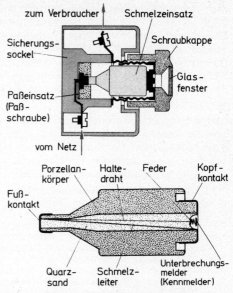

Bild 37/1: Schmelzsicherung (Schraubsicherung) mit Schmelzeinsatz

Tabelle 37/1: Schmelzsicherungen		
Nennstrom in A	Kennfarbe	Gewinde der Schraubkappe
6	grün	E 27 bzw. E 14, E 18 (E 18 ab 20 A)
10	rot	
16	grau	
20	blau	
25	gelb	
35	schwarz	E 33 bzw. E 18
50	weiß	
63	kupfer	
80	silber	R 1¼″ bzw. M 30x2
100	rot	
Weitere Sicherungen siehe Tabellenbuch Elektrotechnik		

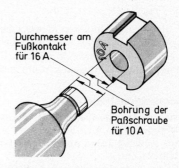

Durchmesser am Fußkontakt für 16 A

Bohrung der Paßschraube für 10 A

Bild 37/2: Unverwechselbarkeit der Schmelzeinsätze

Man unterscheidet flinke und superflinke sowie träge und mittelträge Sicherungen. Übliche Schmelzeinsätze, sogenannte *flinke* Sicherungen, unterbrechen beim etwa 3,5fachen Nennstrom den Stromkreis sofort **(Bild 38/1)**. Verbraucher, die beim Einschalten Stromstöße hervorrufen, z. B. Motoren, werden mit *trägen* Sicherungen gesichert. Träge Sicherungen halten kurzzeitig hohe Stromstöße aus. Man verwendet sie z. B. als Hausanschlußsicherungen.

Überstromschutzeinrichtungen sind überall dort einzubauen, wo sich der Leiterquerschnitt verringert, z. B. beim Übergang von 4 mm² auf 1,5 mm². Der Kurzschlußschutz muß am Anfang der zu schützenden Leitung liegen. Der Überlastschutz kann an beliebiger Stelle des Stromkreises angebracht werden.

Für Dioden, Transistoren, Thyristoren und andere Halbleiterbauelemente bieten Schmelzsicherungen mit flinker oder gar träger Auslösecharakteristik keinen Schutz. Die Siliciumkristalle z. B. von Halbleiterdioden sind sehr empfindlich gegen Überlastung und damit gegen zu hohe Temperaturen. Sie werden zerstört, bevor flinke oder träge Schmelzeinsätze ansprechen. Zum Schutz von Halbleiterbauelementen werden daher Schmelzeinsätze verwendet, die eine superflinke (überflinke) Charakteristik besitzen. Ihre Ansprechzeit liegt beim 5fachen Nennstrom im Bereich von wenigen Millisekunden. Solche Sicherungen sind jedoch nur gering überlastbar (etwa 10%). Sie sind an einem gelben Farbring am Keramikkörper erkennbar (Handelsnamen z. B. Silized, Superrapid).

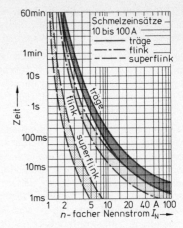

Bild 38/1: Stromzeitkennlinien von flinken und trägen Schmelzeinsätzen

Die Nennstromstärke der Überstromschutzeinrichtung richtet sich nach dem Nennquerschnitt der Leitung. Für Leitungen sind Mindestquerschnitte vorgeschrieben, z. B. für feste, geschützte Verlegung mit Kupferleitungen 1,5 mm², für Fassungsadern 0,75 mm². Diese Querschnitte dürfen nicht unterschritten werden.

Jedem Leitungsquerschnitt entspricht der Nennstrom der Überstromschutzeinrichtung. So darf z. B. eine Cu-Leitung mit 2,5 mm² Querschnitt, in Kunststoffrohr (Gruppe 1), mit 16 A abgesichert werden, als Mehraderleitung, z. B. als Mantelleitung (Gruppe 2), dagegen mit 20 A. Die Nennstromstärke darf nicht überschritten werden.

Es darf nicht höher als zulässig abgesichert werden.

Leitungsschutzschalter. An Stelle von Schmelzsicherungen 6 bis 35 A werden meist Leitungsschutzschalter (LS-Schalter, Seite 100), auch Sicherungsautomaten genannt, verwendet. Bei Überlastung löst ein thermischer Auslöser (Seite 99) verzögert aus. Tritt ein Kurzschluß auf, so unterbricht ein elektromagnetischer Auslöser (Schnellauslöser Seite 98) sofort. Leitungsschutzschalter haben gegenüber Schmelzsicherungen den Vorteil, daß sie nach dem Abschalten wieder betriebsbereit gemacht werden können.

Selektivität. In Anlagen, z. B. einem Wohnhaus, sind immer mehrere Stromkreise vorhanden, die einzeln abgesichert werden, z. B. mit 10 A, 16 A oder 25 A. Am Anfang der Verteilerzuleitung zu jeder Wohnung wird ebenfalls abgesichert, z. B. mit 35 A. Mehrere Verteilerzuleitungen werden in der Hauptleitung zusammengefaßt, die ebenfalls abgesichert ist, z. B. mit 63 A. Durch dieses gestufte Absichern (Selektivität*, Seite 100) erreicht man, daß nur die Sicherung auslöst, die unmittelbar vor der Fehlerstelle liegt.

Selektivität liegt dann vor, wenn im Fehlerfall nur die Überstromschutzeinrichtung abschaltet, die unmittelbar vor der Fehlerquelle liegt.

Aus Sicherheitsgründen stuft man die in einer Leitung in Reihe geschalteten Überstromschutzeinrichtungen ab, d. h. das am Anfang der Leitung eingebaute Schutzorgan wird 2 bis 3 Nennstromstufen höher gewählt als das am Ende der Leitung. Dadurch ist gewährleistet, daß im Fehlerfall (Kurzschluß oder Überlastung) nur die Schutzeinrichtung auslöst, die der Fehlerstelle am nächsten liegt.

Wiederholungsfragen

1. Welche Aufgaben haben Überstromschutzeinrichtungen?
2. Aus welchen Teilen besteht eine Schmelzsicherung?
3. Welche Aufgaben haben Paßeinsätze?
4. Warum dürfen Schmelzeinsätze weder geflickt noch überbrückt werden?
5. Welche Arten von Schmelzsicherungen unterscheidet man?
6. Welchen Vorteil haben Leitungsschutzschalter?
7. In welchem Fall liegt Selektivität vor?

* selectivus (lat.) = ausgewählt

2.2.2 Brandbekämpfung in elektrischen Anlagen

Im Brandfall ist die Anlage sofort spannungsfrei zu machen, z. B. durch Ausschalten des Stromkreisschalters und Abschalten der Stromkreiszuleitungen im Verteiler oder bei ortsveränderlichen Geräten durch Herausziehen des Netzsteckers. Bei Anlagen über 1 kV dürfen nur Fachkräfte und unterwiesene Personen (Seite 270) die Anlage spannungsfrei schalten.

Als Löschmittel kommen bei Bränden in elektrischen Anlagen zum Einsatz: Wasser, Luftschaum, Löschpulver, Halone und Kohlendioxid.

Wasser soll im Bereich elektrischer Anlagen möglichst mit Sprühstrahl eingesetzt werden. Die Mindestabstände (**Tabelle 39/1**) dürfen nicht unterschritten werden. Muß Wasser als Vollstrahl verwendet werden, vergrößern sich die Abstände.

Luftschaum (Schaum) ist ein Gemisch aus Luft, Wasser und Schaummittel. Er wird vor allem bei Flüssigkeitsbränden eingesetzt (Brandklasse B, Tabelle 39/1). Da Schaum elektrisch leitet, darf er nur in spannungsfreien Anlagen eingesetzt werden, mit Ausnahme bei Anlagen bis 1 kV unter Einhaltung der Mindestabstände.

Löschpulver ist ein Gemisch aus ungiftigen, anorganischen Substanzen, z. B. Natriumhydrogenkarbonat („Natron"). Man unterscheidet ABC- und BC-Pulver. ABC-Pulver darf nur in Anlagen bis 1 kV eingesetzt werden. In staubgefährdeten Anlagen, z. B. Verteilerschränken mit Schützen und Relais oder in Fernmeldeanlagen, ist der Einsatz von Löschpulver zu vermeiden.

Halone sind unbrennbare, halogenhaltige Kohlenwasserstoffe, z. B. Tetrachlorkohlenstoff. Sie leiten den elektrischen Strom nicht, sind jedoch in starker Konzentration gesundheitsgefährdend. In elektrischen Anlagen ist die Verwendung von Halonen unbedenklich. Da Halone schwerer als Luft sind, dürfen sie jedoch nicht in wenig belüfteten Räumen eingesetzt werden.

Kohlendioxid (Kohlensäure, CO_2), ein farbloses und geruchloses Gas, ist ein elektrischer Nichtleiter. Es ist etwa 1,5mal schwerer als Luft. Bei starker CO_2-Konzentration besteht Erstickungsgefahr. Weil CO_2 schnell verflüchtigt, ist es im Freien nur von begrenzter Wirkung. Es darf, außer bei Bränden der Brandklassen A und D (Tabelle 39/1), in elektrischen Anlagen eingesetzt werden. Nach den Löscharbeiten müssen die Räume gut durchlüftet werden.

Brände von Metallen (Brandklasse D), insbesondere von Leichtmetallen, wie Aluminium, Magnesium und deren Legierungen, werden mit Spezial-Löschpulver oder mit trockenem Sand gelöscht.

In Erzeugungs- und Verteilungsanlagen werden im Brandfall so wenig Anlageteile wie möglich abgeschaltet. Die Benützung von Aufzügen ist wegen der Gefahr eines Stromausfalls zu vermeiden. Das Berühren von herabgefallenen Leitungen oder von Metallteilen, z. B. Rohrleitungen, kann lebensgefährlich sein, da sie unter Spannung stehen können. Lichtbögen lassen sich mit keinem Löschmittel löschen. Brennende Personen sind am Fortlaufen zu hindern und notfalls zum Ersticken der Flammen am Boden zu wälzen. Zum Löschen von brennender Kleidung eignet sich Wasser oder eine Löschdecke.

Wiederholungsfragen

1. Welche Löschmittel dürfen in Niederspannungsanlagen, die unter Spannung stehen, verwendet werden?
2. Welche Löschmittel sind in Hochspannungsanlagen einzusetzen?
3. Welche Gefahr entsteht beim Einsatz von CO_2 als Löschmittel?
4. Warum ist im Brandfall die Benützung von Aufzügen verboten?
5. Wie löscht man brennende Personen?

Tabelle 39/1: Mindestabstände zwischen Löschmittelaustrittsöffnung und unter Spannung stehenden Anlageteilen (Nach VDE 0132)

Löschmittel	für Brandklasse	Mindestabstände in Metern bei Anlagen bis				
		1 kV	30 kV	110 kV	220 kV	380 kV
Wasser Sprühstrahl	A	1	3	3	4	5
Vollstrahl	A	5	5	6	7	8
Luftschaum	A, B,	3	Einsatz nur in spannungsfreien Anlagen zulässig.			
Löschpulver	A, B, C	1				
Löschpulver	B, C	1	3	3	4	5
Halone	B, C	1	3	3	4	5
Kohlendioxid (CO_2)	B, C	1	3	3	4	5

Brandklassen:

A: Brände fester organischer Stoffe, z. B. Holz, Papier, Textilien, Kohle
B: Brände von flüssigen oder flüssig werdenden Stoffen, z. B. Benzin, Teer, Öle, Fette
C: Brände von Gasen, z. B. Wasserstoff, Acetylen, Propan
D: Brände von Metallen, z. B. Al, Mg und ihren Legierungen

3 Grundschaltungen

3.1 Reihenschaltung

Bei der Reihenschaltung werden die einzelnen Verbraucher, z. B. Glühlampen, so geschaltet, daß sie nacheinander vom gleichen Strom durchflossen werden. Die Reihenschaltung nennt man auch *Hintereinanderschaltung*.

3.1.1 Gesetze der Reihenschaltung

Versuch 40/1: Schalten Sie zwei Glühlampen in Reihe an einen Spannungserzeuger! Messen Sie den Strom vor, zwischen und nach den beiden Verbrauchern (**Bild 40/1**)! Vergleichen Sie die Meßergebnisse miteinander!

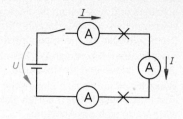

**Bild 40/1:
Reihenschaltung,
Messen des Stromes**

Alle Strommesser zeigen die gleiche Stromstärke an.

Der Strom ist in der Reihenschaltung an allen Stellen gleich, weil er sich bei dieser Schaltung nirgends verzweigt.

In der Reihenschaltung fließt überall derselbe Strom.

Versuch 40/2: Schalten Sie zwei Verbraucher, z. B. zwei Glühlampen, in Reihe an einen Spannungserzeuger, z. B. an eine Batterie, und messen Sie die Spannungen (**Bild 40/2**)! Vergleichen Sie diese Spannungen!

Die Teilspannungen sind zusammen so groß wie die angelegte Spannung.

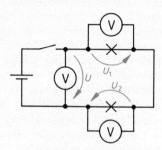

Bei der Reihenschaltung liegt an jedem Verbraucher ein Teil der Spannung. Die Gesamtspannung teilt sich auf die einzelnen Widerstände auf (Spannungsteilung).

**Bild 40/2: Reihenschaltung,
Messen der Spannung**

Bei der Reihenschaltung ist die Summe der Teilspannungen so groß wie die angelegte Spannung.

$$U = U_1 + U_2 + \dots$$

In jedem geschlossenen Stromkreis ist die Summe der erzeugten Spannungen gleich der Summe der verbrauchten Spannungen (Zweite Kirchhoffsche Regel*, Maschenregel).

Versuch 40/3: Wiederholen Sie Versuch 40/2, messen Sie aber auch den Strom! Berechnen Sie aus Strom, Teilspannungen und Gesamtspannung die Widerstände der beiden Verbraucher und den Gesamtwiderstand der Reihenschaltung!

Der Gesamtwiderstand der beiden Verbraucher ist so groß wie die Summe der beiden Einzelwiderstände.

$$\frac{U}{I} = \frac{U_1}{I} + \frac{U_2}{I} \Rightarrow R = R_1 + R_2$$

Bei der Reihenschaltung ist der Gesamtwiderstand gleich der Summe der Einzelwiderstände.

$$R = R_1 + R_2 + \dots$$

Den gesamten Widerstand einer Schaltung nennt man auch Ersatzwiderstand. Er kann die Einzelwiderstände ersetzen. Der Ersatzwiderstand nimmt an der gleichen Spannung den gleichen Strom auf wie die in Reihe geschalteten Einzelwiderstände.

Beispiel: Zwei Widerstände, $R_1 = 30\ \Omega$ und $R_2 = 80\ \Omega$, sind in Reihe geschaltet und liegen an 220 V. Berechnen Sie den Ersatzwiderstand, den Strom und die Teilspannungen, die an den einzelnen Widerständen liegen! Berechnen Sie ferner das Verhältnis der Teilspannungen und das Verhältnis der einzelnen Widerstände!

Lösung: $\quad R = R_1 + R_2 = 30\ \Omega + 80\ \Omega = \textbf{110}\ \boldsymbol{\Omega}; \qquad I = \dfrac{U}{R} = \dfrac{220\ \text{V}}{110\ \Omega} = \textbf{2 A}$

$\quad U_1 = I \cdot R_1 = 2\ \text{A} \cdot 30\ \Omega = \textbf{60 V}; \qquad U_2 = I \cdot R_2 = 2\ \text{A} \cdot 80\ \Omega = \textbf{160 V}$

$\quad U = U_1 + U_2 = 60\ \text{V} + 160\ \text{V} = \textbf{220 V}$

$\quad \dfrac{U_1}{U_2} = \dfrac{60\ \text{V}}{160\ \text{V}} = \dfrac{60}{160} = \dfrac{\textbf{3}}{\textbf{8}}; \qquad \dfrac{R_1}{R_2} = \dfrac{30\ \Omega}{80\ \Omega} = \dfrac{30}{80} = \dfrac{\textbf{3}}{\textbf{8}}$

* Kirchhoff, deutscher Physiker (1824 bis 1887)

Aus dieser Rechnung ersieht man, daß bei der Reihenschaltung am größeren Widerstand die größere Spannung und am kleineren Widerstand die kleinere Spannung liegt.

Am größeren Widerstand liegt in der Reihenschaltung die größere Spannung.

Vergleicht man die Teilspannungen mit den Einzelwiderständen, so stellt man fest, daß sich die Teilspannung U_1 zur Teilspannung U_2 wie der Einzelwiderstand R_1 zum Einzelwiderstand R_2 verhält.

$$\frac{U_1}{U_2} = \frac{I \cdot R_1}{I \cdot R_2} = \frac{R_1}{R_2} \qquad \boxed{\frac{U_1}{U_2} = \frac{R_1}{R_2}}$$

Bei der Reihenschaltung verhalten sich die Spannungen zueinander wie die zugehörigen Widerstände.

Anwendungen der Reihenschaltung. Verbraucher, z. B. Glühlampen, werden selten in Reihe geschaltet. Fällt nämlich ein Verbraucher aus, so ist der ganze Stromkreis unterbrochen. Bei Illuminationslampen, z. B. Christbaumbeleuchtungen und manchen Reklamebeleuchtungen, wird die Reihenschaltung angewendet. Um bei solchen Beleuchtungen zu verhindern, daß beim Durchbrennen einer Lampe der ganze Stromkreis unterbrochen wird, überbrückt man jede Lampe mit einem Heißleiter (Seite 305). Beim Durchbrennen der Lampen fließt dann ein größerer Strom durch den Heißleiter. Dieser wird warm, sein Widerstand geringer, so daß er als Stromweg für die ausgefallene Lampe dienen kann.

Spannungserzeuger, z. B. einzelne Zellen von Akkumulatoren, können ebenfalls in Reihe geschaltet werden (Seite 149). Dadurch wird die Spannung vergrößert. Auch beim Fließen des elektrischen Stromes durch den menschlichen Körper liegt eine Reihenschaltung von Widerständen (Übergangswiderstände und Durchgangswiderstände) vor.

3.1.2 Vorwiderstände

Versuch 41/1: Schalten Sie eine Glühlampe, 4,5 V/1 A, in Reihe mit einem verstellbaren Widerstand von mindestens 250 Ω! Achten Sie darauf, daß der volle Widerstand eingeschaltet ist! Legen Sie die Schaltung über ein Netzgerät an 220 V, und stellen Sie den Widerstand so ein, daß die Glühlampe hell aufleuchtet! Messen Sie die Spannung an der Lampe!

An der Glühlampe liegt eine Spannung von nur 4,5 V.

Soll ein Verbraucher an eine größere Spannung als seine Nennspannung gelegt werden, so kann zum Herabsetzen der Spannung ein Widerstand vorgeschaltet werden. Dieser *Vorwiderstand* R_v ist mit dem Verbraucher in Reihe geschaltet. Er ist so zu bemessen, daß an ihm die überschüssige Spannung abfällt. Der Vorwiderstand muß für die Nennstromstärke des Verbrauchers gebaut sein, andernfalls würde er durchbrennen.

Elektrogeräte können durch Vorschalten eines Widerstandes an eine höhere Spannung als ihre Nennspannung gelegt werden.

Beispiel: Eine Glühlampe hat eine Nennspannung $U_N = 110$ V und einen Strom von 0,36 A. Sie wird über einen Vorwiderstand an ein 220-V-Netz angeschlossen. Berechnen Sie den Vorwiderstand!

Lösung: *Spannung am Vorwiderstand:* $U_v = U - U_N = 220$ V $- 110$ V $= $ **110 V**

$$\text{Vorwiderstand:} \qquad R_v = \frac{U_v}{I} = \frac{110\ \text{V}}{0,36\ \text{A}} = \textbf{306 Ω}$$

Man verwendet Vorwiderstände z. B. zum Herabsetzen des Anlaufstromes von Elektromotoren (Anlasser Seite 233) oder zum Einstellen des Ladestromes bei Batterieladegeräten. Auch Glimmlampen und Spannungsprüfer mit eingebauter Glimmlampe sowie Halbleiterbauelemente benötigen zur Strombegrenzung Vorwiderstände.

In Vorwiderständen wird Wärme erzeugt. Wegen dieser Nebenwirkung wird von der Möglichkeit, durch einen Vorwiderstand eine Spannung herabzusetzen, in der Elektrotechnik nur bei Verbrauchern mit kleiner Leistung Gebrauch gemacht.

In Vorwiderständen wird unerwünschte Wärme erzeugt.

3.1.3 Meßbereicherweiterung bei Spannungsmessern

Spannungsmesser können bis zum Meßbereichendwert messen. Der Meßbereichendwert* ist der Meßwert, bei dem der Zeiger Vollausschlag zeigt. Zum Messen von höheren Spannungen muß der Meßbereich erweitert werden. Einem Meßwerk (Seite 288) wird hierzu ein Vorwiderstand R_v vorgeschaltet **(Bild 42/1)**. Die Teilspannung U_m am Meßwerk darf höchstens Vollausschlag bewirken. Die überschüssige Spannung U_v muß am Vorwiderstand abfallen. Die Spannung U_v ist um die Spannung U_m kleiner als die Meßspannung U.

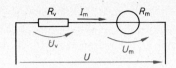

Bild 42/1: Meßbereicherweiterung durch Vorwiderstand

Beispiel: Ein Meßwerk hat bei 0,3 V und 0,6 mA Vollausschlag. Berechnen Sie den Vorwiderstand für einen Spannungsmesser mit einem Meßbereich von 1,5 V.

Lösung: $R_v = \dfrac{U_v}{I_m} = \dfrac{U - U_m}{I_m} = \dfrac{1,5\,V - 0,3\,V}{0,0006\,A} = \dfrac{1,2\,V}{0,0006\,A} = \mathbf{2000\,\Omega}$

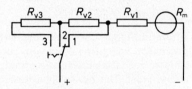

Bild 42/2: Schaltplan eines Mehrbereich-Spannungsmessers

Bei Verdopplung des Meßbereichs muß am Vorwiderstand eine gleich große Spannung wie am Meßwerk abfallen. Der Vorwiderstand R_v ist dann gleich groß wie der Meßwerkwiderstand R_m des Meßwerks. Bei dreifachem Meßbereich muß R_v doppelt so groß sein wie R_m und beim vierfachen Meßbereich dreimal so groß. Bei Erweiterung des Meßbereichs auf den n-fachen Wert benötigt man dann einen $(n-1)$fachen Widerstand. Der Vorwiderstand ist in diesem Fall $R_v = (n-1) \cdot R_m$. Mehrbereich-Spannungsmesser **(Bild 42/2)** haben umschaltbare Vorwiderstände.

$$R_v = \frac{U - U_m}{I_m}$$

$$R_v = (n-1) \cdot R_m$$

3.1.4 Spannungsfall in Leitungen

Versuch 42/1: Schließen Sie eine Glühlampe, 4,5 V/ 1 A, über einen Strommesser und über eine etwa 20 m lange Leitung aus Klingeldraht (⌀ 0,6 mm) an einen Akkumulator oder an ein Netzgerät an **(Bild 42/3)**! Messen Sie die Spannung an den Klemmen des Spannungserzeugers und die Spannung an der Glühlampe! Vergleichen Sie die Spannungen miteinander!

Die Spannung an der Lampe ist kleiner als die Spannung an den Klemmen des Spannungserzeugers.

Auch Leitungen haben einen Widerstand. Im Stromkreis sind Verbraucher und Leitungen in Reihe geschaltet. Die angelegte Spannung verteilt

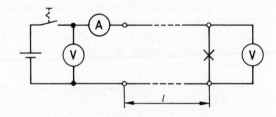

Bild 42/3: Spannungsfall in Leitungen

sich auf die Hinleitung, den Verbraucher und die Rückleitung. An beiden Leitungen fällt ein Teil der angelegten Spannung ab. Dieser *Spannungsabfall* U_a in den Leitungen geht dem Verbraucher verloren. Nach VDE und TAB (Techn. Anschlußbedingungen) spricht man vom *Spannungsfall*.

An jedem stromdurchflossenen Leiter fällt Spannung ab.

Versuch 42/2: Wiederholen Sie Versuch 42/1, und schalten Sie parallel zu der Glühlampe eine zweite Lampe von 4,5 V/1 A!

Beim Einschalten der zweiten Lampe geht die Spannung an den Verbrauchern etwas zurück.

Ein größerer Strom ruft in den Leitungen einen größeren Spannungsfall U_a hervor. Der Spannungsfall U_a ist außerdem vom Leiterwiderstand R_{Ltg} abhängig (Seite 29).

---

* Meßbereichendwerte siehe Tabellenbuch Elektrotechnik

Der Spannungsfall in der Leitung wird um so größer, je größer der Strom im Leiter und je größer der Leiterwiderstand sind.

$$U_a = I \cdot R_{Ltg}$$

Ein Spannungsfall in den Leitungen verursacht Energieverluste, die in Wärme umgewandelt werden. Man ist deshalb bestrebt, den Spannungsfall möglichst klein zu halten. Der Spannungsfall wird meist in % der Nennspannung angegeben. (Zulässiger Spannungsfall Seite 405). Das Formelzeichen für den prozentualen Spannungsfall ist u_a.

Beispiel: Eine 10 m lange 2adrige Leitung aus 1,5 mm² Kupfer ist mit 13 A belastet.

Wie groß ist der Spannungsfall in dieser Leitung in V und in % der Netzspannung 220 V?

Lösung: $R_{Ltg} = \dfrac{2 \cdot l}{\varkappa \cdot A} = \dfrac{2 \cdot 10 \text{ m}}{56 \dfrac{\text{m}}{\Omega \cdot \text{mm}^2} \cdot 1,5 \text{ mm}^2} = \textbf{0,238 } \Omega$

$U_a = I \cdot R_{Ltg} = 13 \text{ A} \cdot 0,238 \ \Omega = \textbf{3,1 V;} \qquad u_a = \dfrac{U_a \cdot 100\%}{U} = \dfrac{3,1 \text{ V} \cdot 100\%}{220 \text{ V}} = \textbf{1,41\%}$

Wiederholungsfragen

1. Wie werden Verbraucher in Reihe geschaltet?
2. Nach welcher Formel läßt sich bei der Reihenschaltung der Gesamtwiderstand errechnen?
3. Wie verhalten sich bei der Reihenschaltung die Teilspannungen und die zugehörigen Widerstände?
4. Nennen Sie Beispiele für die Reihenschaltung von Verbrauchern!
5. Welche Aufgabe hat ein Vorwiderstand?
6. Wie wird der Meßbereich eines Spannungsmessers erweitert?
7. Von welchen Größen hängt der Spannungsfall in einem Leiter ab?
8. Warum ist man bestrebt, den Spannungsfall in der Leitung so klein wie möglich zu halten?

3.2 Parallelschaltung

3.2.1 Gesetze der Parallelschaltung

Bei der Parallelschaltung sind jeweils alle Stromeintrittsklemmen und jeweils alle Stromaustrittsklemmen miteinander verbunden.

Versuch 43/1: Schalten Sie drei Verbraucher, z. B. Glühlampen, parallel an einen Spannungserzeuger! Messen Sie nacheinander die Spannungen am Spannungserzeuger und an den einzelnen Verbrauchern (**Bild 43/1**), und vergleichen Sie die Meßwerte miteinander!

Die Spannungen an den Verbrauchern und am Spannungserzeuger sind gleich groß.

An parallel geschalteten Verbrauchern liegt dieselbe Spannung.

Durch die Parallelschaltung ist es möglich, gleichzeitig mehrere Verbraucher unabhängig voneinander an denselben Spannungserzeuger anzuschließen. Daher werden die am Ortsnetz angeschlossenen Verbraucher parallel geschaltet.

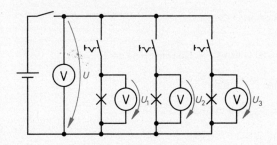

Bild 43/1: Parallelschaltung, Messen der Spannungen

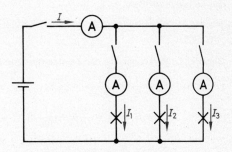

Bild 43/2: Parallelschaltung, Messen der Ströme

Versuch 44/1: Schalten Sie drei parallel geschaltete Verbraucher, z. B. Glühlampen, an einen Spannungserzeuger! Messen Sie nacheinander den Strom in der Zuleitung und die Ströme, die zu den einzelnen Verbrauchern fließen **(Bild 43/2)**! Vergleichen Sie die Ströme miteinander!

Die Ströme in den einzelnen Verbrauchern ergeben zusammen den Gesamtstrom in der Zuleitung.

Der Strom in der Zuleitung verzweigt sich auf die einzelnen Verbraucher. Man nennt die Ströme in den einzelnen Verbrauchern *Zweigströme* oder *Teilströme*.

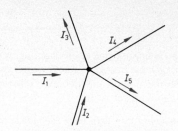

Bild 44/1: Knotenpunktregel

Bei der Parallelschaltung ist der Gesamtstrom gleich der Summe der Zweigströme.

Betrachtet man in einer Schaltung nur die Verzweigungspunkte **(Bild 44/1)**, so gilt für jeden dieser Punkte:

$$I_1 + I_2 = I_3 + I_4 + \ldots$$

Die Summe der auf einen Verzweigungspunkt (Knotenpunkt, Bild 44/1) zufließenden Ströme ist gleich der Summe der abfließenden Ströme (Erste Kirchhoffsche Regel; Knotenpunktregel).

Knotenpunktregel:

$$\Sigma I_{zu} = \Sigma I_{ab}$$ *

Versuch 44/2: Schalten Sie zwei verschieden große Widerstände parallel, z. B. 50 Ω und 100 Ω, und schließen Sie diese Widerstände an einen Spannungserzeuger an! Messen Sie nacheinander die Zweigströme, und vergleichen Sie die Meßwerte mit den Widerständen!

Durch den größeren Widerstand fließt der kleinere Strom. Durch den kleineren Widerstand fließt der größere Strom.

An den Widerständen liegt bei der Parallelschaltung dieselbe Spannung. Deshalb verhalten sich die Zweigströme umgekehrt wie die zugehörigen Widerstände.

$$U_1 = U_2$$
$$I_1 \cdot R_1 = I_2 \cdot R_2$$

Bei der Parallelschaltung verhalten sich die Ströme umgekehrt wie die zugehörigen Widerstände.

$$\frac{I_1}{I_2} = \frac{R_2}{R_1}$$

Versuch 44/3: Schließen Sie einen Verbraucher, z. B. eine Glühlampe, an ein Netzgerät an! Messen Sie den Strom in der Zuleitung und die Spannung am Verbraucher! Schalten Sie nacheinander einen zweiten und dritten Verbraucher parallel, z. B. Glühlampen, und beobachten Sie die Anzeige von Spannungs- und Strommesser!

Bei der Parallelschaltung weiterer Verbraucher nimmt der Strom in der Zuleitung zu, die Spannung an den Verbrauchern bleibt dagegen gleich.

Den gesamten Widerstand nennt man auch *Ersatzwiderstand*. Er kann die Einzelwiderstände ersetzen. Der Ersatzwiderstand nimmt bei der gleichen Spannung den gleichen Strom auf wie die parallel geschalteten Einzelwiderstände.

Durch Parallelschalten mehrerer Verbraucher wird der sogenannte Ersatzwiderstand im Stromkreis kleiner.

Bei der Parallelschaltung ist der Ersatzwiderstand stets kleiner als der kleinste Zweigwiderstand.

Wie sich bei der Parallelschaltung die Zweigströme zum Gesamtstrom summieren, so summieren sich auch die Leitwerte der einzelnen Zweige zum Ersatzleitwert der Parallelschaltung. Durch Parallelschalten wird der Leitwert größer.

Bei der Parallelschaltung ist der Ersatzleitwert gleich der Summe der Einzelleitwerte.

$$G = G_1 + G_2 + \ldots$$

Beispiel 1: Berechnen Sie den Ersatzwiderstand R für $R_1 = 50\ \Omega$ und $R_2 = 100\ \Omega$ mit Hilfe der Leitwerte!

Lösung:

$$G_1 = \frac{1}{R_1} = \frac{1}{50\ \Omega} = \frac{1}{50}\ \text{S}; \qquad G_2 = \frac{1}{R_1} = \frac{1}{100\ \Omega} = \frac{1}{100}\ \text{S}$$

$$G = G_1 + G_2 = \frac{1}{50}\ \text{S} + \frac{1}{100}\ \text{S} = \frac{2+1}{100}\ \text{S} = \frac{3}{100}\ \text{S} = 0{,}03\ \text{S}$$

$$R = \frac{1}{G} = \frac{1}{0{,}03\ \text{S}} = \frac{100}{3}\ \frac{1}{\text{S}} = \frac{100}{3\ \text{S}} = \mathbf{33^{1}/_{3}\ \Omega}$$

* Σ = griech. Großbuchstabe Sigma: mathematisches Zeichen für Summe
Gesprochen: Summe von . . .

Anstelle der Leitwerte kann man auch mit den Kehrwerten der Widerstände rechnen.

Bei n gleichen Widerständen ist der Ersatzwiderstand der Parallelschaltung gleich dem n-ten Teil eines Einzelwiderstandes $R = \dfrac{R_1}{n}$.

Bei nur zwei parallel geschalteten Widerständen läßt sich die Formel zur Berechnung des Ersatzwiderstandes R vereinfachen:

$$\boxed{\dfrac{1}{R} = \dfrac{1}{R_1} + \dfrac{1}{R_2} + \dfrac{1}{R_3} + \ldots}$$

$$\dfrac{1}{R} = \dfrac{1}{R_1} + \dfrac{1}{R_2}$$

$$\dfrac{1}{R} = \dfrac{R_1 + R_2}{R_1 \cdot R_2}$$

$$\boxed{R = \dfrac{R_1 \cdot R_2}{R_1 + R_2}}$$

Beispiel 2: Berechnen Sie den Ersatzwiderstand aus Beispiel 1 nach der Formel für zwei parallel geschaltete Widerstände!

Lösung: $\quad R = \dfrac{R_1 \cdot R_2}{R_1 + R_2} = \dfrac{50\ \Omega \cdot 100\ \Omega}{50\ \Omega + 100\ \Omega} = \dfrac{5000\ \Omega^2}{150\ \Omega} = \mathbf{33^{1}/_{3}\ \Omega}$

3.2.2 Anwendungen der Parallelschaltung

Glühlampen, elektrische Haushaltgeräte, Elektromotoren usw. werden für genormte Spannungen, z. B. 220 V, hergestellt. Wenn die Verbraucher für die gleiche Nennspannung bemessen sind, können sie in Parallelschaltung ans Netz gelegt werden. Auch Generatoren, Transformatoren und galvanische Elemente gleicher Spannung schaltet man parallel, wenn große Ströme geliefert werden sollen. Zur Erweiterung des Meßbereiches von Strommessern schaltet man dem Strommesser einen Nebenwiderstand parallel (Seite 48).

Wiederholungsfragen

1. Wie schaltet man Verbraucher parallel?
2. Welchen Vorteil bietet die Parallelschaltung von Verbrauchern?
3. Wie verhalten sich bei der Parallelschaltung die Zweigströme zu den dazugehörigen Widerständen?
4. Was versteht man unter dem Ersatzwiderstand?
5. Nach welcher Formel berechnet man den Ersatzwiderstand bei der Parallelschaltung?
6. Nennen Sie Beispiele für die Anwendung der Parallelschaltung!

3.3 Gemischte Schaltungen

In der Praxis kommen häufig Schaltungen vor, die Kombinationen von Reihenschaltungen und Parallelschaltungen sind. Solche Schaltungen nennt man gemischte Schaltungen oder Reihen-Parallel-Schaltungen. Man kann drei Widerstände z. B. nach **Bild 45/1** schalten. Zum Widerstand R1 kann eine Parallelschaltung, bestehend aus den Widerständen R2 und R3, in Reihe geschaltet sein (Bild 45/1, links). Die drei Widerstände können aber auch aus einer Reihenschaltung von R1 und R2 bestehen, zu der ein Widerstand R3 parallel geschaltet ist (Bild 45/1, rechts).

Man löst eine gemischte Schaltung auf, indem man zunächst die Ersatzwiderstände von Teilen einer solchen Schaltung berechnet, z. B. R23 aus R2 und R3 bzw. R12 aus R1 und R2 (**Bild 45/2**) und dann den Ersatzwiderstand der ganzen Schaltung.

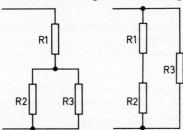

Bild 45/1: Schaltungsmöglichkeiten von drei Verbrauchern

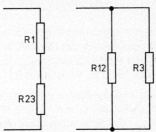

Bild 45/2: In Einzelschaltungen aufgelöste gemischte Schaltungen von Bild 45/1

3.3.1 Spannungsteiler

Manche Elektrogeräte benötigen eine Spannung, die einstellbar ist. So kann z. B. die Helligkeit einer Glühlampe, die Temperatur eines Heizgerätes oder die Drehzahl eines Motors durch Änderung der angelegten Spannung vergrößert oder verkleinert werden. Bei industriell gefertigten Geräten erzielt man dies z. B. durch Stelltransformatoren (Seite 211). Bei Geräten mit kleiner Leistung läßt sich eine veränderliche Spannung auch mit Stellwiderständen (Potentiometer*) herstellen. Diese beruhen auf dem Prinzip des Spannungsteilers.

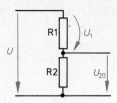

Bild 46/1: Unbelasteter Spannungsteiler

Der einfache Spannungsteiler besteht aus zwei in Reihe geschalteten Widerständen R1 und R2 **(Bild 46/1)**. An den beiden äußeren Klemmen der Reihenschaltung liegt die Gesamtspannung U, am Widerstand R2 wird die Teilspannung U_2 bzw. U_{20} abgegriffen. Im Gegensatz zum Vorwiderstand (Bild 42/1) liegt der Widerstand des Spannungsteilers stets an der vollen Spannung. Je nach Wert des Widerstandes R1 und R2 bzw. der Stellung des Schleifers beim Potentiometer **(Bild 46/2)** erhält der Verbraucher unterschiedliche Teile der Spannung, z. B. in der Stellung des Schleifers bei Bild 46/2 ganz oben eine große Spannung, in der Schleiferstellung ganz unten die Spannung Null.

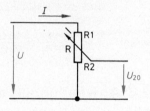

Bild 46/2: Stetig verstellbarer Spannungsteiler

In der Praxis verwendet man meist stetig (stufenlos) verstellbare Spannungsteiler. Damit läßt sich die Spannung U_2 von Null bis zum Wert der Gesamtspannung U stufenlos einstellen. Man unterscheidet den unbelasteten und den belasteten Spannungsteiler.

Unbelasteter Spannungsteiler. Ein Spannungsteiler ist unbelastet, wenn man ihm keinen Strom entnimmt (Bild 46/1). Man kann den Spannungsteiler auch dann noch als unbelastet betrachten, wenn der entnommene Strom wesentlich kleiner als der Gesamtstrom ist.

Beim unbelasteten Spannungsteiler wird die Gesamtspannung U in die Teilspannungen U_1 und U_{20} aufgeteilt. Die Spannung U_2 verhält sich zur Gesamtspannung U wie der Teilwiderstand R_2 zum Gesamtwiderstand $(R_1 + R_2)$.

$$\frac{U_{20}}{U} = \frac{R_2}{R_1 + R_2} \qquad \boxed{U_{20} = \frac{R_2}{R_1 + R_2} \cdot U}$$

Beispiel: Ein Spannungsteiler mit den Teilwiderständen 50 Ω und 200 Ω liegt an einer Gesamtspannung von 62 V. Wie groß ist die Spannung an dem 200-Ω-Widerstand, wenn der Spannungsteiler nicht belastet wird?

Lösung: $U_{20} = \dfrac{R_2}{R_1 + R_2} \cdot U = \dfrac{200\ \Omega}{50\ \Omega + 200\ \Omega} \cdot 62\ V = \dfrac{200\ \Omega \cdot 62\ V}{250\ \Omega} = \mathbf{49{,}6\ V}$

Bild 46/3: Belasteter Spannungsteiler

Belasteter Spannungsteiler. Ist an den Spannungsteiler ein Verbraucher angeschlossen, so wird der Spannungsteiler belastet **(Bild 46/3)**. Durch den Lastwiderstand R_L fließt der Laststrom I_L und durch den Widerstand R2 der Querstrom I_q. Durch R1 fließt die Summe der beiden Ströme $I = I_L + I_q$. Der Querstrom I_q erzeugt im Widerstand R2 Verlustwärme.

Bei Belastung des Spannungsteilers wird der aufgenommene Strom größer, weil der Ersatzwiderstand R_p der Parallelschaltung von R2 und R_L kleiner ist als der Widerstand R2. Zugleich wird auch der Ersatzwiderstand des Spannungsteilers kleiner als im unbelasteten Zustand.

---

* Potentiometer nennt man einstellbare Widerstände in Spannungsteilerschaltung.

Versuch 47/1: Schalten Sie einen Stellwiderstand von $R = 100\ \Omega$ als Spannungsteiler **(Bild 47/1)**, und schließen Sie erst einen Lastwiderstand $R_L = 200\ \Omega$ und dann einen Lastwiderstand von $50\ \Omega$ an! Messen Sie jeweils die Spannung am Lastwiderstand, abhängig von der Schleiferstellung und dem Gesamtstrom I!

Beim kleinen Lastwiderstand R_L ist die abgegriffene Teilspannung U_2 kleiner als beim großen Lastwiderstand, der Gesamtstrom I größer.

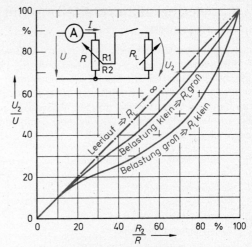

Bild 47/1: Kennlinien
eines belasteten Spannungsteilers

Die Schleiferstellung kann man durch den Quotienten R_2/R angeben. Das Spannungsverhältnis $U_2 : U$ in Abhängigkeit von der Schleiferstellung ergibt die Kennlinie (Bild 47/1).

Die Kennlinie des verstellbaren Spannungsteilers weicht um so weniger von der Leerlaufkennlinie ab, je größer der Lastwiderstand R_L gegenüber dem Teilwiderstand R_2 ist (Bild 47/1). Dann ist der Querstrom I_q wesentlich größer als der Laststrom I_L. Schwankt der Laststrom und soll die Lastspannung möglichst konstant bleiben, so muß der Querstrom größer sein als der Laststrom. Er soll wenigstens doppelt so groß wie der Laststrom sein.

Bei elektronischen Schaltungen, die an einem Spannungsteiler angeschlossen sind, ist der Laststrom I_L oft nicht konstant. Meist wird gefordert, daß die Lastspannung U_2 möglichst wenig von dieser Stromschwankung beeinflußt werden soll. Das kann man erreichen, wenn der Querstrom I_q mindestens fünfmal größer als der Laststrom I_L ist. Deshalb verwendet man Spannungsteiler nur zum Abgriff kleiner Ströme.

Der belastete Spannungsteiler besteht aus einer Parallelschaltung der Widerstände R2 und R_L, zu der ein Widerstand R1 in Reihe geschaltet ist (Bild 47/1). Diese gemischte Schaltung wird nach den Gesetzen der Reihenschaltung und der Parallelschaltung berechnet.

Sind bei einem Spannungsteiler die Gesamtspannung U, Lastspannung U_2 und der Laststrom I_L bekannt sowie die Stromschwankung und die Spannungsschwankung, so kann man die Teilwiderstände ebenfalls berechnen. Diese Berechnung ist allerdings umständlich. Man kann die Widerstände auch zeichnerisch bestimmen.

Man zeichnet zunächst in ein Strom-Spannungs-Schaubild die Teilspannung U_2 und den Laststrom I_L ein **(Bild 47/2)**. Dadurch erhält man den Arbeitspunkt A. Dann trägt man die Spannungsschwankung und die Stromschwankung ein und erhält dadurch die Arbeitspunkte A′ und A″. Nun verbindet man die Punkte A, A′ und A″ durch eine Gerade. Diese schneidet die senkrechte Achse im Punkt U_{20} und die waagrechte Achse im Punkt I_{Lmax}.

Den größten Laststrom I_{Lmax} erhält man bei einem Spannungsteiler (Bild 46/3), wenn man die Ausgangsklemmen kurzschließt. Dann liegt die Gesamtspannung U am Widerstand R1.

$$I_{Lmax} = \frac{U}{R_1}$$

Die größte Spannung am Verbraucher (Leerlaufspannung U_{20}) erhält man, wenn der Spannungsteiler unbelastet ist.

$$U_{20} = \frac{R_2}{R_1 + R_2} \cdot U$$

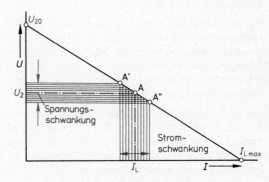

Bild 47/2: Strom-Spannungs-Kennlinie
des belasteten Spannungsteilers

47

3.3.2 Meßbereicherweiterung bei Strommessern

Zur Meßbereicherweiterung wird einem Meßwerk, z. B. einem Drehspulmeßwerk, ein Nebenwiderstand R_p (Shunt*) parallel geschaltet **(Bild 48/1)**. Der Nebenwiderstand soll den überschüssigen Strom I_p am Meßwerk vorbeileiten. Der Strom I_p ist um den zum Vollausschlag nötigen Meßwerkstrom I_m kleiner als der zu messende Strom I. Am Nebenwiderstand liegt die gleiche Spannung U wie am Meßwerk.

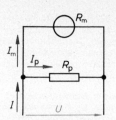

Bild 48/1: Meßbereicherweiterung durch Nebenwiderstand

R_p Nebenwiderstand (Parallelwiderstand)
U Spannungsabfall
I zu messender Strom
I_m Meßwerkstrom
I_p Strom im Nebenwiderstand
R_m Widerstand des Meßwerks

Für Vollausschlag:

$$R_p = \frac{U}{I_p} \qquad \boxed{R_p = \frac{U}{I - I_m}}$$

Beispiel: Ein Meßwerk mit 100 Ω Widerstand hat bei einem Strom von 0,6 mA Vollausschlag. Wie groß ist der Nebenwiderstand für einen Meßbereichendwert von 6 mA, wenn am Meßwerk bei Vollausschlag eine Spannung von 60 mV abfällt (Schaltung Bild 48/1)?

Lösung 1: $R_p = \dfrac{U}{I - I_m} = \dfrac{0{,}06\ \text{V}}{0{,}006\ \text{A} - 0{,}0006\ \text{A}} = \mathbf{11{,}11\ \Omega}$

Wenn der Widerstand des Meßwerks R_m bekannt ist, rechnet man mit der Formel

$$R_p = \frac{R_m \cdot I_m}{I - I_m}$$

Lösung 2: $R_p = \dfrac{R_m \cdot I_m}{I - I_m} = \dfrac{100\ \Omega \cdot 0{,}0006\ \text{A}}{0{,}006\ \text{A} - 0{,}0006\ \text{A}} = \mathbf{11{,}11\ \Omega}$

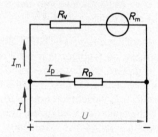

Bild 48/2: Drehspulmeßwerk mit Vor- und Nebenwiderstand

Man fertigt getrennte Nebenwiderstände für größere Ströme (6 A bis 1000 A) als Meßgerätezubehör an. Sie sind so abgeglichen, daß beim Nennstrom eine Spannung von 45 mV (für Feinmeßgeräte), eine Spannung von 60 mV oder 150 mV (für Betriebsmeßgeräte) oder in Ausnahmefällen 300 mV abfällt. Die Nebenwiderstände sind aus temperaturunabhängigem Widerstandswerkstoff (Seite 445) hergestellt.

Bei Drehspulmeßwerken muß man zur Vermeidung von Temperaturfehlern dem Meßwerk einen Vorwiderstand in Reihe schalten, der mindestens dreimal so groß wie der Widerstand der Drehspule ist **(Bild 48/2)**.

Bei Strommessern mit mehreren Meßbereichen können die Nebenwiderstände umschaltbar sein **(Bild 48/3)**. Diese Schaltung verwendet man jedoch selten, weil der Schalter unkontrollierbare Übergangswiderstände enthält, die zu den Nebenwiderständen in Reihe liegen. Für Mehrbereichstrommesser benutzt man meist die *Ringschaltung* **(Bild 48/4)**.

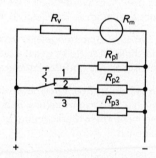

Bild 48/3: Strommesser mit umschaltbaren Nebenwiderständen

Bei der Ringschaltung ist der Nebenwiderstand unterteilt und wirkt je nach Schalterstellung teils als Vor- und teils als Nebenwiderstand. Die Übergangswiderstände des Schalters liegen außerhalb der Ringschaltung und haben keinen Einfluß auf die Messung. Die Berechnung der Nebenwiderstände R_{p1}, R_{p2}, R_{p3} usw. muß schrittweise durchgeführt werden.

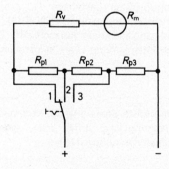

Bild 48/4: Strommesser mit Ringschaltung

* Shunt (engl.) = parallel geschalteter Widerstand (Nebenwiderstand)

3.3.3 Brückenschaltung

Versuch 49/1: Schalten Sie 4 Widerstände, z. B. mit den Werten $R_1 = 75 \ \Omega$, $R_2 = 75 \ \Omega$ (einstellbarer Widerstand), $R_3 = 50 \ \Omega$ und $R_4 = 100 \ \Omega$, nach **Bild 49/1** an eine Spannung von z. B. 10 V! Nehmen Sie als Strommesser ein Instrument mit Nullpunkt in Skalenmitte!

Der Strommesser zeigt einen Ausschlag. Es fließt also ein Strom zwischen den Punkten C und D der Schaltung.

Versuch 49/2: Wiederholen Sie Versuch 49/1, stellen Sie aber dabei den Widerstand R2 auf den Wert 150 Ω ein, und messen Sie den Strom!

Der Strommesser zeigt keinen Ausschlag. Es fließt kein Strom.

Da bei Versuch 49/2 zwischen den Punkten C und D der Schaltung kein Strom fließt, müssen die Spannungsabfälle an R1 und R3 bzw. an R2 und R4 gleich groß sein.

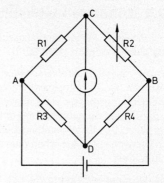

Bild 49/1: Grundschaltung der Meßbrücken (Brückenschaltung)

Eine Schaltung nach Bild 49/1 nennt man Brückenschaltung. Sie besteht aus der Parallelschaltung zweier Spannungsteiler. Die Verbindung der Punkte C und D der Brücke nennt man Brückendiagonale. Teilt der Spannungsteiler R1 R2 die Spannung des Spannungserzeugers im gleichen Verhältnis auf wie der Spannungsteiler R3 R4, so besteht zwischen den Punkten C und D keine Spannung (Nullpunktmethode). Es fließt kein Strom. Die Widerstände R1 und R2 sowie die Widerstände R3 und R4 stehen dann im gleichen Verhältnis zueinander. Man sagt, die Brücke ist abgeglichen.

Eine Brückenschaltung ist abgeglichen, wenn in der Brückendiagonalen kein Strom fließt, d. h. wenn das Widerstandsverhältnis in beiden Spannungsteilern gleich ist.

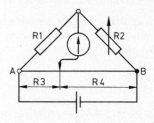

Bild 49/2: Wheatestonesche Meßbrücke (Schaltung)

Mit Hilfe einer abgeglichenen Brückenschaltung kann man einen unbekannten Widerstand bestimmen.

R_1 unbekannter Widerstand (R_x)
R_2 Vergleichswiderstand (einstellbar)
$R_3; R_4$ Brückenwiderstände (Festwiderstände)

Abgleichbedingung:

$$\boxed{\frac{R_1}{R_2} = \frac{R_3}{R_4}}$$

Beispiel: Eine Meßbrücke nach Bild 49/1 hat die Widerstände $R_2 = 40 \ \Omega$, $R_3 = 25 \ \Omega$ und $R_4 = 50 \ \Omega$ sowie den unbekannten Widerstand R_x. Die Brücke ist abgeglichen. Berechnen Sie den unbekannten Widerstand R_x!

Lösung: $\dfrac{R_1}{R_2} = \dfrac{R_3}{R_4} \Rightarrow R_1 = R_x = \dfrac{R_2 \cdot R_3}{R_4} = \dfrac{40 \ \Omega \cdot 25 \ \Omega}{50 \ \Omega} = \mathbf{20 \ \Omega}$

Zur Berechnung von R_1 genügt die Kenntnis von R_2 und das Verhältnis von R_3 zu R_4. Man kann also die beiden Widerstände R_3 und R_4 durch einen stufenlos einstellbaren Widerstand (Drehwiderstand oder Schleifdraht mit Schleifer nach Bild 49/2) ersetzen. Diese Einrichtung zur Messung von Widerständen nennt man Wheatstonesche* Meßbrücke **(Bild 49/2)**. Der Vergleichswiderstand R_2 (Normalwiderstand) ist meist umschaltbar. Damit kann man erreichen, daß sein Wert nicht zu stark vom Wert des unbekannten Widerstandes R_1 (R_x) abweicht. Meßfehler werden dadurch vermieden.

Das Ergebnis der Messung mit einer Meßbrücke ist unabhängig von der Höhe der Versorgungsspannung, weil bei Änderung der Spannung das Verhältnis der Spannungsabfälle in den Brückenzweigen gleich bleibt.

Brückenschaltungen verwendet man vor allem in der Meßtechnik (Seite 300) sowie in der Steuerungs- und Regelungstechnik. Mit Hilfe der Widerstandsmeßbrücke können Widerstände sehr genau gemessen werden.

* Wheatstone, engl. Physiker (1802 bis 1875)

3.3.4 Widerstandsbestimmung durch Strom- und Spannungsmessung

Zur indirekten Widerstandsmessung sind zwei Schaltungen möglich **(Bild 50/1)**.

Bei der *Spannungsfehlerschaltung* (Bild 50/1 links) mißt der Strommesser den richtigen Strom. Der Spannungsmesser zeigt aber eine Spannung an, die um den Spannungsabfall am Strommesser zu groß ist. Bei der Widerstandsberechnung nach dem Ohmschen Gesetz erhält man daher einen zu großen Wert.

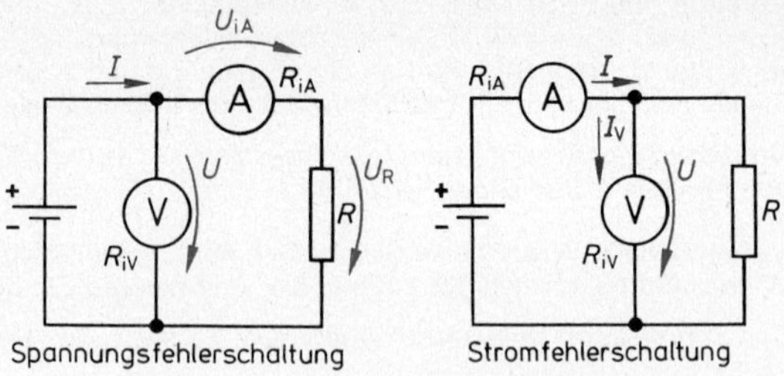

Falls der Innenwiderstand R_{iA} des Strommessers bekannt ist, läßt sich der berechnete Widerstandswert korrigieren. Der tatsächliche Wert des Widerstands R ist um den Innenwiderstand R_{iA} des Strommessers kleiner als der berechnete Wert $U : I$.

Ist der Widerstand R wesentlich größer als der Innenwiderstand R_{iA} des Strommessers, so braucht man diesen Innenwiderstand nicht zu berücksichtigen.

Die Spannungsfehlerschaltung ist ohne Korrektur zur Ermittlung großer Widerstandswerte geeignet.

Bei der *Stromfehlerschaltung* (Bild 50/1 rechts) mißt der Spannungsmesser den richtigen Wert. Er liegt parallel zum Widerstand und mißt die Spannung, die an dem Widerstand abfällt. Der Strommesser zeigt jedoch einen Strom an, der um den Strom durch den Spannungsmesser zu groß ist. Bei der Widerstandsberechnung nach dem Ohmschen Gesetz erhält man also einen zu kleinen Wert.

Ist der Innenwiderstand des Spannungsmessers R_{iV} bekannt, dann läßt sich der berechnete Widerstandswert korrigieren. Durch den Spannungsmesser fließt der Strom $I_v = \dfrac{U}{R_{iV}}$. Durch den Widerstand R fließt nur die Differenz von gemessenem Strom I und Strom I_v.

Ist der Strom durch den Spannungsmesser wesentlich kleiner als der Strom durch den Widerstand R, z. B. bei digitalen Spannungsmessern, so braucht man den Strom im Spannungsmesser nicht zu berücksichtigen. Durch den Spannungsmesser fließt nur ein kleiner Teil des Stromes, wenn der Widerstand R viel kleiner als der Instrumentenwiderstand R_{iV} des Spannungsmessers ist. Der Stromfehler kann dann vernachlässigt werden.

Die Stromfehlerschaltung ist ohne Korrektur zur Ermittlung kleiner Widerstandswerte geeignet.

Bild 50/1: Schaltungen zur indirekten Widerstandsmessung

Für die Spannungsfehlerschaltung:

$$R = \frac{U}{I} - R_{iA}$$

Für die Stromfehlerschaltung:

$$R = \frac{U}{I - I_v}$$

Wiederholungsfragen

1. Mit welcher Formel berechnet man die Teilspannung bei einem unbelasteten Spannungsteiler?
2. Wie nennt man einen veränderbaren Widerstand in Spannungsteilerschaltung?
3. Welchen Einfluß hat bei einem belasteten Spannungsteiler der Belastungswiderstand auf die abgegriffene Teilspannung?
4. Welche Vorteile hat die Ringschaltung bei Strommessern mit mehreren Meßbereichen?
5. Beschreiben Sie den Aufbau einer Brückenschaltung!
6. Wie lautet die Abgleichbedingung einer Brückenschaltung?
7. Wie groß ist der Strom in der Brückendiagonalen nach erfolgtem Abgleich?
8. Nennen Sie Anwendungen der Brückenschaltung!
9. Welche Widerstandswerte bestimmt man am besten mit der Spannungsfehlerschaltung?
10. Welche Widerstandswerte bestimmt man mit der Stromfehlerschaltung?

4 Leistung, Arbeit, Energie

4.1 Elektrische Leistung

Die Turbine in einem Wasserkraftwerk leistet um so mehr, je größer die Fallhöhe des Wassers, also die in 1 kg Wasser gespeicherte Energie (Seite 55) ist und je mehr Wasser in der Sekunde durch die Turbine fließt **(Bild 51/1)**. Der in 1 kg Wasser gespeicherten Energie entspricht beim elektrischen Verbraucher die gespeicherte Energie je Ladung, also die Spannung, dem Wasserstrom der elektrische Strom. Entsprechend ist die elektrische Leistung um so größer, je höher die Spannung und je stärker der Strom ist. Der Einheitenname der Leistungseinheit ist das Watt* mit dem Einheitenzeichen W.

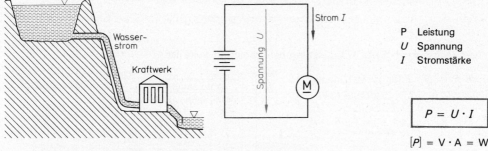

P Leistung
U Spannung
I Stromstärke

$$P = U \cdot I$$

$$[P] = V \cdot A = W$$

Bild 51/1: Wasserkraftwerk und elektrischer Verbraucher

Beispiel 1: Ein Heizofen nimmt 15 A an 220 V auf. Wie groß ist seine Leistungsaufnahme?
Lösung: $P = U \cdot I = 220\ V \cdot 15\ A = 3300\ W = $ **3,3 kW**

Mit einem Spannungsmesser und einem Strommesser kann man die Leistung indirekt messen.

Versuch 51/1: Schließen Sie eine Glühlampe zusammen mit Strommesser und Spannungsmesser an Gleichspannung an **(Bild 51/2)**! Lesen Sie Strom- und Spannungswerte ab! Berechnen Sie aus den Meßwerten die Leistung, und vergleichen Sie diese mit der Leistungsangabe auf der Glühlampe!
Die berechnete Leistung weicht von der Leistungsangabe ab.

Bei Glühlampen und bei anderen elektrischen Betriebsmitteln, z. B. Lötkolben, Fernsehgeräten, Motoren, stimmt die tatsächliche Leistung meist nicht mit der angegebenen Leistung (Nennleistung) überein, weil bei der Herstellung Maßschwankungen (Toleranzen) zugelassen werden müssen.

Die Nennleistung gibt an, welche Leistung ein Bauteil unter den angegebenen Betriebsbedingungen aushalten kann.

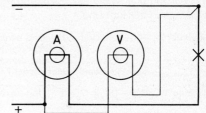

Bild 51/2: Strom-Spannungs-Messung zur Bestimmung der Leistung

Mit einem Leistungsmesser kann man die Leistung direkt messen **(Bild 51/3)**. Der Ausschlag des Leistungsmessers hängt von der Spannung und der Stromstärke ab. Deshalb hat das Instrument je zwei Anschlüsse für Spannungsmessung und Strommessung, zusammen also vier. Der Teil des Leistungsmessers, an dem die zu messende Spannung liegt, wird Spannungspfad genannt. Der Teil, durch den der zu messende Strom fließt, wird Strompfad genannt.

Beim Leistungsmesser wird der Strompfad wie ein Strommesser angeschlossen, der Spannungspfad wie ein Spannungsmesser.

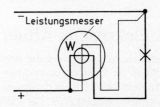

Bild 51/3: Leistungsmessung mit Leistungsmesser an einer Glühlampe

Versuch 51/2: Schließen Sie die Glühlampe von Versuch 51/1 mit einem Leistungsmesser an Gleichspannung an (Bild 51/3)! Vergleichen Sie das Meßergebnis mit dem Rechenergebnis!
Direkte und indirekte Leistungsmessung führen zum gleichen Ergebnis.

* James Watt, engl. Ingenieur (1736 bis 1819)

Versuch 52/1: Wiederholen Sie die Versuche 51/1 und 51/2 mit Wechselstrominstrumenten an Wechselspannung!

Man erhält die gleichen Ergebnisse wie bei Gleichspannung.

$P = U \cdot I$ gilt bei Glühlampen für Gleichspannung und Wechselspannung.

Versuch 52/2: Schließen Sie eine Spule mit Eisenkern zusammen mit Spannungsmesser, Strommesser und Leistungsmesser an Wechselspannung an! Vergleichen Sie das Rechenergebnis der Strom-Spannungs-Messung mit der Anzeige des Leistungsmessers!

Der Leistungsmesser zeigt weniger Leistung an.

Leistungsmesser sind so gebaut, daß auch bei Wechselstrom in jedem Fall die Leistung in Watt gemessen wird. Dagegen kann die indirekte Messung ein falsches Ergebnis liefern.

Bei Gleichstrom kann die Leistung in Watt immer durch die Formel $P = U \cdot I$ berechnet werden.

Bei Wechselstrom darf diese Formel nur bei Wärmegeräten angewendet werden, bei Drehstrom überhaupt nicht.

(Leistung bei Wechselstrom Seite 172, Leistung bei Drehstrom Seite 190).

Setzt man in $P = U \cdot I$ für U nach dem Ohmschen Gesetz $R \cdot I$ ein, bekommt man

$$P = R \cdot I \cdot I = R \cdot I^2 \qquad \boxed{P = I^2 \cdot R}$$

Setzt man $\dfrac{U}{R}$ für I, so erhält man

$$P = \frac{U \cdot U}{R} = \frac{U^2}{R} \qquad \boxed{P = \frac{U^2}{R}}$$

Es ist also möglich, die Leistung zu berechnen, wenn nur Stromstärke und Widerstand oder wenn nur Spannung und Widerstand bekannt sind.

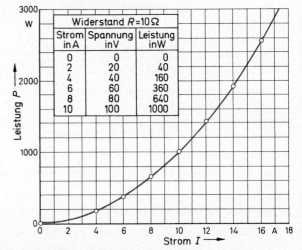

Widerstand $R = 10\,\Omega$		
Strom in A	Spannung in V	Leistung in W
0	0	0
2	20	40
4	40	160
6	60	360
8	80	640
10	100	1000

Bild 52/1: Abhängigkeit der Leistung vom Strom

Beispiel 2: Auf einem Drahtwiderstand ist angegeben: 1 kΩ, 10 W. Welche höchstzulässige Spannung darf an den Widerstand gelegt werden?

Lösung: $P = \dfrac{U^2}{R} \Rightarrow U = \sqrt{P \cdot R} = \sqrt{10\,\text{W} \cdot 1000\,\Omega} = \mathbf{100\ V}$

Bei einem Verbraucher mit gleichbleibendem Widerstand nimmt die Leistung mit dem Quadrat des Stromes zu, ebenso mit dem Quadrat der Spannung. Bei dreifacher Spannung ist die Leistung des Verbrauchers neunfach, ebenfalls bei dreifacher Stromstärke **(Bild 52/1)**.

4.2 Elektrische Arbeit

Die elektrische Arbeit muß der Abnehmer dem EVU (Energie-Versorgungs-Unternehmen) bezahlen. Sie hängt von der Leistung ab und von der Zeit, während der Leistung dem Netz entnommen wird. In einer bestimmten Zeit, z. B. in 1 Stunde, ist die Arbeit um so größer, je größer die Leistung ist. Bei einer bestimmten Leistung, z. B. bei 1 kW, ist die Arbeit um so größer, je länger etwas geleistet wird, d. h. je größer die Zeit ist. Einheiten der elektrischen Arbeit sind die Wattsekunde (Ws) und die Kilowattstunde (kWh*). Die Wattsekunde wird auch Joule** (J) genannt.

W Arbeit
P Leistung
t Zeit

$[W] = W \cdot s = Ws = J$
$[W] = kW \cdot h = kWh$

$$\boxed{W = P \cdot t}$$

Umrechnung: 1 kWh = 1000 Wh = 3 600 000 Ws = 3 600 000 J = 3 600 kJ

* h von hora (lat.) = Stunde   ** Joule (sprich Dschul), engl. Physiker (1818 bis 1889)

Die elektrische Arbeit kann man *indirekt* bestimmen, wenn Leistung und Zeit gemessen werden. Meist wird aber die Arbeit mit einem *direkt* anzeigenden Meßgerät gemessen.

Die elektrische Arbeit in kWh wird vom Zähler gemessen.

Der Zähler ist wie ein Leistungsmesser geschaltet, er besitzt Strompfad und Spannungspfad **(Bild 53/1)**. Die Zähleranzeige hängt von Leistung und Zeit ab. Durch die magnetische Wirkung der Spannungsspule und der Stromspule wird eine Zählerscheibe in Drehung versetzt. Die Umdrehungen werden von einem Zählwerk gezählt, welches die elektrische Arbeit meist direkt in kWh anzeigt.

Bild 53/1: Spannungs- und Strompfad bei einem Zähler

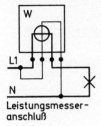
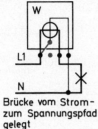
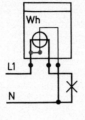

Leistungsmesseranschluß

Brücke vom Strom zum Spannungspfad gelegt

Bild 53/2: Entstehung des Zähleranschlusses aus dem Leistungsmesseranschluß

In Hochspannungsanlagen werden Zähler wie Leistungsmesser angeschlossen (Tabellenbuch Elektrotechnik). In Niederspannungsanlagen ist der Strompfad mit dem Spannungspfad durch eine Brücke verbunden, um den Anschluß zu vereinfachen **(Bild 53/2)**. Bei Zählern für Drehstrom wird entsprechend angeschlossen (Seite 299).

Zähler haben Spannungspfade und Strompfade. Der Anschluß entspricht dem Leistungsmesseranschluß, ist aber vereinfacht.

Leistungsmessung mit Zähler und Uhr

Wird mit einem Zähler die Arbeit und mit einer Uhr die Betriebszeit ermittelt, so läßt sich die Leistung des Verbrauchers errechnen. Aus $W = P \cdot t$ erhält man $P = W/t$. Die Leistungsmessung erfolgt unter Verwendung der Zählerkonstanten vom Leistungsschild des Zählers **(Bild 53/3)**. Diese gibt an, wie oft sich die Zählerscheibe dreht, bis 1 kWh verbraucht ist. Die Umdrehungen der Zählerscheibe kann man zählen, da die Scheibe am Umfang eine Markierung hat.

P Leistung in kW	
n Zählerumdrehungen je Stunde	$P = \dfrac{n}{C_z}$
C_z Zählerkonstante in Umdrehungen/kWh	

Kilowattstunden Wechselstromzähler			
Form		Nr	
⊕	220 V	10(30) A ⊕	
Schltg 100	50 Hz	150 U/kWh	75

Bild 53/3: Leistungsschild eines Zählers

Beispiel: Hinter einem Zähler mit dem Leistungsschild Bild 53/3 ist ein Heizofen eingeschaltet. Die Zählerscheibe dreht sich in der Minute 5 mal. Welche Leistung nimmt der Heizofen auf?

Lösung: $P = \dfrac{n}{C_z} = \dfrac{5 \cdot 60 \ 1/h}{150 \ 1/kWh} = 2 \text{ kW}$

Wenn sich die Zählerscheibe zu langsam dreht, muß man die Zeit für mehrere Umdrehungen messen und daraus die Drehzahl je Stunde ausrechnen. Vor der Leistungsmessung mit dem Zähler müssen alle anderen Verbraucher abgeschaltet werden, die am Zähler angeschlossen sind.

Wiederholungsfragen

1. Von welchen Größen hängt die elektrische Leistung ab?
2. Wie kann man die elektrische Leistung indirekt bestimmen?
3. Wieviel Anschlüsse hat ein Leistungsmesser?
4. Welche Einheiten werden für die elektrische Arbeit verwendet?
5. Auf welche Arten kann die elektrische Arbeit ermittelt werden?
6. Was gibt die Zählerkonstante an?

4.3 Mechanische Arbeit und mechanische Leistung

Mechanische Arbeit wird verrichtet, wenn gegen eine Kraft, z.B. die Schwerkraft, ein Wegstück zurückgelegt wird, z.B. von einem Hubstapler gegen die Gewichtskraft der Last **(Bild 54/1)**. Die mechanische Arbeit ist also der Produktterm* Kraft mal Weg. Die Arbeit hat die Einheit Newtonmeter** (Nm) mit dem besonderen Einheitennamen Joule (J).
1 J = 1 Ws (Wattsekunde).

Liegen Kraft und Weg nicht auf derselben Geraden, so wird zur Berechnung der Arbeit nur die Teilkraft in Wegrichtung berücksichtigt **(Bild 54/2)**.

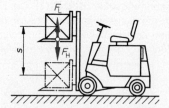

F_L Kraft auf Last
F_H Kraft auf Hubstapler

Bild 54/1: Verrichten einer Arbeit durch einen Hubstapler

W	Arbeit
F	Kraft
F_s	Kraft in Wegrichtung
s	Weg
φ	Winkel zwischen F und s

$$W = F_s \cdot s$$

$$W = F \cdot s \cdot \cos \varphi$$

$$[W] = \text{N} \cdot \text{m} = \text{Nm} = \text{J} = \text{Ws}$$

Beispiel 1: Ein Hubstapler übt eine Kraft von 30 kN aus und hebt eine Last um 2 m hoch. Wie groß ist die vom Hubstapler an die Last abgegebene Arbeit?

Lösung: $\quad W = F_s \cdot s = 30 \text{ kN} \cdot 2 \text{ m} = 60 \text{ kNm} = \textbf{60 kJ}$

Die Arbeit geteilt durch die Zeit ist die Leistung.

P	Leistung
W	Arbeit
t	Zeit

$$[P] = \frac{\text{J}}{\text{s}} = \frac{\text{Nm}}{\text{s}} = \frac{\text{Ws}}{\text{s}} = \text{W}$$

$$P = \frac{W}{t}$$

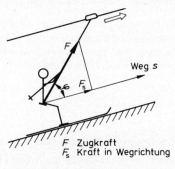

Weg s

F Zugkraft
F_s Kraft in Wegrichtung

Bild 54/2: Verrichten einer Arbeit beim Schlepplift

Setzt man die Zeit in Sekunden ein, so erhält man bei der mechanischen Leistung die Einheiten Nm/s oder W bzw. kW. Das kW war ursprünglich nur die Einheit für die elektrische Leistung. Auch für die mechanische Leistung wird die Einheit kW verwendet.

Beispiel 2: Mit einer Motorwinde sollen 300 kg in 5 Sekunden 10 m hoch gehoben werden. Welche Leistung in kW ist dazu erforderlich?

Lösung: Arbeit $\quad W = F \cdot s = 300 \cdot 9{,}81 \text{ N} \cdot 10 \text{ m} = 29430 \text{ Nm} = \textbf{29430 Ws}$

Leistung $P = \dfrac{W}{t} = \dfrac{29430 \text{ Ws}}{5 \text{ s}} = 5886 \text{ W} \approx \textbf{5,9 kW}$

Bei drehender Bewegung, z.B. bei Motoren, steigt die mechanische Leistung mit dem Drehmoment und der Winkelgeschwindigkeit ω***.

P	Leistung
M	Drehmoment
ω	Winkelgeschwindigkeit
f	Drehzahl, Umdrehungsfrequenz

$$[P] = \text{Nm} \cdot \frac{1}{\text{s}} = \frac{\text{Nm}}{\text{s}} = \text{W}$$

$$P = M \cdot \omega$$

$$[\omega] = 1/\text{s}$$

$$\omega = 2\pi \cdot f$$

Beispiel 3: Der Motor einer Förderpumpe hat ein Drehmoment von 20 Nm und dreht sich mit 2700 Umdrehungen je Minute. Wie groß ist die abgegebene Leistung?

Lösung: Winkelgeschwindigkeit $\omega = 2\pi \cdot f = 2 \cdot \pi \cdot 2700/60 \text{ s} = 283 \text{ 1/s}$

Leistung $P = M \cdot \omega = 20 \text{ Nm} \cdot 283 \text{ 1/s} = 5660 \text{ Nm/s} = \textbf{5660 W}$

---

* franz. terme (sprich: term) = Ausdruck
** Newton (sprich Njutn), engl. Physiker (1643 bis 1727)
*** ω griech. Kleinbuchstabe omega

Bei elektrischen Motoren wird die mechanische Leistung in kW angegeben. Die Angabe von 5 kW auf dem Leistungsschild bedeutet, daß der Motor 5 kW mechanische Leistung *abgeben* kann. Er nimmt dabei mehr als 5 kW elektrische Leistung auf.

Die Angabe von 5 kW auf einem Generator bedeutet, daß der Generator 5 kW elektrische Leistung *abgeben* kann. Er nimmt dabei mehr als 5 kW mechanische Leistung auf.

Bei elektrischen Maschinen ist auf dem Leistungsschild als Nennleistung die Abgabeleistung angegeben.

Bei Elektrogeräten wird dagegen die Leistungsaufnahme angegeben; z.B. ist bei einer Handbohrmaschine mit der Angabe 750 W die elektrische Leistung 750 W.

4.4 Energie

Das Wasser eines Sees vermag in einer tiefer gelegenen Turbine Arbeit zu verrichten (Bild 51/1). In dem Wasser ist Arbeitsvermögen gespeichert. Dieses Arbeitsvermögen bezeichnet man als *mechanische Energie*.

Die Begriffe Arbeit und Energie stellen dieselbe physikalische Größe dar. Jedoch sagt man mit der Arbeit etwas über den Vorgang aus, mit der Energie dagegen etwas über den Zustand eines Körpers. Meist entsteht Energie durch Arbeitsaufwand **(Bild 55/1)**.

Arbeit bewirkt Energie.

Bei der mechanischen Energie unterscheidet man potentielle* Energie und kinetische** Energie. Dem Eimer in Bild 55/1 wird Arbeit zugeführt, dadurch wird er angehoben. Gegenüber dem Ausgangszustand besitzt er nun potentielle Energie.

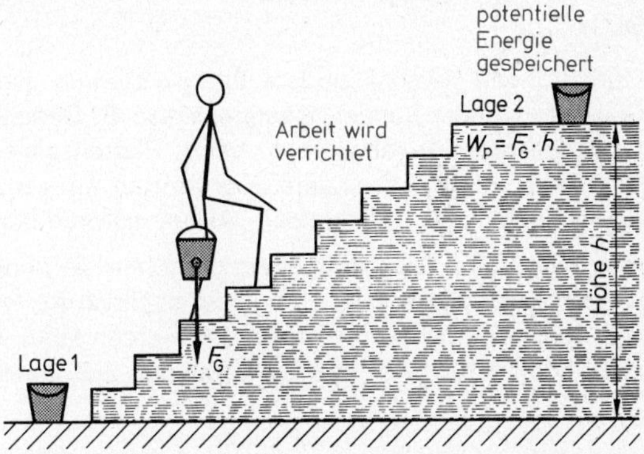

Bild 55/1: Arbeit und Energie beim Anheben

W_p Potentielle Energie
F_G Gewichtskraft
h Höhe

$$W_p = F_G \cdot h$$

$$[W_p] = N \cdot m = Nm = J$$

Beispiel 1: Ein gefüllter Eimer mit der Gewichtskraft von 150 N wird um 20 m angehoben. Wie groß ist seine potentielle Energie gegenüber der Ausgangslage?

Lösung: $W_p = F_G \cdot h = 150\ N \cdot 20\ m = 3000\ Nm = 3000\ Ws = 3000\ J = $ **3 kJ**

Die kinetische Energie ist die in bewegten Massen gespeicherte Energie. Die kinetische Energie nimmt linear mit der Masse und quadratisch mit der Geschwindigkeit zu.

W_k Kinetische Energie
m Masse $[W_k] = kg \cdot (m/s)^2 = kg \cdot m^2/s^2 = Nm = Ws = J$
v Geschwindigkeit

$$W_k = \frac{1}{2}\, m \cdot v^2$$

Beispiel 2: Ein Kraftfahrzeug mit der Masse von 1200 kg hat eine Geschwindigkeit von 72 km/h. Wie groß ist die in ihm gespeicherte kinetische Energie?

Lösung: $W_k = \frac{1}{2} \cdot m \cdot v^2 = \frac{1}{2} \cdot 1200\ kg \cdot (72\ km/h)^2 = 600\ kg \cdot (20\ m/s)^2 = 240\,000\ Ws = $ **240 kJ**

Die Verbrennung des Kraftstoffes im Verbrennungsmotor ist ein chemischer Vorgang. Das in Kraftstoffen gespeicherte Arbeitsvermögen bezeichnet man als *chemische Energie*. Die im Dampf gespeicherte Wärme kann eine Dampfmaschine treiben. Dieses Arbeitsvermögen bezeichnet man als *Wärmeenergie*. Auch durch Umwandlung von Atomkernen kann Arbeit verrichtet werden. Das in Atomkernen gespeicherte Arbeitsvermögen bezeichnet man als *Kernenergie* (Atomenergie).

* potentia (lat.) = Vermögen, Wirksamkeit
** kinetisch (griech.) = bewegt

Der von einer elektrischen Spannung hervorgerufene Strom kann Arbeit verrichten. Die elektrische Arbeit wird deswegen auch als *elektrische Energie* bezeichnet.

Energie ist Arbeitsvermögen. Energie hat die gleichen Einheiten wie die Arbeit, also z. B. kWh, Ws oder J.

Im Verbrennungsmotor wird die chemische Energie des Kraftstoffes in Wärmeenergie, die Wärmeenergie dann in mechanische Energie umgewandelt. Treibt der Verbrennungsmotor einen Generator, so wird die mechanische Energie in elektrische Energie umgewandelt.

Energie läßt sich nicht erzeugen, sondern nur umwandeln.

Auch elektrische Energie kann nicht erzeugt werden, sondern entsteht durch Umwandlung anderer Energiearten **(Bild 56/1)**.

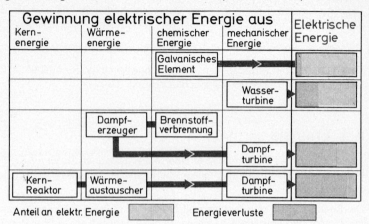

Bild 56/1: Gewinnung elektrischer Energie

Einrichtungen, welche andere Energiearten in elektrische Energie umwandeln, nennt man *Erzeuger*, Generatoren oder Sender. Erzeuger sind z. B. Generatoren in Kraftwerken, Akkumulatoren beim Entladen, Fotoelemente, Tonabnehmer beim Plattenspieler, dynamische Mikrofone. Einrichtungen welche elektrische Energie in andere Energiearten umwandeln, nennt man *Verbraucher* oder Empfänger. Verbraucher sind z. B. Glühlampen, Akkumulatoren beim Laden, Lautsprecher.

Man nennt eine Energie hochwertig, wenn sie ohne große Verluste in eine andere Energieart überführt werden kann. Elektrische Energie ist hochwertig, weil sie in mechanische Energie oder in Wärmeenergie von hoher Temperatur umgewandelt werden kann. Dagegen ist Wärmeenergie von niedriger Temperatur nicht hochwertig, weil ihre Umwandlung, z. B. in mechanische Energie, kaum gelingt.

4.5 Wirkungsgrad

Versuch 56/1: Schließen Sie einen Transformator an das Netz an **(Bild 56/2)**! Belasten Sie den Transformator, und messen Sie die Leistungsaufnahme und die Leistungsabgabe!

Die Leistungsabgabe ist kleiner als die Leistungsaufnahme.

In Energiewandlern, z. B. Motoren, entstehen Nebenwirkungen, die nicht beabsichtigt, aber unvermeidlich sind. So erwärmt der Strom die Drähte der Wicklungen. Auch der magnetische Werkstoff von Läufer und Ständer wird durch die Ummagnetisierung erwärmt. Außerdem treten Lagerreibung und Luftreibung auf. Die für Nebenwirkungen verbrauchten Energien bezeichnet man als *Verluste* **(Bild 56/3)**.

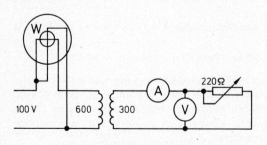

Bild 56/2: Ermittlung des Wirkungsgrades
bei einem Transformator

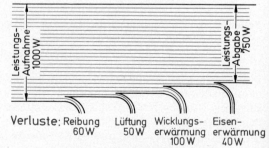

Bild 56/3: Leistungsflußschaubild
eines Motors

56

Die zugeführte Energie wird nur zum Teil in die *gewünschte* Energieform umgewandelt, zum anderen Teil in *unerwünschte* Energieformen, meist in Wärme. Die zeichnerische Darstellung der Nutzleistung und der Verlustleistungen bezeichnet man als *Leistungsfluß-Schaubild* (Bild 56/3).

Allgemein bezeichnet man das Verhältnis von Nutzen zu Aufwand als Wirkungsgrad η* **(Tabelle 57/1)**. Vergleicht man die abgegebene Leistung (nutzbare Leistung) mit der zugeführten Leistung (aufgewendete Leistung), so ist der Wirkungsgrad das Verhältnis von Leistungsabgabe zur Leistungsaufnahme.

η	Wirkungsgrad
P_{ab}	Leistungsabgabe
P_{zu}	Leistungsaufnahme

$$\eta = \frac{P_{ab}}{P_{zu}}$$

Tabelle 57/1: Wirkungsgrade (Beispiele)

Verbraucher	Wirkungsgrad
Drehstrommotor 2,2 kW	0,80
Wechselstrommotor 120 W	0,50
Transformator 1 kVA	0,90
Tauchsieder 100 W	0,95
Glühlampe 40 W	0,015

Der Wirkungsgrad kann als Dezimalzahl oder als Prozentzahl angegeben werden. Da die Aufnahme immer größer ist als die Abgabe, ist der Wirkungsgrad immer kleiner als 1 oder als 100%.

Beispiel: Ein Motor nimmt 5 kW elektrische Leistung auf und gibt 4 kW mechanische Leistung ab. Wie groß ist sein Wirkungsgrad?

Lösung: $\eta = \dfrac{P_{ab}}{P_{zu}} = \dfrac{4\ kW}{5\ kW} = \mathbf{0{,}8} = \dfrac{0{,}8}{1} = \dfrac{80}{100} = \mathbf{80\%}$

Versuch 57/1: Schließen Sie einen Transformator nach Bild 56/2 an! Belasten Sie den Transformator stufenweise, und messen Sie jeweils die Leistungsaufnahme und die Leistungsabgabe! Berechnen Sie für jede Belastung den Wirkungsgrad!

Bei verschiedener Belastung ist der Wirkungsgrad verschieden.

Trägt man die ermittelten Wirkungsgrade in ein Schaubild ein, so erhält man eine Wirkungsgradkennlinie **(Bild 57/1)**. Meist ist der Wirkungsgrad in der Nähe der Nennleistung am größten. Deswegen arbeiten elektrische Maschinen am wirtschaftlichsten, wenn sie mit ihrer Nennleistung belastet werden.

Der Wirkungsgrad wird von der Belastung beeinflußt.

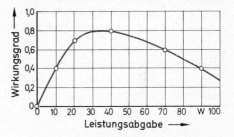

Bild 57/1: Wirkungsgradkennlinie eines Transformators

Außer dem genannten Leistungswirkungsgrad verwendet man noch den Wärmewirkungsgrad (Seite 61), den Jahreswirkungsgrad (Seite 210), den Ladungswirkungsgrad (Ah-Wirkungsgrad) und den Energiewirkungsgrad (Wh-Wirkungsgrad, Seite 145).

Der Wirkungsgrad eines elektrischen Betriebsmittels ist in der Energietechnik meist eine wichtige Kenngröße. Seine Bedeutung ist um so größer, je höher die Leistung des Betriebsmittels ist und je länger es täglich arbeitet.

Bei einem großen Netztransformator mit einer Leistungsaufnahme von 100 MW ist es sehr wesentlich, ob der Wirkungsgrad 98% oder nur 97% beträgt. Dieser Transformator arbeitet ständig ohne Unterbrechung. Bei voller Last bedeutet 1% weniger Wirkungsgrad eine Verlustleistung von 1 MW = 1000 kW, also am Tag eine zusätzliche Verlustenergie von 1000 kW · 24 h = 24000 kWh. Dadurch entstehen erhebliche Kosten. Außerdem muß die zusätzliche Wärmeenergie von 24000 kWh durch Kühlung abgeführt werden.

Dagegen ist es bei einem Entsaftermotor von 100 W Leistungsaufnahme unwesentlich, ob der Wirkungsgrad 50% oder 40% beträgt. Die Verlustleistung des Motors mit einem Wirkungsgrad von 40% ist zwar um 10 W größer, der Motor ist aber im Haushalt wöchentlich nur wenige Minuten in Betrieb, so daß die Mehrkosten nicht ins Gewicht fallen.

Wiederholungsfragen

1. Welche Einheit hat die mechanische Arbeit?
2. Nennen Sie den Einheitennamen der mechanischen Leistung!
3. Welche Leistung ist bei elektrischen Maschinen auf dem Leistungsschild angegeben?
4. Erklären Sie den Begriff Energie!
5. Nennen Sie fünf Energiearten!
6. Wodurch entstehen beim Betrieb von Energiewandlern Verluste?
7. Was versteht man unter dem Wirkungsgrad?
8. Wovon wird der Wirkungsgrad beeinflußt?

* η griech. Kleinbuchstabe eta

4.6 Wärmeenergie

Wärme kann erwünscht sein, z. B. in Heizgeräten. Sie kann auch unerwünscht sein, z. B. in Motoren oder in Transformatoren. Die Temperatur ist der Wärmezustand eines Stoffes. Zur Messung der Temperatur benützt man Thermometer (Seite 429).

4.6.1 Wärme und Wärmekapazität

Die Wärme ist die beim Erwärmen zugeführte oder die beim Abkühlen entzogene Wärmeenergie. Sie hat die Einheit Wattsekunde (Ws) oder Joule (J). Für große Wärmeenergien verwendet man auch die Einheit Kilowattstunde (kWh).

Erwärmt man einen Körper, so wird dem Körper eine Wärme zugeführt, die er speichert. Jeder Körper, z. B. eine Metallplatte, hat also ein Speichervermögen für eine Wärme. Die speicherbare Wärme je K Temperaturunterschied bezeichnet man als Wärmekapazität. Die Wärmekapazität hat die Einheiten Ws/K bzw. J/K.

C	Wärmekapazität
Q	Wärme
$\Delta\vartheta$*	Temperaturunterschied

$$[C] = \text{Ws/K} = \text{J/K}$$

$$C = \frac{Q}{\Delta\vartheta}$$

Beispiel 1: Einer Sammelschiene aus Kupfer wurde durch einen Kurzschluß eine Wärme von 40 kJ zugeführt. Dabei erwärmte sie sich um 100 K. Wie groß ist die Wärmekapazität der Sammelschiene?

Lösung: $C = Q/\Delta\vartheta = 40 \text{ kJ}/100 \text{ K} = 0{,}4 \text{ kJ/K} = $ **400 J/K**

Spezifische Wärmekapazität

Wird 1 kg Kupfer um 1 K erwärmt, so braucht man eine kleinere Wärme als zum Erwärmen von 1 kg Wasser um 1 K **(Tabelle 58/1)**.

Die spezifische Wärmekapazität gibt die Wärme an, welche die Masse-Einheit eines Stoffes um 1 K erwärmt.

Die zur Erwärmung erforderliche oder bei Abkühlung eines Stoffes freiwerdende Wärmeenergie hängt vom Temperaturunterschied, der spezifischen Wärmekapazität und der Masse ab.

Tabelle 58/1: Spezifische Wärmekapazität

Stoff	Spezif. Wärmekapazität kJ/(kg · K)
Aluminium	0,92
Kupfer	0,39
Stahl	0,46
Polyvinylchlorid	0,88
Wasser	4,19

Q	Wärme, Wärmeenergie
$\Delta\vartheta$	Temperaturunterschied
c	spezifische Wärmekapazität
m	Masse
C	Wärmekapazität

$$[Q] = \text{J}$$
$$[c] = \frac{\text{kJ}}{\text{kg} \cdot \text{K}}$$

$$c = \frac{C}{m}$$

$$Q = \Delta\vartheta \cdot c \cdot m$$

Beispiel 2: Eine Sammelschiene aus Kupfer mit $c = 0{,}39$ kJ/(kg · K) wiegt 10 kg und hat eine Temperatur von 20 °C. Unmittelbar nach einem Kurzschluß hat sie 120 °C. Welche Wärme wurde ihr zugeführt?

Lösung: $\Delta\vartheta = 120 \text{ °C} - 20 \text{ °C} = 100 \text{ K}$

$Q = \Delta\vartheta \cdot c \cdot m = 100 \text{ K} \cdot 0{,}39 \text{ kJ/(kg · K)} \cdot 10 \text{ kg} = $ **390 kJ**

Wasser eignet sich gut zur Kühlung und zur Wärmespeicherung, da seine spezifische Wärmekapazität besonders groß ist.

Die spezifische Wärmekapazität von Wasser ist 4,19 kJ/(kg · K) oder 4,19 J/(g · K).

Beispiel 3: 6 Liter Wasser = 6 kg Wasser werden von 15 °C auf 47 °C erwärmt. Wie groß ist die Wärme?

Lösung: $\Delta\vartheta = 47 \text{ °C} - 15 \text{ °C} = 32 \text{ K}$

$Q = \Delta\vartheta \cdot c \cdot m = 32 \text{ K} \cdot 4{,}19 \text{ kJ/(kg · K)} \cdot 6 \text{ kg} = $ **804,5 kJ**

---

* $\Delta\vartheta$ griech. Buchstaben, sprich: Delta theta

4.6.2 Wärmeübertragung

Wärmeübertragung **(Bild 59/1)** erfolgt von Stellen höherer Temperatur zu Stellen niederer Temperatur. Wärmeübertragung erfolgt durch Wärmeleitung, z. B. in Metallen, durch Konvektion (Wärmeströmung) bei der Fortbewegung erwärmter Gase und Flüssigkeiten und durch Strahlung, z. B. bei der Strahlungsheizung.

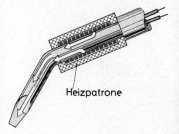
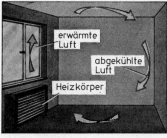

Wärmeleitung   Wärmeströmung (Konvektion)   Wärmestrahlung

Bild 59/1: Wärmeübertragung

Der **Wärmewiderstand** gibt an, um wieviel K ein Bauelement sich gegenüber der Umgebung bei einer Verlustleistung von 1 W erwärmt.

R_{th} Wärmewiderstand
$\Delta\vartheta$ Temperaturunterschied
P_v Verlustleistung

$$[R_{th}] = \frac{K}{W}$$

$$\boxed{R_{th} = \frac{\Delta\vartheta}{P_v}}$$

Beispiel 1: Ein Transistor erreicht bei der Verlustleistung von 150 mW eine Temperatur von 80 °C, wenn die Kühllufttemperatur 20 °C beträgt. Wie groß ist der Wärmewiderstand des Transistors?

Lösung: $\Delta\vartheta = 80\ ^{\circ}C - 20\ ^{\circ}C = 60\ K$; $R_{th} = \Delta\vartheta/P_v = 60\ K/150\ mW = 0,4\ K/mW = \mathbf{400\ K/W}$

Mit Hilfe des Wärmewiderstandes kann man die höchstzulässige Verlustleistung eines Bauelementes berechnen, wenn die höchstzulässige Innentemperatur, z. B. die Sperrschichttemperatur, und die Kühlmitteltemperatur bekannt sind.

Bauelemente mit großer Leistung, z. B. Thyristoren, Leistungstransistoren, Gleichrichterdioden, entwickeln im Betrieb viel Wärme. Deshalb werden sie auf Kühlkörpern angeordnet **(Bild 59/2)**. An jeder Übergangsstelle der Wärmeenergie tritt bei ihnen ein Wärmewiderstand auf **(Bild 59/3)**. Der innere Wärmewiderstand tritt im Inneren beim Übergang der Wärmeenergie von der Sperrschicht zum Gehäuse auf, der Übergangs-Wärmewiderstand zwischen Gehäuse und Kühlkörper. Der Kühlkörper-Wärmewiderstand tritt zwischen Kühlkörper und Kühlmittel auf.

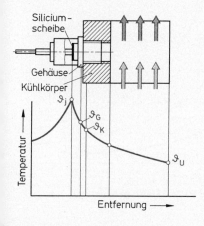

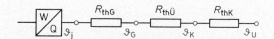

Bild 59/3: Ersatzschaltplan der Wärmewiderstände eines Thyristors mit Kühlkörper

ϑ_j, ϑ_G, ϑ_K, ϑ_U Temperaturen
R_{th} Wärmewiderstand
R_{thG} innerer Wärmewiderstand
$R_{thÜ}$ Wärmewiderstand zwischen Gehäuse und Kühlkörper
R_{thK} Wärmewiderstand zwischen Kühlkörper und Kühlmittel

$$\boxed{R_{th} = R_{thG} + R_{thÜ} + R_{thK}}$$

Bild 59/2: Temperaturgefälle an einem Thyristor mit Kühlkörper

Beispiel 2: Bei einem Thyristor ist der innere Wärmewiderstand 0,4 K/W, der Übergangswärmewiderstand 0,08 K/W, der Kühlkörperwärmewiderstand 0,92 K/W. Wie groß ist der Gesamt-Wärmewiderstand?

Lösung: $R_{th} = R_{thG} + R_{thÜ} + R_{thK} = 0,4\ K/W + 0,08\ K/W + 0,92\ K/W = $ **1,4 K/W**

In Datenblättern wird für Bauelemente ohne Kühlkörper der gesamte Wärmewiderstand als $R_{thÜ}$ angegeben. Für Bauelemente zur Verwendung mit Kühlkörpern wird nur der innere Wärmewiderstand R_{thG} angegeben. Der gesamte Wärmewiderstand ist dann vor allem von dem verwendeten Kühlkörper abhängig **(Bild 60/1)**.

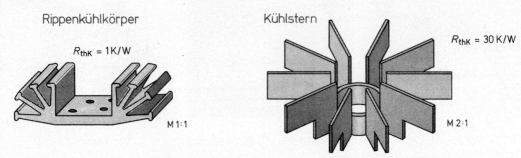

Bild 60/1: Kühlkörper für Leistungstransistoren

Der innere Wärmewiderstand kann nicht beeinflußt werden. Der Übergangswärmewiderstand läßt sich durch sorgfältige Montage verkleinern. Daneben ist die Verwendung von Wärmeleitpaste üblich. Das ist eine fettähnliche, temperaturbeständige Silikonverbindung. Durch die Wärmeleitpaste werden Hohlräume zwischen Bauelement und Kühlkörper ausgefüllt, die sonst zur Wärmeleitung wenig beitragen.

Der Kühlkörper-Wärmewiderstand hängt von der Größe, Form und Farbe des Kühlkörpers sowie von der Dichte und Geschwindigkeit der Kühlluft ab. Die Wärmeabgabe erfolgt an der Oberfläche des Kühlkörpers. Deshalb macht man diese möglichst groß, z. B. durch Rippen. Die Anordnung des Kühlkörpers muß so erfolgen, daß die Kühlluft von unten zwischen den Rippen hochsteigen kann, damit sich kein Wärmepolster bildet. Es ist zweckmäßig, den Kühlkörper zu schwärzen, weil schwarze Körper die Wärme leichter abstrahlen.

Der gesamte Wärmewiderstand ist um so kleiner, je besser die Wärmeleitung erfolgt und je stärker die Kühlung ist.

4.6.3 Leistungshyperbel

Die von einem Bauelement, z. B. einem Drahtwiderstand oder einem Transistor, aufgenommene Leistung darf nicht zu groß sein, damit die entstehende Wärme abgeführt werden kann. Bei gleichen Bauelementen und gleicher Kühlung richtet sich deshalb die höchstzulässige Leistung nach der Baugröße **(Bild 60/2)**.

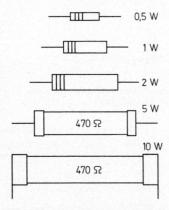

Bild 60/2: Widerstände mit 470 Ω für verschiedene Leistungen

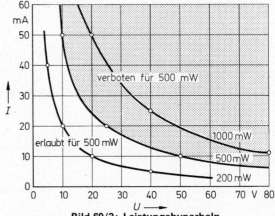

Bild 60/3: Leistungshyperbeln

Bei einem einzelnen Bauelement darf das Produkt $P = U \cdot I$ einen bestimmten Höchstwert nicht übersteigen. Je höher also die Spannung U ist, desto kleiner muß die höchstzulässige Stromstärke I sein. Dieser Zusammenhang wird in der Leistungshyperbel **(Bild 60/3)** sichtbar gemacht.

Aus der Leistungshyperbel eines Bauelements läßt sich bei gegebener Spannung die höchstzulässige Stromstärke dieses Bauelements ablesen.

$I = \dfrac{P}{U} \Rightarrow I_{max} = P_{max} \cdot \dfrac{1}{U} \Rightarrow$ Der Graph der höchstzulässigen Stromstärke ist eine Hyperbel.

Ein Bauelement darf nur mit Spannungen und zugehörigen Stromstärken unterhalb der zugehörigen Leistungshyperbel betrieben werden (Bild 60/3). Beim Betrieb oberhalb der Leistungshyperbel erfolgt unzulässig hohe Erwärmung.

Beispiel 1: Ein Widerstand 4700 Ω, 0,5 W soll an 42 V gelegt werden, dabei nimmt er 9 mA auf. Ist der Betrieb nach Bild 60/3 zulässig?

Lösung: Der Betriebspunkt 42 V/9 mA liegt unterhalb der Leistungshyperbel 0,5 W. Der Betrieb ist also zulässig.

Beispiel 2: Ein Transistor hat eine höchstzulässige Leistungsaufnahme $P_{tot} = 0{,}5$ W. Er soll an 25 V betrieben werden. Wie groß darf die Stromstärke höchstens sein?

Lösung: Nach Bild 60/3 sind bei 25 V und 500 mW höchstens 20 mA zulässig.

Konstruktion der Leistungshyperbel: Man berechnet für die gegebene Leistung zunächst einen Punkt der Leistungshyperbel, z.B. für 500 mW und 50 V zu $I = P : U = 500\,\text{mW} : 50\,\text{V} = 10\,\text{mA}$. Andere Punkte erhält man dann durch Verdoppeln der Stromstärke und Halbieren der Spannung oder durch Verdoppeln der Spannung und Halbieren der Stromstärke.

4.6.4 Wärmewirkungsgrad

Die im günstigsten Fall erreichbare Wärme bezeichnet man als *Stromwärme*. Bei Wärmegeräten entstehen Verluste. Durch Wärmeleitung, Wärmeströmung und Wärmestrahlung geht Wärme verloren. Die an der erwünschten Stelle, z.B. in einem Kochtopf, auftretende Wärme bezeichnet man als *Nutzwärme*. Die Nutzwärme ist um die Verluste kleiner als die Stromwärme.

η_w Wärmewirkungsgrad	
Q_N Nutzwärme	$\boxed{\eta_w = \dfrac{Q_N}{Q_S}}$
Q_S Stromwärme	

Beispiel: Auf einer 2000-W-Kochplatte wurden 10 l Wasser von 14 °C in $^3/_4$ Stunden zum Kochen (100 °C) gebracht. Wie groß waren Nutzwärme, Stromwärme und Wärmewirkungsgrad?

Lösung: Temperaturunterschied $\quad \Delta\vartheta = 100\,°C - 14\,°C = 86\,K$

Nutzwärme $\qquad\qquad\quad Q_N = \Delta\vartheta \cdot c \cdot m = 86\,K \cdot 4{,}19\,\text{kJ}/(\text{kg} \cdot K) \cdot 10\,\text{kg} = 3600\,\text{kJ}$

Arbeit $\qquad\qquad\qquad\quad W = P \cdot t = 2\,\text{kW} \cdot 0{,}75\,\text{h} = 1{,}5\,\text{kWh}$

Stromwärme $\qquad\qquad\; Q_S = 1{,}5\,\text{kWh} = 1{,}5 \cdot 3600\,\text{kWs} = 5400\,\text{kJ}$

Wärmewirkungsgrad $\quad \eta_w = Q_N/Q_S = 3600\,\text{kJ}/5400\,\text{kJ} = \mathbf{0{,}667}$

Der Wirkungsgrad der Kochplatte ist besonders niedrig, wenn der Boden des Kochgefäßes nicht vollkommen eben ist. Die Verluste bei einem Tauchsieder sind geringer, weil er fast ganz in Wasser eintaucht und so kaum Wärme an die Luft abgibt. Auch vom Wasser umgebene Heizrohre verhalten sich ähnlich.

Wiederholungsfragen

1. Welche Einheiten hat die Wärme?

2. Geben Sie den Zusammenhang von spezifischer Wärmekapazität und Wärmekapazität an!

3. Wie groß ist die spezifische Wärmekapazität von Wasser?

4. Auf welche drei Arten kann Wärme übertragen werden?

5. Was versteht man unter dem Wärmewiderstand?

6. Wie verkleinert man den Übergangs-Wärmewiderstand?

7. Wovon hängt der Kühlkörperwiderstand ab?

8. Welche Größen kann man aus der Leistungshyperbel entnehmen?

9. Erklären Sie den Wärmewirkungsgrad!

5 Elektrogeräte

5.1 Allgemeines über Elektrowärmegeräte

In Elektrowärmegeräten wird die gesamte aufgenommene elektrische Energie in Wärme umgewandelt. Die Angabe auf dem Leistungsschild ist daher gleichzeitig Leistungsabgabe und Leistungsaufnahme. Hat das Gerät mehrere Schaltstufen oder mehrere einzelne Heizstellen, so wird die höchste Leistung angegeben, die eingeschaltet sein kann. Die höchste Leistungsaufnahme wird als *Anschlußwert* bezeichnet. Nach dem Anschlußwert ist die Anschlußleitung eines einzelnen Gerätes zu bemessen.

Die gemeinsame Anschlußleitung mehrerer Geräte ist nach der gleichzeitig eingeschalteten Höchstleistung zu bemessen. Diese erhält man, wenn man die Summe der Anschlußwerte mit dem Gleichzeitigkeitsfaktor multipliziert. Der Gleichzeitigkeitsfaktor gibt an, welcher Teil der vorhandenen Anschlußwerte gleichzeitig eingeschaltet ist. Er ist von Anlage zu Anlage verschieden.

Beispiel: An einer Stromkreisverteilung sind Beleuchtungsstromkreise und Geräte mit zusammen 70 kW Anschlußwert angeschlossen. Der Gleichzeitigkeitsfaktor wird zu 0,65 geschätzt. Für welche gleichzeitig eingeschaltete Höchstleistung ist die Leitung zur Stromkreisverteilung zu bemessen?

Lösung: $P_{max} = 70 \text{ kW} \cdot 0,65 = \mathbf{45,5 \text{ kW}}$

Bei den meisten Haushaltgeräten und Wärmeanlagen für Industriezwecke wird die Wärme in Widerständen erzeugt. Diese Heizkörper sind aus Heizleitern aufgebaut und meist mit mineralischen Isolierstoffen isoliert.

Stabförmige Heizkörper sind besonders hoch belastbar, da der Heizleiter in eine Isoliermasse eingebettet ist und nicht mit dem Luftsauerstoff in Berührung kommt. Die meisten stabförmigen Heizkörper haben einen kreisförmigen Querschnitt. Beim *Rohrheizkörper* (Istrastab, Backerrohr) befindet sich der Heizleiter in einem Rohr aus Stahl oder Kupfer (**Bild 62/1**). Der Heizleiter wird durch eine festgepreßte Isoliermasse aus Magnesiumoxid gehalten. Außer den Rohrheizkörpern mit Metallmantel gibt es Quarzrohrheizkörper. Diese sind für höhere Temperaturen geeignet, sind aber stoßempfindlich.

Bei Heizkörpern mit isoliertem Heizleiter wird die Wärme durch einen Isolierstoff hindurch abgegeben. Da Isolierstoffe gleichzeitig Wärmedämmstoffe sind, ist man bestrebt, die Isolierschicht dünn zu halten. Dadurch verschlechtert sich der Isolationszustand des Gerätes. Infolgedessen fließt bei Wärmegeräten oft ein kleiner Strom über die Isolierung zu den anderen Leitern oder zum Gehäuse. Diesen Strom bezeichnet man als *Ableitstrom* (**Bild 62/2**).

Der Ableitstrom ist bei Wärmegeräten meist größer als bei anderen Geräten gleicher Leistung. Schutzmaßnahmen, z.B. Nullen des Herdgehäuses, sind schon wegen des Ableitstromes notwendig. Bei einem 10-kW-Herd an 220 V darf der Ableitstrom höchstens 15 mA betragen (VDE 0701).

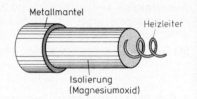

Bild 62/1: Rohrheizkörper

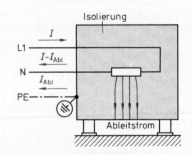

Bild 62/2: Abfließen des Ableitstromes über PE

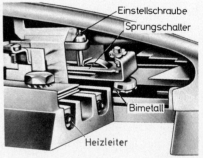

5.2 Bügeleisen

Als Heizkörper dienen beim elektrischen Bügeleisen (**Bild 62/3**) in die Sohle eingegossene Rohrheizkörper oder mit Magnesiumoxid isolierte Masseheizkörper.

Bild 62/3: Regler im Bügeleisen

Meist läßt sich die zum Bügeln erforderliche Temperatur an einem Temperaturwähler einstellen. Über den Öffner des Reglers **(Bild 63/1)** nimmt der Heizkörper solange die volle Leistung auf, bis ein Bimetallstreifen den Sprungschalter des Reglers betätigt und den Heizstromkreis unterbricht. Bei Abnahme der Temperatur wird der Kontakt geschlossen und der Heizkörper nimmt wieder die volle Leistung auf **(Bild 63/2)**.

Wegen der dauernden Wärmeabfuhr beim Bügeln wird der Kontakt oft geöffnet und geschlossen. Beim Öffnen entsteht ein kleiner Lichtbogen. Er erlischt bei Wechselstrom, wenn der Strom seine Richtung ändert. Bei Gleichstrom würde der Lichtbogen weiterbrennen, da die Reglerkontakte nahe beieinander liegen.

Da die Zuleitung mit der etwa 250°C heißen Sohle in Berührung kommen kann, sind wärmebeständige Leitungen zu verwenden, z. B. H05RR-F oder mit Umspinnung H03RT-F. Nicht erlaubt sind hitzeempfindliche Leitungen, z. B. H05VV-F. (Isolierte Leitungen Seite 461 und Tabellenbuch Elektrotechnik.)

5.3 Elektroherde

Elektroherde haben zwei bis vier Kochplatten und einen Brat- und Backofen. In die Kochplatten sind masseisolierte Heizleiter eingepreßt. Auch Kochplatten aus gebogenen Rohrheizkörpern sowie aus Glaskeramik werden verwendet. Die Bratröhre wird durch perlenisolierte Heizwendeln oder durch Heizstäbe beheizt. Zusätzlich baut man Rohrheizkörper zur Strahlungsheizung ein. Die „Selbstreinigung" in Bratöfen wird durch sehr starke Aufheizung auf mehr als 350 °C bewirkt. Dabei verbrennen die Speiserückstände.

Gewöhnlich beträgt die Heizkörperspannung 220 V, selten 380 V. Je nach Spannung und Art der Anschlußleitung ergeben sich verschiedene Schaltungsmöglichkeiten **(Bild 63/3)**.

Aus der Aderzahl der verlegten Herdleitung ist nicht sicher zu entnehmen, ob der Herd an Einphasenwechselspannung oder an Dreiphasenwechselspannung angeschlossen wird. Bei Geräten mit einem Anschlußwert von über 4,4 kW ist meist eine Leitung mit 5 Adern verlegt, auch wenn der Anschluß an Einphasenwechselspannung erfolgte. Dann ist nämlich später die Umstellung auf Dreiphasenwechselspannung möglich.

Elektroherde sind ortsveränderliche Verbraucher und müssen ab der Herdanschlußdose mit einer beweglichen Leitung, z. B. H05VV-F5G2,5, angeschlossen werden.

Kochplatte in 7-Takt-Schaltung

Die Kochplatte enthält drei Heizwicklungen. Über einen 7-Takt-Schalter werden diese je nach gewünschter Leistungsaufnahme geschaltet **(Bild 64/1)**. Die Leistungsaufnahme ist in den einzelnen Schaltstufen den Bedürfnissen des Haushalts angepaßt.

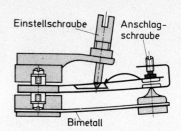

Bild 63/1: Regler mit Sprungschalter

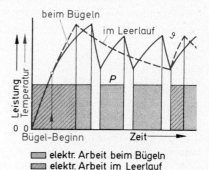

elektr. Arbeit beim Bügeln
elektr. Arbeit im Leerlauf

Bild 63/2: Temperatur und Leistung bei einem Reglerbügeleisen

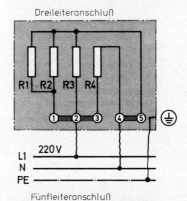

**Bild 63/3:
Anschlüsse eines Elektroherdes
R1 Backröhre; R2, R3, R4 Kochplatten**

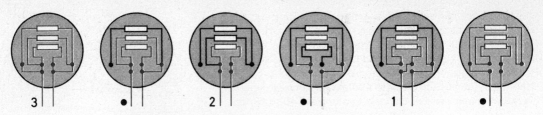

Bild 64/1: Schaltung einer Kochplatte mit 6 Leistungsstufen

Die **Blitzkochplatte** mit 7-Takt-Schaltung hat ebenfalls 3 Heizwiderstände. Sie hat einen großen Anschlußwert. Deshalb ist bei ihr ein Temperaturwächter eingebaut, der spätestens bei einer Kochplattentemperatur von 500 °C die Leistungsaufnahme herunterschaltet **(Bild 64/2)**.

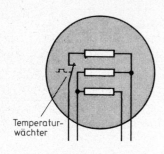

Bild 64/2:
Schaltung des Temperaturwächters
in der Blitzkochplatte

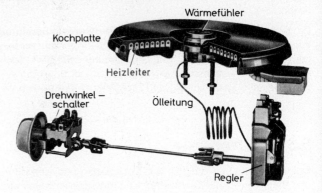

Bild 64/3: EGO-Automatik-Heizring

Automatik-Kochplatten

Bei den Automatik-Kochplatten wird, ähnlich wie beim Reglerbügeleisen, die Heizleistung nur so lange aufgenommen, bis die eingestellte Temperatur erreicht ist. Dann öffnet der Regler und schließt bei Unterschreiten der eingestellten Temperatur wieder.

Automatik-System Regla (AEG, BBC)

Die Regla-Platte besitzt eine Heizwicklung mit einer Leistung von 2100 W und eine davon getrennte Fühlwicklung. Der Fühlwicklungswiderstand wird bei zunehmender Plattentemperatur größer. Die Widerstandsänderung bewirkt, daß ein Bimetallstreifen mit wählbarer Vorspannung im Reglerschalter stärker oder schwächer beheizt wird. Der Bimetallstreifen öffnet und schließt je nach Temperatur den Heizstromkreis. Man sagt, die Heizleistung wird „getaktet".

System EGO-Automatik-Heizring

Die Platte **(Bild 64/3)** besitzt zwei Heizleiter, mit 1700 W und 300 W. Im Mittelteil der Platte ist ein mit Drucköl gefüllter Wärmefühler federnd angeordnet. Er wird durch die Temperatur am Kochtopfboden und durch die Plattentemperatur beeinflußt.

Über eine Ölleitung wird die Ölausdehnung auf den getrennt angeordneten Regler übertragen. Der Reglerschalter taktet bei kleiner Wärmeabgabe nur eine kleine Heizleistung, bei großer Wärmeabgabe dagegen die gesamte Heizleistung.

Wiederholungsfragen

1. Erklären Sie den Begriff Anschlußwert!
2. Warum ist der Ableitstrom bei Wärmegeräten verhältnismäßig groß?
3. Warum dürfen Bügeleisen nicht mit H05VV-F angeschlossen werden?
4. Erklären Sie die Wirkungsweise des Temperaturreglers beim Bügeleisen!
5. Welche Leitung verwendet man für den Herdanschluß bei Drehstrom?

5.4 Heißwasserbereiter

Der zulässige Wasserdruck im Innenbehälter von Heißwasserbereitern ist auf dem Leistungsschild angegeben. Man unterscheidet offene (drucklose) Geräte (Kennzeichnung: Nennüberdruck 0 bar) und geschlossene Geräte (Druckgeräte; z.B. Nennüberdruck 6 bar). Der tatsächliche Wasserdruck im Behälter hängt aber vom Wasseranschluß ab, also von der verwendeten Armatur.

Für offene Heißwasserbereiter müssen drucklose Armaturen verwendet werden, weil sonst das Gerät platzt.

Bei *geschlossenen Geräten* steht der Innenbehälter unter dem vollen Wasserdruck, wenn Druckarmaturen verwendet werden. Das „Warm"-Ventil befindet sich bei diesen Armaturen in der Warmwasserleitung. Bei zu hohem Wasserleitungsdruck (Leistungsschild!) ist bei geschlossenen Geräten eine Herabsetzung des Druckes durch einen Druckminderer erforderlich.

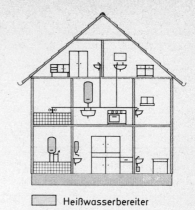

☐ Heißwasserbereiter

Bild 65/1: Heißwasseranlagen; oben zentrale, unten dezentrale Anlage

Man unterscheidet zwischen *dezentralen* Anlagen (Heißwasserversorgung mit Einzelgeräten) und *zentralen* Anlagen (Heißwasserversorgung mit *einem* zentralen Gerät) **(Bild 65/1)**.

Für dezentrale Anlagen werden offene Geräte oder geschlossene Geräte, für zentrale Anlagen nur geschlossene Geräte verwendet.

Speicher, Boiler, Durchlauferhitzer

Speicher haben um den Innenbehälter einen Wärmedämmstoff. Dadurch kann in ihnen heißes Wasser längere Zeit gespeichert werden. Es gibt mehrere Bauformen von Speichern **(Tabelle 65/1)**.

Beim offenen Speicher **(Bild 65/2)** fließt der Strom durch den Heizkörper und über einen Temperaturregler (Seite 66). Sobald die eingestellte Temperatur erreicht ist, öffnet ein Kontakt. Nach Absinken der Temperatur schließt der Kontakt wieder, und es wird erneut geheizt.

Beim geschlossenen Speicher ist zur Erhöhung der Sicherheit zusätzlich ein Temperaturbegrenzer vorhanden. Dieser schaltet den Speicher ab, wenn der Temperaturregler versagt hat. Der Temperaturbegrenzer schaltet nicht wieder selbsttätig ein.

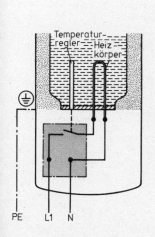

Bild 65/2: Schaltung eines offenen 15-Liter-Speichers

Tabelle 65/1: Bauformen elektrischer Heißwasserspeicher						
Aufbau	Bezeichnung	Inhalt l	Leistung kW		Anschluß in V	Anwendung
	offener Einkreis-Speicher	5 10 15 80	2 2 2 u. 4 4 u. 6		220 220 220 220 u. 380	Waschbecken Küche Dusche Wanne
	geschlossener Einkreis-Speicher	10 15 80 80	2 4 4 6		220 220 220 380	2 Waschbecken und Dusche, für alles
	geschlossener Zweikreis-Speicher	30 80 80 120	Grundheizung allein mit Zusatzheizung 0,4 4 1 4 1 6 2 6		220 220 380 380	Dusche und Waschbecken, für alles für alles

Nach dem Abschalten durch den Temperaturbegrenzer muß der Temperaturregler repariert werden.

Zweikreisspeicher sind Speicher, die für großen Wasserbedarf eine zusätzliche Heizung haben. Die *Grundheizung* kann während der Schwachlastzeit erfolgen, die *Zusatzheizung* bei Bedarf. Bei der Grundheizung fließt der Heizstrom über den Temperaturbegrenzer und den Temperaturregler nur zu einem Heizkörper. Die Zusatzheizung wird durch ein Schütz eingeschaltet.

Boiler werden als offene Geräte gebaut und haben keine Wärmeisolierung. Dadurch sind sie kleiner und billiger als Speicher mit gleichem Inhalt. Die Wirkungsweise des Boilers ist ähnlich wie die des Speichers. Anstelle des Temperaturreglers hat der Boiler einen Temperaturbegrenzer. Dieser schaltet nach Erreichen einer eingestellten Temperatur ab. Bei Absinken der Temperatur erfolgt kein Wiedereinschalten. Dieses muß vielmehr von Hand vorgenommen werden. Die Schaltung ist wie bei den Speichern. Zu den Boilern gehören die Elektro-Badeöfen (Badeboiler) und die Kochendwasser-Boiler.

Mit Boilern kann man Heißwasser nicht über längere Zeit speichern.

Tabelle 66/1: Bauformen elektrischer Durchlauferhitzer

Aufbau	Bezeichnung	Leistung kW		Steuerung
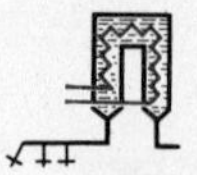	geschlossener Einkreis-Durchlauferhitzer ohne Speicherung	18 21 24 33		Wasserdruck
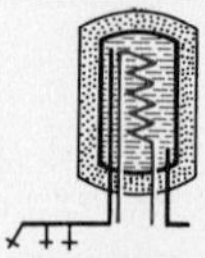	geschlossener Einkreis-Durchlauferhitzer mit Speicherung	18 21 24		thermisch
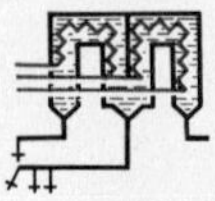	geschlossener Zweikreis-Durchlauferhitzer ohne Speicherung	Entnahme gering 9 10,5 16,5	groß 18 21 33	Wasserdruck
	geschlossener Zweikreis-Durchlauferhitzer mit Speicherung	Grundheizung allein mit Zusatzheizung 3 3,5	18 21	kleine Leistung: thermisch, große Leistung: Wasserdruck

Durchlauferhitzer (Tabelle 66/1) erwärmen während der Wasserentnahme das zulaufende kalte Wasser.

Besonders verzögerungsarm arbeiten nichtisolierte Heizleiterwendeln, durch welche das Wasser fließt. Mit dem Schutzleiter verbundene Schutzelektroden im Wasserauslauf verhüten dabei Unfälle.

Durchlauferhitzer haben große Anschlußwerte und dürfen deshalb nur mit Genehmigung des EVU angeschlossen werden.

Der Heizstrom kann durch Wärme oder durch Wasserdruck gesteuert werden. Druck-Durchlauferhitzer enthalten zur größeren Sicherheit oft zwei Schalter, z. B. einen Temperaturregler und einen Strömungsschalter. Dadurch wird eine zu hohe Temperatur verhindert, und zwar auch beim Ausbleiben des Wassers.

Aufbau und Wirkungsweise der Temperaturregler

Die Temperaturregelung erfolgt bei den Heißwasserbereitern meist durch Kapillarrohrregler **(Bild 66/1)**. Bei diesem Regler befindet sich eine Flüssigkeit mit hohem Siedepunkt im Fühler, im Kapillarrohr* und in einer Ausdehnungsmembrane. Bei Erwärmung dehnt sich die Flüssigkeit im Fühler aus und wird so teilweise in das Kapillarrohr und in die Membrane verdrängt. Dadurch wird die Membrane verformt, so daß ein Arbeitshub entsteht, der den Sprungschalter betätigt.

Kapillarrohrregler sind zur Regelung der Temperatur von festen, flüssigen und gasförmigen Stoffen geeignet. Sie kommen z. B. in Heißwasserbereitern, Heizgeräten, Geschirrspülmaschinen, Waschmaschinen und in Saunaanlagen vor.

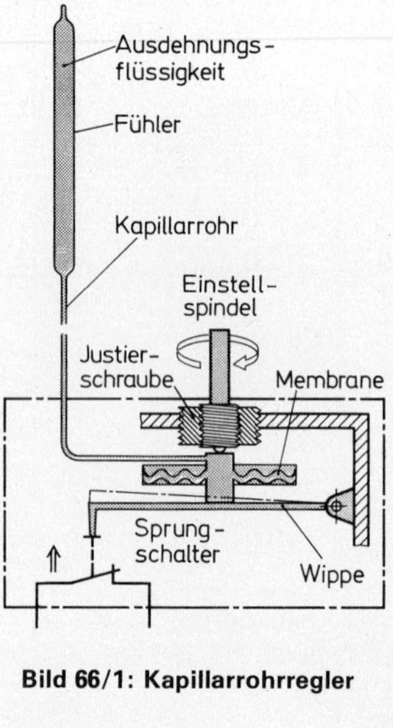

Bild 66/1: Kapillarrohrregler

* Kapillarrohr = haardünnes Rohr, von lat. capillus = Haar

5.5 Elektrische Raumheizung

Die Raumheizung mit elektrischer Energie ist nur dann wirtschaftlich, wenn eine sorgfältige Wärmedämmung vorgenommen wurde. Die Wärmeübertragung vom Heizgerät zum Menschen kann durch Konvektion oder Strahlung erfolgen.

Bei der **Konvektionsheizung** dient die Luft des Raumes als Übertragungsmittel. Heizlüfter und mit Lüftern ausgerüstete Speicheröfen wirken hauptsächlich als Konvektionsheizer. Der Anschlußwert wird nach dem *Rauminhalt* des zu heizenden Raumes bemessen **(Tabelle 67/1)**.

Bei der **Strahlungsheizung** muß der zu erwärmenden Fläche eine ausreichende Wärme zugeführt werden. Wärmestrahler (Infrarotstrahler) wirken vorwiegend als Strahlungsheizer. Der Anschlußwert wird nach dem *Flächeninhalt* bemessen. Für die Strahlungsheizung von oben rechnet man mit einer erforderlichen Leistung von 100 bis 150 W je m² Bodenfläche. Für hohe Räume ist die Strahlungsheizung wirtschaftlicher als die Konvektionsheizung.

Der Anteil von Strahlung und von Konvektion ist je nach Art der elektrischen Raumheizung verschieden **(Bild 67/1)**.

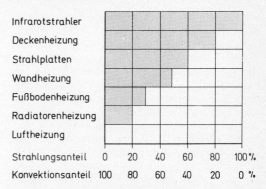

Bild 67/1: Strahlungsanteile und Konvektionsanteile bei Heizgeräten

Tabelle 67/1: Elektrische Raumheizung (Erfahrungswerte)	
Rauminhalt in m³	Anschlußwert in W/m³
10 bis 50	80
51 bis 100	60 bis 80
101 bis 150	40 bis 60
über 151	40

Speicheröfen (Bild 67/2) haben als Heizkörper Heizrohre oder Masseheizkörper. Die entwickelte Wärme wird in einer mineralischen oder keramischen Masse gespeichert. Speicheröfen können mit der billigeren Energie in der Schwachlastzeit aufgeheizt werden. Bei Wärmebedarf bringt ein Gebläse die Wärme aus der Speichermasse in den zu heizenden Raum.

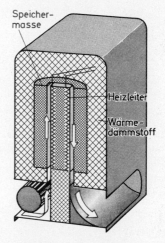

Bild 67/2: Speicherofen

Anlagen mit elektrischen Speicheröfen enthalten mehrere Regeleinrichtungen. Der *Laderegler* bewirkt die Aufladung des Speicherofens, wobei über einen Witterungsfühler der voraussichtliche Wärmebedarf berücksichtigt wird. Der *Entladeregler* bewirkt die Wärmeabgabe des Ofens an die Raumluft (Seite 379).

Wiederholungsfragen

1. Welche Folge würde eintreten, wenn man einen offenen Speicher mit einer Druckarmatur anschließen würde?
2. Warum tropfen offene Heißwasserbereiter während des Aufheizens?
3. Geben Sie an, welche Maßnahme bei einem hohen Wasserdruck für geschlossene Geräte erforderlich ist!
4. Erklären Sie Aufbau und Wirkungsweise von Boiler, Heißwasserspeicher und Durchlauferhitzer!
5. Welche Arten von Heißwasserbereitern kommen für eine zentrale Heißwasseranlage in Frage?
6. Warum gestatten die EVU nicht ohne weiteres den Anschluß von Durchlauferhitzern?
7. Welche zwei grundsätzlichen Arten von elektrischer Raumheizung unterscheidet man?
8. Welche Heizkörper werden bei Wärmestrahlern verwendet?
9. Beschreiben Sie die Wirkungsweise eines Speicherofens!

5.6 Mikrowellenherd

Bei üblichen Elektrokochgeräten (Elektroherd, Backofen oder Grill) wird dem Kochgut die Wärme von außen durch Wärmeleitung und durch Konvektion zugeführt. Um das Kochgut auch im Innern ausreichend zu erwärmen, sind eine hohe Temperatur oder eine lange Garzeit nötig. Beim Garvorgang wird das Erwärmen der Speisen durch Verstärkung der molekularen Wärmebewegung verursacht. Dies kann auch durch Mikrowellen erfolgen. Die Mikrowellen versetzen die elektrisch polarisierten Moleküle des Kochgutes in heftige Drehung und Vibration. Die Moleküle stoßen sich und rufen so die Wärme hervor. Die Wärme entsteht im Innern des Kochguts.

Mikrowellen sind elektromagnetische Wellen im Bereich von 300 bis 30000 MHz. Für Mikrowellenherde wird meist die Frequenz 2450 MHz (12-cm-Band) verwendet. Die elektromagnetischen Wellen (Seite 158) werden von einem Magnetron (Senderöhre für hochfrequente elektromagnetische Schwingungen) erzeugt und gelangen über einen Hohlleiter in den Garraum. Sie werden dort von den Wänden reflektiert und dringen in das Gargut ein **(Bild 68/1)**. Die Abmessungen des Garraumes sind auf die Wellenlänge abgestimmt, so daß sich eine große Zahl an stehenden Wellen ausbilden. Ein Flügel (Bild 68/1) reflektiert ebenfalls die Wellen, so daß sie sich im Garraum gleichmäßig verteilen können.

Mikrowellen werden von Metallen reflektiert. Kunststoffe, Porzellan, Keramik und vor allem Glas lassen Mikrowellen durch. Daher darf im Mikrowellenherd kein Metallgeschirr verwendet werden.

Bild 68/1: Haushalt-Mikrowellenherd

Mikrowellen sind für den menschlichen Körper, insbesondere für die Augen, sehr gefährlich. Strenge Sicherheitsbestimmungen schreiben daher vor, daß nur eine geringe Strahlung (Leckstrahlung) von höchstens 5 mW/cm² aus dem Gerät austreten darf. Ein Lochblech in der Türe zum Garraum erlaubt die Beobachtung des Gargutes, verhindert jedoch wegen des kleinen Durchmessers der Löcher von weniger als 3 mm das Austreten von Strahlung fast ganz. Mehrere Sicherheitsschalter schalten unabhängig voneinander das Gerät beim Öffnen der Türe ab. Weitere Schutzmaßnahmen sind z.B. ein Thermofühler, ein Kurzschlußschutz sowie optische oder akustische Signale beim Versagen des Türschalters **(Bild 68/2)**. Der Betrieb von Mikrowellengeräten ist genehmigungspflichtig (Fernmeldeamt). Die Wartung darf nur durch eine vom Hersteller beauftragte Fachkraft erfolgen.

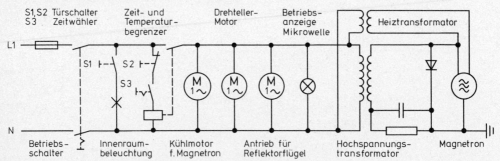

Bild 68/2: Schaltungsbeispiel eines Mikrowellenherdes (vereinfacht; Bezeichnung der Betriebsmittel Seite 115)

Haushalt-Mikrowellengeräte haben eine Eingangsleistung von 1,2 kW bis etwa 4 kW bei einem Wirkungsgrad von etwa 50%. Man erreicht damit eine Energieeinsparung von 60% bis 80% bzw. eine Verkürzung der Garzeit von 25% bis 80%.

Mikrowellengeräte werden im Haushalt bevorzugt zum Erwärmen vorgefertigter Gerichte und zum Auftauen von Tiefkühlkost eingesetzt. In der Industrie benützt man Mikrowellengeräte z.B. zum Auftauen, Sterilisieren und Pasteurisieren von Nahrungsmitteln, zum Erwärmen von Stoffen mit schlechter Wärmeleitfähigkeit, z.B. von Gummiteilen (Reifen) und Kunststoffen, als Durchlauftrockner, ferner in der Elektromedizin.

5.7 Elektrische Kühlgeräte

In elektrischen *Kühlschränken* hält man Lebensmittel im Temperaturbereich von etwa $+2\,^{\circ}C$ bis etwa $+10\,^{\circ}C$ frisch. *Tiefkühlgeräte* kühlen das Gefriergut auf Temperaturen von $-18\,^{\circ}C$ und tiefer. Lebensmittel in tiefgefrorenem Zustand bleiben meist viele Monate lang genießbar.

Beim Kühlen wird Wärme entzogen. Dies kann durch *Verdampfen* einer Flüssigkeit erreicht werden. Gibt man z. B. einige Tropfen einer leicht flüchtigen Flüssigkeit, wie Alkohol, Benzin oder Kölnisch Wasser, auf die Haut, so tritt eine kühlende Wirkung auf. Die Flüssigkeit benötigt für den Übergang in den dampfförmigen Zustand Wärme (Verdampfungswärme), die sie der Haut entzieht. Auch im Kühlschrank wird eine leicht flüchtige Flüssigkeit zum Verdampfen gebracht. Die notwendige *Verdampfungswärme* wird dabei dem Kühlgut entzogen. Das Kühlgut befindet sich in einem wärmeisolierten Kühlraum.

Verringert man den Druck über einer Flüssigkeit, so sinkt ihre Siedetemperatur. So siedet z. B. Wasser in größeren Höhen schon bei Temperaturen unter $100\,^{\circ}C$, weil dort der Luftdruck niedrig ist. In Kühlanlagen verwendet man als *Kältemittel* Flüssigkeiten, wie z. B. Ammoniak (NH_3), Frigen* (CF_2Cl_2) oder Schwefeldioxid (SO_2). Diese Flüssigkeiten verdampfen bei entsprechendem Druck schon bei Raumtemperatur. Setzt man den Kältemitteldampf unter Druck, so wird er wieder flüssig, und gibt die beim Verdampfen aufgenommene Wärme wieder ab. Diese Wärme muß nach außen abgeführt werden. Der Verflüssiger befindet sich deshalb außerhalb des Kühlraumes. Durch das Verdampfen und Verflüssigen ist ein Wärmetransport aus dem Kühlschrank möglich. Man unterscheidet dabei *Kompressionsverfahren* und *Absorptionsverfahren*.

Beim **Kompressor-Kühlschrank** treibt ein Elektromotor einen Verdichter (Kompressor) an **(Bild 69/1 und 69/2)**. Der Verdichter saugt das Kältemittel aus dem Verdampfer, einer Rohrschlange im Gefrierfach. Dabei verringert sich im Verdampfer der Druck. Das Kältemittel verdampft und entzieht dabei dem Kühlgut Wärme. Gleichzeitig drückt der Verdichter den Kältemitteldampf in den Verflüssiger, auch Kondensator genannt, über dessen Kühlrippen die dem Kühlgut entzogene Wärme an die Außenluft abgegeben wird. Das flüssige Kältemittel wird durch ein Kapillarrohr (Drosselrohr) zum Verdampfer geleitet, der kältesten Stelle im Kühlschrank. Das Kapillarrohr verhindert den Druckausgleich zwischen Verflüssiger und Verdampfer. Ein Thermostat (Temperaturregler) hält die Kühlschranktemperatur auf einem einstellbaren Wert. Er schaltet dabei den Kühlschrankmotor selbsttätig ein und aus. In Kompressor-Kühlschränken verwendet man meist Frigen als Kältemittel.

Je nach Leistung unterscheidet man Ein-Stern-Fach-Verdampfer, Zwei-Stern-Fach- und Drei-Stern-Fach-Verdampfer **(Tabelle 69/1)**. Das Drei-Stern-Fach wird auch als *Tiefkühlfach* bezeichnet.

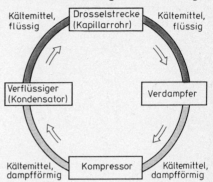

Bild 69/1: Kältemittel-Kreislauf beim Kompressor-Verfahren

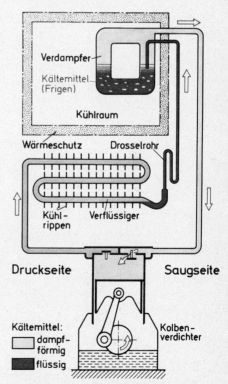

Bild 69/2: Kompressor-Kühlschrank

Tabelle 69/1: Verdampfertemperaturen und Lagerdauer von Gefriergut			
⟦ ✱ ⟧	Ein-Stern-Fach	$-6\,^{\circ}C$ und kälter	1 bis 3 Tage
⟦ ✱✱ ⟧	Zwei-Stern-Fach	$-12\,^{\circ}C$ und kälter	1 bis 2 Wochen
⟦ ✱✱✱ ⟧	Drei-Stern-Fach	$-18\,^{\circ}C$ und kälter	2 bis 3 Monate

Gefriergeräte dienen zum Gefrieren von Lebensmitteln und zum langfristigen Lagern von Gefriergut bei Temperaturen von $-18\,^{\circ}C$ und kälter. Sie tragen ein 4-Stern-Symbol.

Tiefkühlgeräte dienen nur zur Lagerung von gefrorenen Lebensmitteln und tragen das 3-Stern-Symbol (Tabelle 69/1).

* Frigen (Betonung auf der zweiten Silbe) ist eine Handelsbezeichnung für fluorierte (Halogen-) Kohlenwasserstoffe

Beim **Absorber-Kühlschrank (Bild 70/1)** durchfließt das Kältemittel (meist Ammoniak) ebenfalls einen Kreislauf in einem geschlossenen Röhrensystem. Das Kältemittel wird dabei im Absorber in Wasser gelöst (absorbiert). In einem beheizten Kocher wird aus dieser Lösung das Ammoniakgas wieder ausgetrieben. Während das Wasser in den Absorber zurückkehrt, gibt das Ammoniakgas im Kondensator Wärme an die Umgebung ab und verflüssigt sich dabei. Das verflüssigte Ammoniak gelangt in den innerhalb des Kühlraumes liegenden Verdampfer, verdampft dort und entzieht dem Kühlraum Wärme. Durch das Absorbieren des Ammoniakdampfes entsteht ein Unterdruck, durch den der Dampf aus dem Verdampfungsraum abgesaugt wird.

Um das Verdampfen des flüssigen Ammoniaks zu erleichtern, verwendet man ein Hilfsgas, z. B. Wasserstoff.

Absorber-Kühlschränke haben keine beweglichen Teile und arbeiten daher geräuschlos. Ihre Betriebskosten sind jedoch höher als die der Kompressor-Kühlschränke.

Bild 70/1: Absorber-Kühlschrank

Peltier-Element

Erwärmt man die Verbindungsstelle zweier verschiedener Metalle, z. B. Kupfer und Konstantan, so treten an dieser Stelle Elektronen von einem Metall in das andere über. Es entsteht eine Gleichspannung. Diesen Spannungserzeuger nennt man Thermoelement **(Bild 70/2).**

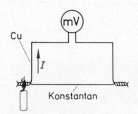

Bild 70/2: Thermoelement

Schickt man Gleichstrom durch ein Thermoelement **(Bild 70/3)**, so verändern sich die Temperaturen an den beiden Verbindungsstellen im Stromkreis. Je nach Stromrichtung im Thermoelement tritt an der einen Verbindungsstelle eine Temperaturerhöhung auf, während die Temperatur an der anderen Seite sinkt (Peltier*-Effekt).

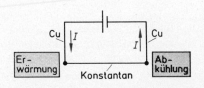

Bild 70/3: Peltier-Effekt

Der Peltier-Effekt wird zum Bau von Kühl- und Klimaanlagen ausgenützt. An die Stelle des Verdampfers im Kompressorkühlschrank tritt das Peltier-Element, anstelle des Kondensators ein Wärmeaustauscher aus Aluminium. Als Werkstoff für das Peltier-Element verwendet man Halbleiterwerkstoffe, z. B. Wismuttellurid. Mehrere Peltier-Elemente hintereinandergeschaltet bilden einen Kühlblock. Die Schaltung erfolgt so, daß die kalten Kontaktstellen auf der einen Seite, die warmen auf der entgegengesetzten Seite liegen **(Bild 70/4)**. Dadurch wird auf der einen Seite des Kühlblocks Wärme aufgenommen und auf der anderen abgegeben.

* Peltier, franz. Physiker, 1785 bis 1845

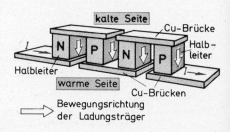

Bild 70/4: Schaltung von Peltier-Elementen

Kehrt man die Stromrichtung um, so gibt die Stelle, die zuvor gekühlt wurde, Wärme ab. Das Peltier-Element kann daher zum Kühlen und zum Erwärmen verwendet werden (Klimaanlagen). Die Einzelelemente bettet man in Gießharz ein (Kühlblock **Bild 71/1**).

Die Kühl- bzw. Heiztemperatur kann auf einfache Weise durch Steuern des Betriebsstromes oder mit Hilfe einer Zweipunktregelung (Seite 377) eingehalten werden. Derartige Anlagen arbeiten z. B. in einem Temperaturbereich von $-10\,°C$ bis $+70\,°C$ bei einer Anschlußleistung von 40 W. Die Betriebsspannung des Kühlblocks beträgt 2 V bis 8 V.

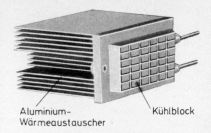

Aluminium-
Wärmeaustauscher

Kühlblock

Bild 71/1: Kühlblock mit Wärmeaustauscher

5.8 Klimageräte

Unter Klimatisieren versteht man das Anpassen des Raumklimas (Temperatur und Luftfeuchtigkeit) an den gewünschten Wert. Klimageräte kühlen, reinigen und erneuern die Raumluft, be- oder entfeuchten sie und wälzen sie um. An kühlen Tagen heizen diese Geräte (Übergangsheizung). Thermostaten erfassen die Temperatur und gleichen sie dem Sollwert an.

Man unterscheidet Zentralanlagen und Primärluftanlagen. Zentralanlagen versorgen die gesamte Heizung und Kühlung eines Raumes oder Gebäudes. In Primärluftanlagen wird nur die zugeführte Außenluft (Primärluft) aufbereitet. Bei diesem System ist eine individuelle Anpassung an das gewünschte Raumklima möglich.

Fenster- und Wandeinbaugeräte dienen der Klimatisierung einzelner Räume. Sie bestehen aus einem kompletten Kühlsystem mit Verdichter, Kondensator und Verdampfer sowie Luftfilter und Ventilator. Mit solchen Geräten kann man bei Kühlbetrieb die Raumlufttemperatur gegenüber der Außenlufttemperatur um 5 K bis 6 K senken. Bei Raumklimageräten in Splitbauweise* sind Verdampfer und Verflüssiger in zwei getrennten Geräten untergebracht. Bei Kompaktgeräten sind alle Teile der Anlage in einem Gerät untergebracht. Durch Kombination mit einer Warmwasserheizung oder einer elektrischen Zusatzheizung können solche Geräte auch Heizaufgaben übernehmen.

5.9 Wärmepumpe

Mit Hilfe der Wärmepumpe kann man einer an sich nicht genützten Wärmequelle, z. B. der Luft, dem Wasser oder dem Erdreich, Wärme entziehen **(Bild 71/2)** und sie einer zu beheizenden Anlage, z. B. einem Haus oder einem Schwimmbad, zuführen. Während konventionelle Wärmeerzeuger, z. B. elektrische Heizöfen, elektrische Energie in Heizwärme (Wärmeenergie) umwandeln, benötigt die Wärmepumpe nur zu einem Teil elektrische Energie. Den restlichen Anteil an Energie entzieht sie der Umgebung **(Bild 72/1)**. Wärmepumpen helfen somit, Energie zu sparen.

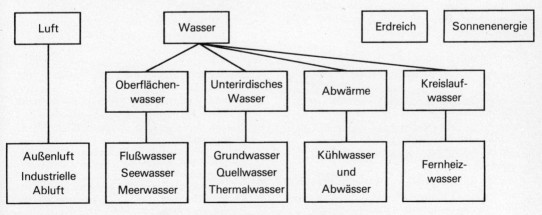

Bild 71/2: Wärmequellen für Wärmepumpen

* to split (engl.) = spalten, aufteilen

Die Wärmepumpe arbeitet nach dem Prinzip des Kühlschranks (Kompressor-Verfahren). Eine Wärmequelle, z. B. Flußwasser, wird an einem Wärmetauscher abgekühlt. Als Kältemittel verwendet man bei Wärmepumpen meist chlorierte und fluorierte Kohlenwasserstoffe, z. B. $C_2Cl_2F_4$. Diese sind geruchlos und ungiftig. Der Kältemitteldampf wird aus dem Verdampfer abgesaugt und im Verdichter unter Druck gebracht **(Bild 72/2)**. Er erhöht seine Temperatur im Verflüssiger und kann dann Wärme abgeben. Bei diesem Vorgang muß nur die für den Verdichter (Kompressor) erforderliche Energie zugeführt werden.

Die Wärmepumpe bringt Wärmeenergie von niedriger Temperatur auf eine höhere Temperatur.

Die unterste Grenze der Temperatur für Wasser als Wärmequelle einer Wärmepumpe liegt bei 4 °C. Bei noch weiterer Abkühlung des Wassers müssen sehr große Wassermengen zur Verfügung stehen.

Wird die der Luft entzogene Energie auf Wasser übertragen, so spricht man von einer Luft-Wasser-Wärmepumpe. Wärmepumpen werden vielfach in *bivalentem** Betrieb eingesetzt; d. h. es arbeiten zwei voneinander unabhängige Heizsysteme, die Wärmepumpe und ein zweiter Wärmeerzeuger, z. B. eine Ölheizung. Bis zu einer bestimmten Außentemperatur, z. B. +3 °C, deckt die Wärmepumpe den Wärmebedarf. Sinkt die Temperatur weiter ab, so übernimmt der zweite Wärmeerzeuger die Heizung (bivalenter Alternativbetrieb). Es ist aber auch möglich, Wärmepumpe und zweite Heizanlage gemeinsam arbeiten zu lassen (bivalenter Parallelbetrieb).

Die Wirtschaftlichkeit einer Anlage mit Wärmepumpe wird durch die Leistungszahl ε** ausgedrückt. Sie liegt im günstigsten Fall bei $\varepsilon = 4$.

ε Leistungszahl
Q_2 abgegebene Wärmearbeit
W zugeführte elektrische Arbeit

$$\varepsilon = \frac{Q_2}{W}$$

Mit Wärmepumpen werden z. B. Freibäder und Hallenbäder beheizt, Häuser und Verwaltungsgebäude klimatisiert.

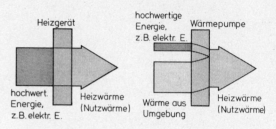

Bild 72/1:
Konventioneller Wärmeerzeuger und Wärmepumpe

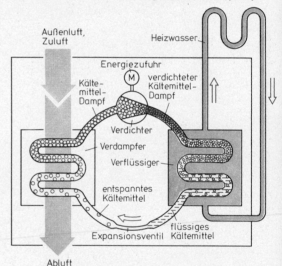

Bild 72/2: Prinzip der Wärmepumpe

Wiederholungsfragen

1. Beschreiben Sie den Aufbau eines Mikrowellenherdes!

2. Warum darf im Mikrowellenherd kein Metallgeschirr verwendet werden?

3. Welche Temperaturänderung ergibt sich beim Verdampfen einer Flüssigkeit?

4. Welche Kältemittel verwendet man in Kühlgeräten?

5. Welche zwei Kühlverfahren unterscheidet man?

6. Wo befinden sich beim Kompressor-Kühlschrank a) der Verdampfer und b) der Verflüssiger?

7. Welche Aufgabe hat der Verdichter eines Kühlschranks?

8. Welches ist die kälteste Stelle im Kühlschrank?

9. Was versteht man unter dem Peltier-Effekt?

10. Welche Energiequellen werden bei der Wärmepumpe genützt?

11. Worin besteht der grundsätzliche Unterschied zwischen einem konventionellen Wärmeerzeuger und einer Wärmepumpe?

12. Was versteht man unter a) bivalentem Alternativbetrieb und b) bivalentem Parallelbetrieb bei Wärmepumpen?

* zweiwertig, von bis (lat.) = zweimal und valere (lat.) = wert sein
** ε = griech. Kleinbuchstabe epsilon

6 Elektrisches Feld

6.1 Eigenschaften

Versuch 73/1: Verbinden Sie eine Metallkugel mit dem Schirm eines Bandgenerators **(Bild 73/1)**! Treiben Sie nun den Bandgenerator an, und lassen Sie auf den geladenen Schirm einen kleinen Wattebausch fallen!

Der Wattebausch springt auf gebogenen Bahnen zwischen dem Schirm und der Kugel hin und her.

Fällt Watte auf die negativ geladene Elektrode, so wird sie dort mit Elektronen beladen und trägt gleiche Ladung. Darauf wird sie abgestoßen. Die Watte fliegt zur positiv geladenen Elektrode und transportiert hierbei Elektronen. Beim Berühren der positiven Elektrode werden Elektronen abgesaugt. Die Watte wird umgeladen und erneut abgestoßen. Sie fliegt zwischen Schirm und Kugel hin und her. Auf die Watte wirken Kräfte.

Im Raum zwischen positiv und negativ geladenen Elektroden herrscht ein elektrisches Feld, das Kräfte auf elektrische Ladungen ausübt.

Ein geladenes Teilchen bewegt sich im elektrischen Feld entlang einer Linie. Solche Linien in Richtung der auftretenden Kräfte werden *Feldlinien* genannt. Ein elektrisches Feld kann also durch Feldlinien dargestellt werden. Für die elektrischen Feldlinien ist ein Richtungssinn festgelegt: Die Feldlinien zeigen in Richtung der Kraft, die auf ein positiv geladenes Teilchen wirkt.

Aus positiver Ladung treten elektrische Feldlinien aus, in negative Ladung treten sie ein.

Elektrische Feldlinien können sichtbar gemacht werden. Dazu wird z. B. Kunststoffstaub zwischen geladene Elektroden gestreut. Häufig werden Feldlinien auch mit Hilfe von Grieß in Rizinusöl sichtbar gemacht.

Versuch 73/2: Machen Sie ein elektrisches Feld sichtbar, indem Sie z. B. in eine Glasschale mit Rizinusöl etwas Grieß geben. Tauchen Sie zwei Elektroden ein, und verbinden Sie diese mit den Polen eines Bandgenerators! Wiederholen Sie den Versuch mit anders geformten Elektroden!

Die Grießkörner ordnen sich unter dem Einfluß des elektrischen Feldes entsprechend dem Feldlinienverlauf. Sie zeigen ein Schnittbild durch das räumliche Feld **(Bild 73/2)**.

Elektrische Felder zwischen verschieden geformten Elektroden mit unterschiedlicher elektrischer Ladung haben verschiedene Formen. Ein elektrisches Feld wird als *homogen* (gleichmäßig) bezeichnet, wenn die Feldlinien parallel verlaufen und gleiche Dichte (gleichen Abstand) haben (Bild 73/2a). Ein homogenes elektrisches Feld ist z. B. zwischen den parallelen Platten eines Kondensators vorhanden, wenn der Plattenabstand klein ist.

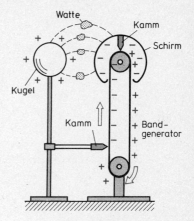

Bild 73/1: Hin- und herfliegende Watteflocken zeichnen Feldlinien nach

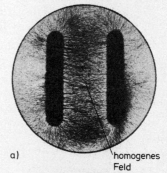

a)   homogenes Feld

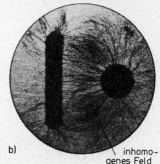

b)   inhomogenes Feld

**Bild 73/2:
Arten von Feldlinienbildern**

In vielen elektrischen Feldern verlaufen die Feldlinien nicht parallel. Der Abstand zwischen den Feldlinien ist nicht gleich groß (Bild 73/2b). Dieses elektrische Feld wird *inhomogen* (nicht gleichmäßig) genannt. Weiterhin sind im Bild 73/2b an der runden Elektrode die Feldlinien dichter als an der plattenförmigen Elektrode.

Der Abstand der Feldlinien ist für die Stärke des Feldes kennzeichnend.

Je kleiner der Abstand, desto größer die Feldstärke.

6.2 Grundbegriffe

6.2.1 Elektrische Feldstärke

Versuch 74/1: Bringen Sie eine an einem Seidenfaden aufgehängte, geladene, kleine Holundermarkkugel oder eine geladene, kleine Aluminiumkugel zwischen zwei Kondensatorplatten **(Bild 74/1)**! Schließen Sie den Versuchskondensator an eine einstellbare Hochspannungsquelle von einigen Kilovolt an! Verändern Sie die Ladung der Kugel!

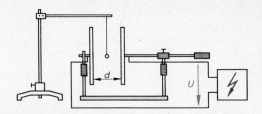

Bild 74/1: Kraftwirkung im elektrischen Feld

Die Kugel wird um so mehr abgelenkt, je größer ihre Ladung ist.

Die Kraft *F* auf eine Ladung *Q* im elektrischen Feld vergrößert sich im gleichen Maße wie die Größe der Ladung. Die Größe *F/Q* ist somit konstant und nur vom elektrischen Feld abhängig. Sie wird als elektrische Feldstärke *E* bezeichnet.

Die elektrische Feldstärke gibt die Kraft auf eine Ladung im elektrischen Feld an.

E Elektrische Feldstärke	
F Kraft	
Q Elektrische Ladung	

$$[E] = \frac{N}{As}$$

$$\boxed{E = \frac{F}{Q}}$$

Ein elektrisches Feld besteht z. B. zwischen entgegengesetzt geladenen Körpern. Zwischen diesen besteht auch eine Spannung. Für das homogene Feld, z. B. beim Plattenkondensator, stimmt die Größe *F/Q* mit der Größe *U/l* überein.

E Elektrische Feldstärke	
U Spannung	
l Plattenabstand	

$$[E] = \frac{V}{m} = \frac{\frac{VAs}{m}}{As} = \frac{\frac{Ws}{m}}{As} = \frac{N}{As}$$

$$\boxed{E = \frac{U}{l}}$$

6.2.2 Elektrische Influenz

Influenzerscheinungen gibt es bei Leiterwerkstoffen und bei Isolierstoffen.

Versuch 74/2: Bringen Sie zwei dünne, metallische, elektrisch neutrale Probeplatten an Isoliergriffen zwischen die größeren Platten eines geladenen Experimentierkondensators **(Bild 74/2)**!

Die Probeplatten werden unter dem Einfluß des elektrischen Feldes polarisiert **(Bild 74/3)**. *Berühren die Probeplatten einander im Feld, so wandern die Ladungen* **(Bild 74/4)**. *Nach Trennung der beiden Probeplatten im Feld bleiben ihre Ladungen erhalten* **(Bild 74/5)**. *Mit einem Ladungsmesser, z. B. einem Elektroskop, wird nachgewiesen, daß die linke und die rechte Probeplatte eine gleich große, entgegengesetzte Ladung an das Meßgerät abgeben.*

Solche Beeinflussung der Ladungen nennt man elektrische *Influenz**. Das durch Influenz entstandene elektrische Feld wirkt dem ursprünglichen Feld entgegen. Zwischen den Probeplatten entsteht ein feldfreier Raum.

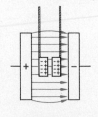

Bild 74/2: Metallplatten im elektrischen Feld	**Bild 74/3: Polarisation**

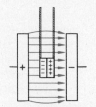
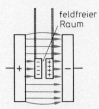

Bild 74/4: Ladungstrennung	**Bild 74/5: Felder heben sich auf**

* influere (lat.) = hineinströmen

74

Isolierstoffe haben fast keine freien Elektronen. In ihnen werden die Ladungen durch ein elektrisches Feld nicht getrennt wie bei metallischen Teilen, sondern nur geringfügig verschoben (**Bild 75/1**). Unter dem Einfluß des elektrischen Feldes werden die Molekulardipole ausgerichtet. Diesen Vorgang nennt man *Polarisation*.

Influenz ist die Beeinflussung elektrischer Ladungen im elektrischen Feld.

Ein elektrisches Feld benötigt zum Aufbau Energie. Bei der Ladungstrennung in einem Leiter oder bei der Polarisation im Isolierstoff werden unter dem Einfluß des elektrischen Feldes die negativen elektrischen Ladungen (Elektronen) um einen Weg *s* mit der Kraft *F* gegen die Feldrichtung bewegt. In der Ladung ist dann die Arbeit $W = F \cdot s$ gespeichert. Im elektrischen Feld sind beim gleichen Material die Einflüsse durch Influenz um so größer, je größer die elektrische Feldstärke ist. Beim Entladen wird die gespeicherte Energie wieder frei.

Die Influenz wird bei Metallen benutzt, um eine Abschirmung elektrischer Felder zu erreichen (**Bild 75/2**). Zur Abschirmung werden z. B. Kupfer oder Aluminium in Form von Blechen, Gittern oder Geflechten verwendet. Ein Faradayscher* Käfig (**Bild 75/3**) ist im Innern feldfrei. Auch das Innere eines Autos aus Stahlblech ist feldfrei. Abgeschirmte Leitungen erhalten ein Metallgeflecht zwischen Aderisolation und Leitungsmantel.

Elektrische Felder kann man durch geerdete Drahtgitter, Drahtgeflechte oder Metallflächen abschirmen.

6.2.3 Coulombsches** Gesetz

Eine kugelförmige elektrische Ladung Q_1 übt auf eine gleichnamige, kugelförmige elektrische Ladung Q_2 eine abstoßende Kraft *F* aus. Die Kraft hängt von den Ladungen, vom Abstand sowie vom Werkstoff zwischen den Ladungen ab. Die Kraft wächst mit den Ladungen Q_1 und Q_2; sie verringert sich mit dem Quadrat des Abstandes *l*.

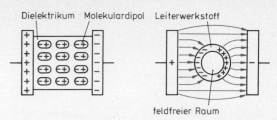

Dielektrikum   Molekulardipol   Leiterwerkstoff

feldfreier Raum

Bild 75/1: Polarisation im Isolierstoff

Bild 75/2: Abschirmung eines elektrischen Feldes

Bild 75/3: Faradayscher Käfig

In Luft:

$$F = \frac{1}{4 \cdot \pi \cdot \varepsilon_0} \cdot \frac{Q_1 \cdot Q_2}{l^2}$$

F	Kraft
Q_1, Q_2	Ladungen
l	Abstand der Ladungen
ε_0***	Elektrische Feldkonstante

$$\varepsilon_0 = 8,85 \cdot 10^{-12} \, \frac{As}{Vm}$$

$$[F] = \frac{Nm^2}{A^2 s^2} \cdot \frac{(As)^2}{m^2} = N$$

$$F = K \cdot \frac{Q_1 \cdot Q_2}{l^2};$$

$$K = \frac{1}{4 \, \pi \cdot \varepsilon_0} \approx 0,9 \cdot 10^{10} \, \frac{Vm}{As}$$

Wiederholungsfragen

1. Wodurch wird ein elektrisches Feld verursacht?
2. Zeichnen Sie das Feldlinienbild eines Plattenkondensators!
3. Erklären Sie den Begriff homogenes elektrisches Feld!
4. Mit welcher Formel kann die elektrische Feldstärke im homogenen Feld berechnet werden?
5. Erklären Sie den Begriff Influenz!
6. Nennen Sie die Wirkung eines Faradayschen Käfigs!

* Faraday, engl. Physiker, 1791 bis 1867   ** Coulomb, franz. Ingenieur, 1736 bis 1806   *** ε = griech. Kleinbuchstabe epsilon

6.3 Kondensator im Gleichstromkreis

6.3.1 Verhalten des Kondensators

Ein Kondensator* besteht im Grundaufbau aus zwei Metallplatten und einem Isolierstoff zwischen den Platten, dem sogenannten *Dielektrikum* (**Bild 76/1**).

Versuch 76/1: Schließen Sie einen Kondensator mit 10 µF über einen Strommesser mit Nullpunkt in Skalenmitte als Ersatz für einen Ladungsmesser an einen Umschalter (**Bild 76/2**)! Legen Sie die Reihenschaltung von Kondensator und Strommesser mit dem Umschalter zuerst an eine Gleichspannung von etwa 10 V (Laden)! Schließen Sie dann den Kondensator und das Meßinstrument durch Umlegen des Umschalters kurz (Entladen)! Beobachten Sie den Zeigerausschlag des Meßinstrumentes bei der Ladung und bei der Entladung!

Beim Laden schlägt der Zeiger des Strommessers kurzzeitig aus und geht dann in die Nullstellung zurück. Beim Entladen schlägt der Zeiger in entgegengesetzter Richtung kurzzeitig aus und geht dann wieder in die Nullstellung zurück.

Beim Laden fließt ein Ladestrom. Dann sperrt der Kondensator den Gleichstrom.

Der Kondensator sperrt Gleichstrom.

Beim Laden saugt der Spannungserzeuger von einer Platte Elektronen ab und drückt sie auf die andere Platte. Es entsteht auf der einen Platte Elektronenmangel, auf der anderen Platte Elektronenüberschuß. Zwischen den Platten des Kondensators besteht dann eine Spannung, die der angelegten Spannung entgegenwirkt. Beim Entladen des Kondensators fließt ein Entladestrom.

Der Kondensator kann elektrische Ladungen speichern.

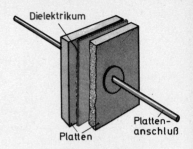

Bild 76/1: Grundaufbau eines Kondensators

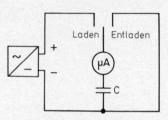

Bild 76/2: Laden und Entladen eines Kondensators

6.3.2 Kapazität eines Kondensators

Versuch 76/2: Wiederholen Sie Versuch 76/1, legen Sie jedoch beim Laden die doppelte Spannung an den Kondensator! Achten Sie darauf, daß der Kondensator vor dem Versuch entladen ist! Beobachten Sie die Zeigerausschläge des Strommessers!

Die Zeigerausschläge bei Ladung und Entladung verdoppeln sich.

Kondensatoren sind nach Versuchen über Widerstände zu entladen, damit keine Restladung zurückbleibt.

Erhöht man die Spannung an einem Kondensator auf den doppelten Wert, so fließt auch die doppelte Ladung auf die Kondensatorplatten. Die Größe Q/U ist konstant. Diese Konstante wird Kapazität** C genannt.

C	Kapazität
Q	Ladung
U	Spannung

$$[C] = \frac{As}{V} = F$$

$$\boxed{C = \frac{Q}{U}}$$

Ein Kondensator hat die Kapazität 1 Farad (1 F), wenn er von der Ladung 1 As um 1 V aufgeladen wird.

Die Einheit Farad ist für die Praxis zu groß. Kleinere Einheiten sind:

1 Millifarad $= 1$ mF $= 10^{-3}$ F   1 Nanofarad $= 1$ nF $= 10^{-9}$ F
1 Mikrofarad $= 1$ µF $= 10^{-6}$ F   1 Pikofarad $= 1$ pF $= 10^{-12}$ F

Beispiel: Wie groß ist die Ladung eines Kondensators von 47 µF, wenn er an eine Gleichspannung von 220 V gelegt wird?

Lösung: $Q = C \cdot U = 47 \cdot 10^{-6}$ F $\cdot 220$ V $= \mathbf{0{,}0103\ As}$

* Kondensator (lat.) = Verdichter
** capacitas (lat.) = Fassungsvermögen

Versuch 77/1: Wiederholen Sie Versuch 76/1 bei konstanter Gleichspannung von etwa 10 V! Schalten Sie nacheinander Kondensatoren verschiedener Kapazität in den Stromkreis, wie z. B. 4 µF, 8 µF und 16 µF! Beobachten Sie wieder die Zeigerausschläge am Strommesser!

Der Zeigerausschlag ist bei gleicher Spannung proportional der Kapazität.

Berechnung der Kapazität

Die Kapazität eines Kondensators ist durch seinen Aufbau bestimmt.

Versuch 77/2: Bestimmen Sie mit einer Kapazitätsmeßbrücke (Seite 300) die Kapazität eines Plattenkondensators! Achten Sie dabei auf möglichst kurze Anschlußleitungen zur Meßeinrichtung! Wiederholen Sie die Messung mit größeren Platten!

Die Vergrößerung der Plattenoberfläche bewirkt eine Vergrößerung der Kapazität.

Bei Vergrößerung der Plattenoberfläche steht den Ladungen eine größere Fläche zur Verfügung.

Versuch 77/3: Wiederholen Sie Versuch 77/2, und verkleinern Sie den Plattenabstand auf die Hälfte!

Bei Halbierung des Plattenabstandes zeigt die Kapazitätsmeßbrücke eine Verdoppelung der Kapazität an.

Bei kleinem Plattenabstand ziehen sich positive und negative Ladung auf den Platten stark an. Dadurch drückt die angelegte Spannung mehr Ladung in den Kondensator als bei großem Plattenabstand.

Versuch 77/4: Wiederholen Sie Versuch 77/2! Bringen Sie in den Luftraum zwischen den Platten Isolierstoffe, wie Hartpapier oder Kunststoff, z. B. Polystyrol! Bestimmen Sie die Kapazität!

Die Kapazität verändert sich je nach der Art des Isolierstoffes zwischen den Platten.

Unter dem Einfluß des elektrischen Feldes richten sich die Molekulardipole im Dielektrikum aus. Diesen Vorgang nennt man *dielektrische Polarisation.* Dadurch wird je nach Isolierstoff eine bestimmte Menge der ursprünglich vorhandenen Kondensatorladung neutralisiert. Die Kondensatorplatte kann deshalb eine erhöhte Ladung aufnehmen, bis wieder derselbe Spannungszustand zwischen den Platten erreicht ist wie

Tabelle 77/1: Dielektrizitätszahlen von Isolierstoffen

Isolierstoff	ε_r	Isolierstoff	ε_r
Luft	1	Porzellan	3...6
Isolieröl	2...2,4	Glas	4...6
Silikonöl	2,8	Glimmer	6...8
Acrylglas	3,5	Polystyrol	2,5
Hartpapier	4...8	Keramik	10...10 000

ohne Verwendung des eingeschobenen Dielektrikums. Die Aufnahme einer größeren Ladung bedeutet eine Vergrößerung der Kapazität. Das Dielektrikum beeinflußt die Kapazität des Kondensators.

Die Zahl, die angibt, wievielmal größer die Kapazität eines Kondensators wird, wenn statt Luft ein anderer Isolierstoff verwendet wird, heißt *Dielektrizitätszahl* (Permittivitätszahl) ε_r des betreffenden Isolierstoffes **(Tabelle 77/1).**

Die Kapazität eines Kondensators wird um so größer, je größer die Plattenfläche, je größer die Dielektrizitätszahl und je kleiner der Plattenabstand sind.

C Kapazität

ε_0 Elektrische Feldkonstante
$\varepsilon_0 = 8{,}85 \cdot 10^{-12}$ As/Vm

ε_r Dielektrizitätszahl
(Permittivitätszahl)

ε Dielektrizitätskonstante
(Permittivität)

A Plattenfläche

l Plattenabstand

$$[C] = \frac{As}{Vm} \cdot \frac{m^2}{m} = \frac{As}{V} = F$$

$$\boxed{C = \varepsilon_0 \cdot \varepsilon_r \cdot \frac{A}{l}}$$

$$\boxed{\varepsilon = \varepsilon_0 \cdot \varepsilon_r}$$

Beispiel: Ein Plattenkondensator besteht aus zwei Platten mit je 30 cm² Fläche auf einer Seite der Platte. Der Plattenabstand beträgt 0,5 mm. Welche Kapazität hat der Kondensator, wenn als Dielektrikum a) Luft und b) Hartpapier ($\varepsilon_r = 4$) 0,5 mm dick verwendet wird?

Lösung: a) Für Luft $\quad C = \varepsilon_0 \cdot \varepsilon_r \cdot \dfrac{A}{l} = 8{,}85 \cdot 10^{-12}\,\dfrac{As}{Vm} \cdot 1 \cdot \dfrac{30 \cdot 10^{-4}\,m^2}{0{,}5 \cdot 10^{-3}\,m} = 53{,}1 \cdot 10^{-12}\,F = $ **53,1 pF**

b) Für Hartpapier $\quad C = \varepsilon_0 \cdot \varepsilon_r \cdot \dfrac{A}{l} = 8{,}85 \cdot 10^{-12}\,\dfrac{As}{Vm} \cdot 4 \cdot \dfrac{30 \cdot 10^{-4}\,m^2}{0{,}5 \cdot 10^{-3}\,m} = 212{,}4 \cdot 10^{-12}\,F = $ **212,4 pF**

6.3.3 Zeitkonstante

Versuch 78/1: Schließen Sie einen Kondensator von 10 µF über einen Widerstand von 1 MΩ an eine Gleichspannung von 30 V an **(Bild 78/1)**! Lesen Sie nach 10 s, 20 s, 30 s, 40 s, 50 s an einem sehr hochohmigen Spannungsmesser die Kondensatorspannung ab!

Die Spannung am Kondensator nimmt zuerst schnell, dann immer langsamer zu **(Bild 78/2).**

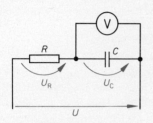

Bild 78/1: Laden eines Kondensators

Bild 78/2: Kondensatorspannung bei Aufladung

Ein Maß für die Ladezeit ist die *Zeitkonstante* τ*. Der Kondensator ist auf 63% der angelegten Spannung aufgeladen, nachdem *eine* Zeitkonstante verstrichen ist.

Das Produkt aus Widerstand und Kapazität nennt man Zeitkonstante τ.

τ	Zeitkonstante
C	Kapazität
R	Widerstand

$$[\tau] = \Omega \cdot F = \frac{V}{A} \cdot \frac{As}{V} = s$$

$$\boxed{\tau = R \cdot C}$$

Theoretisch nach unendlich langer Zeit, praktisch nach $t \approx 5 \cdot \tau = 5 \cdot R \cdot C$, ist der Kondensator geladen. Dann fließt kein Strom mehr.

Beispiel 1: Wie lange dauert der Ladevorgang des im Versuch 78/1 genannten Kondensators von 10 µF, der über 1 MΩ an 30 V Gleichspannung angeschlossen wird?

Lösung: $t \approx 5 \cdot \tau = 5 \cdot R \cdot C = 5 \cdot 10^6 \, \Omega \cdot 10 \cdot 10^{-6} \, F = $ **50 s**

Versuch 78/2: Entladen Sie den nach Versuch 78/1 geladenen Kondensator von 10 µF über einen Widerstand von 1 MΩ! Im Stromkreis befindet sich z. B. ein Digital-Strommesser **(Bild 78/3)**. Lesen Sie nach 10 s, 20 s, 30 s, 40 s, 50 s die Stromstärke am Meßinstrument ab!

Der Kondensator entlädt sich anfangs rasch, später langsamer **(Bild 78/4)**. *Die Stromrichtung ist nun entgegengesetzt zur Stromrichtung beim Laden.*

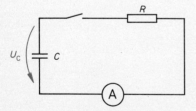
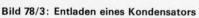

Bild 78/3: Entladen eines Kondensators

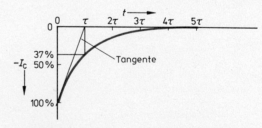

Bild 78/4: Entladestrom eines Kondensators

Beim Entladen eines Kondensators ist nach der Zeit τ ein Strom von etwa 37% des ursprünglichen Stromwertes vorhanden. Jeweils nach der Zeitkonstanten τ verringert sich der Strom auf 37%. Nach etwa 5 τ fließt kein Strom mehr. Der Kondensator ist vollständig entladen.

Beim Laden und Entladen eines Kondensators fließt nach 5 τ fast kein Strom mehr.

---

* τ = griech. Kleinbuchstabe tau

Beispiel 2: Ein Kondensator von 100 µF wird parallel zu einem Relais von 1 kΩ an 60 V Gleichspannung angeschlossen. Der Haltestrom des Relais beträgt 10 mA. Nun wird die Spannung abgeschaltet. Nach wieviel Zeitkonstanten fällt das Relais ab?

Lösung: $\tau = R \cdot C = 1 \cdot 10^3\,\Omega \cdot 100 \cdot 10^{-6}\,F = 10^{-1}\,s = \textbf{100 ms}$

Bei $\quad t = 0 \qquad\qquad i = \dfrac{U}{R} = \dfrac{60\,V}{10^3\,\Omega} = \textbf{60 mA}$

Nach $t = \tau \qquad\qquad i = 0,37 \cdot 60\,mA = \textbf{22,2 mA}$

Nach $t = 2\,\tau \qquad\qquad i = 0,37 \cdot 22,2\,mA = \textbf{8,2 mA}$

Das Relais fällt kurz vor Verstreichen der 2. Zeitkonstanten ab.

6.3.4 Energie des geladenen Kondensators

Ein Kondensator wird über einen Widerstand R an eine Gleichspannung geschaltet. Es fließt ein Strom bis der Kondensator auf die Spannung U geladen ist. Nun hat der Kondensator die Ladung Q und die Spannung U. Zwischen diesen beiden Größen besteht die Beziehung $Q = C \cdot U$. Die Ladung ist der Spannung U verhältnisgleich **(Bild 79/1)**.

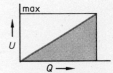

Bild 79/1: Spannung eines Kondensators in Abhängigkeit von der Ladung

Die schraffierte Fläche (Bild 79/1) entspricht der Energie W des geladenen Kondensators. Dieses Dreieck hat die Fläche: $W = (Q \cdot U)/2$. Statt Q wird in die Formel $C \cdot U$ eingesetzt. Man erhält für W dann:

W Elektrische Energie
C Kapazität
U Spannung

$$[W] = F \cdot V^2 = \frac{As}{V} \cdot V^2 = As \cdot V = Ws$$

$$\boxed{W = \frac{1}{2} \cdot C \cdot U^2}$$

Beispiel: Ein Kondensator $C = 100$ µF wird auf $U = 110$ V geladen. Welche Energie hat der Kondensator gespeichert?

Lösung: $W = \dfrac{1}{2} \cdot C \cdot U^2 = \dfrac{100 \cdot 10^{-6}\,F \cdot 110^2\,V^2}{2} = \textbf{0,605 Ws}$

Wiederholungsfragen

1. Aus welchen Teilen besteht prinzipiell ein Kondensator?
2. Wie berechnet man die in einem Kondensator gespeicherte Ladung?
3. In welcher Einheit wird die elektrische Ladung angegeben?
4. Erläutern Sie die Begriffe
   a) elektrische Feldkonstante und
   b) Dielektrizitätszahl!
5. Wie ist die Einheit 1 Farad festgelegt?

6. Wie hängt die Kapazität eines Kondensators von den Abmessungen und der Dielektrizitätskonstanten ab?
7. Wovon hängt die Ladezeit eines Kondensators ab?
8. Welche Zeit vergeht ungefähr nach dem Anlegen eines Kondensators an eine Spannungsquelle, bis dieser geladen ist?
9. Wie kann man die im geladenen Kondensator gespeicherte elektrische Energie berechnen?

6.4   Schaltungen von Kondensatoren

6.4.1 Parallelschaltung

Versuch 79/1: Schalten Sie drei Kondensatoren von je 4 µF parallel! Legen Sie die Kondensatoren an eine Gleichspannung von z. B. 6 V! Messen Sie die Stromstärke mit einem Strommesser mit Meßbereich 1 mA **(Bild 79/2)**! Wiederholen Sie den Versuch mit zwei, danach mit einem Kondensator, und lesen Sie jeweils den Stromwert ab! Entladen Sie die Kondensatoren nach jedem Versuch!

Der Zeigerausschlag nimmt ab: Die Stromstärke beträgt bei zwei Kondensatoren noch zwei Drittel, bei einem Kondensator ein Drittel des ursprünglichen Wertes.

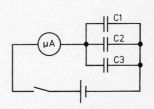

Bild 79/2: Parallelschaltung von Kondensatoren

Die Parallelschaltung mehrerer Kondensatoren wirkt wie eine Vergrößerung der Plattenoberfläche. Daher erhält man als Gesamtkapazität C die Summe der Einzelkapazitäten.

Zum gleichen Ergebnis führt die folgende Herleitung:

Spannungen sind in der Parallelschaltung gleich groß:

$$U = U_1 = U_2 = U_3 = \ldots$$

Die Gesamtladung ist die Summe der Einzelladungen:

$$Q = Q_1 + Q_2 + Q_3 + \ldots$$

Gesamtladung und Teilladungen werden ersetzt:

$$C \cdot U = C_1 \cdot U + C_2 \cdot U + C_3 \cdot U + \ldots$$

Beide Gleichungsseiten werden durch Spannung U dividiert:

$$\boxed{C = C_1 + C_2 + C_3 + \ldots}$$

Bei Parallelschaltung mehrerer Kondensatoren ist die Gesamtkapazität gleich der Summe der Einzelkapazitäten.

Die Gesamtkapazität einer Schaltung nennt man auch Ersatzkapazität.

Beispiel 1: Welche Kapazität muß ein Kondensator haben, der drei parallel geschaltete Einzelkapazitäten von 1000 pF, 0,02 µF und 5 nF ersetzen soll?

Lösung: $C = C_1 + C_2 + C_3 = 1000\ \text{pF} + 0{,}02\ \text{µF} + 5\ \text{nF}$
$\qquad\qquad\qquad\qquad = 1000\ \text{pF} + 20\,000\ \text{pF} + 5000\ \text{pF} = 26\,000\ \text{pF} = \textbf{26 nF}$

6.4.2 Reihenschaltung

Versuch 80/1: Schalten Sie vier Kondensatoren von je 4 µF in Reihe an z. B. 6 V (**Bild 80/1**)! Messen Sie den größten Ladestrom mit einem Strommesser mit Meßbereich 1 mA! Wiederholen Sie den Versuch mit zwei und dann mit einem Kondensator! Entladen Sie die Kondensatoren nach jedem Versuch!

Der größte Ladestrom verdoppelt sich jeweils gegenüber dem vorherigen Versuch.

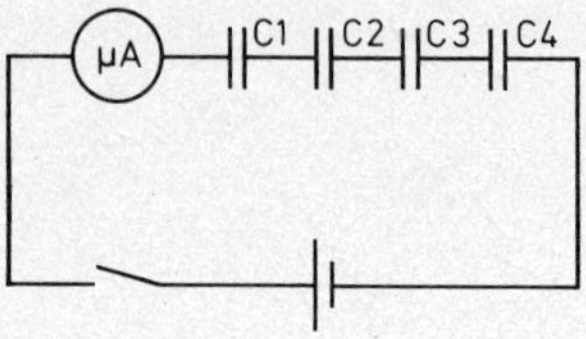

Die Reihenschaltung von Kondensatoren wirkt wie eine Verkleinerung der Kapazität.

Die Herleitung führt zum gleichen Ergebnis.

In der Reihenschaltung ist die Gesamtspannung gleich der Summe der Einzelspannungen:

Gesamtspannung und Teilspannungen werden ersetzt:

Beide Gleichungsseiten werden durch die Ladung Q dividiert:

Bild 80/1: Reihenschaltung von Kondensatoren

$$U = U_1 + U_2 + U_3 + \ldots$$

$$\frac{Q}{C} = \frac{Q}{C_1} + \frac{Q}{C_2} + \frac{Q}{C_3} + \ldots$$

$$\boxed{\frac{1}{C} = \frac{1}{C_1} + \frac{1}{C_2} + \frac{1}{C_3} + \ldots}$$

Bei Reihenschaltung mehrerer Kondensatoren ist der Kehrwert der Ersatzkapazität gleich der Summe der Kehrwerte der Einzelkapazitäten.

Die Ersatzkapazität ist kleiner als die kleinste Einzelkapazität. Die Reihenschaltung von Kondensatoren wirkt wie eine Vergrößerung des Plattenabstandes. Da an jedem Einzelkondensator nur ein Teil der Gesamtspannung liegt, ist die Spannungsfestigkeit der gesamten Reihenschaltung höher als die Spannungsfestigkeit eines Einzelkondensators.

Beispiel 2: Berechnen Sie die Ersatzkapazität von drei in Reihe geschalteten Kondensatoren mit den Kapazitäten 2 µF, 5 µF, 10 µF!

Lösung: $\dfrac{1}{C} = \dfrac{1}{C_1} + \dfrac{1}{C_2} + \dfrac{1}{C_3} = \dfrac{1}{2\ \text{µF}} + \dfrac{1}{5\ \text{µF}} + \dfrac{1}{10\ \text{µF}} = \dfrac{8}{10\ \text{µF}} = \dfrac{4}{5\ \text{µF}}$

$\qquad\quad C = \dfrac{5}{4}\ \text{µF} = \textbf{1,25 µF}$

Für eine Reihenschaltung aus zwei Kondensatoren:

$$\boxed{C = \frac{C_1 \cdot C_2}{C_1 + C_2}}$$

Beispiel 3: Welche Gesamtkapazität hat die Reihenschaltung aus $C_1 = 0{,}47$ µF und $C_2 = 33$ µF?

Lösung: $C = \dfrac{C_1 \cdot C_2}{C_1 + C_2} = \dfrac{0{,}47\ \text{µF} \cdot 33\ \text{µF}}{0{,}47\ \text{µF} + 33\ \text{µF}} = \textbf{0,46 µF}$

Kapazitiver Spannungsteiler. Wichtige Größen beim Kondensator sind seine Kapazität und seine Nennspannung. Die Nennspannung darf nicht überschritten werden, weil sonst das Dielektrikum durchschlagen werden könnte. Werden ungleiche Kapazitäten in Reihe geschaltet, so sind die Teilspannungen an den Kondensatoren verschieden groß **(Bild 81/1).**

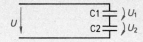

Bild 81/1:
Kapazitiver Spannungsteiler

In der Reihenschaltung hat jeder Kondensator die gleiche Ladung Q, weil Ladestrom und Ladezeit für alle Kondensatoren gleich sind.

$$Q = Q_1 = Q_2; \qquad C \cdot U = C_1 \cdot U_1 = C_2 \cdot U_2; \qquad U_1 = \frac{C \cdot U}{C_1} = \frac{C_2}{C_1 + C_2} \cdot U; \ U_2 = \frac{C_1}{C_1 + C_2} \cdot U$$

Spannungen an Kondensatoren verhalten sich in der Reihenschaltung umgekehrt wie Kapazitäten.

Gemischte Schaltungen mit Kondensatoren. Eine gemischte Schaltung besteht mindestens aus drei Kondensatoren. Sie können wie Widerstände auf zwei Arten geschaltet werden: C1 und C2 in Reihe geschaltet und C3 parallel zu der Reihenschaltung oder C2 und C3 parallel geschaltet und C1 in Reihe mit der Parallelschaltung.

6.5 Anwendungen des elektrischen Feldes

Im **Oszilloskop** erfolgt die Ablenkung des Elektronenstrahls mit einem elektrischen Feld (Seite 365). Die Ablenkung des Elektronenstrahls ist verhältnisgleich der Meßspannung, die an ein Plattenpaar der Elektronenstrahlröhre angelegt wird.

Blitzableiter (Seite 414) sind eine weitere Anwendung. Wird beim Gewitter die Umgebung eines Gebäudes durch Influenz elektrisch geladen, so ist das elektrische Feld an der Spitze des geerdeten Blitzableiters besonders groß. Die Luftmoleküle werden dort ionisiert, und dem Blitz wird ein Weg über den Blitzableiter vorbereitet.

Bei **Feldeffekttransistoren** (Seite 317) wird der Laststrom durch ein elektrisches Feld geändert.

Elektrofilter werden zum Abscheiden von Staub aus Gasen verwendet. Das Gas wird durch Kammern geblasen, in denen z. B. negativ geladene Drähte vorhanden sind. Die Staubteile laden sich negativ auf und werden von einer positiv geladenen Elektrode, z. B. von Blechen, angezogen. Es können dabei feinste Staubteilchen bis 0,005 µm abgeschieden werden.

Beim **Elektrospritzlackieren** wird Kunstharzpulver in der Sprühpistole elektrostatisch aufgeladen und gegen das geerdete Werkstück gesprüht. Das am Werkstück haftende Pulver wird anschließend erhitzt, wodurch es schmilzt.

Beim **Elektrophorese-Verfahren** wird das Werkstück in ein Farbbad getaucht. Zwischen Werkstück und Farbbad besteht ein elektrisches Feld. Dadurch wird ein gleichmäßiger Farbauftrag auch an schwerzugänglichen Werkstückstellen, z. B. in Hohlräumen oder Ecken, möglich.

Weitere Anwendungen des elektrischen Feldes gibt es z. B. beim elektrostatischen Lautsprecher, beim elektrostatischen Elektronenmikroskop und bei der elektrostatischen Vervielfältigung von Druckvorlagen (Xerographie). Zum Nachweis elektrischer Ladungen wird für Versuche im elektrotechnischen Unterricht z. B. ein Elektroskop benutzt.

Wiederholungsfragen

1. Nennen Sie die Formel zur Berechnung der Gesamtkapazität von a) parallel geschalteten, b) in Reihe geschalteten Kondensatoren!

2. Wie groß ist die Ersatzkapazität von zwei in Reihe geschalteten Kondensatoren?

3. Drei in Reihe geschaltete Kondensatoren gleicher Kapazität werden an eine Gleichspannung angeschlossen. Geben Sie die Spannungsgröße am mittleren Kondensator an!

4. Wie verteilen sich die Spannungen beim kapazitiven Spannungsteiler im Vergleich zu den Kapazitäten der Kondensatoren?

5. Was versteht man unter einer gemischten Schaltung von Kondensatoren?

6. Nennen Sie Anwendungen des elektrischen Feldes!

6.6 Kondensatoren

6.6.1 Kenngrößen

Die **Nennkapazität** ist auf dem Kondensator angegeben. Die Stufung der Kapazitäten erfolgt wie bei den Widerständen nach den IEC-Reihen (siehe Tabellenbuch Elektrotechnik). Die Nennkapazität kann vollständig angegeben sein oder verkürzt bzw. codiert (Farbkennzeichnung von Kondensatoren siehe Tabellenbuch Elektrotechnik).

Die **Herstellungstoleranz** wird entweder vollständig oder codiert durch Farbkennzeichnung bzw. Kennbuchstaben angegeben.

Die **Nennspannung** kann als Gleichspannung oder Wechselspannung angegeben werden. Sie wird auf die Umgebungstemperatur von 40 °C bezogen. Auch der Spannungswert kann direkt oder codiert benannt sein.

Der **Isolationswiderstand** R_{is} ist der Wirkwiderstand des Dielektrikums. Er wird oft mit Hilfe der Zeitkonstanten $\tau = R_{is} \cdot C$ angegeben. Dieser Isolationswert ist ein Maß des Isolationswiderstandes, mit dem Kondensatoren unterschiedlicher Kapazität in ihrem Isolationsverhalten verglichen werden können.

Der **Verlustfaktor** (tan δ oder d) wird z. B. für 800 Hz oder für 1 MHz ermittelt. Dieser Wert ist beim Betrieb des Kondensators an Wechselspannung von Bedeutung (Seite 171). Der Wert tan δ soll bei Verwendung des Kondensators im Wechselstromkreis mit hoher Frequenz möglichst klein sein, damit die Wärmeverluste gering sind.

Der **Temperaturbeiwert** α_C, auch Temperaturkoeffizient TK genannt, gibt die Kapazitätszunahme je K Temperaturerhöhung an. Der Temperaturbeiwert kann positiv oder negativ sein. Die Kapazitätsänderung läßt sich ähnlich wie die Widerstandsänderung mit der Formel $\Delta C = C_{20} \cdot \alpha_C \cdot \Delta\vartheta$ errechnen. Der Temperaturbeiwert α_C ist dem Datenblatt des Kondensators zu entnehmen.

Beispiel: Für einen Kunststofffolien-Kondensator mit Polystyrol-Dielektrikum (Styroflex) ist ein Temperaturbeiwert $\alpha_c = 10^{-6}\,K^{-1}$ angegeben. Wie groß ist die Kapazitätszunahme für einen Kondensator dieses Typs mit $C_{20} = 0,1\,\mu F$ bei einer Temperatur von 60 °C?

Lösung: $\Delta C = C_{20} \cdot \alpha_c \cdot \Delta\vartheta = 0,1\,\mu F \cdot 10^{-6}\,K^{-1} \cdot 40\,K = 4 \cdot 10^{-6}\,\mu F = \mathbf{4\,pF}$

6.6.2 Festkondensatoren

Kondensatoren sollen bei möglichst geringen Abmessungen hohe Kapazitätswerte haben. Dabei ist besonders die Nennspannung einflußreich. Es sind aber auch je nach Einsatz des Kondensators z. B. der tan δ beim Kondensator für Hochfrequenz oder der Isolationswiderstand beim Kondensator eines an höherer Gleichspannung liegenden Kondensators von Bedeutung.

Papier- und Kunststofffolien-Kondensatoren. Kondensatorbeläge aus dünnen Metallfolien werden mit den Papierfolien zu einem Wickel gerollt. Damit beim Aufwickeln zwischen den Belägen kein Kurzschluß entsteht, wird eine weitere Lage Isolierpapier verwendet **(Bild 82/1)**.
Der fertige Wickel steckt entweder in einem Rohr oder in einem Aluminiumbecher und ist mit Vergußmasse abgedichtet. Metallpapierkondensatoren (MP-Kondensatoren) bestehen aus einem Papierband, auf das im Vakuum eine dünne Metallschicht, z. B. Zink, aufgedampft wurde. Ein MP-Wickel besteht aus zwei solchen MP-Bändern. Bei mehrlagigem Aufbau sind isolierende Zwischenlagen zusammen mit den MP-Bändern aufgerollt **(Bild 83/1)**. Die beiden MP-Bänder sind gegeneinander versetzt. Auf jede Stirnseite des Wickels wird eine Metallschicht aufgespritzt, die als Anschluß für die Beläge und Stromzuführungen dient. Nahezu jede Windung der beiden Beläge liegt dadurch direkt am Anschluß. Deshalb ist der MP-Kondensator fast induktionsfrei.

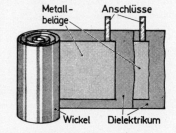

Bild 82/1: Aufbau eines Wickelkondensators

Die Beläge des MP-Wickels sind wesentlich dünner als die üblichen Aluminiumfolien bei Papierkondensatoren. Erfolgt ein Durchschlag, so wird der dünne Metallbelag in der Umgebung der Fehlerstelle durch den entstehenden Lichtbogen verdampft. Durch das Verdampfen wird die Umgebung der Durchschlagstelle auf beiden Seiten metallfrei, so daß zwischen den Lagen keine leitende Verbindung mehr besteht **(Bild 83/2)**. Diesen Vorgang nennt man *Selbstheilung*.

Kunststoffolien-Kondensatoren (Kennzeichen K) haben als Dielektrikum Kunststoff **(Bild 83/3)**. Als Beläge dienen entweder Aluminiumfolien oder Metallschichten, die auf die Kunststoffolien aufgedampft sind (Kennzeichen KM). Metallisierte Kunststoffolien-Kondensatoren sind wie MP-Kondensatoren selbstheilend.

Die Kapazitätswerte reichen von einigen pF bis in die Bereiche µF. Ihre Nennspannungen betragen 30 V bis 1000 V. Je nach Art des verwendeten Kunststoffes als Dielektrikum werden zusätzliche Kennbuchstaben verwendet **(Tabelle 83/1)**.

Keramik-Kondensatoren haben als Dielektrikum eine keramische Masse. Die keramischen Kondensatorwerkstoffe werden in die Gruppen NDK*-Keramik und HDK**-Keramik eingeteilt. Auf die Oberfläche der dünnwandigen Keramikkörper wird beidseitig ein Belag aus einem Edelmetall aufgedampft. Es gibt Kondensatoren **(Bild 83/4)** mit Betriebsspannungen bis 400 V (z.B. Rohr-, Rechteck-, Scheiben-Kondensatoren) und Hochspannungskondensatoren (z.B. Topf- und Plattenkondensatoren).

Glimmerkondensatoren sind geschichtete Kondensatoren mit Glimmer als Dielektrikum. Glimmer hat einen kleinen Verlustfaktor (tan δ) und eine hohe Durchschlagfestigkeit von 40 bis 60 kV/mm. Glimmer läßt sehr hohe Betriebstemperaturen zu. Glimmerkondensatoren sind besonders für Hochfrequenz- und Meßtechnik geeignet. Nachteilig ist die schwierigere Verarbeitung des Glimmers zu Kondensatoren.

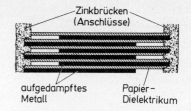

**Bild 83/1:
Schnitt durch einen MP-Wickel**

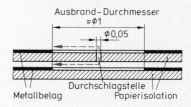

**Bild 83/2: Selbstheilung
bei MP-Kondensatoren**

Tabelle 83/1: Kunststoffolien-Kondensatoren	
Kennbuchstaben	Aufbau
KC	Polycarbonat mit Al-Belägen
MKC	Polycarbonat, metallisiert
KT	Polyterephtal mit Al-Belägen
MKT	Polyterephtal, metallisiert
KS	Polystyrol (Styroflex)
MKS	Polystyrol, metallisiert
MKP	Polypropylen, metallisiert

Bild 83/3: Metallisierte Kunststoffolien-Kondensatoren

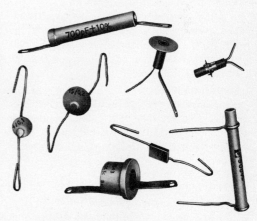

Bild 83/4: Keramik-Kondensatoren

* NDK = niedrige Dielektrizitätskonstante
** HDK = hohe Dielektrizitätskonstante

Beim **Elektrolytkondensator** besteht das Dielektrikum aus einer isolierenden Oxidschicht, die nur einige tausendstel Millimeter dick ist. Die positive Elektrode (Anode) besteht aus einer Aluminiumfolie, auf der durch elektrochemische Vorgänge die Aluminiumoxidschicht aufgebracht ist. Die andere Elektrode (Katode) ist ein Elektrolyt, der das poröse und empfindliche Dielektrikum vor direkter Berührung mit der Anschlußelektrode schützt. Als Anschlußelektrode dient der Metallbecher, in dem Anode und Elektrolyt untergebracht sind. Es gibt Elektrolytkondensatoren mit besonders aufgerauhter Anode. Dadurch wird die Plattenoberfläche vergrößert. Der Elektrolyt kann flüssig, halbnaß oder „trocken" sein.

Am häufigsten werden trockene Elektrolytkondensatoren **(Bild 84/1)** gebaut, da sie lageunabhängig verwendet werden können. Der Elektrolyt wird von einem Spezialpapier aufgesaugt. Diese Wickel haben wegen der sehr dünnen Oxidschicht eine viel höhere Kapazität als gleich große Papierkondensatorwickel. Bei falscher Polung wird die dünne Oxidschicht abgebaut. Der Kondensator wird nach Anlegen der Betriebsspannung vom Strom unzulässig erwärmt und zerstört.

Elektrolytkondensatoren dürfen nicht an Wechselspannung gelegt werden.

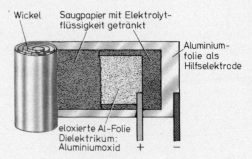

Bild 84/1:
Aufbau eines trockenen Elektrolytkondensators

Außer diesen *gepolten Elektrolytkondensatoren* gibt es auch *ungepolte* Elektrolytkondensatoren, die mit Wechselspannung betrieben werden können. Dazu sind zwei Elektrolytkondensatoren mit entgegengesetzter Polung in Reihe geschaltet. Elektrolytkondensatoren werden von wenigen µF bis zum mF-Bereich gebaut.

Tantal-Elektrolytkondensatoren sind ebenfalls gepolte Kondensatoren. Ihre Kapazität ist nahezu unabhängig von der Temperatur und der Spannung. Die Anode besteht aus Tantal (Folie, Draht oder Sinterkörper), die Katode entweder aus einem Elektrolyt, z. B. Schwefelsäure, oder aus Mangandioxid. Das Dielektrikum ist Tantaloxid.

6.6.3 Kondensatoren mit veränderbarer Kapazität

Ein **Drehkondensator** besteht im einfachsten Fall aus zwei voneinander isolierten Platten, die durch Drehen verstellt werden können. Wenn sich die Platten decken, ist die Kapazität am größten. Bei Drehkondensatoren größerer Kapazität taucht ein bewegliches Plattenpaket (Rotor) in ein feststehendes Plattenpaket (Stator) ein **(Bild 84/2)**. Drehkondensatoren haben meist Luft, seltener Glimmer oder Hartpapier als Dielektrikum.

Trimmerkondensatoren bestehen z. B. aus zwei Keramikscheiben mit aufgedampften halbkreisförmigen Silberbelägen, die gegeneinander verdreht werden können. Dadurch können die Beläge mehr oder weniger zur Deckung gebracht werden.

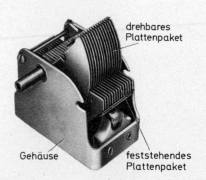

Bild 84/2: Drehkondensator mit Luftisolation

Wiederholungsfragen

1. Wie ist ein Papierkondensator aufgebaut?
2. Beschreiben Sie den Aufbau eines MP-Kondensators!
3. Was versteht man unter der Selbstheilung eines Kondensators?
4. Nennen Sie verschiedene Arten von Elektrolytkondensatoren!
5. Welche Vorteile und welche Nachteile haben Elektrolytkondensatoren?
6. Beschreiben Sie den Aufbau eines Drehkondensators mit Luftisolation!

7 Strom und Magnetfeld

7.1 Magnetismus

Versuch 85/1: Bringen Sie folgende Stoffe in die Nähe eines Magneten: Verschiedene Stahlsorten, Gußeisen, Kupfer, Nickel, Kobalt, Messing, Kunststoffe, Holz, Papier!
Der Magnet zieht Stahl, Gußeisen, Nickel und Kobalt an und hält sie fest.

Man nennt Eisen (Stahl, Gußeisen), Nickel, Kobalt und einige ihrer Verbindungen und Legierungen *ferromagnetische** oder kurz *magnetische* Stoffe (Seite 448). Alle anderen Stoffe, ob Metalle oder Nichtmetalle, sind nicht ferromagnetisch. Durch geeignete Legierungszusätze kann man auch unmagnetische Stähle (nichtmagnetisierbare Stähle) herstellen.

Ein Magnet zieht Eisen, Nickel und Kobalt an und hält sie fest.

7.1.1 Pole des Magneten

Versuch 85/2: Tauchen Sie einen Stabmagneten in Büroklammern oder kleine Nägel!
Die Enden des Magneten halten besonders viele Teile fest.

Die Stellen der stärksten Anziehung nennt man *Pole*. Die magnetische Wirkung nimmt entlang des Magneten mit der Entfernung von den Polen ab und hört in der Mitte ganz auf.

Versuch 85/3: Hängen Sie einen kleinen Stabmagneten drehbar auf (Nachbildung einer Kompaßnadel)!
Der Stabmagnet stellt sich annähernd in die Nord-Südrichtung ein.

Den nach Norden zeigenden Pol des Magneten bezeichnet man als Nordpol (N), den nach Süden weisenden als Südpol (S).

Versuch 85/4: Nähern Sie einen Magneten einem zweiten, auf Rollen liegenden Magneten!
Nord- und Südpole der Magnete ziehen sich an. Die Nordpole der beiden Magnete stoßen sich ab, ebenso die Südpole **(Bild 85/1).**

Gleichartige Pole stoßen sich ab, ungleichartige Pole ziehen sich an.

Da sich die Magnetnadel in die Nord-Südrichtung einstellt, hat die Erde im Norden einen magnetischen Südpol und im Süden einen magnetischen Nordpol.

Versuch 85/5: Teilen Sie einen Magneten, z. B. eine magnetisierte Stricknadel oder ein magnetisiertes Laubsägeblatt! Bringen Sie in die Nähe der Enden der Teile eine Magnetnadel!
An jeder der zuvor unmagnetischen Trennstellen entstehen entgegengesetzte Pole. Jeder Teilmagnet hat einen Nordpol und einen Südpol **(Bild 85/2).**

Denkt man sich die Teilung der Magnete weiter fortgesetzt, so bleiben schließlich als kleinste Teilchen ferromagnetische Kristallbereiche, die sogenannten *Elementarmagnete* übrig.

Versuch 85/6: Bringen Sie entgegengesetzte Pole zweier Stabmagnete, die Eisenteile festhalten, aneinander **(Bild 85/3)**!
An der Verbindungsstelle fallen die Eisenteile ab. Es ist ein einziger Magnet entstanden.

Einen Magneten kann man sich aus Elementarmagneten zusammengesetzt denken. Diese Elementarmagnete entstehen durch *Elektronenspins***. In ferromagnetischen Stoffen sind die Elektronenspins auch in nicht magnetisiertem Zustand innerhalb kleiner Bereiche, der sogenannten *Weißschen Bezirke****, gleich ausgerichtet. Diese Bezirke können als Elementarmagnete angesehen werden. Nur ferromagnetische Stoffe bestehen aus solchen Elementarmagneten.

Versuch 85/7: Nähern Sie einen Stabmagneten einem Eisenstück, und tauchen Sie das Eisenstück dann in kleine Nägel! Entfernen Sie dann den Stabmagneten!
Das Eisenstück wird magnetisiert und dadurch zu einem Magneten. Es zieht andere Eisenteile an. Entfernt man den Stabmagneten, so fallen die meisten Eisenteile wieder ab. Das Eisen hat seinen Magnetismus zum großen Teil wieder verloren.

---

* ferromagnetisch = magnetisch wie Eisen
** spin (engl.) = Drehung; Drehimpuls
*** Weiß, franz. Physiker, 1865 bis 1940

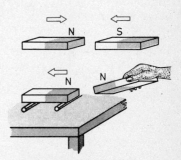

Bild 85/1: Kraftwirkungen magnetischer Pole aufeinander

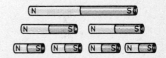

Bild 85/2: Zerlegung eines Magneten in Teilmagnete

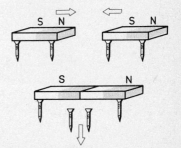

Bild 85/3: Aufbau eines Magneten aus Teilmagneten

Auch das Eisenstück und alle anderen ferromagnetischen Werkstoffe sind aus Elementarmagneten aufgebaut. Wenn das Eisen nicht magnetisiert ist, sind die Elementarmagnete magnetisch ungeordnet **(Bild 86/1)**. Nach außen zeigt sich keine magnetische Wirkung. Durch das Magnetisieren ordnen sich die Elementarmagnete so, daß ein einziger Magnet entsteht. Ein ferromagnetischer Werkstoff kann zu einem Magneten werden.

**Bild 86/1:
Elementarmagnete
ungeordnet (Modell)**

Magnetisieren ist ein Ausrichten der Elementarmagnete.

Je mehr Elementarmagnete in einem Eisenstück ausgerichtet sind, desto größer ist seine magnetische Wirkung. Sind alle vorhandenen Elementarmagnete geordnet **(Bild 86/2)**, ist eine weitere Verstärkung der magnetischen Wirkung nicht mehr möglich. Man nennt dann das Eisen magnetisch *gesättigt*.

**Bild 86/2:
Elementarmagnete
geordnet (Modell)**

Es gibt Stoffe, die den Magnetismus leicht verlieren, wie z. B. das Eisenstück bei Versuch 85/7. Bei ihnen fallen die ausgerichteten Elementarmagnete leicht in den ungeordneten Zustand zurück. Diese Stoffe nennt man *weichmagnetisch*. Bei Stoffen, die den Magnetismus behalten, bleiben fast alle Elementarmagnete ausgerichtet. Solche Stoffe, bei denen der Magnetismus erhalten bleibt, nennt man *hartmagnetisch*. Aus ihnen bestehen Dauermagnete (Permanentmagnete*). Der zurückbleibende Magnetismus wird als *Remanenz*** (Restmagnetismus) bezeichnet.

Versuch 86/1: Hängen Sie einen Eisendraht mit etwa 0,5 mm Durchmesser bei großem Durchhang zwischen zwei Standklemmen. Lenken Sie den Draht von einem starken Dauermagneten seitlich aus! Schließen Sie den Draht an einen Gleichspannungserzeuger an und steigern Sie den Strom langsam, bis der Draht glüht.
Bei Gelbglut fällt der Draht vom Dauermagneten ab. Nach dem Abkühlen wird der Draht wieder magnetisch.

Ein Werkstoff verliert seine ferromagnetischen Eigenschaften bei einer für ihn charakteristischen Temperatur, der sogenannten Curie-Temperatur***. Die Curie-Temperatur beträgt bei reinem Eisen 769 °C. Bei starkem Erwärmen geht auch der Restmagnetismus eines Dauermagneten verloren, ebenso bei starken Erschütterungen, z. B. beim Hämmern eines Werkstoffs, und auch beim Ummagnetisieren in einem starken magnetischen Wechselfeld.

Werkstücke werden entmagnetisiert, indem man sie langsam aus einer wechselstromdurchflossenen Spule herauszieht (Seite 94). Beim Entmagnetisieren werden die Elementarmagnete in Unordnung gebracht.

7.1.2 Magnetisches Feld

Versuch 86/2: Legen Sie einen Stabmagneten unter eine Glasplatte und streuen Sie Eisenfeilspäne oder Nickelpulver auf die Platte!****

Die Späne werden zu kleinen Magneten, richten sich aus und bilden bogenförmige Linien, die von Pol zu Pol verlaufen **(Bild 86/3)**.

Die durch die Eisenfeilspäne gebildeten Linien heißen *magnetische Feldlinien*. Den Raum um einen Magneten, in dem magnetische Kräfte wirken und den man sich von magnetischen Feldlinien durchsetzt denkt, nennt man *magnetisches Feld*.

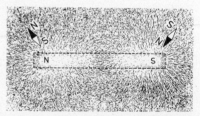

**Bild 86/3: Verlauf der Feldlinien
beim Stabmagneten**

Üben Körper aufeinander Kräfte aus, ohne sich zu berühren, so spricht man von einem Kraftfeld zwischen diesen Körpern. Nach der Ursache der Kräfte unterscheidet man magnetische Felder, elektrische Felder und Schwerefelder.

Man hat für die Feldlinien folgende Richtung festgelegt:

Magnetische Feldlinien verlaufen außerhalb des Magneten vom Nordpol zum Südpol, innerhalb vom Südpol zum Nordpol.

Der Nordpol einer beweglichen Magnetnadel zeigt in die so festgelegte Feldlinienrichtung.

* permanere (lat.) = sich erhalten
** remanere (lat.) = zurückbleiben
*** Curie, franz. Physiker, 1859 bis 1906
**** Die Versuche zum Magnetismus kann man mit einem Arbeitsprojektor (Schreibprojektor) projizieren.

Versuch 87/1: Legen Sie an Stelle des Stabmagneten in Versuch 86/3 zwei Magnete mit gleichartigen Polen (N und N oder S und S) einander gegenüber und streuen Sie Eisenfeilspäne auf die Glasplatte!

Die Feldlinien gleichartiger Pole weichen einander aus (**Bild 87/1**).

Versuch 87/2: Wiederholen Sie Versuch 87/1 mit ungleichartigen Polen (N und S)!

Die Feldlinien verlaufen bogenförmig zwischen den ungleichartigen Polen der beiden Magnete (**Bild 87/2**).

Nach den Versuchen 87/1 und 87/2 kann man den Feldlinien folgende Eigenschaften zuschreiben: Sie wollen sich verkürzen (Längszug) und sie streben in Querrichtung auseinander (Querdruck).

Versuch 87/3: Führen Sie den Versuch 87/1 mit einem Hufeisenmagneten durch!

Zwischen den Schenkeln des Hufeisenmagneten verlaufen die Feldlinien annähernd parallel und in gleichem Abstand (**Bild 87/3**).

Zwischen den Polen verlaufen die Feldlinien eng beieinander. Eng nebeneinander liegende Feldlinien, also große Feldliniendichte, bedeutet, daß dort die magnetische Kraftwirkung groß ist. Großer Abstand der Feldlinien, also kleine Feldliniendichte, bedeutet, daß dort nur kleine magnetische Kräfte wirken.

Ein magnetisches Feld mit parallelen Feldlinien, die im gleichen Abstand verlaufen, nennt man ein *homogenes* (gleichmäßiges) Feld.

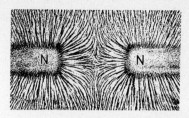

Bild 87/1: Feldlinienverlauf zwischen gleichartigen Polen

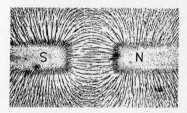

Bild 87/2: Feldlinienverlauf zwischen ungleichartigen Polen

7.1.3 Anwendung der Dauermagnete

Dauermagnete verwendet man z.B. als Haftmagnete (**Bild 87/4**) zum Verschließen von Türen an Kühlschränken, zum Transport von Kleinteilen aus Stahl, zum Festhalten von Schrauben und Muttern an Werkzeugen sowie zum Befestigen der Polklemmen beim Elektroschweißen. Mit magnetischen Spannvorrichtungen (Dauermagnetspannplatten) kann man ferromagnetische Werkstücke an Werkzeugmaschinen festhalten. Magnetabscheider dienen zum Ausscheiden von ferromagnetischen Teilen aus nichtmagnetisierbaren Stoffen, z.B. beim Trennen des erzhaltigen Gesteins bei der Eisenerzaufbereitung oder beim Reinigen von Kühl- und Schmierflüssigkeiten. Dauermagnetsysteme werden auch als abschaltbare Magnete gebaut, z.B. als schaltbarer Meßuhrhalter. Dabei wird das Magnetsystem verdreht oder verschoben und dadurch der Verlauf der Feldlinien in eine andere Richtung gelenkt.

Bei kleineren Elektromotoren, z.B. für Spielzeuge, ist der Ständer des Motors oder der Läufer ein Dauermagnet, ebenso bei Kleingeneratoren, z.B. beim Fahrraddynamo oder bei Tachogeneratoren (Drehzahlgeber). Weitere Verwendung finden Dauermagnete z.B. für elektrische Meßinstrumente, für Lautsprecher und Kopfhörer, sowie als Bremsmagnete in Meßgeräten und Zählern oder als Dämpfmagnet bei Waagen.

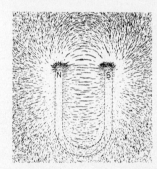

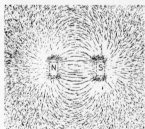

Bild 87/3: Feldlinienverlauf beim Hufeisenmagneten

Wiederholungsfragen

1. Nennen Sie drei ferromagnetische Werkstoffe!
2. Welche Kraftwirkungen üben die Pole zweier Magnete aufeinander aus?
3. Wie ist die Richtung der magnetischen Feldlinien festgelegt?
4. Was versteht man unter Magnetisieren?
5. Wozu werden Dauermagnete verwendet?

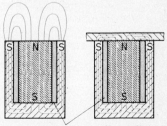

unmagnetischer Werkstoff

Bild 87/4: Haftmagnet (Schnitt)

7.2 Elektromagnetismus

7.2.1 Magnetfeld um den strom- durchflossenen Leiter

Versuch 88/1: Schließen Sie einen senkrecht stehenden Leiter an einen Akkumulator oder an ein Netzgerät an, und führen Sie eine Magnetnadel auf einer Kreisbahn um den Leiter!

Die Magnetnadel stellt sich immer in Richtung der Tangente an die Kreislinie ein **(Bild 88/1).**

Versuch 88/2: Vertauschen Sie die Anschlüsse in der Versuchsanordnung 88/1 zur Umkehrung der Stromrichtung, und führen Sie die Magnetnadel wie in Versuch 88/1!

Die Magnetnadel wird auf der Kreisbahn in die entgegengesetzte Richtung abgelenkt.

Um einen stromdurchflossenen Leiter bildet sich ein Magnetfeld. Die Feldlinien haben dabei die Form von konzentrischen Kreisen. Die Richtung des Feldes ist abhängig von der Stromrichtung.

Der Nordpol der Magnetnadel zeigt in Richtung der Feldlinien.

Die Richtung des Stromes im Leiter wird durch einen Punkt (•) oder ein Kreuz (X) gekennzeichnet. Fließt der Strom auf den Betrachter zu, so zeichnet man in den Leiterquerschnitt einen Punkt, fließt er vom Betrachter weg, so zeichnet man ein Kreuz **(Bild 88/2).**

Die Richtung der Feldlinien um den stromdurchflossenen Leiter **(Bild 88/3)** kann man mit Hilfe der *Rechtsschraubenregel* **(Bild 88/4)**, auch Korkzieherregel genannt, bestimmen.

Rechtsschraubenregel:

Man denkt sich eine Schraube mit Rechtsgewinde in den Leiter in Richtung des Stromes hineingeschraubt. Die Drehrichtung der Schraube gibt dann die Richtung der Feldlinien an.

Auch um stromdurchflossene flüssige oder gasförmige Leiter (z.B. Schweißlichtbogen) bildet sich ein Magnetfeld.

Um Leiter, die von Wechselstrom durchflossen werden, bildet sich ebenfalls ein Magnetfeld. Wie der Strom ändert auch das Magnetfeld ständig seine Richtung (magnetisches Wechselfeld).

Versuch 88/3: Befestigen Sie zwei Metallbänder locker an isolierten Klemmen **(Bild 88/5)**, und schließen Sie diese nach Bild 88/5a und 88/5b über einen Stellwiderstand an ein Netzgerät mit einem Ausgangsstrom von etwa 10 A an!

Bei gleicher Stromrichtung ziehen sich die Leiter an, bei entgegengesetzter Stromrichtung stoßen sie sich ab.

Fließt der Strom in beiden Leitern in gleicher Richtung, so umschlingt das gemeinsame Feld beide Leiter (Bild 88/5a). Die Feldlinien wollen sich verkürzen. Es besteht zwischen den Leitern eine Anziehungskraft.

Fließt der Strom in beiden Leitern in entgegengesetzter Richtung, so haben die Feldlinien zwischen den Leitern gleiche Richtung (Bild 88/5b). Die Feldlinien gleicher Richtung üben einen Querdruck aufeinander aus. Die Leiter werden auseinandergedrückt.

Gleiche Stromrichtung in parallelen Leitern bewirkt gegenseitiges Anziehen.

Entgegengesetzte Stromrichtung in parallelen Leitern bewirkt gegenseitiges Abstoßen.

Die magnetische Kraftwirkung zwischen stromdurchflossenen Leitern ist abhängig von der Stromrichtung und der Stromstärke in den Leitern, der Länge der parallelen Leiter und deren Abstand.

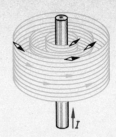

Bild 88/1: Magnetfeld um einen stromdurchflossenen Leiter

Bild 88/2: Stromrichtung im Leiter

Bild 88/3: Richtung des Magnetfeldes

Bild 88/4: Schraubenregel

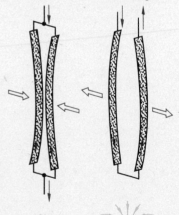

a) gleiche Stromrichtung   b) entgegengesetzte Stromrichtung

Bild 88/5: Kraftwirkungen zweier stromdurchflossener Leiter aufeinander

Sammelschienen und Wicklungen, die große Ströme führen und nicht genügend abgestützt sind, verformen sich unter dem Einfluß der Magnetfelder. Bei Kurzschlüssen ist diese Gefahr besonders groß.

Die Kraftwirkung von Magnetfeldern wird zur Metallverformung ausgenutzt. Die dazu benötigten starken Magnetfelder erhält man, wenn man große Kondensatoren in sehr kurzer Zeit über eine Spule entlädt.

7.2.2 Magnetfeld einer stromdurchflossenen Spule

Versuch 89/1: Biegen Sie einen Leiter zu einer Schleife, und führen Sie diese durch eine Kunststoffplatte! Bestreuen Sie die Platte mit Eisenfeilspänen, und schließen Sie den Leiter über einen Stellwiderstand an einen Akkumulator oder an ein Netzgerät an! Prüfen Sie die Feldrichtung mit der Magnetnadel!

In der Leiterschleife entsteht ein magnetisches Feld (**Bild 89/1**). *Die Schleife wirkt wie ein sehr kurzer Stabmagnet.*

Bei einer Spule ergeben die Felder der einzelnen Windungen ein gemeinsames Magnetfeld (**Bild 89/2**). Die Feldlinien verlaufen im Innern der Spule parallel und in gleicher Dichte. Das Feld ist dort homogen. Die *Austrittstelle* der Feldlinien aus der Spule nennt man auch in diesem Fall Nordpol, die *Eintrittstelle* Südpol der Spule.

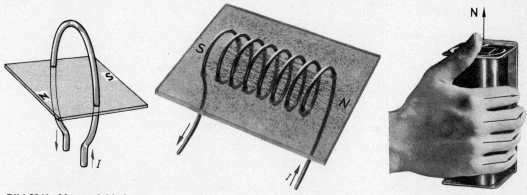

Bild 89/1: Magnetfeld einer
    Leiterschleife
Bild 89/2: Magnetfeld einer Spule
Bild 89/3: Spulenregel

Mit der Schraubenregel kann man die Richtung der Feldlinien um die einzelnen Leiter bestimmen. Daraus lassen sich die Richtung des gemeinsamen Feldes in der Spule und damit die Pole der Spule feststellen.

Nord- und Südpol einer stromdurchflossenen Spule lassen sich auch mit Hilfe der *Spulenregel* (**Bild 89/3**) bestimmen.

Spulenregel:

Legt man die rechte Hand so um eine Spule, daß die Finger in Stromrichtung zeigen, dann zeigt der abgespreizte Daumen die Feldlinienrichtung im Innern der Spule an.

Wiederholungsfragen

1. Welche Form haben die Feldlinien um einen stromdurchflossenen Leiter?
2. Wie kann man die Richtung des Magnetfeldes um einen stromdurchflossenen Leiter feststellen?
3. Welcher Zusammenhang besteht zwischen Stromrichtung und Feldlinienrichtung?
4. Welche Kraftwirkung entsteht durch gleiche Stromrichtung bei parallelen Leitern?
5. Welche Kraftwirkung entsteht durch entgegengesetzte Stromrichtung bei parallelen Leitern?
6. Von welchen Größen hängt die Kraftwirkung zwischen stromdurchflossenen parallelen Leitern ab?
7. Beschreiben Sie das Magnetfeld im Innern einer stromdurchflossenen Spule!
8. Warum müssen Wicklungen, die große Ströme führen, mechanisch genügend befestigt sein?
9. Wie läßt sich die Feldlinienrichtung im Innern einer stromdurchflossenen Spule bestimmen?

7.2.3 Magnetische Größen

Durchflutung

Versuch 90/1: Hängen Sie ein Eisenstück so an einen Kraftmesser, daß es in den Hohlraum einer Spule mit 600 Windungen hineinragt! Schließen Sie die Spule über einen Stellwiderstand und einen Strommesser an einen Gleichspannungserzeuger an! Stellen Sie die Stromstärke 2 A ein! Lesen Sie die Anzeige des Kraftmessers ab! Wiederholen Sie den Versuch mit einer Spule gleicher Form und Größe mit 1200 Windungen bei einer Stromstärke von 1 A!

Die Anzeigen des Kraftmessers sind in beiden Fällen etwa gleich groß.

Eine Spule mit 600 Windungen übt bei 2 A eine gleich große Kraft auf das Eisenstück aus wie eine gleich große Spule mit 1200 Windungen bei 1 A. Die Kräfte, die von Spulen gleicher Abmessung auf ein Eisenstück ausgeübt werden, sind gleich groß, wenn das Produkt Strom mal Windungszahl der Spulen gleich groß ist.

Das Produkt aus Strom und Windungszahl nennt man *Durchflutung.*

Θ*	Durchflutung	
I	Stromstärke	$[\Theta] = A$
N	Windungszahl	

$$\boxed{\Theta = I \cdot N}$$

Beispiel 1: Eine Spule mit 5000 Windungen wird von einer Stromstärke $I = 0,1$ A durchflossen. Wie groß ist die Durchflutung der Spule?

Lösung: $\Theta = I \cdot N = 0,1\ A \cdot 5000 = \mathbf{500\ A}$

Magnetische Feldstärke

Eine bestimmte Durchflutung läßt sich z. B. in einer Ringspule mit großem oder mit kleinem Durchmesser **(Bild 90/1)** herstellen. Die Durchflutung muß aber das Feld auf dem ganzen Feldlinienweg aufbauen. Bei Spulen mit großer mittlerer Feldlinienlänge (Bild 90/1 links) ist bei gleicher Durchflutung das Feld schwächer als bei einer Spule mit kurzer mittlerer Feldlinienlänge. Die *magnetische Feldstärke H* ist daher bei gleicher Durchflutung um so größer, je kürzer die mittlere Feldlinienlänge ist.

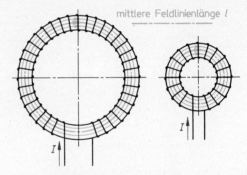

mittlere Feldlinienlänge *l*

Bild 90/1: Spulen mit großer und kleiner mittlerer Feldlinienlänge

Die mittlere Feldlinienlänge läßt sich besonders leicht bei Ringspulen angeben. Sie ist dort gleich der mittleren Länge der neutralen Faser (Bild 90/1). Bei langgestreckten Spulen ohne Eisenkern, bei denen die Spulenlänge groß gegenüber dem Spulendurchmesser ist, darf die Spulenlänge als mittlere Feldlinienlänge gesetzt werden.

H	magnetische Feldstärke
Θ	Durchflutung
l	mittlere Feldlinienlänge

$$[H] = \frac{A}{m} \qquad \boxed{H = \frac{\Theta}{l}} \qquad \boxed{H = \frac{I \cdot N}{l}}$$

Beispiel 2: Die Spule von Beispiel 1 hat eine mittlere Feldlinienlänge von 200 mm. Wie groß ist die magnetische Feldstärke?

Lösung: $H = \dfrac{I \cdot N}{l} = \dfrac{0,1\ A \cdot 5000}{0,2\ m} = \mathbf{2500\ A/m}$

Magnetischer Fluß Φ

Das gesamte Magnetfeld einer Spule ist der *magnetische Fluß* Φ**. Man kann sich den magnetischen Fluß einer Spule als die *Gesamtzahl ihrer Feldlinien* vorstellen **(Bild 90/2).** Die Einheit des magnetischen Flusses ist das *Weber****(Wb) oder die Voltsekunde (Vs).

$[\Phi] = Wb = Vs$

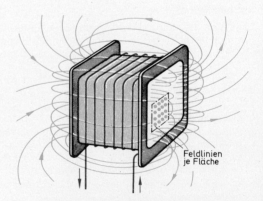

Feldlinien je Fläche

Bild 90/2: Gesamtzahl aller Feldlinien in einer Spule

---

* Θ griech. Großbuchstabe Theta
** Φ griech. Großbuchstabe Phi
*** Weber, deutscher Physiker, 1804 bis 1891

Magnetische Flußdichte

Magnete können unterschiedlich stark sein, d. h. sie können mehr oder weniger Eisenteile festhalten. Als Ursache für diese Eigenschaft kann man die Dichte der magnetischen Feldlinien ansehen. Ein Magnet zeigt eine um so größere Kraftwirkung, je größer der magnetische Fluß und je kleiner die Fläche ist, die von ihm senkrecht durchsetzt wird. Der Quotient aus dem magnetischen Fluß und der Fläche wird als *magnetische Flußdichte B* bezeichnet.

B magnetische Flußdichte
Φ magnetischer Fluß
A Fläche

$$[B] = \frac{Wb}{m^2} = \frac{Vs}{m^2} = T$$

$$\boxed{B = \frac{\Phi}{A}}$$

Die Einheit der magnetischen Flußdichte ist die Voltsekunde je Quadratmeter (Vs/m^2).
Man nennt sie Tesla* (T).

Beispiel 1: Eine Spule mit einer Polfläche von 25 cm² hat einen magnetischen Fluß von 0,0025 Wb. Wie groß ist die magnetische Flußdichte?

Lösung: $B = \dfrac{\Phi}{A} = \dfrac{0{,}0025\ Wb}{25\ cm^2} = \dfrac{0{,}0025\ Vs}{0{,}0025\ m^2} = $ **1 T**

Starke Dauermagnete, z. B. Haftmagnete mit einer Abreißkraft von etwa 1000 N, erreichen eine Flußdichte von etwa 0,5 T bis 1,0 T. Starke Elektromagnete, z. B. Lastmagnete mit einer Abreißkraft von etwa 2 MN, haben eine Flußdichte von etwa 2,5 T. Das Magnetfeld der Erde beträgt ungefähr 0,05 mT.

Die magnetische Flußdichte mißt man mit einem Hallgenerator (Seite 105). Man bringt dabei die Hall-Sonde, ein Halbleiterblättchen, so in das Magnetfeld, daß die Feldlinien senkrecht zur Fläche auftreffen. Dabei kommt es zu einer seitlichen Verdrängung des Stromes. Es entsteht ein elektrisches Feld senkrecht zur Stromrichtung und damit eine Spannung (Hallspannung). Die Höhe der Hallspannung ist ein Maß für die magnetische Flußdichte B.

Die magnetische Flußdichte einer Spule ist um so größer, je größer die magnetische Feldstärke ist. Sie hängt ferner davon ab, welcher Stoff sich im Innern der Spule befindet. Man unterscheidet Spulen ohne Eisenkern (Luftspulen) und Spulen mit Eisenkern.

Magnetische Flußdichte von Spulen ohne Eisenkern (Luftspulen)

Das Verhältnis von magnetischer Flußdichte zur magnetischen Feldstärke im leeren Raum ist die *magnetische Feldkonstante μ_0***. Man kann sie aus Versuchen ermitteln. Sie beträgt $\mu_0 = 1{,}257 \cdot 10^{-6}\ Vs/(Am)$.

B magnetische Flußdichte
μ_0 magnetische Feldkonstante
$\mu_0 = 1{,}257 \cdot 10^{-6}\ \dfrac{Vs}{Am}$
H magnetische Feldstärke

$$[\mu_0] = \frac{\dfrac{Vs}{m^2}}{\dfrac{A}{m}} = \frac{Vs}{Am}$$

$$\mu_0 = \frac{B}{H}$$

Bei Luftspulen:

$$\boxed{B = \mu_0 \cdot H}$$

Beispiel 2: Eine Spule mit 600 Windungen hat eine Feldstärke von 2500 A/m. Wie groß ist die magnetische Flußdichte?

Lösung: $B = \mu_0 \cdot H = 1{,}257 \cdot 10^{-6}\ \dfrac{Vs}{Am} \cdot 2500\ \dfrac{A}{m} = 0{,}00314\ \dfrac{Vs}{m^2} = 0{,}00314\ T = $ **3,14 mT**

7.2.4 Eisen im Magnetfeld einer Spule

Versuch 91/1: Halten Sie eine Spule einige cm über Nägel oder Büroklammern! Schließen Sie die Spule über einen Vorwiderstand an einen Gleichspannungserzeuger an, und stellen Sie den für die Spule zulässigen Strom ein! Führen Sie dann von oben einen Eisenkern in die Spule!
Zuerst werden die Eisenteile kaum angezogen. Beim Einführen des Eisenkerns springen die Eisenteile an den Kern.

Die stromdurchflossene Spule hat mit Eisenkern eine viel größere magnetische Wirkung, obwohl die Durchflutung (Erregung) gleich geblieben ist.

Eisen verstärkt den magnetischen Fluß einer Spule.

---

* Tesla, kroatischer Physiker, 1856 bis 1943
** μ griech. Kleinbuchstabe mü

Die Ursache für die Verstärkung des magnetischen Flusses ist das Ausrichten der Elementarmagnete im Eisen. Dadurch entstehen im Eisen zusätzliche Feldlinien. Die Feldlinien der Spule werden in das Eisen hineingezogen. Man sagt: Eisen leitet die Feldlinien besser als Luft. Durch ein magnetisch leitendes Gehäuse können z. B. empfindliche Meßgeräte gegen fremde Magnetfelder abgeschirmt werden. Im Innern dieser *Abschirmung* entsteht ein feldfreier Raum **(Bild 92/1)**.

Abschirmungen werden aus weichmagnetischen Werkstoffen in Form von Bechern, Röhren, Schläuchen oder als Folien hergestellt. Neben Meßgeräten schirmt man auch Elektronenstrahlröhren oder Magnetköpfe sowie Meß- und Prüfräume vor Fremdfeldern ab. Mit Hilfe von Abschirmkabinen kann man auch das Erdfeld oder andere Störfelder wirksam von Meßgeräten fernhalten.

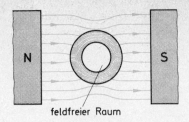

feldfreier Raum

Bild 92/1: Abschirmung

Magnetisierungskennlinie

Die magnetische Flußdichte einer eisenlosen Spule nimmt im gleichen Verhältnis wie der Spulenstrom und damit wie die Feldstärke zu **(Bild 92/2)**. Das ist nicht mehr der Fall, wenn man das vorhandene Spulenfeld durch Eisen verstärkt. Wird der Strom größer, so richten sich immer mehr Elementarmagnete im Eisenkern aus. Sind schließlich alle Elementarmagnete ausgerichtet, so kann das Eisen das magnetische Feld nicht weiter verstärken, das Eisen ist magnetisch gesättigt.

Trägt man die Feldstärke H waagrecht und die jeweils dazu gehörige magnetische Flußdichte B senkrecht auf, so erhält man die *Magnetisierungskennlinie* (Bild 92/2).

Die Abhängigkeit der magnetischen Flußdichte B von der Feldstärke H ist bei den einzelnen magnetischen Werkstoffen sehr verschieden **(Bild 92/3)**. Die Magnetisierungskennlinien werden durch Versuche ermittelt.

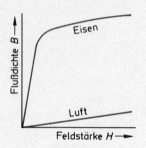

**Bild 92/2:
Magnetisierungskennlinien**

Magnetische Flußdichte von Spulen mit Eisenkern

Ferromagnetische Stoffe vervielfachen das Magnetfeld einer Spule um den Faktor μ_r (Permeabilitätszahl). Das Produkt aus dieser Zahl und aus der magnetischen Feldkonstanten μ_0 ergibt die *Permeabilität μ*.

μ Permeabilität*
B magnetische Flußdichte
H magnetische Feldstärke
μ_0 magnetische Feldkonstante $\mu_0 = 1{,}257 \cdot 10^{-6}$ Vs/(Am)
μ_r Permeabilitätszahl (relative Permeabilität)

$$\mu = \mu_0 \cdot \mu_r$$

$$\mu = \frac{B}{H}$$

Beispiel: Elektroblech IV hat bei einer Feldstärke von 120 A/m eine Flußdichte von etwa 1,0 T. Wie groß ist die Permeabilitätszahl μ_r des Blechs?

Lösung: $\mu = \dfrac{B}{H} = \dfrac{1\,\text{T}}{120\,\text{A/m}} = \dfrac{1\,\text{Vs/m}^2}{120\,\text{A/m}} = \dfrac{1}{120}\,\dfrac{\text{Vs}}{\text{Am}}$;

$\mu = \mu_0 \cdot \mu_r \Rightarrow \mu_r = \dfrac{\mu}{\mu_0} = \dfrac{(1/120)\,\text{Vs/(Am)}}{1{,}257 \cdot 10^{-6}\,\text{Vs/(Am)}} =$ **6630**

Für Luft ist die Permeabilitätszahl μ_r etwa 1. Die Permeabilität μ eines Eisenkerns ist nicht konstant. Sie verändert sich mit der Feldstärke **(Bild 92/4)**. Man unterscheidet Anfangspermeabilität μ_a und Maximalpermeabilität μ_{max}.

Die verstärkende Wirkung des Magnetfeldes durch das Eisen ist so lange vorhanden, bis alle Elementarmagnete des Kernes ausgerichtet sind und das Eisen magnetisch gesättigt ist. Bei weiterer Erhöhung der Stromstärke nimmt die Permeabilität ab (Bild 92/4).

* permeare (lat.) = durchwandern

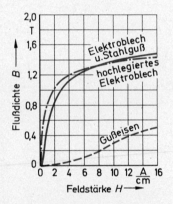

Bild 92/3: Magnetisierungskennlinien von Gußeisen, Elektroblech, Stahlguß und hochlegiertem Elektroblech

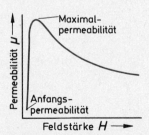

Bild 92/4: Permeabilitätskennlinie für Dynamoblech IV 1,1

Die magnetischen Eigenschaften eines Werkstoffs sind auch von der Frequenz und von der Temperatur abhängig. Mit steigender Frequenz und mit steigender Temperatur wird die Permeabilität geringer. Es ergeben sich daher obere Anwendungstemperaturen, die je nach Werkstoff 100 °C bis 600 °C nicht übersteigen dürfen.

Auch nicht ferromagnetische Stoffe verändern ein vorhandenes Magnetfeld. Bei den sogenannten *paramagnetischen** Stoffen, wie z. B. Aluminium oder Platin, ist die Permeabilitätszahl μ_r wenig größer als 1 **(Tabelle 93/1)**. *Diamagnetische*** Stoffe, wie z. B. Silber oder Zink, schwächen ein vorhandenes Magnetfeld. Ihre Permeabilitätszahl ist etwas kleiner als 1.

Tabelle 93/1: Permeabilitätszahlen μ_r

ferromagnetische Stoffe		paramagnetische Stoffe		diamagnetische Stoffe	
Eisen, unlegiert	bis 6 000	Luft	1,000 000 4	Quecksilber	0,999 975
Dynamoblech	> 6 500	Sauerstoff	1,000 001 3	Silber	0,999 981
Eisen-Nickel-Legierungen	bis 300 000	Aluminium	1,000 022	Zink	0,999 988
weichmagnetische Ferrite	> 10 000	Platin	1,000 360	Wasser	0,899 991

Ummagnetisierungskennlinie (Hysteresekurve)

Versuch 93/1: Befestigen Sie einen U-Kern mit einer Zwinge auf der Tischplatte! Schieben Sie eine Spule (300 Windungen) auf den Kern und schließen Sie den Eisenweg durch einen Anker! Erregen Sie die Spule mit Gleichstrom bis etwa 2 A, und schalten Sie wieder ab!

Der Anker „klebt" so stark am Kern, daß man ihn nur mit großer Kraft abheben kann.

Remanenz. Obwohl die magnetische Feldstärke Null ist, bleibt eine restliche magnetische Flußdichte, die *Remanenz B_r**** (remanente Flußdichte, Restmagnetismus) zurück, wodurch der Kern festgehalten wird.

Versuch 93/2: Ändern Sie die Stromrichtung in der Versuchsanordnung **93/1** und steigern Sie *langsam* den Strom! Versuchen Sie dabei den Anker abzuheben!

Der Anker läßt sich schon bei einer geringen Erregung in entgegengesetzter Richtung abheben.

Koerzitiv-Feldstärke. Die entgegengesetzt gerichtete Feldstärke hat die Remanenz beseitigt. Die Spule erzeugt zwar eine Feldstärke, im Eisen ist aber keine magnetische Flußdichte mehr vorhanden. Die Feldstärke, die notwendig ist, um den Restmagnetismus zu beseitigen, nennt man *Koerzitiv-Feldstärke H_c* (Koerzitivkraft)[4*].

Steigert man den Strom in Versuch 93/2 weiter und schaltet dann ab, so bleibt im Kern wieder eine Remanenz, jedoch in entgegengesetzter Richtung. Diese Remanenz läßt sich wiederum durch eine entgegengesetzte Koerzitivfeldstärke beseitigen.

Der Zusammenhang zwischen B und H beim Ummagnetisieren von magnetischen Stoffen wird durch die *Ummagnetisierungskennlinie* (Hysteresekurve, Hystereseschleife[5*] **Bild 93/1**) dargestellt.

Die magnetische Flußdichte bleibt hinter der magnetischen Feldstärke zurück, weil die Elementarmagnete sich nur verzögert ausrichten.

Bei Wechselstrom kippen die Elementarmagnete ständig um. Das Eisen wird erwärmt. Die dabei entstehenden Verluste nennt man Hystereseverluste. Der Flächeninhalt der Ummagnetisierungskennlinie ist ein Maß für diese Verluste.

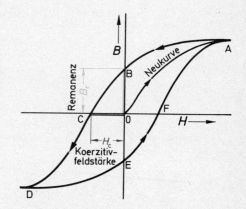

Bild 93/1: Ummagnetisierungskennlinie (Hystereseschleife)

* para (griech. Vorsilbe) = neben
** dia (griech. Vorsilbe) = durch-
*** von remanere (lat.) = zurückbleiben
[4*] von coercere (lat.) = in Schranken halten
[5*] Hysterese (griech.) = das Zurückbleiben

Dauermagnete sollen nach einmaliger Magnetisierung eine möglichst große Remanenz B_r behalten. Diese Remanenz darf durch Einfluß von Fremdfeldern nicht verloren gehen. Dauermagnete sollen deshalb auch eine große Koerzitiv-Feldstärke H_c haben **(Bild 94/1a)**.

Magnetwerkstoffe, die durch Wechselstrom ständig ummagnetisiert werden (z. B. Elektrobleche), sollen eine geringe Koerzitiv-Feldstärke H_c haben (Bild 94/1b).

Entmagnetisieren

Beim Entmagnetisieren, z. B. von Werkzeugen, Uhren und Tonbändern, muß man den ungeordneten Zustand der Elementarmagnete wieder herstellen. Dies erreicht man dadurch, daß man die Teile in eine von Wechselstrom durchflossene Spule bringt und dann den Strom in der Spule langsam auf Null verkleinert oder das Werkstück langsam aus der von Wechselstrom durchflossenen Spule herauszieht. Dabei wechselt die magnetische Feldstärke ständig ihre Richtung und Größe. Die mittlere Feldlinienlänge wird beim Herausziehen aus der Spule immer größer. Die magnetische Feldstärke und damit die Magnetisierung des Eisens wird nach beiden Richtungen immer kleiner. Die Hystereseschleife ändert sich dabei entsprechend **(Bild 94/2)**.

Beim Entmagnetisieren mit einem Entmagnetisierungsgerät werden ferromagnetische Teile auf eine Polflächenhälfte aufgelegt und über die Trennfuge und die andere Polflächenhälfte hinbewegt **(Bild 94/3)**. Bei magnetisch harten Werkstoffen muß dieser Vorgang mehrmals wiederholt werden, bis der Restmagnetismus beseitigt ist.

Beim Löschen von Tonbandaufnahmen wird ähnlich verfahren. Die Aufzeichnung wird gelöscht, indem das Band am Spalt eines Löschkopfes vorbeigeführt wird. Der Löschkopf erhält einen Wechselstrom hoher Frequenz. In dem vorbeilaufenden Band wird dadurch ein magnetisches Wechselfeld mit abnehmender Amplitude erzeugt und dadurch die Aufnahme gelöscht.

7.2.5 Magnetischer Kreis

Den in sich geschlossenen Weg der magnetischen Feldlinien nennt man *magnetischen Kreis*. Er läßt sich mit dem elektrischen Stromkreis vergleichen.

Im magnetischen Kreis **(Bild 94/4)** ist die Durchflutung, auch magnetische Gesamtspannung genannt, die *Ursache* für den magnetischen Fluß. Verlaufen die Feldlinien nur durch Eisen, so spricht man vom eisengeschlossenen magnetischen Kreis. Ist jedoch ein *Luftspalt* im magnetischen Kreis, so muß außer dem magnetischen Widerstand des Eisens R_{mFe} auch der magnetische Widerstand der Luft R_{mLuft} überwunden werden.

$$R_m = R_{mFe} + R_{mLuft}$$

Die magnetische Spannung (Durchflutung) teilt sich im Verhältnis der beiden Widerstände, d. h. für jeden Teilwiderstand im magnetischen Kreis ist ein Teil der Durchflutung erforderlich.

$$\Theta = \Theta_{Fe} + \Theta_{Luft}$$

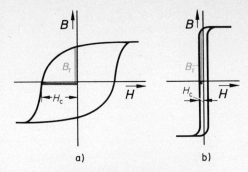

Bild 94/1: Hystereseschleifen
a) von hartmagnetischem Werkstoff
b) von weichmagnetischem Werkstoff

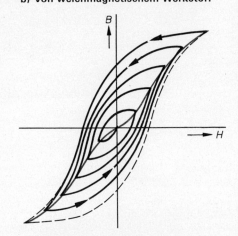

Bild 94/2: Hystereseschleife beim Entmagnetisieren

Bild 94/3: Platten-Entmagnetisierungsgerät

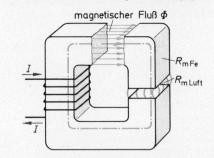

Bild 94/4: Magnetischer Kreis

Mit $H = \Theta / l$ erhält man für den magnetischen Kreis das Durchflutungsgesetz:

Die Gesamtdurchflutung ist gleich der Summe der Teildurchflutungen.

Θ Gesamtdurchflutung
$H_1; H_2$ Feldstärken
$l_1; l_2$ mittlere Feldlinienlängen

$$\Theta = H_1 \cdot l_1 + H_2 \cdot l_2 + \ldots$$

Beispiel: Ein Kern aus Elektroblech nach Bild 94/4 hat einen Querschnitt von 64 cm². Der Luftspalt beträgt 6 mm. Im Kern soll ein magnetischer Fluß von 8 mWb entstehen. Die mittlere Feldlinienlänge im Eisen ist 100 cm. Berechnen Sie die erforderliche Durchflutung des Kernes!

Lösung: Im Eisenkern:

$$B = \frac{\Phi}{A} = \frac{8 \text{ mWb}}{64 \text{ cm}^2} = \frac{0{,}008 \text{ Wb}}{0{,}0064 \text{ m}^2} = \textbf{1,25 T}$$

Aus der Magnetisierungskennlinie für Elektroblech (Tabellenbuch Elektrotechnik) ist für eine Flußdichte von 1,25 T eine Feldstärke von $\approx$ 800 A/m zu entnehmen.

$$\Theta_{Fe} = H_{Fe} \cdot l_{Fe} = 800 \text{ A/m} \cdot 1 \text{ m} = \textbf{800 A}$$

Im Luftspalt:

$$B = \mu_0 \cdot H_L \Rightarrow H_L = \frac{B}{\mu_0} = \frac{1{,}25 \text{ T}}{1{,}257 \cdot 10^{-6} \frac{\text{Vs}}{\text{Am}}} \approx 1\,000\,000 \text{ A/m} = 1000 \text{ kA/m}$$

$\Theta_L = H_L \cdot l_L = 1\,000\,000 \text{ A/m} \cdot 0{,}006 \text{ m} = \textbf{6000 A}$

Gesamtdurchflutung $\Theta = \Theta_{Fe} + \Theta_{Luft} = 800 \text{ A} + 6000 \text{ A} = \textbf{6800 A}$

Je kleiner der Luftspalt in einem magnetischen Kreis ist, um so größer ist bei gleicher Durchflutung der magnetische Fluß.

Man versucht daher bereits bei der Konstruktion von elektromagnetischen Geräten, den Luftspalt möglichst klein zu halten.

Streufluß. Meist schließt sich ein Teil der magnetischen Feldlinien, ohne den Luftspalt zu durchdringen. Diese Feldlinien nennt man Streulinien oder *magnetische Streuung*. Für einen bestimmten Fluß im Luftspalt ist bei großer Streuung eine große Durchflutung erforderlich.

Tabelle 95/1: Magnetische Größen und Einheiten (Übersicht)

Größe	Formel-zeichen	Formel bzw. Faktor	Einheiten	SI-Einheit
Durchflutung	Θ	$\Theta = I \cdot N$	A	A
Magnetische Feldstärke	H	$H = \dfrac{I \cdot N}{l}$	$\dfrac{A}{m}$	$\dfrac{A}{m}$
Magnetischer Fluß	Φ	—	1 Wb = 1 Vs	Vs; Wb
Magnetische Flußdichte	B	$B = \dfrac{\Phi}{A}$	$1 \text{ T} = \dfrac{1 \text{ Wb}}{1 \text{ m}^2} = \dfrac{1 \text{ Vs}}{\text{m}^2}$	T
Permeabilität	μ	$\mu = \dfrac{B}{H}$	$1 \dfrac{\text{Vs}}{\text{Am}} = 1 \dfrac{\text{Wb}}{\text{Am}} = 1 \dfrac{\Omega s}{m}$	—
Magnetische Feldkonstante	μ_0	$1{,}257 \cdot 10^{-6}$	$1 \dfrac{\text{Vs}}{\text{Am}} = 1 \dfrac{\text{Wb}}{\text{Am}} = 1 \dfrac{\Omega s}{m}$	$\dfrac{\text{Wb}}{\text{Am}}$

Wiederholungsfragen

1. Was versteht man unter Durchflutung?
2. Was versteht man unter der magnetischen Feldstärke?
3. Was versteht man unter dem magnetischen Fluß?
4. Wie berechnet man die magnetische Flußdichte?
5. Welche Wirkung hat Eisen im Magnetfeld einer Spule?
6. Was versteht man unter a) der Permeabilitätszahl μ_r, b) der magnetischen Feldkonstanten μ_0?
7. Erklären Sie den Begriff Remanenz!
8. Was versteht man unter der Koerzitivfeldstärke?
9. Erklären Sie die Verstärkungswirkung von Eisen im Magnetfeld!
10. Was versteht man unter a) ferromagnetischen, b) paramagnetischen und c) diamagnetischen Stoffen?
11. Beschreiben Sie den Vorgang des Entmagnetisierens!

7.3 Anwendungen von Elektromagneten

Den grundsätzlichen Aufbau eines Elektromagneten zeigt **Bild 96/1**. Die durch das Joch verbundenen Schenkel eines U-förmigen Eisenkernes tragen die Erregerwicklung. Bei der Schaltung der Spulen ist darauf zu achten, daß an den beiden Enden der Schenkel ungleiche Pole entstehen. Den Polen gegenüber befindet sich, durch einen Luftspalt getrennt, der bewegliche Anker. Es gibt eine große Zahl von Anwendungen für Elektromagnete, z. B. Schütze, Relais oder Stromstoßschalter.

Lastmagnete z. B. dienen zum Heben von Werkstücken aus Eisen oder Stahl. Sie werden mit Gleichstrom erregt. Wegen der Remanenz ist zum raschen Abwerfen der Last eine Magnetumpolung vorgesehen. Bei **elektromagnetischen Kupplungen** und Bremsen wird durch ein Magnetfeld die Ankerscheibe an einen Reibbelag gepreßt und dadurch ein Drehmoment übertragen. Man unterscheidet elektromagnetische Kupplungen mit Schleifringen und schleifringlose Kupplungen. **Elektromagnetische Spannplatten** benützt man zum Spannen von Werkstücken auf Werkzeugmaschinen. **Drehmagnete** führen Drehbewegungen aus. Man verwendet sie als Betätigungsmagnete, z. B. bei Drosselklappen, Ventilen, sowie Vorschub- und Sortiereinrichtungen.

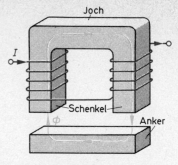

**Bild 96/1:
Elektromagnet mit U-Kern**

7.3.1 Schütze

Schütze sind elektromagnetisch betätigte Schalter **(Bild 96/2)**. Sie werden durch den Steuerstrom einer Magnetspule eingeschaltet und in ihrer Einschaltstellung gehalten. Dabei werden die am Anker angebrachten beweglichen Schaltstücke gegen feste Schaltstücke gepreßt. Gleichzeitig mit den Kontakten für den Hauptstromkreis, z. B. für den Antrieb eines Motors, werden Hilfskontakte für Steuer- und Signalstromkreise geschlossen oder geöffnet.

Kontakte, die Stromkreise schließen, nennt man Schließer,
Kontakte, die Stromkreise öffnen, nennt man Öffner.

Schütze haben in der Einschaltstellung keine mechanische Sperre. Man nennt sie daher unverklinkte Schalter.

Schütze haben den Vorteil gegenüber handbetätigten Schaltern, daß man über ein Befehlsgerät, z. B. einen Taster, mit kleiner Leistung im Steuerstromkreis eine große Leistung im Hauptstromkreis schalten kann. Ferner lassen sich mit Hilfe von Schützen Geräte schalten, die vom Befehlsgerät räumlich entfernt liegen (Fernschaltung, Fernsteuerung). Schütze können häufiger ein- und ausgeschaltet werden als handbetätigte Schalter. Ihre Schaltstücke lassen 10 bis 30 Millionen Schaltspiele zu. Unter einem Schaltspiel versteht man einen Ein- und Ausschaltvorgang.

Hilfsschütze werden vor allem für Steuer- und Regelaufgaben in Befehls-, Melde- und Verriegelungsstromkreisen eingesetzt. Es gibt Hilfsschütze in 1- bis 10poliger Ausführung.

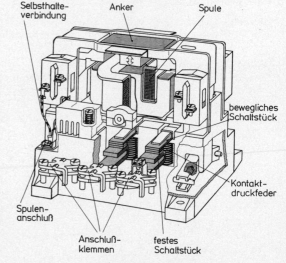

Bild 96/2: Schütz

Gleichstrombetätigte Schütze werden z. B. in der Fahrzeugtechnik verwendet. Sie benötigen ein größeres Volumen als wechselstrombetätigte Schütze. Gleichstromschütze ziehen sanfter an als Wechselstromschütze. Ihre Ein- und Ausschaltzeit ist länger als bei Wechselstromschützen.

Schütze teilt man entsprechend ihrer Beanspruchung in *Gebrauchskategorien* ein. Schütze für Wechselstrom haben die Gebrauchskategorie AC 1* bis AC 4, für Gleichstrom DC 1** bis DC 5. Hilfsschütze haben Kategorie AC 11 bzw. DC 11. Schütze einer höheren Gebrauchskategorie, z. B. AC 4 oder DC 5, lassen sich stärker beanspruchen als Schütze einer niedrigeren Kategorie. Dies muß bei der Auswahl der Schütze beachtet werden (Schützschaltungen Seite 124).

Elektronische Schütze haben eine praktisch unbegrenzte Zahl an Schaltspielen, da mechanische Kontakte fehlen und eine sehr schnelle Schaltfolge.

---

* AC = Abkürzung von alternative current (engl.) = Wechselstrom
** DC = Abkürzung von direct current (engl.) = Gleichstrom

7.3.2 Relais

Relais* sind elektromagnetisch betätigte Schaltelemente mit geringer Schaltleistung. Man verwendet Relais für Steuerungen und Regelungen. Relais gehören ebenso wie Stromstoßschalter zu den *Fernschaltern*. Relaisschaltungen siehe Seite 122.

Versuch 97/1: Schalten Sie ein Wechselstromrelais für 220 V an 220 V Wechselspannung und messen Sie den Betriebsstrom! Wiederholen Sie die Messung des Betriebsstromes mit einer einstellbaren Gleichspannung! Beginnen Sie bei null Volt! Ermitteln Sie die Spannung, bei der der Betriebsstrom fließt!
Bereits bei einer Gleichspannung von etwa 20 V fließt der Betriebsstrom.

Bei Anlegen des Wechselstromrelais an 220 V Gleichspannung würde das Relais zerstört. Beim Einsatz von Relais ist daher auf die Nennspannung der Relaisspule und auf die Stromart zu achten. Wechselstromrelais dürfen nicht mit Gleichstrom betrieben werden.

Kontaktarten. Man unterscheidet *Arbeitskontakte* (Schließer), *Ruhekontakte* (Öffner) und *Folge-Umschaltkontakte* (Folge-Wechsler), sowie Kombinationen dieser Kontaktarten **(Tabelle 97/1)**. Ein *Umschaltkontakt* (Wechsler) entsteht durch Kombination eines Öffners mit einem Schließer, ein *Folge-Wechsler*, wenn beim Umschalten alle drei Kontakte kurzzeitig miteinander verbunden werden.

Elektromagnetische Relais haben zur Kontaktbetätigung einen, von der Spule angezogenen Anker **(Bild 97/1)**. Beim Kammrelais werden die Kontaktfedern durch einen isolierenden Steg (Kamm) betätigt. Die Kontaktfedern von Kammrelais können daher nur gemeinsam öffnen oder schließen. Mehrere Kontaktfedern sind zu Kontaktfedersätzen zusammengefaßt. Je nach der Spulenform unterscheidet man Rundrelais (Bild 97/1) und Flachrelais.

Der Relaisanker trägt ein 0,7 mm bis 0,5 mm dickes Trennblech aus nichtmagnetischem Werkstoff. Dadurch bleibt auch in Arbeitsstellung ein geringer Spalt zwischen Anker und Kern erhalten, so daß der Anker nach dem Abschalten der Erregung wieder abfällt und nicht infolge des remanenten Magnetismus am Kern „klebt".

Zungenkontaktrelais (Relais mit Schutzrohrkontakten). Zum Schutz gegen Verunreinigungen, Feuchtigkeit und Korrosion sind zwei Kontaktzungen in eine gasdichte Röhre eingeschmolzen **(Bild 97/2)**. Die Kontaktzungen bestehen meist aus einer Nickel-Eisen-Legierung und sind an der Kontaktstelle vergoldet. Das Glasröhrchen ist meist mit Schutzgas (97% Stickstoff und 3% Wasserstoff) gefüllt. Das Glasröhrchen befindet sich im Innern eines Relais.

Bei Erregung der Spule bildet sich ein magnetischer Kreis über die Kontaktzungen, den Kontaktluftspalt und das meist vorhandene Abschirmblech. Die Zungen ziehen sich wegen ihrer ungleichartigen Polung an und schließen einen Stromkreis (Arbeitskontakt). Es gibt auch Ausführungen mit Ruhekontakt und mit Umschaltkontakt. Die Öffnerfunktion erreicht man, indem man eine Schaltzunge mit Hilfe eines Dauermagneten unter Vorspannung hält (Bild 97/2b), die vom Magnetfeld der Spule überwunden wird. Zungenkontaktrelais haben eine Schaltleistung von maximal 10 W bei einer Schaltspannung von höchstens 100 V. Ihre Lebensdauer liegt bei 10^9 Schaltspielen.

* Relais (franz.) = Vorspann

Tabelle 97/1: Kontaktfedersätze (Beispiele)

Bezeichnung	Kennziffer	Schaltzeichen nach DIN 40 713	Kontaktbild nach DIN 41 020
Schließer	1		
Öffner	2		
Wechsler	21		
Folgewechsler	32		

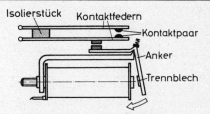

Bild 97/1: Relaisschaltung

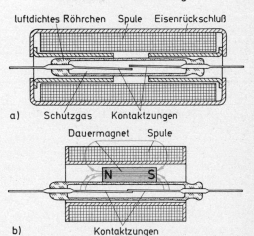

Bild 97/2: Relais mit Schutzrohrkontakt
a) Arbeitskontakt, b) Ruhekontakt

Quecksilber-Relais haben eine hohe Schaltgenauigkeit, sind vibrations- und stoßunempfindlich und auch unter extremen Bedingungen betriebssicher **(Bild 98/1)**. Ihre Lebensdauer ist praktisch unbegrenzt. Die Kontakte arbeiten unter Schutzgas, sind prellfrei und überlastungsfähig. Zur Betätigung genügen kleine mechanische Kräfte.

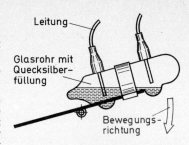

Das Quecksilber-Vertikalrelais arbeitet nach dem Verdrängungsprinzip. Im Quecksilber befindet sich ein Schwimmer, der durch ein Magnetfeld in die Spule hineingezogen wird. Beim Quecksilber-Filmkontaktrelais bewegt sich in einem Glasgefäß ein senkrecht stehender, zungenförmiger Anker zwischen zwei feststehenden Kontakten. Anker und Kontakte sind mit einem dünnen Quecksilberfilm überzogen, der sich wegen der Kapillarwirkung in den feinen Rillen des Ankers aus dem Quecksilbervorrat laufend erneuert. Diese Relais erreichen mehrere Milliarden Schaltspiele.

Bild 98/1: Quecksilberschaltröhre

7.3.3 Stromstoßschalter

Relais geben Kontakt, solange die Relaisspule an Spannung liegt. Stromstoßschalter **(Bild 98/2)** besitzen dagegen eine Antriebsmechanik, die das Kontaktsystem bei einem *Impuls* umschaltet und in dieser Schaltstellung hält, bis der nächste Impuls folgt. Der Schaltkontakt nimmt also beim Schalten nacheinander die Stellungen Ein, Aus, Ein, Aus usw. ein.

Stromstoßschalter werden durch Netzspannung 220 V oder durch Kleinspannung betätigt. Sie werden als Ersatz für Ausschalter, Wechselschalter und Kreuzschalter eingesetzt.

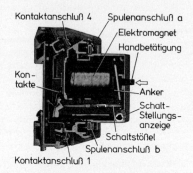

Bild 98/2: Stromstoßschalter

Wiederholungsfragen

1. Nennen Sie Anwendungsbeispiele für Elektromagnete!

2. Was versteht man unter einem Schütz?

3. Erklären Sie Aufbau und Wirkungsweise eines Schütz!

4. Was versteht man unter einem Relais?

5. Warum dürfen Wechselstromrelais nicht mit Gleichstrom betrieben werden?

6. Beschreiben Sie Aufbau und Wirkungsweise von a) elektromechanischen Relais, b) Zungenkontakt-Relais, c) Quecksilber-Relais!

7. Wodurch unterscheiden sich Stromstoßschalter von Relais?

7.3.4 Schutzschalter

Schalter, welche *selbsttätig* öffnen, wenn der angeschlossene Verbraucher zu viel Strom aufnimmt, wenn er zu heiß wird oder wenn eine Fehlerspannung auftritt, nennt man Schutzschalter (VDE 0660).

Es gibt Schutzschalter, welche Betriebsmittel (Leitungen, Geräte, Motoren) schützen; das sind die Leitungsschutzschalter (Automaten) und die Motorschutzschalter. Es gibt Schutzschalter, welche Menschen und Tiere schützen; das sind die Fehlerspannungsschutzschalter und Fehlerstromschutzschalter. Alle Schutzschalter sind so gebaut, daß man sie nicht einschalten kann, solange die Ursache für ihr Abschalten nicht beseitigt ist. Sie haben eine sogenannte *Freiauslösung*. Schutzschalter für große Schaltleistungen nennt man *Leistungsselbstschalter*.

Schutzschalter werden von Auslösern *mechanisch* ausgelöst. Es gibt elektromagnetische Auslöser und thermische Auslöser.

Schutzschalter mit elektromagnetischem Auslöser

Fließt durch die Spule eines elektromagnetischen Auslösers ein genügend starker Strom, so zieht sie einen Anker an. Die dabei auftretende Kraft öffnet über mehrere, nacheinander betätigte Hebel eine Sperre im Schaltermechanismus, dem sogenannten *Schaltschloß*. Dadurch trennt eine beim Einschalten gespannte Feder die Schaltstücke sehr schnell und schaltet den angeschlossenen Verbraucher ab. Elektromagnetische Auslöser bezeichnet man auch als *Schnellauslöser*, da sie sofort auslösen, wenn der Strom die Auslösekraft erzeugt.

Elektromagnetische Auslöser lösen unverzögert aus.

Auch Geräteschutzschalter für kleine Stromstärken, z. B. bei Meßinstrumenten, haben nur einen elektromagnetischen Auslöser. Es gibt weitere Schutzschalter mit zusätzlichem elektromagnetischem Auslöser (Seite 100).

Schutzschalter mit thermischem Auslöser

Thermische Auslöser enthalten meist Thermobimetalle (Seite 447). Beim Bimetallauslöser fließt der Strom des angeschlossenen Verbrauchers über einen Widerstand und erwärmt den Bimetallstreifen. Der Widerstandsdraht ist meist vom Bimetall durch Asbest elektrisch isoliert. Ist der Bimetallstreifen der Länge nach zum Teil geschlitzt, kann er selber als Widerstand verwendet werden.

Je größer der Betriebsstrom ist, desto größer ist die Erwärmung des Bimetalles und desto schneller und stärker krümmt es sich. Ist der Krümmungsweg größer als am Auslöser eingestellt, wird eine Sperre im Schaltschloß geöffnet (**Bild 99/1**). Die Kraftspeicherfeder trennt dadurch die Schaltstücke sehr schnell.

Ein Schutzschalter mit thermischer Auslösung schaltet den Verbraucher bei zu großer Stromaufnahme ab. Zu große Stromaufnahme tritt vor allem bei überlasteten Motoren ein.

Motorschutzschalter. Schutzschalter sollen Motoren gegen Zerstörung infolge von Nichtanlauf, Überlastung, Absinken der Netzspannung und Ausfall eines Leiters bei Drehstrom schützen. Man bezeichnet Schutzschalter mit thermischem Auslöser als Motorschutzschalter (**Bild 99/2** und **Bild 99/3**).

Bei direkt eingeschalteten Motoren stellt man den thermischen Auslöser des Motorschutzschalters auf den Nennstrom des Motors ein (siehe Leistungsschild).

Thermische Auslöser sind so gebaut, daß erst nach einiger Zeit die Wärme an das Bimetall gelangt und dieses krümmt.

Thermische Auslöser lösen verzögert aus.

Thermische Auslöser müssen aus dem betriebswarmen Zustand heraus beim 1,2fachen Nennstrom innerhalb von 2 Stunden auslösen. Aus dem kalten Zustand heraus halten sie den 6fachen Nennstrom wenigstens 2 Sekunden aus.

Die *Verzögerung* von thermischen Auslösern ist manchmal erwünscht: Beim Einschalten und bei kurzer Überlastung von Motoren tritt ein starker Strom auf, der den Schalter nicht auslösen soll. Allerdings würde der Schalter bei einem Kurzschluß zerstört werden. Vor Motorschutzschalter mit thermischer Auslösung müssen deswegen noch zusätzliche Überstromschutzorgane, z.B. Schmelzsicherungen, geschaltet werden. Ihr Nennstrom ist am Schutzschalter angegeben.

Thermische Auslöser schützen nur bei Überlastung und nicht bei Kurzschluß.

Motorschutzschalter sind dreipolig. Für Einphasenwechselstrom oder für Gleichstrom schaltet man zwei Kontaktpaare in Reihe (**Bild 99/4**). Erwärmung und damit Auslösung verlaufen dann wie bei Drehstrom.

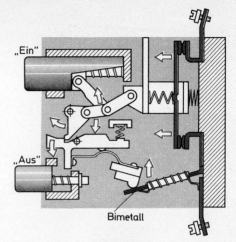

Bild 99/1:
Auslöseelemente eines Motorschutzschalters mit Bimetallauslöser

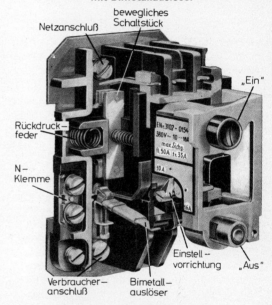

Bild 99/2: Motorschutzschalter

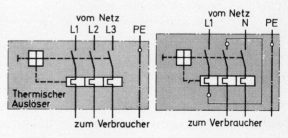

| **Bild 99/3:** | **Bild 99/4:** |
| Motorschutzschalter mit thermischem Auslöser | Motorschutzschalter bei Einphasenwechselstrom |

Schutzschalter mit kombinierter Auslösung

Betriebsmittel müssen vor *Überlastung* (andauernd zu großer Strom) und vor *Kurzschluß* (viel zu großer Strom) geschützt werden. Bei Schutzschaltern mit kombinierter Auslösung schützt die thermische Auslösung den Motor bei Überlastung, die elektromagnetische Auslösung bei Kurzschluß **(Bild 100/1)**.

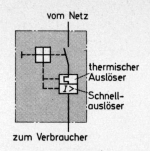

Bild 100/1: Schutz eines Motors durch thermische und elektromagnetische Auslöser

Bild 100/2: Schaltplan eines LS-Schalter

Leitungsschutzschalter
(Automaten)

Leitungsschutzschalter (LS-Schalter) mit thermischem Auslöser und mit elektromagnetischem Schnellauslöser **(Bild 100/2)** gibt es meist als Einbauautomaten. Je nach Einstellung des Schnellauslösers unterscheidet man L-, K-(G-) und Z-Automaten. Schalter vom Typ L (Leitung) lösen innerhalb kurzer Zeit etwa beim 3,5- bis 5fachen Nennstrom unverzögert aus. Mit diesen Werten rechnet man bei den Schutzmaßnahmen.

LS-Schalter vom Typ L schalten unverzögert beim 3,5fachen Nennstrom ab.

Beim Typ K (Kraft) bzw. G (Geräte) erfolgt das Abschalten beim 8- bis 11fachen Nennstrom. Für den LS-Schalter Typ Z (zum Schutz von Halbleiterbauelementen) ist ein Auslösestrom unterhalb $3 \cdot I_N$ garantiert (Tabellenbuch Elektrotechnik).

Bei Kurzschlüssen kann der Strom so groß sein, daß der Leitungsschutzschalter beim Abschalten verbrennt. Deshalb schaltet man Schmelzsicherungen vor. Wenn der Leitungsschutzschalter mit der Angabe 6000 (Schaltvermögen bei Kurzschluß 6000 A) gekennzeichnet ist, dürfen Sicherungen bis 100 A vorgeschaltet sein.

Strombegrenzung und Selektivität

LS-Schalter können so gebaut werden, daß sie bei einem Kurzschluß den Strom abschalten, ehe dieser den zu erwartenden Höchstwert des Kurzschlußstromes erreicht hat **(Bild 100/3)**. Zu diesem Zweck macht man die bewegliche Masse des Schalters und damit seine Trägheit klein. Außerdem erhält der Schalter eine Lichtbogenlöscheinrichtung (Entionisierungskammer, **Bild 101/2**), damit er den Abschaltlichtbogen in kurzer Zeit löschen kann. Dadurch sprechen bei einem Kurzschluß die vorgeschalteten Sicherungen nicht an.

Strombegrenzende LS-Schalter erkennt man an der Angabe der Selektivitätsklasse* unter der Angabe des Schaltvermögens.

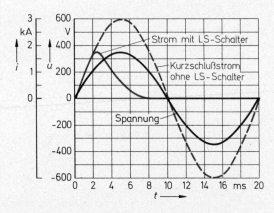

Bild 100/3: Strombegrenzung durch LS-Schalter

Unter *Selektivität* versteht man die Fähigkeit des Schalters zum Abschalten des Kurzschlusses, ohne daß die Vorsicherung mit anspricht.

6000
3

bedeutet, daß das Schaltvermögen im Kurzschlußfall 6000 A beträgt und daß der Schalter zur Selektivitätsklasse 3 gehört.

Für das Abschalten ist das Produkt Strom im Quadrat mal Zeit maßgebend, der sogenannte i^2t-Wert. Bei einem LS-Schalter 16 A darf der i^2t-Wert in der Selektivitätsklasse 3 höchstens 35 000 A²s betragen, für die Selektivitätsklasse 1 ist er unbegrenzt.

---

* selectio (lat.) = Auswahl

Motorschutzschalter mit Kurzschlußauslöser

Motorschutzschalter mit Kurzschlußauslöser schützen bei Überlastung und bei Kurzschluß wie die LS-Schalter, sind aber dreipolig gebaut **(Bild 101/1)**. Die thermischen Auslöser sind auf den Motornennstrom einzustellen. Die elektromagnetischen Auslöser sind meist fest auf den 8- bis 16fachen Schalternennstrom eingestellt.

Bei Kurzschlüssen kann der Strom so stark sein, daß der Kurzschlußauslöser zwar auslöst, aber ein Lichtbogen zwischen den geöffneten Schaltstücken stehenbleibt. Deshalb schaltet man Schmelzsicherungen vor, sofern nicht vom Hersteller angegeben ist, daß der Schalter „eigenfest" ist.

Motorschutzschalter brauchen die Vorsicherung, die in der Anschlußanweisung angegeben ist.

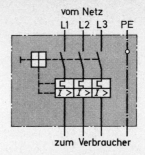

**Bild 101/1: Schaltplan eines Motorschutz-
schalters mit Kurzschlußauslöser**

Leistungsselbstschalter

Leistungsselbstschalter sind so gebaut, daß sie auch sehr starke Kurzschlußströme abschalten können. Sie brauchen deshalb keine Vorsicherung. Leistungsselbstschalter für Motoren werden auch als *Motorschutzleistungsschalter* bezeichnet.

Zur Löschung des Lichtbogens sind die Lichtbogenkammern mit Kühlblechen unterteilt. Dadurch werden die Abschaltlichtbögen in Teillichtbögen zerlegt und entionisiert. Man bezeichnet eine derartige Kammer als *Entionisierungskammer* (Bild 101/2). Zum Anschließen des Schalters werden diese Kammern abgenommen und müssen nach der Arbeit wieder sorgfältig aufgesetzt werden.

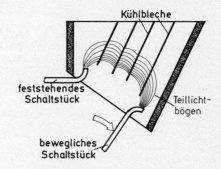

Bild 101/2: Entionisierungskammer

Motorvollschutz mit Kaltleitern

Mit Kaltleitern (Seite 307) kann die Abschaltung eines Motors erreicht werden, sobald die Wicklung unzulässig heiß wird. Dadurch ist ein Schutz bei Überbeanspruchung jeder Art auch dann möglich, wenn ein einfacher Motorschutzschalter versagt, z.B. bei behinderter Kühlung der Maschine.

Der Motorvollschutz mit Kaltleitern besteht aus Kaltleiter-Temperaturfühlern und einem Auslösegerät **(Bild 101/3)**. Bei Drehstrommotoren werden für die Abschaltung drei Fühler in die Ständerwicklung eingebaut. Die höchstzulässige Ansprechtemperatur der Schutzeinrichtung liegt durch die Isolierstoffklasse des Motors fest. Je nach dieser zulässigen Temperatur wählt man die Temperaturfühler.

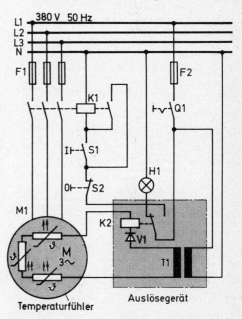

Bild 101/3: Motorvollschutz mit Kaltleitern

Wiederholungsfragen

1. Erklären Sie Aufbau und Wirkungsweise eines Auslösers, der a) verzögert, b) unverzögert auslöst!
2. Warum werden vor Motorschutzschaltern mit Bimetallauslösern Schmelzsicherungen eingebaut?
3. Worin besteht der Unterschied zwischen LS-Schaltern vom Typ L, Typ K (bzw. G) und Z?
4. Welche Aufgabe haben Leistungsselbstschalter?
5. Erklären Sie die Wirkungsweise eines Motorvollschutzes mit Kaltleitern!

7.4 Strom im Magnetfeld

7.4.1 Stromdurchflossener Leiter im Magnetfeld

Versuch 102/1: Hängen Sie einen Leiter (Aluminiumrohr) an zwei beweglichen Metallbändern zwischen die Pole eines Hufeisenmagneten **(Bild 102/1)**! Schließen Sie die Leiterschaukel an einen verstellbaren Gleichspannungserzeuger an und steigern Sie langsam den Strom!

Der Leiter wird aus dem Magnetfeld des Hufeisenmagneten herausbewegt.

Auf den stromdurchflossenen Leiter im Magnetfeld wirkt eine Kraft senkrecht zum Magnetfeld und senkrecht zum Leiter.

Versuch 102/2: Vertauschen Sie die Anschlüsse der Zuleitungen und wiederholen Sie Versuch 102/1!

Der Leiter bewegt sich in entgegengesetzter Richtung.

Versuch 102/3: Vertauschen Sie die Pole des Hufeisenmagneten und wiederholen Sie Versuch 102/1!

Der Leiter bewegt sich wieder aus dem Magnetfeld (Polfeld) heraus.

Die *Richtung* der Ablenkkraft hängt von der Stromrichtung im Leiter und von der Richtung des Polfeldes ab. Polfeld **(Bild 102/2)** und Leiterfeld **(Bild 102/3)** ergeben zusammen ein gemeinsames, ein *resultierendes* Feld **(Bild 102/4)**.

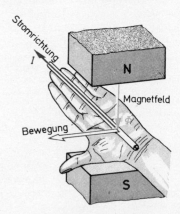

Bild 102/1: Ablenkung des stromdurchflossenen Leiters im Magnetfeld

Auf der einen Seite des Leiters verlaufen die Feldlinien des Leiterfeldes entgegen den Feldlinien des Polfeldes (Bild 102/4). Hier schwächen die Felder einander. Die Flußdichte nimmt auf dieser Seite des Leiters ab. Auf der anderen Seite des Leiters haben die Feldlinien beider Felder gleiche Richtung. Auf dieser Seite des Leiters wird das Feld dichter. Die Feldlinien werden dort *„gestaut"*. Sie stoßen sich gegenseitig ab und haben das Bestreben, sich zu verkürzen. Der Leiter wird daher von der Stelle mit großer Flußdichte abgedrängt. Bei umgekehrter Stromrichtung im Leiter wird das gemeinsame Feld auf der anderen Seite des Leiters dichter. Die Bewegungsrichtung ändert sich **(Bild 102/5)**. Ändert man dagegen gleichzeitig Polfeld und Leiterfeld, so bleibt die Bewegungsrichtung des Leiters unverändert **(Bild 102/6)**.

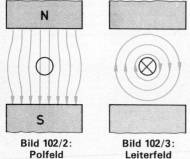
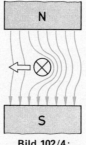
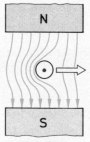
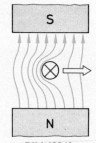

Bild 102/2: Polfeld	**Bild 102/3:** Leiterfeld	**Bild 102/4:** Resultierendes Feld	**Bild 102/5:** Umgekehrte Stromrichtung	**Bild 102/6:** Pole und Stromrichtung vertauscht

Ein stromdurchflossener Leiter wird in einem Magnetfeld abgelenkt.

Die Richtung der Ablenkkraft ist abhängig von der Richtung des Polfeldes und von der Stromrichtung im Leiter (Leiterfeld).

Die Bewegungsrichtung des Leiters kann man auch mit Hilfe der *Motor-Regel* (linke Hand) bestimmen **(Bild 102/7)**.

Motor-Regel (linke Hand):
Hält man die linke Hand so, daß die Feldlinien vom Nordpol her auf die Innenfläche der Hand auftreffen und daß die ausgestreckten Finger in Stromrichtung zeigen, dann zeigt der abgespreizte Daumen die Ablenkrichtung des Leiters an.

Die ablenkende Kraft rührt von den Kräften auf die im Leiter wandernden Ladungsträger her. Die Kraft auf die im Magnetfeld bewegten Ladungsträger nennt man *Lorentzkraft**.

* Lorentz, niederländischer Physiker, 1853 bis 1928

Bild 102/7: Motor-Regel (linke Hand)

Versuch 103/1: Wiederholen Sie Versuch 102/1, und steigern Sie dabei langsam den Strom!
Die Ablenkung des Leiters wird größer.

Die Kraft auf den Leiter wächst mit dem Leiterstrom.

Versuch 103/2: Wiederholen Sie Versuch 102/1, und beobachten Sie die Ablenkung des Leiters! Überbrücken Sie die Schenkel des Hufeisenmagneten mit einem dünnen Eisenblech!
Die Ablenkung des Leiters wird kleiner.

Ein Teil der Feldlinien des Magneten schließt sich über das Eisenstück (magnetischer Nebenschluß). Die Flußdichte zwischen den Polen nimmt dadurch ab. Je kleiner die Flußdichte ist, desto kleiner ist auch die Ablenkkraft auf den Leiter.

Die Kraft auf den Leiter wächst mit der magnetischen Flußdichte.

Versuch 103/3: Wiederholen Sie Versuch 102/1 und beobachten Sie die Ablenkung des Leiters! Stellen Sie einen zweiten, gleichen Magneten mit gleicher Feldrichtung neben den ersten Magneten **(Bild 103/1)**!
Die Ablenkung des Leiters wird größer.

Durch den zweiten Magneten wird die Breite des Polfeldes größer. Damit vergrößert sich die Leiterlänge im Polfeld, die sogenannte *wirksame Leiterlänge*.

Die Kraft auf den Leiter wächst mit der wirksamen Leiterlänge.

Befinden sich gleichzeitig mehrere Leiter im Magnetfeld, die alle vom gleichen Strom durchflossen werden (Gleichstrommotor), so wird die Kraft um so größer, je größer die Anzahl dieser Leiter ist.

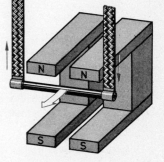

Bild 103/1: Vergrößerung der wirksamen Leiterlänge

F   Ablenkkraft
B   magnetische Flußdichte
I   Stromstärke
l   Leiterlänge
z   Leiterzahl

$$F = B \cdot I \cdot l \cdot z$$

$$[F] = \frac{Vs}{m^2} \cdot A \cdot m = \frac{Ws}{m} = \frac{Nm}{m} = N$$

Beispiel: Ein Gleichstrommotor hat im Luftspalt (Feld zwischen Pol und Anker) eine magnetische Flußdichte von 0,8 T ($= 0,8\,Vs/m^2$). 400 Ankerdrähte, durch welche je ein Strom von 10 A fließt, befinden sich gleichzeitig unter den Polen. Die wirksame Leiterlänge beträgt 150 mm. Berechnen Sie die Kraft am Umfang des Ankers!

Lösung: $F = B \cdot I \cdot l \cdot z = 0,8 \frac{Vs}{m^2} \cdot 10\,A \cdot 0,15\,m \cdot 400 = 480 \frac{Vs \cdot A}{m} = 480 \frac{Ws}{m} = 480 \frac{Nm}{m} = \textbf{480 N}$

Motorprinzip: Magnetfeld und stromdurchflossener Leiter erzeugen Bewegung.

Blaswirkung. Beim Trennen von Schaltstücken entsteht ein Lichtbogen, um den sich ein magnetisches Feld bildet. Erfolgt dieser Vorgang im Feld eines Dauermagneten, so wird der Lichtbogen abgelenkt. Dieser gasförmige Leiter wird dabei verlängert und schneller zum Abreißen gebracht. Solche *Blasmagnete* verwendet man in Schaltgeräten, z. B. in Selbstschaltern und Ölschaltern. Auch beim Lichtbogenschweißen entsteht eine Blaswirkung.

7.4.2 Stromdurchflossene Spule im Magnetfeld

Versuch 103/4: Spannen Sie eine Spule mit 2 Metallbändern **(Bild 103/2)** senkrecht zwischen die Pole eines Hufeisenmagneten! Schließen Sie die Spule an einen einstellbaren Gleichspannungserzeuger an!
Die Spule dreht sich. Es entsteht ein Drehmoment.

Versuch 103/5: Wiederholen Sie Versuch 103/4 mit entgegengesetzter Stromrichtung!
Die Drehrichtung der Spule kehrt sich um.

Versuch 103/6: Vertauschen Sie die Pole des Hufeisenmagneten in Versuch 103/5!
Die Drehrichtung der Spule kehrt sich ebenfalls um.

Eine stromdurchflossene Spule dreht sich im Magnetfeld. Die Drehrichtung hängt von der Stromrichtung in der Spule und von der Richtung des Magnetfeldes ab.

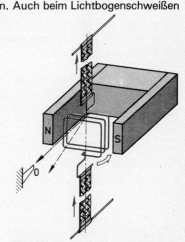

Bild 103/2: Drehung der stromdurchflossenen Spule im Magnetfeld

Der Strom in den beiden Leitern einer Windung bildet ein Magnetfeld (Spulenfeld **Bild 104/2**). Zusammen mit dem *Polfeld* des Dauermagneten **(Bild 104/1)** ergibt sich ein gemeinsames (resultierendes) Feld **(Bild 104/3** und **104/4)**. Die beiden Leiter einer Windung werden abgelenkt.

Auf jeden Leiter wirkt eine Kraft. Es entsteht ein Drehmoment. Bei einer Spule bilden die Drehmomente der beiden Spulenseiten zusammen das Drehmoment der Spule.

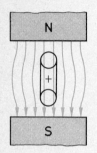 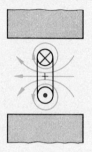 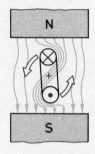 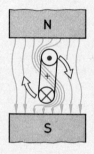 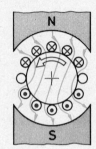

Bild 104/1: Polfeld   Bild 104/2: Spulenfeld   Bild 104/3 und 104/4: Resultierendes Feld und Entstehen des Drehmoments   Bild 104/5: Mehrere Spulen auf einem Eisenkern

Die Spule bildet ein Feld, das senkrecht zur Windungsfläche verläuft. Die Spule dreht sich so weit, bis ihr Feld gleiche Richtung hat wie das Polfeld.

Eine fortlaufende Drehung kann man erreichen, wenn man der Drehspule den Strom über einen *Strom-wender* (Kommutator, früher Kollektor genannt) zuführt **(Bild 104/6)**. Der Stromwender besteht in seiner einfachsten Ausführung aus zwei voneinander isolierten Halbringen (Lamellen) aus Kupfer. Der eine ist mit dem Spulenanfang, der andere mit dem Spulenende verbunden. Spule und Stromwender drehen sich mit-einander. Der Strom wird durch zwei feststehende Kohlebürsten zugeführt. Hat die stromdurchflossene Spule durch den Schwung bei der Drehung ihren größten Ausschlag etwas überschritten, so ändert der Stromwender die Stromrichtung in der Spule. Die Spule dreht sich weiter. Der Stromwender bewirkt, daß der Strom in den Leitern im Bereich eines bestimmten Poles immer dieselbe Richtung hat.

Dies wird bei Gleichstrommotoren angewendet. Man legt in ein zylin-drisches, aus Dynamoblechen geschichtetes Blechpaket (Läufer) möglichst viele Spulen **(Bild 104/5)**, die am Stromwender angeschlossen sind. Der Läufer dreht sich zwischen zylindrisch ausgedrehten Polen. Man macht die Anzahl der Spulen möglichst groß. Dadurch erreicht man eine ruckfreie Drehbewegung des Läufers.

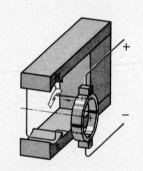

Die Wirkung eines Magnetfeldes auf stromdurchflossene Spulen wird bei Elektromotoren und Drehspulinstrumenten sowie bei elektrodynamischen Meßgeräten und Lautsprechern ausgenützt.

Bild 104/6: Stromwender

Wiederholungsfragen

1. Welche Wirkung erfährt ein stromdurchflossener Leiter im Magnetfeld?
2. Wovon ist die Richtung der Ablenkungskraft beim stromdurchflossenen Leiter abhängig?
3. Wie lautet die Motor-Regel (linke Hand)?
4. Wovon hängt die Größe der Ablenkkraft beim stromdurchflossenen Leiter ab?

5. Welche Wirkung hat ein Magnetfeld auf einen Lichtbogen?
6. Wie verhält sich eine stromdurchflossene Spule im Magnetfeld?
7. Welche Aufgabe hat der Stromwender?
8. Wo verwendet man die Wirkung eines Magnet-feldes auf einen stromdurchflossenen Leiter?

7.4.3 Hallgenerator

Ein Hall*-Generator besteht im Prinzip aus einem etwa 0,1 mm dicken Halbleiter-Plättchen, z. B. aus Indiumarsenid oder Indiumantimonid, das auf Kunststoff oder Keramik aufgebracht ist. Das Plättchen wird in Längsrichtung von einem Strom I durchflossen und senkrecht zu seiner Fläche von einem Magnetfeld der Flußdichte B durchsetzt **(Bild 105/1)**. Das Magnetfeld lenkt die Ladungsträger beim Fließen des Stromes zur Seite ab, wie auch ein stromdurchflossener Leiter im Magnetfeld abgelenkt wird. Dadurch entsteht an einer Längsseite des Plättchens ein Überschuß und an der gegenüberliegenden Seite ein entsprechender Mangel an Ladungsträgern. An beiden Längsseiten kann mit metallischen Kontakten eine elektrische Spannung U_H abgegriffen werden, die sogenannte *Hall-Spannung*.

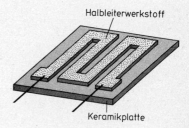

Bild 105/1: Halleffekt

Der Hall-Generator erzeugt aus einem Strom und einem Magnetfeld eine Spannung (Hall-Spannung).

Diese Spannung ist von der Stromstärke I, der magnetischen Flußdichte B, von der Dicke d des Plättchens und vom Werkstoff (Hallkonstante R_H) abhängig.

U_H	Hall-Spannung
R_H	Hall-Konstante
I	Stromstärke
B	magnetische Flußdichte
d	Plättchendicke

$$U_H = R_H \cdot \frac{I \cdot B}{d}$$

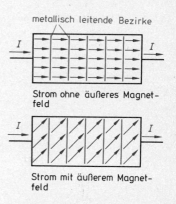

Bild 105/2: Aufbau einer Feldplatte

Den Halleffekt nutzt man in den Hallsonden aus, die zur Messung von Magnetfeldern (Messung der magnetischen Flußdichte, z. B. in elektrischen Maschinen) dienen, oder als kontaktlose Signalgeber zur Steuerung von Werkzeugmaschinen mit Hilfe kleiner Dauermagnete.

7.4.4 Feldplatten

Feldplatten sind magnetfeldabhängige Halbleiterwiderstände. Die wirksame Schicht besteht meist aus Indiumantimonid. Sie ist nur etwa 20 µm dick. Die Halbleiterschicht wird in Mäanderform auf einen Isolierträger von etwa 0,5 mm Dicke aufgebracht **(Bild 105/2)**. Der Halbleiterwerkstoff besitzt im Innern metallisch leitende Bezirke **(Bild 105/3)**, die einen Abstand von einigen Tausendstel Millimeter voneinander haben. Ohne Magnetfeld verlaufen die Strombahnen in Richtung der Pfeile (Bild 105/2) senkrecht zu den metallisch leitenden Bezirken. Wirkt jedoch ein Magnetfeld senkrecht zur Fläche der Feldplatte, so werden die Strombahnen um einen großen Winkel gedreht; und zwar um etwa 80° bei einer Flußdichte von 1 T. Durch diese Umlenkung der Strombahnen unter dem Einfluß des Magnetfeldes vergrößert sich der Widerstand der Feldplatte. Mit einer Änderung der Flußdichte um 1 Vs/m² kann man je nach Bauart und Werkstoff der Feldplatte eine Widerstandserhöhung bis zum Faktor 18 erreichen. Die Widerstandsänderung erhält man ebenso, wenn das Magnetfeld von oben nach unten statt von unten nach oben die Fläche der Feldplatte durchdringt.

Bild 105/3: Wirkungsweise der Feldplatte

Feldplatten werden zum Messen von Magnetfeldern eingesetzt. Das Hauptanwendungsgebiet sind kontaktlos und stufenlos steuerbare Widerstände. Feldplatten lassen sich entweder über Dauermagnete steuern, deren Lage zur Feldplatte geändert wird, oder durch den Strom in einem Elektromagneten, in dessen Luftspalt die Feldplatte befestigt ist.

* Hall, amerikanischer Physiker, 1855 bis 1938

7.5 Spannungserzeugung durch Induktion

7.5.1 Generatorprinzip

Versuch 106/1: Hängen Sie einen Leiter (Aluminiumrohr) an zwei beweglichen Metallbändern zwischen den Polen eines Hufeisenmagneten auf **(Bild 106/1)**! Schließen Sie die Metallbänder an einen Spannungsmesser mit Millivoltbereich und Nullpunkt in Skalenmitte an! Bewegen Sie den Leiter wie in Bild 106/1 senkrecht zur Richtung des Magnetfeldes!

Der Zeiger schlägt aus, solange der Leiter im Magnetfeld bewegt wird.

Versuch 106/2: Wiederholen Sie Versuch 106/1, bewegen Sie aber den Leiter in Richtung der Feldlinien!

Das Meßinstrument zeigt keinen Ausschlag.

Wird ein Leiter in einem Magnetfeld so bewegt, daß er Feldlinien „schneidet", so wird in ihm während der Bewegung eine Spannung induziert*.

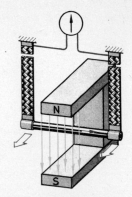

Bild 106/1: Bewegung des Leiters im Magnetfeld

Diesen Vorgang nennt man Induktion.

Wird ein Leiter durch das Magnetfeld bewegt, so bewegen sich mit ihm auch seine freien Elektronen. Bewegte Elektronen werden von einem Magnetfeld durch die Lorentzkraft senkrecht zu ihrer Bewegungsrichtung abgelenkt. Auf der einen Seite des Leiters bildet sich ein Elektronenüberschuß, auf der anderen Seite ein Elektronenmangel **(Bild 106/2)**. Zwischen den Leiterenden entsteht eine Spannung.

Generatorprinzip: Magnetfeld und Bewegung eines Leiters erzeugen eine Spannung.

Versuch 106/3: Wiederholen Sie Versuch 106/1, bewegen Sie aber den Leiter in umgekehrter Richtung!

Der Zeiger des Meßinstruments schlägt in entgegengesetzter Richtung aus.

Die Richtung der induzierten Spannung hängt von der Richtung der Bewegung ab.

Versuch 106/4: Wiederholen Sie Versuch 106/1, vertauschen Sie aber die Pole des Hufeisenmagneten!

Der Zeiger des Instruments schlägt nach der entgegengesetzten Richtung aus.

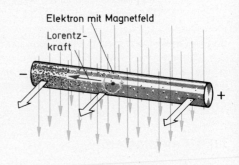

Bild 106/2: Ladungsverschiebung durch Bewegung im Magnetfeld

Die Richtung der induzierten Spannung hängt von der Richtung des Magnetfeldes ab.

Versuch 106/5: Bewegen Sie in der Versuchsanordnung 106/1 den Leiter zuerst langsam, dann schnell durch das Magnetfeld!

Bei größerer Geschwindigkeit des Leiters ist die Spannung größer.

Die induzierte Spannung nimmt mit der Geschwindigkeit des Leiters zu.

Wenn man den Leiter festhält und den Magneten bewegt, wird ebenfalls eine Spannung induziert. Die Größe der induzierten Spannung hängt von der Geschwindigkeit des Magneten gegenüber dem Leiter ab, die Richtung der induzierten Spannung von der Bewegungsrichtung des Magneten.

Fast immer wird die induzierte Spannung von Leiterschleifen oder von Spulen abgenommen, nicht von einem Leiterstück. In einer Leiterschleife im Magnetfeld entsteht eine Spannung, wenn die eine Seite der Schleife sich zum Magnetfeld entgegengesetzt wie die andere Seite bewegt. Dies ist der Fall, wenn sich die Leiterschleife im Magnetfeld dreht. Dabei ändert sich der magnetische Fluß, der von der Leiterschleife umfaßt wird.

---

* inducere (lat.) = hineinführen

Versuch 107/1: Schließen Sie an einen Spannungsmesser (Meßbereich 3 V) eine Spule mit 300 Windungen an! Bewegen Sie die Spule über einen Schenkel des Hufeisenmagneten!

Der Zeiger des Instruments schlägt aus.

Versuch 107/2: Wiederholen Sie Versuch 107/1, verwenden Sie dabei Spulen mit 600 und mit 1200 Windungen! Bewegen Sie die Spulen nacheinander mit gleicher Geschwindigkeit über einen Schenkel des Magneten!

Die induzierte Spannung ist bei größerer Windungszahl bzw. Leiterzahl größer.

Die induzierte Spannung wächst mit der Anzahl der Leiter.

Die induzierte Spannung wächst außerdem mit steigender magnetischer Flußdichte und mit der wirksamen Länge des Leiters im Magnetfeld.

U_0 induzierte Spannung
B magnetische Flußdichte
l wirksame Leiterlänge
v Geschwindigkeit des Leiters
z Leiterzahl

$$[U_0] = \mathrm{T} \cdot \mathrm{m} \cdot \frac{\mathrm{m}}{\mathrm{s}} = \frac{\mathrm{Vs}}{\mathrm{m}^2} \cdot \frac{\mathrm{m}^2}{\mathrm{s}} = \mathrm{V} \qquad \boxed{U_0 = B \cdot l \cdot v \cdot z}$$

Ist der Stromkreis geschlossen, so ruft die Induktionsspannung einen Strom hervor. Die Richtung des Stromes ist von der Bewegungsrichtung des Leiters und von der Richtung des Magnetfeldes abhängig. Sie kann mit Hilfe der *Generator-Regel* (rechte Hand) bestimmt werden **(Bild 107/1).**

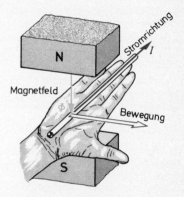

Generator-Regel (rechte Hand):

Hält man die <u>rechte Hand</u> so, daß die Feldlinien vom Nordpol her auf die Innenfläche der Hand auftreffen und der abgespreizte Daumen in die Bewegungsrichtung zeigt, so fließt der Induktionsstrom in Richtung der ausgestreckten Finger.

Die Spannungserzeugung durch Induktion wird bei Generatoren angewendet.

Bild 107/1: Generator-Regel (rechte Hand)

7.5.2 Lenzsche Regel

Versuch 107/3: Treiben Sie einen Generator, z.B. Fahrraddynamo, mit einem Motor an! Belasten Sie den Generator durch ein Glühlämpchen!

Der belastete Generator bremst den Motor.

Bei der Bewegung des Leiters durch das Magnetfeld wird im Leiter eine Spannung induziert, die einen Strom zur Folge hat (Generatorprinzip). Dieser Strom ruft ein Magnetfeld um den Leiter hervor **(Bild 107/2)**, das sich dem Polfeld überlagert. Das Feld um den Leiter ist so gerichtet, daß sich das entstehende gemeinsame (resultierende) Feld vor dem Leiter verdichtet **(Bild 107/3)** und deshalb auf den Leiter eine Kraft gegen die Bewegung ausübt. Aus der Richtung des Feldlinienstaues vor dem Leiter läßt sich die Richtung des Stromes im Leiter bestimmen.

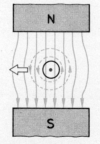

Bild 107/2: Polfeld und Leiterfeld

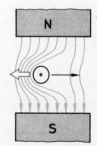

Bild 107/3: Resultierendes Feld, Bremsung des Leiters

Lenzsche* Regel: Der durch eine Induktionsspannung hervorgerufene Strom ist stets so gerichtet, daß er der Ursache der Induktion entgegenwirkt.

* Lenz, deutscher Physiker, 1804 bis 1865

7.5.3 Transformatorprinzip

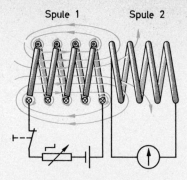

Versuch 108/1: Stellen Sie zwei Spulen gleicher Windungszahlen, z.B. mit je 600 Windungen, nebeneinander auf **(Bild 108/1)**! Schließen Sie die erste Spule über ein Gleichspannungsnetzgerät oder über einen einstellbaren Widerstand an einen Akkumulator an! Legen Sie nach dem Einschalten einen Spannungsmesser mit Millivoltbereich und Nullpunkt in Skalenmitte an die zweite Spule an! Vergrößern und verkleinern Sie den Strom!

Beim Anwachsen des Stromes in der ersten Spule schlägt der Zeiger des Instruments aus. Bei gleichbleibendem Strom geht er auf Null zurück. Beim Verkleinern des Stromes schlägt der Zeiger des Instruments in entgegengesetzter Richtung aus.

Spule 1 erzeugt ein Magnetfeld, dessen Feldlinien die zweite Spule durchsetzen (Bild 108/1). Bei Änderung des Feldes in Spule 1 entsteht in Spule 2 eine Induktionsspannung.

Bild 108/1: Induktion durch Stromänderung (Transformatorprinzip)

In einer Spule wird eine Spannung induziert, wenn sich in dieser Spule die Zahl der magnetischen Feldlinien ändert.

Versuch 108/2: Stecken Sie die beiden Spulen aus Versuch 108/1 auf einen gemeinsamen Eisenkern und wiederholen Sie Versuch 108/1, verwenden Sie aber einen Spannungsmesser mit größerem Meßbereich!

Die induzierte Spannung ist erheblich größer.

Durch einen Eisenkern wird das Feld verstärkt und die Flußänderung vergrößert.

Versuch 108/3: Wiederholen Sie Versuch 108/2, und ändern Sie dabei den Strom in Spule 1 zuerst langsam, dann schnell!

Bei schneller Feldänderung entsteht in Spule 2 eine größere Induktionsspannung.

Die induzierte Spannung ist um so größer, je schneller sich der magnetische Fluß ändert.

Versuch 108/4: Schalten Sie den Strom in Spule 1 ein und wieder aus!

Beim Ein- und Ausschalten des Stromes entstehen in Spule 2 große Spannungen.

Beim Ein- und Ausschalten einer Spule ändert sich das Magnetfeld sehr rasch, es entsteht deshalb eine hohe Induktionsspannung.

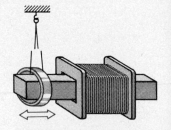

Versuch 108/5: Ersetzen Sie die Spule 2 durch einen Aluminiumring, der an einem Faden aufgehängt ist **(Bild 108/2)**! Schalten Sie den Strom der Spule 1 ein und wieder aus!

Der Aluminiumring wird beim Einschalten des Stromes abgestoßen, beim Ausschalten angezogen.

Beim Einschalten des Spulenstromes ist das Feld im Aluminiumring dem Feld der Spule entgegengerichtet (Lenzsche Regel). Deshalb wird der Ring abgestoßen. Beim Ausschalten haben beide Felder gleiche Richtung. Daher wird der Ring angezogen.

Bild 108/2: Abstoßen eines Aluminiumrings

Zwischen Spulen, die auf einem gemeinsamen Kern sitzen, treten sehr starke Kräfte auf, wenn eine Spule kurzgeschlossen, die andere aber an das Wechselspannungsnetz angeschlossen ist. Die Kräfte suchen die Spulen auseinanderzudrücken. Die Spulen von Transformatoren müssen deshalb mechanisch fest verankert sein, da sonst der Transformator bei einem Kurzschluß zerstört würde.

Versuch 108/6: Bringen Sie zwei Spulen mit gleichen Windungszahlen auf einen geblätterten U-Kern mit Joch! Schließen Sie Spule 1 über einen Stromwender an einen Gleichspannungserzeuger an! Legen Sie an Spule 2 einen Spannungsmesser mit Nullpunkt in Skalenmitte, und drehen Sie den Stromwender zuerst langsam, dann schnell!

Mit jeder vollen Drehung des Stromwenders erfolgen am Spannungsmesser 2 Ausschläge, einer nach rechts und einer nach links.

Durch den Stromwender wird der Spule 1 ein Wechselstrom zugeführt, der ein magnetisches Wechselfeld zur Folge hat. Durch den Auf- und Abbau des Feldes wird in Spule 2 eine Spannung gleicher Frequenz induziert.

In einer Spule wird durch ein magnetisches Wechselfeld eine Wechselspannung gleicher Frequenz induziert.

Versuch 109/1: Bringen Sie zwei Spulen mit gleichen Windungszahlen auf einen geblätterten U-Kern mit Joch! Schließen Sie Spule 1 an einen Wechselspannungserzeuger an! Vergleichen Sie die Spannungen an beiden Spulen!
An Spule 2 wird eine etwa gleich große Spannung gemessen wie an Spule 1.

Die Anordnung von zwei Spulen (Wicklungen) auf einem gemeinsamen Eisenkern nennt man *Transformator**. Die Spule 1 heißt *Eingangswicklung* (Primärwicklung), die Spule 2 *Ausgangswicklung* (Sekundärwicklung). Transformator siehe Seite 199.

Versuch 109/2: Verwenden Sie in der Versuchsanordnung 109/1 als Ausgangswicklung eine Spule mit doppelt so großer Windungszahl wie in der Eingangswicklung! Vergleichen Sie die Spannungen an den Spulen!
Die Spannung an der Ausgangsseite ist etwa doppelt so groß wie die an der Eingangsseite.

In jeder Windung der Spule wird dieselbe Spannung induziert. Wegen der Reihenschaltung der Windungen einer Spule addieren sich die Einzelspannungen. Die Gesamtspannung ist deshalb proportional der Windungszahl der Spule.

Die induzierte Spannung ist proportional der Windungszahl.

Versuch 109/3: Wiederholen Sie Versuch 109/1 (entsprechend Bild 108/1)! Verändern Sie den Strom erst langsam, dann schnell!
Je schneller der Strom geändert wird, desto größer ist die Anzeige im Spannungsmesser.

Wenn der Strom geändert wird, ändert sich der magnetische Fluß. Je schneller die Flußänderung erfolgt, desto größer ist die induzierte Spannung.

Die in einer Spule induzierte Spannung ist umso höher, je größer die Windungszahl, je größer die Flußänderung und je kürzer die Zeit ist, in der diese Flußänderung erfolgt.

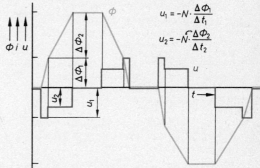

Bild 109/1: Induktion durch Flußänderung

Die Änderung des magnetischen Flusses bezeichnet man mit $\Delta\Phi$, die Zeit, in der diese Änderung abläuft, mit Δt **(Bild 109/1)**.

Die induzierte Spannung ist proportional der Steigung der Φ-t-Kennlinie.

Induktionsgesetz:

u_0	induzierte Spannung
N	Windungszahl
$\Delta\Phi$	Änderung des magnetischen Flusses
Δt	Zeit, in der diese Änderung abläuft

$$u_0 = -N \cdot \frac{\Delta\Phi}{\Delta t}$$

Das negative Vorzeichen ist durch die Lenzsche Regel bedingt.

Beispiel: Aus einer Spule mit 600 Windungen wird ein Magnet mit einem magnetischen Fluß von 2,5 mWb während einer Zeit von 3 s herausgezogen. Wie groß ist die in der Spule induzierte Spannung bei gleichmäßiger Flußänderung?

Lösung: $u_0 = -N \cdot \dfrac{\Delta\Phi}{\Delta t} = -600 \cdot \dfrac{-2,5 \text{ mVs}}{3 \text{ s}} = \dfrac{600 \cdot 2,5 \cdot 10^{-3} \text{ Vs}}{3 \text{ s}} = \textbf{0,5 V}$

7.5.4 Wirbelströme

Versuch 109/4: Hängen Sie eine Aluminiumscheibe so zwischen die Pole eines kräftigen Elektromagneten, daß sie frei schwingen kann **(Bild 110/1)**! Stoßen Sie das Aluminiumpendel an, und legen Sie dann Gleichspannung an den Elektromagneten!
Sobald Strom durch den Elektromagneten fließt, wird das Aluminiumpendel stark abgebremst.

Tritt die Aluminiumscheibe beim Schwingen in das magnetische Feld des Elektromagneten ein, so wird in ihr eine Spannung induziert. Die Scheibe wirkt wie eine in sich geschlossene Leiterschleife. Die induzierte Spannung bewirkt wegen des kleinen Widerstands einen großen Strom. Dieser Strom findet keinen festgelegten Stromweg vor. Man nennt ihn deshalb *Wirbelstrom*. Er ist so gerichtet, daß er die Bewegung bremst.

Wird Metall in einem Magnetfeld bewegt, so entstehen im Metall Wirbelströme, welche die Bewegung bremsen.

---

* von transformare (lat.) = umgestalten

Die Wirbelströme erwärmen das Metall. Sie verursachen eine Verlustleistung, die man als *Wirbelstromverluste* bezeichnet.

Versuch 110/1: Wiederholen Sie Versuch 109/4, verwenden Sie aber als Pendel eine geschlitzte Aluminiumscheibe (Bild 110/1)!
Das Pendel schwingt auch nach dem Einschalten des Spulenstromes weiter. Es tritt nur eine unbedeutende Bremswirkung auf.

Bei einer geschlitzten Scheibe können sich keine großen Wirbelströme bilden, weil der Stromweg mehrfach unterbrochen ist. Nur in den Zähnen der Scheibe erzeugt die Bewegung schwache Wirbelströme.

Die Wirbelstrombremsung verwendet man z.B. bei elektrischen Zählern zum Abbremsen des Zählwerks, bei elektrischen Meßwerken zur Dämpfung des Zeigerausschlags, zur Leistungsmessung von Motoren und als zusätzliche Bremse in Kraftfahrzeugen.

Versuch 110/2: Schließen Sie eine Spule mit U-Kern und massivem Joch aus Weicheisen an Wechselspannung (220 V) an! Berühren Sie nach einigen Minuten das Joch!
Das Joch hat sich stark erwärmt.

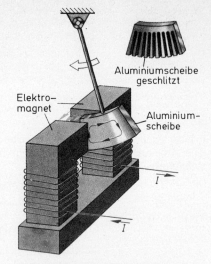

Bild 110/1: Wirbelstrombremsung

Der Wechselstrom erzeugt in der Spule ein schnell wechselndes Magnetfeld. Dadurch wird im Eisen eine Spannung induziert. Diese Spannung bewirkt in dem massiven Joch starke Wirbelströme, die das Eisen erwärmen.

Durchdringt ein magnetisches Wechselfeld Metall, so werden im Metall Wirbelströme erzeugt.

Versuch 110/3: Wiederholen Sie Versuch 110/2 mit geblechtem U-Kern und geblechtem Joch!
U-Kern und Joch erwärmen sich kaum.

Zur Vermeidung starker Wirbelströme werden die Eisenkerne von wechselstromdurchflossenen Spulen aus dünnen *Elektroblechen* von 0,35 mm oder 0,5 mm Dicke geschichtet. Die Bleche sind voneinander isoliert. Der Stromweg ist dadurch unterbrochen, und es können sich nur noch in den einzelnen dünnen Blechen schwache Wirbelströme ausbilden. Schrauben oder Niete, welche die Bleche zu einem Paket fest zusammenpressen, sind durch Isolierhülsen von den Blechen getrennt, damit die Bleche nicht kurzgeschlossen werden. Elektrobleche verwendet man für Transformatoren, Drosseln, Schütze und für elektrische Maschinen.

Außer den Wirbelstromverlusten entstehen in den Blechen auch Hysteresisverluste. Bei höheren Frequenzen überwiegen jedoch die Wirbelstromverluste, die mit dem Quadrat der Frequenz ansteigen. Für Hochfrequenz verwendet man deshalb Spulen mit Ferritkernen (Seite 449). Ferrite sind zwar magnetisierbar, für den elektrischen Strom aber praktisch Isolatoren.

Durchdringt ein hochfrequentes Magnetfeld ein Metallblech, so werden in ihm durch dieses Wechselfeld Wirbelströme erzeugt. Diese Ströme sind stets so gerichtet, daß ihr Magnetfeld das erzeugende Feld schwächt (Lenzsche Regel). Wird eine Spule, die von hochfrequentem Wechselstrom durchflossen wird, mit einem Aluminium- oder Kupferbecher umgeben, so kann das magnetische Wechselfeld der Spule nicht nach außen dringen, weil es vom Wirbelstromfeld aufgehoben wird. Der Metallbecher bewirkt also eine *Abschirmung* hochfrequenter magnetischer Wechselfelder.

7.5.5 Selbstinduktion

Versuch 110/4: Schließen Sie eine Spule mit 1200 Windungen und geschlossenem Eisenkern an eine Gleichspannung von etwa 2 V an! Schalten Sie zu der Spule eine Glimmlampe mit einer Zündspannung von etwa 90 V parallel (**Bild 110/2**)! Schließen Sie den Stromkreis, und öffnen Sie ihn wieder!
Die Glimmlampe leuchtet beim Öffnen des Stromkreises kurz auf.

Das Aufleuchten der Glimmlampe zeigt, daß in der Spule eine hohe Spannung erzeugt worden ist. Beim Öffnen des Stromkreises ändert sich das Magnetfeld der Spule schnell, da die Feldlinien verschwinden. Bei dieser Feldänderung wird in der Spule selbst eine Spannung induziert, die man daher *Selbstinduktionsspannung* nennt.

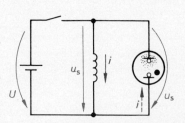

Bild 110/2:
Selbstinduktionsspannung beim Ausschalten einer Spule

Versuch 111/1: Schalten Sie eine Spule mit 1200 Windungen auf einem geschlossenen Eisenkern und einen einstellbaren Widerstand jeweils in Reihe mit einer 4,5-V-Glühlampe, und legen Sie beide Reihenschaltungen an 6 V Gleichspannung **(Bild 111/1)**!

Stellen Sie den Stellwiderstand so ein, daß beide Glühlampen gleich hell aufleuchten! Öffnen Sie den Stromkreis! Schalten Sie erneut ein, und beobachten Sie die beiden Glühlampen!

Wird der Stromkreis geschlossen, so leuchtet die Glühlampe, die mit der Spule in Reihe geschaltet ist, später auf.

Der Strom in der Spule erreicht seinen vollen Wert nicht sofort, sondern verzögert **(Bild 111/2).**

Nach dem Einschalten der Spule wird das Magnetfeld aufgebaut. Durch diese Feldänderung entsteht eine *Selbstinduktionsspannung*. Diese Spannung ist so gerichtet, daß sie das Ansteigen des Stromes und damit den Aufbau des Feldes verzögert (Lenzsche Regel). Der volle Strom in der Spule kann erst fließen, wenn das Feld aufgebaut ist und sich nicht mehr ändert. Dann ist die Selbstinduktionsspannung auf den Wert Null zurückgegangen (Bild 111/2).

Nach dem Abschalten der Spule wird das Magnetfeld abgebaut. Dabei entsteht eine Selbstinduktionsspannung, die so gepolt ist, daß der Spulenstrom in gleicher Richtung weiterfließt und langsam auf den Wert Null abklingt (Bild 111/2). Dadurch verzögert sich auch der Abbau des Feldes (Lenzsche Regel). Nach dem Abschalten des Gleichspannungserzeugers ist die Spule Spannungserzeuger für den noch kurze Zeit in gleicher Richtung weiterfließenden Strom, während sie beim Einschalten Verbraucher war. Die Selbstinduktionsspannung ist beim Ausschalten entgegengesetzt gepolt wie beim Einschalten.

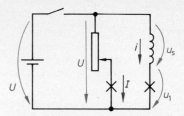

Bild 111/1: Selbstinduktionsspannung beim Einschalten einer Spule

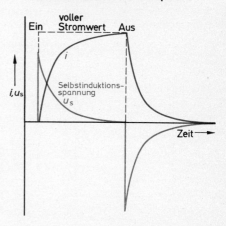

Bild 111/2: Strom- und Spannungsverlauf beim Ein- und Ausschalten einer Spule

Beim Abschalten von Spulen mit hohen Windungszahlen und Eisenkernen können hohe Überspannungen auftreten, die zu einem Durchschlag führen. Angeschlossene Spannungsmesser und Halbleiterbauelemente können dadurch zerstört werden.

Überspannungen durch Selbstinduktion können durch folgende Maßnahmen verhindert werden:

1. **Verringern des Stromes** vor dem Abschalten durch einstellbare Widerstände.
2. **Kurzschließen der Spulenwicklung** beim Abschalten.
3. **Schutzwiderstand, *RC*-Glied** (Reihenschaltung von Widerstand und Kondensator) oder **Diode** parallel zur Spule.

Schließt man eine Spule an Wechselspannung an, so verringert die Selbstinduktionsspannung die Stromaufnahme.

Die Selbstinduktionsspannung wird um so größer, je schneller sich das magnetische Feld ändert und je höher die *Induktivität* (Formelzeichen L) der Spule ist. Die Induktivität wächst mit dem Quadrat der Windungszahl. Sie hängt ferner von den Eigenschaften des Eisenkerns und von den Abmessungen der Spule ab.

Die Einheit der Induktivität ist das Henry (H)*.

Eine Spule hat die Induktivität von 1 Henry, wenn bei einer gleichförmigen Stromänderung von 1 A in 1 s eine Spannung von 1 V induziert wird.

$$[L] = \frac{Vs}{A} = \Omega s = H$$

u_0 induzierte Spannung
L Induktivität
Δi Änderung des Stromes
Δt Zeit, in der diese Änderung abläuft

$$u_0 = -L \cdot \frac{\Delta i}{\Delta t}$$

Beispiel: In einer Spule mit der Induktivität 0,5 H nimmt der Strom während 0,2 s von 10 A auf 2 A gleichmäßig ab. Welche Spannung wird in der Spule induziert?

Lösung: $u_0 = -L \cdot \dfrac{\Delta i}{\Delta t} = -0,5 \text{ H} \cdot \dfrac{2 \text{ A} - 10 \text{ A}}{0,2 \text{ s}} = -0,5 \text{ H} \cdot \dfrac{-8 \text{ A}}{0,2 \text{ s}} = \textbf{20 V}$

* Josef Henry, amerikanischer Physiker (1797 bis 1878)

7.5.6 Stromverdrängung (Hauteffekt, Skineffekt*)

Fließt Gleichstrom durch einen Leiter, so verteilt er sich gleichmäßig über den Leiterquerschnitt. Die Stromdichte ist über den ganzen Querschnitt gleich. Der Strom ist von einem Magnetfeld umgeben, das in Form von konzentrischen Kreisen um den Leiter liegt. Das Magnetfeld ist auch im Innern des Leiters vorhanden. Die Elektronen in der Leitermitte sind von mehr Feldlinien umschlossen als die Elektronen weiter außen.

Fließt Wechselstrom durch einen Leiter, so ist der Strom ungleichmäßig über den Querschnitt verteilt. Das wechselnde Magnetfeld induziert im Leiter eine Gegenspannung, die in der Leitermitte am größten ist.

Die Stromdichte S nimmt daher nach dem Innern des Leiters ab **(Bild 112/1)**. Diese Erscheinung nennt man *Stromverdrängung* (Skineffekt oder Hauteffekt). Durch die Stromverdrängung wird der Leiterquerschnitt vom Wechselstrom nur zum Teil genutzt. Die Verkleinerung des wirksamen Leiterquerschnitts hat eine Vergrößerung des ohmschen Widerstands des Leiters zur Folge **(Bild 112/2)**.

Durch einen Leiter fließt Wechselstrom hoher Frequenz infolge Stromverdrängung nur an der Oberfläche.

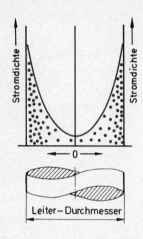

Bild 112/1: Stromverteilung im Leiterquerschnitt bei hoher Frequenz

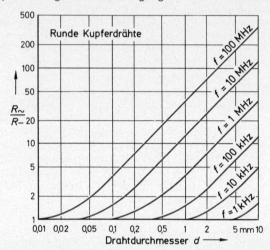

Bild 112/2: Widerstandserhöhung durch Stromverdrängung

Die Stromverdrängung wächst mit steigender Frequenz. Man teilt daher z.B. den Wicklungsdraht einer HF-Spule in einzelne, voneinander isolierte und parallel geschaltete Drähte auf (HF-Litze). Bei sehr hohen Frequenzen verwendet man versilberte Kupferrohre. Der Strom fließt fast nur in der dünnen Silberschicht (Haut).

Wiederholungsfragen

1. Unter welchen Bedingungen wird in einem Leiter eine Spannung induziert?
2. Wovon ist die Richtung der induzierten Spannung abhängig?
3. Wovon hängt bei der Bewegung eines Leiters im Magnetfeld die Höhe der induzierten Spannung ab?
4. Wie lautet die Generator-Regel (rechte Hand)?
5. Wie lautet die Lenzsche Regel?
6. Wo verwendet man die Induktion durch Bewegung?
7. Beschreiben Sie den grundsätzlichen Aufbau eines Transformators!
8. Wovon hängt die in einer Spule induzierte Spannung ab?
9. Wie heißt das Induktionsgesetz?
10. Wodurch entstehen Wirbelströme in einem Metall?
11. Nennen Sie Anwendungen der Wirbelströme!
12. Erklären Sie die Wirkungsweise einer Wirbelstrombremse!
13. Warum ist im allgemeinen das Auftreten von Wirbelströmen unerwünscht?
14. Wie kann man die Wirbelstromverluste verringern?
15. Welche Richtung hat die Selbstinduktionsspannung?
16. Was bewirkt die Selbstinduktion beim Ein- und Ausschalten von Spulen in Gleichstromkreisen?
17. Wie kann man die Wirkung der Selbstinduktionsspannung beim Abschalten von Spulen verhindern?
18. Welche Einheit hat die Induktivität?
19. Welche Wirkung hat der Hauteffekt?

* skin (engl.) = Haut

112

8 Schaltungstechnik

8.1 Schaltzeichen

Schaltzeichen lassen nur die Wirkungsweise der Betriebsmittel erkennen, nicht deren konstruktiven Aufbau. Sie werden in senkrechter oder waagrechter Lage gezeichnet. Man unterscheidet Schaltzeichen für mehrpolige Darstellung nach DIN 40713 und für einpolige Darstellung nach DIN 40717. Schaltzeichen für die einpolige Darstellung sind vereinfachte Schaltzeichen häufig vorkommender Betriebsmittel, z. B. von Installationsschaltern (**Tabelle 113/1**).

Tabelle 113/1: Installationsschalter		Nach DIN 40713 und DIN 40717	
Bezeichnung	Art der Darstellung		Aufgaben des Schalters
	mehrpolig	einpolig	
Ausschalter (1/1)* einpolig			Einschalten oder Ausschalten eines elektrischen Gerätes von einer Betätigungsstelle aus
Ausschalter (1/2) zweipolig			
Ausschalter (1/3) dreipolig			
Gruppenschalter (4/1) einpolig			Umschaltung, z. B. wahlweiser Betrieb von zwei Geräten
Gruppenschalter (4/2) zweipolig			
Serienschalter (5/1) einpolig			Umschaltung, z. B. wahlweiser oder gemeinsamer Betrieb von Lampengruppen oder Geräten
Wechselschalter (6/1) einpolig			Einschalten oder Ausschalten von zwei Stellen aus
Kreuzschalter (7/1) einpolig			Einschalten oder Ausschalten von zwei oder mehreren Stellen aus
Taster			Schaltung von Rufanlagen und Steuerstromkreisen

* Die erste Ziffer bezeichnet die Art, die zweite Ziffer die Polzahl des Schalters.

8.2 Schaltpläne

Schaltpläne erläutern die Arbeitsweise, die Leitungsverbindung, die räumliche Anordnung der Betriebsmittel und deren Zusammenwirken. Je nach dem Verwendungszweck werden verschiedene Arten von Schaltplänen erstellt (**Bild 113/1**).

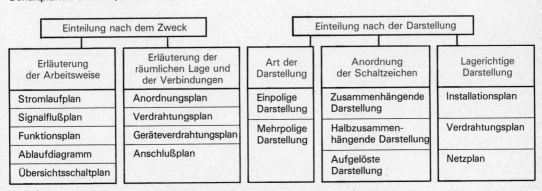

Einteilung nach dem Zweck		Einteilung nach der Darstellung		
Erläuterung der Arbeitsweise	Erläuterung der räumlichen Lage und der Verbindungen	Art der Darstellung	Anordnung der Schaltzeichen	Lagerichtige Darstellung
Stromlaufplan	Anordnungsplan	Einpolige Darstellung	Zusammenhängende Darstellung	Installationsplan
Signalflußplan	Verdrahtungsplan			
Funktionsplan	Geräteverdrahtungsplan	Mehrpolige Darstellung	Halbzusammenhängende Darstellung	Verdrahtungsplan
Ablaufdiagramm	Anschlußplan			
Übersichtsschaltplan			Aufgelöste Darstellung	Netzplan

Bild 113/1: Arten der Schaltpläne nach DIN 40719

In Schaltplänen werden elektrische Geräte, Anlagen oder Einrichtungen durch Schaltzeichen dargestellt. Schaltpläne enthalten Angaben, die für Errichtung, Betrieb und Wartung elektrischer Einrichtungen notwendig sind.

Ein Gerät, z. B. ein Arbeitsprojektor (**Bild 114/1**), kann in verschiedenen Schaltplanarten dargestellt werden. Die Wahl der Darstellung wird in der Praxis nach der Zweckmäßigkeit bestimmt.

Der **Stromlaufplan in zusammenhängender Darstellung** zeigt die Verbindung der Betriebsmittel einer Schaltung in allen Einzelteilen (**Bild 114/2**). Da bei dieser Darstellung die einzelnen Teile jedes Betriebsmittels beieinander liegend gezeichnet werden, kann der Stromlaufplan in zusammenhängender Darstellung bei umfangreichen Schaltungen unübersichtlich wirken.

Der **Stromlaufplan in aufgelöster Darstellung** ist die nach Stromwegen aufgelöste Schaltung mit allen Einzelteilen und Leitungen, meist ohne Gehäuse und Schutzleiter (**Bild 114/3**). Auf den mechanischen Zusammenhang der Betriebsmittel und deren räumliche Anordnung wird bei dieser Darstellungsart keine Rücksicht genommen. Die Stromwege werden so gezeichnet, daß sie möglichst kreuzungsfrei und parallel oder im rechten Winkel zueinander verlaufen. Die Darstellung der Schaltung wirkt dadurch übersichtlich und gut lesbar.

Der **Übersichtsschaltplan** zeigt die Schaltung in vereinfachter, meist einpoliger Darstellung (**Bild 115/1**). Dabei werden nur die wesentlichsten Bauteile gezeichnet. Die räumliche Lage der Betriebsmittel wird nicht berücksichtigt. Der Übersichtsschaltplan kann Angaben über Verlegungsart und Typ der Leitungen enthalten.

Der **Anordnungsplan** erläutert die räumliche Lage der Betriebsmittel am Einbauort (**Bild 115/2**). Er wird meist maßstäblich gezeichnet. Dabei können Platzbedarf und Leitungslängen sowie die Form von Kabelbäumen und der Geräteverdrahtungsplan festgelegt werden.

In einem Schaltplan können auch verschiedene Darstellungsarten kombiniert werden. Solche gemischte Schaltpläne können mehrere Aufgaben erfüllen. Wird z. B. ein Schaltplan mit allen Klemmen gezeichnet (Bild 114/2), so kann er auch als *Verdrahtungsplan* und als *Anschlußplan* für die Fertigung dienen.

Der **Installationsplan (Bild 115/3)** ist in der Darstellung ähnlich dem Übersichtsschaltplan. Bei Installationen von Beleuchtungs- und Kraftanlagen wird der Installationsplan meist in eine vom Architekten erstellte Bauzeichnung eingetragen. Die Darstellung ist einpolig und die Betriebsmittel sind lagerichtig dargestellt. Über die Funktion der Schaltung gibt der Installationsplan keine Information. Die Anzahl der benötigten Leiter wird durch Schrägstriche angegeben. Bei mehr als zwei Leitern erfolgt die Angabe durch eine Zahl neben dem Schrägstrich (Bild 115/3).

In Fertigungs- und Schaltungsunterlagen können Schaltpläne durch Beschreibungen, Diagramme, Anschluß- und Verbindungspläne ergänzt oder ersetzt werden. Zu diesen Unterlagen zählen: Signalflußplan, Funktionsplan, Ablaufdiagramm, Geräteverdrahtungsplan und Anschlußplan (weitere Arten von Schaltplänen siehe Tabellenbuch Elektrotechnik).

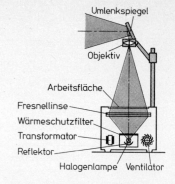

Bild 114/1: Arbeitsprojektor

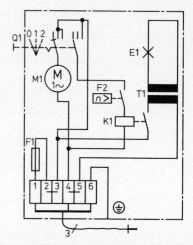

E1 Projektionslampe M1 Gebläsemotor
F1 Sicherung Q1 Schalter
F2 Strömungswächt. T1 Transformator
K1 Schütz

**Bild 114/2:
Arbeitsprojektor, Stromlaufplan,
zusammenhängende Darstellung**

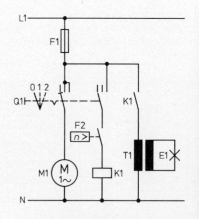

**Bild 114/3:
Arbeitsprojektor, Stromlaufplan,
aufgelöste Darstellung**

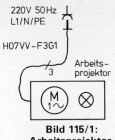

Bild 115/1:
Arbeitsprojektor,
Übersichtsschaltplan

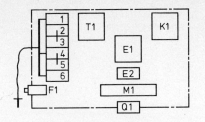

Bild 115/2: Arbeitsprojektor,
Anordnungsplan

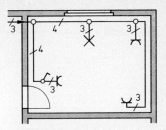

Bild 115/3: Wohnraum,
Installationsplan

8.3 Kennzeichnung von elektrischen Betriebsmitteln

Elektrische Betriebsmittel werden in Schaltplänen mit Kennbuchstaben bezeichnet **(Tabelle 115/1)**. Bei mehreren Betriebsmitteln gleicher Art wird an den Kennbuchstaben eine fortlaufende Zahl angehängt, z.B. K1, K2, K3 usw. Diese Kennzeichnung ermöglicht es, die Zugehörigkeit und das Zusammenwirken von Teilen der Schaltung zu erkennen.

Tabelle 115/1: Kennbuchstaben für die Kennzeichnung der Art elektrischer Betriebsmittel		
		Nach DIN 40719
Art des Betriebsmittels	Kenn-buch-stabe	Beispiele
Baugruppe, Teilbaugruppe	A	Gerätekombinationen, z.B. Schaltpult, Verstärker
Umsetzer von nichtelektrischen auf elektrische Größen u. umgek.	B	Meßumformer, Fühler, Mikrofon, Tonabnehmer, Lautsprecher, Drehzahlgeber, photoelektrische Zellen, Dehnungsmeßstreifen
Kapazitäten	C	Elektrolytkondensatoren, MP-Kondensatoren
Verzögerungseinrichtungen, Speichereinrichtungen	D	Kernspeicher, Plattenspeicher, digitale Rechner und Regler, integrierte Schaltkreise
Verschiedenes	E	Heizungseinrichtungen, Beleuchtungseinrichtungen
Schutzeinrichtungen	F	Sicherungen, Überspannungsableiter, Auslöser, Schutzrelais
Stromversorgungen, Generatoren	G	Stromrichtergeräte, Batterien, Netzgeräte, Generatoren
Meldeeinrichtungen	H	Hupe, Kontrollampe, Klingel, Wecker, Fallklappenrelais
Schütze, Relais	K	Leistungsschütze, Hilfsschütze, Zeitrelais, Hilfsrelais
Induktivitäten	L	Drosselspulen
Motoren	M	Motoren
Verstärker, Regler	N	Elektronische und elektromechanische Regler
Meßgeräte, Prüfeinrichtungen	P	Anzeigende, schreibende und zählende Meßeinrichtungen
Starkstrom-Schaltgeräte	Q	Installationsschalter, Trennschalter, Motorschutzschalter
Widerstände	R	Anlasser, Vorwiderstände, Potentiometer, Heißleiter, Nebenwiderstände
Schalter, Wähler	S	Tastschalter, Signalgeber, Wahlschalter, Wähler, Grenztaster
Transformatoren	T	Netz-, Trenn- u. Steuertransformatoren, Strom- u. Spannungswandler
Modulatoren, Umsetzer	U	Wechselrichter, Frequenzwandler, Demodulatoren
Halbleiter, Röhren	V	Dioden, Transistoren, Thyristoren, Elektronenröhren
Übertragungswege, Antennen	W	Kabel, Sammelschienen, Hohlleiter, Licht- und Koaxialleiter
Klemmen, Steckvorrichtungen	X	Stecker, Steckdosen, Klemmenleisten, Buchsen, Lötleisten
Elektrisch betätigte mechanische Einrichtungen	Y	Bremsen, Kupplungen, Drucker, Fernschreiber, Türöffner, Ventile
Begrenzer, Abschlüsse	Z	Filter, Funkentstör- und Dämpfungseinrichtungen, Frequenzweichen

Betriebsmittel müssen in ausgeschaltetem Zustand, bzw. in Ruhestellung gezeichnet werden. Weicht man von dieser Vorschrift ab, so ist als besondere Kennzeichnung ein Pfeil erforderlich **(Bild 116/1)**.

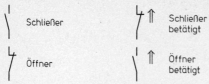

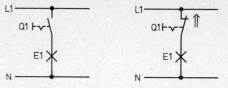

Bild 116/1: Betätigte und unbetätigte Betriebsmittel   **Lampe ausgeschaltet**   **Lampe eingeschaltet**

Wiederholungsfragen

1. Welche Aufgaben haben Schaltpläne?
2. Was zeigt der Stromlaufplan in zusammenhängender Darstellung?
3. Was versteht man unter einem Stromlaufplan in aufgelöster Darstellung?
4. In welcher Darstellungsart wird der Übersichtsplan gezeichnet?

5. Welche Aufgaben hat der Anordnungsplan?
6. Wie erfolgt im Installationsplan die Kennzeichnung der Leiterzahl?
7. Welchen Zweck hat die Kennzeichnung von Betriebsmitteln?
8. Nennen Sie die Betriebsmittel, denen die Kennbuchstaben C, F, H, K, P, Q und S zugeordnet sind!

8.4 Installationsschaltungen

8.4.1 Ausschaltung

Sollen Betriebsmittel, z.B. Lampen oder Geräte, von einer Betätigungsstelle ein- oder ausgeschaltet werden, so wird meist die Ausschaltung angewendet. Der Stromweg wird in der Reihenfolge seines Ablaufes vom Spannungserzeuger über Schalter und Lampe zurück zum Spannungserzeuger an jedem Klemmpunkt (Geräteanschlußklemme) mit Ziffern gekennzeichnet. Im Stromlaufplan in aufgelöster Darstellung wird dabei auf Zwischenklemmen, z.B. 3′, verzichtet **(Bild 116/2)**. Der Fußkontakt der Lampe erhält Klemme 4, damit im ausgeschalteten Zustand keine Spannung am Gewinde der Lampe besteht.

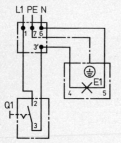

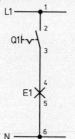

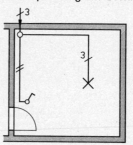

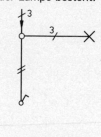

Bild 116/2: Ausschaltung, Stromlaufplan in zusammenhängender Darstellung

Bild 116/3: Ausschaltung, Stromlaufplan in aufgelöster Darstellung

Bild 116/4: Ausschaltung, Installationsplan

Bild 116/5: Ausschaltung, Übersichtsschaltplan

Eine Schaltung, z.B. eine Ausschaltung, kann als Stromlaufplan in zusammenhängender Darstellung (Bild 116/2), als Stromlaufplan in aufgelöster Darstellung **(Bild 116/3)**, als Installationsplan **(Bild 116/4)** oder als Übersichtsschaltplan **(Bild 116/5)** dargestellt werden.

In Geräteverdrahtungsplänen und bei umfangreichen Schaltungen ist die *Stromwegnumerierung* und die Numerierung der Klemmen eine Hilfe für Fertigung, Wartung und Instandsetzung. Besonders vorteilhaft ist die Numerierung bei Schaltungen, die mit vorgefertigten Kabelbäumen erstellt werden. Bei einfachen Schaltungen kann die Numerierung der Klemmen entfallen.

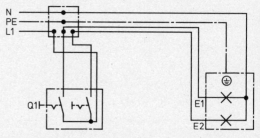

Bild 116/6: Serienschaltung, Stromlaufplan in zusammenhängender Darstellung

8.4.2 Serienschaltung

Die Serienschaltung wird eingesetzt, wenn von einer Betätigungsstelle aus zwei elektrische Betriebsmittel, meist Lampen oder Lampengruppen, zusammen oder einzeln geschaltet werden sollen (**Bild 116/6** und **Bild 117/1**).

Der Serienschalter besitzt drei Anschlußklemmen. Er besteht aus einer Kombination von zwei Ausschaltern, die in einem Gehäuse untergebracht sind.

8.4.3 Gruppenschaltung

Werden Geräte, z. B. zwei Lampen oder Lampengruppen, so geschaltet, daß wahlweise nur das eine oder das andere Gerät in Betrieb ist, kann die Gruppenschaltung (**Bild 117/2**) angewendet werden. Bei dieser Schaltung ist es nicht möglich, beide Geräte gleichzeitig einzuschalten.

8.4.4 Wechselschaltung

Soll ein Gerät oder eine Gerätegruppe von zwei Betätigungsstellen wahlweise ein- oder ausgeschaltet werden, so kann man dazu zwei *Umschalter* verwenden (**Bild 117/3**). Die Umschalter, auch *Wechselschalter* genannt, besitzen drei Anschlußklemmen, eine Netzanschlußklemme und zwei Anschlußklemmen für die beiden *korrespondierenden* Leiter. Über die Anschlußklemmen der korrespondierenden Leiter werden beide Schalter miteinander verbunden. An die Netzanschlußklemme des einen Schalters wird der spannungsführende Leiter angeschlossen. Die Netzanschlußklemme des zweiten Schalters (früher mit P bezeichnet) wird mit dem Fußkontakt der Lampe verbunden. Da der Buchstabe P für die Bezeichnung des Schutzleiters (PE) benützt wird, erfolgt die Kennzeichnung der Netzanschlußklemmen an Geräteschaltern durch einen Pfeil (↑). Meist wird die Wechselschaltung bei Beleuchtungsanlagen eingesetzt.

8.4.5 Kreuzschaltung

Bei drei oder mehr Betätigungsstellen kann die Wechselschaltung zur Kreuzschaltung erweitert werden. Zwei Betätigungsstellen bleiben mit Wechselschaltern ausgerüstet, jede weitere Betätigungsstelle erhält einen Kreuzschalter. Im Kreuzschalter sind zwei Wechselschaltersysteme kombiniert. Er hat vier Anschlußklemmen. An diese Klemmen werden die korrespondierenden Leiter der Wechselschaltung angeschlossen (**Bild 117/4**). Kreuzschaltungen werden meist durch Stromstoßschaltungen ersetzt.

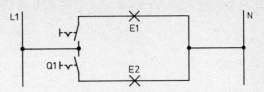

Bild 117/1: Serienschaltung, Stromlaufplan in aufgelöster Darstellung

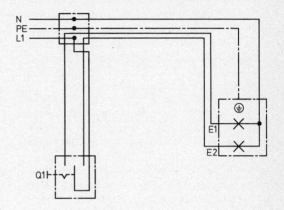

Bild 117/2: Gruppenschaltung

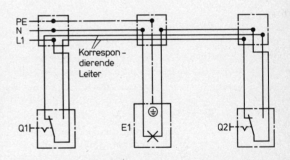

Bild 117/3: Wechselschaltung; Stromlaufplan in zusammenhängender Darstellung

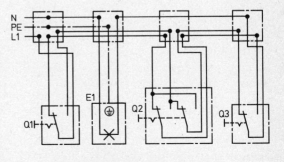

Bild 117/4: Kreuzschaltung

117

8.4.6 Stromstoßschaltung

Stromstoßschalter sind elektromagnetisch betätigte Schalter (Seite 99). Sie erhalten bei jeder Tasterbetätigung einen Stromimpuls. Jeder Impuls bewirkt eine Änderung des Schaltzustandes, z. B. „Ein-Aus" oder „Aus-Ein". Spulenstromkreis und Schaltkontakt sind im Schalter elektrisch getrennt. Dadurch hat man die Möglichkeit, die Spule mit *Schutzkleinspannung* zu betreiben, während der Kontakt z. B. 220 V schaltet **(Bild 118/1)**. Bei metallenen Haustüren und Betätigungsstellen an Gartentoren ist die Ausführung mit Schutzkleinspannung aus Sicherheitsgründen zu empfehlen. Stromstoßschaltungen werden für Beleuchtungsanlagen, Wecker- und Türöffneranlagen eingesetzt. Bei zwei Betätigungsstellen kann die Stromstoßschaltung die Wechselschaltung ersetzen. Bei drei und mehr Betätigungsstellen erfüllt die Stromstoßschaltung die Funktion einer Wechsel- und Kreuzschaltung. Bei Beleuchtungsschaltungen werden Steuerstromkreis und Schaltstromkreis mit der Netzspannung 220 V betrieben **(Bild 118/2** und **Bild 118/3)**. Mit Stromstoßschaltern können Stromstärken bis zu 16 A geschaltet werden.

8.4.7 Treppenhaus-Zeitschaltung

In Gebäuden mit mehreren Wohnungen besteht die Möglichkeit, daß das Ausschalten der Treppenhausbeleuchtung vergessen wird. Deshalb wird dort statt eines Stromstoßschalters ein *Treppenhaus-Zeitschalter* eingesetzt. Dieser ist wie der Stromstoßschalter ein elektromagnetisch betätigter Schalter. Der Schaltkontakt wird nach dem Schaltimpuls jedoch nicht verriegelt, sondern das Abfallen des Kontaktes wird auf eine einstellbare Zeit verzögert. Die Abfallverzögerung kann auf verschiedene Arten erreicht werden. Es gibt Treppenhausautomaten mit pneumatischen, mechanischen, elektrothermischen und Uhrwerksystemen. In verstärktem Maße werden jedoch Treppenhaus-Zeitschalter mit elektronischem Verzögerungssystem eingesetzt. Die Verzögerung wird durch das Aufladen und Entladen eines Kondensators erreicht. Elektronisch verzögerte Treppenhaus-Zeitschalter schalten besonders geräuscharm. Der Treppenhaus-Zeitschalter eignet sich für viele zeitbegrenzte Einschaltvorgänge.

Bei der Treppenhaus-Zeitschaltung sind mehrere Betätigungsstellen möglich **(Bild 118/4)**.

Im Treppenhaus-Zeitschalter ist ein Wahlschalter eingebaut. Seine drei Schaltstellungen ermöglichen die Betriebszustände „Aus" (0), „Einstellbare Betriebszeit" (1) und „Dauerlicht" (2). Die Erweiterungsmöglichkeit der Treppenhaus-Zeitschaltung ist in **(Bild 119/1)** dargestellt.

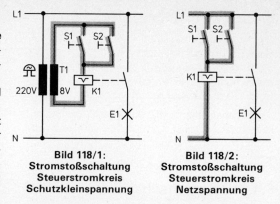

Bild 118/1:
Stromstoßschaltung
Steuerstromkreis
Schutzkleinspannung

Bild 118/2:
Stromstoßschaltung
Steuerstromkreis
Netzspannung

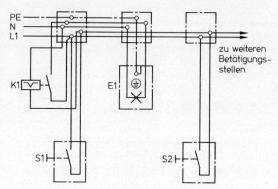

Bild 118/3:
Stromstoßschaltung mit zwei Betätigungsstellen

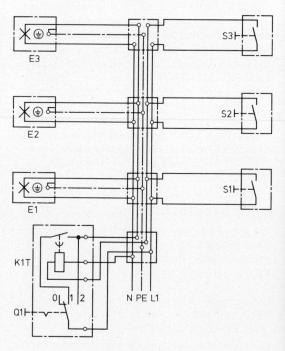

Bild 118/4:
Treppenhaus-Zeitschaltung für drei Etagen

Wiederholungsfragen

1. Warum muß bei einer Lampenschaltung der geschaltete Leiter an den Fußkontakt der Lampe angeschlossen werden?

2. In welchen Fällen wird eine Serienschaltung eingesetzt?

3. Wodurch unterscheiden sich Serienschaltung und Gruppenschaltung?

4. Welche Aufgabe hat die Wechselschaltung?

5. Nennen Sie Anwendungsbeispiele für die Wechselschaltung und für die Kreuzschaltung!

6. Nennen Sie Beispiele für die Anwendung des Stromstoßschalters!

7. Beschreiben Sie die Wirkungsweise des Treppenhaus-Zeitschalters!

8. Wodurch unterscheiden sich Stromstoßschalter und Treppenhaus-Zeitschalter?

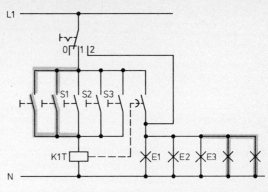

Bild 119/1: Treppenhaus-Zeitschaltung

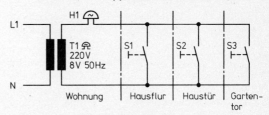

Bild 119/2:
Weckeranlage mit drei Betätigungsstellen

8.4.8 Rufschaltungen und Türöffneranlagen

Die einfachste elektrische Rufanlage besteht aus einer Spannungsquelle, einem Taster und einem Wecker. Sind mehrere Rufstellen erforderlich, z.B. für Wohnung, Haustür und Gartentor, so werden die Taster parallel geschaltet (**Bild 119/2**). Rufanlagen werden meist mit Schutzkleinspannung betrieben. Die Spannung wird z.B. einem Klingeltransformator entnommen.

Die Rufanlage (**Bild 119/3**) ist für wechselseitigen Anruf gebaut. Beide Systeme werden dabei von derselben Spannungsquelle versorgt. Diese Rufanlage kann man auch mit getrennten Stromversorgungen, z.B. zwei Batterien betreiben (**Bild 119/4**). Dabei kann der Teilnehmer, in dessen Wohnung die Stromversorgung unterbrochen ist, trotzdem von der anderen Betätigungsstelle gerufen werden. Bei dieser Schaltung werden von einer Rufstelle zur anderen nur zwei Leiter benötigt. Es ist auf die richtige Polung der Batterien zu achten. Bei gleichzeitiger Betätigung beider Taster entsteht bei falscher Batteriepolung ein Kurzschluß. Die Taster haben Umschaltkontakte (Wechsler).

Häufig werden Rufanlagen mit elektrischen Türöffnern kombiniert (**Bild 119/5**).

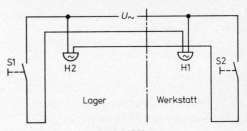

Bild 119/3:
Rufanlage für wechselseitigen Anruf

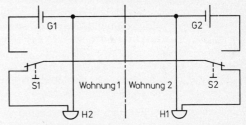

Bild 119/4: Rufanlage für wechselseitigen Anruf mit zwei Spannungsquellen

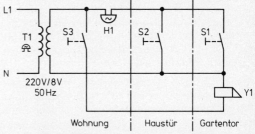

Bild 119/5: Rufanlage mit Türöffner

Aus Sicherheitsgründen werden auch elektrische Türöffner mit Schutzkleinspannung betrieben. Schaltet man die Taster für die Weckeranlage an den einen, die Taster für den Türöffner an den anderen Pol der Schutzkleinspannungsquelle, so wird eine Leitung eingespart. Diese Schaltung darf nicht mit Netzspannung 220 V betrieben werden, da nach VDE der Neutralleiter nicht geschaltet werden darf. Bei mehreren Wohnungen liegen die Taster für den Türöffner parallel zueinander.

In **Bild 120/1** ist eine Wecker- und Türöffneranlage für ein zweistöckiges Wohnhaus mit drei Wohnungen dargestellt. Für jede Wohnung ist ein Wecker H1 bis H3 vorgesehen, der vom Hausflur und von der Haustür betätigt werden kann. Der elektrische Türöffner Y1 kann von jeder Wohnung aus betätigt werden. Alle Taster sind ihrer Funktion nach parallel geschaltet.

Soll eine Wecker- und Türöffneranlage mit einem Beleuchtungsstromkreis, z. B. der Außenbeleuchtung, kombiniert werden, so bietet die Verwendung eines Stromstoßschalters den Vorteil, daß der Steuerstromkreis für die Außenbeleuchtung ebenfalls mit Schutzkleinspannung betrieben werden kann. Bei der Anlage **Bild 120/2** kann die Rufanlage vom Gartentor und von der Haustür aus betätigt werden. Die Außenbeleuchtung ist vom Gartentor, von der Haustür und vom Hausflur zu schalten. Der Türöffner wird von der Wohnung aus betätigt.

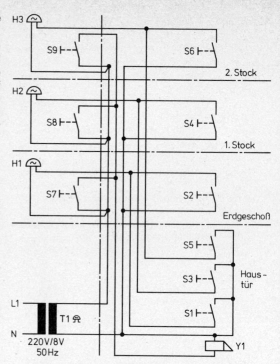

Bild 120/1:
Ruf- und Türöffneranlage für drei Wohnungen

8.4.9 Haussprechanlagen und Türlautsprecheranlagen

Haussprechanlagen sind interne Fernsprechverbindungen von Zimmer zu Zimmer oder von Wohnung zu Wohnung. Mit einer Haussprechanlage dürfen auch mehrere Gebäude verbunden werden, soweit sich diese auf demselben Grundstück befinden, z. B. ein Wohnhaus und eine Werkstatt. Für ein Überqueren fremder Grundstücke, dazu gehören auch Wege und Straßen, ist die Genehmigung durch die Deutsche Bundespost notwendig.

Sprechanlagen werden mit Gleichspannung betrieben, die einem Netzgerät entnommen wird. Die Energieversorgung kann auch durch eine Batterie erfolgen. **Bild 120/3** zeigt das Prinzip einer einfachen Gegensprechanlage. Bei der direkten Schaltung liegen Mikrofone und Fernhörer in Reihe geschaltet an der Spannungsquelle. Die Taster S1 und S2 sind Ruftasten. Jede Sprechstelle besteht aus einem Mikrofon und einem Fernhörer.

In der Fernsprechtechnik werden meist *Kohlemikrofone* eingesetzt **(Bild 121/1)**. Diese Mikrofone sind preisgünstig und haben eine genügend hohe Übertragungsqualität für einwandfreie Sprachverständigung.

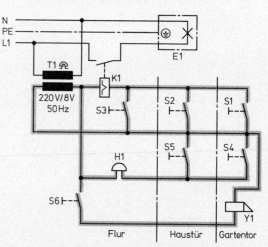

Bild 120/2: Wecker-, Türöffner- und Beleuchtungsanlage mit Stromstoßschalter

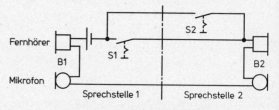

Bild 120/3: Gegensprechanlage

Zwischen zwei Kohleelektroden befinden sich feine Kohlekörner. Mit einer Elektrode ist die Sprechmembran verbunden. Die Schallwellen treffen auf die Membran und versetzen diese in Schwingungen. Über die Kohleelektrode werden die Schwingungen auf die Kohlekörner übertragen und drücken diese zusammen. Dies hat zur Folge, daß sich der elektrische Übergangswiderstand der Kohlekörnermasse in dem Maße ändert, wie die Membran schwingt. Die Mikrofonmembran kann etwa 30 bis 4000mal in der Sekunde hin und her schwingen. Mikrofon und Fernhörer sind in Reihe geschaltet. Die Widerstandsänderung im Kohlemikrofon hat eine ebenso schnelle Änderung des Stromes zur Folge. Im Fernhörer (**Bild 121/2**) befindet sich ein Dauermagnet mit einer Spule, die vom Sprechstrom durchflossen wird. Vor dem Dauermagneten ist mit sehr geringem Abstand eine Membran angeordnet. Die Stromänderung verursacht in der Spule Feldschwankungen, die das Dauermagnetfeld überlagern. Dadurch wird das Membran des Fernhörers in Schwingungen versetzt, die der vom Mikrofon erzeugten Steuerfrequenz entsprechen. Die Membran versetzt die umgebende Luft in Schwingungen, die auf das Ohr (Trommelfell) wirken. Telefonanlagen kann man nur mit Gleichspannung betreiben. Bei einer mit Wechselstrom betriebenen Sprechanlage würde der Fernhörer einen Dauerton entsprechend der Frequenz des Wechselstromes abgeben.

Gegensprechanlagen werden mit Rufanlagen, meist Wecker oder Summer, ausgeführt. Ruf- und Sprechanlage werden von demselben Netzgerät oder Batterie gespeist. **Bild 121/3** zeigt eine Gegensprechanlage mit zwei Sprechstellen. Die Schalter S1 und S3 sind Gabelumschalter, die betätigt werden, sobald man die Handapparate B1 und B2 abhebt. In jedem Handapparat sind ein Mikrofon und ein Fernhörer eingebaut. Die Taster S2 und S4 sind Ruftasten. Hebt man an der Sprechstelle 1 den Handapparat B1 ab, so wird S1 (Schließer und Öffner) betätigt. Nach Betätigen der Ruftaste S2 ist der Rufstromkreis des Summers H2 über den Gabelumschalter S3 geschlossen. Wird nach Ertönen des Summers der Handapparat B2 abgehoben, so schließt sich über den Gabelumschalter S3 der Sprechstromkreis und unterbricht den Rufstromkreis.

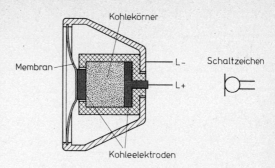

Bild 121/1: Aufbau eines Kohlemikrofons

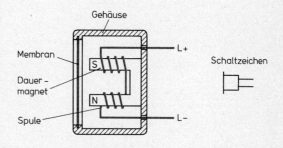

Bild 121/2: Aufbau eines Fernhörers

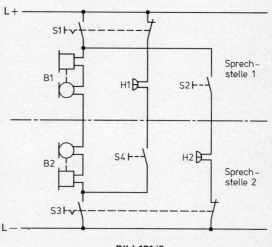

**Bild 121/3:
Gegensprechanlage mit zwei Sprechstellen**

Türsprechanlagen ermöglichen eine Ruf- und Sprechverbindung zwischen Haustür und Wohnung. Der Türlautsprecher ist im Aufbau der Haussprechstelle ähnlich. Der Fernhörer ist dabei jedoch durch einen kleinen Lautsprecher ersetzt, damit man die Stimme des Gesprächspartners auch in einer Entfernung von 0,5 m bis 1 m einwandfrei empfangen kann. Türlautsprecheranlagen gibt es in vielen technischen Ausführungen. Neben den verstärkerlosen Anlagen (**Bild 122/1**) werden häufig Türsprechanlagen mit Transistor-Niederfrequenzverstärkern installiert. Bei solchen Anlagen tritt anstelle des Gegensprechbetriebs der *Wechselsprechbetrieb*. Das Gespräch muß von der Haussprechstelle durch wechselnden Tastendruck gesteuert werden.

Wiederholungsfragen

1. Mit welchen Betriebsmitteln kann eine einfache Rufanlage errichtet werden?

2. Weshalb werden Haussprechanlagen mit Gleichspannung und nicht mit Wechselspannung betrieben?

3. Unter welchen Voraussetzungen ist die Verbindung von zwei getrennten Gebäuden mit einer Haussprechanlage genehmigungsfrei?

4. Wodurch unterscheiden sich Haussprechanlagen von Türsprechanlagen?

5. Beschreiben Sie den Aufbau eines Kohlemikrofons!

6. Beschreiben Sie den Aufbau eines Fernhörers!

8.5 Relaisschaltungen

Relais sind elektromagnetisch betätigte Schalter. Sie werden z. B. zur Steuerung von Waschmaschinen, Geschirrspülmaschinen, Aufzugsanlagen, Alarmanlagen, Meldeeinrichtungen, Autoblinkern, Telefonanlagen und für eine Vielzahl anderer Schaltungsaufgaben verwendet. Die Kontakte von Relais können Schließer, Öffner und Umschalter sein.

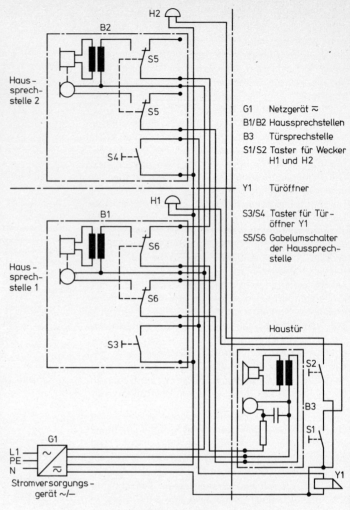

G1	Netzgerät ≈
B1/B2	Haussprechstellen
B3	Türsprechstelle
S1/S2	Taster für Wecker H1 und H2
Y1	Türöffner
S3/S4	Taster für Türöffner Y1
S5/S6	Gabelumschalter der Haussprechstelle

Bild 122/1: Türsprechanlage,
Ruf- und Türöffnerschaltung für zwei Wohnungen

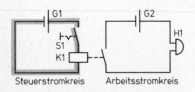

Bild 122/2: Relaisschaltung,
Steuerstromkreis und Schaltstromkreis elektrisch getrennt

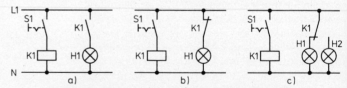

Bild 122/3: Relaisschaltung; a) mit Arbeitskontakt,
b) mit Ruhekontakt, c) mit Umschaltkontakt

Relaisschaltungen haben folgende Vorteile:

1. Sie können *mehrere Stromkreise* schalten.

2. Sie sind für *Fernsteuerung* geeignet. Steuerstromkreis und Schaltstromkreis können dabei räumlich voneinander getrennt sein.

3. Steuerstromkreis (steuernder Stromkreis) und Schaltstromkreis (gesteuerter Stromkreis) sind *elektrisch getrennt* (Bild 122/2).

4. Die Schaltbefehle können *gespeichert* werden.

Soll mit Hilfe eines Relais ein elektrisches Betriebsmittel, z. B. eine Meldeleuchte, eingeschaltet werden, so benötigt man eine Relaisschaltung mit Arbeitskontakt **(Bild 122/3a)**. Nach Betätigen von S1 zieht das Relais K1 an und betätigt seinen Schließer K1. Die Meldelampe H1 leuchtet auf. Will man dagegen den ausgeschalteten Zustand, z. B. „Störung", „Betriebsbereitschaft" oder „Anlage Aus" anzeigen, so verwendet man die Schaltung mit Ruhekontakt (Öffner, **Bild 122/3b**). Sollen beide Betriebszustände angezeigt werden, z. B. „Aus" und „Ein", so benützt man dazu Umschaltkontakte (Wechsler, **Bild 122/3c**). Bei dieser Schaltung ist keine elektrische Trennung von Steuerstromkreis und Schaltstromkreis vorhanden. Beide Stromkreise liegen an derselben Spannungsquelle. Mit einem Relais schaltet man meist elektrische Betriebsmittel, die z. B. kurzzeitig betätigt werden und eine größere Stromstärke aufnehmen. Die Hupe in Schaltung **Bild 123/1** ertönt nur, solange S1 betätigt ist. Diese Schaltung hat gegenüber der einfachen Ein-Aus-Schaltung den Vorteil, daß kein Taster benötigt wird, über den der hohe Betriebsstrom der Hupe fließt. Es genügt ein Taster für den kleinen Steuerstrom des Relais.

Ist das Relais nur solange in Betrieb, wie der Taster betätigt wird, so spricht man von „Tipp-Betrieb".

Soll eine Schaltung nach kurzer Tasterbetätigung in Betrieb bleiben, so wird ein Schließer des betätigten Relais K1 parallel zum Taster S2 geschaltet. Durch diesen Kontakt wird der Taster S2 überbrückt. Geht der Taster S2 in Ruhestellung, so hält sich das Relais K1 über den eigenen Schließer selbst an Spannung **(Bild 123/2)**. Dieser Kontakt K1 heißt *Selbsthaltekontakt*. Damit die Schaltung von der Spannungsquelle getrennt werden kann, muß ein zweiter Taster S1 (Öffner) in Reihe zum Taster „Ein" geschaltet werden.

Selbsthaltekontakte werden parallel zu den „Ein"-Tastern geschaltet.

Wird bei einer Relaisschaltung eine Verzögerung der Ein- und Abschaltzeit gewünscht, so schaltet man z. B. Kondensatoren parallel zu den Relaisspulen **(Bild 123/3)**. Bei der Blinkschaltung wird der Kondensator während der Betriebszeit der Relaisspule aufgeladen. Nach dem Abschalten gibt er seine gespeicherte Energie an die Spule ab, so daß diese noch eine bestimmte Zeit in Anzugsstellung gehalten wird.

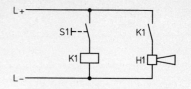

Bild 123/1: Relaisschaltung, Steuerstromkreis und Schaltstromkreis an gemeinsamer Spannungsquelle

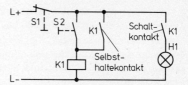

Bild 123/2: Relaisschaltung mit Selbsthaltung

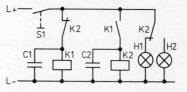

Bild 123/3: Relais-Blinkschaltung

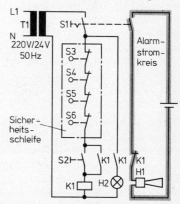

Bild 123/4: Relaisgesteuerte Alarmanlage

8.6 Alarmanlagen

Alarmanlagen **(Bild 123/4)** werden meist mit Relais aufgebaut. Aus Sicherheitsgründen legt man das Alarmsignal nicht an das Netz, sondern an eine unabhängige Stromversorgung, z. B. an eine Batterie. Als Sicherheitsschleife (Bild 123/4) werden meist Mikroschalter in Tür- und Fensterrahmen eingebaut. Die Hupe H1 ist unabhängig vom Stromversorgungsnetz. Der zweipolige Hauptschalter S1 ist zugleich Kontrollschalter zur Überprüfung des Alarmstromkreises. Nach Betätigen von S1 ertönt die Hupe H1. Wird Taster S2 betätigt, zieht Relais K1 an und hält sich über Selbsthaltekontakt K1 an Spannung. Ein Öffner von K1 unterbricht den Alarmstromkreis. Ein weiterer Schließer schaltet die Lampe H2 ein, die Betriebsbereitschaft anzeigt. Wird nun ein Schalter der Sicherheitsschleife S3 bis S6 unterbrochen, fällt das Relais ab, der Alarmstromkreis wird geschlossen, und die Hupe H1 ertönt.

Eine Alarmanlage mit Relaissteuerung kann auch nach dem Prinzip der Brückenschaltung (Seite 49) aufgebaut sein **(Bild 124/1)**. Die Widerstände sind so abgestimmt, daß die Spannungsabfälle an R1 und R2 sowie an R3 und R4 gleich groß sind. Damit ist die Spannung an den Relaisanschlüssen A1 und A2 Null. Das Relais ist stromlos. Wird die Sicherheitsschleife unterbrochen, ist das Gleichgewicht der Brücke gestört. Das Relais zieht an und löst über seinen Kontakt K1 Alarm aus.

Wiederholungsfragen

1. Welche Vorteile haben Schaltungen mit Relais?
2. Welche Betriebsmittel werden bevorzugt mit Relais geschaltet?
3. Was versteht man unter „Tipp-Betrieb"?
4. Welche Aufgabe hat der Selbsthaltekontakt?
5. Wie werden „Ein"-Taster und dazugehörige Selbsthaltekontakte geschaltet?
6. Wodurch kann bei Relaisschaltungen eine Verzögerung der Ein- und Ausschaltzeit erreicht werden?
7. Weshalb ist für eine Alarmanlage eine netzunabhängige Stromversorgung vorteilhaft?

8.7 Schützschaltungen

Schütze sind fernbetätigte elektromagnetische Schalter für große Schaltleistungen. Schützschaltungen haben wie Relaisschaltungen immer zwei Stromkreise, einen Steuerstromkreis und einen Schaltstromkreis. Nach Aufgabe und Schaltleistung unterscheidet man Hilfsschütze (Steuerschütze) und Hauptschütze (Lastschütze). Steuerschütze werden hauptsächlich für Steuerungsaufgaben, z. B. in Schaltungen von Industrieanlagen verwendet. Sie haben geringere Abmessungen als Schütze für die Hauptstromkreise, weil ihre Kontakte nur für den Steuerstromkreis ausgelegt sind.

Die Kontaktbezeichnungen für die Schützklemmen sind genormt **(Bild 124/2)**. Die Anschlüsse für die Schützspule werden mit A1 und A2 bezeichnet. Die Klemmen für den Schaltstromkreis haben die Ziffern 1 bis 6. Die Klemmen 1, 3, 5 sind für den Netzanschluß, die Klemmen 2, 4, 6 für den Geräteanschluß bestimmt.

Hilfskontakte haben zwei Ziffern. Die erste Ziffer ist die Platzziffer des Kontaktes. Die zweite Ziffer gibt die Art des Kontaktes an.

Öffner haben die Ziffern 1 und 2, Schließer die Ziffern 3 und 4. Wechsler (Umschalter) haben die Ziffern 1, 2, 4. Verzögernd öffnende Öffner werden mit den Ziffern 5 und 6 und verzögernd schließende Schließer mit den Ziffern 7 und 8 bezeichnet.

Die Angabe 13 und 14 am Kontakt bedeutet, daß es der erste Kontakt ist (Platzziffer 1) und daß es sich um die Kontaktart Schließer 3 und 4 handelt (Bild 124/2). Der Kontakt 21-22 hat die Platzziffer 2. Da er ein Öffner ist, hat er als zweite Ziffer 1 und 2.

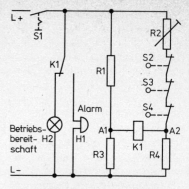

Bild 124/1: Alarmanlage in Brückenschaltung

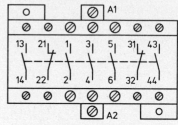

Bild 124/2: Bezeichnung der Anschlußklemmen von Schützen

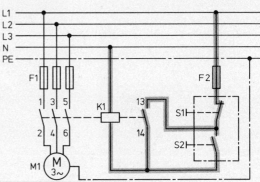

Bild 124/3:
Kontaktbezeichnung einer Schützsteuerung

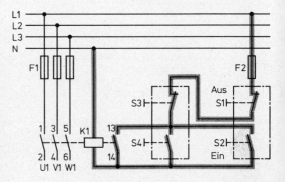

Bild 124/4:
Schützsteuerung mit zwei Betätigungsstellen

Die Kontaktbezeichnung **(Bild 124/3)** ist für die funktionsgerechte Verbindung der Betriebsmittel einer Schützsteuerung wichtig.

Bei mehr als fünf Schützen soll bei Bearbeitungs- und Verarbeitungsmaschinen die Speisung des Steuerstromkreises über einen Steuertransformator (Trenntransformator) erfolgen (VDE 0113). Wird eine Schützsteuerung von mehreren Stellen aus betätigt, so müssen die „Aus"-Taster in Reihe und die „Ein"-Taster parallel geschaltet werden **(Bild 124/4)**. Von dieser Regel muß abgewichen werden, wenn Sicherheitsvorkehrungen dies erfordern. Bei Pressen und Stanzmaschinen werden z. B. zwei „Ein"-Taster in Reihe geschaltet und räumlich so angeordnet, daß zum Bedienen der Taster beide Hände erforderlich sind. Die Verletzungsgefahr durch ein „Hineingreifen" wird dadurch ausgeschlossen. Der Steuerstromkreis mit zwei in Reihe geschalteten „Ein"-Tastern (Schließer) entspricht einer UND-Stufe der elektronischen Verknüpfungsglieder (Seite 354). Bei sehr komplizierten Steuerungen mit großer Schaltgeschwindigkeit und Schalthäufigkeit werden Schützsteuerungen durch elektronische Steuerungen ersetzt.

Die Schützsteuerung eines Einphasen-Wechselstrommotors ist in **Bild 125/1**, **Bild 125/2** und **Bild 125/3** dargestellt. Nach Betätigung von Taster S2 zieht Schütz K1 an. Der Selbsthaltekontakt 13-14 überbrückt den Taster S2. Das Schütz hält sich jetzt auch bei wieder geöffnetem Taster selbst an Spannung. Der Arbeitskontakt 1-2 schließt und schaltet den Motor an das Netz. Mit dem Taster S1 wird der Steuerstromkreis unterbrochen; das Schütz K1 fällt ab und die Kontakte 1-2 und 13-14 öffnen.

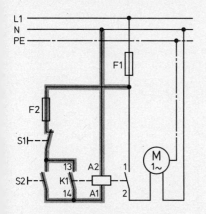

**Bild 125/1: Schützsteuerung:
Einphasen-Wechselstrommotor,
Stromlaufplan,
zusammenhängende Darstellung**

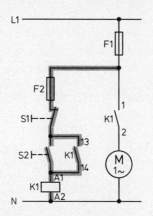

**Bild 125/2: Schützsteuerung:
Einphasen-Wechselstrommotor,
Stromlaufplan,
aufgelöste Darstellung**

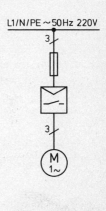

**Bild 125/3: Schützsteuerung: Einphasen-
Wechselstrommotor,
Übersichtsschaltplan**

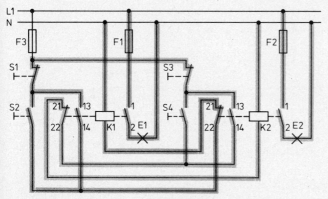

**Bild 125/4:
Schützsteuerung für zwei gegeneinander verriegelte Stromkreise:
Stromlaufplan in zusammenhängender Darstellung**

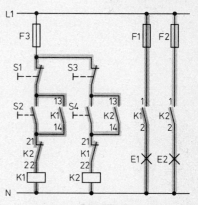

**Bild 125/5:
Stromlaufplan zu Bild 125/4,
aufgelöste Darstellung**

Werden elektrische Betriebsmittel, z. B. Beleuchtungsanlagen, so geschaltet, daß wahlweise nur die eine oder die andere Anlage betrieben werden darf, so sind beide Stromkreise gegeneinander zu verriegeln. Die einfachste Art der Verriegelung ist dabei die Schützverriegelung. In den Steuerstromkreis von K1 wird ein Öffner von K2 und in den Steuerstromkreis von K2 ein Öffner von K1 geschaltet. Ist ein Stromkreis in Betrieb, kann der andere infolge des geöffneten Verriegelungskontaktes nicht eingeschaltet werden (**Bild 125/4** und **Bild 125/5**).

8.7.1 Wende-Schützschaltungen

Zur Umkehr der Drehrichtung von Motoren sind zwei Schütze notwendig, die im Schaltstromkreis zwei Außenleiter vertauschen (**Bild 126/1**). Der gleichzeitige Betrieb beider Schütze hätte einen Kurzschluß zur Folge. Festgebrannte Kontakte oder ein mechanischer Defekt können dazu führen, daß ein Schütz nicht abschaltet. Deshalb ist bei der Wende-Schützschaltung die einfache Schützverriegelung nicht ausreichend. Wende-Schützsteuerungen werden mit Schützverriegelung und Tasterverriegelung ausgeführt. Diese doppelte Verriegelung bietet erhöhte Sicherheit.

Bei der Steuerung über die Schaltstellung „Aus" (**Bild 126/2**) überbrückt der Selbsthaltekontakt K2 die Taster S2 und S3. Bei dieser Schaltung kann der Motor erst dann in die andere Drehrichtung geschaltet werden, wenn er zuvor abgeschaltet wurde.

Bei der direkten Umsteuerung (**Bild 126/3**) überbrückt der Selbsthaltekontakt nur die Taster „Ein". Durch Betätigung von Taster S2 oder S3 kann der Motor direkt von Linkslauf auf Rechtslauf umgeschaltet werden und umgekehrt. Taster S1 schaltet den Motor ab.

Bei Hebeeinrichtungen sind auch Wende-Schützschaltungen ohne Selbsthaltung (Tipp-Betrieb) üblich (**Bild 126/4**). Die maximale Hubhöhe wird dabei durch Endschalter begrenzt.

Tipp-Betrieb liegt vor, wenn die jeweilige Drehrichtung (Heben oder Senken) nur solange in Betrieb ist, wie der Taster S2 oder S3 betätigt wird (Bild 126/4). Für alle in Bild 126/2, Bild 126/3 und Bild 126/4 dargestellten Steuerstromkreise gilt der Schaltstromkreis Bild 126/1.

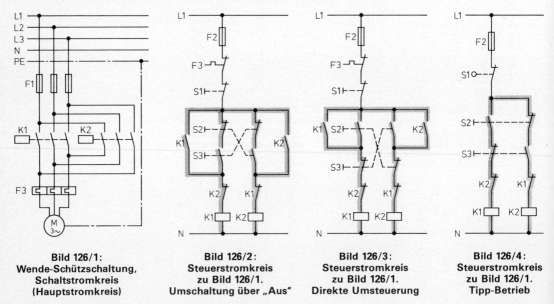

Bild 126/1:
Wende-Schützschaltung,
Schaltstromkreis
(Hauptstromkreis)

Bild 126/2:
Steuerstromkreis
zu Bild 126/1.
Umschaltung über „Aus"

Bild 126/3:
Steuerstromkreis
zu Bild 126/1.
Direkte Umsteuerung

Bild 126/4:
Steuerstromkreis
zu Bild 126/1.
Tipp-Betrieb

8.7.2 Folge-Schützschaltungen

Schützsteuerungen, bei denen ein zeitverzögertes Zuschalten, Abschalten oder Umschalten von Schützen erforderlich ist, nennt man *Folgeschaltungen*. Bei der Folgeschaltung für eine Mischanlage (**Bild 127/1** und **Bild 127/2**) darf der Förderbandmotor M2 erst eingeschaltet werden, wenn der Mischermotor M1 bereits in Betrieb ist, damit das Mischgut die stehende Trommel nicht verstopft.

Diese Betriebsbedingung wird durch ein *Zeitrelais* erreicht. Zeitrelais haben motorgetriebene oder elektronische Verzögerungseinrichtungen. Die Funktion einer Steuerung kann in einer Funktionstabelle **(Tabelle 127/1)** beschrieben werden.

Zur besseren Übersicht werden Stromlaufpläne mit einer Numerierung der Stromwege (Strompfade) versehen. Die Stromwege werden in der Funktionstabelle hinter den dazugehörigen Schaltgliedern in Klammern gesetzt (Tabelle 127/1). Der Stern-Dreieck-Anlauf von Drehstrom-Asynchronmotoren ist eine Folgeschaltung. Er vermindert den Anzugstrom (Seite 232 u. 374). Die Schaltfolge „Aus“-,„Stern“-,„Dreieck“ kann durch handbetätigte Schalter, durch eine handbetätigte Schützsteuerung oder durch eine automatische Stern-Dreieck-Schützsteuerung mit Zeitrelais (Seite 374) erfolgen. Für eine Stern-Dreieck-Schützschaltung sind drei Schütze (Netzschütz, Sternschütz und Dreieckschütz) erforderlich **(Bild 128/1)**. Mit einem thermischen Überstromrelais wird die Motorwicklung gegen Überlastung oder Ausfall eines Außenleiters geschützt. Das Überstromrelais wird bei normalen Betriebsbedingungen nach dem Netzschütz, d.h. in die Motorleitung, eingebaut und auf den Auslösewert $0,58 \cdot I_N$ eingestellt. Das Überstromrelais liegt dabei in Reihe mit der Wicklung und bietet auch Schutz in der Anlaufstufe (Sternschaltung, Bild 128/1).

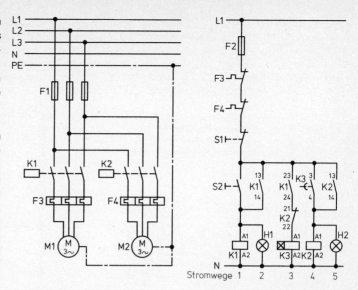

Bild 127/1: Folgeschaltung (Schaltstromkreis)

Bild 127/2: Folgeschaltung mit Zeitrelais (Steuerstromkreis)

Tabelle 127/1: Funktionstabelle zu den Schaltungen Bild 127/1 und Bild 127/2

Betätigung	Antrieb	Schaltglied	Wirkung
Einschalten: S2 schließt (1)	K1	schließt K1 (2)	Schütz K1 hält sich, Meldeleuchte H1 zeigt: Mischermotor M1 in Betrieb (2)
		schließt K1 (3)	Zeitrelais K3 wird eingeschaltet (3)
	K3	schließt K3 (4)	Schütz K2 (4) wird eingeschaltet
	K2	schließt K2 (5)	Schütz K2 hält sich, Meldeleuchte H2 zeigt: Förderbandmotor M2 in Betrieb (5)
		öffnet K2 (3)	Zeitrelais K3 schaltet ab
S1 öffnet (1)	K1 K2	—	Anlage wird abgeschaltet
Bei Störung: F3, F4	K1 K2	—	Anlage wird abgeschaltet

Bei Schweranlauf oder bei langer Anlaufzeit kann das Überstromrelais auch vor dem Netzschütz, d.h. in die Netzzuleitung eingebaut werden. Der Auslösewert I_{th} ist dabei auf den Leiterstrom einzustellen. Der Motor ist bei dieser Schaltung nur in der Dreieckschaltung und gegen Nichtanlauf geschützt. Für die Sternschaltung ist der Schutz nicht ausreichend. Bei Motoren mit kleinerer Leistung wird deshalb bei automatischem Stern-Dreieck-Anlauf bei Schweranlauf das Überstromrelais in die Motorleitung (nach dem Netzschütz) eingebaut und während des Anlaufs durch ein zusätzliches Schütz überbrückt. Nach erfolgtem Hochlauf wird das Überbrückungsschütz abgeschaltet. Für extrem schwere Anlaufbedingungen und bei Motoren größerer Leistung werden zwei Überstromrelais verwendet. Ein Überstromrelais wird vor dem Netzschütz (Netzrelais) und ein Überstromrelais wird nach dem Netzschütz (Motorrelais) geschaltet. Der Einstellstrom des Netzrelais wird so gewählt, daß der Stillstandsstrom des Motors eine Auslösung während der eingestellten Anlaufzeit gewährleistet. Damit ist der Motor auch bei festgebremstem Läufer geschützt. Während des Anlaufs wird das Motorrelais durch ein Schütz überbrückt.
Handbetätigte Stern-Dreieck-Schützsteuerungen **(Bild 128/2)** werden bei wechselnden Betriebsbedingungen oder komplizierten Anlaufvorgängen, z.B. bei Zentrifugen, eingesetzt.

Wird der Taster S2 betätigt, zieht das Sternschütz K2 (4) an und betätigt seinen Schließer 13-14 (5). Damit wird das Netzschütz K1 eingeschaltet. Mit dem Öffner 21-22 von K2 (6) wird verhindert, daß gleichzeitig das Dreieckschütz K3 betätigt wird. Der Schließer 13-14 von K1 (6) hält in dieser Schaltstellung Netzschütz K1 und Sternschütz K2 an Spannung. Hat der Motor seine Nenndrehzahl erreicht, wird Taster S3 betätigt. Damit wird der Stromkreis für das Sternschütz K2 unterbrochen, K2 fällt ab. Der in seine Ruhelage zurückgehende Öffner 21-22 von K2 (6) schaltet das Dreieckschütz K3 an Spannung. Der Öffner 21-22 von K3 (4)

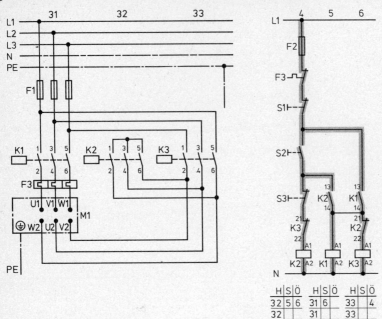

Geräteverzeichnis zu Bild 128/1 und Bild 128/2

F1 Motorsicherung, dreipolig
F2 Steuerkreissicherung
F3 Thermisches Überstromrelais
K1 Netzschütz
K2 Sternschütz
K3 Dreieckschütz
M1 Drehstrommotor
S1 Taster „Aus"
S2 Taster „Anlauf" (Sternschaltung)
S3 Taster „Betrieb" (Dreieckschaltung)

H	S	Ö	H	S	Ö	H	S	Ö
32	5	6	31		6	33		4
32			31			33		
32			31			33		

Bild 128/1:
Stern-Dreieck-Schützschaltung, Schaltstromkreis

Bild 128/2: Handbetätigte Stern-Dreieck-Schützsteuerung, Steuerstromkreis

verriegelt K2 gegen gleichzeitigen Betrieb. Sollen die Betriebszustände „Anlauf" (Sternschaltung) und „Betrieb" (Dreieckschaltung) angezeigt werden, schaltet man entsprechende Meldeleuchten parallel zu den Schützen K2 und K3. Mit Taster S1 (4) wird die Steuerung abgeschaltet.

Im Stromlaufplan Bild 128/2 ist unter den Antrieben der Spulen K2, K1 und K3 eine Kontakttabelle aufgezeichnet. Kontakttabellen erleichtern die Schaltarbeit und das Auffinden von Anschlüssen bei Instandsetzungsarbeiten. Übersichtlich zeigen sie, in welchem Stromweg (Strompfad) Schaltkontakte des entsprechenden Schützes zu finden sind. Die Darstellung ist durch Ziffern möglich **(Bild 128/3)** oder durch die Abbildung der Kontakte **(Bild 128/4)**. In beiden Darstellungen sind die Stromwege benannt, in denen die Haupt- und Hilfskontakte im Stromlaufplan zu finden sind. Für die drei Hauptkontakte, z. B. für K2 ist die Ziffer 2 dreimal aufgeführt (Bild 128/2). Bei der Stromwegnumerierung ist im Schaltstromkreis die Anzahl der Kontakte vor die Stromwegnummer gesetzt (Bild 128/1). Hauptkontakte von Schützen sind immer Schließer. Im Schaltstromkreis bedeutet die Zahl 31 3 Schließer in Stromweg 1, die Zahl 32 bedeutet 3 Schließer in Stromweg 2.

Bei Kontakttabellen mit Darstellung der Schaltkontakte werden alle Kontakte des betreffenden Schützes aufgeführt. Für nicht belegte Kontakte entfällt die Stromwegbezeichnung.

K2
H	S	Ö
32	5	6
32		
32		

K1
H	S	Ö
31		6
31		
31		

K3
H	S	Ö
33		4
33		
33		

Bild 128/3:
Kontakttabellen mit Ziffern zu Bild 128/2

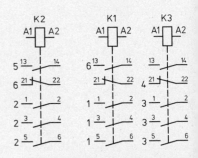

Bild 128/4: Kontakttabelle mit Darstellung der Schaltkontakte zu Bild 128/2

Automatische Stern-Dreieck-Wende-Schützschaltung

Wird bei einer automatischen Stern-Dreieck-Schützschaltung die Umschaltung der Drehrichtung verlangt, so sind außer Sternschütz, Dreieckschütz und Zeitrelais zwei Netzschütze erforderlich, die so verriegelt sein müssen, daß ein gleichzeitiger Betrieb nicht möglich ist **(Bild 129/1** und **Bild 129/2)**. Besonders bei umfangreichen Steuerungen bietet die alphanumerische* Kennzeichnung der Stromwege (Bild 129/2) eine Hilfe für die Beschreibung der Schaltfunktion.

Taster S2 (1D) schaltet über Öffner von K1 (3G) Schütz K2 (3) ein. K2 verriegelt mit Öffner (1G) Schütz K1 und hält sich über Schließer K2 (4E) selbst an Spannung. Ein Schließer von K2 (6D) schaltet über den Öffner von K4 (5G) das Zeitrelais K5 ein, zugleich wird das Sternschütz K3 über den Öffner von K4 (6G) eingeschaltet. Nach Ablauf der eingestellten Zeit schaltet der Wechselkontakt von K5 (6F) um. Dadurch wird der Stromkreis für das Sternschütz unterbrochen, K3 fällt ab. Der umgeschaltete Kontakt des Zeitrelais K5 schließt über den Öffner von K3 (7G) den Stromkreis von K4. Das Dreieckschütz K4 schaltet mit Öffnerkontakten (5G und 6G) das Zeitrelais K5 und das Sternschütz K3 ab. Über den Selbsthaltekontakt (7F) hält sich das Dreieckschütz K4 selbst an Spannung. Mit Taster S1 (1C) wird der Motor abgeschaltet. Sinngemäß schaltet Taster S3 (1F) das Schütz K1 ein, wobei der Motor in der anderen Drehrichtung anläuft.

Wiederholungsfragen

1. Nennen Sie Anwendungsbeispiele für Schützschaltungen!
2. Wie müssen in einer Schützsteuerung die „Ein"-Taster und die „Aus"-Taster geschaltet sein, wenn die Schaltung von mehreren Stellen betätigt werden soll?
3. Wie nennt man die beiden Stromkreise einer Schützschaltung?
4. Weshalb müssen die Schütze einer Wende-Schützschaltung gegeneinander verriegelt sein?
5. Wieviele Schütze gehören zu einer Stern-Dreieck-Schützschaltung?
6. Welche Aufgaben erfüllen Zeitrelais in Schützsteuerungen?
7. Auf welchen Einstellwert I_{th} ist ein thermisches Überstromrelais einzustellen, wenn bei Stern-Dreieck-Anlauf es a) vor und b) nach dem Netzschütz eingebaut ist?
8. An welcher Stelle wird bei automatischem Stern-Dreieck-Anlauf von Motoren mit kleiner Leistung das Überstromrelais eingebaut?
9. Warum wird beim automatischen Stern-Dreieck-Anlauf bei Schweranlauf das Überstromrelais überbrückt?

* alphanumerisch = Kennzeichnung durch Buchstaben und Ziffern

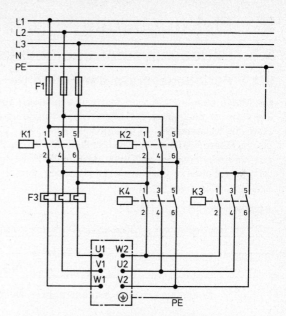

Bild 129/1: Stern-Dreieck-Wende-Schützschaltung, Schaltstromkreis

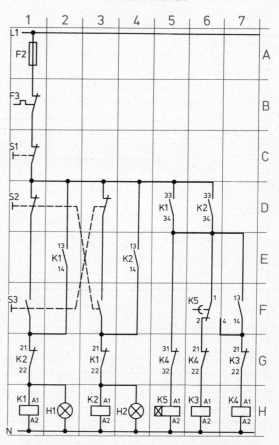

Bild 129/2: Automatische Stern-Dreieck-Wende-Schützsteuerung, Steuerstromkreis

9 Elektrochemie

9.1 Periodensystem und chemische Bindung

9.1.1 Periodensystem der Elemente

Die Masse eines Atoms wird fast vollständig von der Masse des Atomkerns bestimmt. Die Masse des Elektrons ist gegenüber der Masse des Protons vernachlässigbar klein. Die Atommasse wird mit der atomaren Masseneinheit u angegeben: $1\,u = 1{,}66 \cdot 10^{-24}\,g$. Ein Proton und ein Neutron haben etwa die gleiche Masse, nämlich etwa $1\,u$ (genauer: Masse des Protons $1{,}007276\,u$, Masse des Neutrons $1{,}008665\,u$). Zur Kennzeichnung eines Atoms gibt man für die Art das chemische Zeichen an die Atommassenzahl (ohne die Einheit u) links hochgestellt neben dem chemischen Zeichen und links tiefgesetzt neben dem Zeichen die Zahl der Protonen.

Beispiel: $_{1}^{1}H$, $_{2}^{4}He$, $_{3}^{7}Li$, $_{29}^{64}Cu$

Die Zahl der Neutronen erhält man als Differenz zwischen der Atommassenzahl und der Protonenzahl.

Beispiel:
$$\text{Atommassenzahl} \longrightarrow 23$$
$$\text{Protonenzahl} \longrightarrow 11 \quad \mathbf{Na} \longrightarrow \text{Chemisches Zeichen}$$

Atommassenzahl = Protonenzahl + Neutronenzahl

Die in der Natur vorkommenden Grundstoffe haben oft unrunde Zahlenwerte der Atommassen, z. B. Chlor mit $35{,}453\,u$. Die Grundstoffe sind meist Mischelemente, d. h. sie sind aus Isotopen zusammengesetzt. Isotope* sind Atome ein und desselben Grundstoffs mit der gleichen Anzahl Protonen im Kern, jedoch einer unterschiedlichen Anzahl Neutronen. Der Grundstoff Chlor z. B. besteht zu 77,35% aus dem Isotop $_{17}^{35}Cl$ und zu 22,65% aus dem Isotop $_{17}^{37}Cl$. Damit ergibt sich eine durchschnittliche Atommasse $A = 0{,}7735 \cdot 35\,u + 0{,}2265 \cdot 37\,u = 35{,}453\,u$.

Die Isotope eines Grundstoffs unterscheiden sich zwar durch ihre Masse, chemisch verhalten sie sich aber gleich. Die chemischen Eigenschaften eines Atoms werden nämlich durch die Anzahl der Elektronen in der Atomhülle festgelegt. Die Zahl der Elektronen in der Hülle ist gleich der Anzahl der Protonen im Kern.

Tabelle 130/1: Periodensystem der Elemente (a Hauptgruppen, b Nebengruppen)

Gruppe	I a	I b	II a	II b	III a	III b	IV a	IV b	V a	V b	VI a	VI b	VII a	VII b	VIII a	VIII b	Schale
1. Periode	$_{1}^{1}H$														$_{2}^{4}He$		K
2. Periode	$_{3}^{7}Li$		$_{4}^{9}Be$		$_{5}^{11}B$		$_{6}^{12}C$		$_{7}^{14}N$		$_{8}^{16}O$		$_{9}^{19}F$		$_{10}^{20}Ne$		L
3. Periode	$_{11}^{23}Na$		$_{12}^{24}Mg$		$_{13}^{27}Al$		$_{14}^{28}Si$		$_{15}^{31}P$		$_{16}^{32}S$		$_{17}^{35}Cl$		$_{18}^{40}Ar$		M
4. Periode	$_{19}^{39}K$	$_{29}^{64}Cu$	$_{20}^{40}Ca$	$_{30}^{65}Zn$	$_{31}^{70}Ga$	$_{21}^{45}Sc$	$_{32}^{73}Ge$	$_{22}^{48}Ti$	$_{33}^{75}As$	$_{23}^{51}V$	$_{34}^{79}Se$	$_{24}^{52}Cr$	$_{35}^{80}Br$	$_{25}^{55}Mn$	$_{36}^{84}Kr$	$_{26}^{56}Fe$ $_{27}^{59}Co$ $_{28}^{59}Ni$	N
5. Periode	$_{37}^{85}Rb$	$_{47}^{108}Ag$	$_{38}^{88}Sr$	$_{48}^{112}Cd$	$_{49}^{115}In$	$_{39}^{89}Y$	$_{50}^{119}Sn$	$_{40}^{91}Zr$	$_{51}^{122}Sb$	$_{41}^{93}Nb$	$_{52}^{128}Te$	$_{42}^{96}Mo$	$_{53}^{127}J$	$_{43}^{99}Tc$	$_{54}^{131}Xe$	$_{44}^{101}Ru$ $_{45}^{103}Rh$ $_{46}^{106}Pd$	O
6. Periode	$_{55}^{133}Cs$	$_{79}^{197}Au$	$_{56}^{137}Ba$	$_{80}^{201}Hg$	$_{81}^{204}Tl$	$_{57}^{139}La$ **	$_{82}^{207}Pb$	$_{72}^{179}Hf$	$_{83}^{209}Bi$	$_{73}^{181}Ta$	$_{84}^{210}Po$	$_{74}^{184}W$	$_{85}^{210}At$	$_{75}^{186}Re$	$_{86}^{222}Rn$	$_{76}^{190}Os$ $_{77}^{192}Ir$ $_{78}^{195}Pt$	P
7. Periode	$_{87}^{223}Fr$		$_{88}^{226}Ra$			$_{89}^{227}Ac$ **											Q
** Lanthaniden	$_{58}^{140}Ce$	$_{59}^{141}Pr$	$_{60}^{144}Nd$	$_{61}^{147}Pm$	$_{62}^{150}Sm$	$_{63}^{152}Eu$	$_{64}^{157}Gd$	$_{65}^{159}Tb$	$_{66}^{163}Dy$	$_{67}^{165}Ho$	$_{68}^{167}Er$	$_{69}^{169}Tm$	$_{70}^{173}Yb$	$_{71}^{175}Lu$			P
*** Aktiniden	$_{90}^{232}Th$	$_{91}^{231}Pa$	$_{92}^{238}U$	$_{93}^{237}Np$	$_{94}^{242}Pu$	$_{95}^{243}Am$	$_{96}^{247}Cm$	$_{97}^{249}Bk$	$_{98}^{251}Cf$	$_{99}^{254}Es$	$_{100}^{253}Fm$	$_{101}^{256}Md$	$_{102}No$	$_{103}Lr$			Q

* von iso (griech.) = gleich und topos (griech.) = Ort (im Periodensystem)

Die Hülle eines Atoms besteht aus Schalen, die mit den Buchstaben K, L, M, N, O, P und Q bezeichnet werden (**Bild 131/1**). In den Schalen bewegen sich die Elektronen auf verschiedenen „Bahnen". Die Bahnen der gleichen Schale unterscheiden sich etwas in ihrem Energie-Niveau. Man kennzeichnet sie mit den Buchstaben s, p, d und f.

Ordnet man alle bekannten Grundstoffe nach der Anzahl der Protonen ihrer Atome in einer Tabelle an (**Tabelle 130/1**), erhält man das Periodensystem der Elemente. In diesem System stehen in einer Reihe, hier Periode genannt, Atome mit der gleichen Anzahl von Elektronenschalen, in jeder Spalte (Gruppe) befinden sich Atome mit gleicher Anzahl Außenelektronen, also Atome mit ähnlichen chemischen Eigenschaften.

Bild 131/1: Schalenmodell der Atome

9.1.2 Chemische Bindung

Ionenbindung

Atome mit wenig (1 bis 3) Elektronen in der äußersten Schale können diese Elektronen leicht abgeben. Atome mit vielen (5 bis 7) Elektronen in der Außenschale können noch Elektronen aufnehmen. Dadurch wird in den Atomen das elektrische Gleichgewicht zwischen Protonen und Elektronen gestört.

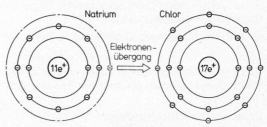

Bild 131/2:
Entstehung von positiven und negativen Ionen

Es entstehen elektrisch geladene Atome, die man Ionen* nennt. Ein Natriumatom z. B. kann sein Außenelektron auf der M-Schale abgeben (**Bild 131/2**). Dadurch überwiegt im Na-Atom die positive Ladung des Kerns. Das Na-Ion enthält dann eine positive Elementarladung: $Na - e^- \rightarrow Na^+$. Das Natrium-Ion Na^+ besitzt nun die besonders stabile Hülle des Edelgases Neon Ne.

Das vom Na-Atom abgegebene Elektron kann von einem Nichtmetallatom, z. B. von einem Chlor-Atom, aufgenommen werden. Das dadurch entstehende Chlor-Ion besitzt nun eine überschüssige negative Elementarladung: $Cl + e^- \rightarrow Cl^-$. Das Chlor-Ion Cl^- hat jetzt die gleiche stabile Elektronenhülle wie das Edelgas Argon Ar.

Die unterschiedlich geladenen Ionen, das Na^+- und das Cl^--Ion, ziehen sich gegenseitig an. Wenn viele Natrium-Ionen und Chlor-Ionen vorhanden sind, kann sich jedes Na^+-Ion mit 6 Cl^--Ionen umgeben und jedes Cl^--Ion mit 6 Na^+-Ionen. Im festen Zustand bilden die zusammengelagerten Ionen einen Ionenkristall (**Bild 131/3**), das Natriumchlorid (Kochsalz). Im Natriumchlorid kommt auf jedes Natriumion ein Chlorion (chemische Formel: NaCl).

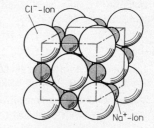

Bild 131/3: Aufbau des Ionenkristalls von Natriumchlorid

Die chemische Bindung zwischen den Ionen, die Ionenbindung, wird durch die elektrische Anziehung der unterschiedlich geladenen Ionen verursacht.

Atombindung

Von anderer Art ist die chemische Bindung in Molekülen. Nähern sich z. B. zwei Wasserstoffatome einander, so gerät jeweils das Außenelektron eines Atoms in den Anziehungsbereich des Kerns des anderen Atoms. Die Elektronen werden dann von beiden Atomkernen angezogen (**Bild 132/1**). Die Atomkerne nähern sich soweit, bis ihre gegenseitige Abstoßungskraft die Anziehung zwischen Kernen und Elektronen aufhebt. Die Elektronen des Wasserstoff-Moleküls gehören gewissermaßen „gemeinsam" zu beiden Atomen. Durch das gemeinsam benutzte Elektronenpaar erhält jedes Atom eine Edelgasstruktur, die Atomhülle des Edelgases Helium He, wenn man das gemeinsame Elektronenpaar jedem der beiden Atome zuordnet.

* Ion (griech.) = das Gehende, Wandernde

Alle Moleküle der Grundstoffgase, wie H_2, N_2, O_2, F_2, Cl_2 oder Br_2, haben diese Elektronenpaarbindung, die man auch Atombindung nennt.

Gibt man für ein Atom das chemische Zeichen und die Außenelektronen um das Zeichen als Punkte an, erhält man die sogenannte Elektronenschreibweise:

$$H^{\bullet} + {\bullet}H \rightarrow H \! : \! H$$

Ersetzt man das gemeinsame Elektronenpaar durch einen Strich, entsteht eine Strukturformel:

$$H \! : \! H \; \hat{=} \; H{-}H$$

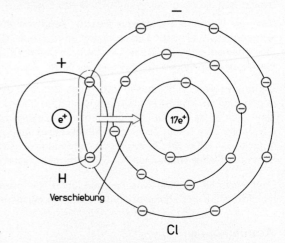

Bild 132/1: Modell der Atombindung (Elektronenpaarbindung) im Wasserstoff-Molekül

Weiteres Beispiel: $:\!\overset{\bullet\bullet}{Cl}{}^{\bullet} + {\bullet}\overset{\bullet\bullet}{Cl}\!: \rightarrow :\!\overset{\bullet\bullet}{Cl}\!:\!\overset{\bullet\bullet}{Cl}\!:$ Strukturformel: Cl—Cl

Zwei Atome in einem Molekül können auch mehr als ein Elektronenpaar gemeinsam haben.

Z.B. das Sauerstoff-Molekül: $.\overset{\bullet}{O}{}^{\bullet} + {\bullet}\overset{\bullet}{O}. \rightarrow \overset{\bullet}{O}\!:\!:\!\overset{\bullet}{O}$ als Strukturformel: O = O (mit Doppelbindung).

Jedes Atom in einem Gasmolekül besitzt, die gemeinsamen Elektronenpaare jeweils mitgezählt, die stabile Achterschale (Edelgasstruktur).

Auch Dreifachbindungen (3 gemeinsame Elektronenpaare) sind möglich, z.B. beim Stickstoff-Molekül:

$$.\overset{\bullet}{N}{}^{\bullet} + {\bullet}\overset{\bullet}{N}. \rightarrow :\!N\!:\!:\!:\!N\!:$$ Strukturformel: N $\equiv$ N

Durch die Atombindungen entstehen immer elektrisch neutrale Moleküle. Reine Atombindungen gibt es allerdings nur zwischen gleichartigen Atomen, z.B. bei den molekularen Grundstoffgasen.

Polarisierte Atombindung

Zwischen verschiedenartigen Atomen, z.B. zwischen einem Wasserstoff- und einem Chlor-Atom, entsteht im Molekül eine Verschiebung der elektrischen Ladungen. Das gemeinsame Elektronenpaar wird vom größeren Kern mit der höheren Kernladung stärker angezogen. Dadurch entsteht eine Atombindung mit teilweisem Ionencharakter. Man nennt sie polarisierte Atombindung (**Bild 132/2**). Im Molekül entstehen nämlich zwei Pole. Die Molekülseite mit dem Wasserstoff-Atom wird etwas positiv, die Seite mit dem Chlor-Atom etwas negativ geladen. Das HCl-Molekül bildet einen Molekular-Dipol:

$$\overset{(+)}{H} \overset{(-)}{:}\overset{\bullet\bullet}{Cl}\!:$$

Ladungsverschiebungen durch polarisierte Atombindung können sich auch aufheben, z.B. im Kohlendioxid-Molekül CO_2:

$$\overset{(-)}{O}\!:\overset{(+)}{:}\overset{(-)}{C}\!:\!:O$$

Dann entsteht trotzdem ein Molekül, das nach allen Richtungen des Raumes elektrisch neutral wirkt.

Wasser H_2O dagegen besteht aus Molekulardipolen, weil das Wassermolekül gewinkelt gebaut ist:

$$\overset{(-)}{\underset{H \; (+) \; H}{:\!O\!:}}$$

Hier ist die Seite mit dem Sauerstoffatom negativ und die Seite der beiden Wasserstoffatome positiv geladen.

Bild 132/2: Polarisierte Atombindung (zwischen H und Cl im Chlorwasserstoff-Molekül)

Metallbindung

In Metallen und Metall-Legierungen sind die Atome regelmäßig angeordnet. Sie bilden ein Metallgitter. Die Atome liegen sehr dicht beieinander (dichteste Kugelpackung). Je nach Art des Metallgitters ist jedes Atom von 8 oder von 12 Nachbarn umgeben. Wegen des geringen Abstandes der Atome voneinander können sich Außenelektronen von den Atomen lösen und sich frei innerhalb des Metallgitters bewegen. Zurück bleiben an ihren Plätzen positive Metallionen.

Die positiven Metallionen bilden ein räumliches Gitter (**Bild 133/1** und **Bild 133/2**), sie sind an ihren Platz gebunden. Die Anziehungskräfte zwischen den Metallionen und den frei beweglichen Elektronen halten das Kristallgitter zusammen (Metallbindung). Die Gitterebenen lassen sich verhältnismäßig leicht gegeneinander verschieben. So erklärt sich die leichte Verformbarkeit der reinen Metalle. Die frei beweglichen Elektronen verursachen die übrigen, typischen Metalleigenschaften, wie elektrische Leitfähigkeit (Seite 16), Wärmeleitfähigkeit, metallischen Glanz und Undurchsichtigkeit.

Die positiven Metallionen und die negativen Elektronen sind bei Raumtemperatur nicht in Ruhe, sondern schwingen leicht um ihre Ruhelage (Wärmebewegung). Die freien Elektronen bewegen sich viel stärker, jedoch regellos in alle möglichen Richtungen. Insgesamt heben sich aber diese Bewegungen wegen ihrer regellosen und unterschiedlichen Richtungen auf.

Erwärmt man das Metall an einer Stelle, so pflanzt sich der größere Bewegungszustand schnell durch das ganze Metall fort, weil die freien Elektronen leicht beweglich sind und sich gegenseitig abstoßen. Aus dem Metall herausgeschleudert werden die nur innerhalb des Metalls frei beweglichen Elektronen jedoch erst bei sehr hohen Temperaturen (Elektronenemission Seite 326).

Lagert man in das Metallgitter Fremdatome ein, so können die Gleitebenen im Gitter blockiert werden. In das Eisenkristallgitter lassen sich z. B. Kohlenstoffatome einlagern. Kohlenstoffhaltiges Eisen ist daher viel härter als reines Eisen.

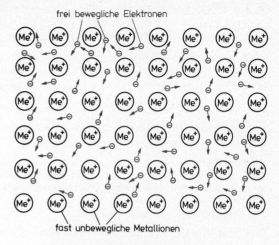

frei bewegliche Elektronen

fast unbewegliche Metallionen

Bild 133/1: Modell der Metallbindung

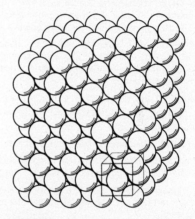

Bild 133/2: Dichteste Kugelpackung

Man kann aber auch einen Teil der Metallatome in einem Metallgitter durch fremde Atome ersetzen, z. B. durch andere Metallatome oder durch bestimmte Nichtmetallatome (z. B. Siliciumatome). In beiden Fällen entstehen Legierungen, die meist durch Zusammenschmelzen der Bestandteile gewonnen werden. Von der Größe und der Art der Einlagerungs- bzw. Substitutionsatome* hängt es ab, ob sich die Metalle legieren lassen.

Wiederholungsfragen

1. Vergleichen Sie die Masse des Protons mit der des Neutrons und mit der des Elektrons!
2. Erläutern Sie die Bezeichnung $^{19}_{9}F$!
3. Was versteht man unter einem Isotop?
4. Wonach ordnet man die Atome im Periodensystem der Elemente?
5. Welche Atome können ihre Außenelektronen leicht abgeben?
6. Was versteht man unter einem Ion?
7. Wodurch halten die Ionen eines Ionenkristalls zusammen?
8. Bei welchen Molekülen kommt eine reine Atombindung vor?
9. Wodurch können Molekulardipole entstehen?
10. Erklären Sie das Zustandekommen der Metallbindung!
11. Warum leiten Metalle verhältnismäßig gut die Wärme?
12. Weshalb kann man die Eigenschaften von Metallen durch Legieren verändern?

* substitutio (lat.) = Ersetzung, Austausch

9.2 Elektrolyse

9.2.1 Vorgänge bei der Elektrolyse

Wäßrige Lösungen von Säuren, Laugen und Salzen (Seite 435) sowie Salzschmelzen leiten den elektrischen Strom. Im Gegensatz zu metallischen Leitern werden sie beim Stromdurchgang chemisch verändert, z. B. in ihre Bestandteile zerlegt. Solche flüssigen Leiter nennt man *Elektrolyte*.

Elektrolyte sind leitende, nichtmetallische Flüssigkeiten oder Schmelzen.

Wie alle elektrischen Leiter enthalten auch Elektrolyte bewegliche Ladungsträger. Ihre Leitfähigkeit ist erheblich kleiner als die von Metallen.

Versuch 134/1: Bringen Sie in ein sauberes Gefäß mit chemisch reinem Wasser zwei Elektroden aus Kohle! Legen Sie die Elektroden über einen Strommesser mit Nullpunkt in Skalenmitte an eine kleine Gleichspannung, z. B. 6 V **(Bild 134/1)**! Beobachten Sie den Strommesser!

Das Meßgerät zeigt fast keinen Strom an.

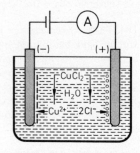

Das reine Wasser leitet den Strom fast nicht. Es enthält nur sehr wenige bewegliche Ladungsträger.

Versuch 134/2: Wiederholen Sie Versuch 134/1! Lösen Sie aber nach dem Anlegen der Spannung im Wasser das Salz Kupferchlorid ($CuCl_2$) auf! Beobachten Sie die Anzeige des Strommessers und die Elektroden!

Unmittelbar nach dem Auflösen des Salzes zeigt das Meßgerät einen Strom an. Einige Zeit nach dem Einsetzen des Stromes bildet sich auf der negativen Kohleelektrode ein rotbrauner Niederschlag. An der positiven Elektrode scheidet sich ein erstickend riechendes Gas ab.

Bild 134/1: Elektrolyse von Kupferchlorid

Die Lösung ist ein elektrischer Leiter, da sie viel mehr bewegliche Ladungsträger als das reine Wasser enthält. Das gelöste Kupferchlorid ($CuCl_2$) wird beim Stromdurchgang in seine Bestandteile, Kupfer (Cu) und Chlor (Cl_2), zerlegt.

Versuch 134/3: Wiederholen Sie Versuch 134/2, polen Sie aber die Anschlüsse am Spannungserzeuger um!

Es fließt ein Strom in umgekehrter Richtung. Wieder bildet sich ein Kupferüberzug auf der negativen Elektrode. An der positiven Elektrode verschwindet das Kupfer. Anschließend entstehen dort Gasblasen; Chlor scheidet sich ab.

Bei den Versuchen 134/2 und 134/3 darf die Stromdichte nicht zu groß sein. Sonst wird der Kupferniederschlag schwammig und fällt ab. Der Nachweis des Chlors wird erleichtert, wenn man am Ende der Versuche die Spannung kurzzeitig erhöht.

Kupferchlorid ($CuCl_2$) ist im festen Zustand ein Nichtleiter. Bewegliche Ladungsträger entstehen beim Auflösen des Salzes in Wasser. Wassermoleküle sind elektrische Dipole. Sie trennen die Ionenbindung im Kupferchlorid auf. Die zweifach positiven Kupferionen (Cu^{2+}) und die einfach negativen Chlorionen ($2 Cl^-$) werden in Verbindung mit den Wassermolekülen im Elektrolyten beweglich **(Bild 134/2)**. Das Entstehen beweglicher Ionen beim Auflösen eines Stoffes in Wasser wird als *elektrolytische Dissoziation* bezeichnet.

Elektrolyte enthalten Ionen als bewegliche Ladungsträger.

Im elektrischen Feld zwischen den Elektroden wandern die entgegengesetzt geladenen Ionen. Dabei kann der gelöste Stoff zerlegt werden, z. B. Kupferchlorid in Kupfer und Chlor (Bild 134/2).

Das Zerlegen eines Stoffes durch das Wandern und Entladen von Ionen ist eine Elektrolyse.

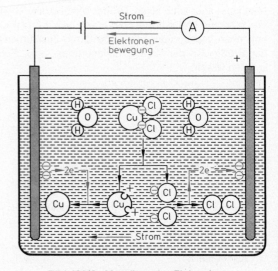

Bild 134/2: Vorgänge im Elektrolyten

Der Elektrolyt und die beiden Elektroden bilden eine *galvanische Zelle*. Diese ist bei der Elektrolyse ein Verbraucher und wird dann als *elektrolytische Zelle* bezeichnet.

Bei der Elektrolyse von Kupferchlorid ($CuCl_2$) wandern die positiven Ionen (Cu^{2+}) zur negativen Elektrode, werden dort entladen und schlagen sich als Atom nieder (Bild 134/2). Diese Elektrode gibt dabei Elektronen an den Elektrolyten ab; sie wird als *Katode* bezeichnet.

Die positive Elektrode ist die *Anode*. Zu ihr bewegen sich die negativen Ionen (Cl^-). Chlor scheidet sich als Gas (Cl_2) ab oder bildet zum Teil mit Wasser Chlorsäuren. Die Kupferanode löst sich auf (Versuch 134/3). Sie gibt an den Elektrolyten positive Ionen (Cu^{2+}) ab, die zur Katode wandern. Beim Abscheiden von Chlor und beim Auflösen des Metalls gehen Elektronen vom Elektrolyten auf die Anode über.

Die Ionenwanderung im Elektrolyten ist mit einer Bewegung von Elektronen in den metallischen Zuleitungen der Zelle verknüpft (Bild 134/2). Dieser Elektronenbewegung ist der Strom im Stromkreis entgegengerichtet. Mit der festgelegten Stromrichtung stimmt die Bewegung der positiven Ionen (Cu^{2+}) überein (Bild 134/2).

In der galvanischen Zelle tritt der Strom aus der Anode aus und in die Katode ein. Die Anode als Stromaustrittselektrode kann sich auflösen.

Beim Stromdurchgang durch einen Elektrolyten wird nicht immer der gelöste Stoff, sondern oft das Lösungsmittel Wasser zerlegt.

Versuch 135/1: Bringen Sie zwei Metallelektroden in ein Gefäß mit verdünnter Kalilauge (KOH)! Schließen Sie diese Zelle über einen Strommesser an eine kleine Gleichspannung an **(Bild 135/1)**!
Es fließt ein Strom. An den Elektroden bildet sich farbloses Gas. Die Gasentwicklung ist an der Katode erheblich stärker als an der Anode.

Versuch 135/2: Wiederholen Sie Versuch 135/1! Fangen Sie aber das abgeschiedene Gas zur Prüfung in zwei Büretten auf (Bild 135/1)!
Das Gas von der Katode brennt mit farbloser Flamme; es ist Wasserstoff (H_2). An der Anode wurde Sauerstoff (O_2) abgeschieden; ein glimmender Span flammt in diesem Gas hell auf.

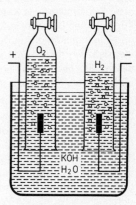

Bild 135/1:
Elektrolyse von Wasser

Bei der Elektrolyse kann sich an der Katode Wasserstoff und an der Anode Sauerstoff abscheiden. Ein Gemisch dieser Gase bildet das hochexplosive Knallgas.

Chemisch reines Wasser enthält als bewegliche Ladungsträger H_3O^+-Ionen und OH^--Ionen in sehr kleiner Konzentration. H_3O^+-Ionen entstehen dadurch, daß sich Wassermoleküle wegen ihres Dipolcharakters mit H^+-Teilchen verbinden ($H_2O + H^+ \rightarrow H_3O^+$). Sie werden in Wasser und in Elektrolyten als Wasserstoffionen bezeichnet und oft vereinfacht als H^+-Ionen dargestellt. Beim Stromdurchgang durch Kalilauge scheiden sich aber im wesentlichen Wasserstoff und Sauerstoff dadurch ab, daß die Wassermoleküle (H_2O) selbst infolge ihres Dipolcharakters mit der Ladung der Elektroden reagieren.

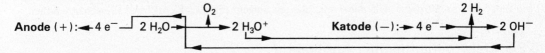

Anode ($+$): $\leftarrow 4\,e^- \rightharpoondown 2\,H_2O \rightarrow \overset{O_2}{\uparrow} \rightarrow 2\,H_3O^+$ ⠀⠀⠀ Katode ($-$): $\rightarrow 4\,e^- \rightarrow \overset{2\,H_2}{\uparrow} \rightarrow 2\,OH^-$

Auch das Kaliumhydroxid (KOH) ist dissoziiert (K^+ und OH^-). Eine Entladung dieser Ionen erfolgt nicht. Dazu wäre eine größere Energie als zur Elektrolyse von Wasser erforderlich. Die Ionen des gelösten Stoffes bedingen aber die Leitfähigkeit des Elektrolyten und machen so die Elektrolyse von Wasser möglich. Eine Elektrolyse von Wasser ergibt sich z.B. auch beim Stromdurchgang durch Natronlauge (NaOH) oder verdünnte Schwefelsäure (H_2SO_4).

9.2.2 Technische Anwendungen der Elektrolyse

Galvanostegie

Auf elektrolytischem Wege kann man Werkstücke mit dünnen Metallüberzügen versehen, z.B. zum Schutz gegen Korrosion oder zur Herstellung einer elektrisch leitenden Oberfläche. Man bezeichnet diesen Vorgang als Galvanostegie oder auch als Galvanisieren.

Im Elektrolyt ist ein Salz des Metalls gelöst, aus dem der Überzug bestehen soll, z. B. Kupfersulfat ($CuSO_4$) beim Verkupfern. Durch Dissoziation entstehen aus diesem Salz bewegliche Metallionen (Cu^{2+}) und Säure-restionen (SO_4^{2-}). Die Anode besteht aus dem Überzugsmetall, z. B. Kupfer. Das Werkstück bildet die Katode. Wie in Versuch 134/3 wandern beim Stromdurchgang die positiven Ionen (Cu^{2+}) zum Werkstück, werden dort entladen und bilden als Atome den Überzug. Die Säurerestionen (SO_4^{2-}) bewegen sich zur Anode und bewirken dort die Bildung neuer Metallionen (Cu^{2+}). Auf diese Weise kann man Überzüge auch aus anderen Metallen, z. B. Gold, Silber, Nickel, Chrom, Zink oder Cadmium herstellen. Mehrere Schichten sind möglich, z. B. Kupfer als Grundschicht auf Stahl, Nickel zum Korrosionsschutz und dann Chrom zum mechanischen Schutz. Für die Oberflächenveredelung großer Werkstücke verwendet man meist auto-matisch arbeitende Wander- oder Ringbäder. Kleinteile werden in drehbaren Trommeln galvanisiert.

Elektrolytische Gewinnung von Metallen

Durch Elektrolyse kann man *reines Kupfer* (Elektrolytkupfer) gewinnen. Die Anode besteht dabei aus Roh-kupfer, das 2 % bis 4 % Verunreinigungen enthält, unter anderen Zink, Eisen, Silber und Gold. Als Elektrolyt dient Kupfersulfat, als Katode ein Blech aus Reinkupfer. Beim Stromdurchgang lösen sich an der Anode Kupfer, Eisen und Zink auf. Gold und Silber gehen nicht in Lösung. Sie bilden zusammen mit anderen Ver-unreinigungen den Anodenschlamm, ein wertvolles Ausgangsprodukt für die Gewinnung von Edel-metallen. An der Katode werden nur Kupferionen entladen. Die weniger edlen Metalle Zink und Eisen bleiben in Lösung. Das so abgeschiedene Reinstkupfer enthält weniger als 0,1 % Verunreinigungen. Es wird auch als *Katodenkupfer* (KE-Cu) bezeichnet.

Ionen sind nicht nur in wäßriger Lösung, sondern auch in der Schmelze einer chemischen Verbindung beweglich. Durch Elektrolyse einer Schmelze wird z. B. *Aluminium* gewonnen. Man mischt reines Alumi-niumoxid (Al_2O_3) wegen seines hohen Schmelzpunktes (2050 °C) und seiner kleinen elektrischen Leitfähig-keit mit Kryolith (Na_3AlF_6) und anderen Fluorverbindungen. Das Gemenge hat eine hohe elektrische Leit-fähigkeit und einen Schmelzpunkt von 950 °C. Als Katode dient eine mit Kohle ausgekleidete Stahlwanne, als Anode Kohleelektroden. Beim Stromdurchgang scheidet sich in der Wanne flüssiges Aluminium ab. Der an der Anode freiwerdende Sauerstoff führt zu einem starken Abbrand. Die dabei und beim Strom-durchgang entstehende Wärme hält die Schmelze flüssig.

Eloxieren von Aluminium

Aluminium besitzt an der Oberfläche eine dünne, harte Oxidschicht. Sie ist durchsichtig und beeinträchtigt den metallischen Glanz nicht. Gegenüber einem festen Leiter stellt sie einen hohen Übergangswiderstand dar. Diese natürliche Oxidschicht wird dicker, wenn das Aluminiumteil in einer elektrolytischen Zelle als Anode dient. Der Elektrolyt muß so beschaffen sein, daß beim Stromdurchgang das Lösungsmittel Wasser zerlegt wird. Oft verwendet man als Elektrolyt verdünnte Schwefelsäure. Durch sehr feine Poren der schon vorhandenen Oxidschicht ist eine Ionenwanderung möglich. Der abgeschiedene Sauerstoff kann so die Oxidschicht auch in das Metall hineinwachsen lassen. Die elektrolytische Oxidation des Aluminiums bezeichnet man als Eloxieren. Die dabei entstehende Schicht (Eloxalschicht) kann eingefärbt werden.

9.2.3 Elektrochemisches Äquivalent

Bei der Elektrolyse von Kupferchlorid ($CuCl_2$) trägt jedes Kupferion (Cu^{2+}) die zweifache Elementarladung e*. Dieses Ion ist zweiwertig. Beim Neutralisieren jedes Kupferions gibt die Katode zwei Elektronen an den Elektrolyten ab, die Anode nimmt dafür zwei Elektronen aus dem Elektrolyten auf (Bild 134/2). Die abge-schiedene Kupfermenge ist also der im Stromkreis der galvanischen Zelle wandernden elektrischen Ladung proportional. Die von der Ladung 1 As abgeschiedene Kupfermasse ist so groß wie das elektrochemische Äquivalent des Kupfers in Kupferchlorid ($CuCl_2$).

Es gibt auch Elektrolyte, in denen die Kupferionen nur einwertig (Cu^+) sind. Bei der Elektrolyse dieser Lösungen wird durch die gleiche elektrische Ladung die doppelte Kupfermasse abgeschieden. Das elektro-chemische Äquivalent **(Tabelle 137/1)** des Kupfers ist dann doppelt so groß. Da die Atome verschiedener Stoffe verschieden große Massen haben, ist das elektrochemische Äquivalent verschiedener Stoffe bei gleicher Wertigkeit verschieden (Tabelle 137/1).

Das elektrochemische Äquivalent hängt von der Art des Stoffes und von der Wertigkeit der Ionen ab.

Tabelle 137/1: Elektrochemische Äquivalente

Stoff	Silber	Kupfer		Nickel	Chrom	Wasserstoff	Sauerstoff
		einwertig	zweiwertig				
c in mg/(As)	1,118	0,659	0,329	0,304	0,180	0,0104	0,0830

Die bei der Elektrolyse abgeschiedene Stoffmasse ist um so größer, je größer das elektrochemische Äquivalent und je größer die im Stromkreis wandernde elektrische Ladung ist.

m abgeschiedene Stoffmasse
c elektrochemisches Äquivalent
Q elektrische Ladung
I Stromstärke
t Zeit

1. Faradaysches* Gesetz:

$$m = c \cdot Q$$

$$[m] = \frac{mg}{As} \cdot As = mg$$

$$\boxed{m = c \cdot I \cdot t}$$

Beispiel: Welche Kupfermasse wird durch den Gleichstrom $I = 150$ A aus einer Kupfersulfatlösung ($CuSO_4$) in der Zeit $t = 2$ h abgeschieden?

Lösung: $CuSO_4 \rightarrow Cu^{2+} + SO_4^{2-}$;
$m = c \cdot I \cdot t = 0{,}33$ mg/(As) $\cdot 150$ A $\cdot 2 \cdot 3600$ s $= 356\,400$ mg $= \mathbf{0{,}356\ kg}$

Wiederholungsfragen

1. Nennen Sie einige Elektrolyte!
2. Was versteht man unter elektrolytischer Dissoziation?
3. Beschreiben Sie die Ionenwanderung bei der Elektrolyse von Kupferchlorid ($CuCl_2$)!
4. Warum besteht bei der Elektrolyse Explosionsgefahr?

9.3 Galvanische Primärelemente

Eine galvanische Zelle, in der elektrische Energie aus chemischer Energie entsteht, wirkt als galvanisches Element. Durch diese Energieumwandlung wird die Zelle entladen. Ist die Zelle nicht mehr aufladbar, bezeichnet man sie als galvanisches Primärelement.

Galvanische Primärelemente können nicht aufgeladen werden.

9.3.1 Wirkungsweise und Aufbau

Versuch 137/1: Tauchen Sie einen Gegenstand aus Stahl, z. B. einen Nagel, kurzzeitig in eine Kupfersulfatlösung ($CuSO_4$), der einige Tropfen Schwefelsäure (H_2SO_4) zugefügt wurden!
Der Nagel erhält einen rotbraunen Überzug. Aus der Lösung hat sich Kupfer abgeschieden.

Kupfersulfat ($CuSO_4$) ist in Kupferionen (Cu^{2+}) und Sulfationen (SO_4^{2-}) dissoziiert **(Bild 137/1)**. Durch die Einwirkung des Elektrolyten geht an der Oberfläche des Nagels Eisen rasch in Lösung. Aus Eisenatomen (Fe) bilden sich Eisenionen (Fe^{2+}). Die Eisenatome geben dabei Elektronen ab; Eisen wird *oxidiert*. Dafür werden Kupferionen (Cu^{2+}) an der Oberfläche des Nagels entladen (Bild 137/1) und abgeschieden. Kupferionen nehmen dabei Elektronen auf; sie werden *reduziert*. Dieser Vorgang läuft deshalb so ab, weil Eisen weniger edel als Kupfer ist.

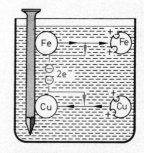

Bild 137/1: Lösungsdruck von Eisen und Kupfer

Unedle Metalle haben ein größeres Bestreben, Elektronen abzugeben und in Lösung zu gehen, als edle Metalle. Unedle Metalle haben einen großen Lösungsdruck.

Versuch 137/2: Bilden Sie aus einer Ammoniumchloridlösung (NH_4Cl), einer Kupferelektrode (Cu) und einer Zinkelektrode (Zn) eine galvanische Zelle! Verbinden Sie die Elektroden über einen Gleichspannungsmesser miteinander **(Bild 138/1)**!
Zwischen der Kupferelektrode und der Zinkelektrode besteht eine Spannung. Der Zeiger schlägt nach der richtigen Seite aus, wenn die Zinkelektrode am negativen Pol des Meßgeräts liegt.

* Faraday, engl. Physiker, 1791 bis 1867

Ammoniumchlorid ist dissoziiert ($NH_4^+ + Cl^-$), ebenso in geringem Maße Wasser ($H^+ + OH^-$). Ionen (Zn^{2+}) verlassen die Zinkplatte (Bild 138/1), die sich dabei gegenüber dem Elektrolyten negativ auflädt. Gleichzeitig gibt die Kupferplatte Elektronen zur Entladung von Wasserstoffionen (H^+) an den Elektrolyten ab; sie wird gegenüber dem Elektrolyten und der Zinkplatte positiv. Diese Vorgänge spielen sich ständig ab, wenn über das angeschlossene Meßgerät Elektronen von der Zinkplatte zur Kupferplatte wandern. Sie können sich rasch abspielen, da der Elektrolyt durch das gelöste Salz eine hohe Leitfähigkeit hat.

Durch diese Vorgänge erzeugt die Zelle elektrische Energie und damit Spannung. Das Auflösen (Oxidieren) der Zinkplatte bedeutet einen Verbrauch chemischer Energie. Die Zelle ist ein *galvanisches Element*. Der Strom im angeschlossenen Stromkreis ist der Elektronenbewegung entgegengerichtet (Bild 138/1). Mit der Stromrichtung stimmt aber die

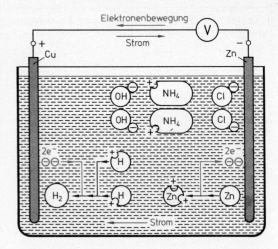

Bild 138/1: Vorgänge im galvanischen Element

Wanderung der positiven Ionen im Elektrolyten überein. Die Zinkplatte ist die Anode, da sie positive Ionen abgibt. Die Kupferplatte gibt an den Elektrolyten Elektronen ab; sie ist die Katode. Für den angeschlossenen Verbraucher ist die Zinkplatte der Minuspol, die Kupferplatte der Pluspol.

Beim galvanischen Element bildet die edlere Elektrode den positiven, die weniger edle Elektrode den negativen Pol.

9.3.2 Elektrochemische Spannungsreihe

Spannungshöhe und Polarität eines galvanischen Elements hängen von dem Bestreben der Elektroden ab, sich positiv oder negativ aufzuladen.

Tabelle 138/1: Polarität und Spannung			
Elektrodenpaar	negativ	positiv	Spannung
Zink — Blei	Zink	Blei	0,6 V
Blei — Kupfer	Blei	Kupfer	0,4 V
Zink — Kupfer	Zink	Kupfer	1,0 V

Tabelle 138/2: Elektrochemische Spannungsreihe	
Gold	+ 1,70 V
Silber	+ 0,80 V
Quecksilber	+ 0,85 V
Kupfer	+ 0,34 V
Wasserstoff	± 0 V
Blei	− 0,13 V
Zinn	− 0,14 V
Nickel	− 0,23 V
Cadmium	− 0,40 V
Eisen	− 0,44 V
Zink	− 0,76 V
Aluminium	− 1,67 V
Magnesium	− 2,37 V
Kalium	− 2,92 V
Lithium	− 3,05 V

(edel ↑ / unedel ↓)

Versuch 138/1: Hängen Sie verschiedene Elektrodenpaare **(Tabelle 138/1)** in Ammoniumchloridlösung! Schließen Sie einen Spannungsmesser so an, daß der Zeiger nach der richtigen Seite ausschlägt! Bestimmen Sie auf diese Weise die Polarität der Elektroden gegeneinander, und messen Sie die Spannung! Vergleichen Sie die Meßergebnisse mit den Angaben in Tabelle 138/1!

In jedem Fall ist die unedle Elektrode gegenüber der edleren negativ. Die Spannung ist besonders hoch, wenn ein sehr unedles Metall mit einem edlen kombiniert ist, z. B. Zink mit Kupfer (Tabelle 138/1).

Man kann die Polarität und Höhe der Spannung jedes Metalls in der Lösung seines Salzes bei festgelegter Konzentration bestimmen, und zwar gegenüber einer Elektrode, die von Wasserstoff umspült ist (Normalelektrode, bei 25 °C und 1013 mbar). Daraus ergibt sich die elektrochemische Spannungsreihe der Metalle **(Tabelle 138/2)**. Beim selben Metall kann je nach Wertigkeit der Ionen in der Lösung diese Spannung verschieden hoch sein, z. B. bei Gold (+ 1,7 V bei Au^+ und + 1,38 V bei Au^{3+}).

Je weiter die beiden Elektrodenmetalle eines galvanischen Elements in der Spannungsreihe auseinanderliegen, desto größer ist die Spannung zwischen ihnen.

Aufgelöst wird die Elektrode mit der mehr negativen Spannung.

Die Höhe der Spannung zwischen den Elektroden eines unbelasteten Elements ist etwa so groß wie der Unterschied zwischen den Angaben aus der Spannungsreihe, z. B. 1,1 V für Kupfer und Zink. Art, Konzentration und Temperatur des Elektrolyten beeinflussen die Spannungshöhe, ebenso Verunreinigungen des Elektrodenwerkstoffs und Wertigkeit der Metalle im Elektrolyten. Auch Metalloxiden, wie z. B. Manganoxid (MnO_2), Silberoxid (Ag_2O), Quecksilberoxid (HgO), kann eine Stelle in der Spannungsreihe zugeordnet werden. Ein Metalloxid ist gegenüber dem zugehörigen Metall immer positiv.

9.3.3 Elektrolytische Polarisation

Versuch 139/1: Wiederholen Sie Versuch 137/2 mit einem Strommesser als Meßgerät!
Das galvanische Element liefert einen Strom, der rasch zurückgeht.

Versuch 139/2: Wischen Sie nach Versuch 139/1 die Kupferelektrode ab, und wiederholen Sie den Versuch!
Der Strom ist zunächst wieder hoch und nimmt dann ab.

Die Kupferplatte überzieht sich durch die Entladung von Wasserstoffionen mit einer Gasschicht und kann so die von der Zinkplatte kommenden Elektronen nur noch in geringem Maße an den Elektrolyten abgeben. Sie bildet in Verbindung mit der Wasserstoffschicht eine Elektrode, die gegenüber der Zinkplatte nur noch schwach positiv ist. Das Element wurde elektrolytisch polarisiert. Beim Abwischen der Kupferplatte wurde der Wasserstoff entfernt.

Ein galvanisches Element wird durch das Abscheiden von Wasserstoff elektrolytisch polarisiert.

Bei den in der Praxis verwendeten Elementen verhindert man eine Polarisation dadurch, daß man den an der Katode abgeschiedenen Wasserstoff mit Sauerstoff chemisch verbindet. Die *Katode* besteht deshalb meist aus einem Metalloxid, das gleichzeitig als *Depolarisator* wirkt.

9.3.4 Zink-Braunstein-Elemente

Diese Elemente haben eine Anode aus Zink, die sogenannte Lösungselektrode. Braunstein (MnO_2), ein Oxid des Mangans, dient als Katode und Depolarisator. Elemente werden oft als Zellen bezeichnet. Ein System aus mehreren Elementen oder Zellen ist eine Batterie.

Die **Zink-Salmiak-Braunstein-Zelle** (Leclanché-Zelle*) enthält als *Elektrolyt* Ammoniumchlorid (NH_4Cl), auch Salmiak genannt. Das Salz ist in Wasser gelöst und an ein Quellmittel gebunden. Ein Zinkbecher dient als *Anode* und Zellengefäß **(Bild 139/1)**. Ein poröser Preßkörper aus Braunstein bildet Katode und *Depolarisator*. Der Strom wird durch einen Kohlestift abgeleitet. Die Zelle ist von einer Isolierschicht und einem Stahlblechmantel umgeben. Der Zinkbecher gibt Ionen (Zn^{2+}) an den Elektrolyten ab und wird negativ. Dafür wandern Wasserstoffionen (H^+) des Elektrolyten zur Katode, nehmen von ihr Elektronen auf und verbinden sich chemisch mit dem Manganoxid.

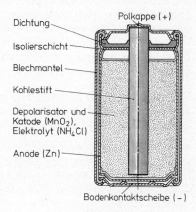

Bild 139/1:
Zink-Salmiak-Braunstein-Zelle

Die *Nennspannung* einer solchen Zelle beträgt 1,5 V. Das ist etwa die Klemmenspannung der unbelasteten Zelle. Bei Belastung bedingt der Strom am Innenwiderstand der Zelle einen Spannungsabfall (Seite 148), die Spannung an den Klemmen geht zurück. Besonders bei dieser Zelle vergrößern sich Innenwiderstand und Spannungsabfall mit zunehmender Entladung **(Bild 140/2)**. Bei Stromentnahme nimmt die Zahl der Ionen im Elektrolyten ab. Es entstehen unlösliche Salze in der Zelle.

Bei *Belastung* der Zelle löst sich die Anode auf, der Depolarisator wird chemisch umgewandelt, es bildet sich Wasser, und die Zahl der Ionen nimmt ab. Deshalb kann die Zelle nur eine begrenzte Ladung (Strommenge) und Energie abgeben. Ein vollständiges Entladen (Tiefentladen) der Zink-Salmiak-Braunstein-Zelle ist aber zu vermeiden, da die Zinkanode als Zellengefäß dient. Bei Zerstörung der Anode besteht die Gefahr, daß die Zelle ausläuft. Die Ladung (Strommenge), die die Zelle bis zum Erreichen der Entladeschlußspannung 1,0 V abgeben kann, wird als *Kapazität* (Einheit Ah) bezeichnet. Besonders diese Zelle erfährt beim Lagern eine erhebliche *Selbstentladung* (Alterung). In der unbenutzten Zelle spielen sich die gleichen Vorgänge ab wie bei Belastung, allerdings langsamer. Auch die nicht benutzte Zelle kann auslaufen.

* Leclanché, franz. Chemiker, 1839 bis 1882

139

Zink-Salmiak-Braunstein-Zellen sind billig. Sie eignen sich besonders für Geräte, die regelmäßig benutzt werden und keine hohen Ströme aufnehmen, wie z. B. Taschenlampen, Spielzeuge, Kofferradios. Tiefe Betriebstemperaturen sind für diese Zellen ungünstig; bei −20 °C verliert der Elektrolyt seine Leitfähigkeit.

Die **Zink-Zinkchlorid-Braunstein-Zelle** (Leclanché-Zelle) enthält als Elektrolyt Zinkchloridlösung. Sie ist ähnlich aufgebaut wie eine Zelle mit Salmiak. Bei ihr nimmt aber der Elektrolyt weniger Raum ein. Bei gleichem Zellenvolumen enthält sie eine größere Braunsteinmenge und hat deshalb eine größere Kapazität. Das bei der Entladung in der Zelle entstehende Wasser wird gebunden. Die Gefahr des Auslaufens ist gering. Allerdings ist auch diese Zelle für tiefe Temperaturen nicht geeignet. Hergestellt werden Rundzellen und Flachzellen. Letztere sind zu Gerätebatterien gestapelt, z. B. 6 Zellen mit je 1,5 V für die Nennspannung 9 V.

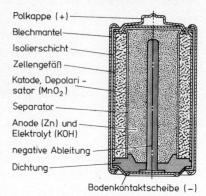

Polkappe (+)
Blechmantel
Isolierschicht
Zellengefäß
Katode, Depolari-
sator (MnO₂)
Separator
Anode (Zn) und
Elektrolyt (KOH)
negative Ableitung
Dichtung
Bodenkontaktscheibe (−)

Bild 140/1:
Alkalische Zink-Braunstein-Zelle

Die **alkalische Zink-Braunstein-Zelle** enthält als Elektrolyt Kalilauge (KOH). Die Rundzelle **(Bild 140/1)** ist von einer Isolierhülse und einem Stahlmantel umhüllt. Katode und Depolarisator ist ein Ring aus Braunstein (MnO_2); als Zellengefäß und positive Ableitung dient ein vernickelter Stahlbecher. Ein für Ionen durchlässiger Separator trennt die Katode von der Anode. Diese besteht aus Zinkpulver, das mit dem Elektrolyten getränkt ist. Ein Messingdraht als negative Ableitung führt durch die Anode.

Die alkalische Braunstein-Zelle hat bei gleichem Volumen eine viel größere Anodenmasse und Anodenoberfläche als eine Zelle mit Salmiak oder Zinkchlorid. Ihre Energiedichte beträgt bis zu 300 Wh/cm³ und ist damit doppelt so groß. Die Zelle kann hohe Ströme abgeben. Auch bei längerem Gebrauch geht die Arbeitsspannung der Zelle wenig zurück (Bild 140/2). Kalilauge behält seine elektrische Leitfähigkeit bei tiefen Temperaturen. Alkalische Zellen arbeiten noch bis −20 °C einwandfrei. Die Selbstentladung dieser Zelle ist klein. Einjährige Lagerung bewirkt einen Kapazitätsverlust von nur 10%. Ein Auslaufen ist unwahrscheinlich.

Alkalische Zellen und Batterien sind zwar teuer, bieten aber große Vorteile für Geräte, die hohe Ströme aufnehmen und auch bei tiefen Temperaturen benutzt werden, wie z. B. Filmkameras, Tonbandgeräte, Warnleuchten. Sie werden auch als relativ billige Knopfzellen **(Bild 141/1)** hergestellt.

Alkalische Zink-Braunstein-Zellen können regeneriert werden, wenn man ihnen kleine Ströme zuführt. Ihre Lebensdauer vergrößert sich dadurch erheblich. Diese Maßnahme ist aber nur in Verbindung mit Verbrauchern zulässig, die speziell dafür gebaut sind, z. B. in Kofferradios für Netz- und Batteriebetrieb. Ein Aufladen außerhalb solcher Geräte kann zur Explosion der Zellen und zum Verspritzen der stark ätzenden Kalilauge führen.

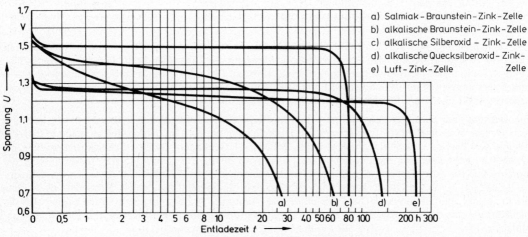

a) Salmiak - Braunstein - Zink - Zelle
b) alkalische Braunstein - Zink - Zelle
c) alkalische Silberoxid - Zink - Zelle
d) alkalische Quecksilberoxid - Zink - Zelle
e) Luft - Zink - Zelle

Bild 140/2: Entladekennlinien von Primärelementen

9.3.5 Weitere Primärelemente

Elemente mit Quecksilberoxid- oder Silberoxidkatode haben konzentrierte Kalilauge (KOH) als Elektrolyt und Zinkpulver als Anode. Sie werden als Knopfzellen (Bild 141/1) und Knopfzellen-batterien hergestellt. Ihre Energiedichte ist groß. Bei Silber(II)-Oxid-Zellen (AgO) beträgt sie bis zu 650 Wh/cm³ und ist damit etwa doppelt so groß wie bei alkalischen Zink-Braunstein-Zellen. Die Arbeitsspannung der Zellen bleibt bei konstanter Belastung über die ganze Entladezeit praktisch konstant (Bild 140/2). Ein Auslaufen der Zellen ist ausgeschlossen.

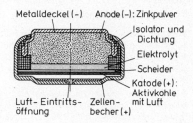

Bild 141/1: Knopfzelle mit MnO₂, HgO, Ag₂O oder AgO als Katode

Solche Zellen eignen sich für Kleingeräte, die niedere Dauerströme aufnehmen, wie z.B. Hörgeräte und elektrische Kleinuhren. Sie werden auch in Geräte eingebaut, die längere Zeit unbenutzt bleiben, wie z.B. Fotoapparate und elektronische Rechner. Eine Verwendung ist in einem Temperaturbereich zwischen $-10\,°C$ und $+65\,°C$ möglich. Die verschieden hohen Nennspannungen der Zellen (Bild 140/2) sind zu beachten. Die Zellen dürfen nicht aufgeladen werden, auch nicht im Pufferbetrieb.

Elemente mit Lithium-Anode werden als Stabzellen und Knopf-zellen gebaut. Sie bieten ähnliche Anwendungsmöglichkeiten wie die schon besprochenen Knopfzellen. Ihre Energiedichte ist aber größer (bis 800 Wh/cm³). Sie sind bei Temperaturen von $-55\,°C$ bis $+150\,°C$ verwendbar. Sie haben eine höhere Nennspannung, da Lithium in der Spannungsreihe (Tabelle 138/2) am Ende des

Bild 141/2: Luftsauerstoff-Knopfzelle

negativen Bereichs steht. Die Nennspannung einer Zelle mit Mangandioxid als Depolarisator beträgt 2,8 V, die einer Zelle mit hochporösem Kohlenstoff als Depolarisator 3,4 V. Diese relativ hohen Zellenspannungen müssen beim Einsatz der Zellen und Batterien beachtet werden.

Die Lebensdauer einer nicht benutzten Lithium-Zelle wird auf mindestens zehn Jahre angesetzt. Ein Auslaufen ist nicht möglich. Die Selbstentladung beträgt weniger als 1% im Jahr. Lithium-Zellen sind deshalb besonders als Ersatzstromversorgung (Notstromversorgung) für elektronische Schaltkreise, z.B. Halbleiterspeicher in Rechnern, geeignet. Sie verhindern dabei den Verlust gespeicherter Daten bei Netzausfall.

Luftsauerstoff-Zellen unterscheiden sich von anderen Primärelementen dadurch, daß der Depolarisator nicht in der Zelle enthalten ist. Bei ihnen bildet Aktivkohle die Katode. Als Depolarisator wirkt Sauerstoff, der mit Luft von außen in die Kohle eindringt. Die Anode besteht aus Zink. Die Eintrittsöffnungen für die Luft bleiben bis zum Gebrauch verschlossen. Bei geschlossenen Belüftungsöffnungen sind die Zellen lange lagerfähig. Da im Betrieb der Zelle die Luft nur langsam eindringt, ist der Innenwiderstand hoch. Nur kleine Ströme sind möglich, dafür aber eine lange Entladezeit. Für Kleingeräte werden *Luft-Zink-Knopfzellen* **(Bild 141/2)** mit Kalilauge als Elektrolyt gebaut. Diese Zellen haben ähnliche Eigenschaften wie andere Knopfzellen (Bild 140/2). Eine erheblich höhere Kapazität haben *prismatische Luft-Sauerstoff-Zellen* mit Salzlösung als Elektrolyt. Batterien aus solchen Zellen versorgen z.B. Weidezäune und Signalanlagen.

Wiederholungsfragen

1. Welcher Vorgang spielt sich in Atomen oder Ionen ab a) bei der Oxidation, b) bei der Reduktion?
2. Erklären Sie die elektrische Polarität einer Kupferplatte und einer Zinkplatte in einem Elektrolyten!
3. Wie hängen Bewegungsrichtung der Ionen und Stromrichtung im Stromkreis einer galvanischen Zelle zusammen?
4. Wie bestimmt man beim galvanischen Element Höhe und Polarität der Spannung mit Hilfe der Spannungsreihe?
5. Wodurch wird beim galvanischen Element die elektrolytische Polarisation verhindert?
6. Nennen Sie den Unterschied im Temperaturverhalten zwischen einer Zink-Salmiak-Braunstein-Zelle und einer alkalischen Zelle!
7. Was versteht man unter dem Regenerieren einer alkalischen Zelle?
8. Nennen Sie anhand der Entladekennlinien die Unterschiede zwischen alkalischen Zink-Braunstein-Zellen, Silberoxid-Knopfzellen und Quecksilberoxid-Knopfzellen!

9.4 Galvanische Sekundärelemente (Akkumulatoren)

Galvanische Elemente, die wieder aufladbar sind, bezeichnet man als Sekundärelemente oder auch als Akkumulatorzellen*. Akkumulatorbatterien bestehen aus solchen Zellen.

Galvanische Sekundärelemente (Akkumulatoren) können aufgeladen werden.

9.4.1 Bleiakkumulatoren

Bleiakkumulatoren haben Elektroden aus Blei und Bleiverbindungen. Als Elektrolyt dient verdünnte Schwefelsäure.

Chemische Vorgänge im Bleiakkumulator

Versuch 142/1: Bringen Sie zwei saubere Bleiplatten als Elektroden in ein Glasgefäß, das verdünnte Schwefelsäure enthält! Schließen Sie diese Zelle an eine 2,5 V/0,1 A-Glühlampe an!

Die Lampe leuchtet nicht.

Versuch 142/2: Schließen Sie an die Schaltung von Versuch 142/1 einen Strommesser mit Nullpunkt in Skalenmitte und einen Spannungsmesser an! Verbinden Sie diese Schaltung über einen Umschalter mit einem Gleichspannungserzeuger **(Bild 142/1)**! Stellen Sie eine Spannung von ungefähr 3 V ein!

Die Zeiger der Meßgeräte schlagen aus. Der Strom geht nach einiger Zeit zurück. Die positive Elektrode färbt sich dunkelbraun, die negative Elektrode verändert sich nicht. Gegen Ende des Versuchs bilden sich Gasblasen an beiden Elektroden.

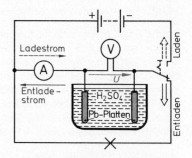

Bild 142/1: Laden und Entladen einer Zelle

Versuch 142/3: Schließen Sie mit Hilfe des Umschalters statt der Spannungsquelle die Glühlampe an die Zelle und die Meßgeräte an (Bild 142/1)!

Die Lampe leuchtet. Der Strom fließt in umgekehrter Richtung wie im vorigen Versuch und nimmt ab. Die Spannungsrichtung ist unverändert.

In Versuch 142/2 wird elektrische Energie aufgewendet. An der positiven Elektrode verwandelt sich Blei (Pb) in das dunkelbraune Bleidioxid (PbO_2). Dieses hat in der Spannungsreihe eine andere Stellung als Blei. Es ist gegenüber dem Metall Blei positiv. Aus der Zelle wird durch Aufladen ein galvanisches Element. Vor allem gegen Ende des Ladevorgangs entsteht durch Elektrolyse von Wasser Knallgas. Dabei geht ein Teil der aufgewendeten elektrischen Energie verloren.

Versuch 142/3 zeigt das Entladen des Elements. Die beim Aufladen gespeicherte chemische Energie wird in elektrische Energie zurückverwandelt. Die Zelle kann danach wieder aufgeladen werden. Sie ist ein Akkumulator. Der Gleichspannungserzeuger aus Versuch 142/2 dient als Ladegerät.

Die Klemmen eines Akkumulators dürfen nur an gleichpolige Klemmen des Ladegeräts angeschlossen werden. Ladestrom und Entladestrom haben entgegengesetzte Richtungen.

Die Schwefelsäure (H_2SO_4) ist in Wasserstoffionen (H^+) und Säurerestionen (SO_4^{2-}) dissoziiert.

Beim *Entladen* **(Bild 142/2)** ist Blei (Pb) gegenüber dem Bleidioxid (PbO_2) die unedle Elektrode. Zur Bleielektrode (Pb) wandern Säurerestionen (SO_4^{2-}). An der Elektrodenoberfläche bildet sich das unlösliche Bleisulfat ($PbSO_4$). Dabei bleiben Elektronen übrig; die Elektrode lädt sich negativ auf.

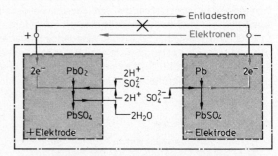

Bild 142/2: Vorgänge beim Entladen

Wasserstoffionen (H^+) bewegen sich zur Bleidioxidelektrode (PbO_2). Bleidioxid, Wasserstoff und Schwefelsäure verbinden sich ebenfalls zu Bleisulfat ($PbSO_4$). Dabei werden Elektronen verbraucht; die Elektrode lädt sich positiv auf. Zwischen den Elektroden der vollständig entladenen (tiefentladenen) Zelle besteht keine Spannung, da beide an der Oberfläche aus Bleisulfat ($PbSO_4$) bestehen.

---

* accumulare (lat.) = aufhäufen

Beim *Laden* **(Bild 143/1)** wandern zur negativen Elektrode ($PbSO_4$) Wasserstoffionen (H^+). Eine chemische Reaktion ergibt dort Blei (Pb) und Schwefelsäure (H_2SO_4). Die dazu erforderlichen Elektronen kommen vom negativen Pol des Ladegeräts.

Zur positiven Elektrode ($PbSO_4$) gelangen die Säurerestionen (SO_4^{2-}). In Verbindung mit Wasser (H_2O) entstehen Bleidioxid (PbO_2) und Schwefelsäure (H_2SO_4). Die dabei freiwerdenden Elektronen wandern zum positiven Pol des Ladegeräts. Zwischen der Bleielektrode (Pb) und der edleren Bleidioxidelektrode (PbO_2) baut sich eine Spannung auf, die gegen die Spannung des Ladegeräts gerichtet ist.

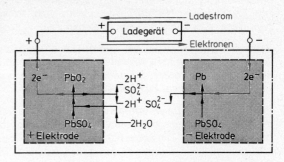

Bild 143/1: Vorgänge beim Laden

Beim Entladen eines Bleiakkumulators wird Schwefelsäure verbraucht und Wasser freigesetzt; Konzentration und Dichte des Elektrolyten nehmen ab.

Beim Aufladen eines Bleiakkumulators wird Wasser verbraucht und Schwefelsäure freigesetzt; Konzentration und Dichte der Säure nehmen zu.

Aufbau des Bleiakkumulators

Wegen der chemischen Vorgänge im Akkumulator sollen die Elektroden eine große Oberfläche haben, gegen mechanische und thermische Beanspruchung unempfindlich sein und wenig Raum einnehmen. Die sogenannte *aktive Masse* Bleidioxid und Blei ist deshalb porös und befindet sich in *Masseträgern* aus Hartblei. Diese Träger sind auch gegen chemische Einwirkung des Elektrolyten unempfindlich.

Ein Akkumulator kann aus einer einzelnen Zelle bestehen. Für Spannungen über 2 V sind mehrere Zellen durch Zellenverbinder zu einer Akkumulatorenbatterie zusammengeschaltet. Sie können dabei in einem gemeinsamen Gehäuse (Blockkasten) einen *Batterieblock* bilden, wie z. B. bei einer 12-V-Starterbatterie **(Bild 143/2)**. Jede Zelle besteht aus mehreren positiven und mehreren negativen Platten, dem Gefäß, dem Elektrolyten und den zum Einbau und Anschluß erforderlichen Teilen. Die positiven Platten sind durch eine Polbrücke mit Anschlußpol zu einem *Plattensatz* verbunden, ebenso die negativen Platten. Die Plattensätze sind so ineinandergeschoben, daß sich positive und negative Platten abwechseln (Bild 143/2). *Scheider* (Separatoren) aus porösem, säurefestem Kunststoff trennen die Platten voneinander. Sie verhindern Kurzschlüsse zwischen den Platten. Solche Kurzschlüsse könnten durch Verformung der Platten oder durch Austreten aktiver Masse bei hoher elektrischer oder mechanischer Beanspruchung des Akkumulators entstehen. Besonders die aktive Masse der positiven Platten erfährt beim Betrieb des Akkumulators eine große Volumenänderung. Die Platten würden sich bei einseitiger Belastung durchbiegen. Deshalb ist jede positive Platte von zwei negativen Platten umgeben; der negative Plattensatz hat in jeder Zelle eine Platte mehr.

Das *Plattenpaket* ist in einem *Gefäß* aus Hartgummi oder Kunststoff untergebracht. Es soll ganz in den Elektrolyten (verdünnte Schwefelsäure) eingetaucht sein. Unterhalb des Plattenpakets bleibt ein *Schlammraum* frei, damit sich die beim Betrieb austretende aktive Masse absetzen kann. Zellen, die im Betrieb geneigt werden, haben auch oberhalb von Plattenpaket und Säurespiegel einen großen *Freiraum*.

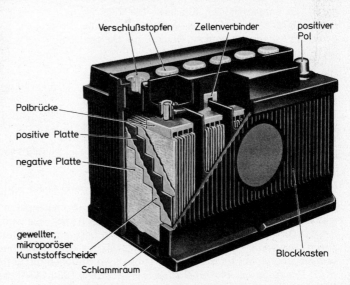

Bild 143/2: Starterbatterie 12 V 44 Ah 210 A

Besonders ortsveränderliche Zellen haben einen abgedichteten oder vergossenen Deckel mit einer Öffnung zum Einfüllen oder Nachfüllen des Elektrolyten. Verschlossen ist die Öffnung durch einen *Stopfen*, der zwar Gase, aber keine Säure entweichen läßt.

Starterbatterien enthalten während der Lagerung noch keinen Elektrolyten. Ihre Platten sind *formiert*, d. h. die aktive Masse besteht wie bei der geladenen Batterie aus Bleischlamm und Bleidioxid. Man bezeichnet die Batterien als trocken geladen. Erst vor ihrer Verwendung wird der Elektrolyt eingefüllt. Die Batterien sind dann nach kurzer Zeit betriebsbereit.

Wartungsfreie Batterien erfordern kein Nachfüllen von Wasser und kein Erneuern des Elektrolyten. Das Gasen verhindert man bei diesen Akkumulatoren durch spezielle Masseträger und durch genaues Regeln der Ladespannung. Die Zellen haben keine Einfüllöffnungen. *Ventile* sorgen dafür, daß bei Fehlbehandlung kein gefährlicher Gasdruck in den Zellen entsteht. Diese Batterien sind so gebaut, daß sie ein starkes Neigen erlauben. Sie eignen sich vor allem für *tragbare Verbraucher*, wie z. B. Handlampen und Funksprechgeräte. Sie werden als prismatische Batterien und auch als Rundzellen gebaut.

Wichtige Größen des Bleiakkumulators

Als **Spannung** ist der Nennwert 2,0 V je Zelle festgelegt. Die *Nennspannung* einer Batterie ist je nach Zellenzahl größer, z. B. 12 V bei 6 Zellen (Bild 143/2). Die *Ruhespannung* einer voll geladenen Zelle beträgt 2,12 V. Diese Spannung gibt die unbelastete Zelle einige Zeit nach Beendigung des Ladevorgangs ab. Bei Dauerbelastung geht die Ausgangsspannung stetig zurück **(Bild 144/1)**. Die *Entladeschlußspannung* einer Starterbatterie ist 1,75 V je Zelle. Beim Erreichen dieser Spannung gilt die Zelle als entladen. Wird dieser Grenzwert unterschritten, bildet sich das Bleisulfat auf den Platten in grobkristalliner Form und kann so beim Laden nur beschränkt umgewandelt werden.

Die Ladespannung ist größer als die Entladespannung, da der Ladestrom in der Zelle einen Spannungsabfall bewirkt und die Spannung der Zelle gegen die des Ladegeräts gerichtet ist. Während des Ladevorgangs nimmt die Ladespannung zu (Bild 144/1). Bei etwa 2,4 V beginnt die Zelle zu gasen. Es entwickelt sich Knallgas. Die Zelle ist dann zu 80% geladen. Für volle Aufladung muß die *Ladeschlußspannung* erreicht werden, bei Starterbatterien bis 2,78 V je Zelle.

Die **Säuredichte** hängt vom Ladezustand der Batterie ab. Bei +27 °C und bei richtiger Höhe des Säurespiegels beträgt sie in voll geladenem Zustand 1,28 kg/dm³, im entladenen Zustand 1,12 kg/dm³. Die Messung der Dichte mit dem Säureprüfer **(Bild 144/2)** gibt eine ungefähre Auskunft über den Ladezustand. Bei einer Dichte von weniger als 1,20 kg/dm³ empfiehlt es sich, die Batterie zu laden.

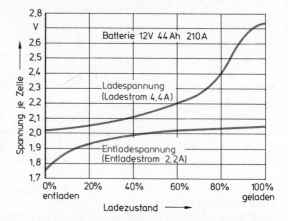

Bild 144/1: **Zellenspannung einer Starterbatterie beim Laden und Entladen**

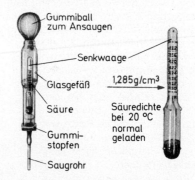

Bild 144/2: **Säureprüfer mit Saugheber und Senkwaage (Aräometer)**

Die Säuredichte eines Bleiakkumulators nimmt beim Entladen ab und beim Laden zu.

Unter der **Kapazität** K versteht man die Ladung (Strommenge) in Ah, die eine voll geladene Batterie bis zum Erreichen der Entladeschlußspannung abgeben kann. Sie wird mit von der Säuretemperatur, von der Art der Belastung und vom Alter der Batterie bestimmt. Als Bezugstemperatur ist +27 °C festgelegt. Kapazitätsangaben auf Typenschildern gelten für eine bestimmte Entladedauer, bei Antriebsbatterien (Traktionsbatterien) für 5 h (K_5), bei stationären Batterien für 10 h (K_{10}) und bei Starterbatterien für 20 h (K_{20}). Der Aufdruck 44 Ah bei einer Starterbatterie (Bild 143/2) bedeutet, daß 20 h lang ein Strom von 2,2 A entnommen werden kann. $I_{20} = 2{,}2$ A ist dann der *Nennstrom* der Batterie.

Die **Selbstentladung** vermindert die gespeicherte Ladung (Strommenge) eines Akkumulators, auch wenn dieser nicht belastet wird. Eine neue, voll geladene Starterbatterie z. B. verliert dadurch täglich etwa 1% ihrer Nennkapazität.

Am **Innenwiderstand** eines Akkumulators geht bei Belastung ein Teil der erzeugten Spannung verloren. Dieser Widerstand hängt von Bauform und Alter der Batterie, außerdem von Dichte und Temperatur der Säure ab. Besonders Starterbatterien haben kleine Innenwiderstände, da sie kurzzeitig hohe Ströme abgeben müssen. Der Innenwiderstand beträgt bei neuen, voll geladenen Starterbatterien bei $+27\ °C$ ungefähr $0,1/K_{20}$ in Ω. Bei $K_{20} = 44$ Ah ergibt das z. B. $0,0023\ \Omega$.

Der **Wirkungsgrad** kann für die Ladung (Strommenge) und für die Energie angegeben werden. Durch das Gasen ist die von der Batterie abgegebene Ladung kleiner als die aufgenommene Ladung. Der *Ladungswirkungsgrad* (Ah-Wirkungsgrad) einer neuen Starterbatterie beträgt bei 10stündigem Laden, bei 20stündigem Entladen und bei $+27\ °C$ etwa 0,9, der Ladefaktor entsprechend 1,1.

η_{Ah}	Ladungs-Wirkungsgrad (Amperestunden-Wirkungsgrad, Ah-Wirkungsgrad)	I_L mittlerer Ladestrom
K_L	aufgenommene Ladung	I_E mittlerer Entladestrom
K_E	abgegebene Ladung	t_L Ladezeit
a	Ladefaktor	t_E Entladezeit

$$\eta_{Ah} = \frac{K_E}{K_L} = \frac{I_E \cdot t_E}{I_L \cdot t_L}$$

$$a = \frac{K_L}{K_E} = \frac{1}{\eta_{Ah}}$$

Der *Energiewirkungsgrad* (Wh-Wirkungsgrad) derselben Batterie ist bei denselben Bedingungen kleiner, da die Durchschnittsspannung beim Entladen kleiner als beim Laden ist. Bei denselben Bedingungen wie oben beträgt er etwa 0,75.

η_{Wh}	Energie-Wirkungsgrad (Wattstunden-Wirkungsgrad, Wh-Wirkungsgrad)	U_E mittlere Entladespannung
W_L	aufgenommene Energie	I_L mittlerer Ladestrom
W_E	abgegebene Energie	I_E mittlerer Entladestrom
U_L	mittlere Ladespannung	t_L Ladezeit
		t_E Entladezeit

$$\eta_{Wh} = \frac{W_E}{W_L} = \frac{U_E \cdot I_E \cdot t_E}{U_L \cdot I_L \cdot t_L}$$

Der **Kälteprüfstrom** ist für die Starterbatterie eine charakteristische Größe. Er beträgt z. B. 210 A bei einer Batterie mit 12 V/44 Ah (Bild 143/2). Bei $-18\ °C$ muß die Spannung der mit 210 A belasteten Batterie nach 30 s mindestens 8,4 V (1,4 V je Zelle) und nach 180 s mindestens 6,0 V (1,0 V je Zelle) betragen.

Pflege und Wartung des Bleiakkumulators

Lebensdauer und Leistung einer Batterie hängen wesentlich von ihrer Pflege und Wartung ab.

Anschlüsse und Schaltverbindungen sind sauber und trocken zu halten. Säurereste, Feuchtigkeit und Schmutz begünstigen die Korrosion (Seite 153). Besonders rasch korrodieren lockere Anschlüsse. Dabei bilden sich Übergangswiderstände. An ihnen kann bei hohen Strömen ein großer Teil der erzeugten Spannung verloren gehen. Klemmen sind deshalb gut zu befestigen. Säureverschmutzungen werden mit Hilfe basischer Lösungen, z. B. Sodalösungen, neutralisiert und dann abgewaschen. Basische Lösungen dürfen dabei auf keinen Fall in das Innere der Zellen gelangen.

Bei voller Ladung und bei Tiefentladung entsteht in der Batterie Knallgas. Bereits kleine Funken in Schaltern oder an lockeren Kontakten können Explosionen auslösen.

In Batterieräumen und in der Nähe gasender Batterien besteht Explosionsgefahr!

Das Gasen der Batterie bedeutet einen Wasserverlust. Der Säurespiegel kann unter den oberen Rand der Platten zurückgehen. Die freiliegende aktive Masse wird unwirksam und unbrauchbar. Man muß deshalb den Säurespiegel durch Nachfüllen von reinem Wasser auf der vorgeschriebenen Höhe halten.

In trocken geladenen Batterien ist Schwefelsäure mit der vorgeschriebenen Dichte, z. B. 1,28 kg/dm³, bei 20 °C bis 27 °C einzufüllen. Säure dieser Dichte gehört entweder zum Lieferumfang oder muß durch Verdünnen chemisch reiner, konzentrierter Säure hergestellt werden. Zum Verdünnen ist nur chemisch reines Wasser zulässig. Beim Mischungsvorgang entstehen Wärme und meist hohe Temperaturen.

Wasser darf nie in konzentrierte Säure gegossen werden.

Das spezifisch leichtere Wasser würde schon an der Oberfläche der Mischung reagieren und zusammen mit Säure hochspritzen. Man muß daher Säure in kleinen Mengen in Wasser geben. Sie sinkt unter und vermischt sich dabei gleichmäßig mit Wasser. Durch Umrühren verhindert man einen Wärmestau. Temperaturen über 80 °C sind unzulässig. Das Messen der Säuredichte ist erst nach dem Abkühlen der Mischung möglich.

Batteriesäure wirkt stark ätzend. Augen, Haut und Kleidung müssen geschützt werden!

Säurespritzer macht man durch Abwaschen mit viel Wasser und durch Neutralisieren mit geeigneten Lösungen unschädlich. Verletzungen müssen vom Arzt behandelt werden.

Ladezustand und Funktionsfähigkeit einer Batterie sind regelmäßig mit Hilfe des Säureprüfers oder besser mit einem Testgerät zu prüfen. Gegebenenfalls ist die Batterie zu laden.

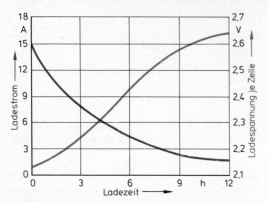 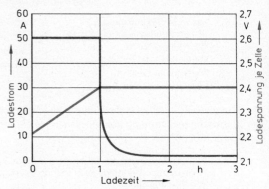

Bild 146/1: Normallade-Kennlinie (W-Kennlinie)   **Bild 146/2: Schnellade-Kennlinie (IU-Kennlinie)**

Man unterscheidet verschiedene Ladearten. Das *Normalladen* erfolgt nach der sogenannten W-Kennlinie **(Bild 146/1)**. Es erfordert eine Zeit von 10 bis 12 Stunden. Der durchschnittliche Ladestrom beträgt z. B. 5,5 A bei der Nennkapazität 55 Ah. Im Ladegerät entsteht eine konstante Gleichspannung. Die Spannung an der Batterie, die Ladespannung (Bild 146/1), ist wegen der Spannungsabfälle im Ladegerät kleiner. Bei Ladebeginn ist die Gegenspannung der Batterie klein. Es fließt ein hoher Ladestrom. Wegen der Spannungsabfälle ist die Ladespannung noch klein. Mit steigender Gegenspannung gehen Strom und Spannungsabfälle zurück. Die Ladespannung steigt (Bild 146/1) und erreicht schließlich den Endwert 2,65 V je Zelle. Es fließt noch ein kleiner konstanter Strom. Dieser erhöht zwar die gespeicherte Ladung nicht mehr, schadet aber auch der Batterie nicht.

Eine wesentlich kürzere Zeit erfordert die *Schnelladung* nach der sogenannten *IU*-Kennlinie **(Bild 146/2)**. Das Ladegerät liefert zunächst bei steigender Ladespannung einen konstanten Strom, der 5 bis 10mal so groß wie der Normalladestrom sein kann (Bild 146/2). Ab dem Erreichen der Gasungsspannung, 2,4 V je Zelle, bleibt die Ladespannung konstant. Der Ladestrom geht dann rasch auf einen sehr kleinen, konstanten Wert zurück.

Häufig wird die *Pufferladung* angewandt, z. B. bei Starterbatterien und bei Akkumulatoren als Ersatzstromversorgung (Notstromversorgung). Batterien im Pufferbetrieb versorgen kurzzeitig allein die angeschlossenen Verbraucher, sind aber den größten Teil der Betriebszeit mit der Ladequelle verbunden. Ein genau arbeitender Regler muß Ladespannung und Strom so einstellen, daß weder Überladung noch dauernde Entladung auftritt.

Wiederholungsfragen

1. Woraus besteht die aktive Masse a) beim geladenen, b) beim entladenen Bleiakkumulator?

2. Wie ändert sich die Säuredichte beim Laden?

3. Warum ist beim Bleiakkumulator jede positive Platte von zwei negativen Platten umgeben?

4. Welche Auswirkung hat das Unterschreiten der Entladeschlußspannung?

5. Was versteht man unter der Kapazität eines Akkumulators?

6. Erläutern Sie die Angabe K_{20} = 44 Ah!

7. Warum darf man nicht Wasser in konzentrierte Säure gießen?

8. Nennen Sie drei Ladearten bei Akkumulatoren!

9.4.2 Stahlakkumulatoren

Bei geladenen Stahlakkumulatoren enthalten die positiven Platten das dreiwertige Oxidhydroxid (NiOOH) des Nickels als aktive Masse, die negativen Platten Cadmium (Cd) oder Eisen (Fe). Als Elektrolyt dient Kalilauge (KOH). Die Zellengefäße bestehen aus vernickeltem Stahl oder aus Kunststoff. Meist werden Nickel-Cadmium-Akkumulatoren verwendet.

Vorgänge in der Nickel-Cadmium-Zelle

Bei der Entladung entsteht am negativen Pol Cadmiumhydroxid, am positiven Pol zweiwertiges Nickelhydroxid. Wasser wird verbraucht (**Bild 147/1**). Beim Laden werden diese Vorgänge rückgängig gemacht. Wasser wird frei (**Bild 147/2**).

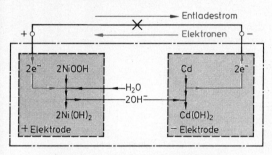

Bild 147/1: Entladen einer Ni-Cd-Zelle **Bild 147/2: Laden einer Ni-Cd-Zelle**

Volles Aufladen und Tiefentladen führt wie beim Bleiakkumulator zur Entwicklung von Knallgas. Die Dichte des Elektrolyten beträgt 1,19 kg/dm³. Sie ändert sich nur wenig und gibt so keinen Aufschluß über den Ladezustand.

Offene Nickel-Cadmium-Zellen

Die Zellen (**Bild 147/3**) haben eine Öffnung, die einen Ausgleich von Wasserverlust und eine Erneuerung des Elektrolyten ermöglichen. Ein Ventil im Verschlußstopfen verhindert den Austritt des Elektrolyten und den Eintritt von Luft. Das Kohlendioxid in der Luft würde mit der Kalilauge unwirksame Verbindungen bilden. Positive und negative Plattensätze greifen ineinander. Sie sind gegeneinander und gegen das Zellengefäß isoliert. Die aktive Masse befindet sich in flachen Taschen oder in Röhrchen aus gelochtem Stahlblech (Bild 147/3). Sie kann auch in hochporösen Sinterkörpern enthalten sein. Zellengefäße aus Metall sind in der Batterie gegeneinander isoliert.

Die Nennspannung beim Stahlakkumulator beträgt 1,2 V je Zelle, die Ruhespannung nach voller Aufladung 1,4 V, die Entladeschlußspannung 1,0 V. Damit erfordert eine Nickel-Cadmium-Batterie für die gleiche Spannung erheblich mehr Zellen als ein Bleiakkumulator. Der Ladungswirkungsgrad ist nur etwa 0,7 bis 0,8.

Stahlakkumulatoren stellen nur kleine Wartungsansprüche. Die Zellen sind sauber zu halten. Wasserverluste müssen ausgeglichen werden. Es ist vorteilhaft, die nach 3 bis 5 Jahren verunreinigte Kalilauge zu ersetzen. Dabei ist chemisch reine Lauge zu verwenden.

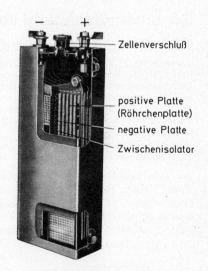

Bild 147/3:
Offene Nickel-Cadmium-Zelle

Kalilauge wirkt stark ätzend. Augen, Haut und Kleidung müssen beim Umgang mit Lauge geschützt werden.

Laugenspritzer werden mit viel Wasser abgewaschen. Man kann sie vorher durch schwach saure Lösungen neutralisieren. Säuren dürfen auf keinen Fall in die Zellen gelangen.

Stahlakkumulatoren sind teuer und nehmen einen relativ großen Raum ein. Sie sind aber elektrisch und mechanisch unempfindlich und haben eine hohe Lebensdauer, im Lade-Entladebetrieb bis zu 4000 Zyklen, im Pufferbetrieb bis zu 20 Jahren. Tiefentladung ist unschädlich. Die Selbstentladung beträgt nur etwa 0,15 % pro Tag. Ein Normalladen ist in 3 Stunden möglich. Das Schnelladen kann mit hohen Strömen erfolgen, wenn der Strom am Ende des Vorgangs durch das Ladegerät automatisch herabgesetzt wird. Für eine Teilladung ist dabei eine Ladezeit von nur einigen Minuten erforderlich (ultraschnelles Laden). Beim Laden und Entladen ist die Grenztemperatur +45 °C einzuhalten.

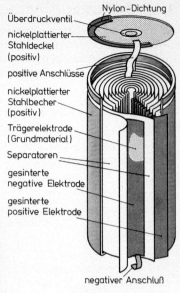

Nylon-Dichtung
Überdruckventil
nickelplattierter Stahldeckel (positiv)
positive Anschlüsse
nickelplattierter Stahlbecher (positiv)
Trägerelektrode (Grundmaterial)
Separatoren
gesinterte negative Elektrode
gesinterte positive Elektrode
negativer Anschluß

Bild 148/1:
Gasdichte Ni-Cd-Rundzelle

Gasdichte Nickel-Cadmium-Zellen

Das Gasen dieser Zellen verhindert man, indem man den abgeschiedenen Sauerstoff chemisch bindet und gleichzeitig das Freiwerden von Wasserstoff verhindert. Wegen einer möglichen Fehlbehandlung haben größere Zellen **(Bild 148/1)** ein Überdruckventil. Bei Knopfzellen kann sich im Notfall der Deckel öffnen. Ein Verspritzen des Elektrolyten ist bei gasdichten Zellen nicht möglich, da dieser in den Poren der Separatoren und Elektroden festgelegt ist. Das Gasen der Zellen bleibt aber nur dann aus, wenn die Ladespannung den richtigen zeitlichen Verlauf und die richtige Höhe hat. Dazu sind spezielle Ladegeräte erforderlich. Eine gute Wärmeabfuhr ist wichtig.

Gasdichte Nickel-Cadmium-Zellen haben teilweise die gleichen Abmessungen wie die entsprechenden Primärzellen, können diese also ersetzen. Rundzellen mit Sinterelektroden (Bild 148/1) eignen sich für hohe Dauerbelastung. So kann z.B. eine Hochleistungs-Babyzelle kontinuierlich den 100fachen Strom der 10stündigen Entladung abgeben; bei einer Nennkapazität von 1,8 Ah sind das 18 A. Knopfzellen sind für kleine und mittlere Belastungen im Lade-Entladebetrieb geeignet. Im Pufferbetrieb ist eine Überladung zu vermeiden.

9.5 Innenwiderstand von galvanischen Elementen und Batterien

9.5.1 Element bei Leerlauf und bei Belastung

Versuch 148/1: Verbinden Sie die Klemmen einer Stabzelle der Nennspannung 1,5 V über einen Schalter, einen niederohmigen Strommesser und einen Belastungswiderstand, z.B. 2 Ω, miteinander! Schließen Sie an die Klemmen der Zelle einen hochohmigen Spannungsmesser an **(Bild 148/2)**! Achten Sie darauf, daß im Strompfad keine Übergangswiderstände entstehen. Messen Sie bei offenem Schalter S1 die Spannung und bei kurzzeitig geschlossenem Schalter Spannung und Strom!

Bei offenem Schalter S1 ergibt sich die Spannung 1,53 V. Bei geschlossenem Schalter fließt ein Strom von etwa 0,6 A, die Spannung geht auf 1,2 V zurück.

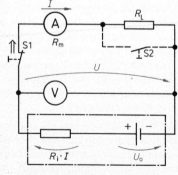

Bild 148/2: Spannungserzeuger bei Leerlauf und bei Belastung

Die Zelle besitzt einen Innenwiderstand R_i (Bild 148/2). Wenn ein Strom I fließt, liegt an ihm der Teil $R_i \cdot I$ der erzeugten Spannung. Den anderen Teil U gibt die Zelle an den Klemmen ab. Die erzeugte Spannung nennt man Quellenspannung oder Urspannung U_0. Sie ist so groß wie die Summe aus Arbeitsspannung (Klemmenspannung) U und Spannungsabfall $R_i \cdot I$.

U_0	Quellenspannung	R_i	Innenwiderstand
U	Arbeitsspannung, Klemmenspannung	I	Belastungsstrom

$$U = U_0 - R_i \cdot I$$

Bei offenem Schalter S1 ist die Zelle nur durch den hochohmigen Spannungsmesser belastet. Die Zelle läuft praktisch leer. Der Spannungsabfall am Innenwiderstand ist vernachlässigbar.

Die Leerlaufspannung eines Spannungserzeugers ist so groß wie die Quellenspannung.

9.5.2 Element bei Kurzschluß

Versuch 149/1: Messen Sie noch einmal die Leerlaufspannung der Stabzelle von Versuch 148/1! Überbrücken Sie dann für wenige Sekunden den Belastungswiderstand R_L durch Schließen des Schalters S2 (Bild 148/2)! Achten Sie auf kleine Übergangswiderstände!

Die Leerlaufspannung beträgt 1,51 V, der Strom bei überbrücktem Widerstand ungefähr 2,5 A.

Die Belastung mit dem Strommesser allein bedeutet für die Zelle praktisch Kurzschluß. Bei vollkommenem Kurzschluß befindet sich im Stromkreis nur der Innenwiderstand R_i des Spannungserzeugers.

Bei Kurzschluß eines Spannungserzeugers liegt die ganze Quellenspannung am Innenwiderstand.

U_0 Leerlaufspannung
I_k Kurzschlußstrom
R_i Innenwiderstand

$$R_i = \frac{U_0}{I_k}$$

Der Quotient aus Leerlaufspannung und Kurzschlußstrom aus Versuch 149/1 ergibt 0,6 Ω. In diesem Wert ist der Widerstand des Strommessers ($R_m = 0,1\ \Omega$) enthalten. Der Innenwiderstand der Zelle ist also $R_i = 0,5\ \Omega$.

Versuch 149/2: Wiederholen Sie Versuch 149/1 mit einer alkalischen Zink-Braunstein-Zelle der Nennspannung 1,5 V! Ermitteln Sie den Innenwiderstand der Zelle!

Die Leerlaufspannung ist 1,58 V, der Kurzschlußstrom etwa 6,6 A, der Quotient aus beiden Größen 0,24 Ω. Bei einem Widerstand des Strommessers von 0,15 Ω ergibt das einen Innenwiderstand von etwa 0,1 Ω.

Der Innenwiderstand eines Spannungserzeugers ist bei gleicher Quellenspannung um so kleiner, je größer der Kurzschlußstrom ist.

Versuch 149/3: Wiederholen Sie Versuch 149/1 mit einer neuen und mit einer älteren Zelle gleichen Typs!
Der Kurzschlußstrom ist bei der älteren Zelle kleiner.

Der Innenwiderstand eines galvanischen Elements nimmt bei Entladung zu.

Der Innenwiderstand eines galvanischen Elements hängt nicht nur von der entnommenen Ladung, sondern auch von der Art der Belastung und von der Temperatur ab.

9.5.3 Schaltung von galvanischen Elementen

Für die Schaltung von Spannungserzeugern gelten wie für die Schaltung von Verbrauchern die Kirchhoffschen Regeln. Eine Batterie besteht meist aus einer Reihenschaltung, manchmal auch aus einer Parallelschaltung oder einer gemischten Schaltung gleichartiger Zellen.

Versuch 149/4: Messen Sie Leerlaufspannung und Kurzschlußstrom einer neuen Stabzelle und einer Reihenschaltung aus drei solchen Zellen **(Bild 149/1)**! Der Kurzschlußstrom darf dabei nur einige Sekunden lang fließen.

Gegenüber der Einzelzelle gibt die Reihenschaltung etwa die dreifache Leerlaufspannung, aber etwa den gleich großen Kurzschlußstrom ab.

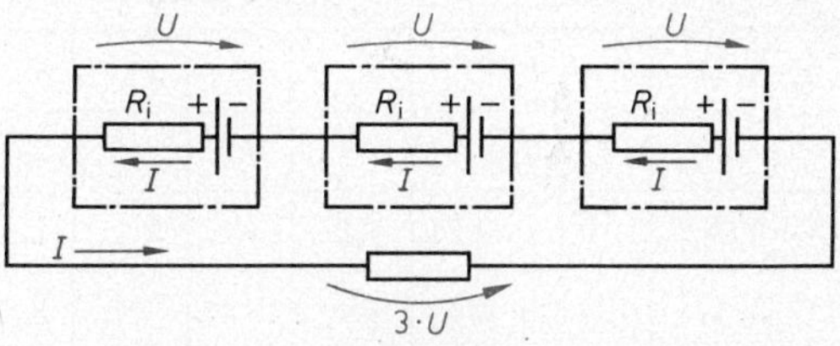

Bild 149/1:
Reihenschaltung von Spannungserzeugern

Bei Kurzschluß der Reihenschaltung liegt die dreifache Quellenspannung am dreifachen Innenwiderstand. Das ergibt den gleichen Kurzschlußstrom wie bei der einzelnen Zelle. Jede Zelle der Reihenschaltung nimmt die Ladung der vorgeschalteten Zelle wieder auf. Die Reihenschaltung kann keine größere Ladung als die einzelne Zelle an den Verbraucher abgeben.

Die Kapazität einer Reihenschaltung gleichartiger Zellen ist gleich groß wie die Kapazität einer einzelnen Zelle. Die Gesamtspannung ist gleich der Summe der Einzelspannungen.

Versuch 149/5: Messen Sie die Leerlaufspannung und den Kurzschlußstrom einer neuen Stabzelle und dann einer Parallelschaltung aus drei solchen Zellen **(Bild 150/1)**!
Gegenüber der Einzelzelle gibt die Parallelschaltung die gleich große Leerlaufspannung und den dreifachen Kurzschlußstrom ab.

Durch Parallelschalten summieren sich nicht nur die Ströme und Ladungen, sondern auch die inneren Leitwerte der einzelnen Zellen.

Die Spannung einer Parallelschaltung gleichartiger Zellen ist so groß wie die Spannung der einzelnen Zelle. Die Gesamtkapazität ist gleich der Summe der Einzelkapazitäten.

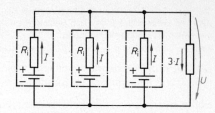

Bild 150/1: Parallelschaltung von Spannungserzeugern

In der Reihenschaltung von Akkumulatorzellen besteht die Gefahr, daß einzelne Zellen vorzeitig entladen werden, z. B. bei ungleichem Elektrolytstand. Wird die Batterie dann weiterverwendet, können solche Zellen nicht nur vollständig entladen, sondern sogar entgegengesetzt aufgeladen werden. Ihre Lebensdauer wird dadurch stark herabgesetzt. Tiefentladene Primärzellen in einer Reihenschaltung haben einen stark erhöhten Innenwiderstand. In Verbindung mit neuen Zellen stellen sie Verbraucher dar und laufen rasch aus.

Werden galvanische Elemente mit verschiedenen Quellenspannungen oder verschiedenen Innenwiderständen parallelgeschaltet, z. B. neue und gebrauchte Zellen oder Zellen verschiedenen Typs, so fließen Ausgleichsströme zu den Zellen niederer Klemmenspannung. Die Batterie entlädt sich schon im Leerlauf. Beim Anschluß eines Verbrauchers sind die Zellen höherer Spannung ständig überlastet.

In ein Verbrauchsgerät dürfen nie neue und alte Zellen oder Zellen verschiedenen Typs eingebaut werden.

9.5.4 Anpassung

Versuch 150/1: Messen Sie die Leerlaufspannung einer Reihenschaltung aus drei Taschenlampenbatterien mit je 4,5 V Nennspannung **(Bild 150/2)**! Belasten Sie die Schaltung nacheinander kurzzeitig mit verschieden großen Widerständen **(Tabelle 150/1)**! Messen Sie jeweils Klemmenspannung und Strom, und berechnen Sie die von den Batterien abgegebene Leistung!

Für Spannungen, Ströme und Leistungen können sich dabei z. B. die Werte von Tabelle 150/1 ergeben.

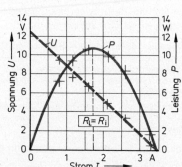

Bild 150/2: Versuchsschaltung

Tabelle 150/1: Werte zur Anpassung						
R_L in Ω	∞	10	6	4	2	1	0
U in V	12,3	9,1	7,8	6,5	4,7	3,2	0,5
I in A	0	0,74	1,2	1,6	2,1	2,6	3,3
P in W	0	6,7	9,4	10,4	9,9	8,3	1,7

Die Klemmenspannung U ist bei Leerlauf so groß wie die Quellenspannung des Spannungserzeugers. Sie nimmt wegen des Innenwiderstandes ab, wenn der Strom I zunimmt (Tabelle 150/1). Die abgegebene Leistung P wird zunächst größer und dann wieder kleiner **(Bild 150/3)**.

Bild 150/3: Leistungsanpassung

Aus der Leerlaufspannung $U_0 = 12,3\,V$ und dem Kurzschlußstrom $I_k = 3,4\,A$ im Beispiel berechnet man den gesamten Innenwiderstand zu $R_i = 3,6\,\Omega$. Bei einem Lastwiderstand von $R_L \approx 4\,\Omega$ ist die Leistung P am größten (Bild 150/3).

Ein Spannungserzeuger gibt dann die maximale Leistung ab, wenn Lastwiderstand R_L und Innenwiderstand R_i gleich groß sind.

Leistungsanpassung:

$$R_L = R_i$$

Da bei der Leistungsanpassung der Spannungsabfall am Innenwiderstand so groß wie die Ausgangs-spannung (Lastspannung) ist, erhält der Verbraucher nur die Hälfte der erzeugten Leistung; der Wirkungs-grad beträgt 50%. Die Leistungsanpassung strebt man z. B. beim Zusammenschalten von Verstärkern mit Lautsprechern, Mikrofonen oder Antennen an.

Beim Anschluß von Verbrauchern in der Energietechnik soll praktisch die ganze Quellenspannung am Last-widerstand liegen.

Ein Spannungserzeuger gibt die maximale Spannung ab, wenn der Lastwiderstand groß gegenüber dem Innenwiderstand ist.

Spannungsanpassung: $\boxed{R_L \gg R_i}$

Der Laststrom ist dabei klein, der Wirkungsgrad hoch. Die Ausgangsspannung (Lastspannung) ändert sich bei Änderungen des Laststroms praktisch nicht, da der Spannungsabfall im Erzeuger vernachlässigbar ist.

Einen hohen Laststrom erhält man bei sehr kleinem Lastwiderstand. Der größte Teil der Quellenspannung fällt dann im Erzeuger ab, und der Wirkungsgrad ist klein.

Ein Spannungserzeuger gibt den maximalen Strom ab, wenn der Lastwiderstand klein gegenüber dem Innenwiderstand ist.

Stromanpassung: $\boxed{R_L \ll R_i}$

Wiederholungsfragen

1. Welche Nachteile hat der Stahlakkumulator gegenüber dem Bleiakkumulator?
2. Nennen Sie 4 Vorzüge des Stahlakkumulators gegenüber dem Bleiakkumulator!
3. Wie kann man die Quellenspannung eines galvanischen Elements ermitteln?
4. Nennen Sie eine Formel zur Berechnung des Innenwiderstands eines Spannungserzeugers!
5. Wie ändert sich der Innenwiderstand eines galvanischen Elements bei zunehmender Entladung?
6. Durch welche Schaltung von Elementen ergibt sich eine Vergrößerung der Kapazität?
7. Was versteht man unter Leistungsanpassung?

9.6 Korrosion

Unter Korrosion versteht man die Zerstörung von Werkstoffen durch chemische oder elektrochemische Vorgänge. Entsprechend unterscheidet man zwischen chemischer und elektrochemischer Korrosion.

9.6.1 Chemische Korrosion von Metallen

Dabei reagieren Metalle mit angreifenden Stoffen. Es entstehen chemische Verbindungen.

Erhitzter *Stahl* oxidiert; das Metall verbindet sich mit Sauerstoff zu dem Eisenoxid Fe_3O_4. Kontakte aus *Silber* laufen schwarz an; durch Einwirkung von Schwefelverbindungen, z.B. in Abgasen, bildet sich Silbersulfid (Ag_2S). Das *Kupfer* einer Schlauchleitung, z.B. HO7RN-F, würde sich mit dem Schwefel in der Gummiisolierung verbinden, wenn es nicht durch Verzinnen geschützt wäre. *Aluminium* überzieht sich an der Luft mit einer Schicht aus Aluminiumoxid (Al_2O_3). Es wird auch von Laugen angegriffen, die z.B. in feuchtem Putz enthalten sein können. Die meisten *Metalle* sind gegen Säuren nicht beständig.

9.6.2 Elektrochemische Korrosion

Bei der elektrochemischen Korrosion sind die Vorgänge ähnlich wie in der galvanischen Zelle. Man unter-scheidet elektrochemische Korrosion durch Elementbildung und Streustromkorrosion.

Elektrochemische Korrosion durch Elementbildung

Häufig bestehen Teile von Werkstücken aus verschiedenen Metallen. Zusammen mit einem Elektrolyten entstehen *Korrosionselemente*. Es fließt ein Korrosionsstrom.

Versuche, die die Korrosion in kurzer Zeit zeigen sollen, erfordern besondere Elektrolyte. Für Stahl ist eine Lösung von 10 g rotem Blutlaugensalz $K_3[Fe(CN)_6]$ in 1 Liter Leitungswasser geeignet. In diesem Versuchselektrolyten bewirken schon wenige Eisen(II)-Ionen eine blaue Färbung.

Versuch 152/1: Hängen Sie einen blanken, gut entfetteten Stahlbolzen und eine Kupferplatte in den Versuchselektrolyten, und geben Sie einige Tropfen 10%ige Schwefelsäure hinzu. Verbinden Sie beide Elektroden über einen Schalter und einen Strommesser miteinander **(Bild 152/1)!**

Sofort nach dem Schließen des Schalters fließt im Meßgerät ein Strom von der Kupferplatte zum Stahlbolzen. Einige Minuten danach ist der Stahlbolzen mit einer dunklen Korrosionsschicht überzogen, die immer dicker wird.

Eisen ist weniger edel als Kupfer. Der Stahlbolzen gibt Eisenionen (Fe^{2+}) an den Elektrolyten ab und wird dabei negativ. Zur Kupferplatte wandern positive Ionen (H^+) und werden entladen. Die Kupferplatte lädt sich positiv auf, da sie Elektronen an den Elektrolyten abgibt. Mit der Bewegungsrichtung der positiven Ionen stimmt die Richtung des Korrosionsstroms überein.

An der Austrittsstelle eines Stromes aus einem Metall in einen Elektrolyten tritt Korrosion auf. Die Stromeintrittsstelle korrodiert nicht.

Die Korrosionsgefahr ist groß, wenn die beteiligten Metalle in der Spannungsreihe weit auseinanderstehen. Der Vorgang spielt sich bei leitender Verbindung der beiden Metalle und bei hoher Leitfähigkeit des Elektrolyten rasch ab.

Berührungskorrosion (Kontaktkorrosion) tritt an der Berührungsstelle verschiedener Metalle in Verbindung mit einem Elektrolyten auf. Das ist z. B. möglich am Übergang von Kupferleitungen auf Aluminiumleitungen, bei Silberkontakten an Halterungen aus Messing, Stahlschrauben in Aluminiumteilen **(Bild 152/2)**. Auch Rußteile können zusammen mit Metallen Elemente bilden, z. B. auf verzinkten Blechen in der Nähe von Schornsteinen.

Interkristalline Korrosion gefährdet das Gefüge von Metallen, die aus verschiedenartigen Kristallen bestehen. So sind z. B. im Stahl Ferritkristalle (reines Eisen) und Eisencarbidkristalle (Fe_3C) nebeneinander vorhanden. Zusammen mit Feuchtigkeit entstehen sogenannte Lokalelemente, in denen die Ferritkristalle die negativen Elektroden bilden und in Lösung gehen. Das Werkstoffgefüge wird zerstört.

Transkristalline Korrosion kann ebenfalls zur Zerstörung des Metallgefüges führen. Ein Korrosionselement ist im Innern eines Kristalls dadurch möglich, daß die Konzentration desselben Werkstoffs an verschiedenen Stellen des Kristalls verschieden ist.

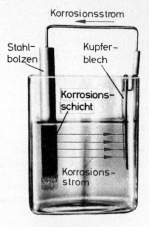

**Bild 152/1:
Korrosionselement**

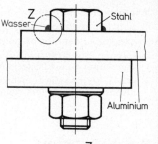

**Bild 152/2:
Berührungskorrosion**

Das **Rosten** eines Stahlteils erfordert die Anwesenheit von Wasser und Sauerstoff. Rohrleitungen, die ständig heißes, d. h. luftarmes Wasser führen, rosten praktisch nicht. Sauerstoff wirkt als Depolarisator und führt außerdem zur Entstehung von Eisen-(III)-Oxid. Dieses ist edler als Eisen und bildet zusammen mit ihm Lokalelemente. Der Korrosionsvorgang führt zur weiteren Auflösung des Eisens und zur Zerstörung des Gefüges.

Auch aus einem einzelnen Metall kann ein Korrosionselement entstehen, wenn der Elektrolyt an verschiedenen Stellen eine verschiedene Zusammensetzung hat. Möglich ist das bei langen Metallrohren und Kabelmänteln, die durch verschiedenartiges Erdreich verlaufen.

Streustromkorrosion

In elektrischen Anlagen besteht die Möglichkeit, daß Gleichstrom den Betriebsstromkreis verläßt und so einen Streustrom bildet. In Verbindung mit einem Elektrolyten ergibt sich an der Stromaustrittsstelle Streustromkorrosion.

Versuch 152/2: Bringen Sie zwei blanke, entfettete Stahlbolzen in den Versuchselektrolyten, und schließen Sie diese beiden Elektroden an eine Gleichspannung von etwa 20 V an **(Bild 153/1)!**

An der positiven Elektrode entsteht rasch eine dunkle Schicht. Die negative Elektrode bleibt blank, an ihr scheidet sich Wasserstoff ab.

Die galvanische Zelle selbst würde keine Spannung erzeugen. Der Strom aus der Quelle außerhalb bewirkt aber wie bei der Elektrolyse eine Ionenwanderung und eine Auflösung der positiven Elektrode. Bei einem hohen Strom kann die Korrosion viel schneller ablaufen als in einem Korrosionselement. Zusätzlich ist die Elektrolyse von Wasser möglich. Der an der positiven Elektrode freiwerdende Sauerstoff verbindet sich mit dem Metall dieser Elektrode.

Versuch 153/1: Wiederholen Sie Versuch 152/2, verwenden Sie aber als Auftrittselektrode korrosionsfesten Stahl, z.B. eine Messerklinge!

Korrosion tritt kaum auf. Es erfolgt aber eine Blaufärbung des Elektrolyten an der Austrittselektrode. Also geht dort wieder Eisen in Lösung.

Streustromkorrosion zerstört jedes Metall an der Austrittsstelle des Stroms.

Versuch 153/2: Wiederholen Sie Versuch 152/2, schließen Sie aber Wechselspannung von etwa 20 V an!

Korrosion findet nicht statt.

Wechselstrom hat keine korrodierende Wirkung, da durch ihn keine Stoffabtragung erfolgt. Eine Ionenwanderung ist nicht möglich.

Die Blaufärbung beider Elektroden nach längerer Zeit wird nicht durch Wechselstrom, sondern durch ungleichmäßiges Stahlgefüge verursacht.

Bei Aluminium kann sich die Streustromkorrosion anders abspielen. Der an der Stromaustrittsstelle freiwerdende Sauerstoff bildet dort wasserunlösliches Aluminiumoxid (Al_2O_3), das ein Auflösen des Metalls verhindert. Andererseits scheidet sich an der Eintrittsstelle Wasserstoff ab; dieser baut die natürliche Oxidschicht ab und ermöglicht chemische Korrosion.

Mit Streustromkorrosion muß man in allen *Gleichstromanlagen* rechnen. Elektrische Anschlüsse in Kraftfahrzeugen sind besonders gefährdet, wenn sie locker und gegen das Eindringen von Elektrolyten nicht geschützt sind. So kann z.B. am negativen Pol der Batterie die Anschlußschelle wegen der hohen Ströme rasch korrodieren **(Bild 153/2)**. Der negative Polbolzen bleibt korrosionsfrei.

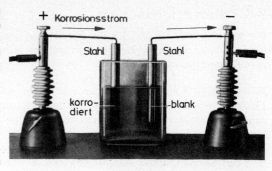

Bild 153/1:
Versuch zur Streustromkorrosion

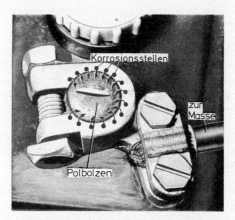

Bild 153/2: Streustromkorrosion an einer lockeren Batterieklemme

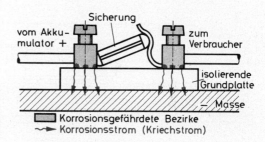

Bild 153/3: Korrosion durch Kriechstrom

Auch *Kriechströme* können zur Korrosion führen. Meist liegt in Kraftfahrzeugen der negative Pol an Masse. Die Kriechströme fließen dann von elektrisch positiven Teilen zur Masse ab. An einer Sicherungshalterung z.B. werden dabei die Anschlußklemmen zersetzt **(Bild 153/3)**.

Stromführende Erder von Gleichstromanlagen unterliegen der Korrosion, wenn aus ihnen der Strom austritt. Bei reinen Schutzerdern besteht diese Gefahr nicht, da sie nur im Fehlerfall Strom führen. Streuströme in der Erde verteilen sich auf große Querschnitte und schlagen je nach dem spezifischen Widerstand des Erdbodens Wege ein, die nicht vorherbestimmt werden können. Streuströme im Erdboden nennt man auch *Erdströme*. Korrosionsgefährdet durch Erdströme sind alle größeren Metallteile in der Umgebung von Straßenbahnschienen **(Bild 154/3)**, wie z.B. Rohre und Kabelmäntel.

9.6.3 Korrosionsschutz

Für Korrosionsschutz und für die Beseitigung von Schäden müssen in der Bundesrepublik jährlich mehrere Milliarden DM aufgewendet werden.

Konstruktive Schutzmaßnahmen verhindern, daß sich ein Elektrolyt bildet, daß sich zwei verschiedene Metalle berühren oder daß Strom von einem Metall in einen Elektrolyten fließt.

Korrosionsgefährdete Stellen müssen *belüftet* werden, damit sich kein Kondenswasser sammelt. Es ist z. B. nicht zulässig, Belüftungsöffnungen zu verschließen.

Wenn die Verbindung verschiedener Metalle nicht leitend sein muß, ist die Verwendung von elektrisch *isolierenden Zwischenlagen* üblich **(Bild 154/1)**.

Durch Berührungskorrosion sind z. B. elektrisch leitende Verbindungen von Kupfer mit Aluminium gefährdet. Beim Übergang von Kupferseilen auf Aluminiumseile verwendet man Zwischenlagen aus aluminiumplattiertem Kupferblech oder *Übergangsklemmen* **(Bild 154/2)**. Dadurch kommt der Kupferleiter nur mit Kupfer in Berührung, der Aluminiumleiter nur mit Aluminium. Die Übergangsstelle zwischen den beiden Metallen an der Klemme selbst wird durch Lack vor Feuchtigkeit geschützt.

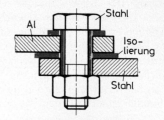

Bild 154/1: Verbindung durch verzinkte Stahlschraube

Bild 154/2: Übergangsklemme (Cupalklemme)

Nach Möglichkeit vermeidet man, Gleichstrom aus einem metallischen Leiter in den Erdboden fließen zu lassen. Deshalb dürfen in Fernmeldenetzen Erde und Kabelmantel nicht als Leiter für den Betriebsstrom dienen, wenn der einzelne Verbraucher mehr als 0,1 A aufnimmt (VDE 0150).

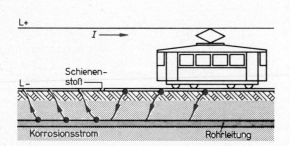

Bild 154/3: Korrosion durch Erdströme

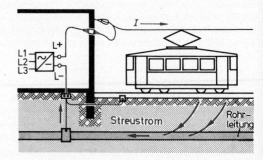

Bild 154/4: Streustromableitung

Bei elektrischen Bahnen muß die Erde als Rückleitung mit verwendet werden, da der Schienenwiderstand ziemlich groß und eine Isolierung der Schienen nicht möglich ist. Größere Metallteile, z. B. Rohrleitungen, in der Nähe von Gleichstrombahnen, z. B. Straßenbahnen **(Bild 154/3)**, sind deshalb mit der negativen Sammelschiene der Stromversorgungsanlage zu verbinden **(Bild 154/4)**.

Der Betriebsstrom fließt von der Sammelschiene L+ der Versorgungsanlage über den Fahrleitungsdraht zum Verbraucher und von dort zurück zur Sammelschiene L−. Auf dem Weg vom Verbraucher zu L− verzweigt sich der Strom wegen des großen Schienenwiderstandes. Ein Teil des Stromes tritt aus der Schiene aus und ruft dort Korrosion hervor. Er fließt durch den Erdboden und dann in eine vorhandene Rohrleitung hinein. Wenn das Rohr metallisch mit L− verbunden ist (Bild 154/4), kann dieser Strom nicht mehr in das Erdreich austreten. An der Rohrleitung findet keine Korrosion statt.

Das Herstellen eines metallischen Weges für Streuströme im Erdboden bezeichnet man als *Streustromableitung*.

Streustromableitung verhindert Streustromkorrosion.

Diese Maßnahme kann in der Nähe sämtlicher Gleichstromanlagen notwendig sein, z. B. bei Straßenbahnen, Stromrichteranlagen, Elektrolyseanlagen und Schweißanlagen. Korrosion durch Kriechströme ist vermeidbar, wenn man den Pluspol des Spannungserzeugers erdet, wie z. B. in Fernmeldeanlagen. Es können dann keine Kriechströme von elektrisch positiven Teilen zur Erde fließen.

Elektrisch isolierende und chemisch beständige Überzüge verhindern, daß Elektrolyte oder andere korrosionsfördernde Stoffe zur Metalloberfläche gelangen.

Versuch 155/1: Wiederholen Sie Versuch 152/1 und dann Versuch 152/2, fetten Sie aber jedes Mal einen Teil der Stromaustrittselektrode mit Säureschutzfett ein!

Nur der nicht eingefettete Teil der Austrittselektrode korrodiert.

Die Fettschicht schützt die Oberfläche vor Korrosion.

Fettüberzüge oder auch *Wachsüberzüge* sind bei geringen Anforderungen ein ausreichender Korrosionsschutz. Man muß darauf achten, daß diese Stoffe säurefrei und alterungsbeständig sind. *Farb- und Lackaufträge* bilden einen besseren Schutz. Sie sollen dicht sein und auf dem Werkstück gut haften. Das Auftragen erfolgt durch Streichen, Spritzen oder auf elektrostatischem Wege. Man stellt auch *thermoplastische Überzüge* her, die durch Spritzen oder durch Aufblasen von Kunststoffpulver auf die erhitzten Werkstücke (Wirbelsintern) hergestellt werden.

Chemisch und elektrochemisch erzeugte Überzüge werden bei Stahl und bei Aluminium angewandt, außerdem als zusätzlicher Schutz bei verzinkten, verkadmeten und versilberten Teilen. Beim *Phosphatieren*(z. B. Bondern) wird bei Werkstücken aus Stahl eine Eisenphosphatschicht erzeugt, die als Untergrund für Lack- oder Wachsschichten dient. Überzüge aus Zink, Cadmium und Silber können passiviert (chemisch untätig) gemacht und so vor Korrosion geschützt werden. Dabei erhalten die Werkstücke in einer Chromsäurelösung eine dünne *Chromatschicht*; diese kann messingähnlich gefärbt sein.

Metallüberzüge bieten nur einen dauerhaften Korrosionsschutz, solange sie dicht sind. Besteht der Überzug aus einem edleren Metall, z. B. Zinn auf Stahl, so entstehen bei einer Verletzung Elemente, die zur verstärkten Korrosion des Grundmetalls führen **(Bild 155/1)**. Ist das Überzugsmetall unedler als das Grundmetall, so wird die Unterlage auch bei Verletzung des Überzugs geschützt **(Bild 155/2)**, jedoch löst sich der Überzug im Laufe der Zeit auf. Die Dicke von Zink- oder Cadmiumschichten nimmt dabei je nach Luftverschmutzung jährlich um 0,001 mm bis 0,03 mm ab.

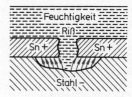

Bild 155/1:
Zinnschicht auf Stahl

Metallüberzüge kann man durch Galvanisieren herstellen. Beim Feuermetallisieren taucht man die Werkstücke in das flüssige Überzugsmetall (Zink, Blei, Zinn). Metalle können auch aufgespritzt (Metallspritzen) oder aufgewalzt (Plattieren) werden. Ein wirksamer Schutz entsteht durch das Kombinieren mehrerer Verfahren, z. B. Zinküberzug und Lackschicht oder Zinküberzug und Chromatschicht.

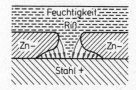

Bild 155/2:
Zinkschicht auf Stahl

Beim **elektrischen Korrosionsschutz** läßt man einen Schutzstrom fließen und verlegt die Korrosion an eine Stelle, an der sie am wenigsten schadet.

Versuch 155/2: Verbinden Sie einen blanken, entfetteten Stahlbolzen leitend mit einem Kupferstück! Hängen Sie beide Teile in ein Gefäß und schließen Sie diese Metalle an den Minuspol eines Gleichspannungserzeugers von etwa 5 V an. Hängen Sie in das Gefäß noch einen Kohlestab und legen Sie ihn an den Pluspol **(Bild 156/1)**! Füllen Sie das Gefäß mit dem Versuchselektrolyten!

Der Stahlbolzen korrodiert nicht.

Am Stahlbolzen findet keine Korrosion statt, obwohl er mit dem Kupferstück und dem Elektrolyten ein Korrosionselement bildet. Eisenionen (Fe^{2+}) können sich nicht bilden, da der Stahlbolzen negativ geladen ist und damit die Stromeintrittsstelle bildet. Dagegen wird der Kohlestab durch den dort abgeschiedenen Sauerstoff langsam oxidiert und verbraucht.

Ein Schutzstrom kann durch vorsätzliches Bilden eines Korrosionselements entstehen oder aus einem besonderen Erzeuger kommen. In beiden Fällen ist es notwendig, daß das gesamte zu schützende Teil in einem Elektrolyten liegt, also z. B. im Wasser oder im Erdboden. Ein solcher Schutz ist z. B. möglich bei Rohrleitungen, Behältern, Kabelmänteln, Teilen von Hafenanlagen und bei Schiffen.

Der Schutzstrom wird dem Elektrolyten durch Austrittselektroden zugeführt. Er fließt dann zum Schutzobjekt. Die Austrittselektroden nennt man *Opferanoden*; sie werden geopfert und verhindern so die Korrosion am Schutzobjekt. Dieses bildet die Katode. Man spricht deshalb auch vom *katodischen Korrosionsschutz*.

Sogenannte *aktive Anoden* enthalten unedle Metalle wie Magnesium, Zink oder Aluminium, häufig in Form von Legierungen. Sie wirken zusammen mit dem Schutzobjekt aus Stahl als galvanisches Element und stellen dabei den negativen Pol dar. Ist eine derartige Opferanode leitend mit dem Schutzobjekt verbunden, so fließt ein Schutzstrom **(Bild 156/2)**. Um die wirksame Oberfläche einer Anode zu vergrößern, ist diese oft zusammen mit Leitsalzen in einem Sack verpackt.

Sogenannte *Fremdstromanoden* müssen gegenüber Eisen und Stahl nicht negativ sein. Sie können aus Graphit, Bleilegierungen oder Ferrosilicium bestehen. Auch Stahlschrott ist verwendbar. Eine angelegte Spannung muß dann dafür sorgen, daß der Strom im Elektrolyten, z. B. im Erdreich, zum Schutzobjekt fließt **(Bild 156/3)**. Dieses erhält einen isolierenden Überzug, damit der Schutzstrom und damit der Verbrauch der Anode klein bleiben. Der Schutzstrom darf wegen des Verbrauchs von Anodenmaterial nicht unnötig hoch sein. Die erforderliche Mindeststromstärke kann man durch Versuche am Schutzobjekt ungefähr ermitteln. Manchmal bestehen die Fremdstromanoden aus korrosionsbeständigen Legierungen; sie haben dann eine hohe Lebensdauer.

Die Schutzobjekte sind meist groß, z. B. große Öltanks, und erfordern deshalb mehrere Opferanoden. Diese sind so anzubringen, daß der Schutzstrom von allen Seiten in die zu schützenden Objekte eintreten kann.

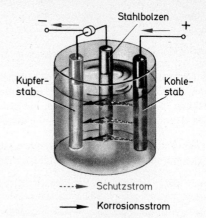

----▶ Schutzstrom

──▶ Korrosionsstrom

Bild 156/1:
Versuch zum elektrischen Korrosionsschutz

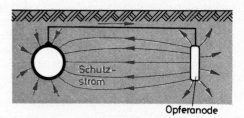

Bild 156/2: Anlage mit aktiver Anode

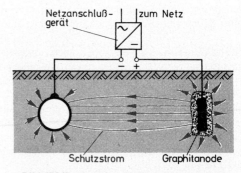

Bild 156/3: Anlage mit Fremdstromanode

Wiederholungsfragen

1. Nennen Sie zwei Möglichkeiten der Korrosion durch Elementbildung!
2. Was versteht man unter Streustromkorrosion?
3. Nennen Sie drei Beispiele der Streustromkorrosion!
4. Beschreiben Sie ein Beispiel der Streustromableitung!
5. Warum müssen Metallüberzüge zum Schutz gegen Korrosion dicht sein?
6. Welche zwei Möglichkeiten unterscheidet man beim elektrischen Korrosionsschutz?

10 Grundlagen der Wechselstromtechnik

Die Energieversorgung im Niederspannungsnetz der EVU erfolgt mit Wechselspannung, weil mit Hilfe von Transformatoren (Seite 200) die Höhe der Wechselspannung nahezu verlustlos gesteuert werden kann. Im geschlossenen Stromkreis hat die Wechselspannung einen Wechselstrom zur Folge.

10.1 Kenngrößen des Wechselstromes

10.1.1 Periode und Scheitelwert

Versuch 157/1: Legen Sie die Ausgangsspannung eines Frequenzgenerators (Funktionsgenerators) parallel an einen Gleichspannungsmesser (Zeigermeßinstrument, Nullstellung in Skalenmitte) und an den Y-Eingang eines Oszilloskops **(Bild 157/1)**! Stellen Sie beim Generator „Sinusspannung" ein, und verändern Sie den Frequenzbereich von kleineren Werten zu größeren Werten, z. B. von 1 Hz bis 1000 Hz!

Der Zeiger des Meßinstrumentes pendelt zunächst langsam hin und her, während der Elektronenstrahl des Oszilloskops sich im Rhythmus des Zeigers auf und ab bewegt. Bei höheren Frequenzen bleibt der Zeiger in der Skalenmitte stehen, und der Elektronenstrahl des Oszilloskops zeichnet auf dem Schirm das Bild einer Wechselspannung (Bild 157/1).

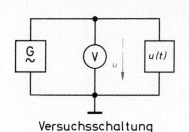
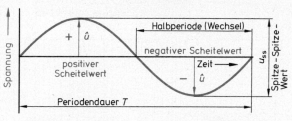

Versuchsschaltung　　Zeitlicher Verlauf der Wechselspannung

Bild 157/1: Wechselspannung

Die Wechselspannung ändert sich ständig zwischen einem positiven und einem negativen Höchstwert (Bild 157/1). Ein solcher Höchstwert wird auch als *Scheitelwert û**, *Spitzenwert* oder *Amplitude*** bezeichnet. Die Differenz aus dem positiven Scheitelwert und dem negativen Scheitelwert ergibt den *Spitze-Spitzewert* u_{ss}. Das Hin- und Herpendeln der Spannung zwischen einem positiven und einem negativen Scheitelwert wiederholt sich regelmäßig; die Spannung ändert sich periodisch***.

Man nennt einen vollständigen Pendelvorgang eine Periode.

Eine Periode besteht aus zwei *Halbperioden* (Bild 157/1). Eine Halbperiode bezeichnet man auch als *Wechsel*. Die Zeitdauer T einer ganzen Periode bezeichnet man als *Periodendauer*, sie wird in Sekunden gemessen.

In der Datenverarbeitung und im Schrifttum werden Wechselstrom und Wechselspannung häufig durch die Kurzbezeichnung AC**** gekennzeichnet.

10.1.2 Frequenz und Periodendauer

Die Anzahl der Perioden je Sekunde nennt man *Frequenz f* (Häufigkeit). Die Einheit der Frequenz ist das Hertz***** (Einheitenzeichen Hz).

$$1 \text{ Hertz} = 1 \text{ Periode je Sekunde}$$

Die Frequenz ist um so größer, je kleiner die Periodendauer ist. Die Frequenz ist der Kehrwert der Periodendauer.

f　Frequenz
T　Periodendauer

$$[f] = \frac{1}{s} = 1 \text{ Hz} \qquad \boxed{f = \frac{1}{T}}$$

$$1 \text{ Kilohertz} = 1 \text{ kHz} = 1000 \text{ Hz} = 10^3 \text{ Hz}$$
$$1 \text{ Megahertz} = 1 \text{ MHz} = 1000\,000 \text{ Hz} = 10^6 \text{ Hz}$$

---

* sprich: *u*-Dach
** amplitudo (lat.) = Größe, Weite, Schwingungsweite
*** Periode (griech.) = Zeitabschnitt

**** AC Abkürzung für alternating current (engl.) = Wechselstrom
***** Heinrich Hertz, deutscher Physiker, 1857 bis 1894

Beispiel: Welche Periodendauer hat ein Wechselstrom mit der Netzfrequenz 50 Hz?

Lösung: $f = \dfrac{1}{T}; \Rightarrow T = \dfrac{1}{f} = \dfrac{1}{50\,\text{Hz}} = \dfrac{1}{50 \cdot 1/\text{s}} = \textbf{0,02 s}$

Auf Leistungsschildern ist die Frequenz manchmal nicht in Hz, sondern in c/s oder in cps (cycles per second = Perioden je Sekunde) angegeben. Der Wechselstrom aus dem Niederspannungsnetz hat in Europa 50 Perioden je Sekunde. In den USA beträgt die Frequenz 60 Hz, in Japan je nach Insel 50 Hz oder 60 Hz. Die Bundesbahn betreibt ihr Fahrleitungsnetz mit 15 kV und $16^2/_3$ Hz **(Tabelle 158/1).**

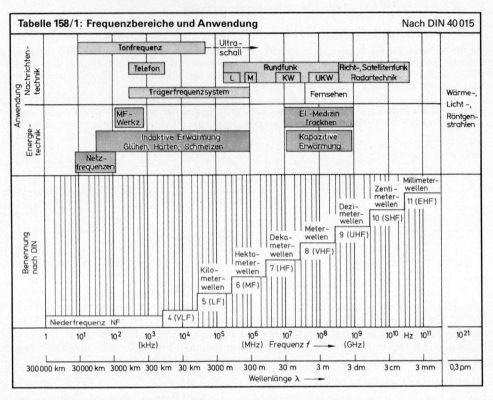

Tabelle 158/1: Frequenzbereiche und Anwendung — Nach DIN 40 015

10.1.3 Frequenz und Wellenlänge

Wird an den Anfang einer Leitung aus zwei Leitern, deren Abstand klein ist gegenüber der Leitungslänge, eine Wechselspannung gelegt, so breitet sich die elektrische Energie entlang der Leitung in Form einer *elektromagnetischen Welle* (Seite 417) sehr schnell aus. Die Ausbreitungsgeschwindigkeit ist z. B. bei Luft in der Umgebung der Leiter fast so groß wie die Lichtgeschwindigkeit. Der Weg, den die elektromagnetische Welle nach einer Periodendauer zurückgelegt hat, ist gleich der Wellenlänge λ*. Die Wellenlänge ist um so größer, je schneller sich die Welle ausbreitet und je kleiner die Frequenz der Wechselspannung ist. Die maximale Ausbreitungsgeschwindigkeit einer elektromagnetischen Welle ist die Lichtgeschwindigkeit.

λ Wellenlänge
c Ausbreitungsgeschwindigkeit
f Frequenz

$$[\lambda] = \frac{\frac{\text{m}}{\text{s}}}{\frac{1}{\text{s}}} = \text{m} \qquad \boxed{\lambda = \frac{c}{f}}$$

Beispiel: Wie groß ist die Wellenlänge einer elektromagnetischen Welle, die sich entlang einer Leitung ausbreitet, wenn die Frequenz der angelegten Wechselspannung 1 MHz und die Ausbreitungsgeschwindigkeit 240 000 km/s ist?

Lösung: $\lambda = \dfrac{c}{f} = \dfrac{240\,000\,\frac{\text{km}}{\text{s}}}{1\,\text{MHz}} = \dfrac{240 \cdot 10^6\,\frac{\text{m}}{\text{s}}}{10^6\,\frac{1}{\text{s}}} = \textbf{240 m}$

* λ = griech. Kleinbuchstabe lambda

10.1.4 Frequenz und Maschinendrehzahl

Versuch 159/1: Stellen Sie einen Dauermagneten drehbar gelagert in der Nähe einer Spule mit vielen Windungen, z.B. 1000 Windungen, auf **(Bild 159/1)**! Schließen Sie an die Spule einen Gleichspannungsmesser (Zeigermeßinstrument, Nullstellung in Skalenmitte) an! Drehen Sie den Dauermagneten mit unterschiedlicher Drehzahl!

Das Meßgerät zeigt eine Wechselspannung an, deren Frequenz von der Drehzahl des Dauermagneten abhängt.

Durch Drehung des Magneten ändert das Magnetfeld in der Spule Richtung und Stärke. Dadurch wird in der Spule eine Wechselspannung induziert, deren Periodendauer *T* so groß ist wie die Umlaufdauer des Magneten.

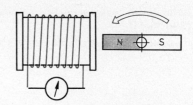

Bild 159/1: Erzeugung von Wechselspannung

Auf ähnliche Weise wird in der Energietechnik mit *Innenpolmaschinen* Wechselspannung erzeugt **(Bild 159/2)**. Dreht sich ein Läufer mit magnetischen Polen (Polrad, meist mit Erregerwicklung) im Ständer eines Wechselstromgenerators mit festen Spulen, so entstehen in den Spulen eine Wechselspannung.

Dreht sich bei einer zweipoligen Maschine (Polpaarzahl *p* = 1) das Polrad in der Sekunde 50mal, so hat der entstehende Wechselstrom die Frequenz *f* = 50 Hz. Bei einer vierpoligen Maschine (Polpaarzahl *p* = 2) entsteht bei gleicher Drehzahl die doppelte Frequenz.

f	Frequenz
p	Polpaarzahl
n	Drehzahl (Umdrehungsfrequenz)

$$[f] = \frac{1}{s} \qquad \boxed{f = p \cdot n}$$

Beispiel: Welche Drehzahl muß ein vierpoliger Wechselstromgenerator haben, damit eine Wechselspannung mit der Frequenz *f* = 50 Hz induziert wird?

Lösung: $f = p \cdot n \Rightarrow n = \dfrac{f}{p} = \dfrac{50\ Hz}{2} = \dfrac{50 \cdot \frac{1}{s}}{2} = 25 \cdot \dfrac{60}{min} = \mathbf{1500\ 1/min}$

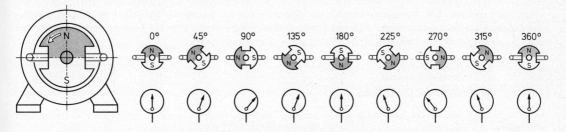

Bild 159/2: Prinzip der Innenpolmaschine

10.2 Sinusform der Wechselspannung

Versuch 159/2: Entnehmen Sie dem Netz über einen Trenntransformator die Wechselspannung *U* = 10 V! Schalten Sie die Spannung an den Y-Eingang eines Oszilloskops und bilden Sie den zeitlichen Verlauf der Spannung ab! Messen Sie am Bild der Spannung die Periodendauer!

*Auf dem Schirm des Oszilloskops wird die Spannung **Bild 159/3** dargestellt. Die Periodendauer der Wechselspannung ist 20 ms.*

Die Wechselspannung des Wechselstromnetzes von 50 Hz ist eine Spannung mit sinusförmigem zeitlichen Verlauf (Sinusspannung*). Ihre Periodendauer ist 20 ms.

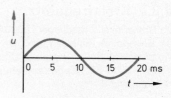

Bild 159/3: Sinusspannung

In der Energietechnik wird meist die Sinusspannung verwendet, weil sie bei der Übertragung ihren zeitlichen Verlauf nicht ändert und für die Herstellung von Drehfeldern (Seite 192) günstig ist.

* sinus (lat.) = Bogen

10.2.1 Sinuslinie und Zeiger

Unter einem Zeiger versteht man eine Strecke, die man sich um ihren Anfangspunkt drehend vorstellt (**Bild 160/1**).

Sinusförmig verlaufende Vorgänge können vereinfacht durch Zeiger dargestellt werden.

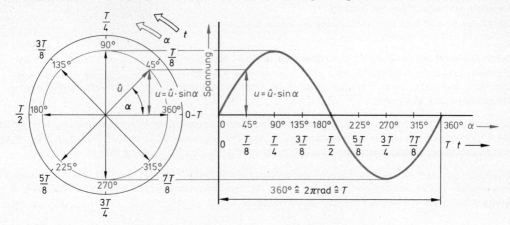

Bild 160/1: Zeigerdarstellung einer Wechselspannung

Für Zeigerdarstellungen, z. B. von Sinusspannungen und Sinusströmen, gelten folgende Vereinbarungen:

1. Die Zeigerlänge entspricht dem Scheitelwert $\hat{u}$ der Wechselspannung bzw. $\hat{\imath}$ des Wechselstromes.
2. Die Drehzahl je Sekunde des umlaufenden Zeigers ist gleich der Frequenz des Wechselstromes bzw. der Wechselspannung.
3. Die Drehrichtung des umlaufenden Zeigers ist entgegengesetzt dem Uhrzeigersinn (*Linksdrehung* ist *positive* Richtung).
4. Die Ausgangslinie eines Zeigers ist die Richtung der Zeitachse.

Aus dem umlaufenden Zeiger kann die Sinuslinie der Wechselspannung bzw. des Wechselstromes konstruiert werden. Der Augenblickswert u der Spannung in der Sinuslinie Bild 160/1 ist gleich der Höhe der Zeigerspitze über der Nullinie. Aus der Stellung des Zeigers ergibt sich der Zusammenhang zwischen dem Scheitelwert $\hat{u}$ und dem Augenblickswert u der Sinusspannung:

u	Augenblickswert
$\hat{u}$	Scheitelspannung
$\sin \alpha$	Sinus des Drehwinkels

$$u = \hat{u} \cdot \sin \alpha$$

Ist es notwendig, die Abhängigkeit einer Größe von der Zeit hervorzuheben, so kann dies durch Kleinbuchstaben geschehen.

Beispiele: u = zeitabhängige elektrische Spannung
i = zeitabhängiger elektrischer Strom

Eine Wechselgröße kann zusätzlich als Index (Beiwert) eine Wellenlinie erhalten, z. B. $u_\sim$* oder $i_\sim$.

10.2.2 Kreisfrequenz

Den Drehwinkel α des Zeigers Bild 160/1 gibt man bei Wechselstromberechnungen auch im *Bogenmaß* an. Das Bogenmaß (Einheit rad**) ist die Länge eines Kreisbogens in einem Kreis mit dem Radius $r = 1$ *(Einheitskreis)*. Bei einer ganzen Umdrehung im Einheitskreis ist der Bogen gleich dem Umfang, also gleich 2π rad $\cong 360°$. Bei f Zeigerumdrehungen je Sekunde beträgt die Drehung $2 \cdot \pi \cdot f$. Diese Größe nennt man *Kreisfrequenz* ω***.

ω	Kreisfrequenz
f	Frequenz

$$[\omega] = \frac{1}{s} = s^{-1}$$

$$\omega = 2 \cdot \pi \cdot f$$

* sprich: u-Wechsel
** Abkürzung von Radiant
*** ω = griech. Kleinbuchstabe Omega

Jedem Drehwinkel α des Zeigers Bild 160/1 kann ein Zeitpunkt zugeordnet werden.

$$\frac{\alpha}{2\pi \text{ rad}} = \frac{t}{T}$$

α Drehwinkel

t Zeit $[\alpha] = \text{rad}$ $\boxed{\alpha = 2\pi \text{ rad} \cdot \dfrac{t}{T}}$

T Periodendauer

Beispiel: Welchen Augenblickswert hat eine Sinusspannung u mit der Frequenz $f = 50$ Hz und dem Scheitelwert $\hat{u} = 100$ V, wenn seit dem letzten Nulldurchgang von negativen zu positiven Werten 4 ms vergangen sind?

Lösung: $T = \dfrac{1}{f} = \dfrac{1}{50 \text{ Hz}} = \dfrac{1}{50\frac{1}{s}} = 20 \text{ ms}$

           $\alpha = 2\pi \text{ rad} \cdot \dfrac{t}{T} = 2\pi \text{ rad} \cdot \dfrac{4 \text{ ms}}{20 \text{ ms}} = 1{,}26 \text{ rad} = 72°$

           $u = \hat{u} \cdot \sin \alpha = 100 \text{ V} \cdot \sin 72° = 100 \text{ V} \cdot 0{,}951 = \textbf{95,1 V}$

10.2.3 Erzeugung von Spannungen mit sinusförmigem zeitlichen Verlauf

Wechselspannungen mit sinusförmigem zeitlichen Verlauf werden in der Energietechnik durch Induktion in Wechselspannungsgeneratoren erzeugt. Die Wechselspannungsgeneratoren sind im Prinzip *Innenpolmaschinen* oder *Außenpolmaschinen*. Das Prinzip der Außenpolmaschine ist eine sich gleichförmig drehende Leiterschleife in einem gleichförmigen (homogenen) Magnetfeld **(Bild 161/1)**. In der Leiterschleife entsteht ein magnetischer Fluß mit sinusförmigem zeitlichen Verlauf. Dadurch wird in der Leiterschleife eine Wechselspannung induziert, die ebenfalls einen sinusförmigen zeitlichen Verlauf hat (Bild 161/1). Während einer Umdrehung der Leiterschleife entsteht eine Periode der Wechselspannung.

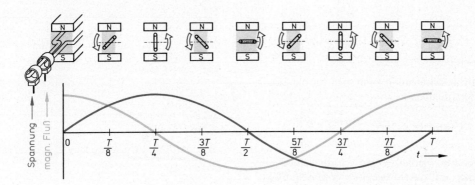

Bild 161/1: Prinzip der Außenpolmaschine

10.2.4 Scheitelwert und Effektivwert

Versuch 161/1: Schließen Sie ein Lämpchen, z. B. 3,8 V/0,07 A, über einen Gleichspannungsmesser (Zeigermeßinstrument, Nullstellung in Skalenmitte) an den Wechselstromausgang eines Frequenzgenerators (Funktionsgenerators)! Erhöhen Sie die Frequenz langsam von 1 Hz bis 100 Hz!

Bei niederer Frequenz, z. B. 1 Hz, pendelt der Zeiger des Meßinstruments mit großem Ausschlag um den Nullpunkt. Bei höheren Frequenzen pendelt der Zeiger immer schneller um den Nullpunkt und bleibt ab etwa 40 Hz leicht vibrierend dort stehen. Die Lampe flackert zunächst und leuchtet dann gleichmäßig.

Bei höheren Frequenzen kann die Masse von Zeiger und Drehspule den Schwingungen nicht mehr folgen. Das Drehspulinstrument zeigt den Mittelwert des Wechselstromes an, dieser ist Null.

Versuch 162/1: Wiederholen Sie Versuch 161/1 und schließen Sie ein weiteres Lämpchen mit den gleichen Kenndaten wie in Versuch 161/1 über einen Gleichstrommesser an ein Gleichspannungsnetzgerät an! Erhöhen Sie die Spannung, bis die Helligkeit beider Lampen gleich ist!
Der Gleichstrommesser zeigt einen Wert I an, der ungefähr 70% von $\hat{\imath}$ ist.

Leuchten beide Lampen gleich hell, so ist der Gleichstrom so groß wie der *Effektivwert** des Wechselstromes. Entsprechend ist die Gleichspannung dann so groß wie der Effektivwert der Wechselspannung.

Der Effektivwert eines Wechselstromes ist so groß wie der Gleichstrom mit derselben Wärmewirkung.

In der Energietechnik werden bei Wechselströmen und Wechselspannungen die Effektivwerte angegeben. Der Effektivwert der Netzwechselspannung ist z. B. 220 V. Der Nennstrom eines Wechselstrommotors ist z. B. der Effektivwert.

Bei der Berechnung des Effektivwertes geht man vom *Mittelwert der Wechselstromleistung* aus. Die augenblickliche Leistung des Wechselstromes ist $p = u \cdot i = i^2 \cdot R$ **(Bild 162/1)**. Die Wechselstromleistung ändert sich also mit dem Quadrat des Stromes und hat doppelte Frequenz. Der Mittelwert der Wechselstromleistung ist bei Sinusverlauf des Stromes $P_{\text{eff}} = 0,5 \cdot \hat{p} = 0,5 \cdot \hat{\imath}^2 \cdot R$. Er ergibt sich durch Flächenvergleich (Bild 162/1). Für die Leistung des Effektivwertes I_{eff} gilt die Formel $P_{\text{eff}} = I_{\text{eff}}^2 \cdot R$. Da die Leistung des Effektivwertes I_{eff} gleich dem Mittelwert der Wechselstromleistung ist, erhält man für Sinusstrom die Gleichung:

$$I_{\text{eff}}^2 \cdot R = 0,5 \cdot \hat{\imath}^2 \cdot R$$

Dividiert man beide Seiten der Gleichung durch R, so erhält man:

$$I_{\text{eff}}^2 = 0,5 \cdot \hat{\imath}^2$$

Daraus folgt:

$$I_{\text{eff}} = \sqrt{0,5 \cdot \hat{\imath}^2} = \sqrt{\frac{1}{2} \cdot \hat{\imath}^2} = \sqrt{\frac{1}{2}} \cdot \hat{\imath}$$

$$\boxed{I_{\text{eff}} = I = \frac{\hat{\imath}}{\sqrt{2}} = 0,707 \cdot \hat{\imath}}$$

Die gleiche Betrachtung kann man für die Spannung durchführen:

$$\boxed{U_{\text{eff}} = U = \frac{\hat{u}}{\sqrt{2}} = 0,707 \cdot \hat{u}}$$

Effektivwerte werden, sofern erforderlich, durch den Index „eff" gekennzeichnet. Wechselgrößen, die durch einen Großbuchstaben angegeben sind, sind immer Effektivwerte.

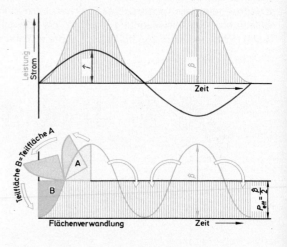

Bild 162/1: Wechselstromleistung

Effektivwerte werden wie Gleichstromwerte durch Großbuchstaben bezeichnet.

Meßinstrumente mit Dreheisenmeßwerk zeigen unabhängig von der Kurvenform des Stromes Effektivwerte an. Meßinstrumente mit Drehspulmeßwerken und Gleichrichter sind für den Effektivwert bei Sinusform geeicht.

Das Verhältnis Scheitelwert zu Effektivwert nennt man *Scheitelfaktor*. Er hat bei Sinusgrößen den Wert $\sqrt{2} = 1,414$.

Beispiel: Berechnen Sie die Scheitelwerte für die Wechselspannungen 220 V und 380 V!
Lösung: $\hat{u}_1 = \sqrt{2} \cdot U_1 = \sqrt{2} \cdot 220\,\text{V} = $ **311 V**
$\hat{u}_2 = \sqrt{2} \cdot U_2 = \sqrt{2} \cdot 380\,\text{V} = $ **537 V**

* effektiv (lat.) = wirksam

10.2.5 Phasenverschiebung

Versuch 163/1: Schalten Sie einen Kondensator $C = 1\,\mu F$ und einen Widerstand $R = 100\,\Omega$ in Reihe an eine Wechselspannung $U = 10\,V$, $f = 1\,kHz$ **(Bild 163/1)!** Stellen Sie mit einem Zweikanal-Oszilloskop den zeitlichen Verlauf der Spannung u und der Spannung u_R am Widerstand dar!

Die Nulldurchgänge der beiden Spannungen und die Zeitpunkte, zu denen die Scheitelwerte erreicht werden, sind zeitlich verschoben **(Bild 163/2).**

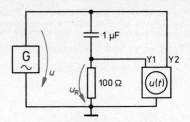

Bild 163/1: Versuch zur Phasenverschiebung

Erreichen zwei periodische Vorgänge gleicher Frequenz zu verschiedenen Zeiten ihre Nullwerte (Bild 163/2) und zu verschiedenen Zeiten ihre Scheitelwerte, so sind die periodischen Vorgänge *phasenverschoben* (zeitlich verschoben). Die Größe der zeitlichen Verschiebung nennt man *Phasenverschiebung**. Sie wird durch den Phasenverschiebungswinkel φ** angegeben.

Wenn die positiven Scheitelwerte zur gleichen Zeit erreicht werden, besteht Phasengleichheit. Zwischen Strom und Spannung besteht eine Phasenverschiebung, wenn der Strom der Spannung zeitlich vorauseilt oder nacheilt.

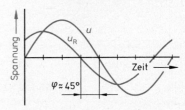

Bild 163/2: Phasenverschiebung

Wiederholungsfragen

1. Erklären Sie den Begriff Periode!
2. Erklären Sie den Begriff Scheitelwert!
3. Wie berechnet man die Frequenz aus der Periodendauer?
4. Wie berechnet man die Wellenlänge, wenn die Ausbreitungsgeschwindigkeit und die Frequenz bekannt sind?
5. Was versteht man unter einem Zeiger?
6. Nennen Sie die vier Vereinbarungen für Zeiger!
7. Wie lautet die Formel zur Berechnung der Kreisfrequenz?
8. Wie berechnet man den Effektivwert einer Spannung mit sinusförmigem zeitlichen Verlauf?
9. Welche Meßinstrumente zeigen unabhängig von der Kurvenform den Effektivwert an?
10. Erklären Sie den Begriff Phasenverschiebung!

10.3 Wechselstromwiderstände

Im Wechselstromkreis muß man verschiedene Widerstandsarten mit unterschiedlichem elektrischem Verhalten unterscheiden.

10.3.1 Wirkwiderstand

Versuch 163/2: Legen Sie eine Glühlampe, z.B. 6 V/3 W, an eine Gleichspannung! Messen Sie Stromstärke und Spannung, und berechnen Sie den Widerstand!

Legen Sie dieselbe Glühlampe an Wechselspannung mit der Frequenz 50 Hz! Messen Sie Stromstärke und Spannung, und berechnen Sie wieder den Widerstand!

Der Widerstand der Glühlampe ist bei Gleichstrom und Wechselstrom gleich groß.

Einen Widerstand, der im Wechselstromkreis die gleiche Wirkung hat wie im Gleichstromkreis, bezeichnet man als Wirkwiderstand R.

Glühlampen, Heizöfen, Kohleschichtwiderstände und Halbleiterwiderstände sind solche *Wirkwiderstände*.

In jedem Wirkwiderstand entsteht Stromwärme.

Wirkwiderstände im Wechselstromkreis können aus den Effektivwerten nach der Formel $R = \dfrac{U}{I}$ berechnet werden.

---

* Phasis (griech.) = Erscheinung, augenblicklicher Zustand

** φ = griech. Kleinbuchstabe phi

Versuch 164/1: Schließen Sie eine Glühlampe, z. B. 6 V/3 W, an einen Wechselspannungserzeuger mit etwa 1 Hz an, und messen Sie Stromstärke und Spannung mit Drehspulinstrumenten (Gleichspannungsmeßbereich, Nullpunkt in Skalenmitte)! Beobachten Sie beide Meßinstrumente, und vergleichen Sie die Änderungen der Zeigerausschläge!
Wechselstrom und Wechselspannung erreichen gleichzeitig ihre positiven und negativen Scheitelwerte **(Bild 164/1).**

Am Wirkwiderstand sind Spannung und Stromstärke phasengleich.

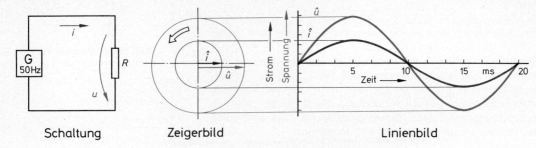

Schaltung · Zeigerbild · Linienbild

Bild 164/1: Wechselstromkreis mit Wirkwiderstand

10.3.2 Scheinwiderstand

Versuch 164/2: Schließen Sie eine Spule (Drossel) an 10 V Gleichspannung an! Messen Sie die Stromstärke, und berechnen Sie den Widerstand der Spule bei Gleichstrom! Wiederholen Sie den Versuch mit gleich hoher Wechselspannung von f = 50 Hz, und bestimmen Sie den Widerstand derselben Spule bei Wechselstrom!
Bei Anschluß an gleich hohe Wechselspannung ist der Strom wesentlich niedriger („gedrosselt") als bei Gleichspannung. Der Widerstand der Spule („Drosselspule") ist an Wechselspannung viel größer als an Gleichspannung.

Den Widerstand bei Wechselstrom nennt man *Scheinwiderstand Z* (Impedanz*), (Schaltzeichen **Bild 164/2**).

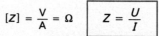

Bild 164/2: Schaltzeichen des Scheinwiderstandes

Unter dem Scheinwiderstand versteht man den aus den Meßwerten von Wechselspannung und Wechselstrom ermittelten Widerstand.

Z	Scheinwiderstand
U	Effektivwert der Wechselspannung
I	Effektivwert des Wechselstromes

$$[Z] = \frac{V}{A} = \Omega \qquad \boxed{Z = \frac{U}{I}}$$

Bild 164/3: Schaltzeichen eines induktiven Blindwiderstandes (wahlweise Darstellung)

10.3.3 Induktiver Blindwiderstand

Der größere Widerstand einer Spule bei Wechselstrom wird durch den induktiven Blindwiderstand X_L bewirkt. Der induktive Blindwiderstand (wahlweise Schaltzeichen **Bild 164/3**) entsteht durch die *Selbstinduktionsspannung* u_s an der Spule, die auf den Wechselstrom i_{bL} hemmend wirkt **(Bild 164/4).**

Der induktive Blindwiderstand entsteht durch Selbstinduktion.

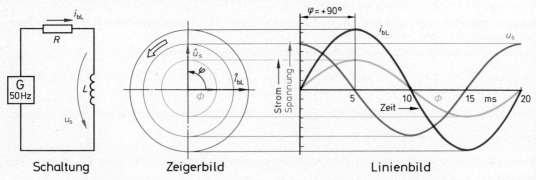

Schaltung · Zeigerbild · Linienbild

Bild 164/4: Stromstärke und Spannung bei einem induktiven Blindwiderstand

---

* impedire (lat.) = hindern, hemmen

Der Strom erzeugt einen ihm phasengleichen magnetischen Fluß Φ. Als Folge der Flußänderung entsteht die Selbstinduktionsspannung u_s. Der magnetische Fluß Φ bleibt beim Durchgang durch seinen Scheitelwert bei 90° für eine kurze Zeit gleich, da die Sinuskurve durch diesen Punkt waagrecht verläuft. Die Selbstinduktionsspannung u_s hat dann den Wert Null. Die stärkste Flußänderung ergibt sich jeweils beim Nulldurchgang der Flußkurve. In diesem Augenblick erreicht die Selbstinduktionsspannung u_s ihren Scheitelwert. Die Selbstinduktionsspannung u_s wirkt entsprechend der Lenzschen Regel in jedem Zeitpunkt hemmend auf den Anstieg bzw. Abfall des Stromes. Der Spulenstrom erreicht seinen Scheitelwert jeweils $1/4$ Periode ($\varphi = 90°$) später als die Selbstinduktionsspannung.

Im induktiven Blindwiderstand eilt der Wechselstrom um 90° der Wechselspannung nach.

Versuch 165/1: Legen Sie eine Spule, z.B. mit 1000 Windungen, ohne Eisenkern, an 10 V Wechselspannung, $f = 50$ Hz! Messen Sie Strom und Spannung! Berechnen Sie den Scheinwiderstand! Wiederholen Sie den Versuch mit verschiedenen Spulenkernen (Stabkern, U-Kern, geschlossener Kern)! Berechnen Sie jeweils den Scheinwiderstand aus den gemessenen Stromwerten und Spannungswerten!
Der Scheinwiderstand wird um so größer, je mehr Eisen vorhanden ist. Er ist beim geschlossenen Kern am größten.

Der Scheinwiderstand ist von der Art des Eisenkerns abhängig. Eisen verstärkt die magnetische Flußdichte, besonders wenn der Kern geschlossen ist. Wird Wechselspannung an die Spule angelegt, so entsteht infolge der großen Flußänderung eine hohe Selbstinduktionsspannung. Eine Spule mit geschlossenem Eisenkern hat eine hohe *Induktivität L*.

Je größer die Induktivität L der Spule ist, desto größer ist auch die Selbstinduktionsspannung und damit der Blindwiderstand. Deshalb ist der Strom um so kleiner, je höher die Induktivität der Spule ist.

Der rechnerisch ermittelte Scheinwiderstand enthält den Wirkwiderstand der Spule und den von der Induktivität der Spule abhängigen *induktiven Blindwiderstand X_L* (Seite 167).

Versuch 165/2: Schalten Sie eine Spule, z.B. mit 1000 Windungen, ohne Eisenkern an Sinusspannungen mit verschiedenen Frequenzen, z.B. 500 Hz, 1 kHz, 2 kHz! Berechnen Sie für jede Frequenz den Scheinwiderstand aus den gemessenen Stromstärken und Spannungen!
Der Scheinwiderstand Z steigt mit größerer Frequenz.

Bei größerer Frequenz entsteht infolge der schnellen Flußänderung eine große Selbstinduktionsspannung u_s; der Blindwiderstand wird größer.

Der induktive Blindwiderstand einer Spule ist um so größer, je größer die Induktivität der Spule und je höher die Frequenz bzw. die Kreisfrequenz ist.

X_L	Induktiver Blindwiderstand	
ω	Kreisfrequenz	$[X_L] = \dfrac{1}{s} \cdot \Omega \cdot s = \Omega$
L	Induktivität	

$$\boxed{X_L = \omega \cdot L}$$

Beispiel: Berechnen Sie den induktiven Blindwiderstand einer Spule von 2 H bei einer Frequenz von 50 Hz!

Lösung: $X_L = \omega \cdot L = 2 \cdot \pi \cdot f \cdot L = 2 \cdot 3{,}14 \cdot 50 \dfrac{1}{s} \cdot 2 \, \Omega s = \mathbf{628 \, \Omega}$

Spulen mit nur induktivem Blindwiderstand lassen sich nicht herstellen. Man kann aber den Wirkwiderstand und den Blindwiderstand einer Spule rechnerisch trennen (Seite 167).

10.3.4 Kapazitiver Blindwiderstand

Versuch 165/3: Schalten Sie einen Kondensator, z.B. 10 µF, über einen hochohmigen Widerstand, z.B. 1 kΩ, an eine Wechselspannung mit der Frequenz $f = 1$ Hz **(Bild 165/1)**. Messen Sie die Stromstärke und die Spannung am Kondensator mit Gleichspannungs- bzw. Gleichstrommeßgeräten (Zeigermeßinstrumente, Nullstellung in Skalenmitte)! Achten Sie auf die Zeitpunkte, an denen die positiven Scheitelwerte von Strom und Spannung erreicht werden.

Am Kondensator entsteht eine Wechselspannung u_C. Diese Wechselspannung eilt dem Strom nach.

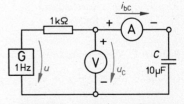

Bild 165/1: Versuch zur Phasenverschiebung beim Kondensator

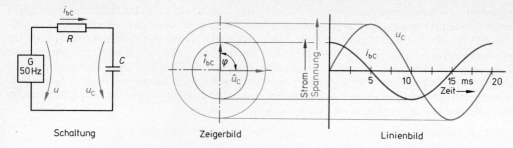

Bild 166/1: Stromstärke und Spannung bei einem kapazitiven Widerstand

Durch den Wechselstrom wird der Kondensator ständig umgeladen. Am Kondensator entsteht eine Wechselspannung mit der gleichen Frequenz wie der Wechselstrom.

Der Wechselstrom i_{bC} erreicht in dem Augenblick seinen Scheitelwert, in dem der Kondensator entladen ist; dann ist $u_C = 0$. Wenn die Kondensatorspannung u_C ihren höchsten Augenblickswert erreicht hat, ist der Strom $i_{bC} = 0$ (**Bild 166/1**). Die Kondensatorspannung erreicht ihren Scheitelwert jeweils ¼ Periode ($\varphi = 90°$) später als der Kondensatorstrom.

Bei einem kapazitiven Blindwiderstand eilt der Wechselstrom der Wechselspannung um 90° vor.

Versuch 166/1: Schließen Sie eine Lampe, z. B. 220 V/60 W, in Reihe mit einem Kondensator, z. B. 1 µF, an eine Wechselspannung von 220 V und 50 Hz! Schließen Sie den Kondensator kurz!
Bei Kurzschluß des Kondensators leuchtet die Lampe heller.

Der kapazitive Blindwiderstand X_C wird durch die Wechselspannung U_C am Kondensator bewirkt.

Versuch 166/2: Schalten Sie Kondensatoren mit unterschiedlichen Kapazitäten, z. B. 1 µF, 2 µF, 4 µF jeweils an die gleiche Wechselstromstärke, z. B. 1 A/50 Hz! Messen Sie bei jedem Kondensator die Stromstärke und die Spannung, und berechnen Sie den Scheinwiderstand!
Der Scheinwiderstand ist um so größer, je kleiner die Kapazität ist.

Bei kleinerer Kapazität steigt die Ladespannung am Kondensator schneller an und wird durch die gleich große elektrische Ladung höher als bei größerer Kapazität. Deshalb ist der Blindwiderstand des Kondensators um so größer, je kleiner die Kapazität ist. Der rechnerisch ermittelte Scheinwiderstand enthält den Wirkwiderstand des Kondensators und den Blindwiderstand (Seite 171).

Versuch 166/3: Schalten Sie einen Kondensator, z. B. mit der Kapazität 1 µF, an einen Wechselstrom, z. B. 20 mA/50 Hz! Messen Sie die Stromstärke und die Spannung. Berechnen Sie den Scheinwiderstand! Wiederholen Sie den Versuch mit Wechselströmen gleichen Effektivwerts aber unterschiedlicher Frequenz, z. B. 100 Hz, 200 Hz!
Der Scheinwiderstand ist um so größer, je kleiner die Frequenz ist.

Bei höherer Frequenz kann sich der Kondensator nicht so lange aufladen wie bei niederer Frequenz. Die Wechselspannung am Kondensator und damit der kapazitive Blindwiderstand sind daher um so kleiner, je höher die Frequenz ist.

Der kapazitive Blindwiderstand eines Kondensators ist um so kleiner, je höher die Frequenz bzw. die Kreisfrequenz und je größer die Kapazität ist.

X_C	kapazitiver Blindwiderstand
ω	Kreisfrequenz
C	Kapazität

$$[X_C] = \frac{1}{\frac{1}{s} \cdot \frac{s}{\Omega}} = \Omega \qquad \boxed{X_C = \frac{1}{\omega \cdot C}}$$

Beispiel 1: Welchen kapazitiven Blindwiderstand hat ein Kondensator von 1 µF bei Netzfrequenz 50 Hz?

Lösung: $\quad X_C = \dfrac{1}{\omega \cdot C} = \dfrac{1}{2 \cdot \pi \cdot f \cdot C} = \dfrac{1}{2 \cdot 3{,}14 \cdot 50 \, \frac{1}{s} \cdot 1 \cdot 10^{-6} \, \frac{s}{\Omega}} = \dfrac{10^6}{314} \, \Omega = \textbf{3185 } \mathbf{\Omega}$

Ein Kondensator von 1 µF hat bei 50 Hz einen Blindwiderstand von etwa 3200 Ohm.

Kondensatoren ohne Wirkwiderstand, also nur mit Blindwiderstand, können nicht hergestellt werden (Seite 171). Der Wirkwiderstand des Kondensators kann jedoch häufig gegenüber dem Blindwiderstand vernachlässigt werden. In diesem Fall kann der kapazitive Blindwiderstand näherungsweise aus den Effektivwerten der Spannung am Kondensator und des Kondensatorstromes berechnet werden.

X_C kapazitiver Blindwiderstand
U Wechselspannung am Kondensator
I Wechselstrom durch den Kondensator

$$[X_C] = \frac{V}{A} = \Omega \qquad \boxed{X_C \approx \frac{U}{I}}$$

Beispiel 2: Wie groß ist die Stromstärke in den Leitungen eines Kondensators von 2 µF, wenn er an Netzfrequenz 50 Hz und an 220 V liegt!

Lösung: Für 1 µF ergibt sich $X_{C1} = 3200\ \Omega$ bei $f = 50$ Hz

Für 2 µF ergibt sich $X_{C2} = \dfrac{3200\ \Omega}{2} = 1600\ \Omega$

$$I \approx \frac{U}{X_{C2}} = \frac{220\ V}{1600\ \Omega} = 0{,}138\ A = \mathbf{138\ mA}$$

Wiederholungsfragen

1. Was versteht man unter einem Scheinwiderstand?
2. Was versteht man unter einem Wirkwiderstand?
3. Wodurch entsteht der induktive Blindwiderstand einer Spule?
4. Welche Phasenverschiebung besteht bei einem induktiven Blindwiderstand zwischen Wechselstrom und Wechselspannung?
5. Nennen Sie die zwei Formeln zur Berechnung des kapazitiven Blindwiderstandes!
6. Mit welcher Formel berechnet man den induktiven Blindwiderstand?
7. Wodurch entsteht der kapazitive Blindwiderstand eines Kondensators?
8. Vergleichen Sie beim induktiven und beim kapazitiven Blindwiderstand die Phasenverschiebung zwischen Spannung und Strom!

10.4 Reihenschaltung aus Wirkwiderstand und induktivem Blindwiderstand

Versuch 167/1: Schließen Sie eine Drosselspule mit hoher Induktivität, z. B. mit 1000 Windungen und geschlossenem Eisenkern, über einen hochohmigen Widerstand, z. B. 1 kΩ, an einen Wechselspannungserzeuger von 1 Hz, z. B. an einen Funktionsgenerator! Messen Sie die Spannung und die Stromstärke mit einem Gleichspannungsmesser bzw. mit einem Gleichstrommesser (Zeigermeßinstrumente, Nullstellung in Skalenmitte, **Bild 167/1**)! Achten Sie auf die Zeitpunkte, an denen die positiven Scheitelwerte von Strom und Spannung erreicht werden!

Der Zeiger des Strommessers pendelt um fast eine viertel Periode hinter dem Zeiger des Spannungsmessers her.

Die Phasenverschiebung zwischen Spannung und Strom beträgt weniger als 90°, weil in einer Spule immer ein Wirkwiderstand vorhanden ist. Man kann eine Spule als Reihenschaltung aus einem Wirkwiderstand und einem induktiven Blindwiderstand auffassen **(Bild 167/2)**. Diese Schaltung bezeichnet man als *Ersatzschaltung* der Spule.

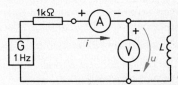

Bild 167/1: Versuchsschaltung: Phasenverschiebung bei einer Spule

Bild 167/2: Ersatzschaltung der Spule

Versuch 167/2: Schließen Sie eine Spule, z. B. mit 1000 Windungen, in Reihe mit einem Widerstand, der von Null bis 1 kΩ einstellbar ist, an eine Wechselspannung mit veränderlicher Frequenz, z. B. an einen Tongenerator an **(Bild 168/1)**! Stellen Sie die Gesamtspannung U so ein, daß am Widerstand die Spannung $U_w = 10$ V abfällt! Verändern Sie dann die Frequenz, bis die Spannung an der Spule $U_{bL} = 10$ V ist! Messen Sie die Gesamtspannung U!

Die Gesamtspannung U ist 14 V.

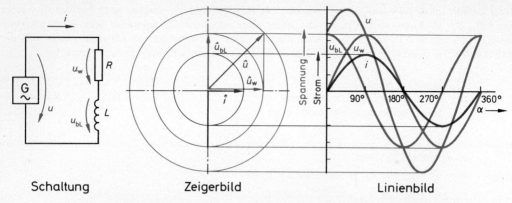

| Schaltung | Zeigerbild | Linienbild |

Bild 168/1: Reihenschaltung aus Wirkwiderstand und induktivem Blindwiderstand

Nach den Gesetzen der Reihenschaltung tritt an beiden Widerständen ein Spannungsabfall auf. Am Wirkwiderstand R fällt die Wirkspannung u_w ab. Am induktiven Blindwiderstand X_L fällt die induktive Blindspannung u_{bL} ab. Der Wirkspannungsanteil u_w ist mit dem Strom i phasengleich (Bild 168/1). Der induktive Blindspannungsanteil u_{bL} eilt dem Strom um 90° voraus. Deshalb ist der Scheitelwert $\hat{u}$ der Gesamtspannung (Scheinspannung) kleiner als die Summe der Scheitelwerte $\hat{u}_w$ und $\hat{u}_{bL}$. Den Scheitelwert $\hat{u}$ der Gesamtspannung erhält man aus dem Zeigerbild (Bild 168/1). Die Augenblickswerte der Gesamtspannung erhält man, indem man jeweils gleichzeitige Augenblickswerte von Wirkspannung und Blindspannung zusammenzählt.

Beim Zeichnen von Zeigerbildern für einen Wechselstromkreis mit mehreren Widerständen beginnt man stets mit einer Größe, die *allen* Widerständen gemeinsam ist. Das ist in jeder Reihenschaltung der Strom (Bild 168/1). Zur Bestimmung der Länge der Stromzeiger und Spannungszeiger muß man Maßstäbe festlegen, z. B. Spannungsmaßstab: 1 mm $\triangleq$ 10 V; Strommaßstab: 1 mm $\triangleq$ 0,1 A.

Wenn man die Scheitelwerte der Spannungen und des Stromes durch den Faktor $\sqrt{2}$ teilt, erhält man die Effektivwerte. Scheitelwerte und Effektivwerte sind deshalb verhältnisgleich, und das Zeigerdiagramm der Effektivwerte **(Bild 168/2)** ist dem Zeigerdiagramm der Scheitelwerte ähnlich (Bild 168/1). Es ergibt sich der gleiche Phasenwinkel φ zwischen den Scheitelwerten $\hat{u}_w$ und $\hat{u}_{bL}$, wie zwischen den Zeigern der Effektivwerte U_w und U_{bL}. Der Zeiger U_w liegt demnach parallel zu I. Die induktive Blindspannung U_{bL} eilt um 90° dem Stromzeiger voraus. Die Spannung U ergibt sich durch *geometrische* (zeichnerische) *Addition* der Zeiger U_w und U_{bL}.

Wechselstromgrößen muß man geometrisch addieren.

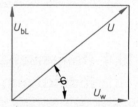

Bild 168/2: Geometrische Addition von zwei Zeigern

Der Winkel 90° $- \varphi$ wird als Verlustwinkel δ bezeichnet. Der Tangens des Verlustwinkels δ wird Verlustfaktor d genannt.

δ^*	Verlustwinkel		
d	Verlustfaktor		
R	Verlustwiderstand		
X_L	induktiver Blindwiderstand		

$$\tan \delta = \frac{U_w}{U_{bL}}$$

$$\boxed{\tan \delta = d}$$

$$\frac{U_w}{U_{bL}} = \frac{R}{X_L}$$

$$\boxed{d = \frac{R}{X_L}}$$

Der Kehrwert des Verlustfaktors d ist der Gütefaktor Q.

Q Gütefaktor
d Verlustfaktor

$$\boxed{Q = \frac{1}{d}}$$

10.4.1 Spannungsdreieck

Die drei Spannungen U_w, U_{bL} und U haben in ihrer Zeigerdarstellung einen gemeinsamen Drehpunkt (Bild 168/2). Sie können zur weiteren Vereinfachung als Dreieck gezeichnet werden. Hierzu muß man die Spannung U_{bL} parallel zu sich selbst an die Pfeilspitze von U_w verschieben. Dadurch ändert sich weder die Richtung noch der Betrag (Länge des Zeigers). Es entsteht das *Spannungsdreieck* **(Bild 169/1)**.

* δ griech. Kleinbuchstabe delta

Im Zeigerbild stehen Wirkwerte und Blindwerte immer senkrecht aufeinander.

Das Spannungsdreieck ist deshalb stets ein rechtwinkliges Dreieck (Bild 169/1). Man kann die Wechselspannung auch rechnerisch nach dem *Lehrsatz des Pythagoras* ermitteln:

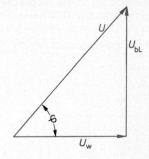

U Gesamtspannung (Scheinspannung)
U_w Wirkspannung
U_{bL} induktive Blindspannung

$$U^2 = U_w^2 + U_{bL}^2$$

$$\boxed{U = \sqrt{U_w^2 + U_{bL}^2}}$$

Beispiel: In einer Reihenschaltung aus einem ohmschen Widerstand von $R = 120\ \Omega$ und einem induktiven Blindwiderstand von $X_L = 157\ \Omega$ fließt bei einer Frequenz von $f = 25$ Hz ein Strom $I = 0,4$ A. Berechnen Sie die Wechselspannung, die an der Reihenschaltung liegt!

Lösung: $U_w = I \cdot R = 0,4\ \text{A} \cdot 120\ \Omega = 48$ V

$U_{bL} = I \cdot X_L = 0,4\ \text{A} \cdot 157\ \Omega = 62,8$ V

$U = \sqrt{U_w^2 + U_{bL}^2} = \sqrt{48^2\ \text{V}^2 + 62,8^2\ \text{V}^2} = \sqrt{2304\ \text{V}^2 + 3944\ \text{V}^2} =$

$= \sqrt{6248\ \text{V}^2} = \textbf{79 V}$

Bild 169/1: Spannungsdreieck

10.4.2 Widerstandsdreieck

Den Scheinwiderstand Z von Bauteilen kann man zeichnerisch durch das *Widerstandsdreieck* **(Bild 169/2)** ermitteln.

In einer Reihenschaltung aus induktivem Blindwiderstand und Wirkwiderstand, in welcher der Strom I fließt, können die Widerstände berechnet werden, wenn die an ihnen abfallenden Spannungen bekannt sind:

$$\boxed{R = \frac{U_w}{I}} \qquad \boxed{X_L = \frac{U_{bL}}{I}} \qquad \boxed{Z = \frac{U}{I}}$$

In jeder der drei Widerstandsgleichungen tritt derselbe Strom I auf. Deshalb sind die Widerstände den zugehörigen Spannungen verhältnisgleich, und deshalb ist das Widerstandsdreieck dem Spannungsdreieck ähnlich.

Da es sich beim Widerstandsdreieck stets um ein rechtwinkliges Dreieck handelt, kann die Auswertung ebenfalls rechnerisch nach dem Lehrsatz des Pythagoras erfolgen.

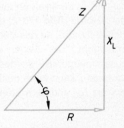

Z Gesamtwiderstand (Scheinwiderstand)
R Wirkwiderstand $[Z] = \Omega$ $\boxed{Z = \sqrt{R^2 + X_L^2}}$
X_L induktiver Blindwiderstand

Beispiel 1: Berechnen Sie den induktiven Blindwiderstand einer Spule ohne Eisenkern, die an Gleichspannung die Meßwerte 100 V und 0,5 A hat. An gleich großer Wechselspannung fließt bei 50 Hz durch die Spule ein Strom von 20 mA.

Lösung: $R = \dfrac{U_-}{I_-} = \dfrac{100\ \text{V}}{0,5\ \text{A}} = 200\ \Omega$

$Z = \dfrac{U_\sim}{I_\sim} = \dfrac{100\ \text{V}}{0,02\ \text{A}} = 5000\ \Omega$

$X_L^2 = Z^2 - R^2 \Rightarrow X_L = \sqrt{Z^2 - R^2} = \sqrt{5000\ \Omega^2 - 200\ \Omega^2} =$

$= \sqrt{24\,960\,000}\ \Omega = 4995,9\ \Omega \approx \textbf{4996}\ \boldsymbol{\Omega}$

**Bild 169/2:
Widerstandsdreieck**

Beispiel 2: Berechnen Sie die Gesamtspannung U der Drosselspule aus Versuch 167/2, wenn die Wirkspannung $U_w = 10$ V und der Blindwiderstand X_L so groß wie der Wirkwiderstand R sind.

Lösung: $Z = \sqrt{R^2 + X_L^2} = \sqrt{2 \cdot R^2} = \sqrt{2} \cdot R$

$\dfrac{U}{U_w} = \dfrac{Z}{R} \Rightarrow U = U_w \cdot \dfrac{Z}{R} = U_w \cdot \dfrac{R \cdot \sqrt{2}}{R} = U_w \cdot \sqrt{2} = 10\ \text{V} \cdot 1,414 = \textbf{14,1 V}$

10.5 Parallelschaltung aus Wirkwiderstand und kapazitivem Blindwiderstand

Versuch 170/1: Schließen Sie einen Kondensator, z. B. 5 µF, und einen Stellwiderstand, der z. B. von Null bis 2 kΩ einstellbar ist, an eine Wechselspannung **(Bild 170/1)** an! Die Wechselspannung soll von Null bis 220 V einstellbar sein und die Frequenz 50 Hz haben. Stellen Sie den Kondensatorstrom $I_{bC} = 100$ mA ein! Verändern Sie den Widerstand R, bis $I_w = 100$ mA ist! Messen Sie den Gesamtstrom I!

Der Gesamtstrom I ist 140 mA.

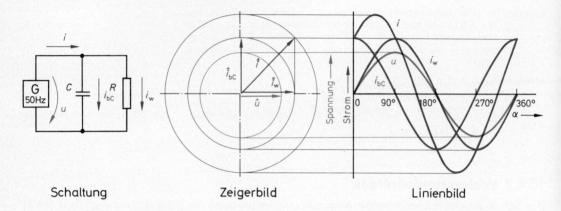

Schaltung   Zeigerbild   Linienbild

Bild 170/1: Parallelschaltung aus Wirkwiderstand und kapazitivem Blindwiderstand

Nach den Gesetzen der Parallelschaltung teilt sich der Gesamtstrom I auf in einen *kapazitiven Blindstrom* I_{bC} und einen *Wirkstrom* I_w. Der kapazitive Blindstrom I_{bC} eilt der gemeinsamen Spannung U um 90° voraus (Bild 170/1). Deshalb ist der Effektivwert des Gesamtstromes kleiner als die Summe der Effektivwerte I_w und I_{bC}.

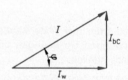

Bild 170/2: Stromdreieck

10.5.1 Stromdreieck

Durch geometrische Addition der Zeiger für die Ströme kann der Scheitelwert des Gesamtstromes i aus den Scheitelwerten der Teilströme $\hat{\imath}_{bC}$ und $\hat{\imath}_w$ ermittelt werden (Bild 170/1). Die Zeiger für die Effektivwerte der Ströme **(Bild 170/2)** haben die gleiche Richtung wie die Zeiger für die Scheitelwerte, da das Verhältnis der Effektivwerte dem der Scheitelwerte entspricht. Die Zeiger der Effektivwerte können zum *Stromdreieck* zusammengefaßt werden (Bild 170/2). Der Effektivwert des Gesamtstromes I kann auch nach dem Lehrsatz des Pythagoras aus dem Effektivwert I_{bC} und dem Effektivwert I_w berechnet werden:

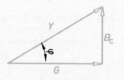

Bild 170/3: Leitwertdreieck

I	Gesamtstrom (Scheinstrom)
I_w	Wirkstrom
I_{bC}	kapazitiver Blindstrom

$$I^2 = I_w^2 + I_{bC}^2 \qquad \boxed{I = \sqrt{I_w^2 + I_{bC}^2}}$$

Das *Leitwertdreieck* **(Bild 170/3)** ist dem Stromdreieck ähnlich, da sich bei der Parallelschaltung die Leitwerte wie die Ströme verhalten. Mit Hilfe des Leitwertdreiecks kann der Scheinwiderstand der Parallelschaltung aus dem kapazitiven Blindwiderstand X_C und dem Wirkwiderstand R berechnet werden, wenn X_C und R bekannt sind.

Nach dem Lehrsatz des Pythagoras gilt im Leitwertdreieck:

$$Y^2 = G^2 + B_C^2$$

$$\boxed{Y = \sqrt{G^2 + B_C^2}}$$

Y Scheinleitwert (Gesamtleitwert)
G Wirkleitwert
B_C kapazitiver Blindleitwert
Z Scheinwiderstand
R Wirkwiderstand
X_C kapazitiver Blindwiderstand

$$[Y] = \frac{A}{V} = \frac{1}{\Omega} = S \qquad \boxed{Y = \frac{I}{U} = \frac{1}{Z}}$$

$$[G] = \frac{A}{V} = \frac{1}{\Omega} = S \qquad \boxed{G = \frac{I_w}{U} = \frac{1}{R}}$$

$$[B_C] = \frac{A}{V} = \frac{1}{\Omega} = S \qquad \boxed{B_C = \frac{I_{bC}}{U} = \frac{1}{X_C} = 2 \cdot \pi \cdot f \cdot C}$$

Beispiel: Welchen Scheinwiderstand Z hat die Parallelschaltung aus einem Wirkwiderstand $R = 10\ \Omega$ und einem Kondensator mit der Kapazität $C = 500\ \mu F$ bei der Frequenz $f = 50\ Hz$?

Lösung:

$$G = \frac{1}{R} = \frac{1}{10\ \Omega} = 0,1\ S$$

$$B_C = 2 \cdot \pi \cdot f \cdot C = 2\,\pi \cdot 50 \cdot \frac{1}{s} \cdot 500 \cdot 10^{-6}\ F = 0,157\ S$$

$$Y = \sqrt{G^2 + B^2} = \sqrt{0,1^2 + 0,157^2}\ S = \sqrt{0,03465}\ S = 0,186\ S$$

$$Z = \frac{1}{Y} = \frac{1}{0,186\ s} = \mathbf{5,38\ \Omega}$$

10.5.2 Ersatzschaltung des Kondensators

In jedem Kondensator treten bei Betrieb Verluste auf. Deshalb hat ein Kondensator nicht nur einen Blindwiderstand. Die Verluste entstehen unter anderem, weil jeder Kondensator ein mehr oder weniger schlechter Leiter ist. Liegt am Kondensator eine Wechselspannung, so werden die Molekulardipole im Dielektrikum ständig umgepolt. Hierbei geht Energie verloren. Befinden sich bei Wickelkondensatoren die Anschlüsse nur an den Anfängen der Folien, so müssen Ladestrom und Entladestrom durch die ganze Länge der Wickel hindurchfließen. Die Metallfolien wirken als elektrischer Leiter und haben einen Wirkwiderstand.

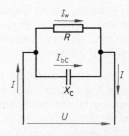

Bild 171/1: Ersatzschaltung des Kondensators

Alle Verlustarten im Kondensator können zu dem sogenannten *Verlustwiderstand R* zusammengefaßt werden. *R* ist ein reiner Wirkwiderstand. Durch den Wirkwiderstand fließt der Verluststrom I_w. Man denkt sich den Wirkwiderstand parallel zu einem verlustlosen Kondensator geschaltet **(Bild 171/1)**. Infolge der Verluste ist der Phasenwinkel φ zwischen Spannung und Strom nicht genau 90°, sondern stets weniger **(Bild 171/2)**. Man bezeichnet die Differenz $90°-\varphi$ als *Verlustwinkel δ**. Bei verlustarmen Kondensatoren beträgt der Verlustwinkel δ nur einige Bogenminuten.

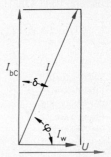

Bild 171/2: Zeigerbild eines Kondensators mit Verlusten

Der Tangens des *Verlustwinkels δ* wird *Verlustfaktor d* genannt.

δ Verlustwinkel
d Verlustfaktor
R Verlustwiderstand
X_C kapazitiver Blindwiderstand

$$\tan \delta = \frac{I_w}{I_{bC}} \qquad \boxed{\tan \delta = d}$$

$$\frac{I_w}{I_{bC}} = \frac{X_C}{R} \qquad \boxed{d = \frac{X_C}{R}}$$

Der Kehrwert des Verlustfaktors d ist der Gütefaktor Q.

Q Gütefaktor
d Verlustfaktor

$$\boxed{Q = \frac{1}{d}}$$

Meist können die Verluste im Kondensator vernachlässigt werden. Dann kann der Kondensator als reiner Blindwiderstand aufgefaßt werden (Seite 167).

* δ = griech. Kleinbuchstabe delta

10.6 Wechselstromleistung

10.6.1 Wirkleistung

Schaltet man einen Wirkwiderstand, z. B. ein Heizgerät, in einen Wechselstromkreis, so sind Spannung und Strom phasengleich (**Bild 172/1**). Durch Multiplikation zusammengehöriger Augenblickswerte von Strom und Spannung erhält man die Augenblickswerte der Leistung bei Wechselstrom. Die Leistungskurve ist immer positiv, da Spannung und Strom bei einem Wirkwiderstand entweder beide gleichzeitig positiv oder beide gleichzeitig negativ sind. Positive Leistung bedeutet, daß die Leistung vom Erzeuger zum Verbraucher geht. Die Leistung hat die doppelte Frequenz wie die Spannung.

Die Leistung kann wegen der doppelten Frequenz nicht mit Strom und Spannung zusammen in ein gemeinsames Zeigerbild gezeichnet werden.

Die Wechselstromleistung hat den Scheitelwert $\hat{p} = \hat{u} \cdot \hat{i}$ und kann durch *Flächenverwandlung* in eine gleichwertige Gleichstromleistung, die sogenannte *Wirkleistung* umgewandelt werden. Beim Wirkwiderstand ist die Wirkleistung halb so groß wie der Scheitelwert der Leistung (Bild 172/1).

$$P = \frac{1}{2} \cdot \hat{u} \cdot \hat{i} = \frac{1}{2} \cdot \sqrt{2} \cdot U_{eff} \cdot \sqrt{2} \cdot I_{eff} = U_{eff} \cdot I_{eff}$$

P Wirkleistung
U_{eff} Effektivwert der Spannung
I_{eff} Effektivwert des Stromes

$$\boxed{P = U_{eff} \cdot I_{eff}}$$

$$[P] = W$$

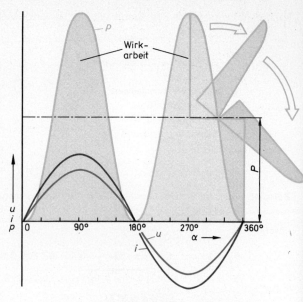

**Bild 172/1:
Wechselstromleistung bei ohmscher Last**

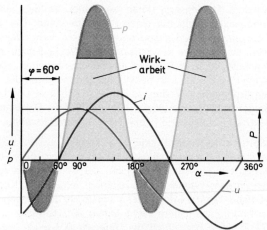

**Bild 172/2: Wechselstromleistung
bei einer Phasenverschiebung von 60°**

Zur Bestimmung der Wechselstromleistung rechnet man immer mit den Effektivwerten.

10.6.2 Scheinleistung

Versuch 172/1: Schließen Sie eine Drossel an Wechselspannung 50 Hz an! Messen Sie Stromstärke, Spannung und Leistung! Vergleichen Sie das Produkt aus Spannung und Strom mit der Anzeige des Leistungsmessers!
Die berechnete Leistung ist größer als die Anzeige des Leistungsmessers.

Die Multiplikation der Meßwerte von Spannung und phasenverschobenem Strom ergibt eine scheinbare Leistung. Man nennt diese Leistung deshalb Scheinleistung S.

Der Wirkleistungsmesser zeigt die Wirkleistung P an. Diese ist so groß wie der Mittelwert aller Augenblickswerte $p = u \cdot i$. Die Wirkleistung P ist deshalb bei einer Phasenverschiebung zwischen Strom und Spannung immer kleiner als die Scheinleistung S (**Bild 172/2**).

Periodenabschnitte mit negativer Leistung bedeuten, daß Energie an das Netz zurückgeliefert wird (Bild 172/2). Während den Periodenabschnitten mit positiver Leistung wird Energie aus dem Netz entnommen. Die Differenz zwischen der positiven Energie und der negativen Energie wird in der Spule in Wirkarbeit (Wärme) umgesetzt.

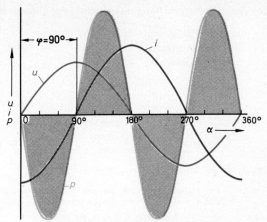

Bild 173/1: Induktive Blindleistung

S Scheinleistung
U Spannung $[S] = V \cdot A = VA$ $\boxed{S = U \cdot I}$
I Stromstärke

16.6.3 Blindleistung

Liegt im Wechselstromkreis z. B. eine Spule, die als Reihenschaltung einer Induktivität und eines Wirkwiderstands aufgefaßt werden kann, so müssen drei Leistungen unterschieden werden. Außer der *Scheinleistung S* (Gesamtleistung) tritt im Wirkwiderstand die *Wirkleistung P* und im induktiven Blindwiderstand die *induktive Blindleistung* Q_L auf. Beträgt die Phasenverschiebung zwischen Strom und Spannung 90°, z. B. bei einer reinen Induktivität **(Bild 173/1)** oder bei einer reinen Kapazität, so werden die positiven Flächenteile gleich groß wie die negativen. Die Wirk-

Bild 173/2: Leistungsdreieck

leistung *P* ist dann Null und es tritt nur Blindleistung auf. Die ganze Energie pendelt dabei zwischen Verbraucher und Erzeuger hin und her.

10.6.4 Leistungsdreieck

Der Zusammenhang zwischen den Leistungen kann auch in einem rechtwinkligen Dreieck dargestellt werden: Für eine Reihenschaltung aus Wirkwiderstand und induktivem Blindwiderstand ist das Leistungsdreieck **(Bild 173/2)** ähnlich dem Spannungsdreieck (Seite 169), da in den Leistungsgleichungen $S = U \cdot I$ und $P = U_w \cdot I$ und $Q_L = U_{bL} \cdot I$ jedesmal derselbe Strom auftritt. Für eine Parallelschaltung aus Wirkwiderstand und kapazitivem Blindwiderstand erhält man ebenfalls ein Leistungsdreieck wie in Bild 173/2, weil es ähnlich dem Stromdreieck (Seite 170) ist. In den Leistungsgleichungen der Parallelschaltung, $S = U \cdot I$ und $Q_C = U \cdot I_{bC}$ und $P = U \cdot I_w$, tritt nämlich jedesmal dieselbe Spannung auf.

S Scheinleistung $[S] = VA$
P Wirkleistung $[P] = W$ $S^2 = P^2 + Q^2$ $\boxed{S = \sqrt{P^2 + Q^2}}$
Q Blindleistung $[Q] = var^*$

Beispiel: Durch eine Spule, die an die Wechselspannung $U = 220\,V$ angeschlossen ist, fließt der Wechselstrom $I = 2,5\,A$. Ein gleichzeitig angeschlossener Wirkleistungsmesser zeigt eine Wirkleistungsaufnahme der Spule von $P = 100\,W$ an. Berechnen Sie die Blindleistung Q_L, die in der Spule auftritt!

Lösung: $S = U \cdot I = 220\,V \cdot 2,5\,A = 550\,VA$
$S^2 = P^2 + Q_L^2 \Rightarrow Q_L^2 = S^2 - P^2 \Rightarrow Q_L = \sqrt{S^2 - P^2}$
$Q_L = \sqrt{550^2\,(VA)^2 - 100^2\,W^2} = \sqrt{302\,500\,(VA)^2 - 10\,000^2\,W^2} = \sqrt{292\,500}\,var = \textbf{541 var}$

Der Winkel zwischen *P* und *S* (Bild 173/2) ist gleich dem Phasenverschiebungswinkel φ. Die Seiten eines rechtwinkligen Dreiecks lassen sich auch mit Hilfe der *trigonometrischen Funktionen Sinus, Kosinus* und *Tangens* berechnen. Die Hypotenuse im Leistungsdreieck entspricht der Scheinleistung *S*, die Ankathete der Wirkleistung *P* und die Gegenkathete der Blindleistung *Q*.

* var ≙: Volt Ampere reaktiv

173

Bei Verwendung der trigonometrischen Funktionen erhält man aus dem Leistungsdreieck (Bild 173/2):

P Wirkleistung $[P] = W$

S Scheinleistung $[S] = VA$ $\qquad \cos \varphi = \dfrac{P}{S} \Rightarrow P = S \cdot \cos \varphi \qquad \boxed{P = U \cdot I \cdot \cos \varphi}$

Q Blindleistung $[Q] = var$

Kosinus $\varphi = \dfrac{\text{Ankathete}}{\text{Hypotenuse}}$

Sinus $\varphi = \dfrac{\text{Gegenkathete}}{\text{Hypotenuse}}$ $\qquad \sin \varphi = \dfrac{Q}{S} \Rightarrow Q = S \cdot \sin \varphi \qquad \boxed{Q = U \cdot I \cdot \sin \varphi}$

Tangens $\varphi = \dfrac{\text{Gegenkathete}}{\text{Ankathete}}$ $\qquad \tan \varphi = \dfrac{Q}{P} \qquad\qquad\qquad\quad \boxed{Q = P \cdot \tan \varphi}$

$\cos \varphi$, $\sin \varphi$ und $\tan \varphi$ haben keine Einheit.

Beispiel: Ein Transformator hat auf der Ausgangsseite 24 V. Ein Strommesser im Verbraucherstromkreis zeigt bei $\cos \varphi = 0{,}9$ eine Stromstärke von 2,5 A an. Berechnen Sie Scheinleistung, Wirkleistung und Blindleistung!

Lösung: $S = U \cdot I = 24\,V \cdot 2{,}5\,A = \textbf{60 VA}$
$P = S \cdot \cos \varphi = 60\,VA \cdot 0{,}9 = \textbf{54 W}$
Aus der Angabe $\cos \varphi = 0{,}9$ kann der Phasenverschiebungswinkel φ ermittelt werden: $\varphi = 25°\,51'$.
Für diese Phasenverschiebung bestimmt man den Wert $\sin \varphi = 0{,}4359$.
$Q = S \cdot \sin \varphi = 60\,VA \cdot 0{,}4359 = \textbf{26,2 var}$

10.6.5 Leistungsfaktor

Das Verhältnis von Wirkleistung zu Scheinleistung bezeichnet man als Leistungsfaktor oder Wirkfaktor.

$\cos \varphi$ Leistungsfaktor
P Wirkleistung $\qquad\qquad\qquad\qquad \cos \varphi = \dfrac{P}{S} \qquad \boxed{S = \dfrac{P}{\cos \varphi}}$
S Scheinleistung

Bei Strömen mit sinusförmigem zeitlichen Verlauf stimmt der Leistungsfaktor mit dem $\cos \varphi$ überein. Der Leistungsfaktor ist ein Maß dafür, wieviel von der Scheinleistung in Wirkleistung umgesetzt wird. Bei gleichbleibender Wirkleistung ist die Scheinleistung und damit der Strom um so größer, je kleiner der $\cos \varphi$ ist.

Soll also beispielsweise Wirkleistung bei einem Leistungsfaktor $\cos \varphi = 0{,}5$ zu einem Verbraucher transportiert werden, so müssen Generatoren, Umspanner und Leitungsnetz bei gleicher Wirkleistung für den doppelten Strom ausgelegt sein wie bei $\cos \varphi = 1$. Die Anlagekosten steigen dadurch erheblich (*Kompensation* Seite 193).

Das Verhältnis von Blindleistung zu Scheinleistung nennt man Blindfaktor. Er stimmt bei Strömen mit sinusförmigem zeitlichen Verlauf mit dem $\sin \varphi$ überein.

Beispiel: In einem Fabriksaal sollen 20 Leuchtstofflampen 220 V/58 W angeschlossen werden. Zusätzlich verbraucht das Vorschaltgerät jeder Lampe 11 W. Berechnen Sie die benötigte Stromstärke für a) $\cos \varphi = 0{,}4$ und b) $\cos \varphi = 1$!

Lösung zu a) Leistungsaufnahme je Lampe und Vorschaltgerät: $P_1 = 69\,W$.
Wirkleistungsaufnahme für 20 Lampen: $P_2 = 20 \cdot 69\,W = 1380\,W = 1{,}38\,kW$.

$\cos \varphi = \dfrac{P_2}{S}$; $S = \dfrac{P_2}{\cos \varphi} = \dfrac{1{,}38\,kVA}{0{,}4} = 3{,}45\,kVA$

Bei 220 V ist die Stromstärke $I = \dfrac{S}{U} = \dfrac{3450\,VA}{220\,V} = \textbf{15,7 A}$

b) $S = \dfrac{1{,}38\,kVA}{1} = 1{,}38\,kVA$

Bei 220 V ist die Stromstärke $I = \dfrac{S}{U} = \dfrac{1380\,VA}{220\,V} = \textbf{6,3 A}$

Wiederholungsfragen

1. Welche Leistung wird von den üblichen Leistungsmessern angezeigt?

2. Wie berechnet man die Wirkleistung eines Heizgerätes im Wechselstromkreis?

3. Wie ermittelt man die Scheinleistungsaufnahme einer Drosselspule?

4. Welche Bedeutung hat eine negative Leistung bei einem Verbraucher?

5. Wie berechnet man S, P und Q aus dem Leistungsdreieck mit Hilfe des Satzes von Pythagoras?

6. Was versteht man unter dem Leistungsfaktor?

10.7 Reihenschaltung aus Wirkwiderständen und Blindwiderständen

10.7.1 Reihenschaltung aus Wirkwiderstand und kapazitivem Blindwiderstand

In Schaltpläne von Wechselstromschaltungen trägt man in der Regel anstelle der Formelzeichen für die Scheitelwerte, z. B. $\hat{u}$, $\hat{\imath}$, die Formelzeichen für die Effektivwerte ein, z. B. U, I **(Bild 175/1 a)**. Schaltet man einen Wirkwiderstand und einen kapazitiven Blindwiderstand in Reihe an eine Spannung mit sinusförmigem zeitlichen Verlauf, so ist die Wirkspannung U_w phasengleich mit dem Strom I, und die Blindspannung U_bC eilt dem Strom um 90° nach (Bild 175/1 b). Deshalb wird im Spannungsdreieck der Zeiger für die Blindspannung U_bC gegenüber dem Zeiger für den gemeinsamen Strom I um 90° gedreht gezeichnet und zwar nacheilend (im Uhrzeigersinn).

Das Widerstandsdreieck (Bild 175/1c) und das Leistungsdreieck (Bild 175/1d) einer Reihenschaltung sind dem Spannungsdreieck ähnlich. Spannungsdreieck, Widerstandsdreieck und Leistungsdreieck können nach dem Lehrsatz des Pythagoras rechnerisch ausgewertet werden:

U Scheinspannung	
U_w Wirkspannung	$U^2 = U_\mathrm{w}^2 + U_\mathrm{bC}^2$
U_bC kapazitive Blindspannung	

$$U^2 = U_\mathrm{w}^2 + U_\mathrm{bC}^2 \qquad \boxed{U = \sqrt{U_\mathrm{w}^2 + U_\mathrm{bC}^2}}$$

Z Scheinwiderstand
R Wirkwiderstand
X_C kapazitiver Blindwiderstand

$$Z^2 = R^2 + X_\mathrm{C}^2 \qquad \boxed{Z = \sqrt{R^2 + \frac{1}{(\omega \cdot C)^2}}}$$

S Scheinleistung
P Wirkleistung
Q_C kapazitive Blindleistung

$$S^2 = P^2 + Q_\mathrm{C}^2 \qquad \boxed{S = \sqrt{P^2 + Q_\mathrm{C}^2}}$$

Bei elektronischen Schaltungen, z. B. bei Verstärkern, werden häufig der Gleichspannungsanteil U_- und der Wechselspannungsanteil $U_\sim$ einer Mischspannung $U_\simeq$ durch einen *Koppelkondensator* C_K getrennt **(Bild 175/2)**. Die Kondensatorkapazität wird so gewählt, daß der Blindwiderstand X_C des Kondensators klein gegenüber dem Wirkwiderstand R ist. Der Kondensator stellt dann für den Wechselspannungsanteil einen kleinen Widerstand dar.

Am Widerstand R fällt fast der ganze Wechselspannungsanteil $U_\sim$ ab. Am Kondensator C_K fällt nur eine kleine Wechselspannung ab, aber fast der ganze Gleichspannungsanteil U_-. Damit der Wechselspannungsabfall an C_K klein und an R groß ist, wird meist $X_\mathrm{C} \approx 0{,}1 \cdot R$ gewählt.

C_K Kondensatorkapazität
f Frequenz der Wechselspannung
R Wirkwiderstand

$$\boxed{\frac{1}{2\,\pi\,f \cdot C_\mathrm{K}} \approx \frac{R}{10}}$$

Beispiel: Bei einem Verstärker wird der Wechselspannungsanteil einer Mischspannung mit der Frequenz $f = 50$ Hz durch einen Koppelkondensator vom Gleichspannungsanteil getrennt. Der Wirkwiderstand, an dem der Gleichspannungsanteil abfällt, ist $R = 100\ \Omega$. Berechnen Sie die Koppelkapazität!

Lösung: Man wählt $\dfrac{1}{2\,\pi\,f \cdot C_\mathrm{K}} = \dfrac{R}{10}; \Rightarrow C_\mathrm{K} = \dfrac{10}{R \cdot 2\,\pi\,f} =$

$$= \frac{10}{100\ \Omega \cdot 2\,\pi \cdot 50\ \text{Hz}} = \frac{10}{100\ \frac{\text{V}}{\text{A}} \cdot 2\,\pi \cdot 50\ \frac{1}{\text{s}}} =$$

$$= \frac{1}{1000\,\pi}\ \frac{\text{As}}{\text{V}} = \mathbf{318\ \mu F}$$

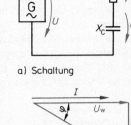

a) Schaltung

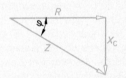

b) Spannungsdreieck

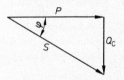

c) Widerstandsdreieck

d) Leistungsdreieck

Bild 175/1:
Reihenschaltung aus Wirkwiderstand und kapazitivem Blindwiderstand

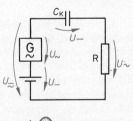

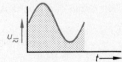

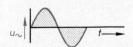

Bild 175/2: Trennung von Wechselspannung und Gleichspannung

10.7. 2 Reihenschaltung aus Wirkwiderstand, induktivem und kapazitivem Blindwiderstand

Bei der Reihenschaltung **Bild 176/1a** wirken die kapazitive und die induktive Blindspannung einander entgegen, da die induktive Blindspannung U_{bL} dem Strom um 90° vor- und die kapazitive Blindspannung U_{bC} dem Strom um 90° nacheilt (Bild 176/1b). Deshalb sind auch im Zeigerdiagramm der Spannungen die Zeiger der Blindspannungen entgegengesetzt gerichtet. Die Gesamtspannung (Scheinspannung) U ergibt sich durch geometrische Addition der Wirkspannung und der Differenz der Blindspannungen.

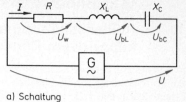

a) Schaltung

U	Gesamtspannung (Scheinspannung)
U_w	Wirkspannung
U_{bL}	induktive Blindspannung
U_{bC}	kapazitive Blindspannung

$$U^2 = U_w^2 + (U_{bL} - U_{bC})^2$$

$$U = \sqrt{U_w^2 + (U_{bL} - U_{bC})^2}$$

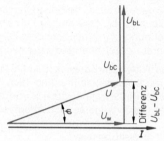

b) Zeigerdiagramm der Spannungen

In den Periodenabschnitten, in denen die Induktivität Energie aufnimmt, gibt die Kapazität Energie ab. Im Zeigerdiagramm der Widerstände (Bild 176/1c) sind deshalb die Zeiger für die Blindwiderstände entgegengesetzt gerichtet. Der Gesamtwiderstand (Scheinwiderstand) Z ergibt sich durch geometrische Addition des Wirkwiderstandes und der Differenz der Blindwiderstände.

Z	Gesamtwiderstand (Scheinwiderstand)
R	Wirkwiderstand
X_L	induktiver Blindwiderstand
X_C	kapazitiver Blindwiderstand

$$Z^2 = R^2 + (X_L - X_C)^2$$

$$Z = \sqrt{R^2 + (X_L - X_C)^2}$$

Für die Berechnung des Stromes gilt das *Ohmsche Gesetz des Wechselstromkreises*:

Z	Gesamtwiderstand (Scheinwiderstand)
I	Gesamtstrom
U	Gesamtspannung

$$[Z] = \Omega \qquad Z = \frac{U}{I}$$

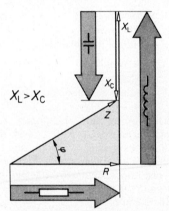

$X_L > X_C$

c) Zeigerdiagramm der Widerstände (vorwiegend induktiv)

Ist der induktive Blindwiderstand X_L größer als der kapazitive Blindwiderstand X_C, so wirkt die Schaltung Bild 176/1a induktiv, da im Zeigerdiagramm der Widerstände der Zeiger für Z dem Zeiger für R voreilt (Bild 176/1c). Ist der kapazitive Blindwiderstand X_C größer als der induktive Blindwiderstand X_L, so wirkt die Schaltung vorwiegend kapazitiv (Bild 176/1d). Sind beide Blindanteile gleich groß, so hat der Stromkreis den kleinsten Widerstand. Der Strom erreicht dabei den Höchstwert (Resonanz Seite 181).

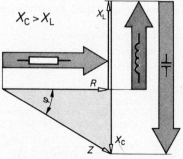

$X_C > X_L$

d) Zeigerdiagramm der Widerstände (vorwiegend kapazitiv)

Beispiel: Berechnen Sie den Scheinwiderstand Z der Schaltung Bild 176/1a, wenn $R = 300\ \Omega$, $L = 2$ H, $C = 6$ µF und die Frequenz $f = 50$ Hz ist!

Lösung:
$$X_L = \omega \cdot L = 314 \frac{1}{s} \cdot 2 \cdot \Omega \cdot s = 628\ \Omega$$

$$X_C = \frac{1}{\omega \cdot C} = \frac{1}{314 \cdot \frac{1}{s} \cdot 6 \cdot 10^{-6} \frac{s}{\Omega}} = \frac{10^6}{1884}\ \Omega = 531\ \Omega$$

$$X = X_L - X_C = 628\ \Omega - 531\ \Omega = 97\ \Omega$$

$$Z = \sqrt{R^2 + X^2} = \sqrt{300^2\ \Omega^2 + 97^2\ \Omega^2} = \sqrt{99\,409\ \Omega^2} = \mathbf{315{,}3\ \Omega}$$

Bild 176/1: Reihenschaltung aus Wirkwiderstand, induktivem und kapazitivem Blindwiderstand

10.7.3 Reihenschaltung aus mehreren Spulen

Bei der Berechnung einer Reihenschaltung aus mehreren Spulen **(Bild 177/1)** kann man jeweils gleichartige Widerstände oder gleichartige Teilspannungen zusammenfassen.

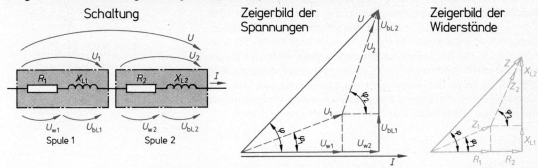

Bild 177/1: Reihenschaltung von zwei Spulen

10.8 Parallelschaltung aus Wirkwiderständen und Blindwiderständen

10.8.1 Parallelschaltung aus Wirkwiderstand und induktivem Blindwiderstand

In der Parallelschaltung **Bild 177/2** verzweigt sich der Gesamtstrom I in die beiden Teilströme I_w und I_{bL}. Der Wirkstrom I_w ist phasengleich mit der Spannung U. Der Blindstrom I_{bL} in dem induktiven Blindwiderstand X_L eilt der Spannung U um 90° nach. Bei einer Parallelschaltung können die Zeigerdiagramme der Ströme, der Leistungen und der Leitwerte gezeichnet werden (Bild 177/2). Die Zeigerdiagramme können rechnerisch ausgewertet werden:

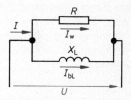
a) Schaltung

I	Gesamtstrom (Scheinstrom)
I_w	Wirkstrom
I_{bL}	induktiver Blindstrom

$$I^2 = I_w^2 + I_{bL}^2 \qquad \boxed{I = \sqrt{I_w^2 + I_{bL}^2}}$$

S	Scheinleistung
P	Wirkleistung
Q_L	induktive Blindleistung

$$S^2 = P^2 + Q_L^2 \qquad \boxed{S = \sqrt{P^2 + Q_L^2}}$$

$$[Y] = \frac{1}{\Omega} = S$$

Y	Scheinleitwert
G	Wirkleitwert
B_L	induktiver Blindleitwert

$$[G] = \frac{1}{\Omega} = S \qquad \boxed{Y = \sqrt{G^2 + B_L^2}}$$

$$[B_L] = \frac{1}{\Omega} = S$$

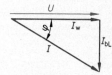
b) Stromdreieck

Der Phasenverschiebungswinkel φ wird meist mit der *Winkelfunktion Tangens* (tan) berechnet:

$$\tan \varphi = \frac{\text{Gegenkathete}}{\text{Ankathete}} \qquad \tan \varphi = \frac{I_{bL}}{I_w} = \frac{Q_L}{P} = \frac{B_L}{G} = \frac{R}{X_L}$$

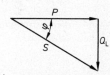
c) Leistungsdreieck

Beispiel: Eine Parallelschaltung aus dem Wirkwiderstand $R = 40\ \Omega$ und der Induktivität $L = 50$ mH liegt an $U = 60$ V, $f = 100$ Hz. Berechnen Sie die Teilströme, den Gesamtstrom und den Scheinwiderstand!

Lösung:

$$I_w = \frac{U}{R} = \frac{60\ \text{V}}{40\ \Omega} = \mathbf{1{,}5\ A}$$

$$I_{bL} = \frac{U}{\omega \cdot L} = \frac{60\ \text{V}}{2 \cdot 3{,}14\,\frac{1}{\text{s}} \cdot 100 \cdot 0{,}05\,\frac{\text{Vs}}{\text{A}}} = \frac{60\ \text{V}}{31{,}4\,\frac{\text{V}}{\text{A}}} = 1{,}91\ \text{A}$$

d) Leitwertdreieck

$$I = \sqrt{I_w^2 + I_{bL}^2} = \sqrt{1{,}5^2\,\text{A}^2 + 1{,}91^2\,\text{A}^2} = \sqrt{5{,}90\ \text{A}^2} = 2{,}43\ \text{A}$$

$$Z = \frac{U}{I} = \frac{60\ \text{V}}{2{,}43\ \text{A}} = \mathbf{24{,}69\ \Omega}$$

Bild 177/2:
Parallelschaltung
von Wirkwiderstand
und induktivem
Blindwiderstand

10.8.2 Parallelschaltung aus Wirkwiderstand, induktivem und kapazitivem Blindwiderstand

Bei der Parallelschaltung **Bild 178/1a** eilt der Strom I_{bL} in der Induktivität der gemeinsamen Spannung U um 90° nach. Der Strom I_{bC} durch die Kapazität eilt der Spannung um 90° voraus. Dadurch wirkt die Kapazität in den Periodenabschnitten als Verbraucher, in denen die Induktivität als Erzeuger wirkt und umgekehrt. Deshalb sind auch im Zeigerdiagramm der Ströme (Bild 178/1b) die Zeiger der Blindströme entgegengesetzt gerichtet. Der Gesamtstrom (Scheinstrom) I ergibt sich aus dem Wirkstrom und der Differenz der Blindströme durch geometrische Addition:

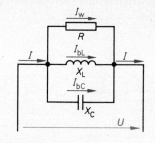

a) Schaltung

I	Gesamtstrom (Scheinstrom)	$I^2 = I_w^2 + (I_{bC} - I_{bL})^2$
I_w	Wirkstrom	
I_{bC}	kapazitiver Blindstrom	
I_{bL}	induktiver Blindstrom	

$$I = \sqrt{I_w^2 + (I_{bC} - I_{bL})^2}$$

Wenn der induktive Blindstrom I_{bL} größer als der kapazitive Blindstrom I_{bC} ist, so wirkt die Schaltung vorwiegend induktiv (Bild 178/1b). Ist der kapazitive Blindstrom I_{bC} größer als der induktive Blindstrom I_{bL}, so wirkt die Schaltung vorwiegend kapazitiv (Bild 178/1c). Sind beide Blindanteile gleich groß, so hat der Scheinwiderstand Z der Schaltung den größten Wert (Resonanz, Seite 183). Bei der Parallelschaltung aus Wirkwiderstand, induktivem und kapazitivem Blindwiderstand kann man das Zeigerdiagramm der Leitwerte zeichnen (Bild 178/1d) und es rechnerisch auswerten:

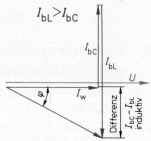

b) Zeigerdiagramm der Ströme (vorwiegend induktiv)

Y	Gesamtleitwert (Scheinleitwert)	$Y^2 = G^2 + (B_C - B_L)^2$
G	Wirkleitwert	
B_C	kapazitiver Blindleitwert	
B_L	induktiver Blindleitwert	

$$Y = \sqrt{G^2 + (B_C - B_L)^2}$$

Beispiel: Ein induktiver Blindwiderstand $X_L = 1200\ \Omega$ ist mit einem kapazitiven Blindwiderstand $X_C = 1000\ \Omega$ und einem Wirkwiderstand $R = 1500\ \Omega$ parallel geschaltet. Die angelegte Wechselspannung U beträgt 100 V. Berechnen Sie die Teilströme, den Gesamtstrom I und den Ersatzwiderstand Z der Parallelschaltung!

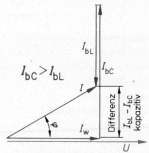

c) Zeigerdiagramm der Ströme (vorwiegend kapazitiv)

Lösung:

$$I_w = \frac{U}{R} = \frac{100\ \text{V}}{1500\ \Omega} = \textbf{0,067 A}$$

$$I_{bL} = \frac{U}{X_L} = \frac{100\ \text{V}}{1200\ \Omega} = \textbf{0,0833 A}$$

$$I_{bC} = \frac{U}{X_C} = \frac{100\ \text{V}}{1000\ \Omega} = \textbf{0,1 A}$$

$$I = \sqrt{I_w^2 + (I_{bL} - I_{bC})^2} =$$

$$= \sqrt{0,067^2\ \text{A}^2 + (0,1 - 0,083)^2\ \text{A}^2} =$$

$$= \sqrt{0,00478\ \text{A}^2} = \textbf{0,0691 A}$$

$$Z = \frac{U}{I} = \frac{100\ \text{V}}{0,0691\ \text{A}} = \textbf{1447 }\Omega$$

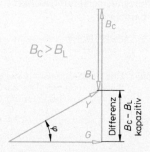

d) Zeigerdiagramm der Leitwerte

Bild 178/1: Parallelschaltung aus Wirkwiderstand, induktivem und kapazitivem Blindwiderstand

10.8.3 Parallelschaltung aus zwei Spulen

Bei der Parallelschaltung aus zwei Spulen (**Bild 179/1a**) können die Phasenwinkel φ_1 und φ_2 der beiden Spulen durch die Widerstandsdiagramme ermittelt werden (Bild 179/1b). Wenn man die beiden Spulenströme geometrisch addiert, erhält man den Gesamtstrom I (Bild 179/1c).

I Gesamtstrom

I_{w1}, I_{w2} Wirkstromanteile der Spulenströme I_1 und I_2

I_{b1}, I_{b2} Blindstromanteile der Spulenströme I_1 und I_2

$$I^2 = (I_{w1} + I_{w2})^2 + (I_{b1} + I_{b2})^2$$

$$\boxed{I = \sqrt{(I_{w1} + I_{w2})^2 + (I_{b1} + I_{b2})^2}}$$

Beispiel: Eine Spule mit dem Wirkwiderstand $R_1 = 12\ \Omega$ und der Induktivität $L_1 = 120$ mH und eine Spule mit dem Wirkwiderstand $R_2 = 15\ \Omega$ und der Induktivität $L_2 = 100$ mH sind parallel an die Netzspannung 220 V/50 Hz geschaltet. Berechnen Sie den Gesamtstrom I!

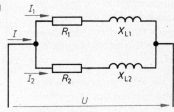

a) Schaltung

Lösung:

$X_{L1} = 2\,\pi\,f \cdot L_1 = 2\,\pi \cdot 50\,\frac{1}{s} \cdot 0,120\,\frac{Vs}{A} = 37,7\ \Omega$

$Z_1 = \sqrt{12^2\,\Omega^2 + 37,7^2\,\Omega^2} = \sqrt{1565\ \Omega^2} = 39,6\ \Omega$

$X_{L2} = 2\,\pi\,f \cdot L_2 = 2\,\pi \cdot 50\,\frac{1}{s} \cdot 0,1\,\frac{Vs}{A} = 31,4\ \Omega$

$Z_2 = \sqrt{15^2\,\Omega^2 + 31,4^2\,\Omega^2} = \sqrt{1211\ \Omega^2} = 34,8\ \Omega$

$I_1 = \dfrac{U}{Z_1} = \dfrac{220\ V}{39,6\ \Omega} = \mathbf{5,6\ A}$

$I_2 = \dfrac{U}{Z_2} = \dfrac{220\ V}{34,8\ \Omega} = \mathbf{6,3\ A}$

$\sin \varphi_1 = \dfrac{X_{L1}}{Z_1} = \dfrac{37,7\ \Omega}{39,6\ \Omega} = 0,952$

$\cos \varphi_1 = \dfrac{R_1}{Z_1} = \dfrac{12\ \Omega}{39,6\ \Omega} = 0,303$

$I_{w1} = I_1 \cdot \cos \varphi_1 = 5,6\ A \cdot 0,303 = 1,7\ A$

$I_{b1} = I_1 \cdot \sin \varphi_1 = 5,6\ A \cdot 0,952 = 5,3\ A$

$\sin \varphi_2 = \dfrac{X_{L2}}{Z_2} = \dfrac{31,4\ \Omega}{34,8\ \Omega} = 0,902$

$\cos \varphi_2 = \dfrac{R_2}{Z_2} = \dfrac{15\ \Omega}{34,8\ \Omega} = 0,431$

$I_{w2} = I_2 \cdot \cos \varphi_2 = 6,3\ A \cdot 0,431 = 2,7\ A$

$I_{b2} = I_2 \cdot \sin \varphi_2 = 6,3\ A \cdot 0,902 = 5,7\ A$

$I = \sqrt{(I_{w1} + I_{w2})^2 + (I_{b1} + I_{b2})^2} =$

$= \sqrt{(1,7\ A + 2,7\ A)^2 + (5,3\ A + 5,7\ A)^2} =$

$= \sqrt{4,4^2\ A^2 + 11,0^2\ A^2} = \sqrt{140,4\ A^2} = \mathbf{11,8\ A}$

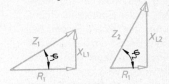

b) Widerstandsdreiecke der beiden Spulen

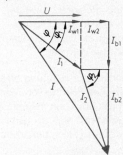

c) Zeigerdiagramm der Ströme

Bild 179/1: Parallelschaltung aus zwei Spulen

Wiederholungsfragen

1. Nach welcher Formel berechnet man die Scheinspannung bei einer Reihenschaltung, wenn die kapazitive Blindspannung U_{bC} und die Wirkspannung U_w gegeben sind?

2. Nennen Sie die Formel zur Berechnung des Scheinwiderstandes einer Reihenschaltung aus einem Wirkwiderstand und einem kapazitiven Blindwiderstand!

3. Bei welcher Schaltungsart kann man a) das Zeigerdiagramm der Spannungen und b) das Zeigerdiagramm der Ströme zeichnen?

4. Wie groß ist die Phasenverschiebung bei einer Reihenschaltung zwischen der induktiven Blindspannung und der kapazitiven Blindspannung?

5. Welche Beziehung gilt zwischen der induktiven Blindspannung und der kapazitiven Blindspannung bei einer Reihenschaltung, wenn der Gesamtwiderstand den kleinsten Wert hat?

6. Wie lautet das Ohmsche Gesetz des Wechselstromkreises?

10.9 Schwingkreise

Versuch 180/1: Laden Sie einen MP-Kondensator (etwa 40 µF) an einem Akkumulator (2 V) auf!

Legen Sie den aufgeladenen Kondensator an die Reihenschaltung einer Drossel hoher Induktivität (z. B. 650 H, mit Schnittbandkern) und eines Strommessers (Milliamperemeter) mit dem Nullpunkt in der Skalenmitte **(Bild 180/1)**!

Der Zeiger des Strommessers pendelt mit einer Frequenz von etwa 1 Hz um den Nullpunkt hin und her und kommt nach einigen Schwingungen zur Ruhe.

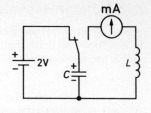

Bild 180/1: Strommessung am Schwingkreis bei langsamen Schwingungen

Eine Induktivität und eine Kapazität bilden zusammen einen *Schwingkreis*.

Legt man den aufgeladenen Kondensator an die Spule, so entlädt er sich. Der Entladestrom fließt durch die Spule und baut in ihr ein Magnetfeld auf.

Ist der Kondensator entladen, dann beginnt das Magnetfeld zu schwinden. Diese Änderung des Magnetfelds induziert in der Spule eine Spannung, die einen Strom bewirkt. Der Strom hat nach der Lenzschen Regel die gleiche Richtung wie der Entladestrom des Kondensators und lädt den Kondensator mit umgekehrter Polarität solange auf, bis das Magnetfeld verschwunden ist. Dann wiederholt sich der Vorgang.

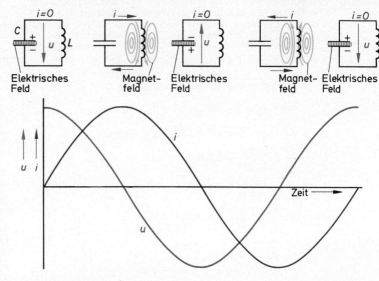

Bild 180/2: Elektrisches und magnetisches Feld beim Schwingkreis

Die Kondensatorspannung erzeugt im Kondensator ein elektrisches Feld. In der Spule ruft der Strom ein magnetisches Feld hervor. Verschwindet das elektrische Feld im Kondensator durch Entladung, so entsteht in der Spule ein magnetisches Feld. Elektrisches Feld im Kondensator und magnetisches Feld in der Spule wechseln sich ab **(Bild 180/2)**. Dieser Vorgang wiederholt sich periodisch.

Im Schwingkreis wechseln sich magnetisches Feld und elektrisches Feld periodisch ab.

Der Wechselstrom im Schwingkreis erzeugt im Wirkwiderstand der Spule Wärme. Die Schwingungen werden kleiner und hören schließlich ganz auf. Dann hat sich die Energie des elektrischen bzw. des magnetischen Feldes ganz in Wärme umgesetzt. Die abklingende Schwingung nennt man eine *gedämpfte Schwingung* **(Bild 180/3)**.

Wird einem Schwingkreis von außen Energie im richtigen Takt zugeführt, so schwingt er sich ein. Solche Einschwingvorgänge **(Bild 180/4)** und Ausschwingvorgänge (Bild 180/3) treten gelegentlich in Verstärkern auf und führen zu unerwünschten Verzerrungen.

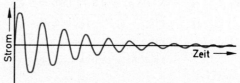

Bild 180/3: Gedämpfte Schwingung

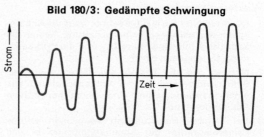

Bild 180/4: Einschwingvorgang

10.9.1 Resonanz

Versuch 181/1: Wiederholen Sie Versuch 180/1, verkleinern Sie sowohl die Kapazität als auch die Induktivität auf den halben Wert!
Der Zeiger des Strommessers schwingt gegenüber Versuch 180/1 etwa mit doppelter Frequenz um den Nullpunkt.

Die *Eigenfrequenz* eines Schwingkreises wird von der Größe der Induktivität und der Größe der Kapazität bestimmt.

Damit die Schwingung nicht infolge der Dämpfung aufhört, muß der Schwingkreis von außen laufend mit einer Frequenz erregt werden, die ebenso groß wie seine Eigenfrequenz ist. In diesem Fall kann der Schwingkreis mitschwingen. Dieses Mitschwingen nennt man *Resonanz**. Ein Schwingkreis ist also dann in Resonanz, wenn die Frequenz der einwirkenden Schwingung gleich der Eigenfrequenz des Schwingkreises ist und die beiden Schwingungen phasengleich sind. Deshalb nennt man die Eigenfrequenz eines Schwingkreises auch *Resonanzfrequenz.*

Im täglichen Leben begegnet man oft Resonanz-Erscheinungen. Man muß z. B. beim Tragen einer langen Stahlstange kleine, schnelle Schritte machen, sonst schaukelt sich die Stange zu so starken Schwingungen auf, daß man sie nicht mehr halten kann. Eine Wäscheschleuder kommt in Resonanz, wenn durch falsches Beladen eine Unwucht entsteht und die Drehzahl der Trommel eine bestimmte Größe erreicht. Dabei treten starke Erschütterungen auf. Sie können verursachen, daß die Wäschetrommel am Gehäuse anstößt und dadurch beschädigt wird.

10.9.2 Reihenschwingkreis

Die Reihenschaltung einer Spule und eines Kondensators nennt man *Reihenschwingkreis.*

Versuch 181/2: Schalten Sie einen MP-Kondensator von etwa 8 µF und eine Spule (600 Windungen mit U-Kern und Joch) in Reihe! Legen Sie diesen Reihenschwingkreis **(Bild 181/1)** über einen Stelltransformator an 25 V ~ !

Messen Sie mit einem in Reihe zum Schwingkreis geschalteten Strommesser die Stromstärke! Verschieben Sie das Joch auf dem U-Kern so lange, bis der Strommesser einen möglichst großen Strom anzeigt!

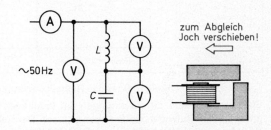

Bild 181/1: Reihenschwingkreis

Messen Sie die Spannung an der Drossel, am Kondensator und die Gesamtspannung!
Die Spannungen an der Drossel und am Kondensator sind gleich groß. Jede Teilspannung ist wesentlich größer als die angelegte Spannung.

Der Reihenschwingkreis wird in Versuch 181/2 durch Änderung der Induktivität der Drossel mit der Netzfrequenz in Resonanz gebracht.

Bei Resonanz ist der (sinusförmige) Strom im Reihenschwingkreis am größten.

Bei Resonanz sind die Spannungsabfälle an Induktivität und Kapazität gleich groß **(Bild 182/1)**. Hierbei ist der induktive Blindwiderstand gleich dem kapazitiven Blindwiderstand.

$$X_L = X_C \Rightarrow \omega \cdot L = \frac{1}{\omega \cdot C} \Rightarrow \omega^2 = \frac{1}{L \cdot C} \Rightarrow \omega = \frac{1}{\sqrt{L \cdot C}}$$

f_{res} Resonanzfrequenz
L Induktivität
C Kapazität

$$[f_{res}] = \frac{1}{\sqrt{\dfrac{Vs}{A} \cdot \dfrac{As}{V}}} = \frac{1}{s} \qquad \boxed{f_{res} = \frac{1}{2 \cdot \pi \cdot \sqrt{L \cdot C}}}$$

Die Formel der Resonanzfrequenz nennt man nach ihrem Entdecker *Thomsonsche* Schwingungsformel.*

Beispiel: a) Wie groß ist die Induktivität L der in Versuch 181/2 verwendeten Spule?
b) Berechnen Sie die Resonanzfrequenz des Schwingkreises von Versuch 181/2, wenn der Kondensator durch einen anderen mit der Kapazität 16 µF ersetzt wird!

* William Thomson, Lord Kelvin, engl. Physiker, 1824 bis 1907

Lösung: a) $L = \dfrac{1}{\omega^2 \cdot C} = \dfrac{1}{(100 \cdot \pi)^2 \, s^{-2} \cdot 8 \cdot 10^{-6} \, As/V} = \dfrac{10^6}{788\,768 \, A/(Vs)} = \mathbf{1{,}267 \, H}$

b) $f_{res} = \dfrac{1}{2 \cdot \pi \cdot \sqrt{L \cdot C}} = \dfrac{1}{2 \cdot \pi \cdot \sqrt{1{,}267 \, H \cdot 16 \cdot 10^{-6} \, F}} =$

$= \dfrac{1}{2 \cdot \pi \cdot \sqrt{20{,}272 \cdot 10^{-6} \, s^2}} = \dfrac{1 \, Hz}{2 \cdot \pi \cdot 4{,}503 \cdot 10^{-3}} \approx \mathbf{35{,}3 \, Hz}$

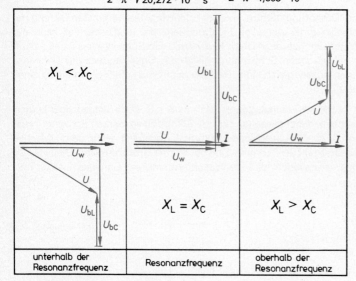

unterhalb der Resonanzfrequenz | Resonanzfrequenz | oberhalb der Resonanzfrequenz

Bild 182/1: Zeigerbilder des Reihenschwingkreises

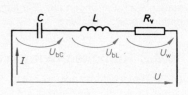

Bild 182/2: Ersatzschaltplan des Reihenschwingkreises

Bei Resonanz sind die Spannungen am induktiven und kapazitiven Widerstand entgegengesetzt gleich groß. Diese Blindwiderstände heben sich auf. Der Reihenschwingkreis wirkt bei Resonanz nur noch wie ein Wirkwiderstand (**Bild 182/1** und **Bild 182/2**). Dieser Widerstand ist der *Resonanzwiderstand* R_{res} des Reihenschwingkreises. Ober- oder unterhalb der Resonanzfrequenz ist der Scheinwiderstand Z des Reihenschwingkreises immer größer als der Resonanzwiderstand R_{res} (Bild 182/1).

Ein Reihenschwingkreis hat bei Resonanz seinen kleinsten Widerstand. An Spule und Kondensator tritt Spannungsüberhöhung auf (Spannungsresonanz). Die Blindspannung kann um ein Vielfaches größer sein als die Gesamtspannung.

Das Verhältnis einer Teilspannung U_{bL} oder U_{bC} zur Gesamtspannung U bei Resonanz nennt man die *Güte Q* des Reihenschwingkreises.

Jede der beiden Teilspannungen ist dann Q-mal so groß wie die angelegte Spannung. Oder, da bei Reihenschaltung sich die Spannungen wie die Widerstände verhalten:

$$Q = \frac{U_{bL}}{U} = \frac{U_{bC}}{U} \qquad\qquad Q = \frac{X_L}{R_{res}} = \frac{X_C}{R_{res}}$$

Der Resonanzwiderstand ist so groß wie der Verlustwiderstand des Reihenschwingkreises. Die Verluste in der Spule sind meist wesentlich größer als die Verluste im Kondensator. Daher versucht man die Spulenverluste möglichst gering zu halten, um eine hohe Schwingkreisgüte zu erhalten. Als Leiter verwendet man in der Nachrichtentechnik Litzen oder versilberte Kupferdrähte zur Verringerung der Verluste durch Stromverdrängung und Kerne aus Ferrit, um Spulenwindungen zu sparen.

Unterhalb der Resonanzfrequenz überwiegt der kapazitive Widerstand X_C, oberhalb der Resonanzfrequenz der induktive Widerstand X_L.

Zeichnet man den Verlauf des Scheinwiderstandes Z in Abhängigkeit von der Frequenz f auf, so erhält man die sogenannte *Resonanzkurve* des Reihenschwingkreises (**Bild 183/1**).

Den Reihenschwingkreis benutzt man, um in einem Frequenzgemisch die Resonanzfrequenz zu unterdrücken. Schaltet man ihn an einen Wechselspannungserzeuger, der ein Frequenzgemisch erzeugt, z. B. an eine Antenne, so schließt er seine Resonanzfrequenz kurz. Man nennt den Reihenschwingkreis in dieser Schaltung deshalb auch *Saugkreis*.

Bei leerlaufenden Transformatoren mit Phasenschieberkondensatoren kann die Spannungsresonanz unbeabsichtigt auftreten.

10.9.3 Parallelschwingkreis

Die Parallelschaltung einer Spule mit einem Kondensator nennt man *Parallelschwingkreis*.

Versuch 183/1: Schalten Sie einen MP-Kondensator von etwa 8 µF parallel zu einer Spule (600 Windungen mit U-Kern und Joch)! Legen Sie diesen Parallelschwingkreis über einen Stelltransformator an 25 V ~!

Messen Sie die Ströme durch die Spule, durch den Kondensator und den Gesamtstrom (Meßschaltung **Bild 183/2**)!

Verschieben Sie das Joch auf dem U-Kern so lange, bis der Gesamtstrom möglichst klein und die Teilströme möglichst groß sind!

Die Teilströme durch Spule und Kondensator sind gleich groß. Jeder Teilstrom ist wesentlich größer als der Gesamtstrom.

Versuch 183/1 läßt sich auch mit Glühlampen (z. B. 18 V/0,1 A) anstelle der Strommesser durchführen. Bei Resonanz leuchten die Glühlampen in den Zweigen auf; die Glühlampe in der Zuleitung leuchtet jedoch nicht.

In Versuch 183/1 wird der Parallelschwingkreis durch Änderung der Induktivität der Drossel mit der Netzfrequenz in Resonanz gebracht.

Im Parallelschwingkreis ist bei Resonanz der Gesamtstrom in der Zuleitung am kleinsten.

Die Teilströme durch Induktivität und Kapazität sind bei Resonanz gleich groß (**Bild 183/3** und **Bild 183/4**). Diese Ströme werden durch die gemeinsame Spannung an der Parallelschaltung verursacht. Daher ist bei Resonanz der induktive Blindwiderstand gleich groß wie der kapazitive. Das ist die gleiche Resonanzbedingung wie beim Reihenschwingkreis.

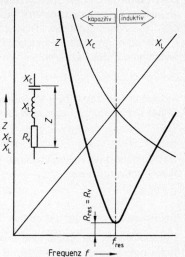

Bild 183/1: Resonanzkurve des Reihenschwingkreises

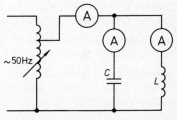

Bild 183/2: Parallelschwingkreis

f_{res} Resonanzfrequenz
L Induktivität
C Kapazität

$$f_{res} = \frac{1}{2 \cdot \pi \cdot \sqrt{L \cdot C}}$$

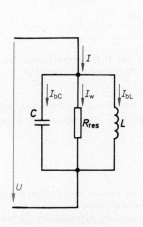

**Bild 183/3:
Ersatzschaltplan des
Parallelschwingkreises**

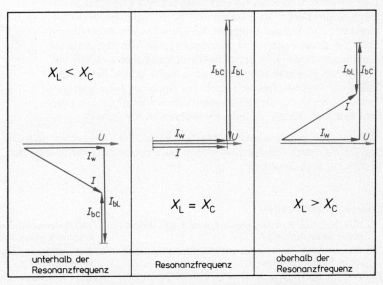

Bild 183/4: Zeigerbilder des Parallelschwingkreises

Die Ströme durch den induktiven Widerstand und den kapazitiven Widerstand heben sich in der Zuleitung wegen der entgegengesetzten Phasenverschiebung auf. Der Parallelschwingkreis verhält sich bei Resonanz wie ein Wirkwiderstand. Diesen Resonanzwiderstand R_{res} muß man sich parallel zu Spule und Kondensator geschaltet vorstellen (Bild 183/3). Ober- und unterhalb der Resonanzfrequenz ist der Scheinwiderstand Z des Parallelschwingkreises immer kleiner als der Resonanzwiderstand R_{res}.

Ein Parallelschwingkreis hat bei Resonanz seinen größten Widerstand.

Induktiver und kapazitiver Widerstand sind bei Resonanz wesentlich kleiner als der Resonanzwiderstand. Daher fließen durch Spule und Kondensator größere Ströme.

Beim Parallelschwingkreis tritt in Spule und Kondensator Stromüberhöhung auf (Stromresonanz). Der Blindstrom kann ein Vielfaches des Gesamtstromes betragen.

Das Verhältnis bei Resonanz eines Teilstromes I_{bL} oder I_{bC} zum Gesamtstrom I nennt man die *Güte Q* des Parallelschwingkreises.

$$Q = \frac{I_{bL}}{I} = \frac{I_{bC}}{I} \qquad Q \approx \frac{X_L}{R}$$

Bei Resonanz ist jeder der beiden Teilströme Q-mal so groß wie der Gesamtstrom.

Die Verluste in der Spule sind meist wesentlich größer als die Verluste im Kondensator. Die Güte des Schwingkreises ist also annähernd so groß wie die Güte der Spule ($Q \approx Q_L$). Die Spulengüte Q_L ist das Verhältnis des induktiven Widerstands X_L bzw. des kapazitiven Widerstands X_C bei Resonanz zum Wirkwiderstand R der Spule.

Spulen mit großer Induktivität haben meist eine große Spulengüte. Bei einer großen Induktivität ist für eine bestimmte Resonanzfrequenz nur eine kleine Kapazität erforderlich. Man macht also beim Parallelschwingkreis die Induktivität möglichst groß und die Kapazität klein.

Unterhalb der Resonanzfrequenz ist der induktive Widerstand kleiner als der kapazitive. Also fließt durch die Spule der größere Strom (Bild 183/4).

Oberhalb der Resonanzfrequenz ist der kapazitive Widerstand kleiner als der induktive. Also fließt durch den Kondensator der größere Strom (Bild 183/4).

Die Resonanzkurve des Parallelschwingkreises **(Bild 184/1)** zeigt den Verlauf des Scheinwiderstandes Z in Abhängigkeit von der Frequenz f. Unterhalb der Resonanzfrequenz wirkt der Schwingkreis induktiv, oberhalb der Resonanzfrequenz kapazitiv.

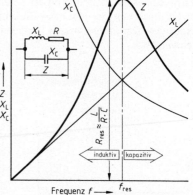

Den Parallelschwingkreis benutzt man, um aus einem Frequenzgemisch eine bestimmte Frequenz (die Resonanzfrequenz) herauszusieben. Zum Beispiel liegen an den Klemmen von Antenne und Erde die Spannungen aller Frequenzen, die von der Antenne empfangen werden können. Schaltet man zwischen Antenne und Erde einen Parallelschwingkreis, so schließt er alle Frequenzen außer der Resonanzfrequenz kurz. Der Spannungserzeuger (Antenne) wird also nur für die Resonanzfrequenz annähernd im Leerlauf betrieben, für alle anderen Frequenzen im Kurzschluß.

Bild 184/1: Resonanzkurve des Parallelschwingkreises

Schaltet man den Parallelschwingkreis in Reihe zum Verbraucher, so sperrt er die Resonanzfrequenz, weil bei ihr der hohe Resonanzwiderstand auftritt. Deshalb nennt man den Parallelschwingkreis in dieser Schaltung auch *Sperrkreis*.

Wiederholungsfragen

1. Aus welchen Bauelementen besteht ein elektrischer Schwingkreis?

2. Was versteht man unter der Resonanzfrequenz eines Schwingkreises?

3. Welche Bedingung muß erfüllt sein, damit ein Schwingkreis in Resonanz ist?

4. Mit welcher Formel berechnet man die Resonanzfrequenz eines Schwingkreises?

5. Bei welchem Schwingkreis tritt Spannungsüberhöhung auf?

6. Bei welchem Schwingkreis tritt Stromüberhöhung auf?

10.10. Dreiphasenwechselstrom (Drehstrom)

10.10.1 Entstehung der Dreiphasenwechselspannung

Versuch 185/1: Befestigen Sie am Ständer einer Versuchsmaschine drei gleiche Spulen, die gegeneinander um 120° versetzt sind **(Bild 185/1)**! Schließen Sie an jeder Spule einen Drehspul-Spannungsmesser mit Nullpunkt in Skalenmitte an **(Bild 185/2)**! Legen Sie die Wicklung des Polrades an Gleichspannung und drehen Sie das Polrad gleichmäßig!

Die Zeiger der drei Spannungsmesser schlagen bei jeder vollen Umdrehung des Polrads nacheinander je einmal nach links und nach rechts aus.

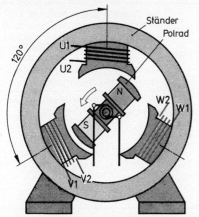

Bild 185/1: Erzeugung von drei um je 120° phasenverschobene Wechselspannungen

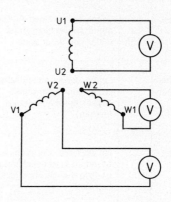

Bild 185/2: Schaltplan zu Bild 185/1

Bei Drehung des Polrades wird in jeder Spule eine Wechselspannung erzeugt. In den drei Spulen entstehen drei gleich große Spannungen. Diese Spannungen sind jedoch zeitlich um 1/3 Periode gegeneinander verschoben. Der Phasenverschiebungswinkel beträgt 120° **(Bild 185/3)**.

Die drei Spulen bilden die sogenannten *Stränge* der Maschine. An jedem Strang entsteht eine Spannung. Die Spannung am Strang nennt man *Strangspannung*.

Die Anfänge der drei Stränge erhalten die Bezeichnungen U1, V1 und W1, die Enden U2, V2 und W2. Zur Fortleitung der elektrischen Energie sind in diesem Fall sechs Leiter erforderlich **(Bild 185/2)**. Man kann die Zahl der sechs Leiter verringern, wenn man die drei Spulen in geeigneter Weise miteinander verbindet (*verkettet*).

Drei um je 120° phasenverschobene, verkettete Wechselspannungen nennt man Dreiphasenwechselspannung.

10.10.2 Verkettung

Verbindet man die drei Strangenden U2, V2 und W2, so entsteht die *Sternschaltung* **(Bild 185/4)**. Den Verbindungspunkt der Klemmen U2, V2 und W2 nennt man *Sternpunkt*.

Verbindet man das Ende jedes Stranges mit dem Anfang eines anderen, z. B. U2 mit V1, V2 mit W1 und W2 mit U1, so entsteht die *Dreieckschaltung*.

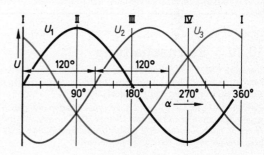

Bild 185/3:
Zeitliche Folge der induzierten Wechselspannungen

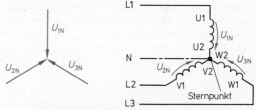

Bild 185/4: Sternschaltung

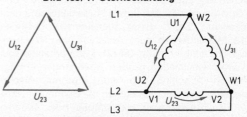

Bild 185/5: Dreieckschaltung

Die drei Leiter, die zu den Stranganfängen U1, V1 und W1 gehen, nennt man *Außenleiter*. Sie haben die Bezeichnung L1, L2 und L3. Am Sternpunkt wird der *Sternpunktleiter*, auch *Neutralleiter* N genannt, angeschlossen. Sind die drei Stränge gleich stark belastet (symmetrisch), so kann der Neutralleiter auch *Mittelleiter* genannt werden. Diese Benennungen sind genormt **(Tabelle 186/1)**.

Tabelle 186/1: Kennzeichnung der Leiter und der Spannungen im Drehstromnetz			Nach DIN 40108		
Leiter			Spannungen		
Außenleiter	L1 L2 L3*	Leiter, der an einen Außenpunkt angeschlossen ist (nicht geerdeter Leiter).	Außenleiterspannung bzw. Dreieckspannung	U_{12}** U_{23} U_{31}	Bei Dreileiter-Gleichstrom und Einphasenwechselstrom die Spannung zwischen den beiden Außenleitern, bei Mehrphasensystemen die Spannung zwischen zwei Außenleitern mit zeitlich aufeinanderfolgenden Phasen (Dreiecksspannung).
Neutralleiter (Sternpunkt-Leiter)	N	Leiter, der an einem Mittelpunkt oder Sternpunkt angeschlossen ist (meist geerdet).	Sternspannung	U_{1N}** U_{2N} U_{3N} U_Y	Spannung zwischen einem Außenleiter und dem Sternpunkt.
Mittelleiter		Neutralleiter, der an einem Mittelpunkt angeschlossen ist (alle drei Stränge gleich belastet).	Strangspannung	U_{UV} U_{VW} U_{WV} U_{UN} usw.	Spannung zwischen den beiden Enden eines Stranges.

* Zulässig sind als Index auch die Bezeichnungen 1, 2 und 3, wenn Verwechslungen ausgeschlossen sind, z.B. bei U_{1N}.
** Werden 2 Indizes verwendet, dann entspricht die Reihenfolge der Indizes der Bezugsrichtung der Spannung.

10.10.3 Sternschaltung

Versuch 186/1: Schalten Sie die Versuchsmaschine in Stern **(Bild 186/1)**, und treiben Sie die Maschine durch einen Motor mit verstellbarer Drehzahl an! Messen Sie die Spannungen zwischen den Außenleitern und zwischen jedem Außenleiter und dem Neutralleiter!

Zwischen L1 und L2, L2 und L3, L3 und L1 liegen drei gleich große Spannungen. Zwischen L1 und N, L2 und N, L3 und N erhält man ebenfalls drei gleich große Spannungen, die aber kleiner sind als die zuerst gemessenen.

Setzt man die beiden unterschiedlichen Spannungen zueinander ins Verhältnis, so erhält man den *Verkettungsfaktor* $U_{12} : U_{1N} = \sqrt{3} = 1{,}73$. Die Spannung zwischen den Außenleitern nennt man *Außenleiterspannung* oder kurz Leiterspannung U. Die Spannung zwischen den Außenleitern (U_{12}, U_{23} und U_{31} in Bild 186/1) und dem Neutralleiter (U_{1N}, U_{2N}, U_{3N}) nennt man *Sternspannung* (Bild 186/1 und Tabelle 186/1).

Gehen vom Generator vier Leitungen aus, so nennt man ein solches Netz *Vierleiternetz*. Im 380-V-Vierleiternetz beträgt die Außenleiterspannung 380 V und die Spannung zwischen jedem Außenleiter und dem Neutralleiter 220 V. Beim Vierleiternetz bestehen sechs Möglichkeiten zum Anschluß von Wechselstromverbrauchern **(Bild 186/2)**. Das Vorhandensein von zwei verschieden großen Spannungen ermöglicht den Anschluß z.B. von Motoren, Nachtspeichergeräten oder Herden an die Spannung 380 V bzw. den Betrieb von Glühlampen oder anderen Wechselstromverbrauchern mit der Spannung 220 V.

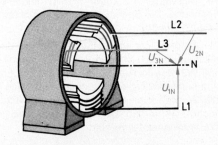

Bild 186/1: Sternspannung

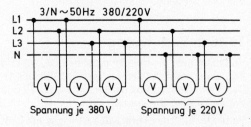

Bild 186/2: Spannungen im Vierleiter-Drehstromnetz

Spannungen und Ströme bei gleichmäßiger (symmetrischer) Belastung

Versuch 187/1: Schließen Sie drei gleiche Verbraucher, z. B. drei Glühlampen gleicher Leistung, über drei Schalter in Sternschaltung an das Drehstromnetz an **(Bild 187/1)**! Schalten Sie die drei Stränge nacheinander ein, und messen Sie jeweils den Strom im Neutralleiter! Verwenden Sie aus Gründen der Sicherheit einen Trenntransformator oder einen Fehlerstromschutzschalter mit $I_{\Delta n}$ = 30 mA!

Der Strom im Neutralleiter ist bei einem eingeschalteten Verbraucher so groß wie der Strom im Außenleiter.

Bei zwei eingeschalteten Verbrauchern bleibt der Strom im Neutralleiter so groß wie in einem Außenleiter.

Sind drei gleiche Verbraucher im Stern geschaltet, so fließt im Neutralleiter kein Strom.

Im Neutralleiter fließt jeweils die Summe der Außenleiterströme. Greift man im Linienbild **(Bild 187/2)** z. B. den Zeitpunkt II (90°) heraus, so sieht man, daß der in dem einen Strang U1/U2 fließende Strom I_1 seinen Höchstwert hat. Die Ströme I_2 und I_3 sind entgegengerichtet und je halb so groß. Die Summe der beiden Ströme I_2 und I_3 ist hier so groß wie der Strom I_1. Die Summe der Ströme ist also Null. Dies gilt auch für jede andere Stelle zwischen 0° und 360°.

Die bei der Sternschaltung fließenden Ströme lassen sich im Zeigerbild **(Bild 187/3)** darstellen. Addiert man die beiden Ströme I_1 und I_2 geometrisch, so erhält man einen Strom, der ebenso groß wie der Strom I_3, aber entgegengesetzt gerichtet ist. Daher ist die Summe aller Ströme gleich Null. Die Zeiger der Strangströme ergeben ein in sich geschlossenes Zeigerbild (Bild 187/3).

Bei Drehstromverbrauchern, wie z. B. bei Motoren, Glühöfen oder Durchlauferhitzern, ist die Belastung der Außenleiter gleich. Bei ihnen fließt im Neutralleiter kein Strom.

Bei symmetrischer Belastung eines Drehstromnetzes durch eine Sternschaltung ist der Neutralleiter stromlos.

Ströme und Strangspannungen bleiben auch dann unverändert, wenn der Neutralleiter nicht angeschlossen ist. Bei symmetrischer Belastung könnte man auf den Neutralleiter verzichten.

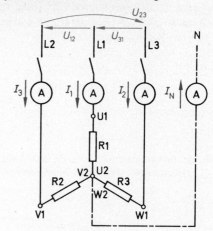

Bild 187/1: Sternschaltung

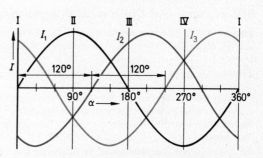

Bild 187/2: Zeitliche Folge der induzierten Wechselströme (Linienbild)

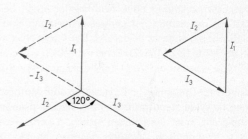

Bild 187/3:
Sternschaltung, Zeigerbild der Ströme

Bei symmetrischer Belastung ist die Strangspannung gleich der Sternspannung.

$$U_{\text{Str}} = U_Y$$

Bei der Sternschaltung verzweigt sich der Leiterstrom nicht.

Bei der Sternschaltung ist der Strangstrom so groß wie der Außenleiterstrom.

$$I = I_{\text{Str}}$$

Die in den drei Strängen des Generators (Bild 185/1) induzierten Wechselspannungen sind bei der symmetrisch belasteten Sternschaltung um 120° zeitlich gegeneinander versetzt, ebenso die Leiterspannungen. Die Beträge dieser Spannungen und ihre Phasenlage kann man in einem Zeigerbild darstellen **(Bild 188/1)**.

So bilden z. B. die Zeiger U_{3N}, U_{2N} und U_{23} die Seiten eines gleichschenkligen Dreiecks mit den Basiswinkeln 30° **(Bild 188/1)**. In diesem Dreieck ist $U_{23}\sqrt{3}$ mal so groß wie U_{2N} oder U_{3N}. Entsprechendes ergibt sich auch für die anderen Spannungen.

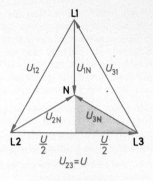

Bei der Sternschaltung ist die Leiterspannung $\sqrt{3}$ mal so groß wie die Strangspannung.

$$U = \sqrt{3} \cdot U_{Str}$$

Bei der Sternschaltung sind die Spannungen verkettet.

$$U_{Str} = \frac{U}{\sqrt{3}}$$

Beispiel: Ein Drehstrommotor ist an ein 380-V-Netz in Sternschaltung angeschlossen. Wie groß ist die Strangspannung des Motors?

Lösung: $U_{Str} = \dfrac{U}{\sqrt{3}} = \dfrac{380\ V}{\sqrt{3}} = \mathbf{220\ V}$

Bild 188/1:
Sternschaltung
Zeigerbild der Spannungen

Spannungen und Ströme bei ungleichmäßiger (unsymmetrischer) Belastung

Versuch 188/1: Wiederholen Sie Versuch 187/1 mit Verbrauchern verschieden großer Leistung, z. B. von 40 W, 60 W und 100 W! Schließen Sie keinen Neutralleiter an! Messen Sie die Strangspannungen, und vergleichen Sie diese miteinander!
Am Verbraucher mit der größeren Leistungsaufnahme, d. h. am kleineren Widerstand liegt die kleinere Spannung.

Versuch 188/2: Wiederholen Sie Versuch 187/1 mit Verbrauchern verschieden großer Leistung, schließen Sie aber am Sternpunkt den Neutralleiter an! Messen Sie die Ströme in den Außenleitern und im Neutralleiter! Messen Sie ferner die Spannungen!
Bei Anschluß des Neutralleiters ist die Spannung auch an Verbrauchern mit verschiedener Leistung gleich. Die Ströme in den Außenleitern sind verschieden groß. Im Neutralleiter fließt ein Strom.

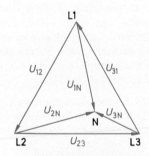

Bei Sternschaltung ohne Neutralleiter erhält bei unsymmetrischer Belastung der Strang mit geringerer Leistung eine höhere Spannung. Es entsteht ein anderes Zeigerbild. Der Punkt N ist im Zeigerbild nicht mehr in der Mitte **(Bild 188/2)**. Führt man einen vierten Leiter, den Neutralleiter mit, so erhalten die Verbraucher gleich große Spannungen.

Bild 188/2: Ungleich belastete Sternschaltung ohne Neutralleiter

Geräte für Drehstrom, z. B. Heizöfen oder Motoren, haben normalerweise gleiche Widerstandsgruppen bzw. Wicklungsstränge, die sich nur gleichzeitig ein- oder ausschalten lassen. Solche Geräte belasten daher das Netz symmetrisch. Werden dagegen an ein Drehstromnetz einzelne Lampen oder Steckdosenstromkreise mit Kleinverbrauchern angeschlossen, die nur an einem Außenleiter und dem Neutralleiter angeschlossen sind, so läßt sich eine unsymmetrische Belastung nicht vermeiden. Daher sind Niederspannungsnetze wegen der dort möglichen ungleichen Belastung meist Vierleiternetze. Dagegen werden Hochspannungsnetze meist als Dreileiternetze ausgeführt. An einen in Stern geschalteten Generator kann ein Dreileiternetz oder ein Vierleiternetz angeschlossen werden.

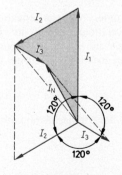

Der Strom im Neutralleiter läßt sich mit Hilfe eines Zeigerbildes **(Bild 188/3)** bestimmen. Bei unsymmetrischer Belastung schließt sich das Zeigerbild der Leiterströme nicht mehr. Die geometrische Summe der Leiterströme ergibt den Strom im Neutralleiter (Bild 188/3).

Bild 188/3:
Zeigerbild der Ströme
bei ungleicher Belastung

10.10.4 Dreieckschaltung

Sind die Stränge des Generators in Dreieck geschaltet, so führen vom Generator zum Verbraucher nur drei Leitungen. Ein solches Netz nennt man Dreileiter-Drehstromnetz, z. B. 3~ 220 V; 3~ 380 V; 3~ 500 V. Dreileiter-Drehstromnetze werden für Verbraucherstromkreise selten verwendet.

In der Dreieckschaltung tritt nur eine Spannung auf, die Außenleiterspannung. Die Außenleiterspannung nennt man auch *Dreieckspannung U* **(Bild 189/1)**.

Bei der Dreieckschaltung ist die Strangspannung gleich der Außenleiterspannung.

$$U = U_{Str}$$

Ströme bei gleichmäßiger (symmetrischer) Belastung

Versuch 189/1: Schalten Sie drei gleiche Verbraucher, z. B. Heizwiderstände für 380 V, nach **Bild 189/2** an das Netz an, und messen Sie die Ströme! Verwenden Sie aus Sicherheitsgründen einen Trenntransformator oder einen 30-mA-FI-Schalter!
Jeder Leiterstrom ist $\sqrt{3}$mal so groß wie der Strangstrom.

Bei symmetrischer Belastung sind die drei von den Außenleiterspannungen U_{12}, U_{23} und U_{31} **(Bild 189/3)** hervorgerufenen Strangströme I_{12}, I_{23} und I_{31} gleich groß und untereinander um 120° phasenverschoben **(Bild 189/4)**. Ebenso sind die Außenleiterströme I_1, I_2 und I_3 gleich groß und um 120° gegeneinander phasenverschoben (Bild 189/4).

Bild 189/1: Dreieckspannung

Zwischen den drei Strömen in den drei Strängen ist der Phasenverschiebungswinkel jeweils 120°.

Der Außenleiterstrom ist also $\sqrt{3}$ mal so groß wie der Strangstrom.

Bei der Dreieckschaltung ist der Außenleiterstrom $\sqrt{3}$ mal so groß wie der Strangstrom.

$$I = \sqrt{3} \cdot I_{Str}$$

Beispiel: Bei einem in Dreieck geschalteten Verbraucher fließen in jedem Strang 3,8 A. Berechnen Sie den Außenleiterstrom!

Lösung: $I = I_{Str} \cdot \sqrt{3} = 3{,}8 \text{ A} \cdot \sqrt{3} = \textbf{6{,}58 A}$

Ströme bei ungleichmäßiger (unsymmetrischer) Belastung

Versuch 189/2: Wiederholen Sie Versuch 189/1 mit drei Verbrauchern verschiedener Leistung! Messen Sie die Außenleiterspannungen, die Leiterströme und die Strangströme! Vergleichen Sie die Spannungen miteinander, ebenso die Außenleiterströme und die Strangströme!

Bild 189/2: Dreieckschaltung

Die Außenleiterspannungen sind gleich groß. Die Außenleiterströme sind verschieden, ebenso die Strangströme. Außenleiterstrom und Strangstrom stehen nicht mehr im Verhältnis $\sqrt{3}$ zueinander.

Verschieden große Belastungen haben zur Folge, daß die Außenleiterspannungen in den Widerständen verschieden große Ströme hervorrufen. Es entsteht ein anderes Zeigerbild **(Bild 189/5)** als bei symmetrischer Belastung. Bei ungleichmäßiger Belastung durch gleichartige Widerstände, z. B. durch verschieden große Wirkwiderstände, sind die Strangströme zwar in ihrer Größe verschieden, haben jedoch einen Phasenverschiebungswinkel von 120°.

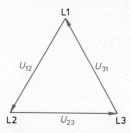

Bild 189/3: Dreieckschaltung, Zeigerbild der Spannungen bei symmetrischer Belastung

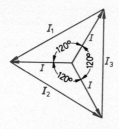

Bild 189/4: Dreieckschaltung, Zeigerbild der Ströme bei symmetrischer Belastung

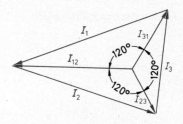

Bild 189/5: Dreieckschaltung, Zeigerbild der Ströme bei unsymmetrischer Belastung

10.10.5 Anwendung von Sternschaltung und Dreieckschaltung

Bei Drehstrommotoren ist auf dem Leistungsschild die Nennspannung und die dafür erforderliche Schaltung angegeben, z. B. △ 220 V. Dies bedeutet, daß an jedem Wicklungsstrang 220 V liegen dürfen. Wird der Motor am 380-V-Netz angeschlossen, so muß er in Stern geschaltet werden. Bei Sternschaltung liegt an den Spulen die Sternspannung, also $380 : \sqrt{3} = 220$ V. Legt man den Motor in Dreieckschaltung ans 380-V-Netz, brennt die Wicklung durch.

Manchmal stehen auf dem Leistungsschild beide Netzspannungen, mit denen der Motor betrieben werden kann, z. B. 380/220 V. Die kleinere der beiden Spannungen ist die zulässige Strangspannung.

Anfang und Ende der Stränge sind an die Klemmen des Klemmbretts geführt. Die Umschaltung von Stern auf Dreieck geschieht am Motorklemmbrett mit Hilfe von drei gleichen Kontaktbrücken (**Bild 190/1**). Bei Sternschaltung werden die Klemmen U2, V2 und W2 miteinander verbunden. Damit wird der Sternpunkt hergestellt. Zur Dreieckschaltung sind die Anschlüsse U1 und W2, V1 und U2 sowie W1 und V2 miteinander zu verbinden. Infolge dieser Schaltungsmöglichkeiten können Drehstromverbraucher, z. B. Drehstrommotoren, meist für zwei verschiedene Spannungen verwendet werden (**Tabelle 190/1**).

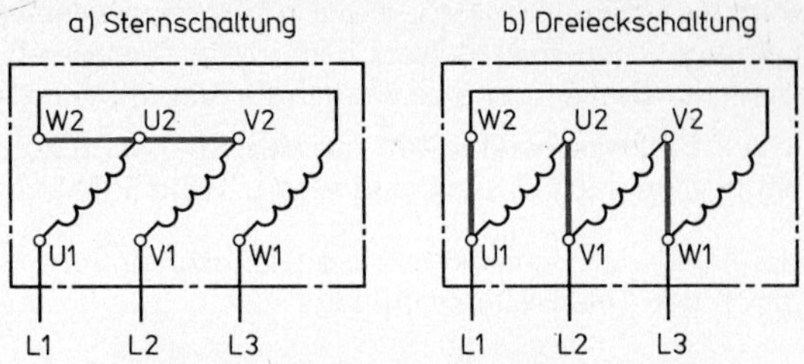

Bild 190/1: Motorklemmbrettschaltungen des Drehstrom-Kurzschlußläufers

Tabelle 190/1: Schaltungen von Drehstrommotoren

Netzspannung		(660 V)	380 V	220 V	500 V
Strang-spannung der Motor-wicklung	380 V	Y	△		
	220 V			Y	△
	500 V				△
	289 V				Y

Wiederholungsfragen

1. Was versteht man unter Dreiphasenwechselspannung?
2. Welche Schaltungen sind bei einem Drehstromverbraucher möglich?
3. Wie nennt man die Spannung zwischen a) den Außenleitern, b) Außenleiter und Neutralleiter?
4. Unter welchen Bedingungen ist in Drehstromanlagen der Neutralleiter stromlos?
5. Wie verhält sich die Leiterspannung zur Strangspannung a) bei der Sternschaltung, b) bei der Dreieckschaltung von Verbrauchern?
6. Wie verhalten sich der Leiterstrom zum Strangstrom a) bei der Sternschaltung, b) bei der Dreieckschaltung von Verbrauchern?
7. Wie muß ein Motor am 380-V-Netz geschaltet werden, wenn auf dem Leistungsschild die Bezeichnung 380/220 V steht?

10.10.6 Leistung bei Drehstrom

Leistung bei symmetrischer Belastung

Die Leistung eines Gerätes bei Anschluß an Drehstrom läßt sich über die Einzelleistungen der drei Stränge ermitteln. Jeder der drei Stränge des Verbrauchers liegt bei Sternschaltung wie bei Dreieckschaltung an der jeweiligen Strangspannung U_{Str} und führt den Strangstrom I_{Str}. Die Scheinleistung eines Strangs ist daher $S_{Str} = U_{Str} \cdot I_{Str}$. Damit ist die Gesamt-Scheinleistung $S = 3 \cdot U_{Str} \cdot I_{Str}$.

Die Leiterwerte lassen sich meist einfacher messen als die Strangwerte. Deshalb setzt man in die Formel $S = 3 \cdot U_{Str} \cdot I_{Str}$ die Leiterwerte ein.

Für die **Sternschaltung** gilt:

$$I_{Str} = I; \quad U_{Str} = \frac{U}{\sqrt{3}}$$

Setzt man diese Werte ein, erhält man

$$S = 3 \cdot U_{Str} \cdot I_{Str}$$
$$S = 3 \cdot \frac{U}{\sqrt{3}} \cdot I$$
$$S = \sqrt{3} \cdot \sqrt{3} \cdot \frac{U}{\sqrt{3}} \cdot I$$
$$S = \sqrt{3} \cdot U \cdot I$$

Für die **Dreieckschaltung** gilt:

$$U_{Str} = U; \quad I_{Str} = \frac{I}{\sqrt{3}}$$

$$S = 3 \cdot U_{Str} \cdot I_{Str}$$
$$S = 3 \cdot U \cdot \frac{I}{\sqrt{3}}$$
$$S = \sqrt{3} \cdot \sqrt{3} \cdot U \cdot \frac{I}{\sqrt{3}}$$
$$S = \sqrt{3} \cdot U \cdot I$$

Entsprechend erhält man mit $P = S \cdot \cos \varphi$ die Wirkleistung für Drehstrom: $P = \sqrt{3} \cdot U \cdot I \cdot \cos \varphi$ und mit $Q = S \cdot \sin \varphi$ die Blindleistung für Drehstrom: $Q = \sqrt{3} \cdot U \cdot I \cdot \sin \varphi$.

Bei symmetrischer Last:

S Scheinleistung	$[S] = V \cdot A = VA$	$\boxed{S = \sqrt{3} \cdot U \cdot I}$
U Leiterspannung (Nennspannung)		
I Leiterstrom		
P Wirkleistung	$[P] = W$	$\boxed{P = S \cdot \cos \varphi}$ $\boxed{P = \sqrt{3} \cdot U \cdot I \cdot \cos \varphi}$
Q Blindleistung		
φ Phasenverschiebungswinkel	$[Q] = var$	$\boxed{Q = S \cdot \sin \varphi}$ $\boxed{Q = \sqrt{3} \cdot U \cdot I \cdot \sin \varphi}$

Aus der Leiterspannung und dem Leiterstrom kann man daher für die Sternschaltung wie für die Dreieck-schaltung mit denselben Formeln die Leistung errechnen.

Beispiel: Ein Drehstrommotor nimmt an einer Leiterspannung von 380 V bei cos φ = 0,83 eine Stromstärke von 8,7 A auf. Berechnen Sie a) die aufgenommene Wirkleistung, b) die Scheinleistung und c) die Blindleistung!

Lösung: a) $P = \sqrt{3} \cdot U \cdot I \cdot \cos \varphi = \sqrt{3} \cdot 380\,V \cdot 8,7\,A \cdot 0,83 = 4753\,W \approx$ **4,75 kW**

b) $S = \sqrt{3} \cdot U \cdot I = \sqrt{3} \cdot 380\,V \cdot 8,7\,A = 5726\,VA \approx$ **5,73 kVA**

c) $Q = \sqrt{3} \cdot U \cdot I \cdot \sin \varphi = \sqrt{3} \cdot 380\,V \cdot 8,7\,A \cdot 0,56 = 3207\,var \approx$ **3,21 kvar**

Versuch 191/1: Schalten Sie drei gleiche Verbraucher, z. B. Heizwiderstände für 380 V, a) im Stern und b) im Dreieck an das Netz an! Verwenden Sie aus Sicherheitsgründen einen Trenntransformator oder einen 30-mA-FI-Schalter! Messen Sie bei beiden Schaltungen die Stromstärke in den Außenleitern, und vergleichen Sie die Meßwerte miteinander! *Bei der Dreieckschaltung fließt im Außenleiter die 3fache Stromstärke.*

Damit steigt die Leistungsaufnahme ebenfalls auf den dreifachen Wert.

Bei gleicher Netzspannung nimmt ein Verbraucher in Dreieckschaltung die drei-fache Leistung auf wie in Sternschaltung.

$\boxed{P_\triangle = 3 \cdot P_Y}$

10.10.7 Leistungsmessung bei Drehstrom

In Drehstromanlagen genügt bei symmetrischer Belastung der drei Außenleiter ein Leistungsmesser für Einphasen-Wechselstrom. Ist der Sternpunkt oder der Neutralleiter zugänglich, so wird die Leistung eines Stranges gemessen, indem man an den Spannungspfad die Sternspannung legt **(Bild 191/1)**. Die ge-messene Leistung ist die Strangleistung. Um direkt die Gesamtleistung messen zu können, werden Leistungsmesser verwendet, deren Skalen den dreifachen Wert anzeigen. Ist der Sternpunkt nicht zugäng-lich und kein Neutralleiter vorhanden, so kann mit Hilfe von drei Widerständen ein *künstlicher Sternpunkt* geschaffen werden **(Bild 191/2)**.

In Dreileiteranlagen ist die Leistungsmessung mit dem *Zweiwattmeter-Verfahren* (Aronschaltung **Bild 191/3**) möglich. Wenn zwei gleiche Meßsysteme auf eine gemeinsame Achse wirken, zeigt das Instrument die Gesamtleistung an. Mit dieser Schaltung werden die elektrische Leistung und die elektrische Arbeit in Hochspannungsanlagen gemessen, bei denen nur drei Leiter vorhanden sind.

Bei unsymmetrischer Belastung im Vierleiternetz wird die Leistungsmessung mit drei Leistungsmessern ausgeführt, von denen jeder die Leistung in einem Außenleiter mißt. Meist wirken die drei Meßsysteme auf eine gemeinsame Achse. Leistungsmesser werden häufig mit Strompfaden bis 5 A ausgeführt. Bei größeren Stromstärken verwendet man Stromwandler (Seite 213).

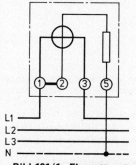

Bild 191/1: Einwattmeter-Schaltung im Vierleiter-Drehstromnetz

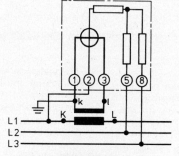

Bild 191/2: Einwattmeter-Schaltung mit künstlichem Sternpunkt

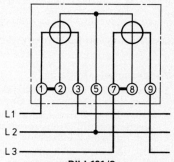

Bild 191/3: Zweiwattmeter-Schaltung (Aronschaltung)

10.10.8 Drehfeld

Versuch 192/1: Schließen Sie drei um je 120° versetzte Spulen an einen Drehstromgenerator an **(Bild 192/1)**! Stellen Sie am Drehstromgenerator eine kleine Spannung, z. B. $U_\sim = 10\,V$ ein! Bringen Sie zwischen die drei Spulen eine drehbar gelagerte Magnetnadel, und stoßen Sie die Magnetnadel an!

Die Magnetnadel dreht sich.

Jede der drei als Verbraucher angeschlossenen Spulen erzeugt ein magnetisches Wechselfeld. Es entstehen also drei Magnetfelder, die sowohl räumlich als auch zeitlich um je 120° gegeneinander

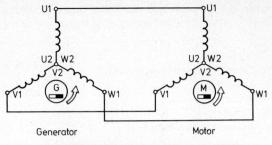

Bild 192/1: Schaltung zu Versuch 192/1

versetzt sind. Die Stellung des gemeinsamen Magnetfeldes wird von den Augenblickswerten der drei Wechselströme bestimmt **(Bild 192/2)**. Im Verlauf einer Periode dreht sich dieses Magnetfeld um 360° und treibt die Magnetnadel an. Ein solches sich drehendes Magnetfeld nennt man *Drehfeld.*

Drehstrom erzeugt in drei um je 120° versetzten Spulen ein Drehfeld.

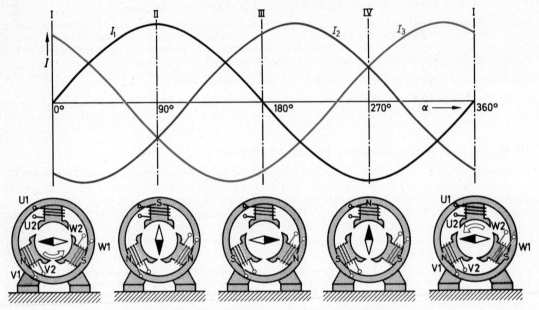

Bild 192/2: Entstehung eines zweipoligen Drehfeldes

Im Verlauf einer Periode dreht sich bei der zweipoligen Maschine das Feld einmal. Ist die Frequenz 50 Hz, so dreht sich das Drehfeld in der Minute 50 1/s · 60 s = 3000 mal. Vertauscht man *zwei* Außenleiter miteinander, so läuft das Drehfeld in der anderen Richtung um.

Durch Vertauschen zweier Außenleiter ändert sich die Drehrichtung des Drehfeldes.

Die Wirkung von Drehfeldern wird in Drehstrommaschinen (Seite 223) genutzt.

Wiederholungsfragen

1. Aus welchen Werten berechnet man bei einem Drehstromverbraucher die Strangleistung?
2. Mit welchen Formeln berechnet man für einen Verbraucher im Drehstromnetz a) die Scheinleistung, b) die Wirkleistung, c) die Blindleistung?
3. Wie verändert sich die Leistung eines Verbrauchers am Drehstromnetz, z. B. eines Heizofens, wenn das Gerät von Dreieckschaltung in Sternschaltung umgeschaltet wird?
4. Mit welchem Verfahren wird bei symmetrischer Belastung im Drehstromnetz die Wirkleistung gemessen?
5. Beschreiben Sie das Zweiwattmeter-Verfahren!
6. Mit welchem Verfahren wird im Vierleiter-Drehstromnetz mit ungleicher Belastung die Leistung gemessen?
7. Erklären Sie das Entstehen eines Drehfeldes!
8. Wie kann bei Drehstrommotoren die Drehrichtung umgekehrt werden?

10.11 Kompensation

Versuch 193/1: Schließen Sie eine Leuchtstofflampe 58 W über die zugehörige Drossel ohne Kompensationskondensator an die Netzspannung 220 V/50 Hz! Messen Sie die Stromstärke und die Leistung! Schließen Sie dann einen Kondensator von etwa 7 μF parallel zur Reihenschaltung von Drossel und Lampe **(Bild 193/1)**!

Mit dem Zuschalten des Kondensators nimmt die Stromaufnahme ab, der Leistungsmesser zeigt dagegen dieselbe Wirkleistung an.

Die Reihenschaltung von Lampe und Drossel nimmt Wirkleistung und induktive Blindleistung auf, der zugeschaltete Kondensator dagegen kapazitive Blindleistung (Bild 193/1). Induktive Blindleistung und kapazitive Blindleistung sind um 180° phasenverschoben. Dadurch liefert der Kondensator immer dann Energie an das Netz, wenn die Induktivität der Drossel Energie aufnimmt. Die gesamte Blindleistungsaufnahme aus dem Netz verringert sich. Bei gleicher Wirkleistung werden die aus dem Netz aufgenommene Scheinleistung und die aufgenommene Stromstärke kleiner.

Das Ausgleichen der induktiven Blindleistung durch kapazitive Blindleistung nennt man Kompensieren*.

Durch die Blindleistung werden Erzeugeranlagen, Leitungen und Transformatoren belastet **(Bild 193/2a)**. Verbraucheranlagen mit großem Blindleistungsbedarf erhalten deshalb vom EVU Blindverbrauchszähler. Die Abnehmer müssen die Blindarbeit bezahlen. Bei Kompensation der Blindleistung muß von den Erzeugeranlagen zu den Verbraucheranlagen bei gleicher Wirkleistung der Verbraucher weniger Blindleistung übertragen werden, als ohne Kompensation notwendig ist. Dadurch werden Erzeugeranlagen und Energieübertragungsanlagen entlastet. Außerdem verringern sich die Energieverluste in den Übertragungsanlagen. Deshalb können Energiekosten und Materialkosten bei Erzeugeranlagen und Übertragungsanlagen eingespart werden (Bild 193/2b).

Durch Kompensation der Blindleistung werden Erzeugeranlagen und Energieübertragungsanlagen entlastet.

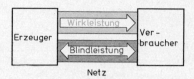

Bild 193/1: Versuchsschaltung: Kompensation bei einer Leuchtstofflampe

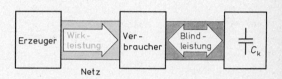

a) unkompensiert'

b) kompensiert

Bild 193/2: Kompensation der Blindleistung

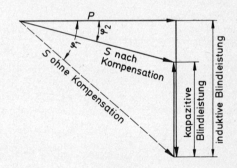

Bild 193/3: Zeigerbild der Leistungen bei Kompensation

Die Kompensation der Blindleistung bewirkt eine Verkleinerung des Phasenwinkels φ zwischen Wirkleistung P und Scheinleistung S **(Bild 193/3)** und eine Vergrößerung des Wirkleistungsfaktors cos φ. Wenn auf nahezu cos φ = 1 kompensiert wird, pendelt der größte Teil der Blindleistung nur noch zwischen dem Verbraucher und der Kompensationsanlage hin und her (Bild 193/2b). Deshalb wird die Kompensationsanlage möglichst nahe beim Verbraucher aufgestellt. Der Wirkleistungsfaktor muß aufgrund der TAB meist zwischen cos φ = 0,9 kapazitiv und cos φ = 0,8 induktiv liegen.

Zur Kompensation der Blindleistung werden meist *Metallpapierkondensatoren* (Seite 82) oder *Leistungskondensatoren* in metallisierter Kunststoffolien-Technik (Seite 83) verwendet. Bei großen Leistungen werden zur Kompensation auch Phasenschiebermaschinen eingesetzt (Seite 226).

---

* compensare (lat.) = ausgleichen

10.11.1 Arten der Kompensation

Nach den TAB müssen Kompensationseinrichtungen entweder zusammen mit den Verbrauchsgeräten zugeschaltet und abgeschaltet werden, oder sie sind über Regeleinrichtungen zu betreiben. Dementsprechend kann die Blindleistungskompensation als *Einzelkompensation, Gruppenkompensation* oder *Zentralkompensation* durchgeführt werden. Bei Anlagen, die mit Dreiphasen-Wechselstrom betrieben werden, sind die Kompensationskondensatoren parallel zu den Verbrauchern geschaltet.

Einzelkompensation ist die einfachste Kompensationsart. Sie eignet sich für Verbraucher mit hoher Einschaltdauer. Die Kondensatoren sind direkt an den Verbraucherstromkreis geschaltet **(Bild 194/1)**. Nach dem Abschalten müssen die Kondensatoren innerhalb von 60 s auf eine ungefährliche Spannung entladen sein. Die Entladung kann entweder über hochohmige Entladewiderstände (Bild 194/1) oder über die Wicklung des Verbrauchers erfolgen. Sind Kompensationskondensatoren an die Motorklemmen angeschlossen, so können sie das Magnetfeld des Motors nach dem Abschalten während der Auslaufzeit aufrecht erhalten. Diesen Vorgang bezeichnet man als *Selbsterregung* der Maschine, die jetzt als Generator arbeitet. Die dabei entstehende Spannung kann höher sein als die Betriebsspannung. Die Selbsterregung wird vermieden, wenn der Motor nicht auf $\cos \varphi = 1$ sondern nur auf etwa $\cos \varphi = 0,85$ kompensiert wird.

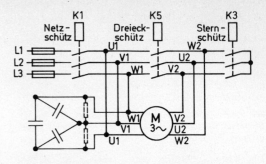

Bild 194/1: Einzelkompensation eines Drehstrommotors mit Stern-Dreieck-Schütz

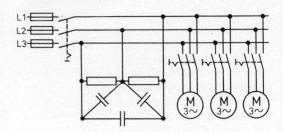

Bild 194/2: Gruppenkompensation

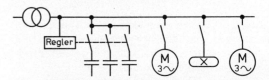

Bild 194/3: Zentralkompensation

Bei der Kompensation von Leuchtstofflampen wird die *Duoschaltung* (Seite 389) eingesetzt, oder die Lampen werden je zur Hälfte mit *kapazitiven* und *induktiven Vorschaltgeräten* betrieben. Die Vorschaltgeräte sind gleichmäßig auf den Außenleiter verteilt. Hierbei nehmen die Kondensatoren doppelt so viel Blindleistung auf wie die Drosseln. Dadurch wird ein Leistungsfaktor von nahezu $\cos \varphi = 1$ erreicht.

Beispiel: Zwei Leuchtstofflampen L58W/31 für $U = 220$ V und $f = 50$ Hz werden in Duoschaltung betrieben. Der Betriebsstrom einer Lampe beträgt 0,67 A. Die Leistungsaufnahme eines Vorschaltgerätes ist 11 W. Welche Blindleistung muß der Kondensator des kapazitiven Vorschaltgerätes aufnehmen?

Lösung: $S = U \cdot I = 220 \text{ V} \cdot 0,67 \text{ A} = 147,4 \text{ VA}$ $P = 58 \text{ W} + 11 \text{ W} = 69 \text{ W}.$

$$\cos \varphi = \frac{P}{S} = \frac{69 \text{ W}}{147,4 \text{ VA}} = 0,468 \Rightarrow \sin \varphi = 0,884$$

$Q_L = S \cdot \sin \varphi = 147,4 \text{ VA} \cdot 0,884 = 130,3 \text{ var}$

$Q_C = 2 \cdot Q_L = 2 \cdot 130,3 \text{ var} = \textbf{260,6 var}$

Gruppenkompensation ist für Kleinbetriebe und Mittelbetriebe geeignet. Bei dieser Kompensationsart werden mehrere Verbraucher gemeinsam durch einen Kondensator oder eine Kondensatorbatterie kompensiert **(Bild 194/2)**.

Zentralkompensation ist wirtschaftlich bei Hauptverteilerstellen oder bei Großbetrieben auch an Unterverteilungen. Hierbei werden aus einer zentralen Kondensatoranlage durch stufenweises Abschalten oder Zuschalten so viele Kondensatoren aus einer Kondensatorbatterie automatisch ausgeschaltet bzw. eingeschaltet, wie zur Deckung des Blindleistungsverbrauchs notwendig sind **(Bild 194/3)**. Bei derartigen Anlagen werden Blindleistungsregler eingesetzt.

10.11.2 Tonfrequenzsperren

Manche am Wechselstromnetz angeschlossenen Schaltgeräte, z. B. Zweitarifzähler, werden durch *Tonfrequenz-Rundsteueranlagen* vom EVU aus gesteuert. Von einer zentralen Stelle aus wird ein Wechselstromsignal, dessen Frequenz im Bereich von 175 Hz bis 2 kHz liegt, in das Mittelspannungsnetz eingespeist und über Transformatoren auf die Niederspannungsseite übertragen. Dieses Signal schaltet die im Verteilernetz befindlichen Empfangsrelais (Tonfrequenzempfänger) der zu steuernden Schaltgeräte. Bei Kompensation stellen die zum Verbraucher parallel geschalteten Kompensationskondensatoren für die Rundsteuer-Sendeanlage eine zusätzliche Belastung dar. Über diese Kondensatoren fließt ein Teil des Signal-Wechselstromes, der die Empfangsrelais somit nicht erreicht. Dieser Vorgang wird durch *Tonfrequenzsperren* verhindert. Als Tonfrequenzsperren werden *Sperrkreise* (**Bild 195/1**) oder *Sperrdrosseln* verwendet. Die Tonfrequenzsperren sind in Reihe zu den Kompensationskondensatoren geschaltet. Drosseln und Sperrkreise sind so bemessen, daß sie für das Signal der Rundsteueranlage einen großen Widerstand und für die Netzfrequenz einen kleinen Widerstand darstellen. Die Resonanzfrequenz des Sperrkreises ist hierbei so groß wie die Signalfrequenz.

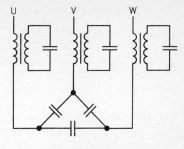

Bild 195/1:
Tonfrequenzsperrkreise

10.11.3 Bemessung von Kompensationskondensatoren

Der Kompensationskondensator muß so bemessen sein, daß er die Blindleistung aufnimmt, die durch ihn kompensiert werden soll.

Beispiel 1: Eine Blindleistung von 1 kvar soll durch Parallelkompensation bei 220 V/50 Hz kompensiert werden. Welche Kapazität muß der Kompensationskondensator haben?

Lösung:
$$I_{bC} = \frac{Q}{U} = \frac{1000 \text{ var}}{220 \text{ V}} = 4{,}55 \text{ A}; \qquad X_C = \frac{U}{I_{bC}} = \frac{220 \text{ V}}{4{,}55 \text{ A}} = 48{,}4 \ \Omega$$

$$C = \frac{1}{\omega \cdot X_C} = \frac{1}{314 \cdot \frac{1}{s} \cdot 48{,}4 \ \Omega} = 66 \ \mu F$$

Zur Kompensation von 1 kvar bei 220 V/50 Hz braucht man 66 µF.

Beispiel 2: Ein Schweißtransformator mit einer Nennstromstärke von 10 A, 220 V, cos $\varphi_1 = 0{,}5$ soll durch Parallelkompensation auf cos $\varphi_2 = 0{,}7$ kompensiert werden. Wie groß sind Blindleistung und Kapazität des Kompensationskondensators?

Lösung:

Schweißtransformator bei cos $\varphi_1 = 0{,}5$
$$\begin{cases} \text{Scheinleistung} & S_1 = U \cdot I = 220 \text{ V} \cdot 10 \text{ A} = 2200 \text{ VA} \\ \text{Wirkleistung} & P_1 = S_1 \cdot \cos \varphi_1 = 2200 \text{ VA} \cdot 0{,}5 = 1100 \text{ W} \\ \text{Blindleistung} & Q_1 = S_1 \cdot \sin \varphi_1 = 2200 \text{ VA} \cdot 0{,}866 = 1905 \text{ var} \end{cases}$$

Schweißtransformator und Kompensationskondensator bei cos $\varphi_1 = 0{,}7$
$$\begin{cases} \text{Wirkleistung} & P_2 = P_1 = 1100 \text{ W} \\ \text{Scheinleistung} & S_2 = \frac{P_2}{\cos \varphi_2} = \frac{1100 \text{ W}}{0{,}7} = 1571 \text{ VA} \\ \text{Blindleistung} & Q_2 = S_2 \cdot \sin \varphi_2 = 1571 \text{ VA} \cdot 0{,}714 = 1122 \text{ var} \end{cases}$$

Der Unterschied der beiden Blindleistungen ergibt die Kondensatorblindleistung.

Kondensatorblindleistung $Q_C = Q_1 - Q_2 = 1905 \text{ var} - 1122 \text{ var} = 783 \text{ var} = \mathbf{0{,}78 \ kvar}$

Kapazität $\qquad C = Q_C \cdot 66 \ \dfrac{\mu F}{\text{kvar}} = 0{,}78 \text{ kvar} \cdot 66 \ \dfrac{\mu F}{\text{kvar}} = \mathbf{51 \ \mu F}$

Wiederholungsfragen

1. Wie ändert Kompensation a) die Blindleistungsaufnahme und b) den Leistungsfaktor eines Verbrauchers?

2. Welche Kompensationsarten unterscheidet man?

3. Wozu werden Tonfrequenzsperren verwendet?

4. Welche Kapazität muß ein Kondensator haben, um 1 kvar bei 220 V/50 Hz zu kompensieren?

10.12 Funkentstörung

Versuch 196/1: Legen Sie einen kleinen Universalmotor, z. B. von einem Staubsauger, über einen Vorwiderstand von 1 Ω an seine halbe Nenn-Wechselspannung! Schließen Sie an den Vorwiderstand ein Oszilloskop an! Schalten Sie den Motor ein, halten Sie aber seinen Läufer fest, und stellen Sie das Oszilloskop so ein, daß die Sinuslinie des Wechselstromes zu sehen ist! Lassen Sie den Läufer los, und beobachten Sie das Schirmbild!

Der Sinuslinie sind Zacken überlagert.

Beim Universalmotor fließt der Strom über Kohlebürsten zum Läufer. Dreht sich der Läufer, so entstehen zwischen Kohlebürste und Stromwender Funken. Im Motor fließen dadurch Ströme mit sehr hohen Frequenzen.

Fließt Strom über Luft- oder Gasstrecken, so treten hochfrequente Wechselströme als Überlagerung zum Betriebsstrom auf.

Versuch 196/2: Schließen Sie an das Netz einen Rundfunkempfänger an und stellen Sie den Empfang bei der Sendefrequenz eines Lang- oder Mittelwellensenders ein! Lassen Sie den in Versuch 196/1 genannten Universalmotor in der Nähe des Empfängers laufen!

Im Lautsprecher hört man ein prasselndes Geräusch.

Der Motor wirkt als *Funkstörquelle*. Die in ihr entstehenden hochfrequenten Ströme rufen in der Leitung und im Motor hochfrequente Spannungsabfälle hervor.

Jede Funkstörquelle ist ein Generator, der Funkstörspannungen erzeugt.

Die Funkstörspannung wird von der Störquelle aus über das Netz zum Empfänger übertragen. Ein Teil der Funkstörenergie wird vom Netz wie von einer Senderantenne abgestrahlt und gelangt über die Empfängerantenne in den Empfänger. Diese Abstrahlung ist bei höheren Frequenzen, z. B. im UKW-Bereich, besonders groß.

Funkstörspannungen gelangen über das Netz und durch Strahlung in die Empfangsanlage.

Derartige Funkstörungen machen sich beim Rundfunkempfang durch Knattern oder Prasseln, beim Fernsehempfang durch Streifen auf dem Bildschirm bemerkbar. Sie werden durch Stromwendermotoren, Schleifringläufermotoren, Schalter, Temperaturregler, Zündkerzen, Anschnittsteuerungen (Seite 331) und durch Gasentladungslampen hervorgerufen.

Durch **Funkentstörung** sucht man die Funkstörspannung der Störquelle so weit herabzusetzen, daß in der Nähe eine Empfangsanlage einwandfrei arbeiten kann (VDE 0875).

Versuch 196/3: Wiederholen Sie Versuch 196/2!

Schalten Sie dem laufenden Motor einen Kondensator von etwa 1 μF parallel! Schließen Sie den Kondensator möglichst nahe am Motor an!

Die Funkstörung wird geringer.

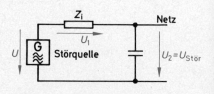

Bild 196/1:
Herabsetzen der Störspannung

Der parallelgeschaltete Kondensator ist für die störende Hochfrequenz ein kleiner Widerstand, der mit dem Innenscheinwiderstand Z_i der Funkstörquelle einen Spannungsteiler bildet (**Bild 196/1**). Wenn der Innenscheinwiderstand für die Hochfrequenz genügend groß ist, so ist die Funkstörspannung am Kondensator und damit am Netz klein.

Kondensatoren parallel zur Störquelle verringern die Funkstörspannung.

Damit möglichst wenig Störenergie abgestrahlt wird, schaltet man die *Entstörkondensatoren* möglichst nahe an die eigentliche Störquelle.

Man entstört dicht an der Störquelle, damit möglichst wenig störende Energie abgestrahlt wird.

Eine wirksame Entstörung ist meist durch einen zur Störquelle parallel geschalteten Kondensator nicht möglich. Die meisten Störquellen haben nämlich von ihrem Körper (Gehäuse) eine Verbindung zur Erde, z. B. über den Schutzleiter. Zwischen den Netzteilen und den Metallteilen des Körpers befindet sich Isolierstoff. Deshalb ist die Störquelle z. B. mit dem Gehäuse wie über Kondensatoren verbunden **(Bild 197/1)**. Über diese Verbindung kann ein hochfrequenter Strom fließen, der vom Körper der Störquelle zur Erde gelangt und über die Scheinwiderstände zwischen Netzleiter und Erde wieder zurückfließt. Dieser Strom wird von einem Kondensator zwischen den beiden Netzleitern nicht beeinflußt.

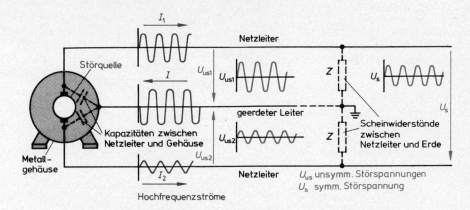

Bild 197/1: Störspannungen bei einer mit Erde verbundenen Störquelle

Die zwischen den Netzleitern vorhandene Funkstörspannung nennt man *symmetrische Funkstörspannung*. Außer ihr erzeugt jede Funkstörquelle infolge der Kapazitäten zwischen Netzleiter und Gehäuse noch Funkstörspannungen zwischen Netzleiter und Erde, die *unsymmetrischen Funkstörspannungen*. Die unsymmetrischen Funkstörspannungen sind besonders groß, wenn das Gehäuse mit einem Schutzleiter verbunden ist.

Versuch 197/1: Wiederholen Sie Versuch 196/2, erden Sie aber das Motorgehäuse! Schalten Sie einen Kondensator mit etwa 1 µF zwischen die Netzleiter! Schalten Sie zwei Kondensatoren mit je etwa 0,5 µF zwischen jeden Netzleiter und das Gehäuse!
Die beiden kleinen Kondensatoren bewirken eine starke Abnahme der Störung.

Durch einen zur Störquelle parallelgeschalteten Kondensator wird die symmetrische Störspannung kurzgeschlossen. Die zwischen Netzleiter und Gehäuse geschalteten Kondensatoren schließen die unsymmetrischen Störspannungen kurz **(Bild 197/2)**.

Für die Entstörung sind meist drei Kondensatoren erforderlich.

Eine Funkentstörung ist auch mit Drosseln möglich, die in Reihe mit der Störquelle geschaltet werden. Sie lassen den hochfrequenten Störstrom nicht ins Netz. Zur Erhöhung der Wirksamkeit schaltet man oft vor und hinter die Drosseln zusätzlich Entstörkondensatoren (Bild 197/2).

Drosseln werden wegen ihres hohen Preises nur bei schwierigen Entstörungsaufgaben eingesetzt; meist verwendet man Kondensatoren allein. Enthält jedoch der Verbraucher Spulen, z. B. die Erregerspulen eines Stromwendermotors, so können diese Spulen so geschaltet werden, daß sie gleichzeitig als Entstördrosseln wirken.

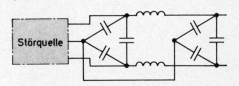

Bild 197/2: Prinzip der Entstörschaltung

Die mit dem Gehäuse verbundenen Kondensatoren müssen besonders zuverlässig gebaut sein, da bei einem Durchschlag der Kondensatoren das Gehäuse unter Spannung stehen würde. Deshalb wird meist die Dreieckschaltung (Bild 197/2) ersetzt durch eine Sternschaltung **(Bild 197/3)**, bei der nur noch ein Kondensator am Gehäuse angeschlossen ist.

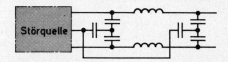

Bild 197/3: Schaltung für schwierige Entstörung

Bei geringeren Ansprüchen an die Funkentstörung oder bei kleiner Leistung der Störquelle wird eine vereinfachte Schaltung verwendet (**Bild 198/1**).

Funk-Entstörkondensatoren sind meist nicht einzelne Kondensatoren, sondern Kondensator-Kombinationen (Bild 198/1). Funk-Entstörkondensatoren müssen einen kleinen kapazitiven Blindwiderstand und einen kleinen induktiven Blindwiderstand haben, damit sie die hochfrequenten Störspannungen kurzschließen. Da der induktive Blindwiderstand um so größer ist, je größer die Frequenz ist, müssen Funk-Entstörkondensatoren eine sehr kleine Eigeninduktivität haben. Man unterscheidet *Zweipol-Funk-Entstörkondensatoren* und *Vierpol-Funk-Entstörkondensatoren*. Zweipol-Funk-Entstörkondensatoren sind auf Grund der Eigeninduktivität der Kondensatoranschlüsse nur für Störfrequenzen unterhalb 10 MHz geeignet. Vierpol-Funk-Entstörkondensatoren werden als *Durchführungskondensatoren* hergestellt (**Bild 198/2**). Dadurch sind die Zuleitungsinduktivitäten sehr klein. Diese Kondensatoren sind für Störfrequenzen ab 10 MHz bis 100 MHz geeignet. Am Gehäuse angeschlossene Kondensatoren, welche die unsymmetrischen Störspannungen kurzschließen, überbrücken die Isolierstrecke zwischen Netzleiter und Gehäuse. Sie können dadurch Gefahr hervorrufen. Deshalb dürfen diese Kondensatoren nur eine kleine Kapazität haben und müssen zuverlässig gebaut sein. Man unterscheidet

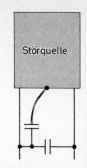

Anschluß des Y-Kondensators an das Gehäuse

Bild 198/1: Kondensator-Kombination an die Bürsten eines Stromwendermotors angeschlossen

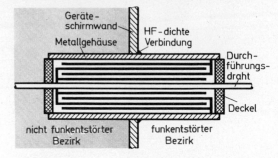

Bild 198/2: Durchführungskondensator

Entstörgrad G   Entstörgrad N   störfrei

Bild 198/3: Funkschutzzeichen des VDE

Kondensatoren mit erhöhter Sicherheit und begrenzter Kapazität *(Y-Kondensatoren)* sowie Kondensatoren für Anwendungsfälle, bei denen ein Versagen nicht zu einem elektrischen Unfall führen kann *(X-Kondensatoren)*. *XY-Kondensatoren* sind Kondensatoren, bei denen X-Kondensatoren und Y-Kondensatoren in einem gemeinsamen Gehäuse untergebracht sind.

Das **Funkschutzzeichen** des VDE (**Bild 198/3**) erhalten elektrische Anlagen, Maschinen und Geräte, die keine Funkstörung hervorrufen. Man unterscheidet bei Funkentstörung je nach der Höhe der übrig gebliebenen Störspannung die *Funkstörgrade* „G" (grob) für Industrieanlagen, „N" (normal) für Wohngebiete, „K" (klein) für nachrichtentechnische Anlagen, z. B. Sender, sowie „O" (störfrei).

Wiederholungsfragen

1. Wodurch können Funkstörspannungen entstehen?
2. Wodurch machen sich Funkstörspannungen bei Rundfunkempfang bemerkbar?
3. Wie gelangen Funkstörspannungen in die Empfangsanlage?
4. Warum können Kondensatoren die Funkstörung verringern?
5. Warum soll man möglichst dicht an der Störquelle entstören?
6. Wie müssen Kondensatoren geschaltet sein, die a) symmetrische Funkstörspannungen und b) unsymmetrische Funkstörspannungen kurzschließen?
7. Warum müssen Funk-Entstörkondensatoren, die mit dem Gehäuse elektrischer Geräte verbunden sind, besonders zuverlässig gebaut sein?
8. Bis zu welchen Störfrequenzen sind a) Zweipol-Funk-Entstörkondensatoren und b) Durchführungskondensatoren geeignet?
9. Für welche Anwendungsfälle sind X-Kondensatoren geeignet?
10. Welche vier Funkstörgrade unterscheidet man?

11 Transformatoren (Umspanner)

11.1 Einphasentransformatoren

Einphasentransformatoren nehmen Einphasenwechselstrom auf und können Einphasenwechselstrom liefern.

11.1.1 Leerlaufspannung

Der Strom in der Eingangswicklung erzeugt ein magnetisches Wechselfeld, welches in der Ausgangswicklung die *Leerlaufspannung* induziert. Die Leerlaufspannung ist die Spannung auf der Ausgangsseite, wenn kein Verbraucher angeschlossen ist.

Der Scheitelwert $\hat{u}_0$ der Leerlaufspannung hängt vom Scheitelwert $\hat{B}$ der magnetischen Flußdichte, vom Eisenquerschnitt A des Kernes, von der Kreisfrequenz ω des Eingangsstromes und von der Windungszahl N der Ausgangswicklung ab.

$$\hat{u}_0 = \hat{B} \cdot A \cdot \omega \cdot N = 2\pi \cdot \hat{B} \cdot A \cdot f \cdot N \Rightarrow U_0 = \frac{2\pi}{\sqrt{2}} \cdot \hat{B} \cdot A \cdot f \cdot N$$

Transformatorenhauptgleichung:

U_0	Leerlaufspannung
$\hat{B}$	magnetische Flußdichte (Scheitelwert)
A	Eisenquerschnitt
f	Frequenz
N	Windungszahl

Bei Sinusform:

$$U_0 = 4{,}44 \cdot \hat{B} \cdot A \cdot f \cdot N$$

Beispiel: Ein Transformator hat einen Eisenkern von $30 \times 30 \text{ mm}^2$, der Füllfaktor (Seite 449) ist 0,9. Die Ausgangswicklung hat 100 Windungen. Welche Leerlaufspannung wird erzeugt, wenn die magnetische Flußdichte bei 50 Hz einen Scheitelwert von 1,4 T hat?

Lösung: $U_0 = 4{,}44 \cdot \hat{B} \cdot A \cdot f \cdot N = 4{,}44 \cdot 1{,}4 \text{ T} \cdot 0{,}0009 \text{ m}^2 \cdot 0{,}9 \cdot 50 \text{ Hz} \cdot 100 = \textbf{25,2 V}$

Welche Wicklung als Ausgangswicklung verwendet wird, ist grundsätzlich gleichgültig. Die Transformatorenhauptgleichung gilt deshalb für beide Wicklungen, also auch für die Eingangswicklung.

Aus der Transformatorenhauptgleichung ist ersichtlich, daß die Leerlaufspannung linear mit der Windungszahl ansteigt.

Bei einem Transformator hat die Oberspannungswicklung mehr Windungen als die Unterspannungswicklung.

Bei Transformatoren mit Nennleistungen über 16 kVA wird als Nennspannung die Leerlaufspannung angegeben **(Bild 199/1)**.

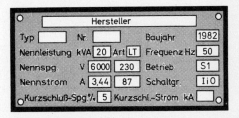

Bild 199/1: Leistungsschild eines Einphasentransformators

11.1.2 Übersetzungsformeln

Versuch 199/1: Bringen Sie zwei Spulen, von denen die eine die doppelte Windungszahl wie die andere hat (z. B. 1200 und 600) auf einen geblechten U-Kern mit Joch! Schließen Sie die Spule mit der höheren Windungszahl als Eingangswicklung an einen Wechselspannungserzeuger mit genügend kleiner Spannung (z. B. bei 1200 Windungen 110 V) an! Messen Sie an der Ausgangswicklung die Ausgangsspannung!

Die Ausgangsspannung ist nur etwa halb so groß wie die Eingangsspannung.

Durchsetzt die Eingangswicklung 1 derselbe magnetische Fluß wie die Ausgangswicklung 2, so sind beide Wicklungen fest miteinander magnetisch gekoppelt. In der Energietechnik werden überwiegend fest gekoppelte Transformatoren verwendet.

$$\Phi_1 = \Phi_2 \Rightarrow \hat{B}_1 \cdot A = \hat{B}_2 \cdot A \Rightarrow \frac{U_{01}}{f \cdot N_1} = \frac{U_{02}}{f \cdot N_2} \Rightarrow \frac{U_{01}}{N_1} = \frac{U_{02}}{N_2}$$

Beim fest gekoppelten Transformator verhalten sich die Spannungen etwa wie die Windungszahlen.

U_1 Eingangsspannung
U_2 Ausgangsspannung
N_1 Windungszahl der Eingangswicklung
N_2 Windungszahl der Ausgangswicklung

$$\boxed{\frac{U_1}{U_2} \approx \frac{N_1}{N_2}}$$

Das ungekürzte Verhältnis der beiden Spannungen am Transformator nennt man das *Übersetzungsverhältnis* $\ddot{u}$, z.B. $\ddot{u} = 220$ V/24 V.

Beim fest gekoppelten Transformator ist die Eingangsleistung S_1 etwa so groß wie die Ausgangsleistung S_2.

$$S_1 \approx S_2 \Rightarrow U_1 \cdot I_1 \approx U_2 \cdot I_2 \Rightarrow \frac{I_1}{I_2} \approx \frac{U_2}{U_1} \Rightarrow \frac{I_1}{I_2} \approx \frac{N_2}{N_1}$$

Beim belasteten Transformator verhalten sich die Ströme etwa umgekehrt wie die Windungszahlen.

I_1 Stromstärke der Eingangsseite
I_2 Stromstärke der Ausgangsseite
N_1 Windungszahl der Eingangsseite
N_2 Windungszahl der Ausgangsseite

$$\boxed{\frac{I_1}{I_2} \approx \frac{N_2}{N_1}}$$

In der Nachrichtentechnik benützt man den Transformator oft zur *Anpassung* von Widerständen. Die größte Leistung wird übertragen, wenn der Innenwiderstand des Generators gleich groß ist wie der Widerstand des Verbrauchers. Sind die Widerstände von Generator und Verbraucher verschieden, so schaltet man einen Transformator als Übertrager zwischen die beiden, um die Widerstände von Generator und Verbraucher einander anzupassen.

Ein Übertrager mit großer Windungszahl der Eingangsseite und kleiner Windungszahl der Ausgangsseite hat eine große Eingangsspannung und eine kleine Ausgangsspannung. Dagegen ist der Eingangsstrom klein und der Ausgangsstrom groß. Der Widerstand der Eingangsseite Z_1 ist also größer als der Widerstand der Ausgangsseite Z_2. Viele Windungen gehören zum großen, wenig Windungen zum kleinen Widerstand.

$$Z_1 = \frac{U_1}{I_1} \text{ und } Z_2 = \frac{U_2}{I_2} \Rightarrow \frac{Z_1}{Z_2} = \frac{U_1}{U_2} \cdot \frac{I_2}{I_1} \Rightarrow \frac{Z_1}{Z_2} \approx \frac{N_1^2}{N_2^2}$$

Ein fest gekoppelter Übertrager überträgt die Widerstände im Quadrat des Übersetzungsverhältnisses.

Z_1 eingangsseitiger Scheinwiderstand
Z_2 ausgangsseitiger Scheinwiderstand
N_1 Windungszahl der Eingangswicklung
N_2 Windungszahl der Ausgangswicklung

$$\boxed{\frac{Z_1}{Z_2} \approx \frac{N_1^2}{N_2^2}} \qquad \boxed{\frac{N_1}{N_2} \approx \sqrt{\frac{Z_1}{Z_2}}}$$

11.1.3 Leerlauf und Belastung

Leerlauf liegt beim Transformator vor, wenn an die Ausgangswicklung keine Last angeschlossen ist. Beim unbelasteten Transformator wirkt die Eingangswicklung wie eine Induktivität, da die Ausgangswicklung stromlos ist und deshalb keine Wirkung hat. Der das magnetische Wechselfeld erzeugende Strom heißt *Magnetisierungsstrom*. Zwischen dem Magnetisierungsstrom und der Spannung an der Eingangswicklung besteht wie bei einer reinen Induktivität eine Phasenverschiebung von 90° **(Bild 201/1)**.

Der vom unbelasteten Transformator aufgenommene Strom (Leerlaufstrom I_0) hat gegenüber der Spannung eine etwas kleinere Phasenverschiebung als der Magnetisierungsstrom, da das Ummagnetisieren des Eisens Wärme erzeugt und so die Belastung mit einem Wirkwiderstand darstellt. Der Leistungsfaktor im Leerlauf ist etwa 0,1.

Der unbelastete Transformator verhält sich wie eine Spule mit einer großen Induktivität.

200

Das vom Magnetisierungsstrom I_m erzeugte magnetische Wechselfeld induziert in der Eingangswicklung eine Spannung U_0, die etwa so groß ist wie die angelegte Spannung U (Bild 201/1). Wird die Eingangswicklung an eine kleinere Spannung gelegt, so wird der Magnetisierungsstrom kleiner, und die magnetische Flußdichte im Eisenkern nimmt ab. Bei einer größeren Spannung nimmt die Flußdichte zu.

Beim Transformator stellen sich der Magnetisierungsstrom und die Flußdichte auf die für die angelegte Spannung erforderlichen Werte ein.

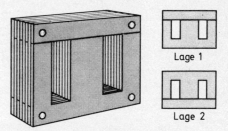

Bild 201/1: Spannungen und Ströme beim unbelasteten Transformator

Ein Transformator wird zerstört, wenn er an eine zu große Spannung angeschlossen wird. Die zu große Spannung erfordert eine größere Flußdichte im Kern. Dazu ist ein größerer Magnetisierungsstrom erforderlich. Da der Kern bei Nennspannung schon annähernd gesättigt ist, steigt der Magnetisierungsstrom stark an. Infolgedessen verbrennt die Wicklung.

Versuch 201/1: Schließen Sie einen Einphasentransformator mit abnehmbarem Joch über einen Strommesser ans Netz an! Messen Sie den Leerlaufstrom! Vergrößern Sie nach dem Abschalten den Luftspalt zwischen Joch und Schenkel durch Einlegen von etwa 0,5 mm dickem Preßspan, und wiederholen Sie die Messung!

Bei vergrößertem Luftspalt ist der Leerlaufstrom größer.

Zur Erzeugung der magnetischen Flußdichte ist im magnetischen Kreis eine größere Durchflutung erforderlich, wenn die Feldlinien durch Luft gehen. Deshalb nimmt der Magnetisierungsstrom zu, wenn der Luftspalt vergrößert wird. Außerdem hängt der Leerlaufstrom vom magnetischen Werkstoff ab.

Große Leerlaufströme verursachen Verluste und rufen einen kleinen Leistungsfaktor hervor. Damit bei Transformatoren der Leerlaufstrom klein ist, wird der Eisenkern so geschichtet, daß die Stoßstellen der Bleche sich überlappen **(Bild 201/2)**. Dadurch wird erreicht, daß die Feldlinien fast nur durch Eisen gehen.

Belastung liegt beim Transformator vor, wenn an die Ausgangswicklung ein Lastwiderstand angeschlossen ist. Der Laststrom (Ausgangsstrom) schwächt nach der Lenzschen Regel seine Ursache, also das magnetische Wechselfeld. Dadurch sinkt auch die induzierte Spannung der Eingangswicklung. Der Eingangsstrom nimmt deshalb zu, so daß der magnetische Fluß annähernd konstant bleibt.

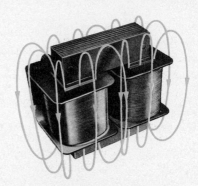

Lage 1

Lage 2

Bild 201/2: Eisenkern für kleinen Leerlaufstrom

Versuch 201/2: Schließen Sie einen Einphasentransformator ans Netz an, und messen Sie die Ausgangsspannung zuerst im Leerlauf, dann bei zunehmendem Laststrom, und zwar bei Belastung mit Wirkwiderständen, Induktivitäten und Kondensatoren!

Die Ausgangsspannung sinkt bei Wirkwiderstandslast und bei induktiver Last mit zunehmendem Laststrom, steigt aber bei Kondensatorlast an.

Das Absinken der Spannung ist eine Folge des Innenwiderstandes des Transformators, der einen Erzeuger darstellt.

Bild 201/3: Auftreten von Feldlinien außerhalb des Eisenkerns

Versuch 202/1: Schließen Sie einen Transformator ans Netz an! Schließen Sie eine Prüfspule mit 300 Windungen an die Tonabnehmerbuchsen eines Rundfunkgerätes an! Halten Sie die Spule so in die Nähe des Transformatorkerns, daß der Lautsprecher gerade brummt! Belasten Sie den Transformator stark!

Das Brummen nimmt zu, weil magnetische Feldlinien vermehrt auftreten **(Bild 201/3).**

Bisher wurde angenommen, daß alle Feldlinien im Eisenkern verlaufen. Es verlaufen aber auch einige Feldlinien außerhalb des Eisenkerns (Bild 201/2). Sie durchsetzen die Prüfspule und induzieren in ihr eine Wechselspannung. Durch Verstärkung im Rundfunkgerät wird diese hörbar.

Im Leerlauf sind fast keine Feldlinien außerhalb des Eisens vorhanden **(Bild 202/1).** Bei Belastung veranlaßt das Auftreten von entgegengesetzt gerichteten Feldlinien infolge des Laststromes einen Teil der Feldlinien, das Eisen zu verlassen und durch die Luft zu gehen (Bild 202/1).

Diese Feldlinien nennt man *Streufeldlinien.* Sie durchsetzen jeweils nur *eine* Wicklung oder nur einen *Teil* einer Wicklung.

Streufeldlinien sind Feldlinien, die nur durch eine Wicklung gehen.

Streufeldlinien wirken nur auf die von ihnen durchsetzte Wicklung. In dieser erzeugen sie eine Selbstinduktionsspannung. Die von Streufeldlinien durchsetzte Wicklung wirkt wie eine Drosselspule. Der Transformator verhält sich also wie ein Wechselspannungserzeuger, dessen Innenwiderstand aus einem Wirkwiderstand und einer Induktivität besteht **(Bild 202/2).**

Bei Belastung mit einem Kondensator steigt die Spannung **(Bild 202/3),** da die Drossel und der Kondensator einen Reihenschwingkreis bilden. Deswegen dürfen große Kondensatoren nicht allein ans Netz geschaltet werden.

Die Ausgangsspannung eines Transformators ist vom Belastungsstrom und von der Belastungsart abhängig.

Bei Transformatoren mit Nennleistungen unter 16 kVA wird auf dem Leistungsschild die Nenn-Lastspannung angegeben. Das ist die Ausgangsspannung des Transformators bei Wirklast mit der Nennleistung.

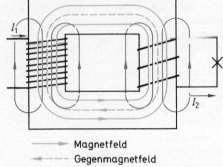

ohne Belastung

mit Belastung

→ Magnetfeld
←--- Gegenmagnetfeld
→ Streufelder

Bild 202/1: Magnetische Feldlinien beim unbelasteten und belasteten Transformator

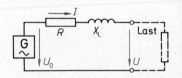

Bild 202/2: Ersatzschaltung eines Transformators

Wiederholungsfragen

1. **Was versteht man unter der Leerlaufspannung eines Transformators?**
2. **Von welchen Größen hängt die Leerlaufspannung eines Transformators ab?**
3. **Welche Größen im Transformator ändern sich, wenn man die Spannung an der Eingangswicklung ändert?**
4. **Wovon hängt der Magnetisierungsstrom im Transformator ab?**
5. **Was versteht man unter Streufeldlinien?**
6. **Wovon ist die Ausgangsspannung eines Transformators abhängig?**
7. **Warum dürfen große Kondensatoren nicht ohne zusätzliche Last ans Netz geschaltet werden?**

Bild 202/3: Ausgangsspannung in Abhängigkeit vom Laststrom

11.1.4 Ersatzschaltungen von Transformatoren

Die Ersatzschaltung eines Transformators gibt mit Hilfe einer Schaltung von einfachen Bauelementen an, wie man sich den betrachteten Transformator aufgebaut denken kann. Aus der Ersatzschaltung ist das Betriebsverhalten eines Transformators leichter zu erkennen als aus einer Beschreibung mit Worten. Je nach Art des Transformators und nach der verlangten Genauigkeit weichen Ersatzschaltungen stark voneinander ab. Außerdem gibt es verschiedene Arten von Ersatzschaltungen für denselben Zweck.

Bei einer häufig verwendeten Art von Ersatzschaltung **(Tabelle 203/1)** wird ein idealer Transformator zugrunde gelegt, der je nach seiner Art mit Wirkwiderständen und mit Induktivitäten beschaltet wird. Die Wirkwiderstände stellen die Wicklungswiderstände und sonstige Verlustwiderstände des realen Transformators dar. Die Induktivitäten stellen die Induktivität der Eingangswicklung (Hauptinduktivität, Querinduktivität) sowie die Streuinduktivitäten (Längsinduktivität) dar.

Tabelle 203/1: Ersatzschaltungen von Transformatoren

Art des Transformators	Eigenschaften	Ersatzschaltung	Anwendungs-beispiel
Idealer Transformator	1. Völlig verlustfrei 2. Keine Streuung 3. Im Leerlauf keine Stromaufnahme 4. Stromaufnahme bei Belastung		Erklärt in erster Näherung das Verhalten von mittelgroßen Transformatoren, z. B. im Fachrechnen.
Festgekoppelter Transformator ohne Verluste	1. Völlig verlustfrei 2. Keine Streuung 3. Stromaufnahme, auch im Leerlauf		Erklärt annähernd das Verhalten von mittelgroßen und großen Netztransformatoren.
Festgekoppelter Transformator mit Verlusten	1. Verluste vorhanden 2. Keine Streuung 3. Auch im Leerlauf Stromaufnahme		Erklärt gut das Verhalten von von spannungssteifen Transformatoren, z. B. Netztransformatoren.
Verlustloser Transformator mit Streuung	1. Keine Verluste 2. Streuung vorhanden 3. Auch im Leerlauf Stromaufnahme		Erklärt gut das Verhalten von kleinen Transformatoren, z. B. der Nachrichtentechnik.
Allgemeiner, realer Transformator	1. Verluste vorhanden 2. Streuung vorhanden 3. Auch im Leerlauf Stromaufnahme		Erklärt genau das Verhalten der Transformatoren, jedoch ist die Übersichtlichkeit geringer als bei den anderen Ersatzschaltungen.

L_1 Hauptinduktivität, L_2 Induktivität der Ausgangswicklung, N_1 Windungszahl der Eingangsseite, N_2 Windungszahl der Ausgangsseite, R_1 Wicklungswiderstand der Eingangswicklung, R_2 Wicklungswiderstand der Ausgangswicklung, R_{VFe} Verlustwiderstand wegen der Eisenverlustleistung, $ü$ Übersetzungsverhältnis, σ_1 Streufaktor der Eingangswicklung, σ_2 Streufaktor der Ausgangswicklung

11.1.5 Kurzschlußspannung

Ein Maß für die bei Belastung auftretende Spannungsänderung ist die *Kurzschlußspannung*. Die Kurzschlußspannung ist die Spannung, die bei Nennfrequenz und kurzgeschlossener Ausgangswicklung an der Eingangswicklung liegen muß, damit die Eingangswicklung den Nennstrom aufnimmt (**Bild 204/1**).

Beispiel 1: Ein Transformator 220 V/24 V, 1 A/9 A muß bei kurzgeschlossener 24-V-Wicklung an 22 V gelegt werden, damit 1 A aufgenommen wird. Seine Kurzschlußspannung U_k ist 22 V.

Die Kurzschlußspannung wird gewöhnlich nicht in Volt angegeben, sondern in % der Nennspannung.

u_k Kurzschlußspannung
U_k gemessene Kurzschlußspannung
U Nennspannung

$$u_k = 100\% \cdot \frac{U_k}{U}$$

Beispiel 2: Die Kurzschlußspannung u_k von Beispiel 1 ist

$$u_k = 100\% \cdot \frac{U_k}{U} = 100\% \cdot \frac{22\ V}{220\ V} = \mathbf{10\%}$$

Die Kurzschlußspannung ist bei Transformatoren über 16 kVA auf dem Leistungsschild angegeben.

Höhe der Kurzschlußspannung

Die Kurzschlußspannung von Transformatoren ist ein Maß für den Innenwiderstand (Scheinwiderstand) des Transformators. Niedrige Kurzschlußspannung (u_k in %) bedeutet einen kleinen Innenwiderstand. Bei Belastung sinkt die Ausgangsspannung nur wenig ab.

Transformatoren mit niedriger Kurzschlußspannung sind spannungssteif.

Transformatoren mit hoher Kurzschlußspannung sind spannungsweich.

Man verwendet für verschiedene Zwecke Transformatoren mit verschiedenen Kurzschlußspannungen (**Tabelle 204/1**).

50 Hz 200 V

Stelltransformator

I_{1N} U_k (A)

(V)

1.1 ●—————● 1.2
zu prüfender Transformator 2.1 ●—————● 2.2

I_{2N}

◀——— Eingangsnennstrom
◀- - - Ausgangsnennstrom

Bild 204/1: Messen der Kurzschlußspannung

Tabelle 204/1: Kurzschlußspannungen

Spannungswandler	unter 1%
Drehstromtransformatoren	
bis 200 kVA	4%
250 bis 3150 kVA	6%
4 bis 5 MVA	8%
über 6,3 MVA	10%
Schutztransformatoren	15%
Klingeltransformatoren	40%
Experimentiertransformatoren (zusammensteckbar)	70%
Zündtransformatoren	100%

Beeinflussen der Kurzschlußspannung

Der Wicklungswiderstand eines Transformators kann wegen der Wärmeentwicklung nicht beliebig groß gemacht werden. Dagegen läßt sich die Streuung in weiten Grenzen dem Verwendungszweck anpassen. Eine große Streuung bewirkt große induktive Spannungsabfälle in den Wicklungen.

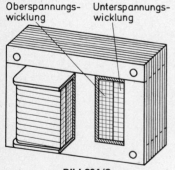

Oberspannungswicklung   Unterspannungswicklung

**Bild 204/2:
Wicklungsanordnung für
niedrige Kurzschlußspannung**

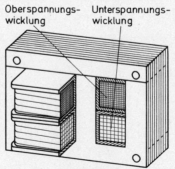

Oberspannungswicklung   Unterspannungswicklung

**Bild 204/3:
Wicklungsanordnung für
hohe Kurzschlußspannung**

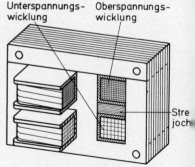

Unterspannungswicklung   Oberspannungswicklung

Streujoch

**Bild 204/4:
Wicklungsanordnung für
sehr hohe Kurzschlußspannung**

Soll ein Transformator eine *niedrige Kurzschlußspannung* haben, sind die Wicklungen so angeordnet, daß selbst aus dem Eisen austretende Feldlinien beide Wicklungen durchsetzen **(Bild 204/2)**. Die Wicklungen sind dann auf dem gleichen Schenkel.

Soll ein Transformator eine *hohe Kurzschlußspannung* haben, so gibt man den Feldlinien Gelegenheit, aus dem Eisen auszutreten. Die Wicklungen liegen so, daß austretende Feldlinien nur eine Wicklung durchsetzen. Sie liegen getrennt auf einem Schenkel, wie beim Klingeltransformator **(Bild 204/3)**, oder auf zwei verschiedenen Schenkeln.

Wird eine *sehr hohe Kurzschlußspannung* verlangt, legt man zwischen die beiden Wicklungen ein *Streujoch* **(Bild 204/4)**. Das Streujoch hält von der einen Wicklung viele Feldlinien fern und vergrößert so die Streuung eines derartigen Streufeldtransformators. Ist das Streujoch verstellbar, so läßt sich die Kurzschlußspannung auf den gewünschten Wert einstellen.

11.1.6 Kurzschlußstrom

Entsteht auf der Ausgangsseite eines in Betrieb befindlichen Transformators eine fast widerstandslose Verbindung zwischen den Klemmen, so liegt ein Kurzschluß vor. Der Transformator liefert den Kurzschlußstrom.

Der einige Perioden nach der Entstehung des Kurzschlusses fließende Strom heißt Dauerkurzschlußstrom I_{kd}. Er ist bei Transformatoren mit kleiner Kurzschlußspannung groß und bei Transformatoren mit großer Kurzschlußspannung klein. Große Kurzschlußströme können zur Zerstörung von Schaltern, Verteilungen, Sammelschienen und anderen Betriebsmitteln führen.

Kurzschlüsse bei Transformatoren mit kleiner Kurzschlußspannung sind gefährlich.

I_{kd} Dauerkurzschlußstrom
I Nennstrom
u_k Kurzschlußspannung

$$I_{kd} = 100\% \cdot \frac{I}{u_k}$$

Beispiel 1: Auf der Ausgangsseite eines Einphasentransformators 220 V/24 V, 1 A/9 A, $u_k = 5\%$ entsteht ein Kurzschluß. Wie groß ist der Dauerkurzschlußstrom?

Lösung: $I_{kd} = 100\% \cdot \dfrac{I}{u_k} = 100\% \cdot \dfrac{9\,A}{5\%} = $ **180 A**

Der sofort nach der Entstehung des Kurzschlusses fließende Strom heißt *Stoßkurzschlußstrom* I_s. Er kann mehr als doppelt so groß sein wie der Dauerkurzschlußstrom **(Bild 205/1)**.

Die Stärke des Stoßkurzschlußstromes hängt ab vom Dauerkurzschlußstrom und von dem Augenblickswert der Spannung im Zeitpunkt des Kurzschlusses. Besonders ungünstig ist es, wenn der Kurzschluß in dem Augenblick entsteht, in dem die Ausgangsspannung Null ist. Dann haben Magnetisierungsstrom und magnetische Flußdichte ihre Höchstwerte. Nach der Lenzschen Regel sucht der nun einsetzende Kurzschlußstrom seine Ursache, die Abnahme der Flußdichte, zu hemmen. Die kurzgeschlossene Ausgangswicklung sucht also den Magnetismus beizubehalten, der im Augenblick der Entstehung des Kurzschlusses vorhanden war. Während mehrerer Perioden überlagert sich dem Dauerkurzschlußstrom ein abklingender Gleichstrom (Bild 205/1).

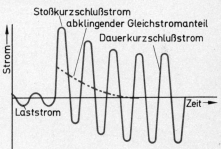

Bild 205/1: Stromverlauf bei einem Kurzschluß am Transformator

I_s Stoßkurzschlußstrom
I_{kd} Dauerkurzschlußstrom

$$I_s = 1,8 \cdot \sqrt{2} \cdot I_{kd}$$

$$I_s = 2,55 \cdot I_{kd}$$

Beispiel 2: Wie groß ist der Stoßkurzschlußstrom von Beispiel 1 im ungünstigsten Fall?

Lösung: $I_s = 2,55 \cdot I_{kd} = 2,55 \cdot 180\,A \approx$ **459 A**

11.1.7 Einschaltstrom

Beim Einschalten von Transformatoren fließen manchmal sehr große Ströme, auch wenn die Transformatoren nicht belastet sind. Der Einschaltstromstoß kann mehr als das 10fache des Nennstromes betragen.

Besonders ungünstig ist es, wenn die Netzspannung im Augenblick des Einschaltens Null ist und wenn im Eisenkern ein Restmagnetismus zurückblieb. Bei zunehmender Spannung muß sich der Fluß ändern, damit eine Spannung erzeugt wird. Hat der Remanenzfluß dieselbe Richtung wie der entstehende magnetische Fluß, so ist das Eisen bald gesättigt, und nur sehr große Magnetisierungsströme können die erforderliche Spannung erzeugen.

Der Nennstrom von Sicherungen auf der Eingangsseite von Transformatoren muß etwa doppelt so groß sein wie der Nennstrom des Transformators.

Wiederholungsfragen

1. Wie mißt man die Kurzschlußspannung?
2. Welchen Einfluß hat bei Belastung eine kleine Kurzschlußspannung auf die Ausgangsspannung?
3. Wie sind Transformatoren mit einer kleinen Kurzschlußspannung aufgebaut?
4. Wie sind Transformatoren mit einer großen Kurzschlußspannung aufgebaut?
5. Wovon hängt der Dauerkurzschlußstrom ab?
6. Warum muß der Nennstrom der vorgeschalteten Sicherung größer sein als der Nennstrom des Transformators?

11.1.8 Kleintransformatoren

Kleintransformatoren sind Transformatoren mit Nennleistungen bis 16 kVA zur Verwendung in Netzen bis 1000 V und 500 Hz. Kleintransformatoren müssen besonders unfallsicher gebaut sein, da vielfach Laien mit ihnen in Berührung kommen. Sie werden z. B. als Spannungserzeuger für Türöffner, Klingeln, Handleuchten, Spielzeuge und Rundfunkgeräte verwendet.

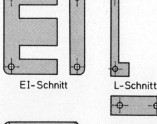

EI-Schnitt   L-Schnitt

Aufbau

Der **Eisenkern** von Kleintransformatoren ist meist aus Blechen von genormter Größe hergestellt. Je nach Form dieser Bleche unterscheidet man EI-, M-, UI- und L-Schnitte **(Bild 206/1)**. Auch anders geformte Schnitte sowie aus Blechbändern gewickelte Kerne werden verwendet. Zum Verbinden der Bleche verwendet man Schrauben oder Nieten. Diese sollten gegenüber den Blechen isoliert sein. Die Außenflächen der Eisenkerne müssen gegen Korrosion geschützt sein.

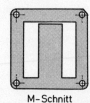 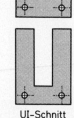

M-Schnitt   UI-Schnitt

**Bild 206/1:
Schnitte von Schichtkernen**

Schnittbandkerne bestehen aus kornorientierten Blechen, bei denen die Kristalle in Walzrichtung, also in Bandrichtung, liegen. Dadurch sind in dieser Richtung die Ummagnetisierungsverluste besonders gering. Quer zur Walzrichtung sind die Verluste dagegen hoch. Werden kornorientierte Bleche zu Schichtkernen verwendet, so muß der Eisenquerschnitt dort verstärkt werden, wo der magnetische Fluß quer zur Walzrichtung verläuft.

Transformatoren mit Schnittbandkernen **(Bild 206/2)** haben eine kleine Streuung und besonders kleine Verlustleistungen.

Die **Wicklung** wird meist aus Kupferlackdraht hergestellt (Bild 206/2). Sie sitzt auf einem *Spulenkörper*, der meist aus Kunststoff gepreßt ist.

Nach jeder Lage der Wicklung folgt eine *Lagenisolierung* aus Lackpapier oder Kunststoff-Folie. Diese kann entfallen, wenn die Spannung zwischen Anfang und Ende einer Lage einen kleineren Scheitelwert als 25 V hat. Bei Lackseidedraht und Lackglasseidedraht ist die

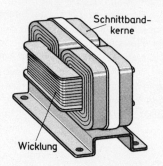

**Bild 206/2: Transformator
mit Schnittbandkern**

Isolierung zwischen zwei Lagen erst bei Lagenspannungen über 200 V Scheitelwert erforderlich. Zwischen Oberspannungs- und Unterspannungswicklung ist die *Wicklungsisolation*. Je nach Prüfspannung verwendet man mehrere Lagen. Bei Netzanschlußtransformatoren liegt zwischen Oberspannungs- und Unterspannungswicklung oft zusätzlich eine einlagige Schutzwicklung mit nur einem herausgeführten Anschluß. Wird dieser mit dem Schutzleiter verbunden, so kann auch bei schadhafter Isolation die Oberspannung nicht zur Unterspannungsseite gelangen. Außerdem wirkt diese Wicklung als Abschirmung.

Man stellt auch Transformatoren her, deren Wicklung aus einer Aluminiumfolie besteht, ähnlich wie der Wickel eines Kondensators. Da bei diesen Transformatoren jede Lage nur aus einer Windung besteht, ist die Spannung zwischen den Lagen niedrig. Derartige Transformatoren sind sehr spannungsfest, sie neigen nur wenig zu Durchschlägen. Bei größeren Leistungen verwendet man dünne Bleche aus Aluminium oder aus Kupfer.

Die zulässige Stromdichte in Kleintransformatoren ist je nach Größe und Kühlung verschieden. Sie liegt zwischen 1 A/mm² und 6 A/mm².

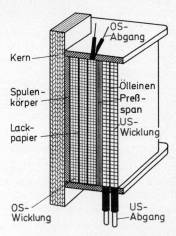

Bild 207/1: Wicklungsaufbau

Die Verlustwärme entsteht in der gesamten Wicklung, also im Rauminhalt. Die Kühlung erfolgt nur an der Oberfläche. Bei zunehmender Baugröße wächst der Rauminhalt mit der 3. Potenz der Bauhöhe, die Oberfläche nur mit der 2. Potenz. Ein Transformator hat im Vergleich zu einem anderen Transformator mit halb so großen Abmessungen den 8fachen Rauminhalt bei nur 4facher Oberfläche. Damit im Inneren die zulässige Temperatur nicht überschritten wird, muß also bei größeren Transformatoren besser gekühlt oder eine kleinere Stromdichte genommen werden.

Kennzeichnung von Kleintransformatoren

Kleintransformatoren werden durch Symbole gekennzeichnet **(Bild 207/2)**.

Ausgangsspannung ist bei Kleintransformatoren die Nenn-Lastspannung. Diese ist meist erheblich niedriger als die Leerlaufspannung. Für die Ausgangsspannungen gelten folgende Toleranzen:

+ 10% für unbedingt kurzschlußfeste Transformatoren,
± 5% für alle übrigen Kleintransformatoren.

Bild 207/2: Besondere Kennzeichen von Kleintransformatoren

Unbedingt kurzschlußfeste Transformatoren haben eine große Kurzschlußspannung. Der Kurzschlußstrom ist so klein, daß kein Schaden eintritt.

Bedingt kurzschlußfeste Transformatoren enthalten eine Schmelzsicherung oder einen Überstromschutzschalter oder einen Temperaturbegrenzer, wodurch bei Kurzschluß abgeschaltet wird.

Nicht kurzschlußfeste Transformatoren müssen durch zusätzliche Schutzvorrichtungen gegen die Folgen eines Kurzschlusses geschützt sein.

Trenntransformatoren für die Schutztrennung (Seite 277) sind Transformatoren mit elektrisch getrennten Wicklungen. Die Eingangswicklung von Trenntransformatoren muß besonders sicher gegen unbeabsichtigte Verbindung mit der Ausgangswicklung sein, z.B. durch getrennte Spulenkörper oder Spulenkörper mit Trennwand. Ortsveränderliche Trenntransformatoren müssen schutzisoliert sein.

Steuertransformatoren haben elektrisch getrennte Wicklungen und dienen der Speisung von Steuerstromkreisen. Bei ihnen ist neben der Nennleistung die Kurzzeitleistung angegeben, die größer ist. Die Ausgangsspannung darf bei dieser Kurzzeitleistung höchstens um 5% gegenüber der Nenn-Ausgangsspannung abfallen.

Netzanschlußtransformatoren haben eine oder mehrere Ausgangswicklungen, die von der Eingangswicklung elektrisch getrennt sind. Sie dienen z.B. dem Anschluß von elektronischen Geräten (Radio, Fernsehgerät, Telefon) ans Netz.

Zündtransformatoren haben elektrisch getrennte Wicklungen und dienen dem Zünden von Gas-Luftgemischen oder Öl-Luftgemischen. Zündtransformatoren müssen unbedingt kurzschlußfest sein.

Spartransformatoren (Seite 210) dienen als Kleintransformatoren z.B. zur Anpassung an die Geräte-Nennspannung, wenn die Netzspannung zu niedrig oder zu hoch ist. Die höchstzulässige Nennspannung für Haushalt-Spartransformatoren beträgt 250 V. Spartransformatoren müssen so gebaut sein, daß ein eingangsseitig angeschlossener Schutzleiter auch ausgangsseitig wirksam bleibt.

Sicherheitstransformatoren (Schutztransformatoren) liefern ausgangsseitig Schutzkleinspannung (Seite 277). Ihre Eingangsspannung beträgt höchstens 500 V, ihre Nennleistung höchstens 10 kVA, ihre Nennfrequenz höchstens 500 Hz. Die Nennspannung der Ausgangsseite beträgt bis 50 V, z.B. 12 V, 24 V oder 42 V. Sicherheitstransformatoren müssen unbedingt kurzschlußfest oder bedingt kurzschlußfest gebaut sein. Die Oberspannungswicklung muß von der Unterspannungswicklung durch eine Isolierstoff-Zwischenwand sorgfältig getrennt sein, so daß auch bei Verlagerung der Wicklung oder beim Herausfallen von Metallteilen keine Verbindung der Eingangsseite mit der Ausgangsseite auftreten kann. Nur vom VDE zugelassene Sicherheitstransformatoren dürfen für die Schutzmaßnahme Kleinspannung verwendet werden.

Zu den Sicherheitstransformatoren gehören auch Spielzeugtransformatoren, Klingeltransformatoren, Handleuchtentransformatoren, Auftautransformatoren und Transformatoren für medizinische Geräte (Bild 207/2).

Spielzeugtransformatoren sind für Kinderspielzeug mit Elektromotoren vorgeschrieben. Die Nenn-Ausgangsspannung beträgt höchstens 25 V, die Leistung darf nicht über 200 VA liegen, die Leerlaufspannung nicht über 33 V. Spielzeugtransformatoren müssen schutzisoliert sein.

Nur vom VDE zugelassene Spielzeugtransformatoren dürfen für Spielzeuge verwendet werden.

Klingeltransformatoren dürfen keine Nenn-Ausgangsspannungen über 25 V haben. Die Leerlaufspannung darf 33 V nicht überschreiten. Klingeltransformatoren müssen unbedingt kurzschlußfest sein. Die Ausgangsklemmen müssen zugänglich sein, ohne daß die Eingangsklemmen freigelegt werden müssen.

Handleuchtentransformatoren müssen schutzisoliert, spritzwassergeschützt oder wasserdicht (Seite 272) sein.

Auftautransformatoren dienen zum Auftauen eingefrorener metallischer Wasserleitungen. Die Nennspannungen dürfen höchstens 250 V/25 V betragen. Auftautransformatoren sind bedingt kurzschlußfest zu bauen. Sie müssen schutzisoliert sein.

Transformatoren für medizinische Geräte dürfen höchstens eine Nenn-Ausgangsspannung von 25 V haben, wenn das anzuschließende Gerät mit dem menschlichen Körper in Berührung kommt. Wenn das dazugehörige medizinische Gerät in den Körper des Patienten eingeführt wird, darf die Nenn-Ausgangsspannung höchstens 6 V betragen. Transformatoren für medizinische Geräte müssen schutzisoliert sein.

Wiederholungsfragen

1. Welche Spannung wird bei Kleintransformatoren als Ausgangsspannung angegeben?

2. Nennen Sie 4 wichtige Kleintransformatoren!

3. Welche Sicherheitstransformatoren müssen unbedingt kurzschlußfest sein?

4. Wie hoch darf die Nenn-Ausgangsspannung höchstens sein a) bei Spielzeugtransformatoren, b) bei Auftautransformatoren?

5. Wie hoch darf die Leerlaufspannung eines Klingeltransformators sein?

6. Geben Sie die Forderungen an, die an Handleuchtentransformatoren gestellt werden!

7. Welche Bauweise ist bei Transformatoren für medizinische Geräte vorgeschrieben?

Prüfspannungen

Nach der Herstellung oder nach der Reparatur prüft man bei der Wicklungsprüfung **(Bild 209/1)** die Isolation zwischen getrennten Wicklungen und die Isolation zwischen Wicklung und berührbaren Metallteilen **(Tabelle 209/1)**.

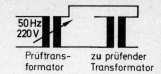

50 Hz
220 V

Prüftrans-   zu prüfender
formator   Transformator

Bild 209/1: Wicklungsprüfung

Tabelle 209/1: Prüfspannung für Kleintransformatoren				Nach VDE 0550
Prüfstellen bei Schutzklassen I und III	Prüfspannungen in V während 1 min für Nennspannungen bis			
	42 V	250 V	500 V	1000 V
Eingangskreis gegen Körper Ausgangskreis gegen Körper Eingangskreis gegen Ausgangskreis	1000	1500	2500	3000
			Nur für Schutzklasse I	
Bei Wiederholungsprüfungen 80% der genannten Prüfspannungen				
Schutzklassen I : Transformatoren mit Schutzleiteranschluß II : Transformatoren mit Schutzisolierung (Prüfspannungen siehe Tabellenbuch) III: Kleinspannungs-Transformatoren				

11.1.9 Wirkungsgrad von Transformatoren

Der Wirkungsgrad ist das Verhältnis von abgegebener zu aufgenommener Wirkleistung. Die aufgenommene Wirkleistung ist um die Eisenverluste (Eisenverlustleistung) und die Wicklungsverluste (Wicklungsverlustleistung) größer als die abgegebene Wirkleistung.

η Wirkungsgrad
P_{ab} Leistungsabgabe
V_{Fe} Eisenverlustleistung
V_{Cu} Wicklungsverlustleistung

$$\eta = \frac{P_{ab}}{P_{ab} + V_{Fe} + V_{Cu}}$$

Beispiel: Ein Transformator 250 VA ist bei einem Leistungsfaktor 0,7 voll belastet. Seine Eisenverluste betragen 10 W, seine Wicklungsverluste 15 W. Wie groß ist der Wirkungsgrad?

Lösung: $P_{ab} = S \cdot \cos \varphi = 250 \text{ VA} \cdot 0,7 = 175 \text{ W}$

$$\eta = \frac{P_{ab}}{P_{ab} + V_{Fe} + V_{Cu}} = \frac{175 \text{ W}}{175 \text{ W} + 10 \text{ W} + 15 \text{ W}} = \frac{175 \text{ W}}{200 \text{ W}} = \mathbf{0,875}$$

Im Eisenkern ist unabhängig von der Belastung ungefähr die gleiche Zahl von magnetischen Feldlinien. Deswegen sind die Eisenverluste dauernd gleich. In der Wicklung fließen je nach Belastung verschiedene Ströme. Die Wicklungsverluste nehmen quadratisch mit der Belastung zu. Sind beide Verlustleistungen gleich, so ist der Wirkungsgrad am größten.

Die Verluste im Transformator hängen von der Stromaufnahme und damit von der Scheinleistung des angeschlossenen Verbrauchers ab **(Bild 209/2)** und nicht von seiner Wirkleistung.

Je kleiner der Leistungsfaktor der angeschlossenen Verbraucher ist, desto kleiner ist der Transformatorenwirkungsgrad.

Bei einem unbelasteten Transformator entstehen in der Ausgangswicklung keine Wicklungsverluste. Da er nur wenig Strom aufnimmt, entstehen auch in der Eingangswicklung sehr kleine Wicklungsverluste, die man unberücksichtigt lassen kann. Die vom Transformator im Leerlauf aufgenommene Leistung ist also die Verlustleistung des Eisenkernes.

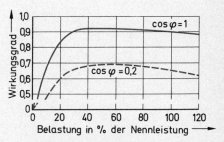

Bild 209/2:
Abhängigkeit des Wirkungsgrades eines Transformators von der Belastung

Eisenverluste werden im Leerlaufversuch gemessen.

Beim Messen der Kurzschlußspannung fließen in der Wicklung (Eingangs- und Ausgangswicklung) die Nennströme und rufen die Wicklungsverlustleistung hervor. Im Eisenkern sind beim Messen der Kurzschlußspannung nur wenig Feldlinien, da der Transformator an einer kleinen Spannung liegt und kurzgeschlossen ist. Im Eisenkern entsteht beim Kurzschlußversuch keine Eisenverlustleistung. Die vom Transformator im Kurzschlußversuch aufgenommene Leistung ist die Verlustleistung der Wicklung.

Wicklungsverluste werden im Kurzschlußversuch gemessen.

Der **Jahreswirkungsgrad** eines Transformators ist das Verhältnis von der in einem Jahr abgegebenen Arbeit zur aufgenommenen Arbeit (jeweils in kWh). Die aufgenommene Arbeit ist um die Verlustarbeit größer, die im Kern und in der Wicklung verbraucht wird. Da die Eisenverlustleistung unabhängig von der Belastung ist, sinkt der Jahreswirkungsgrad stark ab, wenn der Transformator eingeschaltet, aber zeitweise nicht belastet ist.

11.1.10 Spartransformator

Beim Spartransformator sind zwei Wicklungsteile, die *Parallelwicklung* und die *Reihenwicklung*, hintereinandergeschaltet **(Bild 210/1)**. Unterspannungswicklung ist die Parallelwicklung. Sie liegt beim Herabtransformieren parallel zum Verbraucher, beim Herauftransformieren parallel zum Netz. Oberspannungswicklung ist die Reihenschaltung von Reihenwicklung und Parallelwicklung.

Mit einem Spartransformator kann man Spannungen heruntertransformieren und herauftransformieren.

Auch bei Spartransformatoren gilt: $\dfrac{U_1}{U_2} \approx \dfrac{N_1}{N_2}$

Beispiel 1: Ein Spartransformator hat insgesamt 300 Windungen mit einem Abgriff bei 270 Windungen. Dort werden 198 V angeschlossen. Welche Spannung kann entnommen werden?

Lösung: $U_1 \approx \dfrac{U_2 \cdot N_1}{N_2} = \dfrac{198\,\text{V} \cdot 300}{270} = \textbf{220 V}$

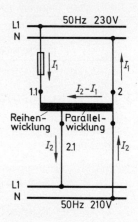

Bild 210/1: Schaltung eines Spartransformators

Bei Spartransformatoren ist die Eingangswicklung leitend mit der Ausgangswicklung verbunden. Aus Sicherheitsgründen dürfen Spartransformatoren nicht als Sicherheitstransformatoren verwendet werden.

Die gesamte mögliche Leistungsabgabe eines Spartransformators nennt man *Durchgangsleistung*. Sie wird zu einem Teil durch Stromleitung von der Eingangswicklung zur Ausgangswicklung übertragen **(Bild 210/2)** und zum anderen Teil durch Induktion. Je größer die durch Leitung übertragbare Leistung ist, desto kleiner ist bei fester Durchgangsleistung die durch Induktion zu übertragende Leistung, die sogenannte *Bauleistung*, nach der sich die Baugröße des Transformators richtet.

S_B Bauleistung
U_1 Oberspannung
U_2 Unterspannung
S_D Durchgangsleistung

$$S_\text{B} = \dfrac{U_1 - U_2}{U_1} \cdot S_\text{D}$$

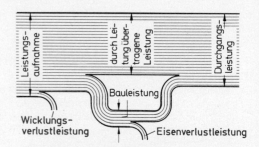

Bild 210/2: Leistungsflußschaubild eines Spartransformators

Mit dem Spartransformator werden Wickelkupfer und Kerneisen gespart. Die Ersparnis gegenüber Transformatoren mit getrennter Wicklung wird um so größer, je näher Eingangs- und Ausgangsspannung beieinander liegen. Der Wirkungsgrad von Spartransformatoren geht bis 99,8%, wenn sich die beiden Spannungen nur um 10% unterscheiden. Die Kurzschlußspannung ist meist niedrig.

Obwohl Spartransformatoren Ähnlichkeit mit Spannungsteilern haben, werden sie diesen in der Starkstromtechnik vorgezogen, weil sie kleinere Verluste haben und weil die Ausgangsspannung weniger belastungsabhängig ist als beim Spannungsteiler. Kleine Spartransformatoren sind als Stelltransformatoren mit Ringkern **(Bild 211/1)** ähnlich wie Drehpotentiometer ausgeführt.

Spartransformatoren verwendet man z. B. als Vorschaltgeräte für Natriumdampflampen, als Anlaßtransformatoren für Drehstrommotoren, als Regeltransformatoren in Hochspannungsnetzen und zur Höchstspannungstransformierung von 220 kV auf 400 kV.

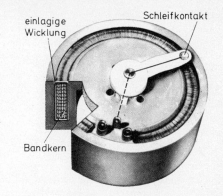

Bild 211/1: Stelltransformator mit Ringkern

Wiederholungsfragen

1. Welche Verluste entstehen in einem Transformator?
2. Wie berechnet man den Wirkungsgrad eines Transformators?
3. Wie hängt der Wirkungsgrad des Transformators vom Leistungsfaktor des angeschlossenen Verbrauchers ab?
4. Unter welchen Betriebsbedingungen werden die Eisenverluste gemessen?
5. Wie werden die Wicklungsverluste gemessen?
6. Welchen Vorteil hat ein Spartransformator gegenüber einem Transformator mit getrennten Wicklungen?
7. Wozu werden Spartransformatoren verwendet?

11.1.11 Lichtbogen-Schweißtransformatoren

Lichtbogen-Schweißtransformatoren enthalten außer dem eigentlichen Transformator noch Steuereinrichtungen zum Einstellen des Schweißstromes.

Die Leerlaufspannung soll 70 V nicht überschreiten, jedoch dürfen kurzzeitig (bis 0,2 s) höhere Spannungen auftreten. Bei Schweißarbeiten in engen Behältern darf die Leerlaufspannung nur 42 V betragen.

Schweißtransformatoren müssen die beim Zünden des Lichtbogens auftretenden Kurzschlüsse aushalten. Deshalb ist auf der Ausgangsseite des eigentlichen Transformators eine Drossel in Reihe geschaltet **(Bild 211/2)**, oder der Transformator ist ein Streufeldtransformator. Dadurch ist der Leistungsfaktor klein. Die EVU verlangen bei Schweißtransformatoren eine Kompensation der Blindleistung.

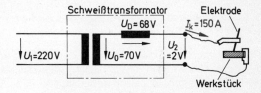

Bild 211/2: Grundsätzliche Schaltung eines Schweißtransformators zu Erzielung der Kurzschlußfestigkeit

Schweißtransformatoren sollten eine möglichst steile Kennlinie haben **(Bild 212/1)**, damit der Schweißstrom bei Änderung der Lichtbogenlänge sich nur wenig ändert. Der eingestellte Schweißstrom ist aber nur bei einer mittleren Lichtbogenlänge vorhanden.

Einstellen des Schweißstromes: Ändert man die Ausgangsspannung des Schweißtransformators, so ändert man auch den Schweißstrom. Das Einstellen des Stromes kann z. B. mit einem Stufenschalter erfolgen **(Bild 212/2)**, welcher bei einer Transformatorenwicklung Windungen zuschaltet oder wegschaltet. Durch Änderung des Übersetzungsverhältnisses wird nicht nur der Schweißstrom geändert, sondern auch die Leerlaufspannung.

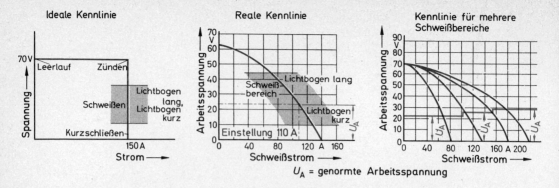

Bild 212/1: Spannung-Strom-Kennlinie von Schweißtransformatoren

Die Leerlaufspannung bleibt unabhängig vom eingestellten Schweißstrom, wenn man den Spannungsabfall einstellbar macht. Für kleinen Spannungsabfall wird dann der Schweißstrom groß, die Kennlinie also flacher (Bild 212/1). Die Einstellung des Spannungsabfalles kann durch eine stellbare Drossel oder durch ein verstellbares Streujoch des Transformators erfolgen (Bild 212/2).

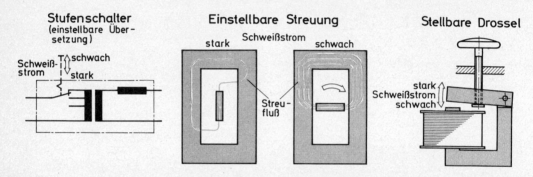

Bild 212/2: Möglichkeiten zur Schweißstromeinstellung

Bei Schweißtransformatoren kleiner Leistung erfolgt das Einstellen meist durch Drehen eines Handrades. Bei mittleren und größeren Leistungen wird ein schwacher Steuergleichstrom eingestellt, der seinerseits den Schweißstrom steuert.

Das Steuern des Schweißstromes durch einen schwachen Steuerstrom kann mit einer Schweißdrossel **(Bild 212/3)** erfolgen. Diese besteht grundsätzlich aus steuerbaren Drosselspulen (Transduktor), zu der eine Luftspaltdrossel parallel geschaltet ist. Eine Steuerung mit einem Transduktor allein würde zu einer ungünstigen Kurvenform des Schweißstromes führen.

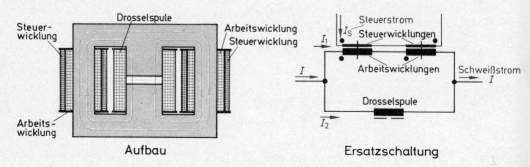

Bild 212/3: Schweißdrossel

11.1.12 Meßwandler

Meßwandler sind Transformatoren, die zum Anschluß von Meßgeräten sowie von Relais dienen. An *Spannungswandler* schließt man Spannungsmesser und Spannungspfade, an *Stromwandler* Strommesser und Strompfade an. Spannungswandler und Stromwandler halten in Hochspannungsanlagen die gefährliche Hochspannung von den Meßinstrumenten fern. Wenn in Niederspannungsanlagen starke Ströme auftreten, verwendet man auch dort zur Messung Stromwandler.

Spannungswandler

Spannungswandler **(Bild 213/1)** sind Transformatoren mit besonders genauem Übersetzungsverhältnis und kleiner Streuung. Die Ausgangsspannung ist meist 100 V, die Nennleistung je nach Baugröße und Spannung 5 bis 300 VA **(Bild 213/2)**. Spannungswandler sind ähnlich wie Meßgeräte in die Klassen 0,1 bis 3 eingeteilt (Seite 291).

Auf dem Leistungsschild (Bild 213/2) sind außer den Nennspannungen die höchste, dauernd zulässige Betriebsspannung der Eingangsseite, die Nenn-Stehwechselspannung für die Windungsprüfung (bei erhöhter Frequenz), die Nenn-Stehwechselspannung für die Wicklungsprüfung und die Nenn-Stehstoßspannung für die Isolationsprüfung angegeben, und zwar jeweils durch Schrägstriche getrennt. Außerdem sind die Nennleistungen mit den zugehörigen Klassen angegeben. Spannungswandler können darüber hinaus bis zum angegebenen ausgangsseitigen Grenzstrom belastet werden, sind aber dann nicht mehr genau.

Spannungswandler dürfen nur mit kleiner Belastung oder im Leerlauf betrieben werden.

In Hochspannungsanlagen ist eine Ausgangsklemme des Spannungswandlers zu erden (Bild 213/1). Bei einem Durchschlag von der Oberspannungswicklung zur Unterspannungswicklung tritt dann ein Erdschluß auf, und eine Sicherung schaltet die Anlage ab. Meist wird die Klemme 2.2 geerdet.

Sind an der Ausgangsseite von Spannungswandlern Meßgeräte für Verrechnungszwecke, z. B. Zähler, angeschlossen, darf der Spannungsabfall von den Wandlerklemmen bis zu den Meßgeräteklemmen höchstens 0,05 % betragen. Deshalb darf in diesem Fall auf der Unterspannungsseite keine Sicherung eingebaut werden.

Stromwandler

Beim Stromwandler ist die Eingangswicklung in Reihe mit dem Netz oder dem Verbraucher geschaltet **(Bild 213/3)**. Der ganze Netzstrom fließt dann durch die Eingangswicklung und erzeugt magnetische Feldlinien im Wandlerkern.

Der Nennausgangsstrom von Stromwandlern ist entweder 1 A oder 5 A. Die Nennleistung ist je nach Baugröße und Spannung 5 bis 120 VA. Stromwandler sind wie Spannungswandler in Klassen eingeteilt **(Bild 213/4)**.

Auf dem Leistungsschild (Bild 213/4) sind außer den Nennströmen der thermische Nenn-Kurzzeitstrom I_{therm} und der dynamische Nennstrom I_{dyn} angegeben. Der thermische Kurzzeitstrom wird von der Eingangswicklung in Hinblick auf die Wärmeentwicklung während mehrerer Sekunden ausgehalten, der dynamische Nennstrom während einiger Millisekunden in Hinblick auf die Kraftentwicklung. Außerdem sind die Nennleistungen mit den zugehörigen Klassen angegeben und der Überstromfaktor *n*. Dieser gibt an, bis zum wievielfachen Nennstrom der Wandler für Schutzzwecke, z. B. zum Auslösen eines Relais, geeignet ist.

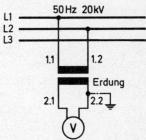

Bild 213/1: Schaltung eines Spannungswandlers am Netz

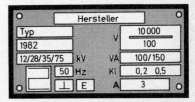

Bild 213/2: Leistungsschild eines Spannungswandlers

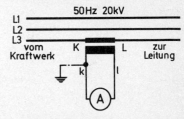

Bild 213/3: Schaltung eines Stromwandlers am Netz

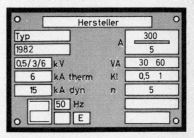

Bild 213/4: Leistungsschild eines Stromwandlers für Meßzwecke

Da Strommesser und Strompfade sehr kleine Widerstände haben, sind die Ausgangsklemmen von Stromwandlern fast kurzgeschlossen. Ein Kurzschluß auf der Ausgangsseite schadet nicht, er wird beim Auswechseln von Meßinstrumenten absichtlich hergestellt. Dagegen ist beim Stromwandler der Leerlauf meist verboten. Der in der Eingangswicklung fließende Netzstrom würde im Wandlerkern einen zu großen magnetischen Fluß hervorrufen, weil dieser im Leerlauf nicht durch den Strom in der Ausgangswicklung geschwächt wird. Es würde dann in der unbelasteten Ausgangswicklung eine sehr große Spannung erzeugt, welche die Isolierung durchschlagen kann. Auch würde der Eisenkern zu heiß werden und seine magnetischen Eigenschaften ändern, so daß der Stromwandler später nicht mehr genau arbeitet. Da der Leerlauf verhindert werden muß, darf man die Ausgangswicklung auch nicht absichern. Bei Stromwandlern mit großer Streuung oder mit Eisenkernen aus magnetisch leicht sättigbaren Werkstoffen kann Leerlauf zulässig sein, z. B. bei kleinen Niederspannungs-Stromwandlern. Zur Verhinderung des Leerlaufs werden dem Stromwandler auch Z-Dioden parallel geschaltet.

Stromwandler dürfen nur mit belasteter oder kurzgeschlossener Ausgangswicklung arbeiten.

Beim **Zangenstromwandler (Bild 214/1)** ist der Eisenkern des Wandlers wie bei einer Zange aufklappbar. Umfaßt man damit einen Stromleiter, so wirkt dieser als Eingangswicklung des Stromwandlers. Mit dem Zangenstromwandler und dem eingebauten Strommesser kann man Wechselströme messen, ohne den Stromkreis zu unterbrechen.

Bild 214/1: Zangenstromwandler

Wiederholungsfragen

1. Welche Aufgabe haben Meßwandler in Hochspannungsanlagen?
2. Nennen Sie die Angaben auf dem Leistungsschild eines Spannungswandlers!
3. Welche Folgen hat eine zu große Belastung eines Spannungswandlers?
4. Nennen Sie die Angaben auf dem Leistungsschild eines Stromwandlers!
5. Welche Folgen hat der Leerlauf beim Stromwandler?
6. Welchen Vorteil bietet die Anwendung eines Zangenstromwandlers?

11.2 Drehstromtransformatoren

11.2.1 Transformatorensatz

Dreiphasenwechselspannung läßt sich mit drei Einphasentransformatoren transformieren. Die zusammengeschalteten Transformatoren bezeichnet man als Transformatorengruppe oder Transformatorensatz. Auf der Oberspannungsseite sind insgesamt drei Stränge vorhanden. Diese können in Y (Stern) oder D (Dreieck) geschaltet sein. Entsprechend können die drei Stränge der Unterspannungsseite in y (Stern) oder d (Dreieck) geschaltet sein.

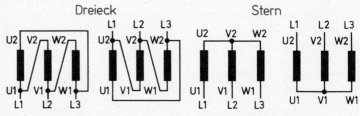

Bild 214/2: Schaltungsmöglichkeiten für Dreieck und Stern

Für die Dreieckschaltung und für die Sternschaltung gibt es je zwei Möglichkeiten (**Bild 214/2**). Sind die Stränge der Oberspannungsseite und Unterspannungsseite gleich geschaltet, so ist je nach der Art der Schaltung die Phasenverschiebung zwischen der Oberspannung und der Unterspannung 0° oder 180°. Sind Oberspannungsseite und Unterspannungsseite verschieden geschaltet, so ist die Phasenverschiebung 150° oder 330° (**Bild 215/1**).

Die Schaltungen der Oberspannungs- und der Unterspannungsseite sowie die Phasenverschiebung zwischen der Oberspannung und der Unterspannung sind bei allen Drehstromtransformatoren auf dem Leistungsschild angegeben. Die Phasenverschiebung wird als Kennzahl angegeben, die aus der Stundenteilung des Uhrziffernblattes (z. B. 5 Uhr für Dy5) zu erklären ist (Bild 215/1). Bei herausgeführtem Sternpunkt ist ein n bzw. N anzuhängen, z. B. Dy5n.

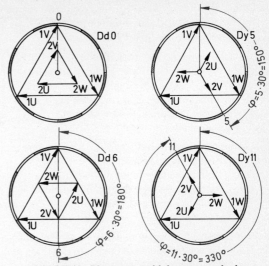

Bild 215/1: Phasenverschiebungen zwischen Oberspannung und Unterspannung

Als **Übersetzungsverhältnis** wird bei Drehstromtransformatoren das ungekürzte Verhältnis der Außenleiterspannungen angegeben, z. B. 20 000 V/400 V. Die Außenleiterspannungen liegen nur in der Dd-Schaltung an den Strängen. In der Yy-Schaltung liegen im gleichen Verhältnis kleinere Spannungen an den Strängen.

Die Übersetzungsformel von Einphasentransformatoren gilt für Drehstromtransformatoren nur bei gleicher Schaltung von Oberspannungsseite und Unterspannungsseite.

Sind Oberspannungsseite und Unterspannungsseite verschieden geschaltet, gilt die Übersetzungsformel nur für die Strangspannungen.

Eine Transformierung von Dreiphasenwechselspannung ist auch mit nur zwei Einphasentransformatoren möglich, jedoch nur bei einem Dreileiternetz. Dazu wendet man die V-Schaltung an. Bei dieser sind die Eingangswicklungen der beiden Einphasentransformatoren in Reihe geschaltet. L1 wird an Anschluß 1.1 des ersten Transformators angeschlossen, L2 an der Verbindungsstelle der beiden Transformatoren, L3 an Anschluß 1.2 des zweiten Transformators. In entsprechender Weise werden die Spannungen an der Ausgangsseite abgenommen. Diese V-Schaltung von Einphasentransformatoren wird fast nur bei Spannungswandlern angewendet.

Kern aus drei U-Kernen

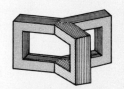

mittlerer Schenkel weggelassen

11.2.2 Dreischenkeltransformator

Der Dreischenkeltransformator ist aus drei zusammengebauten Einphasentransformatoren entstanden.

Die drei Eisenkerne einer Transformatorenbank kann man sich sternförmig aufgestellt vorstellen (**Bild 215/2**). Die magnetischen Flüsse in den drei Kernen sind in Phase mit den drei Strömen, zwischen den drei Flüssen bestehen also Phasenverschiebungswinkel von 120°. Die Summe der drei magnetischen Flüsse in den in der Mitte liegenden Schenkeln ist Null. Deshalb kann man diese Schenkel weglassen (Bild 215/2).

Bringt man die übrigbleibenden Schenkel in eine Ebene, erhält man den meist verwendeten *Dreischenkelkern* (Bild 215/2). Die im mittleren Schenkel erzeugten Feldlinien sind kürzer als die in den beiden äußeren Schenkeln erzeugten Feldlinien. Deshalb ist der Magnetisierungsstrom für den mittleren Schenkel etwas kleiner.

Schenkel in eine Ebene gebracht

Bild 215/2: Entstehung des Dreischenkelkernes

Um den Leerlaufstrom klein zu halten, wird der Kern überlappt geschichtet. Werden kornorientierte Bleche verwendet, so müssen die einzelnen Bleche schräg geschnitten sein, damit die Feldlinien nicht quer zur Walzrichtung verlaufen **(Bild 216/1)**.

Die Bleche werden in ihrer Breite abgestuft (Bild 216/1), damit die runden Spulen möglichst weit mit Eisen ausgefüllt sind. Die Bleche sind durch Spannbänder oder isolierte Kernbolzen und Schrauben sowie durch Preßbalken am Joch zusammengehalten.

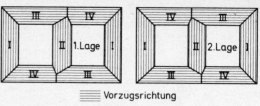

Vorzugsrichtung

Bild 216/1: Schichtplan für Dreischenkelkern

Drehstromtransformatoren sollen meist eine niedrige Kurzschlußspannung haben. Um die Streuung klein zu halten, liegen auf jedem Schenkel des Dreischenkelkernes Oberspannungswicklung und Unterspannungswicklung übereinander. Damit die Durchschlagsgefahr gering ist, liegt auf dem Kern die Unterspannungswicklung, darüber die Oberspannungswicklung.

Bei der **Lagenwicklung** wird wie bei einer Garnrolle zuerst die unterste Lage gewickelt, darauf die nächste usw. Jeweils der Anfang einer Lage und das Ende der nächsten Lage liegen übereinander. Zwischen diesen Stellen besteht eine verhältnismäßig große Spannung. Zwischen den Lagen ist die Lagenisolierung. Die Lagenwicklung wird meist bei kleineren Transformatoren angewendet.

Bei der **Folienwicklung** wird die Wicklung aus einer isolierten Aluminiumfolie hergestellt, ähnlich wie bei einem Kondensator. Dadurch besteht jede Lage nur aus einer Windung; die Lagenspannung ist gleich der Windungsspannung. Außerdem treten im Betrieb keine Kräfte in Längsrichtung auf.

Bei der **Röhrenwicklung** sind Flachdrähte aus Kupfer oder aus Aluminium in einer Lage oder in mehreren Lagen über die ganze Länge gewickelt. Die Röhrenwicklung wird z. B. für die Unterspannungswicklung von Transformatoren verwendet, wenn dort die Windungszahl klein und der Strom groß ist.

Drehstromtransformatoren großer Leistung haben meist einen Ölkessel, in dem Kern und Wicklung untergebracht sind. Das Öl führt die Wärme besser ab als Luft, es isoliert besser und verhindert Feuchtigkeitszutritt.

Die Oberfläche des Ölkessels ist besonders groß, damit das Öl gekühlt wird. Man unterscheidet Wellblechkessel **(Bild 216/2)**, Harfenrohrkessel und Radiatorenkessel. Zur verstärkten Kühlung werden die Kessel durch Lüfter angeblasen. Bei großen Transformatoren (30 MVA und mehr) wird das warme Öl durch getrennte Kühler mit Luft- oder Wasserkühlung gepumpt und wieder dem Transformator zugeleitet.

Transformatorenöl dehnt sich bei Erwärmung aus. Es darf im warmen Zustand nicht mit Luftsauerstoff in Berührung kommen, weil es sonst verharzt. Deshalb ist oberhalb des Kessels ein Ölausdehnungsgefäß angebracht. Das Gefäß ist nur teilweise mit Öl gefüllt. Das Innere steht über eine Entlüftungsöffnung mit der Außenluft in Verbindung. Zur Verhinderung von Feuchtigkeitszutritt kann die Verbindung zur Außenluft über einen Luftentfeuchter hergestellt sein, der mit einem Trockenmittel gefüllt ist. Es gibt auch Transformatoren mit elastischem Wellblechkessel, der sich ähnlich einer Ziehharmonika ausdehnen kann. Bei ihnen ist kein Ölausdehnungsgefäß vorhanden.

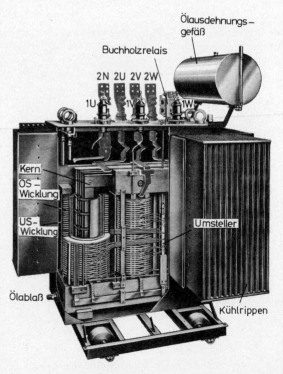

Bild 216/2: Drehstromtransformator 250 kVA

In die Ölleitung zwischen Transformator und Ausdehnungsgefäß ist oft das Buchholz-Relais eingebaut (**Bild 217/1**). Bei einem Fehler im Transformator entstehen entweder gasförmige Zersetzungsprodukte des Öles (z. B. bei einem Windungsschluß) oder es entsteht ein Überdruck (z. B. bei Kurzschluß). Durch einen Schwimmer und einen Stauschieber wird je nach Stärke des Fehlers ein Warnsignal gegeben oder der Transformatorschalter betätigt. Auch das Auslaufen von Öl wird angezeigt.

Transformatoren mit Ölkessel können zur Verringerung der Brandgefahr mit Askarel (chlorhaltiger Kohlenwasserstoff) gefüllt werden, welches kaum brennbar ist. Jedoch ist Askarel giftig. Zur Aufstellung in Häusern verwendet man deshalb oft Trockentransformatoren ohne Ölfüllung oder Askarelfüllung.

Gießharztransformatoren sind Transformatoren ohne Ölfüllung. Bei ihnen sind die Wicklungen in Gießharz fest eingebettet (**Bild 217/2**). Sie können auch dort verwendet werden, wo aus Sicherheitsgründen Öltransformatoren nicht zulässig sind, z. B. innerhalb von Werkhallen oder sonstigen Arbeitsstätten.

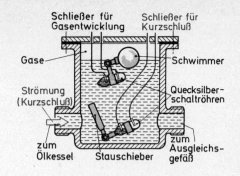

Bild 217/1: Buchholz-Relais

Wiederholungsfragen

1. **Welche Kernform wird bei einem Drehstromtransformator meist verwendet?**
2. **Wie erreicht man in den runden Spulen einen möglichst großen Eisenquerschnitt?**
3. **Nennen Sie drei Wicklungsarten bei Drehstromtransformatoren und ihre Anwendung!**
4. **Zählen Sie verschiedene Ölkesselformen auf!**
5. **Welche Aufgaben hat das Buchholz-Relais?**
6. **Welche Vorteile bieten Gießharztransformatoren?**

11.2.3 Schaltungen von Drehstromtransformatoren

Die Oberspannungswicklung wird in Y oder in D geschaltet. In Y ist die Windungszahl je Strang kleiner als in D, der Leiterquerschnitt jedoch größer als in D. Bei kleineren Transformatoren (bis 500 kVA) sowie bei Transformatoren für sehr hohe Spannungen bevorzugt man die Sternschaltung.

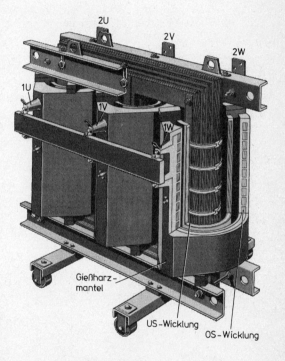

Bild 217/2: Gießharztransformator

Auch die Unterspannungswicklung kann in d oder y geschaltet sein. Wird ein Transformator mit Sternschaltungen der Oberspannungswicklung und der Unterspannungswicklung einphasig belastet, nimmt die Oberspannungswicklung auf dem belasteten Schenkel mehr Strom auf (**Bild 218/1**). Dieser Strom fließt in solchen Strängen der Oberspannungswicklung zurück, die auf nicht belasteten Schenkeln liegen. In diesen Schenkeln steigt deswegen die magnetische Flußdichte stark, und die Streuung nimmt zu. Damit steigt die Ausgangsspannung in den unbelasteten Strängen an und fällt im belasteten Strang ab.

Ist die Oberspannungswicklung in Dreieck geschaltet und die Unterspannungswicklung in Stern, so ist einphasige Belastung möglich, da oberspannungsseitig der Strom nur im Strang auf dem belasteten Schenkel fließt (Bild 218/1).

Bei Drehstromtransformatoren ist ungleichmäßige Belastung nur möglich, wenn die Durchflutungen der Eingangswicklung auf jedem Schenkel so groß wie die der Ausgangswicklung ist.

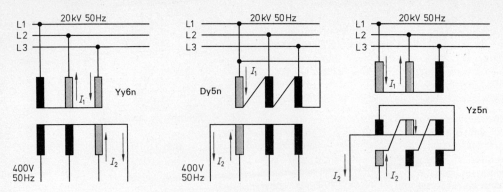

Bild 218/1: Ströme bei einphasiger Last bei verschiedenen Schaltgruppen

Einphasige Belastung bei einem auf der Oberspannungsseite in Stern geschalteten Transformator ist möglich, wenn jeder Strang der Unterspannungswicklung gleichmäßig auf zwei Schenkel verteilt ist (Bild 218/1). Das Zeigerbild der Unterspannungen ist zickzackförmig. Man nennt die Schaltung *Zickzackschaltung* (z).

Die Schaltungen Stern, Dreieck und Zickzack sind jeweils in zwei verschiedenen Arten möglich (Bild 214/2). Die Kombination aus je zweien dieser Schaltungen, z. B. Dy, bezeichnet man als *Schaltgruppe*. Die zwischen Oberspannung und Unterspannung auftretende Phasenverschiebung wird durch eine Kennzahl angegeben (Bild 215/1). Von den möglichen zahlreichen Kombinationen wird nur eine kleinere Zahl wirklich ausgeführt. Davon werden vier Schaltgruppen bevorzugt **(Tabelle 218/1)**. Die Schaltgruppe ist auf dem Leistungsschild des Transformators angegeben **(Bild 219/1)**.

Tabelle 218/1: Gebräuchliche Schaltgruppen für Drehstrom-Leistungstransformatoren

Bezeichnung Kennzahl	Schaltgruppe	Zeigerbild OS	Schaltungsbild (bei gleichem Wickelsinn der Spulen) OS	US	Zeigerbild US	Übersetzung $U_1 : U_2$	Schaltzeichen
0	Yy 0					$\dfrac{N_1}{N_2}$	
5	Dy 5					$\dfrac{N_1}{\sqrt{3} \cdot N_2}$	
	Yd 5					$\dfrac{\sqrt{3} \cdot N_1}{N_2}$	
	Yz 5					$\dfrac{2 N_1}{\sqrt{3} \cdot N_2}$	

11.3 Parallelschalten von Transformatoren

Genügt die Leistung eines Transformators nicht, so können mehrere Transformatoren parallel geschaltet werden. Dazu müssen die Augenblickswerte der Spannungen gleich sein, und die Transformatoren müssen bei Belastung die Spannungen im gleichen Ausmaß ändern.

Beim Parallelschalten von Transformatoren müssen jeweils die Nennspannungen, die Phasenverschiebungswinkel zwischen Unterspannung und Oberspannung und die Kurzschlußspannungen gleich sein.

Die Nennleistungen der parallelzuschaltenden Transformatoren sollen sich nicht um mehr als das Dreifache unterscheiden. Die Kurzschlußspannung des kleineren Transformators darf nicht kleiner sein als die des größeren, sie darf aber bis zu 10% der Kurzschlußspannung größer sein.

Hersteller				
Typ		Nr.		Baujahr 1984 VDE 0532
Nennleistung kVA 160		Art LT	Frequenz Hz	50
I 20 800			Betrieb	S1
Nennspg. V II 20 000	400		Schaltgr.	Yz5n
III 19 200			Reihe	20
Nennstrom A 4,62	231		Isol.-Kl.	
Kurzschl.-Spg. % 4,1		Kurzschl.-Strom	kA	
Schutzart —		Kurzschl.-Dauer max. s	18	
Kühlungsart S				
Ges.-Gew. t 1,0	Öl-Gew. t 0,27			

Bild 219/1: Leistungsschild eines Drehstromtransformators

Parallelschalten von Einphasentransformatoren

Haben Einphasentransformatoren gleiche Nennspannungen und gleiche Kurzschlußspannung, so kann man sie parallel schalten. Der Phasenwinkel zwischen Oberspannung und Unterspannung beträgt entweder 0° oder 180°. Wenn die Phasenlage der Unterspannungen nicht gleich ist, wird sie durch Vertauschen der Unterspannungsanschlüsse gleich gemacht. Eine Kontrolle ist durch einen Spannungsmesser möglich **(Bild 219/2)**. Zwischen den Klemmen, die auf der Ausgangsseite an denselben Leiter angeschlossen werden, darf keine Spannung bestehen.

Parallelschalten von Drehstromtransformatoren

Bei Drehstromtransformatoren müssen zum Parallelschalten die Nennspannungen, die Kurzschlußspannungen und die Kennzahl der Schaltgruppe gleich sein. Mit einem Spannungsprüfer oder einem Spannungsmesser wird geprüft, ob die Parallelschaltung richtig vorgenommen wurde **(Bild 219/3)**.

Lastverteilung im Parallelbetrieb

Haben die parallelgeschalteten Transformatoren genau die gleiche Kurzschlußspannung, so verteilt sich die Gesamtlast auf die Transformatoren im Verhältnis der Nennleistungen. Ist die Kurzschlußspannung verschieden, so ist der Transformator mit der kleineren Kurzschlußspannung stärker belastet, als dem Verhältnis der Nennleistungen entspricht (siehe Tabellenbuch Elektrotechnik).

Wiederholungsfragen

1. Welche Schaltgruppen erlauben eine einphasige Belastung des Drehstromtransformators?
2. Welche Schaltgruppen haben große Transformatoren im Niederspannungsnetz?
3. Welche Schaltgruppen haben kleine Transformatoren im Niederspannungsnetz?
4. Nennen Sie die 4 wichtigsten Schaltgruppen von Drehstromtransformatoren!
5. Unter welchen Bedingungen dürfen Einphasentransformatoren parallel geschaltet werden?
6. Unter welchen Bedingungen dürfen Drehstromtransformatoren parallel geschaltet werden?

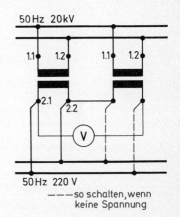

50 Hz 20 kV

1.1 1.2   1.1 1.2

2.1 2.2

V

50 Hz 220 V

——— so schalten, wenn keine Spannung

Bild 219/2: Kontrolle der Phasenlage mit einem Spannungsmesser

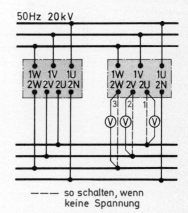

50 Hz 20 kV

1W 1V 1U
2W 2V 2U 2N

1W 1V 1U
2W 2V 2U 2N

3 2 1

V V V

——— so schalten, wenn keine Spannung

Bild 219/3: Kontrolle der Phasenlage mit einem Spannungsmesser bei einem Drehstromtransformator

12 Elektrische Maschinen

12.1 Allgemeines

12.1.1 Bauformen

Den feststehenden Teil der Maschine nennt man *Ständer* (Stator), den umlaufenden Teil *Läufer* (Rotor). Man unterscheidet im Aufbau der Maschine Teile, die den elektrischen Strom leiten (Wicklungen), Teile, die den magnetischen Fluß leiten, und Konstruktionsteile.

Die Bauformen der elektrischen Maschinen sind genormt **(Tabelle 220/1)**. Sie haben als Kurzzeichen einen Buchstaben mit anschließender Ziffer, z. B. B3. Es gibt zahlreiche Bauformen für die verschiedenen Anwendungen (siehe Tabellenbuch Elektrotechnik).

12.1.2 Isolierstoffklassen

Bei allen elektrischen Maschinen werden die entstehenden Verluste in Wärme umgewandelt. Zu hohe Erwärmung zerstört die Isolation und macht dadurch die Maschine unbrauchbar.

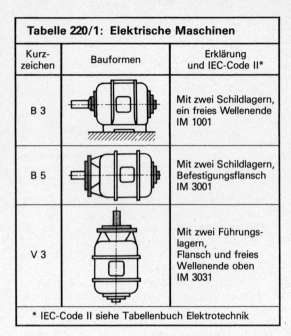

Tabelle 220/1: Elektrische Maschinen

Kurz-zeichen	Bauformen	Erklärung und IEC-Code II*
B 3		Mit zwei Schildlagern, ein freies Wellenende IM 1001
B 5		Mit zwei Schildlagern, Befestigungsflansch IM 3001
V 3		Mit zwei Führungslagern, Flansch und freies Wellenende oben IM 3031

* * IEC-Code II siehe Tabellenbuch Elektrotechnik

Die Temperatur in Wicklungen und anderen Maschinenteilen erhöht sich, bis ein Gleichgewicht zwischen Verlustwärme und abgeführter Wärme entsteht. Dabei darf wegen der Temperaturempfindlichkeit der Wicklungsisolation **(Tabelle 220/2)** die höchstzulässige Dauertemperatur nicht überschritten werden. Die *zulässige Temperaturzunahme* nennt man Grenzübertemperatur. Sie wird als Übertemperatur über einer Raumtemperatur von 40 °C angegeben. Nach den Regeln für elektrische Maschinen sind für eine maximale Umgebungstemperatur von 40 °C bei den meisten Wicklungen Grenzübertemperaturen von etwa 75 bis 100 K zugelassen. Glimmer, Asbest und Glaserzeugnisse, ebenso Silikone, dürfen z. T. eine Grenzübertemperatur von 150 K haben. Bei Gleit- und Wälzlagern liegt die Grenze bei etwa 45 bis 65 K.

Die Grenzübertemperatur ist die höchstzulässige Übertemperatur über 40 °C.

Tabelle 220/2: Isolierstoffklassen				Nach DIN 56 660 Teil 13	
Klasse	höchstzulässige Dauertemperatur	Grenzübertemperatur	Isolierstoffe (Beispiele)		Behandlung
B	135 °C	100 K	Kunstharzlacke, Glas, Polykarbonatfolien		ohne
E	125 °C	90 K	Hartpapier, Hartgewebe		ohne
			Preßspan mit Folie		getränkt
			Triacetatfolie		ohne
H	185 °C	150 K	Asbest, Glimmer, Silikone		getränkt
Weitere Isolierstoffklassen siehe Tabellenbuch Elektrotechnik					

12.1.3 Betriebsarten

Bei der Wahl des Elektromotors ist die Betriebsart von Bedeutung. So erwärmt sich z. B. ein Motor bei nur kurzfristiger Belastung weniger als bei andauernder Belastung und kann deshalb kleiner gewählt werden. Man unterscheidet nach VDE 0530 die Nennbetriebsarten S1 bis S8.

Bei **Dauerbetrieb** S1 ist die Betriebsdauer bei Nennleistung so lang, daß die Beharrungstemperatur erreicht wird. Diese Motoren sind für Dauerbetrieb geeignet, d. h. sie dürfen dauernd mit ihrer Nennlast belastet werden **(Bild 221/1a)**.

Bei **Kurzzeitbetrieb** S2 ist die Betriebsdauer im Vergleich zur nachfolgenden Pause so kurz, daß die Beharrungstemperatur nicht erreicht wird. In der anschließenden längeren Pause kühlt der Motor sich auf die Ausgangstemperatur ab (Bild 221/1b).

Beim **Aussetzbetrieb** S3, S4, S5 sind Betriebsdauer und Pausen kurz. Die Spielzeit beträgt normalerweise 10 min. Die Pause genügt nicht zum Abkühlen der Maschine auf Raumtemperatur (Bild 221/1c).

S3 liegt vor, wenn der Anlaufstrom für die Erwärmung unerheblich, S4 wenn er erheblich ist, S5 wenn der Bremsstrom die Maschine zusätzlich erwärmt.

Bei **Durchlaufbetrieb mit Aussetzbelastung** S6 kann sich der Motor in den Leerlaufpausen nicht abkühlen (Bild 221/1d).

Beim **ununterbrochenen Betrieb mit Anlauf und Bremsung** S7 gibt es praktisch keine Pausen. Die Maschine steht immer unter Spannung. Die Anzahl der auf dem Leistungsschild angegebenen Spiele je Stunde darf nicht überschritten werden.

Beim **ununterbrochenen Betrieb** S8 mit Polumschaltung läuft die Maschine ständig unter Last, jedoch mit häufig wechselnder Drehzahl.

12.1.4 Leistungsschild

Die wichtigsten Kennwerte einer Maschine sind auf ihrem Leistungsschild angegeben **(Bild 221/2)**. Dazu gehören die Angabe des Herstellers und die Typenbezeichnung sowie die Maschinenart. Nennspannung und Nennstrom sind ebenso angegeben wie die Nennleistung, welche für die angegebene Betriebsart gilt. Ist keine Betriebsart angegeben, so ist die Maschine für die Betriebsart S1 bemessen. Weiter ist auf dem Leistungsschild der Leistungsfaktor angegeben, die Nenndrehzahl und die Frequenz der Anschlußspannung. Schließlich sind die Isolationsklasse und die Schutzklasse (Seite 273) angegeben, bei größeren Maschinen auch die Masse. Bei deutschen Maschinen ist die Ausgabe der VDE-Bestimmung 0530 angeführt, nach welcher die Maschine gebaut und geprüft wurde.

Auf dem Leistungsschild einer Maschine sind die wichtigsten Angaben enthalten, die zur Verwendung und zur Beurteilung der Maschine erforderlich sind.

So kann man dem Leistungsschild Bild 221/2 entnehmen, daß der Motor in Dreieck zu schalten und an 380 V anzuschließen ist und daß der Wirkungsgrad des Motors bei Nennlast $\eta = P_{ab}/P_{zu} =$ = 90 kW/($\sqrt{3} \cdot 380$ V $\cdot 175$ A $\cdot 0,89$) $\approx 0,88$ beträgt.

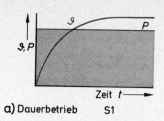

a) Dauerbetrieb   S1

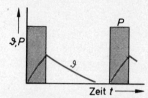

b) Kurzzeitbetrieb   S2

c) Aussetzbetrieb   S3, S4, S5

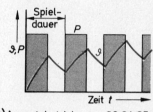

d) Durchlaufbetrieb
mit Aussetzbelastung   S6

P Leistung
ϑ Maschinentemperatur
t Betriebsdauer

Bild 221/1: Betriebsarten

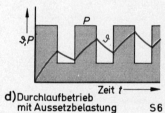

Hersteller		
Typ AD 60		
D-Motor	Nr 2080	
△ 380	V	175 A
90 kW S3	cos φ 0,89	
1460	/min	50 Hz
Isol.-Kl. B	IP 44	0,6 t
VDE 0530/11.72		

**Bild 221/2: Leistungsschild
eines Drehstrommotors**

12.1.5 Grundgleichungen der elektrischen Maschinen

Drehmomentgleichung

In elektrischen Maschinen (Motoren und Generatoren) entsteht das Drehmoment $M = F \cdot r$ (Seite 427) aus der Kraft des stromdurchflossenen Leiters im Magnetfeld $F = B \cdot I \cdot l$ (Seite 103), der Leiterzahl z und dem Halbmesser r **(Bild 222/1)**. Allerdings liegt nur ein Teil der Leiter im vollen Magnetfeld. Deshalb ist zusätzlich mit dem Polbedeckungsverhältnis α malzunehmen ($\alpha < 1$).

$$M = B \cdot I \cdot l \cdot z \cdot r \cdot \alpha$$

Aus der Gleichung ist zu erkennen, daß das Drehmoment einer Maschine abhängig ist vom Läuferstrom, dem magnetischen Fluß und Abmessungen der Maschine.

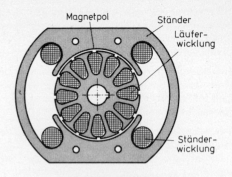

Bild 222/1:
Aufbau eines Gleichstrommotors

M	Drehmoment
C_m	Maschinenkonstante
I	Läuferstrom
Φ	magnetischer Fluß aller Pole

$$\boxed{M = C_m \cdot I \cdot \Phi}$$

Beispiel: Ein Gleichstrommotor entwickelt ein Drehmoment von 10 Nm unter Nennbedingungen. Durch verbesserte Kühlung kann der Läuferstrom auf das 1,2fache gesteigert werden, der Polfluß auf das 1,5fache. Wie groß ist unter diesen Bedingungen das Drehmoment?

Lösung: $M_{neu} = C_m \cdot I_{alt} \cdot 1{,}2 \cdot \Phi_{alt} \cdot 1{,}5 =$
$= 1{,}5 \cdot 1{,}2 \cdot M_{alt} = 1{,}8 \cdot 10 \text{ Nm} = \textbf{18 Nm}$

Das Drehmoment einer elektrischen Maschine steigt mit dem magnetischen Fluß und dem Läuferstrom der Maschine. Es ist von Art und Abmessung der Maschine abhängig.

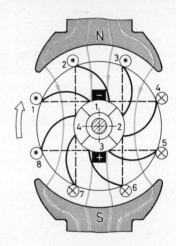

Bild 222/2:
Wirkungsweise eines Gleichstrommotors

Spannungsgleichung

Bei den elektrischen Maschinen wird im Betrieb durch Induktion Spannung erzeugt, weil die Leiter das magnetische Feld schneiden **(Bild 222/2)**. Diese Spannungserzeugung tritt nicht nur bei den Generatoren auf, sondern auch bei den Motoren. Die induzierte Spannung U_i hängt von der in einem Leiter induzierten Spannung $U_i = B \cdot l \cdot v$ (Seite 107), der Leiterzahl z und dem Polbedeckungsverhältnis α ab ($\alpha < 1$).

$$U_i = B \cdot l \cdot v \cdot z \cdot \alpha = B \cdot l \cdot 2\pi \cdot n \cdot r \cdot z \cdot \alpha$$

Aus der Gleichung ist zu erkennen, daß die induzierte Spannung abhängig ist vom magnetischen Fluß der Maschine, ihrer Drehzahl und den Abmessungen der Maschine, die man zu einer Maschinenkonstanten zusammenfaßt.

U_i	induzierte Spannung
C_u	Maschinenkonstante
Φ	magnetischer Fluß aller Pole
n	Drehzahl (Umdrehungsfrequenz)

$$\boxed{U_i = C_u \cdot n \cdot \Phi}$$

Die für das Drehmoment maßgebende Maschinenkonstante C_m ist von der für die Induktion maßgebenden Maschinenkonstanten C_u verschieden.

Die induzierte Spannung einer elektrischen Maschine steigt mit der Drehzahl und dem magnetischen Fluß. Sie ist von Art und Abmessung der Maschine abhängig.

12.2 Drehstrommaschinen ohne Stromwender

In Generatoren und Motoren für Drehstrom treten magnetische Drehfelder auf. Hat der Läufer die gleiche Drehzahl wie das Ständerdrehfeld, bezeichnet man die Maschine als *Synchronmaschine**. Hat der Läufer eine kleinere oder größere Drehzahl als das Drehfeld, bezeichnet man die Maschine als *Asynchronmaschine***.

12.2.1 Erzeugung des Drehfeldes

Wird ein Magnet (Elektro- oder Dauermagnet) so gedreht, daß seine Pole eine Kreisbahn beschreiben, so entsteht ein magnetisches Drehfeld. Auf diese Weise wird meist das Drehfeld in Generatoren erzeugt. Mit Drehstrom kann man Drehfelder auch ohne mechanische Bewegung erzeugen.

Drei um 120° versetzte und von Dreiphasenwechselstrom durchflossene Spulen erzeugen ein Drehfeld (Bild 192/1). Bei der technischen Ausführung liegen die Spulen verteilt über den Umfang des Ständerblechpakets in Nuten **(Bild 223/1)**. Die Pole bilden sich erst, wenn durch die Wicklung Strom fließt. Da die Ströme in den drei Strängen der Drehstromwicklung um 120° gegeneinander phasenverschoben sind, entsteht ein magnetisches Drehfeld **(Bild 223/2)**.

Bild 223/1: Drehstromwicklung (4polig)

Ein Drehfeld wird erzeugt, wenn ein Magnet gedreht wird oder wenn Drehstrom durch eine Drehstromwicklung fließt.

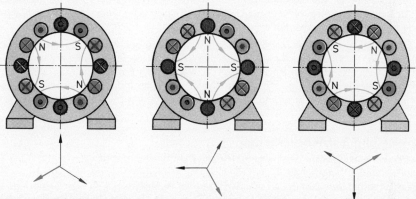

Bild 223/2: Lage des Magnetfeldes bei einer Drehstromwicklung zu drei verschiedenen Zeitpunkten

Die Drehzahl des Drehfeldes (synchrone Drehzahl der Maschine) hängt nur von der Frequenz und der Zahl der Pole ab. Da magnetische Pole immer paarweise auftreten, rechnet man mit der *Polpaarzahl*.

n_s	Drehfelddrehzahl (Drehfeld-Umdrehungsfrequenz)
f	Frequenz
p	Polpaarzahl

$$n_s = \frac{f}{p}$$

Maschinen, in denen ein magnetisches Drehfeld wirksam ist, nennt man Drehfeldmaschinen. Bei ihnen wird der feststehende Ständer vom Drehfeld ständig ummagnetisiert. Er enthält deshalb als magnetisches Material ein Blechpaket mit Nuten für die Ständerwicklung.

Der Läufer von Drehfeldmaschinen muß dieselbe Polzahl wie der Ständer haben, da sonst beim Generator die induzierten Spannungen sich gegenseitig aufheben oder beim Motor die Drehmomente gegeneinander gerichtet sind.

---

* synchron (griech.) = gleichzeitig
** asynchron = nicht gleichzeitig

12.2.2 Synchrongenerator

Der **Läufer** ist bei Maschinen mit niedriger Drehzahl stehend (senkrecht) oder liegend (waagrecht), bei Maschinen mit hoher Drehzahl aber immer liegend angeordnet. Der Läufer trägt die *Erregerwicklung*. Durch die Erregerwicklung fließt Gleichstrom. Er wird von außen über zwei Schleifringe zugeführt. Der magnetische Läuferwerkstoff ist Stahl.

Läufer für kleinere Drehzahlen besitzen ausgeprägte Pole mit massiven oder mit geblechten Polkernen. Einen derartigen Läufer bezeichnet man auch als *Polrad* **(Bild 224/1)**. Läufer für höchste Drehzahlen (z. B. 3000 je min) werden als Vollpolläufer gebaut **(Bild 224/2)**.

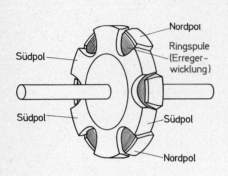

Bild 224/1: Klauenpolläufer einer langsamlaufenden Synchronmaschine

Bild 224/2: Synchrongenerator mit Vollpolläufer für 3000 ^{1}/min

Bei kleinen Synchronmaschinen, z. B. Drehstrom-Lichtmaschinen im Kraftfahrzeug, verwendet man Klauenpolläufer (Bild 224/1). Bei diesen wird durch zwei gegeneinander versetzte Hälften des Klauenpolrads erreicht, daß durch eine einzige Ringspule mit einem Polpaar am Umfang des Läufers viele nebeneinander liegende Polpaare erzeugt werden.

Oft trägt die Läuferwelle noch den Anker eines Gleichstromgenerators. Dieser *Erregergenerator* liefert den Erregerstrom für die Synchronmaschine. Synchronmaschinen ohne Erregergenerator beziehen den Erregerstrom über Gleichrichter vom Netz, oder sie verwenden als Erregerspannung die vom Synchrongenerator selbst erzeugte Spannung. Für diesen Zweck muß die induzierte Wechselspannung gleichgerichtet werden. Zu Anfang der Erregung ist die Wechselspannung nur vom Restmagnetismus hervorgerufen.

Wirkungsweise und Betriebsverhalten

Der Läufer wird von einer Kraftmaschine angetrieben. Der Gleichstrom der Erregerwicklung erzeugt ein zum Läufer stillstehendes Magnetfeld. Durch die Drehung des Läufers entsteht aber für den Ständer ein Drehfeld. Dieses Drehfeld induziert in den drei Strängen der Ständerwicklung drei Spannungen, zwischen denen Phasenverschiebungswinkel von 120° bestehen. Dem Ständer kann Drehstrom entnommen werden.

Die induzierte Spannung des Synchrongenerators hängt vom Erregerstrom und von der Drehzahl ab. Von der Drehzahl hängt aber auch die Frequenz ab, die meist vorgeschrieben ist. Deswegen wird die Spannung mit dem Erregerstrom eingestellt. Mit zunehmendem Erregerstrom tritt Sättigung ein, und die Leerlaufkennlinie wird flach **(Bild 224/3)**.

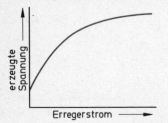

Bild 224/3: Induzierte Spannung eines Synchrongenerators bei konstanter Drehzahl

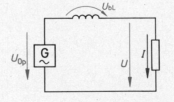
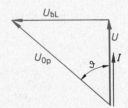

Bild 224/4: Synchrongenerator, vereinfachte Ersatzschaltung und Zeigerbild

Wird der Synchrongenerator durch angeschlossene Verbraucher belastet, fließt auch in der Ständerwicklung Strom. Dieser Strom erzeugt dort durch Selbstinduktion einen Spannungsabfall. Wenn man vom Wirkwiderstand der Wicklung absieht, verhält sich ein belasteter Synchrongenerator wie ein belastungsunabhängiger Generator, mit dem in Reihe eine Induktivität geschaltet ist **(Bild 224/4)**.

Am Netz gibt der Synchrongenerator um so mehr Leistung ab, je stärker er angetrieben wird. An einem starren Netz, d.h. an einem Netz mit festliegender Frequenz, behält das Polrad bei größerer Belastung seine Drehzahl, eilt aber dem Drehfeld um einen größeren Lastwinkel vor **(Bild 225/1)**.

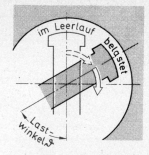

Bild 225/1: Lastwinkel beim Synchrongenerator

Steigert man beim Synchrongenerator die Erregung über die für den Leerlauf erforderliche Erregung, so nimmt die Spannung U_{0p} zu. Die Spannung U_{bL} ändert sich dann ebenfalls, da die Differenz von U_{0p} und U_{bL} weiter gleich U sein muß. Da der Strom I senkrecht zu U_{bL} ist, ändert auch dieser seine Lage. Es wird jetzt ein Strom *geliefert*, welcher der Spannung nacheilt **(Bild 225/2)**. Es wird also induktive Blindleistung geliefert. Diese Blindleistung kann die Blindleistung induktiver Verbraucher im Netz decken. Zu geringe Erregung von Synchrongeneratoren führt dagegen zur Aufnahme von induktiver Blindleistung.

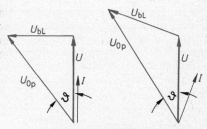

Bild 225/2: Zeigerbild von normal erregtem und übererregtem Synchrongenerator

Synchrongeneratoren am Netz wirken bei Übererregung wie Kondensatoren, bei Untererregung wie Induktivitäten.

Parallelschalten von Synchrongeneratoren

Ein Synchrongenerator kann zu anderen Synchrongeneratoren, z.B. zu einem Netz, parallel geschaltet werden, wenn die Augenblickswerte der Spannungen zwischen den Klemmen bei beiden parallel zu schaltenden Generatoren dauernd gleich sind. Deshalb sind gleiche *Phasenfolge, gleiche Phasenlage, gleiche Frequenz* und *gleicher Effektivwert der Spannung* erforderlich.

Die gleiche Phasenfolge bestimmt man meist nur einmal bei der ersten Inbetriebnahme mit einem Drehfeldanzeiger. Die übrigen Bedingungen prüft man vor jedem Parallelschalten mit einer Synchronisiereinrichtung. Spannungsgleichheit und Frequenzgleichheit werden dabei z.B. durch Spannungsmesser und Frequenzmesser angezeigt. Die Phasengleichheit kann durch drei Glühlampen angezeigt werden. Meist werden heute in Kraftwerken Synchrongeneratoren durch selbsttätige Synchronisiereinrichtungen parallel geschaltet.

Ein Generator kann bei gleicher Phasenfolge auch über dazwischengeschaltete Drosseln ohne Kontrolle der Phasengleichheit zu einem Netz parallel geschaltet werden, wenn Spannungen und Frequenzen ungefähr gleich sind.

Wiederholungsfragen

1. Wie nennt man den umlaufenden Teil einer elektrischen Maschine?

2. Was versteht man unter der Grenzübertemperatur?

3. Nennen Sie drei Isolierstoffklassen und geben Sie deren höchstzulässige Dauertemperatur an!

4. Welche Betriebsarten von Elektromotoren werden unterschieden?

5. Begründen Sie die Bedeutung des Leistungsschildes einer elektrischen Maschine!

6. Wovon hängt das Drehmoment einer elektrischen Maschine ab?

7. Welche beiden Möglichkeiten gibt es zur Erzeugung eines Drehfeldes?

8. Von welchen Größen hängt die Drehzahl des Drehfeldes einer Drehstromwicklung ab?

9. Warum muß der Läufer eines Drehfeldmotors dieselbe Polzahl wie der Ständer haben?

10. Wie wirken übererregte und wie wirken untererregte Synchrongeneratoren?

11. Welche Voraussetzungen müssen erfüllt sein, damit man Synchrongeneratoren parallel schalten kann?

12.2.3 Synchronmotor

Synchronmotoren für Drehstrom sind wie die Synchrongeneratoren aufgebaut.

Wirkungsweise

Der vom Netz gelieferte Drehstrom erzeugt im Ständer ein magnetisches Drehfeld. Die Pole des Drehfeldes wirken auf die Pole des Läufers. Das rasch an den Polen des Läufers vorbeieilende Drehfeld erteilt den Polen Kräfte im Drehsinn des Drehfeldes und kurz darauf entgegengesetzt dazu.

Wenn sich der Läufer etwa so schnell dreht wie das Drehfeld, wird er vom Drehfeld mitgezogen und läuft dann mit der Drehzahl des Drehfeldes weiter (**Bild 226/1**).

Synchronmotoren benötigen zum Anlauf besondere Anlaßhilfen.

Hat der Läufer eine zusätzliche Kurzschlußwicklung (Seite 231), so kann der Synchronmotor als Asynchronmotor anlaufen. Nach Einschalten des Erregerstromes läuft er dann als Synchronmotor weiter. Während des asynchronen Anlaufes muß die Erregerwicklung über einen Widerstand geschlossen sein, damit die in ihr induzierte Spannung nicht die Wicklungsisolierung durchschlägt. Im Betrieb verhindert die Kurzschlußwicklung bei Belastungsstößen das Pendeln des Läufers. Man nennt sie deshalb *Dämpferwicklung*.

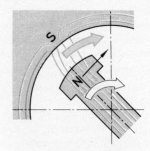

Bild 226/1: Kraftwirkung des Drehfeldes auf den sich drehenden Läufer

Betriebsverhalten

Nach dem Anlaufen dreht sich der Synchronmotor mit der Drehzahl des Drehfeldes. Wird er belastet, so nimmt der Abstand der Pole des Polrades von den Polen des Drehfeldes zu. Das Polrad bleibt um den Lastwinkel ϑ hinter dem Drehfeld und damit hinter der Leerlaufstellung des Polrades zurück (**Bild 226/2**).

Das Drehmoment ist zunächst um so größer, je größer der Lastwinkel ist. In der Mitte zwischen zwei Polen des Ständers erfährt das Polrad die größte Kraft, da der in Drehrichtung voreilende Pol das Polrad zieht, der nacheilende Pol aber schiebt. Bei einer zweipoligen Maschine ist dabei der Lastwinkel 90°. Bei Vergrößerung des Lastwinkels läßt die Kraft des voreilenden Poles auf das Polrad stark nach. Das größte Drehmoment (Kippmoment) wird also zwischen zwei Polen entwickelt (**Bild 226/3**).

Das Kippmoment tritt bei einem Lastwinkel von 90° auf.

Synchronmotoren haben meist ein Kippmoment, welches doppelt so groß ist wie das Nennmoment. Werden sie stärker belastet, fallen sie außer Tritt und laufen auch bei Entlastung nicht selbst hoch. Gegen Spannungsabsenkungen sind Synchronmotoren weniger empfindlich als Asynchronmotoren. Die magnetische Flußdichte des Drehfeldes und das Drehmoment nehmen im gleichen Verhältnis wie die Spannung ab (Bild 226/3).

Übererregung von Synchronmotoren führt wie bei den Synchrongeneratoren zur Lieferung von induktiver Blindleistung. Deswegen läßt man sogar große Synchronmotoren übererregt aber unbelastet laufen, um Blindleistung zu liefern. Derartige Motoren nennt man auch *Phasenschiebermaschinen*.

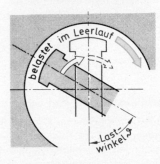

Bild 226/2: Lastwinkel beim Synchronmotor

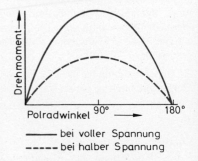

—— bei voller Spannung
- - - - bei halber Spannung

Bild 226/3: Drehmoment in Abhängigkeit vom Lastwinkel (Polradwinkel)

Drehstrom-Synchronmotoren mit Gleichstromerregung verwendet man z.B. zum Antrieb großer Verdichter für Hochöfen und zum Antrieb großer Pumpen in Pumpspeicherkraftwerken (Seite 394). Drehstrom-Synchronmotoren ohne Gleichstromerregung haben einen Dauermagnet-Läufer oder sind Reluktanzmotoren (Seite 236) und werden z.B. für Textilmaschinen verwendet. Synchronmotoren für Einphasenwechselstrom arbeiten ohne Gleichstromerregung und werden z.B. für elektrische Uhren (Synchronuhren) und hochwertige Plattenspieler verwendet (Seite 245).

12.2.4 Asynchronmotoren

Die wichtigsten Drehstrommotoren sind die Asynchronmotoren. Der Ständer des Asynchronmotors gleicht dem Ständer der Synchronmaschine. Die verschiedenen Arten der Asynchronmotoren unterscheiden sich durch verschiedene Läufer.

12.2.4.1 Schleifringläufermotor

Aufbau

Der Ständer besteht aus Gehäuse, Ständerblechpaket und Ständerwicklung. Der Läufer ist im Ständer gelagert (**Bild 227/1**).

Die Läuferwelle trägt das Blechpaket und die Schleifringe. In den Nuten des Läuferblechpaketes ist die Läuferwicklung untergebracht. Fast immer hat die Läuferwicklung drei Stränge (Dreiphasenwicklung), welche meist in Stern, selten in Dreieck geschaltet sind. Die Schaltung erfolgt innerhalb der Wicklung. Die Läuferwicklung ist an drei Schleifringe angeschlossen. Die Verbindung zu den Schleifringen wird durch drei Kohlebürsten hergestellt. Die Anschlußbezeichnung der dreisträngigen Läuferwicklung ist K, L, M.

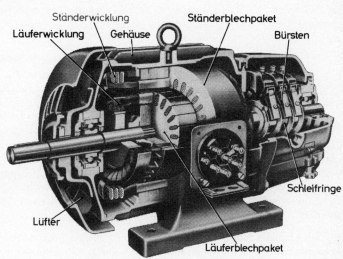

Bild 227/1: Schleifringläufermotor

Wirkungsweise

Versuch 227/1: Schließen Sie an zwei Schleifringe (z. B. K und L) eines Schleifringläufers einen Spannungsmesser an! Schließen Sie den Ständer des Motors an das Netz an! Schalten Sie den Ständer ein!

Der Läufer dreht sich nicht, aber zwischen den Schleifringen tritt Spannung auf.

Im Stillstand wirken Ständer und Läufer zusammen wie ein Transformator. Das Ständerdrehfeld induziert in der Läuferwicklung Spannung. Die im Stillstand des Läufers gemessene Spannung wird als *Läuferstillstandsspannung* bezeichnet. Diese Spannung ist zusätzlich zur Ständerspannung auf dem Leistungsschild angegeben (**Bild 227/2**).

Versuch 227/2: Verbinden Sie zwei Schleifringe (z. B. K und L) mit einem Strommesser, und schließen Sie den dritten Schleifring (z. B. M) mit einem anderen Schleifring kurz! Schließen Sie den Ständer des Motors an das Netz an! Schalten Sie den Ständer ein!

Der Zeiger des Strommessers schlägt aus, und der Läufer dreht sich.

Die im Läufer induzierte Spannung ruft bei kurzgeschlossenen Läuferklemmen in den Strängen des Läufers Ströme hervor. Das Ständerdrehfeld ergibt mit dem Läuferstrom ein Drehmoment. Motoren dieser Wirkungsweise nennt man *Induktionsmotoren*.

Beim Induktionsmotor kommt der Läuferstrom durch Induktion zustande.

Versuch 227/3: Verbinden Sie K mit L über einen Widerstand von etwa 10 Ω, und schließen Sie zwischen L und M eine Spule mit Eisenkern (300 Windungen) an! Schließen Sie den Ständer an etwa 70% seiner Nennspannung an, z. B. an einen Stelltransformator! Halten Sie den Läufer fest, und schalten Sie ein! Drehen Sie den Läufer von Hand an, und achten Sie auf den Brummton der Spule!

Je schneller sich der Läufer dreht, desto tiefer wird der Brummton der Spule.

Hersteller		
Typ DA 80		
D-Motor	Nr	7660
△ 380	V	187 A
100 kW	S3	cos φ 0,89
1460	/ min	50 Hz
Läufer Y	245V	248 A
Isol.-Kl. B	IP 44	1,1 t
VDE 0530 / 11.72		

Bild 227/2: Leistungsschild eines Schleifringläufermotors

In den Läufersträngen fließt Wechselstrom. Im Stillstand des Läufers ist die Frequenz des Läuferstromes gleich der Frequenz des angeschlossenen Netzes, z. B. 50 Hz. Nach der Lenzschen Regel ist der Läuferstrom so gerichtet, daß er seine Ursache aufzuheben sucht. Der Läuferstrom fließt also so, daß sich der Läufer in der gleichen Richtung wie das Ständerdrehfeld dreht. Der magnetische Fluß des Ständerdrehfelds schneidet die Läuferwicklung bei zunehmender Drehzahl des Läufers immer langsamer.

Bei zunehmender Läuferdrehzahl des Induktionsmotors nehmen Höhe und Frequenz der induzierten Läuferspannung ab.

f_L Läuferfrequenz
f Ständerfrequenz
n_L Läuferdrehzahl
n_s Drehfelddrehzahl

$$f_L = f - \frac{f \cdot n_L}{n_s}$$

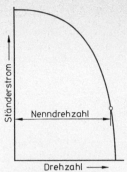

Bild 228/1:
Stromaufnahme
bei kurzgeschlossenen
Schleifringen

Ein Schleifringläufermotor mit kurzgeschlossener Läuferwicklung hat einen großen Einschaltstrom, weil die Läuferstillstandspannung einen großen Läuferstrom hervorruft **(Bild 228/1)**. Deshalb vergrößert man den Widerstand im Läuferstromkreis durch einen Anlasser **(Bild 228/2)**. Dann ist der Einschaltstrom kleiner, und der Motor läuft weich an. Mit wachsender Drehzahl verkleinert man die Anlaßwiderstände, da die induzierte Spannung abnimmt.

In der Läuferwicklung fließen drei Wechselströme, die gegeneinander Phasenverschiebungen haben. Im Läufer fließt also Drehstrom. Dieser erzeugt ein Läuferdrehfeld.

Die Frequenz des Läuferstromes verringert sich im gleichen Verhältnis, wie sich die Läuferdrehzahl erhöht. Daher drehen sich Läuferdrehfeld und Ständerdrehfeld gleich schnell **(Bild 228/3)**. Ein Asynchronmotor kann deshalb nicht außer Tritt fallen. Die Drehzahl des Läufers bleibt immer etwas unter der Drehfelddrehzahl, da im Läufer sonst keine Spannung induziert wird. Der Motor läuft *asynchron*.

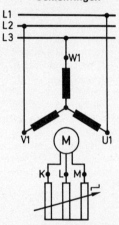

Bild 228/2:
Schleifringläufermotor
mit Anlasser

Beim Asynchronmotor erzeugt der Strom in der Ständerwicklung ein magnetisches Drehfeld. Dieses induziert in den Strängen der Läuferwicklungen Wechselspannungen. Sind die Stränge kurzgeschlossen, so fließen in ihnen Wechselströme, die ein Läuferdrehfeld erzeugen. Ständer- und Läuferdrehfeld bewirken zusammen die Drehung des Motors.

Die gleiche Wirkungsweise haben auch *Außenläufer-Motoren*, bei denen der Ständer innen liegt, während der Läufer außen ist. Außenläufermotoren werden z. B. als Antriebsmotoren für Bandförderer verwendet und in Bremsprüfanlagen für Kraftfahrzeuge.

Bei *läufergespeisten Motoren* ist der innenliegende Läufer über die Schleifringe ans Netz angeschlossen. Die Ständerwicklung ist kurzgeschlossen. Der aus dem Netz stammende Läuferstrom erzeugt ein Läuferdrehfeld. Dieses Feld ruft in der Ständerwicklung Strom hervor und damit ein Ständerdrehfeld. Nach der Lenzschen Regel dreht sich aber der Läufer *gegen* sein eigenes Drehfeld.

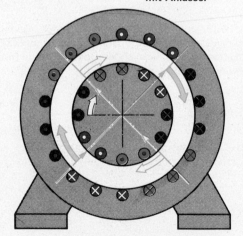

- - - - ▷ magnetische Achse Ständerfeld
- - - - ▷ magnetische Achse Läuferfeld
⟹ Drehrichtung des Ständerdrehfeldes
⟹ Drehrichtung des Läuferdrehfeldes

Bild 228/3: Zusammenwirken von
Ständer- und Läuferdrehfeld

Betriebsverhalten

Versuch 229/1: Verbinden Sie die Läuferklemmen K, L, M eines Schleifringläufermotors, und schließen Sie den Ständer an einen Stelltransformator über einen Strommesser an! Schalten Sie ein, und erhöhen Sie allmählich die Spannung! Beobachten Sie die Stromaufnahme!

Der Läufer dreht sich erst, wenn eine bestimmte Stromaufnahme erreicht ist.

Das Drehmoment eines Asynchronmotors hängt vom magnetischen Fluß des Ständerdrehfeldes und dem des Läuferdrehfeldes ab, damit aber von der Stromaufnahme des Motors. Sind die Schleifringe kurzgeschlossen, enthält der Läuferstromkreis hauptsächlich den Blindwiderstand der Läuferwicklung. Dieser Widerstand ruft zwischen der induzierten Spannung im Läufer und dem Läuferstrom eine Phasenverschiebung hervor. Dadurch verschiebt sich das Läuferdrehfeld so, daß seine Pole gerade unter den gleichnamigen Polen des Ständerdrehfeldes liegen. Es wird dann nur eine Kraft in Richtung auf die Welle ausgeübt. Infolge des Wirkwiderstandes der Wicklung ist die Phasenverschiebung zwischen Spannung und Strom etwas kleiner als 90°, so daß ein *kleines* Drehmoment entsteht.

Versuch 229/2: Verwenden Sie die Schaltung von Versuch 229/1! Verringern Sie die Spannung von Versuch 229/1, und drehen Sie den Läufer von Hand an!

Der Läufer dreht von allein mit zunehmender Drehzahl weiter.

Sobald der Läufer in Drehfeldrichtung gedreht wird, wird die Frequenz des Läuferstromes kleiner. Dadurch wird der Blindwiderstand der Läuferwicklung $X_L = 2 \cdot \pi \cdot f \cdot L$ ebenfalls kleiner, während der Wirkwiderstand gleich bleibt. Die Phasenverschiebung wird kleiner. Dadurch wird die ungünstige Lage der Läuferpole zu den Ständerpolen verbessert.

Je kleiner die Phasenverschiebung zwischen Strom und Spannung im Läufer ist, desto größer ist das Drehmoment.

Andererseits nehmen mit zunehmender Drehzahl die im Läufer induzierte Spannung, damit der Läuferstrom und das Drehmoment wieder ab. Wenn die Verkleinerung der Phasenverschiebung überwiegt, steigt das Drehmoment. Wenn die Verkleinerung der induzierten Spannung überwiegt, fällt das Drehmoment **(Bild 229/1).**

Das bei Stillstand entwickelte Drehmoment wird als *Anzugsmoment* bezeichnet, das höchste Drehmoment als *Kippmoment.* Das bei der Nenndrehzahl abgegebene Drehmoment ist das *Nennmoment.* Das Kippmoment muß mehr als das 1,6fache vom Nennmoment sein. Meist ist das Kippmoment aber größer. Bei manchen Motoren fällt das Drehmoment nach dem Anlaufen nochmals ab. Das nach dem Anlaufen auftretende kleinste Moment heißt *Sattelmoment* (Bild 229/1).

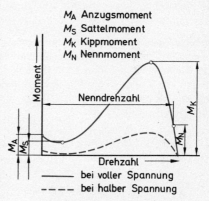

M_A Anzugsmoment
M_S Sattelmoment
M_K Kippmoment
M_N Nennmoment

— bei voller Spannung
--- bei halber Spannung

Bild 229/1: Drehmomentkennlinie eines kurzgeschlossenen Schleifringläufermotors

Versuch 229/3: Schließen Sie K, L, M an einen Läuferanlasser, und schließen Sie den Ständer an einen Stelltransformator über einen Strommesser an! Schalten Sie ein, und erhöhen Sie allmählich die Spannung! Beobachten Sie den Strommesser!

Der Läufer dreht sich schon bei einer geringen Stromaufnahme.

Schaltet man in den Läuferstromkreis den Läuferanlasser, so verringert der größere Widerstand im Läuferstromkreis die Phasenverschiebung, und das Drehmoment wird bei kleinerer Drehzahl größer. Andererseits verringert sich bei größeren Drehzahlen der Läuferstrom stärker. Die Kennlinie verläuft flacher **(Bild 230/1).** Schaltet man beim Anlaufen des Motors die einzelnen Widerstandsstufen nacheinander ab, so kann der Motor bei richtiger Einstellung des Läuferanlassers gegen ein großes Lastmoment sanft anlaufen (Bild 230/1).

Der Schleifringläufermotor hat trotz des kleinen Anzugstromes ein großes Anzugsmoment.

Beim Schleifringläufermotor fließt der Läuferstrom über Kohlebürsten. Durch die dauernde Reibung nützen sich Kohlebürsten und Schleifringe ab. Motoren über 20 kW haben deshalb manchmal *Bürstenabhebevorrichtungen*. Nach dem Hochlaufen werden die Schleifringe durch Stifte kurzgeschlossen und die Bürsten gleichzeitig abgehoben.

229

Nachteilig beim Anlasser sind die in ihm auftretenden Wärmeverluste. Drosseln sind aber als Anlaßwiderstände nicht geeignet, da sie die Phasenverschiebung zwischen Spannung und Strom vergrößern und dadurch das Anlaufmoment verkleinern.

Wird der Asynchronmotor belastet, so verringert sich die Drehzahl des Läufers. Die Drehzahlverringerung gegenüber der Drehfelddrehzahl bezeichnet man als *Schlupf*. Der Schlupf wird meist in Prozent der Drehfelddrehzahl angegeben.

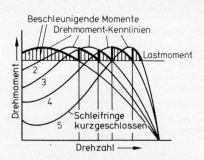

Bild 230/1: Drehmomentkennlinien eines Schleifringläufermotors mit verschiedenen Anlaßwiderständen

s Schlupf
n_s Drehfelddrehzahl
n Läuferdrehzahl

$$s = \frac{n_s - n}{n_s}$$

Beispiel: Ein vierpoliger Drehstrommotor für 50 Hz hat 1440 1/min. Wie groß ist sein Schlupf?

Lösung: $n_s = \dfrac{f}{p} = \dfrac{50\ \text{Hz}}{2} = 25\ \dfrac{1}{\text{s}} = 1500\ \dfrac{1}{\text{min}}$

$s = \dfrac{n_s - n}{n_s} = \dfrac{1500\ ^1/\text{min} - 1440\ ^1/\text{min}}{1500\ ^1/\text{min}} = 0{,}04 = 4\%$

Größerer Schlupf erhöht die induzierte Spannung und damit den Läuferstrom. Der Motor gibt bei größerem Schlupf ein größeres Drehmoment ab **(Bild 230/2)**. Auch die Frequenz des Läuferstromes wird größer.

Der bei der Nenndrehzahl auftretende Nennschlupf von Asynchronmotoren beträgt etwa 3% bis 8%. Durch Einschalten von Widerständen in den Läuferstromkreis wird der Schlupf erhöht. Die Drehzahl von Schleifringläufermotoren ist dadurch begrenzt steuerbar.

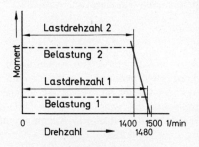

Bild 230/2: Drehzahländerung bei der Belastung eines Asynchronmotors

f_L Läuferfrequenz
f Ständerfrequenz
s Schlupf in %

$$f_L = \frac{f \cdot s}{100\%}$$

Anwendung. Schleifringläufermotoren nimmt man als Antrieb für sehr große Maschinen, z.B. für Wasserwerkspumpen, Steinbrechmaschinen und große Werkzeugmaschinen, da der Anzugsstrom von Schleifringläufermotoren nicht viel größer ist als der Nennstrom. Man nimmt Schleifringläufermotoren auch für Antriebe, die unter starker Belastung angefahren werden, z.B. für Hebezeuge, da Schleifringläufer ein großes Anzugsmoment haben. Auch werden Schleifringläufermotoren verwendet, wenn die Drehzahl steuerbar sein soll, z.B. bei Hebezeugen und Verschiebebühnen. Schleifringläufermotoren dürfen bei Brandgefahr nicht angewendet werden, z.B. nicht in landwirtschaftlichen Betriebsstätten.

Wiederholungsfragen

1. Was versteht man beim Schleifringläufermotor unter der Läuferstillstandsspannung?

2. Wie entsteht im Schleifringläufer der Strom?

3. Welchen Einfluß hat die Läuferdrehzahl auf Höhe und Frequenz der Läuferspannung?

4. Welchen Einfluß hat beim Asynchronmotor die Phasenverschiebung zwischen Läuferspannung und Läuferstrom auf das Drehmoment?

5. Erklären Sie die Begriffe „Anzugsmoment", „Kippmoment", „Nennmoment", „Sattelmoment"!

6. Welches Betriebsverhalten hat der Schleifringläufermotor im Anlauf?

7. Warum verwendet man als Anlaßwiderstände für den Schleifringläufermotor keine Drosseln?

8. Wie berechnet man den Schlupf eines Asynchronmotors?

9. Wie groß ist etwa der Nennschlupf von Asynchronmotoren?

10. Zählen Sie einige Anwendungen des Schleifringläufermotors auf!

12.2.4.2 Kurzschlußläufermotor

Kurzschlußläufermotoren werden auch als *Kurzschlußankermotoren* oder als *Käfigläufermotoren* bezeichnet. Sie sind die wichtigsten Drehstrommotoren.

Der Ständer ist genau wie beim Schleifringläufermotor gebaut. In den Nuten des Läuferblechpaketes befinden sich runde oder annähernd runde Stäbe aus Aluminium oder Kupfer. Man nennt einen derartigen Läufer auch *Rundstabläufer*. Diese Stäbe sind beiderseits des Blechpaketes mit Kurzschlußringen kurzgeschlossen **(Bild 231/1)**. Die Stäbe und Kurzschlußringe bilden den *Käfig*, der gleichzeitig das Läuferblechpaket zusammenhält.

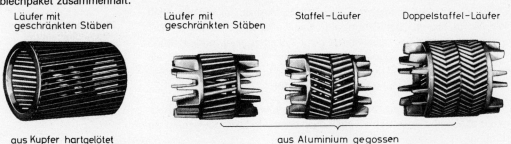

Läufer mit geschränkten Stäben   Läufer mit geschränkten Stäben   Staffel‑Läufer   Doppelstaffel‑Läufer

aus Kupfer hartgelötet   aus Aluminium gegossen

Bild 231/1: Verschiedene Kurzschlußläufer (ohne Welle und Blechpaket)

Der Aluminiumkäfig wird im Druckgußverfahren in das Blechpaket eingegossen. Beim Kupferkäfig werden die Stäbe in die Nuten des Blechpakets eingeschoben. Dann werden die Kurzschlußringe hart angelötet.

Die Wirkungsweise beim Kurzschlußläufermotor ist dieselbe wie beim kurzgeschlossenen Schleifringläufermotor.

Betriebsverhalten

Rundstabläufermotoren verhalten sich im Betrieb wie kurzgeschlossene Schleifringläufermotoren.

Rundstabläufer haben ein kleines Anzugsmoment und einen großen Anzugsstrom.

Der Anzugsstrom von Rundstabläufermotoren beträgt das 8- bis 10fache des Nennstroms. Die Bildung von Sattelmomenten wird unterdrückt, wenn die Läuferstäbe schräg oder gestaffelt angeordnet werden (Bild 231/1).

Es gibt Käfigläufermotoren, deren Läufer beim Einschalten einen großen Wirkwiderstand und nach dem Hochlaufen einen kleinen Wirkwiderstand haben. Wegen des großen Wirkwiderstandes beim Einschalten ist der Anzugsstrom kleiner als beim Rundstabläufer und das Anzugsmoment größer **(Bild 231/2)**. Wegen des kleinen Widerstandes nach dem Hochlaufen erfolgt bei Belastung des Motors nur eine kleine Drehzahländerung. Dieses Verhalten hängt von Material und Querschnittsform der Läuferstäbe ab.

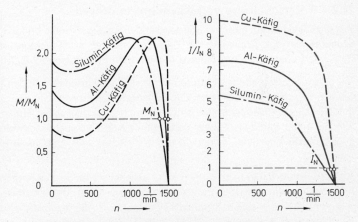

Bild 231/2: Drehmomentverlauf und Stromverlauf eines Käfigläufermotors mit Siluminkäfig, Aluminiumkäfig und Kupferkäfig

Bei gleichem Querschnitt der Läuferstäbe sind wegen des größeren Widerstandes beim Al-Käfig das Anzugsmoment größer und der Anzugsstrom kleiner als beim Cu-Käfig (Bild 231/2). Noch größer ist der Unterschied gegenüber Kupfer bei der siliciumhaltigen Aluminiumlegierung mit dem Handelsnamen Silumin, weil dann der Käfig einen noch größeren Widerstand hat (Bild 231/2).

Zur Erhöhung des Läuferwiderstandes beim Einschalten ordnet man z. B. in den Läufernuten untereinander zwei Stäbe an, durch die im Betrieb Wechselstrom fließt (**Bild 232/1**). Der Wechselstrom erzeugt um jeden Läuferstab ein magnetisches Streufeld. Beide Streufelder induzieren in den zugehörigen Läuferstäben Spannungen. Diese Spannungen suchen nach der Lenzschen Regel die Wechselströme zu verringern. Der magnetische Wechselfluß um den unteren Läuferstab ist stärker, da die Feldlinien dort einen kürzeren Weg haben (Bild 232/1).

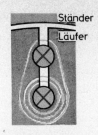

Bild 232/1:
Streufeldlinien beim
Doppelkäfigläufer

Die vom Wechselfeld induzierte Spannung ist deshalb im unteren Stab größer als im oberen. Der Strom wird dem Luftspalt zu *verdrängt*. Der *Stromverdrängungsläufer* hat dadurch beim Anlaufen einen großen Wirkwiderstand. Die gleiche Wirkung tritt auch bei anderen Nutformen ein (**Bild 232/2**). Entsprechend der Nutform spricht man von Doppelkäfigläufer, Hochstabläufer, Keilstabläufer und Hochnutläufer.

Beim Hochlaufen verringert sich die Stromverdrängung, weil die Läuferfrequenz abnimmt. Für den Strom steht dann der ganze Leiterquerschnitt zur Verfügung.

Stromverdrängungsläufer haben ein großes Anzugsmoment M_A und einen kleinen Anzugsstrom I_A. Nachteilig ist bei ihnen, daß der Nutquerschnitt ziemlich groß ist. Das wirkt wie eine Vergrößerung des Luftspaltes. Die Streuung ist größer als bei Rundstabläufern. Der Leistungsfaktor ist niedriger, ebenfalls der Wirkungsgrad.

Bild 232/2:
Nutformen von Stromverdrängungsläufern

Stromverdrängungsmotoren haben einen kleinen Anzugsstrom und ein großes Anzugsmoment.

Käfigläufermotoren werden bevorzugt, da sie im Vergleich zum Schleifringläufermotor leicht, billig, wartungsarm und funkstörfrei sind. Sie dienen z. B. zum Antrieb von Werkzeugmaschinen, Hebezeugen und Landwirtschaftsmaschinen.

12.2.4.3 Einschaltung von Asynchronmotoren

Will man einen Motor aus dem Stillstand in den Betriebszustand bringen, so muß man ihn steuern. Steuern bedeutet hier das Anpassen des Betriebszustandes eines elektrischen Betriebsmittels an wechselnde Betriebserfordernisse. Zum Steuern braucht man *Steuergeräte*, z. B. Schalter, Anlaßgeräte und Anlasser.

Mit einem *Schalter* können Motoren durch direktes Einschalten in den Betriebszustand gebracht werden. Sie nehmen dann einen großen Einschaltstrom sowie nach dem Einschalten einen großen Anzugsstrom auf. Mit einem *Anlaßgerät* können Motoren in zwei oder mehr Stufen in den Betriebszustand gebracht werden. Dazu wird zum Teil ein Widerstandsgerät als Zubehör verwendet. Der Einschaltstrom sowie der Anzugsstrom sind dann kleiner. In einem *Anlasser* sind Anlaßgerät und Widerstandsgerät baulich vereinigt.

Aus dem öffentlichen Netz können nicht beliebig starke Ströme entnommen werden, da sonst die Spannung absinkt oder das Überstromschutzorgan abschaltet. Deshalb müssen beim Anschluß von Drehstrommotoren die Technischen Anschlußbedingungen (TAB) des örtlichen EVU eingehalten werden, die von den Musterbedingungen der VDEW (**Tabelle 233/1**) abweichen können.

Bei höheren Nennleistungen ist für den Anschluß eine Sondergenehmigung des EVU erforderlich. Ausgenommen sind Industriebetriebe mit eigener Transformatorenstation.

Aus den in TAB genannten Bedingungen folgt, daß das direkte Einschalten von Drehstrommotoren bis etwa 4 kW Nennleistung zulässig ist, der Stern-Dreieck-Anlauf bis etwa 11 kW und der Anlauf mit geeigneten Anlaufvorrichtungen bis über 15 kW.

Tabelle 233/1: Anschluß von Motoren an das öffentliche Niederspannungsnetz	Nach TAB
Motorenart	**Bedingung**
Einphasen-Wechselstrommotoren	Nennleistung nicht über 1,4 kW
Drehstrommotoren	Anzugsstrom nicht über 60 A oder (insbesondere bei direktem Einschalten) Nennstrom nicht über 7,5 A
Beim Anschluß von Motoren, die das Netz besonders stark belasten, sind die erforderlichen Maßnahmen mit dem EVU zu vereinbaren.	

Anlasser für Schleifringläufermotoren

Schleifringläuferanlasser können von Hand betätigt werden (Bild 228/2) oder selbsttätig wirken (**Bild 233/1**). Bei Neuanlagen werden nur noch Schützschaltungen verwendet.

Bei Betätigung von S2 in Schaltung Bild 233/1 zieht das Netzschütz K1 an und hält sich selbst. Gleichzeitig zieht das Zeitrelais K5 an. Es schaltet zeitlich verzögert K2, K3 und K4 ein, so daß die Anlaßwiderstände nacheinander überbrückt werden. K4 schaltet schließlich K5 ab.

Da im Läufer starke Ströme fließen, ist die Anlasserleitung möglichst kurz und mit ausreichendem Leiterquerschnitt zu verlegen. Meist ist ein größerer Querschnitt für die Anlasserleitung als für die Motorleitung erforderlich, da der Läuferstrom stärker ist als der Ständerstrom.

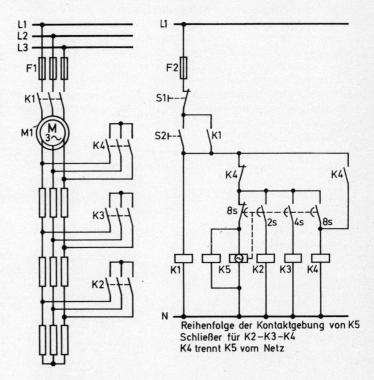

Bild 233/1: Schützschaltung zum automatischen Anlassen

Anlasser für Kurzschlußläufermotoren

Bei sämtlichen Anlaßverfahren von Kurzschlußläufermotoren wird die am Wicklungsstrang liegende Spannung herabgesetzt. Die Wicklung nimmt deswegen im Augenblick des Einschaltens einen kleineren Strom auf als bei voller Spannung.

Leistung und damit Anzugsmoment nehmen aber quadratisch mit der Spannung ab (Bild 229/1). Der Motor ist dann für Schweranlauf nicht geeignet.

Herabsetzen der Strangspannung verringert den Strangstrom linear und das Drehmoment sowie die Leistung quadratisch.

Der **Stern-Dreieck-Schalter** schaltet den Motor zum Anlauf in Stern und verbindet ihn mit dem Netz. Nach dem Hochlaufen wird in Dreieck umgeschaltet (**Bild 234/1**). Da die Strangspannung geändert wird und die Schaltung, ist der Einschaltstrom des Motors nur ein Drittel des Einschaltstroms bei direktem Einschalten in der Dreieckschaltung.

Zum Anlauf mit dem Stern-Dreieck-Schalter sind nur solche Motoren geeignet, deren Strangspannung so groß ist wie die Netzspannung. Derartige Motoren haben z. B. bei 380 V Netzspannung auf dem Leistungsschild die Spannungsangabe △ 380 V bzw. 380/660 V.

233

Der Motor muß in der Sternstellung des Stern-Dreieck-Schalters leicht anlaufen können, da Leistung und Drehmoment des Motors klein sind.

In der Sternstellung darf der Motor nur mit einem Drittel der Nennleistung belastet werden.

Wird bei voller Belastung das Weiterschalten unterlassen, so ist der Motor überlastet, und seine Wicklung brennt durch. Beim Stern-Dreieck-Schütz wird die Umschaltung von Stern auf Dreieck durch ein Zeitrelais automatisch vorgenommen.

Der **Ständeranlasser** eignet sich grundsätzlich für alle Kurzschlußläufermotoren. Nachteilig ist die Erwärmung der aus Wirkwiderständen bestehenden Anlaßwiderstände. Beim vorgeschalteten Anlasser sind 3 Vorwiderstände und damit 6 Anschlüsse vorhanden. Soll der Motor am vorhandenen Netz in Stern geschaltet werden, so wird der Sternpunkt in den Anlasser gelegt **(Bild 234/2)**. Bei diesem *Sternpunktanlasser* sind drei Klemmen kurzgeschlossen. Anstelle von Anlassern mit Stellwiderständen werden auch Flüssigkeitsanlasser verwendet.

Die **Anlaßdrossel** kann man statt der Wirkwiderstände vor den Motor schalten **(Bild 234/3)**. Nach dem Anlaufen werden die Stromaufnahme des Motors und damit der Spannungsabfall an der Drossel kleiner. Die Spannung am Motor nimmt also mit wachsender Drehzahl zu. Ist der Motor hochgelaufen, schließt ein Schütz die Drosseln kurz.

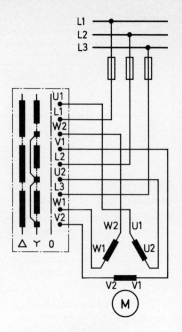

Bild 234/1:
Stern-Dreieck-Schalter

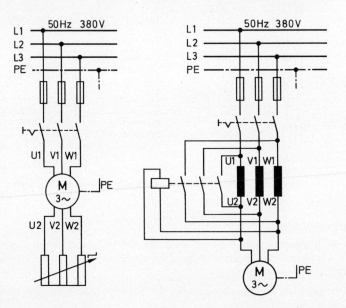

Bild 234/2:
Sternpunktanlasser

Bild 234/3:
Schaltung einer Anlaßdrossel

Bild 234/4: Anlaßschaltung
mit Spartransformator

Auch ein **Anlaßtransformator** kann die Spannung zum Anlauf heruntersetzen **(Bild 234/4)**. Dazu können Stelltransformatoren mit getrennten Wicklungen oder in Sparschaltung verwendet werden. Der Anlaßtransformator nimmt aus dem Netz einen kleineren Strom auf, als er dem Motor bei herabgesetzter Spannung liefert.

Bei der **Kusa-Schaltung** (Kurzschlußläufer-Sanft-Anlauf) wird durch *einen* Vorwiderstand der Anzugsstrom nur in einem Leiter herabgesetzt. Man erreicht damit bei kleinen Motoren, z. B. für Textilmaschinen, einen sanften Anlauf.

12.2.4.4 Polumschaltbare Motoren

Durch Umschalten auf eine andere Polzahl läßt sich bei Drehstrommotoren eine andere Drehzahl erreichen. Polumschaltbare Motoren sind meist Käfigläufermotoren. Bei Schleifringläufermotoren muß auch die Läuferwicklung umschaltbar sein.

Zwei getrennte Ständerwicklungen mit verschiedenen Polzahlen **(Bild 235/1)** ermöglichen zwei Drehzahlen, die in einem beliebigen Verhältnis zueinander stehen. Meist ist das Nenndrehmoment bei beiden Drehzahlen etwa gleich. Die Nennleistungen des Motors verhalten sich dann etwa wie die Drehzahlen.

Bei polumschaltbaren Motoren mit *einer* Wicklung ändert sich die Polzahl durch anderen Anschluß der Wicklung (Seite 241). Am häufigsten wird die *Dahlanderschaltung* angewendet. Für die große Polzahl ist die Ständerwicklung meist in Dreieck geschaltet, für die kleine Polzahl in Doppelstern **(Bild 235/2)**. Die Strangspannung ändert sich dadurch nur wenig. Die Dahlanderschaltung kann man nur für das Polverhältnis 1:2 herstellen. Motoren mit Dahlanderschaltung sind leichter als Motoren mit zwei getrennten Wicklungen.

Motoren in Dahlanderschaltung haben meist 6 Klemmen und sind nur für eine Spannung brauchbar.

Die Wicklungsstränge der Dahlanderwicklung haben eigentlich die Kennzeichnung U1U2 – U5U6, V1V2 – V5V6 und W1W2 – W5W6. Vom Hersteller werden aber am Klemmbrett für die niedrige Drehzahl U1 und W1 vertauscht und mit 1W und 1U bezeichnet, damit bei gleichartigem Anschluß derselbe Drehsinn vorliegt. Das gilt nicht für alte Motoren.

Motoren in Dahlanderschaltung (Bild 235/2) haben je nach Drehzahl verschiedene Leistungen. Das Verhältnis der Leistungen ist je nach Wicklungsausführung 1:1,5 bis 1:1,8. Bei Motoren mit zwei getrennten Wicklungen sind bis zu vier Drehzahlen möglich. Es gibt auch polumschaltbare Wicklungen für den Stern-Dreieck-Anlauf.

Polumschaltbare Motoren werden zum Antrieb von Werkzeugmaschinen und Hebezeugen verwendet.

Wiederholungsfragen

1. Beschreiben Sie den Aufbau eines Drehstrom-Kurzschlußläufermotors!
2. Welche Eigenschaften haben Rundstabläufermotoren beim Einschalten?
3. Erklären Sie die Wirkungsweise eines Stromverdrängungsläufers!
4. Warum werden Stromverdrängungsmotoren meist bevorzugt?
5. Weshalb dürfen nicht beliebig große Motoren an das öffentliche Niederspannungsnetz angeschlossen werden?
6. Worauf beruhen die Anlaßverfahren von Kurzschlußläufermotoren?
7. Geben Sie den Nachteil des Stern-Dreieck-Anlaufs an!
8. Welchen Vorteil bietet ein Anlaßtransformator gegenüber einem Anlaßwiderstand?
9. Welche Spannungsangabe muß ein Motor tragen, der am 380-V-Netz mit Y△-Anlauf betrieben wird?
10. Wodurch kann man die Drehzahl eines Drehstrom-Kurzschlußläufermotors ändern?

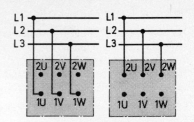

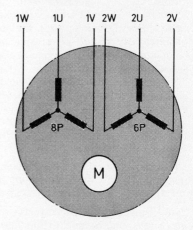

Bild 235/1: Schaltung eines Motors 700/950 ¹/min

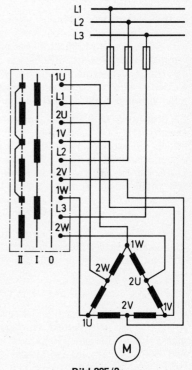

**Bild 235/2:
Schaltung eines Motors
1420/2800 ¹/min mit Polumschalter**

235

12.2.4.5 Reluktanzmotor

Hat das Blechpaket eines Käfigläufers an seinem Umfang so viele Aussparungen, wie der Motor Pole hat **(Bild 236/1)**, dann laufen die Feldlinien des Ständerdrehfeldes lieber durch das Läuferblech als durch die Aussparungen. Der Läufer bekommt dadurch ausgeprägte Pole und bleibt deshalb nicht hinter dem Drehfeld zurück. Dieser Reluktanzmotor* läuft als Asynchronmotor an und arbeitet dann als Synchronmotor weiter. Bei Überlastung läuft er asynchron.

Reluktanzmotoren haben eine konstante Drehzahl.

Infolge der Aussparungen sind Luftspalt und Streuung groß. Deshalb haben Reluktanzmotoren einen kleinen Leistungsfaktor. Sie nehmen einen größeren Strom auf als entsprechende Asynchronmotoren mit größerem Leistungsfaktor. Deswegen sind ihre Verluste größer, und der Wirkungsgrad ist kleiner. Reluktanzmotoren werden hauptsächlich für Spinnereimaschinen verwendet.

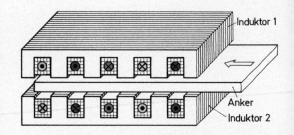

wird auch mit Aussparungen hergestellt

Läuferschnitt

Bild 236/1:
Läufer und Läuferblech eines Reluktanzmotors

12.2.4.6 Linearmotor

Linearmotoren sind Antriebsmaschinen, die eine gerade (lineare) Bewegungskraft hervorrufen, keine kreisförmige wie andere elektrische Motoren.

Zum Verständnis des Linearmotors denkt man sich den Ständer eines Drehstrommotors am Umfang aufgeschnitten und gestreckt **(Bild 239/1)**. Wird die in eine Ebene gestreckte Drehstromwicklung mit Drehstrom gespeist, so bewegen sich die Pole in gleicher Richtung, z.B. ständig von rechts nach links. Statt eines magnetischen Drehfelds ist also ein magnetisches Wanderfeld vorhanden.

Beim Linearmotor ist ein magnetisches Wanderfeld wirksam.

Aufbau. Der dem Ständer eines Drehstrommotors entsprechende Teil heißt beim Linearmotor *Induktor* **(Bild 236/2)**. Er besteht aus einem kammförmigen Induktor-Blechpaket und einer in die Nuten eingelegten Drehstromwicklung. Es werden zwei einander gegenüberliegende Induktoren verwendet (Bild 236/2) oder ein einzelner.

Der dem Kurzschlußläufer entsprechende Teil des Linearmotors heißt *Anker*. Er ist zwischen den beiden Induktoren angeordnet und besteht aus einem massiven Leiter, z.B. aus Aluminium. Ein Anker aus einem magnetischen Werkstoff, z.B. Stahl, macht einen der beiden Induktoren entbehrlich, weil die magnetischen Feldlinien durch den Stahl zum nächsten Pol des Induktors geleitet werden. Der Stahl-Anker kann auch mit einem Leiterwerkstoff überzogen sein, z.B. mit Aluminium.

Bild 236/2: Linearmotor mit zwei Induktoren

Wirkungsweise. Der Drehstrom in der Drehstromwicklung des Induktors erzeugt ein magnetisches Wanderfeld. Dieses induziert im Anker kräftige Wirbelströme. Nach der Lenzschen Regel sind diese so gerichtet, daß das Vorbeieilen des Wanderfeldes geschwächt wird.

Beim Linearmotor wird durch das Wanderfeld des Induktors und durch die Wirbelströme auf den Anker eine Kraft in Richtung des Wanderfeldes ausgeübt.

Ist der Induktor befestigt und der Anker beweglich, z.B. beim Transport von Blechen, so bewegt sich der Anker mit dem Wanderfeld. Ist dagegen der Induktor beweglich und der Anker fest, z.B. beim Antrieb einer Laufkatze bei einem Hebezeug, so bewegt sich der Induktor in umgekehrter Richtung wie sein Wanderfeld. Beim Linearmotor kann jeder Teil deshalb je nach Befestigung als Ständer oder als Läufer arbeiten.

Beim Linearmotor kann der Induktor Ständer oder Läufer sein.

---

* reluctare (lat.) = sich sträuben

Betriebsverhalten. Beim Linearmotor ist der Luftspalt größer als bei einem Kurzschlußläufermotor, außerdem ist der Ankerwiderstand des Linearmotors größer als der Läuferwiderstand. Dadurch verläuft die Kraft-Geschwindigkeits-kennlinie flacher als der steile Teil der entsprechenden Drehmoment-Drehzahl-kennlinie des Asynchronmotors **(Bild 237/1)**.

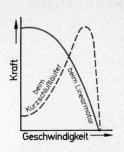

Bei Belastung geht also die Geschwindigkeit eines Linearmotors stark zurück. Der Anlauf erfolgt weich. Beim Einschalten, also bei der Geschwindigkeit Null, ist die Kraft des Linearmotors fast am größten.

Der Linearmotor hat beim Anfahren die höchste Kraft und arbeitet geschwindigkeitsweich.

Bild 237/1: Kennlinie eines Linearmotors

Im Betrieb bleibt die Geschwindigkeit weit hinter der Geschwindigkeit des Wanderfeldes zurück. Der Schlupf beträgt meist über 50%.

Linearmotoren werden z. B. als Antriebe für den Werkstofftransport, für Förderbänder und Rangierbahnen verwendet, außerdem als Torantriebe und für Antriebe von großen Scheiben. Ihre Anwendung bei Schnellbahnen wird erprobt.

Polysolenoid-Linearmotor

Der Polysolenoid-Linearmotor* ist eine Sonderform mit röhren-förmigem Induktor **(Bild 237/2)**. Man kann sich vorstellen, daß ein ebener Induktor zu einer Röhre gebogen wurde.

Die Wicklung dieses Linearmotors besteht aus Scheibenspulen. Der Anker ist eine massive Stahlstange. Der Induktor ist das Polysolenoid (Mehrfachspule). In ihm wird ein magnetisches Wanderfeld erzeugt. Dieses bewegt die als Anker wirkende Stahlstange mit einer Geschwindigkeit bis 5 m/s.

Derartige Polysolenoid-Linearmotoren (Röhren-Linearmotoren) werden z. B. als Abhebevorrichtungen, Versetzeinrichtungen, Weichensteller, Türöffner und Antriebe von Kolbenpumpen verwendet.

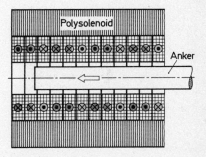

Bild 237/2: Polysolenoid-Linearmotor

12.2.5 Asynchrongenerator

Treibt eine Kraftmaschine den Läufer in Richtung des Ständerdrehfeldes schneller an, als sich das Ständer-drehfeld dreht, werden im Läufer ebenfalls Spannungen induziert. Bei kurzgeschlossenen Läufersträngen fließen mehrphasige Wechselströme, die ein Läuferdrehfeld erzeugen. Das Läuferdrehfeld dreht sich vom Läufer aus gesehen langsam gegen die Drehrichtung des Läufers. Da sich der Läufer schneller dreht als das Ständerdrehfeld, behält dadurch das Läuferdrehfeld seine Lage zum Ständerdrehfeld dauernd bei. Das Läuferdrehfeld induziert wie beim Synchrongenerator in der Ständerwicklung Spannung.

Dem Asynchrongenerator muß Blindleistung zugeführt werden, da sonst kein Läuferdrehfeld zustande kommt. Die Blindleistung wird meist aus dem Netz bezogen (Parallelbetrieb). Sie kann auch von Konden-satoren geliefert werden (Einzelbetrieb).

Asynchrongeneratoren beziehen aus dem Netz Blindleistung und liefern Wirkleistung. Ihre Läuferdrehzahl ist größer als die Drehfelddrehzahl.

Asynchrongeneratoren werden in kleinen Kraftwerken angewendet.

* Polysolenoid von poly (griech.) = viel und Solenoid (griech.) = Spule

12.2.6 Bremsbetrieb von Drehstromasynchronmotoren

Antriebe mit Drehstromasynchronmotoren müssen oft bremsbar sein, z. B. bei Hebezeugen zum Absenken oder bei Werkzeugmaschinen zum raschen Stillsetzen. Dazu gibt es eine Reihe von Möglichkeiten (**Tabelle 238/1**). Beim Bremsen wird die kinetische Energie meist bei der Verlustbremsung in Wärmeenergie umgeformt, seltener bei der Nutzbremsung in elektrische Energie.

Tabelle 238/1: Bremsverfahren von Antrieben mit Drehstromasynchronmotoren		
Bezeichnung	Erklärung	Schaltung (Prinzip)
Brems-Lüftmagnet (Federdruck-bremsung)	Bremskraft durch Feder. Sobald die Erregerspule eingeschaltet ist, wird die Bremse gelöst (gelüftet). Verlustbremsung. Anwendung bei Werkzeugmaschinen und Hebezeugen.	
Gegenstrom-bremsung	Die Bremskraft wird vom Motor hervorgerufen, weil dessen Drehfeld durch Vertauschen zweier Außenleiter einen anderen Drehsinn erhält. Nach Stillsetzen des Antriebes muß abgeschaltet werden, da sonst Anlauf in umgekehrter Drehrichtung erfolgt. Verlustbremsung.	
Über-synchrone Bremsung	Motor wird von der Last angetrieben und arbeitet als Asynchrongenerator. Nutzbremsung. Anwendung bei polumschaltbaren Motoren, z. B. bei Hebezeugen.	
Unter-synchrone Bremsung	Schleifringläufermotor, mit großem Widerstand im Läuferkreis und als Einphasenmotor geschaltet, entwickelt bei Rechtslauf ein Drehmoment nach links. Im Stillstand keine Bremskraft. Verlustbremsung. Bei Hebezeugen.	
Gleichstrom-bremsung	Ständerwicklung des Motors wird an niedrige Gleichspannung gelegt. Der durch Induktion entstehende Läuferstrom bremst. Verlustbremsung. Anwendung bei Werkzeugmaschinen und Fördermaschinen.	

Die vom Asynchronmotor während des Hochlaufens aufgenommene Energie ist wegen des abnehmenden Schlupfes je zur Hälfte Verlustenergie in Form von Wärme und die nach dem Hochlaufen im Läufer befindliche kinetische Läuferenergie. Beim Bremsen kommt es darauf an, die Läuferenergie umzuwandeln. Bei der Federdruckbremsung, der untersynchronen Senkbremsung und bei der Gleichstrombremsung wird die Läuferenergie ganz in Wärme umgewandelt. Bei der übersynchronen Bremsung arbeitet der Motor als Generator, so daß keine Wärme anfällt, wenn man von den Verlusten absieht. Übersynchrone Bremsung liegt auch bei polumschaltbaren Motoren vor, wenn von der hohen Drehzahl in die niedrige Drehzahl umgeschaltet wird. Wird bei einem polumschaltbaren Motor mit dem Polzahlverhältnis 2 : 1 nur die niedrige Drehzahl durch eine Federdruckbremse auf Null gebracht, so beträgt die Verlustenergie nur 25% eines gleichartigen, nicht polumschaltbaren Motors. Bei der Gegenstrombremsung ist die Verlustenergie besonders groß, weil der Schlupf während des Bremsens von 200% auf 100% absinkt, also durchweg sehr groß ist.

Wird der Motor von der Last während des Bremsens angetrieben, so muß zusätzlich diese Antriebsenergie umgeformt werden, z. B. beim Absenken einer Last. Auch hier kann Verlustbremsung oder Nutzbremsung angewendet werden.

Die übersynchrone Bremsung ist das günstigste Bremsverfahren, die Gegenstrombremsung das ungünstigste.

12.2.7 Drehstromwicklungen

Drehstrommotoren erhalten meist eine Wicklung, bei der die Zahl der Nuten je Pol und Strang eine ganze Zahl ist. Diese Art der Wicklung wird als *Ganzlochwicklung* bezeichnet.

Tabelle 239/1: Ganzlochwicklungen

Polzahl	Nutzahlen					
2	(6)	12	18	24	30	36
4	12	24	36	48	60	72
6	18	36	54	72		

q Lochzahl
N Nutzahl
m Strangzahl
$2p$ Polzahl

$$q = \frac{N}{2p \cdot m}$$

Beispiel: Ein Ständerblech hat 24 Nuten. Es soll eine vierpolige Drehstromwicklung hergestellt werden. Wie groß ist die Zahl der Nuten je Pol und Strang?

Lösung: Polzahl 4, Strangzahl 3. Nuten je Pol und Strang $= \dfrac{24}{4 \cdot 3} = 2$

Damit eine Ganzlochwicklung hergestellt werden kann, müssen die Bleche je nach der vorgesehenen Polzahl bestimmte Nutenzahlen haben **(Tabelle 239/1)**. Die zeichnerische Darstellung von Wicklungen erfolgt am anschaulichsten, wenn man sich die Maschine aufgeschnitten und die Wicklung in eine Ebene abgewickelt vorstellt **(Bild 239/1)**.

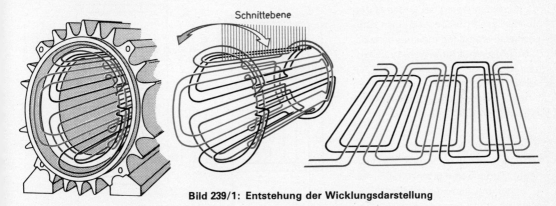

Bild 239/1: Entstehung der Wicklungsdarstellung

Beim Drehstrom-Dreileiternetz fließt in zwei Leitern in jedem Augenblick gleich viel Strom in einer Richtung (z.B. zum Verbraucher), wie im dritten Leiter in der anderen Richtung (z.B. vom Verbraucher) fließt. Bei Drehstrommotoren fließt der Strom deshalb entweder in zwei Strängen vom Stranganfang zum Strangende und im dritten Strang vom Ende zum Anfang, oder der Strom fließt in einem Strang vom Anfang zum Ende und in zwei Strängen vom Ende zum Anfang. Trägt man die Stromrichtung mit Pfeilen in die Wicklung ein, so erkennt man in der Wicklung die augenblickliche Lage der Pole **(Bild 239/2)**.

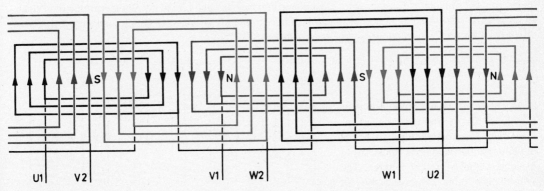

Bild 239/2: Drehstromgruppenwicklung mit eingetragenen Stromrichtungen ($p = 2$, $N = 36$)

Die Pole einer Wicklung liegen in dem Augenblick, für den die eingetragenen Stromrichtungen gelten, zwischen nebeneinanderliegenden Nuten mit entgegengesetzter Stromrichtung.

Beim Entwurf einer einfachen Ganzlochwicklung als Einschichtwicklung berechnet man zunächst die Nutzahl je Pol und Strang und trägt die erhaltene Nutzahl in gleicher Farbe in den Wickelplan ein. Daran anschließend folgt die Eintragung der gleichen Nutzahl des nächsten Stranges in anderer Farbe. Genau so verfährt man mit den ersten Nuten des dritten Stranges. Dann wird in gleicher Weise von vorn begonnen, bis die Zahl der vorhandenen Nuten voll ist **(Bild 240/1)**.

Anschließend werden die Stromrichtungen zu einem beliebigen Augenblick eingetragen, in zwei Strängen also nach oben, in einem Strang nach unten. Nebeneinanderliegende Nuten einer Nutengruppe erhalten immer die gleiche Stromrichtung. Die nächste gleichfarbige Nutengruppe erhält dagegen die entgegengesetzte Stromrichtung (Bild 240/1).

Die Vervollständigung der in den Nuten liegenden Spulenseiten zu Spulen kann verschieden vorgenommen werden. Bei der **Gruppenwicklung** werden nebeneinanderliegende Nutengruppen zu Spulen vervollständigt. Die Spulen können gleiche oder verschiedene Weiten haben (Bild 240/1b und c).

Die Spulengruppen werden nun zu Strängen geschaltet, wobei die festgelegte Stromrichtung einzuhalten ist. Die Schaltung kann grundsätzlich als Reihenschaltung oder als Parallelschaltung erfolgen. Die Reihenschaltung ist immer möglich. Die Parallelschaltung ist nur dann möglich, wenn die Span-

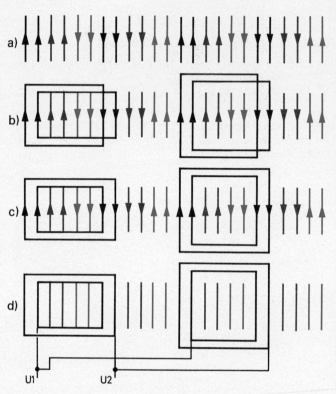

Bild 240/1: Entwurf einer Drehstromwicklung, $p = 2$, $N = 24$

nungen in den Spulen gleich groß sind und in Phase liegen (Bild 240/1d). Als Stranganfänge wählt man links liegende Spulenseiten, als Strangende rechts liegende.

Die Wickelköpfe der einzelnen Spulengruppen sollen sich nicht kreuzen, damit die Durchschlagsgefahr verringert und die Kühlung verbessert wird. Deshalb ordnet man je nach Länge der Spulengruppe die Wickelköpfe in zwei oder auch in drei verschiedenen Ebenen an. Meist wird die Gruppenwicklung als **Zweiebenenwicklung** (Zweietagenwicklung) ausgeführt.

Bei geradzahligen Polpaarzahlen ist die Gruppenwicklung immer als Zweiebenenwicklung ausführbar ($p = 2, 4, 6$ usw.).

Sollen lauter gleiche Spulen oder nur wenige Spulenarten verwendet werden, führt man eine **Korbwicklung** aus. Bei dieser verbinden sämtliche Wickelköpfe die obere Ebene mit der unteren. Die Wickelköpfe sehen dann aus wie ein Korbrand.

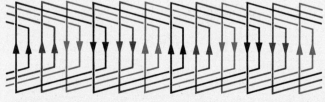

Bild 240/2: Entwurf einer Korbwicklung, $p = 2$, $N = 24$

Beim Entwurf einer Korbwicklung berechnet man wieder die Zahl der Nuten je Pol und Strang und zeichnet den Nutenplan mit eingetragenen Strompfeilen (Bild 240/1a). Für eine Wicklung mit lauter gleichen Spulen macht man eine Spulenseite lang, die folgende kurz **(Bild 240/2)**, weil eine Spulenseite in die obere Ebene mündet, die nächste aber in die untere. Dann werden die Spulenseiten zu Spulen verbunden und die Spulen zu Strängen geschaltet. Oft wird auch die Korbwicklung mit Spulen verschiedener Weite hergestellt **(Bild 241/1)**.

Die Durchflutung nimmt in jeder Nut je nach Richtung des Augenblickswertes des Stromes zu oder ab. Die Größe jeder Durchflutungsänderung entspricht dem Augenblickswert des Stromes in dieser Nut (Bild 241/1). Die zeichnerische Darstellung der Durchflutung nennt man *Felderregerkurve*, weil die Durchflutung das Magnetfeld „erregt".

Die Felderregerkurve sollte möglichst weit der Sinuslinie angeglichen sein. Zur Angleichung der Felderregerkurve an die Sinusform werden Drehstromwicklungen auch als *gesehnte Wicklungen* hergestellt, insbesondere als Zweischichtwicklungen. Bei gesehnten Wicklungen ist der Abstand zwischen den Seiten einer Spule, der sogenannte *Wickelschritt*, verkürzt. Bei der Zweischichtwicklung liegen zwei Spulenseiten verschiedener Spulen in jeder Nut übereinander.

Polumschaltbare Wicklungen **(Bild 241/2)** erzeugen je nach Anschluß verschiedene Polzahlen. Die Wicklung wird für die höhere Polzahl entworfen und in Dreieck geschaltet. Wird bei dieser Wicklung (Dahlanderwicklung) der Strom in Strangmitte zugeführt (Bild 235/2), so erfolgt Halbierung der Polzahl. Die freigewordenen Anschlüsse für die höhere Polzahl werden dabei miteinander verbunden, so daß die Wicklung in Doppelstern geschaltet ist.

Die Dahlanderwicklung wird nur bei Kleinmotoren als Einschichtwicklung (Bild 241/2) ausgeführt. Die Felderregerkurve hat dabei Zacken, wodurch der Läufer nicht hochläuft, wenn er im Anlauf belastet ist. Außerdem entstehen lästige Heulgeräusche. Deshalb wird die Dahlanderwicklung meist als Zweischichtwicklung ausgeführt.

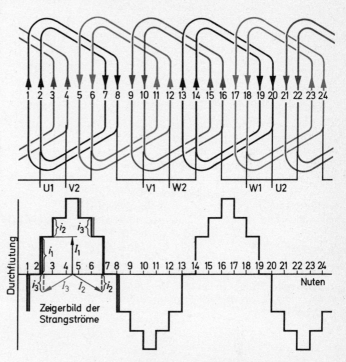

Bild 241/1: Korbwicklung mit Spulen verschiedener Weite und dazugehörige Felderregerkurve

Wiederholungsfragen

1. Unter welchen Bedingungen wirkt eine Asynchronmaschine als Generator?
2. Was für eine Leistung nimmt ein Asynchrongenerator aus dem Netz auf, was für eine Leistung gibt er ab?
3. Was geschieht beim Bremsen eines Antriebes mit der kinetischen Energie?
4. Zählen Sie die Bremsverfahren für Drehstromasynchronmotoren auf!
5. Bewerten Sie das günstigste und das ungünstigste Bremsverfahren für Drehstromasynchronmotoren!
6. Was versteht man unter einer Ganzlochwicklung?
7. Wie liegen die Wickelköpfe bei einer Korbwicklung?
8. Welche Form wird bei der Felderregerkurve angestrebt?

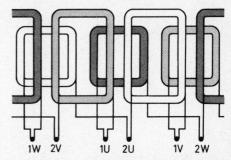

Bild 241/2: Polumschaltbare Wicklung
p = 2/1, N = 12

12.3 Sonstige Drehfeldmotoren

Drehfeldmotoren mit Kurzschlußläufer sind robust, billig und funkstörfrei. Sie werden deshalb auch für Einphasenwechselstrom und für Gleichstrom gebaut.

12.3.1 Anwurfmotor

Versuch 242/1: Schließen Sie die Klemmen U1 und V1 eines kleinen Drehstrommotors an das Wechselstromnetz an! Schalten Sie ein!
Der Motor brummt, läuft aber nicht an.

Drehen Sie den Läufer von Hand!
Der Motor läuft hoch.

Das Wechselfeld im Ständer des Motors kann man sich in zwei Drehfelder zerlegt denken, die entgegengesetzte Richtungen haben. Da beide Drehfelder die gleiche Kraft auf den Läufer aus-üben, dreht er sich nicht. Wird der Läufer ange-worfen, steigt das Drehmoment in der Anwurf-richtung an, während das entgegengesetzte ab-nimmt. Der Motor kann allein weiterlaufen **(Bild 242/1)**.

Ein magnetisches Wechselfeld übt auf einen sich drehenden Käfigläufer ein Drehmoment aus.

Beim Anwurfmotor enthält der Ständer einen Wicklungsstrang U1 U2, der in $^2/_3$ der Nuten untergebracht ist. $^1/_3$ bleibt meist unbewickelt **(Bild 242/2)**. Die Drehrichtung des Anwurfmotors wird geändert, wenn man ihn aus dem Stillstand heraus in der anderen Richtung anwirft. Anwurf-motoren kann man z. B. für kleine Betonmisch-maschinen und für kleine Schleifmaschinen ver-wenden.

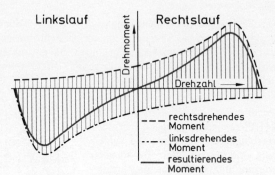

Bild 242/1: Drehmomente eines Anwurfmotors

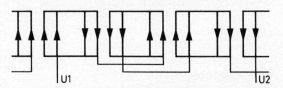

Bild 242/2: Wicklung für Anwurfmotor p = 2, N = 24

12.3.2 Drehstrommotor als Wechselstrommotor

Versuch 242/2: Schließen Sie einen kleineren Drehstrommotor △ 220 V mit U1 und W1 an L1 und N (220 V) an, und schließen Sie V1 über einen Kondensator 8 µF an L1 **(Bild 242/3)** an! Schalten Sie ein!
Der Motor läuft an.

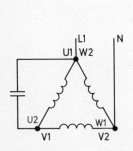

Bild 242/3: Anschluß eines Drehstrommotors an Wechsel-spannung (Steinmetzschaltung)

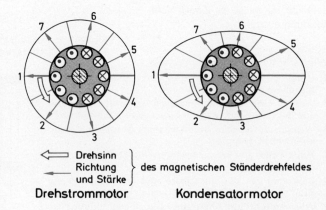

Bild 242/4: Kreisdrehfeld und elliptisches Drehfeld

Der über den Kondensator zugeführte Strom hat gegenüber dem Strom unmittelbar aus dem Netz eine Phasenverschiebung. Im Motor entsteht ein magnetisches Drehfeld. Da die Ströme in den einzelnen Strängen verschieden groß sind, ändert sich die Stärke des Drehfeldes periodisch während einer Umdrehung. Es entsteht kein *Kreisdrehfeld* wie beim Drehstrommotor, sondern ein *elliptisches Drehfeld* (**Bild 242/4**). Bei einem elliptischen Drehfeld ist das Anzugsmoment geringer als bei einem Kreisdrehfeld.

Drehstrommotoren lassen sich mit Wechselstrom betreiben, wenn ihre Strangspannung so groß ist wie die Netzspannung. Ihre Leistungsfähigkeit wird dabei geringer. In der *Steinmetzschaltung* (Bild 242/3) dürfen Drehstrommotoren betrieben werden, wenn sie nur zu 70% ihrer Nennleistung belastet werden und wenn je kW Nennleistung ein Kondensator von 70 µF (bei 220 V) verwendet wird.

12.3.3 Kondensatormotor

Nachteilig beim Drehstrommotor an Einphasenwechselspannung ist, daß an den drei gleichen Strängen verschiedene Spannungen liegen. Deshalb baut man für Einphasenwechselspannung Kondensatormotoren mit zwei Strängen.

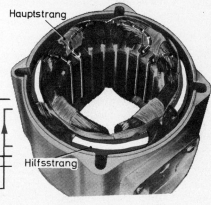

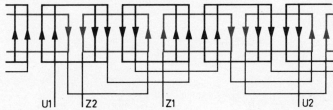

Bild 243/1: Wicklung für Kondensatormotor, $p = 2$, $N = 24$

Bild 243/2: Wicklung eines Kondensatormotors

Bei den Kondensatormotoren enthält der Ständer einen Hauptstrang U1 U2 und einen Hilfsstrang Z1 Z2. Der Hauptstrang ist wie beim Anwurfmotor in $^2/_3$ der Nuten untergebracht. Der Hilfsstrang liegt in $^1/_3$ der Nuten (**Bild 243/1** und **Bild 243/2**). Bei ungeteiltem Hilfsstrang liegt der Kondensator vor dem Strang (**Bild 243/3**), bei geteiltem Hilfsstrang zwischen den Teilsträngen. Zur Änderung der Drehrichtung muß der Strom im Hilfsstrang eine andere Richtung bekommen.

Der Kondensator bildet mit der Induktivität der Wicklung einen Reihenschwingkreis. Deswegen ist die Kondensatorspannung größer als die Netzspannung. Die größte Kondensatorspannung tritt im Leerlauf des Motors auf.

Der Kondensator des Kondensatormotors muß für die größte auftretende Spannung bemessen sein.

Das Anzugsmoment ist um so größer, je größer die Kondensatorkapazität ist. Andererseits nimmt der Hilfsstrang bei großer Kapazität viel Strom auf und wird warm. Deshalb erhält der Motor oft einen besonderen *Anlaufkondensator*. Dieser wird nach dem Hochlaufen abgeschaltet, und zwar durch einen Fliehkraftschalter oder von Hand. Er soll je kW Motornennleistung eine Blindleistung von 4 kvar aufnehmen. Der *Betriebskondensator* bleibt dagegen dauernd eingeschaltet. Er soll je kW Motornennleistung 1,3 kvar aufnehmen. Ein Kondensatormotor kann einen Betriebskondensator, einen Anlaufkondensator oder beide Kondensatoren haben.

Kondensatormotoren werden z. B. für Wäscheschleudern, Ölbrenner, Küchenmaschinen, Elektrowerkzeuge und Tonbandgeräte verwendet.

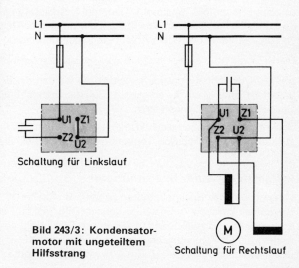

Schaltung für Linkslauf

Schaltung für Rechtslauf

Bild 243/3: Kondensatormotor mit ungeteiltem Hilfsstrang

12.3.4 Wechselstrommotor mit Widerstandshilfsstrang

Versuch 244/1: Ersetzen Sie den Kondensator bei einem Kondensatormotor durch einen Widerstand von 10 Ω! Schließen Sie den Motor an L1 und N an! Schalten Sie ein!
Der Motor läuft.

Der über den Wirkwiderstand zugeführte Strom hat gegenüber dem Strom unmittelbar aus dem Netz eine Phasenverschiebung. Im Motor entsteht ähnlich wie beim Kondensatormotor ein elliptisches Drehfeld. Hauptstrang und Hilfsstrang sind wie beim Kondensatormotor angeordnet (Bild 243/1). Der Widerstand ist meist in den Hilfsstrang gelegt. Man kann den Hilfsstrang aus einem Widerstandsdraht wickeln. Meist wird die sogenannte *bifilare Hilfswicklung* angewendet. Bei dieser werden die Spulen für den Hilfsstrang zu etwa $2/3$ in einer Richtung gewickelt, zu $1/3$ in der anderen Richtung.

Bei der bifilaren Hilfswicklung hebt sich ein Teil der magnetischen Wirkung auf, während der ganze Wirkwiderstand erhalten bleibt.

Motoren mit Widerstandshilfswicklung werden am Klemmbrett direkt ans Netz angeschlossen. Sie sind billiger als Kondensatormotoren einschließlich Kondensator, haben aber einen kleineren Wirkungsgrad. Sie werden für die gleichen Zwecke wie Kondensatormotoren verwendet.

12.3.5 Spaltpolmotor

Schnellaufender Spaltpolmotor

Der Ständer des Spaltpolmotors **(Bild 244/1)** besitzt ausgeprägte Pole. Von diesen ist ein kleinerer Teil durch eine Nut abgespalten. Um diesen Spaltpol liegt ein Kurzschlußring. Zusammen mit der Ständerwicklung bildet der Kurzschlußring im Betrieb einen kurzgeschlossenen Transformator.

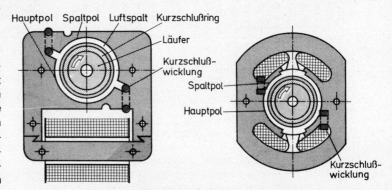

Bild 244/1: Spaltpolmotoren

Durch die Kurzschlußwicklung geht nur ein Teil der von der Ständerwicklung erzeugten Feldlinien. Mithin hat der Transformator eine sehr große Streuung. Dadurch tritt zwischen dem Strom in der Ständerwicklung und dem Strom in der Kurzschlußwicklung eine Phasenverschiebung auf. Die beiden phasenverschobenen Ströme erzeugen ein magnetisches Feld, dessen Pole nacheinander zu folgenden Polen wandern: Hauptpol 1, Spaltpol 1, Hauptpol 2, Spaltpol 2 usw. Dieses ungleichmäßige Drehfeld dreht einen Kurzschlußläufer. Stellt man den Läufer aus magnetisch hartem Werkstoff her (Hystereseläufer), so laufen derartige Motoren nach dem Anlauf als Synchronmotoren weiter.

Die Drehrichtung von Spaltpolmotoren geht immer vom Hauptpol zum Spaltpol.

Soll die Drehrichtung geändert werden, so werden die Lagerschilde und der Läufer entfernt und in geänderter Richtung wieder eingebaut. Soll die Drehrichtung *umschaltbar* sein, so muß eine zweite Kurzschlußwicklung vorhanden sein.

Spaltpolmotoren haben einen kleinen Wirkungsgrad. Sie werden in Leistungen von 1 W bis 250 W hergestellt und für Plattenspieler, Tonbandgeräte, Heizlüfter, Entsafter usw. sehr häufig verwendet.

Langsamlaufender Spaltpolmotor

Langsamlaufende Spaltpolmotoren haben z. B. 10 oder 16 Pole und eine entsprechend niedrige Drehzahl. Sie werden meist als Außenläufer gebaut **(Bild 245/1)**. Der Ständer besteht dann aus einer ringförmigen Erregerspule und zwei Ständerhälften aus Stahlblech. Beide Ständerhälften tragen am Umfang Blechlappen, die als Klauenpole wirken. Die Polung der Klauenpole einer Ständerhälfte ist also jeweils gleich (Klauenpolprinzip Bild 224/1). Hat z. B. jede Ständerhälfte 4 derartige Klauenpole, so hat der Motor 8 Pole.

Jeder Klauenpol besteht aus einem einfach gebogenen Blechlappen, der als Spaltpol wirkt. Um alle Spalt-pole einer Ständerhälfte liegt ein gemeinsamer Kurzschlußring, der die Phasenverschiebung der magne-tischen Flüsse hervorruft. Die Verwendung eines einzigen Kurzschlußringes ist möglich, weil die Klauen-pole dieser Ständerhälfte alle dieselbe magnetische Polung haben.

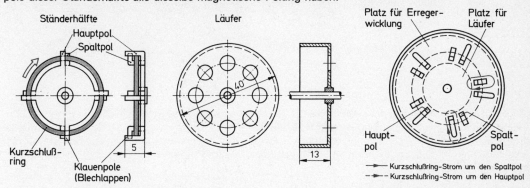

Bild 245/1: Achtpoliger Spaltpolmotor

Bild 245/2: Spaltpolwirkung infolge verschiedenartiger Pole

Der Läufer besteht bei Außenläufermotoren aus einem Stahlnäpfchen (Bild 245/1). Es wird vom Drehfeld des Ständers mitgenommen, und zwar beim Anlauf infolge der Wirbelströme, nach dem Anlauf als Hystereseläufer mit synchroner Drehzahl. Trägt der Läufer so viele Bohrungen, wie der Ständer Pole hat, dann wird das Drehmoment größer, weil der Motor als Reluktanzmotor arbeitet.

Es gibt auch andere Ausführungen von langsamlaufenden Spaltpolmotoren. Bei Innenläufern ist oft kein Kurzschlußring vorhanden. Seine Aufgabe wird dann von einem Blech wahrgenommen, das zum Hauptpol anders liegt als zum Spaltpol. Das kann z.B. das Blech sein, aus dem die Klauenpole selbst herausge-schnitten sind. In diesem Fall ergibt sich die Phasenverschiebung der magnetischen Flüsse durch die ver-schiedenartige Ausstanzung der Lappen für den Hauptpol und den Spaltpol **(Bild 245/2)**.

Langsamlaufende Spaltpolmotoren werden meist als Synchronmotoren für Einphasenwechselspannung bezeichnet. Sie werden bei Leistungsaufnahmen von 1 W bis 3 W in Uhren, Programmsteuerungen, Zeit-relais, Betriebsstundenzählern, schreibenden Meßgeräten und Steuerungen angewendet.

12.3.6 Schrittmotor

Beim Schrittmotor läuft der Läufer schrittweise um den Schrittwinkel weiter, z.B. bei jedem Schritt um 7,5°. Die Schrittfrequenz (Zahl der möglichen Schritte in der Sekunde) kann bis zu mehreren zehntausend Hertz, die Drehzahl bis 1000 je min betragen.

n	Drehzahl
α	Schrittwinkel
f_{sch}	Schrittfrequenz

$$n = \frac{\alpha \cdot f_{sch}}{360°}$$

Beispiel: Ein Schrittmotor mit einem Schrittwinkel von 7,5° wird mit einer Schrittfrequenz von 720 Hz angesteuert. Wie groß ist seine Drehzahl?

Lösung $n = \dfrac{\alpha \cdot f_{sch}}{360°} = \dfrac{7,5° \cdot 720 \,^1/s}{360°} = 15 \,^1/s = \textbf{900} \,\textbf{1/min}$

Die Ständerwicklung eines Schrittmotors kann z.B. aus 4 Strängen bestehen **(Bild 246/1)**. Diese Stränge werden von einem Schalter in geeigneter Reihenfolge so mit Gleichspannung verbunden, daß von Um-schaltung zu Umschaltung die Ständerpole um den Schrittwinkel weiterwandern.

Zum Betrieb eines Schrittmotors ist ein elektronischer oder ein mechanischer Steuerschalter erforderlich.

Der Läufer eines Schrittmotors ist ein Zahnläufer aus einem Dauermagnet, z.B. mit Magnetisierung in axialer Richtung. Der Dauermagnetläufer stellt sich so ein, daß der magnetische Widerstand möglichst klein ist. Dadurch tritt schon im Ruhezustand des Motors ein Haltemoment ein. Dieses kann größer sein als das Drehmoment im Betrieb.

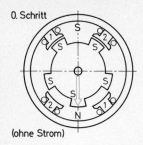
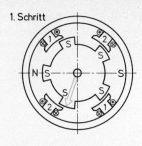
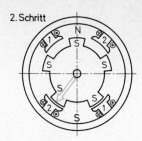

0. Schritt   1. Schritt   2. Schritt

(ohne Strom)

Bild 246/1: Schrittmotor

Wegen der Zähne dreht sich der Läufer bei einer ganzen Umdrehung des Ständerfeldes nur um eine Zahnteilung weiter. Je mehr Zähne und je mehr Pole vorhanden sind, desto kleiner ist der Schrittwinkel. Meist sind 48 bis 200 Schritte je Umdrehung erforderlich. Es gibt auch andere Ausführungen von Schrittmotoren. Schrittmotoren für Leistungen bis etwa 500 W werden z. B. zum Positionieren (Einstellen) von Werkzeugmaschinen verwendet.

12.3.7 Elektronikmotor

Beim Elektronikmotor trägt der Ständer mindestens 3 Stränge, die nacheinander an Gleichspannung gelegt werden (**Bild 246/2**). Dadurch springen bei jedem Schaltvorgang die Pole weiter, es entsteht ein Drehfeld.

Der Läufer des Elektronikmotors ist ein Dauermagnetläufer, der eine oder mehrere Aussparungen hat. Das Einschalten und Ausschalten der Ständerstränge erfolgt über Transistoren je nach Stellung des Läufers.

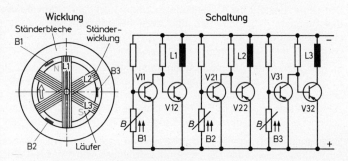

Bild 246/2: Elektronikmotor

Als Fühler für die Läuferstellung können z. B. flußdichteabhängige Widerstände (Feldplatten) verwendet werden (Bild 246/2). Bei diesen nimmt der Widerstand mit der magnetischen Flußdichte zu. Steht der Läufer so, daß die Flußdichte bei Feldplatte B1 groß ist, so ist dieser Widerstand hochohmig. Die Basis von V11 wird mehr negativ, V11 wird leitend. Dadurch wird die Basis von V12 positiv, V12 sperrt nun, so daß L1 keinen Strom führt. Die Wicklungen L2 und L3 führen dagegen Strom. Nun dreht sich der Läufer. In gleicher Weise steuert er dann V21 und danach V31, während V12 wieder leitend wird.

Elektronikmotoren werden z. B. zum Antrieb von batteriegespeisten Tonbandgeräten und Plattenspielern angewendet.

Wiederholungsfragen

1. Wie kommt bei einem Kondensatormotor ein Drehfeld zustande?
2. Wodurch kann beim Kondensatormotor die Drehrichtung umgekehrt werden?
3. Wozu werden Kondensatormotoren verwendet?
4. Welche beiden Wicklungen sind bei einem Widerstandshilfsstrang möglich?
5. Unter welchen Bedingungen dürfen Drehstrommotoren in der Steinmetzschaltung betrieben werden?
6. Wie sind bei einem Spaltpolmotor die Ständerpole aufgebaut?
7. Woran erkennt man die Drehrichtung beim Spaltpolmotor?
8. In welcher Art läuft beim Schrittmotor der Läufer um?
9. Was versteht man beim Schrittmotor unter Schrittfrequenz?
10. Warum tritt beim Schrittmotor im Ruhezustand ein Haltemoment auf?
11. Warum ist die Drehzahl eines Schrittmotorläufers niedriger als die Drehzahl des Ständerdrehfeldes?
12. Welche Bauelemente verwendet man zum Einschalten der Ständerstränge beim Elektronikmotor?
13. Welche Bauelemente eignen sich als Fühler für die Läuferstellung des Elektronikmotors?

12.4 Stromwendermaschinen

Maschinen mit einem Stromwender sind meist Gleichstrommaschinen.

12.4.1 Aufbau von Gleichstrommaschinen

Der Ständer von Gleichstrommaschinen, auch *Magnetgestell* genannt, besteht aus einem Jochring aus Stahl, ausgeprägten Hauptpolen mit Polkernen und Polschuhen aus Elektroblech und der auf den Polkernen sitzenden Erregerwicklung (**Bild 247/1**). Es gibt Gleichstrommaschinen bis zu Nennleistungen von 20 kW, die anstelle der Polkerne mit Erregerwicklung Dauermagnete haben. Es werden auch Gleichstrommaschinen ohne ausgeprägte Pole gebaut. Bei ihnen besteht das Magnetgestell aus einem Blechpaket mit gleichmäßig verteilten Nuten wie bei einem Drehstrommotor. In den Nuten befinden sich Erregerwicklung und Wendepolwicklung.

Bei mittleren und größeren Maschinen sind zwischen den Hauptpolen die Wendepole aus Stahl oder Elektroblech mit der Wendepolwicklung angeordnet.

Der Läufer von Gleichstrommaschinen, meist Anker genannt, besteht aus einer Stahlwelle mit aufgepreßtem Läuferblechpaket aus Elektroblech, der in den Nuten befindlichen Ankerwicklung und einem Stromwender, an dem die Ankerwicklung angeschlossen ist (**Bild 247/2**). Bei mittleren und größeren Maschinen ist ein Lüfter vorhanden.

Der **Stromwender** besteht aus einzelnen, voneinander isolierten Lamellen aus Hartkupfer. Diese Lamellen sind durch Gießharz oder durch eine mechanische Preßkonstruktion zusammengehalten (**Bild 247/3**).

An den Stromwenderlamellen ist die Verbindung mit der Ankerwicklung durch Löten hergestellt.

Am Ständer der Gleichstrommaschinen sind Halter so angebracht, daß *Bürsten* aus Kohle oder Graphit mit verstellbarem Druck auf der Umfangsfläche des Stromwenders gleiten können. Die *Bürstenhalter* sitzen meist auf *Bürstenbolzen*, die an einer drehbaren *Bürstenbrücke* befestigt sind (**Bild 247/4**).

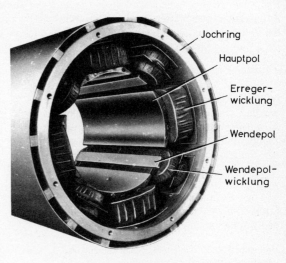

Bild 247/1: Ständer einer Gleichstrommaschine

Bild 247/2: Läufer einer Gleichstrommaschine nach dem Einlegen der Wicklung

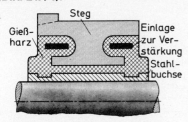

Bild 247/3: Stromwenderaufbau

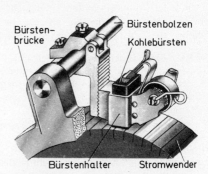

Bild 247/4: Bürste mit Bürstenhalter, Bürstenbolzen und Bürstenbrücke

12.4.2 Wirkungsweise der Gleichstromgeneratoren

Versuch 248/1: Schließen Sie die Erregerwicklung eines Gleichstromgenerators an das Gleichstromnetz an! Schließen Sie an die Bürsten einen Spannungsmesser für Gleichspannung und ein Oszilloskop an! Treiben Sie den Anker mit gleichbleibender Drehzahl an!

Es wird Gleichspannung erzeugt. Das Oszilloskop zeigt eine wellige Spannung an.

Beim Drehen des Ankers wird in den Leitern der Ankerwicklung Spannung induziert, da Feldlinien des Erregerfeldes geschnitten werden **(Bild 248/1)**. Die induzierte Spannung ist in solchen Leitern am größten, die sich gerade unter den Hauptpolen befinden. Ist ein Leiter unter dem nächsten Hauptpol angelangt, so ist in ihm die Spannung wieder am größten, sie hat aber die entgegengesetzte Richtung.

Im Anker der Gleichstromgeneratoren wird Wechselspannung induziert.

Mit der Ankerwicklung bewegt sich der Stromwender. Dadurch sind an einer Bürste immer die Ankerleiter angeschlossen, die sich unter einem Ständernordpol befinden, an der anderen Bürste die Ankerleiter unter einem Ständersüdpol **(Bild 248/2)**. Die induzierte Wechselspannung wird also vom Stromwender gleichgerichtet. Je mehr Lamellen der Stromwender hat, desto größer ist die Spulenzahl im Anker. Desto glatter ist auch die an den Bürsten abnehmbare Spannung.

Versuch 248/2: Wiederholen Sie Versuch 248/1, aber mit entgegengesetzter Drehrichtung!

Die Spannung hat entgegengesetzte Richtung.

Versuch 248/3: Wiederholen Sie Versuch 248/1, aber mit geänderter Stromrichtung in der Erregerwicklung!

Die Spannung hat ebenfalls entgegengesetzte Richtung.

Die induzierte Spannung in Gleichstromgeneratoren ändert ihre Richtung bei Änderung der Drehrichtung und bei Änderung der Stromrichtung des Erregerstromes, da in beiden Fällen die Feldlinien in anderer Richtung geschnitten werden.

Versuch 248/4: Legen Sie an die Erregerwicklung eines Gleichstromgenerators Gleichspannung! Schließen Sie an den Anker einen Spannungsmesser an! Treiben Sie den Anker erst langsam, dann schneller an!

Die Spannung nimmt mit wachsender Drehzahl zu.

Bei schneller Drehung werden in der gleichen Zeit mehr Feldlinien geschnitten als bei langsamer Drehung; die Spannung wächst **(Bild 248/3)**.

Versuch 248/5: Legen Sie die Erregerwicklung eines Gleichstromgenerators über einen Strommesser an Gleichspannung, und treiben Sie den Generator mit gleichbleibender Drehzahl an! Vergrößern Sie den Erregerstrom!

Die Spannung nimmt mit wachsendem Erregerstrom zu.

Bei stärkerem Erregerstrom werden mehr magnetische Feldlinien erzeugt, so daß mehr Feldlinien geschnitten werden. Die induzierte Spannung steigt mit dem Erregerstrom (Bild 248/3).

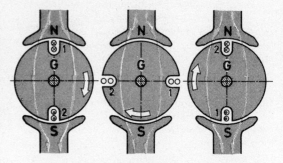

Bild 248/1:
Erzeugung der Wechselspannung im Anker

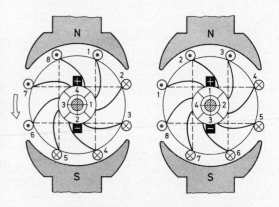

Bild 248/2: Stromrichtung in einer Trommelwicklung bei zwei Läuferstellungen

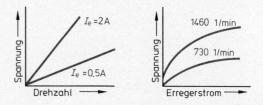

Bild 248/3: Leerlaufkennlinien bei verschiedenen Erregerströmen und bei verschiedenen Drehzahlen

Die Spannungsrichtung eines Gleichstromgenerators ändert sich mit der Drehrichtung oder mit der Erregerstromrichtung. Die Spannung eines Gleichstromgenerators steigt mit der Drehzahl und mit dem Erregerstrom.

12.4.3 Grundsätzliche Schaltungen von Gleichstromgeneratoren

Die verschiedenen Arten von Gleichstromgeneratoren unterscheiden sich durch die verschiedene Schaltung der Erregerwicklung zum Anker **(Tabelle 249/1)**.

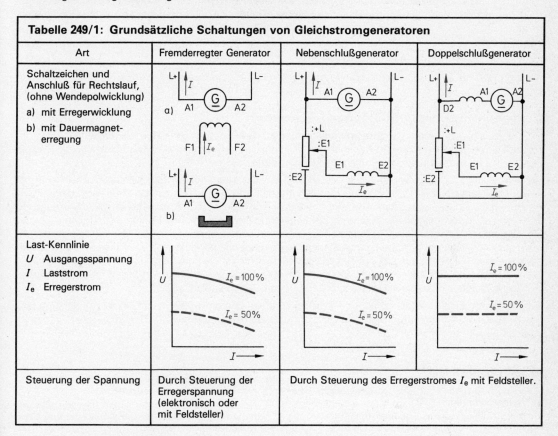

Tabelle 249/1: Grundsätzliche Schaltungen von Gleichstromgeneratoren

Art	Fremderregter Generator	Nebenschlußgenerator	Doppelschlußgenerator
Schaltzeichen und Anschluß für Rechtslauf, (ohne Wendepolwicklung) a) mit Erregerwicklung b) mit Dauermagneterregung			
Last-Kennlinie U Ausgangsspannung I Laststrom I_e Erregerstrom			
Steuerung der Spannung	Durch Steuerung der Erregerspannung (elektronisch oder mit Feldsteller)	Durch Steuerung des Erregerstromes I_e mit Feldsteller.	

Fremderregter Generator

Beim fremderregten Generator ist die Erregerwicklung nicht mit dem Anker verbunden. Der Erregerstrom wird von einem getrennten Erzeuger, z. B. einem Netzgleichrichter, geliefert (Tabelle 249/1).

Bei Belastung sinkt die abgegebene Spannung gegenüber der Leerlaufspannung wegen des Ankerwiderstandes ab. Fremderregte Generatoren werden z. B. als Steuergenerator beim Leonardumformer verwendet (Seite 256).

Nebenschlußgenerator

Beim Nebenschlußgenerator ist die Erregerwicklung parallel zum Anker angeschlossen (Tabelle 249/1).

Wird der Anker aus dem Stillstand heraus angetrieben, so entsteht in ihm eine kleine Spannung, wenn noch ein Restmagnetismus vorhanden ist. Bei richtigem Anschluß der Erregerwicklung fließt ein zunächst kleiner Erregerstrom, der den Magnetismus verstärkt und eine größere Spannung zur Folge hat. Die Maschine erregt sich selbst. Bei verkehrtem Anschluß der Erregerwicklung schwächt der Erregerstrom den Restmagnetismus; die Maschine erregt sich nicht.

Wenn ein Nebenschlußgenerator sich nicht erregt, ist entweder kein Restmagnetismus vorhanden, oder die Erregerwicklung ist falsch angeschlossen, oder die Drehrichtung ist falsch, oder der Generator ist kurzgeschlossen.

Zum Einstellen der Spannung ist in den Erregerstromkreis meist ein *Feldsteller* geschaltet. Das ist ein Dreh- oder Schiebewiderstand. Beim Öffnen des Erregerstromkreises würde in der Erregerwicklung eine große Spannung induziert werden, welche die Isolation schädigen könnte. Deswegen schließt der Feldsteller über eine zusätzliche Klemme bei geöffnetem Erregerstromkreis die Erregerwicklung kurz.

Bei Belastung sinkt die abgegebene Spannung gegenüber der Leerlaufspannung stärker ab als beim fremderregten Generator **(Tabelle 249/1)**. Der wegen des Ankerwiderstandes eintretende kleine Spannungsabfall bewirkt eine Verringerung der Spannung an der Erregerwicklung und damit einen kleineren Erregerstrom.

Bei Drehrichtungsumkehr muß in der Erregerwicklung der Strom in gleichbleibender Richtung fließen, damit er den Restmagnetismus nicht schwächt.

Bei Drehrichtungsänderung von Gleichstromgeneratoren polt man den Ankerstromkreis um.

Doppelschlußgenerator (Compound-Generator)*

Der Doppelschlußgenerator hat zwei Erregerwicklungen, die auf den gleichen Hauptpolen angeordnet sind. Die eine Erregerwicklung ist eine Nebenschlußwicklung, die andere eine Reihenschlußwicklung (Tabelle 249/1). Der Feldsteller liegt vor der Nebenschlußwicklung.

Meist ist die Reihenschlußwicklung so geschaltet, daß der Magnetismus der Nebenschlußwicklung bei Belastung verstärkt wird. Dann bewirkt die Reihenschlußwicklung bei Belastung eine Vergrößerung der Spannung gegenüber der Spannung eines Nebenschlußgenerators. Ist die Reihenschlußwicklung so bemessen, daß die abgegebene Spannung bei konstanter Drehzahl beinahe belastungsunabhängig ist, ist der Generator „compoundiert" (Tabelle 249/1). Beim „übercompoundierten" Generator bewirkt die Reihenschlußwicklung einen Spannungsanstieg, beim „untercompoundierten" ein schwächeres Absinken der Spannung bei Belastung als beim Nebenschlußgenerator. Ist die Reihenschlußwicklung so geschaltet, daß bei Belastung der Magnetismus der Nebenschlußwicklung geschwächt wird, sinkt die Spannung bei Belastung besonders stark ab. Der Generator ist „gegencompoundiert".

Doppelschlußgeneratoren als compoundierte Generatoren sind die wichtigsten Gleichstromgeneratoren. Sie werden z. B. als Erregergeneratoren zur Lieferung des Erregerstromes für Synchrongeneratoren verwendet.

Wiederholungsfragen

1. Welche Aufgabe hat der Stromwender beim Gleichstromgenerator?
2. Wovon hängt beim Gleichstromgenerator die Richtung der induzierten Spannung ab?
3. Von welchen Größen hängt beim Gleichstromgenerator die Höhe der induzierten Spannung ab?
4. Unter welchen Voraussetzungen erregt sich ein Gleichstromgenerator nicht selbst?
5. Wie wird beim Gleichstrom-Nebenschlußgenerator die Spannung eingestellt?
6. Nennen Sie den Unterschied im Betriebsverhalten beim fremderregten Generator und beim Nebenschlußgenerator!
7. Wie sind beim Doppelschlußgenerator die beiden Erregerwicklungen geschaltet?
8. Wozu werden compoundierte Generatoren verwendet?

12.4.4 Ankerquerfeld

Entstehung

Wird ein Generator belastet, so fließt in der Ankerwicklung Strom. Da ein Anker mit zwei Bürstensätzen wie *eine* Spule wirkt, entsteht bei Belastung in Richtung der gezeichneten Bürstenachse ein Magnetfeld **(Bild 251/1)**. Dieses Magnetfeld steht senkrecht zu dem Hauptfeld der Erregerwicklung. Man nennt es *Ankerquerfeld*.

Bei Belastung von Gleichstrommaschinen entsteht ein Ankerquerfeld.

Der magnetische Fluß des Ankerquerfeldes ist um so größer, je größer die Belastung der Maschine ist.

* compound (engl.) = zusammengesetzt

Das Ankerquerfeld setzt sich mit dem Hauptfeld zu einem gemeinsamen Magnetfeld zusammen. Beim Generator ist das gemeinsame Magnetfeld in Drehrichtung des Generators gegenüber dem Hauptfeld verschoben (Bild 251/1). Die Verschiebung des Hauptfeldes durch das Querfeld nennt man *Ankerrückwirkung*.

Die Verschiebung des Gesamtfeldes bei Belastung bewirkt, daß in anderen Nuten als bei Leerlauf Spannungen induziert werden. Die Bürsten müssen aber so eingestellt sein, daß sie mit dem Teil der Wicklung verbunden sind, in dem keine Spannung induziert wird. Da in diesen Wicklungsteilen keine Spannung induziert wird, nennt man ihre räumliche Lage *neutrale Zone*. Auch die entsprechende Stellung der Bürsten nennt man neutrale Zone.

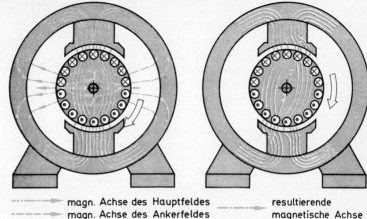

------→ magn. Achse des Hauptfeldes   ------→ resultierende
------→ magn. Achse des Ankerfeldes   magnetische Achse

Bild 251/1: Verschiebung des Magnetfeldes durch das Ankerquerfeld beim Gleichstromgenerator

Bei Belastung verschiebt sich die neutrale Zone des Generators in Drehrichtung.

Stehen die Bürsten nicht in der neutralen Zone, so schließen sie Spulen kurz, in denen eine Spannung induziert wird. Der Kurzschluß erfolgt in dem Augenblick, in dem jede Bürste zwei Lamellen des Stromwenders gleichzeitig berührt (Seite 260). Infolge des Kurzschlusses fließen bei einer Bürstenstellung außerhalb der neutralen Zone starke Ströme über die Bürsten. Beim Weiterdrehen des Ankers wird der Stromkreis der kurzgeschlossenen Spule wieder geöffnet; es entsteht dabei ein starkes Bürstenfeuer.

Die Verschiebung der neutralen Zone wird bei Generatoren ohne Wendepole dadurch ausgeglichen, daß die Bürsten zusammen mit dem Bürstenjoch so weit gedreht werden, bis sie wieder in der neutralen Zone stehen.

Die Bürsten beim Generator ohne Wendepole sind mit der Drehrichtung aus der Leerlaufstellung weitergedreht.

Die Bürstenverschiebung ist nur für *einen* Belastungsfall möglich. Bei kleinerer oder größerer Belastung stimmt die Bürstenstellung nicht genau und es tritt Bürstenfeuer auf. Bei Generatoren mit wechselnder Drehrichtung ist Bürstenverstellung nicht anwendbar.

Wendepole

Dem Ankerquerfeld wird an der für die Stromwendung wichtigen Stelle durch Wendepole entgegengewirkt. Bei Wendepolmaschinen bleibt die neutrale Zone auch bei wechselnder Belastung an der gleichen Stelle. Wendepole ermöglichen eine funkenarme Stromwendung.

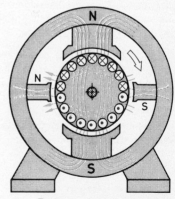

Wendepole wirken dem Ankerquerfeld in der neutralen Zone entgegen.

------ Feldlinien des Hauptfeldes
----- Feldlinien des Ankerquerfeldes
----- Feldlinien des Wendepolfeldes

Bild 251/2: Magnetfelder bei einem belasteten Wendepolgenerator

Beim Generator folgt in Drehrichtung auf den Hauptpol ein ungleichnamiger Wendepol, z. B. auf einen Hauptpol Nord ein Wendepol Süd (**Bild 251/2**).

Die richtige Polung prüft man mit einem Stahlstab und einer Magnetnadel **(Bild 252/1)**.

Das Wendepolfeld muß bei kleiner Belastung schwach sein und bei großer Belastung groß. Deshalb ist die Wendepolwicklung mit dem Anker in Reihe geschaltet **(Bild 252/2)**. Meist ist die Wendepolwicklung nicht getrennt an das Klemmbrett geführt, sondern im Inneren der Maschine mit dem Anker verbunden. Auf dem Klemmbrett stehen dann die Bezeichnungen B1 und B2 (Bild 252/2) oder auch A1 und A2 (Anschlußkennzeichnung Seite 259).

Wird zur Drehrichtungsumkehr von Wendepolmaschinen die Ankerwicklung allein umgepolt, so stimmt die Polung der Wendepole nicht mehr. Wird dagegen zur Drehrichtungsumkehr die Reihenschaltung von Anker und Wendepolwicklung umgepolt, so stimmt die Polung der Wendepole.

Alle Gleichstrommaschinen außer den Kleinmaschinen besitzen Wendepole.

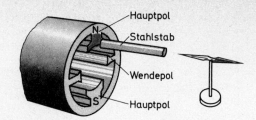

Bild 252/1: Prüfen der Polung bei einer Wendepolmaschine

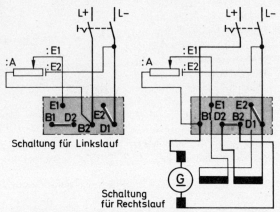

Schaltung für Linkslauf

Schaltung für Rechtslauf

Bild 252/2: Schaltung eines Doppelschlußgenerators mit Wendepolen

Kompensationswicklung

In den Ankerteilen, die den Hauptpolen gegenüber liegen, ist das Feld der Wendepole unwirksam. An den Hauptpolen drängt das Ankerquerfeld die Feldlinien nach einer Kante der Hauptpole (Bild 252/1).

Bei großen und schnellaufenden Maschinen wird in einem Teil der Ankerspulen durch die Zusammendrängung der Feldlinien die Spannung gegenüber der nächsten Spule so groß, daß ein Durchschlag an der Stelle der schwächsten Isolation erfolgen kann. Das ist die Luftstrecke zwischen den Lamellen des Stromwenders. Die Spannung zwischen zwei benachbarten Lamellen, die sogenannte Stegspannung, soll bei Maschinen mit großem Leiterquerschnitt aber kleiner als 35 V sein.

Die Feldverzerrung durch das Ankerquerfeld wird unterhalb der Hauptpole durch die Kompensationswicklung aufgehoben. Diese Wicklung ist als Reihenschlußwicklung in Nuten der Hauptpole so angeordnet **(Bild 252/3)**, daß der Strom in den Nuten immer die entgegengesetzte Richtung hat wie in den darunterliegenden Nuten des Ankers.

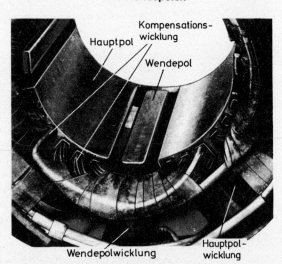

Bild 252/3: Ständer mit Hauptpol-, Wendepol- und Kompensationswicklung

Wiederholungsfragen

1. Was versteht man beim Gleichstromgenerator unter der Ankerrückwirkung?
2. In welcher Richtung verschiebt sich die neutrale Zone des Generators bei Belastung?
3. Welche Aufgaben haben bei Gleichstrommaschinen die Wendepole?
4. Wie ist die Wendepolwicklung in der Gleichstrommaschine geschaltet?
5. Welche Reihenfolge haben Hauptpole und Wendepole am Ständerumfang vom Generator?
6. Warum muß bei der Drehrichtungsänderung die Wendepolwicklung zusammen mit dem Anker umgepolt werden?

12.4.5 Wirkungsweise der Gleichstrommotoren

Gleichstrommotoren entwickeln ein großes Anzugsmoment, und ihre Drehzahl ist in weitem Umfang stufenlos einstellbar. Aufbau, Anschlußkennzeichnung und Art der Schaltung sind dieselben wie bei den Gleichstromgeneratoren.

Bei Gleichstrommotoren wird der Erregerstrom der Erregerwicklung und der Ankerstrom dem Anker von außen zugeführt. Es gibt auch Gleichstrommotoren mit Nennleistungen bis 30 kW, die keinen Erregerstrom brauchen, da sie Dauermagnete enthalten. Entweder der Erregerstrom oder die Dauermagnete erzeugen im Ständer ein Magnetfeld. Da in den Leitern des Ankers Strom fließt, wirkt auf den Anker ein Drehmoment.

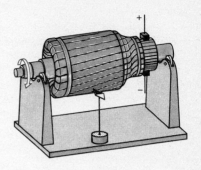

Versuch 253/1: Lagern Sie den Anker einer zweipoligen Stromwendermaschine nach **Bild 253/1**! Führen Sie dem Stromwender Strom zu, und prüfen Sie mit einer Magnetnadel die magnetische Polung (Bild 253/1)!

Der stromdurchflossene zweipolige Anker hat einen Nordpol und einen Südpol.

Bild 253/1:
Nachweis des Läuferfeldes

Versuch 253/2: Drehen Sie den stromdurchflossenen Anker der Anordnung von Bild 253/1, und beobachten Sie die magnetische Polung!

Die Lage der Magnetpole bleibt unverändert.

Der Anker einer Gleichstrommaschine wirkt auch bei Drehung wie ein Elektromagnet mit feststehenden Polen. Zwar ändert sich bei Drehung die Lage der Ankerspulen, jedoch wird durch den Stromwender der Strom so umgepolt, daß die Lage der Ankerpole gleich bleibt. Durch das Zusammenwirken von Erregerfeld und Ankerfeld tritt eine Kraft auf, die den Anker dreht.

Bei der Drehung des Ankers sucht sich das Ankerfeld in die gleiche Richtung zu drehen wie das Erregerfeld **(Bild 253/2)**. Da der Strom aber immer wieder anderen Ankerspulen zugeführt wird, nimmt auch das Ankerfeld immer wieder seine ursprüngliche Richtung ein.

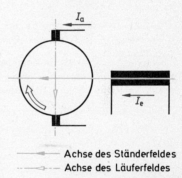

◄——— Achse des Ständerfeldes
◄--◄-- Achse des Läuferfeldes

Bild 253/2: Erregerfeld und Ankerfeld drehen den Läufer

Bei Gleichstrommotoren tritt ein Drehmoment auf, wenn ein Erregerfeld vorhanden ist und im Anker Strom fließt.

Die Richtung des Drehmomentes von Gleichstrommotoren wird umgekehrt, wenn man die Richtung des Erregerfeldes durch Umpolen des Erregerstromes *oder* die Richtung des Ankerfeldes durch Umpolen des Ankerstromes umkehrt. Soll die Drehrichtung von Gleichstrommotoren *betriebsmäßig* umgekehrt werden (Umkehrbetrieb), so polt man die Reihenschaltung von Anker und Wendepolwicklung um, während die Erregerwicklung unverändert vom Erregerstrom durchflossen wird.

Zur Drehrichtungsumkehr von Gleichstrommotoren polt man den Ankerstrom um.

Das Drehmoment von Gleichstrommotoren hängt vom magnetischen Fluß des Hauptfeldes und dem des Ankerfeldes ab.

Je größer Erregerstrom und Ankerstrom sind, desto größer ist das Drehmoment.

Versuch 253/3: Schließen Sie einen Gleichstrommotor über einen Strommesser an einen einstellbaren Spannungserzeuger an! Halten Sie den Läufer fest, und erhöhen Sie die Spannung von 0 V beginnend!

Schon bei einer sehr niedrigen Spannung (z. B. 10% der Nennspannung) fließt der volle Nennstrom.

Im Stillstand des Motors ist für den Ankerstrom nur die am Anker liegende Spannung und der kleine Widerstand der Ankerwicklung maßgebend. Bei Anschluß der vollen Nennspannung würde ein sehr großer Strom fließen. Direktes Einschalten ist deshalb nur bei Kleinmotoren möglich.

Gleichstrommotoren läßt man bei herabgesetzter Ankerspannung an.

Wird die Ankerspannung durch einen Anlaßwiderstand **(Bild 254/1)** herabgesetzt, muß dieser in den Ankerstromkreis geschaltet werden. Die Größe des Anlaßwiderstandes hängt vom Ankerwiderstand, dem Nennstrom des Motors, der Netzspannung und der Größe des zugelassenen Anlaßspitzenstromes ab (siehe Tabellenbuch und Rechenbuch Elektrotechnik).

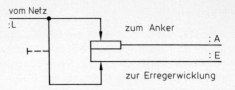

Die Anschlüsse der Anlaßwiderstände werden mit denselben Kennbuchstaben gekennzeichnet wie die Anschlüsse von Netz und Motor, wohin die Verbindung herzustellen ist (Bild 254/1). :L+ am Anlaßwiderstand ist also mit L+ vom Netz zu verbinden, :A am Anlaßwiderstand mit A1 bzw. A2 vom Anker.

Bild 254/1: Anlaßwiderstand für Gleichstrommotor

Beispiel: Ein Gleichstrommotor hat einen Ankerwiderstand von 0,5 Ω. Der Ankernennstrom ist 10 A, die Ankerspannung 220 V. Der Anlaßspitzenstrom I_2 soll nicht größer sein als 150% des Nennstromes. Wie groß muß der Anlaßwiderstand sein?

Lösung: Anlaßspitzenstrom: $I_2 = 10\ A \cdot 1,5 = 15\ A$

Gesamtwiderstand im Ankerkreis: $R = \dfrac{U}{I_2} = \dfrac{220\ V}{15\ A} = 14,66\ \Omega$

Anlaßwiderstand: $R_V = 14,66\ \Omega - 0,5\ \Omega \approx \mathbf{14\ \Omega}$

Versuch 254/1: Wiederholen Sie Versuch 253/3, lassen Sie aber danach den Anker los!
Der Anker dreht sich, und die Stromaufnahme des Motors geht stark zurück.

Dreht sich der Läufer eines Gleichstrommotors, so schneiden die Leiter des Läufers Feldlinien, und es wird in ihnen Spannung induziert. Diese ist so gerichtet, daß die Ursache der Induktion gehemmt wird. Die Ursache für die Induktion ist der Ankerstrom, weil dieser den Anker zum Drehen bringt.

Im Anker von laufenden Gleichstrommotoren entsteht eine Spannung (Gegen-EMK). Sie verringert die Stromaufnahme.

Drehzahleinstellung

Versuch 254/2: Schließen Sie einen Gleichstrommotor (z. B. Nebenschlußmaschine) so an, daß Ankerspannung und Erregerstrom unabhängig gesteuert und gemessen werden können! Schalten Sie den Erregerstrom ein, und lassen Sie ihn unverändert! Schalten Sie den Ankerstrom ein, und stellen Sie erst eine kleine, dann eine große Ankerspannung ein!
Der Anker dreht sich erst langsam, dann schnell.

Wird die Ankerspannung vergrößert, so nimmt der Anker einen größeren Strom auf. Dadurch entwickelt er ein größeres Drehmoment und wird solange beschleunigt, bis die steigende induzierte Spannung den Ankerstrom wieder verkleinert.

Vergrößerung der Ankerspannung erhöht die Drehzahl, Verkleinerung verringert sie.

Versuch 254/3: Wiederholen Sie Versuch 254/2 bei unveränderter Ankerspannung, stellen Sie aber nacheinander eine kleine und dann eine höhere Erregerspannung ein! Beobachten Sie die Stromaufnahme des Ankers!
Der Anker nimmt bei der kleineren Erregerspannung einen größeren Strom auf und dreht sich schneller.

Durch Verringerung der Erregerspannung sinken der Erregerstrom und damit die Gegenspannung im Anker. Der Anker nimmt deswegen einen größeren Strom auf. Dadurch entwickelt er ein größeres Drehmoment und wird so lange beschleunigt, bis die Gegenspannung wieder etwa so groß ist wie vorher.

Verkleinerung des Erregerstromes erhöht die Drehzahl.

Der Erregerstrom darf nicht beliebig verkleinert werden. Im Leerlauf oder bei kleiner Belastung könnte die Drehzahl so stark ansteigen, daß durch Fliehkräfte Stromwender und Ankerwicklung zerstört werden. Bei größerer Belastung muß der Motor ein größeres Drehmoment abgeben. Da die Verkleinerung des Erregerstromes das Drehmoment verkleinert, nimmt der Motor dann einen entsprechend größeren Ankerstrom auf, damit er das erforderliche Drehmoment entwickeln kann. Dadurch kann die Isolation der Ankerwicklung verbrennen.

Man verkleinert die Ankerspannung, wenn der Motor unterhalb der Nenndrehzahl laufen soll. Man verkleinert die Erregerspannung, wenn der Motor oberhalb der Nenndrehzahl laufen soll.

Ankerstrom und Ankerquerfeld

Versuch 255/1: Schalten Sie vor den Anker eines Gleichstrommotors einen Strommesser, und schließen Sie den Motor an die halbe Nennspannung an! Schalten Sie ein, und bremsen Sie den Motor!
Der Strom im Anker nimmt mit der Belastung zu.

Belastung verringert die Ankerdrehzahl und damit die induzierte Spannung. Der Anker nimmt deshalb einen stärkeren Strom auf und gibt das erforderliche Drehmoment ab.

Bei belasteten Gleichstrommotoren fließt im Anker ein stärkerer Strom als bei unbelasteten.

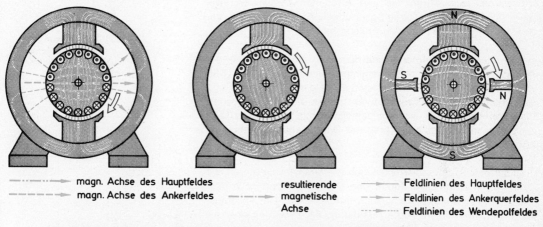

────────▶ magn. Achse des Hauptfeldes		
────────▶ magn. Achse des Ankerfeldes	resultierende	───────── Feldlinien des Hauptfeldes
	magnetische	───────── Feldlinien des Ankerquerfeldes
──────· Achse	─────── Feldlinien des Wendepolfeldes

Bild 255/1: Verschiebung des Magnetfeldes beim belasteten Gleichstrommotor (links) und Aufhebung der Verschiebung durch Wendepole (rechts)

Bei Belastung entsteht in Gleichstrommotoren ein Ankerquerfeld, ähnlich wie bei Gleichstromgeneratoren. Die Stromrichtung im Anker ist beim Motor aber entgegengesetzt wie im Generator mit gleicher Drehrichtung. Deswegen hat das Ankerquerfeld die entgegengesetzte Richtung wie im Generator **(Bild 255/1)**.

Belastung verschiebt die neutrale Zone des Motors gegen die Drehrichtung.

Bei Gleichstromkleinmotoren verschiebt man die Bürsten *gegen* die Drehrichtung aus der neutralen Zone für den Leerlauf, damit bei Belastung kein Bürstenfeuer auftritt. Diese Bürstenverschiebung hat die gleichen Nachteile wie die Bürstenverschiebung bei Generatoren. Außerdem wird infolge der Bürstenverschiebung das Hauptfeld geschwächt, da jetzt das Ankerquerfeld zum Teil gegen das Hauptfeld gerichtet ist. Der Motor kann dadurch bei Belastung eine größere Drehzahl annehmen und durchgehen, er wird *instabil*. Deswegen vermeidet man bei mittleren und größeren Motorleistungen die Bürstenverschiebung.

Bei Gleichstrommotoren ab 1 kW sind meist Wendepole vorhanden, die dem Ankerquerfeld in den für die Stromwendung wichtigen Stellen entgegen wirken. Die Polung der Wendepole ist umgekehrt wie bei den Generatoren (Bild 255/1).

Bei Motoren folgt in Drehrichtung auf jeden Hauptpol ein gleichnamiger Wendepol.

Zur betriebsmäßigen Drehrichtungsumkehr polt man die Reihenschaltung von Anker und Wendepolwicklung um, weil beim Umpolen der Erregerwicklung kurzzeitig kein Erregerfeld vorhanden wäre. Bei Motoren ab 100 kW sowie bei solchen Motoren, die stoßweise belastet werden, bringt man zusätzlich eine Kompensationswicklung unter den Hauptpolen an.

12.4.6 Schaltungen von Gleichstrommotoren

Die verschiedenen Arten von Gleichstrommotoren unterscheiden sich dadurch, wie die Erregerwicklung zum Anker geschaltet ist.

Fremderregter Motor

Beim fremderregten Motor ist die Erregerwicklung nicht mit dem Anker verbunden. Der Erregerstrom wird von einem unabhängigen Spannungserzeuger geliefert **(Bild 256/1)**. Zum Anlassen und zum Herabsetzen der Drehzahl steuert man die Ankerspannung, z. B. durch einen Anlaßwiderstand, zum Erhöhen der Drehzahl die Erregerspannung, z. B. durch einen Feldsteller.

Oft werden Ankerstromkreis und Erregerstromkreis von zwei Gleichrichtern gespeist. Deren Spannungen sind einstellbar, insbesondere die Spannung für den Ankerstromkreis.

Bei fremderregten Motoren ist auf dem Leistungsschild außer der Ankerspannung auch die Erregerspannung angegeben **(Bild 256/3)**. Motoren mit Dauermagneten anstelle der Erregerwicklung sind ebenfalls fremderregte Motoren. Kleine Motoren mit Dauermagneten werden z. B. als Scheibenwischermotoren im Kraftfahrzeug verwendet. Große Motoren mit Dauermagneten gehen bis etwa 30 kW Nennleistung.

Fremderregte Motoren verhalten sich wie Drehstrommotoren, sie gehen im Leerlauf nicht durch. Ihre Drehzahl nimmt nach dem Einschalten so lange zu, bis die induzierte Spannung im Anker fast so groß ist wie die angelegte Spannung. Bei Belastung sinkt die Drehzahl nur wenig ab **(Bild 256/2)**.

Fremderregte Motoren werden dort verwendet, wo die Drehzahl in großem Umfang gesteuert wird, z. B. zum Antrieb von Rundschleifmaschinen, Fräsmaschinen und anderen hochwertigen Werkzeugmaschinen. Die Steuerung kann mit der Leonard-Schaltung erfolgen **(Bild 256/4)**. Verstellen des Feldstellers des fremderregten Steuergenerators ändert dessen Ankerspannung. Dadurch werden der Ankerstrom des fremderregten Motors und damit die Drehzahl geändert.

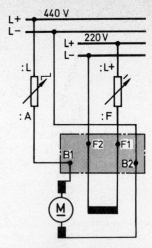

Bild 256/1: Schaltung eines fremderregten Motors mit Wendepolen, Anlasser und Feldsteller

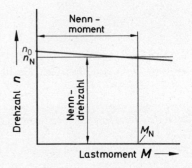

Bild 256/2: Belastungskennlinie des fremderregten Motors

Hersteller		
Typ	G 80	
G-Motor	Nr 17660	
	440 V	252 A
100 kW	S1	cos φ —
	1000 / min	— Hz
Err	220 V	4,4 A
Isol.-Kl. B	IP 23	1,0 t
VDE 0530 / 11.72		

Bild 256/3: Leistungsschild eines fremderregten Motors

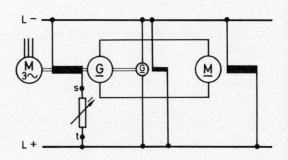

Bild 256/4: Leonard-Schaltung

Nebenschlußmotor

Beim Nebenschlußmotor ist die Erregerwicklung parallel zum Anker angeschlossen **(Bild 257/1)**. Drehzahleinstellung ist durch Anlasser und Feldsteller möglich.

Im Leerlauf und bei Belastung verhält sich der Nebenschlußmotor wie ein fremderregter Motor. Motoren, welche im Leerlauf nicht durchgehen und deren Drehzahl bei Belastung nur wenig abfällt, nennt man Motoren mit *Nebenschlußverhalten*.

Nebenschlußmotoren werden für ähnliche Antriebe wie fremderregte Motoren verwendet.

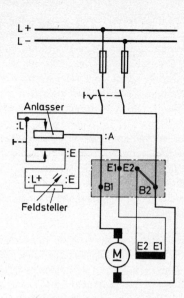

Bild 257/1: Nebenschlußmotor mit Wendepolen, Anlasser und Feldsteller (für Rechtslauf geschaltet)

Reihenschlußmotor

Beim Reihenschlußmotor ist die Erregerwicklung in Reihe mit dem Anker angeschlossen **(Bild 257/3)**. Zur Erhöhung der Drehzahl durch Feldschwächung müßte der Feldsteller parallel zur Erregerwicklung geschaltet sein. Das wird aber nur selten durchgeführt.

Beim Reihenschlußmotor fließt der gesamte Ankerstrom durch die Erregerwicklung. Bei großem Ankerstrom ist gleichzeitig der Erregerstrom groß. Das ist vor allem beim Anlauf der Fall.

Reihenschlußmotoren haben von allen Motoren das größte Anzugsmoment.

Beim Hochlaufen ohne Belastung nehmen der Ankerstrom und damit auch der Erregerstrom dauernd ab. Die Schwächung des Erregerfeldes steigert die Drehzahl.

Reihenschlußmotoren gehen im Leerlauf durch.

Deshalb dürfen Reihenschlußmotoren keinesfalls über Flachriemen belastet werden. Flachriemen könnten abspringen. Bei Belastung von Reihenschlußmotoren nehmen der Ankerstrom und damit der Erregerstrom zu. Wegen des steigenden Erregerstromes verringert sich die Drehzahl stark, während das Drehmoment zunimmt **(Bild 257/2)**.

Die Abnahme der Drehzahl bei Belastung ist besonders groß, wenn der Motor mit einem Vorwiderstand betrieben wird. In diesem Fall ruft der zunehmende Ankerstrom im Vorwiderstand einen Spannungsabfall hervor, so daß die Spannung am Anker niedriger wird. Die Drehzahl sinkt, weil mit dem Ankerstrom der Erregerstrom größer wird und weil die Ankerspannung abnimmt.

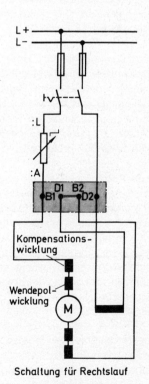

Schaltung für Rechtslauf

Bild 257/3: Reihenschlußmotor mit Wendepolen, Kompensationswicklung und Anlasser

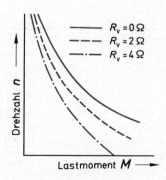

Bild 257/2: Belastungskennlinien eines Reihenschlußmotors

Reihenschlußmotoren werden für Elektrofahrzeuge verwendet, z. B. für Elektrokarren, Straßenbahnen, Fernbahnen. Ist das Magnetgestell dieser Motoren aus Elektroblech, so arbeiten Reihenschlußmotoren auch mit Wechselstrom. Diese *Universalmotoren* können mit Wechselstrom oder mit Gleichstrom betrieben werden. Der Läufer ist zwischen die Feldspulen geschaltet **(Bild 258/1)**. Dadurch werden Funkstörungen verringert.

Universalmotoren sind in Staubsaugern, Küchenmaschinen, Handbohrmaschinen, Handschleifmaschinen usw. eingebaut. Da ihr Widerstand bei Wechselstrom größer ist als bei Gleichstrom, ist ihre Leistung bei Wechselstrom etwas geringer. Zum Ausgleich werden manchmal bei Wechselstrombetrieb Teile der Feldwicklung abgeklemmt.

Schaltet man einen Widerstand parallel zum Anker oder wendet man die Barkhausenschaltung an (Bild 258/1), so kann das Durchgehen im Leerlauf verhindert werden. Es fließt dann nur ein Teil des Stromes durch den Läufer, so daß das Drehmoment kleiner ist.

Doppelschlußmotoren (Compound-Motoren)

Beim Doppelschlußmotor ist wie beim Doppelschlußgenerator auf den Hauptpolen eine Nebenschluß- und eine Reihenschlußwicklung angebracht. Drehzahleinstellung ist durch Anlasser und Feldsteller möglich **(Bild 258/2)**.

Beim „compoundierten" Motor ist die Reihenschlußwicklung so angeschlossen, daß ihr Magnetfeld dieselbe Richtung hat wie das Magnetfeld der Nebenschlußwicklung. Im Leerlauf verhält sich der compoundierte Motor wie ein Nebenschlußmotor. Bei Belastung fällt beim compoundierten Motor die Drehzahl etwas stärker ab **(Bild 258/3)**, da durch den stärkeren Ankerstrom auch der magnetische Hauptfluß größer wird.

Ist die Reihenschlußwicklung so angeschlossen, daß ihr Magnetfeld das Magnetfeld der Nebenschlußwicklung schwächt, so ist der Motor „gegencompoundiert". Unbeabsichtigt wird aus einem compoundierten Doppelschlußmotor ein gegencompoundierter Motor, wenn bei Drehrichtungsumkehr falsch umgepolt wird, z. B. durch Umpolung der Reihenschaltung B1 bis D2 statt B1 bis B2 (Bild 258/2). Bei Belastung steigt dann die Drehzahl, da das Hauptfeld schwächer wird. Gegencompoundierte Motoren neigen also zum Durchgehen, sie sind instabil. Deswegen vermeidet man diese Schaltung.

Doppelschlußmotoren werden dort verwendet, wo das Anzugsmoment von Nebenschlußmotoren zu klein ist, z. B. bei Hebezeugen. Ein fremderregter Motor oder ein Nebenschlußmotor über 12 kW hat meist eine Reihenschlußhilfswicklung, verhält sich also wie ein Doppelschlußmotor. Ohne die Reihenschlußwicklung würde bei Belastung die Drehzahl zunehmen, da das Ankerfeld das Hauptfeld schwächt.

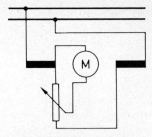

Bild 258/1: Universalmotor in Barkhausenschaltung

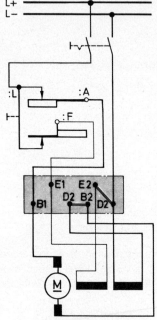

Schaltung für Rechtslauf

Bild 258/2: Doppelschlußmotor mit Wendepolen und Anlaßfeldsteller

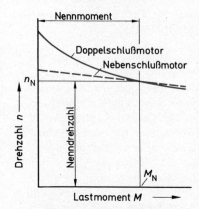

Bild 258/3: Belastungskennlinien des Doppelschlußmotors und des Nebenschlußmotors

12.4.7 Anschlußkennzeichnung von Stromwendermaschinen

Die Anschlußkennzeichnungen und die Stromrichtungen legen den Drehsinn einer Maschine fest. Man bestimmt den Drehsinn einer Maschine, wenn man bei Generatoren auf die Antriebsseite schaut, bei Motoren auf die Abtriebsseite (**Bild 259/1**). Dort befindet sich die Riemenscheibe oder die Kupplung.

Lauf im Uhrzeigersinn gilt bei Maschinen als Rechtslauf, Lauf gegen den Uhrzeigersinn als Linkslauf.

Die Anschlüsse von Gleichstrommaschinen sind bei Generatoren und Motoren gleich bezeichnet (**Tabelle 259/1**).

Bedeutet ein alphanumerisches Zeichen, z. B. B1, den Anfang einer Wicklung, so ist das Zeichen mit demselben Buchstaben aber der nächsten Ziffer, z. B. B2, das Ende derselben Wicklung. Für Rechtslauf ist festgelegt, daß *beim Motor* der Strom in jeder Wicklung vom Anfang zum Ende fließt, also von der niedrigen zur höheren Ziffer. Beim Reihenschlußmotor fließt der Strom bei Rechtslauf von A1 nach A2 und von D1 nach D2. Beim Nebenschlußmotor fließt bei Linkslauf ein Strom von A2 nach A1 und ein Strom von E1 nach E2 (**Bild 259/2**).

Beim Generator will der Ankerstrom den Anker in die entgegengesetzte Richtung drehen, wie der Anker angetrieben wird. Für diesen „Drehwunsch" des Ankers gilt dieselbe Stromrichtungsregel wie beim Motor, die Antriebsrichtung ist aber entgegengesetzt (**Bild 259/3**).

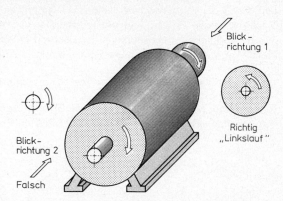

Bild 259/1: Bestimmung des Drehsinns

Tabelle 259/1: Gleichstrommaschinen Anschlußkennzeichnung	
Anker	A1—A2
Wendepolwicklung	B1—B2
Kompensationswicklung	C1—C2
Reihenschlußwicklung	D1—D2
Nebenschlußwicklung	E1—E2
Fremderregte Wicklung	F1—F2

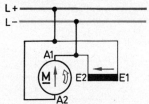

Bild 259/2: Schaltung eines Nebenschlußmotors (Linkslauf)

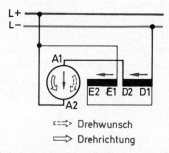

▭⟹ Drehwunsch
⟹ Drehrichtung

Bild 259/3: Schaltung eines Doppelschlußgenerators (Linkslauf)

Wiederholungsfragen

1. Welche Eigenschaften haben Gleichstrommotoren?
2. Wie kehrt man bei einem Gleichstrommotor die Drehrichtung um?
3. Von welchen Größen hängt beim Gleichstrommotor das Drehmoment ab?
4. Warum darf ein Gleichstrommotor nicht an der vollen Netzspannung eingeschaltet werden?
5. Wodurch verringert sich die Stromaufnahme eines Gleichstrommotors bei Drehzahlerhöhung?
6. Wie verkleinert man eine Ankerdrehzahl unter den Nennwert und vergrößert sie über den Nennwert?
7. Wohin verschiebt sich im Gleichstrommotor die neutrale Zone bei Belastung?
8. Welche Reihenfolge haben Hauptpole und Wendepole am Ständerumfang beim Gleichstrommotor?
9. Was versteht man unter dem Nebenschlußverhalten eines Gleichstrommotors?
10. Welches Betriebsverhalten haben Reihenschlußmotoren?
11. Wozu werden Reihenschlußmotoren verwendet?
12. Wie ist die Stromrichtung in einem Gleichstrommotor für Rechtslauf festgelegt?

12.4.8 Ankerwicklung von Stromwendermaschinen

Jede Spule der Läuferwicklung liegt in zwei Nuten des Läufers. Von einer Spule liegt in einer Nut nur eine *Spulenseite*. Die Spulen sind alle miteinander verbunden, damit beim Generator die in allen Spulen induzierte Spannung abgenommen werden und entsprechend beim Motor der Strom durch alle Spulen fließen kann. Die Verbindung der Spulen erfolgt an den Lamellen des Stromwenders.

An jeder Stromwenderlamelle ist der Anfang einer Spule und das Ende einer anderen Spule angeschlossen.

In den beiden Seiten einer Spule fließt der Strom in verschiedener Richtung. Deswegen müssen die beiden Spulenseiten jeder Spule unter zwei *verschiedenen* Polen liegen **(Bild 260/1)**.

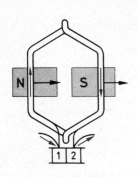

Bild 260/1: Lage der Läuferspulen bei einem Gleichstrommotor

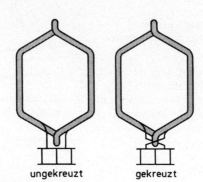

ungekreuzt   gekreuzt

Bild 260/2: Anschluß bei der gekreuzten und bei der ungekreuzten Schleifenwicklung

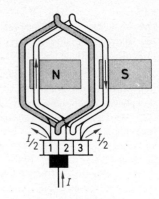

Bild 260/3: Lage der Bürste zum Hauptpol

Den Abstand der Umfangselemente einer Spule, in der Anzahl der Nuten ausgedrückt, bezeichnet man als Nutenschritt y_N. Ist der Nutenschritt genau Nutzahl N geteilt durch Polzahl $2p$, bezeichnet man die Wicklung als *Durchmesserwicklung*. Ist der Nutenschritt etwas kleiner, nennt man die Wicklung *gesehnte Wicklung (Sehnenwicklung)*.

für Durchmesserwicklung:

$$\text{Nutenschritt} = \frac{\text{Nutzahl}}{\text{Polzahl}}$$

$$\boxed{y_N = \frac{N}{2p}}$$

für gesehnte Wicklung ($n = 1, 2, 3\cdots$):

$$\text{Nutenschritt} = \frac{\text{Nutzahl}}{\text{Polzahl}} - n$$

$$\boxed{y_N = \frac{N}{2p} - n}$$

Schleifenwicklung

Bei der Einschichtwicklung liegt jede Spulenseite allein in einer Nut. Der Anfang der 1. Spule wird an eine Stromwenderlamelle angeschlossen, das Ende an die nächste Lamelle. An dieser wird der Anfang der zweiten Spule angeschlossen usw., bis das Ende der letzten Spule wieder an die Lamelle geht, an welcher der Anfang der 1. Spule liegt. Die Spulen bilden Schleifen. Man bezeichnet diese Art der Wicklung als *Schleifenwicklung*. Den Abstand von Spulenanfang und Spulenende, in der Anzahl der Stromwenderlamellen ausgedrückt, bezeichnet man als *Kollektorschritt (Stegschritt)*. Bei der Schleifenwicklung ist der Kollektorschritt = 1.

Wird als nächste Stromwenderlamelle die rechtsliegende verwendet, so entsteht eine ungekreuzte Schleifenwicklung. Nimmt man die linksliegende, so entsteht eine gekreuzte Schleifenwicklung **(Bild 260/2)**. Da an jeder Lamelle zwei Spulen angeschlossen sind, tritt unter den Bürsten eine Stromverzweigung auf, der Ankerstrom verzweigt sich bei zwei Bürsten in zwei *Ankerstromzweige*. Bei zwei Polen hat der Anker zwei Bürsten. Der zweipolige Anker hat zwei Ankerstromzweige.

Die Bürsten müssen am Stromwender so aufliegen, daß die Umfangselemente der kurzgeschlossenen Spulen nicht unter den Polen, sondern in der neutralen Zone liegen **(Bild 260/3)**.

Bei der Zweischichtwicklung **(Bild 261/2)** liegen die Spulenseiten von wenigstens zwei verschiedenen Spulen *übereinander* in einer Nut. Dadurch bringt man bei gleicher Nutenzahl mehr Spulen unter als bei der Einschichtwicklung und kann nun einen Stromwender mit größerer Lamellenzahl verwenden, so daß die Wicklung für eine größere Spannung geeignet wird.

Die Schleifenwicklung als Zweischichtwicklung ist bei jeder Nutzahl möglich.

Bei der sogenannten *Handwicklung* können für zweipolige Maschinen die Ankerspulen durchgehend direkt in die Nuten gewickelt werden **(Bild 261/1)**. Die ersten Spulen kommen dabei mit beiden Spulenseiten in die untere Schicht, dann liegen einige Spulen mit je einer Spulenseite unten und oben, die letzten Spulen liegen mit beiden Spulenseiten in der oberen Schicht.

Derartige Wicklungen werden für kleine Stromwendermotoren ausgeführt, z. B. für Universalmotoren. Für größere Maschinen ist die durchgehend gewickelte Zweischichtwicklung unbrauchbar, da wegen der verschiedenen Lage der Spulenseiten einer Spule in den Nuten die Spulenspannungen verschieden sind. Auch ergeben sich durch die ungleichmäßige Verteilung der Wicklung Unwuchten. Man legt deshalb die Spulen meist so in die Nuten, daß von jeder Spule eine Spulenseite unten liegt und eine Spulenseite oben (Bild 261/2). Meist liegen in jeder Nut zwei Spulenseiten. Man kann aber auch in jeder Nutschicht zwei oder mehr Spulenseiten unterbringen.

Bei der Zweischichtwicklung soll von jeder Spule eine Spulenseite in der oberen Schicht liegen, die andere in der unteren.

Schaltung und Stegschritt sind bei der Schleifenwicklung als Zweischichtwicklung gleich wie bei der Einschichtwicklung.

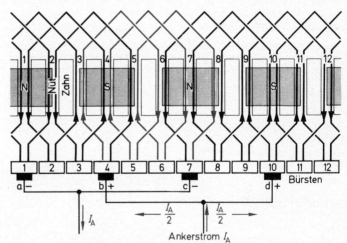

Bild 261/1: Durchgehend gewickelte zweipolige Zweischichtwicklung

Bild 261/2: Schleifenwicklung, 4 Pole, 12 Nuten

Die Schleifenwicklung kann für alle Polpaarzahlen ausgeführt werden, z. B. für 4 Pole (Bild 261/2). Die Stromrichtung muß in den Umfangselementen unter allen gleichnamigen Polen gleich sein. Deswegen sind so viele Bürstensätze notwendig, wie die Maschine Polpaare hat. Die unter gleichnamigen Polen liegenden Bürsten sind parallelgeschaltet.

Bei der Schleifenwicklung sind so viele Bürsten und so viele Ankerzweige vorhanden wie Pole.

Die Schleifenwicklung wird auch *Parallelwicklung* genannt, da durch die Bürsten die Wicklungsteile des Ankers parallel geschaltet werden.

Bei zweipoligen Maschinen wird immer die Schleifenwicklung angewendet, z. B. bei Handbohrmaschinen. Je größer die Polzahl ist, desto kleiner ist bei der Parallelwicklung der Ankerzweigstrom und desto kleiner ist bei gleicher Windungs-zahl die Spannung. Die mehrpolige Schleifenwicklung wird deshalb bei kleinen Spannungen und großen Strömen angewendet, z. B. bei großen Anlaßmaschinen mit kleiner Spannung für Kraftfahrzeuge (**Bild 262/1**).

 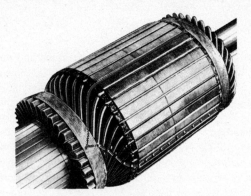

Bild 262/1: 4polige Schleifenwicklung für 12 V   **Bild 262/2: 4polige Wellenwicklung für 24 V**

Wellenwicklung

Die Spulen bei der Wellenwicklung haben denselben Nutenschritt wie bei der Schleifenwicklung und sind genauso in die Nuten eingelegt. Die Anfänge und Enden der Spulen sind aber am Stromwender anders angeschlossen. Die Anschlußdrähte umlaufen den Anker wellenförmig (**Bild 262/2**).

Bei der Wellenwicklung sind für jeden Umlauf um den Anker jeweils so viele Spulen in Reihe geschaltet, wie die Maschine Polpaare hat. Der Anfang der Reihenschaltung ist mit einer Stromwenderlamelle verbunden, das Ende mit der vorhergehenden oder folgenden Stromwenderlamelle (**Bild 262/3**).

Wäre die Nutzahl und die Lamellenzahl durch die Polpaarzahl teilbar (z. B. 30, 32, 34 usw. Nuten bei einer vierpoligen Maschine), so ginge das Ende der Reihenschaltung nach einem Umlauf auf den Anfang zurück, und es könnten keine weiteren Spulen angeschlossen werden. Die Wellenwicklung ist also nicht bei allen Nutenzahlen und Lamellenzahlen möglich.

Auch bei der Wellenwicklung (Bild 262/3) muß der Kollek-torschritt y_K (Abstand von Spulenanfang und Spulen-ende, ausgedrückt in Strom-wenderlamellen) eine ganze Zahl sein.

$$y_K = \frac{\text{Lamellenzahl} \pm 1}{\text{halbe Polzahl}}$$

Das Minuszeichen gilt für die ungekreuzte, das Pluszeichen für die gekreuzte Wellenwicklung.

Bei der Wellenwicklung verzweigt sich der Ankerstrom immer in nur zwei Ankerstromkreise.

Im Gegensatz zur Schleifenwick-lung ändert sich die Stromrich-tung in der Wellenwicklung nicht, wenn bis auf eine Plus- und eine Minusbürste die übrigen Bürsten entfernt werden.

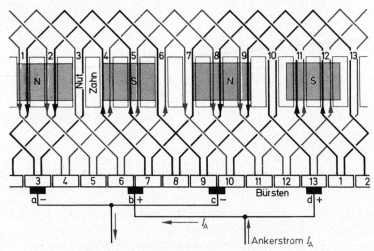

Bild 262/3: Wellenwicklung, 4 Pole, 13 Nuten

Die Wellenwicklung hat immer 2 Ankerstromzweige.

Die Wellenwicklung wird auch *Reihenwicklung* oder Serienwicklung genannt, da die Spulen bei ihr in Reihe geschaltet sind und die Bürsten die Ankerspulen nicht parallel schalten.

12.4.9 Sonstige Stromwendermotoren

Beim **Einphasen-Reihenschlußmotor** sind Aufbau und Schaltung wie bei einem Gleichstrom-Reihenschlußmotor, jedoch muß der Ständer aus Blechen aufgebaut sein. Kleine Einphasen-Reihenschlußmotoren werden als Universalmotoren bezeichnet. Sie kommen z.B. bei Elektrowerkzeugen vor. Große Einphasen-Reihenschlußmotoren werden als Antriebsmotoren in Elektrolokomotiven verwendet, meist mit einer Betriebsfrequenz von $16^2/_3$ Hz. Die Bedeutung der großen Einphasen-Reihenschlußmotoren läßt nach, weil sie durch Gleichstrom-Reihenschlußmotoren mit vorgeschaltetem Gleichrichter ersetzt werden.

Beim **Repulsionsmotor*** kommt der Strom in der Ankerwicklung durch Induktion zustande. Das Magnetfeld des Ständers bewirkt zusammen mit dem Magnetfeld des Ankers die Antriebskraft **(Bild 263/1)**. Die Lastdrehzahl läßt sich durch Verändern der Bürstenstellung einstellen. Derartige Motoren kommen noch bei Versuchsständen mit einstellbarer Drehzahl vor.

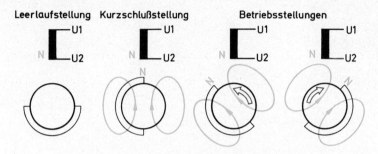

Bild 263/1: Bürsteneinstellung beim Repulsionsmotor

Beim **Stromwendermotor für Drehstrom** läßt sich die Drehzahl stufenlos einstellen, z.B. durch Bürstenverstellung.

Ständer von Stromwendermotoren sind wie Ständer der üblichen Drehstrommotoren ausgeführt. Bei den ständergespeisten Stromwendermotoren ist der Ständer am Netz angeschlossen. Der Drehstrom in der Ständerwicklung erzeugt ein magnetisches Drehfeld.

Läufer von Stromwendermotoren für Drehstrom sind meist wie Läufer von Stromwendermotoren für Wechselstrom ausgeführt. Jedoch sind auf dem Kollektor drei Bürsten angeordnet, die um 120° gegeneinander versetzt sind.

Der Teil der Läuferwicklung zwischen zwei Bürsten wirkt jeweils wie eine Spule **(Bild 263/2)**. Ein Läufer mit Gleichstromwicklung, dem über drei Bürsten Strom zugeführt wird, wirkt also wie drei Spulen in Dreieckschaltung.

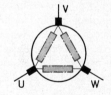

Wird den drei Spulen im Läufer über die drei Bürsten Drehstrom zugeführt, entsteht ein Läuferdrehfeld. Dreht sich der Läufer, so ändern die drei Bürsten und die drei Spulen im Läufer ihre Lage nicht. Das Drehfeld des Läufers dreht sich deshalb unabhängig von der Läuferdrehzahl immer so schnell wie das Ständerdrehfeld.

**Bild 263/2:
Dreieckschaltung
eines Läufers durch
drei Bürsten**

Wie bei jedem Drehstrommotor wirken die Pole des Ständerdrehfeldes auf die Pole des Läuferdrehfeldes. Durch Verschieben der Bürsten ändert sich die Lage des Läuferdrehfeldes zum Ständerdrehfeld.

Stehen die Bürsten so, daß Ständerdrehfeld und Läuferdrehfeld die gleiche Lage haben **(Bild 264/1** links), tritt kein Drehmoment auf. Stehen die Bürsten so, daß das Läuferfeld dem Ständerfeld nacheilt (Bild 264/1 Mitte), tritt ein Drehmoment in Drehrichtung des Ständerdrehfeldes auf. Da sich die Lage der beiden Drehfelder zueinander bei der Drehung nicht ändert, kann sich der Läufer schneller drehen als das Ständerdrehfeld. Stehen die Bürsten so, daß das Läuferfeld dem Ständerfeld voreilt (Bild 264/1 rechts), tritt ein Drehmoment gegen die Drehrichtung des Ständerdrehfeldes auf.

* repulsus (lat.) = das Zurückstoßen

Dreht sich der Läufer so schnell wie das Ständerdrehfeld, so wird in den Stäben keine Spannung induziert. Am Stromwender entstehen dann keine Funken. Dreht sich der Läufer mit dem Ständerdrehfeld, so ist die induzierte Spannung meist klein. Am Stromwender entstehen schwache Funken. Dreht sich der Läufer gegen das Ständerdrehfeld, so ist die induzierte Spannung immer groß. Am Stromwender entstehen dann starke Funken.

Ständergespeiste Stromwendermotoren für Drehstrom sollen nicht gegen das Drehfeld laufen.

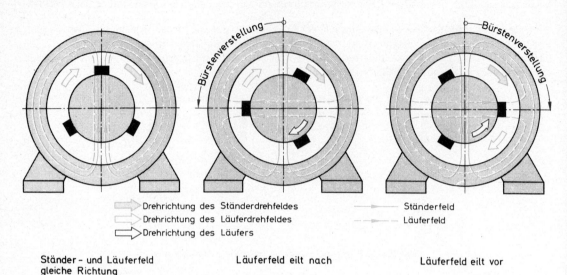

⇨	Drehrichtung des Ständerdrehfeldes	→	Ständerfeld
⇨	Drehrichtung des Läuferdrehfeldes	--→	Läuferfeld
⇨	Drehrichtung des Läufers		

Ständer- und Läuferfeld   Läuferfeld eilt nach   Läuferfeld eilt vor
gleiche Richtung

Bild 264/1: Ständerdrehfeld und Läuferdrehfeld beim Stromwendermotor für Drehstrom

Beim Drehstrom-Reihenschlußmotor liegen die drei Stränge der Drehstromwicklung des Ständers in Reihe mit den drei Bürsten auf dem Stromwender des Läufers, meist hinter einem Stelltransformator. Beim Drehstrom-Nebenschlußmotor **(Bild 264/2)** sind die Bürsten parallel zur Drehstromwicklung geschaltet.

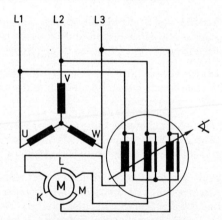

Größere Drehstrom-Nebenschlußmotoren werden als ständergespeiste Motoren, kleinere als läufergespeiste Motoren gebaut. Drehstrom-Nebenschlußmotoren verhalten sich bei fester Einstellung wie Kurzschlußläufermotoren. Sie ändern bei Belastung die Drehzahl nur wenig. Die Drehzahl läßt sich bei den Drehstrom-Nebenschlußmotoren ändern, wenn man beim ständergespeisten Motor die Läuferspannung bzw. beim läufergespeisten Motor die Bürstenstellung ändert. Zur Drehrichtungsumkehr polt man das Drehfeld um und verstellt die Bürsten.

Bild 264/2: Ständergespeister Drehstrom-Nebenschlußmotor mit Bürstenverstellung

Wiederholungsfragen

1. Wie müssen die beiden Seiten einer Ankerspule zu den Ständerpolen liegen?
2. Was versteht man beim Anker unter dem Nutenschritt?
3. Wie groß ist der Kollektorschritt bei einer Durchmesserwicklung und bei einer Sehnenwicklung?
4. Welchen Stegschritt hat die Schleifenwicklung?

5. Welcher Kollektorschritt ist bei einer Wellenwicklung erforderlich?
6. Wieviel Ankerstromzweige hat eine Wellenwicklung?
7. Wozu verwendet man Einphasen-Reihenschlußmotoren?
8. Beschreiben Sie den Aufbau eines Stromwendermotors für Drehstrom!

12.5 Umformer

Ein Umformer ist eine rotierende Maschine oder ein Maschinensatz zur Umwandlung elektrischer Energie in solche anderer Spannung, Frequenz, Stromart oder Phasenzahl.

Motorgeneratoren bestehen aus einem Motor, mit dem unmittelbar ein Generator mechanisch gekuppelt ist. Sitzen die Läufer von Motor und Generator auf derselben Welle, bezeichnet man den Motorgenerator als *Einwellenumformer* oder *Eingehäuseumformer* (**Bild 265/1**).

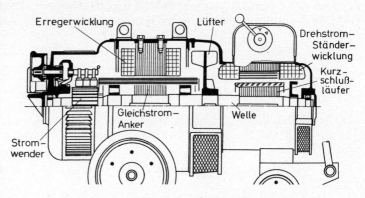

Bild 265/1: Motorgenerator als Eingehäuseumformer

Kleinere Umformer sind als Einwellenumformer ausgeführt. Bei diesen sitzen die Läufer der beiden Maschinen auf *einer* Welle, die Blechpakete und Wicklungen der beiden Ständer sind in *einem* Gehäuse. Größere Umformer sind als Zweimaschinensatz-Umformer ausgeführt. Bei diesen sind zwei getrennte Maschinen miteinander gekuppelt.

Der Wirkungsgrad von Motorgeneratoren hängt von den Wirkungsgraden des Motors und des Generators ab.

η Gesamtwirkungsgrad
η_M Motorwirkungsgrad
η_G Generatorwirkungsgrad

$$\eta = \eta_M \cdot \eta_G$$

Beispiel: Ein Drehstrommotor mit $\eta_M = 0{,}8$ ist mit einem Synchrongenerator mit $\eta_G = 0{,}75$ gekuppelt. Wie groß ist der Gesamtwirkungsgrad?

Lösung: $\eta = \eta_M \cdot \eta_G = 0{,}8 \cdot 0{,}75 = \textbf{0,6}$

Motorgeneratoren haben einen kleinen Wirkungsgrad.

Asynchrone Frequenzumformer bestehen aus einem Drehstromkurzschlußläufer und einer damit mechanisch gekuppelten Schleifringläufermaschine.

Die Ständerwicklungen der beiden Maschinen sind über einen Schalter, z. B. einen Stern-Dreieck-Schalter, an das Netz (Eingangsnetz) angeschlossen (**Bild 265/2**). An den Schleifringen der Schleifringläufermaschine ist die Leitung zu den Verbrauchern (Ausgangsnetz) angeschlossen. Die Ausgangsspannung beträgt je nach Ausführung 42 V bis 500 V.

Bei Umformern mit Ausgangsspannungen unter 125 V ist der Ausgangsstrom ziemlich groß. Bei diesen wird das Eingangsnetz an den Läufer der Schleifringläufermaschine angeschlossen und das Ausgangsnetz an den Ständer.

Der Drehstrom in der Ständerwicklung der Schleifringläufermaschine erzeugt ein magnetisches Drehfeld. Dieses Feld induziert in der Läuferwicklung Spannungen, die an den Schleifringen abgenommen werden. Steht der Läufer still, ist die Ausgangsfrequenz so groß wie die Eingangsfrequenz.

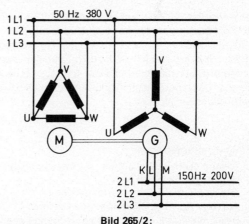

Bild 265/2:
Schaltung eines asynchronen Frequenzumformers

Treibt der Antriebsmotor den Läufer gegen das Ständerdrehfeld, so schneidet die Läuferwicklung die Feldlinien des Drehfeldes häufiger, und die Ausgangsfrequenz wird größer als die Eingangsfrequenz. Treibt der Antriebsmotor den Läufer mit dem Drehfeld, so wird die Ausgangsfrequenz kleiner.

		Antrieb gegen Drehfeld:	Antrieb mit Drehfeld:
f_2	Ausgangsfrequenz		
f_1	Eingangsfrequenz		
p	Polpaarzahl des Umformers	$$f_2 = p \cdot n + f_1$$	$$f_2 = p \cdot n - f_1$$
n	Drehzahl des Motors		

Beispiel: Eine sechspolige Schleifringläufermaschine wird am 50-Hz-Netz von einem Antriebsmotor mit 3000 1/min angetrieben. Wie groß sind die Ausgangsfrequenzen beim Antrieb a) gegen und b) mit dem Drehfeld?

Lösung: a) $f_2 = p \cdot n + f_1 = 3 \cdot 3000 \text{ 1/min} + 50 \text{ Hz} = 150 \text{ Hz} + 50 \text{ Hz} =$ **200 Hz**

b) $f_2 = p \cdot n - f_1 = 3 \cdot 3000 \text{ 1/min} - 50 \text{ Hz} = 150 \text{ Hz} - 50 \text{ Hz} =$ **100 Hz**

Je nach Polzahl der Schleifringläufermaschine und Drehzahl des Antriebsmotors lassen sich verschiedene Frequenzen bis etwa 500 Hz erreichen.

Bei Frequenzumformern für mehr als 200 Hz wird häufig das Drehfeld umschaltbar gemacht. Durch Einbau eines Wendeschalters erreicht man, daß derselbe Umformer wahlweise zwei Frequenzen liefert. Die Spannung ändert sich dann mit der Frequenz (siehe Rechenbuch Elektrotechnik).

Betriebsverhalten

Bei Belastung des Umformers wird auch der Antriebsmotor belastet und dreht sich dadurch um seinen Schlupf langsamer. Die Ausgangsfrequenz ändert sich mit der Drehzahl des Antriebsmotors. Die Änderung ist gering, da der Schlupf von Drehstrommotoren klein ist.

Bei Belastung des Umformers wird die Drehzahl etwas kleiner; es bilden sich Streufeldlinien, und der Widerstand der Ausgangswicklung ruft Spannungsabfälle hervor. Dadurch sinkt die Spannung gegenüber der Leerlaufspannung ab. Umgekehrt steigt die Spannung bei Entlastung an. Dieser Spannungsanstieg beträgt etwa 10% der Leerlaufspannung.

Die Frequenz von asynchronen Frequenzumformern ist von der Belastung fast unabhängig; die Spannung nimmt mit der Belastung ab.

Schaltet man das Drehfeld um oder verwendet man zum Antrieb einen polumschaltbaren Motor, so kann der Frequenzumformer mehrere Frequenzen liefern. Die Spannung ist aber dann bei jeder Frequenz verschieden.

Anwendung. Asynchrone Frequenzumformer sind besonders als *Schnellfrequenzumformer* im Gebrauch. Schnellfrequente Wechselströme (100 bis 500 Hz) dienen zum Betrieb von schnellaufenden Induktionsmotoren. Solche Motoren werden für Holzbearbeitungsmaschinen verwendet, da dort Drehzahlen bis 18000 1/min erforderlich sind. Auch Schnellfrequenzwerkzeuge für die Metallbearbeitung haben schnellaufende Induktionsmotoren als Antrieb. Diese haben ein kleineres Gewicht als langsamlaufende Motoren gleicher Leistung. Dadurch sind Schnellfrequenzwerkzeuge (Bohrmaschinen, Schleifmaschinen, Schrauber) besonders leicht.

Wiederholungsfragen

1. Welche elektrischen Größen werden durch Umformer umgewandelt?
2. Wie ist ein Motorgenerator aufgebaut?
3. Welchen Nachteil haben Motorgeneratoren?
4. Beschreiben Sie den Aufbau eines asynchronen Frequenzumformers!
5. Erklären Sie die Wirkungsweise eines asynchronen Frequenzumformers?
6. Wie hängen beim Frequenzumformer die Ausgangsfrequenz und die Ausgangsspannung von der Belastung ab?

12.6 Wartung und Prüfung der elektrischen Maschinen

Moderne elektrische Maschinen sind wartungsarm. Bei ständigem Einsatz, besonders in einem gewerblichen Betrieb, müssen sie aber von Zeit zu Zeit gewartet werden **(Tabelle 267/1)**.

Tabelle 267/1: Wartungszeitplan für Elektromotoren					
Zeitraum	**Motorart**				**Wartungsarbeit**
	Läufer			**Lager**	
	K	Sch	St	W	G	
alle 1 bis 2 Monate		X	X			Kontrolle von Kohlebürsten, Bürstenhalterung, evtl. Bürstenabhebevorrichtung und Schleifringen bzw. Stromwender
alle 3 bis 4 Monate	X	X	X			Kontrolle der Anschlußklemmen
		X	X			Überprüfung des Bürstendruckes
alle Jahre (mindestens)	X	X	X			Messung des Isolationswiderstandes der Wicklungen
	X	X	X			Verschmutzte Wicklungen reinigen und feuchte Wicklungen trocknen
	X	X	X			Messung der Wicklungstemperatur
		X	X			genaue Kontrolle von Kohlebürsten, Bürstenhalterung und Schleifring- bzw. Stromwenderzustand
				X	X	genaue Kontrolle der Lager und Messung der Lagertemperatur
alle 1 bis 2 Jahre					X	Ausspülen der Lagerkammern und Erneuerung des Lageröls
alle 2 bis 3 Jahre				X		Auswaschen der Lager und Neuschmierung bei Motoren ohne Nachschmiereinrichtung
K Käfigläufer, Sch Schleifringläufer, St Stromwendermotor, W Wälzlager, G Gleitlager					

Die **Messung des Isolationswiderstandes** erfolgt mit einem Widerstandsmesser, dessen Nennspannung mindestens 500 V Gleichspannung beträgt **(Bild 267/1)**. Der Isolationswiderstand kann je nach Maschinenart und Maschinengröße verschieden sein, außerdem hängt er von den Betriebsbedingungen ab. Er sollte mindestens so viele Kiloohm betragen, wie der Zahlenwert der Nennspannung gegen Erde angibt. Bei 220 V sollten also mindestens 220 kΩ vorhanden sein. Bei instandgesetzten Motoren für Elektrogeräte muß der Isolationswiderstand nach VDE 0701 sogar 0,5 MΩ groß sein.

Die **Wicklungsprüfung** ist vorgeschrieben, wenn eine Wicklung ganz oder teilweise erneuert worden ist. Sie erfolgt mit einer Prüfspannung von 50 Hz, z. B. aus einem einstellbaren Transformator **(Bild 267/2)**. Die Höhe der Prüfspannung hängt von der Nennspannung der Maschine ab (Tabellenbuch Elektrotechnik). Während der Prüfung darf kein Durchschlag erfolgen. Dieser kann von einer in Reihe geschalteten Glimmlampe angezeigt werden.

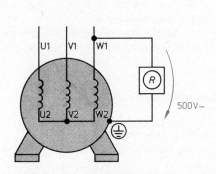

Bild 267/1:
Messung des Isolationswiderstands

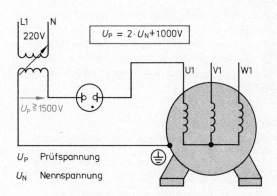

U_P Prüfspannung
U_N Nennspannung

Bild 267/2: Wicklungsprüfung
bei einem Kurzschlußläufermotor

Das **Auswuchten** ist bei Läufern von elektrischen Maschinen wegen der ungleichen Massenverteilung während der Herstellung oder bei Reparaturen am Läufer erforderlich.

In **Auswuchtmaschinen (Bild 268/1)** werden die Lagerschwingungen, die durch den unwuchtig laufenden Körper verursacht werden, in elektrische Spannungswerte umgewandelt und auf ein Anzeigegerät übertragen. Einmal je Umlauf des Prüfkörpers wird mit Hilfe der Stroboskoplampe ein Lichtblitz ausgelöst. Der Läufer scheint hierdurch für den Betrachter stillzustehen und zwar in der Lage, in der die Unwucht auszugleichen ist. Die Winkellage kann an einem auf dem Läufer angebrachten Zahlenband abgelesen werden.

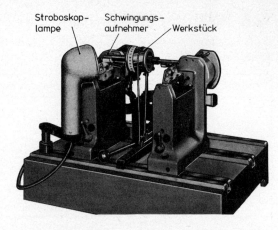

Bild 268/1: Auswuchtmaschine

Das Ausgleichen der Unwucht kann durch Wegnehmen von Werkstoff (Bohren, Fräsen oder Schleifen) oder durch Zufügen von Werkstoff (Nieten, Löten, Schweißen) erfolgen.

Die **Leistung eines Motors** wird auf dem Prüfstand ermittelt. Zu diesem Zweck mißt man sein Drehmoment mit einer Bremse und seine Drehzahl mit einem Drehzahlmesser. Als Bremsen werden *Wirbelstrombremsen, Wasserbremsen* und *Bremsgeneratoren* verwendet.

P Motorleistung
M Drehmoment $M = F \cdot r$
ω Winkelgeschwindigkeit

$$P = M \cdot \omega$$

Bei der Wirbelstrombremse wird eine Kupfer- oder Aluminiumscheibe im Magnetfeld eines Elektromagneten gebremst. Das Drehmoment wird wie beim Pronyschen Zaum über Hebelarm und Ausgleichsgewichte ermittelt. Anstelle der Ausgleichsgewichte kann auch eine *Drehmomentwaage* benützt werden.

Bei Wasserbremsen (hydraulischen Bremsen) dient Wasser als Kupplung zwischen den umlaufenden und den stehenden Maschinenteilen. Es nimmt dabei die beim Abbremsen freigewordene Energie als Wärme auf.

Bild 268/2: Motorprüfstand mit Leistungswaage

Der Bremsgenerator **(Bild 268/2)**, auch Pendeldynamo oder Leistungswaage genannt, besteht aus einem Gleichstromgenerator, dessen Ständer in Hohlzapfen um die Läuferachse drehbar gelagert ist. Bei Felderregung wird in dem Ständer ein dem Antriebsmoment entgegengesetztes Moment erzeugt und mit Hilfe einer Waage gemessen. Die im Bremsgenerator entstehende elektrische Energie wird in einstellbaren Belastungswiderständen in Wärme umgewandelt oder über einen Wechselrichter (Seite 339) ins Netz gespeist.

Wiederholungsfragen

1. Welche Wartungsarbeiten sind bei einem Drehstrom-Kurzschlußläufermotor mit Wälzlager, der in einem Fabrikationsbetrieb arbeitet, innerhalb der ersten beiden Jahre nach der Aufstellung erforderlich?

2. Wie groß muß der Isolationswiderstand bei einem instandgesetzten Elektromotor für ein Elektrogerät mindestens sein?

3. Beschreiben Sie die Durchführung der Wicklungsprüfung!

4. Warum ist das Auswuchten der Läufer von elektrischen Maschinen erforderlich?

5. Beschreiben Sie den Aufbau eines Bremsgenerators!

6. Wodurch kann der Betrieb eines Bremsgenerators wirtschaftlicher sein als der Betrieb einer Wasserbremse?

12.7 Auswahl eines Elektromotors

Soll zu einer Arbeitsmaschine ein Elektromotor ausgewählt werden, so sind mehrere Bedingungen zu beachten. Aus dem Widerstandsmoment (Drehmoment) der Arbeitsmaschine und der Drehzahl erhält man durch Berechnung die Nennleistung des Motors. Die Art der Arbeitsmaschine legt die Betriebsart und die Bauart fest. Aus den Umgebungsbedingungen des Aufstellungsortes folgt die Schutzart.

Nennleistung, Betriebsart, Bauart und Schutzart eines Elektromotors sind durch die Arbeitsmaschine und deren Betriebsart festgelegt.

Innerhalb dieses Rahmens ist dann die Art des Elektromotors festzulegen. Diese hängt von vielerlei Bedingungen ab, z. B. ob die Leistung groß oder klein ist oder ob das Anzugsmoment sehr viel größer als das Nennmoment sein muß, z. B. bei Hebezeugen. Eine Entscheidungshilfe zur Auswahl des Motors bietet das Flußdiagramm **Bild 269/1**. Man beginnt oben im Flußdiagramm und entscheidet an jedem Rhombus die dort gestellte Frage. Danach legt man den vorgesehenen Weg weiter zurück.

Beispiel: Für einen Baukran mit einer Hubleistung von 5,5 kW ist ein geeigneter Motor auszuwählen.

Lösung: Es liegt Aussetzbetrieb vor, bei dem durch Anlaufen und Bremsen keine wesentliche Erwärmung erfolgt ⇒ Betriebsart S3. Der Motor wird an das Getriebe angeflanscht ⇒ Bauart V3 (IM 3031). Schutz gegen Spritzwasser und gegen körnige Fremdkörper ist erforderlich ⇒ IP 44.

Die Drehzahl muß nicht genau konstant sein ⇒ bei der ersten Entscheidungsstelle geht es nach unten; stufenlose Drehzahlsteuerung ist nötig ⇒ bei der zweiten Entscheidungsstelle geht es nach rechts; Batteriebetrieb ist nicht nötig ⇒ nach rechts; Drehstrom vorhanden ⇒ nach rechts; Leistung über 500 W erforderlich ⇒ nach unten zum Drehstrom-Schleifringläufermotor.

Es ist also zu bestellen: Drehstrom-Schleifringläufermotor 5,5 kW S3 V3 IP 44.

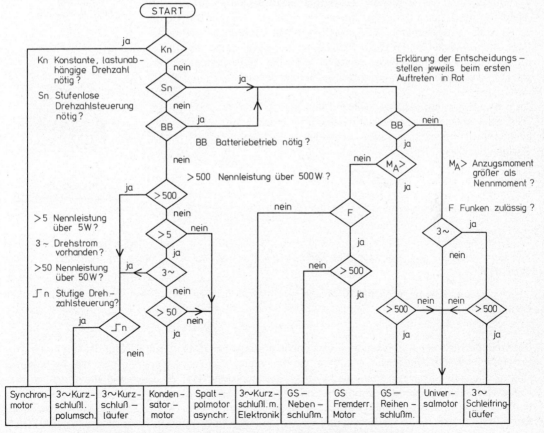

Bild 269/1: Programmablaufplan zur Auswahl von Elektromotoren

13 Schutzmaßnahmen

13.1 Errichtung und Betrieb von Niederspannungsanlagen

Die Sicherheitsbestimmungen für elektrische Betriebsmittel und für das Errichten elektrischer Anlagen dienen vor allem der Verhütung von Unfällen durch elektrischen Strom. Hersteller elektrischer Betriebsmittel und Errichter elektrischer Anlagen haben daher Gesetze, Vorschriften und Bestimmungen zu beachten, damit bei der Nutzung der elektrischen Energie Schaden für Leben und Gesundheit bei Mensch und Tier sowie die Gefährdung von Sachwerten unterbleiben. Das *VDE-Vorschriftenwerk* ist Rechtsgrundlage. Die Hersteller, Errichter und Betreiber elektrischer Anlagen sind verpflichtet, die in den VDE-Bestimmungen enthaltenen Vorschriften, Regeln und Leitsätze zu beachten. Sie haften dafür, daß die verwendeten elektrischen Betriebsmittel und Anlagen den VDE-Bestimmungen entsprechen. Vom VDE geprüfte Betriebsmittel und Geräte tragen das VDE-Prüfzeichen **(Bild 270/1)**.

Das *Gerätesicherheitsgesetz* verpflichtet Hersteller, Errichter und Händler, nur solche Betriebsmittel und Geräte in Verkehr zu bringen, die den anerkannten Regeln der Technik und des Arbeitsschutzes sowie den Unfallverhütungsvorschriften entsprechen. Geräte, die von einer amtlich zugelassenen Prüfstelle überprüft und positiv beurteilt wurden, dürfen das Sicherheitszeichen GS (Geprüfte Sicherheit) tragen **(Bild 270/2)**. Zu den vom Gesetzgeber bestimmten Prüfstellen gehören u.a. der VDE und der TÜV. Das Sicherheitszeichen trägt den Vermerk der mit der Prüfung beauftragten Stelle, z.B. des VDE. Grundlagen des Gerätesicherheitsgesetzes sind das Vorschriftenwerk des Verbandes Deutscher Elektrotechniker (VDE), die Richtlinien des Vereins Deutscher Ingenieure (VDI), die Normen des Deutschen Instituts für Normung (DIN), die Regeln des Deutschen Vereins des Gas- und Wasserfachs (DVGW), Merkblätter der Vereinigung der Technischen Überwachungsvereine (VdTÜV) und die Unfallverhütungsvorschriften des Verbandes der gewerblichen Berufsgenossenschaften (VBG).

Nach den Bestimmungen des VDE und den Vorschriften des VBG dürfen elektrische Anlagen nur von Elektrofachkräften errichtet werden. Dies gilt auch für Instandsetzung, Änderung, Erweiterung und Wartung bestehender Anlagen.

Als Elektrofachkraft gilt, wer auf Grund seiner fachlichen Ausbildung, Kenntnisse und Erfahrungen sowie Kenntnis der einschlägigen Bestimmungen die ihm übertragenen Arbeiten beurteilen und mögliche Gefahren erkennen kann.

VDE-Prüfzeichen

VDE-Kabelkennzeichen

VDE-Elektronik-Prüfzeichen

Bild 270/1:
VDE-Prüfzeichen

geprüfte Sicherheit

Bild 270/2:
Sicherheitszeichen GS

Als fachliche Ausbildung kann auch eine mehrjährige Tätigkeit auf dem entsprechenden Arbeitsgebiet anerkannt werden. Man unterscheidet *Elektrofachkräfte* und *elektrotechnisch unterwiesene Personen* (VDE 0105).

Als elektrotechnisch unterwiesene Person gilt, wer über die ihr übertragenen Aufgaben und die möglichen Gefahren bei unsachgemäßem Verhalten unterrichtet und erforderlichenfalls angelernt sowie über die notwendigen Schutzeinrichtungen und Schutzmaßnahmen belehrt wurde.

Der Errichter elektrischer Anlagen muß eine Fachkraft und vom zuständigen EVU für die von ihm auszuführenden Arbeiten zugelassen sein. Für die Errichtung von Installationen gelten die Technischen Anschlußbedingungen (TAB) sowie die sonstigen Bestimmungen des EVU. Diese enthalten Angaben über Anmeldeverfahren, Inbetriebsetzung, Prüfung, Hausanschluß, Meßeinrichtungen, Schutzmaßnahmen und Bedingungen für den Betrieb elektrischer Verbrauchsgeräte. Den TAB ist die Verordnung über Allgemeine Bedingungen für die Elektrizitätsversorgung von Tarifkunden (AVBEltV) zugrunde gelegt. Diese Verordnung gilt für den Anschluß und den Betrieb von Anlagen an das Niederspannungsnetz des EVU.

13.2 Schutzarten elektrischer Betriebsmittel

Aktive Teile von elektrischen Maschinen, Transformatoren, Schalt- und Installationsgeräten dürfen wegen der Unfallgefahren nicht berührt werden (Seite 274). Je nach Verwendungszweck und Aufstellungsort dieser Betriebsmittel ist Schutz gegen zufällige Berührung, Fremdkörper und Wasser erforderlich.

13.2.1 Kennzeichnung durch Buchstaben und Ziffern

Die Schutzarten werden durch ein Kurzzeichen angegeben, das sich aus den Kennbuchstaben IP* und zwei nachfolgenden Kennziffern für den Schutzgrad zusammensetzt. Die erste Ziffer kennzeichnet den Schutzgrad des Berührungs- und Fremdkörperschutzes. Die zweite Kennziffer gibt den Schutzgrad gegen schädliches Eindringen von Wasser an **(Tabelle 271/1)**.

Gegebenenfalls erforderliche Zusatzbuchstaben stehen nach den Kennbuchstaben IP oder nach den Kennziffern. Wird, z. B. in Beschreibungen, neben den Kennbuchstaben IP nur eine Kennziffer für den Schutzgrad benötigt, so ist anstelle der fehlenden Kennziffer ein X zu setzen, z. B. IP X4. Weicht die Schutzart eines Teiles bei einem Betriebsmittel, z. B. der Klemmenkasten eines Motors, von der Schutzart des Gehäuses ab, so sind beide Schutzarten anzugeben, z. B. Motor IP 21, Klemmenkasten IP 54.

Der Klemmenkasten und das Gehäuse des Motors von **Bild 271/1** entsprechen der Schutzart IP 44. Der Motor ist gegen das Eindringen fester Fremdkörper mit einem Durchmesser von mehr als 1 mm und gegen das Eindringen von Spritzwasser aus allen Richtungen geschützt. Der Schutz von Motoren gegen das Eindringen von Wasser wird durch entsprechende Bauausführung erreicht **(Bild 271/2)**.

Tabelle 271/1: Schutzarten elektrischer Betriebsmittel			
			Nach DIN 40050
Erste Ziffer	Schutzgrad: Berührungs- und Fremdkörperschutz	Zweite Ziffer	Schutzgrad: Wasserschutz
0	Kein besonderer Schutz	0	Kein besonderer Schutz
1	Schutz gegen Eindringen fester Fremdkörper mit $\varnothing > 50$ mm	1	Schutz gegen senkrecht tropfendes Wasser.
2	Schutz gegen Eindringen fester Fremdkörper mit $\varnothing > 12$ mm	2	Schutz gegen senkrecht tropfendes Wasser, Betriebsmittel bis 15° gekippt.
3	Schutz gegen Eindringen fester Fremdkörper mit $\varnothing > 2,5$ mm	3	Schutz gegen Sprühwasser bis zu einem Winkel von 60° zur Senkrechten.
4	Schutz gegen Eindringen fester Fremdkörper mit $\varnothing > 1$ mm	4	Schutz gegen Spritzwasser aus allen Richtungen.
5	Schutz gegen schädliche Staubablagerung (staubgeschützt). Vollständiger Berührungsschutz.	5	Schutz gegen Strahlwasser (Düse) aus allen Richtungen.
		6	Schutz gegen starken Wasserstrahl oder schwere See.
6	Schutz gegen Eindringen von Staub (staubdicht). Vollständiger Berührungsschutz.	7	Schutz gegen Wasser bei Eintauchen des Betriebsmittels unter Druck- und Zeitbedingungen.
		8	Schutz gegen Wasser bei dauerndem Untertauchen des Betriebsmittels.

Bild 271/1:
Motor Schutzart IP 44

 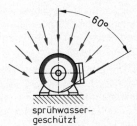 

tropfwasser-
geschützt

sprühwasser-
geschützt

spritzwasser-
geschützt

Bild 271/2:
Schutzarten von Motoren gegen das Eindringen von Wasser

* IP Internationale Protection (franz.) = internationaler Schutz

13.2.2 Kennzeichnung durch Sinnbilder

Neben der allgemeinen Kennzeichnung der Schutzarten durch Buchstaben und Kennziffern wird die Schutzart, z. B. Wasserschutz und Staubschutz für Installationsgeräte und elektrische Verbrauchsgeräte, mit Bildzeichen (Symbolen) gekennzeichnet, z. B. bei Leuchten und Wärmegeräten, bei Geräten mit elektromotorischem Antrieb, bei Elektrowerkzeugen und elektromedizinischen Geräten. Diese Bildzeichen **(Tabelle 272/1)** sind auf den Betriebsmitteln angegeben.

Elektrische Betriebsmittel müssen in feuchten und nassen Räumen sowie für geschützte Anlagen im Freien mindestens tropfwassergeschützt (Schutzart IP 31), Handleuchten strahlwassergeschützt (IP 55) sein. Für ungeschützte Anlagen im Freien müssen alle Betriebsmittel mindestens sprühwassergeschützt (IP 43), Leuchten mindestens regengeschützt (IP 33) sein. Die Verwendung von Betriebsmitteln höherer Schutzart ist zulässig. Bei der Schutzart IP 68 gibt die Bezeichnung „...bar" (Tabelle 272/1) den zulässigen Druck bei Tauchbetrieb unter Wasser an. Z. B. entspricht „0,3 bar" einer Einbautiefe unter Wasser von 3 m, d. h. einem Überdruck von 0,3 bar.

13.2.3 Sonderschutzarten

Wo *Schlagwetter* und *Explosionen* ausgelöst werden können, dürfen nur entsprechend gesicherte Betriebsmittel verwendet werden. Im Zweifelsfall ist beim Gewerbeaufsichtsamt zu erfragen, ob der Raum oder der Betriebsort explosionsgefährdet bzw. schlagwettergefährdet ist. Für die Kennzeichnung schlagwettergeschützter Betriebsmittel dient das Kennzeichen EEx I, für die Kennzeichnung explosionsgeschützter Betriebsmittel das Kennzeichen EEx II. Vor das Kennzeichen EEx I bzw. EEx II wird folgendes Symbol gesetzt: ⟨Ex⟩

Die Kennzeichnung eines besonderen Schutzes erfolgt mit kleinen Buchstaben, die an die Kennzeichnung EEx I bzw. EEx II angehängt werden **(Tabelle 272/2).** Beispiel für die Kennzeichnung einer Leuchte für den Betrieb in Lackierwerkstätten: EEx II e-IP 44.

Tabelle 272/1: Bildzeichen für IP-Schutzarten
Nach DIN 40050

Schutzart	Bildzeichen	Schutzumfang; entspricht: IP
Tropfwasser-geschützt		Schutz gegen hohe Luftfeuchte. Dämpfe u. senkrecht fallende Wassertropfen IP 31
Regen-geschützt		Schutz gegen Wassertropfen von oben bis zu 30° über der Waagerechten IP 33
Spritzwasser-geschützt		Schutz gegen Wassertropfen aus allen Richtungen IP 54
Strahlwasser-geschützt		Schutz gegen Wasserstrahl aus allen Richtungen IP 55
Wasserdicht		Schutz gegen Eindringen von Wasser ohne Druck IP 67
Druckwasser-dicht	...bar	Schutz gegen Eindringen von Wasser unter Druck IP 68
Staub-geschützt		Schutz gegen Eindringen von Staub ohne Druck IP 5X
Staubdicht		Schutz gegen Eindringen von Staub unter Druck IP 6X

Tabelle 272/2: Schutzarten schlagwetter- und explosionsgeschützter Betriebsmittel   DIN EN 50014

Kurz-zeichen	Schutzart	Anwendungsbeispiele
d	Druckfeste Kapselung	Verteilungen, Leuchten
e	Erhöhte Sicherheit	Motoren, Schalter
q	Sandkapselung	Kondensatoren
ia, ib	Eigensicherheit	Meß- und Grenzwertgeber
o	Ölkapselung	Transformatoren, Schütze
p	Überdruckkapselung	Verteilungen, Motoren

Das gekennzeichnete Betriebsmittel hat Explosionsschutz für erhöhte Sicherheit (e) und zusätzlich Schutzart IP 44 für den Berührungs-, Fremdkörper- und Wasserschutz. Zur weiteren Kennzeichnung kann bei explosionsgeschützten Betriebsmitteln hinter dem Kurzzeichen noch die Temperaturklasse und die Explosionsgruppe angegeben werden.

Die zündfähigen Gase und Dämpfe sind in sechs *Temperaturklassen* mit abnehmender Zündtemperatur T1 bis T6 eingeteilt **(Tabelle 273/1).** Außerdem unterscheidet man drei *Explosionsgruppen* A, B und C (VDE 0165). Die explosionsgefährdeten Bereiche werden in Zonen eingeteilt. Bei Explosionsgefahr durch brennbare Gase, Dämpfe oder Nebel gelten folgende Zonen:

Zone 0: Bereiche, in denen eine gefährliche explosible* Atmosphäre *dauernd* oder *längere Zeit* besteht.

Zone 1: Bereiche, in denen eine gefährliche explosible Atmosphäre *gelegentlich* besteht.

Zone 2: Bereiche, in denen eine gefährliche explosible Atmosphäre *selten* und auch nur *kurze Zeit* besteht.

* explosibel = explosionsfähig

Bei Explosionsgefahr durch brennbare Stäube gelten:

Zone 10: Bereiche, in denen eine gefährliche explosible Atmosphäre *dauernd* oder *längere Zeit* besteht.

Zone 11: Bereiche, in denen durch *Aufwirbeln* abgelagerten Staubes gelegentlich eine gefährliche explosible Atmosphäre besteht.

13.2.4 Schutzklassen

Geräte werden zusätzlich zu den Schutzmaßnahmen in Schutzklassen eingeteilt (**Tabelle 273/2**). Die Schutzklassen geben Schutzmaßnahmen an, die gegen direktes und indirektes Berühren zu treffen sind. Man unterscheidet die Schutzklassen I, II und III.

Tabelle 273/1: Temperaturklasse und höchstzulässige Oberflächentemperatur

Temperaturklasse	T1	T2	T3	T4	T5	T6
Höchstzulässige Oberflächentemperatur in °C	450	300	200	135	100	85

Tabelle 273/2: Geräteschutzklassen nach VDE 0720

Schutzklasse	I	II	III
Kennzeichen	⏚	▣	◁III▷
Verwendung bei Schutzmaßnahme	Schutzleiter	Schutzisolierung	Schutzkleinspannung
Beispiele	Elektromotor	Haushaltsgeräte, Leuchten	Faßleuchten, Kleingeräte bis 50 V

13.2.5 Maßnahmen bei Arbeiten an unter Spannung stehenden Anlagen

Arbeiten an unter Spannung stehenden Anlagen sind grundsätzlich verboten. In VDE 0105 sind Ausnahmen festgelegt. Diese gelten bei Arbeiten unter Spannung ab 50 V Wechselspannung oder 120 V Gleichspannung. Entsteht durch Abschalten einer Anlage eine Gefahr für Personen oder ein wirtschaftlicher Schaden, sind Arbeiten unter Spannung bis 1000 V Wechsel- oder Gleichspannung ausnahmsweise erlaubt.

Zur Unfallverhütung müssen dabei Einrichtungen benutzt werden, die der Art der Arbeit und den Umgebungsbedingungen angepaßt sind, z. B. bei nassen Räumen oder bei beengten Raumverhältnissen an der Arbeitsstelle. Die Gefahren durch die Höhe der Netzspannung und durch Lichtbögen im Falle eines Kurzschlusses sind besonders zu beachten.

Arbeiten unter Spannung ist nur *Elektrofachkräften* oder *elektrotechnisch unterwiesenen Personen* erlaubt. Dabei sind besondere Sicherheitsvorschriften zu beachten. Bei Arbeiten, die an elektrischen Anlagen in spannungslosem Zustand auszuführen sind, müssen die *fünf Sicherheitsregeln* in der Reihenfolge 1 bis 5 beachtet werden (**Tabelle 273/3**).

Tabelle 273/3: Die fünf Sicherheitsregeln

Regel	Erklärung	Beispiele
1. Freischalten	Freischalten aller Teile der Anlage, an denen gearbeitet werden soll.	Automaten abschalten, Sicherungseinsätze entfernen, Verbotsschilder anbringen.
2. Gegen Wiedereinschalten sichern	Irrtümliches oder vorzeitiges Wiedereinschalten muß verhindert werden.	Automaten mit Klebeband absichern, Sicherungseinsätze mitnehmen, Schalter durch Vorhängeschloß sichern.
3. Spannungsfreiheit feststellen	Spannungsfreiheit durch Fachkraft oder unterwiesene Person feststellen.	Anlage mit Spannungsprüfer oder geeigneten Meßinstrumenten prüfen.
4. Erden und kurzschließen	Erdungs- und Kurzschließvorrichtungen immer zuerst erden, dann mit den kurzzuschließenden aktiven Teilen verbinden.	Erdungs- und Kurzschließseile müssen guten Kontakt geben und dürfen keine Anlagenteile berühren.
5. Benachbarte unter Spannung stehende Teile abdecken oder abschranken	Bei Anlagen unter 1 kV genügen zum Abdecken isolierende Tücher, Schläuche oder Formstücke, über 1 kV Absperrtafeln, Seile und Warntafeln. Immer entsprechenden Körperschutz tragen.	Beim Abdecken können aktive Teile berührt werden. Daher Körperschutz, z. B. enganliegende Kleidung, Schutzhelm mit Gesichtsschutz und Handschuhe tragen.

Vor dem Arbeiten ist ein Verbotsschild **(Bild 274/1)** anzubringen. Eine Arbeitsstelle darf von der aufsichtsführenden Person erst dann freigegeben werden, wenn die Sicherheitsmaßnahmen in der Reihenfolge 1 bis 5 durchgeführt sind. Dies gilt auch für Personen, die allein ohne Aufsicht arbeiten. Liegen Arbeitsstelle und Abschaltstelle räumlich voneinander getrennt, so muß die Freigabe schriftlich, fernschriftlich oder telefonisch erfolgen. Es ist verboten, eine bestimmte Zeit für die Wiedereinschaltung zu vereinbaren, ohne die Freigabemeldung abzuwarten.

Der Auftrag zur Wiedereinschaltung darf nur von der aufsichtsführenden bzw. von der ausführenden Person erteilt werden, nachdem die fünf Sicherheitsmaßnahmen in der Reihenfolge 5 bis 1 aufgehoben sind.

Nicht schalten
Es wird gearbeitet
Ort:
Entfernen des Schildes nur durch

Bild 274/1: Verbotsschild für Arbeiten an freigeschalteten Anlagen

Wiederholungsfragen

1. Welchem Zweck dienen die Sicherheitsbestimmungen für elektrische Betriebsmittel?
2. Welche Geräte dürfen das VDE-Prüfzeichen und das Sicherheitszeichen GS tragen?
3. Welche Kennzeichen haben a) Geräte der Schutzklasse I, b) Schutzklasse II, c) Schutzklasse III?
4. Erklären Sie die Bezeichnung EEx II e — IP 44!
5. Nennen Sie die fünf Sicherheitsregeln für Arbeiten an Niederspannungsanlagen!
6. Warum sind bei Arbeiten an elektrischen Anlagen vereinbarte Wiedereinschaltzeiten verboten?

13.3 Schutz gegen gefährliche Körperströme

Mit der Einarbeitung des verbindlichen Harmonisierungsdokuments HD-224 nach CENELEC* sowie der Publikation 364-41 des IEC** in die nationalen Bestimmungen VDE 0100 wurden in Europa die Sicherheitsbestimmungen für elektrische Betriebsmittel und für die Errichtung von Niederspannungsanlagen mit Nennspannungen bis 1000 V einander angeglichen. Man unterscheidet „Schutz gegen direktes Berühren" und „Schutz bei indirektem Berühren". Von *direktem Berühren* spricht man, wenn eine leitende Verbindung zwischen Menschen und betriebsmäßig unter Spannung stehenden Teilen einer elektrischen Anlage, sogenannten *aktiven Teilen* (Außenleiter, Neutralleiter, Kontakte) entsteht. Beim *indirekten Berühren* besteht eine solche Verbindung zwischen dem Menschen und *inaktiven Teilen*. Diese führen nur im Fehlerfall Spannung, gehören also nicht zum Betriebsstromkreis. Es sind dies z. B. Befestigungselemente, Metallrohre, Schutzleiter, PEN-Leiter und leitfähige Teile von Betriebsmitteln, auch *Körper* genannt.

Schutzmaßnahmen schützen Menschen und Tiere bei auftretenden Fehlern in elektrischen Anlagen.

13.3.1 Schutz gegen direktes Berühren

Bei Spannungen, die 25 V Wechselspannung bzw. 60 V Gleichspannung überschreiten, muß Schutz gegen direktes Berühren sichergestellt sein. Dazu dienen folgende Maßnahmen:

— Schutz durch Isolierung aktiver Teile. Schutz durch Abdeckung oder Umhüllung. Schutz durch Hindernisse. Schutz durch Abstand. Zusätzlicher Schutz durch Fehlerstrom-Schutzeinrichtungen.

— Aktive Teile müssen durch entsprechende Anordnung, Bauart oder Isolierung in ihrem ganzen Verlauf so geschützt sein, daß ein direktes Berühren nicht möglich ist.

— Die Isolierung muß elektrisch und mechanisch genügend widerstandsfähig sein. Oxidschichten, Faserstoffumhüllungen, Lack- und Emailleüberzug gelten nicht als Berührungsschutz.

— Zulässiges direktes Berühren darf keine gefährliche Durchströmung des menschlichen Körpers zur Folge haben. Dies wird z. B. erreicht durch die Verwendung von Schutzkleinspannung. Die geforderten Maßnahmen bieten *vollständigen Berührungsschutz*.

— *Teilweisen Berührungsschutz* bieten Maßnahmen, die verhindern, daß Menschen unbeabsichtigt aktive Teile berühren oder sich aktiven Teilen gefahrbringend nähern. Dazu dienen Absperrungen, Abdeckungen und Schutzgitter mit genügender mechanischer Widerstandsfähigkeit und zuverlässiger Befestigung.

Bei Werkzeugen und elektromotorisch angetriebenen Verbrauchsmitteln wird Schutz gegen direktes Berühren auch unterhalb 25 V Wechselspannung bzw. 60 V Gleichspannung gefordert.

* CENELEC = Europäisches Komitee zur Koordinierung elektrotechnischer Normen
** IEC = Internationale elektrotechnische Kommission

13.3.2 Schutz bei indirektem Berühren

Die in VDE 0100 geforderten Maßnahmen gegen indirektes Berühren, sollen Leben und Gesundheit von Mensch und Tier schützen. Sorgfältiges Errichten elektrischer Anlagen durch Fachleute und die Verwendung geeigneter Isolierstoffe sind dazu Voraussetzung. Durch eine schadhafte Betriebsisolierung kann der Körper eines Betriebsmittels Spannung gegen Erde annehmen. Die dabei zwischen dem Körper des Betriebsmittels und dem leitenden Fußboden auftretende Spannung nennt man Berührungsspannung **(Bild 275/1)**.

Die Grenze für die dauernd zulässige Berührungsspannung U_L* wurde international vereinbart. Sie beträgt bei Wechselspannung U_L = 50 V, bei Gleichspannung U_L = 120 V (VDE 0100 Teil 410).

Nach VDE 0100 ist in Anlagen mit Spannungen über 50 V ~ Schutz bei indirektem Berühren gefordert, in Sonderfällen, z. B. landwirtschaftlichen Betriebsstätten, medizinisch genutzten Räumen und bei Kinderspielzeug, schon über 25 V ~ .

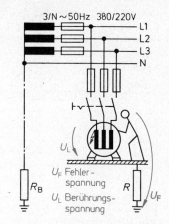

Bild 275/1: Berührungsspannung bei Körperschluß

13.3.3 Fehlerarten

In einer elektrischen Anlage können durch Isolationsfehler Körperschluß, Kurzschluß, Leiterschluß und Erdschluß auftreten (**Bild 275/2**, DIN 57 100 Teil 200).

Körperschluß ist eine durch einen Isolationsfehler entstandene leitende Verbindung zwischen Körpern und aktiven Teilen elektrischer Betriebsmittel.

Kurzschluß ist eine durch einen Fehler entstandene leitende Verbindung zwischen betriebsmäßig gegeneinander unter Spannung stehenden Leitern, wenn im Fehlerstromkreis kein Nutzwiderstand liegt.

Leiterschluß ist eine durch einen Fehler entstandene leitende Verbindung, z. B. die schadhafte Überbrückung eines Schalters. Im Fehlerstromkreis liegt ein Nutzwiderstand, der die vorgeschaltete Überstromschutzeinrichtung nicht in jedem Fall zum Ansprechen bringt. Bei einem Fehler nach Bild 275/2 könnte das Betriebsmittel z. B. nicht allpolig abgeschaltet werden.

Erdschluß ist eine durch einen Fehler entstandene leitende Verbindung eines Außenleiters oder eines betriebsmäßig isolierten Neutralleiters mit der Erde oder geerdeten Teilen. Erdschluß kann auch über einen Lichtbogen entstehen.

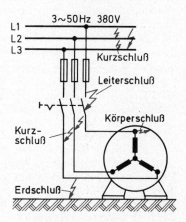

Bild 275/2: Fehlerarten

Bei einem vollkommenen Körperschluß, Kurzschluß oder Erdschluß ist in der leitenden Verbindung der Fehlerstelle praktisch kein Widerstand vorhanden. Man spricht in diesem Fall von einem sogenannten satten Schluß. Beim *vollkommenen Schluß* entstehen große Stromstärken, so daß die vorgeschalteten Überstrom-Schutzeinrichtungen sofort auslösen.

Hat die leitende Verbindung an der Fehlerstelle einen Widerstand, so entsteht ein sogenannter unvollkommener Schluß. Beim *unvollkommenen Schluß* fließen unter Umständen Ströme, bei denen die vorgeschalteten Überstrom-Schutzeinrichtungen spät oder gar nicht ansprechen. Solche Schlüsse sind meist gefährlich, weil sie nicht erkannt werden. Die dabei entstehende, unzulässig hohe Erwärmung kann zu Bränden führen.

13.3.4 Im Fehlerfall auftretende Spannungen

Fehlerspannung (U_F) ist die Spannung, die bei einem Isolationsfehler, z. B. Körperschluß, an einem Betriebsmittel zwischen Körpern oder zwischen diesen und einer 20 m entfernten Sonde (Bezugserde) ge-

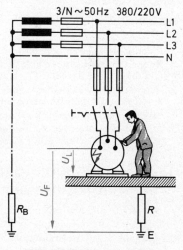

Bild 275/3: Fehlerspannung und Berührungsspannung bei nichtisolierenden Fußböden

---

* U_L: Index L von limit (engl.) = Grenze, Grenzwert

messen wird **(Bild 275/3)**. Die Fehlerspannung kann auch zwischen verschiedenen Betriebsmitteln oder zwischen einem Betriebsmittel und geerdeten Teilen, z. B. Heizungs- und Wasserleitungen, auftreten **(Bild 276/1)**.

Erderspannung (U_E) ist die Spannung, die bei Stromdurchfluß durch einen Erder zwischen diesem und der Bezugserde gemessen wird. Bezugserde ist ein Bereich der Erde, insbesondere der Erdoberfläche, in dem zwischen zwei Punkten keine merklichen Spannungen auftreten können. Die Entfernung der Bezugserde vom zugehörigen Erder ist etwa 20 m und mehr **(Bild 276/2)**.

Berührungsspannung (U_L) ist der Teil der Fehlerspannung oder der Erderspannung, der von einem Menschen überbrückt werden kann (Bild 276/2).

In Anlagen und bei Betriebsmitteln mit Spannungen über 50 V ~ sind Schutzmaßnahmen erforderlich. Werden bestehende Anlagen erweitert, bei denen nach früheren Bestimmungen keine Schutzmaßnahmen erforderlich waren, müssen *nachträglich* Schutzmaßnahmen angewendet werden.

Nicht erforderlich sind Schutzmaßnahmen bei Spannungen bis 250 V gegen Erde für Betriebsmittel der öffentlichen Stromversorgung zur Messung der elektrischen Arbeit, z. B. Tarifschaltgeräte und Elektrizitätszähler. Von einem Berührungsschutz kann abgesehen werden, wenn dieser technisch oder aus Betriebsgründen nicht durchführbar ist, z. B. in elektrochemischen Anlagen. In solchen Fällen sind andere Maßnahmen zu treffen, z. B. isolierender Standort und isoliertes Werkzeug. Die isolierenden Eigenschaften des Fußbodens sind durch eine Messung festzustellen (Seite 286). Im Niederspannungsbereich sind für Stahlbetonteile, Stahlmaste und Dachständer Schutzmaßnahmen verboten (Seite 403).

Wiederholungsfragen

1. Nennen Sie aktive und inaktive Teile von elektrischen Anlagen!
2. Nennen Sie den Unterschied zwischen direktem und indirektem Berühren!
3. Nennen Sie Maßnahmen zum Schutz gegen direktes und indirektes Berühren!
4. Was versteht man unter Berührungsspannung?
5. Ab welchem Wert ist die Berührungsspannung a) für den Menschen, b) für Tiere gefährlich?

13.4 Netzunabhängige Schutzmaßnahmen

Zu diesen Schutzmaßnahmen, die auch Schutzmaßnahmen ohne Schutzleiter genannt werden, gehören die Schutzisolierung, die Schutzkleinspannung und die Schutztrennung. Bei netzunabhängigen Schutzmaßnahmen wird das Gerät im Fehlerfall nicht abgeschaltet.

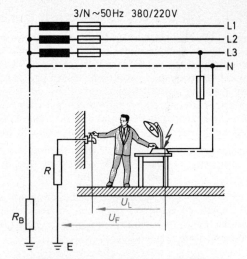

Bild 276/1: Fehlerspannung und Berührungsspannung bei isolierenden Fußböden

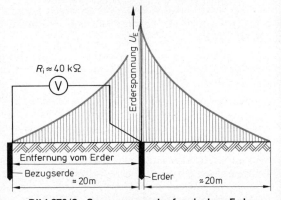

Bild 276/2: Spannungsverlauf zwischen Erder und Bezugserde (Spannungstrichter)

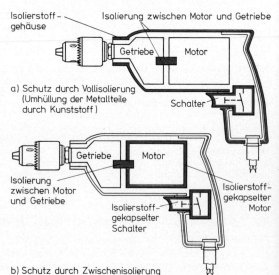

b) Schutz durch Zwischenisolierung

Bild 276/3: Schutzisolierte Bohrmaschine

13.4.1 Schutzisolierung

Bei der Schutzisolierung (Schutzklasse II) sind alle der Berührung zugänglichen Teile, die im Fehlerfall Spannung gegen Erde annehmen können, zusätzlich zur Basisisolierung entweder fest und dauerhaft mit Isolierstoff bedeckt oder durch fest eingebaute Isolierstücke von dem betriebsisolierten Teil des Betriebsmittels getrennt (**Bild 276/3** und Tabelle 273/2).

Ortsveränderliche, schutzisolierte Betriebsmittel haben Anschlußleitungen mit Profilsteckern ohne Schutzkontakt. Solche Stecker dürfen nicht als Einzelteile in den Handel gebracht werden. Die Anschlußleitungen führen keinen Schutzleiter und bilden mit dem Gerät und dem Stecker ein unteilbares Ganzes. Bewegliche Anschlußleitungen, z.B. für Trockenrasierer, bei denen Anschlußleitung, Stecker und Kupplung für die Kleingerätesteckdose ein unteilbares Ganzes bilden, dürfen auch als Einzelteile hergestellt und in Vertrieb gebracht werden. Die Schutzisolierung wird angewendet bei Kleingeräten, Haushaltsgeräten, Elektrowerkzeugen, Kleinverteilern, Zählertafeln, Leuchten, Gehäusen, z.B. für CEE-Steckvorrichtungen. Schutzisolierung liegt auch dort vor, wo z.B. durch isolierenden Fußbodenbelag, isolierende Wände und Abdeckungen oder Gummiunterlagen eine Verbindung des Menschen gegen Erde verhindert wird. Diese Form der Schutzisolierung heißt Schutz durch nichtleitende Räume. Sie ist nur bei ortsfesten Betriebsmitteln und Arbeitsplätzen zulässig und muß alle im Handbereich liegenden Teile erfassen, die mit der Erde in Verbindung stehen. Die isolierenden Abdeckungen müssen widerstandsfähig und fest mit der Unterlage verbunden sein.

13.4.2 Schutzkleinspannung

Schutzkleinspannungen sind Nennspannungen bis 50 V Wechselspannung, bzw. 120 V Gleichspannung. Durch Schutzkleinspannung wird das Zustandekommen einer gefährlichen Berührungsspannung verhindert. Für die Erzeugung von Schutzkleinspannung sind Transformatoren, Gleichrichter (**Bild 277/1**) und umlaufende Umformer zulässig, bei denen die Kleinspannungsseite keine leitende Verbindung mit dem speisenden Netz hat. Schutzkleinspannung kann auch Akkumulatoren und galvanischen Elementen entnommen werden. Sie darf jedoch nicht durch Spartransformatoren, Spannungsteiler oder Vorwiderstände erzeugt werden. Für die Installation von Stromkreisen mit Schutzkleinspannung dürfen nur Betriebsmittel verwendet werden, die für mindestens 250 V isoliert sind. Ausgenommen hiervon sind Fernmeldegeräte und Spielzeuge. Transformatoren zur Erzeugung von Schutzkleinspannung müssen als Sicherheitstransformatoren ausgeführt und unbedingt oder bedingt kurzschlußfest sein. Verbrauchsmittel für Schutzkleinspannung sind auf dem Leistungsschild mit dem Kennzeichen der Schutzklasse III gekennzeichnet. Stecker von Geräten mit der Schutzmaßnahme Schutzkleinspannung dürfen nicht in Steckdosen passen, die in derselben Anlage für höhere Spannungen, z.B. 110 V oder 220 V, verwendet werden. Geräte zum Anschluß an Schutzkleinspannung dürfen keine Anschlußklemme für den Schutzleiter besitzen.

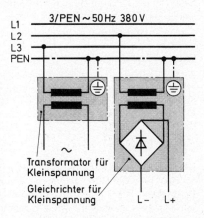

Bild 277/1: Schaltungen für die Erzeugung von Schutzkleinspannung

Für elektromotorisch betriebenes Spielzeug, sowie für Betriebsmittel im Tierbereich landwirtschaftlicher Betriebsstätten beträgt die Höchstspannung 25 V Wechselspannung bzw. 60 V Gleichspannung.

Ist ein Teil des Kleinspannungs-Stromkreises oder die Körper dieser Betriebsmittel aus Funktionsgründen geerdet oder sind Betriebsmittel, z.B. Relais oder Transformatoren, nicht ausreichend gegenüber Stromkreisen höherer Spannung isoliert, so gilt die Schutzkleinspannung als „Schutz durch Funktionskleinspannung".

13.4.3 Schutztrennung

Bei der Schutzmaßnahme Schutztrennung wird zwischen das Netz und den Verbraucher ein Trenntransformator geschaltet (**Bild 277/2**). Durch die Schutztrennung wird verhindert, daß Spannungen aus dem speisenden Netz am angeschlossenen Verbraucher auftreten. Auf der Ausgangsseite des Transformators besteht keine Spannung gegen Erde.

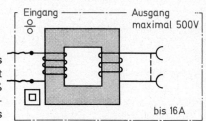

Bild 277/2: Schutztrennung

Wird die Schutzmaßnahme Schutztrennung wegen besonderer Gefährdung allein oder zusätzlich zu anderen Schutzmaßnahmen vorgeschrieben, so darf an einen Trenntransformator nur ein Verbrauchsmittel mit höchstens 16 A Nennstrom angeschlossen werden. Die Steckdose für den Ausgangsstromkreis darf keinen Schutzkontakt haben. Ortsveränderliche Trenntransformatoren müssen schutzisoliert sein. Eine Erdung des Ausgangsstromkreises von Trenntransformatoren oder eine Verbindung dieses Stromkreises mit anderen Anlageteilen ist nicht zulässig. Bei ortsfesten Trenntransformatoren müssen leitfähige Teile, die nicht zum Betriebsstromkreis gehören, eine Anschlußklemme für den Schutzleiter haben.

Die Schutzmaßnahme Schutztrennung wird meist bei Rasiersteckdosen in Hotels, bei Handnaßschleifmaschinen und elektromotorisch angetriebenen Handwerkzeugen, z. B. im Behälterbau, vorgeschrieben, falls diese Maschinen nicht mit Schutzkleinspannung betrieben werden. Bei besonderer Gefährdung, z. B. bei elektrisch leitendem Standort, ist der Körper des elektrischen Betriebsmittels durch eine Ausgleichsleitung mit dem leitenden Standort zu verbinden.

Werden von einem Trenntransformator mehrere Verbrauchsmittel gespeist, so müssen die Körper der Verbrauchsmittel untereinander durch einen Potentialausgleichsleiter verbunden werden. Dieser Potentialausgleichsleiter darf nicht geerdet oder mit einem Schutzleiter von Stromkreisen anderer Schutzmaßnahmen verbunden werden. Die Anschlußsteckdosen der Verbrauchsmittel müssen Schutzkontakte haben, die mit dem Potentialausgleichsleiter verbunden sind.

Mit Ausnahme schutzisolierter Verbrauchsmittel, müssen alle beweglichen Leitungen einen Schutzleiter haben, der als Potentialausgleichsleiter dient. Es sind Gummischlauchleitungen zu verwenden, die mindestens dem Leitungstyp HO7RN-F bzw. AO7RN-F (Seite 460) nach DIN 57282 entsprechen.

Trenntransformatoren tragen auf dem Leistungsschild das Zeichen: $\frac{0}{0}$

Wiederholungsfragen

1. Wie kann die Schutzisolierung ausgeführt sein?
2. Bei welchen Betriebsmitteln ist Schutz durch nichtleitende Räume zulässig?
3. Womit kann Schutzkleinspannung erzeugt werden?

4. Nennen Sie elektrische Geräte, bei denen Schutzkleinspannung vorgeschrieben ist!
5. Nennen Sie Anwendungsbeispiele für die Schutztrennung!

13.5 Netzabhängige Schutzmaßnahmen

Netzabhängige Schutzmaßnahmen sind Schutzmaßnahmen mit Schutzleiter. Bei diesen Schutzmaßnahmen wird der Schutzleiter mit den inaktiven Körpern von elektrischen Betriebsmitteln verbunden. Der Schutzleiter (PE*) muß bei isolierten Leitungen und Kabeln in seinem ganzen Verlauf grüngelb gekennzeichnet sein. Dieselbe Farbkennzeichnung hat der PEN-Leiter** (früher Nulleiter). Potentialausgleichsleiter dürfen ebenfalls grüngelb gekennzeichnet sein. Kein anderer Leiter darf diese Farbkennzeichnung haben, auch nicht die Farben Gelb oder Grün.

Alle Schutzmaßnahmen mit Schutzleiter sind vom Errichter der Anlage zu prüfen. Die Prüfung umfaßt: Besichtigung, Erprobung und Messung. Netzabhängige Schutzmaßnahmen bewirken im Fehlerfall ein Abschalten durch vorgeschaltete Überstrom-Schutzeinrichtungen bzw. im IT-Netz eine Meldung des Fehlers. Geräte, die in Niederspannungsnetzen mit Schutzleitern betrieben werden, müssen der Schutzklasse I nach VDE 0720 entsprechen. Hinsichtlich der Erdverbindungen im Niederspannungsnetz sind im Rahmen der internationalen Harmonisierung drei Netzsysteme festgelegt: TN-, TT- und IT-Netz.

13.5.1 Bezeichnung der Netzformen

Die Bezeichnung der verschiedenen Drehstromnetze erfolgt international durch Buchstaben.

Der 1. Buchstabe bezeichnet die Erdungsart des Spannungserzeugers. T*** heißt *direkte Erdung* des Sternpunktes, I[4*] heißt *Isolierung* des Sternpunktes gegen Erde oder Verbindung eines aktiven Teiles über eine Impedanz (Scheinwiderstand).

Der 2. Buchstabe bezeichnet die Erdungsbedingungen von Betriebsmitteln (Verbrauchern). T heißt *direkte Erdung* der Körper, N[5*] heißt Verbindung der Körper mit dem *Sternpunkt* des Spannungserzeugers (Betriebserde).

Der 3. Buchstabe bezeichnet die Ausführung von Schutzleiter und Neutralleiter im TN-Netz.
S[6*] bedeutet: Schutzleiter und Neutralleiter *getrennt* verlegt.
C[7*] bedeutet: Schutzleiter und Neutralleiter *kombiniert*.

---

* PE protection earth (engl.) = Schutzerde (Schutzleiter)
** PEN = Neutralleiter mit Schutzfunktion
*** T terre (franz.) = Erde

[4*] I isolated (engl.) = isoliert
[5*] N neutral

[6*] S separated (engl.) = getrennt
[7*] C combinated (engl.) = vereint

Man unterscheidet nach VDE 0100 Teil 310 folgende Netzformen: TN-S-Netz, TN-C-Netz, TN-C-S-Netz, TT-Netz und IT-Netz.

Im **TN-Netz** ist der Sternpunkt des Spannungserzeugers direkt geerdet. Die Körper der angeschlossenen Betriebsmittel sind mit dem Sternpunkt über den Schutzleiter (PE) verbunden. Die Verbindung kann über den PEN-Leiter, d.h. Neutralleiter und Schutzleiter gemeinsam **(Bild 279/1)**, oder über einen getrennten Neutralleiter und Schutzleiter (N und PE) erfolgen **(Bild 279/2)**.

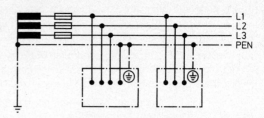

Bild 279/1: TN-C-Netz

TN-C-Netz und **TN-S-Netz** können kombiniert in einer Verbraucheranlage als **TN-C-S-Netz** angewendet werden **(Bild 279/3)**.

Schutzmaßnahmen in TN-Netzen entsprechen der bisherigen Nullung.

Im **TT-Netz** ist der Sternpunkt des Spannungserzeugers direkt geerdet. Die Körper der angeschlossenen Betriebsmittel sind mit anderen Erdern verbunden, die von der Erdung des Sternpunktes des Spannungserzeugers unabhängig sind **(Bild 279/4)**.

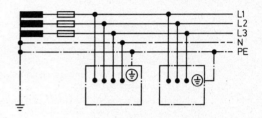

Bild 279/2: TN-S-Netz

Schutzmaßnahmen im TT-Netz entsprechen der bisherigen Schutzerdung.

TN-Netz und TT-Netz können auch kombiniert betrieben werden. In einem landwirtschaftlichen Betrieb z.B. kann die Installation des Wohngebäudes als TN-S-Netz mit den entsprechenden Schutzmaßnahmen ausgeführt sein, während die landwirtschaftliche Betriebsstätte als TT-Netz ausgeführt sein muß.

Im **IT-Netz** ist der Sternpunkt des Spannungserzeugers nicht geerdet. Die Körper der angeschlossenen Betriebsmittel sind geerdet **(Bild 279/5)**. Eine Erdung über eine hochohmige Impedanz ist erlaubt.

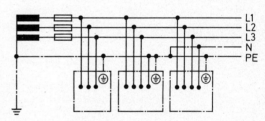

Bild 279/3: TN-C-S-Netz

Schutzmaßnahmen im IT-Netz entsprechen dem bisherigen Schutzleitungssystem.

13.5.2 Schutzmaßnahmen im TN-Netz

Schutzmaßnahmen im TN-Netz haben die Aufgabe, aus einem satten Körperschluß einen Kurzschluß zu machen und die Überstromschutzeinrichtungen innerhalb der vorgeschriebenen Zeit zum Ansprechen zu bringen. Damit wird das Bestehenbleiben einer unzulässig hohen Berührungsspannung an den Körpern der Betriebsmittel verhindert.

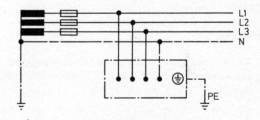

Bild 279/4: TT-Netz

Als Schutzeinrichtung sind Überstromschutzeinrichtungen und Fehlerstromschutzeinrichtungen zulässig.

Schutzmaßnahmen im TN-Netz erfordern einen unmittelbar geerdeten Leiter. In der Regel ist dies der Sternpunkt der Stromquelle. Alle Körper müssen mit diesem geerdeten Punkt des Stromversorgungsnetzes durch den Schutzleiter oder durch den PEN-Leiter verbunden sein. Schutzleiter oder PEN-Leiter müssen in der Nähe des Generators oder Transformators geerdet werden. Eine zusätzliche Erdung an möglichst gleich-

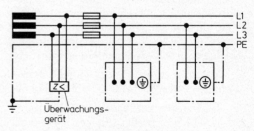

Bild 279/5: IT-Netz

mäßig verteilten Punkten, besonders an den Eintrittsstellen in Gebäude, z. B. durch Verbinden mit dem Fundamenterder, ist erforderlich, damit im Falle eines Fehlers das Potential des Schutzleiters bzw. PEN-Leiters eine möglichst geringe Abweichung gegenüber dem Erdpotential aufweist.

Für den Gesamterdungswiderstand aller Betriebserder gilt ein Wert von 2 Ω als ausreichend. Damit wird erreicht, daß im Falle eines Erdschlusses eines Außenleiters, die Spannung des Schutzleiters PE bzw. des PEN-Leiters gegen das Erdpotential keine unzulässig hohen Werte erreicht.

Bei Erdböden mit niedrigem Leitwert ist ein Erdungswiderstand von 2 Ω oft nicht zu erreichen. In diesem Fall darf der Gesamterdungswiderstand des Versorgungsnetzes bis zu 5 Ω betragen, wenn angenommen werden darf, daß bei Auftreten eines Erdschlusses in einem Außenleiter auch der Erdübergangswiderstand einen entsprechend höheren Wert aufweist. Es muß dabei folgende Bedingung, die „Spannungswaage" genannt wird, erfüllt werden:

R_B Gesamterdungswiderstand aller Betriebserder

R_E angenommener kleinster Erdübergangswiderstand fremder leitfähiger Teile, die nicht mit dem Schutzleiter verbunden sind und Ursache eines Erdschlusses sein können.

U_L vereinbarte Grenze der zulässigen Berührungsspannung, z. B. 50 V Wechselspannung

U_0 Nennspannung eines Außenleiters gegen geerdete Leiter, PEN-Leiter, Neutralleiter, Schutzleiter.

$$\frac{R_B}{R_E} \leq \frac{U_L}{U_0 - U_L}$$

In den zu schützenden Verbraucherstromkreisen sind die Leiterquerschnitte und die dazugehörigen Schutzeinrichtungen so zu bemessen, daß bei Auftreten eines Fehlers zwischen einem Außenleiter und einem mit dem Schutzleiter oder PEN-Leiter verbundenen Körper, an einer beliebigen Stelle des Stromkreises und vernachlässigbarer Impedanz Z (Scheinwiderstand) die automatische Abschaltung innerhalb der in VDE 0100/Teil 410 festgelegten Zeit erfolgt.

Diese Bedingung entspricht folgender Forderung:

Z_S Impedanz (Scheinwiderstand) der Fehlerschleife (Schleifenimpedanz)

I_a Strom, der die automatische Abschaltung der Schutzeinrichtung innerhalb der festgesetzten Zeit bewirkt

U_0 Nennspannung gegen geerdete Leiter

$$Z_S \cdot I_a \leq U_0$$

Für die Abschaltung sind folgende Zeiten festgelegt:

0,2 s in Stromkreisen mit Steckdosen bis zu einem Nennstrom von 35 A, sowie in Stromkreisen, in denen ortsveränderliche Betriebsmittel der Schutzklasse I betrieben werden, die bei Benützung in der Hand gehalten werden.

5 s für alle anderen Stromkreise.

Werden als Schutzeinrichtung Fehlerstromschutzschalter verwendet, so entspricht der Abschaltstrom I_a dem Nennfehlerstrom $I_{\Delta n}$ des FI-Schutzschalters.

Werden in besonderen Fällen die Abschaltbedingungen nicht erfüllt, so ist ein „Zusätzlicher Potentialausgleich" erforderlich, der die gesamte Anlage oder einen Teil davon umfassen kann. In den „Zusätzlichen Potentialausgleich" sind alle fremden leitfähigen Teile und die Körper aller gleichzeitig berührbaren Körper ortsfester Betriebsmittel einzubeziehen.

Bei Leiterquerschnitten ab 10 mm² Cu bzw. 16 mm² Al darf bei fester Verlegung die Funktion des Neutralleiters und des Schutzleiters in einem Leiter, dem PEN-Leiter, vereinigt sein. Bei Leiterquerschnitten bis 6 mm² Cu bzw. 10 mm² Al müssen Schutzleiter PE und Neutralleiter N getrennt verlegt werden. Schutzleiter PE und PEN-Leiter sind grüngelb, der Neutralleiter N hellblau zu kennzeichnen. Der Neutralleiter darf weder abgesichert noch getrennt schaltbar sein **(Bild 281/1)**.

Als Schutzeinrichtungen sind im TN-S-Netz Überstromschutzeinrichtungen und Fehlerstromschutzeinrichtungen zulässig. Im TN-C-Netz können nur Überstromschutzeinrichtungen verwendet werden.

Der Leitwert des PEN-Leiters muß bei Kabeln, Mehraderleitungen und Leitungen im Rohr mit Querschnitten bis einschließlich 16 mm² Cu und bei Freileitungen bis einschließlich 50 mm² Cu gleich dem der Außenleiter sein.

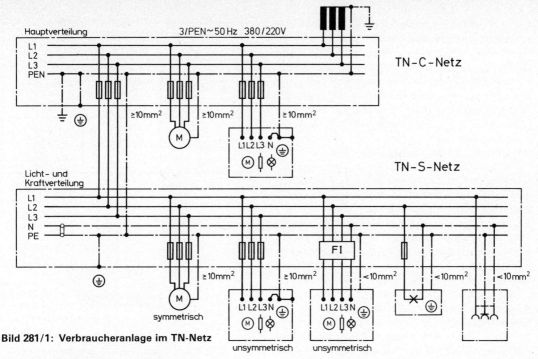

Bild 281/1: Verbraucheranlage im TN-Netz

13.5.3 Fehlerstrom-(FI)-Schutzeinrichtungen

FI-Schutzschalter haben die Aufgabe, Betriebsmittel innerhalb von 0,2 s allpolig abzuschalten, wenn infolge eines Fehlers eine gefährliche Berührungsspannung auftritt. Da die tatsächlichen Abschaltzeiten von FI-Schutzschaltern erheblich kürzer sind, bieten Fehlerstromschutzeinrichtungen einen besonders wirksamen Schutz.

Bei der Schutzmaßnahme mit FI-Schutzschalter werden die Körper der zu schützenden Betriebsmittel mit einem Schutzleiter an einen Erder angeschlossen **(Bild 281/2)**. Für den höchstzulässigen Wert des Hilfserders R_A gilt:

R_A höchstzulässiger Erdungswiderstand der Verbraucheranlage

U_L höchstzulässige Berührungsspannung

$I_{\Delta n}$ Nennfehlerstrom

$$R_A = \frac{U_L}{I_{\Delta n}}$$

Die zulässigen Höchstwerte für den Erdungswiderstand R_A hängen von der zulässigen Berührungsspannung und vom Nennfehlerstrom des FI-Schutzschalters ab **(Tabelle 282/1)**.

Die Körper der zu schützenden Betriebsmittel müssen nicht mit dem Schutzleiter des TN-Netzes verbunden werden, wenn sie mit einem Erder verbunden sind, dessen Widerstand dem Ansprechstrom des FI-Schutzschalters entspricht. Derart geschützte Stromkreise gelten als TT-Netz.

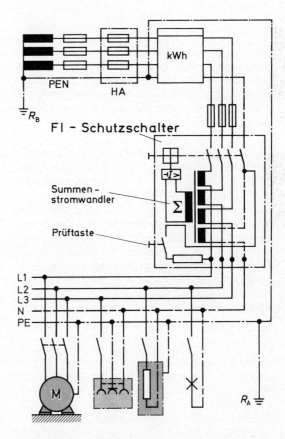

Bild 281/2: Beispiel einer FI-Schutzeinrichtung

Alle Leiter (L1, L2, L3 und N), die vom Netz zu den zu schützenden Betriebsmitteln führen, werden durch einen Summenstromwandler geführt **(Bild 282/1)**. Da im fehlerfreien Zustand die Summe der zu- und abfließenden Ströme gleich groß und damit Null ist, heben sich die magnetischen Wechselfelder der Leiter gegenseitig auf. In diesem Fall wird in der Ausgangswicklung des Stromwandlers keine Spannung induziert. Bei Erdschluß eines Leiters oder bei Körperschluß eines Betriebsmittels fließt ein Teilstrom über die Erde zum Spannungserzeuger zurück. Dadurch ist die Summe der zu- und abfließenden Ströme nicht mehr Null. In der Ausgangswicklung des Summenstromwandlers wird nun eine Spannung induziert, die einen elektromagnetischen Auslöser betätigt (Bild 282/1). Dieser Auslöser schaltet den FI-Schutzschalter allpolig ab. Mit einer Prüftaste kann ein Fehler simuliert werden. Damit läßt sich die Auslöse-Funktion des FI-Schutzschalters prüfen, nicht aber die Erdung der zu schützenden Anlage. Die Funktionsprüfung des FI-Schutzschalters ist vom Betreiber der Anlage bei nicht stationären Anlagen arbeitstäglich, bei stationären Anlagen mindestens alle 6 Monate durchzuführen.

Tabelle 282/1: Höchstwerte für Erdungswiderstand R_A		
Nenn-fehlerstrom in A	Widerstand der Schutzleitererdung R_A in Ω bei Berührungsspannung U_L	
	50 V	25 V
0,03	1665	832
0,3	165	82
0,5	100	50
1,0	50	25

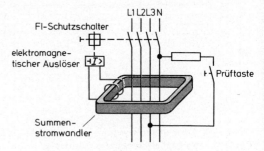

Bild 282/1: Prinzip des FI-Schutzschalters

FI-Schutzschalter sind vorgeschrieben in Baustellen-Verteilern, landwirtschaftlichen Betriebsstätten, Schwimmbädern, medizinisch genutzten Räumen, Laborräumen, Schulen und Ausbildungsstätten sowie in brandgefährdeten Räumen. FI-Schutzschalter bieten Schutz gegen Brände, die durch Erdfehlerströme gezündet werden. **Tabelle 282/2** zeigt die maximalen Leistungen, die an Fehlerstellen bei einer Betriebsspannung von 220 V zustande kommen können, ohne den FI-Schutzschalter oder Überstrom-Schutzeinrichtungen auszulösen. Der Brandschutz, den die FI-Schutzschaltung bietet, wird von keiner anderen Schutzmaßnahme erreicht.

Der sogenannte „empfindliche FI-Schutzschalter" mit einem Nennfehlerstrom von 10 mA oder 30 mA bietet zum Teil auch Schutz bei direktem Berühren **(Bild 283/1)**. Der Fehlerstrom 30 mA wurde gewählt, weil dieser Strom kurzzeitig für Menschen unschädlich ist. Im Fehlerfall erfolgt eine Auslösung innerhalb von 30 ms. Bei einer Netzfrequenz von 50 Hz sind dies 3 Halbperioden. Während dieser Zeit fließt ein Fehlerstrom durch den menschlichen Körper, der größer ist, als der Nennfehlerstrom des FI-Schutzschalters. Durch die kurze Einwirkzeit wird jedoch das gefährliche Herzkammerflimmern verhindert.

Tabelle 282/2: Leistung an Fehlerstellen	
FI-Schutzschalter Nennfehlerstrom $I_{\Delta n}$	Leistung in W
30 mA	6,6
0,3 A	66
0,5 A	110
Schmelzsicherung oder LS-Schalter 10 A	2200
Schmelzsicherung oder LS-Schalter 16 A	3520

FI-Schutzschalter werden bei netzabhängigen Schutzmaßnahmen eingesetzt, um deren Schutzumfang zu erhöhen. Solche Geräte sind als Personenschutz-Steckdosen, Sicherheits-Steckdosenleisten oder Sicherheits-Stecker bekannt. In diesen Geräten sind Schutzkontakt-Steckdose bzw. Schutzkontakt-Gerätestecker mit einem FI-Schutzschalter von $I_{\Delta n} = 30$ mA kombiniert **(Bild 283/2)**. Diese Schutzgeräte schalten bei einer Fehlerstromstärke von $I_{\Delta n} \geq 5$ mA innerhalb von 30 ms allpolig ab. Bei Sicherheitssteckern mit FI-Schutzschalter ist auch der Schutzleiter über einen Schaltkontakt geführt, so daß die Fehlerstromauslösung dem Herausziehen des Steckers aus der Steckdose gleichkommt. Damit ist im Fehlerfall ein zusätzlicher Schutz gegen gefährliche Spannungen am Schutzleiter gegeben.

Sicherheitsstecker (Bild 283/2) bieten Schutz bei direktem Berühren eines aktiven Teiles, bei Isolationsfehlern, bei Unterbrechung des Schutzleiters und bei Körperschluß an elektrischen Geräten und Anlagen.

Nach VDE 0100 Teil 410 ist der FI-Schutzschalter in allen TN-C-S-Netzen und TN-S-Netzen zugelassen. Nach diesen Bestimmungen darf in TN-Netzen auf einen eigenen Erder verzichtet werden. Der Körper eines zu schützenden Betriebsmittels darf auf der Eingangsseite des FI-Schutzschalters bei TN-C-S-Netzen direkt mit dem PEN-Leiter und bei TN-S-Netzen direkt mit dem Schutzleiter verbunden werden (Bild 283/3). Die direkten Verbindungen mit dem PEN-Leiter bzw. mit dem PE-Leiter (Bild 283/3) führen im Fehlerfall zu einer Verkürzung der Abschaltzeiten. Die Schutzmaßnahme FI-Schutzschaltung im TN-Netz wurde bisher als schnelle Nullung bezeichnet.

Der Einsatz von Halbleitern, z. B. für Gleichrichterschaltungen und für Phasenanschnittsteuerungen, in Verbrauchsgeräten der Schutzklasse I erfordert, daß FI-Schutzschalter auch bei pulsierenden Gleich-Fehlerströmen zuverlässig auslösen. FI-Schutzschalter erhalten nur noch das VDE-Zeichen, wenn sie bei Wechselfehlerströmen und bei pulsierenden Gleich-Fehlerströmen auslösen (VDE 0664). Zusätzlich führen sie das Zeichen $\boxed{\sim}$.

Die Abschaltzeit von FI-Schutzschaltern darf 0,2 s nicht überschreiten wenn bei Wechselfehlerströmen der Nennfehlerstrom $I_{\Delta n}$ und bei pulsierenden Gleichfehlerströmen der 1,4fache Nennfehlerstrom fließt. Wechselströme, die den 5fachen Nennfehlerstrom $I_{\Delta n}$ erreichen, sowie pulsierende Gleichfehlerströme mit 5 mal 1,4fachem Nennfehlerstrom, müssen den FI-Schutzschalter innerhalb von 0,04 s zuverlässig abschalten. Die Auslösung eines FI-Schutzschalters muß auch wirksam bleiben, wenn der Neutralleiter und/oder ein bzw. mehrere Außenleiter ausgefallen sind.

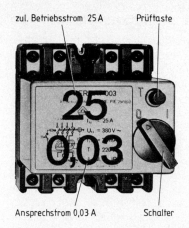

Bild 283/1: FI-Schutzschalter 4polig
(25 A, $I_{\Delta n}$ = 30 mA)

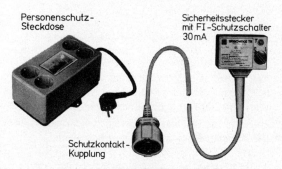

Bild 283/2: Personenschutz-Steckdose (links) und Sicherheitsstecker (rechts)

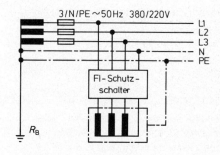

Bild 283/3: FI-Schutzschalter im TN-S-Netz

Wiederholungsfragen

1. Nennen Sie netzabhängige Schutzmaßnahmen!
2. Welche Farbkennzeichnung hat der Schutzleiter?
3. Welche Folgen hat ein Körperschluß im TN-Netz?
4. Wodurch wird im TT-Netz eine zu hohe Berührungsspannung verhindert?
5. Erklären Sie die Wirkungsweise des FI-Schutzschalters!
6. Wodurch wird das Auslösen des FI-Schutzschalters verursacht?
7. Nennen Sie Anwendungsbeispiele für IT-Netze!
8. Warum bietet der FI-Schutzschalter mit einem Nennfehlerstrom $I_{\Delta n}$ = 30 mA auch erhöhten Brandschutz?
9. Wodurch unterscheiden sich TN-, TT- und IT-Netze?

13.5.4 Schutzmaßnahmen im TT-Netz

Schutzmaßnahmen im TT-Netz machen aus einem Körperschluß einen Erdschluß. Die Körper der zu schützenden Betriebsmittel müssen an einen gemeinsamen Erder angeschlossen sein. Im TT-Netz ist der Sternpunkt des Netztransformators oder Generators geerdet (**Bild 284/1**).

Der Gesamterdungswiderstand aller Betriebserdungen soll 2 Ω bzw. 5 Ω nicht überschreiten. Damit ein Fehler vernachlässigbarer Impedanz, der an beliebiger Stelle des zu schützenden Stromkreises auftritt, die Schutzeinrichtung innerhalb 5 s zum Ansprechen bringt, ist folgende Bedingung zu erfüllen:

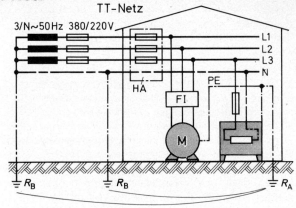

Bild 284/1: Verbraucheranlage im TT-Netz

R_A Erdungswiderstand aller Körper
I_a Strom, der das automatische Abschalten der Schutzeinrichtung bewirkt
U_L Höchstzulässige Berührungsspannung

$$R_A \cdot I_a \le U_L$$

Bei Verwendung von FI-Schutzschaltern entspricht der Abschaltstrom I_a dem Nennfehlerstrom $I_{\Delta n}$.

Im TT-Netz sind als Schutzeinrichtung Überstromschutzeinrichtungen, FI-Schutzschalter und in Sonderfällen Fehlerspannungsschutzschalter zugelassen. Bei Verwendung von FU-Schutzschaltern soll R_A einen Wert von 200 Ω möglichst nicht überschreiten.

TT-Netze mit FI-Schutzschaltern als Schutzeinrichtung sind in landwirtschaftlichen Betriebsstätten und in Verteilungen für Baustellen vorgeschrieben.

13.5.5 Schutzmaßnahmen im IT-Netz

Im IT-Netz sind die Körper der Betriebsmittel untereinander mit einem geerdeten Schutzleiter verbunden. IT-Netze sind nur in begrenzten Anlagen mit eigenem Transformator oder Generator zulässig.

Vorgeschrieben sind IT-Netze in Hüttenwerken und im Bergbau, für Einrichtungen in Intensivüberwachungsstationen, in Operationsräumen und beweglichen Ersatzstromversorgungen.

IT-Netze sind gegen Erde isoliert oder über eine genügend hohe Impedanz geerdet. Diese Impedanz liegt in der Regel zwischen Erde und dem Sternpunkt des Netzes. Infolge dieser hohen Impedanz tritt bei Entstehen nur eines Fehlers ein geringer Fehlerstrom auf, der eine Abschaltung nicht erforderlich macht. Der Isolationswiderstand der Verbraucher-

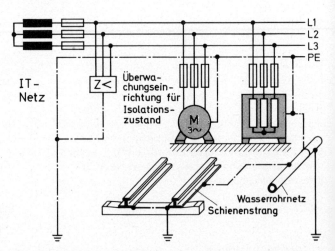

Bild 284/2: Beispiel einer Verbraucheranlage im IT-Netz

anlage wird durch ein Isolationsüberwachungsgerät laufend kontrolliert (**Bild 284/2**).

Bei Auftreten des ersten Fehlers muß die Überwachungseinrichtung ein optisches oder akustisches Signal auslösen. Der angezeigte Fehler ist so schnell wie möglich zu beheben. Bei Auftreten von zwei Fehlern muß die Anlage automatisch abgeschaltet werden, weil bei zwei gleichzeitigen Fehlern gefährliche Berührungsspannungen zwischen verschiedenen Betriebsmitteln entstehen können.

Für die Wirksamkeit der Schutzmaßnahme im IT-Netz muß folgende Bedingung erfüllt sein:

R_A Erdungswiderstand aller mit einem Erder verbundenen Körper

I_d Fehlerstrom, der im Falle des ersten Fehlers vernachlässigbarer Impedanz zwischen einem Körper und einem Außenleiter fließt.

U_L Vereinbarte Grenze der dauernd zulässigen Berührungsspannung

$$R_A \cdot I_d \leq U_L$$

Als Schutzeinrichtungen sind im IT-Netz Überstromschutzeinrichtungen, Fehlerstromschutzschalter, Isolationsüberwachungseinrichtungen und in Sonderfällen Fehlerspannungsschutzschalter zulässig.

13.5.6 Fehlerspannungsschutzeinrichtungen (FU-Schutzschalter)

Die Fehlerspannungsschutzeinrichtung besteht aus dem Schutzschalter mit Fehlerspannungsspule und Prüfeinrichtung, dem Schutzleiter, der Hilfserdungsleitung und dem Hilfserder (Bild 285/1). Die Spannungsspule wird zwischen den Hilfserder und den Körper des zu schützenden Betriebsmittels geschaltet. Sie überwacht die Spannung zwischen diesen Punkten. Die Hilfserdungsleitung muß gegen den Körper zu schützender Betriebsmittel, gegen den Schutzleiter und gegen leitfähige Konstruktions- und Gebäudeteile isoliert sein, damit die Spannungsspule nicht überbrückt wird.

Der Erdungspunkt des Hilfserders muß mindestens 10 m vom Erdungspunkt des Schutzleiters entfernt sein, damit deren Spannungsbereiche sich nicht gegenseitig beeinflussen und die Spannungsspule kurzschließen. Bedingt durch die Bauweise von Gebäuden ist es kaum möglich, einen zulässigen Erdungspunkt zu finden, der mehr als 10 m vom Haupterder entfernt ist. Deshalb sind Fehlerspannungsschutzeinrichtungen in TT-Netzen bedeutungslos geworden.

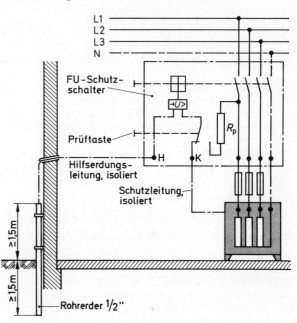

Bild 285/1: Fehlerspannungsschutzeinrichtung

13.6 Prüfung der Schutzmaßnahmen

Die Wirksamkeit der geforderten Schutzmaßnahmen bei indirektem Berühren ist vor der Inbetriebnahme durch den Errichter der Anlage zu prüfen. Die Prüfung umfaßt Besichtigung, Erprobung und Messung und soll von Zeit zu Zeit wiederholt werden. Bevor man Messungen durchführt, muß überprüft werden, ob die Überstromschutzeinrichtungen und Leiterquerschnitte richtig bemessen sind. Ferner ist festzustellen, ob Querschnitt, Verlegung, Anschluß und Kennzeichnung des Schutzleiters bzw. des PEN-Leiters den VDE-Bestimmungen entsprechen.

13.6.1 Messen der Schleifenimpedanz im TN- und TT-Netz

Die Messung der Schleifenimpedanz wird an der Anschlußsteckdose für die Verbrauchsmittel durchgeführt. Für diese Messung gibt es Meßgeräte, die den Wert der Schleifenimpedanz Z_S und die Größe des Abschaltstromes I_a direkt anzeigen. Die Größe des Abschaltstromes richtet sich nach den vorgeschriebenen Werten für die Leiterquerschnitte der Verbraucheranlage und den dazugehörigen Überstromschutzeinrichtungen. Das Produkt Schleifenimpedanz Z_S mal Abschaltstrom I_a darf nicht größer als die Spannung U_0 (Außenleiter gegen Erde) sein.

Z_S Impedanz der Fehlerschleife

I_a Stromstärke, der die automatische Abschaltung der Schutzeinrichtung bewirkt

U_0 Nennspannung gegen geerdete Leiter, z. B. 220 V

$$Z_S \cdot I_a \leq U_0$$

Die Messung der Schleifenimpedanz kann nach **Bild 286/1** durchgeführt werden. Bei geöffneten Schaltern ist zuerst die Spannung U_0 (Außenleiter gegen Schutzleiter) zu messen. Dann wird mit dem Schalter S_u der Vorprüfwiderstand R_v eingeschaltet. Er soll etwa den 20fachen Wert des Hauptprüfwiderstandes R_h haben. Die Spannung U_0 darf bei der Vorprüfung nicht merklich absinken. Bei geschlossenem Schalter S_h wird am Hauptprüfwiderstand R_h ein Strom I eingestellt, der etwas kleiner als der Nennstrom der vorgeschalteten Überstromschutzeinrichtung ist. Die Spannung U_0 sinkt dann auf den Wert U. Aus den gemessenen Werten erhält man die Größe der Schleifenimpedanz Z_S.

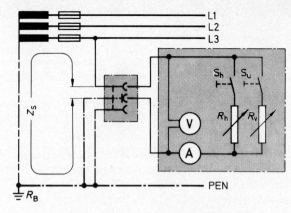

Bild 286/1: Messen der Schleifenimpedanz

Z_S Schleifenimpedanz
U_0 Spannung zwischen unbelastetem Außenleiter und PEN-Leiter bzw. PE (alle Schalter geöffnet)
U Spannung bei eingeschaltetem Hauptprüfwiderstand R_h
I Prüfstrom, eingestellt mit R_h (Hauptprüfwiderstand)
I_a Abschaltstrom

Schleifenimpedanz:
$$Z_S = \frac{U_0 - U}{I}$$

Abschaltstrom:
$$I_a = \frac{U_0}{Z_S} = \frac{U_0}{U_0 - U} \cdot I$$

Im TT-Netz darf das Produkt Erdungswiderstand R_A mal Abschaltstrom I_a den Wert der höchstzulässigen Berührungsspannung $U_L = 50$ V bzw. 25 V nicht übersteigen.

$$R_A \cdot I_a \leq U_L$$

13.6.2 Messen des Erdungswiderstandes

Man kann den Erdungswiderstand R_A durch Messen der Spannung am Schutzerder und des Stromes im Schutzerder ermitteln **(Bild 286/2)**. Dabei wird die zu prüfende Erdungsleitung über einen Prüfwiderstand und einen Strommesser an einen nicht geerdeten Außenleiter angeschlossen. Die Erderspannung mißt man zwischen der Erdungsleitung und einer Erdsonde, die mindestens 20 m vom Schutzerder entfernt sein muß. Der Prüfwiderstand wird zunächst auf seinen Höchstwert eingestellt und dann verkleinert. Hat die Erderspannung schon bei kleinen Prüfströmen einen hohen Wert, muß die Prüfung abgebrochen werden. Bei einer Fortsetzung der Prüfung mit höheren Strömen würden Erdungsleiter und die angeschlossenen Anlagenteile eine unzulässig hohe Spannung annehmen. Zum Prüfen des Erdungswiderstandes gibt es besondere Erdungsmeßgeräte, die einen eigenen Spannungserzeuger haben und den Erdungswiderstand selbst anzeigen.

Bild 286/2: Messen des Erdungswiderstandes

13.6.3 Schutz durch nichtleitende Räume

Bei der Schutzmaßnahme „Schutz durch nichtleitende Räume" ist der Standortübergangswiderstand R_{St} zu ermitteln, wenn die Isolierfähigkeit des Fußbodens festgestellt werden muß. Die Messung erfolgt mit Wechselspannung und ist an beliebig gewählten Stellen des Fußbodens durchzuführen. Es sind mindestens 3 Messungen durchzuführen. Zur Messung wird ein nasses Tuch von etwa 270 mm · 270 mm auf den Fußboden gebreitet. Darüber legt man eine Metallplatte von 250 mm · 250 mm · 2 mm, die mit einem Gewicht von 75 kg belastet wird **(Bild 286/3)**. Es wird die Netzspannung gegen Erde gemessen, z. B. $U_1 = 220$ V. Der Innenwiderstand R_i des Spannungsmessers muß mindestens

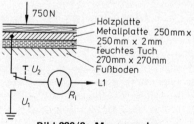

Bild 286/3: Messung des Standortübergangswiderstandes

300 Ω je Volt des Meßbereichendwertes betragen. Dann erfolgt die Messung der Spannung U_2 gegen den Standort (Metallplatte), z. B. $U_2 = 10$ V.

R_{St} Standortübergangswiderstand
R_i Innenwiderstand des Spannungsmessers
U_1 Netzspannung gegen Erde
U_2 Spannung gegen Standort

$$\frac{R_{St}}{R_i} = \frac{U_1 - U_2}{U_2}$$

$$R_{St} = R_i \left(\frac{U_1}{U_2} - 1 \right)$$

Für die Schutzmaßnahme „Schutz durch nichtleitende Räume" gilt die Isolierfähigkeit des Fußbodens als ausreichend, wenn durch verschiedene Messungen festgestellt wird, daß an keiner Stelle des Fußbodens der Widerstandswert von 50 kΩ unterschritten wird. Dieser Wert gilt für Anlagen mit einer Netzspannung bis 220 V gegen Erde. Bei Anlagen mit höherer Netzspannung muß der Übergangswiderstand des Fußbodens mindestens 100 kΩ betragen.

13.6.4 Prüfen der FI- und FU-Schutzeinrichtungen

Sowohl bei Fehlerstrom- als auch bei Fehlerspannungsschutzeinrichtungen wird zunächst der einwandfreie Zustand des Schalters selbst durch Betätigen der Prüftaste überprüft.

Bei Fehlerstromschutzeinrichtungen ist zu überprüfen, ob der Neutralleiter hinter dem FI-Schutzschalter ohne Erdverbindung ist. Für die Prüfung der Wirksamkeit von FI-Schutzschaltern in Steckdosenstromkreisen werden Meßgeräte verwendet, die nach dem Prinzip der Spannungsabsenkung eine Fehlerspannungsmessung durchführen **(Bild 287/1)**. Die Messung kann ohne Meßsonde durchgeführt werden. Die Berührungsspannung ergibt sich aus der Differenz der Spannung zu Beginn der Prüfung und beim Auslösen. Der Meßvorgang wird durch Betätigen der Starttaste eingeleitet. Der Fehlerstrom wird stetig gesteigert und angezeigt, bis der FI-Schutzschalter auslöst. Der Auslösestrom und die dabei auftretende Berührungsspannung werden bei der Messung gespeichert und können durch Betätigen der Abfragetasten abgefragt werden. Wird bei der Messung die höchstzulässige Berührungsspannung überschritten, so wird dies durch eine Signallampe angezeigt. Zugleich wird dabei der Schutzleiteranschluß des Gerätes automatisch abgeschaltet.

Die Schutzwirkung des FI- bzw. FU-Schutzschalters ist in Ordnung, wenn vor Erreichen der höchstzulässigen Berührungsspannung $U_L = 50$ V bzw. 25 V die Abschaltung erfolgt.

Voraussetzung für eine fehlerfreie Messung ist, daß der Schutzleiter keine Spannung gegen Erde führt.

Bild 287/1: Prüfgerät für FI- und FU-Schutzschalter und Messung der Schleifenimpedanz

Wiederholungsfragen

1. Wie ist die Wirksamkeit netzabhängiger Schutzmaßnahmen bei neu errichteten Anlagen zu prüfen?
2. Durch welche Messungen wird die Wirksamkeit der Schutzmaßnahme im TN-Netz geprüft?
3. Worauf ist bei der Besichtigungsprüfung von neu errichteten Anlagen im TN-Netz zu achten?
4. Durch welche Messung wird in einem TN-Netz geprüft, ob der Abschaltstrom der Überstromschutzeinrichtung erreicht wird?
5. Nennen Sie Möglichkeiten zur Messung des Erdungswiderstandes!
6. Erklären Sie die Messung der Schleifenimpedanz!
7. Wozu dient die Prüftaste bei einem FI-Schutzschalter?
8. Beschreiben Sie die Prüfung der FI-Schutzeinrichtung!

14 Elektrische Meßgeräte

Durch **Messen** bestimmt man den Zahlenwert einer Meßgröße. Diesen am Meßgerät abgelesenen Wert nennt man den *Meßwert*. Man mißt z. B. Ströme, Spannungen, Widerstände oder Leistungen.

Durch **Prüfen** wird ermittelt, ob der Prüfling, z. B. ein Schaltelement oder ein Gerät, die Eigenschaften hat, die für seine Verwendung notwendig sind. So prüft man z. B. die Isolation elektrischer Leitungen.

Beim **Eichen** vergleicht man den von einem Meßgerät angezeigten Meßwert mit einem *Eichnormal*. Als Eichnormal werden z. B. Normalelemente, Widerstandsnormale, Induktivitätsnormale oder Kapazitätsnormale verwendet. Ein Meßgerät kann man auch mit einem zuverlässigen und genauen Vergleichsinstrument (z. B. Normal-Spannungsmesser, Normal-Strommesser) eichen.

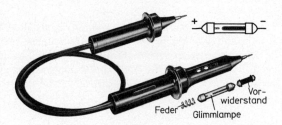

Ein Spannungssucher **(Bild 288/1)** z. B. ist ein Prüfgerät. Mit Hilfe einer Glimmlampe wird dabei die Spannungsart und bei Gleichspannung die

Bild 288/1: Zweipoliger Spannungssucher

Polarität geprüft. Damit die Glimmlampe sicher zündet, muß eine Spannung von etwa 100 V vorhanden sein. Der zweipolige Spannungssucher (Bild 288/1) enthält eine Glimmlampe und einen in Reihe geschalteten Widerstand. Eine Elektrode der Glimmlampe ist manchmal in Form eines Pluszeichens ausgebildet. Sie leuchtet, wenn der die Glimmlampe enthaltende Teil des Spannungssuchers mit dem positiven Pol eines Spannungserzeugers verbunden ist. Beim Anschluß an Wechselspannung flimmern beide Elektroden der Glimmlampe. Der vorgeschaltete Widerstand dient zur Strombegrenzung.

14.1   Grundbegriffe

14.1.1 Teile elektrischer Meßgeräte

Ein elektrisches *Meßgerät* besteht aus dem Meßinstrument und dem trennbaren Zubehör **(Bild 288/2)**, z. B. Wandler oder Widerstände.

Zum *Meßwerk* gehören das bewegliche Organ mit dem Zeiger, die Skala und alle für die Wirkungsweise wichtigen Teile, wie z. B. ein Dauermagnet oder eine feststehende Spule.

Das *Meßinstrument* ist das Meßwerk zusammen mit dem Gehäuse und dem *eingebauten Zubehör* (z. B. Vorwiderstände oder Gleichrichter). Außerhalb des Meßinstruments ist das *sonstige Zubehör,* das z. B. aus Umschalter, Widerständen, Meßleitungen, Spulen und Kondensatoren bestehen kann (DIN 43 780).

14.1.2 Lagerung

Das bewegliche Organ, z. B. eine Drehspule mit Zeiger, soll sich von der Meßgröße leicht auslenken lassen. Daher muß die Lagerreibung sehr klein gehalten werden.

Bei der **Spitzenlagerung (Bild 289/1a)** dreht sich eine hochglanzpolierte Stahlspitze auf einem Lagerstein aus Achat, Saphir oder Spinell. Gefederte Lagersteine schützen die Spitze gegen Stoß und Erschütterung.

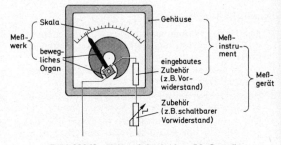

Bild 288/2: Teile elektrischer Meßgeräte

Bei der **Zapfenlagerung** (Bild 289/1b) hat die Achse des beweglichen Organs geschliffene, hochglanzpolierte Zapfen. Man verwendet diese Lagerung bei Meßinstrumenten, die starken Erschütterungen ausgesetzt sind, z. B. in Fahrzeugen oder Schiffen. Die Reibung ist bei dieser Lagerung größer als bei der Spitzenlagerung.

Bei der **Spannbandlagerung** (Bild 293/2) ist das bewegliche Organ des Meßwerks oben und unten durch Metallbänder eingespannt. Beide Bänder sind durch die Spannbandfedern mit dem beweglichen Organ, z. B. der Drehspule, verbunden. Eine äußere Reibung ist bei der Spannbandlagerung nicht vorhanden. Meßinstrumente mit Spannbandlagerung können daher mit größerer Empfindlichkeit (Seite 291) gebaut werden als Instrumente mit Spitzenlagerung. Die Spannbandlagerung ist außerdem kaum stoßempfindlich.

14.1.3 Dämpfung

Das bewegliche Organ spannt bei seiner Drehung Federn oder verdreht ein Spannband. Wegen der Massenträgheit des beweglichen Organs pendelt der Zeiger um die richtige Anzeige des Meßwerts hin und her und kommt erst nach einigen Schwingungen zur Ruhe **(Bild 289/2)**.

Damit der Meßwert rasch und sicher am Meßgerät abgelesen werden kann, muß das Schwingen des Zeigers verhindert werden **(Bild 289/3)**. Das geschieht durch eine *Dämpfung*, die erst bei Drehung des beweglichen Organs wirksam wird.

Bei der **Luftkammerdämpfung** ist am Zeiger ein Kolben oder ein Flügel befestigt, der bei seiner Bewegung die Luft aus einer Kammer verdrängt **(Bild 295/1)**. Durch die Form des Flügels und der Kammer kann man die Größe der Dämpfung beeinflussen.

Bei der **Wirbelstromdämpfung** bewegt sich eine Aluminiumscheibe oder ein Aluminiumrähmchen zwischen den Polen eines Dauermagneten **(Bild 289/4)**. Durch die Gestaltung der Scheibe und durch die Form und Stärke des Magnetfeldes kann die Größe der Dämpfung beeinflußt werden.

14.1.4 Skalen und Zeiger

Die Skalen von Schalttafelinstrumenten müssen übersichtlich sein und aus größerer Entfernung abgelesen werden können. Sie haben daher meist eine *Grobteilung* **(Bild 289/5)**. Der Teil der Skala, für den die Genauigkeitsangaben eingehalten werden, ist am Anfang und Ende durch einen Punkt gekennzeichnet, der sich unterhalb des betreffenden Skalenteilstrichs befindet.

Genauere Meßwerke haben eine *Grob-Feinteilung* **(Bild 289/6)**.

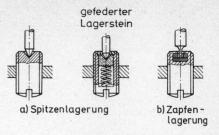

a) Spitzenlagerung   b) Zapfen-lagerung

Bild 289/1:
Spitzenlagerung und Zapfenlagerung

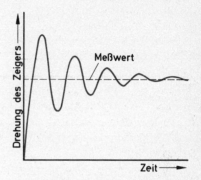

Bild 289/2: Einschwingvorgang
mit schwacher Dämpfung

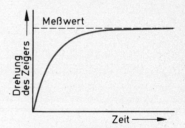

Bild 289/3: Anzeige ohne
Überschwingen des Zeigers

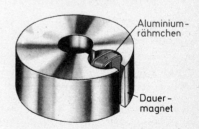

Bild 289/4: Wirbelstromdämpfung

lineare Skala   nichtlineare Skala mit
unterdrücktem Nullpunkt

Bild 289/5: Skala eines Schalttafel-
instruments mit Grobteilung

Bild 289/6: Skalen mit Grob-Feinteilung

Elektrische Meßgeräte tragen auf der Skala die folgenden Angaben: Ursprungszeichen (Firmenzeichen) und falls nötig Fertigungsnummer, Einheit der Meßgröße (z.B. mV), Sinnbild des Meßwerks, Stromartzeichen (z.B. —), Genauigkeitsklasse (Seite 291), Lagezeichen und Prüfspannungszeichen (Tabelle 290/1).

Der Zeiger (Bild 290/1) eines elektrischen Meßinstruments muß leicht sein. Er ist aus einer Aluminiumlegierung gefertigt. Der Zeiger wird mit verstellbaren Gegengewichten ausbalanciert, damit sein Schwerpunkt genau in die Drehachse fällt.

Mit Hilfe des *Nullpunkteinstellers* (Bild 290/2) kann der Zeiger vor der Messung genau auf den Nullpunkt der Skala eingestellt werden.

Tabelle 290/1: Sinnbilder für die Skalenbeschriftung
Nach DIN 43802

Meßwerke		Stromartzeichen	
Arbeitsweise des Meßwerks	Sinnbild	Stromart	Sinnbild
Drehspulmeßwerk mit Dauermagnet		Gleichstrom	—
		Wechselstrom	~
Drehspulmeßwerk mit Gleichrichter		**Lagezeichen** Nennlage	Sinnbild
Drehspul-Quotienten-Meßwerk		Senkrechte Nennlage	⊥
		Waagrechte Nennlage	⊓
Dreheisenmeßwerk		Schräge Nennlage, Neigungswinkel, z.B. 60°	∠60°
Elektrostatisches Meßwerk		Prüfspannungszeichen Prüfspannung	Sinnbild
Eisengeschlossenes elektrodynamisches Meßwerk		Prüfspannung 500 V	☆
		Prüfspannung höher als 500 V, z.B. 2000 V	☆
Vibrationsmeßwerk		Keine Spannungsprüfung	☆

Sieht man nicht genau senkrecht, sondern schräg auf den Zeiger, so entsteht ein Ablesefehler. Diesen Fehler nennt man *Parallaxenfehler**.

Um eine parallaxenfreie Ablesung zu ermöglichen, sind Zeiger und Skala oft in einer Ebene angeordnet (Bild 291/1). Unter dem Zeiger von Präzisionsinstrumenten ist längs der Skala ein Spiegelbogen angebracht. Bei der Ablesung müssen Zeiger und Spiegelbild zur Deckung gebracht werden, damit ein Parallaxenfehler vermieden wird.

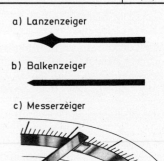

a) Lanzenzeiger

b) Balkenzeiger

c) Messerzeiger

Bild 290/1: Zeigerformen

14.1.5 Meßgenauigkeit und Meßfehler

Bei elektrischen Messungen treten Fehler auf, die vom Ablesenden, vom Meßgerät, von der Meßschaltung oder von Einflüssen der Umgebung herrühren.

Persönliche Fehler entstehen durch ungenaues oder fehlerhaftes Ablesen eines Meßinstruments.

Anzeigefehler entstehen durch Lagerreibung, ungenaue Skalenausführung und durch Fertigungstoleranzen. Der Anzeigefehler eines Meßgeräts wird in Prozent vom Meßbereich-Endwert oder von der Skalenlänge, z.B. 1,5 angegeben. Nach diesem Fehler sind die Meßgeräte in Genauigkeitsklassen eingeteilt (Tabelle 291/1).

Die Klasse eines elektrischen Meßgeräts gibt den zulässigen prozentualen Anzeigefehler an. Er ist auf den Meßbereich-Endwert oder auf die Skalenlänge bezogen.

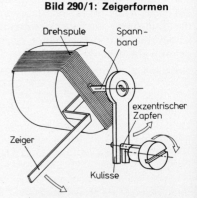

Drehspule   Spann-band

exzentrischer Zapfen

Zeiger

Kulisse

Bild 290/2: Nullpunkteinsteller

* parallax (griech.) = schräg hintereinander

Bei einem elektrischen Meßgerät hat z. B. ein Abweichen von der Nenntemperatur, von der Nennfrequenz oder ein Neigen gegenüber der Nenn-
lage auch einen Einfluß auf die Anzeige. Dieser *Einflußfehler* ist im
Anzeigefehler nicht enthalten. Er hat bei nur wenig Abweichung von den
Nennwerten eine ähnliche Größe wie der Anzeigefehler (Tabelle 291/1).

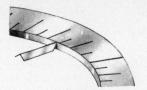

Bild 291/1:
Parallaxenfreie Ablesung

Tabelle 291/1: Genauigkeitsklassen elektrischer Meßgeräte						Nach VDE 0410
	Feinmeßgeräte			Betriebsmeßgeräte		
Klasse	0,1	0,2	0,5	1	1,5	2,5	5
Anzeigefehler	±0,1%	±0,2%	±0,5%	±1%	±1,5%	±2,5%	±5%
Einflußfehler	±0,1%	±0,2%	±0,5%	±1%	±1,5%	±2,5%	±5%

Beispiel: Wie groß können die Anzeigefehler in V und der prozentuale Fehler eines Spannungsmessers der Klasse 0,5
mit einem Meßbereich von 250 V bei einer Messung von 125 V sein?

Lösung: Anzeigefehler $= \dfrac{\pm 0,5 \cdot 250\,\text{V}}{100} = \pm 1{,}25\,\text{V}$ prozentualer Fehler $= \dfrac{\pm 1{,}25\,\text{V} \cdot 100\%}{125\,\text{V}} = \pm 1\%$

Der auf den Meßwert bezogene höchstmögliche Fehler wird bei der Anzeige in der Mitte des Meßbereichs
doppelt so groß, wie die Klasse des Meßgeräts angibt. Bei der Anzeige von $^1/_{10}$ des Meßbereichs beträgt
der größtmögliche Fehler das Zehnfache.

Für genaue Messungen ist der Meßbereich möglichst so zu wählen, daß der Zeiger im letzten Drittel der
Skala anzeigt.

Fehler durch die Meßschaltung (systematische Fehler), z. B. durch den Eigenverbrauch von Meßgeräten,
können durch Rechnung korrigiert werden (siehe Tabellenbuch Elektrotechnik).

14.1.6 Empfindlichkeit und Eigenverbrauch

Für die Beurteilung elektrischer Meßgeräte sind
außer der Klasse noch Empfindlichkeit und Eigenverbrauch maßgebend.

Unter **Empfindlichkeit** eines Meßgeräts versteht
man das Verhältnis der Ausschlagsänderung in mm
zur Änderung der Meßgröße, z. B. 5 mm je A. Ein
empfindliches Meßgerät hat bei kleiner Änderung
der Meßgröße eine große Ausschlagsänderung.

Der **Eigenverbrauch** (meist in mW oder mVA) ist
bei Spannungsmessern:
Stromaufnahme (mA) · Spannung (V),

bei Strommessern:
Spannungsabfall (mV) · Strom (A)

Für den Eigenverbrauch von Spannungsmessern ist
der Strom maßgebend, der Vollausschlag bewirkt.
Dieser Strom ist um so kleiner, je geringer der
Eigenverbrauch ist. Bei Meßgeräten gibt man deshalb vielfach eine Kenngröße in *Ohm je Volt* oder in
Ohm je Ampere an. Die Kenngröße Ohm je Volt ist
der Kehrwert des Stromes für Vollausschlag. Ein
Spannungsmesser mit geringem Eigenverbrauch
hat eine hohe Ohmzahl je Volt. Ein Meßgerät mit
geringem Eigenverbrauch hat in der Regel auch
eine hohe Empfindlichkeit.

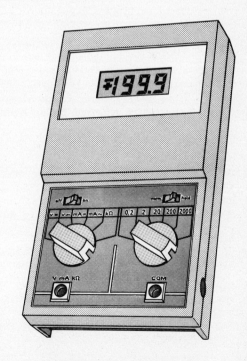

Bild 291/2: Digitalmultimeter

14.1.7 Digitale Meßgeräte

Die Anzeige elektromechanischer Meßgeräte erfolgt meist so, daß der über die Skala bewegte Zeiger der anzuzeigenden Meßgröße ununterbrochen folgt. Man sagt, der Zeigerausschlag ist der Meßgröße analog*. Völlig anders arbeiten digitale** Meßgeräte. Bei ihnen wird die Meßgröße durch Zählung ermittelt und in Form von Ziffern dargestellt **(Bild 291/2)**. Die Anzeigeelemente sind meist Fotodioden (Seite 314) oder Flüssigkristalle, wie z.B. bei den elektronischen Taschenrechnern. Die einzelnen Ziffern von 0 bis 9 werden durch 7-Segment-Anzeigen **(Bild 292/1)** dargestellt.

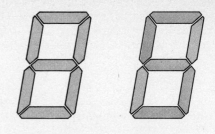

Bild 292/1: 7-Segment-Anzeige

Eine elektrische Spannung wird mit einem digitalen Meßgerät z.B. auf folgende Art gemessen: Das Meßwerk enthält einen quarzgesteuerten Rechteckoszillator. Die zu messende Spannung wird bei der Messung mit einer Sägezahnspannung verglichen **(Bild 292/2)**. Geht die Sägezahnspannung, von negativen Werten her kommend, durch $U = 0$, startet ein Impuls den Oszillator, der dem Zähler so lange Impulse in zeitlich gleichem Abstand liefert, bis die Sägezahnspannung die Größe der zu messenden Spannung erreicht. Dann unterbricht ein weiterer Impuls den Zählvorgang. Sägezahngenerator, Quarzoszillator, Vergleicher und Zählkette werden meist als integrierte Schaltungen (Seite 320) gebaut.

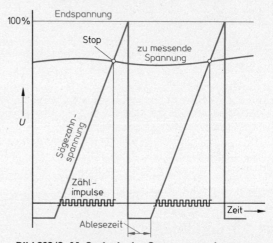

Bild 292/2: Meßprinzip des Spannungszeitumsetzers

Bei digitalen Meßgeräten sind die Genauigkeitsangaben des Herstellers zu beachten. Diese Meßgeräte täuschen nämlich durch die Ziffernanzeige eine Genauigkeit vor, die oft gar nicht vorhanden ist. Soll außerdem mit dem Meßgerät die Änderung der Meßgröße beobachtet werden, ist eine analoge Anzeige anschaulicher als eine digitale. Die Genauigkeit eines digitalen Meßgeräts kann z.B. so angegeben werden: Fehlergrenze 0,5% vom Meßwert ±2 Digit (Digit bedeutet Ziffer). Digitale Spannungsmesser können mit einem sehr geringen Eigenverbrauch gebaut werden, z.B. mit einem Eingangswiderstand von 10 MΩ.

Wiederholungsfragen

1. Wodurch unterscheiden sich Meßwerk, Meßinstrument und Meßgerät?

2. Nennen Sie die Teile eines Meßwerks!

3. Welchen Vorteil hat die Spitzenlagerung des beweglichen Organs gegenüber der Zapfenlagerung?

4. Warum können Meßinstrumente mit Spannbandlagerung mit größerer Empfindlichkeit gebaut werden als Instrumente mit Spitzenlagerung?

5. Warum muß die Zeigerbewegung eines Meßinstruments gedämpft werden?

6. Auf welche Arten kann die Dämpfung der Zeigerbewegung erfolgen?

7. Welche Angaben sind auf der Skala eines elektrischen Meßgerätes enthalten?

8. Was versteht man unter einem Parallaxenfehler?

9. Was bedeutet das Klassenzeichen 1,5 eines elektrischen Meßgeräts?

10. Weshalb soll bei elektrischen Messungen der Zeiger des Meßinstruments im letzten Drittel der Skala anzeigen?

11. Erklären Sie den Begriff Empfindlichkeit eines elektrischen Meßinstruments!

12. Wodurch unterscheidet sich eine analoge von einer digitalen Anzeige?

---

* analog = entsprechend, ähnlich
** digital = mit Ziffern

14.2 Elektrische Meßwerke

14.2.1 Drehspulmeßwerk

Im Feld eines Dauermagneten ist eine Spule drehbar gelagert (**Bild 293/1**). Im Innern dieser Drehspule befindet sich ein Kern aus Weicheisen. Der Strom wird der Spule über zwei Spiralfedern aus Bronze zugeführt. Die Spiralfedern sind gegensinnig gewickelt. Fließt Strom durch die Spule, so entsteht ein Drehmoment. Die Spule dreht sich so weit, bis die beiden gespannten Spiralfedern dem Drehmoment der Spule das Gleichgewicht halten. Fließt der Strom in entgegengesetzter Richtung durch die Spule, so kehrt sich auch das Drehmoment um.

Beim Drehspulmeßwerk dreht sich eine stromdurchflossene Spule im Feld eines Dauermagneten. Die Anzeige ist von der Stromrichtung abhängig.

Das Drehspulmeßwerk ist nur für Gleichstrom geeignet.

Die Drehspule besteht, je nach Empfindlichkeit, aus 20 bis 300 Windungen auf einem Aluminiumrähmchen. Während der Drehung werden in dem Aluminiumrähmchen Wirbelströme erzeugt, die eine Dämpfung des Meßwerks bewirken.

Beim *Drehspulmeßwerk* mit *Kernmagnet* (**Bild 293/2**) befindet sich im Innern der Drehspule ein zylindrischer Dauermagnet. Diese Anordnung ermöglicht den Bau von kleinen Meßwerken. Der Weicheisenmantel schirmt zugleich Fremdfelder ab.

Das starke Magnetfeld im Luftspalt des Meßwerks bewirkt schon bei sehr kleinen Spulenströmen einen Zeigerausschlag. Deshalb sind Drehspulmeßwerke sehr empfindlich und haben einen geringen Eigenverbrauch. Das Magnetfeld hat im Luftspalt eine nahezu gleiche Flußdichte. Dies ermöglicht eine gleichmäßig geteilte Skala.

Drehspulmeßwerke haben von allen Meßwerken die höchste Empfindlichkeit.

Galvanometer sind Instrumente mit besonders hochempfindlichen Meßwerken. Das Drehmoment ist bei diesen Instrumenten sehr klein. Zur Verminderung der Reibung wird deshalb bei Galvanometern und anderen empfindlichen Drehspulmeßwerken die Spule aufgehängt. Der Strom wird über die Aufhängung zugeführt, die gleichzeitig durch Verdrillung ein Rückstellmoment erzeugt.

Meßgleichrichter ermöglichen, mit dem Drehspulmeßwerk auch Wechselströme zu messen. Man schaltet dazu Dioden mit kleiner Schwellspannung in Brückenschaltung vor das Meßwerk.

Drehspulmeßwerke mit vorgeschaltetem Gleichrichter werden vor allem in Mehrbereich-Meßinstrumente (Meßinstrumente mit mehreren Strombereichen und Spannungsbereichen) eingebaut. Die verschiedenen Meßbereiche lassen sich durch Vorwiderstände und Nebenwiderstände (**Bild 293/3**) oder durch Meßwandler herstellen.

Bild 293/1: Drehspulmeßwerk mit Außenmagnet

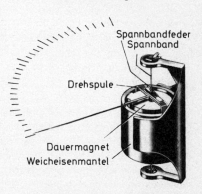

Bild 293/2: Drehspulmeßwerk mit Kernmagnet

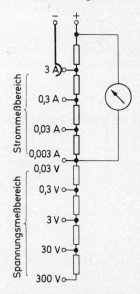

Bild 293/3: Grundschaltung eines Mehrbereich-Meßinstruments

Mit **Mehrbereich-Meßinstrumenten** kann man Gleich- und Wechselspannungen, Gleich- und Wechsel- ströme, Widerstände und z.T. auch Frequenzen und Temperaturen messen. Diese Instrumente besitzen meist einen Überlastschutz. Dabei schaltet ein Schutzschalter das Gerät bei Überlastung oder bei einer Fehlbedienung ab. Im Kurzschlußfall und bei Überlastung schützt eine Feinsicherung das Gerät vor Zerstörung.

Thermoumformer ermöglichen in Verbindung mit Drehspulmeßwerken eine frequenzunabhängige Anzeige. Der Thermoumformer besteht aus einem Heizdraht, durch den der Meßstrom fließt und einem Thermo- element, das mit dem Heizdraht verschweißt (direkte Heizung) oder vom Heizdraht getrennt angeordnet ist (indirekte Heizung, **Bild 294/1**). Die an den Enden des Thermoelements entstehende Spannung wird dem Dreh- spulmeßwerk zugeführt.

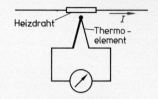

**Bild 294/1:
Thermoumformer (isoliert)**

Drehspulinstrumente mit Thermoumformer zeigen unabhängig von der Frequenz und der Kurvenform des Wechselstromes immer den Effektivwert an. Man benutzt sie meist für Frequenzen über 2 kHz. Die Thermospannung ist proportional dem Quadrat des Heizstromes. Die Skala verläuft deshalb quadratisch. Durch entsprechende Formung der Polschuhe des Drehspulmeßwerks kann die quadratische Skala ent- zerrt werden.

14.2.2 Dreheisenmeßwerk

Im Innern einer Spule sind ein festes und ein an der Zeiger- achse befestigtes, bewegliches Eisenstück angeordnet **(Bild 294/2)**. Beide Eisenstücke (Kerne) bestehen aus magnetisch weichem Eisen. Bei Stromdurchgang entsteht in der Spule ein Magnetfeld mit Nord- und Südpol. Die beiden Kerne werden in gleichem Sinn magnetisiert und stoßen sich deshalb ab. Der bewegliche Kern dreht die Zeigerachse so weit, bis sein Drehmoment so groß ist wie das Rückstellmoment der Spiralfedern. Die Größe des Dreh- moments und damit des Zeigerausschlags ist ein Maß für den Strom, der durch die Spule fließt.

Beim Dreheisenmeßwerk stoßen sich magnetisierte Eisen- kerne ab.

Dreheisenmeßwerke sind für Gleichstrom und Wechsel- strom verwendbar, da beide Kerne unabhängig von der Stromrichtung immer gleichsinnig magnetisiert werden.

Dreheisenmeßwerke sind für Gleichstrom und Wechsel- strom geeignet.

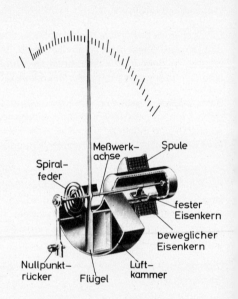

Bild 294/2: Dreheisenmeßwerk

Dreheisenmeßwerke sind einfach aufgebaut, robust und unempfindlich gegen kurzzeitige Überlastungen. Sie werden vorwiegend für Schalttafel-Meßinstrumente und tragbare Betriebsmeßgeräte der Klassen 1,0 bis 2,5 verwendet. Dreheisenmeßwerke haben meist eine ungleich geteilte Skala, weil die magnetische Abstoßungskraft der Eisenkerne sich mit dem Quadrat der Entfernung verringert. Die Teilstriche haben dann am Anfang der Skala eine enge, zum Ende der Skala weitere Abstände. Der Skalenverlauf wird durch die Form der Eisenkerne beeinflußt.

Das Dreheisenmeßwerk wird für Strommessung und Spannungsmessung bei Gleichspannung und nieder- frequenter Wechselspannung bis etwa 300 Hz verwendet. Bei Anschluß an Wechselstrom zeigt das Meß- werk Effektivwerte an.

Der Eigenverbrauch dieser Meßwerke ist verhältnismäßig hoch. Dreheisenmeßwerke eignen sich daher nicht zur Messung kleiner Spannungen und Ströme (Meßbereiche etwa ab 6 V bzw. 20 mA).

Um ein schwingungsfreies Einstellen des Zeigers auf den Meßwert zu erreichen, versieht man das Meß- werk mit einer Luftdämpfung.

14.2.3 Elektrodynamisches Meßwerk

Beim elektrodynamischen Meßwerk **(Bild 295/1)** ist eine Spule drehbar in einer feststehenden Spule angeordnet. Meist wird die Drehspule als Spannungspfad, die feststehende Spule als Strompfad verwendet.

Fließt Strom durch die beiden Spulen, so wirkt auf die Drehspule ein Drehmoment **(Bild 295/2)**. Das Drehmoment ist der Spannung an der Drehspule und dem Strom durch die feststehende Spule proportional. Kehrt man die Stromrichtung in beiden Spulen gleichzeitig um, so bleibt der Drehsinn gleich. Das Meßwerk kann deshalb für Gleichstrom und Wechselstrom verwendet werden.

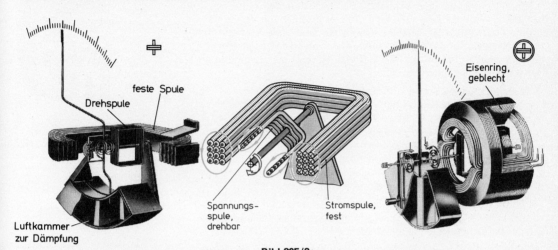

Bild 295/1: Elektrodynamisches Meßwerk (eisenlos)

Bild 295/2: Strom- und Spannungsspule beim elektrodynamischen Meßwerk

Bild 295/3: Elektrodynamisches Meßwerk (eisengeschlossen)

Legt man die bewegliche Spule über Vorwiderstände an die Spannung (Spannungspfad) und läßt den Strom durch die feste Spule fließen (Strompfad), so wird das Produkt aus Spannung und Strom, die elektrische Leistung (Wirkleistung), angezeigt.

Elektrodynamische Meßwerke sind zur Leistungsmessung bei Gleichstrom und Wechselstrom geeignet.

Bei Wechselstrom wird die Wirkleistung angezeigt.

Man unterscheidet eisenlose elektrodynamische Meßwerke (Bild 295/1) und eisengeschlossene **(Bild 295/3)**. Eisenlose elektrodynamische Meßwerke verwendet man vor allem für Präzisionsleistungsmesser, z. B. zur Eichung von Zählern, eisengeschlossene für Betriebsmeßgeräte, vor allem zur Messung der Wirkleistung, mit Vorschaltgeräten auch zur Messung der Blindleistung und der Scheinleistung. Das Meßwerk hat einen größeren Eigenverbrauch als das Drehspulmeßwerk. Es ist sehr überlastungsfähig.

Beim eisengeschlossenen elektrodynamischen Meßwerk können auf dem drehbar gelagerten Eisenkern zwei gekreuzte Drehspulen (Kreuzspulmeßwerk) liegen. Das Meßwerk hat eine richtkraftfreie Stromzuführung und einen ungleichmäßigen Luftspalt. Die gekreuzten Drehspulen wirken einander entgegen. Die Spulen stellen sich auf den Punkt ein, in dem die Momente der beiden Spulen entgegengesetzt gleich sind. Das Meßwerk ist also ein Quotientenmesser. Es mißt dann z. B. die Phasenverschiebung zweier Ströme oder den Leistungsfaktor (Seite 296).

Blindleistungsmessung. Schaltet man in den Spannungspfad eine Drosselspule und einen Wirkwiderstand **(Bild 295/4)**, so kann der Meßstrom im Spannungspfad gegenüber der Spannung um fast 90° phasenverschoben werden. Auf die Spannungsspule wird dann das größte Moment ausgeübt, wenn die Ströme in beiden Spulen um 90° phasenverschoben sind. Es wird daher statt der Wirkleistung die Blindleistung gemessen.

Da induktive Blindwiderstände frequenzabhängig sind, kann das Meßwerk des Blindleistungsmessers nur für eine bestimmte Frequenz, z. B. 50 Hz, verwendet werden. Weitere Meßschaltungen für Leistungsmesser siehe Tabellenbuch Elektrotechnik.

Bild 295/4: Schaltung des Blindleistungsmessers

14.2.4 Leistungsfaktormesser

Der Leistungsfaktor (cos φ) kann indirekt durch Messung der Wirkleistung P sowie von Strom und Spannung ($S = U \cdot I$) ermittelt werden. Zur direkten Messung des cos φ benützt man ein elektrodynamisches Quotientenmeßwerk **(Bild 296/1)**.

Die beiden Spulen L2 und L3 **(Bild 296/2)** liegen an Wechselspannung. Durch Zuschalten eines Wirkwiderstandes R vor die Spule L2 (Wirkspannungspfad) und eines induktiven Blindwiderstandes X_L vor Spule L3 (Blindspannungspfad) wird eine Phasenverschiebung der Spulenströme von nahezu 90° erreicht. Durch die Drehspule L1 fließt der Wechselstrom (Strompfad). Das Instrument zeigt die Phasenverschiebung zwischen dem Strom in der Drehspule und der Spannung an den festen Spulen an.

Sind im Instrument Strom und Spannung in Phase, so haben die Felder der Drehspule L1 und der Wirkspannungsspule L2 gleichzeitig ihren Höchstwert. Die Drehspule stellt sich in Richtung der Spule L2. Eilt der Strom der Spannung um etwa 90° nach (induktive Belastung), so haben die Felder der Drehspule und der Blindspannungsspule L3 gleichzeitig ihren Höchstwert. Die Drehspule stellt sich etwa in Richtung der Spule L3 ein. Bei einer Phasenverschiebung zwischen 0° und 90° hat die Drehspule entsprechend eine Zwischenstellung.

Die Stromzuführung bei Leistungsfaktormessern erfolgt durch richtkraftlose Bänder. Der Zeiger des Leistungsfaktormessers kann daher in jeder beliebigen Lage stehen bleiben.

Bei der Verwendung in Drehstromnetzen wird nur der cos φ des Außenleiters angezeigt, in welchen die Stromspule geschaltet ist.

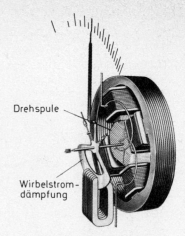

Bild 296/1: Leistungsfaktormesser mit Kreuzfeldmeßwerk

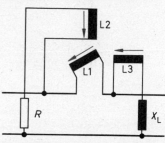

Bild 296/2: Schaltung der Spulen beim Leistungsfaktormesser

14.2.5 Vibrationsmeßwerk (Frequenzmesser)

Beim Zungenfrequenzmesser befindet sich eine Reihe federnder, verschieden langer Stahlzungen im Kraftfeld eines Elektromagneten **(Bild 296/3)**.

Die Stahlzungen sind wie die Schenkel einer Stimmgabel auf bestimmte Schwingungszahlen abgestimmt. Fließt Wechselstrom durch die Spule des Magneten, so wird jeweils die Zunge zum Mitschwingen angeregt, deren Eigenschwingungszahl gleich der Anzahl der Polwechsel ist. Die Eigenfrequenz der schwingenden Zunge ist gleich der doppelten Frequenz des Wechselstromes. Außer der in *Resonanz* befindlichen Zunge schwingen auch die benachbarten Zungen mit. Dabei entstehen Schwingungsbilder, die ein Ablesen der Zwischenwerte gestatten. Der Frequenzmesser wird wie ein Spannungsmesser angeschlossen.

Außer mit Zungenfrequenzmessern kann die Frequenz auch mit Zeigerfrequenzmessern oder digital erfaßt werden. Beim Zeigerfrequenzmesser wird ein Kondensator über Z-Dioden (Seite 313) aufgeladen und über zwei Gleichrichter sowie über das Meßwerk im Takt der Netzfrequenz entladen.

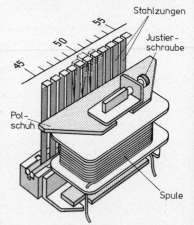

Bild 296/3: Zungenfrequenzmesser

Wiederholungsfragen

1. Erklären Sie Aufbau und Wirkungsweise des Drehspulmeßwerks!
2. Beschreiben Sie Aufbau und Wirkungsweise eines Thermoumformers!
3. Erklären Sie Aufbau und Wirkungsweise des Dreheisenmeßwerks!
4. Für welche Stromarten ist das Dreheisenmeßwerk geeignet?
5. Für welche Meßinstrumente werden Dreheisenmeßwerke verwendet?
6. Beschreiben Sie Aufbau und Wirkungsweise des elektrodynamischen Meßwerks!
7. Erklären Sie Aufbau und Wirkungsweise eines Zungenfrequenzmessers!

14.3 Signalumformer und Signalwandler

Signalumformer, auch Fühler oder Geber genannt, sind Bauelemente, die nichtelektrische Größen, wie z.B. Drücke, Drehzahlen, Drehmomente, Temperatur oder Licht, in elektrische Signale (elektrische Größen, also z.B. Spannung oder Strom) umwandeln.

Signalwandler sind Bauelemente, bei denen eine elektrische Größe, z.B. der Strom, auf einen anderen Wert oder in eine andere Stromart umgewandelt wird, z.B. Gleichstrom in Wechselstrom. Spannungsteiler, Transformatoren und Gleichrichter können solche Signalwandler sein.

Mechanisch-elektrische Umformer

Man unterscheidet hierbei Fühler für Wegmessungen, Dehnungsfühler, Druckfühler sowie Fühler für Kräfte, Drehmomente und für Drehzahlen.

Zur **Wegmessung** verwendet man meist induktive Fühler. Sie bestehen aus einem Kunststoffrohr mit einer Meßwicklung. Wird ein Stahlstab mehr oder weniger weit in die Spule eingeführt, so ändert sich dadurch die Induktivität der Spule. Der Meßwert wird dabei über eine Brückenschaltung erfaßt. Mit induktiven Fühlern kann man Meßlängen bis 1500 mm erreichen, z.B. zur Behälterstandsanzeige. Man kann damit auch Dickenmessungen durchführen.

Dehnungsfühler haben die Aufgabe, Bauteile wie z.B. Maschinen oder Brückenträger auf ruhende (statische) oder auf wechselnde (dynamische) Belastung zu prüfen. Beim *Dehnungsmeßstreifen* (**Bild 297/1**) wird die Länge und der Querschnitt eines Drahtes geändert. Damit ändert sich auch der Widerstand. Dehnungsmeßstreifen sind meist mäanderförmig* auf Papier oder Kunststoff aufgeklebte Widerstandsdrähte. Ordnet man zwei Dehnungsmeßstreifen unter einem Winkel von 90° an, so kann man damit gleichzeitig Dehnungen in zwei Richtungen messen.

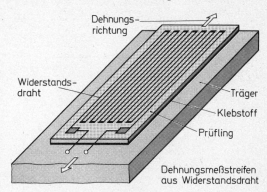

Bild 297/1:
Dehnungsmeßstreifen aus Widerstandsdraht

Druckfühler. Zum Messen von Kraft und von Druck verwendet man meist ebenfalls Dehnungsmeßstreifen, die jedoch in eine Kraftmeßdose eingebaut werden. Die Kraftmeßdose besteht aus einem zylindrischen Gehäuse mit innenliegendem Druckkörper, an dem Dehnungsmeßstreifen angebracht sind. Die Messung erfolgt hier über eine Brückenschaltung. Man kann mit Kraftmeßdosen Kräfte bis 1 MN und Drücke bis 100 N/cm² messen. Bei der kapazitiven Meßdose wird der Luftspalt zwischen 2 Kondensatorplatten durch die Meßkraft vergrößert oder verkleinert. Induktive Meßdosen arbeiten auf dem gleichen Prinzip wie induktive Fühler. Kraftmeßdosen benützt man z.B. als Überlastsicherung an Aufzügen.

Drücke kann man auch über Quarzkristallfühler (piezoelektrischer Effekt) erfassen.

Drehmomentfühler. Durch Aufkleben von Dehnungsmeßstreifen auf die Wellenachse kann man Drehmomente erfassen. Die Hilfsspannung wird meist über Schleifringe zugeführt.

Drehzahlfühler. Die laufende Drehzahlüberwachung kann über Drehzahlmeßgeneratoren oder aber auch über Fotodioden bzw. Fototransistoren erfolgen. Fotoelektronische Fühler erfassen das von einem auf der Welle aufgeklebten hellen Streifen reflektierte Licht. Mit derartigen Drehzahlmessern kann man Drehzahlen bis 100 000 je Minute messen.

Neben diesen gibt es Fühler zum Erfassen von Temperatur, von Feuchtigkeit, des Staubgehaltes, Fühler für optische Größen sowie für chemische Analysen, z.B. Fühler, die den pH-Wert (Maß für die Wasserstoffionenkonzentration in Säuren und Laugen) erfassen.

Thermo-elektrische Umformer. Zur Messung der Temperatur verwendet man Thermoelemente oder Heißleiter.

Optoelektronische Umformer formen Lichtenergie in elektrische Energie um. Bauelemente für diese Aufgaben sind z.B. Fotowiderstände, Fotodioden und Foto-Transistoren.

---

* Mäander (nach einem Fluß in Kleinasien benannt) = geschlängelter Verlauf

14.4 Elektrizitätszähler

Zähler messen die elektrische Arbeit. Man verwendet meist Motorzähler und unterscheidet dabei Wechselstrom-, Drehstrom- und Gleichstromzähler.

14.4.1 Induktionszähler

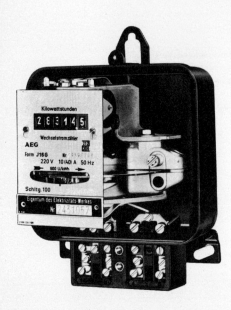

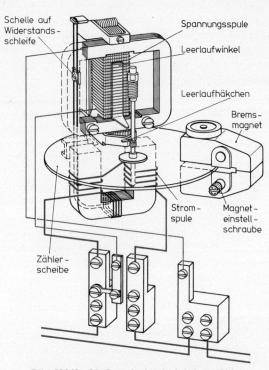

Bild 298/1: Wechselstrom-Induktionszähler　　　　**Bild 298/2: Meßwerk des Induktionszählers**

In Wechselstromanlagen und Drehstromanlagen werden meist *Induktionszähler* **(Bild 298/1)** verwendet. Der Induktionszähler hat eine ähnliche Wirkungsweise wie ein Asynchronmotor mit Kurzschlußläufer. Im Luftspalt zwischen den Polen zweier Magnetsysteme **(Bild 298/2)** ist eine Aluminiumscheibe drehbar gelagert. Durch das untere, zweischenklige System fließt der zu messende Strom *(Stromspule)*. Das obere, dreischenklige System trägt die *Spannungsspule*.

Die Spannungsspule hat gegenüber der Stromspule eine sehr große Induktivität. Bei induktionsfreier Belastung sind deshalb die Ströme und die magnetischen Flüsse in den beiden Spulen um fast 90° gegeneinander phasenverschoben. Diese beiden magnetischen Flüsse erzeugen wie beim Einphasen-Induktionsmotor ein Drehfeld und üben deshalb auf die Zählerscheibe ein Drehmoment aus. Das Drehmoment ist um so größer, je größer die Belastung ist.

Ist die Belastung nicht induktionsfrei, so wird die Phasenverschiebung zwischen den Strömen in den beiden Spulen und ihren Flüssen kleiner als 90°. Das Drehmoment auf die Zählerscheibe wird daher kleiner. Der Zähler mißt also *Wirkarbeit*.

Ein *Bremsmagnet* bewirkt in der sich drehenden Scheibe Wirbelströme, die verhindern, daß sich die Scheibe schneller dreht, als der Belastung entspricht. Seine Bremskraft wird um so größer, je größer die Drehzahl der Läuferscheibe ist und je tiefer die Scheibe in das Feld des Magneten eintaucht. Die Anzahl der Umdrehungen je kWh (Zählerkonstante) läßt sich durch Drehen des Magneten um seinen Befestigungspunkt oder mit Hilfe eines verstellbaren *magnetischen Nebenschlusses* am Bremsmagneten einstellen. Der Leerlauf des Zählers wird durch ein an der Läuferachse angebrachtes *Leerlaufhäkchen* verhindert, das von einem an der Spannungsspule befestigten Gegenpol aus Eisenblech angezogen wird.

Eine verstellbare Schelle auf einer *Widerstandsschleife* aus Konstantandraht dient zur Einstellung der *Phasenverschiebung*.

Die Umdrehungen der Scheibe werden mit Hilfe eines *Zählwerks* gezählt, das den Verbrauch direkt in kWh angibt. Der *Eigenverbrauch* des Zählers beträgt etwa 1 W bis 3 W.

Die Schaltung des Zählers **(Bild 299/1)** entspricht der des Leistungsmessers mit Strompfad und Spannungspfad.

Drehstromzähler für Vierleiternetze (Schaltung **Bild 299/2**) wirken mit 3 Triebsystemen auf zwei oder drei Scheiben. Zum Anschluß von Zählern in Niederspannungsnetzen verwendet man bei Anlagen mit einem Leistungsbedarf über 40 kW Stromwandler, in Hochspannungsanlagen Stromwandler und Spannungswandler.

Die auf dem Leistungsschild (Bild 298/1) des Zählers angegebene Zählerkonstante gibt die Anzahl der Umdrehungen je kWh an.

Von der Physikalisch-Technischen-Bundesanstalt zugelassene Zähler müssen auf dem Leistungsschild das Zulassungszeichen tragen, z. B.

$$\frac{212}{355}$$

Im oberen Feld steht die *Gattungsnummer* des Geräts, z. B. 212, im unteren die Zulassungsnummer, z. B. 355. Das Leistungsschild trägt ferner Bezeichnungen über Spannung, Strom, Frequenz sowie die Schaltungsnummer, z. B. Schaltung 1000.

Weitere Zählerschaltungen sowie Schaltungsnummern siehe Tabellenbuch Elektrotechnik.

14.4.2 Sonderzähler

Mehrtarif-Zählwerke, z. B. Doppeltarifzähler, bestehen aus mehreren Zählwerken mit gemeinsamem Antrieb. Ein Tarifschaltgerät, z. B. Schaltuhr oder Tonfrequenz-Rundsteuerempfänger, nimmt die Umschaltung der Zählwerke vor, so daß z. B. während der Zeit hoher Netzbelastung der Verbrauch auf dem Zählwerk für hohen Tarif, z. B. T1, während der übrigen Zeit auf dem Zählwerk für niederen Tarif, z. B. T2, angezeigt wird. Es gibt auch Drei- und Viertarif-Zählwerke.

Überverbrauchzähler haben zwei Zählwerke. Sie zählen außer dem Gesamtverbrauch den Mehrverbrauch an elektrischer Arbeit, der bei Überschreiten einer vertraglich festgelegten Höchstbelastung auftritt.

Maximumzählwerke erfassen die bei einem Abnehmer auftretende Höchstbelastung. Dabei wird nicht die höchste Augenblicksleistung, wie sie z. B. beim Anlassen von Motoren auftritt, sondern der höchste Mittelwert innerhalb eines Ablesezeitraumes, z. B. 15 Minuten, angezeigt **(Bild 299/3)**.

Mit **Blindverbrauchzählern** wird der induktive Blindverbrauch gemessen. Diese Zähler haben den gleichen Aufbau wie Wirkverbrauchzähler, jedoch eine andere Schaltung und eine Phasenverschiebung der Triebsysteme. In Hochspannungsnetzen werden diese Zähler zusammen mit den Wirkverbrauchzählern an gemeinsame Stromwandler und Spannungswandler gelegt.

Münzzähler ermöglichen den Bezug von elektrischer Energie gegen Vorauszahlung, z. B. in Gemeinschafts-Waschanlagen oder Duschräumen.

Zähler unterliegen besonderen Prüfbestimmungen. Sie werden innerhalb größerer Zeiträume, z. B. 10 Jahren, einer Stichprobenprüfung unterworfen. Diese Prüfung wird durch die Prüfstellen der EVU durchgeführt.

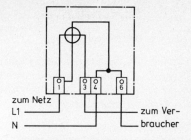

Bild 299/1: Wechselstromzähler-Schaltung, einpolig, Schaltung 1000

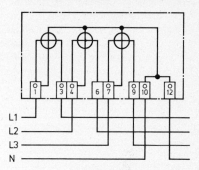

Bild 299/2:
Drehstromzähler-Schaltung für Vierleiteranschluß, Schaltung 4000

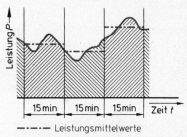

— · — · — Leistungsmittelwerte

Bild 299/3:
Ermittlung des Maximumtarifs

Wiederholungsfragen

1. Erklären Sie die Aufgaben von a) Signalumformern und b) Signalwandlern!

2. Beschreiben Sie Aufbau und Wirkungsweise eines Dehnungsmeßstreifens!

3. Welche Aufgabe haben Zähler?

4. Erklären Sie die Wirkungsweise des Induktionszählers!

5. Welche Aufgabe hat der Bremsmagnet beim Zähler?

6. Was gibt die Zählerkonstante an?

7. Was versteht man unter Doppeltarifzählern?

8. Welche Aufgabe haben Überverbrauchzähler?

9. Welche elektrische Größe messen Maximumzähler?

14.5 Meßbrücken und Kompensatoren

14.5.1 Meßbrücken

Genaue Widerstandsmessungen lassen sich mit der Brückenschaltung (Seite 49) durchführen. Zwei der vier Widerstände der Schaltung sind durch einen stufenlos einstellbaren Widerstand ersetzt (Schleifdraht mit Schleifer oder Drehwiderstand).

Diese Einrichtung zur Messung von Widerständen nennt man *Wheatstone*-Brücke* (**Bild 300/1**).

Der Vergleichswiderstand R_v (Normalwiderstand) ist meist umschaltbar. Damit erreicht man, daß er nicht zu stark von dem unbekannten Widerstand R_x abweicht. Der Schleifer ist dann bei Brückenabgleich nicht weit von der Mitte des Schleifdrahts entfernt. Der Meßfehler wird nämlich bei der Widerstandsmeßbrücke um so größer, je näher der Schleifer an einem der beiden Enden des Schleifdrahts steht.

Meßbrücken sind meist so gebaut, daß der Meßwert an einer Skala abgelesen werden kann (**Bild 300/2**). Die Skala ist mit dem Einstellknopf des Schleifers verbunden.

Das Meßergebnis einer Meßbrücke ist unabhängig von der Höhe der Versorgungsspannung, weil bei Änderung der Spannung das *Verhältnis* der Spannungsabfälle in den Brückenzweigen gleich bleibt.

Die Brückenschaltung kann man auch zur Messung von Kapazitäten und Induktivitäten benützen.

Bei der Kapazitäts-Meßbrücke tritt an die Stelle des unbekannten Widerstands R_x (Bild 300/1) die unbekannte Kapazität C_x, an die Stelle der Vergleichswiderstände treten die Vergleichskapazitäten C_n. Die Brücke ist abgeglichen, wenn sich die kapazitiven Widerstände X_{Cx} und X_{Cn} wie die Teilwiderstände a und b des Schleifdrahtes verhalten.

Da die Kapazitäten sich umgekehrt wie ihre kapazitiven Widerstände verhalten, ergibt sich: $C_n : C_x = a : b$

Bei der Induktivitäts-Meßbrücke liegt in einem Brückenzweig die unbekannte Induktivität L_x und die Vergleichsinduktivität L_n. Der andere Brückenzweig wird vom Schleifdraht mit den Teilen a und b gebildet. Bei abgeglichener Brücke ist: $L_x : L_n = a : b$

Kapazitäts- und Induktivitätsmeßbrücken müssen mit Wechselspannung gespeist werden. An Stelle des Nullinstruments kann man einen Telefonhörer anschließen. Man gleicht dann auf die kleinste Lautstärke ab.

Mit der Wheatstone-Brücke kann man keine sehr kleinen Widerstände messen, weil die Widerstände der Anschlußleitungen die Messung stören. Die Leitungswiderstände müssen durch Zusatzwiderstände kompensiert werden. Diese Schaltung ergibt die Thomson-Brücke** (**Bild 300/3**). Mit der Thomson-Brücke kann man Widerstände von 0,1 µΩ bis 10 Ω messen. Sie dient auch zum Prüfen der Leitfähigkeit von Kabeln.

* Wheatstone, engl. Physiker, 1802 bis 1875
** Thomson (Lord Kelvin), engl. Physiker, 1824 bis 1907

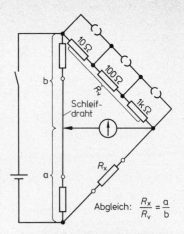

Abgleich: $\dfrac{R_x}{R_v} = \dfrac{a}{b}$

Bild 300/1: Wheatstone-Brücke mit Schleifdraht

Ablesung: $R_x = 50,2\ \text{k}\Omega$

Bild 300/2: Widerstands-Meßbrücke

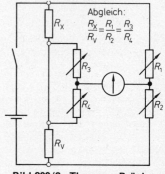

Abgleich: $\dfrac{R_x}{R_v} = \dfrac{R_1}{R_2} = \dfrac{R_3}{R_4}$

Bild 300/3: Thomson-Brücke

14.5.2 Kompensatoren

*Kompensatoren** vergleichen die zu messende Spannung mit einer gleich großen Spannung. Durch Kompensationsmessung wird z.B. die Leerlaufspannung einer Batterie gemessen **(Bild 301/1)**. Ein empfindliches Instrument (Nullinstrument) zeigt die Spannungsdifferenz zwischen der Vergleichsspannung und der Meßspannung an. Am Spannungsteiler gleicht man ab, bis das Nullinstrument keinen Ausschlag mehr zeigt. Dann ist die Leerlaufspannung U_x der Batterie ebenso groß wie die am Spannungsteiler eingestellte Spannung.

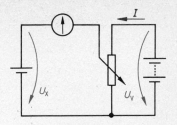

**Bild 301/1:
Kompensationsmessung der
Leerlaufspannung einer Batterie**

Ein Präzisionskompensator **(Bild 301/2)** vergleicht die zu messende Spannung U_x mit dem Spannungsabfall am Widerstand R_2. Dieser Spannungsabfall wird von einem Hilfsstrom I_H hervorgerufen. Der Spannungsabfall $R_1 \cdot I_H$ am Widerstand R_1 muß vor der eigentlichen Messung mit der Spannung U_n des Normalelements kompensiert werden. Zur Kontrolle legt man den Umschalter nach rechts.

Für die Schaltung (Bild 301/2) gilt:

$$I_H = \frac{U_N}{R_1} \qquad U_x = R_2 \cdot I_H = \frac{R_2}{R_1} \cdot U_N$$

Mit Kompensatoren lassen sich indirekt auch Ströme, Widerstände und Leistungen messen.

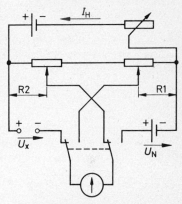

**Bild 301/2: Grundschaltung eines
Präzisionskompensators**

14.6 Schreibende Meßgeräte

Schreibende Meßgeräte haben an der Spitze des Zeigers eine Schreibfeder oder einen Schreibstift. Das Schreibpapier bewegt sich mit gleichbleibender Geschwindigkeit senkrecht zum Zeigerausschlag. Auf dem Schreibpapier erhält man eine zeitabhängige Kurve der Meßgröße. Der Vorschub des Schreibstreifens muß konstant bleiben.

Linienschreiber schreiben einen ununterbrochenen Kurvenzug mit Tinte, die in einen kleinen Behälter an der Spitze des Zeigers gefüllt ist. Der Kurvenzug entsteht entweder auf einem ablaufenden Papierstreifen **(Bild 301/3)** oder auf einem umlaufenden Kreisblatt.

Statt mit Tinte zu schreiben, kann auch ein Funkenüberschlag die Schreibspur auf Metallpapier einbrennen.

Punktschreiber (Bild 301/4) haben einen frei spielenden Zeiger, der in gleichmäßigen Zeitabständen auf ein Farbband gedrückt wird, das über das Papier gespannt ist. Der Vorschub des Papierstreifens wird so gewählt, daß sich die Punkte fast lückenlos zu einem Kurvenzug aneinanderreihen.

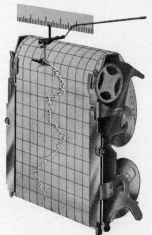

Bild 301/3: Linienschreiber

Wiederholungsfragen

1. **Erklären Sie die Wirkungsweise einer Widerstandsmeßbrücke!**
2. **Welche Brückenschaltung verwendet man zum Messen sehr kleiner Widerstände?**
3. **Welche elektrische Größe kann man direkt durch Kompensatoren messen?**
4. **Wodurch unterscheiden sich im Aufbau Linienschreiber von Punktschreibern?**

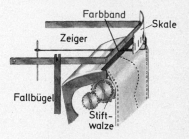

Bild 301/4: Punktschreiber

* compensatio (lat.) = Ausgleichung

15 Grundlagen der Elektronik

15.1 Halbleiterwerkstoffe

Halbleiter bestehen aus festen Stoffen, deren Atome oder Moleküle regelmäßig angeordnet sind. Sie haben einen kristallinen Aufbau. In der Nähe des absoluten Nullpunkts (-273 °C) sind reine Halbleiter elektrische Isolatoren. Bei Raumtemperatur besitzen sie jedoch eine geringe elektrische Leitfähigkeit.

Der spezifische Widerstand von Halbleiterwerkstoffen ist bei Raumtemperatur größer als der spezifische Widerstand von Metallen und kleiner als der von Isolierstoffen (**Bild 302/1**).

Die Leitfähigkeit dieser Werkstoffe (**Tabelle 302/1**) liegt also zwischen der von Metallen und der von Isolierstoffen. Deshalb nennt man sie *Halbleiter*.

Halbleiterwerkstoffe müssen außergewöhnlich rein hergestellt werden.

Die Wirkungsweise der Halbleiter-Bauelemente wird am Beispiel des Halbleiter-Werkstoffes Silicium erklärt. Bei Germanium und anderen Halbleiterwerkstoffen sind die atomaren Vorgänge ähnlich.

Silicium und Germanium haben einen Kristallaufbau wie Diamant (**Bild 302/2**). Jedes Atom hat vier benachbarte Atome. Die Atome bilden ein *Kristallgitter*.

In der äußeren Schale des Siliciumatoms wie auch des Germaniumatoms sind vier Elektronen. Sie bewirken die chemische Bindung zwischen den Atomen. Diese Elektronen nennt man *Valenzelektronen**. Jedes Valenzelektron gehört zum eigenen und zum benachbarten Atom (**Bild 302/3**). Dadurch sind die Atome untereinander gebunden (Elektronenpaarbindung). Ein Valenzelektron kann sich bei tiefer Temperatur nicht von seiner Stelle im Kristallgitter entfernen. Der Kristall leitet bei dieser Temperatur nicht.

Die Bindung durch ein Elektronenpaar wird vereinfacht durch einen Verbindungsstrich zwischen den chemischen Zeichen dargestellt (Bild 302/3 rechts).

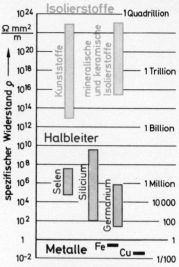

Bild 302/1: Spezifischer Widerstand von Isolierstoffen, Halbleitern und Metallen

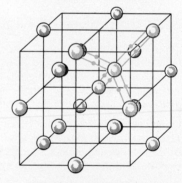

Bild 302/2: Kristallgitter von Silicium und Germanium

Tabelle 302/1: Halbleiter-Werkstoffe		
Benennung		Verwendung
Silicium	Si	Gleichrichterdioden Transistoren Fotodioden, Fototransistoren
Germanium	Ge	
Selen	Se	Gleichrichterdioden, Fotoelemente
Galliumarsenid	GaAs	Fotodioden
Kupfer(I)-oxid (Kupferoxidul)	Cu_2O	Gleichrichterdioden
Bleisulfid	PbS	Fotowiderstände

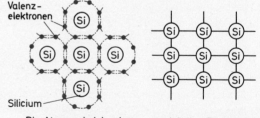

Die Atome sind in einer Ebene dargestellt.   vereinfachte Darstellung

Bild 302/3: Chemische Bindung von Siliciumatomen durch Valenzelektronen

* Valenz = Wertigkeit

Bei Raumtemperatur sind die Halbleiteratome im Kristallgitter in Bewegung. Sie schwingen rasch um ihre Ruhelage hin und her. Dadurch entfernen sich einige Valenzelektronen von ihren Atomen und können sich im Kristallgitter frei bewegen. Legt man an den Kristall eine Spannung, so bewegen sich diese freigewordenen Elektronen vom Minuspol zum Pluspol des Spannungserzeugers **(Bild 303/1)**. Die im Kristall freibeweglichen Elektronen nennt man *Leitungselektronen*. Entfernt sich ein Valenzelektron aus einer Gitterbindung, so hinterläßt es eine Lücke.

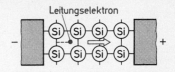

**Bild 303/1:
Elektronenleitung im Halbleiter**

Diese Lücke bezeichnet man als *Loch* (Defektelektron). Die Löcher tragen ebenfalls zur Stromleitung bei. Jedes Loch kann nämlich wieder ein Elektron aufnehmen. Liegt am Halbleiter eine Spannung, so springt ein benachbartes Valenzelektron in das Loch hinüber. Dabei hinterläßt dieses Valenzelektron ein neues Loch. Durch dauernde Wiederholung dieses Vorgangs wandert scheinbar das Loch durch den ganzen Kristall **(Bild 303/2)**. Bei dieser *Löcherleitung* wandern die Löcher in Richtung vom Pluspol zum Minuspol des Spannungserzeugers wie positiv geladene Teilchen.

Durch Anlegen einer Spannung am Halbleiterkristall bewegen sich die Leitungselektronen vom Minus- zum Pluspol und die Löcher vom Plus- zum Minuspol.

Bei höherer Temperatur entstehen im Halbleiter durch die größere Wärmebewegung mehr Leitungselektronen und entsprechend mehr Löcher.

Der Widerstand von Halbleitern nimmt bei Temperaturerhöhung ab.

Die Temperaturabhängigkeit der Halbleiter wird bei den Thermistoren (Seite 305) ausgenützt. Wegen des großen Einflusses der Temperatur auf den Widerstand des Halbleiterwerkstoffes führt bei den Halbleiterbauelementen eine thermische Überlastung schnell zur Zerstörung.

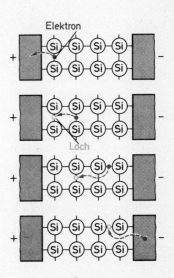

**Bild 303/2:
Löcherleitung im Halbleiter**

15.1.1 Bändermodell

Der Leitungsvorgang in Halbleitern ist mit den Vorstellungen über den Aufbau der Atome, wie sie bisher dargestellt wurden (Kapitel 1 und 9), nicht mehr zu erklären. Nach dem Rutherfordschen* Atommodell besteht ein Atom aus einem positiv geladenen Kern und negativen Elektronen, die diesen Kern umkreisen. Ein Elektron müßte bei dieser Modellvorstellung eigentlich jeden Abstand vom Atomkern und jede Geschwindigkeit, also jeden Energiezustand, einnehmen können. Das stimmt aber mit den Ergebnissen der Atomexperimente nicht überein.

In einem Atom kann sich ein Elektron nur auf bestimmten Energiestufen (Energieniveaus) aufhalten **(Bild 303/3)**. Je größer der Abstand eines Elektrons vom Atomkern ist, desto höher ist auch die Energiestufe. Führt man dem Atom Energie zu, so kann ein außen gelegenes Elektron vom Atom getrennt werden. Es entsteht ein Ion. Die hierzu notwendige Energie nennt man Ionisierungsenergie.

Daß die Elektronen nicht jeden beliebigen Abstand vom Atomkern einnehmen können, veranschaulicht ein anderes Atommodell. Nach ihm darf man sich das Elektron nicht als ein kleines Kügelchen vorstellen, sondern als Welle mit einer festen Wellenlänge (Wellenmodell). Dann umgibt ein Elektron den Atomkern gewissermaßen als Welle. Die Welle muß in sich geschlossen sein (stehende Welle), und dies ist nur möglich bei ganz bestimmten, festen Abständen vom Kern.

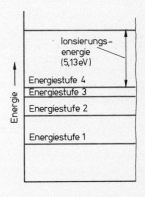

Bild 303/3: Energiestufen der Elektronen eines Natrium-Atoms (nicht maßstäblich)

* Sir Ernest Rutherford, engl. Physiker, 1871 bis 1937

Liegen viele Atome dicht beieinander, wie z.B. in einem Silicium-kristall, so beeinflussen sich die Atome gegenseitig. Führt man dem Kristall Energie zu, so geraten die Atome in Schwingungen. Je nach Phasenlage der Atomschwingungen ist zur Ionisierung eines Atoms eine etwas kleinere, bei einem anderen Atom eine etwas größere Energie notwendig.

Die scharfen Energiestufen der Elektronen im Einzelatom werden für die Atome im Kristallgitter zu Bändern aufgeweitet (**Bild 304/1**). Die Elektronen der Atome im Kristall können nun alle Energiebeträge im Bereich der Bänder annehmen. Zwischen den Bändern liegen, ähnlich wie beim Einzelatom, „verbotene" Zonen für die Elektronen. Die Breite der Bänder hängt von der Energiestufe der Elektronen ab und davon, wie dicht die Atome beieinanderliegen. Ein geringer Atom-abstand führt zu breiteren Bändern.

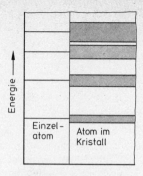

Bild 304/1: Bändermodell

Für die Stromleitung in Halbleitern ist das äußerste Band wichtig, das man auch *Valenzband* (Wertigkeitsband) nennt, weil die Elektronen dieses Bandes an chemischen Bindungen beteiligt sind. Die Elektronen der weiter innen gelegenen Bänder sind sehr fest an den Kern ihres Atoms gebunden und sind für den Ladungstransport unbedeutend. Man nennt das Valenzband deshalb auch *Grundband*.

Wird einem Elektron des Grundbandes genügend Energie, z.B. Wärme, zugeführt, kann es sich von seinem Atom lösen und im Kristallgitter nahezu frei bewegen. Es befindet sich dann im Leitungs-band (**Bild 304/2**). Durch den Übergang vom Grund- zum Leitungs-band entsteht im Grundband eine Lücke, ein „Loch". Dieses Loch trägt ebenfalls zur Stromleitung bei, weil es wieder von einem Elektron des Grundbandes besetzt werden kann.

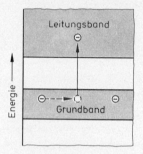

Bild 304/2: Übergang eines Elektrons vom Grundband zum Leitungsband

In Metallen sind die Atome so dicht gepackt und die Bänder dadurch so weit gespreizt, daß sich Grundband und Leitungsband überlappen. Bei Metallen entstehen also frei bewegliche Elektronen ohne Energie-zufuhr von außen. Allerdings ist die Beweglichkeit dieser freien Elek-tronen wesentlich geringer als z.B. die Beweglichkeit der Leitungs-elektronen in Halbleitern.

15.1.2 N-Leiter und P-Leiter

Durch geringe, genau bemessene „Verunreinigungen" läßt sich die Leitfähigkeit von Siliciumkristallen stark erhöhen. Fremdatome im Kristallgitter erzeugen zusätzliche Leitungselektronen oder Löcher.

Diese Fremdatome müssen fünf oder drei Valenzelektronen besitzen, also ein Valenzelektron mehr oder weniger als die Atome des Halb-leiterwerkstoffes. Den Einbau der Fremdatome in das Kristallgitter nennt man *Dotieren**.

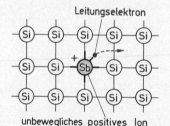

Bild 304/3: N-Leiter (Überschußhalbleiter)

Beim **N-Leiter** baut man in das Kristallgitter des Halbleiters Atome mit fünf Valenzelektronen ein, z.B. Antimon-Atome Sb, Phosphor-Atome P oder Arsen-Atome As (**Bild 304/3**). Dadurch entstehen über-schüssige Leitungselektronen.

Jedes *Antimon-Atom* hat in der äußeren Schale fünf Valenzelektronen. Bei seinem Einfügen in das Kristall-gitter werden jedoch nur vier Valenzelektronen zur Bindung gebraucht. Das überschüssige Elektron ist nun im Kristall frei beweglich; es bildet also ein Leitungselektron. Entfernt sich dieses Elektron von seinem Antimon-Atom, dann ist das vorher elektrisch neutrale Atom zu einem positiven Ion geworden. Durch den Einbau der Antimon-Atome im Halbleiterkristall entstehen also überschüssige Leitungselektronen und genau so viele positive Ionen, die aber im Unterschied zu den Leitungselektronen unbeweglich sind. Der Kristall wirkt nach außen elektrisch neutral. Ein Teil der Leitungselektronen wird von Löchern aufgefangen, die von der Eigenleitung herrühren. Man dotiert deshalb im Überschuß.

Einen Halbleiter mit überschüssigen negativen Leitungselektronen nennt man *N-Leiter* (N von **n**egativ) oder *Überschußhalbleiter*.

* dotare (lat.) = mitgeben

Beim **P-Leiter** baut man in das Kristallgitter des Halb-
leiters Atome mit 3 Valenzelektronen ein, z. B. Indium-
Atome In, Aluminium-Atome Al oder Gallium-Atome Ga
(Bild 305/1). Dadurch entstehen überschüssige Löcher.

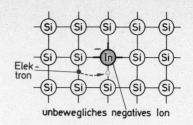

Bild 305/1: P-Leiter

Jedes Indium-Atom hat in der äußeren Schale drei
Valenzelektronen. Bei seinem Einbau in das Kristallgitter
werden jedoch vier Valenzelektronen zur Bindung benötigt. Das fehlende Valenzelektron springt von einer
benachbarten Atombindung herüber. Dadurch entsteht
ein Loch. Das Indium-Atom erhält dabei ein Valenzelektron mehr, als es vorher als elektrisch neutrales
Atom hatte. Dadurch ist es zu einem negativen Ion
geworden. Durch den Einbau von Indium-Atomen in den
Halbleiterkristall entstehen also überschüssige Löcher
und genau so viele negative Ionen, die aber im Unterschied zu den Löchern unbeweglich sind. Der Kristall
wirkt nach außen elektrisch neutral. Auch hier muß wie
bei der Herstellung des N-Leiters im Überschuß dotiert
werden, weil die Löcher mit Leitungselektronen der
Eigenleitung rekombinieren*.

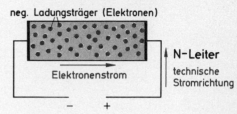

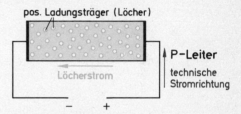

Bild 305/2: P-Leiter und N-Leiter
(vereinfachte Darstellung)

Einen Halbleiter mit überschüssigen, positiven Löchern
nennt man *P-Leiter* (P von **p**ositiv) oder *Defekthalbleiter*.

Man zeichnet vereinfacht den P-Leiter nur mit den
Löchern und den N-Leiter nur mit den Leitungselek-
tronen **(Bild 305/2)** und stellt die Siliciumatome und die
Fremdatome nicht dar.

15.2 Veränderliche Halbleiterwiderstände

15.2.1 Thermistoren

Thermistoren** sind temperaturabhängige Widerstände. Man unterscheidet Heißleiter und Kaltleiter.
NTC***-Widerstände (Heißleiter) leiten im heißen Zustand den elektrischen Strom besser als im kalten.
Kaltleiter (PTC-Widerstände) leiten dagegen den Strom im kalten Zustand besser als im heißen.

15.2.1.1 Heißleiter

Als Heißleiter-Werkstoffe benutzt man Metalloxide, vor
allem Eisenoxide, gemischt mit Salzen, wie z. B. Zinktitanat
und Magnesiumchromat, die bei hohen Temperaturen gesintert werden.

Versuch 305/1: Schließen Sie einen Heißleiter an eine Taschen-
lampenbatterie an, und messen Sie die Stromstärke! Erwärmen
Sie den Heißleiter mit der Flamme eines Bunsenbrenners!
*Durch den Heißleiter fließt ein größerer Strom, wenn seine
Temperatur zunimmt.*

Der Widerstand von Heißleitern nimmt bei Erwärmung
stark ab **(Bild 305/3)**.

Handelsnamen: Thernewid (Thermisch negativer Widerstand),
Newi (Negativer Widerstand), NTC (Negative Temperatur Coeffi-
zient), Negatohm (Negativer ohmscher Widerstand).

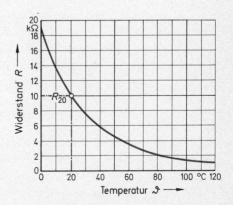

Bild 305/3: Temperaturabhängigkeit
eines Heißleiterwiderstands

 * rekombinieren = wiederverbinden
 ** **Therm**ic Re**si**stor (engl.) = wärmeabhängiger Widerstand
*** **N**egative **T**emperature **C**oefficient (engl.) = negativer Temperaturkoeffizient

Fremderwärmte Heißleiter. Die elektrische Belastung fremderwärmter Heißleiter soll nur wenig Einfluß auf ihre Temperatur haben. Der Meßstrom darf die Heißleiter höchstens um 1 K erwärmen.

Fremderwärmte Heißleiter benutzt man z. B. zur Temperaturmessung und Temperaturregelung (Meßheißleiter) oder zum Ausgleich der Temperaturabhängigkeit von Bauelementen mit positivem Temperaturbeiwert (Kompensations-Heißleiter). Meßheißleiter müssen sich rasch den Schwankungen der Umgebungstemperatur anpassen. Sie haben deswegen nur kleine Abmessungen. Man verwendet sie zur Temperaturmessung in Kühlhäusern sowie in Wohn- und Arbeitsräumen. Beim Meßheißleiter kann die Spannung oder der Strom gemessen werden (**Bild 306/1**). Die Spannungsmessung gibt bei tiefen Temperaturen eine gedehnte Skala, während die Strommessung bei hohen Temperaturen eine Skalendehnung aufweist. Die Brückenschaltung (Bild 306/1 unten) hat eine größere Meßgenauigkeit. Die Temperaturskala ist fast linear. Lange Zuleitungen zum Meßort haben wegen des hohen Widerstandes des Heißleiters kaum Einfluß auf die Meßgenauigkeit.

Eigenerwärmte Heißleiter werden vom durchfließenden Strom so stark erwärmt, daß die Umgebungstemperatur nur wenig Einfluß auf ihren Widerstand hat.

Legt man den Heißleiter über einen einstellbaren Widerstand an die Netzspannung und mißt Stromstärke und Spannung, so kann man aus den Meßwerten die Spannungs-Strom-Kennlinie des Heißleiters (**Bild 306/2**) zeichnen.

Der U,I-Kennlinie des Heißleiters kann man entnehmen, daß der Heißleiterwiderstand vom Arbeitspunkt abhängt. Man unterscheidet den Gleichstromwiderstand R und den differentiellen Widerstand r. Den Gleichstromwiderstand erhält man, wenn die Gleichspannung U im Arbeitspunkt A (Bild 306/2) durch den Strom I in diesem Punkt dividiert wird. Für den differentiellen Widerstand r gilt:

$$r \approx \frac{\Delta U}{\Delta I}$$

Der differentielle Widerstand r gibt den Anstieg der Kennlinie im Arbeitspunkt A an.

Heißleiter dürfen nicht überlastet werden. Im Heißleiterstromkreis muß ein Vorwiderstand liegen, der den Strom begrenzt.

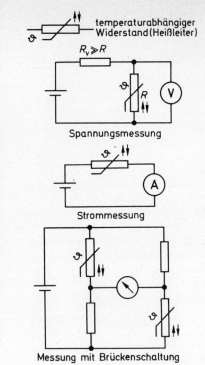

Bild 306/1: Meßschaltungen zur Temperaturmessung

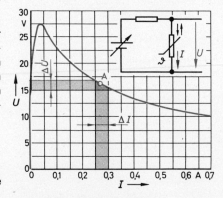

Bild 306/2: Spannungs-Strom-Kennlinie eines Heißleiters

Der Widerstand des vom Strom durchflossenen Heißleiters läßt sich durch Änderung der Kühlung beeinflussen. Leitet man von einem Heißleiter die Wärme schneller ab, so vergrößert sich sein Widerstand. Diese Abhängigkeit des Widerstands verwendet man z. B. zur Anzeige eines Flüssigkeitsstandes (**Bild 307/1**). Dabei ist ein Heißleiter über eine Signallampe an einen Spannungserzeuger angeschlossen. Sinkt der Flüssigkeitsspiegel, so wird der Heißleiter nicht mehr von der Flüssigkeit umspült. Wegen der geringeren Kühlung nehmen die Temperatur des Heißleiters zu und sein Widerstand ab. Die Lampe leuchtet dann auf.

Schaltet man in einen Stromkreis zusätzlich einen Heißleiter, so steigt der Strom nach dem Einschalten nur langsam an. Beim Einschalten ist der Heißleiter noch kalt und sein Widerstand groß. Dadurch fließt zunächst nur ein kleiner Strom, der den Heißleiter erst allmählich erwärmt. Mit steigender Temperatur nimmt der Heißleiterwiderstand langsam ab. Die Stromstärke im Stromkreis nähert sich nur zögernd dem

Nennwert. Solche *Anlaß-Heißleiter* verwendet man z. B. zur Anzugsverzögerung von elektromagnetischen Relais **(Bild 307/2)**. Der Heißleiter erwärmt sich allmählich, bis der Ansprechstrom des Relais erreicht ist. Nach dieser Verzögerung schließt ein Kontakt den Heißleiter kurz. Dadurch kann sich der Heißleiter abkühlen. Mit Anlaß-Heißleitern unterdrückt man ferner die Stromspitzen bei Kleinstmotoren, Kondensatoren, Kleintransformatoren und Glühlampen.

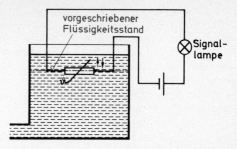

Bild 307/1: Anzeige des Flüssigkeitsstandes

15.2.1.2 Kaltleiter

Keramische Kaltleiter (Handelsname z. B. PTC*) sind elektrische Widerstände, die in einem schmalen Temperaturbereich einen großen positiven Temperaturbeiwert des Widerstands aufweisen (10...30%/K).

Die Kaltleiter werden meist aus dem keramischen Isolierstoff Bariumtitanat $BaTiO_3$ durch Sintern bei hohen Temperaturen hergestellt. Durch Dotieren mit dreiwertigen Ionen, z. B. mit Antimon-Ionen, anstelle der zweiwertigen Bariumionen, werden die Bariumtitanatkristalle leitend. Die Leitfähigkeit hängt stark von der Dielektrizitätskonstanten des keramischen Werkstoffs ab. Bei Überschreiten der sogenannten Curietemperatur (120 °C bei $BaTiO_3$) nimmt die Dielektrizitätskonstante stark ab. Dadurch sinkt auch die Leitfähigkeit. Ersetzt man das Barium teilweise durch Strontium, so erniedrigt sich die Curietemperatur. Ein Zusatz von Blei erhöht die Curietemperatur. Bei der Herstellung lassen sich also die Kennwerte der Kaltleiter innerhalb gewisser Grenzen einstellen. Die meist scheibenförmigen Keramikkörper erhalten Silberbeläge eingebrannt, an denen die Zuleitungen angelötet werden können.

Der Widerstand eines Kaltleiters ist bei Raumtemperatur klein (Anfangswiderstand R_A). Bei zunehmender Erwärmung nimmt der Widerstand noch etwas ab, erreicht einen kleinsten Wert (R_{min}) und steigt dann bis zum Nennwiderstand R_N ($R_N = 2\,R_A$) an. Oberhalb der zum Nennwiderstand gehörenden Nenntemperatur ϑ_N nimmt der Widerstand sehr stark

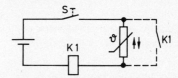

Bild 307/2: Relais-Anzugsverzögerung

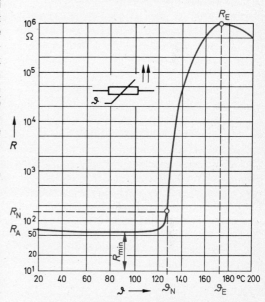

Bild 307/3: Widerstand-Temperatur-Kennlinie eines keramischen Kaltleiters

zu **(Bild 307/3)**. Der Endwiderstand R_E ist etwa 10000mal so groß wie der Nennwiderstand R_N. Der Endwiderstand wird bei der Endtemperatur ϑ_E erreicht. Bei noch höheren Temperaturen beginnt der Widerstand wieder zu sinken. Die Endtemperatur soll im Betrieb nicht überschritten werden.

Oberhalb der Nenntemperatur hängt der Widerstand des Kaltleiters außer von der Temperatur noch etwas von der angelegten Spannung ab. Der Kaltleiter verhält sich dabei teilweise wie ein spannungsabhängiger Widerstand.

Kaltleiter verwendet man als *Temperaturfühler*, z. B. für den Übertemperaturschutz von Motoren oder Transformatoren. Der Kaltleiter kann wegen seines steilen Widerstandsanstiegs direkt ein Relais schalten. Bei der Anwendung als Temperaturfühler darf der Meßstrom den Kaltleiter nicht zu stark erwärmen (fremderwärmter Kaltleiter).

---

* von **P**ositive **T**emperature **C**oefficient (engl.) = positiver Temperaturkoeffizient

Wird der Kaltleiter vom durchfließenden Strom erwärmt (eigenerwärmter Kaltleiter), so stellt sich nach kurzer Zeit ein Gleichgewicht zwischen der zugeführten elektrischen Leistung und der an die Umgebung abgegebenen Wärmeleistung ein. Eine Änderung der Kühlung verändert mit kleiner zeitlicher Verzögerung die Stromaufnahme und den Spannungsabfall am Kaltleiter. Dieses Verhalten verwendet man z.B. zur *Abtastung des Flüssigkeitsspiegels* in Heizöl- und Kraftstofftanks (ähnlich wie Bild 307/1). Beim Eintauchen des erwärmten Kaltleiters in die Flüssigkeit verringert sich sein Widerstand nach einigen zehntel Sekunden, und ein angeschlossener Schaltverstärker spricht an.

Kaltleiter können auch zum *Nachweis von Strömungen* in Gasen und Flüssigkeiten benutzt werden. Bei größerer Strömungsgeschwindigkeit kühlt sich der Kaltleiter mehr ab. Dadurch vergrößert sich auch der durchfließende Strom.

Als Zeitschalter verwendet man Kaltleiter z.B. für Relaisanzug- oder Relaisabfallverzögerung **(Bild 308/1)**. Bei der Anzugverzögerung (Bild 308/1a) zieht das Relais nach dem Einschalten erst an, wenn der Widerstand des durch den Strom erwärmten Kaltleiters so groß ist, daß an der Relaiswicklung die zum Anziehen notwendige Spannung liegt. Bei der Abfallverzögerung (Bild 308/1b) liegt der Kaltleiter nach dem Abschalten in Reihe zur Relaiswicklung. Er wird durch den Strom allmählich erwärmt, vergrößert dadurch seinen Widerstand, so daß an der Wicklung weniger Spannung liegt und das Relais abfällt.

Zum *Schnellstarten von Leuchtstofflampen* **(Bild 308/2)** ersetzt ein Kaltleiter den sonst üblichen Glimmstarter. Der Kaltleiter arbeitet ohne bewegte Teile und heizt die Elektroden der Lampe um so länger vor, je tiefer die Umgebungstemperatur ist. Ein zweiter Kaltleiter parallel zur Vorschaltdrossel erhöht den Heizstrom noch mehr. Bei dieser Schaltung zündet die Leuchtstofflampe fast unmittelbar nach dem Einschalten. Nach dem Ausschalten brauchen allerdings die Kaltleiter eine Kühlpause von einigen Minuten, bis die Lampe wieder eingeschaltet werden kann. Ein Ersatz des Glimmstarters durch einen Kaltleiter ist nur vorteilhaft, wenn die Beleuchtungsanlage selten ein- und ausgeschaltet wird, z.B. auf Straßen, Plätzen, in Schaufenstern.

15.2.2 Varistoren

Varistoren* sind spannungsabhängige Widerstände, die man auch VDR**-Widerstände nennt. Sie haben eine gekrümmte Strom-Spannungs-Kennlinie **(Bild 308/3)**.

Der Widerstand eines Varistors ist bei kleiner Spannung groß und bei großer Spannung klein.

Varistoren werden aus Siliciumcarbid (SiC) oder aus Metalloxiden, z.B. Titandioxid (TiO_2) oder Zinkoxid (ZnO), hergestellt. Körnchen dieser Werkstoffe preßt man unter hohem Druck zu Scheiben oder Stäben und sintert sie dann bei hoher Temperatur. Dann werden Kontaktflächen aus Kupfer und Silber aufgebracht, Anschlußdrähte angelötet, und schließlich lackiert man die Varistoren.

* **Va**riable **Resistor** (engl.) = veränderlicher Widerstand
** **V**oltage **De**pedent **R**esistor (engl.) = spannungsabhängiger Widerstand

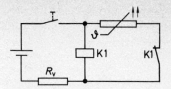

a) Relaisanzugverzögerung

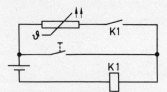

b) Relaisabfallverzögerung

Bild 308/1: Schaltverzögerung eines Relais mit Kaltleiter

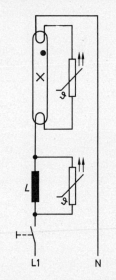

Bild 308/2: Schnellstartschaltung für Leuchtstofflampen

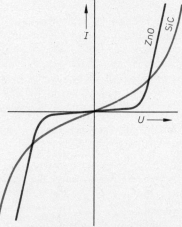

Bild 308/3: Strom-Spannungs-Kennlinien von Varistoren

Die nichtlineare Leitfähigkeit von Varistoren wird von Stromdurchbrüchen an den Berührungsgrenzen der Körnchen verursacht. Zeichnet man die Strom-Spannungs-Kennlinie im 1. Quadranten im doppelt-logarithmischen Maßstab auf **(Bild 309/1)**, erkennt man einen längeren geradlinigen Teil. Für diesen geradlinigen Teil gilt die Gleichung: $\log U = \log C + \beta \cdot \log I$. Daraus folgt:

U Spannung am Varistor
I Strom durch den Varistor
C Bauartkonstante
β Regelfaktor

$$U = C \cdot I^\beta$$

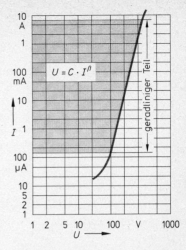

Die Bauartkonstante C ist von den Abmessungen des Varistors abhängig; sie gibt die Spannung für die Stromstärke 1 A an.

Der Regelfaktor β ist vom Werkstoff abhängig und ist ein Maß für die Steigung der geraden Kennlinie im doppelt-logarithmischen Maßstab.

Varistoren kann man zur Ladespannungsbegrenzung beim Laden von Akkumulatoren (Varistor parallel zur Batterie) verwenden, zur Spitzenspannungsunterdrückung bei Transformatoren und Drosseln (Varistor parallel zur Wicklung oder Spule), zur Funkenlöschung (Varistor parallel zum Kontakt), zum Entstören von Kleinmotoren, als Relais-Kontaktschutz und zum Schutz von Halbleiterbauelementen gegen Überspannungen.

Bild 309/1: Varistor-Kennlinie im doppeltlogarithmischen Maßstab (1. Quadrant)

15.2.3 Fotowiderstände

Fotowiderstände nutzen den sogenannten inneren Fotoeffekt aus. In Halbleitern werden Ladungsträger (Leitungselektronen und Löcher) frei, wenn man dem Halbleiterkristall Energie zuführt. Diese Energie kann auch aus Strahlung bestehen.

Als Werkstoff für Fotowiderstände verwendet man meist Cadmiumsulfid (CdS). Der Werkstoff ist aus vielen kleinen Kristallen aufgebaut und wird durch Aufdampfen, Pressen oder Aufspritzen hergestellt **(Bild 309/2)**.

Auf die Platten oder Scheiben, die mit einer Fläche bis zu einigen Quadratzentimetern hergestellt werden können, dampft man die Elektroden auf, z. B. mäanderförmig (Bild 309/2). Zum Schutz wird der Fotowiderstand in Kunstharz gegossen oder in einen Glaskolben eingeschmolzen.

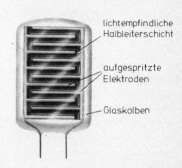

**Bild 309/2:
Cadmiumsulfid-Fotowiderstand**

Cadmiumsulfid ist für sichtbares Licht empfindlich; Fotowiderstände aus Bleiverbindungen, z. B. Bleisulfid, Bleiselenid oder Bleitellurid, oder aus Indiumverbindungen, z. B. Indiumantimonid oder Indiumarsenid, können als Infrarot-Detektoren* verwendet werden.

Der Widerstandswert eines Fotowiderstands nimmt mit steigender Beleuchtungsstärke ab **(Bild 309/3)**. Der Widerstand folgt allerdings einer Änderung der Beleuchtungsstärke nicht trägheitslos. Werden im Halbleiter durch Bestrahlen Ladungsträger frei, dauert es einige Zeit, bis auch im Dunkeln sich die Elektronen wieder mit den Löchern vereinigen (Rekombinationszeit, z. B. beim CdS-Widerstand fast 10 s).

* Detektor (lat.) = „Entdecker", Nachweisgerät

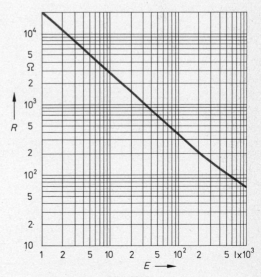

**Bild 309/3:
Kennlinie eines CdS-Fotowiderstand**

Fotowiderstände besitzen eine gewisse Eigenleitfähigkeit, die vom Werkstoff und von der Temperatur abhängig ist. Je geringer der Abstand zwischen Grund- und Leitungsband (im Bändermodell) ist, desto weniger Energie ist notwendig, um Ladungsträgerpaare zu erzeugen. Desto höher sind auch die Eigenleitung und damit der Dunkelstrom des Fotowiderstands. Ein Fotowiderstand für die energiearmen Infrarotstrahlen besitzt deshalb auch einen hohen Dunkelstrom. Der störende Dunkelstrom läßt sich durch Kühlen des Fotowiderstands oder durch gute Wärmeableitung mit einem Kühlblech begrenzen.

Die hohe Lichtstromempfindlichkeit der Fotowiderstände (0,01…10 A/lm) ermöglicht unmittelbar das Zusammenschalten mit Relais. Mit Fotowiderständen können sehr einfach Lichtsteuerungen gebaut werden (**Bild 310/1**), z. B. zur Flammenkontrolle in Ölfeuerungen, für Dämmerungsschalter oder Lichtschranken. In Fotoapparaten werden CdS-Fotowiderstände zur Lichtmessung verwendet.

15.3 Halbleiterdioden

15.3.1 PN-Übergang

Man kann einen Halbleiterkristall so herstellen, daß er je zur Hälfte aus einem P-Leiter und einem N-Leiter besteht. Die beiden verschiedenartigen Leiter grenzen unmittelbar aneinander. Diese Grenze nennt man *PN-Übergang*.

Die *Herstellung des PN-Übergangs* ist mit zwei verschiedenen Verfahren möglich. Einmal kann man den Halbleiterkristall aus einer Siliciumschmelze ziehen, der man vorher Indium zugesetzt hat. Nachdem sich der Kristall zur Hälfte gebildet hat, gibt man der Schmelze mehr Antimon-Atome als vorher Indium-Atome zu. Dadurch werden zuerst die vom Indium herrührenden Löcher ausgeglichen und dann durch überschüssiges Antimon noch mehr Leitungselektronen erzeugt. Es bildet sich nun der Endkristall.

Bei einem anderen Verfahren läßt man in der Wärme in einen reinen Kristall von der einen Seite Indium-Atome und von der anderen Seite Antimon-Atome eindringen.

Siliciumdioden und Germaniumdioden bestehen aus einem einzigen Kristall (Einkristalldioden) mit einem PN-Übergang.

An der Grenze von P- und N-Leiter dringen durch die Wärmebewegung Leitungselektronen vom N-Leiter in den P-Leiter ein und Löcher vom P-Leiter in den N-Leiter (**Bild 310/2**). Diesen Vorgang nennt man *Diffusion**. Jedes Elektron in der Nähe des PN-Übergangs besetzt im P-Leiter ein Loch; jedes Loch wird im N-Leiter von einem Elektron ausgefüllt (Rekombination). Dadurch verarmt das Gebiet in der Nähe des PN-Übergangs an Ladungsträgern. Der an Ladungsträgern verarmte Bereich wirkt ohne angelegte Spannung wie ein Isolierstoff. Man nennt diesen Bereich *Sperrschicht*. Ihre Dicke beträgt weniger als 0,01 mm.

An der *Bildung der Sperrschicht* ist nur ein kleiner Teil der vorhandenen freien Ladungsträger beteiligt. Wandern die freien Ladungsträger auf die andere Seite der Sperrschicht, so überwiegt die Ladung der zugehörigen Ionen (**Bild 310/3**), die entgegengesetzte Ladungsart haben. Dadurch werden die restlichen Ladungsträger stärker angezogen. Die Wanderung der Ladungsträger hört auf.

Am PN-Übergang einer Diode entsteht eine Sperrschicht.

* diffundere (lat.) = zerstreuen, eindringen

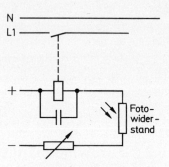

Bild 310/1: Schaltung eines fotoelektrischen Relais

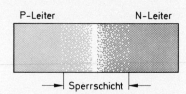

**Bild 310/2:
Sperrschicht eines PN-Übergangs**

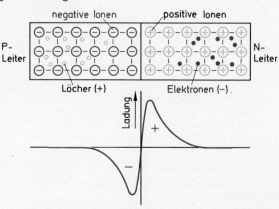

Bild 310/3: Raumladungen an der Sperrschicht

Versuch 311/1: Bauen Sie eine Schaltung zur Aufnahme der Diodenkennlinie, z. B. mit einer Siliciumdiode, auf (Meßschaltung **Bild 311/1**)!

Polen Sie mit Hilfe des Umschalters die Spannung an der Diode in Durchlaßrichtung um, und erhöhen Sie mit dem Potentiometer langsam die Spannung!

Lesen Sie die Meßwerte am Spannungsmesser und am Strommesser ab, und tragen Sie die Meßwerte in ein Schaubild ein!

Der Durchlaßstrom steigt mit wachsender Spannung erst langsam und dann immer schneller an (**Bild 311/2**).

Legt man an den P-Leiter den Pluspol und an den N-Leiter den Minuspol, so treibt die angelegte Spannung die Leitungselektronen von der Seite des N-Leiters und die Löcher von der Seite des P-Leiters auf die Sperrschicht zu. Die Sperrschicht wird zunehmend abgebaut (**Bild 311/3**). Bei höherer Durchlaßspannung verschwindet die Sperrschicht ganz.

Legt man den Pluspol an den P-Leiter und den Minuspol an den N-Leiter, so wird die Sperrschicht abgebaut, und durch die Halbleiterdiode fließt ein Durchlaßstrom.

Versuch 311/2: Wiederholen Sie Versuch 311/1, polen Sie aber mit Hilfe des Umschalters die Spannung an der Diode in Sperrichtung um! Ersetzen Sie den Strommesser durch ein Milliamperemeter und den Spannungsmesser durch ein Meßinstrument mit einem Meßbereich von 300 V!

Trotz wachsender Spannung in Sperrichtung fließt kaum Strom. Erst bei höherer Spannung beginnt der Sperrstrom langsam anzusteigen (Bild 311/2).

Liegen am P-Leiter der Minuspol und am N-Leiter der Pluspol, so wird die Sperrschicht verbreitert (**Bild 311/4**). Der Strom wird in dieser Richtung gesperrt. Erhöht man die Sperrspannung noch mehr, so wird die Sperrschicht immer breiter. Diese Spannung kann jetzt aber Valenzelektronen aus den Gitterbindungen in der Sperrschicht losreißen, sodaß neue Leitungselektronen und Löcher entstehen. Dadurch fließt ein „Sperrstrom".

Liegen Plus am N-Leiter und Minus am P-Leiter, so wird die Sperrschicht breiter, und die Halbleiterdiode sperrt den elektrischen Strom.

Kapazitätsdioden (Varaktordioden*) nutzen das Verbreitern der Sperrschicht mit steigender Sperrspannung aus. Die Sperrschicht wirkt wie das Dielektrikum eines Kondensators. Kapazitätsdioden werden in Sperrichtung betrieben. Ihre Kapazität nimmt mit steigender Sperrspannung ab. Kapazitätsdioden werden z. B. als verstellbare Abstimmkondensatoren in Rundfunk- und Fernsehgeräten verwendet.

15.3.2 Siliciumdioden

Siliciumdioden werden am häufigsten zur Gleichrichtung verwendet.

Bei der Siliciumdiode befindet sich das aus einem N- und P-Leiter bestehende Siliciumplättchen in einem Gehäuse (**Bild 312/1**). Durch die Siliciumdiode fließt der Strom von der Kapsel zur Zuleitung.

* Kapazitäts-Variations-Diode

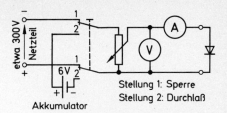

Bild 311/1: Meßschaltung zur Kennlinienaufnahme einer Diode

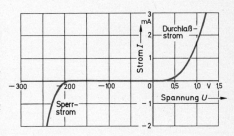

Bild 311/2: Kennlinie einer Halbleiterdiode

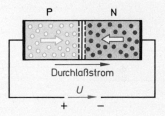

Bild 311/3: PN-Übergang in Durchlaßrichtung gepolt

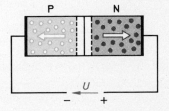

Bild 311/4: PN-Übergang in Sperrichtung gepolt

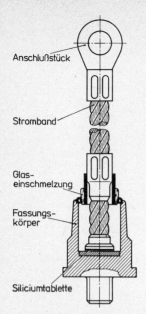

Anschlußstück

Stromband

Glas-
einschmelzung

Fassungs-
körper

Siliciumtablette

**Bild 312/1: Aufbau einer
Siliciumgleichrichterdiode**

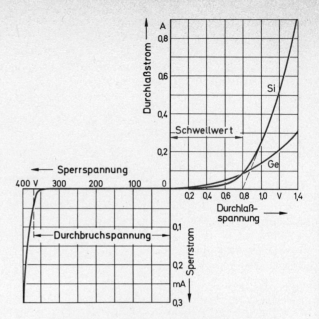

**Bild 312/2: Kennlinie einer Silicium- und einer
Germanium-Gleichrichterdiode**

Siliciumdioden für kleine Durchlaßströme kann man direkt auf das Chassis* eines Geräts schrauben. Bei Leistungsdioden ab einem Nennstrom von etwa 6 A ist die Zelle in einen besonderen Kühlkörper mit Kühlrippen eingebaut. Bei verstärkter Luftkühlung durch einen Ventilator kann die Strombelastung bis zum dreifachen Wert des Nennstroms erhöht werden. Die Gleichrichtertablette (Bild 312/1) ist sehr klein und kann nur wenig Wärme aufnehmen. Daher müssen Siliciumdioden auch gegen kurzzeitige Überlastungen geschützt werden.

Zur Herstellung der P- und N-leitenden Zone wird eine dünne Siliciumscheibe von beiden Seiten mit verschiedenen Metallen (z. B. Aluminium und Gold-Antimon-Legierung) belegt. Bei hoher Temperatur schmelzen beide Metalle und legieren in das Siliciumplättchen ein. Durch das Eindringen der Fremdatome in das Silicium entsteht die N- und P-Schicht.

Die Kennlinie der Siliciumgleichrichterdiode **(Bild 312/2)** ist im Durchlaßbereich steiler als bei der Selendiode oder bei der Germaniumdiode. Bei gleicher Durchlaßspannung fließt also durch die Siliciumgleichrichterdiode eine größere Stromstärke.

Die Kennlinie geht erst ab einer Spannung von etwa 0,7 V in den steilen Teil über. Diesen Wert der Durchlaßspannung nennt man *Schleusenspannung*.

Im Sperrbereich ist der Sperrstrom sehr klein und steigt auch bei wachsender Sperrspannung nur wenig an. Erst bei Erreichen der *Durchbruchspannung* nimmt der Sperrstrom plötzlich stark zu (Bild 312/2). Im Betrieb darf der Scheitelwert der Sperrspannung am Siliciumgleichrichter auf keinen Fall die Durchbruchspannung erreichen. Siliciumgleichrichterdioden werden für Nennspannungen bis 4000 V gebaut.

Im Betrieb wird die Gleichrichterdiode vom Durchlaßstrom erwärmt. Die Belastbarkeit richtet sich nach der höchsten Temperatur, die der Halbleiterwerkstoff ohne Schaden aushalten kann, und nach der Möglichkeit, die Wärme abzuführen. Siliciumdioden haben eine zulässige Betriebstemperatur von 150 °C. Sie können deshalb auch bei tropischer Umgebungstemperatur eingesetzt werden. Es gibt Siliciumdioden für Durchlaßströme über 200 A und in Drehstromschaltungen für über 1000 A.

15.3.3 Germaniumdioden

Die aneinanderstoßenden Flächen am PN-Übergang werden durch die Sperrschicht elektrisch getrennt. Der PN-Übergang wirkt in Sperrichtung wie ein Kondensator. Bei Gleichrichtung hoher Frequenzen stört diese Kapazität. Sie bildet nämlich einen parallel geschalteten kapazitiven Widerstand, der bei Hochfrequenz eine Gleichrichtung unmöglich macht.

* chassis (franz., sprich: schassih) = hier: Metallgestell eines elektronischen Geräts, das die Bauelemente trägt

Die Kapazität läßt sich dadurch verkleinern, daß man eine Draht-spitze auf einen Germaniumkristall aufsetzt. Diese Anordnung nennt man *Kristall-Diode* **(Bild 313/1)**. Bei der Herstellung schickt man durch die Diode einen Stromstoß. Durch die Stromwärme wird die Metallspitze mit dem Germaniumkristall verschweißt, und unter der Spitze entsteht eine Sperrschicht.

An der Berührungsstelle von Metallen und Halbleitern kann eine Sperrschicht entstehen.

Die Germaniumdiode wird z.B. in Rundfunk- und Fernsehgeräten zur Gleichrichtung der Hochfrequenz und in der Meßtechnik ver-wendet.

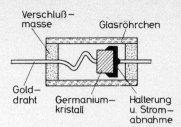

Bild 313/1:
Aufbau einer Germaniumdiode

15.3.4 Begrenzerdioden (Z-Dioden)

Begrenzerdioden sind Siliciumdioden mit besonders scharf ein-setzendem Steilanstieg des Sperrstromes **(Bild 313/2)**. Diesen steilen Anstieg des Sperrstromes, schon bei niedrigen Span-nungen (z.B. 6,8 V), erreicht man durch geeignetes Dotieren der Halbleiterzonen. Begrenzerdioden sind ähnlich wie Gleichrichter-dioden aufgebaut **(Bild 313/3)**.

Der Sperrstrom (Zenerstrom) darf die Sperrschicht nicht zu stark erwärmen. Daher dürfen der maximale Sperrstrom und die höchst-zulässige Verlustleistung der Begrenzerdiode nicht überschritten werden **(Bild 313/4)**. Der Zenerstrom* der Z-Diode muß z.B. mit einem Vorwiderstand begrenzt werden.

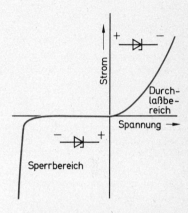

Bild 313/2: Kennlinie und Schalt-zeichen einer Begrenzerdiode

Der steile Anstieg des Sperrstromes ist die Auswirkung eines Durchbruchs in der Sperrschicht. Bei Sperrspannungen bis etwa 6 V werden Elektronen aus dem Kristallgitter herausgerissen. Sie hinterlassen Löcher, die ebenfalls als bewegliche Ladungsträger in der Sperrschicht zum Strom beitragen. Das Loslösen neuer Ladungsträger in der Sperrschicht durch einen bestimmten Wert der Sperrspannung nennt man nach seinem Entdecker *Zener-Effekt*. Begrenzerdioden werden deshalb auch als *Z-Dioden* be-zeichnet.

Bei Erhöhen der Spannung über die Zenerspannung (Bild 313/4) hinaus können die beschleunigten Ladungsträger beim Aufprall auf die Atome des Kristalls weitere Ladungsträger freimachen.

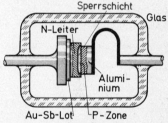

Bild 313/3:
Aufbau einer Begrenzerdiode

Auch diese neuen Ladungsträger werden durch die Sperrspan-nung beschleunigt und können ihrerseits noch mehr Elektronen und Löcher befreien (Lawinen-Effekt). Zener- und Lawinen-Effekt bewirken, daß bei den Begrenzerdioden ab einer be-stimmten Sperrspannung der Sperrstrom steil ansteigt.

Begrenzerdioden werden im Sperrbereich betrieben.

Sie dienen zum Stabilisieren (Seite 340), zur Spannungsbegrenzung **(Bild 313/5)** und zum Herstellen einer festen, unveränder-lichen Spannung.

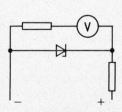

Bild 313/5:
Überspannungsschutz für Spannungsmesser

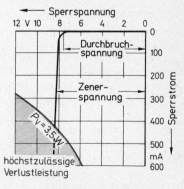

Bild 313/4: Sperrbereich einer Begrenzerdiode

* C. M. Zener, amerikan. Physiker, geb. 1905

15.3.5 Fotodioden und Fotoelemente

Fotodioden sind ebenfalls Halbleiterdioden. Eine Glaslinse bündelt das auf die Sperrschicht fallende Licht. Dort entstehen durch den Lichteinfall neue Ladungsträgerpaare (Elektronen und Löcher). Wird die Diode in Sperrichtung betrieben **(Bild 314/1)**, so erhöht sich der Sperrstrom durch das Bestrahlen mit Licht sehr stark (Lichtempfindlichkeit etwa 0,1 µA/lx). Dieser Fotostrom vergrößert sich im gleichen Verhältnis wie die Beleuchtungsstärke.

Fotodioden können sehr klein gebaut werden und lassen sich deshalb vielfältig als lichtelektrische Wandler in Steuerungen und Regelungen einsetzen.

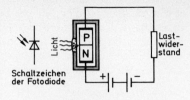

Bild 314/1:
Fotodiode als Fotowiderstand

Fotoelemente. Eine Fotodiode ohne Hilfsspannung wirkt als Fotoelement. Löst ein Lichteinfall in der Sperrschicht neue Elektronen und Löcher aus, so werden die Ladungsträgerpaare durch die Raumladungen beiderseits des PN-Übergangs voneinander getrennt. Die positive Raumladung der Sperrschicht auf der Seite des N-Leiters (Bild 310/3) treibt die Löcher zum P-Leiter, und die negative Raumladung der Sperrschicht im P-Leiter drückt die Elektronen zum N-Leiter hinüber. Dadurch entsteht zwischen den Anschlüssen der Diode eine Spannung. Der Anschluß des P-Leiters wird positiv und der des N-Leiters negativ **(Bild 314/2)**. Germanium-Fotodioden geben bei Bestrahlen mit Licht eine kleinere Spannung ab als Siliciumdioden. Als Fotoelemente verwendet man deshalb meist Silicium-Fotoelemente **(Bild 314/3)**.

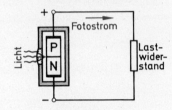

Bild 314/2:
Fotodiode als Fotoelement

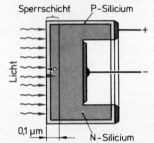

Bild 314/3: Silicium-Fotoelement

Durch Zusammenschalten vieler Silicium-Fotoelemente erhält man eine „Sonnenbatterie", die mit einem Wirkungsgrad von etwa 11% Licht in elektrische Energie umwandelt. Sonnenbatterien werden als Energiequellen z. B. für Weltraumfahrzeuge verwendet und dienen dort zur Versorgung von Meßgeräten, Uhren, Sendern und Empfängern.

Die Fotoelemente haben eine Lichtempfindlichkeit von etwa 0,6 mA/lx und können Lichtschwankungen bis etwa 1 kHz folgen.

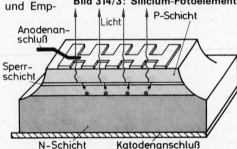

15.3.6 Leuchtdioden (LED*)

Leuchtdioden bestehen aus einem Halbleiterkristall mit PN-Übergang. Als Halbleiterwerkstoff verwendet man Galliumarsenid (GaAs), Galliumphosphid (GaP) oder Galliumarsenidphosphid (GaAsP), je nach der Lichtfarbe, welche die Leuchtdiode abstrahlen soll.

Die P-Schicht der Leuchtdiode ist stark dotiert und enthält somit viele Löcher. Die Diode wird in Durchlaßrichtung betrieben. Dringen Elektronen von der N-Schicht in die P-Schicht ein, so rekombinieren sie dort mit den Löchern **(Bild 314/4)**. Dabei fallen sie vom Leitfähigkeitsband in das Grundband: Es wird Energie frei, teilweise in Form von Licht einer Farbe. Die Strahlung entsteht in der Randzone von Sperrschicht und P-Schicht, durchdringt dann die P-Schicht und tritt nach außen. Aus diesem Grund wird die P-Schicht sehr dünn ausgebildet (1 µm bis 3 µm).

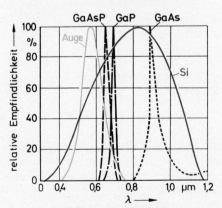

Bild 314/4: Leuchtdiode

* Licht-emittierende Diode

Der Wirkungsgrad der LED beträgt etwa 1%. Der abgestrahlte Lichtstrom steigt nahezu proportional mit dem Durchlaßstrom, sinkt jedoch mit zunehmender Sperrschichttemperatur. Die Betriebsspannung der Leuchtdiode ist niedrig (etwa 1,5 V), die Durchlaßströme liegen zwischen 5 mA und 20 mA. Das ausgestrahlte Licht ist, abhängig vom Werkstoff, einfarbig (monochromatisch). Leuchtdioden sprechen nahezu trägheitslos an.

Die LED verwendet man zur Betriebsanzeige. Bringt man mehrere Leuchtdioden nebeneinander in bestimmter Form an, können 7-Segment-Anzeigen (Seite 352), Anzeigefelder oder Skalenanzeigen gebildet werden. Leuchtdioden können als Lichtsender mit moduliertem Licht arbeiten und finden in Opto-Kopplern (Seite 352) Verwendung.

Wiederholungsfragen

1. Wodurch entstehen in einem Halbleiterkristall „Löcher"?
2. Wie verhält sich ein Heißleiter bei Erwärmung?
3. Wie ändert sich der Widerstand eines keramischen Kaltleiters bei Erwärmung?
4. Wie ändert sich der Widerstand eines Varistors bei zunehmender Spannung?
5. Wie nennt man einen Halbleiter mit überschüssigen Leitungselektronen?
6. Wie bezeichnet man einen Halbleiter mit Löcherleitung?
7. Wie muß man einen PN-Übergang polen, damit ein Durchlaßstrom fließt?
8. Welcher Teil der Kennlinie einer Begrenzerdiode wird für Spannungsstabilisierung ausgenützt?
9. Was versteht man unter dem inneren Fotoeffekt?
10. Erklären Sie die Wirkungsweise einer Leuchtdiode!

15.4   Transistoren

15.4.1 Bipolare Transistoren

Der bipolare Transistor besteht aus drei Zonen (**Bild 315/1**). Beim PNP-Transistor sind die beiden äußeren Zonen P-Leiter, die mittlere Zone ist ein N-Leiter. Der Transistor besitzt also zwei PN-Übergänge, an denen sich Sperrschichten ausbilden (**Bild 315/2**). Der Betriebsstrom fließt durch P- und N-Schichten. Man nennt deshalb diese Transistoren „bipolare" Transistoren.

Die erste Zone nennt man *Emitter*. Er emittiert Ladungsträger. Die mittlere Zone nennt man *Basis*. Sie steuert die Emission der Ladungsträger. Die letzte Zone nennt man *Kollektor*. Er sammelt die Ladungsträger ein.

Man unterscheidet den PNP-Transistor und den NPN-Transistor (**Bild 315/3**). Der NPN-Transistor hat außen zwei N-leitende Zonen. Die mittlere Zone besteht aus einem P-Leiter. Beim NPN-Transistor emittiert der Emitter Elektronen, dagegen emittiert beim PNP-Transistor der Emitter Löcher. Bei NPN-Transistoren sind die Diodenrichtungen gegenüber PNP-Transistoren vertauscht. Das bedeutet, daß man auch die Polungen der angelegten Spannungen vertauschen muß.

Als Halbleiterwerkstoffe für Transistoren verwendet man meist Silicium.

Die Wirkungsweise des Transistors wird im folgenden an dem am meisten verwendeten NPN-Transistor erklärt.

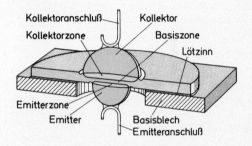

Bild 315/1: Schnitt durch einen PNP-Transistor (etwa 25fach vergrößert)

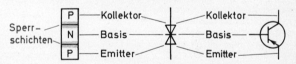

Bild 315/2: Aufbau und Schaltzeichen eines PNP-Transistors

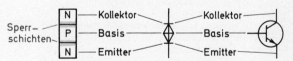

Bild 315/3: Aufbau und Schaltzeichen eines NPN-Transistors

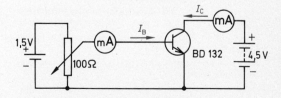

Bild 315/4: Messung der Stromverstärkung beim Transistor

Versuch 316/1: Bauen Sie eine Schaltung zur Messung der Stromverstärkung eines Transistors (z. B. BD 433) auf **(Bild 315/4)**! Stellen Sie den Spannungsteiler so ein, daß zunächst kein Basisstrom I_B und dann ein Strom von etwa 10 mA fließt!
Messen Sie beidemal den Kollektorstrom I_C!

Fließt kein Basisstrom, so ist der Kollektorstrom fast Null. Ein Basisstrom von 10 mA hat bei einer Kollektor-Emitter-Spannung von etwa einen Kollektorstrom rund 1,5 A zur Folge.

Beim Transistor tritt eine Stromverstärkung auf. Eine Änderung des Basisstroms verursacht eine weit größere Änderung des Kollektorstromes.

Der Übergang Emitter-Basis ist in Durchlaßrichtung gepolt (Bild 315/3), der Übergang Basis-Kollektor dagegen in Sperrichtung. Fließt kein Basisstrom, so fließt im Kollektor nur ein kleiner Sperrstrom. Fließt dagegen ein Basisstrom, so gelangen vom Emitter her Ladungsträger in die dünne Basis (0,01...0,1 mm dick). Diese wird mit Ladungsträgern überflutet, die durch die Sperrschicht in den Kollektor fließen.

Die N-Schicht des Emitters enthält wesentlich mehr Fremdatome als die P-Schicht der Basis. Dadurch ist die Elektronenkonzentration im Emitter wesentlich höher als die Löcherkonzentration in der Basis. Bewegen sich die Elektronen vom Kollektor her in die Basis, so rekombinieren sie dort nur zum geringen Teil mit den Löchern der Basis. Die meisten Elektronen werden vom Raumladungsgebiet des Übergangs zwischen Basis und Kollektor angezogen. In der N-Schicht des Kollektors fließen die Elektronen dann ungehindert bis zur Anschlußelektrode. Ein kleiner Basisstrom verursacht also einen großen Kollektorstrom.

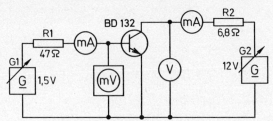

Der Strom zwischen Basis und Emitter eines Transistors steuert den Kollektorstrom.

Bei Anlegen einer Eingangsspannung zwischen Basis und Emitter fließt ein Basisstrom I_B. Ein Transistor hat also zwischen Basis und Emitter einen Eingangswiderstand. Die Steuerung erfolgt nicht leistungslos.

Bild 316/1:
Meßschaltung zur Kennlinienaufnahme

Kennlinien des Transistors kennzeichnen sein Betriebsverhalten.

Versuch 316/2: Bauen Sie nach **Bild 316/1** eine Versuchsschaltung zur Kennlinien-Aufnahme eines Transistors (z. B. BD 433) auf! Nehmen Sie die I_C,U_{CE}-Kennlinien, I_C,I_B-Kennlinie für eine feste Kollektor-Emitter-Spannung und die I_B,U_{BE}-Kennlinie für die gleiche, konstante U_{CE} (z. B. 1 V) auf!

*Die I_B,U_{BE}-Kennlinie **(Bild 316/2)** ist die Gleichrichterkennlinie der Basis-Emitterdiode. Aus ihr läßt sich der Eingangswiderstand des Transistors ermitteln. Die I_C,U_{CE}-Kennlinien bilden die Ausgangskennlinien für feste Basisströme. Aus den Steigungen der Kennlinien kann man den Ausgangswiderstand bestimmen. Die Kennlinie I_C,I_B ist die Strom-Steuerkennlinie und zeigt für eine feste Kollektor-Emitter-Spannung die Abhängigkeit des Kollektorstromes vom Basisstrom.*

Wiederholungsfragen

1. Wie nennt man die Elektroden eines bipolaren Transistors?
2. Beschreiben Sie den Aufbau eines NPN-Transistors!
3. Wodurch kann der Kollektorstrom des Transistors gesteuert werden?
4. Welche Zusammenhänge stellt die Ausgangskennlinie eines Transistors dar?
5. Unter welcher Bedingung kann in einem Transistor ein Kollektorstrom fließen?

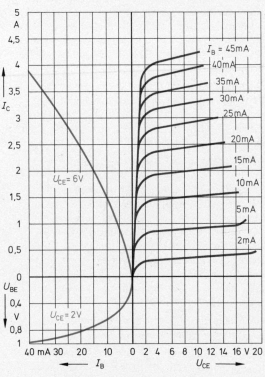

Bild 316/2: Transistor-Kennlinien

15.4.2 Unipolare Transistoren

Bei unipolaren Transistoren fließt der Laststrom nur über einen Halbleiter desselben Leitungstyps, also über einen P-Leiter oder über einen N-Leiter, nicht aber über einen PN-Übergang.

Beim Feldeffekt-Transistor (FET) wird der Widerstand in der Halbleiterstrecke für den Laststrom durch ein elektrisches Feld geändert, welches den wirksamen Leiterquerschnitt beeinflußt **(Bild 317/1)**. Die Halbleiterstrecke für den Laststrom nennt man Kanal. Man unterscheidet Feldeffekt-Transistoren mit N-Kanal und solche mit P-Kanal. Die Anschlüsse des Kanals heißen *Source** und *Drain***.

Beim Feldeffekt-Transistor ändert man den Widerstand des Kanals zwischen Source und Drain durch ein quer zum Kanal liegendes elektrisches Feld.

Die Wirkung (der Effekt) des elektrischen Feldes steuert beim Feldeffekt-Transistor (FET) den Laststrom. Das elektrische Feld wird durch eine Spannung zwischen der Steuerelektrode und dem Kanal hervorgerufen. Die Steuerelektrode wird Gate*** genannt. Ein Steuerstrom vom Gate zum Kanal ist nicht erforderlich.

Beim FET wird der Widerstand der Source-Drain-Strecke von einer Spannung zwischen Gate und Source gesteuert, ohne daß ein Steuerstrom erforderlich ist.

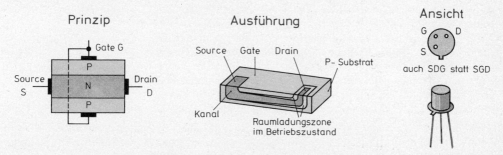

Bild 317/1: PN-FET (J-FET) mit N-Kanal

Bei der Herstellung der FET geht man von P-leitendem oder von N-leitendem Silicium aus, in welches der Kanal eindiffundiert wird. Den verbleibenden Anteil des Ausgangsmaterials nennt man *Substrat*[4*]. Das Substrat ist im Inneren des FET mit Source verbunden oder es ist nach außen geführt **(Bild 317/2)**. Meist muß es dann in der Schaltung mit Source verbunden werden.

Damit bei angelegter Steuerspannung von Gate nach Source kein Strom fließt, muß das Gate gegenüber dem Kanal isoliert sein. Dazu gibt es zwei Möglichkeiten. Beim PN-FET (Sperrschicht-FET, Junction-FET[5*], J-FET) wird als Gate ein Halbleitermaterial von anderem Leitungstyp als der Kanal angeordnet. Beim N-Kanal nimmt man also ein P-Gate, beim P-Kanal aber ein N-Gate. Dadurch entsteht zwischen Gate und Kanal ein PN-Übergang und damit eine Sperrschicht, welche bei richtiger Polung das Gate vom Kanal isoliert (Bild 317/1). Beim Isolier-Gate-FET (IG-FET) ist zwischen Gate und Kanal eine Isolierschicht aus Siliciumdioxid (SiO_2) angeordnet, und das Gate ist ein aufgedampftes Metall.

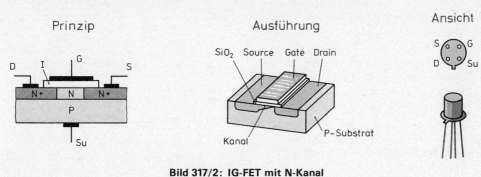

Bild 317/2: IG-FET mit N-Kanal

---

* Source (engl., sprich: sohrs) = Quelle;
** Drain (engl., sprich: drehn) = Senke;
*** Gate (engl., sprich: geht) = Tor

[4*] Substrat (lat.) = Grundlage;
[5*] junction (engl., sprich: janktschn) = Sperrschicht

Beim J-FET berührt im Schaltzeichen das Gate den Kanal **(Bild 318/1)**. Der Ladungsträgertyp ist dort beim Gate wie beim Emitter eines bipolaren Transistors eingetragen. Bei einem N-leitenden Gate ist der Pfeil nach außen gerichtet. Hier ist ein P-Kanal vorhanden. Dagegen geht bei einem P-leitenden Gate der Pfeil nach innen, und es ist ein N-Kanal vorhanden. Beim IG-FET liegt im Schaltzeichen das Gate der Source gegenüber. Der Ladungsträgertyp ist dort beim Substrat in entsprechender Weise wie beim Emitter des bipolaren Transistors eingetragen. Bei einem P-leitenden Substrat geht der Pfeil nach innen. Hier ist meist ein N-Kanal vorhanden. Dagegen ist bei einem N-leitenden Substrat, kenntlich an dem Pfeil nach außen, meist ein P-Kanal vorhanden (Bild 318/1). Die Richtung der Zählpfeile der Spannungen und der Ströme ist entsprechend wie bei den bipolaren Transistoren.

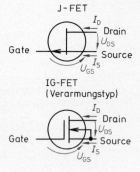

Bild 318/1:
Schaltzeichen und Zählpfeile bei den FET

Bei den Feldeffekt-Transistoren unterscheidet man nach der Isolierung zwischen Gate und Kanal J-FET und IG-FET. Beide Arten haben dieselben Anschlußbezeichnungen und dieselben Zählpfeile.

Beim J-FET ist zwischen Gate und Kanal eine Sperrschicht. Das Gate muß so gepolt sein, daß die Sperrschicht in Sperrichtung betrieben wird. Ist das der Fall, so wird die Sperrschicht um so breiter, je größer die Spannung zwischen Gate und Source ist. Dadurch verengt sich der Kanal, und der Kanalwiderstand wird entsprechend größer. Der Kanalstrom läßt sich so steuern. Bei Ansteuerung mit Wechselspannung muß eine Gate-Vorspannung vorhanden sein, damit die Sperrschicht immer bestehen bleibt. Diese Vorspannung muß die richtige Polung haben.

Der Reststrom der Gate-Kanal-Strecke entspricht beim J-FET dem Sperrstrom einer Diode. Bei guten J-FET beträgt er nur etwa 1 pA. Der Eingangswiderstand eines J-FET beträgt also bis etwa $10^{12}\,\Omega$. Dadurch fließt über das Gate fast kein Strom.

Bei Feldeffekt-Transistoren wird der Drain-Strom von der Gate-Source-Spannung fast leistungslos gesteuert.

Beim J-FET nimmt bei niedriger Drain-Source-Spannung U_{DS} der Strom I_D zunächst linear mit dieser Spannung zu, und zwar in Abhängigkeit von der Gate-Source-Spannung U_{GS} **(Bild 318/2)**. Bei höherer Drain-Source-Spannung wird der Strompfad beim J-FET mit N-Kanal zum Drain hin zunehmend positiv, das Gate also mehr negativ gegenüber Drain. Dadurch verbreitert sich die Sperrschicht weiter, so daß der Strom im Kanal fast abgeschnürt ist. Diese Abschnürgrenze hängt von der Gate-Source-Spannung U_{GS} ab (Bild 318/2).

Aus dem Kennlinienfeld kann man die Steilheit S und den Ausgangswiderstand r_{DS} entnehmen. Beide Werte sind für die Bemessung von Verstärkern von Bedeutung.

Beim IG-FET befindet sich zwischen Gate und Kanal eine isolierende Schicht. Nach Substrat und Isolierschicht unterscheidet man z. B. MOSFET*, MISFET** und MASFET***.

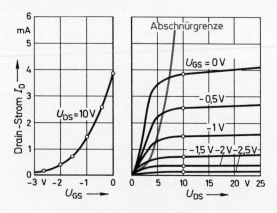

Bild 318/2:
Kennlinienfeld eines J-FET mit N-Kanal

Bei U_{DS} = konstant:

$$S = \frac{\Delta I_D}{\Delta U_{GS}}$$

Bei U_{GS} = konstant:

$$r_{DS} = \frac{\Delta U_{DS}}{\Delta I_D}$$

* MOSFET Kunstwort aus **M**etal-**O**xide-**S**emiconductor-FET (engl.) = Metall-Oxid-Halbleiter-FET
** MISFET Kunstwort aus **M**etal-**I**nsulator-**S**emiconductor-FET (engl.) = Metall-Isolator-Halbleiter-FET
*** MASFET Kunstwort aus **M**etal-**A**lumina-**S**emiconductor-FET (engl.) = Metall-Aluminium-Halbleiter-FET

Beim MOSFET ist das Substrat Silicium, beim MISFET Galliumarsenid. Die Isolierschicht ist beim MOSFET und beim MISFET Siliciumdioxid SiO_2, beim MASFET aber Aluminiumoxid Al_2O_3. Als Leistungs-FET kommen VMOS-FET in Betracht **(Bild 319/1)**. Bei ihnen erfolgt der Aufbau in Form eines V. Dadurch ist der Kanal kürzer als bei anderen Formen, so daß der Drainstrom besonders groß sein kann, ohne daß der FET zu heiß wird.

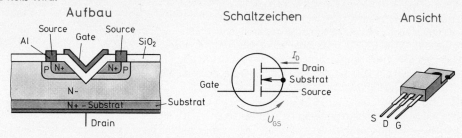

Bild 319/1: Selbstsperrender FET (N^+ starke N-Dotierung; N^- schwache N-Dotierung)

Beim VMOS-FET ist ohne Gate-Source-Spannung kein Kanal vorhanden, da in der Source-Drain-Strecke ein PN-Übergang liegt (Bild 319/1). Legt man an Gate eine positive Spannung, so werden unter dem Einfluß des elektrischen Feldes negative Ladungsträger an den Rand des P-Bereiches gesaugt, so daß dort eine Anreicherung mit Ladungsträgern stattfindet. Nun bildet sich dadurch der N-Kanal.

Es gibt IG-FET, bei denen erst durch eine geeignet gepolte Gate-Source-Spannung im Kanalgebiet eine Anreicherung mit Ladungsträgern stattfindet, so daß sie erst durch die Steuerspannung leitend werden.

Man bezeichnet diese FET als Anreicherungstypen oder als *selbstsperrend* **(Bild 319/2)**. Es gibt sie mit P-Kanal und mit N-Kanal. Es gibt aber auch IG-FET, deren Kanal schon ohne Steuerspannung leitend ist (Bild 319/2). Hier kann der Drainstrom durch eine Spannung gesteuert werden, welche Ladungsträger aus dem Kanal in das Substrat drückt, also zur Verarmung an Ladungsträgern führt. Man bezeichnet derartige FET als Verarmungstypen oder als selbstleitend. Es gibt sie mit N-Kanal.

Anreicherungs-IG-FET sind selbstsperrend, Verarmungs-IG-FET sind selbstleitend.

Für die Energietechnik sind die selbstsperrenden Typen von Bedeutung, da nur sie in VMOS-Technik hergestellt werden. Für die Nachrichtentechnik sind dagegen die selbstleitenden IG-FET bedeutungsvoller.

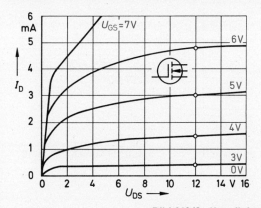
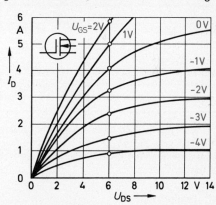

Bild 319/2: Kennlinien von IG-FET mit N-Kanal

Bei den IG-FET trennt die Isolierschicht den Laststromkreis noch mehr vom Steuerstromkreis als bei den J-FET. Dadurch sind die Restströme winzig klein, nämlich einige Femtoampere ($1\,fA = 10^{-15}\,A$). Die Eingangswiderstände sind dann bis $10^{18}\,\Omega$. Die Isolierschicht ist dicker als eine Sperrschicht. Dadurch ist die Durchbruchspannung größer und die Eingangskapazität kleiner als beim J-FET. Das Gate der IG-FET kann sich aber wegen der guten Isolierung elektrostatisch aufladen, wodurch die Isolierschicht durchschlagen werden kann. Deshalb ist für den Transport und die Lagerung das Gate mit den anderen Anschlüssen leitend verbunden, z.B. über einen leitenden Schaumstoff. Beim Einbau darf diese Verbindung erst nach dem Einlöten geöffnet werden. Es gibt auch IG-FET, bei denen zum Schutz gegen elektrostatische Aufladung Z-Dioden zwischen Source und Gate eindiffundiert sind (Schutzdioden).

15.4.3 Integrierte Schaltkreise (IC)

Elektronische Schaltungen mit kleiner Leistung werden meist als IC* (selten als IS bezeichnet) ausgeführt und nicht aus diskreten** Bauelementen aufgebaut. Derartige IC werden meist in käferähnlichen Gehäusen mit zwei Reihen von Anschlußstiften (DIL-Gehäuse von Dual-in-line = zwei in Linie) eingebaut **(Bild 320/1)** oder aber in runde Gehäuse ähnlich wie Transistoren, jedoch mit bis zu 14 Anschlußdrähten. In IC sind auf kleinem Platz viele Transistoren, Dioden oder Widerstände untergebracht.

IC werden in geeignete Sockel gesteckt oder direkt in eine Schaltung eingelötet. Eine Reparatur der IC ist nicht möglich, sie werden im Fehlerfall ausgewechselt.

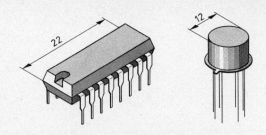

Bild 320/1: Links: 16-Pin-DIL-Gehäuse* eines IC
Rechts: Rundgehäuse**

Die Herstellung der IC erfolgt durch fotographische Übertragung, Wegätzen belichteter Stellen, Dotieren der freigelegten Stellen und Bedampfen mit Metall zum Kontaktieren **(Bild 320/2)**. Anschlüsse werden unter dem Mikroskop angeschweißt oder angelötet.

Bild 320/2: Herstellung eines kontaktierten PN-Überganges beim IC

Wie bei den Transistoren unterscheidet man bei den IC bipolare **(Bild 320/3)** und unipolare IC (MOS-IC, **Bild 320/4)**. Beide Arten haben Vorteile und Nachteile **(Tabelle 320/1)**.

Tabelle 320/1: Eigenschaften von IC		
Art	Bipolare IC	MOS-IC
Speisespannung in V	5	5... 25
Verlustleistung je Glied	1...20 mW	1...100 µW
Integrationsgrad (Anzahl der Glieder je mm^2)	20...80	100...200
Frequenz	bis 100 MHz	bis 5 MHz
Prozeßschritte (etwa)	150	50

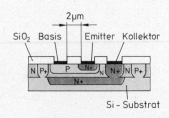

Bild 320/3: Aufbau eines bipolaren Transistors im IC

Mit IC werden z. B. Verstärker, logische Verknüpfungen, Zählschaltungen, Codierer, Mikroprozessoren und Anzeigen aufgebaut. IC sind ferner in Dimmern, Sensorschaltern, Fernsteuerungen und Meßgeräten enthalten.

Wiederholungsfragen

1. **Erklären Sie den Begriff Kanal beim Feldeffekt-Transistor!**
2. **Wie heißen die Anschlüsse beim FET?**
3. **Wie ist die Wirkungsweise beim Feldeffekt-Transistor?**
4. **Worin liegt der Unterschied zwischen einem J-FET und einem IG-FET?**
5. **Welche FET sind selbstsperrend und welche selbstleitend?**
6. **Welche Folge kann beim IG-FET eine elektrostatische Aufladung haben?**

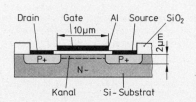

Bild 320/4: Aufbau eines unipolaren Transistors im IC

* IC von Integrated Circuits (engl.) = integrierte Kreise
** discrete (franz.) = unauffällig, hier im Sinne von „einzeln"
*** pin (engl.) = Bein, Stelze

15.5 Thyristoren

Thyristoren sind Bauelemente mit wenigstens vier aufeinander folgenden Halbleiterzonen wechselnder Leitungsart, z. B. PNPN.

15.5.1 Rückwärts sperrende Thyristortriode

Die rückwärts sperrende Thyristortriode, kurz Thyristor* genannt, enthält eine Siliciumscheibe mit abwechselnd vier P- oder N-leitenden Zonen **(Bild 321/1)**. Derartige Thyristoren werden mit Nennsperrspannungen von 50 V bis 4500 V und Nennströmen von 0,4 A bis 1000 A hergestellt. Entsprechend vielseitig sind die Bauformen, Gehäuse und Größen **(Bild 321/2)**.

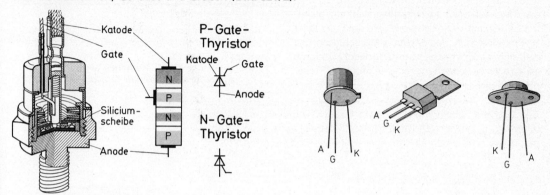

Bild 321/1: Rückwärts sperrende Thyristortriode   **Bild 321/2: Bauformen von Kleinthyristoren (Beispiele)**

Die äußere P-Schicht ist die Anode, die äußere N-Schicht ist die Katode. Die innere P-Schicht ist das Gate.

Der häufigste Thyristor ist ein PNPN-Halbleiterbauelement mit P-Gate.

Außer dem beschriebenen P-Gate-Thyristor kommt auch der N-Gate-Thyristor vor sowie die Thyristortetrode mit einem P-Gate und einem N-Gate.

Versuch 321/1: Schalten Sie einen Thyristor (z. B. BSt B 02 26) mit Anode und Katode in Reihe zu einer Glühlampe! Schließen Sie die Reihenschaltung an einen Stelltransformator an, und erhöhen Sie die Spannung allmählich bis zur Nennspannung der Lampe! Polen Sie die Spannung um!
Die Glühlampe leuchtet in beiden Fällen nicht.

Beim Thyristor sind im Innern drei Sperrschichten wirksam. Liegt zwischen Anode und Katode eine Spannung, so ist mindestens eine Sperrschicht in Sperrichtung gepolt. Die Richtung der Spannung, bei der im Thyristor nur ein PN-Übergang in Sperrichtung gepolt ist, nennt man Vorwärtsrichtung. Die Richtung, bei welcher zwei Sperrschichten in Sperrichtung geschaltet sind, heißt Rückwärtsrichtung.

Versuch 321/2: Wiederholen Sie Versuch 321/1, schließen Sie aber einen Gleichspannungserzeuger, z. B. eine Taschenlampenbatterie, mit dem Pluspol an das Gate und mit dem Minuspol über einen Stellwiderstand und einen Strommesser mit Milliamperemeßbereich an die Katode an! Erhöhen Sie den Steuerstrom, und achten Sie auf die Anzeige des Strommessers!
Schon bei einem schwachen Steuerstrom (je nach Art des Thyristors 1 mA bis 100 mA) leuchtet die Glühlampe.

Der Gatestrom I_G überflutet den inneren P-Leiter so stark mit Ladungsträgern, daß die in der Mitte liegende Sperrschicht abgebaut wird. Die verbleibenden PN-Übergänge sind je nach Richtung der Anschlußspannung zwischen Anode und Katode beide in Durchlaßrichtung oder in Sperrichtung geschaltet und wirken dann wie der PN-Übergang einer Halbleiterdiode **(Bild 321/3)**. Sie sperren also in Rückwärtsrichtung und lassen den Laststrom in Vorwärtsrichtung fließen.

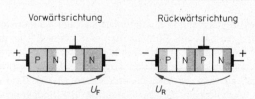

Bild 321/3: Vorwärtsrichtung und Rückwärtsrichtung bei der rückwärts sperrenden Thyristortriode

Die rückwärts sperrende Thyristortriode wirkt wie eine Diode, sobald ein Gatestrom fließt.

Die Durchlaßspannung U_F beträgt 2V bis 3V, die zum Zünden erforderliche Gate-Spannung U_{GK} 3V bis 5V.

* Kunstwort aus Thyratron (gasgefüllte Schaltröhre) und Resistor (engl.) = Widerstand

Thyristoren kann man deshalb als Gleichrichter oder auch als kontaktlose Schalter verwenden. Ist durch den Steuerstrom die mittlere Sperrschicht abgebaut, so verhindern die Ladungsträger des Laststromes eine erneute Sperrung, auch wenn Gatestrom und Laststrom zurückgehen. Die Sperrschicht bildet sich erst wieder, wenn der Gatestrom ausbleibt und der Laststrom schwächer wird als der Haltestrom (**Bild 322/1**). Haltestrom nennt man den kleinsten Vorwärtsstrom, bei dem der Thyristor noch im leitenden Zustand bleibt. Bei Betrieb mit Wechselstrom wird am Ende jeder Halbperiode der Haltestrom unterschritten, so daß sich die Sperrschicht erneut bildet. Dadurch ist an Wechselspannung eine feinstufige Steuerung möglich.

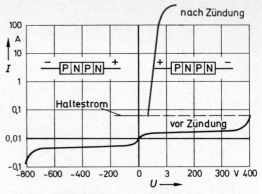

Bild 322/1: Kennlinie einer rückwärts sperrenden Thyristortriode

Der Thyristor wird vom Gatestrom für den Durchlaß des Laststromes „gezündet". Bei Richtungsumkehr des Laststromes sperrt der Thyristor. Danach ist eine abermalige Zündung erforderlich.

15.5.2 GTO-Thyristor

Der normale Thyristor schaltet sich bei Betrieb an Wechselspannung am Ende jeder Halbperiode von selbst ab, weil der Haltestrom unterschritten wird. Ein Abschalten an Gleichspannung ist dagegen nur mit zusätzlichen Maßnahmen möglich. Schickt man nach der Zündung einer Thyristortriode einen umgekehrten Impuls über das Gate in den Thyristor, so wirkt der Gatestrom gegen den Laststrom. Dadurch kann sich die Sperrschicht wieder bilden (**Bild 322/2**).

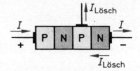

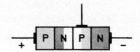

Bild 322/2: Löschen eines Thyristors durch einen Steuerimpuls über das Gate

Das Löschen mit einem kleinen Steuerstrom ist aber nicht möglich, da der Gatestrom gegen den Laststrom wirken und deshalb eine ähnliche Größe haben muß. Die üblichen Thyristoren können also durch den Gatestrom nicht gelöscht werden. Das Löschen ist jedoch bei den GTO-Thyristoren* (abschaltbaren Thyristoren) möglich, die mit Nennspannungen bis 1000 V und Nennströmen bis 10 A gebaut werden. Das Abschalten eines thyristorgesteuerten Gleichstromkreises ist mit GTO-Thyristoren einfach zu erreichen (**Bild 322/3**).

Im abgeschalteten Zustand lädt sich der Kondensator C1 über R1 und die Last auf. Betätigt man den Taster S1, so entlädt sich der Kondensator über den Thyristor. Dieser zündet. Nun lädt sich der Kondensator C2 über den Thyristor auf. Betätigt man den Taster S2, so wird der Kondensator C2 so an das Gate des Thyristors angeschlossen, daß der Gatestrom die umgekehrte Richtung wie beim Zünden hat. Der GTO-Thyristor löscht nunmehr.

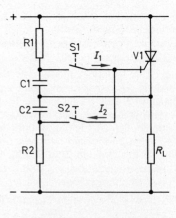

Abschaltbare GTO-Thyristoren kann man als Steller für Gleichstrom aus Batterien verwenden, z. B. bei Elektrofahrzeugen.

* GTO von gate-turned-off (engl.) = vom Gate abgeschaltet

Bild 322/3: Steuerschaltung für einen GTO-Thyristor

15.5.3 Triac

Zum Steuern von Wechselstrom kann man rückwärts sperrende Thyristortrioden in Gegenparallelschaltung verwenden. Dazu könnte man z. B. einen P-Gate-Thyristor und einen N-Gate-Thyristor nehmen. Rückt man den Aufbau beider Thyristoren zusammen (**Bild 323/1**), so erhält man den Aufbau eines Halbleiterbauelementes, welches das Verhalten der Gegenparallelschaltung hat, aber nur eine Steuerelektrode benötigt.

Ein beliebig gepolter Impuls zwischen Steuerelektrode und benachbarter Elektrode schaltet diesen Thyristor unabhängig von der Richtung der Spannung im Laststromkreis in den leitenden Zustand um (**Bild 323/2**). Die in beiden Richtungen schaltbare (bidirektionale) Thyristortriode nennt man *Triac**.

Ein Triac kann mit Wechselstrom oder mit Gleichstrom in beiden Richtungen gezündet werden.

Die Zündung ist mit einer zwischen G und A1 (Bild 323/1) grundsätzlich beliebig gepolten Zündspannung in jeder Halbperiode möglich. Dabei sind vier Fälle, entsprechend den vier Quadranten eines Achsenkreuzes, zu unterscheiden:

1. Quadrant: Spannung von A2 nach A1 positiv, von G nach A1 positiv.

2. Quadrant: Spannung von A2 nach A1 positiv, von G nach A1 negativ.

3. Quadrant: Spannung von A2 nach A1 negativ, von G nach A1 negativ.

4. Quadrant: Spannung von A2 nach A1 negativ, von G nach A1 positiv.

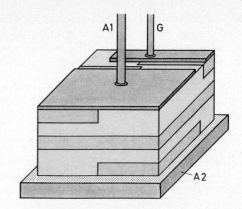

Bild 323/1: Aufbau eines Triac

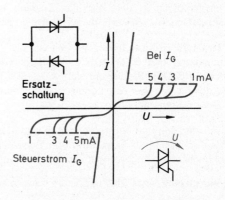

Bild 323/2: Kennlinie eines Triac

Im 4. Quadranten dauert die Zündung am längsten, da der Zündstrom (von G nach A1) teilweise gegen den Betriebsstrom (von A1 nach A2) gerichtet ist. Dadurch erwärmt sich der Triac stärker. Eine positive Zündspannung U_{GA1} soll bei einer negativen Spannung von A2 nach A1 vermieden werden, da der Triac sonst zu warm wird. Es gibt aber Triac-Typen, die das Zünden in allen vier Quadranten aushalten.

Der Triac wird für Spannungen bis 1200 V und Ströme bis 120 A hergestellt. Er läßt sich als Stellglied für Wechselstromverbraucher, z. B. in Dimmern, und als elektronisches Schütz verwenden (Seite 334).

15.5.4 Thyristordioden

Thyristorarten ohne Steueranschluß nennt man nach der Zahl ihrer Schichten Vierschichtdiode (**Bild 323/3**) bzw. Fünfschichtdiode.

Die Vierschichtdiode enthält ein Siliciumplättchen mit der Schichtenfolge PNPN ohne ein Gate. Sie verhält sich ähnlich wie eine rückwärts sperrende Thyristortriode ohne Gatestrom (Bild 322/1).

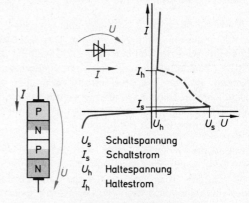

U_s Schaltspannung
I_s Schaltstrom
U_h Haltespannung
I_h Haltestrom

Bild 323/3: Vierschichtdiode, Schaltzeichen, Aufbau, Kennlinie

---

* Triac Kunstwort aus **Tri**ode = Bauelement mit drei Anschlüssen und **a**lternating **c**urrent (engl.) = Wechselstrom

Die Vierschichtdiode „zündet", wenn in Vorwärtsrichtung die an ihr liegende Spannung größer wird als ihre Schaltspannung. Auch bei nachfolgender Verringerung der anliegenden Spannung bleibt die Vierschichtdiode leitend, so lange ihr Haltestrom nicht unterschritten wird. Die Vierschichtdiode kippt wieder in den gesperrten Zustand zurück, wenn der Haltestrom unterschritten wird.

Vierschichtdioden werden für Schaltspannungen von 20 V bis 200 V hergestellt und erfordern Halteströme von 1 mA bis 45 mA und Haltespannungen von 0,5 V bis 3 V. Sie eignen sich für elektronische Schalter, Kippgeneratoren, Impulsformer und Impulsverstärker.

Die **Fünfschichtdiode** enthält ein Siliciumplättchen mit fünf Schichten in der Reihenfolge PNPNP.

In jeder Spannungsrichtung sind zwei PN-Übergänge in Sperrichtung geschaltet. Dadurch erhält die Fünfschichtdiode in beiden Richtungen denselben Kennlinienverlauf wie die Vierschichtdiode in Rückwärtsrichtung. Unabhängig von der Richtung der angelegten Spannung schaltet deswegen die Fünfschichtdiode in den leitenden Zustand um, sobald die Spannung die erforderliche Höhe erreicht.

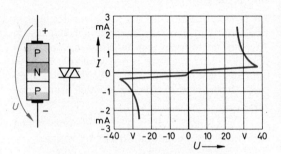

Die **Dreischichtdiode** (Diac*) enthält ein Siliciumplättchen mit drei Schichten in der Reihenfolge PNP **(Bild 324/1)**. Sie verhält sich wie eine Fünfschichtdiode, hat aber eine höhere Haltespannung. Die Schaltspannung beträgt etwa 25 V.

Bild 324/1: Aufbau, Schaltzeichen und Kennlinie einer Dreischichtdiode (Diac)

Dreischichtdiode und Fünfschichtdiode sind in beiden Richtungen schaltbare (bidirektionale) Dioden. Sie werden vor allem zur Erzeugung von Spannungsimpulsen zum Zünden von Thyristoren bei Wechselspannungsbetrieb angewendet. Zu diesem Zweck schaltet man sie vor das Gate (Seite 334).

Die Vereinigung eines Diac mit einem Triac in einem Gehäuse heißt Ditriac.

Dreischichtdiode, Vierschichtdiode und Fünfschichtdiode dienen vor allem zum Ansteuern von Thyristortrioden und Triac.

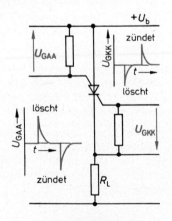

15.5.5 Thyristor-Tetrode

Die Thyristor-Tetrode ist eine Kombination von P-Gate-Thyristor und N-Gate-Thyristor **(Bild 324/2)**. Zwischen Katode und Anode ist katodenseitig das Gate G_K vorhanden, anodenseitig das Gate G_A.

Die Thyristor-Tetrode wird entweder über G_K oder G_A gezündet, und zwar mit Impulsen geeigneter Polung. Das nicht zum Zünden benötigte Gate wird zur Stabilisierung der Schaltung über einen hochohmigen Abschlußwiderstand mit der zugehörigen Hauptelektrode verbunden. Bei der Thyristor-Tetrode kann über jedes Gate auch gelöscht werden. Dabei ist eine umgekehrte Stromrichtung wie beim Zünden erforderlich. Thyristor-Tetroden werden für Spannungen bis 200 V und Ströme bis 1 A hergestellt.

**Bild 324/2:
Löschen und Zünden
bei der Thyristor-Tetrode**

Das N-Gate der Thyristor-Tetrode kann anstelle der Anode selbst für den Laststromkreis verwendet werden **(Bild 325/1)**, wenn die Anode über einen hochohmigen Widerstand mit dem N-Gate verbunden ist. Die Anode übernimmt hier die Aufgabe des Gate. Wird über dieses „Gate" ein Impuls gegeben, so wird der Thyristor mit einem schwächeren Löschstrom gelöscht, als es über das eigentliche Gate möglich wäre.

Bei der Thyristor-Tetrode kann man Anode und Anodengate vertauschen.

* Diac Kunstwort aus **Di**ode und **a**lternating **c**urrent (engl.) = Wechselstrom

15.5.6 Fotothyristor

Der Fotothyristor ist eine Thyristor-Tetrode, bei der über eine Linse Licht bzw. Infrarotstrahlung in eine Sperrschicht fällt. Man erhält eine Ersatzschaltung des Fotothyristors, wenn man die Zonenfolge in zwei Transistoren aufteilt **(Bild 325/2)**. Davon ist einer als Fototransistor zu verstehen. Dieser wird bei Lichteinfall leitend, so daß der zweite Transistor angesteuert wird. Dadurch wird die Empfindlichkeit des Fotothyristors vergrößert. Zum Zünden des Fotothyristors genügt schon ein Lichtimpuls von etwa 20 µs Dauer. Zusätzlich ist beim Fotothyristor die Zündung über ein Gate mit einem Stromimpuls möglich.

Der Fotothyristor kann durch einen Lichtimpuls oder einen Stromimpuls gezündet werden.

Zwischen Katodengate und Katode schaltet man einen Abschlußwiderstand R_{GKK} von etwa 20 kΩ, damit durch Störspannungsspitzen kein ungewolltes Zünden erfolgt. Je größer dieser Widerstand ist, desto kleiner ist die zum Zünden erforderliche Beleuchtungsstärke.

Hat der Fotothyristor gezündet, so verhält er sich wie eine in Rückwärtsrichtung sperrende Thyristortriode. Er kann gelöscht werden, wenn der Haltestrom unterschritten wird, oder wenn ein negativer Impuls auf das Katodengate gegeben wird (Bild 325/1).

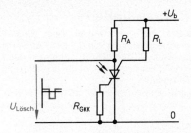

Bild 325/1: Schaltung eines Fotothyristors zum Zünden durch Licht und Löschen durch Spannungsimpuls

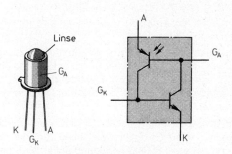

Bild 325/2: Ansicht und Ersatzschaltung eines Fotothyristors

Der Fotothyristor wird z. B. für Lichtrelais, Warngeräte und elektronische Steuerungen verwendet.

15.5.7 Besondere Thyristortrioden

Lawinenthyristoren (Avalanchethyristoren*) haben eine gleichförmige Kristallstruktur und eine besonders gleichmäßige Dotierung, so daß sich die Ströme gleichmäßig über den ganzen Querschnitt des Kristalls verteilen. Dadurch können kurzzeitig sehr große Leistungen aufgenommen werden, ohne daß eine örtliche Überhitzung auftritt. Infolgedessen ist bei Lawinenthyristoren eine Zündung durch Überschreiten der Nullkippspannung zulässig. Die Nullkippspannung ist die in Vorwärtsrichtung erforderliche Spannung, die ohne Gatestrom zur Zündung führt. Zünden durch Überschreiten der Nullkippspannung führt bei den anderen Thyristortrioden zur Zerstörung durch örtliche Überhitzung im Kristall.

Rückwärts leitende Thyristoren bestehen aus einer Thyristortriode, die zusammen mit einer in Gegenrichtung leitenden Diode in eine einzige Siliciumscheibe integriert ist.

Wiederholungsfragen

1. Beschreiben Sie den Aufbau des Siliciumplättchens einer rückwärts sperrenden Thyristortriode!
2. Erklären Sie den Begriff Vorwärtsrichtung für den Thyristor!
3. Welche Aufgabe hat der Gatestrom beim Thyristor?
4. Warum kann man Thyristoren als Gleichrichter verwenden?

5. Für welche Aufgaben verwendet man den Triac?
6. Wozu verwendet man die Vierschichtdiode?
7. Wie hoch ist die Schaltspannung eines Diac?
8. Welche Anschlüsse sind bei einer Thyristor-Tetrode vorhanden?
9. Wodurch werden Fotothyristoren gezündet?
10. Nennen Sie Anwendungsbeispiele für Fotothyristoren!

* avalanche (engl., sprich ävelansch) = Lawine

15.6 Elektronenröhren (Dioden und Trioden)

15.6.1 Röhrendioden*

Versuch 326/1: Verbinden Sie an einer Netzgleichrichterröhre (z. B. EZ 80) für eine Heizspannung von 6,3 V die Anode über ein Mikroamperemeter mit der Katode **(Bild 326/1)**! Legen Sie den Heizfaden erst an 3 V und dann an 6,3 V aus einem Akkumulator über einen Vorwiderstand (oder aus einem Netzgerät)!

Bei ungeheizter Katode zeigt das Meßinstrument keinen Strom an, bei einer Heizspannung von 3 V nur eine geringe Stromstärke und bei 6,3 V etwa 100 µA.

Erwärmt man ein Metall, so bewegen sich im Innern die Elektronen durch die Wärmebewegung schneller. Einige der Elektronen erhalten eine so hohe Geschwindigkeit, daß sie das Metall verlassen können. Man nennt diese Erscheinung *thermische Elektronenemission***.

Jedes glühende Metall sprüht Elektronen aus.

Die Elektronenemission ist um so größer, je höher die Temperatur des Metalls ist.

Die Elektrode einer Röhre, die Elektronen aussprüht, nennt man *Katode*. Die Elektrode in der Röhre, welche die Elektronen ansaugt, heißt *Anode*. Die beiden Elektroden sind in einem Glaskolben untergebracht, der nahezu vollständig luftleer gepumpt ist (Hochvakuum).

Die meisten Röhren haben Oxidkatoden, deren Oberfläche aus Barium- oder Strontiumoxid besteht. Oxidkatoden emittieren schon bei etwa 800 °C genügend stark. Man unterscheidet direkt und indirekt beheizte Katoden **(Bild 326/2)**. Bei *direkt beheizten Katoden* ist der Heizfaden mit einer Oxidschicht überzogen.

Bei *indirekt beheizten Katoden* ist der Heizfaden elektrisch von der Katode getrennt. Der keramisch isolierte Heizfaden befindet sich in einem Metallröhrchen (meist aus Nickel), das die Oxidschicht trägt.

Durch die Gleichrichterdiode kann Strom fließen, wenn die Anode positiv und die Katode negativ ist. Bei entgegengesetzter Polung sperrt dagegen die Röhre (Kennlinie **Bild 326/3**).

Die Hochvakuum-Gleichrichterdiode wird zur Gleichrichtung kleiner Wechselströme bis zu einigen 100 mA verwendet (z. B. bei älteren Rundfunk- und Fernsehgeräten). Hochvakuum-Dioden können für sehr hohe Sperrspannungen (bis 220 kV) gebaut werden. Unter *Sperrspannung* versteht man die Spannung in Sperrichtung. Der Spannungsabfall in Durchlaßrichtung (positive Anodenspannung) ist im Vergleich zu anderen Gleichrichtern groß. Er liegt je nach Röhre zwischen 50 V und 1000 V.

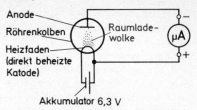

Bild 326/1:
Messen der Elektronenemission

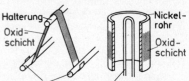

Bild 326/2: Katodenarten
a) direkt beheizt   b) indirekt beheizt

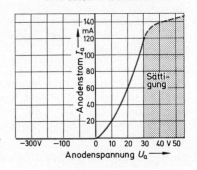

Bild 326/3: Kennlinie
einer Hochvakuumdiode

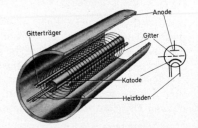

Bild 326/4: Grundsätzlicher
Aufbau einer Triode

15.6.2 Röhrentrioden

Die einfachste Verstärkerröhre ist ähnlich wie eine Hochvakuumgleichrichterröhre aufgebaut, hat jedoch drei Elektroden. Man nennt sie deshalb *Triode*** (Dreipolröhre). Zwischen Katode und Anode ist ein Steuergitter angeordnet **(Bild 326/4)**, das aus gewendeltem Draht oder einem Drahtnetz besteht.

Versuch 326/2: Legen Sie an eine Triode (z. B. EC 92) Anodenspannung und Heizspannung, und schalten Sie in den Anodenstromkreis ein Milliamperemeter **(Bild 327/1)**! Legen Sie über einen Spannungsteiler die Spannung einer Taschenlampenbatterie (4,5 V) an Gitter und Katode, und messen Sie diese Spannung mit einem Spannungsmesser! Stellen Sie die Gitterspannung auf verschiedene Werte zwischen 0 V und 4,5 V ein!

Je größer die negative Gitterspannung ist, desto kleiner ist der Anodenstrom.

---

  * eigentlich **Di**-Elektrode: di... (griech. Vorsilbe) = zwei, doppelt
 ** emittere (lat.) = aussenden
*** von **Tri**-Elektrode: tri... (griech. Vorsilbe) = drei

Die Größe der Gitterspannung bestimmt den Anodenstrom. Ist keine Spannung zwischen Gitter und Katode vorhanden, so verhält sich die Triode wie eine Röhrendiode; es fließt ein Anodenstrom. Hat das Gitter eine negative Spannung gegenüber der Katode, so bremst diese Spannung die von der Katode zur Anode fliegenden Elektronen. Der Anodenstrom wird dadurch geringer.

Bei einer Verstärkerröhre steuert die Gitterspannung leistungslos den Anodenstrom.

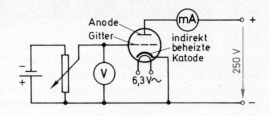

Bild 327/1:
Messung der Steuerwirkung einer Triode

Bei positiver Gitterspannung zieht das positive Gitter die Elektronen an, und es fließt ein Strom über das Gitter. In diesem Fall nimmt die Triode Gitterleistung auf, die allerdings das Gitter zerstören kann. Ist die Gitterspannung dagegen immer negativ, dann fließt kein Gitterstrom und die Triode kann fast leistungslos gesteuert werden. Damit die Gitterspannung keine positiven Werte annehmen kann, erhält das Gitter eine konstante negative *Vorspannung*. Diese Gittervorspannung wird meist mit einem Katodenwiderstand erzeugt **(Bild 327/2)**. Der Widerstand liegt zwischen Masse (Minuspol) und Katode der Röhre. Fließt der Anodenstrom durch den Katodenwiderstand, so entsteht an ihm ein Spannungsabfall. Das Gitter ist mit der Masse über einen hochohmigen Widerstand R_g verbunden. Dadurch erhält das Gitter eine gegenüber der Katode negative Spannung. Parallel zum Katodenwiderstand liegt ein Kondensator. Er soll die vom Anodenstrom hervorgerufenen Schwankungen des Spannungsabfalls am Katodenwiderstand ausgleichen.

Eine Spannungsänderung zwischen Gitter und Katode hat eine Änderung des Anodenstroms zur Folge. Der Anodenstrom fließt durch den Anodenwiderstand R_a (Lastwiderstand). An diesem Widerstand entsteht ein Spannungsabfall, der im gleichen Takt wie der Anodenstrom schwankt. Die Anodenspannung (Spannung zwischen Anode und Katode) ändert sich dadurch ebenfalls. Die Änderung der Anodenspannung ist wesentlich größer als die Änderung der Gitterspannung. Die Röhre arbeitet als *Spannungsverstärker*.

Eine Triode verstärkt ohne Steuerleistung. Dazu muß zwischen Gitter und Katode eine negative Gittervorspannung liegen.

Die Anodenwechselspannung ist der Anodengleichspannung überlagert (Bild 327/2). Ein Kondensator an der Anodenableitung sperrt die Gleichspannung. An den Ausgangsklemmen der Verstärkerstufe erhält man Wechselspannung.

Eine Anwendung der Triode ist die Erzeugung elektrischer Schwingungen. In der Anodenleitung der Röhre liegt ein Schwingkreis **(Bild 327/3)**. Er wird vom Anodenstrom angestoßen. Damit die Schwingung aufrecht erhalten bleibt, muß man dem Gitter der Röhre Spannung aus dem Schwingkreis selbst zuführen (Rückkopplung), z.B. durch induktive Kopplung.

Man verwendet diese Schwingungserzeuger (Oszillatoren) bei Rundfunksendern, außerdem als Hochfrequenz-Generatoren zur induktiven Erwärmung von Metallen und zur kapazitiven Erwärmung von Kunststoffen.

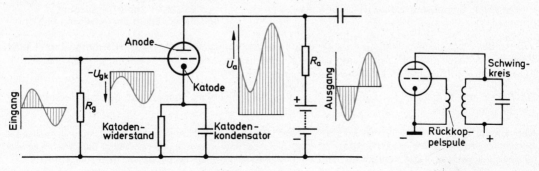

Bild 327/2: Verstärkerschaltung mit Triode

Bild 327/3:
Röhren-Oszillator (Prinzip)

15.7 Stromrichterschaltungen

15.7.1 Allgemeines

Stromrichter sind Einrichtungen zum Umformen oder Steuern elektrischer Energie unter Verwendung von Bauelementen, die periodisch abwechselnd leiten oder nicht leiten. Zu den Stromrichtern gehören die Gleichrichter. Diese richten den Wechselstrom gleich. Stromrichter sind auch die Wechselrichter, die aus Gleichstrom einen Wechselstrom erzeugen. Außerdem gehören Wechselstromsteller, z.B. Dimmer, und Gleichstromsteller zu den Stromrichtern.

Als Bauelemente für Stromrichterschaltungen kommen vor allem Halbleiterdioden und Thyristoren in Betracht, seltener Transistoren. Jedoch erfolgt die Ansteuerung der Thyristoren häufig mit Transistoren, auch in der Form von IC.

15.7.2 Gleichrichter

Als Gleichrichter bezeichnet man das komplette Gerät zur Umwandlung von Wechselstrom in Gleichstrom. Wesentlicher Bestandteil des Gleichrichters ist die Gleichrichterschaltung. Diese enthält die Halbleiter-Bauelemente und gegebenenfalls den erforderlichen Gleichrichter-Transformator sowie Kondensatoren.

Versuch 328/1: Schalten Sie eine Siliciumdiode (z.B. 1 N 4004) in Reihe mit einer 12-V-Glühlampe, und schließen Sie die Schaltung an einen Experimentiertransformator mit abnehmbarem Joch an **(Bild 328/1)**! Stellen Sie die Eingangsspannung des Transformators so ein, daß die Ausgangsspannung 25 V beträgt! Beobachten Sie die Glühlampe, und oszilloskopieren Sie die Spannung!

Die Glühlampe leuchtet, die Spannung an der Glühlampe verläuft pulsförmig.

Die Diode läßt den Durchlaßstrom nur fließen, wenn die Wechselspannung so gepolt ist, daß die Diode in Vorwärtsrichtung geschaltet ist. Ist die Diode in Sperrichtung geschaltet, so fließt nur der schwache Sperrstrom, den man bei Gleichrichterschaltungen unberücksichtigt lassen kann.

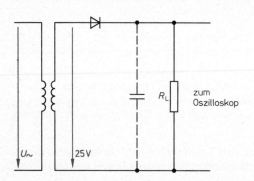

Bild 328/1: Einpuls-Mittelpunktschaltung M1

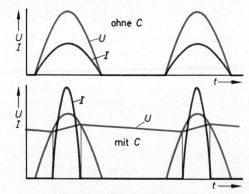

Bild 328/2: Spannungsverlauf und Stromverlauf bei Schaltung M1

Wird in der Gleichrichterschaltung nur eine Diode verwendet, so fließt der Durchlaßstrom während jeder Periode der Anschlußwechselspannung einmal als Impuls. Man nennt die Schaltung eine Einpuls-Mittelpunktschaltung (Kurzzeichen M1), bisher Einwegschaltung (E).

Die Schaltung M1 besteht nur aus einer Diode oder bei sehr hohen Spannungen aus mehreren in Reihe geschalteten Dioden.

Versuch 328/2: Wiederholen Sie Versuch 328/1, ersetzen Sie aber die Glühlampe durch einen Spannungsmesser mit einem Innenwiderstand von mindestens 3 kΩ/V! Messen und oszilloskopieren Sie die Spannung! Schalten Sie parallel zum Spannungsmesser einen Kondensator mit 2,2 µF! Messen und oszilloskopieren Sie die Spannung erneut!

Ohne Kondensator ist die Ausgangsspannung des Gleichrichters etwa 11 V. Mit Kondensator wird die Ausgangsspannung etwa 30 V. Beim Anschließen des Kondensators wird die Spannung geglättet **(Bild 328/2)**.

An Gleichrichtern angeschlossene Kondensatoren erhöhen die gleichgerichtete Spannung und glätten diese, da der Kondensator bis zum Scheitelwert der Spannung aufgeladen wird.

Ein hinter dem Gleichrichter angeschlossener Spannungsmesser zeigt den linearen Mittelwert der pulsförmigen Spannung an. Bei einem idealen Gleichrichter ohne Verluste und ohne Schleusenspannung der Dioden nennt man diesen Mittelwert *ideelle Gleichspannung* U_{di}.

Es gibt zahlreiche Gleichrichterschaltungen (**Tabelle 329/1**). Soll die Gleichspannung fest sein, so verwendet man in den Schaltungen Dioden. Soll die Gleichspannung einstellbar sein, so verwendet man an Stelle der Dioden Thyristoren. Bei jeder Gleichrichterschaltung steht die ideelle Gleichspannung in einem festen Verhältnis zur Anschlußwechselspannung (Tabelle 329/1). Je nach Art der verwendeten Gleichrichterdioden und nach Art der Belastung weicht die Ausgangsspannung des Gleichrichters von der ideellen Gleichspannung ab. Wird ein Kondensator an die Gleichrichterschaltung angeschlossen, so wird dieser aufgeladen. Ein angeschlossener Verbraucher entlädt den Kondensator, der pulsförmig wieder aufgeladen wird (Bild 328/2).

Tabelle 329/1: Gleichrichterschaltungen

Benennung Kurzzeichen nach DIN 41761	Schaltplan des Gleichrichtersatzes U_a Anschlußspannung U_{di} ideelle Leerlaufgleichspannung I_d Gleichstrom	Spannungsverlauf T = Periodendauer der Netzfrequenz $T = \dfrac{1}{f}$	U_{di}/U_a	P_T/P_d P_d Gleichstromleistung P_T Transform.-Bauleistung	Strom im Zweig I_Z
Einpuls-Mittelpunktschaltung M1		1 Puls je Periode mit C ohne C	ohne C: $\dfrac{U_{di}}{U_a} = 0,45$ mit C: $\dfrac{U_{di}}{U_a} = 1,41$	$\dfrac{P_T}{P_d} = 3,1$	I_d
Zweipuls-Mittelpunktschaltung M2		2 Pulse je Periode	$\dfrac{U_{di}}{U_a} = 0,45$	$\dfrac{P_T}{P_d} = 1,5$	$\dfrac{I_d}{2}$
Zweipuls-Brückenschaltung B2		2 Pulse je Periode	$\dfrac{U_{di}}{U_a} = 0,9$	$\dfrac{P_T}{P_d} = 1,23$	$\dfrac{I_d}{2}$
Sechspuls-Brückenschaltung B6		6 Pulse je Periode	$\dfrac{U_{di}}{U_a} = 1,35$	$\dfrac{P_T}{P_d} = 1,1$	$\dfrac{I_d}{3}$

In der Schaltung M1 fließt der gleichgerichtete Strom pulsförmig durch die Ausgangswicklung des Transformators. Dadurch wird der Eisenkern stark vormagnetisiert. Infolge der Vormagnetisierung braucht man einen Transformator mit einer größeren Leistung als die Leistungsangabe des Gleichrichters erwarten läßt. Diese Bauleistung des Gleichrichtertransformators liegt je nach Gleichrichterschaltung über der Gleichstromleistung (Tabelle 329/1).

Gleichrichterschaltungen

Die **Einpuls-Mittelpunktschaltung M1** (bisher E) wird zur Gleichrichtung schwacher Ströme verwendet. Speist die Gleichrichterschaltung einen Kondensator oder einen Akkumulator, so liegt Belastung mit Gegenspannung vor. Die in Sperrichtung gepolte Gleichrichterdiode muß dann die Summe der Anschlußwechselspannung und der Kondensatorspannung bzw. Akkumulatorspannung als Sperrspannung aushalten.

In Schaltung M1 wird durch die Belastung mit einem Kondensator die Sperrspannung etwa doppelt so groß wie der Scheitelwert der Anschlußspannung.

Die **Zweipuls-Mittelpunktschaltung M2** (bisher M) besteht aus zwei Einwegschaltungen an den beiden Außenanschlüssen eines Transformators mit Mittelabgriff.

Die **Dreipuls-Mittelpunktschaltung M3** (bisher Sternschaltung S) besteht aus drei Einwegschaltungen an den drei Außenklemmen eines Drehstromtransformators mit Sternpunkt. Sie liefert eine Gleichspannung, der eine niedrigere Wechselspannung überlagert ist.

Die **Zweipuls-Brückenschaltung B2** (bisher B) wird für Leistungen bis etwa 2 kW am häufigsten verwendet. Gegenüber der Schaltung M1 braucht man zwar mehr Gleichrichterdioden, jedoch kann ein kleinerer Transformator als bei Schaltung M1 verwendet werden. Auch wird das Netz weniger mit Teilschwingungen belastet als bei Schaltung M1.

Die **Sechspuls-Brückenschaltung B6** (bisher Drehstrombrückenschaltung DB) wird für Leistungen über 2 kW am häufigsten verwendet. Es gibt noch weitere Gleichrichterschaltungen (Tabellenbuch Elektrotechnik).

Glättung der gleichgerichteten Spannung

Die vom Gleichrichter gleichgerichtete Spannung wird grundsätzlich durch Siebglieder geglättet **(Bild 330/1)**. Bei schwachen Strömen glättet man bevorzugt mit Kondensatoren, bei starken Strömen mit Induktivitäten.

Bestehen Verbraucher der Energietechnik aus Spulen mit großer Induktivität, z. B. Spulen von Magnetkupplungen oder Schützen, so glätten diese Verbraucher selbst den aufgenommenen Strom. Auf eigene Glättungsanordnungen kann dann verzichtet werden. Ebenfalls wird bei Ladegeräten für Akkumulatoren auf eine Glättung verzichtet, da Akkumulatoren wie große Kapazitäten wirken. Die Glättung ist um so leichter zu erzielen, je höher die Pulsfrequenz der gleichgerichteten Spannung ist (Tabelle 329/1).

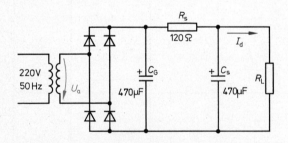

Bild 330/1: Gleichrichterschaltung mit *RC*-Siebung
(**C_G** Glättungskondensator, **C_S** Siebkondensator)

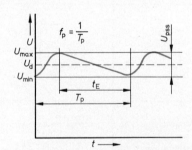

Bild 330/2: Glättung der gleichgerichteten Spannung

Die von der Gleichrichterschaltung gelieferte pulsförmige Spannung **(Bild 330/2)** ist die Summe aus der Gleichspannung U_d und einer Wechselspannung U_p mit der Pulsfrequenz f_p und der Periodendauer I_p. Diese Wechselspannung nennt man *Brummspannung*. Durch den Glättungskondensator wird U_d vergrößert und U_p verkleinert. Die hinter der Glättungseinrichtung verbleibende Wechselspannung mit der Pulsfrequenz (Brummspannung) hat annähernd Dreieckform und ist um so kleiner, je größer die Kapazität und die Pulsfrequenz sind.

U_{pss}	Brummspannung (Spitze-Spitze)
I_d	Laststrom
t_E	Entladezeit
f_p	Brummfrequenz (Pulsfrequenz)
C	Kapazität des Glättungskondensators
U_p	Brummspannung (Effektivwert)
$\sqrt{3}$	Scheitelfaktor bei Dreieckform

$$Q = C \cdot U_{pss} \approx I_d \cdot t_E \Rightarrow \qquad U_{pss} \approx \frac{I_d \cdot t_E}{C}$$

$$\boxed{U_p \approx \frac{U_{pss}}{2 \cdot \sqrt{3}}} \qquad \boxed{U_{pss} \approx \frac{0,75 \cdot I_d}{f_p \cdot C}}$$

Reicht die Wirkung des Glättungskondensators nicht aus, so schaltet man zwischen ihn und der Last ein Siebglied. Bei der *RC*-Siebung (Bild 330/1) besteht das Siebglied aus einem Widerstand und einem Siebkondensator, bei der *LC*-Siebung ist anstelle des Widerstands eine Induktivität vorhanden.

Bei der *RC*-Siebung ermittelt man zuerst den Siebfaktor und daraus den Siebwiderstand und den Siebkondensator.

s	Siebfaktor
U_{p1}	Brummspannung am Glättungskondensator
U_{p2}	Brummspannung am Siebkondensator
ω_p	Pulskreisfrequenz
R_s	Siebwiderstand
C_s	Kapazität des Siebkondensators

$$\boxed{s = \frac{U_{p1}}{U_{p2}}}$$

Für $R_s \gg X_{Cs}$:

$$\boxed{s = \omega_p \cdot R_s \cdot C_s}$$

Einstellbare Gleichrichter

Oft ist es erforderlich, daß die Höhe der Gleichspannung einstellbar ist, z. B. für die Drehzahlsteuerung von Gleichstrommotoren.

Bei der Anschnittsteuerung zündet ein einstellbarer Steuerstrom während jeder einzelnen Halbperiode den Thyristor früher oder später. Man verwendet zum Steuern z. B. eine Steuerwechselspannung u_G, deren Phasenlage zur Anschlußwechselspannung u_a einstellbar ist. Hat diese Steuerspannung den erforderlichen Wert erreicht, so zündet der Thyristor **(Bild 331/1)**. Bei frühzeitiger Zündung ist der Winkel zwischen Nulldurchgang der Anschlußwechselspannung und Zündzeitpunkt klein. Bei diesem kleinen *Steuerwinkel* (Zündwinkel) ist die gesteuerte Spannung hoch. Umgekehrt ist bei großem Steuerwinkel die Spannung niedrig. Entsprechend ist der Mittelwert des Laststromes $\bar{I}_d$ je nach Steuerwinkel groß oder klein **(Bild 331/2)**.

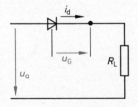

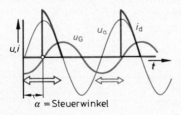

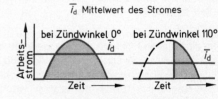

Bild 331/1: Anschnittsteuerung

Bild 331/2: Gesteuerter Strom bei Zündwinkeln 0° und 110°

Nachteilig bei der Anschnittsteuerung ist die Abweichung des Stromes von der Sinusform. Dadurch muß das Netz Blindleistung liefern. Außerdem treten Funkstörungen auf. Deshalb ist am öffentlichen Netz die Anschnittsteuerung nur beschränkt anwendbar (Seite 333).

Gleichrichterschaltungen, bei denen der Durchlaßstrom durch zwei Gleichrichterdioden nacheinander fließt, also bei den Brückenschaltungen, verwendet man jeweils eine einfache Gleichrichterdiode und einen Thyristor. So ausgeführte Brückenschaltungen nennt man *halbgesteuerte Brückenschaltungen* **(Bild 332/1)**.

Bei den halbgesteuerten Brückenschaltungen braucht man je zur Hälfte Gleichrichterdioden und Thyristoren.

Halbgesteuerte Brückenschaltungen können nur als Gleichrichter arbeiten, nicht dagegen als Wechselrichter. Ist außer dem Gleichrichterbetrieb der Wechselrichterbetrieb erforderlich, z.B. bei der Nutzbremsung von Gleichstrommotoren, so müssen alle Zweige der Brückenschaltung aus Thyristoren bestehen. Steuerbare Gleichrichter mit Thyristoren werden für die meisten einstellbaren Gleichstromantriebe, z.B. bei Hebezeugen und Werkzeugmaschinen, verwendet. Der Leistungsbereich beginnt bei weniger als 1 kW und endet bei mehreren tausend kW. Eine Glättung des gleichgerichteten Stromes ist meist nicht erforderlich, da die genannten Verbraucher selber glättend wirken.

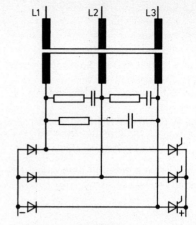

Bild 332/1:
Halbgesteuerte Brückenschaltung B6

Wiederholungsfragen

1. Was versteht man unter Stromrichtern?
2. Geben Sie die Bestandteile der Schaltung M1 an!
3. Nennen Sie vier Gleichrichterschaltungen!
4. Welche Folge tritt ein, wenn an die Schaltung M1 Kondensatoren angeschlossen werden?
5. Auf welche Weise wird die gleichgerichtete Spannung grundsätzlich geglättet?
6. In welchen Fällen kann auf eine Glättungsanordnung verzichtet werden?

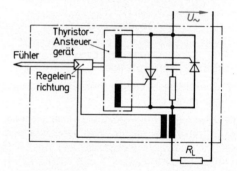

Bild 332/2: Schaltung für das Taktverfahren

15.7.3 Wechselstromsteller

Arten der Steuerung

Für Wechselspannungsverbraucher schaltet man z.B. zwei Thyristortrioden antiparallel (**Bild 332/2**), oder man verwendet einen Triac.

Beim **Taktverfahren** wird die Stromaufnahme von Lastwiderständen durch Thyristoren gesteuert (Bild 332/2). Die Thyristoren arbeiten dabei als Schalter.

Im einfachsten Fall wird das Taktgerät durch den Kontakt einer Zweipunktregeleinrichtung, z.B. eines Temperaturreglers, angesteuert. Sobald die dort eingestellte Temperatur unterschritten wird, schließt dieser Kontakt. Dadurch wird ein Transistor angesteuert, so daß der Impulsgeber arbeitet. Die Thyristoren lassen deshalb den Laststrom fließen, bis der Temperaturregler öffnet.

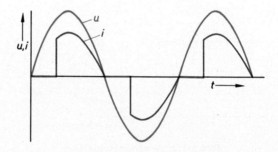

Bild 332/3: Anschnittsteuerung bei Wechselspannung

Bei der **Anschnittsteuerung** werden zwei antiparallel geschaltete Thyristoren oder ein Triac innerhalb jeder Halbperiode angesteuert (**Bild 332/3**). Vorteilhaft gegenüber der Taktsteuerung ist die feinstufige Einstellbarkeit. Nachteilig ist der Bedarf an Blindleistung und die Abweichung von der Sinusform.

Bei der **Schwingungspaketsteuerung** (Impulspaketsteuerung) sucht man die Nachteile der Taktsteuerung und der Anschnittsteuerung zu vermeiden. Die Leistung wird mit der Frequenz von einigen Hertz getaktet (**Bild 333/1**). Diese Taktfrequenz wird von einem Spannungserzeuger geliefert, der eine Sägezahnspannung von wenigen Hertz erzeugt. Der Sägezahnspannung ist eine Gleichspannung überlagert, die z.B. von einem Kaltleiter abgenommen wird und so ein Maß für die Temperatur ist.

Bei einer hohen Gleichspannung des Steuersignals wird die Sägezahnspannung stark angehoben. Sie durchstößt dann während einer längeren Zeit die Schwellenspannung einer Torschaltung als bei niedriger Gleichspannung des Steuersignals. Während dieser Zeit wird der Thyristor, z.B. ein Triac, periodisch mit Netzfrequenz gezündet. Die Steuerung der Last erfolgt also mit Schwingungs-Impulspaketen. Die Pulsfrequenz ist gleich der Frequenz der Sägezahn-spannung, die Impulsdauer der Schwingungs-impulse hängt von der Gleichspannung des Steuersignals ab.

Taktgeräte für die Schwingungspaketsteuerung schalten die volle Leistung ein oder aus, wenden also keinen Phasenanschnitt an. Dadurch ist die Oberschwingungsbelastung des Netzes und die Blindleistungsentnahme kleiner als bei Phasen-anschnittverfahren. Soll die Steuergröße stetig beeinflußt werden, so muß die Periodendauer der Taktfrequenz etwa ein Zehntel der Zeitkonstanten der Steuerstrecke betragen. Taktgeräte dienen hauptsächlich zum Steuern und Regeln elek-trischer Heizungen. Motoren können nur dann durch Takten gesteuert werden, wenn sie infolge ihrer Trägheit langsam anlaufen.

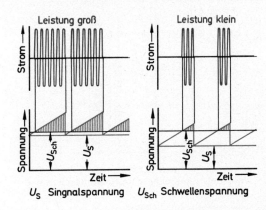

U_S Singnalspannung U_{Sch} Schwellenspannung

Bild 333/1: Schwingungspaketsteuerung

Zulässige Leistungen bei elektronischen Steuerungen

Elektronische Steuerungen von Geräten mit großer Leistung rufen im Netz Oberschwingungen hervor. Deshalb sind in den TAB (Technische Anschlußbedingungen) der EVU Höchstgrenzen der Leistung ange-geben (Tabelle 333/1).

Die Phasenanschnittsteuerung soll nur angewendet werden, wenn eine andere Steuerung, z.B. mit Schwingungs-paketen, nicht ausreicht. Das ist bei der Helligkeitssteuerung von Lampen der Fall. Für Heizleistungen darf dagegen die Anschnittsteuerung nicht angewendet werden.

Tabelle 333/1: Geräte mit elektronischer Steuerung am öffentlichen Netz			
	Höchstzulässige Anschlußwerte am Netz 380 V/220 V		
Art und Anschluß	Phasenanschnittsteuerung		Schwingungspaket-steuerung bei reiner Wirklast Schalthäufigkeit** 1000 je min
	Glühlampen	Wirklast + induktive Last	
Beleuchtungsanlagen in Wohnungen	Bis 1000 W je Kundenanlage		—
Symmetrische Steuerung Außenleiter-Neutralleiter 3 Außenleiter-Neutralleiter* 3 Außenleiter* 2 Außenleiter	700 W 1200 W 3600 W 2000 W	1 400 W 2 500 W 10 000 W 4 500 W	400 W 1800 W 1800 W 900 W
Unsymmetrische Steuerung	400 W	400 W	400 W

* Die Last soll symmetrisch sein, also auf die drei Außenleiter gleichmäßig verteilt sein.
** Bei der symmetrischen Schwingungspaketsteuerung ist die zulässige Höchstleistung um so größer, je geringer die Schalthäufigkeit (Ein oder Aus) je min ist.

Der Anschluß größerer Leistungen ist erlaubt, wenn das EVU damit einverstanden ist. Das Einverständnis wird nur erklärt, wenn das Netz besonders stabil ist.

Schaltungen von Wechselstromstellern

Thyristortrioden lassen sich in Gegenparallelschaltung mit der Phasenanschnittsteuerung als Wechsel-stromsteller verwenden (**Bild 334/1**), z. B. für die Einstellung der Helligkeit von Glühlampen. Beim Wechselstromsteller arbeitet jeder Thyristor in der Halbperiode, in der er in Vorwärtsrichtung geschaltet ist.

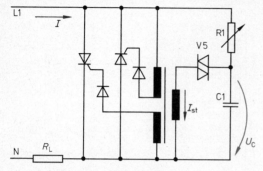

Bild 334/1:
Wechselstromsteller in Antiparallelschaltung

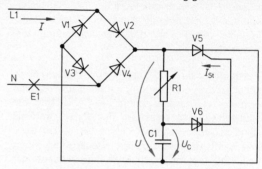

Bild 334/2: Wechselstromsteller
im Diagonalzweig einer Gleichrichterbrücke

Bei der Gegenparallelschaltung braucht man eigentlich für jeden Thyristor einen eigenen Zündkreis, z. B. mit je einem Stellwiderstand. Mit einem einzigen Zündkreis können die beiden Thyristoren einer Gegen-parallelschaltung auch gesteuert werden, wenn ein Zündübertrager mit zwei getrennten Ausgangswick-lungen verwendet wird (Bild 334/1). Ordnet man einen Thyristor im Diagonalzweig einer Brücke an, so erhält der Verbraucher hinter der Brücke in jeder Halbperiode Spannung (**Bild 334/2**).

Besonders geeignet als Wechselstromsteller sind Triacs. Bei ihnen wird der Zündkreis einfach, da nur ein Steueranschluß vorhanden ist (**Bild 334/3**). Der Triac arbeitet während jeder Halbperiode und erfordert während jeder Halbperiode einen Zündimpuls.

In Schaltung Bild 334/3 wird während jeder Halbperiode C1 über R1 aufgeladen. Sobald die Spannung am Kondensator C1 die Schalt-spannung des Diac V1 erreicht hat, wird V1 leitend, so daß V2 den erforderlichen Steuerstrom aus dem Kondensator C1 erhält. Je nach Einstellung von R1 erreicht die Spannung am Kondensator die Schaltspannung von V1 früher oder später nach Beginn der Halb-periode, so daß je nach Einstellung von R1 der Triac V2 früher oder später während jeder Halbperiode gezünet wird. Nun erhält die Last, z. B. eine Glühlampe E1, den Strom über V2 bis zum Ende der Halbperiode. Sobald der Haltestrom von V2 unterschritten wird, also am Ende jeder Halbperiode, wird C1 erneut bis zur Schaltspannung aufgeladen. Danach wiederholt sich der Vorgang.

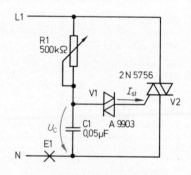

Bild 334/3: Triac-Schaltung
als Wechselstromsteller

Verwendet man bei Wechselstromstellern im Zündkreis einen Kondensator und einen elektronischen Schalter, z. B. einen Diac, so kann eine ungewollte Verschiebung des Zündzeitpunktes eintreten, sobald einmal die erste Zündung eingeleitet wurde. Diese Hysterese des Schaltvorganges verringert man durch zusätzliche *RC*-Beschaltung (**Bild 335/1**).

Wechselstromsteller in Schaltungen der Elektroinstallation

Dimmer* enthalten einen Wechselstromsteller, meist mit Triac und Diac, sowie zusätzliche Bauelemente (**Bild 335/1**). Mit R1 wird die gewünschte Helligkeit eingestellt. R1 ist ein Stellwiderstand, der durch Betätigung eines Drehknopfes oder eines Schiebeknopfes eingestellt wird. Mit R2 wird die Grundhelligkeit so eingestellt, daß die Lampe nach Betätigung von Q1 gerade schwach leuchtet. Q1 ist ein Drehschalter oder ein Druckschalter, der meist als Wechselschalter ausgeführt ist. R2 wird über eine Schraube fest ein-gestellt. Die Feinsicherung F1 schützt den Dimmer vor Überbeanspruchung durch einen Kurzschluß, z. B. beim Durchbrennen eines Glühfadens mit anschließender Lichtbogenbildung.

* to dim (engl.) = verdunkeln

Im Dimmer Bild 335/1 bildet der Funkentstörkondensator C3 zusammen mit der Schutzdrossel L1 einen Parallelschwingkreis, sobald der Triac V2 durchgesteuert ist. Die Schutzdrossel L1 verhindert einen zu steilen Stromanstieg, der für den Triac gefährlich ist, und trägt zur Funkentstörung bei. Die Resonanzfrequenz des Schwingkreises ist sehr viel höher als 50 Hz. Bei einer zu kleinen Bedämpfung des Schwingkreises könnte der Schwingkreisstrom kurzzeitig so gegen den 50-Hz-Laststrom gerichtet sein, daß der Haltestrom des Triac unterschritten wird. Wegen der hohen Resonanzfrequenz würde das Licht unmittelbar nach dem Zünden des Triac wieder erlöschen. Bei Dimmern muß deshalb eine Grund-Wirklast von mindestens 20 W vorhanden sein.

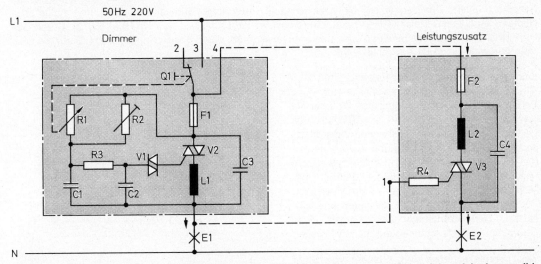

Bild 335/1: Dimmer für Glühlampen und Leuchtstofflampen und Leistungszusatz (Schutzleiter nicht dargestellt)

Die Nennleistung eines Dimmers von z. B. 600 VA darf keinesfalls überschritten werden, weil der Triac sehr überlastungsempfindlich ist. Liegt die zu steuernde Leistung über der Dimmer-Nennleistung, so verwendet man einen Leistungszusatz (Bild 335/1).

Wird zum Dimmer ein Leistungszusatz geschaltet, so ist die Last gleichmäßig auf Dimmer und Leistungszusatz zu verteilen.

Leistungszusätze haben keinen eigenen Schalter. Sie werden vom Dimmer angesteuert. Dazu ist der Anschluß 4 des Dimmers erforderlich. Dieser Anschluß ist bei Dimmern vorhanden, die sowohl für Glühlampenlast als auch für Leuchtstofflampen-Last geeignet sind. Man nennt sie Leuchtstofflampen-Dimmer.

Beim Dimmeranschluß legt man den Anschluß ↑ (ausweisender Pfeil) bzw. P zur Last hin, weil dann bei offenem Schalter die elektronischen Bauelemente vom Netzleiter getrennt sind (Bild 335/1, **Bild 335/2**). Der gleiche Anschluß der Last ist bei Leistungszusätzen und beim Steuern von Leuchtstofflampen unbedingt erforderlich, weil sonst am Anschluß 4 die Spannung mit Phasenanschnitt liegt.

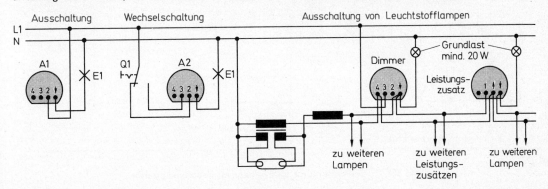

Bild 335/2: Schaltungen mit Dimmern für Glühlampen und Leuchtstofflampen (Leuchtstofflampendimmer)

Die Anschlußkennzeichnung der Dimmer, Leistungszusätze und anderer elektronischer Installationsschalter ist noch nicht einheitlich. Genormt sind ↑ (ausweisender Pfeil) für die Last und ↓ (einweisender Pfeil) für den Anschluß an den Außenleiter. Oft wird aber auch noch P verwendet, entsprechend der Kennzeichnung bei den Installationsschaltern.

Die Anschlußanweisung von elektronischen Installationsschaltern ist beim Anschluß zu beachten, da die Kennzeichnung der Anschlüsse noch nicht einheitlich ist.

Sensorschalter bestehen aus einem elektronischen Schalter mit einem Triac **(Bild 336/1)** und einem Sensor* (Fühler). Der Sensor enthält meist einen IC (integrierten Schaltkreis), der durch einige Bauelemente ergänzt ist. Meist können zusätzliche Sensoren angeschlossen werden **(Bild 336/2)**. Grundsätzlich enthalten Sensorschalter einen oder mehrere Transistoren, deren Basisspannung durch Berühren einer Berührungselektrode B1 beeinflußt wird.

Beim **Sensortaster** (Sensor-Relaisschalter) zum Ansteuern von Stromstoßschaltern wird ohne Berühren von B1 der Kondensator C1 über V2 geladen (Bild 336/1). Berührt man B1, so fließt während der negativen Halbperiode der Netzspannung vom Berührenden über die hochohmigen Schutzwiderstände R3, R4 ein Basisstrom über V3 und V1 zum Netzleiter L1. Dadurch wird V3 leitend, so daß sich C1 über V3 und V1 entlädt. Dadurch wird der Triac V1 angesteuert und wird leitend. Der Stromstoßschalter enthält einen Stromimpuls. Bei Nulldurchgang sperrt V1 wieder.

Beim **Sensorschalter** zum Steuern von Glühlampen und Leuchtstofflampen sind ein Sensor, ein elektronischer Schalter mit Triac und eine bistabile Kippschaltung vorhanden (Bild 336/2). Die bistabile Kippschaltung wirkt wie ein elektronischer Ausschalter. Beim ersten Impuls nimmt die Kippschaltung die Schaltstellung „Aus" ein, beim folgenden dagegen „Ein".

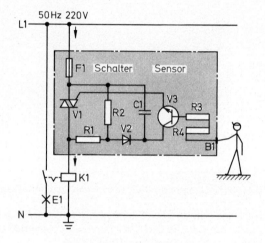

Bild 336/1: Sensortaster
(Schutzleiter nicht dargestellt)

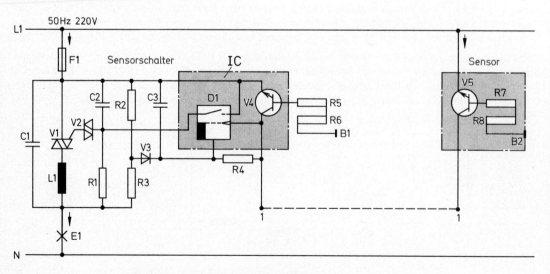

Bild 336/2: Sensorschalter und Sensor als Wechselschalter

* sensum (lat.) = gefühlt

Über V3 und C3 wird die Betriebsspannung für die Kippschaltung und den Sensor erzeugt. Berührt man die Berührungselektrode B1, so fließt wie beim Sensortaster während der negativen Halbperiode ein Basisstrom, so daß V4 leitend wird. Dadurch wird die Kippschaltung D1 angesteuert. Je nach dem vorherigen Schaltzustand von D1 wird nun der Ausgang von D1 offen oder geschlossen, so daß C2 geladen werden kann oder kurzgeschlossen ist. Stand z. B. D1 vor dem Berühren von B1 in der Grundstellung „Aus" (wie in Bild 336/2 eingetragen), so wird beim Ansteuern der Ausgang geschlossen, C2 kann nicht mehr geladen werden. V2 steuert nun den Triac V1 nicht mehr an. Bei erneutem Berühren von B1 wird der Ausgang von D1 offen, so daß C2 in kurzer Zeit während jeder Halbperiode geladen wird. Über V2 wird nun V1 gezündet. Danach arbeitet die Schaltung bis zum nächsten Berühren von B1 wie ein voll angesteuerter Dimmer weiter.

Die im Sensorschalter enthaltene Kippschaltung bewirkt, daß in jeder Halbperiode der Triac entweder angesteuert wird oder nicht angesteuert wird. Bei längerem Stromausfall schaltet die Kippschaltung von selbst in die Grundstellung „Ein". Bei Wiederkehr der Spannung erfolgt dadurch kein selbsttätiges Wiedereinschalten der Lampen.

Sensorschalter können auch durch getrennte Sensoren angesteuert werden (Bild 336/2). Damit ist wie bei Stromstoßschaltern das Schalten von mehreren Stellen aus möglich. Bei großen Leistungen werden Leistungszusätze wie bei den Dimmern verwendet.

Die **Sensor-Dimmer** sind wie Sensorschalter aufgebaut, jedoch ist ein Widerstand als Stellwiderstand ausgeführt, z. B. R1 in Schaltung Bild 336/2. Durch Verstellen von R1 kann hier wie bei den Dimmern die Helligkeit der Lampen gesteuert werden.

Bei den **Lift-Dimmern*** sind zwei Berührungselektroden vorhanden. Je nach Berühren von B1 oder B2 wird der Zündzeitpunkt eines Triac auf früher oder später verstellt. Die Schaltung besteht meist aus einem IC.

Wiederholungsfragen

1. Nennen Sie die Nachteile der Anschnittsteuerung!
2. Mit welcher Steuerung sucht man die Nachteile der Anschnittsteuerung zu vermeiden?
3. Beschreiben Sie die Wirkungsweise der Impulspaketsteuerung!
4. Wie ist ein Dimmer aufgebaut?
5. Welche Aufgabe hat die Feinsicherung in einem Dimmer?

6. Warum ist die Anschlußanweisung von elektronischen Installationsschaltern zu beachten?
7. Geben Sie den grundsätzlichen Aufbau eines Sensorschalters an!
8. Wodurch unterscheidet sich ein Sensor-Dimmer von einem Sensorschalter?

15.7.4 Thyristoren als Schalter

Thyristoren als Schalter zündet man möglichst mit Impulsen **(Bild 337/1)**. Diese entstehen von selbst, wenn man die Zündspannung an der Anode des Thyristors abgreift. Sobald dieser zündet, wird an ihm die Spannung sehr klein, da sein Widerstand sehr klein wird. Der Zündimpuls ist dann zu Ende. Die Dauer des Zündimpulses hängt also nur von der Zeit ab, die der Thyristor zum Zünden benötigt.

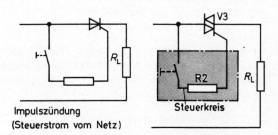

Impulszündung
(Steuerstrom vom Netz)

Bild 337/1: Einschaltung mit Thyristor

Thyristoren als Schalter für Wechselstrom erfordern während jeder Halbperiode einen Steuerstrom, da sie bei Stromrichtungsumkehr löschen. Ihre Verwendung als Schalter für Wechselstrom ist ohne besondere Löscheinrichtung möglich. Man verwendet Thyristoren in Gegenparallelschaltung oder einen Triac (Bild 337/1).

Thyristoren als Schalter für Wechselstrom werden z. B. in explosionsgefährdeten Anlagen und auf Elektrolokomotiven verwendet.

* to lift (engl.) = anheben

Thyristoren als Schalter für Gleichstrom erfordern besondere Löscheinrichtungen. Diese legen an den zu löschenden Thyristor in Rückwärtsrichtung eine Spannung. Dadurch verringert sich der in Vorwärtsrichtung fließende Strom und wird Null. Bevor nun der Strom in Rückwärtsrichtung fließen könnte, bauen sich die Sperrschichten wieder auf. Selbst wenn der in Rückwärtsrichtung angelegte Spannungsimpuls zu Ende ist, bleibt eine Sperrschicht erhalten, solange nicht wieder gezündet wird.

Der Thyristor an Gleichspannung kann mit einem in Rückwärtsrichtung angelegtem Impuls gelöscht werden.

Die in Gleichstromkreisen liegenden Induktivitäten verursachen beim Abschalten hohe Induktionsspannungen, welche den Thyristor zerstören können. Diese Induktionsspannungen werden durch sogenannte *Freilaufdioden* verhindert **(Bild 338/1)**.

Vor dem Zünden des Thyristors V1 wird V2 gezündet. Dadurch lädt sich der Kondensator entsprechend der angeschlossenen Spannung auf. Nach der Ladung sperrt V2. Wird nun V1 gezündet, so kann sich der Kondensator über die Diode V3 und die Löschspule L1 entladen. Durch Selbstinduktion erzeugt die Löschspule eine Spannung, so daß sich der Kondensator mit umgekehrter Polung auflädt. Eine erneute Entladung wird durch V3 verhindert. Nun kann nach Abschalten des Steuerstromes von V1 durch Zünden von V2 die Kondensatorspannung in Rückwärtsrichtung an V1 gelegt werden. Dadurch wird dieser gelöscht.

**Bild 338/1:
Löschung eines Thyristors
mit Löschkondensator
und Löschspule**

15.7.5 Elektronische Spannungswandler

Elektronische Spannungswandler zum Umwandeln von Gleichspannung in Wechselspannung nennt man *Wechselrichter*. Spannungswandler zum Umwandeln von Gleichspannung in Gleichspannung anderer Höhe nennt man Gleichspannungswandler. Elektronische Spannungswandler enthalten meist einen Transformator mit Mittelabgriff **(Bild 338/2)**. Legt man den Gleichspannungserzeuger abwechselnd an die beiden Wicklungsteile der Eingangswicklung, so wird im Eisenkern des Transformators ein Magnetfeld erzeugt, dessen Richtung sich bei jeder Umschaltung ändert. Dieses Magnetfeld induziert in der Ausgangswicklung eine nichtsinusförmige Wechselspannung.

Gesteuerte Spannungswandler haben als Taktgeber einen Oszillator (Seite 349). Derartige Spannungswandler sind *fremdgeführt*. In der Energietechnik wird häufig das Wechselstromnetz selbst als Taktgeber verwendet. Diese Spannungswandler sind *netzgeführt*.

**Bild 338/2:
Grundsätzliche
Wechselrichterschaltung**

Fremdgeführte Spannungswandler (Bild 338/3) enthalten als Schalter meist solche Thyristoren, die durch den Steuerstrom nicht löschbar sind. Die Zündimpulse für die Thyristoren kommen aus einem Taktgeber, der dadurch die Ausgangsfrequenz bestimmt.

Der Taktgeber zündet nacheinander die Thyristoren, so daß der Gleichspannungserzeuger jeweils mit einer Wicklungshälfte der Eingangswicklung verbunden ist. Damit der vorher gezündete Thyristor gelöscht wird, muß er beim Zünden des nächsten Thyristors stromlos gemacht werden. Das geschieht mit Hilfe eines *Löschkondensators*, den man auch Kommutierungskondensator nennt.

Wenn der Thyristor V1 (Bild 338/3) gezündet hat, ist der Kondensator links mit dem Minuspol verbunden, rechts dagegen über die Wicklung des Transformators mit dem Pluspol. Bei Zündung von V2 ist zunächst V1 noch nicht gelöscht, so daß die beiden Anschlüsse des Kondensators über beide Thyristoren miteinander verbunden sind.

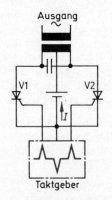

**Bild 338/3: Fremdgeführter
Spannungswandler**

Netzgeführte Spannungswandler werden meist als netzgeführte Wechselrichter bezeichnet. Sie arbeiten mit Thyristoren **(Bild 339/1)**, bei sehr hohen Spannungen, z. B. zur Energieversorgung von Inseln über Gleichstrom-Einleiterkabel, mit steuerbaren Quecksilberdampfgefäßen.

Die Zündimpulse für die Thyristoren werden dem Wechselspannungsnetz entnommen. Grundsätzlich lassen sich alle Gleichrichterschaltungen als netzgeführte Wechselrichter verwenden, wenn an Stelle der Gleichrichterzellen Thyristoren benützt werden. Für die Sternschaltung braucht man mithin 3 Thyristoren, für die Drehstrom-Brückenschaltung 6 Thyristoren.

Der Minuspol der Gleichspannung muß an die Katoden angeschlossen sein, damit Gleichstrom fließen kann. Werden nun die Thyristoren im richtigen Takt des Netzes gezündet, so fließt der Gleichstrom jeweils zu einem Wicklungsstrang des Transformators und induziert in der zugehörigen Ausgangswicklung eine Spannung, die höher ist als die Netzspannung. Dadurch gibt der Transformator Wechselstromenergie an das Netz ab. Dann wird der nächste Thyristor gezündet, und der Strom fließt zur nächsten Transformatorwicklung.

Bei netzgeführten Wechselrichtern fließt der Gleichstrom jeweils im Takt des Netzes zu einem von den Thyristoren freigegebenen Wicklungsstrang, so daß Energie ans Netz abgegeben wird.

Bei den Drehstromschaltungen macht das Löschen der vorher gezündeten Thyristoren keine Schwierigkeit. Zwar bleibt nach dem Zünden eines Thyristors der vorher gezündete Thyristor noch leitend, weil er noch nicht gelöscht wurde. Dadurch ist der Transformator zunächst kurzgeschlossen. Es fließt nun ein Kurzschlußstrom, und zwar immer gegen den Strom des vorher gezündeten Thyristors (Bild 339/1). Dadurch wird dieser rasch gelöscht. Die Löschung wird durch die Richtung der Dreieckspannung des Transformators erzwungen und stellt sich auch bei den anderen mehrphasigen Schaltungen ein. Bei den einphasigen Schaltungen, z. B. Schaltung M1 oder Schaltung B2, müßten eigene Löscheinrichtungen vorhanden sein.

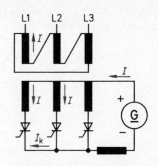

Bild 339/1: Schaltung eines netzgeführten Wechselrichters

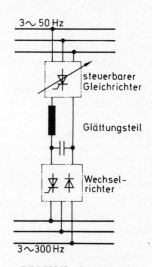

Bild 339/2: Steuerbarer Frequenzumrichter

Da mit selbstgeführten Wechselrichtern beliebige Frequenzen erzeugt werden können, gewinnt man aus Gleichrichter und Wechselrichter einen *Frequenzumrichter* **(Bild 339/2)**, z. B. für Kurzschlußläufermotoren, deren Drehzahl gesteuert werden soll.

15.7.6 Stromversorgung elektronischer Schaltungen

Allgemeines

Elektronische Geräte erfordern in den meisten Fällen Gleichspannung. Dagegen erfolgt der Netzanschluß an Wechselspannung. Deshalb enthalten Netzanschlußgeräte stets Gleichrichter **(Bild 340/1)**. In den meisten Fällen ist ferner eine Änderung der Spannung erforderlich, z. B. durch einen Transformator. Es ist deshalb im Netzanschlußgerät ein Spannungsanpasser vorhanden, z. B. ein Transformator. Schließlich sind in den Netzanschlußgeräten noch Überlastungsschutz, Glättungseinrichtung und Stabilisierungseinrichtung* (Bild 340/1). Diese Baugruppen können voneinander erkennbar getrennt sein. Zwei oder mehrere können aber auch zu einer gemeinsamen Baugruppe zusammengefaßt sein. Je nach Anforderung kann die eine oder andere Baugruppe auch entfallen. So sind z. B. nicht bei allen elektronischen Geräten Stabilisierungen erforderlich. Andererseits kann der Spannungsanpasser mehr oder weniger umfangreich sein. So besteht er möglicherweise bei einem einfachen Gerät aus einem Transformator. Er kann aber bei einem anderen Gerät aus einem vorgeschalteten Gleichrichter mit einer kompletten Oszillatorschaltung und nachgeschaltetem Transformator bestehen.

---

* stabilis (lat.) = feststehend, gleichbleibend

Netzanschlußgeräte bestehen aus Überlastungsschutz, Spannungsanpasser, Gleichrichter, Glättungseinrichtung und Stabilisierungsschaltung.

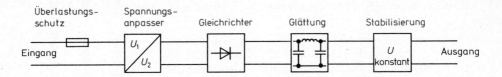

Bild 340/1: Übersichtsschaltplan eines Netzanschlußgerätes

Spannungsstabilisierung

Für die Spannungsstabilisierung werden Bauelemente, deren Widerstand durch die anliegende Spannung geändert wird, parallel oder in Reihe zur Last geschaltet **(Bild 340/2)**. Dadurch entsteht eine Parallelstabilisierung oder eine Reihenstabilisierung. Als stabilisierende Bauelemente verwendet man meist Z-Dioden. Seltener kommen spannungsabhängige Widerstände, Heißleiterwiderstände und Glimmröhren vor.

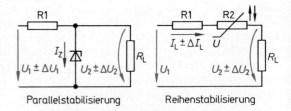

Bild 340/2: Stabilisierungs-Grundschaltungen

Versuch 340/1: Schalten Sie eine Z-Diode (z. B. BZX 83 C 10) und einen Widerstand von etwa 1000 Ω in Reihe! Schließen Sie die Reihenschaltung an eine stellbare Gleichspannung so an, daß die Z-Diode in Sperrichtung gepolt ist (Bild 340/2 links)! Erhöhen Sie allmählich die Eingangsspannung, und messen Sie die Ausgangsspannung!

Die Ausgangsspannung steigt zunächst bis etwa zur Nennspannung der Z-Diode gleichmäßig an und bleibt danach weiter bei steigender Anschlußspannung stabil.

Unterhalb der Zenerspannung ist der Widerstand der Z-Diode sehr viel größer als der Vorwiderstand. Deshalb liegt die ganze Anschlußspannung an der Z-Diode. Überschreitet die Anschlußspannung die Begrenzerspannung, so sinkt der Widerstand zum kleineren Zener-Widerstand ab. Dadurch fließt ein Zenerstrom durch die Reihenschaltung von Z-Diode und Vorwiderstand, so daß am Vorwiderstand ein Spannungsfall auftritt. Der Zenerstrom wächst stärker als die Anschlußspannung. Entsprechend stark steigt der Spannungsfall am Vorwiderstand, so daß die Ausgangsspannung nahezu konstant bleibt.

Bei der Parallelstabilisierung wird durch Spannungsfall an einem Vorwiderstand eine gleichbleibende Ausgangsspannung erzielt.

Je größer die Eingangsspannung im Vergleich zur Ausgangsspannung ist, um so stabiler wird die Ausgangsspannung. Die Eingangsspannung soll mindestens das Doppelte der Ausgangsspannung betragen.

Bemessung des Vorwiderstandes: Der erforderliche Vorwiderstand liegt zwischen zwei Größen R_{min} und R_{max}, die ihrerseits von der höchsten und niedrigsten Eingangsspannung, dem schwächsten Zenerstrom (aus dem Datenblatt zu entnehmen) und dem schwächsten und stärksten Laststrom abhängen. R_{max} darf nicht überschritten werden, weil sonst die Diode nicht mehr begrenzt. R_{min} darf nicht unterschritten werden, weil sonst der Zenerstrom zu groß wird. Meist nimmt man einen Widerstand in der Nähe von R_{max}, weil dann die Verlustleistung in der Z-Diode kleiner ist.

R	Vorwiderstand
U_1	Eingangsspannung
U_Z	Zenerspannung
I_Z	Zenerstrom
I_L	Laststrom

$$R_{min} = \frac{U_{1max} - U_Z}{I_{Zmax} + I_{Lmin}}$$

$$R_{max} = \frac{U_{1min} - U_Z}{I_{Zmin} + I_{Lmax}}$$

Indizes max und min geben Größtwert und Kleinstwert an.

Spannungsstabilisierung mit Transistor. Schaltungen nach Bild 340/2 lassen keinen großen Laststrom zu, weil der Laststrom kleiner als der Zenerstrom sein muß. Einen großen Laststrom kann man durch Verwendung eines Reihentransistors erreichen **(Bild 341/1)**. Oft wird zusätzlich Strombegrenzung angewendet. Steigt in Schaltung Bild 341/1 die Eingangsspannung U_1 an, so wird U_2 größer. Dadurch wird $U_{BE} = U_Z - U_2$ etwas kleiner. Der Transistor wird also weniger weit aufgesteuert, er wird hochohmiger. U_2 bleibt etwa konstant.

Stromstabilisierung

Eine Stromstabilisierung liegt vor, wenn der Ausgangsstrom in einem weiten Bereich unabhängig ist von der Eingangsspannung und vom Lastwiderstand. Stromstabilisierung ist vor allem mit Transistoren und Dioden möglich (**Bild 341/2**).

Der Ausgangsstrom erzeugt an R1 einen Spannungsabfall. An V2 bleibt die Spannung konstant. Sinkt der Laststrom unter seinen Soll-Wert, so ist der Spannungsabfall an R1 kleiner als die Spannung an V2, und die Basis-Emitterspannung steigt. Folglich fließt ein größerer Basisstrom, der einen stärkeren Kollektorstrom (Laststrom) zur Folge hat. Umgekehrt steuert ein kleiner werdender Basisstrom bei zu starkem Laststrom den Transistor zu. Mit R1 kann der Soll-Wert des Stromes eingestellt werden. V2 kann auch eine in Durchlaßrichtung geschaltete Diode sein.

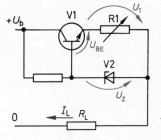

Bild 341/1:
Spannungsstabilisierung
mit Reihentransistor

Stabilisierung mit integrierten Schaltungen

Bei integrierten Schaltungen können Spannungsstabilisierung und Strombegrenzung in einem Bauelement zusammengefaßt sein. Dadurch wird der Aufbau der Stabilisierungsschaltung sehr einfach (**Bild 341/3**).

Stabilisierung bei Schaltnetzteilen

Beim Schaltnetzteil wird die Netzspannung gleichgerichtet und einem Schalttransistor zugeführt. Dieser schaltet den Strom mit einer Frequenz von etwa 20 kHz, z.B. auf einen Transformator mit nachfolgender Gleichrichtung und Siebung. Zur Stabilisierung der Ausgangsspannung wird der Transistor von einer Regeleinrichtung angesteuert.

Bild 341/2:
Einfache Stromstabilisierung

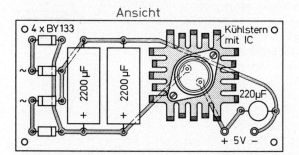

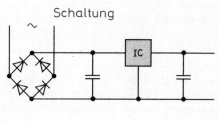

Bild 341/3: Netzteil mit integrierter Schaltung

Schaltnetzteile rufen kein Geräusch hervor und erfordern nicht so große Transformatoren, Drosseln und Kondensatoren wie 50-Hz-Netzteile.

Wiederholungsfragen

1. Warum ist das Schalten von Gleichstrom mittels Thyristoren nicht einfach zu verwirklichen?

2. Welche Arten von elektronischen Spannungswandlern unterscheidet man?

3. Was versteht man unter einem netzgeführten Spannungswandler?

4. Aus welchen Baugruppen besteht ein steuerbarer Frequenzumrichter?

5. Beschreiben Sie den Aufbau eines Netzanschlußgerätes mit allen Baugruppen!

6. Warum kommen einfache Stabilisierungsschaltungen nur mit einer Z-Diode und Vorwiderstand nur selten vor?

7. Welchen Vorteil hat die Stabilisierungsschaltung mit IC?

8. Geben Sie die Vorteile der Schaltnetzteile an!

15.8 Verstärkerschaltungen mit Transistoren

15.8.1 Verstärkerschaltungen mit bipolaren Transistoren

Versuch 342/1: Legen Sie an einen NPN-Leistungstransistor, z. B. BD 130, eine Betriebsspannung von 12 V und zwischen Basis und Emitter eine Spannung U_{BE}, die von 0 V bis 1,5 V verändert werden kann **(Bild 342/1)**! Schalten Sie zwischen Kollektor und Betriebsspannung einen Widerstand $R_L = 10 \ \Omega$! Stellen Sie die Steuerspannung U_{BE} so ein, daß $U_{CE} = 6$ V ist! Ändern Sie dann U_{BE} um 0,4 V erst zu größeren und dann zu kleineren Spannungswerten!

Wenn U_{BE} um 0,4 V vergrößert wird, verdoppelt sich I_B ungefähr; dabei vergrößert sich I_C von 60 mA auf ungefähr 120 mA, und U_{CE} verkleinert sich von $U_{CE} = 6$ V auf ungefähr 0,1 V.

Eine kleine Spannungsänderung von U_{BE} hat eine große Spannungsänderung von U_{CE} zur Folge **(Bild 342/2)**. Ändert sich der Basisstrom I_B um wenige Milliampere, so ändert sich der Kollektor-Emitter-Widerstand des Transistors von fast Null an auf sehr große Werte. Dadurch ändert sich auch der Kollektorstrom I_C von nahezu Null, bis er vom Lastwiderstand R_L begrenzt wird.

Ein Transistor mit einem Lastwiderstand R_L kann Basisstromänderungen bzw. Änderungen der Basis-Emitter-Spannung verstärken.

In der Verstärkerstufe entstehen eine Stromverstärkung, eine Spannungsverstärkung und damit auch eine Leistungsverstärkung.

Arbeitspunkt. Bei Verstärkern treten die elektrischen Größen meist als Mischgrößen auf (Bild 342/2). Die elektrischen Mischgrößen bestehen aus einem Gleichanteil, z. B. U_{CE}, I_C, I_B und einem Wechselanteil, z. B. ΔU_{CE}, ΔI_C und ΔI_B. Verstärkt werden Wechselgrößen, z. B. Sinusspannungen. Die Gleichspannungen und Gleichströme dienen zum Betrieb des Transistors. Sie werden so gewählt, daß eine möglichst gute Verstärkung der Wechselgrößen möglich ist. Z. B. kann der größte Wechselspannungsanteil ΔU_{CE} der Kollektor-Emitter-Spannung erreicht werden, wenn der Gleichspannungsanteil U_{CE} der Kollektor-Emitter-Spannung ungefähr gleich der halben Betriebsspannung U_b ist (Bild 342/2). Bei Verstärkung einer Wechselspannung, z. B. einer Sinusspannung, wird der Transistor mit der zu verstärkenden Wechselspannung angesteuert, d. h. die Basis-Emitterspannung u_{BE} ändert sich im Rhythmus der zu verstärkenden Wechselspannung und schwankt z. B. um den Gleichspannungswert $U_{BE} = 1$ V (Bild 342/2). Der Kollektorstrom i_C schwankt z. B. um den Gleichstromwert $I_C = 0,6$ A, und die Kollektor-Emitterspannung u_{CE} schwankt z. B. um den Gleichspannungswert $U_{CE} = 6$ V. Der Gleichstromwert I_C und der Gleichspannungswert U_{CE} bilden den *Arbeitspunkt* A des Transistors **(Bild 342/3)**.

Bei Ansteuerung des Transistors, d. h. bei Änderung des Kollektorstromes I_C, schwankt der augenblickliche Arbeitspunkt des Transistors zwischen den Punkten A' und A'' (Bild 342/3). Die Punkte A' und A'' liegen um so weiter auseinander, je mehr der Transistor angesteuert wird. Für einen bestimmten Lastwiderstand R_L und eine bestimmte Betriebsspannung U_b liegen alle Arbeitspunkte auf einer Geraden *(Arbeitsgerade)*.

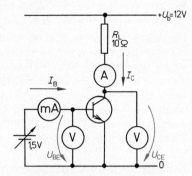

Bild 342/1: Versuchsschaltung: Verstärkung mit Transistor

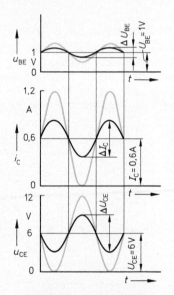

Bild 342/2: Wechselgrößen und Gleichgrößen beim angesteuerten Transistor

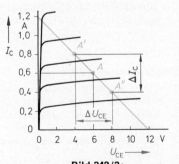

Bild 342/3: Arbeitspunkt und Arbeitsgerade

Der Arbeitspunkt wird meist so gewählt, daß bei Ansteuerung mit Wechselstrom der Kollektorstrom I_C möglichst weit um den Arbeitspunkt schwanken kann und daß dabei die bei Verstärkern immer auftretenden *Verzerrungen* klein bleiben.

Niederfrequenzverstärkerstufe (NF-Verstärkerstufe). **Bild 343/1** zeigt den Schaltplan einer häufig verwendeten Verstärkerstufe für niederfrequente Spannungen. Die zu verstärkende Wechselspannung $U_1 {}_\sim$ wird über den *Koppelkondensator* C1 an die Basis und den Emitter des Transistors gelegt. Die verstärkte Spannung $U_2 {}_\sim$ wird über den Koppelkondensator C2 und den Emitter ausgekoppelt. Mit Hilfe des *Spannungsteilers* aus R1 und R2 wird der Gleichspannungsanteil U_{BE} erzeugt, der zwischen Basis und Emitter notwendig ist, um den Arbeitspunkt des Transistors am günstigsten zu legen. Die Koppelkondensatoren C1 und C2 halten die Gleichspannungen und die Gleichströme, die zum Betrieb der Verstärkerstufe notwendig sind, vom Eingang und vom Ausgang fern. C1, C2 und C_E sind so bemessen, daß sie für die Wechselströme einen kleinen Widerstand darstellen.

Arbeitspunktstabilisierung. Bei Erwärmung des Transistors steigen Basisstrom, Kollektorstrom und Emitterstrom an. Dabei ändert sich auch der Arbeitspunkt. Der Änderung des Arbeitspunktes wird in den meisten Verstärkerschaltungen durch eine *Stabilisierungsschaltung* entgegengewirkt. Die Stabilisierungsschaltung hält den Arbeitspunkt auch konstant, wenn der Transistor gegen einen anderen mit etwas unterschiedlichen Kenndaten ausgewechselt wird.

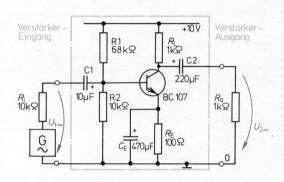

Bild 343/1: NF-Verstärkerstufe

In der Schaltung Bild 343/1 wird der Arbeitspunkt auf einfache Weise mit dem Emitterwiderstand R_E stabilisiert. Bei Zunahme des Emitterstromes werden der Spannungsabfall an R_E größer und die Basis-Emitter-Spannung U_{BE} geringfügig kleiner. Dadurch werden auch der Basisstrom I_B und der Kollektorstrom I_C kleiner. Der Kondensator C_E verhindert, daß die Stabilisierung bei schnellen Änderungen des Emitterstromes, z. B. infolge der zu verstärkenden Wechselspannung, wirksam wird. Die Stabilisierung wirkt nämlich der Verstärkung entgegen *(Gegenkopplung)*.

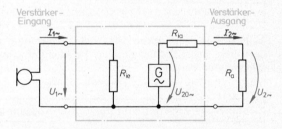

Bild 343/2: Ersatzschaltplan einer Verstärkerstufe

Ersatzschaltplan der Verstärkerstufe. Für einen Wechselspannungserzeuger, z. B. ein Mikrofon, wirkt der angeschlossene Eingang eines Verstärkers als Verbraucher **(Bild 343/2)**. Deshalb ist der *Eingangswiderstand* R_{ie} des Verstärkers eine wichtige Kenngröße. Verstärker haben häufig einen großen Eingangswiderstand R_{ie}, damit der Wechselspannungserzeuger, dessen Spannung verstärkt werden soll, nur wenig belastet wird. Am Ausgang wirkt der Verstärker wie eine Wechselspannungsquelle mit einem Innenwiderstand R_{ia} (Bild 343/2). Bei kleinem *Ausgangs-Innenwiderstand* R_{ia} des Verstärkers belastet ein Verbraucherwiderstand R_a am Ausgang den Verstärker nur wenig (Bild 343/2).

R_{ie}	Eingangswiderstand
R_{ia}	Ausgangswiderstand
$I_1 {}_\sim$, $U_1 {}_\sim$	Wechselgrößen am Verstärkereingang
$I_2 {}_\sim$, $U_2 {}_\sim$	Wechselgrößen am Verstärkerausgang bei Belastung
$U_{20} {}_\sim$	Leerlauf-Ausgangsspannung

$$R_{ie} = \frac{U_1 {}_\sim}{I_1 {}_\sim}$$

$$R_{ia} = \frac{U_{20} {}_\sim - U_2 {}_\sim}{I_2 {}_\sim}$$

Grundschaltungen des bipolaren Transistors. Entsprechend den drei Anschlüssen des Transistors unterscheidet man bei Verstärkern die *Emitterschaltung*, die *Kollektorschaltung* und die *Basisschaltung*. Unterscheidungsmerkmal ist der Transistoranschluß, der für den Eingangskreis und den Ausgangskreis für Wechselstrom gemeinsam ist. Bei der Emitterschaltung ist der Emitter der gemeinsame Anschluß. Die Eigenschaften der Grundschaltungen sind unterschiedlich **(Tabelle 344/1)**. Am häufigsten wird die Emitterschaltung verwendet, da sie die größte Leistungsverstärkung hat.

Tabelle 344/1: Grundschaltungen bipolarer Transistoren

Schaltungsname	Emitterschaltung	Kollektorschaltung	Basisschaltung
Schaltungsbeispiel			
Spannungs-verstärkungsfaktor V_u	groß, z. B. 200	< 1, z. B. 0,5	groß, z. B. 200
Strom-verstärkungsfaktor V_i	groß, z. B. 200	groß, z. B. 200	< 1, z. B. 0,5
Leistungs-verstärkungsfaktor V_p	sehr groß, z. B. 40000	groß, z. B. 100	groß, z. B. 100
Phasenlage von $U_{e\sim}$ zu $U_{a\sim}$	entgegengesetzt	gleich	gleich
Eingangswiderstand R_{ie}	mittel, z. B. 5 kΩ	groß, z. B. 20 kΩ	klein, z. B. 50 Ω
Ausgangswiderstand R_{ia}	groß, z. B. 20 kΩ	klein, z. B. 100 Ω	groß, z. B. 50 kΩ
Anwendungsbeispiel	NF-Verstärker	NF-Eingangsverstärker	HF-Verstärker

Mehrstufige Verstärker. Wenn die Verstärkung eines Transistors nicht ausreicht, oder wenn man besondere Eigenschaften einzelner Schaltstufen gemeinsam nutzen will, werden zwei oder mehrere Verstärkerstufen hintereinandergeschaltet. Zur Kopplung der einzelnen Schaltstufen werden verschiedene Kopplungsarten verwendet **(Tabelle 344/2)**.

Tabelle 344/2: Arten von Verstärker-Kopplungen

Gleichstromkopplungen		Wechselstromkopplungen	
NPN-NPN-Kopplung	NPN-PNP-Kopplung	C-Kopplung	Übertragerkopplung
Eine Kollektorschaltung und eine Emitterschaltung sind gekoppelt	Zwei Emitterschaltungen sind gekoppelt	Der Kondensator C_K trennt gleichstrommäßig die beiden Verstärkerstufen	Der Übertrager trennt die Verstärkerstufen gleich-strommäßig und paßt sie gegenseitig an.
Durch direkte Kopplung der beiden Verstärkerstufen sind die Arbeitspunkte voneinander abhängig und müssen gemeinsam eingestellt werden.		Durch gleichstrommäßige Trennung der beiden Verstärkerstufen sind die Arbeitspunkte voneinander unabhängig und getrennt einstellbar.	
Gleichspannungsverstärkung und Wechselspannungs-verstärkung		Nur Wechselspannungsverstärkung	

15.8.2 Verstärkerschaltungen mit Feldeffekt-Transistoren

Die Arbeitspunkteinstellung erfolgt meist ähnlich wie bei bipolaren Transistoren. Durch eine *Gate-Vorspannung* U_{GS} werden der Drainstrom I_D und die Drain-Source-Spannung U_{DS} eingestellt. Die Gate-Vorspannung wird je nach dem FET-Typ unterschiedlich erzeugt **(Tabelle 345/1)**.

Tabelle 345/1: Arbeitspunkteinstellung bei Feldeffekttransistoren (FET)

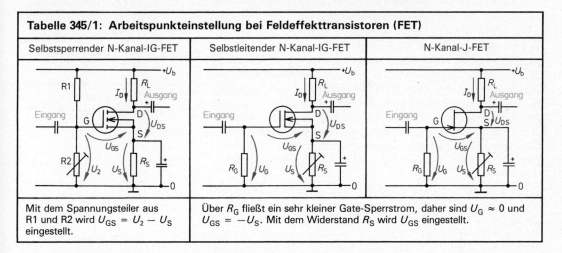

Selbstsperrender N-Kanal-IG-FET	Selbstleitender N-Kanal-IG-FET	N-Kanal-J-FET
Mit dem Spannungsteiler aus R1 und R2 wird $U_{GS} = U_2 - U_S$ eingestellt.	Über R_G fließt ein sehr kleiner Gate-Sperrstrom, daher sind $U_G \approx 0$ und $U_{GS} = -U_S$. Mit dem Widerstand R_S wird U_{GS} eingestellt.	

Die Grundschaltungen mit Feldeffekttransistoren entsprechen den Grundschaltungen mit bipolaren Transistoren. Am häufigsten wird die der Emitterschaltung entsprechende Source-Schaltung verwendet **(Tabelle 345/2).**

Tabelle 345/2: Grundschaltungen mit Feldeffekttransistoren (FET)

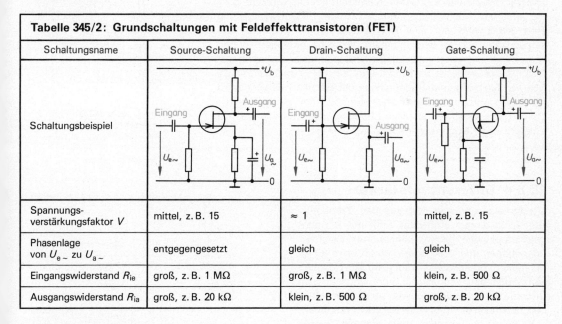

Schaltungsname	Source-Schaltung	Drain-Schaltung	Gate-Schaltung
Schaltungsbeispiel			
Spannungs-verstärkungsfaktor V	mittel, z. B. 15	≈ 1	mittel, z. B. 15
Phasenlage von $U_{e\sim}$ zu $U_{a\sim}$	entgegengesetzt	gleich	gleich
Eingangswiderstand R_{ie}	groß, z. B. 1 MΩ	groß, z. B. 1 MΩ	klein, z. B. 500 Ω
Ausgangswiderstand R_{ia}	groß, z. B. 20 kΩ	klein, z. B. 500 Ω	groß, z. B. 20 kΩ

Wiederholungsfragen

1. Welche Größen bilden den Arbeitspunkt eines Transistors?
2. Warum müssen Transistoren in Verstärkerstufen eine Basis-Vorspannung haben?
3. Woran erkennt man eine Emitter-Schaltung?
4. Nennen Sie Beispiele für die Anwendung von Kollektorschaltungen!
5. Welche Funktion hat der Koppelkondensator zwischen zwei Verstärkerstufen?
6. Wie wird bei einem N-Kanal-J-FET die Gate-Vorspannung erzeugt?

15.8.3 Leistungsverstärker

Verstärkerstufen, die nur aus Transistorgrundschaltungen aufgebaut sind, haben einen kleinen Wirkungsgrad. Die Transistoren entnehmen der Stromversorgung unabhängig von der Aussteuerung immer ungefähr den gleichen Kollektorstrom und damit die gleiche Leistung, was bei batteriegespeisten Geräten nachteilig ist.

Gegentaktstufen (Bild 346/1) haben einen großen Wirkungsgrad, einen großen Eingangswiderstand, einen kleinen Ausgangswiderstand und verringern die Verzerrungen. Sie sind deshalb zur Leistungsverstärkung als Verstärkerendstufe gut geeignet. Wesentlich sind bei Gegentaktstufen zwei Transistorschaltungen mit ungefähr gleichen Verstärkereigenschaften. Jeder Transistor ist nur während einer Halbperiode leitend und kann verstärken. Der Arbeitspunkt wird bei beiden Transistoren so gewählt, daß nur ein geringer Kollektorruhestrom fließt, wenn nicht angesteuert wird.

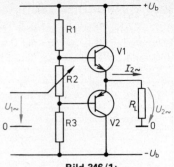

Bild 346/1:
Prinzip einer Gegentaktstufe

In der Gegentaktschaltung Bild 346/1 liegt ein NPN-Transistor an der positiven und ein PNP-Transistor an der negativen Betriebsspannung. Über den Spannungsteiler R1, R2, R3 werden die Arbeitspunkte der beiden Transistoren so gelegt, daß diese geringfügig leiten, wenn nicht angesteuert wird. In die beiden Transistoren fließen dann kleine *Kollektor-Ruheströme*, die gleich groß sind. Dabei ist $I_{2\sim} = 0$. Wird mit der Wechselspannung $U_{1\sim}$ angesteuert, so ist in der ersten Halbperiode V1 leitend und in der zweiten Halbperiode V2. Dadurch entsteht am Lastwiderstand R_L die verstärkte Wechselspannung $U_{2\sim}$. In der Gegentaktschaltung **Bild 346/2** wird nur eine Betriebsspannung verwendet. Der Kondensator C2, an dem ungefähr die halbe Betriebsspannung liegt, wirkt wie eine negative Betriebsspannung. Während der ersten Halbperiode ist V1 leitend und lädt den Kondensator C2 über R_L kurzzeitig geringfügig auf. In der zweiten Halbperiode ist V2 leitend und entlädt den Kondensator C2 nur wenig über R_L. Durch das kurzzeitige Laden und Entladen des Kondensators C2 entsteht an R_L eine Wechselspannung.

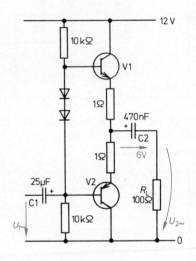

Bild 346/2:
Gegentaktschaltung mit nur einer Betriebsspannung

15.8.4 Differenzverstärker

Verstärkerschaltungen, die aus den Transistorgrundschaltungen aufgebaut sind und Kondensatorkopplungen haben, können nur Wechselspannungen und Wechselströme ab etwa 30 Hz verstärken. Differenzverstärker **(Bild 346/3)** eignen sich auch zur Verstärkung von langsam sich ändernden Spannungen, wie sie in der Meßtechnik und in der Regelungstechnik vorkommen, z. B. bei Dehnungsmessungen oder bei Temperaturregelungen.

Wesentlich ist dabei die Unterdrückung von Störeinflüssen, die auf beide Transistoren gleichzeitig und gleichartig einwirken. Solche Störeinflüsse treten z. B. bei Erwärmung der Transistoren auf.

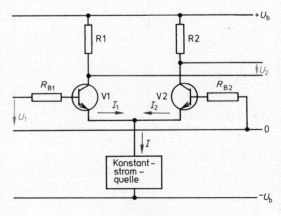

Bild 346/3:
Prinzip einer Differenzverstärkerstufe

In der Differenzverstärkerstufe (Bild 346/3) erhalten beide Transistoren die Emitterströme aus einer gemeinsamen *Konstantstromquelle.* Die Arbeitspunkte der beiden Transistoren sind so gelegt, daß bei $U_1 = 0$ (Verbindung der Basis von V1 mit Null) die Emitterströme I_1 und I_2 und damit auch die Kollektorströme gleich groß sind; dann ist $U_2 = 0$. Bei Erwärmung beider Transistoren können sich die Emitterströme und also auch die Kollektorströme kaum ändern, da sie durch die Konstantstromquelle konstant gehalten werden. Wenn an V1 die Steuerspannung U_1 liegt, wird V1 mehr leitend und der Widerstand der Kollektor-Emitterstrecke von V1 niederohmiger. Dadurch leitet V2 weniger. Der Emitterstrom I_1 wird größer, und der Emitterstrom I_2 wird kleiner. Die Summe beider Emitterströme ist immer so groß wie der Konstantstrom I. Wenn sich die Emitterströme ändern, so ändern sich in gleicher Weise die Kollektorströme und die Spannungen an R1 und R2. Der Spannungsabfall an R1 wird größer und der Spannungsabfall an R2 kleiner. Es entsteht am Ausgang eine Differenzspannung U_2, die um so größer wird, je größer U_1 ist.

15.8.5 Operationsverstärker

Operationsverstärker* können sowohl Wechselspannungen als auch Gleichspannungen verstärken. Sie haben eine große Leistungsverstärkung, einen großen Eingangswiderstand und einen kleinen Ausgangswiderstand. Aufgrund dieser guten Eigenschaften werden Operationsverstärker in der Elektrotechnik vielfältig eingesetzt. In der Regelungstechnik werden Operationsverstärker z. B. zum Vergleichen von Sollwert und Istwert und als Verstärker eingesetzt. In der Meßtechnik werden Operationsverstärker z. B. als Meßverstärker mit großem Eingangswiderstand verwendet. In der analogen Rechentechnik werden mit Hilfe von Operationsverstärkern z. B. Spannungen addiert, subtrahiert, integriert und differenziert. In der Unterhaltungselektronik dienen Operationsverstärker zur Vorverstärkung in Verstärkeranlagen. Außerdem werden Operationsverstärker auch in elektronischen Steuerungen und Regelungen der Kfz-Technik eingesetzt.

Der Operationsverstärker besteht aus mehreren unterschiedlichen Verstärkerstufen **(Bild 347/1)**. Die Eingangsstufe ist immer ein Differenzverstärker, die Ausgangsstufe häufig eine Gegentaktstufe (Bild 347/1). Da Operationsverstärker in integrierter Form hergestellt werden, haben sie meist kleine Abmessungen (Bild 347/1). Operationsverstärker werden meist mit einer positiven und einer negativen Betriebsspannung versorgt. Sie haben zwei Eingänge, einen *invertierenden* ** Eingang und einen *nicht invertierenden* Eingang.

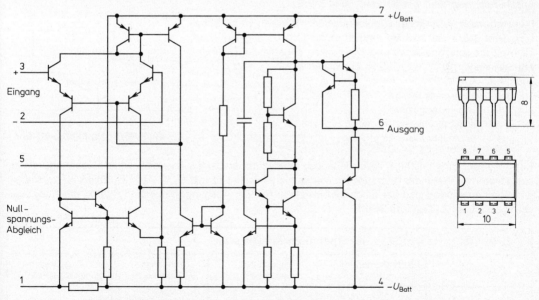

Bild 347/1: Schaltung und Abmessungen eines Operationsverstärkers

* von operare (lat.) = arbeiten, handeln

** von invertere (lat.) = umkehren

Die Eingänge des Operationsverstärkers im Schaltzeichen werden durch ein Pluszeichen und ein Minuszeichen markiert **(Bild 348/1)**. Meist trägt man die Betriebsspannungen in den Schaltplänen nicht ein.

Wenn die *Differenzspannung* U_1 positiv ist (Bild 348/1), ergibt sich eine negative Ausgangsspannung U_2; bei negativer Differenzspannung U_1 entsteht eine positive Ausgangsspannung U_2. Da Operationsverstärker eine hohe Spannungsverstärkung haben, genügen Spannungen, die kleiner als 1 mV sind, um die meisten Operationsverstärker bis zur höchst möglichen Ausgangsspannung auszusteuern. Diese liegt etwas unterhalb der Betriebsspannung U_b (Bild 348/1).

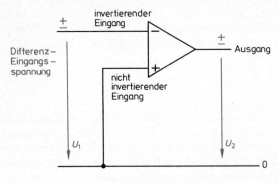

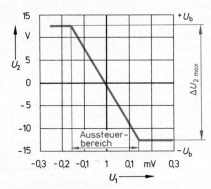

Bild 348/1: Aussteuerung eines Operationsverstärkers

Nullspannungsabgleich (Offset-Kompensation)*. Bei Operationsverstärkern ohne Kompensationsmaßnahmen ist in der Regel bei der Differenzeingangsspannung $U_1 = 0$ die Ausgangsspannung U_2 nicht exakt Null. Durch zusätzlichen Anschluß eines Trimmerwiderstandes R_T kann die Ausgangsspannung auf $U_2 = 0$ abgeglichen werden **(Bild 348/2)**.

Frequenzkompensation. Operationsverstärker neigen zu hochfrequenten Schwingungen. Diese Schwingneigung wird durch ein *RC*-Glied kompensiert, das entweder integriert ist oder an zusätzliche Anschlüsse geschaltet werden muß (Bild 348/2).

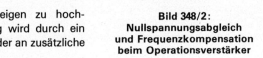

**Bild 348/2:
Nullspannungsabgleich
und Frequenzkompensation
beim Operationsverstärker**

Invertierender Verstärker (Umkehrverstärker). Wenn in der Schaltung **Bild 348/3** die positive Eingangsspannung U_e angelegt wird, dann ist die Ausgangsspannung $U_a = V \cdot U_e$ negativ. Da U_1 und I_1 sehr klein sind, gilt $I_e \approx I_K$, $U_e \approx I_e \cdot R_e$ und $I_K \cdot R_K \approx -U_a$.

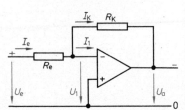

U_a	Ausgangsspannung
U_e	Eingangsspannung
R_K	Rückkopplungswiderstand
V	Spannungsverstärkungsfaktor

$$V = \frac{U_a}{U_e} = -\frac{R_K}{R_e}$$

Bild 348/3: Umkehrverstärker

Kenngrößen. Eine wichtige Kenngröße des Operationsverstärkers ist der Leerlauf-Spannungsverstärkungsfaktor V_0. Wenn der Operationsverstärker nicht belastet ist, gilt $U_2 = -V_0 \cdot U_1$ (Bild 348/1). Weitere wichtige Kenngrößen sind der Eingangswiderstand R_{ie}, der Ausgangswiderstand R_{ia} und der Ausgangskurzschlußstrom I_{as} **(Tabelle 348/1)**.

Tabelle 348/1: Kenngrößen des Operationsverstärkers

Kenngröße	Leerlauf-Spannungs-verstärkungsfaktor V_0	Eingangs-widerstand R_{ie}	Ausgangs-widerstand R_{ia}	Ausgangs-kurzschlußstrom I_{as}
Typische Werte der Kenngröße	10^4 bis 10^6	$10^5\ \Omega$ bis $10^{12}\ \Omega$	$10\ \Omega$ bis $200\ \Omega$	20 mA bis 10 A

* to offset (engl.) = weggehen

Summierverstärker addieren und verstärken mehrere Spannungen **(Bild 349/1)**. Diese Verstärker werden z.B. in der Regelungstechnik verwendet. In der Schaltung Bild 349/1 ist mit der Näherung $U_1 \approx 0$ und $I_1 \approx 0$:

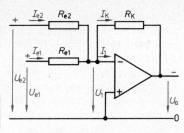

U_a	Ausgangsspannung
R_K	Rückkopplungswiderstand
R_{e1}, R_{e2}	Eingangswiderstände
U_{e1}, U_{e2}	Eingangsspannungen

$$-U_a = \frac{R_K}{R_{e1}} \cdot U_{e1} + \frac{R_K}{R_{e2}} \cdot U_{e2}$$

Bild 349/1: Summierverstärker

Der nicht invertierende Verstärker (Bild 349/2) hat einen sehr großen Eingangswiderstand, z.B. 1 MΩ, und einen sehr kleinen Ausgangswiderstand, z.B. 0,1 Ω. Die Eingangsspannung U_e und die Ausgangsspannung U_a haben gleiche Vorzeichen. Der nicht invertierende Verstärker ist deshalb als *Meßverstärker* gut geeignet. Mit $U_1 \approx 0$ und $I_1 \approx 0$ ist:

$$\frac{U_a}{U_e} = \frac{R_K + R_Q}{R_Q}$$

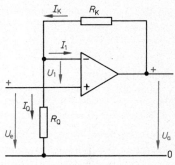

U_a	Ausgangsspannung
U_e	Eingangsspannung
R_K	Rückkopplungswiderstand
R_Q	Eingangsquerwiderstand
V	Verstärkungsfaktor

$$V = \frac{U_a}{U_e} \approx 1 + \frac{R_K}{R_Q}$$

**Bild 349/2:
Nicht invertierender Verstärker**

Wiederholungsfragen

1. Nennen Sie die Vorteile der Gegentaktstufen bei der Leistungsverstärkung!
2. Wozu werden Differenzverstärkerstufen verwendet?
3. Welche Verstärkereigenschaft hat der invertierende Eingang beim Operationsverstärker?
4. Warum müssen Operationsverstärker frequenzkompensiert werden?
5. Wie wird beim Operationsverstärker der Nullspannungsabgleich durchgeführt?
6. Nennen Sie die Formel zur Berechnung der Verstärkung beim invertierenden Operationsverstärker!

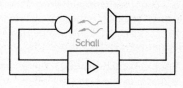

**Bild 349/3: Versuchsschaltung
zur Schwingungserzeugung**

15.8.6 Oszillatorschaltungen (Sinusgeneratoren)

Versuch 349/1: Schließen Sie ein dynamisches Mikrofon an den Eingang eines Verstärkers und an den Ausgang einen Lautsprecher **(Bild 349/3)**! Stellen Sie das Mikrofon so auf, daß der Schall vom Lautsprecher direkt zum Mikrofon gelangen kann! Vergrößern Sie die Verstärkung!
Aus dem Lautsprecher kommen Pfeiftöne.

In der Versuchsschaltung Bild 349/3 entstehen elektrische und akustische Schwingungen, wenn ein Teil der Ausgangsenergie des Verstärkers über den Lautsprecher und das Mikrofon auf den Eingang des Verstärkers zurückgeführt wird *(Rückkopplung)*. Die vom Ausgang auf den Eingang eines Verstärkers zurückgeführte Energie kann den Verstärkungsvorgang unterstützen *(Mitkopplung)* oder dem Verstärkungsvorgang entgegenwirken *(Gegenkopplung)*. Eine Schaltungsanordnung, in der durch Rückkopplung ungedämpfte Schwingungen erzeugt werden, bezeichnet man als Oszillator*. Die meisten Sinusspannungen in der Nachrichtentechnik, die nicht die Netzfrequenz 50 Hz haben, z.B. bei Sendern für Rundfunk und Fernsehen, werden durch Oszillatoren erzeugt. Jeder Oszillator besteht grundsätzlich aus einem Verstärker, einer Mitkopplung und einem frequenzbestimmenden Glied **(Bild 350/1)**.

---

* von oscillare (lat.) = schwingen

Schwingungsbedingungen. Die Eingangsspannung $U_{1\sim}$ in der Schaltung **Bild 350/1** wird mit dem *Verstärkungsfaktor* V verstärkt; die Ausgangsspannung ist $U_{2\sim} = V \cdot U_{1\sim}$. Von der Ausgangsspannung $U_{2\sim}$ wird ein Teil $U_{3\sim} = K \cdot U_2$ durch die Mitkopplung mit dem *Kopplungsfaktor* K so auf den Eingang zurückgekoppelt, daß zwischen $U_{1\sim}$ und $U_{3\sim}$ keine Phasenverschiebung besteht. Die rückgekoppelte Spannung $U_{3\sim}$ unterstützt dann die Eingangsspannung $U_{1\sim}$ und ersetzt sie, wenn $U_{3\sim} = U_{1\sim}$ ist. Dann ist die *Ringverstärkung* $K \cdot V = 1$.

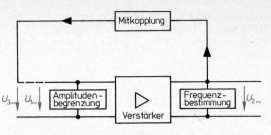

Bild 350/1:
Übersichtsschaltplan eines Oszillators

Der Oszillator schwingt selbständig, wenn ein Teil der Ausgangsspannung phasenrichtig auf den Eingang zurückgeführt wird *(Phasenbedingung)* und wenn die Ringverstärkung $K \cdot V \geqq 1$ ist *(Amplitudenbedingung)*.

Selbsterregung

Versuch 350/1: Entfernen Sie aus der Versuchsschaltung Bild 349/3 das Mikrofon, und stellen Sie die größte Lautstärke des Verstärkers ein!
Im Lautsprecher ist ein leises Rauschen zu hören.

Jeder Verstärker erzeugt aufgrund der Wärmebewegung der Elektronen in den Bauteilen unregelmäßige, sehr kleine Wechselspannungen, die als *Rauschspannungen* bezeichnet werden. Wenn die Ringverstärkung $K \cdot V$ eines Oszillators größer als Eins ist, werden die Rauschspannungen immer mehr verstärkt, und der Oszillator erregt sich selbst.

Die **Amplitudenbegrenzung** ist notwendig, damit bei Selbsterregung des Oszillators die Schwingungsamplitude nicht immer weiter ansteigt, sondern ab einer bestimmten Höhe konstant bleibt. Eine konstante Amplitude kann z. B. durch die Regelung des Kopplungsfaktors oder der Verstärkung erreicht werden.

Frequenzbestimmung. Damit der Oszillator nur mit der gewünschten Frequenz schwingt, wird in den Ausgangskreis des Verstärkers oder in den Rückkopplungszweig ein Schaltglied eingebaut, dessen Scheinwiderstand *frequenzabhängig* ist, so daß die Schwingbedingungen nur bei einer Frequenz erfüllt sind. Dieses Schaltglied kann z. B. ein *RC*-Glied oder ein *LC*-Glied sein.

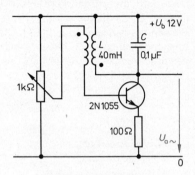

Bild 350/2: Meißner-Oszillator

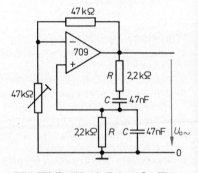

Bild 350/3: Wienbrücken-Oszillator

Meißner*-Oszillator (Bild 350/2). Bei diesem Oszillator bestimmt die Resonanzfrequenz des Parallelschwingkreises aus L und C die Schwingfrequenz f_0 des Oszillators.

L	Induktivität des Parallelschwingkreises
C	Kapazität des Parallelschwingkreises
f_0	Schwingfrequenz des Meißner-Oszillators

$$f_0 \approx \frac{1}{2 \cdot \pi \cdot \sqrt{L \cdot C}}$$

Wienbrücken**-Oszillator (Bild 350/3). Frequenzbestimmendes Glied ist ein Wienbrücken-Zweig, der einen Teil der Ausgangsspannung bei der Schwingfrequenz f_0 ohne Phasenverschiebung auf den nicht invertierenden Eingang zurückkoppelt.

R	Wirkwiderstände des Wienbrücken-Zweiges
C	Kapazitäten des Wienbrücken-Zweiges
f_0	Schwingfrequenz des Wienbrücken-Oszillators

$$f_0 \approx \frac{1}{2 \cdot \pi \cdot R \cdot C}$$

* Meißner, deutscher Physiker, 1883 bis 1958
** Wien, deutscher Physiker, 1866 bis 1938

15.9 Optoelektronische Schaltungen

15.9.1 Optoelektronische Empfänger

Bei optoelektronischen Empfängern werden Änderungen von sichtbarem Licht oder unsichtbarer Strahlung in ein elektrisches Signal umgewandelt und dann verstärkt. Optoelektronische Empfänger bestehen im Prinzip aus einem optoelektronischen Bauelement und einer Verstärkerschaltung **(Tabelle 351/1)**. Optoelektronische Empfänger werden z.B. bei Dämmerungsschaltern und Lichtschranken eingesetzt.

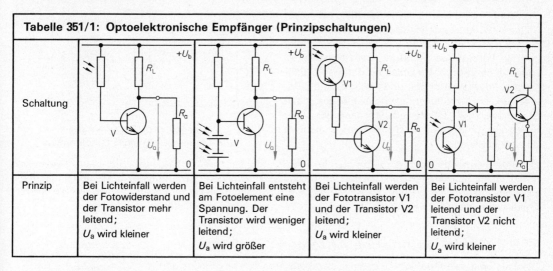

Tabelle 351/1: Optoelektronische Empfänger (Prinzipschaltungen)

Schaltung				
Prinzip	Bei Lichteinfall werden der Fotowiderstand und der Transistor mehr leitend; U_a wird kleiner	Bei Lichteinfall entsteht am Fotoelement eine Spannung. Der Transistor wird weniger leitend; U_a wird größer	Bei Lichteinfall werden der Fototransistor V1 und der Transistor V2 leitend; U_a wird kleiner	Bei Lichteinfall werden der Fototransistor V1 leitend und der Transistor V2 nicht leitend; U_a wird kleiner

15.9.2 Lichtschranken

Sie bestehen im Prinzip aus einer Lichtquelle und einem optischen Empfänger **(Bild 351/1)**. Durch ein optisches System wird Licht gebündelt und über die abzuschrankende Strecke auf einen Lichtmelder gerichtet. Bei Unterbrechung des Lichtstrahls wird ein elektrisches Signal ausgelöst und verstärkt. Das verstärkte Signal löst z.B. ein Warnsignal aus oder betätigt einen Türöffner.

In der Empfängerschaltung einer Lichtschranke **Bild 351/2** werden bei Lichteinfall Transistor V1 und Transistor V2 leitend, Transistor V3 leitet dann nicht. Über den Rückkopplungswiderstand R4 wird das Schaltverhalten der Transistoren V2 und V3 beschleunigt und die *Ansprechschwelle* der Schaltung eingestellt.

Lichtschranken werden z.B. eingesetzt zum automatischen Öffnen und Schließen von Türen, Ventilen und Schaltern.

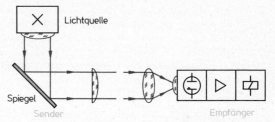

Bild 351/1: Prinzip einer Lichtschranke

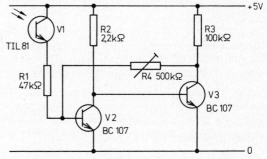

Bild 351/2: Empfänger bei einer Lichtschranke

15.9.3 Solarbatterien

Bei Solarbatterien werden meist großflächige Si-Fotoelemente mit ungefähr gleichen Eigenschaften *(Solarelemente)* in Reihe zu einem Akkumulator geschaltet **(Bild 351/3)**.

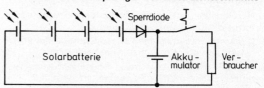

Bild 351/3: Solarbatterie mit Akkumulator

Fällt Licht auf die Solarzellen, so wird der Akkumulator aufgeladen. Bei Dunkelheit verhindert eine *Sperrdiode* die Entladung des Akkumulators über die Fotoelemente. Solarbatterien werden z. B. zur netzunabhängigen Versorgung von Geräten mit kleinen Anschlußleistungen verwendet, z. B. für Taschenlampen und Kofferempfänger. Für die Gewinnung der elektrischen Leistung von 1 W ist bei Tageslicht eine Fläche von ungefähr 1,5 dm² notwendig.

15.9.4 Optokoppler

Optokoppler sind elektronische Schalter, bei denen *Steuerkreis* und *Lastkreis* elektrisch getrennt sind wie bei Relais **(Bild 352/1)**. Eine Lumineszensdiode und ein Fototransistor sind in einem Gehäuse so angeordnet, daß bei Ansteuerung der Diode Licht auf den Fototransistor fällt und dieser leitend wird. Hierbei kann der Spannungsunterschied zwischen Steuerkreis und Lastkreis entsprechend der maximalen Isolationsspannung des Gehäuses mehrere Kilovolt betragen.

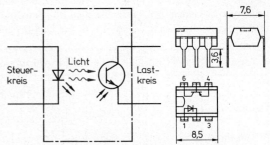

Bild 352/1: Prinzipschaltung und Abmessungen eines Optokopplers

Optoelektronische Schaltschütze sind im Prinzip aufgebaut wie Optokoppler. Sie unterscheiden sich durch höhere Schaltleistung und die dadurch bedingte aufwendigere Steuerungselektronik und Schaltungselektronik. Im Schaltkreis von optoelektronischen Schaltschützen werden häufig antiparallel geschaltete Thyristoren oder Triac verwendet, so daß auch Wechselströme geschaltet werden können.

15.9.5 Optoelektronische Anzeigen (Displays)

Displays* wandeln elektrische Signale in sichtbare Anzeigen um. Eine häufig verwendete Anzeige ist die 7-Segment-Anzeige **(Bild 352/2)**. Mit ihr können alle Ziffern von eins bis neun sowie die Buchstaben A, C, E, F, H, J, L, P, S, U dargestellt werden, wenn die jeweils richtige Kombination der Segmente a bis g angesteuert wird. Die Segmente sind entweder selbst leuchtend *(aktive Displays)* oder verändern bei Lichteinfall und elektrischer Ansteuerung die Farbe bzw. die Helligkeit *(passive Displays)*.

Die Anzeigeeinheit wird meist über einen Code-Wandler angesteuert, der z. B. das übliche Zehnersystem oder den BCD-Code (Seite 362) zur Ansteuerung der Anzeigeeinheit umwandelt. 7-Segment-Anzeige und Code-Wandler werden häufig in integrierter Form zusammen als ein Bauelement hergestellt.

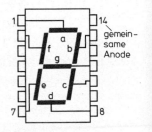

Bild 352/2: 7-Segment-Anzeige

Aktiven Displays muß zur Erzeugung des Lichtes ständig Energie zugeführt werden; ihr Energiebedarf ist deshalb wesentlich größer als der von passiven Displays. Aktive Displays sind z. B. Anzeigeeinheiten aus Leuchtdioden (LED-Displays). Mit einer Ziffernhöhe von ungefähr 10 mm brauchen sie einen *Segmentstrom* von 10 mA und eine Spannung von 2 V.

Passive Displays bestehen aus *Flüssigkristallen*. Diese sind Flüssigkeiten, deren Farbe und Trübheit elektrisch gesteuert werden kann. Zur Vermeidung von elektrolytischen Prozessen werden Flüssigkristalle immer mit Wechselspannungen betrieben. Die Betriebsspannung kann je nach Zellenart 1,5 V bis 20 V betragen. Passive Displays verbrauchen sehr wenig Leistung, weil sie nicht selbst leuchten.

Wiederholungsfragen

1. Nennen Sie zwei Beispiele für den Einsatz von optoelektronischen Empfängern!
2. Wodurch unterscheidet sich ein Optokoppler von einem optoelektronischen Schaltschützen?
3. Welche Segmente einer 7-Segment-Anzeige müssen bei der Ziffer 8 angesteuert werden?
4. Erläutern Sie das Prinzip einer Lichtschranke!
5. Nennen Sie je ein Anwendungsbeispiel für eine passive Anzeigeeinheit und für eine aktive Anzeigeeinheit!

* display (engl.) = Schaufenster

15.10 Einführung in die digitale Elektronik

15.10.1 Analoge und digitale Systeme

Ein Quecksilberthermometer gibt die Temperatur der Umgebung, z.B. Luft, *analog** an. Die Länge des Quecksilberfadens ist dabei analog der Temperatur. Wird die Temperatur mit Hilfe eines Thermoelementes ermittelt, so ist die Thermospannung analog der Temperatur. Wird nun die Thermospannung mit einem Zeigerinstrument ermittelt, so ist dessen Zeigerausschlag analog der Spannung (**Bild 353/1**) bzw. der Temperatur.

Bei der *digitalen*** Anzeige wird der Meßwert stets durch eine Zahl angegeben (**Bild 353/2**). So wird z.B. der Verbrauch elektrischer Energie in einem Zähler mit Ziffern angegeben. Es gibt auch Uhren sowie Spannungs-, Strom- und Temperaturmesser, die den Meßwert digital angeben. Der Vorteil der Anzeige durch Ziffern ist die bequeme und eindeutige Ablesung. Digitale Meßwerte lassen sich ferner gut speichern. Es können damit auch Steuerkreise angesteuert werden.

Bild 353/1: Analoge Anzeige

In der Digitaltechnik werden zwei Spannungsstufen verwendet. Die eine Stufe liegt um 0 V, die andere etwa in der Größe der Betriebsspannung. Dieses binär-digitale*** System hat also die Werte 0 und 1. Beim Wert 1 kann positive oder negative Spannung vorhanden sein. Es werden auch die Begriffe H (High) und L (Low) verwendet. Unabhängig von der verwendeten Logik führt der positivere Spannungsbereich den Pegel H, der niedrigere Spannungsbereich den Pegel L. In der Praxis wird meist positive Logik angewendet; dabei gelten die Zuordnungen H = 1 und L = 0.

Bild 353/2: Digitale Anzeige

Analoge Signale ändern sich stetig. Digitale Signale ändern sich in Stufen.

15.10.2 Transistor als Schalter

In der Digitaltechnik haben die Schalteigenschaften von Transistoren und Schaltverstärker große Bedeutung. Ein Schalter muß im nicht leitenden Zustand einen sehr großen Widerstand ($R \Rightarrow \infty$) und im leitenden Zustand einen sehr kleinen Widerstand ($R \approx 0$) haben.

Versuch 353/1: Schalten Sie einen Transistor, z.B. BD 135, über einen Arbeitswiderstand R2 an die Betriebsspannung (**Bild 353/3**)! Legen Sie an den Basiswiderstand R1 erst 0 V und dann U_b! Messen Sie I_B, I_C und U_{CE}!

Legen Sie nun an den Eingang eine Rechteckspannung von 0,1 Hz!

*Liegt an R1 keine Spannung, so sind $I_B = 0 A$, $U_{CE} \approx U_b$, und I_C beträgt einige µA. Liegt an R1 Spannung U_b, so sind I_B und I_C erheblich größer, und U_{CE} geht fast auf Null zurück (**Bild 353/4**).*

Bei Verwendung einer Rechteckspannung mit niedriger Frequenz am Eingang werden die gleichen Meßwerte ermittelt. Ein- und Ausschalten erfolgt nun im Rhythmus der Rechteckspannung.

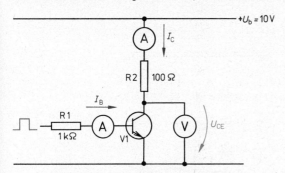

Bild 353/3: Transistor als Schalter (Prinzip)

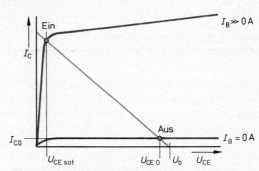

Bild 353/4: Schalteigenschaften des Transistors (Ausgangskennlinienfeld)

---

  * analog (griech.) = entsprechend
  ** digital = ziffernmäßig von digitus (lat.) = Finger (mit dem gezählt wird)
*** binär = aus zwei Werten bestehend

Von einem Schalttransistor erwartet man einen kleinen Durchlaßwiderstand, d. h. eine geringe Sättigungsspannung U_{CEsat}*, und einen hohen Sperrwiderstand, d. h. einen geringen Reststrom I_{C0}.

Die Schaltzeiten sind vom Transistortyp und von der Schaltung abhängig. Zur Verringerung der Einschaltzeit wird der Transistor übersteuert, wodurch jedoch die Ausschaltzeit vergrößert wird. Zur Verringerung der Ein- und Ausschaltzeit wird daher der Basiswiderstand R1 mit einem Kondensator von einigen hundert pF überbrückt.

15.10.3 Logische Grundfunktionen

NICHT-Stufe. Die NICHT-Stufe hat ein gegenüber dem Eingangssignal umgekehrtes Ausgangssignal.

Versuch 354/1: Schalten Sie einen Transistor, z. B. BD 135, als NICHT-Stufe **(Bild 354/1)**! Betätigen Sie nun den Umschalter!
Bei A = 1 leuchtet H1, und H2 ist dunkel. Bei A = 0 leuchtet H2, und H1 ist dunkel.

Bei der NICHT-Stufe (Bild 354/1) ist die Ausgangsspannung $U_2 \approx U_b$, wenn die Eingangsspannung U_1 *nicht* U_b ist und umgekehrt. Die *Wahrheitstabelle* gibt das Verhalten der NICHT-Stufe wieder **(Bild 354/2).** Das Schaltzeichen ist genormt (Bild 354/2). Der Kreis am Ausgang drückt die Umkehrung aus.

Der Zusammenhang zwischen Eingang und Ausgang wird auch als Gleichung angegeben: $Q = \bar{A}$** bzw. $\bar{Q} = A$.

Werden zwei NICHT-Stufen hintereinandergeschaltet, so lautet die schaltalgebraische Gleichung: $Q = \bar{\bar{A}} = A$ bzw. $\bar{Q} = \bar{A}$ oder $Q = A$.

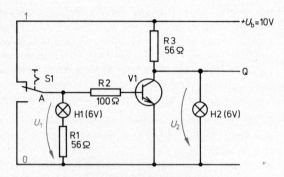

Bild 354/1: NICHT-Stufe

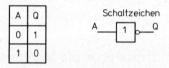

A	Q
0	1
1	0

Bild 354/2: Wahrheitstabelle und Schaltzeichen der NICHT-Stufe

Die NICHT-Stufe sowie alle folgenden Grundfunktionen lassen sich auch in Kontakttechnik verwirklichen. Es ist z. B. möglich, sich die Arbeitsweise der logischen Grundfunktionen mit Hilfe von Relais und Kontakten zu erarbeiten.

UND-Stufe

Versuch 354/2: Schalten Sie drei gleiche Dioden, z. B. BAY 46, und einen Widerstand zu einer UND-Stufe **(Bild 354/3)** zusammen! Legen Sie nacheinander an die Eingänge A, B, C die Signale 1 bzw. 0, und beobachten Sie den Spannungsmesser am Ausgang Q!
Am Ausgang liegt nur dann U_b, wenn an den Eingängen A und B und C die Spannung U_b liegt.

Liegen die Katoden der Dioden V1, V2 oder V3, also die Eingänge A, B, C, an Signal 0, so sind sie über den niederohmigen Widerstand R in Durchlaßrichtung geschaltet. Am Widerstand R fällt dann fast die ganze Spannung U_b ab, und am Ausgang Q ist fast keine Spannung vorhanden. Sobald an allen Eingängen jedoch gleichzeitig die Signale 1 anliegen, werden die Dioden gesperrt, und der Ausgang hat den Wert $Q = 1$ **(Tabelle 355/1).**

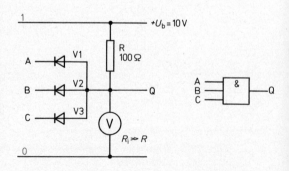

Bild 354/3: UND-Stufe   **Bild 354/4: Schaltzeichen der UND-Stufe**

* sat von saturation (engl.) = Sättigung
** $\bar{A}$: sprich A nicht

Das Schaltzeichen der UND-Stufe drückt diese Wirkungsweise aus **(Bild 354/4)**. Die schaltalgebraische Gleichung lautet:

$$Q = A \wedge B \wedge C \quad \text{(Zeichen } \wedge \text{: und)}.$$

Die UND-Stufe ist höher belastbar, wenn ihr eine Verstärkerschaltung folgt. Hierfür bietet sich die NICHT-Stufe an. Da diese das Ausgangssignal umkehrt, werden zwei NICHT-Stufen hintereinandergeschaltet. Es entsteht eine *aktive* UND-Stufe.

Die **NAND-Stufe** ist eine Hintereinanderschaltung einer UND- mit einer NICHT-Stufe **(Bild 355/1)**. Das Kunstwort NAND entsteht aus NOT-AND*.

Versuch 355/1: Schalten Sie einer UND-Stufe eine NICHT-Stufe nach (Bild 355/1)! Verwenden Sie für die Dioden z. B. BAY 46 und für den Transistor z. B. BC 109! Legen Sie an die Eingänge A, B, C nacheinander alle Kombinationen für 0 und 1 (U_b)! Ermitteln Sie den Zustand des Ausgangs in Abhängigkeit von den Eingangsvariablen**!

Die Spannung am Ausgang Q (U_2) ist fast Null, wenn an den Eingängen A und B und C gleichzeitig die Betriebsspannung U_b liegt.

Wahrheitstabelle **(Tabelle 355/2)** und Schaltzeichen **(Bild 355/2)** entsprechen der schaltalgebraischen Gleichung:

$$Q = \overline{A \wedge B \wedge C} = \overline{A} \vee \overline{B} \vee \overline{C}\text{***}$$

Die **ODER-Stufe** hat am Ausgang Q immer dann den Wert 1, wenn mindestens an einem Eingang A, B, C die Eingangsvariable den Wert 1 annimmt **(Bild 355/3)**.

Versuch 355/2: Schalten Sie drei gleiche Dioden, z. B. BAY 46, mit einem Widerstand R zu einer ODER-Stufe (Bild 355/3)! Legen Sie an die Eingänge die Signale 0 bzw. 1 (U_b)! Ermitteln Sie jeweils den Wert der Ausgangsspannung U_2 für alle Kombinationen der Eingangsvariablen!

U_2 ist U_b, wenn an A oder B oder C die Betriebsspannung U_b liegt.

Tabelle 355/1: Wahrheitstabelle der UND-Stufe			
Eingänge			Ausgang
C	B	A	Q
0	0	0	0
0	0	1	0
0	1	0	0
0	1	1	0
1	0	0	0
1	0	1	0
1	1	0	0
1	1	1	1

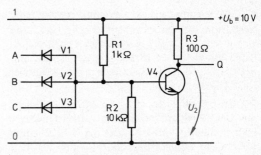

Bild 355/1: NAND-Stufe

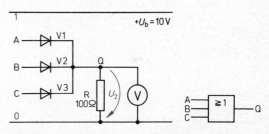

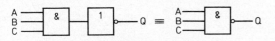

Bild 355/2: NAND-Schaltzeichen

Bild 355/3: ODER-Stufe

Bild 355/4: Schaltzeichen der ODER-Stufe

Tabelle 355/2: Wahrheitstabelle der NAND-Stufe			
C	B	A	Q
0	0	0	1
0	0	1	1
0	1	0	1
0	1	1	1
1	0	0	1
1	0	1	1
1	1	0	1
1	1	1	0

Tabelle 355/3: Wahrheitstabelle der ODER-Stufe			
C	B	A	Q
0	0	0	0
0	0	1	1
0	1	0	1
0	1	1	1
1	0	0	1
1	0	1	1
1	1	0	1
1	1	1	1

Tabelle 355/4: Wahrheitstabelle der NOR-Stufe			
C	B	A	Q
0	0	0	1
0	0	1	0
0	1	0	0
0	1	1	0
1	0	0	0
1	0	1	0
1	1	0	0
1	1	1	0

* NOT (engl.) = NICHT; AND (engl.) = UND
** Variable = veränderliche Größe
*** ∨ von vel (lat.) = oder

Wird positive Spannung an die Eingänge gelegt, so sind die Dioden in Durchlaßrichtung geschaltet. Die Ausgangsspannung U_2 ist ungefähr gleich der Betriebsspannung U_b. Wenn nur an einem Eingang die Spannung geändert wird, so ändert sich am Ausgang nichts. Haben alle Eingänge Signal 0, so hat der Ausgang auch Nullsignal, weil alle Dioden nun nicht mehr durchlässig sind **(Tabelle 355/3)**.

In dem Schaltzeichen **(Bild 355/4)** bedeutet ≥ 1, daß wenigstens ein Eingang den Wert 1 haben muß, damit der Ausgang $Q = 1$ wird. Die schaltalgebraische Gleichung lautet: $Q = A \lor B \lor C$. Bei einer *aktiven* ODER-Stufe werden zur Verstärkung zwei NICHT-Stufen nachgeschaltet.

Die **NOR-Stufe** besteht aus einer ODER-Stufe mit anschließender NICHT-Stufe **(Bild 356/1)**.

Versuch 356/1: Bauen Sie eine NOR-Stufe (Bild 356/1) auf! Verwenden Sie für die Dioden z. B. BAY 46 und für den Transistor z. B. BC 109! Stellen Sie die Wahrheitstabelle auf!

Bei der NOR-Stufe sind die Ausgangswerte umgekehrt wie bei der ODER-Stufe.

Für die Wahrheitstabelle **(Tabelle 355/4)** einer NOR-Stufe gilt die schaltalgebraische Gleichung $Q = \overline{A \lor B \lor C} = \overline{A} \land \overline{B} \land \overline{C}$. Das Schaltzeichen **(Bild 356/2)** für die NOR-Stufe ist eine Zusammenfassung der ODER-Stufe mit nachfolgender NICHT-Stufe.

Die Grundfunktionen, d. h. die NICHT-Funktion, die UND-Funktion sowie die ODER-Funktion, können allein mit NAND- oder mit NOR-Gliedern verwirklicht werden **(Bild 356/3)**. Auch vollständige Schaltungen, die aus diesen Grundfunktionen zusammengesetzt sind, werden häufig nur aus NAND- oder NOR-Gliedern aufgebaut. Der größere Aufwand wird durch eine einfachere Lagerhaltung und rationelle Produktion ausgeglichen.

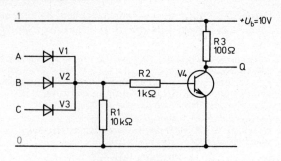

Bild 356/1: NOR-Stufe

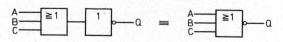

Bild 356/2: NOR-Schaltzeichen

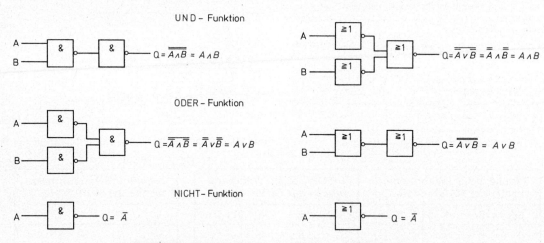

UND – Funktion

$Q = \overline{\overline{A \land B}} = A \land B$

$Q = \overline{\overline{A} \lor \overline{B}} = \overline{\overline{A}} \land \overline{\overline{B}} = A \land B$

ODER – Funktion

$Q = \overline{\overline{A} \land \overline{B}} = \overline{\overline{A}} \lor \overline{\overline{B}} = A \lor B$

$Q = \overline{\overline{A \lor B}} = A \lor B$

NICHT – Funktion

$Q = \overline{A}$

$Q = \overline{A}$

Bild 356/3: Grundfunktionen in NAND- und NOR-Technik

Die **Exklusiv*-ODER-Stufe (Bild 356/4)** hat am Ausgang den Wert 1, wenn entweder nur die eine Eingangsvariable oder nur die andere Eingangsvariable den Wert 1 hat. Die Stufe wird auch Antivalenz**-Stufe genannt.

B	A	Q
0	0	0
0	1	1
1	0	1
1	1	0

* exclusive (engl.) = ausschließlich
** Antivalenz = gegensätzliche Wertigkeit

Bild 356/4: Schaltzeichen und Wahrheitstabelle der Exklusiv-ODER-Stufe

Bei der **Äquivalenz*-Stufe (Bild 357/1)** nimmt der Ausgang Q den Wert 1 an, wenn alle Eingänge gleiche Spannung haben (äquivalent sind). Ein Vergleich der Wahrheitstabellen von Exklusiv-ODER-Stufe mit der Äquivalenz-Stufe zeigt, daß die Äquivalenz die negierte (verneinte) Antivalenz ist.

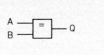

B	A	Q
0	0	1
0	1	0
1	0	0
1	1	1

Bild 357/1: Schaltzeichen und Wahrheitstabelle der Äquivalenzstufe

Wiederholungsfragen

1. Erläutern Sie den Unterschied zwischen analoger und digitaler Anzeige!
2. Welche Eigenschaften soll ein Transistor als Schalter haben?
3. Geben Sie die Schaltzeichen für die NICHT-, die UND- sowie die ODER-Stufe an!
4. Mit welchen Grundfunktionen kann eine a) NAND-Stufe, b) NOR-Stufe aufgebaut werden?
5. Warum werden die NICHT-, UND-, ODER-Stufen in manchen Schaltungen nur mit NAND-Stufen bzw. nur mit NOR-Stufen verwirklicht?
6. Geben Sie die Wahrheitstabelle der Exklusiv-ODER-Stufe an!

15.10.4 Integrierte Schaltungen der Digitaltechnik

RTL-, DTL-, TTL-Technik. Logische Grundfunktionen können mit Hilfe von Widerständen, Dioden und Transistoren aufgebaut werden. Ist eine solche Schaltung aus Widerständen und Transistoren zusammengesetzt, so wird hierfür die Bezeichnung RTL (Resistor-Transistor-Logic (engl.) = Widerstand-Transistor-Logik) verwendet (z. B. Bild 354/1). Sie werden aus Bauelementen mit kleinen Abmessungen zusammengesetzt. Bei der DTL-Schaltung (Dioden-Transistor-Logik) werden die Eingangssignale über Dioden eingegeben (z. B. Bild 355/1 und Bild 356/1). DTL-Schaltungen können wie die RTL-Schaltungen aus einzelnen Bauelementen aufgebaut sein oder als integrierte Schaltung, z. B. als monolithische** integrierte Schaltung aus einem Halbleiterchip (Halbleiterplättchen).

Eine weitere Möglichkeit, digitale Grundschaltungen zu verwirklichen, ist die TTL-Technik (Transistor-Transistor-Logik). Bei einer NAND-Stufe **(Bild 357/2)** werden zwei oder mehrere Transistoren parallel geschaltet. Ihre Basen liegen über einen gemeinsamen Widerstand an positiver Spannung. Die parallel geschalteten Transistoren sind voneinander unabhängig. Sie sind leitend, wenn ihre Emitter an 0 liegen. Sobald alle Emitter an 1 (U_b) liegen, ist V3 leitend, d. h. Q = 0.

TTL-Schaltungen werden nicht mehr diskret***, sondern nur als monolithische integrierte Schaltung hergestellt **(Bild 357/3)**. In TTL-Technik werden z. B. vier NAND-Glieder oder vier NOR-Glieder mit jeweils zwei Eingängen gebaut **(Bild 357/4)**.

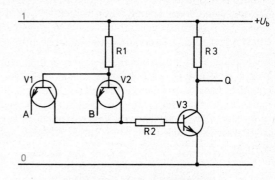

Bild 357/2: TTL-NAND-Glied

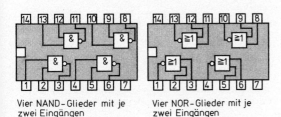

Vier NAND-Glieder mit je zwei Eingängen

Vier NOR-Glieder mit je zwei Eingängen

Bild 357/4: Integrierte Digitalschaltungen

* Äquivalenz = Gleichwertigkeit
** monolith (griech.) = einsteinig
*** diskret = getrennt

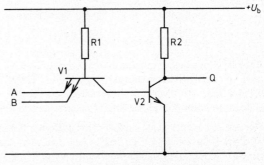

Bild 357/3: Grundschaltung für TTL-IC (IC: integrated circuit)

MOS-Logik. Integrierte MOS-Schaltungen basieren auf den MOS-Feldeffekttransistoren. Diese FET übernehmen die Widerstands- und die Schaltfunktionen. Je nach der Dichte der auf einem Siliciumkristall untergebrachten Schaltungselemente werden mittlere Integration (MSI = Medium-Scale-Integration), große Integration (LSI = Large-Scale-Integration) und sehr große Integration (VSI = = Very-Large-Scale-Integration) unterschieden.

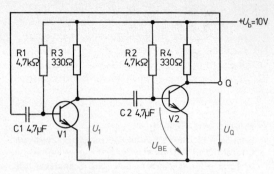

Bild 358/1: Astabile Kippschaltung

15.10.5 Kippschaltungen

Die **astabile*** Kippschaltung hat keine stabile Lage. Sie kippt periodisch von einem Schaltzustand in den anderen.

Versuch 358/1: Schalten Sie zwei gleiche Transistoren, z. B. BD 135, zu einer astabilen Kippschaltung **(Bild 358/1)**! Verändern Sie die Werte für R1, R2, C1 und C2! Legen Sie an den Ausgang Q eine Signallampe, oder schließen Sie ein Oszilloskop an!

Nach Anlegen der Betriebsspannung ändert sich die Ausgangsspannung U_Q je nach den Werten der Basiswiderstände R1, R2 und der Kondensatoren C1, C2 in unterschiedlichem Rhythmus.

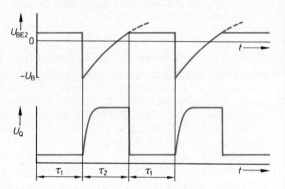

Bild 358/2: Spannungsdiagramme

Angenommen Transistor V1 sei nicht leitend und V2 sei leitend. Dann war C1 über R4 geladen und wird nun über die Kollektor-Emitter-Strecke von V2 mit seinem Pluspol an Masse gelegt.

Nun lädt sich C1 um, so daß die Basis von V1 positiv wird, V1 leitet. Der Spannungssprung von U_1 wirkt über C2 auf die Basis von V2, so daß dieser nicht mehr leitet. Jetzt lädt sich C2 über R2 und die C-E-Strecke von V1 um. Nach kurzer Zeit gelangt ausreichend positive Spannung an die Basis von V2 usw.

Die Schaltzeiten werden mit der Formel $\tau_1 \approx 0{,}69 \cdot R_1 \cdot C_1$ für V1 bzw. $\tau_2 \approx 0{,}69 \cdot R_2 \cdot C_2$ für V2 berechnet. Sind $R_1 = R_2$ und $C_1 = C_2$, so ist am Ausgang eine Rechteckspannung mit dem Verhältnis 1 : 1 von Impulsdauer zur Pause vorhanden **(Bild 358/2)**. Die Frequenz der Spannung beträgt dann $f = 1/(\tau_1 + \tau_2)$. Unsymmetrische Verhältnisse $\tau_1 : \tau_2$ werden durch unterschiedliche Wahl der Basiswiderstände bzw. der Kondensatoren erreicht. Bei einem sehr unsymmetrischen Impuls-Pause-Verhältnis müssen auch die Widerstände R3, R4 unterschiedlich gewählt werden, weil diese die Wiederaufladezeit beeinflussen.

Beispiel: Wie groß ist die Frequenz der Rechteckspannung am Ausgang einer astabilen Kippschaltung mit $R_1 = R_2 = 4{,}7 \text{ k}\Omega$ und $C_1 = C_2 = 100 \text{ µF}$?

Lösung: $\tau_1 = \tau_2 = 0{,}69 \cdot R_1 \cdot C_1$
$= 0{,}69 \cdot 4{,}7 \cdot 10^3 \, \Omega \cdot 100 \cdot 10^{-6} \text{ F} = 0{,}324 \text{ s}$

$f = \dfrac{1}{2 \cdot \tau_1} = \dfrac{1}{2 \cdot 0{,}324 \text{ s}} = \mathbf{1{,}54 \text{ Hz}}$

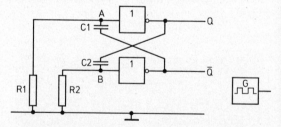

Astabile Kippschaltungen können auch mit NAND- oder mit NOR-Gliedern aufgebaut werden. Diese Glieder sind als Inverter** geschaltet und in der Schaltung **(Bild 358/3)** als NICHT-Glieder gezeichnet.

Bild 358/3: Astabile Kippschaltung aus Invertern. Rechts: Schaltzeichen der astabilen Kippschaltung

Für den Anwender einer astabilen Kippschaltung ist der innere Aufbau von geringer Bedeutung. Deshalb wird ein Schaltzeichen (Bild 358/3) benutzt. Die astabile Kippschaltung wird z. B. als Blinkschaltung verwendet. In digitalen Schaltungen wird sie z. B. als Taktgeber benutzt.

---

* astabil = unstabil von a (griech.) = nicht und stabil = beständig
** invertere (lat.) = umkehren

Die **monostabile* Kippschaltung** hat *eine* stabile Lage. Durch einen Steuerimpuls wird der Ausgang für eine gewisse Zeit in den unstabilen Zustand gekippt. Anschließend wird wieder der stabile Zustand eingenommen. Die Schaltung wird auch als Monoflop bezeichnet.

Versuch 359/1: Bauen Sie eine monostabile Kippschaltung **(Bild 359/1))** mit Hilfe von zwei Transistoren, z. B. vom Typ BD 135, auf! Legen Sie an den Eingang A das Signal 1 (U_b) an! Wiederholen Sie den Versuch mit anderen, z. B. größeren, Werten für R2 und C2!

Wiederholen Sie den Versuch mit einer Rechteckspannung am Eingang A von z. B. 0,1 Hz!

Das Signal 1 (U_b) am Eingang bringt am Ausgang Q einen Spannungsimpuls, dessen Dauer von R2 und C2 bestimmt wird. Der Spannungsimpuls am Ausgang Q ist unabhängig davon, wie lange die Eingangsspannung wirksam ist.

In der stabilen Lage sind V1 nicht leitend und V2 leitend. Ein Signal 1 am Eingang, also an der Basis von V1, kippt die Schaltung in die astabile Lage. V2 ist für die Dauer $\tau \approx 0,69 \cdot R_2 \cdot C_2$ nicht leitend. Danach ist C2 umgeladen, es gelangt positive Spannung an die Basis von V2 und der Transistor wird leitend. Die stabile Lage ist wieder vorhanden **(Bild 359/2)**. V1 kann erneut angesteuert werden, wenn C2 über R3 wieder aufgeladen ist (Pause: $\tau_p = 5 \cdot R_3 \cdot C_2$).

Auch die monostabile Kippschaltung kann mit NAND- oder mit NOR-Gliedern aufgebaut werden. Das Schaltzeichen (Bild 359/2) läßt den inneren Aufbau der monostabilen Kippschaltung nicht erkennen. Diese Schaltung kann zur Veränderung von Impulszeiten verwendet werden, wie z. B. zur Impulszeitverlängerung, zur Ein- und Ausschaltverzögerung, zum Bau eines Taktgebers.

Die **bistabile** Kippschaltung** hat zwei stabile Zustände. Sie wird häufig auch als Flipflop (FF) oder als Speicherstufe bezeichnet. Der Ausgang behält seinen Zustand, auch wenn der Eingangsimpuls nicht mehr vorhanden ist (Speicherverhalten). Sie wird in den anderen Zustand versetzt, wenn jeweils an die Basis des nicht leitenden Transistors kurzzeitig Signal 1 (U_b) gelegt wird. Das Einspeichern erfolgt also dadurch, daß an Eingang S*** Signal 1 gelegt wird; Signal 1 an Eingang R4* löscht wieder.

Versuch 359/2: Schalten Sie eine bistabile Kippschaltung **(Bild 359/3)** mit zwei Transistoren, z. B. vom Typ BD 135! Legen Sie an die Eingänge S = 0 und R = 1! Ermitteln Sie den Schaltzustand der Ausgänge Q und Q̄! Wiederholen Sie den Versuch mit den Möglichkeiten S = R = 0; S = 1, R = 0; nochmals S = R = 0 und S = R = 1 für die Eingangssignale **(Tabelle 359/1)**!

* monos (griech.) = allein
** bi (lat.) = zwei
*** von to set (engl.) = setzen
4* von to reset (engl.) = zurücksetzen

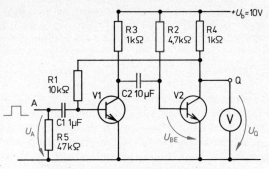

Bild 359/1: Monostabile Kippschaltung

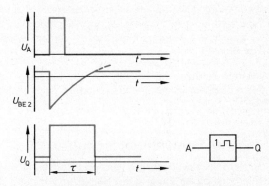

Bild 359/2: Spannungsdiagramme der monostabilen Kippschaltung. Rechts: Schaltzeichen der monostabilen Kippschaltung

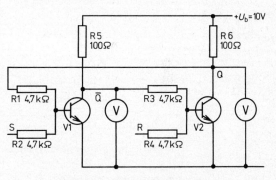

Bild 359/3: Bistabile Kippschaltung

Tabelle 359/1: Bistabile Kippschaltung

Eingänge		Ausgänge	
S	R	Q	Q̄
0	0	vorheriger Zustand bleibt erhalten	
0	1	0	1
1	0	1	0
1	1	vermeiden	

Der eine Transistor ist so lange nicht leitend, wie der andere Transistor leitend ist. Der Schaltzustand ändert sich, wenn der nicht leitende Transistor an seiner Basis eine positive Spannung erhält. Liegen beide Eingänge an Signal 0, so ändert sich am Zustand der Ausgänge nichts. Beide Eingänge dürfen nicht an Signal 1 (Tabelle 359/1) liegen, weil der Ausgang Q nicht den gleichen Wert wie der Ausgang $\bar{Q}$ haben kann ($Q \neq \bar{Q}$).

Mit einem Flipflop kann eine Information gespeichert werden.

Die bistabile Kippschaltung läßt sich auch z. B. aus NAND-Gliedern aufbauen. Das Schaltzeichen **(Bild 360/1)** gilt allgemein für alle Flipflops.
Die gestrichelte Linie bedeutet Trennung: Signal 1 an S hat Signal 1 an Q
und Signal 0 an $\bar{Q}$ zur Folge. Entsprechend gelten für R = 1 die Bezie-
hungen $\bar{Q} = 1$ und $Q = 0$. Zusätze, wie z. B. die Angabe der Vorzugslage
eines Ausgangs **(Bild 360/2)**, sind möglich. Beim Einschalten der bistabilen Kippschaltung wird im allgemeinen kein bestimmter Zustand,
z. B. $Q = 0$, eingenommen. Da die Widerstandswerte in der Schaltung
symmetrisch sind, gibt es keine Vorzugslage. Beim Flipflop mit Vorzugslage wird in einen Rückkopplungszweig eine Diode geschaltet. Der gekennzeichnete Ausgang führt dann nach dem Einschalten des Bausteins
das Signal 1.

**Bild 360/1:
Bistabile Kippschaltung,
allgemein**

**Bild 360/2:
Bistabile Kippschaltung
mit besonders gekenn-
zeichneter Grundstellung**

Weitere Zusätze, wie z. B. die Angabe für einen Takteingang C* oder die Angabe der willkürlich festgelegten Eingangsbezeichnungen J und K beim JK-Master-Slave-Flipflop** sind möglich (Seite 362).

15.10.6 Schwellwertschalter

Unter Schwellwertschalter wird eine Schaltung verstanden, die beim Erreichen eines bestimmten Span-
nungswertes am Eingang ein Signal am Ausgang abgibt. Die meist verwendete Schaltung ist der sogenannte *Schmitt-Trigger***. Diese Schaltung ist ein *Impulsformer*. Der Impulsformer macht aus beliebig
geformten Eingangsimpulsen eine Rechteckspannung **(Bild 360/3)**. Das Schaltzeichen deutet diese Eigenschaft mit dem entsprechenden Symbol an (Bild 360/3).

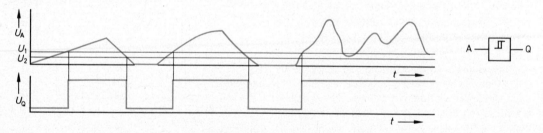

Bild 360/3: Impulsformung. Rechts: Schaltzeichen des Schmitt-Triggers.

Kennzeichnend für den Schmitt-Trigger ist der
gemeinsame Emitterwiderstand R_E **(Bild 360/4)**.

Versuch 360/1: Bauen Sie einen Schwellwertschalter
(Bild 360/4) auf! Verwenden Sie für die Transistoren z. B.
den Typ BD 135! Legen Sie an den Eingang des Schwell-
wertschalters zuerst eine sinusförmige, danach eine
dreieckförmige Wechselspannung! Wählen Sie für die
Frequenz 100 Hz, 1 kHz und 10 kHz! Ermitteln Sie mit
einem Oszilloskop die Ausgangsspannung an Q!

Am Ausgang Q ist eine Rechteckspannung vorhanden.

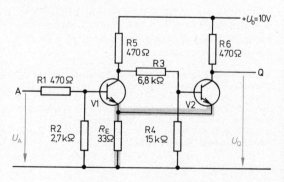

Bild 360/4: Schmitt-Trigger

* von clock (engl.) = Takt
** von master (engl.) = Meister und slave (engl.) = Diener
*** to trigger (engl.) = auslösen

Im Ruhezustand sind V1 nicht leitend und V2 leitend. Am Ausgang ist eine geringe Spannung vorhanden, weil über den Emitterwiderstand R_E Strom fließt. Steigt nun die Eingangsspannung U_A, so wird V1 bei einer Schwellspannung U_1 leitend.

Zur Vergrößerung der Flankensteilheit kann ein Kondensator C = 50 pF bis 500 pF parallel zu R3 eingefügt werden (Bild 360/4). Der Kondensator bewirkt ein rasches Schalten von V2. Das Kippen des Schmitt-Triggers erfolgt bei der Spannung U_1 sehr schnell. Wird die Eingangsspannung verringert, so kippt der Schmitt-Trigger bei Erreichen von U_2 ebenso rasch in die Ausgangslage zurück. Den Unterschied zwischen U_1 und U_2 nennt man Schalthysterese.

Der Schmitt-Trigger wird z.B. zur Formung von Rechteckimpulsen und bei Schwellwert-Steuerungen, z.B. Dämmerungsschaltern, verwendet.

Wiederholungsfragen

1. Erläutern Sie die Abkürzungen RTL und DTL!
2. Was versteht man unter einer integrierten Schaltung?
3. Erklären Sie die Wirkungsweise der astabilen Kippschaltung!
4. Nach welcher Formel wird die Impulsdauer bei der astabilen Kippschaltung berechnet?
5. Nennen Sie Anwendungen für die monostabile Kippschaltung!
6. Mit welcher elektronischen Schaltung läßt sich im einfachsten Fall eine Information speichern?
7. Geben Sie das allgemeine Schaltzeichen für eine bistabile Kippschaltung an!
8. Was versteht man beim Schmitt-Trigger unter Hysterese?

15.10.7 Zählschaltungen

Die bekannteste Anwendung der Digitaltechnik ist der Digitalrechner, z.B. bei Taschenrechnern oder Großrechenanlagen. Computer* arbeiten nicht mit dem Dezimalzahlensystem (Tabelle 361/1), weil die notwendigen zehn verschiedenen Spannungswerte nicht mit ausreichender Genauigkeit unterschieden werden können. Sie arbeiten vielmehr mit dem Zweiersystem, das eine hohe Genauigkeit hat; denn es gibt nur zwei Zustände: 0 bedeutet nicht ausreichende Spannung, 1 bedeutet ausreichende Spannung. Das duale** Zahlensystem (Tabelle 361/2) benötigt allerdings für die Darstellung der Zahlen eine bis zu viermal so große Anzahl von Stellen.

Tabelle 361/1: Dezimalzahlensystem

Ziffern		0; 1; 2; 3; 4; 5; 6; 7; 8; 9										
Stellenwert	...	10^{-5}	10^{-4}	10^{-3}	10^{-2}	10^{-1}	10^0	10^1	10^2	10^3	10^4	10^5 ...
Dezimalzahl	...	0,00001	0,0001	0,001	0,01	0,1	1	10	100	1000	10000	100000 ...

Tabelle 361/2: Duales Zahlensystem

Ziffern		0; 1										
Stellenwert	...	2^{-5}	2^{-4}	2^{-3}	2^{-2}	2^{-1}	2^0	2^1	2^2	2^3	2^4	2^5 ...
Dualzahl	...	0,00001	0,0001	0,001	0,01	0,1	1	10	100	1000	10000	100000 ...

Die Umrechnung von Zahlen aus dem einen Zahlensystem in das andere System erfolgt durch die Anwendung von Gesetzmäßigkeiten (Tabelle 361/1 und Tabelle 361/2).

Beispiel 1: Geben Sie die Dualzahl 1001100 als Dezimalzahl an!

Lösung:

Dualzahl	1	0	0	1	1	0	0	
Stellenwert	2^6	2^5	2^4	2^3	2^2	2^1	2^0	
Dezimalzahl	64	+0	+0	+8	+4	+0	+0	= 76

* computer (engl.) = Rechenmaschine
** dual = in Zweizahl auftretend

Beispiel 2: Geben Sie die Dezimalzahl 76 als Dualzahl an!

Lösung: Die Dezimalzahl 76 enthält den Stellenwert 2^6 (76 − 64 = 12),

den Stellenwert 2^3 (Rest 12 − 8 = 4),

den Stellenwert 2^2 (Rest 4 − 4 = 0).

Stellenwert 2^6 2^5 2^4 2^3 2^2 2^1 2^0

Dualzahl   1   0   0   1   1   0   0

Die Lösung von Beispiel 2 erhält man auch, wenn die Dezimalzahl mehrfach durch 2 dividiert wird.

Lösung:

76 : 2 = 38	Rest 0 (1. Stelle)	
38 : 2 = 19	Rest 0 (2. Stelle)	
19 : 2 = 9	Rest 1 (3. Stelle)	
9 : 2 = 4	Rest 1 (4. Stelle)	

4 : 2 = 2   Rest 0 (5. Stelle)
2 : 2 = 1   Rest 0 (6. Stelle)
1 : 2 = 0   Rest 1 (7. Stelle)

76 ≙ 1 0 0 1 1 0 0
     7., 6., 5., 4., 3., 2., 1. Stelle

Die dualen Zahlen können addiert, subtrahiert, multipliziert und dividiert werden. Der Aufbau eines Rechenwerks für die vier Grundrechenarten mit einzelnen Bauteilen ist so schwierig, daß am besten ein fertiger Baustein verwendet wird.

Zähler addieren die ankommenden Taktimpulse und zeigen das Ergebnis in einem Binärcode* an. Zähler bestehen im wesentlichen aus einer Schaltung mit mehreren Flipflops. Verwendet werden jedoch nicht die einfachen RS-Flipflops, weil sie beim Signal 1 an S und R den nicht zulässigen Zustand $Q = \overline{Q}$ haben. Dieser Nachteil wird mit einigen Erweiterungen der RS-Grundschaltung beseitigt. Dazu wird das RS-Flipflop mit einem Takteingang C versehen (**Bild 362/1**). Mit diesem Flipflop wird nur die Information gespeichert, die an R und S während des Taktimpulses C = 1 vorhanden ist. Bei C = 0, S und R beliebig, bleibt der Speicherzustand Q erhalten (**Tabelle 362/1**).

Das RS-Flipflop mit Takteingang C wird nochmals erweitert bis das sogenannte JK-Master-Slave-Flipflop vorliegt (**Bild 362/2**). Dabei können auch die Eingänge $\overline{S}$ und $\overline{R}$ herausgeführt sein. Ein taktgesteuertes Master-Slave-Flipflop ist ein für Zähler geeignetes Flipflop (**Bild 362/3**).

Bild 362/1: RS-Flipflop mit Takteingang C   **Bild 362/2: JK-Master-Slave-Flipflop**

Tabelle 362/1: Funktion für RS-Flipflop mit Takteingang C

C	S	R	Q
1	0	0	keine Änderung
1	0	1	0
1	1	0	1
1	1	1	unzulässig

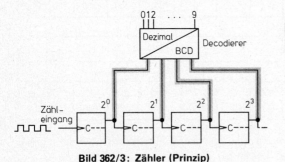

Bild 362/3: Zähler (Prinzip)

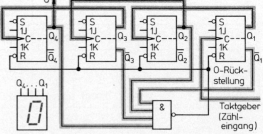

Bild 362/4: Dezimalzähler mit 8-4-2-1-Codierung

Eine Anzeige in Dualzahlen ist für den Menschen ungewohnt. Deshalb wird die Anzeige in das Dezimalzahlensystem umgewandelt (Bild 362/3). Jeweils vier Flipflops (**Bild 362/4**) sind für eine Dekade erforderlich. Da mit vier Flipflops aber von 0 bis 15 gezählt werden kann, muß der Zählvorgang jeweils nach dem 10. Impuls beendet werden. Es erfolgt nun die Rückstellung der Dekade auf Null und der Übertrag dieser Dekade auf die nächsthöhere.

* Code (engl.) = Zuordnungsliste von Zeichen

In den Dezimalzählern wird nicht das reine Dualzahlensystem verwendet, sondern ein Code, z. B. der 8-4-2-1-Code **(Tabelle 363/1)**. Daneben gibt es auch andere BCD*-Codes, wie z. B. den Aiken-Code (siehe Tabellenbuch Elektrotechnik).

Beispiel: Geben Sie die Dezimalzahl 106 im 8-4-2-1-Code an!

Lösung: $1 \cong 0001$ $0 \cong 0000$ $6 \cong 0110 \Rightarrow 106 \cong$ **0001 0000 0110**

Zähler werden z. B. für Frequenzmesser, für Uhren und für Ampelsteuerschaltungen verwendet. Auch sogenannte *Schieberegister*, die z. B. für nacheinander ablaufende Arbeitsgänge als Programmgeber verwendet werden, können aus mehreren hintereinandergeschalteten Flipflops zusammengesetzt werden. Ein Schieberegister ist ein Speicher, in den eine Binärzahl eingegeben werden kann. Bei Bedarf kann die Information dem Register wieder entnommen werden. Die in einem Mikroprozessorsystem verwendeten Register (Seite 372) können z. B. aus JK-Flipflop-Bauelementen aufgebaut werden. In ein Register können dann Informationen eingegeben werden.

Zählerrückstellung

Tabelle 363/1: BCD-Code

Wert	2^3 (8)	2^2 (4)	2^1 (2)	2^0 (1)
0	0	0	0	0
1	0	0	0	1
2	0	0	1	0
3	0	0	1	1
4	0	1	0	0
5	0	1	0	1
6	0	1	1	0
7	0	1	1	1
8	1	0	0	0
9	1	0	0	1
10	1	0	1	0

Wiederholungsfragen

1. Geben Sie einen Vorteil und einen Nachteil für die Verwendung des dualen Zahlensystems an!
2. Schreiben Sie die Dezimalzahl 63 als Dualzahl!
3. Schreiben Sie die Dualzahl 100010 als Dezimalzahl!
4. Aus welchen Bauteilen werden Zähler im wesentlichen geschaltet?
5. Welcher Zustand der Eingangssignale ist beim RS-Flipflop nicht zulässig?
6. Nennen Sie einen Vorteil des Dezimalzählers!
7. Wieviele Flipflops sind beim Dezimalzähler für eine Dekade notwendig?
8. Erläutern Sie die Bezeichnung BCD-Code!

15.10.8 Schaltungen mit Operationsverstärker

Die Schalterfunktion ist ein wesentliches Kennzeichen der Digitalschaltungen, die Verstärkerfunktion dagegen ein typisches Merkmal der Analogschaltungen. Operationsverstärker gehören daher zu den Analogschaltungen. Die Anwendungen des Operationsverstärkers reichen aber auch in den Bereich der Digitaltechnik. Diese Verstärker werden in Reglerschaltungen, wie PI-, PD- und PID-Reglern (Seite 378); in Rechenschaltungen, wie der Additions-, Subtraktions-, Integrations-, Differentiationsschaltung; in Kippschaltungen, wie der astabilen Kippschaltung; in Schwellwertschaltern, wie dem Schmitt-Trigger, aber auch als Gleichrichterschaltung, als Konstant-Spannungsquelle oder Konstant-Stromquelle verwendet. Der Operationsverstärker ist ein Bauelement, bei dem die äußere Beschaltung die Funktion bestimmt.

Die **astabile Kippschaltung** mit einem Operationsverstärker **(Bild 363/1)** besteht aus wenigen Bauteilen, nämlich dem Operationsverstärker, drei Widerständen und einem Kondensator. Der Operationsverstärker bildet mit den Widerständen R1 und R2 einen sogenannnten Komparator**. Wird an den invertierenden Eingang des Komparators z. B. eine Dreieckspannung gelegt **(Bild 363/2)**, so liegt an R2 die Spannung $U_{R2} = \dfrac{U_2}{R_1+R_2} \cdot R_2$. Diese Spannung wirkt auf den nicht invertierenden Eingang. Wird U_1 ab t_1 größer als $+U_{R2\,max}$, so werden U_2 und damit U_{R2} kleiner bis U_{R2} den Wert $-U_{R2\,max}$ annimmt. Wird jetzt U_1 ab t_2 negativer, so kippt U_2 erneut.

* BCD: Binary Coded Decimal = binär codiertes Zehnersystem
** to compare (engl.) = vergleichen

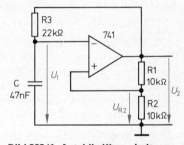

Bild 363/1: Astabile Kippschaltung

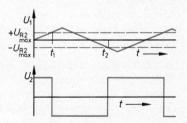

Bild 363/2: Spannungsverlauf beim Komparator

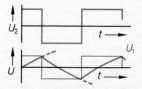

Bild 363/3: Spannungsverlauf bei der astabilen Kippschaltung

Bei der astabilen Kippschaltung schaltet der Komparator immer dann, wenn die Spannungsdifferenz am invertierenden und am nicht invertierenden Eingang den Wert Null hat. Angenommen der Kondensator C (Bild 363/1) sei entladen und die Spannung U_2 sei maximal. Dann wird der Kondensator C über den Widerstand R3 geladen. Erreicht die Kondensatorspannung U_1 den Wert von U_{R2}, so kippt die Schaltung (Bild 363/3). Der Vorgang wiederholt sich. Am Ausgang ist eine Rechteckspannung vorhanden.

Die **Integrierschaltung (Bild 364/1)** wird in der Elektronik häufig verwendet. Unter Integrieren wird in der Mathematik z. B. die Bestimmung einer Fläche unter einer Kurve verstanden. Soll z. B. die Fläche unter der positiven Halbwelle eines sinusförmigen Wechselstromes oder unter der Ladestromkurve eines Kondensators bestimmt werden, so ist dies durch die Anwendung der Integralrechnung möglich.

Versuch 364/1: Legen Sie an eine Integrierschaltung (Bild 364/1) eine sinusförmige und danach eine rechteckförmige Spannung! Geben Sie Eingangs- und Ausgangsspannung auf ein Zweikanal-Oszilloskop!

Bei sinusförmiger Wechselspannung am Eingang erhält man am Ausgang ebenfalls diese Form. Die Linie ist aber um 90° phasenverschoben (Bild 364/2); es handelt sich also um die Kosinusfunktion.

Die Rechteckspannung am Eingang wird bei der Integrierschaltung zur Dreieckspannung am Ausgang.

Beim Integrierer wird das Eingangssignal verstärkt und über den Kondensator als Gegenkopplungssignal auf den Eingang zurückgeführt. Eine sinusförmige Spannung am Eingang wird durch den invertierenden Eingang um 180° gedreht. Durch den Kondensator kommt eine 90°-Drehung zustande, so daß die Spannung U_2 der Spannung U_1 um 90° vorauseilt.

Die **Differenzierschaltung (Bild 364/3)** entsteht durch Vertauschen der Bauelemente R und C der Integrierschaltung. Die Differentiation ist die Umkehrung der Integration. Eine Eingangsspannung, die sich zeitlich ändert, verursacht im Kondensator C eine Änderung der Ladung und damit eine Aussteuerung des Operationsverstärkers. Die Ausgangsspannung U_2 wird über den Widerstand R auf den Eingang zurückgeführt.

Eine sinusförmige Spannung am Eingang des Differenzierers ruft eine Spannung am Ausgang hervor (Bild 364/4), die sinusförmig und um 90° phasenverschoben ist. Wird an den Eingang des differenzierenden Verstärkers eine dreieckförmige Spannung gelegt, so erhält man am Ausgang wieder eine rechteckförmige Spannung (Bild 364/2b). Ein Differenzierer hebt die Wirkung eines Integrierers auf.

Rechteckimpulse am Eingang der Differenzierschaltung haben steile Nadelimpulse am Ausgang zur Folge, weil am Ausgang des Differenzierers nur dann eine Spannung vorhanden ist, wenn innerhalb einer bestimmten Zeit eine Änderung der Eingangsspannungsgröße erfolgt.

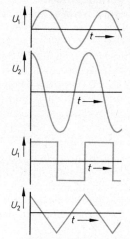

Bild 364/1:
Integrierschaltung

Bild 364/2: Spannungsverlauf beim Integrierer (a) Sinusform, b) Rechteckform am Eingang)

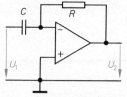

Bild 364/3:
Differenzierschaltung

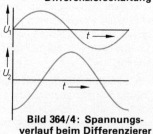

Bild 364/4: Spannungsverlauf beim Differenzierer

Wiederholungsfragen

1. Geben Sie verschiedene Anwendungsbereiche für den Operationsverstärker an!
2. Nennen Sie die Bauelemente, aus denen eine astabile Kippschaltung mit einem Operationsverstärker verwirklicht werden kann!
3. Welche Spannungsform und Phasenlage hat die Integrierschaltung am Ausgang bei a) sinusförmiger Eingangsspannung, b) rechteckförmiger Eingangsspannung?
4. Welche Spannungsform und Phasenlage hat die Differenzierschaltung am Ausgang bei a) sinusförmiger Eingangsspannung, b) dreieckförmiger Eingangsspannung?
5. An den Eingang einer Differenzierschaltung wird ein rechteckförmiger Impuls gegeben. Welche Form hat die Spannung am Ausgang der Schaltung?

15.11 Elektronenstrahl-Oszilloskop

Ein Elektronenstrahl-Oszilloskop*, früher auch Oszillograf** genannt, dient zum Messen und zur bildlichen Darstellung von veränderlichen, elektrischen Größen. Diese Größen sind meist zeitabhängig. Mit empfindlichen Oszilloskopen kann man auch kleine Spannungen bis zu 0,1 mV darstellen. Breitband-Oszilloskope verarbeiten noch sehr hohe Frequenzen (bis zu mehreren hundert Megahertz). Oszilloskope eignen sich für Spannungsmessungen, weil sie einen hohen Eingangswiderstand, z. B. 1 MΩ, besitzen.

Ein Elektronenstrahl-Oszilloskop enthält im wesentlichen vier Baugruppen: 1. Elektronenstrahlröhre (Oszilloskop-Röhre), 2. Vertikalverstärker (Y-Verstärker), 3. Zeitablenkeinrichtung mit dem Horizontalverstärker (X-Verstärker) und 4. Netzteil, das die Versorgungsspannungen für die Baugruppen liefert.

Außer der Elektronenstrahlröhre enthalten moderne Oszilloskope keine Röhren mehr. Netzteil, Verstärker und Triggereinrichtung sind mit Halbleiterbauelementen aufgebaut, meist mit integrierten Schaltungen auf Steckkarten.

15.11.1 Elektronenstrahlröhre (Braunsche Röhre***)

Der wichtigste Teil des Oszilloskops ist die Elektronenstrahlröhre (**Bild 365/1**). Der Röhrenkolben besteht aus Glas. Er ist luftleer gepumpt. Die Stifte am Sockel führen zu den einzelnen Elektroden.

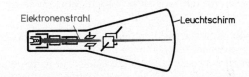

Im Innern der Röhre sendet eine geheizte Katode Elektronen aus. In der Nähe der Katode befinden sich mehrere Elektroden (Hohlzylinder aus Metall), an denen elektrische Spannungen liegen. Sie bündeln die Elektronen zu einem dünnen Strahl (Elektronenstrahl). Die Elektronen werden außerdem durch positive Spannungen an den Elektroden in

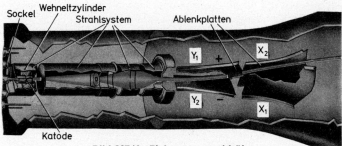

Bild 365/1: Elektronenstrahlröhre

Richtung des Leuchtschirms beschleunigt. Die Elektroden bilden zusammen mit der Katode das *Strahlsystem* (Bild 365/1). Das Strahlsystem erzeugt, beschleunigt und bündelt (fokussiert[4*]) den Elektronenstrahl.

Zwischen Strahlsystem und Leuchtschirm befinden sich hintereinander zwei parallel angeordnete Plattenpaare. Das zweite Plattenpaar ist gegenüber dem ersten um einen Winkel von 90° gedreht. Mit den beiden Plattenpaaren kann der Elektronenstrahl senkrecht und waagrecht aus seiner geradlinigen Bahn abgelenkt werden, wenn jeweils zwischen den Platten eines Plattenpaares eine elektrische Spannung liegt. Der Elektronenstrahl wird zur positiven Platte hin abgelenkt (Bild 365/1). Diese *elektrostatische Strahlablenkung* erfolgt fast trägheitslos, bedingt aber eine große Baulänge der Elektronenstrahlröhre.

Die senkrechte Ablenkung nennt man *vertikale Ablenkung* oder Y-Ablenkung, die waagrechte Ablenkung *horizontale Ablenkung* oder X-Ablenkung.

Die Elektronen des Strahls prallen mit hoher Geschwindigkeit auf dem Leuchtschirm auf und erzeugen dort einen Leuchtfleck. Sie schlagen aus dem Leuchtschirm Elektronen heraus. Diese sogenannten Sekundärelektronen fliegen zu der Elektrode mit der höchsten, gegenüber der Katode positiven Spannung, nämlich zum Graphitbelag an der Innenwand der Röhre.

---

  * Oszilloskop = Schwingungsseher
 ** Oszillograf = Schwingungsschreiber
*** Karl Ferdinand Braun, deutscher Physiker (1850 bis 1918)
4* focus (lat.) = Brennpunkt

Der Leuchtschirm besteht aus einer Leuchtschicht, mit der die Innenseite der Vorderwand der Röhre überzogen ist. Die Leuchtstoffe sind Oxide, Sulfide oder Silikate von Zink oder Cadmium, die durch sehr wenig Kupfer, Silber, Gold oder Mangan aktiviert, d. h. leuchtfähig gemacht wurden. Die einzelnen Leuchtstoffe unterscheiden sich durch Lichtausbeute, Farbe und Nachleuchtdauer. Für Oszilloskopröhren verwendet man meist grün leuchtende Stoffe, weil das menschliche Auge für die Farbe grün die größte Empfindlichkeit besitzt. Wird das Schirmbild fotografiert, eignen sich blau leuchtende Stoffe besser.

Zwischen den Ablenkelektroden und dem Leuchtschirm ist die Innenseite des Glaskolbens mit einem leitenden Belag, z. B. mit einer Graphitschicht überzogen. An den schirmnahen Belag wird über eine Glasdurchführung eine sehr hohe Spannung, oft mehrere tausend Volt, gelegt. Diese Spannung beschleunigt den Elektronenstrahl nach Verlassen der Ablenkplatten. Dadurch wird die Leuchtfleck-Helligkeit auf dem Bildschirm größer, ohne die Ablenkempfindlichkeit zu beeinträchtigen.

Die Katode der Elektronenstrahlröhre ist' im Inneren des Wehnelt-Zylinders* (Bild 365/1), der die Form eines Topfes mit einem kleinen Loch im Boden hat. Die von der Katode ausgesandten Elektronen können durch das Loch austreten. Hat der Wehnelt-Zylinder eine negative Spannung gegenüber der Katode, so werden die Elektronen zwischen Katode und Zylinder abgebremst und weniger Elektronen treten aus. Durch eine negative Vorspannung am Wehnelt-Zylinder läßt sich also die Helligkeit des Leuchtschirmbildes steuern.

Die Schärfe des Elektronenstrahls am Leuchtschirm kann man durch eine Spannung an einer der anderen Elektroden einstellen. Durch zusätzliche Gleichspannung an den Ablenkplatten läßt sich das Schirmbild waagrecht und senkrecht verschieben.

Zweistrahlröhren enthalten zwei getrennte Strahl- und Ablenksysteme in einem gemeinsamen Röhrenkolben. Beide Elektronenstrahlen können unabhängig voneinander gesteuert werden. In Zweistrahloszilloskopen dienen meist zwei gleichartige Y-Verstärker zur Ansteuerung der beiden Y-Plattenpaare. Die beiden X-Plattenpaare werden oft nur durch eine zeitproportionale Sägezahnspannung aus dem X-Verstärker angesteuert. Mit einem Zweistrahloszilloskop können zwei verschiedene Meßspannungen zeitgleich auf dem Bildschirm dargestellt und beobachtet werden.

15.11.2 Aufbau des Oszilloskops

Das Elektronenstrahl-Oszilloskop enthält ein Netzteil **(Bild 366/1)**, das die Netzwechselspannung transformiert und gleichrichtet. Das Netzteil liefert die Heiz- und Anodenspannungen für die Elektronenstrahlröhre, deren Anodenspannungen z. B. 2000 V bis 4000 V betragen können, und die Betriebsspannungen für die Halbleiterschaltungen des Oszilloskops.

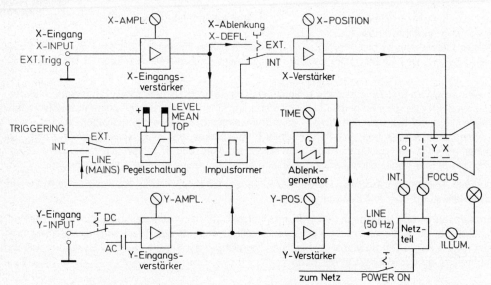

Bild 366/1: Übersichtsschaltplan eines triggerbaren Elektronenstrahl-Oszilloskops

---

* Arthur Wehnelt, deutscher Physiker (1871 bis 1944)

Damit der Strahl auf dem Leuchtschirm um 1 cm abgelenkt wird, braucht man an den Ablenkplatten eine Spannung zwischen 3 V bis 5 V. Um mit kleineren Spannungen ablenken zu können, enthalten Oszilloskope für die senkrechte Ablenkung einen *Y-Verstärker* und oft auch für die waagrechte Ablenkung einen *X-Verstärker*.

An diese Verstärker werden hohe Ansprüche gestellt: Sie müssen die Eingangsspannungen so verstärken, daß deren Kurvenform erhalten bleibt. Die Verstärkung muß deshalb in einem großen Frequenzbereich (z. B. 5 Hz bis 10 MHz) gleich groß bleiben (Breitbandverstärker). Als Verstärker werden Gleichspannungsverstärker (Seite 344) verwendet.

Mit Hilfe des Oszilloskops untersucht man meist periodische Vorgänge, z. B. Wechselspannungen. Die Meßspannung wird im Y-Verstärker vergrößert und an die Y-Platten der Elektronenstrahlröhre gelegt. An den X-Platten muß eine Spannung wirksam sein, die in gleichen Zeitabschnitten stetig um den gleichen Wert zunimmt. Eine derartige Spannung zeigt einen sägezahnartigen zeitlichen Verlauf **(Bild 367/1)**.

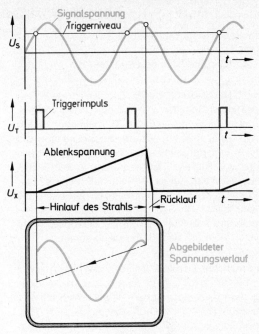

Bild 367/1:
Getriggerte Zeitablenkung im Oszilloskop

Diese Sägezahnspannung an den X-Platten führt den Elektronenstrahl mit gleichbleibender Geschwindigkeit von links nach rechts über den Leuchtschirm und holt ihn dann mit erhöhter Geschwindigkeit wieder nach links zurück. Während der Zeit des Rücklaufs wird der Elektronenstrahl durch einen negativen Spannungsimpuls am Wehnelt-Zylinder unterdrückt. Die Sägezahnspannung wird von einem *Ablenkgenerator* (Bild 367/1) erzeugt. Ihre Frequenz ist in weiten Grenzen einstellbar.

Auf dem Schirm der Bildröhre erscheint nur dann ein ruhiger und stehender Kurvenzug, wenn die Periodendauer der Sägezahnspannung ein ganzzahliges Vielfaches der Periodendauer der Meßspannung ist. Bei modernen Oszilloskopen erreicht man dies durch eine Fremdsynchronisation, die sogenannte *Triggerung**. Dabei liefert die Zeitablenkstufe keine ständig sich wiederholende Sägezahnspannung, sondern nur dann einen einzigen Sägezahnimpuls, wenn am Y-Eingang ein Signal ankommt und einen bestimmten Schwellenwert (level**) überschreitet. Die Größe des einleitenden Signalniveaus kann am Oszilloskop eingestellt werden. Ein neues Signal löst den Ablenkgenerator wieder für eine Periodendauer aus. Die auslösbare (getriggerte) Zeitablenkung ermöglicht die Darstellung auch unperiodischer oder gar einmaliger Meßvorgänge.

Zwischen Zeitablenkgenerator und Elektronenstrahlröhre liegt bei vielen Oszilloskopen ein X-Verstärker (Bild 366/1). Der X-Verstärker verstärkt die Amplitude der Sägezahnspannung so, daß der Kurvenzug auf dem Leuchtschirm nach links und nach rechts gedehnt werden kann. Zur genauen Untersuchung eines Teiles der Kurve kann man den Kurvenzug so weit dehnen, daß nur ein Ausschnitt der Kurve auf dem Schirm sichtbar ist.

Dem X-Verstärker kann über Anschlüsse auf der Frontplatte des Oszilloskops von außen eine Spannung zugeführt werden. Der Ablenkgenerator ist dabei abgeschaltet. Nun wird der Elektronenstrahl durch zwei Meßspannungen in X- und Y-Richtung abgelenkt. Damit kann man auf dem Oszilloskopschirm z. B. Kennlinien darstellen oder zwei Wechselspannungen bezüglich ihrer Phasenverschiebung oder Frequenz untersuchen.

* trigger (engl.) = Auslöser
** level (engl.) = Höhe, Niveau

15.11.3 Bedienung des Oszilloskops

Elektronenstrahl-Oszilloskope haben meist eine einheitliche Beschriftung der Frontplatte, die aus dem Englischen stammt **(Bild 368/1)**.

Der Netzschalter (POWER ON) ist entweder ein besonderer Schalter oder mit dem Potentiometer für die Helligkeit (INTENSITÄT) gekoppelt. Nach etwa einer halben Minute Anheizzeit für die Elektronenstrahlröhre kann man die Helligkeit des Strahls einstellen. Die waagrechte Linie auf dem Bildschirm darf nur so hell sein, daß man sie noch gut sehen kann. Bei zu großer Helligkeit wird die Leuchtmasse des Schirms beschädigt. Bei fehlender X- und Y-Ablenkung kann der Elektronenstrahl einen Punkt auf dem Schirm einbrennen.

Bei manchen Oszilloskopen schwingt der Ablenkgenerator nach dem Einschalten nicht frei, sondern muß erst mit dem Trigger-Wahlschalter auf FREE RUN (freier Lauf) oder auf AUTOMATIK geschaltet werden, damit ohne Eingangssignal ein waagrechter Strich geschrieben wird.

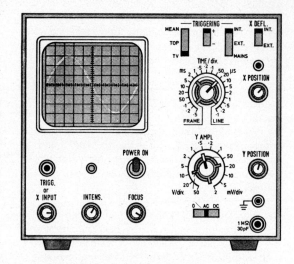

Bild 368/1: Vorderseite eines Oszilloskops

Die waagrechte Linie (Zeitlinie) stellt man auf die Mitte des Schirmes ein. Man kann sie waagrecht und senkrecht verschieben (X-POSITION und Y-POSITION). Mit dem Bedienungsknöpfen FOCUS (und evtl. ASTIGMATISMUS) stellt man den Strich auf größte Schärfe ein. Mit einem Umschalter kann man einen Kondensator vor den Verstärkereingang legen, der Gleichspannungen abriegelt. Eine zusätzliche Gleichspannung würde je nach Größe den Strahl über den Schirmrand hinausschieben. (Am Umschalter steht DC für direct current (engl.) = Gleichstrom und AC für alternating current = Wechselstrom.)

Die Höhe der auf dem Schirm dargestellten Kurve stellt man nach Anlegen der Signalspannung mit dem Steller Y-AMPLITUDE ein, die Bildbreite mit dem Steller X-AMPLITUDE (oder MAGNIFICATION = Vergrößerung, abgekürzt MAGN). Die Triggerung kann durch die Signalspannung (INTERN), durch eine Fremdspannung (EXTERN) oder durch die Netzspannung (LINE oder MAINS) mit einem Schalter gewählt werden. Das Triggerniveau läßt sich stufenlos ändern (mit LEVEL) oder auf feste Werte einstellen (TOP = Spitzenwert, MEAN = Nulldurchgang, auf + für den Anstieg oder − für den Abfall der Signalspannung). Die Anzahl der abgebildeten Perioden der Signalspannung kann man mit der Zeitablenkung (TIME oder TIMEBASE) festlegen. Soll eine Fremdspannung die Ablenkung steuern, muß sie an den X-Eingang gelegt werden und die X-Ablenkung (X-DEFLECTION) auf EXTERN geschaltet sein.

Tastkopf für das Oszilloskop. Die Zuleitungen zum Oszilloskop können von elektrischen oder magnetischen Fremdfeldern beeinflußt werden. Diese Felder stören die Messung. Zum Abschirmen der Fremdfelder verwendet man eine koaxiale Meßleitung mit oder ohne Tastkopf am Ende. Die Meßleitung enthält in der Mitte den spannungsführenden Leiter, der von einem biegsamen Drahtgeflecht umgeben ist. Das Drahtgeflecht wird mit Masse verbunden. Tastköpfe mit Spannungsteilung enthalten einen ohmschen Widerstand in Reihe zur Meßleitung, der mit einem einstellbaren Kondensator überbrückt ist. Dieser Trimmerkondensator dient zum Ausgleich der unvermeidlichen Schalt- und Leitungskapazitäten. Der Abgleich wird mit der Rechteckspannung des Oszilloskops durchgeführt. Man legt sie an die Tastspitze und verändert den Trimmerkondensator an der Stellschraube des Tastkopfs so lange, bis auf dem Bildschirm wieder die richtige Rechteckspannung zu sehen ist. Tastköpfe dienen auch der Spannungsteilung im Verhältnis 10:1, 50:1 oder 100:1, falls die Meßspannung für das Oszilloskop zu hoch ist. Durch die Spannungsteilung wird im selben Verhältnis der Eingangswiderstand des Oszilloskops erhöht, z.B. bei 10:1 von 1 MΩ auf 10 MΩ.

15.11.4 Messen mit dem Elektronenstrahl-Oszilloskop

Beim Oszilloskopieren sollen Oszilloskop und Meßobjekt mit Masse verbunden sein.

Stromkreise und elektrische Geräte, die mit dem Oszilloskop untersucht werden, dürfen nicht direkt mit dem Netz verbunden werden. Hier muß man also einen Trenntransformator (Übersetzung 1:1) dazwischen schalten.

Das Oszilloskop ist ein Spannungsmeßgerät. Alle zu messenden oder darzustellenden Größen müssen in entsprechende Spannungen umgewandelt werden.

Messen von Wechselspannungen. Mit dem Elektronenstrahl-Oszilloskop kann man den Scheitelwert von Wechselspannungen messen, auch wenn sie nicht sinusförmig sind. Eine Wechselspannung am Eingang des Y-Verstärkers lenkt den Elektronenstrahl nach oben und unten ab. Die Ablenkung ist um so größer, je höher die Wechselspannung ist. Zur Kalibrierkontrolle kann man auf den Eingang des Y-Verstärkers eine Kalibrierspannung* geben, die im Oszilloskop erzeugt wird und auf dem Schirm als Rechteckkurve erscheint.

Die Ablenkung des Elektronenstrahls mißt man mit dem Raster vor dem Leuchtschirm, der eine Millimeterteilung hat. Diese Ablenkung in cm muß man mit dem am Stufenschalter des Y-Verstärkers eingestellten *Ablenkfaktor* in V/cm multiplizieren. Man erhält den doppelten Maximalwert der Spannung (Spitze-Spitze-Spannung U_{ss}).

Darstellung der Kurvenform von Wechselspannungen. Das Oszilloskop wird hauptsächlich zur Beobachtung der Kurvenform von Spannungen eingesetzt. Die zu messende Spannung legt man an den Eingang des Y-Verstärkers. Die Zeitablenkung wird so eingestellt, daß die Kurve auf dem Leuchtschirm ruhig steht.

Den Kurvenverlauf elektrischer *Ströme* kann man darstellen, wenn sie in Spannungen umgewandelt werden. Man benützt zur Ablenkung z.B. den Spannungsabfall, den der zu messende Strom in einem Wirkwiderstand hervorruft.

Nichtelektrische Größen, wie Dehnungen, Schwingungen, Temperaturschwankungen oder magnetische Größen u.ä., werden durch Meßumformer (Dehnungsmeßstreifen, piezoelektrische Kristalle, Thermoelemente usw.) in elektrische Spannungen umgewandelt und dann dem Oszilloskop zugeführt.

Darstellung von Kennlinien. Auf dem Leuchtschirm des Oszilloskops kann die Kennlinie eines Bauelements, z.B. einer Diode, dargestellt werden. Der Elektronenstrahl muß dabei die Kennlinie so oft durchlaufen, daß sie für das Auge als stehend erscheint. Hierzu nimmt man oft eine Ablenkfrequenz von 50 Hz. Ein Transformator liefert die zur Ablenkung nötige Spannung **(Bild 369/1).** Die an dem Bauelement, z.B. einer Diode, liegende Spannung wird auf die X-Platten der Oszilloskopröhre (oft über den X-Verstärker) gegeben. Der Strom im Bauelement fließt durch einen in Reihe geschalteten Widerstand R. Der Spannungsabfall an diesem Widerstand ist dem Strom proportional. Dieser Spannungsabfall wird auf die Y-Platten (meist über den Y-Verstärker) gegeben. Auf dem Leuchtschirm des Oszilloskops erscheint die Kennlinie des Bauelements: Auf der waagrechten X-Achse die Spannung, auf der senkrechten Y-Achse der Strom.

Bild 369/1:
Meßschaltung für die Aufnahme von Dioden-Kennlinien

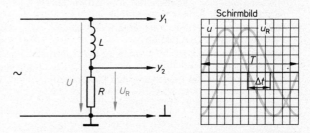

Bild 369/2: Beispiel zur Phasenmessung am Schirmbild

* Kalibrieren = auf genaues Maß bringen

Messung der Phasenverschiebung. Die Phasenverschiebung zwischen zwei elektrischen Größen kann man mit einem Zweistrahl-Oszilloskop oder Zweikanal-Oszilloskop messen. Ein Zweikanal-Oszilloskop enthält zwei Y-Eingänge mit zwei Y-Verstärkern, die mit einem elektronischen Umschalter sehr schnell wechselnd an die Y-Ablenkplatten der Elektronenstrahlröhre gelegt werden. Die dauernde Kanalumschaltung erfolgt entweder gleichzeitig mit der horizontalen Zeitablenkung (ALTERNATE*-Betrieb) oder mit konstanter, sehr hoher Frequenz (CHOPPER**-Betrieb). Mit diesem Oszilloskop lassen sich wie mit einem Zweistrahl-Oszilloskop scheinbar gleichzeitig zwei Kurvenzüge auf den Bildschirm schreiben.

Bei der Messung der Phasenverschiebung gibt man auf den einen Y-Eingang (Y₁) die erste Spannung, z. B. den Spannungsabfall an einem Widerstand **(Bild 369/2)**, und auf den anderen Y-Eingang (Y₂) die zweite Spannung, z. B. den Spannungsabfall

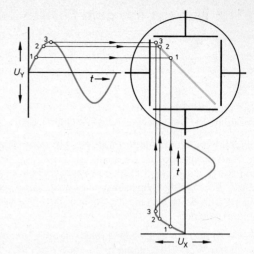

Bild 370/1:
Phasenmessung mit dem Einstrahl-Oszilloskop

an einer Spule. Auf dem Bildschirm mißt man den Abstand Δt (in mm) der Nulldurchgänge beider Kurven. Diesen Abstand teilt man durch die Länge T (ebenfalls in mm), die der Periodendauer entspricht. Die Phasenverschiebung φ zwischen Spulenstrom und Spulenspannung ist dann $\varphi = (\Delta t / T) \cdot 360°$.

Die Phasenmessung ist mit Einstrahl-Oszilloskopen ebenfalls möglich. Man legt die Meßspannung, z. B. die Spannung an der Spule, an den Y-Eingang, die Vergleichsspannung, z. B. die Spannung am Widerstand, jedoch an den X-Eingang (bei abgeschalteter Zeitablenkung). Jetzt wird der Elektronenstrahl in der Oszilloskopröhre von zwei Wechselspannungen gleichzeitig abgelenkt. Die X- und Y-Verstärkung stellt man so ein, daß auf dem Bildschirm gleich große Ablenkungen in vertikaler und horizontaler Richtung entstehen. Bei Phasengleichheit entsteht dann ein unter 45° geneigter Strich **(Bild 370/1)**. Bei 90° oder 270° Phasenverschiebung erhält man einen Kreis und bei 180° Phasenverschiebung einen unter 45° nach links geneigten Strich. Andere Phasenverschiebungen ergeben Ellipsen. Die Figuren, die auf dem Bildschirm entstehen, nennt man Lissajous***-Figuren.

Frequenzmessung. Bei triggerbaren Oszilloskopen kann man die Frequenz der Meßspannung aus der eingestellten Zeitbasis (Zeit für eine horizontale Ablenkung) berechnen. Man stellt die Zeitbasis (engl. timebase) der X-Ablenkung so ein, daß wieder eine oder mehrere vollständige Perioden auf dem Bildschirm erscheinen. Die Frequenz der Meßspannung ist der Kehrwert der Periodendauer, die aus dem Zeitbasiswert hervorgeht. Die Genauigkeit dieser Frequenzmessung hängt von der Genauigkeit der Zeitablenkung ab und davon, wie genau man abliest. Die Meßfehler liegen meist zwischen 3% und 5%.

Wiederholungsfragen

1. Welche Aufgaben haben die Ablenkelektroden der Elektronenstrahlröhre?

2. In welche Richtung wird der Elektronenstrahl abgelenkt, wenn an den vertikalen Ablenkplatten oben der negative Pol und unten der positive Pol der Ablenkspannung liegt?

3. Was versteht man unter X-Ablenkung bei einem Elektronenstrahl-Oszilloskop?

4. Was versteht man unter Y-Ablenkung bei einem Elektronenstrahl-Oszilloskop?

5. Beschreiben Sie die Bewegung des Elektronenstrahls auf dem Leuchtschirm, wenn nur die Zeitablenkung eingeschaltet ist!

6. Welche Kurvenform hat die vom Zeitablenkgenerator erzeugte Spannung?

7. Wie wirkt sich eine Vergrößerung der Amplitude der Zeitablenkspannung auf das Schirmbild aus?

8. Welche Gefahr tritt bei fehlender X- und Y-Ablenkung auf?

9. Welchen Vorteil hat die Triggerung der Zeitablenkung eines Oszilloskops?

10. Wozu benötigt man beim Oszilloskopieren einen Tastkopf?

* von to alternate (engl.) = abwechselnd
** von to chop (engl.) = zerhäcken
*** Lissajous, franz. Physiker, 1822 bis 1880

15.12 Mikroprozessor

15.12.1 Bedeutung und Aufbau

Die Anzahl der Steuerungsaufgaben, z. B. für Haushaltgeräte, Beleuchtungen oder Antriebe, ist sehr groß. Ebenso groß ist die Anzahl der erforderlichen Schaltungen, z. B. mit Schützen, Relais oder logischen Schaltungen. Bei Steuerungen mit Mikroprozessoren **(Bild 371/1)** bleibt dagegen der eigentliche Steuerteil, der Mikrocomputer, bei den verschiedenen Aufgaben weitgehend unverändert **(Bild 371/2)**. Dieses Steuergerät, die sogenannte Hardware*, ist dann für viele Aufgaben gleich. Die Anpassung der Hardware an die jeweilige Aufgabe erfolgt durch Programmieren, z. B. durch Betätigen einer Tastatur. Das Programm dazu, also die Reihenfolge, in welcher die Tasten betätigt werden, wird Software** genannt.

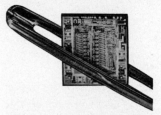

Bild 371/1: Mikroprozessor-Chip für Waschmaschinensteuerung

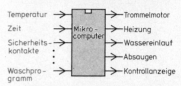

Bild 371/2: Datenfluß bei einer Waschmaschinensteuerung

Bei der Mikrocomputersteuerung bleibt die Hardware für viele Aufgaben gleich, dagegen erfordert jede Aufgabe eine eigene Software.

Der wesentliche Bestandteil eines Mikrocomputers ist der Mikroprozessor (Bild 371/1). Dieser ist ein IC mit meist 40 Anschlüssen. Der Mikroprozessor enthält eine Vielzahl von elektronischen Schaltungen, insbesonders logische Verknüpfungen und Zähler. Die Anzahl der adressierbaren Speicherplätze beträgt meist 64 KByte = $= 64 \cdot 2^{10}$ Byte $= 64 \cdot 1024$ Byte $= 65\,536$ Speicherplätze für je 8 Bit, die Wortlänge 8 bit, die Taktfrequenz bis 2 MHz, die Mindestzeit für die Durchführung eines Befehls 2 μs und die Anzahl der möglichen Befehle 78, z. B. bei Intel 8080.

Der Mikroprozessor kann nur Zahlen addieren und zwei Informationen vergleichen. Auch seine Merkfähigkeit ist gering. Zur Vergrößerung des Gedächtnisses arbeitet er stets mit ROM (Festwertspeichern) und RAM (Schreib-Lese-Speichern) zusammen **(Bild 371/3)**.

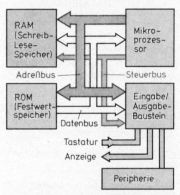

Bild 371/3: Zusammenarbeit des Mikroprozessors mit anderen Baugruppen im Mikrocomputer

Mikroprozessoren sind Baugruppen in Form von IC zum Aufbau von Rechnerschaltungen, besonders für Steuerungen.

15.12.2 Wirkungsweise des Mikroprozessors

Im Mikroprozessor sind Addierstufen enthalten **(Bild 371/4)**. Der Ripple-Carry-Addierer*** kann je nach Ansteuerung Dualzahlen a und b addieren zu $(a + b)$ oder addieren und um 1 vermehren zu $(a + b + 1)$. Durch Zusatz einer Logik-Schaltung entsteht aus dem Addierer ein Addier-Subtrahierwerk **(Bild 371/5)**. Je nach Ansteuerung über die Steuereingänge können nun Dualzahlen addiert oder subtrahiert werden.

Die Verbindung des Addierers mit der Logikschaltung erfolgt über eine Vielzahl von Leitungen. Ein derartiges Leitungsbündel, an dem mehrere Bausteine angeschlossen sind, bezeichnet man in der Prozessortechnik als Bus. Zur Übertragung von Daten dient der Datenbus, von Steuerbefehlen der Steuerbus (Bild 371/3). Adressen im Speicher, unter denen Daten abgelegt werden, werden über einen Adreßbus bewegt.

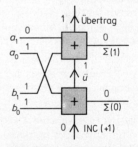

Bild 371/4: Ripple-Carry-Addierer (RCA) für 2 bit

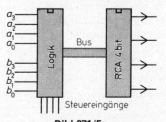

Bild 371/5: Addier-Subtrahierwerk (ASW)

---

* hardware (sprich: hardwehr) engl. = Hartware; hier: Gerät

** software (sprich: softwehr) engl. = Weichware, hier: Programm

*** ripple (sprich: rippl) engl. = Welligkeit; carry (sprich: kärrieh) engl. = Übertrag

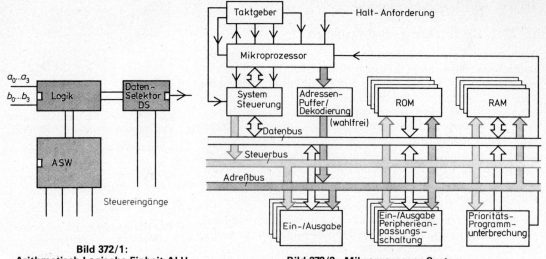

Bild 372/1:
Arithmetisch-Logische Einheit ALU

Bild 372/2: Mikroprozessor-System

Ergänzt man ein Addier-Subtrahierwerk durch eine geeignete Logik-Schaltung und einen Datenselektor*, so liegt die Arithmetik-Logik-Einheit ALU** **(Bild 372/1)** vor. Diese kann addieren, subtrahieren und logisch verknüpfen, z.B. vergleichen. Der Datenselektor ist eine gesteuerte Logikschaltung, die z.B. nur bestimmte Daten der ALU nach außen abgibt. Die ALU bildet zusammen mit einem Register einen sogenannten Akkumulator. Das Register besteht aus bistabilen Kippschaltungen, z.B. JK-Flipflop. In Register können Informationen in Form von Dualzahlen eingegeben und gespeichert werden. Danach kann man diese Informationen wieder aus dem Register abrufen.

Im Akkumulator eines Mikroprozessors können Daten in Form von Dualzahlen gespeichert und verarbeitet werden.

Im Mikroprozessor sind weitere Baugruppen enthalten, insbesonders weitere Register. Dazu gehört auch ein Befehlszähler.

Der Mikroprozessor allein ist für eine Steuerungsaufgabe nicht einsetzbar, da er nur zusammen mit weiteren Baugruppen arbeiten kann **(Bild 372/2)**. Diese sind gewöhnlich zusammen mit dem Mikroprozessor auf einer Platine einer gedruckten Schaltung enthalten. Außer den ROM und RAM sind erforderlich ein Taktgeber, Adressendekodierer, Eingabe-Ausgabe-Bausteine zur Eingabe von Hand, weitere Eingabe-Ausgabe-Bausteine und Steuerbausteine.

Zu einem Mikroprozessor-System (Mikrocomputer) sind außerhalb des Gerätes weitere Peripheriegeräte*** anzuschließen, z.B. weitere Speicher mit großer Kapazität wie Magnetbandkassetten, oder Optokoppler zum Steuern von Schützen. Zur Peripherie gehören auch z.B. Anzeigen, Drucker, Sichtgeräte und Fühler jeder Art.

Neben der Hardware der Anlage ist bei einer Mikroprozessorsteuerung die Software für den Anwendungsfall erforderlich. Die Software kann im Einzelfall sehr umfangreich sein und mehrere hundert Zeilen mit Befehlen umfassen. Die Software wird über Eingabegeräte in das Mikroprozessor-System eingegeben. Grundsätzlich genügen dazu 8 Schalter für die Daten eines 8-Bit-Mikroprozessors und weitere 4 Schalter für die Steuerung des Mikroprozessors. Die Bedeutung der Schalterstellung, also der Dualzahlen, ist einer Befehlsliste zu entnehmen. Diese Art der Programmeingabe ist aber sehr langwierig. Deshalb bevorzugt man die Eingabe über eine Tastatur.

Muß bei einem Mikroprozessor das Programm öfter gewechselt werden, z.B. bei der Steuerung einer Werkzeugmaschine, dann werden die Programme auf Magnetbändern festgehalten und bei Bedarf über einen Kassetenrekorder in das Mikroprozessor-System eingegeben. Die Software bei einem Mikroprozessor-System kann im Preis höher liegen als die Hardware.

   * selectus (lat.) = ausgewählt
  ** U von unit (engl.) = Einheit
*** Peripherie (griech.) = Umkreis

16 Steuern und Regeln

16.1 Steuern

Beim Steuern wird eine Größe, z. B. eine Temperatur oder eine Motordrehzahl, durch einen Steuerbefehl, z. B. durch Betätigen eines Schalters oder eines Potentiometers, beeinflußt.

16.1.1 Begriffe und Größen (DIN 19226)

Man kann die Ankerdrehzahl eines Gleichstrommotors mit Hilfe eines Anlassers verändern (**Bild 373/1**). In diesem Fall erteilt z. B. ein Mensch ein Steuersignal (Steuerbefehl), indem er den Schleifer des Anlassers einstellt. Die Stellung des Schleifers bestimmt, d. h. „führt" die Motordrehzahl. Die Schleiferstellung ist die *Führungsgröße w*. Der Anlasser gibt eine der Schleiferstellung entsprechende Ankerspannung U ab. Der Anlasser wird als *Steuereinrichtung*, der Schleifer als *Stellglied* verwendet. Die Ankerspannung U ist die *Stellgröße y*. Sie wird im Motor in eine Ankerdrehzahl n umgeformt. Der Motor ist die *Steuerstrecke*, die Ankerdrehzahl n ist die *Aufgabengröße* x_A der Steuerung (Steuergröße).

Die Steuereinrichtung hat die Führungsgröße w als Eingangssignal, die Stellgröße y als Ausgangssignal. Die Stellgröße y wiederum liegt als Eingangssignal an der Steuerstrecke. Ausgangssignal der Steuerstrecke ist die Aufgabengröße x_A. Eine übersichtliche Darstellung dieser Größen gibt der Signalflußplan (**Bild 373/2**).

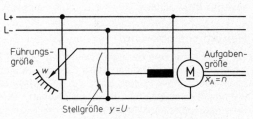

Bild 373/1: Drehzahlsteuerung (Schaltplan)

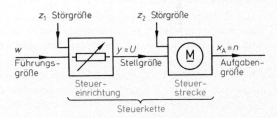

Bild 373/2: Drehzahlsteuerung (Signalflußplan)

Die Ankerdrehzahl n im Beispiel ist nicht nur von der Einstellung w des Anlassers abhängig, sondern auch z. B. von der Belastung des Motors und von Änderungen der Versorgungsspannung. Bei konstanter Führungsgröße w bleibt die Aufgabengröße x_A (Motordrehzahl n) nicht konstant, weil sogenannte *Störgrößen z* einwirken, als z_1 z. B. die Änderung der Versorgungsspannung und als z_2 die Änderung der Belastung (Bild 373/2). Die Schwankungen der Aufgabengröße (Motordrehzahl n) werden in der Steuerung nicht automatisch ausgeglichen. Die Ausgangsgröße der Steuerstrecke (Aufgabengröße x_A) beeinflußt das Stellglied nicht; der Steuervorgang hat einen *offenen Wirkungsweg* (Bild 373/2).

Das Steuern erfolgt in einer offenen Kette, der Steuerkette.

Im Beispiel wird die Stellgröße (Ankerspannung) durch die Führungsgröße (Stellung des Anlassers) selbst verändert. Diese Steuereinrichtung arbeitet *ohne Hilfsenergie*.

Bei einer Steuereinrichtung *mit Hilfsenergie* wird die Führungsgröße verstärkt, wie z. B. bei einer Schützsteuerung. Stellglied ist dabei das Schütz, das mit Hilfe eines Steuergeräts, z. B. eines Schalters, betätigt werden kann (**Bild 373/3**). Die Hilfsenergie ist kleiner als die Energie der Stellgröße. Andere Steuereinrichtungen mit Hilfsenergie ent-

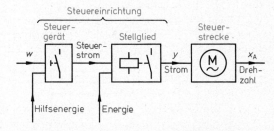

Bild 373/3: Schützsteuerung (Signalflußplan)

halten z. B. Transistorschaltungen oder Thyristorschaltungen als Stellglieder. Als Steuergeräte werden oft auch Stellwiderstände (Potentiometer) verwendet oder Halbleiterfühler in Verbindung mit Verstärkerbausteinen (Operationsverstärkern), z. B. beim Steuern von Schiebetoren mit Hilfe von Lichtschranken.

16.1.2 Arten von Steuerungen

Es gibt verschiedene Möglichkeiten, Führungsgrößen in einer Steuerung zu verarbeiten.

Führungssteuerung

Bei der Führungssteuerung wirkt die Führungsgröße ständig auf die Steuereinrichtung ein. Eine Änderung der Führungsgröße bewirkt direkt eine Änderung der Aufgabengröße, wie z. B. bei der beschriebenen Drehzahlsteuerung. Diese Drehzahlsteuerung arbeitet *stetig*; d. h. in einem vorgegebenen Bereich (Stellbereich) kann die Stellgröße beliebige Werte haben. Stetig wirkt auch die stufenlose Helligkeitssteuerung einer Beleuchtungsanlage durch Dimmer. Eine *unstetige* Führungssteuerung ist z. B. eine einfache Rufanlage: Der Ruf ertönt, solange ein Taster betätigt wird. Bei Stellgröße (Strom) und Aufgabengröße (Ruf) sind nur die Zustände „Ein" und „Aus" möglich.

Haltegliedsteuerung

Ein Beispiel für eine Hltegliedsteuerung ist eine Schützsteuerung mit Selbsthaltekontakt. Der Steuervorgang wird durch Betätigen eines Ein-Tasters ausgelöst. Dieses Signal ist die Führungsgröße. Nach dem Loslassen des Ein-Tasters bleibt die Stellgröße erhalten. Die Führungsgröße wird durch ein sogenanntes Halteglied (Selbsthaltekontakt) gespeichert. Durch Eingeben eines gegensinnigen Signals, z. B. durch Betätigen eines Aus-Tasters, kann man den Steuervorgang beenden. Hltegliedsteuerungen arbeiten unstetig. Auch Stromkreise mit Dauerkontaktgebern als Steuereinrichtung sind Hltegliedsteuerungen.

Programmsteuerung

Bei einer Programmsteuerung laufen die verschiedenen Teilvorgänge nach einem vorgegebenen Programm automatisch ab, nachdem ein Auslösesignal, z. B. durch einen Taster, eingegeben wurde. Man unterscheidet verschiedene Arten von Programmsteuerungen.

Von einer **Zeitplansteuerung** spricht man, wenn die Führungsgröße durch einen zeitabhängigen Programmgeber, z. B. durch eine Schaltuhr, geliefert wird. Als Programmgeber werden auch Lochstreifen, Magnetbänder oder Mikroprozessoren verwendet. Nach einem Zeitplan können z. B. Leuchtreklamen, Signalanlagen oder galvanische Vorgänge gesteuert werden.

Bei der **Wegplansteuerung** ist die Führungsgröße wegabhängig. So können z. B. bei einer Werkzeugmaschine Drehzahl und Vorschub von der Stellung des Werkzeugschlittens oder des Werkzeugs abhängig sein. Die Auslösung der Teilvorgänge ist durch Hilfsschalter an der Maschine möglich oder durch kontaktlose Fühler, wie z. B. fotoelektronische Bauelemente.

Bei der **Ablaufsteuerung** oder **Folgesteuerung** ist das Programm durch Verknüpfung der Glieder in der Steuerung festgelegt. Im einfachsten Fall wird dabei jeder Schaltzustand durch den vorhergehenden ausgelöst, z. B. bei einer selbsttätigen Stern-Dreieck-Steuerung durch Schütze **(Bild 374/1)**.

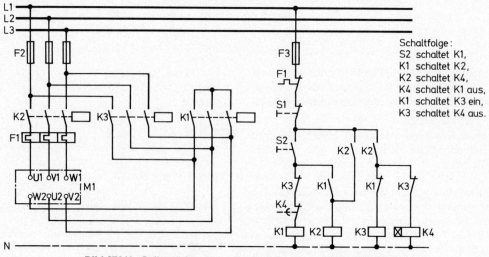

Bild 374/1: Selbsttätige Stern-Dreieck-Steuerung durch Schütze

Es ist auch möglich, beim Erreichen bestimmter Zustände in einer Steuerstrecke einen oder mehrere Programmgeber in Tätigkeit zu setzen. So enthält z. B. ein Waschautomat eine aus verschiedenen Teilen bestehende Zeitplansteuerung. Die zeitgesteuerten Programmteile sind durch eine Ablaufsteuerung miteinander verknüpft. Nach dem Einschalten der Maschine werden Ablaufventil und Pumpe für eine vorgegebene Zeit angesteuert. Nach kurzer Pause wird das Magnetventil für den Wassereinlauf geöffnet. Erst wenn der erforderliche Wasserstand erreicht ist, wird über einen Druckfühler das Einlaufventil geschlossen und die Heizung eingeschaltet. Gleichzeitig beginnt das Zeitprogramm für die Vorwäsche, für das Ab-

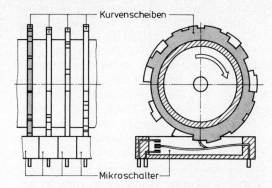

Bild 375/1: Kurvenscheiben als Programmgeber

schalten der Heizung, das Auspumpen und das Wiederöffnen des Wasserventils abzulaufen. Bei der anschließenden Hauptwäsche hängt das Einsetzen der Heizung wieder vom Wasserstand ab. Das Zeitprogramm beginnt aber erst, wenn ein Temperaturfühler das Erreichen der vorgewählten Temperatur meldet. Als Programmgeber dienen z. B. Kurvenscheiben. Diese werden über ein verstellbares Getriebe durch einen Synchronmotor angetrieben und steuern dabei das Programm über Mikroschalter (**Bild 375/1**). Als Programmgeber für derartige Steuerungen können auch Mikroprozessoren eingesetzt werden.

Wiederholungsfragen

1. **Was versteht man unter Steuern?**
2. **Erläutern Sie an einem Beispiel die Begriffe Führungsgröße und Aufgabengröße einer Steuerung!**
3. **Nennen Sie zwei Beispiele von Störgrößen in einer Steuerung!**
4. **Nennen Sie drei Arten der Programmsteuerung!**

16.2 Regeln

Durch Regeln wird eine Größe, z. B. eine Temperatur, auf einem gewünschten Wert gehalten. Dabei muß diese Größe ständig gemessen, mit dem gewünschten Wert verglichen und an ihn angeglichen werden.

16.2.1 Begriffe und Größen (DIN 19226)

In der Umgebung eines elektrischen Heizkörpers soll z. B. ständig eine Temperatur von 20 °C gehalten werden. Bei konstantem Heizstrom wird aber die tatsächliche Temperatur je nach Wärmeabfuhr vom gewünschten Wert abweichen. Es ist möglich, die Temperatur *von Hand* zu regeln. Dabei mißt ein Mensch die Temperatur. Wird die Temperatur höher als 20 °C, schaltet er den Strom des Heizgeräts ab (**Bild 375/2**). Wird sie kleiner als 20 °C, schaltet er den Strom wieder ein.

Das Heizgerät ist im Beispiel die *Regelstrecke*, der Strom die *Stellgröße y*, die Temperatur die *Regelgröße x*. Die gewünschte Temperatur bezeichnet man als *Sollwert x_s* der Regelgröße, die tatsächliche Temperatur als *Istwert x_i*. Der Mensch mißt den Istwert, vergleicht ihn mit dem Sollwert und schaltet den Strom als Stellgröße in der richtigen Weise aus oder ein (Bild 375/2). Er erfüllt so die Aufgabe eines *Reglers*. Der von ihm betätigte Schalter ist das *Stellglied*. Mensch und Stellglied zusammen bilden die *Regeleinrichtung*.

Der Regelvorgang wird durch den Sollwert der Regelgröße „geführt"; der Sollwert 20 °C im Beispiel ist die *Führungsgröße w*.

Die Regelung der Temperatur im Beispiel ist deshalb erforderlich, weil sich die verschieden große Wärmeabfuhr aus der Umgebung des Heizkörpers als *Störgröße z* auswirkt.

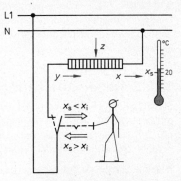

Bild 375/2: Regeln einer Temperatur von Hand

Das Regeln einer Temperatur kann *selbsttätig* erfolgen (**Bild 376/1**). Dabei kann der Istwert x_i der Temperatur in der Nähe der Regelstrecke (1) durch einen flüssigkeitsgefüllten Meßfühler (2) gemessen werden. Dieser ist an eine Membrandose mit Druckstift (3) angeschlossen. Das Volumen der Meßflüssigkeit und damit die Stellung des Druckstifts hängt von der Temperatur x_i ab. Die Stellung des Druckstifts entspricht also dem Istwert x_i der Temperatur; Fühler und Membrandose wirken als Meßumformer.

Dem Sollwert x_s entspricht die Stellung eines Übertragungshebels (4); diese Stellung ist die Führungsgröße w der Regelung. Die Stellung des Hebels (4) kann durch Verdrehen einer Schraube (5) verändert werden. Diese Stellschraube (5) dient damit zur Einstellung der Führungsgröße w bzw. des Sollwerts x_s. Auch bei diesem Beispiel kann der Sollwert selbst als Führungsgröße angesehen werden. Ein Sprungschalter (6), der bei Drehung des Hebels (4) anspricht, ist das Stellglied.

Bei Temperaturerhöhung bewegt sich der Druckstift (3) nach unten. Steigt der Istwert x_i über den eingestellten Sollwert x_s, so wird durch Drehung des Hebels (4) die Stellgröße y, der Heizstrom, abgeschaltet. Beim Absinken der Temperatur x_i unter den Sollwert x_s bewirkt eine Feder (7), daß der Stromkreis wieder geschlossen wird.

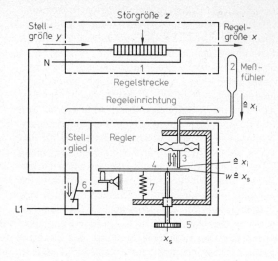

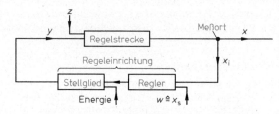

Bild 376/1:
Regelkreis mit Zweipunkt-Regeleinrichtung

Die Stellung des Übertragungshebels (4) und damit der Schaltzustand des Stellgliedes hängt sowohl vom Sollwerteinsteller (5) als auch vom Druckstift (3) ab. Der Hebel (4) vergleicht also den Istwert x_i der Regelgröße mit dem Sollwert x_s bzw. der Führungsgröße w. Er ist im Beispiel der Vergleicher.

Ein Regler besteht aus Meßumformer und Vergleicher. Regler und Stellglied bilden die Regeleinrichtung.

Das Ausgangssignal der Regelstrecke, die Regelgröße x, beeinflußt über die Regeleinrichtung das Eingangssignal der Strecke, die Stellgröße y (Bild 376/1). Es besteht also über Regelstrecke und Regeleinrichtung ein in sich *geschlossener Wirkungsweg* (Rückkopplung).

Das Regeln erfolgt in einem geschlossenen Kreis, dem Regelkreis.

Beim Regeln der Temperatur im Beispiel reicht die vom Meßumformer übertragene Leistung aus, um das Stellglied zu betätigen. Diese Regeleinrichtung arbeitet *ohne Hilfsenergie*. Auch Regeleinrichtungen mit Bimetallen, z. B. in Bügeleisen, und mit Dehnrohren, z. B. in Warmwasserspeichern, benötigen keine Hilfsenergie. Bei einer Regeleinrichtung *mit Hilfsenergie* wird die zum Antreiben des Stellglieds erforderliche Leistung von einer besonderen Energiequelle geliefert und durch Meßeinrichtung und Sollwerteinsteller gesteuert.

16.2.2 Regeleinrichtungen

Eine Regeleinrichtung verändert die Stellgröße, wenn die Regelgröße vom Sollwert bzw. von der Führungsgröße abweicht. Wird z. B. bei einer Elektroheizung die Regelgröße Temperatur zu groß, so muß die Stellgröße Strom verkleinert werden. Eine zu kleine Temperatur bewirkt eine Zunahme oder ein Einschalten des Stroms. So wie im Beispiel findet in den meisten Regeleinrichtungen eine *Wirkungsumkehr* statt.

Ursache für die Änderung Δy der Stellgröße ist die *Regeldifferenz e*. Steigt z. B. bei der Führungsgröße $w = 20\,°C$ die Regelgröße auf $x_1 = 21\,°C$, so ergibt sich die negative Regeldifferenz $e_1 = w - x_1 = 20\,°C - 21\,°C = -1\,K$. Das Vorzeichen der Regeldifferenz entspricht der Wirkungsumkehr.

Unstetige Regeleinrichtungen

Bei unstetigen Regeleinrichtungen kann die Stellgröße nur wenige Werte annehmen, z.B. zwei oder drei. Die Regeleinrichtung Bild 376/1 schaltet den Heizstrom entweder ein oder aus. Es handelt sich dabei um eine *Zweipunkt-Regeleinrichtung*; sie ermöglicht nur zwei Stellungen des Stellglieds.

Wählt man bei der Anlage Bild 376/1 den Sollwert $x_s = 20\ °C$, so bleibt die Temperatur nicht genau auf diesem Wert. Der Regler schaltet den Heizstrom erst bei einer etwas höheren Temperatur ab und bei einer etwas niedrigeren Temperatur wieder ein **(Bild 377/1)**. Der Unterschied zwischen dem oberen Ansprechwert des Stellglieds, z.B. $x_o = 21\ °C$, und dem unteren Ansprechwert, z.B. $x_u = 19\ °C$, wird als *Schaltdifferenz* (Hysterese) der Regeleinrichtung bezeichnet; sie beträgt im Beispiel $21\ °C - 19\ °C = 2\ K$. Die Regelgröße schwankt um einen Mittelwert x_m, der in diesem Fall (Bild 377/1) mit dem Sollwert $x_s = 20\ °C$ übereinstimmt. Bei sehr großer Leistung der Regelstrecke liegt der Mittelwert x_m über dem Sollwert x_s, bei kleiner Leistung der Strecke bleibt er darunter. Je größer die Schaltdifferenz ist, um so kleiner wird die Schalthäufigkeit des Stellglieds.

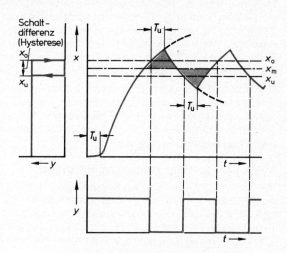

Bild 377/1: Verlauf der Regelgröße in einem Regelkreis mit Zweipunktregler

Breitet sich in einer Temperatur-Regelstrecke die Wärme nur sehr langsam aus, so steigt die Temperatur nach dem Abschalten der Stellgröße noch einige Zeit und geht nach dem Wiedereinschalten der Stellgröße noch einige Zeit zurück (Bild 377/1). In der Regelstrecke tritt eine *Verzugszeit* T_u auf.

Durch die Verzugszeit vergrößern sich die Schwankungen der Regelgröße, und die Schalthäufigkeit wird verkleinert. So verhalten sich z.B. große Heizungsanlagen.

Bei *Dreipunkt-Regeleinrichtungen* sind drei Stellungen des Stellglieds möglich. In einem Glühofen als Regelstrecke z.B. können sich zwei Heizkörper verschiedener Leistung befinden. Bei den üblicherweise auftretenden Störgrößen, z.B. beim Durchlaufen des Glühguts, ist der Heizkörper größerer Leistung dauernd in Betrieb. Je nach Wärmebedarf wird der zweite Heizkörper ausgeschaltet bzw. eingeschaltet. Die Schwankungen der Regelgröße und die gesteuerte Leistung sind dadurch kleiner als in einem entsprechenden Regelkreis mit Zweipunkt-Verhalten. Steigt im Beispiel bei kleinem Wärmebedarf des Ofens (Leerlauf) die Temperatur über den zulässigen Höchstwert, so schaltet die Regeleinrichtung beide Heizkörper ab.

Stetige Regeleinrichtungen

Bei vielen Regelaufgaben sind ständige Schwankungen der Regelgröße unerwünscht. In diesen Fällen verwendet man stetige Regeleinrichtungen. Bei ihnen sind im sogenannten Stellbereich sämtliche Werte der Stellgröße möglich. Schwankungen der Regelgröße treten nur vorübergehend auf, wenn sich Störgrößen in kurzer Zeit stark ändern. Stetige Regeleinrichtungen arbeiten meist mit Hilfsenergie.

Auf diese Weise kann die Drehzahl eines Gleichstrommotors geregelt werden **(Bild 377/2)**. Die Erregerwicklung des Motors liegt im Beispiel an einer konstanten Spannung. Stellgröße y ist die Ankerspannung U_A, Regelgröße x die Ankerdrehzahl n.

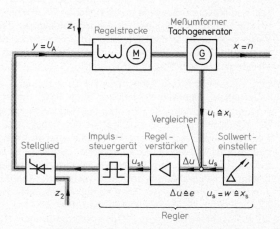

Bild 377/2: Regeln einer Motordrehzahl

Der Motor treibt auch einen kleinen Generator (Tachogenerator) an. Die Ausgangsspannung u_i dieses Meßumformers ist dem Istwert x_i der Motordrehzahl proportional. Als Führungsgröße w wird eine stabilisierte Spannung u_s eingestellt; diese entspricht dem Sollwert x_s der Regelgröße. Zwischen den Spannungen u_i und u_s wird im Vergleicher die Differenz Δu gebildet und einem Regelverstärker (Bild 377/2) zugeführt. Der Verstärker liefert die Steuerspannung u_{st} für ein Impulssteuergerät. Dieses bestimmt den Zeitpunkt der Zündimpulse für das Thyristor-Stellglied während jeder Halbperiode und damit die Höhe der Ankerspannung U_A, die als Stellgröße y dem Motor zugeführt wird (Bild 377/2).

Die Motordrehzahl kann durch höhere Belastung (Störgröße z_1) oder durch Rückgang der Netzspannung (Störgröße z_2) den Sollwert unterschreiten. Diese Regeldifferenz e bewirkt eine Änderung der Differenzspannung Δu. Das Thyristor-Stellglied wird weiter aufgesteuert. Die dadurch erhöhte Ankerspannung U_A gleicht die Störgrößen aus. Beim Entlasten der Regelstrecke und bei Spannungsanstieg im Netz wird das Stellglied entsprechend zugesteuert.

Verhalten stetiger Regeleinrichtungen

Der Zusammenhang zwischen Regeldifferenz e und Stellgrößenänderung Δy wird durch den Aufbau des Reglers bestimmt, bei einem Operationsverstärker als Regelverstärker durch die Beschaltung (Seite 348 und Seite 364). Man kann diesen Zusammenhang untersuchen, indem man die *Stell-Sprungantwort* der Regeleinrichtung ermittelt. Dabei ändert man das Eingangssignal x der Regeleinrichtung sprunghaft (**Bild 378/1**) und beobachtet bei bleibender Regeldifferenz e die Änderung Δy des Ausgangssignals y.

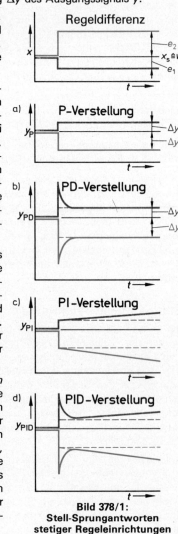

Eine Regeleinrichtung hat ein *Proportional-Verhalten* (P-Verhalten), wenn die Stellgrößenänderung Δy der Regeldifferenz e proportional ist (Bild 378/1a). In einem Regelkreis mit Gleichstrommotor z. B. erhöht ein P-Regler die Ankerspannung im gleichen Verhältnis, wie die Ankerdrehzahl bei Belastung abnimmt.

Bei Stoßbelastung des Motors im Beispiel würde es durch die Trägheit der Regelstrecke einige Zeit dauern, bis die Drehzahl wieder den gewünschten Wert hat. Eine weitere Störung könnte bereits einwirken, ehe der Sollwert erreicht ist. Ein Regeln der Drehzahl bei häufiger Belastungsänderung ist durch einen P-Regler nicht möglich. Bei derartigen Belastungen der Regelstrecke muß die Regeleinrichtung so aufgebaut sein, daß ihre Verstärkung beim schnellen Ändern der Regelgröße besonders groß ist und dann auf einen Wert zurückgeht, der einem normalen P-Verhalten entspricht. Eine derartige Regeleinrichtung hat ein zusätzliches *Differentialverhalten* (D-Verhalten, Operationsverstärker Seite 364) und wird als PD-Regeleinrichtung (Bild 378/1b) bezeichnet.

Das P-Verhalten hat den Nachteil, daß die Regelgröße meist etwas vom Sollwert abweicht. Wird z. B. bei der Anlage Bild 377/2 die Belastung dauernd erhöht, so muß dauernd eine etwas höhere Ankerspannung geliefert werden. Das ist aber nur möglich, wenn die Drehzahl des Motors unter dem ursprünglichen Wert bleibt. Entsprechend ist das Verhalten bei einer dauernden Entlastung der Regelstrecke. Verschiedene Werte der Stellgröße erfordern verschiedene Werte der Regelgröße. Das P-Verhalten und das PD-Verhalten sind mit einer *bleibenden Regeldifferenz* verbunden.

Eine Regeleinrichtung kann noch ein zusätzliches *Integral-Verhalten* (I-Verhalten, Operationsverstärker Seite 364) haben. Dabei ist die Änderung der Stellgröße nicht nur der Regeldifferenz e, sondern auch der Zeit proportional. Derselbe Wert der Regelgröße, also auch der Sollwert, kann verschiedene Werte der Stellgröße bewirken. Durch das I-Verhalten wird bei Störungen die Stellgröße so lange verändert, bis die Regelgröße dem Sollwert wieder genau angeglichen ist. Eine bleibende Regeldifferenz tritt also nicht auf. Allerdings erfolgt das Ausregeln stark verzögert. Man kombiniert deshalb die verschiedenen Eigenschaften. PI-Regeleinrichtungen (Bild 378/1c) arbeiten genauer als P-Regeleinrichtungen. PID-Regeleinrichtungen (Bild 378/1d) erlauben ein genaues und sehr schnelles Ausregeln.

Bild 378/1:
Stell-Sprungantworten
stetiger Regeleinrichtungen

16.3 Steuern und Regeln einer elektrischen Speicherheizung

Das elektrische Heizen ist wirtschaftlich, wenn die erforderliche Energie in den Nachtstunden, z. B. zwischen 21 Uhr und 6 Uhr, umgewandelt wird. Für diese Schwachlastzeit (Niedertarifzeit NT) bieten die Versorgungsunternehmen die elektrische Energie preisgünstiger an, da die Netze durch andere Verbraucher weniger belastet sind. Wärme zum Heizen wird aber meist tagsüber benötigt. Sie wird deshalb in der Schwachlastzeit erzeugt, gespeichert und dann bei Bedarf abgegeben.

16.3.1 Regeln der Luftaustrittstemperatur

Der Speicherkern eines Elektrowärmespeichers (**Bild 379/1**) wird durch Heizwiderstände in der Schwachlastzeit aufgeheizt. Sobald Wärme abgegeben werden soll, saugen Lüfter Zimmerluft an, blasen sie durch Luftkanäle des heißen Speicherkerns und dann in den Raum. Ein Teil der

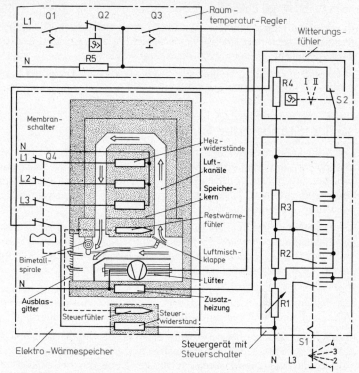

Bild 379/1: Entladen und Aufladen eines Elektrowärmespeichers

angesaugten Luft strömt direkt zum Ausblasgitter und mischt sich dort mit der Heißluft aus dem Speicherkern (Bild 379/1). Eine durch eine Bimetallspirale betätigte Luftmischklappe stellt das Mischungsverhältnis je nach Temperatur der Heißluft so ein, daß die Luftaustrittstemperatur etwa konstant bleibt.

Beim Elektrowärmespeicher wird die Luftaustrittstemperatur geregelt.

16.3.2 Regeln der Raumtemperatur

Das Entladen des Wärmespeichers soll so erfolgen, daß die Temperatur in dem beheizten Raum auf einem gewünschten Wert bleibt. Den Sollwert der Temperatur stellt man am Raumtemperatur-Regler (Bild 379/1) ein. Bei zu niederer Raumtemperatur ist das Stellglied, ein durch einen Temperaturfühler betätigter Schalter Q2 in der Regeleinrichtung geschlossen; Lüfter blasen Warmluft in den Raum. Beim Anstieg der Temperatur auf den oberen Ansprechwert des Stellglieds spricht der Schalter Q2 an und unterbricht die Wärmeentladung. Wenn die Raumtemperatur auf den unteren Ansprechwert des Stellglieds zurückgeht, setzt die Entladung wieder ein. Der Regler arbeitet, solange der Schalter Q1 (Bild 379/1) geschlossen ist.

Bei der Elektrospeicherheizung wird die Raumtemperatur geregelt.

Der Raumtemperatur-Regler befindet sich nicht in der Nähe des Wärmespeichers. Dadurch entsteht beim Regelvorgang eine Verzugszeit. Sie bewirkt zusammen mit der Schaltdifferenz (Hysterese) der Regeleinrichtung ein starkes Schwanken der Raumtemperatur (Bild 377/1). Diese Temperaturschwankung kann durch eine *thermische Rückführung* verkleinert werden. Ein Widerstand R5 im Regler (Bild 379/1) heizt den Fühler des Schalters Q2 während des Entladens auf. Dadurch erwärmt sich der Regler schneller als der Raum und spricht früher an. Nach dem Öffnen des Schalters Q2 geht die Temperatur im Regler schneller zurück als im Raum, der Schalter Q2 schließt früher. Die Rückführung vergrößert allerdings die Schalthäufigkeit des Stellglieds.

Das Schwanken der Raumtemperatur bei der Elektrospeicherheizung wird durch eine thermische Rückführung verkleinert.

Ist im Speicher zu wenig oder gar keine Wärme gespeichert, so kann bei Bedarf über den Schalter Q3 im Regler eine Zusatzheizung (Bild 379/1) eingeschaltet werden. Der Temperatur-Regler arbeitet dann wie beim Entladen des Speichers.

In manchen Raumtemperatur-Reglern ist noch ein Absenk-Widerstand eingebaut. Er bleibt dauernd eingeschaltet, wenn man eine verminderte Heizleistung wünscht. Er heizt den Regler in diesem Fall ständig auf und täuscht so eine höhere Raumtemperatur vor.

In Verbindung mit Elektrowärmespeichern werden auch Dreipunkt-Regler eingesetzt (Lüfter schnell, Lüfter langsam, Lüfter aus). Sie ermöglichen eine Temperatur-Regelung ohne große Schwankungen.

16.3.3 Steuern der Aufladung

Die Aufladung eines Elektrowärmespeichers muß so gesteuert werden, daß am nächsten Tag genügend Wärme zur Verfügung steht. Wegen der Verluste durch Wärmeableitung soll der Speicher aber nicht zu viel Wärme aufnehmen. Deshalb wird während der Schwachlastzeit die Aufladedauer des Speichers entsprechend gesteuert. Führungsgrößen dieser Steuerung sind die *Restwärme* im Speicherkern und die *Witterung* (Außentemperatur).

Die Restwärme wird über die Kerntemperatur durch einen Restwärmefühler (Bild 379/1) erfaßt. Bei hoher Kerntemperatur dehnt sich die Flüssigkeit in diesem Fühler stark aus. In der angeschlossenen Membrandose ist der Druck hoch. Dadurch trägt der Restwärmefühler zur Öffnung des Membranschalters Q4 und damit zur frühen Beendigung des Ladevorgangs bei.

Der Druck in der Membrandose hängt auch von der Temperatur eines Steuerfühlers (Bild 379/1) ab, den ein Steuerwiderstand aufheizt. Dieser Widerstand wird durch den Witterungsfühler (Bild 379/1) je nach Witterung periodisch aus- und eingeschaltet, wenn der Steuerschalter S1 die Stellung 2, 3 oder 4 hat.

Der Witterungsfühler bei der Anlage Bild 379/1 ist an der Gebäude-Außenwand angebracht. Er arbeitet während der Schwachlastzeit. Er besteht aus einem Gehäuse, dessen Innenraum durch einen Widerstand R4 aufgeheizt wird. Ein Thermostat hält die Temperatur im Gehäuse konstant, indem er durch den Schalter S2 die Heizung R4 aus- und einschaltet. Bei hoher Temperatur in der Umgebung des Fühlers ist die Einschaltdauer des Heizwiderstands R4 klein. Das bedeutet aber, daß der Steuerwiderstand im Speicher durch den Schalter S2 lange eingeschaltet (Stellung II) ist. Der Steuerfühler erwärmt sich stark. Damit wird die Aufladezeit des Speichers weiter verkürzt. Die Aufladezeit ist dem zu erwartenden Wärmebedarf des nächsten Tages angepaßt.

Die Aufladedauer des Elektrowärmespeichers wird durch die Restwärme im Kern und durch die Witterung (Außentemperatur) gesteuert.

Der Membranschalter im Speicher kann schon durch einen der angeschlossenen Fühler allein ausgelöst werden. So ist es möglich, die Aufladung mit Hilfe eines Steuerschalters (Lade-Wahlschalters) S1 (Bild 379/1) besonderen Verhältnissen anzupassen. Bei Stellung 1 (Hand, R4 abgeschaltet) dieses Schalters erfolgt unabhängig vom Wetter Aufladung, bis der Restwärmefühler den Membranschalter auslöst. Stellung 2 (normal, R4 in Reihe mit R2 und R1) entspricht dem üblichen Wärmebedarf. Stellung 3 (abgesenkt, R4 in Reihe mit R1) bewirkt starke Aufheizung des Witterungsfühlers und des Steuerfühlers und damit verminderte Aufladung. Bei Stellung 4 (verstärkt, R4 in Reihe mit R3 und R1) wird der Ladevorgang verlängert.

Der Aufladebeginn der Elektrospeicherheizung wird durch das EVU in der Schwachlasttarifzeit (21 Uhr bis 6 Uhr) über Rundsteuerung so freigegeben, daß eine Aufladezeit von 8 Stunden zur Verfügung steht. Auch bei einer Freigabe nach 22 Uhr wird über Rundsteuerung ein Aufladen von 8 Stunden täglich ermöglicht. Das kann allerdings dazu führen, daß der Speicher teilweise außerhalb der Schwachlastzeit Energie aus dem Netz entnimmt. Die Nachladezeit liegt meist nachmittags.

Wiederholungsfragen

1. Was versteht man unter Regeln?
2. Aus welchen Teilen besteht eine Regeleinrichtung?
3. Welchen Einfluß auf den Regelvorgang hat die Verzugszeit der Regelstrecke?
4. Wie wird die Luftaustrittstemperatur beim Elektrowärmespeicher geregelt?
5. Nennen Sie die Führungsgrößen beim Steuern der Aufladung eines Elektrowärmespeichers!

17. Licht und Beleuchtungstechnik

17.1 Licht

Licht verhält sich wie elektromagnetische Wellen. Wie diese breitet es sich im Vakuum mit der Geschwindigkeit von 300 000 km/s (Lichtgeschwindigkeit) aus.

c	Lichtgeschwindigkeit
f	Frequenz
λ	Wellenlänge

$$[c] = \frac{1}{s} \cdot m = \frac{m}{s}$$

$$\boxed{c = f \cdot \lambda}$$

Licht wird in den Gesamtbereich der elektromagnetischen Wellenstrahlung eingeordnet **(Bild 381/1)**. Das menschliche Auge nimmt Licht in einem Wellenlängenbereich von etwa $\lambda = 400$ nm* bis 800 nm wahr. Jede Wellenlänge innerhalb dieses Bereichs entspricht einer bestimmten Farbe. So erscheint z. B. die Strahlung der Wellenlänge 700 nm als rotes Licht.

Spektrum. Die im Licht enthaltenen Farben bilden das sichtbare *Spektrum*** **(Bild 381/2)**. Tageslicht enthält alle diese Farben. Künstliche Lichtquellen haben unterschiedliche Spektren. Glühlampen z. B. haben einen hohen Rotanteil, manche Gasentladungslampen, z. B. Natriumdampflampen (Seite 390), nur einen sehr geringen. Gegenstände erscheinen in der Farbe, deren Licht reflektiert (zurückgeworfen) wird. Ein roter Körper, z. B. ein Verkehrsschild, strahlt vorwiegend die Rotanteile des auf ihn fallenden Lichtes zurück; andere Lichtanteile, d. h. Licht anderer Wellenlängen, wird absorbiert (verschluckt). Lichtquellen ohne Rotanteil, z. B. Natriumdampflampen, können daher die rote Farbe eines Körpers nicht sichtbar machen.

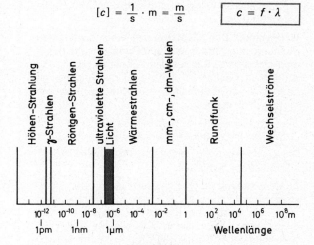

Bild 381/1:
Elektromagnetische Strahlung und ihre Wellenlänge

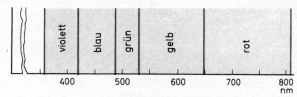

**Bild 381/2: Wellenlänge und Lichtfarbe,
Farbspektrum**

Infrarote Strahlen (IR-Strahlen) sind *unsichtbare Strahlen*. Ihre Wellenlänge liegt im Spektrum oberhalb von Rot (780 nm bis 1 mm). Infrarote Strahlen dringen in die Körperoberfläche ein und erwärmen den Körper (Wärmestrahlen).

Ultraviolette Strahlen (UV-Strahlen) sind ebenfalls *unsichtbare Strahlen*, deren Wellenlänge im Spektrum unterhalb von Violett (400 nm bis 100 nm) liegt. UV-Strahlen treten bei Lichtbögen und bei Gasentladungsvorgängen auf. Die UV-Strahlen der Sonne bewirken die Bräunung der Haut. Beim Lichtbogen auftretende UV-Strahlen verursachen Augenschäden („Verblitzen der Augen"). Die in Entladungslampen entstehende UV-Strahlung wird durch *Leuchtstoffe* zum Teil in sichtbares Licht umgewandelt (Seite 387) und zum Teil durch das Glas absorbiert.

Wiederholungsfragen

1. Wie groß ist die Lichtgeschwindigkeit im Vakuum?
2. Erklären Sie den Begriff Spektrum (Lichtspektrum)!
3. Warum werden bei manchen Lichtquellen nicht alle Farben richtig wiedergegeben?
4. Was versteht man unter a) IR-Strahlen, b) UV-Strahlen?

5. Welche Wirkungen haben a) IR-Strahlen und b) UV-Strahlen auf den menschlichen Körper?
6. In welchem Wellenlängenbereich liegen a) IR-Strahlen, b) UV-Strahlen?
7. Wo treten UV-Strahlen auf?

---

* 1 nm = 1 Nanometer = 1 milliardstel Meter = 10^{-9} m
** spectrum (lat.) = Bild, Vorstellung; hier: Lichtband mit der Farbfolge Rot bis Violett.

17.2 Größen der Licht- und Beleuchtungstechnik

Lichtstrom. Elektrische Lichtquellen nehmen elektrische Energie auf und geben Lichtenergie ab. Die Lichtleistung einer Lichtquelle nennt man Lichtstrom Φ_v*. Der Lichtstrom wird in *Lumen*** (lm) gemessen.

Lichtstrom ist die gesamte, von einer Lichtquelle nach allen Richtungen abgestrahlte Lichtleistung.

Der Lichtstrom von Lichtquellen ist verschieden. So hat z. B. eine 100-W-Glühlampe einen Lichtstrom von 1380 lm, eine 58-W-Leuchtstofflampe (Warmton) dagegen 5400 lm.

Lichtstärke. Den Lichtstrom in einer bestimmten Richtung (Lichtstrom je Raumwinkeleinheit) nennt man Lichtstärke. Sie hat das Formelzeichen I_v und die Einheit *Candela**** (cd). Aus der Basiseinheit Candela sind alle Einheiten der Licht- und Beleuchtungstechnik abgeleitet.

Die Lichtstärke ist ein Maß für die Intensität einer Lichtquelle in der Beobachtungsrichtung.

Die Lichtstärke wird mit einem Photometer (Lichtstärkemesser) gemessen.

Lichtverteilung (Lichtstärkeverteilung). Der Lichtstrom einer Lichtquelle, z. B. einer Glühlampe, wird nicht nach allen Seiten gleichmäßig abgestrahlt. Der Einbau einer Lichtquelle in eine Leuchte (Gerät zur Befestigung der Lichtquelle und zu deren Schutz) verändert die Abstrahlung des Lichtes ebenfalls. So kann durch die entsprechende Konstruktion von Leuchten eine dem Verwendungszweck angepaßte Lichtverteilung erzielt werden. Man unterscheidet 5 Arten der Lichtstromverteilung: *direkt, vorwiegend direkt, gleichförmig, vorwiegend indirekt* und *indirekt* (Beispiele **Tabelle 382/1**). Die *Lichtverteilungskurve* zeigt die Werte für die Lichtstärke in den verschiedenen Richtungen einer Ausstrahlungsebene (Tabelle 382/1 rechts). Weitere Lichtverteilungskurven siehe Tabellenbuch Elektrotechnik.

Tabelle 382/1: Lichtverteilungskurven von 2 Leuchtenformen

Grundform der Leuchte und Lichtverteilung	Lichtabstrahlung in % nach		Lichtverteilungskurve für 1000 lm
	unten	oben	
direkt	100 bis 90	0 bis 10	
gleichförmig	60 bis 40	40 bis 60	

Leuchtdichte. Die Leuchtdichte ist ein Maß für den *Helligkeitseindruck*, den das Auge von einer beleuchteten Fläche oder von einer leuchtenden Fläche hat. Sie ist groß, wenn die Lichtstärke I_v groß ist oder wenn das Licht von einer kleinen Fläche abgestrahlt wird.

Leuchtdichte ist das Verhältnis der Lichtstärke zur Größe der sichtbaren leuchtenden Fläche.

Die Leuchtdichte hat das Formelzeichen L_v und die Einheit cd/m^2 (Candela je Quadratmeter). Bei Lichtquellen wird die Leuchtdichte meist in cd/cm^2 angegeben. Eine innenmattierte Glühlampe mit einer Leistungsaufnahme von 100 Watt hat eine Leuchtdichte von etwa 50 cd/cm^2, eine 58-W-Leuchtstofflampe der Lichtfarbe weiß dagegen nur 1,55 cd/cm^2. Bei zu großer Leuchtdichte wird das Auge geblendet.

Beleuchtungsstärke. Die Beleuchtungsstärke ist ein Maß für das auf eine Fläche auftreffende Licht. Sie nimmt mit dem Quadrat der Entfernung von der Lichtquelle ab, weil sich derselbe Lichtstrom bei der doppelten Entfernung auf die vierfache Fläche verteilt. Die Einheit der Beleuchtungsstärke ist das *Lux***** (Einheitenzeichen lx), ihr Formelzeichen E_v. Sie wird mit dem Beleuchtungsstärkemesser gemessen. Das einfallende Licht erzeugt in einem Fotoelement eine Spannung, die von einem Drehspulmeßwerk gemessen wird. Die Skala des Beleuchtungsstärkemessers ist in Lux geeicht.

Die Beleuchtungsstärke ist das Verhältnis von Lichtstrom Φ_v zur beleuchteten Fläche.

Ein Teil des von einer Lampe abgestrahlten Lichtstromes trägt nicht zur Beleuchtung des Raumes oder des Arbeitsplatzes bei, da es bereits von der Leuchte beim Lichtdurchgang *absorbiert* (verschluckt) wird. Bei der Berechnung der erforderlichen Beleuchtungsstärke ist daher der *Leuchten-Betriebswirkungsgrad* η_{LB} zu berücksichtigen. Ebenso ist die Verschmutzung der Lampen zu beachten, die durch den Planungsfaktor p ausgedrückt wird. Bei starker Verschmutzung kann z. B. $p = 1,67$ betragen. Berechnung von Beleuchtungsanlagen siehe Rechenbuch Elektrotechnik.

---

* Index v (von visuell = das Sehen betreffend) zur Unterscheidung von anderen Größen mit gleichem Formelzeichen
** lumen (lat.) = Licht; *** candela (lat.) = Kerze; **** lux (lat.) = Licht

E_v	Beleuchtungsstärke
Φ_v	Lichtstrom
A	beleuchtete Fläche
η_B	Beleuchtungs-Wirkungsgrad
p	Planungsfaktor

$$E_v = \frac{\Phi_v \cdot \eta_B}{A \cdot p}$$

$$[E_v] = \frac{lm}{m^2} = lx$$

Zur ausreichenden Beleuchtung von Straßen, Räumen und Arbeitsplätzen gibt es Richtwerte für die Nennbeleuchtungsstärke (siehe Tabellenbuch Elektrotechnik). Derartige Richtwerte sind z. B. 750 lx für einen Arbeitsplatz eines technischen Zeichners, 500 lx für die Dateneingabestation einer EDV-Anlage oder 200 lx für einfache Montagearbeiten.

Lichtausbeute. In einer Lichtquelle wird nur ein Teil der elektrischen Leistung in Licht umgewandelt. Der Rest geht als Wärme verloren.

Die Lichtausbeute gibt den erzeugten Lichtstrom im Verhältnis zur aufgewendeten elektrischen Leistung an.

η	Lichtausbeute
Φ_v	Lichtstrom
P	aufgenommene Leistung

$$[\eta] = \frac{lm}{W}$$

$$\eta = \frac{\Phi_v}{P}$$

Eine 100-W-Glühlampe mit einem Lichtstrom von 1380 lm hat eine Lichtausbeute von 1380 lm/100 W = 13,8 lm/W. Die Lichtausbeute ist ein Maß für die Wirtschaftlichkeit einer Lichtquelle. Sie hängt von der Art der Lampe ab und von ihrer Leistung. Natriumdampflampen z. B. haben eine hohe, Glühlampen eine geringe Lichtausbeute.

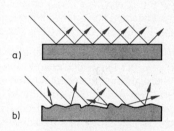

Reflexion und Streuung. Reflexion bedeutet Rückstrahlvermögen. Der Reflexionsgrad wird in % angegeben. Ein Reflexionsgrad von 80 %, z. B. bei einer vergipsten Wand, heißt, daß 80 % des auftreffenden Lichtes reflektiert werden. Je rauher die Oberfläche eines Körpers ist, umso geringer ist deren Reflexionsgrad. Eine rauhe Oberfläche reflektiert das Licht nach allen Richtungen (**Bild 383/1**). Das Licht wird *gestreut*.

**Bild 383/1: Reflexion
a) an glatter und
b) an rauher Oberfläche**

Transmission. Beim Durchgang von Lichtstrahlen durch einen lichtdurchlässigen Stoff, z. B. Glas, geht ein Teil des Lichtes durch *Absorption** verloren. Das Verhältnis des durchgelassenen Lichtstromes zum einfallenden Lichtstrom nennt man *Transmissionsgrad*** (Durchlaßgrad). Er beträgt z. B. bei Mattglas 70 % bis 90 %.

Lichtbrechung. Treffen Lichtstrahlen schräg auf einen durchsichtigen Körper, z. B. auf Glas, so wird ein Teil der auftreffenden Lichtstrahlen reflektiert, während der andere Teil durch den Körper geht. Dabei werden die Lichtstrahlen an der Eintrittstelle und an der Austrittsstelle gebrochen (**Bild 383/2**).

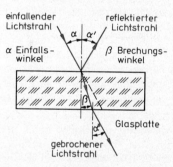

Reflexion, Streuung und Lichtbrechung werden in Lampen und Leuchten sinnvoll genutzt, um die Lichtstrahlen in die gewünschte Richtung zu lenken.

Unterschiedliche Reflexionsgrade in Räumen, z. B. zwischen Wänden, Decke und Boden bewirken Kontraste.

**Bild 383/2:
Reflexion und Lichtbrechung**

Wiederholungsfragen

1. Was versteht man unter dem Lichtstrom einer Lichtquelle?
2. Was versteht man unter Leuchtdichte?
3. Welche Einheit haben a) Lichtstrom, b) Lichtstärke und c) Leuchtdichte?
4. Warum ist eine hohe Leuchtdichte für das Auge schädlich?
5. Erklären Sie den Begriff Beleuchtungsstärke!
6. Welche Einheit hat die Beleuchtungsstärke?
7. Wie hängen Reflexionsgrad und Streuung zusammen?
8. Warum sollte ein Reflektor einer Leuchte eine möglichst glatte Oberfläche haben?

* Absorption = das Aufsaugen
** von transmittere (lat.) = übersenden, übertragen

17.3 Anforderungen an eine gute Beleuchtung

Beleuchtungsniveau. Unter Beleuchtungsniveau* versteht man die für einen Arbeitsplatz geforderte Nennbeleuchtungsstärke. Vom Beleuchtungsniveau ist die Sehleistung abhängig aber auch die Stimmung der Menschen und damit deren Leistungsbereitschaft, sowie ihre Fähigkeit, sich zu entspannen. Das Beleuchtungsniveau wird von den Reflexionseigenschaften von Decke, Fußboden und Wänden sowie von den Einrichtungsgegenständen beeinflußt, ferner vom Kontrast. Kontrast ist der *Leuchtdichteunterschied* zwischen dem zu erkennenden Objekt und seiner unmittelbaren Umgebung. Eine harmonische Helligkeitsverteilung wird durch entsprechende Verteilung der Leuchten im Raum erreicht und durch einen ausgewogenen (mittleren) Kontrast.

Blendung wird oft durch falsche Anordnung von Leuchten mit hoher Leuchtdichte, z. B. von Leuchtstofflampen ohne Abdeckung, verursacht. Direktblendung setzt die Sehleistung herab und ruft Ermüdung hervor. Blendung entsteht meist dann, wenn sich Lampen oder Leuchten im Blickfeld befinden. Sie ist besonders groß im Blickwinkel unterhalb von 45° **(Bild 384/1).**

Bild 384/1: Direktblendung

Lichtrichtung und Schattenbildung. Die Lichtrichtung ergibt sich aus der Art der Leuchten und ihrer Anordnung im Raum. Sie beeinflußt die Schattenbildung und die Blendung. Eine Beleuchtung wird dann als natürlich empfunden, wenn das Licht seitlich von oben kommt **(Bild 384/2).** Eine Schattenbildung ist zum Erkennen des Objekts notwendig. Bei gleichmäßiger, schattenloser Ausleuchtung kann man Werkstoffoberflächen und Werkzeuge weniger gut unterscheiden. Harte Schatten (Schlagschatten) sind im Arbeitsbereich zu vermeiden.

Bild 384/2: Richtig angeordnete Leuchten (seitlich und parallel zur Blickrichtung)

Lichtfarbe und Farbwiedergabe. Das Licht künstlicher Lichtquellen enthält wie das Sonnenlicht Strahlen verschiedener Wellenlängen. Das Spektrum der Lampen ist verschieden. Im Vergleich zum Tageslicht **(Bild 384/3)** enthält das Spektrum einer Glühlampe (Bild 384/3) einen viel geringeren Anteil an violett, blau und grün. Diese Farbtöne können daher bei Tageslicht besser erkannt werden als bei Glühlampenlicht oder beim Licht einer Leuchtstofflampe (Bild 384/3).

Lichtfarben teilt man nach DIN 5035 in 3 Gruppen ein: 1. warmweiß (ww), 2. neutralweiß (nw), 3. tageslichtweiß (tw). Die Farbwiedergabe wird in 4 Stufen durch den *Farbwiedergabeindex* R_a gekennzeichnet. $R_a = 100$ bedeutet farbgetreue, unverzerrte Farbwiedergabe. Stufe 1 ($R_a = 85$ bis 100) wird z. B. für Druckereien, Textilbetriebe, Büros und Schulen gefordert, Stufe 2 ($R_a = 70$ bis 84) z. B. für Sporthallen und für Flure.

Wiederholungsfragen

1. Nennen Sie Anforderungen an eine gute Beleuchtung!
2. Wodurch kann Blendung hervorgerufen werden?
3. Durch welche Maßnahmen kann man Blendung vermeiden bzw. verringern?
4. Warum ist Schattenbildung an Arbeitsplätzen erwünscht?
5. Aus welcher Richtung soll ein Arbeitsplatz beleuchtet werden?
6. Warum kann man manche Stoffe, z. B. Textilien, bei Tageslicht besser unterscheiden als z. B. beim Licht von Leuchtstofflampen?

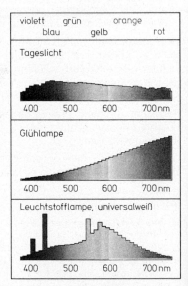

Bild 384/3: Spektrale Farbverteilung bei Tageslicht, Glühlampen- und Leuchtstofflampenlicht

* Niveaú (sprich nievo), franz. = Stufe, Rang

17.4 Glühlampen

Die Erzeugung von Licht durch elektrische Energie ist auf zwei Arten möglich. Bei den *Temperaturstrahlern* (Glühlampen) wird ein Metall durch den elektrischen Strom so stark erhitzt, daß es glüht und Licht ausstrahlt. Bei den *Entladungslampen* dagegen beruht die Entstehung des Lichts auf Entladungsvorgängen in Gasen und Metalldämpfen sowie auf Strahlungsumwandlung in Leuchtstoffen.

Die Lichtausbeute eines stromdurchflossenen Leiters, z. B. in einer Glühlampe, ist um so größer, je höher seine Temperatur ist. Eine hohe Temperatur ist bei Leuchtdrähten aus Wolfram möglich, da Wolfram (Seite 447) einen Schmelzpunkt von etwa 3400 °C hat. Um eine möglichst hohe Temperatur und dadurch eine hohe Lichtausbeute zu erzielen, wird der Wolframdraht *gewendelt* (Einfachwendel oder Doppelwendel, **Bild 385/1**). Da der Leuchtdraht in Luft verbrennen würde, füllt man die Glaskolben mit einer Mischung aus Stickstoff und Edelgasen, wie Argon und Krypton.

Die durchschnittliche Lebensdauer einer Glühlampe (Allgebrauchslampe) beträgt etwa 1000 Brennstunden. Glühlampen sind aber gegen Überspannungen sehr empfindlich. Bereits 5% Überspannung erhöht zwar die Lichtausbeute um 20%, erniedrigt aber die Lebensdauer der Lampen etwa auf die Hälfte. 5% Unterspannung dagegen bringt eine Verdoppelung der Lebensdauer **(Bild 385/2)**. Die Lichtausbeute der Glühlampe wächst mit größer werdender Leistungsaufnahme **(Bild 385/3)**. Die Erhöhung der Lichtausbeute durch Spannungserhöhung nützt man z. B. bei Fotolampen aus, die zu Lasten der Lebensdauer hohe Lichtströme abgeben.

Glühlampen haben den Nachteil, daß über 90% der aufgenommenen elektrischen Energie direkt in Wärme umgewandelt wird.

Die **Fassungen** der Glühlampen sind genormt. Für Allgebrauchslampen verwendet man meist Schraubsockel (Edisonsockel*), z. B. E27. Die Bezeichnung E27 bedeutet: Schraubfassung mit einem Elektrogewinde von ≈ 27 mm Außendurchmesser. Lampen, die Erschütterungen ausgesetzt sind, z. B. in Fahrzeugen, erhalten meist *Bajonettsockel* (siehe Tabellenbuch Elektrotechnik).

Halogen-Glühlampen

Bei Glühlampen schlägt sich das vom Leuchtdraht verdampfte Wolfram am Kolben der Lampe nieder. Dies bewirkt eine Schwärzung des Kolbens und damit eine erhebliche Abnahme des Lichtstromes.

Halogen-Glühlampen enthalten im Füllgas ein Halogen, z. B. Jod oder Brom. Diese Zusätze bewirken einen sogenannten Kreisprozeß. Ist z. B. Jod im Kolben der Glühlampe enthalten, so verbindet sich verdampftes Wolfram bei Temperaturen zwischen 250 °C und 1450 °C mit Jod zu gasförmigem Wolframjodid. Gelangt dieses Wolframjodid infolge der im Inneren der Lampe auftretenden thermischen Gasströmung in den Bereich der Glühwendel, so wird es durch die dort herrschenden hohen Temperaturen von über 1450 °C wieder in Wolfram und Jod zerlegt. Das Wolfram wird auf die Wendel zurücktransportiert. Da sich kein Wolfram auf dem Lampenkolben niederschlägt, bleibt der Lichtstrom während der ganzen Lebensdauer konstant.

* Edison, amerikanischer Erfinder, 1847 bis 1931

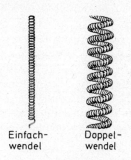

Einfach-   Doppel-
wendel   wendel

Bild 385/1:
Einfachwendel, Doppelwendel

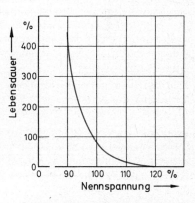

Bild 385/2: Lebensdauer von
Allgebrauchslampen

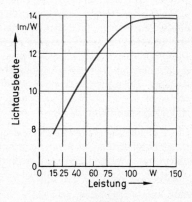

Bild 385/3:
Lichtausbeute von Glühlampen

Zum Ablauf dieses chemischen Prozesses muß eine Mindesttemperatur am Lampenkolben von 250 °C eingehalten werden. Als Kolbenmaterial verwendet man deshalb meist Quarzglas. Dies ermöglicht, die Lampenabmessungen wesentlich zu verkleinern. Auch kann der Gasdruck im Quarzkolben erhöht und damit die Wendel höher belastet werden. Man erzielt eine höhere Lichtausbeute als bei üblichen Glühlampen. Eine 1000-W-Halogen-Glühlampe für Flutlicht hat z. B. 22 lm/W gegenüber 18,8 lm/W bei einer Allgebrauchsglühlampe. Die mittlere Lebensdauer von solchen Halogenlampen ist etwa doppelt so hoch wie die von Glühlampen. Sie beträgt etwa 2000 Stunden.

Halogen-Glühlampen verwendet man vor allem für Autoscheinwerfer, für Dia- und Schmalfilmprojektoren und in Röhrenform mit zweiseitigem oder mit einseitigem Sockel (Bild 386/1) für Flutlichtanlagen zum Anstrahlen von Gebäuden, Sportplätzen, Baustellen und Flugplätzen. Sie eignen sich ferner für Scheinwerfer zum Ausleuchten bei Film- und Fernsehaufnahmen.

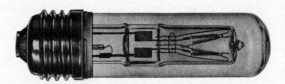

Bild 386/1: Halogen-Glühlampe für 220 V

17.5 Gasentladungslampen

17.5.1 Gasentladung

Gasentladung tritt bei Stromdurchgang durch Gase auf. Als Füllgase in Entladungslampen werden Edelgase oder Metalldämpfe verwendet. Bei der Gasentladung wird Strahlung abgegeben. Das Strahlungsspektrum und damit die Lichtfarbe sind vom Füllgas bzw. Metalldampf abhängig. Neon z. B. gibt vorwiegend rotes Licht, Natriumdampf fast nur gelbes Licht, Quecksilberdampf bläuliches Licht.

Versuch 386/1: Steigern Sie die Spannung an einer Glimmlampe mit getrenntem Vorwiderstand langsam von 0 V an (Bild 386/2)! Beobachten Sie die Glimmlampe, den Strommesser und den Spannungsmesser!
Bei etwa 100 V fließt plötzlich ein Strom. Gleichzeitig leuchtet die Glimmlampe auf. Die Spannung geht dabei auf etwa 60 V bis 80 V zurück und bleibt auf diesem Wert, auch wenn der Strom in der Reihenschaltung weiter erhöht wird.

Verkleinert man die Spannung, so erlischt die Glimmlampe bei etwa 85 V. Die Werte von Zündspannung, Brennspannung und Löschspannung sind je nach Art der Glimmlampe verschieden hoch.

Die Glimmlampe besteht aus 2 Elektroden in einem Glaskolben, der mit einem Edelgas, meist Neon, unter geringem Druck gefüllt ist. Legt man an die beiden Elektroden eine Spannung, so bewegen sich die im Füllgas befindlichen freien Elektronen in Richtung zur Anode. Dabei stoßen sie mit Gasatomen zusammen. Ist die Spannung groß genug und der Gasdruck gering, so wird die Bewegungsenergie einzelner Elektronen so groß, daß beim Zusammenprall mit einem Gasatom ein oder mehrere Elektronen aus dem Atom herausgeschlagen werden. Diesen Vorgang nennt man *Stoßionisation* (Bild 386/3).

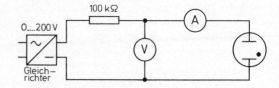

Bild 386/2: Schaltung zur Glimmentladung

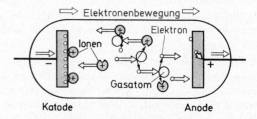

Bild 386/3: Stoßionisation

Die herausgeschlagenen freien Elektronen werden ebenfalls beschleunigt und ionisieren weitere Gasatome. Dabei entstehen außer freien Elektronen auch positive Ionen, die von der Katode angezogen werden. Die Elektronen bewegen sich zur Anode hin.

Dieser Vorgang setzt sich innerhalb 100 μs lawinenartig fort. Das lawinenartige Ansteigen des Stromes muß begrenzt werden, sonst führt es zur Zerstörung der Entladungslampe.

Bei Gasentladungen ist eine Strombegrenzung durch einen Widerstand erforderlich.

Bei Glimmlampen wird zur Strombegrenzung ein Wirkvorwiderstand benutzt. Zum Betrieb der übrigen Entladungslampen an Wechselspannung verwendet man anstelle eines Wirkwiderstandes Drosselspulen oder Streufeldtransformatoren als Vorschaltgeräte, um einen möglichst geringen Leistungsverlust zu erhalten.

Wenn die Bewegungsenergie der auf die Gasatome aufprallenden Elektronen für die Stoßionisation nicht ausreicht, jedoch einen bestimmten, von der Gasart abhängigen Mindestwert überschreitet, wird im Gasatom ein Elektron kurzzeitig aus seiner Umlaufbahn geworfen **(Bild 387/1)**.

Beim Zurückfallen des Elektrons in die alte Umlaufbahn wird die beim Stoß aufgenommene Energie als elektromagnetische Strahlungsenergie wieder abgegeben. Dies geschieht gleichzeitig bei einer großen Zahl von Atomen.

Bild 387/1: Strahlungserzeugung bei der Gasentladung in einer Leuchtstofflampe

Außer sichtbarem Licht entsteht bei vielen Gasen und bei Quecksilberdampf vor allem ultraviolette Strahlung, die vom Auge nicht wahrgenommen wird. Bei Leuchtstofflampen wird die UV-Strahlung durch Leuchtstoffe (Bild 387/1) in sichtbares Licht umgewandelt.

17.5.2 Leuchtstofflampen

Aufbau. Das Glasrohr der Leuchtstofflampe trägt auf der Innenwand eine Schicht aus Leuchtstoffen. Diese wandeln die in der Röhre entstehende Ultraviolett-Strahlung in sichtbares Licht um. Als Leuchtstoffe werden Silikate, Wolframate und Phosphate verwendet.

Die beiden Enden des Glasrohres sind durch je einen Glasfuß, der auch die Elektrode trägt, verschlossen. Als Elektroden werden Doppelwendeln aus Wolframdraht verwendet. Die Sockel sind aufgekittet. Um den Elektronenaustritt aus der Wendel zu erleichtern, beschichtet man diese mit einem Metalloxid, z.B. Bariumoxid. Die Wolframelektrode hat in kaltem Zustand einen Widerstand von etwa 1,5 Ω bis 10 Ω, der während der Vorheizung und beim Betrieb der Lampe bis auf das 7fache ansteigt. Die Lampe ist mit Quecksilberdampf und einer geringen Menge Edelgas, z.B. Argon oder Krypton, gefüllt.

Beim Zerschlagen von verbrauchten Leuchtstofflampen ist darauf zu achten, daß der sehr giftige Leuchtstoff, dem auch Spuren von Quecksilber anhaften können, nicht in die Haut eindringen kann. Die Lampen sind z.B. zuvor in Papier einzuwickeln oder es sind Handschuhe zu tragen. Werden größere Mengen von Leuchtstofflampen vernichtet, so sollten die damit beschäftigten Personen Schutzmasken tragen.

Wirkungsweise. Zum Zünden der Lampe ist meist eine größere Spannung als die Netzspannung notwendig. Die Zündspannung wird durch eine vorgeschaltete Drossel **(Bild 387/2)** in Verbindung mit einem sogenannten Zünder oder *Starter* erzeugt. Meist werden Glimmzünder verwendet. Im Betrieb dient die Drossel zur Strombegrenzung.

Wird die Leuchtstofflampe eingeschaltet, so fließt ein Strom über die beiden Lampenelektroden und den Glimmzünder. Der Glimmzünder ist eine kleine, mit Edelgas gefüllte Glimmlampe **(Bild 388/1)**. Eine oder beide Elektroden des Glimmzünders bestehen aus Thermobimetall. Ab einer Zündspannung von etwa 160 V kommt eine Glimmentladung zustande. Die Glimmentladung erwärmt den Bimetallstreifen, der sich durchbiegt und den Stromkreis schließt. Jetzt fließt ein durch die vorgeschaltete Drosselspule (Bild 387/2) begrenzter Strom, der die Lampenelektroden vorheizt. Bei geschlossenen Kontakten hört die Glimmentladung auf und der Bimetallstreifen kühlt ab. Nach einiger Zeit öffnet der Starter. Diese Unterbrechung des Stromkreises hat durch die Selbstinduktion der Drossel einen Spannungsstoß mit einem Spitzenwert von etwa 1000 V zur Folge. Hat die Lampe gezündet, so ruft der induktive Blindwiderstand in der Drosselspule einen so großen Spannungsabfall hervor, daß nur noch eine

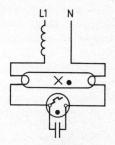

Bild 387/2: Grundschaltung der Leuchtstofflampe

Brennspannung von etwa 100 V an der Lampe liegt. Deshalb kann auch der Glimmzünder nicht wieder zünden. Zur Funkentstörung ist parallel zum Glimmzünder ein Kondensator geschaltet. Infolge der Induktivität der Drosselspule tritt beim Betrieb von Leuchtstofflampen eine Phasenverschiebung auf (cos $\varphi \approx 0{,}5$). Der Leistungsfaktor der Leuchtstofflampe kann durch Kompensation verbessert werden (Seite 193).

Neben Glimmstartern sind auch elektromagnetische Schnellstarter in Gebrauch. Diese Schnellstarter verkürzen die Zündzeit und schalten defekte Lampen ab. Sie haben gegenüber Glimmstartern etwa die vierfache Lebensdauer.

Lichtfarbe und Farbwiedergabe. Je nach der Zusammensetzung der Leuchtstoffe lassen sich verschiedene Lichtfarben erzielen, welche die Farben der beleuchteten Gegenstände unterschiedlich erscheinen lassen. Neben den Lichtfarben Tageslichtweiß (tw), Neutralweiß (nw) und Warmweiß (ww) wird eine Vielzahl von Lichtfarben geliefert, die durch Kennzahlen unterschieden werden. Ferner gibt es farbige Leuchtstofflampen, z. B. in den Farben Rosa, Gelb, Hellgrün und Hellblau sowie die sogenannten Schwarzlichtlampen für Fluoreszenzanregung (Lichtanregung von Stoffen, die mit Leuchtstoffen versetzt sind) z. B. für Theater und Disko-

Entstör-kondensator

Bild 388/1: Starter einer Leuchtstofflampe (ohne Gehäuse)

theken. Durch Leuchtstofflampen mit einer betonten Strahlung im roten und blauen Spektralbereich kann das Pflanzenwachstum gefördert werden, z. B. in Großgärtnereien, Aquarien, Terrarien und Blumenfenstern. Tageslichtweiße, neutralweiße und warmweiße Leuchtstofflampen haben die beste Farbwiedergabe.

Arten von Leuchtstofflampen. Leuchtstofflampen werden in Stab-, U- und Ringform hergestellt. Lampen in Stabform gibt es mit Nennleistungen von 4 W (Rohrdurchmesser 16 mm) bis 140 W (Rohrdurchmesser 38 mm), in U-Form von 16 W ($\varnothing$ 26 mm) bis 65 W ($\varnothing$ 38 mm), in Ringform von 22 W ($\varnothing$ 29 mm) bis 40 W ($\varnothing$ 32 mm). Sogenannte energiesparende Leuchtstofflampen haben eine um etwa 10 % geringere Leistungsaufnahme und einen Rohrdurchmesser von 26 mm.

Zur **Helligkeitssteuerung** mit Dimmern werden starterlose Leuchtstofflampen durch eine Phasenanschnittsteuerung betrieben. Die Lampen benötigen dann besondere Vorschaltgeräte (Schnellstart), einen Außenzündstreifen als Zündhilfe sowie einen Heiztransformator mit etwa 4 V bis 6 V zur Beheizung der Elektroden. Für explosionsgeschützte Leuchten müssen starterlose Lampen mit Einstiftsockel Fa 6 verwendet werden. Alle anderen Leuchtstofflampen haben den Zweistiftsockel G 13.

Betriebsverhalten. Leuchtstofflampen sind gegen Spannungsschwankungen im Netz weitgehend unempfindlich. Die Temperatur der Lampen ist niedrig. Ihre Lichtausbeute beträgt je nach Lichtfarbe etwa das 3- bis 7fache von Glühlampen gleicher Nennleistung. Die mittlere Lebensdauer einer Leuchtstofflampe beträgt unter normalen Betriebsbedingungen etwa 7500 Stunden gegenüber etwa 1000 Stunden bei Glühlampen. Der Lichtstrom von Leuchtstofflampen ist bei Raumtemperatur (20 °C bis 25 °C) am größten. Bei tieferer und bei höherer Temperatur nimmt der Lichtstrom der Leuchtstofflampe merklich ab. Bei Außenanlagen verwendet man daher geschlossene Leuchten.

Häufiges Schalten setzt die Lebensdauer der Lampen herab. Die Lebensdauer der Leuchtstofflampe wird durch den Verbrauch der Bariumoxidschicht auf den Elektroden begrenzt. Das Ende der Lebensdauer einer Leuchtstofflampe macht sich durch Flackern, d. h. durch wiederholte, erfolglose Zündversuche, bemerkbar.

Wiederholungsfragen

1. Welche beiden Arten der Lichterzeugung durch elektrische Energie gibt es?

2. Wie groß ist die durchschnittliche Lebensdauer a) einer Glühlampe, b) einer Leuchtstofflampe?

3. Wie wirken sich a) Überspannungen und b) Unterspannungen auf den Betrieb von Glühlampen aus?

4. Welche Vorteile haben Halogen-Glühlampen?

5. Welchen Zweck haben die Leuchtstoffe auf der Innenwand von Leuchtstofflampen?

6. Welche Aufgaben hat die Drossel einer Leuchtstofflampe a) beim Zünden und b) beim Betrieb?

7. Wodurch macht sich das Ende der Lebensdauer einer Leuchtstofflampe bemerkbar?

17.5.3 Schaltungen von Leuchtstofflampen

Zum Betrieb der Leuchtstofflampen sind induktive oder kapazitive Vorschaltgeräte nötig.

Drosselschaltung. Lampe und Drosselspule werden nach Bild 387/2 geschaltet. Zu jeder Lampenart gehört ein bestimmtes Vorschaltgerät. Einzeln geschaltete Leuchtstofflampen rufen den von der Netzfrequenz herrührenden *stroboskopischen Effekt* hervor, der bei der Beleuchtung bewegter Gegenstände auftreten und den scheinbaren Stillstand sich drehender Gegenstände vortäuschen kann.

Stroboskopischer Effekt. Wird z. B. ein Rad mit vier Speichen mit einer Drehzahl von 1500 ^{1}/min = 25 ^{1}/s gedreht, so macht es in einer Hundertstel Sekunde eine Vierteldrehung. Bei einer Frequenz von 50 Hz wird das Rad aber nur jede Hundertstel Sekunde beleuchtet, dazwischen erlischt das Licht einer einzeln geschalteten Leuchtstofflampe. So entsteht der Eindruck, das Rad stehe still. Diese Erscheinung nennt man den stroboskopischen Effekt. Er läßt sich durch schaltungstechnische Maßnahmen (Verteilen der Lampen auf die 3 Außenleiter eines Drehstromnetzes, Verwenden der Duo-Schaltung oder abwechselnd induktive und kapazitive Schaltung) vermindern.

Kapazitive Schaltung. Als Vorschaltgerät wird hier eine Drosselspule mit einem in Reihe geschalteten Kondensator verwendet. Dabei muß der kapazitive Widerstand des Kondensators doppelt so groß wie der induktive Blindwiderstand der Drosselspule sein. Die Spannung an der Lampe wäre sonst zu groß; ein erhöhter Betriebsstrom wäre die Folge und würde die Lampe zerstören. Bei der kapazitiven Schaltung eilt der Strom der Spannung voraus. Die kapazitive Schaltung ist nur in Verbindung mit einer induktiven Schaltung zulässig.

Die kapazitive Schaltung ist zur Netzkompensation erwünscht, wenn in einem Netz die Tonfrequenz-Rundsteuerung eingesetzt wird. Dabei werden dem Netzstrom Steuerimpulse mit erheblich höherer Frequenz (über 150 Hz) überlagert. Diese Impulse können im Netz über Resonanzrelais Schaltvorgänge auslösen, z. B. die Umschaltung bei Zweitarifzählern auf Niedertarif. Parallel geschaltete Kompensationskondensatoren dagegen wären bei höheren Frequenzen für diese Impulse praktisch ein Kurzschluß, wenn sie nicht mit Tonfrequenzsperren (Sperrdrosseln) versehen sind.

Tandemschaltung. Normalerweise wird für jede Leuchtstofflampe ein eigenes Vorschaltgerät benötigt. Bei der Tandemschaltung (Reihenschaltung) sind zwei Leuchtstofflampen meist kleiner Leistung in Reihe mit einer Drossel geschaltet, z. B. 2 Lampen je 20 W mit einer Drossel von 40 W. Jede Lampe benötigt jedoch ihren eigenen Starter. Auch bei der Tandemschaltung kann der stroboskopische Effekt auftreten. Die Tandemschaltung wird nur bei bestimmten Lampenleistungen, z. B. 4 W, 6 W, 8 W, 15 W und 20 W an 220 V angewendet.

Duo-Schaltung. Die Phasenverschiebungen heben sich für das Netz auf, wenn von jeweils zwei Lampen die eine mit kapazitivem Vorschaltgerät und die andere mit induktivem Vorschaltgerät betrieben wird **(Bild 389/1)**. Dadurch wird der Leistungsfaktor annähernd 1. Außerdem wird die Lichtwelligkeit stark verringert. Wegen der Phasenverschiebung zwischen den beiden Lampenströmen hat die eine Lampe dann ihre größte Helligkeit, wenn die andere Lampe fast keinen Stromdurchgang hat.

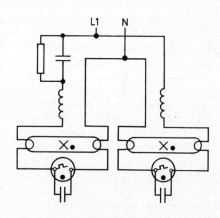

Bild 389/1:
Leuchtstofflampen in Duo-Schaltung

Dreiphasenschaltung. Bei Drehstromanlagen teilt man die Anzahl der notwendigen Leuchtstofflampen in Gruppen auf, z. B. in einzelne Lichtbänder, und führt die Lichtbänder in Drehstrom-Durchgangsverdrahtung aus. Da die drei Ströme des Drehstromes gegeneinander phasenverschoben sind, erhält man bei dieser Schaltung praktisch kein störendes Flimmern. Um einen hohen Leistungsfaktor zu erhalten, schaltet man in jeder Gruppe abwechselnd je eine Leuchtstofflampe mit induktivem und mit kapazitivem Vorschaltgerät parallel (Duo-Schaltung). Weitere Schaltungen von Leuchtstofflampen siehe Tabellenbuch Elektrotechnik.

17.5.4 Quecksilberdampf-Hochdrucklampen und Natriumdampflampen

Quecksilberdampf-Hochdrucklampen **(Bild 390/1)** haben einen ellipsenförmigen Kolben. Im Kolben befindet sich ein Entladungsrohr aus Quarz mit zwei Hauptelektroden. Das Entladungsrohr enthält Quecksilberdampf. Die Zündung erfolgt mit Hilfe von 2 Zündelektroden direkt an 220 V Netzspannung. Die Lampe benötigt als Vorschaltgerät eine Drossel **(Bild 390/2)**, um den Strom zu begrenzen. Dadurch wird der Leistungsfaktor auf etwa 0,5 herabgesetzt.

Die Lichtausbeute der Quecksilberdampflampe beträgt etwa 30 bis 60 lm/W und ist damit etwa dreimal so groß wie die von Glühlampen gleicher Leistungsaufnahme. Ihre mittlere Lebensdauer beträgt 6000 Stunden. Das Licht der Lampen ohne Leuchtstoff ist bläulich-weiß. Durch Auftragen eines Leuchtstoffs auf der Innenseite des Glaskolbens erhält man eine Verbesserung der Lichtfarbe. Hg-Lampen benötigen eine Anlaufzeit von 3 bis 5 Minuten und zünden erst wieder nach Abkühlung. Sie eignen sich z.B. zum Beleuchten von hohen Fabrikhallen, Werften, Straßen, Sportplätzen und zum Anstrahlen von Bauwerken.

Halogen-Metalldampflampen. Halogenlampen haben denselben Aufbau wie Hg-Hochdrucklampen. Durch Zusätze von Metalljodiden und -bromiden können Lichtausbeute und Farbwiedergabe von Quecksilber-Hochdrucklampen wesentlich verbessert werden. Diese Lampen erreichen eine Lichtausbeute bis etwa 92 lm/W. Sie haben eine weiße Lichtfarbe. Man betreibt sie über Drosselspulen mit Wechselspannung. Ihre Anlaufzeit beträgt etwa 3 bis 8 Minuten, die Abkühlzeit etwa 5 Minuten. Es gibt Lampen in Ellipsoidform, Röhrenform und in Soffittenform. Bei einigen Lampenarten ist die zulässige Brennstellung zu beachten.

Halogen-Metalldampflampen werden wegen ihrer tageslichtähnlichen Lichtfarbe eingesetzt in Messe- und Sporthallen, Kaufhäusern, Großraumbüros, Industrie- und Verkehrsanlagen sowie für Flutlichtanlagen in Sportstadien.

Mischlichtlampen. In Mischlichtlampen ist neben einem Quecksilberdampf-Hochdruckbrenner eine Wendel aus Wolfram eingebaut. Beide sind in Reihe geschaltet. Die Wendel dient als Lichtquelle und zugleich als Vorschaltwiderstand für den Quecksilberbrenner. Diese Lampen benötigen daher keine Vorschaltgeräte. Die mittlere Lebensdauer der Mischlichtlampe beträgt etwa 6000 Stunden, die Lichtausbeute 18 bis 33 lm/W. Auch Mischlichtlampen werden mit Leuchtstoff versehen. Man verwendet sie für Fabrikhallen, Straßen, Sportplätze und zum Anstrahlen von Bauwerken.

Natriumdampflampen gibt es in Niederdruck- und in Hochdruckausführung. Die Natriumdampf-Niederdrucklampe besteht aus einem U-förmig gebogenen Entladungsgefäß, das neben Neon Natriumdampf enthält. Um die Wärmeverluste möglichst klein zu halten, setzt man das Entladungsrohr in ein doppelwandiges, luftleeres Wärmeschutzgefäß. Na-Niederdrucklampen werden für Leistungen von 18 W bis 180 W hergestellt. Sie haben eine sehr hohe Lichtausbeute (bis 183 lm/W). Sie sollen erst nach einer Abkühlzeit von 5 bis 10 Minuten wiedergezündet werden. Zur Zündung benötigen sie eine höhere Spannung als die Netzspannung. Dies wird durch einen Streufeldtransformator erreicht. Die Lebensdauer der Lampen ist sehr hoch (etwa 7500 Stunden). Ihre Farbe ist intensiv gelb. Bei diesem Licht lassen sich nur gelbe Körperfarben, nicht aber dagegen rot, grün und blau farbgetreu wiedergeben. Na-Niederdrucklampen eignen sich besonders zur Beleuchtung von Außenanlagen wie Fußgängerüberwege, Hafenanlagen und Schleusen weil das gelbe Licht besonders gut Umrisse erkennen läßt.

Natriumdampf-Hochdrucklampen werden für Leistungen von 50 W bis 1000 W gebaut. Sie benötigen wie die Na-Niederdrucklampen ein Zündgerät, zünden jedoch schon nach einigen Sekunden wieder. Die Hochdrucklampe hat ein breites Lichtspektrum und bringt neben einer etwas geringeren Lichtausbeute (bis 130 lm/W) alle Körperfarben, wobei jedoch die Farbe gelb überbetont ist. Ihr Einsatzgebiet ist dasselbe wie bei der Na-Niederdrucklampe. Schaltungen siehe Tabellenbuch Elektrotechnik.

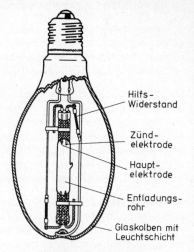

Bild 390/1: Quecksilberdampf-Hochdrucklampe

Hilfs-Widerstand
Zündelektrode
Hauptelektrode
Entladungsrohr
Glaskolben mit Leuchtschicht

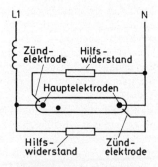

Bild 390/2: Schaltung der Quecksilberdampflampe

L1 · N
Zündelektrode · Hilfswiderstand
Hauptelektroden
Hilfswiderstand · Zündelektrode

17.5.5 Leuchtröhren

Leuchtröhren sind gasgefüllte Glasröhren, an deren Enden unbeheizte Elektroden angebracht sind. Sie benötigen — im Gegensatz zu den Leuchtstofflampen — für Zündung und Betrieb *Hochspannung* (1000 V bis 7500 V). Sie werden meist zur Lichtwerbung eingesetzt.

Die Lichtfarbe der Leuchtröhren ist von der verwendeten Gasfüllung, den verwendeten Leuchtstoffen und der Farbe der Gläser abhängig. Als Füllgase werden z. B. *Neon* (für rotes Licht) oder *Quecksilberdampf* (für blaues Licht) zusammen mit Argon verwendet. Durch Kombination mit farbigen Gläsern kann jede beliebige Lichtfarbe erzielt werden.

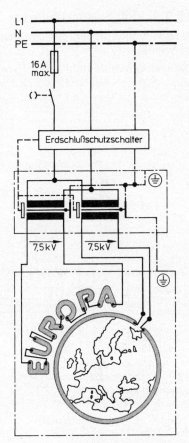

Streufeldtransformatoren liefern die hohe Zündspannung und begrenzen im Betrieb den Strom, wie die Drossel bei der Leuchtstofflampe. Der Leistungsfaktor beträgt 0,5 bis 0,65. Er kann durch Kompensation verbessert werden. Bei der Erstellung von Leuchtröhrenanlagen sind besondere Vorschriften zu beachten (VDE 0128).

Zum Abschalten des Niederspannungsstromkreises beim Auftreten eines Erdschlusses dient ein *Erdschlußschutzschalter* (**Bild 391/1**). Der Erdschlußschutzschalter muß auf der Eingangsseite angeordnet sein und innerhalb von 0,2 s abschalten (VDE 0128). An jeden Leuchtröhrentransformator darf nur ein Leuchtröhrenstromkreis angeschlossen werden.

Die gesamte Anlage muß durch einen Hauptschalter freigeschaltet werden können, der eine Sicherung gegen irrtümliches oder unbefugtes Einschalten hat. Als Überstromschutzeinrichtungen dürfen nur Schmelzsicherungen oder LS-Schalter mit einem Nennstrom von höchstens 16 A verwendet werden.

Alle der Berührung zugänglichen leitfähigen Teile einer Leuchtröhrenanlage, die im Fehlerfall Spannung annehmen können, sind an eine gemeinsame Schutzleitung anzuschließen. Dazu gehören z. B. metallische Traggerüste, Schutzrohre und Gehäuse aus Metall. Ferner ist darauf zu achten, daß mechanisch besonders gefährdete Stellen der Leitung durch Schutzrohre oder Abdeckungen geschützt werden und daß die Anschlüsse gegen Eindringen von Wasser gesichert sind. Leuchtröhrenleitungen dürfen nur durch Schutztüllen oder durch Verschraubungen in Gehäuse eingeführt werden.

Hochspannungsseitig dürfen nur die in VDE 0250 vorgeschriebenen Leuchtröhrenleitungen, z. B. NYL, NYLC oder NYLRZY verwendet werden. Der Mindestquerschnitt beträgt 1,5 mm². Diese Leitungen sind für die Nennspannung 3,75 kV und 7,5 kV gebaut. Weitere Leuchtröhrenleitungen siehe Tabellenbuch Elektrotechnik.

Bild 391/1: Schaltung einer Leuchtröhrenanlage

In Leuchtröhrenanlagen darf die Nennspannung 7,5 kV, die Spannung gegen Erde 3,75 kV nicht überschreiten.

Wiederholungsfragen

1. Was versteht man unter dem stroboskopischen Effekt?
2. Durch welche Maßnahmen kann man den stroboskopischen Effekt bei Leuchtstofflampen vermindern?
3. Erklären Sie den Aufbau einer Quecksilberdampf-Hochdrucklampe!
4. Vergleichen Sie Lichtausbeute und Lebensdauer von Quecksilberdampflampen mit der von Glühlampen!
5. Für welchen Zweck eignen sich Quecksilberdampflampen?
6. Welche Vorteile haben Mischlichtlampen gegenüber Quecksilberdampflampen?
7. Für welche Beleuchtungsaufgaben werden Natriumdampflampen verwendet?
8. Wodurch wird bei Leuchtröhrenanlagen der Strom begrenzt?
9. Welche Leitungen sind zum Anschluß von Leuchtröhrenanlagen vorgeschrieben?

18 Elektrische Anlagen

18.1 Kraftwerke

Für die Bereitstellung elektrischer Energie sind Kraftwerke erforderlich. Man unterscheidet Wärmekraftwerke und Wasserkraftwerke. Bei den Wärmekraftwerken kommen die fossilen Energieträger Braunkohle, Steinkohle, Erdöl und Erdgas sowie der Kernbrennstoff Uran zum Einsatz. In Wasserkraftwerken wird die potentielle Energie des aufgestauten Wassers zum Antrieb der Turbinen benutzt.

18.1.1 Wärmekraftwerke

Je nach Antriebsart der Turbinen unterscheidet man Dampfkraftwerke, Gasturbinenkraftwerke und Dieselkraftwerke.

Dampfkraftwerke (Bild 392/1) erzeugen in einer Kesselanlage überhitzten und hochgespannten Dampf. Diese Wärmeenergie wird in der Dampfturbine in Bewegungsenergie umgewandelt und auf den Generator übertragen. Im Generator entsteht elektrische Energie.

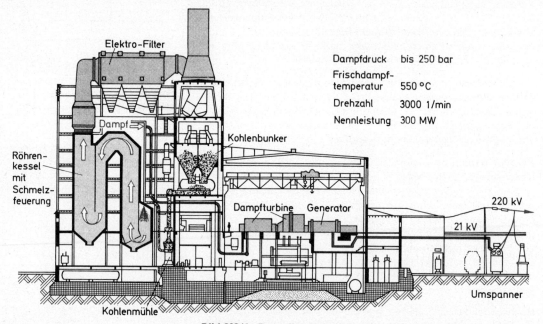

Dampfdruck	bis 250 bar
Frischdampf-temperatur	550 °C
Drehzahl	3000 1/min
Nennleistung	300 MW

Bild 392/1: Dampfkraftwerk

Die Energieausnutzung wird durch die Grenzen der Natur und der Technik festgelegt. Wärme läßt sich nur zu einem Teil in Bewegungsenergie überführen. Der Rest muß als Abwärme über Kühlsysteme abgeführt werden. Der Anlagenwirkungsgrad von Wärmekraftwerken liegt bei 45%. Die beim Verbrennungsprozeß anfallenden Rückstände Staub, Ruß und SO_2 müssen durch Filteranlagen bzw. Absorptionsanlagen dem Rauchgas weitgehend entzogen werden, damit sich die Schadstoffemission auf ein Mindestmaß reduziert.

In **Kernkraftwerken (Bild 393/1)** liefert spaltbares Uran die Wärmeenergie. Im Innern des dickwandigen Stahl-Druckbehälters befinden sich die Brennelemente. Diese bilden mit den Regelstäben den *Reaktorkern*, auch *Core** genannt. Im Reaktorkern finden die bei der Kernspaltung auftretenden Kettenreaktionen statt. Die Regelstäbe aus Borcarbid oder Cadmium sorgen für einen kontrollierbaren Ablauf der Kettenreaktionen. Als Folge der Kernspaltung erwärmen sich die Brennelemente. Durch den Reaktorkern fließt Wasser, das die Wärme abführt. Nach dem Druck im Reaktorwasser-Kreislauf unterscheidet man *Siedewasserreaktoren* (bis 70 bar) und *Druckwasserreaktoren* (bis 180 bar). Wegen der relativ niedrigen Dampftemperatur (300 °C) ergibt sich ein Anlagenwirkungsgrad von ungefähr 35%.

* core, sprich: kohr, (engl.) = Kern

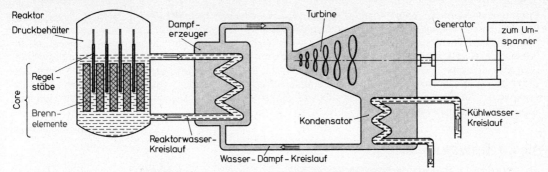

Bild 393/1: Kernkraftwerk mit Druckwasserreaktor

Bei **Gasturbinenkraftwerken** besteht die Wärmequelle aus Verdichter, Brennkammer und Turbine **(Bild 393/2)**. Der Verdichter bringt Frischluft auf hohen Druck. Die Frischluft wird in der Brennkammer durch Verbrennen von Erdgas oder leichtem Heizöl auf hohe Temperatur (600 °C) gebracht. Diese energiereiche Luft treibt die Turbine an und damit den Generator. Der Wirkungsgrad von Gasturbinenanlagen beträgt 30%. Diese Anlagen haben den Vorteil, daß sie innerhalb von zwei bis drei Minuten ihre volle Leistung abgeben können.

Dieselkraftwerke werden eingesetzt, wenn es um eine vom öffentlichen Netz unabhängige Versorgung einzelner Verbraucher, wie z. B. von abgelegenen Baustellen und Gebäuden, geht. Der Generator wird von einem Verbrennungsmotor (Dieselmotor) angetrieben. Der Dieselmotor hat große Bedeutung bei den *Ersatzstrom-Versorgungsanlagen* (Seite 412), die z. B. in Krankenhäusern, Industriebetrieben oder Kaufhäusern vom Gesetzgeber vorgeschrieben sind. Der Wirkungsgrad von Dieselkraftwerken beträgt etwa 40%.

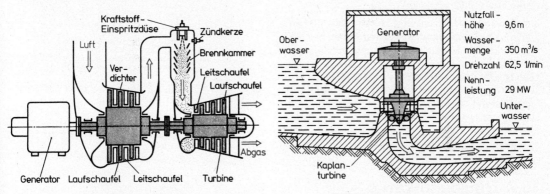

Bild 393/2: Gasturbine

Bild 393/3: Laufwasserkraftwerk

18.1.2 Wasserkraftwerke

Wasserkraftwerke teilt man nach Bauart und Fallhöhe ein. Nach der Bauart unterscheidet man Laufwasserkraftwerke, Speicherkraftwerke, Pumpspeicherkraftwerke und Gezeitenkraftwerke. Nach der Fallhöhe des Wassers unterscheidet man Niederdruckanlagen (bis 25 m), Mitteldruckanlagen (25 m bis 100 m) und Hochdruckanlagen (über 100 m Fallhöhe). Nach der Fallhöheneinteilung werden *Kaplanturbinen* (bei Niederdruckanlagen), *Francisturbinen* (bei Mitteldruckanlagen) und *Freistrahlturbinen* (bei Hochdruckanlagen) eingesetzt. Da Wasserturbinen niedrige Drehzahlen haben, z. B. 62,5 ^{1}/min, treiben sie meist direkt mehrpolige Generatoren an. Teilweise werden die Turbinen über ein Getriebe an den Generator gekoppelt. Der Wirkungsgrad von Wasserkraftwerken beträgt bis 85%.

Laufwasserkraftwerke **(Bild 393/3)** werden an Flußläufen oder Wasserkanälen errichtet. Das Wasser wird durch eine Wehranlage aufgestaut. Der Höhenunterschied zwischen Oberwasserspiegel und Unterwasserspiegel wird unmittelbar im Kraftwerk der Energieerzeugung nutzbar gemacht.

Speicherkraftwerke sammeln Regen- oder Schmelzwasser in einer Talsperre oder in einem Speicherbecken. Es gibt Jahres-, Monats-, Wochen- und Tagesspeicher. *Pumpspeicherkraftwerke* pumpen während der Schwachlastzeiten Wasser aus dem Tal oder einem Flußlauf in einen höher gelegenen Speichersee. Im Pumpspeicherwerk arbeitet die elektrische Maschine im Pumpbetrieb als Motor, bei der Energieanforderung als Generator. *Gezeitenkraftwerke* nutzen das zu- und abfließende Wasser von Flut und Ebbe aus. Durch den entstehenden Gezeitenhub (Höhenunterschied) ist es möglich, Turbinen anzutreiben. Aus wirtschaftlichen Gründen läßt sich mit Gezeitenkraftwerken nur dort elektrische Energie gewinnen, wo ausgeprägte Gezeiten vorhanden sind.

18.1.3 Belastungskurve

Je nach dem Leistungsbedarf der Abnehmer wird Kraftwerksleistung zu- oder abgeschaltet. Die Form der Belastungskurve **(Bild 394/1)** bestimmt somit der Verbraucher. Die größte Leistung wird während den Morgen-, Mittags- und Abendstunden benötigt, jedoch im Winter auch in den Nachtstunden. Die Spitzenlasten ergeben sich zu diesen Zeiten, weil neben den Industrie- und Handwerksbetrieben noch Haushalte, Verkehrsbetriebe und andere Verbrauchergruppen hinzukommen.

Man unterscheidet: *Grundlastkraftwerke*, die rund um die Uhr arbeiten (Laufwasserkraftwerke, Braunkohlekraftwerke und Kernkraftwerke), *Mittellastkraftwerke* die tagsüber die zusätzliche Leistung übernehmen (Steinkohlekraftwerke, Erdgaskraftwerke und Erdölkraftwerke).

Zur Deckung der *Spitzenlast* dienen Gasturbinenkraftwerke, Speicherkraftwerke und Pumpspeicherkraftwerke. Der Einsatz von Kraftwerken hängt von technischen und wirtschaftlichen Faktoren ab. Die *Lastverteiler* der Groß-EVU überwachen und sorgen für die rechtzeitige Bereitstellung der Kraftwerksleistung. Die Lastverteiler halten über eigene Nachrichtensysteme, z. B. Telefonnetze und Richtfunkstrecken, Verbindung mit Kraftwerken, Umspannwerken und Verbundpartnern.

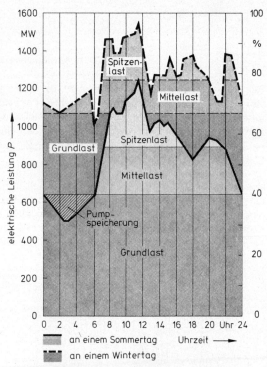

Bild 394/1: Belastungskurve eines EVU

18.2 Umspannwerke

Auf dem Übertragungsweg vom Kraftwerk bis zum Verbraucher wird aus wirtschaftlichen Gründen die Höhe der Spannung mehrmals geändert **(Bild 394/2)**. Die Kraftwerksspannung, je nach Generatortyp zwischen 6 kV und 30 kV, wird auf 110 kV, 220 kV oder 380 kV umgespannt.

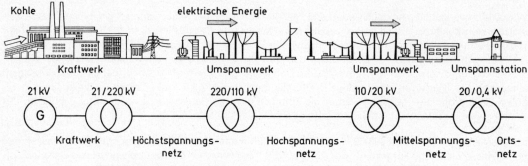

Bild 394/2: Energieübertragung vom Kraftwerk bis zum Abnehmer

Für weite Entfernungen nimmt man Höchstspannungen von 220 kV und 380 kV, für mittlere Entfernungen Hochspannung von 110 kV (Regionalnetze), für kleinere Entfernungen (Mittelspannungsnetze und Ortsnetze) 20 kV, für innerstädtische Kabelnetze 10 kV. Der Abnehmer erhält die Spannung mit 0,4 kV aus dem Ortsnetz. Großabnehmer, z. B. große Industriebetriebe und Krankenhäuser, die nicht mehr aus dem Niederspannungsnetz versorgt werden können, speist man über das Mittelspannungsnetz oder über das Hochspannungsnetz ein. Die *Hochspannungs-Gleichstrom-Übertragung (HGÜ)* mit Hochleistungsthyristoren und Spannungen bis 1500 kV gewinnt für große Leistungen und sehr weite Entfernungen zunehmend an Bedeutung. Die HGÜ dient auch zur Kopplung der Verbundnetze von Osteuropa und Westeuropa.

Umspannwerke und Umspannstationen für Spannungen über 30 kV sind meist *Freiluftanlagen*, unter 30 kV vorwiegend *Innenraumanlagen*. Beide Anlagentypen können auch kombiniert sein **(Bild 395/1)**.

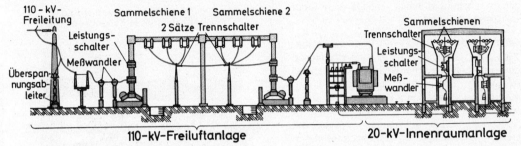

Bild 395/1: Umspannwerk 110/20 kV, Freiluftanlage und Innenraumanlage

In Freiluftanlagen sind die Umspanner, Stromwandler und Spannungswandler auf Sockeln aufgestellt, die Trennschalter, Leistungsschalter und Überspannungsableiter auf Sockeln oder Schaltgerüsten. Innenraumanlagen werden als fabrikfertige Schrankanlagen oder als teilisolierte Anlagen mit ausfahrbaren Leistungsschaltern verwendet **(Bild 395/2)**. In SF_6-Gas (Schwefelhexafluorid) gekapselte Schaltanlagen benötigen nur 15% des Flächenbedarfs von Freiluftanlagen.

Umspannstationen in Ortsnetzen und Industrieanlagen sind für die Umspannung der Mittelspannung auf die Niederspannung von 0,4 kV bestimmt. Nach den örtlichen Umgebungsverhältnissen am Standort werden die Umspannstationen als Maststationen, Stationen für Freileitungsanschluß, Stationen für Kabelanschluß und als fabrikfertige Schrankanlagen ausgeführt. *Mastumspannstationen* werden für kleine Leistungen, vor allem in ländlichen Gebieten, gebaut. Als Träger für Umspanner, Sicherungen, Schalter und Überspannungsableiter werden Stahlbetonmaste, Stahlgittermaste oder Holzmaste verwendet. Die Niederspannungsverteilung ist am Mast im Handbereich befestigt. Von hier aus wird über ein Gestänge der Hochspannungstrennschalter betätigt.

Bild 395/2:
Schaltwagen mit isoliertem Leistungsschalter

Umspannstationen für Freileitungsanschluß werden meist aus Betonfertigteilen als Turmstation in Flachdachausführung aufgebaut. Für jeden Umspanner ist ein Trennschalter eingebaut, der mit dem Niederspannungsleistungsschalter verriegelt ist. Außerdem sind Sicherungen und je eine Erdungsanlage auf der Hochspannungsseite und der Niederspannungsseite vorhanden. *Kabelstationen* werden meist eingeschossig ausgeführt und dienen als Netzstation in Kabelnetzen **(Bild 396/1)**. Sie werden im Freien als Garagenstation oder im Innern von Gebäuden in geeigneten Räumen errichtet. Häufig sind aus Platzgründen die elektrischen Betriebsmittel gekapselt. Fabrikfertige Schrankanlagen können als Innenraumanlage, z. B. in großen Werkshallen, aber auch als Netzstation im Freien aufgestellt werden.

Die Verlustwärme der Umspanner muß bei allen Anlagen durch gute Entlüftung abgeführt werden.

18.2.1 Hochspannungsschalter

Hochspannungsschalter sind Schalter für Spannungen über 1 kV. Man unterscheidet nach ihrem Verwendungszweck *Trennschalter, Lasttrennschalter* und *Leistungsschalter*. Die Schalter werden je nach Größe der Anlage von Hand, durch Federspeicherantrieb, Druckluftantrieb, Drucköantrieb oder elektrischen Antrieb betätigt. Zur Vermeidung von Fehlschaltungen, die zu erheblichen Anlagezerstörungen führen können, werden Trennschalter gegen Leistungsschalter mechanisch oder elektrisch verriegelt.

Trennschalter (Bild 396/2) trennen Anlageteile, z. B. Leistungsschalter, im stromlosen Zustand von einer unter Spannung stehenden Anlage ab. Das Betriebspersonal kann sich durch die sichtbare Trennstelle von dem spannungsfreien Zustand der nachgeschalteten Anlageteile selbst überzeugen. Wegen der Lichtbogengefahr dürfen Trennschalter nur im stromlosen Zustand betätigt werden.

Trennschalter niemals unter Last betätigen!

Durch Trennschalter mit angebautem *Erdungsschalter* (Bild 396/2) werden Netzteile geerdet und kurzgeschlossen, um das Montagepersonal vor einer Gefährdung zu schützen. Erdungsschalter werden mit Trennschaltern, Lasttrennschaltern oder Leistungsschaltern mechanisch verriegelt.

Lasttrennschalter (Bild 396/3) können unter Last geschaltet werden. Ihr Schaltvermögen ist kleiner als das von Leistungsschaltern. In der Löschkammer des Lasttrennschalters befindet sich ein Löschrohr aus Hartgas. Hartgas ist ein Kunststoff, der unter Einwirkung des Lichtbogens das Löschgas abgibt. Lasttrennschalter werden zum Schalten von Umspannern, Freileitungen und Kabeln, sowie zum Öffnen und Schließen von Ringleitungen eingesetzt.

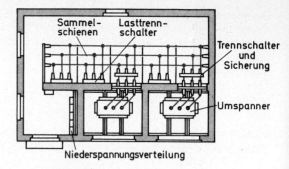

Bild 396/1: Kabelumspannstation für 2 Umspanner in Zellenbauweise

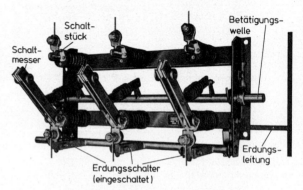

Bild 396/2: Dreipoliger Trennschalter mit Erdungsschalter für 10 kV und 630 A

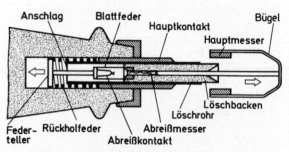

Bild 396/3: Schnitt durch einen Lasttrennschalter beim Ausschaltvorgang

Leistungsschalter sind Schalter, die ein großes Schaltvermögen besitzen (über 100 kA). Diese Schalter genügen den beim Einschalten und Ausschalten von elektrischen Betriebsmitteln und Anlageteilen auftretenden Beanspruchungen, im ungestörten und gestörten Zustand, insbesonders aber den Kurzschlußbedingungen. Der höchstzulässige Kurzschlußstrom ist auf dem Leistungsschild angegeben. Der Leistungsschalter löst selbsttätig über ein *Schutzrelais* aus. Das Schutzrelais kann auf sehr kurze Zeiten (Millisekunden) eingestellt werden und bewirkt somit, daß der Schalter bei auftretender Überlast oder Kurzschluß rasch abschaltet.

Je nach Art der Löschmittel unterscheidet man *Strömungsschalter* und *Druckgasschalter*. Beim Strömungsschalter zersetzt die hohe Temperatur des Lichtbogens einen Teil des Öles zu einem Gas. Der Gasdruck ruft eine Ölströmung hervor, die den Lichtbogen löscht. Zum Abschalten kleiner Ströme erhalten die Schalter meist noch eine zusätzlich erzwungene Ölströmung. Strömungsschalter werden für Spannungen bis 220 kV, für Stromstärken bis 2500 A und für Nennausschaltleistungen bis 1500 MVA hergestellt. Anstelle von Öl wird auch SF$_6$-Gas verwendet.

Beim Druckgasschalter **(Bild 397/1)** wird als Löschmittel Druckluft verwendet. Der Schalter kann nur arbeiten, wenn der Druck (bis 20 bar) für die Löschung ausreicht. Der Druckgasschalter wird bevorzugt verwendet, wenn Leistung häufig zugeschaltet oder abgeschaltet werden soll. Zum Abschalten von Erdschlüssen, die z. B. kurzzeitig durch Vogelflug anstehen, dienen Kurzunterbrechungsrelais. Der Schalter wird durch das Kurzunterbrechungsrelais unterbrochen und nach 0,3 bis 0,5 Sekunden wieder eingeschaltet. Man nennt diese Schaltung *KU-Schaltung* (Kurzunterbrechungs-Schaltung).

18.2.2 Hochleistungs-Sicherungen

HH-Sicherungen (**H**ochspannungs-**H**ochleistungs-Sicherungen) werden als Kurzschlußschutz im Spannungsbereich 6 kV bis 36 kV eingesetzt. Die HH-Sicherung **(Bild 397/2)** hat mehrere parallel angeordnete Schmelzleiter aus Silber, die von Quarzsand umgeben sind. Bei Kurzschluß schmelzen die Schmelzleiter ab, der Quarzsand kühlt und löscht den Lichtbogen. Der Nebenschmelzleiter gibt den Schlagbolzen frei und wirkt auf die Auslösevorrichtung des Schalters oder einer Meldeanlage. Die größte Nennstromstärke der Sicherungen beträgt z. B. 63 A bei 30 kV. In größeren Anlagen und bei höheren Spannungen werden für den Überstromschutz Leistungsschalter verwendet.

NH-Sicherungen (**N**iederspannungs-**H**ochleistungs-Sicherungen) haben Überlast- und Kurzschlußschutzfunktion. Der NH-Sicherungseinsatz **(Bild 397/3)** enthält den Schmelzleiter aus Kupferband mit Ausschnitten und einem Lotauftrag. Die Querschnittsverengungen leiten bei Kurzschluß eine *Vielfachunterbrechung* ein. Die Schmelztemperatur des Lotes bestimmt das *Überlastverhalten*. Die Sicherungen sprechen dadurch bei Überlast langsamer oder schneller an. NH-Sicherungen sind meist für den Kabel- und Leitungsschutz bestimmt. Weiter werden sie als Kurzschlußschutz für Schaltgeräte, z. B. von Schützen, eingesetzt. Bei NH-Sicherungen ist gewährleistet, daß bei Überströmen zuerst die mit dem niedrigen Nennstrom anspricht. Dieses *selektive Verhalten* der NH-Sicherungseinsätze ist im Strahlennetz und Maschennetz von Bedeutung.

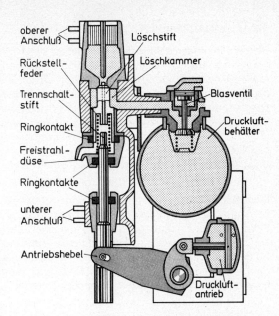

Bild 397/1: Schnitt durch einen Druckgasschalter (Freistrahlprinzip)

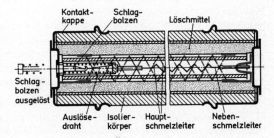

Bild 397/2: Schnitt durch eine HH-Sicherung

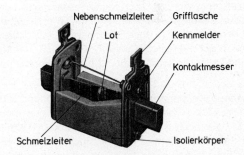

Bild 397/3: NH-Sicherungseinsatz (geöffnet)

Wiederholungsfragen

1. Nennen Sie die verschiedenen Kraftwerksarten!
2. Mit welchen Spannungen erfolgt der elektrische Energietransport?
3. Wie können Umspannstationen baulich ausgeführt werden?
4. Warum dürfen Trennschalter nicht unter Last betätigt werden?

5. Welche Unterschiede bestehen zwischen einem Trennschalter und einem Leistungsschalter?
6. Wie erfolgt beim Strömungsschalter die Löschung des Lichtbogens?
7. Welche Aufgabe besitzt die KU-Schaltung?
8. Wozu dienen HH-Sicherungen?
9. Welche Aufgaben haben NH-Sicherungen?

18.3 Übertragungsnetze

Die Zuführung der elektrischen Energie aus den Kraftwerken erfolgt über *Höchst-* und *Hochspannungsleitungen* an die Umspannwerke, über *Mittelspannungsleitungen* an die Umspannstationen und über das *Niederspannungs-Leitungsnetz* schließlich an die Verbraucher. Die Höchstspannungsleitungen (220 kV und 380 kV) sind zum Ausgleich von Liefermöglichkeit und Bedarf elektrischer Energie in einem *Groß-Verbundnetz* zusammengeschlossen. Mit einer Hochspannung von 110 kV wird die elektrische Energie dem Umspannwerk für Mittelspannung und großen Industriewerken zugeführt. An das Mittelspannungsnetz (3 kV bis 30 kV) werden die Netzumspannstationen zur Versorgung der Städte, Dörfer und der Industriebetriebe angeschlossen. Mit Niederspannung (bis 1000 V, meist 380/220 V) werden von den örtlichen Umspannstationen Gewerbebetriebe, landwirtschaftliche Betriebe, Haushaltungen und sonstige Abnehmer mit elektrischer Energie versorgt.

Die gewählte Spannung und der Leiterquerschnitt hängen von der Entfernung und der zu übertragenden Leistung ab. Dabei muß der Spannungs- und Leistungsverlust in tragbaren Grenzen bleiben. Zur Fortleitung der elektrischen Energie verwendet man bei Höchstspannung (ab 220 kV) fast ausschließlich Freileitungen, bei Hochspannung, Mittelspannung und Niederspannung je nach den örtlichen Verhältnissen Freileitungen oder Erdkabel.

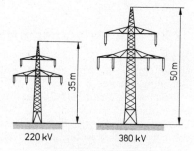

Bild 398/1: Maste für Höchstspannungsleitungen

18.3.1 Freileitungen

Stützpunkte für die Höchstspannungs-, Hochspannungs- und Mittelspannungs-Freileitungsnetze sind Stahlgittermaste, Stahlbetonmaste, Stahlrohrmaste und Holzmaste. Bei Spannungen ab 110 kV aufwärts werden die Maste meist als Gittermaste aus Winkelstählen (**Bild 398/1**) oder aus Stahlrohren mit oder ohne Betonfüllung ausgeführt. Bei Mittelspannung und Hochspannung werden Gittermaste oder Betonmaste (**Bild 398/2**) verwendet, bei Mittelspannungen teilweise auch Holzmaste.

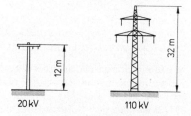

Bild 398/2: Maste für Mittel- und Hochspannungsleitungen

Für die isolierte Befestigung der stromführenden Leitungen an den Masten bzw. Masttraversen dienen Isolatoren aus Porzellan oder Spezialglas. Man unterscheidet Hängeisolatoren und Stützenisolatoren (**Bild 398/3**). Hängeisolatoren sind vorwiegend Langstabisolatoren. Genügt ein Isolator nicht, so werden mehrere Isolatoren zu Ketten aneinander gereiht. In Hochspannungsnetzen sind meist Hängeisolatoren in Gebrauch, in Mittelspannungsnetzen Hängeisolatoren und Stützenisolatoren.

Als stromführende Leiter werden bei Höchst-, Hoch- und Mittelspannungsleitungen *Aluminium-Stahlseile* und *Aldreyseile* verlegt (Seite 462). Höchstspannungsleitungen sind meist *Bündelleiter*. Diese bestehen aus zwei, drei oder vier Teilleitern mit einem Abstand von 400 mm. In Abständen von 40 m bis 80 m werden Distanzstücke eingebaut, um ein Zusammenschlagen der Teilleiter infolge mechanischer und elektrischer Ursachen (Kräfte) zu verhindern. Bündelleiter haben eine höhere thermische Belastbarkeit, eine geringere elektrische Feldstärke und daher geringere Coronaverluste (dielektrische Verluste durch Gasentladung) als Einzelleiter.

Hochspannungsleitungen werden durch ein oder zwei über den stromführenden Leitern angeordnete Erdseile gegen Blitzschlag geschützt. Diese Erdseile sind über die Maste fortlaufend geerdet (Blitzschutzerdung). Stahlmaste, Stahlbetonmaste und Bandagebänder an Holzmasten müssen geerdet werden.

Stützenisolator (Mittelbundisolator St 20 Mk)   **Langstabisolator VKL**

Bild 398/3: Isolatoren für Mittel- und Hochspannung

18.3.2 Erdkabel

Erdkabel für Hoch- und Mittelspannung werden meist wegen hoher Siedlungsdichte oder zum Schutz des Landschaftsbildes verlegt, besonders bei den Mittelspannungsleitungen zu Umspannstationen und bei Verbindungsleitungen zwischen den Umspannstationen in Städten. Eine allgemeine Verwendung von Erdkabel anstelle von Freileitungen ist wegen der wesentlich höheren Kosten nicht möglich.

Die zu wählende Kabelart ist von der Höhe der Spannung, von der Verlegungsart und von der zu erwartenden mechanischen Beanspruchung abhängig. Bei Spannungen bis 10 kV werden Dreileiter-Gürtelkabel, bei Spannungen bis 20 kV Einleiter-Aluminiummantelkabel, bei Spannungen bis 30 kV Dreileiter-Dreimantelkabel, ab 60 kV Druckgaskabel oder Ölkabel verlegt. Für Spannungen bis 10 kV werden meist Dreileiter-Kunststoffkabel und für Spannungen bis 30 kV Einleiter-Kunststoffkabel verwendet (Seite 462). Die Leiter der Kabel bestehen aus Kupfer, meist aber aus Aluminium.

Die Enden von Massekabeln (Seite 462) werden beim Übergang auf eine andere Verlegungsart oder beim Anschluß von Geräten durch Kabelendverschlüsse gegen das Eindringen von Feuchtigkeit geschützt. Die Verbindung von zwei oder mehr Massekabeln erfolgt, ebenfalls zum Schutze gegen Feuchtigkeit, in Kabelmuffen. Sowohl die Endverschlüsse als auch die Kabelmuffen müssen mit Vergußmasse gefüllt werden. Bei Kunststoffkabeln verwendet man Gießharzendverschlüsse und Gießharzmuffen (Seite 457).

Man verlegt Kabel meist im Erdboden und zwar in Kabelgräben mit einer Tiefe von etwa 80 cm. Die Kabel müssen in Sand gebettet und mit Ziegelsteinen, Zementplatten, Kabelhauben oder teerölimprägnierten Brettern aus Kiefernholz abgedeckt werden, um eine Beschädigung bei späteren Erdarbeiten zu vermeiden. Nach dem Aufschütten einer etwa 30 cm dicken Erdschicht wird das Sicherungsband mit der Aufschrift *„Vorsicht Starkstromkabel"* eingebracht. Bei der Kreuzung von Straßen oder bei der Verlegung der Kabel an später schwer zugänglichen Stellen empfiehlt sich die Verlegung in Zementrohren, Kunststoffrohren oder in Formsteinen, damit man die Kabel im Bedarfsfalle leicht auswechseln kann. Bei der Verlegung der Kabel an Brücken, an Maueraufführungen oder bei Kreuzungen mit anderen Kabeln, erhalten die Kabel Schutzrohre. Der Innendurchmesser von Schutzrohren soll mindestens das 1,5fache der Außendurchmesser von Leitungen und Kabel haben.

Wiederholungsfragen

1. Wozu ist ein Groß-Verbundnetz notwendig?
2. Nennen Sie die vier Spannungsbereiche für die elektrische Energieversorgung!
3. Welche Isolatoren unterscheidet man bei Freileitungsnetzen?
4. Zählen Sie die Stützpunkte für die Freileitungsnetze auf!
5. Wodurch schützt man Hochspannungsleitungen gegen Blitzschlag?
6. Unter welchen Bedingungen sind Kabelendverschlüsse notwendig?
7. Wo sind Kabelmuffen nötig?
8. Wodurch schützt man Kabel im Erdreich vor mechanischer Beschädigung?

18.3.3 Niederspannungsanlagen

Die Ortsnetze der einzelnen Energieversorgungsunternehmen werden als Freileitungsnetze oder als Kabelnetze ausgeführt.

Netzarten

Bei den Niederspannungsnetzen unterscheidet man, je nach örtlichen Erfordernissen (Lastabnahme und Netzaufbau) zwischen Strahlennetz, Ringnetz und Maschennetz.

Strahlennetze (Bild 400/1) sind offene Netze mit einseitiger Speisung. Die Abnehmeranlagen werden über Stichleitungen eingespeist, z.B. von einer Umspannstation oder einem Knotenpunkt (Bild 400/1). Strahlennetze sind einfach aufzubauen und gut zu überwachen. Nachteilig ist der zum Ende der Leitung hin zunehmende Spannungsfall und die dadurch begrenzte Belastungsmöglichkeit. Beim Ausfall der Einspeisestelle oder Zuleitung sind die Abnehmer ohne elektrische Energieversorgung.

Ringnetze (Bild 400/2) sind geschlossene Netze, bei denen jede Stelle des Ringes von zwei Seiten her mit Energie versorgt wird. Die Ringleitung kann bei Leitungsstörungen durch Herausnehmen von Sicherungen aufgetrennt werden. Bei der Einspeisung von zwei Seiten verteilen sich die Ströme nach beiden Richtungen. Die Spannungsfälle und damit auch die Verluste sind kleiner als bei einseitig gespeisten Leitungen. Für den Abnehmer ergibt sich eine größere Versorgungssicherheit.

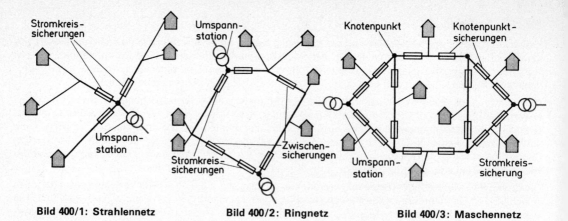

Bild 400/1: Strahlennetz   **Bild 400/2: Ringnetz**   **Bild 400/3: Maschennetz**

Maschennetze (Bild 400/3) sind mehrfach geschlossene Netze, bei denen die von den Umspannstationen ausgehenden Stromkreise in Knotenpunkten verbunden sind. Die Leiterquerschnitte für die einzelnen Hauptleitungen sind so zu bemessen, daß im Fehlerfall die Belastungsströme über andere Netzmaschen fließen können (Bild 400/3). Abnehmeranlagen können, je nach Aufbau des Maschennetzes, von zwei oder mehreren Stellen aus eingespeist werden. Bei Ausfall einer Umspannstation müssen Reservetransformatoren oder nicht ausgelastete Umspanner in anderen Umspannstationen die Energieversorgung übernehmen. Beim Maschennetz sind die Leitungen gut ausgenützt und der Spannungsfall auf den Leitungen ist klein. Weitere Umspannstationen lassen sich ohne große Änderungen in das Maschennetz einfügen. Die Netzvermaschung eignet sich besonders für Kabelnetze. Nachteilig kann sich bei dieser Netzart die Wiederaufschaltung nach einem Störungsfall auswirken, da meist die Verbraucherlast eingeschaltet bleibt (hohe Stromspitzen). Im Kurzschlußfall ist mit höheren Kurzschlußstromstärken zu rechnen.

Netzbemessung

Die Leiterquerschnitte müssen so bemessen sein, daß bei Belastung durch die angeschlossenen Verbraucher der Spannungs- und der Leistungsverlust nicht zu groß sind. Bei Neuanlagen wird eine zukünftige Leistungszunahme berücksichtigt. Die Umspannstationen sollen sich möglichst in der Nähe der Belastungsschwerpunkte befinden.

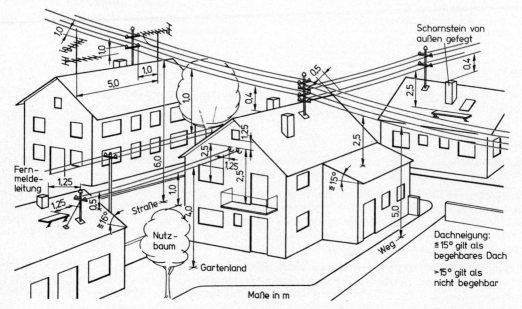

Bild 400/4: Mindestabstand von Freileitungen und Antennen

Netzbauarten

Bei enger Bebauung von Ortschaften werden Ortsnetze als Dachständernetze oder als Erdkabelnetze ausgeführt. Bei aufgelockerter Bauweise ist meist das Mastennetz wirtschaftlicher.

In Ortsnetzen müssen die in VDE 0211 festgelegten Mindestabstände der Leiter von Gebäudeteilen und vom Erdboden eingehalten werden (**Bild 400/4**). Weiter müssen die zulässigen Zugspannungen und Spannweiten für die mechanische Bemessung der Freileitungen berücksichtigt werden. Freileitungen sind extremen Witterungseinflüssen, im Sommer wie im Winter, ausgesetzt. Ebenfalls ist darauf zu achten, daß die in VDE 0855 festgelegten Mindestabstände zwischen Antennenanlagen und Freileitungsnetzen unbedingt berücksichtigt werden (Bild 400/4). Freileitungsortsnetze legt man so an, daß sie sich möglichst unauffällig in das Ortsbild einfügen. Wenn der First des Hauses parallel zur Straße verläuft, setzt man die

Dachständer nach Möglichkeit auf die rückseitige Dachfläche. Verläuft der First senkrecht zur Straße, so setzt man sie möglichst weit vom Straßengiebel nach hinten. Bei Mastennetzen sollen die Masten an solchen Stellen stehen, an denen sie weder das Blickfeld stören noch den Verkehr behindern. Erdkabel für Niederspannungsanlagen werden wie Erdkabel für Mittel- und Hochspannungsanlagen in einer Tiefe von etwa 80 cm unter den Gehwegen in Sand verlegt und wegen der Markierung mit roten Kunststoffhauben oder Kunststoffplatten abgedeckt.

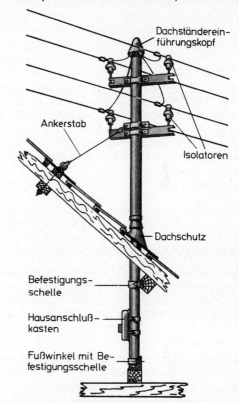

Bild 401/1: Dachständer mit Verankerung

Bauteile für Ortsnetze

Als Stützpunkte für Niederspannungsfreileitungen verwendet man Dachständer, Holzmaste, Betonmaste und Stahlmaste.

Dachständer (Bild 401/1) bestehen aus feuerverzinkten Stahlrohren mit Durchmessern von etwa 75 mm bis 100 mm. Die Befestigung der Dachständer erfolgt am Dachgebälk schutz- oder standortisoliert, mit einem Fußwinkel und zwei Befestigungsschellen. An der Austrittsstelle ins Freie müssen die Dachständerrohre gegen das Eindringen von Wasser einen Dachschutz (Dachverwahrung) erhalten. Als Träger für die Isolatoren dienen gerade Isolatorstützen auf U-Profilstahl-Querträgern. Am oberen Ende wird der Dachständer entweder durch eine Haube oder bei Leitungseinführung durch einen Dachständereinführungskopf abgeschlossen.

Holzmasten als Stützpunkte in Ortsnetzen sind gegen Fäulnis imprägniert. Für die Befestigung der Isolatoren werden gebogene Stützen oder Doppelquerträger verwendet (**Bild 401/2**).

An **Betonmasten** sind Isolatoren mit Doppelquerträgern befestigt. An Winkel- und Abzweigpunkten der Leitungen müssen die Stützpunkte den einseitigen Zug aufnehmen. Dachständer erhalten deshalb einen *Spanndrahtanker* oder eine Strebe aus Stahlrohr.

Bei einfachen Holzmasten nimmt man einen Drahtseilanker, dessen Oberteil mit einem Isolierei gegen Erde isoliert ist, oder Streben aus Holz. Bei größeren Leitungszügen werden Holzmaste in A-Form (A-Maste), Betonmaste oder Stahlmaste aufgestellt.

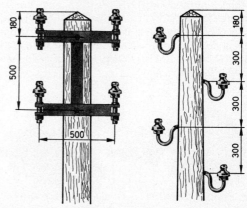

Bild 401/2: Isolatorenbefestigung an Holzmasten

401

Zum Befestigen der Leiter werden vorwiegend Stützenisolatoren aus Glas oder Porzellan auf geraden oder gebogenen Isolatorenstützen verwendet, manchmal auch Schäkelisolatoren, Isoliereier oder Zugisolatoren (**Bild 402/1**).

Als Leiterwerkstoff wird Kupfer oder Aluminium benutzt. Kupfer ist bis zu einem Leiterquerschnitt von 10 mm² eindrähtig zulässig. Eindrähtige Leitungen werden meist für Anschlüsse von Straßenbeleuchtungsanlagen verwendet sowie als Übertragungsleitungen für die Alarmierung des freiwilligen Feuerwehrpersonals (Alarmschleife). In Freileitungsnetzen werden Kupferseile und Aluminiumseile verlegt. Aluminiumseil ist nur mit einem Mindestquerschnitt von 25 mm² zur Verlegung in Ortsnetzen zulässig.

Die Befestigung der Leiter an Stützenisolatoren erfolgt meist durch den einfachen oder doppelten Kreuzbund (**Bild 402/2**). Die Leitung ist jeweils so abzubinden, damit beim Reißen eines Bundes die Leitung von der Stütze oder dem Querträger abgefangen wird. Entsprechend ist beim Abwinkeln des Freileitungsnetzes zu verfahren. Der Bindedraht muß aus demselben Werkstoff wie die Leitung bestehen, um Korrosionserscheinungen zu verhindern. Zur Kenntlichmachung des PEN-Leiters wird z. B. ein Bügel geformt (Bild 402/2). Zum Abschalten einzelner Leitungsstränge im Ortsnetz dienen Trenner (**Bild 402/3**) und Sicherungstrenner.

Zum Abzweig von Leitern verwendet man zugentlastete Abzweigklemmen (**Bild 402/4**). Die End- und Abschlußbunde an Isolatoren werden durch sogenannte Endbundklemmen hergestellt. Zur Verbindung von zwei Leitungsseilen verwendet man Kerbverbinder oder Rohrverbinder (Bild 402/4).

Kabelnetze sind wesentlich betriebssicherer als Freileitungsnetze. Auch das Ortsbild gewinnt an Schönheit.

Als Kabel für Ortsnetze oder Ortsnetzteile kommen papierisolierte Kabel mit Bleimantel (NKBA), kunststoffisolierte Kabel (NYY und NYCY) sowie Aluminiummantelkabel (NAYCWY) und Kupfermantelkabel (NYCWY) in Betracht. Bei Aluminium- und Kupfermantelkabel darf der Mantel als stromführender PEN-Leiter verwendet werden, so daß für diese Kabel bei Drehstromleitungen nur drei Innenleiter erforderlich sind.

Stützenisolator   Schäkelisolator

Zugisolator   Isolierei

Bild 402/1: Niederspannungs-Isolatoren

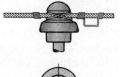 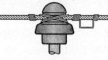

a) einfacher Kreuzbund   b) doppelter Kreuzbund

Bild 402/2: Bunde

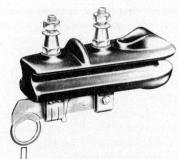

Bild 402/3: Trenner

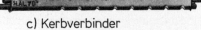

c) Kerbverbinder

d) Rohrverbinder

a) Endbundklemme   b) Abzweigklemme

Bild 402/4: Leitungsverbinder

Als **Hausanschlußkabel** wird meist das NYCY- oder das NACWY-Kabel verlegt, häufig auch das NCAYY-Kabel mit massiven Aluminiumleitern. Ähnlich wie bei Hochspannungskabel sind Kabelendverschlüsse und Kabelmuffen erforderlich. Bei Kunststoffkabel sind keine Endverschlüsse nötig.

Im Freien stehende Kabelverteilerschränke **(Bild 403/1)** bilden die Knotenpunkte des Kabelnetzes, in denen mehrere Kabel zusammenlaufen. Die Kabelverteilerschränke sind mit Sammelschienen versehen, die gleichzeitig als tragendes Element für die NH-Sicherungsleisten dienen. Dadurch erfolgt die Absicherung der einzelnen Stromkreise wie in den Umspannstationen durch NH-Sicherungen.

Bild 403/1: Kabelverteilerschrank

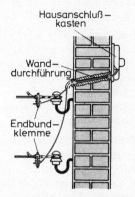

Bild 403/2: Wandanschluß

Hausanschlüsse. Der Hausanschluß besteht bei Freileitungsnetzen aus der Hausanschlußleitung, der Hauseinführungsleitung und dem Hausanschlußkasten. Hausanschlüsse gehören zu den Betriebsanlagen des EVU und sind dessen Eigentum.

Für die Hausanschlußleitung werden meist blanke Leiter verlegt. Isolierte Leiter (NFYW) sind nur erforderlich, wenn die bei blanken Leitungen vorgeschriebenen Abstände nicht eingehalten werden können.

Die **Hauseinführung** erfolgt durch einen Wandanschluß **(Bild 403/2)** am Gebäudegiebel, meist aber durch einen Dachständer **(Bild 403/3)**. Die Hauseinführungsleitung endet an den Klemmen des Hausanschlußkastens. Man verwendet NSYA-, NSYAW-Leitungen oder Kunststoffkabel. Für die Dachständereinführung wählt man die *Normalausführung* N (Bild 403/3), wenn die Hauseinführungsleitung in einem trockenen, nicht feuergefährdeten Raum endet.

Lagern am Montageort des Dachständerrohres leicht entzündliche Stoffe, z. B. Heu, Stroh oder Papier, oder handelt es sich um einen Holzbearbeitungsbetrieb, dann muß die *Sonderausführung* S eingebaut werden. Bei der S-Ausführung wird die Hauseinführungsleitung in ein Mehrkanalrohr aus wärmebeständigem, isolierendem und feuchtigkeitsfestem Kunststoff geführt (Bild 403/3).

Dachständer dürfen wegen Brandgefahr durch Erdschluß nicht mit einer netzabhängigen Schutzmaßnahme versehen werden.

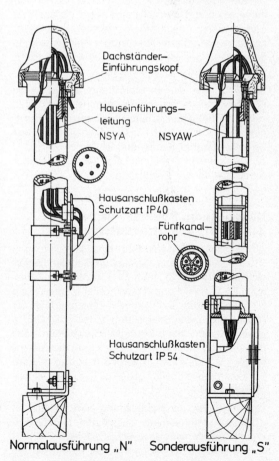

Normalausführung „N"   Sonderausführung „S"

Bild 403/3: Dachständereinführung

Beim TN-Netz oder TT-Netz könnte nicht gewährleistet werden, daß bei der vorgeschalteten Überstromschutzeinrichtung, z. B. eine NH-Sicherung 400 A, der Abschaltstrom zum Fließen kommt.

Der Hausanschluß über Erdkabel endet am Erdkabel-Hausanschlußkasten. Dieser wird vom EVU im Hausanschlußraum installiert **(Bild 404/1)**. Der Hausanschlußraum muß die Mindestabmessungen von 2 m x 1,2 m besitzen.

Das Abnehmerkabel wird meist über Zahn-Kabelabzweigklemmen am Ortsnetzkabel unter Spannung angeschlossen. Die Leiter braucht man nicht abisolieren. Die Klemmen werden durch Festziehen der Fräs-Schrauben mit einem Sicherheits-Steckschlüssel vor dem Vergießen der T-Abzweigmuffe unter Spannung gesetzt.

EVU-Bestimmungen. Für die ordnungsgemäße Errichtung, Erweiterung, Änderung und Unterhaltung der elektrischen Anlage hinter der Hausanschlußsicherung, mit Ausnahme der Meßeinrichtungen des EVU, ist der Anschlußnehmer verantwortlich. Die Anlage darf durch das EVU bzw. nur durch einen in das Installateurverzeichnis des EVU eingetragenen Installateur errichtet, erweitert, geändert und unterhalten werden. Anlagenteile, in denen nicht gemessene elektrische Energie fließt, werden durch das EVU plombiert.

Das EVU oder dessen Beauftragte schließen die Abnehmeranlage an das Verteilungsnetz an und setzen sie bis zu den Hauptsicherungen unter Spannung. Die Anlage hinter diesen Sicherungen setzt der Installateur in Betrieb und ist vorher beim EVU zu beantragen. Dabei ist ein vorgeschriebenes Anmeldeverfahren einzuhalten.

Hauptleitung, Potentialausgleich, Zählerplatz und Stromkreisverteiler

Ab Hausanschlußkasten führt eine Hauptleitung in Drehstromausführung *(Steigleitung)* zu den Zählerplätzen **(Bild 404/2)**. Vom EVU werden die Kabelarten NYY, NYCY und NYCWY oder Mantelleitung NYM zugelassen. Bei mehreren Zählern erfolgt der Abzweig von der Steigleitung zu den Zählern in plombierbaren Hauptleitungsabzweigkästen. Die Hauptleitung für eine Wohneinheit muß mindestens für eine Strombelastung von 63 A ausgelegt sein. Für zwei Wohneinheiten gelten 80 A, für drei Wohneinheiten 100 A.

Der PEN-Leiter der Hauptleitung wird mit dem in das Gebäudefundament eingelegten *Fundamenterder* an der *Potentialausgleichsschiene* (Bild 404/1) leitend verbunden. Dadurch ist der PEN-Leiter am Hausanschlußkasten geerdet. Mit der Potential-

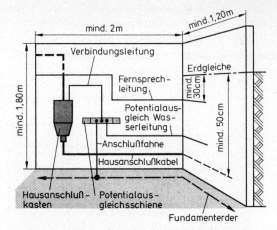

Bild 404/1: Hausanschlußraum

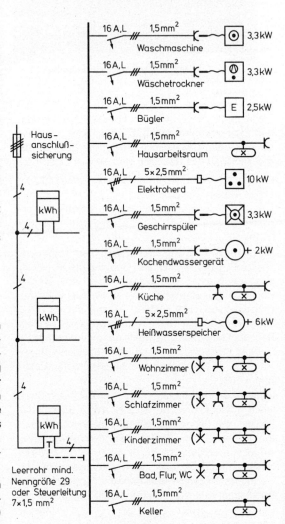

Bild 404/2: Hauptleitung, Zähler, Stromkreisverteiler

ausgleichsschiene sind ferner die im Haus vorhandenen, aus Metall bestehenden Leitungen (Frischwasser, Abwasser, Heizung und Gas), außerdem die Erdungsleitungen für die Antennenanlage (Seite 423) und die Fernmeldeanlage sowie der Blitzschutzerder zu verbinden.

Unter **Potentialausgleich** versteht man das Angleichen von Potentialen oder das Beseitigen von Potentialunterschieden zwischen Körpern und fremden, leitfähigen Teilen sowie auch untereinander. Man unterscheidet **Hauptpotentialausgleich** und **zusätzlicher Potentialausgleich**. In jedem Gebäude mit einem elektrischen Hausanschluß muß der Hauptpotentialausgleich durch den Zusammenschluß aller leitfähigen Teile, z. B. Schutzleiter, PEN-Leiter, Wasserrohre, Heizungsrohre, an der Potentialausgleichsschiene erfolgen. Der zusätzliche Potentialausgleich muß z. B. in Baderäumen und Duschecken (Seite 410) hergestellt werden (Querschnitte für Potentialausgleichsleiter siehe **Tabelle 409/1**).

Die **Meßeinrichtungen** (Zähler) und **Steuergeräte** (Rundsteuerempfänger, Schaltuhren) sind in Zählerschränken zu montieren. Um Mehrtarifzähler und Verbrauchsgeräte zentral steuern zu können, ist vom Steuergerät bis zu jedem Zähler eine Steuerleitung mit numerierten Adern von $7 \times 1,5\,mm^2$ Cu ohne grüngelbe Ader oder ein Kunststoff-Leerrohr von 29 mm lichter Weite zu verlegen. Die Steuerleitung oder das Leerrohr ist vom Zählerplatz bis zum zugehörigen Stromkreisverteiler weiterzuführen.

Als Leitung zu den Stromkreisverteilern (Bild 404/2) dient NYM-Leitung in Drehstromausführung. Zur Freischaltung der Stromkreisverteiler sind Trennvorrichtungen für mindestens 63 A vorzusehen (dreipolige Ausschalter, FI-Schutzschalter oder Schmelzsicherungen). Stromkreisverteiler werden bei Wohnungen möglichst im Flur in der Nähe der großen Verbraucher angeordnet. Die Zahl der Stromkreise für Beleuchtung und Steckdosen soll etwa so groß sein wie die Zahl der Haupträume einer Wohnung. Elektrische Großgeräte erhalten eigene Stromkreise.

In Hausinstallationen dürfen Beleuchtungsstromkreise nur mit Leitungsschutzschaltern vom Typ L bis 16 A gesichert werden (VDE 0100). Das gilt auch für Beleuchtungsstromkreise mit zweipoligen Steckdosen bis 16 A Nennstrom und für reine Steckdosenstromkreise mit zweipoligen Steckdosen bis 16 A Nennstrom.

Bemessung von Leitungen und Kabeln in Abnehmeranlagen. Leitungen und Kabel sind gegen zu hohe Erwärmung zu schützen. Weiterhin müssen sie eine ausreichende mechanische Festigkeit haben. Die zulässige Strombelastbarkeit darf nicht überschritten werden (VDE 0100). Der zulässige Spannungsfall für die jeweiligen Betriebsmittel ist bei der Bemessung ebenfalls zu berücksichtigen. Nach den technischen Anschlußbedingungen (TAB) der Elektrizitätsversorgungsunternehmen (EVU) darf bei dem ermittelten Höchststrom der Spannungsfall in den Leitungen (Hauptleitungen) vom Hausanschluß bis zu den Zählern nicht mehr als 0,5% der Netzspannung betragen. Bei Großbauten (Gebäude mit einem Leistungsbedarf von mehr als 100 kVA) sind 1% Spannungsfall zwischen der Übergabestelle des Energieversorgungsunternehmens und der Meßeinrichtung zulässig. Bei einem Leistungsbedarf über 250 kVA bis 400 kVA darf der Spannungsfall 1,25% und über 400 kVA 1,5% betragen.

Der *Spannungsfall* U_a hängt ab von Leitungslänge l, Leiterquerschnitt A, Belastungsstrom I, Leitfähigkeit $\varkappa$, Stromart und Leistungsfaktor. Er ist bei

Gleichstrom	Einphasen-Wechselstrom	Drehstrom
$$U_a = \frac{2 \cdot l \cdot I}{\varkappa \cdot A}$$	$$U_a = \frac{2 \cdot l \cdot I \cdot \cos \varphi}{\varkappa \cdot A}$$	$$U_a = \frac{\sqrt{3} \cdot l \cdot I \cdot \cos \varphi}{\varkappa \cdot A}$$

Isolationszustand der Leitungen in Abnehmeranlagen

Die Leiter in Abnehmeranlagen müssen gegeneinander und gegen Erde so isoliert sein, daß bei den gegebenen Betriebsspannungen keine unzulässig hohen Fehlerströme fließen. Der Fehlerstrom zwischen zwei Überstromschutzeinrichtungen oder hinter der letzten Überstromschutzeinrichtung darf 1 mA nicht überschreiten (VDE 0100). Der Isolationswiderstand muß also um so größer sein, je höher die Betriebsspannung ist.

Der Isolationswiderstand darf nicht kleiner sein als 1000 Ω je V Betriebsspannung.

In nassen und feuchten Räumen, z. B. Waschküchen und im Freien erreicht man diese Isolationswiderstände nicht. Dort sind nach VDE 0100 Fehlerströme bis 2 mA noch zulässig, das entspricht 500 Ω je Volt Betriebsspannung.

In den angeschlossenen Verbrauchern entstehen zusätzliche Fehlerströme. Deshalb gelten die genannten Werte nur, wenn alle Verbraucher vom Netz getrennt sind.

---

* Nach VDE und TAB: Spannungsfall

Prüfen des Isolationszustandes in Abnehmeranlagen. Der Isolationszustand muß in neuen Anlagen vor der Inbetriebnahme und in älteren Anlagen von Zeit zu Zeit geprüft werden. Dabei ist der Isolationswiderstand aller nicht geerdeten Leiter gegeneinander und gegen Erde zu messen. Ist der Schutzleiter getrennt verlegt, so muß diese Messung auch zwischen Neutralleiter und den Außenleitern und zwischen Neutralleiter und Erde erfolgen (Leiterquerschnitte **Tabelle 409/2**).

Vor dem Prüfen werden alle Überstromschutzeinrichtungen an dem zu prüfenden Leitungsabschnitt abgeschaltet oder ausgebaut **(Bild 406/1)**. Bei getrennt verlegtem Schutzleiter wird außerdem der Neutralleiter abgeklemmt. Man entfernt die Lampen aus den Leuchten und trennt alle anderen angeschlossenen Verbraucher allpolig vom Netz (Bild 406/1). Die zur Anlage gehörenden Schalter werden geschlossen.

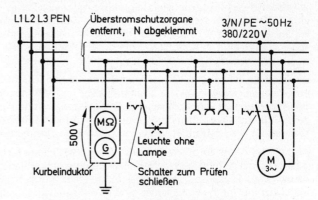

Bild 406/1: Prüfen des Isolationszustandes

Zum Prüfen ist Gleichspannung erforderlich. Die Spannung muß bei Belastung des Meßgerätes mit 1 mA mindestens so groß wie die Nennspannung der Anlage sein. Bei Anlagen mit Schutzkleinspannung sind mindestens 250 V erforderlich. Man verwendet Kurbelinduktoren oder transistorisierte Isolationsmesser für Batteriebetrieb. Derartige Prüfgeräte geben eine lastunabhängige Meßspannung von 500 V ab. Bei Isolationsmessern für Batteriebetrieb können die Meßspannungen über Drucktasten gewählt werden. Im Isolationsmeßgerät und Kurbelinduktor sind Skalen eingebaut, die in kΩ und MΩ geeicht sind.

Zuerst mißt man den Isolationswiderstand jedes Außenleiters gegen Erde. Dann werden die Leiter gegeneinander geprüft. Bei getrennt verlegtem Schutzleiter wird der Neutralleiter wie ein Außenleiter geprüft. Die Anlage ist in Ordnung, wenn in trockenen Räumen die Isolationswerte mindestens 1000 Ohm je Volt und in nassen oder feuchten Räumen sowie im Freien mindestens 500 Ohm je Volt betragen. Ist der zu prüfende Leitungsabschnitt länger als 100 m, so sind die erforderlichen Isolationswerte halb so groß.

Instandgesetzte elektrische Geräte für den Hausgebrauch und für ähnliche Zwecke müssen einer Prüfung unterzogen werden (VDE 0701). Die Prüfung umfaßt eine Sichtprüfung bezüglich Beschädigung wichtiger Teile des Gerätes. Dazu gehören z. B. die Anschlußleitung, Zugentlastung, Schutzleiteranschluß. Ferner wird der Widerstand des Schutzleiters gemessen. Er darf höchstens 0,3 Ω betragen. Weiter ist der Isolationswiderstand zu messen. Die Meß-Gleichspannung muß bei einem Belastungswiderstand von 0,5 MΩ mindestens 500 V betragen. Bei Geräten der Schutzklasse I muß der Mindest-Isolationswiderstand 0,5 MΩ, bei Geräten der Schutzklasse II 2 MΩ betragen. Sind Geräte der Schutzklasse III oder batteriegespeiste Geräte zu überprüfen, so muß der Widerstand 1000 Ω/V betragen. Bei Geräten der Schutzklasse I ist zusätzlich eine Ersatz-Ableitstrommessung durchzuführen.

Wiederholungsfragen

1. Zählen Sie die Netzformen in Ortsnetzen auf!
2. Welche Nachteile hat ein Strahlennetz?
3. Welche Vorteile hat ein Maschennetz?
4. Warum dürfen Freileitungsdachständer weder genullt noch schutzgeerdet werden?
5. Aus welchen Teilen besteht bei Freileitungsnetzen ein Hausanschluß?
6. Welcher Personenkreis darf eine elektrische Anlage errichten?
7. Durch wen darf die Inbetriebnahme einer Abnehmeranlage erfolgen?
8. Wie kann der PEN-Leiter der Hauptleitung geerdet werden?
9. Was versteht man unter Potentialausgleich?
10. Warum verlangt das EVU eine Steuerleitung?
11. Wo sollen Stromkreisverteiler angeordnet werden?
12. Wie groß soll die Zahl der Stromkreise für Beleuchtung und Steckdosen sein?
13. Welche Nennstromstärke darf die Sicherung für einen gemischten Stromkreis (Beleuchtung und 16-A-Steckdosen) haben?
14. Nennen Sie die nach TAB zulässigen Werte für den Spannungsfall in Abnehmeranlagen!
15. Wie groß muß bei 220 V der Isolationswiderstand mindestens sein?
16. Welche Maßnahmen müssen in einer Anlage vor dem Prüfen des Isolationszustandes durchgeführt werden?
17. Wie hoch ist die Spannung für die Prüfung des Isolationszustandes einer Anlage mit Dreiphasenwechselspannung 380 V?

18.3.4 Überspannungsableiter

In Freileitungsnetzen entstehen durch Blitzschläge *Überspannungen*, die in der Freileitung bis zu den Umspannern, Schaltgeräten und Meßwandlern der Schalt- und Umspannstationen gelangen können. Zum Schutz der elektrischen Anlagen gegen diese Überspannungen werden in den Leitungsnetzen *Überspannungsableiter* eingebaut, besonders vor Schalt- und Umspannstationen sowie beim Übergang vom Freileitungsnetz auf ein Kabelnetz. Überspannungsableiter haben die Aufgabe, die Überspannung auf ein ungefährliches Maß herabzusetzen.

Bei den **Ventilableitern für Hochspannung (Bild 407/1)** befindet sich in einem Porzellanhohlkörper eine vielfach unterteilte Löschfunkenstrecke, die mit einer Anzahl spannungsabhängiger Widerstandsscheiben in Reihe geschaltet ist. Diese Widerstände haben die Eigenschaft, daß ihr Widerstandswert bei hoher Spannung klein und bei kleiner Spannung groß ist.

Die Überspannungsableiter sind zwischen der zu schützenden Leitung und einer Erdungsleitung angeschlossen.

Trifft eine gefährlich hohe Überspannungswelle am Ableiter ein, so entstehen zwischen seinen plattenförmigen Elektroden Lichtbögen. Dadurch wird die Überspannung bis auf eine Restspannung zur Erde abgeleitet. Für den mit Betriebsspannung nachfolgenden Strom ist der Widerstand des Ableiters wieder so hoch, daß die Funkenstrecke nach abklingender Überspannung erlischt.

Ventilableiter für Niederspannung (Bild 407/2) bestehen aus einem vakuumdichten Gehäuse aus Glas oder Porzellan. Im Gehäuse sind die Trennstrecke, der spannungsabhängige Widerstand und die Selbstreinigung mit Anzeigevorrichtung in Reihe geschaltet.

Die *Trennstrecke* besteht aus Kupferelektroden, die in Abständen voneinander angeordnet sind. Von der Trennstrecke ist ein Bolzen zum Anschluß an die Freileitung herausgeführt. Die am Anschlußbolzen anstehende Netzspannung wird durch die Trennstrecke von der Erde getrennt. Tritt eine Überspannung auf, so zündet die Trennstrecke durch; der Ableitstrom (mehrere kA) fließt zur Erde ab.

Der *spannungsabhängige* Widerstand ist mit den Ableitelektroden der Trennstrecke verbunden. Der Widerstandswert sinkt bei Überspannung ab. Nach Absinken der Überspannung wirkt der Widerstand für die Netzspannung wieder *sperrend*. Der nachfließende Netzstrom ist kleiner und wird durch die Trennstrecke nach etwa 10 ms unterbrochen.

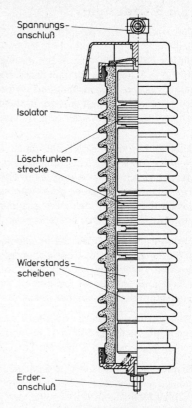

Bild 407/1: Ventilableiter für Hochspannung (Schnitt)

Spannungsanschluß — Isolator — Löschfunkenstrecke — Widerstandsscheiben — Erderanschluß

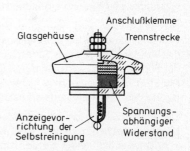

Bild 407/2: Ventilableiter für Niederspannung (Schnitt)

Glasgehäuse — Anschlußklemme — Trennstrecke — Anzeigevorrichtung der Selbstreinigung — Spannungsabhängiger Widerstand

Die Selbstreinigung trennt den Ableiter vom Netz, wenn die Trennstrecke bei großer Kapazität durch Blitzschlag beschädigt wird. Der nachfließende Erdstrom läßt den Schmelzdraht der Selbstreinigung durchschmelzen. Dies wird durch Abfallen der Meldekappe angezeigt. Tritt dieser Fall ein, muß der Ableiter ausgetauscht werden. Aus Sicherheitsgründen ist eine Kontrolle der Ableiter nach Blitzeinschlägen erforderlich. Durch Inaugenscheinnahme sollen die Ableiter, unabhängig von Blitzeinschlägen, in gewissen Zeitabständen kontrolliert werden.

Niederspannungsableiter werden bei Umspannstationen und im Freileitungsnetz alle 1000 m, an Netzverzweigungen, an Enden längerer Ausläuferleitungen und an den Erdkabelanschlußstellen der Freileitung eingebaut. In gewitterreichen Gegenden und im Gebirge sind Ableiter in Abständen von 500 m erforderlich.

18.3.5 Erdungen

Eine *Erdungsanlage* besteht aus dem Erder und der Erdungsleitung. *Erder* sind Leiter, die in das Erdreich eingebettet sind und mit ihm in leitender Verbindung stehen oder Leiter, die in Beton eingebettet sind, der mit der Erde großflächig in Berührung steht, z.B. Fundamenterder. Die *Erdungsleitung* verbindet die zu erdenden Anlageteile mit dem Erder. Der *Erdungswiderstand* setzt sich aus dem *Erdleitungswiderstand* und dem *Erdausbreitungswiderstand* (Widerstand zwischen Erder und idealer Erde) zusammen **(Bild 408/1)**. Die Art der Erde hängt von der Bodenbeschaffenheit und von den örtlichen Verhältnissen ab. Man unterscheidet Oberflächenerder und Tiefenerder.

Oberflächenerder sind Erder, die im allgemeinen in *geringer* Tiefe (ca. 1 m) eingebracht werden. Sie können durch Unterteilung ihrer Gesamtlänge als *Strahlenerder, Ringerder* oder *Maschenerder* (siehe Tabellenbuch Elektrotechnik) ausgeführt sein und bestehen z.B. aus Bandmaterial oder Rundmaterial.

Tiefenerder sind Erder, die im allgemeinen lotrecht in *größeren* Tiefen als Oberflächenerder eingebracht werden. Tiefenerder können aus Rundmaterial oder anderem Profilmaterial bestehen. Sie werden als Staberder oder Plattenerder ausgeführt.

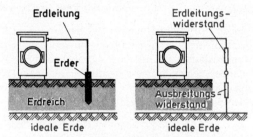

Bild 408/1: Erdungswiderstand

Strahlenerder, Ringerder oder Maschenerder können aus verzinktem Bandstahl mit 100 mm² Querschnitt, aus Kupferband mit 50 mm², aus verzinktem Stahlseil mit 95 mm² oder aus Kupferseil mit 35 mm² Querschnitt bestehen. Je länger ein Erder ist, desto kleiner ist der Erdausbreitungswiderstand.

Fundamenterder sind eine Sonderform der Ringerder. Sie müssen in die Umfassungsfundamente von neu zu erstellenden Gebäuden unterhalb der Isolierschicht als geschlossener Ring eingelegt werden (VDEW-Richtlinien). Dabei sollte kein Punkt der Kellersohle mehr als 10 m vom Fundamenterder entfernt sein. Ist dies nicht der Fall so wird die Verlegung des Erders auch unter den Mittelwänden des Gebäudes erforderlich. Als Leiterwerkstoff findet verzinkter Bandstahl 30 mm x 3,5 mm, 25 mm x 4 mm (hochkant verlegt) oder verzinkter Rundstahl mit einem Durchmesser von 10 mm Verwendung. Fundamenterder, Erdungs- und Potentialausgleichsleitungen aus verzinktem Stahl dürfen in Beton mit den dortigen Bewehrungseisen leitend verbunden werden.

Die Ringleitung wird über eine Stichleitung *(Anschlußfahne)* mit gleichem Leiterquerschnitt wie der Fundamenterder an die Potentialausgleichschiene im Hausanschlußraum angeschlossen. Die Austrittstelle des Fundamenterders aus Beton ist gegen *Korrosion* zu schützen. Die Verbindungen und Abzweigungen des Fundamenterders haben durch *Keilverbinder, Federverbinder, Schrauben* oder *Schweißen* zu erfolgen. Der Elektrohandwerker muß in seiner Anmeldung der elektrischen Anlage beim EVU die fachgerechte Verlegung des Fundamenterders bestätigen.

Der Erdungswiderstand des Fundamenterders ist durch *Messung* festzustellen. Die Widerstandswerte können zwischen 1 Ω und 10 Ω betragen. Größere Werte, z.B. 50 Ω, deuten darauf hin, daß *kein* Fundamenterder verlegt wurde, sondern nur ein kurzes Stück Bandstahl oder Rundstahl.

Tiefenerderstäbe können aus verzinktem Stahl oder Kupfer mit Durchmessern von 16 mm, 20 mm, 25 mm oder 30 mm bestehen. Die Einzelstablänge beträgt 1,5 m. Jeder Stab besitzt am unteren Ende eine Bohrung mit einer unverlierbaren Weichmetalleinlage. Das andere Stangenende weist einen Zapfen mit Ringnut und Rändel auf. Tiefenerderstäbe werden meist bei nachträglichem Einbau einer Erdungsanlage, aber auch zur Verbesserung bestehender Erdungsanlagen eingesetzt. Man erhält gleichbleibende Widerstandswerte, da Tiefenerder in Erdschichten vordringen, die von jahreszeitlichen Feuchtigkeits- und Temperaturschwankungen unberührt bleiben. Sollte trotzdem der erforderliche Erdausbreitungswiderstand nicht erreicht werden, so sind *mehrere* Einzelerder notwendig. Die gegenseitigen Mindestabstände von parallel geschalteten Einzelerdern sollen nicht kleiner sein als die Eintreibtiefe. Tiefenerderstäbe werden mit einem *Arbeitsgerüst* und einem daran zu montierenden *Vibrationshammer* ins Erdreich eingetrieben.

Staberder mit Kreuzprofil werden meist bei zeitlich begrenzten Erdungsanlagen verwendet, z.B. bei Baustellenverteilern, Zirkuszelten oder Festzelten.

Erdungsleitungen müssen je nach Verlegungsart bestimmte Leiterquerschnitte besitzen (Tabelle 409/2). Bei Verlegung in Erde sind Mindest-Leiterquerschnitte zu berücksichtigen **(Tabelle 409/3)**. Der Anschluß einer Erdungsleitung an einen Erder muß sorgfältig und elektrisch gut leitend ausgeführt werden. Um den Ausbreitungswiderstand eines Erders überprüfen zu können, ist in die Erdungsleitung eine Trennstelle einzubauen. Erdungsleitungen müssen gegen mechanische oder korrosive Einwirkungen geschützt werden. Erdungsleitungen müssen außerhalb der Erde sichtbar oder bei einer evtl. Verkleidung jederzeit zugänglich verlegt werden.

Erdungswiderstände sollen in bestimmten Zeitabständen, z. B. alle zwei Jahre, nachgeprüft werden. Man kann sie bei Wechselstrom mit Strommesser und Spannungsmessern ermitteln (VDE 0100). Meist verwendet man jedoch für die Messung *Kompensations-Meßbrücken* (Spannungskompensation), die eine direkte Ablesung des Widerstandswertes ermöglichen. Bei diesen Geräten werden für die Messung ein Hilfserder und eine Sonde benötigt. Die Meßgeräte müssen weitgehend unempfindlich gegen vagabundierende Fremdströme im Erdboden sein und sollen auch bei großen Widerständen von Sonde und Hilfserder Meßfehler vermeiden.

Betriebserdung ist die Erdung eines zum Betriebsstromkreis (aktive Teile) gehörenden Anlageteils. Zur Betriebserdung gehören in Niederspannungsanlagen (bis 1000 V), z. B. die Erdungen des Sternpunktes, des PEN-Leiters, der Überspannungsableiter und der Schaltgerüste sowie alle leitfähigen Anlagenteile wie z. B. Konsolen für Kabelendverschlüsse. In Hochspannungsanlagen (über 1000 V) gehören zur Betriebserdung z. B. die Erdung der Überspannungsableiter, die Metallmäntel (Blei oder Aluminium) von Kabeln und die Konsolen für Kabelendverschlüsse.

Tabelle 409/1: Querschnitte für Potentialausgleichsleiter (Seite 405)

Hauptpotentialausgleich	Zusätzlicher Potentialausgleich
mindestens: 6 mm²	Mechanisch geschützt 2,5 mm² mechanisch ungeschützt 4 mm²
normal: 0,5 x PE-Querschnitt	Zwischen zwei Körpern: PE-Querschnitt des kleinsten PE-Leiters
	Zwischen einem Körper und einem fremden, leitfähigen Teil: 0,5 x PE-Querschnitt

Tabelle 409/3: Leiterquerschnitte von Erdungsleitungen in Erde

Verlegung	mechanisch geschützt	mechanisch ungeschützt
isoliert	wie PE-Leiter (Tabelle 409/2)	16 mm² Cu 16 mm² Fe
blank	25 mm² Cu 50 mm² Fe, feuerverzinkt	

Tabelle 409/2: Zuordnung des Schutzleiters zum Außenleiter (Seite 406)

Außenleiter mm²	Schutzleiter getrennt verlegt oder Erdungsleitung	
	mechanisch geschützt mm²	mechanisch ungeschützt mm²
0,5	2,5	4
0,75	2,5	4
1	2,5	4
1,5	2,5	4
2,5	2,5	4
4	4	4
6	6	6
10	10	10
16	16	16
25	16	16
35	16	16
50	25	25
70	35	35
95	50	50
120	50	50
150	50	50
185	50	50
240	50	50
300	50	50

Wiederholungsfragen

1. Welche Aufgaben haben Überspannungsableiter?
2. Erklären Sie die Wirkungsweise der Ventilableiter für Niederspannung!
3. Woraus besteht eine Erdungsanlage?
4. Was versteht man unter einem Erder?
5. In welche Hauptgruppen werden Erder eingeteilt?
6. Welche Vorteile haben Tiefenerder gegenüber Oberflächenerder?
7. Welche Bedingungen müssen beim Verlegen eines Fundamenterders berücksichtigt werden?

18.3.6 Installationen in Baderäumen und Duschecken

In Baderäumen und Duschecken ist bei einer unsachgemäß ausgeführten elektrischen Anlage die Unfall-gefahr besonders groß. Für die elektrische Installation von Baderäumen und Duschecken in Wohnungen und Hotels gelten deshalb besondere Bestimmungen (VDE 0100).

In diesen Räumen sind nur Mantelleitungen (NYM), Kunststoffaderleitungen, z.B. H07V-U, in nicht-metallischen Rohren und mit Einschränkung auch Stegleitungen (NYIF) zugelassen. Leitungen zur Strom-versorgung anderer Räume dürfen nicht durch Baderäume und Duschecken führen. Es wird empfohlen möglichst keine Abzweigdosen in Baderäumen und Duschecken zu installieren.

Um Badewannen **(Bild 410/1)** und Duschecken **(Bild 410/2)** ist ein *Schutzbereich* festgelegt. In diesem Bereich dürfen keine Steckdosen, Leitungen, Abzweigdosen und Schalter installiert sein. Ausgenommen sind Einbauschalter an fest angebrachten Verbrauchern, die in diesem Bereich erforderlich sind, sowie Leitungen und Geräteanschlußdosen für diese Geräte.

Innerhalb des Schutzbereichs liegt bei Baderäumen und Duschecken noch ein *Sprühbereich* (Bild 410/2). In ihm sind auch Stegleitungen nicht erlaubt. Fest angebrachte Verbraucher, auch gas- oder ölbeheizte Heißwasserbereiter mit elektrischer Zusatzeinrichtung, müssen mindestens spritzwassergeschützt sein. Für Leuchten wird Schutzisolierung empfohlen. Falls der Sprühbereich nicht durch Vorhänge oder Trenn-wände begrenzt ist, deckt er sich mit dem Schutzbereich (Bild 410/1).

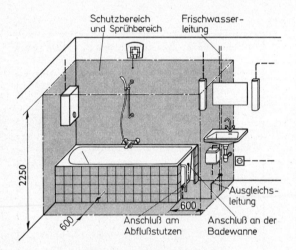

Bild 410/1: Schutzbereich und Sprühbereich bei Baderäumen

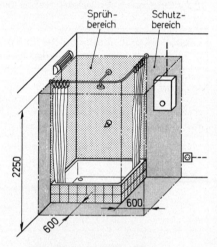

Bild 410/2: Schutzbereich und Sprühbereich bei Duschecken

Der Verlauf der im Schutzbereich bzw. Sprühbereich zulässigen Leitungen ist vorgeschrieben: Zu Ver-brauchern über der Wannenoberkante senkrecht von oben, zu Verbrauchern innerhalb der Wannenver-kleidung senkrecht von unten (Bild 410/1 und Bild 410/2). Leitungseinführungen müssen auf der Rückseite der Verbraucher sein. Auf der Rückseite der Wände sind im Schutzbereich Leitungen und Einbaudosen erlaubt, wenn die Wanddicke hinter ihnen noch mindestens 6 cm beträgt. Diese Bestimmungen über Art und Verlauf der Leitungen sollen verhindern, daß Leitungen und Einbaudosen durch Befestigungsmittel beschädigt und daß Spannungen verschleppt werden.

In Baderäumen und Duschecken ist bei allen elektrischen Verbrauchern eine Schutzmaßnahme gegen zu hohe Berührungsspannung erforderlich.

Für Ruf- und Signalanlagen innerhalb des Schutzbereichs darf nur Schutzkleinspannung von höchstens 24 V Nennspannung angewendet werden. Außerdem muß man das metallische Rohrsystem, die leitfähigen Abflußstutzen von Badewanne und Duschwanne und die leitfähigen Wannen selbst durch eine Potential-ausgleichsleitung miteinander verbinden (Bild 410/1). Die Ausgleichsleitung ist auch dann erforderlich, wenn im Raum keine elektrischen Einrichtungen vorhanden sind. Wendet man im Baderaum oder Dusch-raum Schutzmaßnahmen mit Schutzleiter an, dann sind Potentialausgleichsleitung und Schutzleiter an zentraler Stelle miteinander zu verbinden, z. B. an einer Verteilung, an welcher der Schutzleiter einen Mindestquerschnitt von 4 mm² Cu hat. Dies ist nicht erforderlich, wenn zwischen Schutzleiter und metallischen Rohrsystemen über die Potentialausgleichsschiene schon eine leitende Verbindung besteht, z. B. im Hausanschlußraum (VDE 0190).

18.3.7 Installationen in feuergefährdeten Betriebsstätten

In feuergefährdeten Betriebsstätten sind zur Vermeidung von Bränden durch Lichtbögen, Isolationsfehler oder erhöhte Temperaturen an Betriebsmitteln bei der Ausführung elektrischer Installationen und Einrichtungen besondere Bestimmungen zu beachten (VDE 0100). Diese Bestimmungen müssen auch dann eingehalten werden, wenn Leitungen oder Kabel durch feuergefährdete Betriebsstätten hindurchführen oder, wenn sie an Außenseiten der die feuergefährdeten Betriebsstätten begrenzenden brennbaren Wände, z. B. unter Putz, im Putz oder auf Putz, verlegt werden sollen.

Zur Verhütung von Bränden durch zu hohe Erwärmung infolge von Isolationsfehlern ist bei festverlegten Leitungen und Kabeln eine der folgenden Maßnahmen anzuwenden:

Überstromschutz und Leitungsauswahl. Der Leiterquerschnitt von Kabeln und Leitungen muß so bemessen sein, daß bei einem vollkommenen Kurzschluß die nächst vorgeschaltete Überstromschutzeinrichtung innerhalb 5 s abschaltet. Der Mantelwerkstoff von Leitungen und Kabeln muß z. B. aus PVC oder VPE (vernetztes Polyäthylen) bestehen.

Fehlerstromschutzeinrichtung und Schutzleiter. Die elektrische Anlage ist durch eine FI-Schutzeinrichtung mit einem Nennfehlerstrom von höchstens 0,5 A zu überwachen. Ein Überwachungsleiter ist innerhalb der Umhüllung von Leitungen und Kabeln beliebiger Bauart zu führen (**Bild 411/1**). Als Überwachungsleiter (Schutzleiter) dürfen z. B. verwendet werden: Leiter in mehradrigen Leitungen und Kabeln, blanke oder isolierte Leiter in Rohren oder Installationskanälen, metallene Umhüllungen und konzentrische Leiter bestimmter Kabeltypen sowie Metallumhüllungen von Stromschienensystemen.

Schutzabstand. Isolationsfehlern kann man durch Verlegen von Einaderkabeln, einadrigen Mantelleitungen vorbeugen oder durch Schutzabstand, d. h. getrenntes Verlegen einer PVC-Aderleitung in je einem Isolierrohr, ebenso durch den Einsatz eines Stromschienenverteilers.

Bei Schutzmaßnahmen gegen zu hohe Berührungsspannung im TN-Netz muß von der letzten Verteilung außerhalb der feuergefährdeten Betriebsstätte bis zu dem zu schützenden Gerät der Schutzleiter getrennt geführt werden (TN-S-Netz). Die Neutralleiterschiene der Verteilung muß bei Leiterquerschnitten unter 10 mm² so ausgeführt sein, daß der Isolationswiderstand der einzelnen in die feuergefährdete Betriebsstätte führenden Leitungen ohne Abklemmen des Neutralleiters gegen Erde gemessen werden kann, z. B. durch Trennklemmen (**Bild 411/2**).

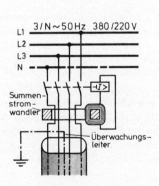
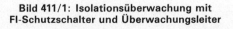

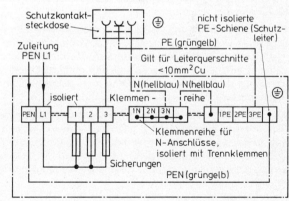

Bild 411/1: Isolationsüberwachung mit FI-Schutzschalter und Überwachungsleiter

Bild 411/2: Beispiele einer Klemmenanordnung

Größere zugängliche leitfähige Gebäude-Konstruktionsteile, z. B. Stahlkonstruktionen, sollen untereinander und mit dem Schutzleiter verbunden werden.

Leitungen dürfen in feuergefährdeten Betriebsstätten nicht offen, z. B. auf Isolatoren, verlegt werden. Bewegliche Leitungen müssen mindestens für mittlere mechanische Beanspruchungen, z. B. H07RN-F oder in gleichwertiger Bauart, ausgeführt sein.

Bei Installationsschaltern, Steckvorrichtungen, Abzweigdosen und dgl., die durch Staub oder Faserstoffe feuergefährdet sind, ist mindestens Tropfwasserschutz erforderlich. Steckvorrichtungen sollen ein Isolierstoffgehäuse haben. Wandsteckdosen sind an besonders gefährdeten Stellen gegen mechanische Beschädigung zu schützen.

Für Schalt- und Verteilungsanlagen, Schaltgeräte, Überstrom-Schutzorgane und dgl. ist mindestens Schutzart IP 4X, bei Feuergefährdung durch Staub- und Faserstoffe Schutzart IP 5X gefordert.

Maschinen, ausgenommen Elektrowerkzeuge, müssen Schutzart IP 4X, bei Feuergefährdung durch Staub- oder Faserstoffe Schutzart IP 5X entsprechen. Motoren, die selbsttätig geschaltet, ferngeschaltet oder nicht ständig beaufsichtigt werden, müssen durch einen Motorschutzschalter oder gleichwertige Einrichtungen geschützt sein.

Für Leuchten sind Gehäuse aus schwer entflammbaren Werkstoffen erforderlich. In Räumen, die durch Staub- oder Faserstoffe gefährdet sind, müssen Leuchten mindestens Schutzart IP 5X haben. An Stellen, an denen mit einer mechanischen Beschädigung zu rechnen ist, sind die Leuchten durch Abdeckungen genügender Festigkeit, durch Schutzgitter oder Schutzkörbe zu schützen.

Wärmegeräte in der Nähe von entzündlichen Stoffen müssen mit Vorrichtungen versehen sein, die eine Berührung der Heizleiter mit solchen Stoffen verhindern. Raumheizgeräte mit Wärmespeicherung, bei denen die Raumluft mit dem Speicherkern in Berührung kommen kann, dürfen in Räumen nicht verwendet werden, die durch Staub- oder Faserstoffe feuergefährdet sind. Wärmegeräte müssen mindestens auf feuerhemmender Unterlage befestigt werden. Aktive Teile von elektrischen Heizgeräten und Widerständen sind durch ein Gehäuse, das betriebsmäßig an keiner Stelle eine höhere Temperatur als 115 °C annimmt, gegen zufälliges Berühren zu schützen. Die Bauart des Gehäuses soll ein Ablegen von Gegenständen erschweren.

18.3.8 Ersatzstrom-Versorgungsanlagen

Verbundnetze bieten im allgemeinen eine große Versorgungssicherheit. Netzausfälle der öffentlichen Stromversorgung sind z. B. durch Überlastung, Kurzschluß oder Blitzschlag möglich, meist aber nur kurzzeitig. Wichtige Einrichtungen müssen eine unabhängige von äußerer Energiezufuhr bereitzuhaltende Stromversorgung besitzen. Ersatzstrom-Versorgungsanlagen werden gefordert z. B. in Krankenhäusern, Universitäten, Schulen, Büro-Hochhäusern, Geldinstituten, Kaufhäusern, Flugplätzen oder Tiefgaragen.

Man unterscheidet *Netzersatzanlagen*, die alle Verbraucher versorgen z. B. Anlagen für die Flugsicherung und *Notstrom-Versorgungsanlagen*, die nur wichtige Teile der Verbraucheranlage speisen z. B. in Schulen die Flur- und Treppenhausbeleuchtungen (Fluchtwege). Je nach *Unterbrechungszeit* der Stromversorgung, bei Umschaltung von Netzbetrieb auf Ersatzbetrieb, stehen Ersatzstromquellen in verschiedenen Ausführungen und Schaltungen zur Verfügung.

Ersatzstrom-Versorgungsanlagen kommen zur Ausführung z. B. als *Normalbereitschaftsanlagen* bei einer zulässigen Unterbrechungszeit $\geq$ 10 s, *vollautomatische Schnellbereitschaftsanlagen* für eine Ausfallzeit < 0,5 s sowie *unterbrechungslose Sofortbereitschaftsanlagen*, die ohne Ausfallzeit die Stromversorgung aufrecht erhalten. Falls Menschenleben gefährdet sind, z. B. bei Operationen oder in der Flugsicherung sowie bei Speicherung von Daten mit elektronischen Datenverarbeitungsanlagen, muß eine unterbrechungslose Stromversorgung gewährleistet sein.

Als Ersatzstromversorgungen kommen *Stromerzeugungsaggregate* mit Antrieb durch *Diesel-* oder *Benzinmotoren* und *Akkumulatoren*, gegebenenfalls in Verbindung mit Wechselrichtern, zum Einsatz. Akkumulatoren ohne Umformeranlagen können nur Gleichstromverbraucher versorgen, z. B. Glühlampen in Beleuchtungskörpern. Meist werden Akkumulatoren ohne Umformeranlagen bei *Sicherheitsbeleuchtungen*, z. B. in Versammlungsstätten, Kaufhäusern, Schulen oder Tiefgaragen, eingesetzt (VDE 0108).

Wiederholungsfragen

1. Wie groß ist der Schutzbereich für Schalter und Steckdosen in Baderäumen?

2. Wie groß ist der Schutzbereich für Leitungen in Baderäumen?

3. Warum müssen Leitungen im Schutzbereich zu den Verbrauchern senkrecht oder waagrecht verlegt werden?

4. Welche Aufgabe hat die Ausgleichsleitung?

5. Nennen Sie eine der drei Schutzmaßnahmen, die in feuergefährdeten Betriebsstätten bei festverlegten Leitungen und Kabeln vorgeschrieben ist!

6. Welche Vorschrift besteht für den Schutzleiter bei der Schutzmaßnahme Nullung in feuergefährdeten Betriebsstätten?

7. Welche Ersatzstrom-Versorgungsanlagen unterscheidet man?

19 Blitzschutz

Blitzschutzanlagen sollen Gefahren und Schäden vermeiden, die durch Blitzeinwirkungen entstehen können.

19.1 Entstehung der Gewitterwolken

Voraussetzung für das Entstehen des Blitzes ist eine Konzentration elektrischer Ladung innerhalb einer Gewitterwolke. Gewitter entstehen durch warmfeuchte Luft, die mit großer Geschwindigkeit aufwärts steigt und sich mit zunehmender Höhe abkühlt. Durch Kondensation des Wasserdampfes bilden sich dann riesige Gewitterwolken. Beim Unterschreiten der Null-Grad-Grenze werden die Wassertröpfchen zu Eis in Form von Schnee, Hagel oder Graupeln. Die Eisteilchen fallen gegen den Aufwind und geben dabei Ladungsteilchen ab. Ein Wolkengebilde mit zwei oder drei übereinander angeordneten Ladungsgebieten entgegengesetzter Polarität bezeichnet man als *Gewitterzelle* (**Bild 413/1**). Im oberen Teil der Gewitterzelle herrscht positive Ladung vor, im unteren Teil eine negative Ladung. Teilweise bildet sich im untersten Teil noch ein Nebengebiet mit geringer positiver Ladung (Bild 413/1).

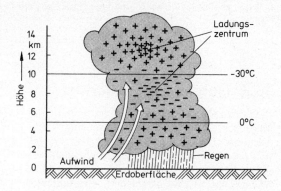

Bild 413/1: Ladungsverteilung einer Gewitterzelle

19.2 Entstehung des Blitzes

In der Gewitterzelle ergeben sich große elektrische Feldstärken zwischen den Ladungsgebieten der Wolke und der Erde, sowie zwischen den Ladungsgebieten innerhalb der Wolke. Damit es zur Blitzentladung kommt, muß die elektrische Feldstärke an einer Stelle die elektrische Durchschlagfestigkeit der Luft überschreiten. Die Zone besonders

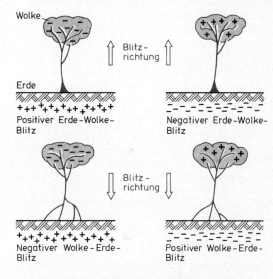

Bild 413/2: Aufwärtsblitze und Abwärtsblitze

großer Ladungsdichte (Ladungszentrum) der Gewitterzelle schiebt einen Schlauch, den sogenannten *Blitzkanal*, ruckweise zur Erde vor. Ist der Blitzkanal dem Erdboden sehr nahe, schlägt ihm meist von unten her eine sogenannte *Fangentladung* entgegen. Dadurch wird eine *Hauptentladung* mit sehr großer Stromstärke eingeleitet.

Man unterscheidet Erde-Wolke-Blitze, Wolke-Erde-Blitze (**Bild 413/2**) und Wolke-Wolke-Blitze. Zeigen die Verästelungen nach oben, so handelt es sich um einen Erde-Wolke-Blitz, auch *Aufwärtsblitz* genannt. Beim Wolke-Erde-Blitz *(Abwärtsblitz)* zeigen die Verästelungen nach unten. Wolke-Wolke-Blitze entstehen, wenn die Durchschlagfestigkeit innerhalb der Wolken überschritten wird.

19.3 Blitzdaten

Die Stromstärken der Hauptentladung betragen meist zwischen 10 kA und 50 kA. Es wurden Höchstwerte bis zu 500 kA berechnet. Nach einer Pause bis zu 0,3 s können weitere Entladungen mit Stromstärken bis zu einigen 100 A folgen. Meist liegt die in einem *Blitzschlag* transportierte Elektrizitätsmenge über 25 C. Sie kann auch Werte über einige 100 C haben. Die beim Blitzschlag in einem Gebäude auftretenden Überspannungen können 1 MV übersteigen. Die Temperatur während der Hauptentladung liegt bei 25 000 K, kurzzeitig auch darüber, sinkt aber rasch auf 15 000 K ab. Führt ein Blitzschlag zur Brandzündung, so spricht man vom heißen Blitzschlag.

Der Blitzstrom besitzt thermische, dynamische, chemische und akustische Wirkungen. Thermische Wirkungen zeigen sich z. B. an dünneren Blechen und Metallfolien, aus denen Löcher herausschmelzen. Dynamische Beanspruchungen können sich z. B. an Elementen von Antennen (Seite 420) auswirken (parallele Stromwege). Die elektrochemische Wirkung (Korrosion durch Erdströme) zeigt sich an im Boden verlegten Leitungen. Donner wird nach der Hauptentladung durch schnelle Druckänderungen in der Luft, z. B. 3 bar/μs, hervorgerufen.

19.4 Gebäude-Blitzschutz

Blitzschutzanlagen sind so auszuführen, daß Menschen, Tiere, bauliche Anlagen und Sachwerte gegen Blitzeinwirkungen möglichst dauerhaft geschützt werden. Die Blitzschutzrichtlinien gelten für das Planen, Errichten, Erweitern und Ändern von Blitzschutzanlagen. Sie enthalten keine Angaben über die Blitzschutzbedürftigkeit von baulichen Anlagen. Die Notwendigkeit einer Blitzschutzanlage wird z. B. nach den Verordnungen und Verfügungen der zuständigen Aufsichtsbehörden, den Unfallverhütungsvorschriften der Berufsgenossenschaften oder den Empfehlungen der Sachversicherer geregelt. Erhält der Bauherr von keiner Seite eine Auflage, so entscheidet er selbst über den Einbau einer Blitzschutzanlage.

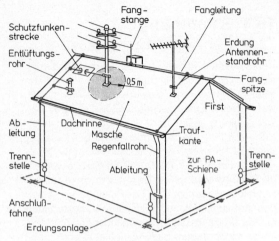

Bild 414/1: Blitzschutzanlage

Die Blitzschutzrichtlinien teilen bauliche Anlagen in drei Gruppen ein: 1. *Bauliche Anlagen besonderer Art*, z. B. freistehende Schornsteine, Kirchen, Seilbahnen und Kliniken. 2. *Nichtstationäre Anlagen und Einrichtungen*, z. B. Turmdrehkrane und Automobilkrane auf Baustellen. 3. *Anlagen mit besonders gefährdeten Bereichen* wie z. B. Feldscheunen, Windmühlen und explosionsgefährdete oder explosivstoffgefährdete Bereiche (Farbenfabriken, Gasbehälter, Feuerwerksbetriebe).

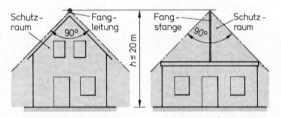

Bild 414/2: Fangleitung   **Bild 414/3: Fangstange**

Eine **Blitzschutzanlage** besteht aus dem äußeren Blitzschutz und dem inneren Blitzschutz.

Der **äußere Blitzschutz** dient zum Auffangen und Ableiten des Blitzstromes in die Erdungsanlage **(Bild 414/1)**. Um Fangeinrichtungen werden bis zu einer Gebäudehöhe von 20 m ein statistischer Schutzraum angenommen, innerhalb dessen bauliche Anlagen als geschützt gelten. Dieser Schutzraum kann etwa 95% aller ankom-

Bild 414/4: Schutz-
funkenstrecke

Bild 414/5:
Trennklemme

menden Blitze auffangen. Der *Schutzbereich* unter einer Fangleitung schließt sich unter 45° zu einem zeltförmigen Raum **(Bild 414/2)**. Bei einer Fangstange wird der *Schutzraum* durch eine Kegelform von 45° festgelegt **(Bild 414/3)**.

Fangeinrichtungen am Gebäude sind jedoch im allgemeinen in Form von Maschen anzuordnen (Bild 414/1). Dabei sind die maschenförmig auf den Dächern zu verlegenden Leitungen so zu installieren, daß kein Punkt der Dachfläche mehr als 5 m von einer Fangeinrichtung entfernt ist. Die Größe einer Masche darf nicht mehr als 10 m · 20 m betragen. Die Errichtung von einer Fangleitung über einem 45°-Schutzraum ist nur dann zulässig, wenn sich alle Gebäudeteile innerhalb dieses Schutzbereichs befinden (Bild 414/2). Dies läßt sich beim Satteldach durch eine entsprechende Dachneigung verwirklichen.

Stehen Dachaufbauten aus elektrisch nicht leitendem Material mehr als 30 cm aus der Maschenebene oder dem Schutzbereich hervor, müssen sie an die Fangeinrichtung angeschlossen werden. Elektrisch leitfähige

Dachaufbauten müssen mit der Blitzschutzanlage verbunden werden, wenn sie mehr als 30 cm aus der Maschenebene oder dem Schutzbereich herausragen, mehr als 2 m lang sind oder eine größere Fläche als 1 m² besitzen oder weniger als 50 cm von einer Fangeinrichtung entfernt sind. Freileitungsdachständer dürfen wegen Brandgefahr und Spannungsverschleppung nicht direkt an die Fangeinrichtung angeschlossen werden. Beträgt der gegenseitige Abstand weniger als 50 cm, so ist eine Schutzfunkenstrecke einzubauen **(Bild 414/4)**.

Tabelle 415/1: Leitungen, Erder (Abmessungen)

Werkstoff	oberirdisch	unterirdisch
Rundstahl stark verzinkt	∅ 8 mm	∅ 10 mm
Bandstahl stark verzinkt	20 mm x 2,5 mm	30 mm x 3,5 mm
Rost- und säurebeständige Stähle	∅ 12 mm 30 mm x 3,5 mm	∅ 12 mm 30 mm x 3,5 mm
Rundkupfer Bandkupfer	∅ 8 mm 20 mm x 2,5 mm	Korrosionsgefahr

Sind begehbare oder befahrbare Dachflächen zu schützen, so verlegt man die Leitungen in Fugen bzw. unterhalb der Dachoberfläche und setzt sogenannte Fangpilze in die Knotenpunkte der Maschen.

Isolierte Fangeinrichtungen können z. B. mit Fangstangen, Fangleitungen oder Fangnetzen errichtet werden. Solche Anlagen besitzen keine Verbindung mit der baulichen Anlage. Das zu schützende Gebäude muß aber im Schutzbereich der Fangeinrichtung liegen.

Ableitungen (Bild 414/1) verbinden die Fangeinrichtung über *Trennklemmen* **(Bild 414/5)** mit der Erdungsanlage. Die Anzahl der Ableitungen ergibt sich aus dem Umfang der Dachaußenkanten (Projektion der Dachfläche auf die Grundfläche). Bei einem Umfang kleiner als 20 m genügt eine Ableitung. Ist der tatsächliche Umfang größer als 20 m, so teilt man den Umfang durch 20 m; das Ergebnis ist dann auf eine ganze Zahl ab- bzw. aufzurunden. Erhält man eine ungerade Zahl von Ableitungen, so ist bei symmetrischen Gebäuden die Anzahl der Ableitungen um eins zu erhöhen **(Bild 415/1)**. Bei symmetrischen Gebäuden bleibt die durch Berechnung ermittelte Anzahl der Ableitungen unverändert. Bei baulichen Anlagen bis 12 m Länge oder 12 m Breite darf eine ungerade Anzahl von Ableitungen um eins vermindert werden. Die Ableitungen sind, von den Ecken des Gebäudes ausgehend, möglichst gleichmäßig auf den Umfang zu verteilen. Beträgt die Gebäudegrundfläche mehr als 40 m · 40 m, sollten auch im Gebäudeinnern Ableitungen vorhanden sein. Ableitungen dürfen z. B. auf Putz, unter Putz oder in Fugen verlegt werden. Ein Abstand von mindestens 50 cm soll bei Fenstern, Türen und sonstigen Öffnungen eingehalten werden. Elektrisch leitfähige Teile, die außen am Gebäude vorhanden sind, dürfen bei ausreichendem Querschnitt als Ableitung benutzt werden, wie z. B. Regenfallrohre mit vernieteten Stoßstellen, Feuerleitern oder Schienen von Außenaufzügen. Als Leiterwerkstoff wird für Fangeinrichtungen, Ableitungen und der Erdungsanlage meist stark verzinkter Stahl verwendet **(Tabelle 415/1)**.

Die **Erdungsanlage** ist so herzustellen, daß ein möglichst kleiner Erdungswiderstand erreicht wird. Erdungsanlagen sind korrosionsfest und kontaktsicher auszuführen. Sie müssen ohne Mitverwendung von metallischen Leitungssystemen im Erdreich, z. B. Wasserrohrnetzen, für sich alleine wirksam sein. Als Erder (Tabelle 415/1) für Erdungsanlagen kommen Banderder, als Ringerder, Einzelbanderder oder Strahlenerder verlegt, meist aber Fundamenterder zur Ausführung. Beim Fundamenterder müssen die notwendigen Anschlußfahnen für die Ableitungen und eventuelle weitere Anschlüsse für den Blitzschutz-Potentialausgleich vorhanden sein.

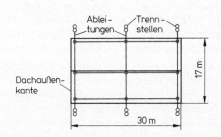

Bild 415/1: Anzahl der Ableitungen (Beispiel)

Der **innere Blitzschutz** besteht aus Maßnahmen gegen die Auswirkungen des Blitzstromes sowie seiner elektrischen und magnetischen Felder auf elektrische und andere leitfähige Installationen und Anlagenteile im Innern einer baulichen Anlage. Dabei müssen der *Potentialausgleich* mit metallenen und elektrischen Installationen sowie *Näherungen* zu metallenen und elektrischen Anlagen berücksichtigt werden. Sämtliche metallene Installationen, wie z. B. Gas-, Wasser-, Heizungs- und Feuerlöschleitungen, Krangerüste, Lüftungskanäle sind untereinander und über Potentialausgleichsschienen direkt mit der Blitzschutzanlage zu verbinden. Der Potentialausgleich mit elektrischen Anlagen erfolgt durch direkte Verbindung mit dem Schutzleiter, z. B. bei Schutzmaßnahmen in TN- und TT-Netzen.

Näherungen von metallenen und elektrischen Installationen oberhalb der Potentialausgleichsebene sollen vermieden oder beseitigt werden. Es besteht keine Gefahr der Näherung, wenn der Abstand D zwischen Fangeinrichtung oder Ableitung und Installation mindestens $0,2 \cdot L$ ist **(Bild 416/1)**. Es wird von der Stelle des geringsten Abstandes bis zur Potentialausgleichsschiene gemessen. Bei mehreren Ableitungen vermindert sich der zulässige Abstand D auf $D \geq \dfrac{L}{7n}$, wobei n die Anzahl der Ableitungen ist.

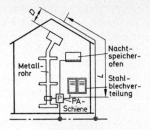

**Bild 416/1:
Eigennäherung (Metall)**

Überspannungsableiter dienen zum Schutz der elektrischen Anlage bei Näherung **(Bild 416/2)**. Es besteht *Gefahr*, wenn der Abstand von elektrischen Betriebsmitteln, z. B. Stahlblechverteilungen, Nachtspeichergeräten usw., deren Körper über die Potentialausgleichsschiene mit der Blitzschutzanlage verbunden sind, an anderer Stelle aber zu *geringe* Abstände von der Blitzschutzanlage aufweisen (Bild 416/1). Überspannungsableiter müssen z. B. bei feuergefährdeten, explosionsgefährdeten oder explosivstoffgefährdeten Betriebsstätten in die Abnehmeranlage eingebaut werden **(Bild 416/3)**. Die Genehmigung zum Einbau von Überspannungsableitern ist vom EVU einzuholen. Je nach EVU-Bestimmung sind die Überspannungsableiter *vor* oder *nach* dem Zähler einzubauen.

Mögliche *Überspannungen* in Verbraucheranlagen werden in zwei Gruppen eingeteilt: 1. Überspannungen können über eine Netzzuleitung *von außen* in die Anlage gelangen, z. B. durch Blitzeinschläge in das EVU-Netz oder durch eventuelle Fehlschaltungen des EVU. 2. Überspannungen können auch *in der Abnehmeranlage selbst* entstehen, z. B. durch unzulässige Näherungen bei Blitzeinschlägen in die Gebäudeblitzschutzanlage. Besonders *gefährdet* sind hochempfindliche elektronische Bauteile und Geräte, die z. B. in Meßanlagen, Regelanlagen oder Steueranlagen eingesetzt werden. Hier genügen bereits Überspannungen von z. B. 25 V, um die Geräte zu zerstören. Diese besonderen *Überspannungsschutzgeräte* werden direkt vor die zu schützende Anlage eingebaut.

Bild 416/2: Überspannungsableiter

Überprüfungen sollen nach Errichtung der Blitzschutzanlage, danach in regelmäßigen Abständen, erfolgen. Die Prüfung ist durch *Sachverständige* vorzunehmen. Die Prüfer müssen im Bau, in der Instandsetzung, sowie im Prüfen von Blitzschutzanlagen erfahren sein. Im *Prüfungsprotokoll* sollen folgende Angaben stehen: Name des Eigentümers, Errichter der Blitzschutzanlage, Art und Abmessungen der Blitzschutzmaterialien und des Gebäudes, Grund der Prüfung, Meßergebnis, Witterungsverhältnisse zum Zeitpunkt der Prüfung, Beurteilung und Verbesserungsvorschläge.

Die Prüfung erstreckt sich über die Inaugenscheinnahme aller sichtbaren Teile der Blitzschutzanlage, wie z. B. des äußeren Zustandes von Leitungen, Verbindungen und Fangstangen. Weiter soll nachgeprüft werden, ob die verwendeten *Blitzschutzmaterialien* den Blitzschutz-Bestimmungen entsprechen und ob bei baulichen Veränderungen am Gebäude die bestehende Blitzschutzanlage fachtechnisch richtig erweitert wurde. Der *Gesamt-*

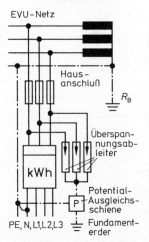

Bild 416/3: Einbau von Überspannungsableitern

erdungswiderstand muß gemessen werden. Auch alle nicht sichtbaren Teile einer Blitzschutzanlage, wie z. B. unter Putz verlegte Gebäudeableitungen, sind durch Messungen zu überprüfen. Nach Art und Nutzung betragen die *Überprüfungsfristen* ein Jahr bis fünf Jahre. Wohnhäuser und landwirtschaftlich genutzte Gebäude sollten alle vier Jahre überprüft werden.

Wiederholungsfragen

1. Wodurch kann ein Blitz entstehen?
2. Welche Gebäude müssen eine Blitzschutzanlage erhalten?
3. Beschreiben Sie den Aufbau einer Blitzschutzanlage!
4. Warum dürfen Freileitungsdachständer nicht direkt an die Fangeinrichtung angeschlossen werden?
5. Wie ermittelt man die Anzahl der erforderlichen Ableitungen bei a) unsymmetrischen, b) symmetrischen Gebäuden?

20 Antennentechnik

Zur drahtlosen Nachrichtenübermittlung sind Antennen erforderlich. Die *Sendeantenne* strahlt elektromagnetische Energie ab. Die *Empfangsantenne* nimmt einen Teil dieser Energie auf und führt sie über ein Übertragungsnetz dem Empfänger zu.

20.1 Wirkungsweise der Antennen

Entstehung elektromagnetischer Wellen

Im *Parallelschwingkreis* pendelt die Energie fast verlustlos zwischen Kondensator und Spule hin und her (Seite 180). Beim *geschlossenen Schwingkreis* befindet sich das elektrische Feld, abgesehen von den Randzonen, nur zwischen den Kondensatorplatten, das magnetische Feld nur in der Spule und in nächster Nähe davon. Zieht man die Kondensatorplatten mehr und mehr auseinander, so verlaufen die elektrischen Feldlinien zunehmend im freien Raum (**Bild 417/1a**) und durchdringen auch die magnetischen Feldlinien. Aus dem geschlossenen Schwingkreis· wird ein

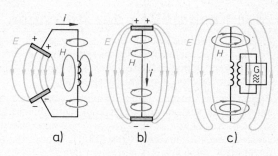

Bild 417/1: Der offene Schwingkreis

offener Schwingkreis (Bild 417/1b), ein elektrischer *Dipol**. Bei ihm wirkt im Gegensatz zum geschlossenen Schwingkreis ein Leiterstück als Induktivität und als Kapazität (Bild 417/1b).

Erregt man diesen Dipol mit einer hochfrequenten Wechselspannung (Bild 417/1c), so bewegen sich die freien Elektronen des Dipolstabes im Rhythmus der Erregerfrequenz hin und her. An den Enden des Dipols ist die Elektronenbewegung am geringsten, in der Stabmitte dagegen am größten. Dementsprechend ist die Stromstärke in Stabmitte am größten, ebenso die Spannung zwischen den Enden des Dipols. Um den Stab bildet sich ein *magnetisches Wechselfeld* und zwischen den Stabenden ein um 90° phasenverschobenes *elektrisches* Wechselfeld (Bild 417/1c). Magnetische und elektrische Feldlinien stehen senkrecht aufeinander. Jedes sich ändernde magnetische Feld ruft ein elektrisches Feld und jedes sich ändernde elektrische Feld ein magnetisches Feld hervor. Beide Felder durchdringen senkrecht zueinander den gleichen Raum. Die zeitliche Verschiebung der Felder gegeneinander führt zu einer räumlichen Verschiebung.

Die Feldlinien hochfrequenter Schwingungen entfernen sich von der Antenne. Solche wandernden Felder nennt man *elektromagnetische Wellen*. Sie breiten sich mit einer *Geschwindigkeit c* von nahezu 300 000 km/s im freien Raum aus. Die Ausbreitungsrichtung der elektromagnetischen Wellen ist an jedem Punkt senkrecht zu den Feldlinienrichtungen. Den Abstand zwischen zwei Punkten gleicher magnetischer oder elektrischer Feldstärke in Ausbreitungsrichtung bezeichnet man als *Wellenlänge λ*. Je nach Größe der Erregerfrequenz ändert sich die Wellenlänge. Je höher die *Frequenz f*, desto kürzer ist die Wellenlänge.

Beispiel: Ein elektrischer Dipol wird mit einer hochfrequenten Wechselspannung von 90,9 MHz erregt. Berechnen Sie die Wellenlänge der abgestrahlten elektromagnetischen Wellen!

Lösung: $\lambda = \dfrac{c}{f} = \dfrac{300\,000 \text{ km/s}}{90,9 \text{ MHz}} = \dfrac{300 \cdot 10^3 \cdot 10^3 \text{ m/s}}{90,9 \cdot 10^6 \text{ 1/s}} = \textbf{3,3 m}$

Ausbreitung elektromagnetischer Wellen

Unabhängig von der Frequenz des Senders breiten sich die elektrischen und magnetischen Felder *E* und *H* (Bild 417/1) von der Antenne allseitig nahezu mit Lichtgeschwindigkeit aus. Den Anteil der Wellen, die sich in Bodennähe ausbreiten, nennt man *Bodenwellen*, die übrigen *Raumwellen* (**Bild 417/2**). Die Reichweite der Bodenwellen hängt stark von der Wellenlänge ab. Je größer die Wellenlänge, desto größer ist auch die Reichweite. Im *Langwellenbereich* (LW) beträgt sie bis zu 1000 km. Kürzere Wellen, z. B. *Mittelwellen* (MW) oder *Kurzwellen* (KW), werden an ionisierten Luftschichten (Ionosphäre) reflektiert (Bild 417/2).

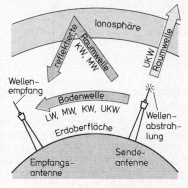

Bild 417/2: Wellenarten

* Dipol = Zweipol

Die reflektierten Raumwellen erreichen größere Reichweiten als ihr Bodenwellenanteil. Unterschiedliche Laufzeiten, bedingt durch verschieden lange Wege, verursachen Empfangsschwankungen an Orten, an denen sowohl Bodenwellen als auch reflektierte Raumwellen empfangen werden können. Diesen, durch unterschiedliche Phasenlage verursachten Effekt bezeichnet man als *Schwund (Fading*)*. *Ultrakurzwellen* (UKW) haben ähnlich wie Lichtwellen eine nahezu geradlinige Ausbreitung und werden durch die Ionosphäre nur selten reflektiert (Bild 417/2). Zwischen Sendeantenne und Empfangsantenne soll im UKW-Bereich nach Möglichkeit Sichtverbindung bestehen.

20.2 Kenngrößen der Antennen

Empfangsantennen sollen dem Empfangsgerät Signalenergie zuführen. Empfangsantennen können auf das elektrische Feld, z. B. eine Stabantenne, oder auf das magnetische Feld, z. B. eine Ferritantenne, der elektromagnetischen Welle ansprechen.

Abgestimmte Antennen sind Antennen, deren Längen auf die zu empfangende Wellenlänge abgestimmt sind. Übliche Längen sind $\lambda/2$ und $\lambda/4$. Stabantennen mit zwei gleichwertigen, vertauschbaren Anschlüssen nennt man *Dipole* **(Bild 418/1)**. Abgestimmte $\lambda/4$-Antennen erhält man, wenn von $\lambda/2$-Antennen nur eine Hälfte verwendet und das Ende geerdet wird.

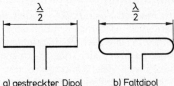

a) gestreckter Dipol   b) Faltdipol

Bild 418/1: Abgestimmte Antennen (Halbwellendipole)

Empfangsspannung und Verkürzungsfaktor

Halbwellendipole werden durch elektromagnetische Wellen zum Schwingen angeregt. Bei $\lambda/2$-Dipolen entstehen eine Spannungsverteilung und Stromverteilung längs des Stabes, die symmetrisch zur Stabmitte ist **(Bild 418/2)**. Ein abgestimmter Halbwellendipol verhält sich wie ein Reihenschwingkreis in Resonanz. Es bleibt nur ein *wirksamer* Widerstand (Innenwiderstand), der ungefähr 75 Ω beim gestreckten Dipol und 300 Ω beim Faltdipol beträgt. Diesen Widerstand nennt man *Strahlungswiderstand*.

Die *Empfangsspannung* hängt im wesentlichen von der elektrischen Feldstärke *E* am Empfangsort und von der *wirksamen* Antennenlänge *h* ab. Die Empfangsspannung ist beiden Größen direkt proportional.

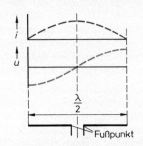

Bild 418/2: $\lambda/2$-Dipol

U Empfangsspannung
E Empfangsfeldstärke $[U] = \dfrac{V}{m} \cdot m = V$ $\boxed{U \approx E \cdot h}$
h wirksame Antennenlänge

Beispiel: Wie hoch ist die Empfangsspannung, die eine 2,4 m lange Stabantenne bei einer Empfangsfeldstärke von 1,25 mV/m abgibt?

Lösung: $U \approx E \cdot h = 1{,}25 \text{ mV/m} \cdot 2{,}4 \text{ m} = \textbf{3 mV}$

$\lambda/2$-Antennen sind um den Verkürzungsfaktor 0,7 bis 0,8 kürzer als die halbe Wellenlänge der Empfangswelle (wirksame Antennenlänge). Elektromagnetische Wellen breiten sich auf Leitungen wegen der Induktivitäten und Kapazitäten um diesen Verkürzungsfaktor langsamer aus als im freien Raum.

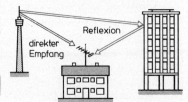

Bild 418/3: Reflektierte Empfangswellen

Richtdiagramm

Störspannungen in der Empfangsantenne entstehen meist durch *Reflexionen* der elektromagnetischen Wellen, z. B. an Gebäuden, Bergen oder anderen Hindernissen **(Bild 418/3)**. Diese Störungen können durch *Richtantennen* weitgehend ausgeglichen werden. Eine *Richtwirkung* kann sowohl in waagrechter als auch in senkrechter Richtung bestehen.

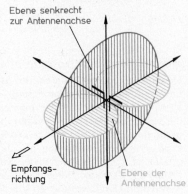

Bild 418/4: Richtdiagramm eines Halbwellendipols

* fading = unhörbar werdend

Ein einzelner $\lambda/2$-Dipol hat in waagrechter Richtung zu seiner Achse nur eine geringe und in senkrechter Richtung keine Richtwirkung. Sein Diagramm besitzt in waagrechter Lage die Form einer Acht und senkrecht die Form eines Kreises **(Bild 418/4)**. Zur Darstellung der Richtwirkung trägt man die Empfangsspannung in Abhängigkeit vom Drehwinkel der Antenne ein. Durch Verbinden der Einzelpunkte erhält man das Strahlungsdiagramm einer Richtantenne **(Bild 419/1)**.

Antennengewinn. Durch sinnvolle Anordnung mehrerer Dipole in bestimmten Abständen läßt sich die Richtwirkung erhöhen. Ordnet man mehrere Dipole übereinander (Dipolwand, Querstrahler, **Bild 419/2a)** oder nacheinander (Yagi*-Antenne, Längsstrahler, Bild 419/2b) an, so erhält man eine erhöhte Empfangsspannung in einer Vorzugsrichtung. Das Verhältnis aus der Empfangsspannung der Mehrelementeantenne in Vorzugsrichtung und der Empfangsspannung eines gestreckten $\lambda/2$-Dipols am gleichen Ort nennt man *Antennengewinn*. Er wird aus dem Verhältnis $a:c$ errechnet und in dB** angegeben (Seite 422).

Öffnungswinkel. Die Richtwirkung einer Mehrelementeantenne wird durch ihren Öffnungswinkel angegeben (Bild 419/1). Dieser Winkel kennzeichnet den Bereich um die Vorzugsrichtung, in dem noch mindestens das $\sqrt{2}/2$fache der maximalen Spannung empfangen wird. Der Öffnungswinkel dient dazu, die Richtwirkung verschiedener Antennen vergleichen zu können.

Vor-Rück-Verhältnis. Empfangsstörungen werden meist durch Signale verursacht, die aus unterschiedlichen Richtungen die Antenne gleichzeitig erreichen. Die Antenne soll deshalb möglichst nur aus einer Richtung Empfangsenergie aufnehmen. Ein Maß für diese Eigenschaft ist das Vor-Rück-Verhältnis. Es handelt dabei um das in dB umgerechnete Verhältnis aus Empfangsspannung in *Vorzugsrichtung a* und einen Mittelwert der Empfangsspannungen im *rückwertigen* Raum b des Strahlungsdiagramms (Bild 419/1). Das Vor-Rück-Verhältnis ist frequenzabhängig.

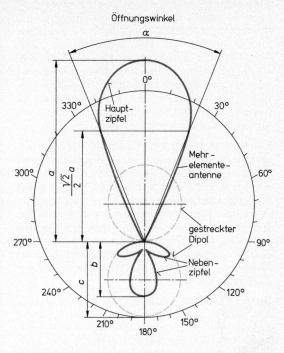

Bild 419/1: Strahlungsdiagramm einer Richtantenne

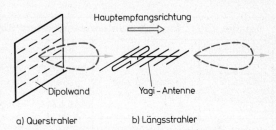

a) Querstrahler   b) Längsstrahler

Bild 419/2: Mehrelementeantennen

20.3 Yagi-Antenne

Kurzgeschlossene, angepaßte Dipole strahlen die aus dem elektrischen Feld aufgenommene Energie wieder ab. Je nach Entfernung vom Anschlußdipol und nach Lage zum Sender befindet sich die reflektierte Welle in Phase bzw. in Gegenphase zum Empfangssignal. Ungleiche Phasenlage verursacht eine Schwächung, gleiche Phasenlage eine Verstärkung des Nutzsignals. Dies wird bei der Yagi-Antenne ausgenutzt. Die Abmessungen der einzelnen Elemente und deren Abstände sind Erfahrungswerte **(Bild 419/3)**. Die dem Sender abgewandten Elemente nennt man *Reflektoren*. Sie verstärken durch Reflexion das Nutzsignal und schwächen einfallende Signale aus dem

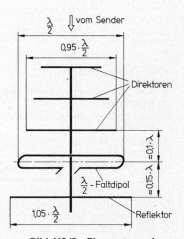

Bild 419/3: Elemente und Abmessungen der Yagi-Antenne

---

* Yagi, japanischer Physiker (1886 bis 1976); Yagi entwickelte 1928 die nach ihm benannte Antenne
** dB (sprich: dezi-bel oder de-be); Bell, amerikanischer Wissenschaftler (1847 bis 1922)

rückwärtigen Sektor. Die dem Sender zugewandten Elemente sind kürzer als der Anschlußdipol und in einem solchen Abstand angeordnet, daß ihre abgestrahlte Energie das Empfangssignal verstärkt. Diese Elemente bezeichnet man als *Direktoren* (Bild 419/3). Bei einem kleineren oder größeren Frequenzbereich kann die Richtwirkung von Yagi-Antennen stärker oder schwächer sein. Die Richtwirkung ist von der Anzahl der Direktoren, ihrem gegenseitigen Abstand sowie von ihrer Länge und Dicke abhängig.

Zum Empfang der drei Tonfunkbereiche *Langwelle*, *Mittelwelle* oder *Kurzwelle* ist nur eine *Stabantenne* erforderlich (**Bild 420/1**). Für den *UKW*-Bereich wird meist ein *Kreuzdipol* verwendet. Zum Empfang der verschiedenen Sendesignale, z. B. Tonfunk und Fernsehen, aus unterschiedlichen Richtungen und Entfernungen werden von den Herstellern eine Vielzahl von Antennenbauformen angeboten (Bild 420/1). Die einzelnen Antennen werden meist zusammen an ein stark verzinktes Standrohr über Dach befestigt.

Die einzelnen Empfangsantennenarten können z. B. einen *Kanal*, eine *Kanalgruppe* oder einen ganzen *Kanalbereich* empfangen (**Tabelle 420/1**). Der Kanal- bzw. Frequenzbereich ist durch eine internationale Norm festgelegt; dies gilt auch für den Tonfunk-Bereich.

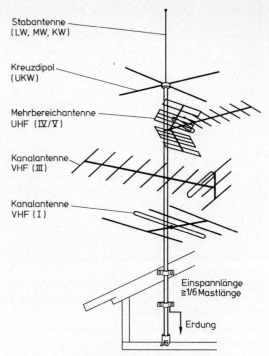

Bild 420/1: Antennenbauformen und Montageanordnung

Tabelle 420/1: Empfangsantennenarten und Kanalbereiche nach CCIR*-Norm

Antennenart			Bereichsantennen			Mehrbereichsantennen		
Fernsehen	Kanalantennen		Kanalgruppenantennen Kanalantennen			Bereichsantennen Kanalgruppenantennen		Bereichsantennen Kanalgruppenantennen	
Kanal	2 | 3 | 4		5 | 6 | 7 | 8 | 9 | 10 | 11 | 12			21 bis 29 | 23 bis 37		38 bis 47 | 40 bis 56 | 43 bis 69	
Bereich	I (VHF)		III (VHF)			IV (UHF)		V (UHF)	
Frequenz-bereich	47 bis 68 MHz		174 bis 230 MHz			470 bis 606 MHz		606 bis 862 MHz	
Tonfunk-Bereich	Langwelle (LW) 150 bis 285 kHz		Mittelwelle (MW) 535 bis 1605 kHz			Kurzwelle (KW) 3,95 bis 26,1 MHz		Ultrakurzwelle (UKW) 87,5 bis 104 MHz	

Wiederholungsfragen

1. Was versteht man unter einer elektromagnetischen Welle?
2. Welche Wellenlänge gehört zur Sendefrequenz 96 MHz?
3. Welches Feld der elektromagnetischen Welle nimmt die Ferritantenne auf?
4. Welches Feld der elektromagnetischen Welle erzeugt in einer Stabantenne eine hochfrequente Wechselspannung?
5. Von welchen Größen hängt im wesentlichen die Empfangsspannung einer Antenne ab?
6. Was versteht man unter einem Antennendipol?

7. Was versteht man unter Antennengewinn?
8. Wozu wird der Öffnungswinkel bei Mehrelementeantennen angegeben?
9. Erklären Sie das Vor-Rück-Verhältnis einer Richtantenne!
10. Zählen Sie die Elemente der Yagi-Antenne auf!
11. Nennen Sie verschiedene Antennenbauformen!
12. Welche Empfangsantennenarten unterscheidet man hinsichtlich dem Frequenzbereich?
13. Zählen Sie die Kanal- und Frequenzbereiche
    a) einer Kanalgruppenantenne (VHF) und
    b) einer Mehrbereichsantenne auf!

* CCIR = Internationales beratendes Komitee für Rundfunkfragen

20.4 Übertragungsnetz

Der **Wellenwiderstand** ist der Widerstand, mit dem eine Leitung abgeschlossen werden muß, damit in ihr keine Energie reflektiert wird. Reflexionen können durch hin- und herpendelnde HF-Energie auftreten. Deshalb müssen der Antennenwiderstand R_a, der Wellenwiderstand Z und der Eingangswiderstand R_e des Empfängers gleich groß sein. Unterschiedliche Widerstandswerte werden z. B. durch Übertrager angepaßt.

Bei HF-Leitungen ist der Wellenwiderstand nur von der Leitungsinduktivität L und der Leitungskapazität C abhängig.

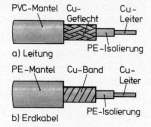

Z   Wellenwiderstand
L   Leitungsinduktivität
C   Leitungskapazität

$$[Z] = \sqrt{\frac{Vs/A}{As/V}} = \sqrt{\left(\frac{V}{A}\right)^2} = \Omega$$

$$\boxed{Z = \sqrt{\frac{L}{C}}}$$

a) Leitung

b) Erdkabel

**Bild 421/1:
Koaxialleitungen 75 Ω**

Der Wellenwiderstand wird somit durch die geometrischen Verhältnisse der Leitungen und durch die Eigenschaften des verwendeten Dielektrikums bestimmt **(Bild 421/1)**. Die meist verwendete Antennenleitung ist die asymmetrische Koaxialleitung* in Leitungs- oder Kabelausführung. Der Wellenwiderstand der Koaxialleitung beträgt 75 Ω.

Verlegung von Antennenleitungen. Jede Antennenleitung ist auf kürzestem Wege von der Antenne bis zur Anschlußdose für die bewegliche Empfängerleitung zu verlegen. Die Antennenleitung wird meist innerhalb von Gebäuden in ein Leerrohrnetz (Kunststoffrohre) eingezogen. Es ist darauf zu achten, daß ein Mindestabstand von 10 mm zu anderen Installationssystemen eingehalten wird. Außerhalb von Gebäuden erhöht sich dieser Mindestabstand auf 20 mm. Zum Verteilungsnetz gehören die Antennenleitungen, Verteilerdosen, Abzweigdosen und Antennensteckdosen **(Bild 421/2)**.

Je nach Netzumfang wird die *Stammleitung* durch die Anschlußdosen geschleift (Bild 421/2a), oder die von der Verteilerdose abgehenden Stammleitungen werden über Abzweigdosen zu den Anschlußdosen durchgeschleift; die restlichen Anschlußdosen sind über *Stichleitungen* von den Abzweigdosen aus einzuspeisen (Bild 421/2b). Die Enden der Stammleitungen, sowie die Stichleitungen mit mehr als einer Anschlußdose erhalten einen Abschlußwiderstand von 75 Ω, um durch Reflexionen entstehende Stehwellen auf den Leitungen zu vermeiden.

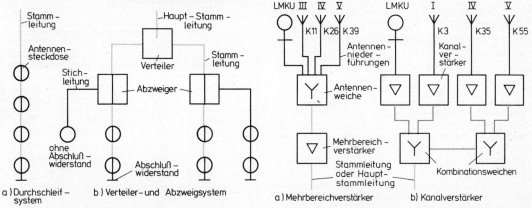

Bild 421/2: Verteilungsnetz **Bild 421/3: Verstärker — Antennenweichen**

Antennenverstärker. Reicht die über eine Antennenanlage zu empfangende Energie nicht aus, um die Anschlußdosen mit der erforderlichen Energie zu versorgen, muß ein *Verstärker* eingebaut werden. Mit einem Verstärker wird die Empfangsenergie angehoben und die Dämpfung in der Antennenanlage ausgeglichen. Dämpfung entsteht durch Verteilung über Stammleitungen (*Durchschleifsystem* Bild 421/2a) oder über Stamm- und Stichleitungen (*Verteiler- und Abzweigsystem* Bild 421/2b) bis zu den Anschlußdosen. Je nach Empfangsverhältnissen und Antennenarten setzt man *Mehrbereichverstärker* **(Bild 421/3a)** oder einzelne *Kanalverstärker* (Bild 421/3b) ein.

Eine **Antennenweiche** schaltet die Antennenniederführungen zusammen und führt sie dem Mehrbereichverstärker zu (Bild 421/3a). *Kombinationsweichen* verbinden die Ausgänge der Kanalverstärker und speisen die Energie in die nachfolgende Verteileranlage ein (Bild 421/3b).

* Koaxialleitung = Leitung, bei der ein Innenleiter von einem meist flexiblen rohrförmigen Außenleiter umgeben ist.

Rechnen mit dB. Bei Planung und Ausführung von Antennenanlagen wird mit dB gerechnet. Ein dB ist der zehnte Teil eines Bel. Das Bel ist der doppelte Zehnerlogarithmus des Verhältnisses zweier Spannungen U_2 und U_1 bei *gleichen* Widerstandswerten. U_1 bedeutet die Eingangsspannung, z. B. einer Antenne, U_2 die Ausgangsspannung eines Bauteils, z. B. einer Antennenleitung.

Ist das Spannungsverhältnis $U_2 : U_1$ kleiner als 1, so erhält man das *Dämpfungsmaß a* als negativen dB-Wert. Z. B. entspricht −6 dB dem Spannungsverhältnis 0,5 : 1 **(Tabelle 422/1)**. Das *Verstärkungsmaß v* ergibt sich, wenn das Spannungsverhältnis $U_2 : U_1$ größer als 1 ist (positiver dB-Wert). Z. B. entspricht + 20 dB dem Spannungsverhältnis 10 : 1 (Tabelle 422/1).

Das Rechnen mit dem logarithmischen Übertragungsmaß dB hat den Vorteil, daß die dB-Werte nur addiert bzw. subtrahiert werden müssen, wenn die zugehörigen Faktoren zu multiplizieren bzw. zu dividieren sind.

Dämpfung entsteht bei passiven Bauteilen, z. B. Weichen, Verteilern, Abzweigern, Leitungen und Anschlußdosen. *Verstärkung* ergibt sich bei aktiven Bauteilen, z. B. Verstärkern und Umsetzern.

Der **Antennenpegel** ist ein Maß für die Größe der Empfangsspannung. Er wird mit einem Antennenmeßgerät in dBμV* gemessen **(Bild 422/1)**. Als Bezugsspannung ist 1 μV am Bezugswiderstand von 75 Ω festgelegt; dies entspricht 0 dBμV **(Tabelle 422/2)**. Der *Pegel* gibt an, um wieviel dB die gemessene Antennenspannung über der Bezugsspannung liegt.

In der Antennentechnik werden die Spannungen als Pegel in dBμV angegeben.

Verstärkungs- und Dämpfungswerte der eingesetzen Bauteile werden unter Beachtung des Vorzeichens addiert. Als *Mindestpegel* sind für die Antennensteckdosen 60 dBμV im Fernsehbereich I, III und IV/V festgelegt, 56 dBμV im UKW-Bereich (Stereoempfang) und 40 dBμV bei Monoempfang sowie für den LMK-Bereich (Tabelle 422/2).

Ein erforderlicher Verstärker soll ungefähr 6 dB größer gewählt werden, damit bei Leitungsalterung oder Feldstärkeschwächung eine Reserve zur Verfügung steht.

Um beim sehr schlecht versorgten Teilnehmer eine störungsfreie Ton- und Bildwiedergabe, z. B. im Bereich III zu erhalten, ist eine Mindestspannung von 1 mV an 75 Ω erforderlich. Die gemessene Antennenspannung beträgt z. B. 0,4 mV an 75 Ω. Nach Umwandlung der Spannungsangabe in dBμV, können die Zahlenwerte addiert bzw. subtrahiert werden (Tabelle 422/2). Die Anlagendämpfung beträgt 24 dB, z. B. für Weichen, Abzweiger, Leitungen und Anschlußdosen einschließlich Empfängerleitung.

Der Pegel für den Verstärker ermittelt sich aus dem Mindestpegel 60 dBμV (für die Anschlußdose) plus 24 dB (Anlagendämpfung) minus 52 dBμV (vorhandene Antennenspannung) gleich 32 dB plus 6 dB (Reserve). Somit muß für diese Anlage ein Verstärker von 38 dB eingesetzt werden. Dies bedeutet, daß eine 80fache Spannungsverstärkung erforderlich ist (Tabelle 422/1).

Beispiele für Dämpfungswerte von Antennenbauteilen: Kanalweiche 1,5 dB, Kombinationsweiche 2,5 dB, Verteiler 6 dB, Stichabzweiger 15 dB, Koaxialleitung pro 100 m bei 500 MHz 21,5 dB, Antennensteckdosen 1,25 dB.

*sprich: de-be über ein Mikrovolt

Tabelle 422/1: Spannungsverhältnisse für dB-Werte

Faktor	dB	Faktor	dB	Faktor	dB	Faktor	dB
0,001	−60	0,125	−18	1,0	0	10,0	+20
0,0018	−55	0,16	−16	1,12	+1	12,5	+22
0,0032	−50	0,2	−14	1,25	+2	16,0	+24
0,0056	−45	0,25	−12	1,41	+3	20,0	+26
0,01	−40	0,32	−10	1,6	+4	25,0	+28
0,0125	−38	0,35	−9	1,78	+5	31,6	+30
0,016	−36	0,4	−8	2,0	+6	40,0	+32
0,02	−34	0,45	−7	2,24	+7	50,0	+34
0,025	−32	0,5	−6	2,5	+8	63,0	+36
0,032	−30	0,56	−5	2,8	+9	80,0	+38
0,04	−28	0,63	−4	3,16	+10	100	+40
0,05	−26	0,71	−3	4,0	+12	178	+45
0,063	−24	0,8	−2	5,0	+14	316	+50
0,08	−22	0,89	−1	6,3	+16	562	+55
0,10	−20	1,0	0	8,0	+18	1000	+60

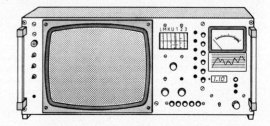

Bild 422/1: Antennenmeßgerät

Tabelle 422/2: Spannungs- und Pegelwerte

Spannungswert in mV	Pegelwert in dBμV	Spannungswert in mV	Pegelwert in dBμV
0,001	0,0	2,0	66
0,01	20	3,16	70
0,1	40	5,62	75
0,2	46	10,0	80
0,31	50	17,8	85
0,40	52	31,6	90
0,50	54	50,0	94
0,63	56	100,0	100
0,71	57	316,0	110
1,0	60	1000,0	120

20.5 Errichtung von Empfangs-Antennenanlagen

Beim Bau von Antennenanlagen unterscheidet man Einzel-, Gemeinschafts- und Großgemeinschafts-Anlagen. *Einzelanlagen* (EA) dienen zur Versorgung jeweils einer Wohneinheit mit Antennensteckdosen. *Gemeinschaftsanlagen* (GA) versorgen mindestens zwei Wohneinheiten. *Groß-Gemeinschaftsanlagen* (GGA) werden zur Versorgung von Wohngebieten oder einzelner Stadtteile errichtet.

Bei der Auswahl des Antennenstandortes ist darauf zu achten, daß ein störungsfreier Empfang gewährleistet wird. Der günstigste Standort läßt sich durch Empfangsversuche über *Probeantennen* ermitteln. Die Mindesteinspannlänge von Antennenstandrohren muß ein *Sechstel* ihrer Gesamtlänge betragen (Bild 420/1). Antennen sind durch Wind, Regen oder Schnee ständig wechselnden mechanischen Belastungen ausgesetzt. Die Befestigung des Standrohrs sowie der Antennen müssen diese wechselnden Kräfte aufnehmen. Durch *Windlastberechnung* ist nachzuprüfen, ob die Summe der Einzeldrehmomente aller am Standrohr befestigten Antennen von dem Nutzdrehmoment (Herstellerangabe) aufgenommen werden kann (siehe Rechenbuch Elektrotechnik). Einzelne Antennenbauformen für die verschiedenen Empfangsprogramme können in einem Abstand von ungefähr einem Meter untereinander angeordnet werden (Bild 420/1). Dabei sind Mindestabstände zu Starkstrom-Freileitungen, bei mehreren Antennenstandrohren auch die Abstände untereinander einzuhalten (Bild 400/4).

Anlagenteile von Antennen dürfen keine gefährlichen Potentiale gegen Erde annehmen, z. B. durch Blitzeinwirkungen oder Spannungsverschleppungen. Außerhalb von Gebäuden angebrachte elektrisch leitfähige Teile müssen geerdet werden. Diese Forderung ist erfüllt, wenn das Antennenstandrohr (Bild 420/1) über eine Erdungsleitung, z. B. 16 mm² Cu, 25 mm² Al oder verzinkten Bandstahl 20 x 2,5 mm, an die Potentialausgleichsschiene angeschlossen wird. Bei vorhandener Blitzschutzanlage ist das Antennenstandrohr mit dieser Anlage auf möglichst kurzem Weg durch eine Leitung zu verbinden, z. B. mit verzinktem Bandstahl 20 x 2,5 mm. Abschirmungen von Fernmeldeleitungen oder Antennenleitungen sowie Schutzleiter der Elektroinstallation dürfen nicht als Potentialausgleichsleiter verwendet werden.

Genehmigung von Antennenanlagen durch die Bundespost

Gemeinschaftsanlagen ohne Verstärker oder Umsetzer sowie ortsfeste oder nicht stationäre Einzelanlagen mit oder ohne verstärkenden Bauteilen erfordern *keine* Genehmigung durch das Fernmeldeamt. Antennenanlagen, die mehrere Wohneinheiten versorgen, ebenso Anlagen z. B. in Schulen, Bürogebäuden usw., unterliegen jedoch der *Pflicht* einer Genehmigung. Diese ist bei der Anmeldestelle für Fernmeldeeinrichtungen durch den späteren Eigentümer mit einem Formblatt des Fernmeldeamts, zu beantragen. Das Fernmeldeamt prüft die Angaben des Antrags und erteilt eine *vorläufige* Genehmigung für den Bau der Antennenanlage. Nach Inbetriebnahme ist ein Abnahmebericht durch den Antennenerrichter über zwei verschiedene Formblätter beim Fernmeldeamt einzureichen. Das Fernmeldeamt überprüft die Angaben, der Funkstörungsmeßdienst führt evtl. eine Kontrolle durch und erteilt eine auf *zehn* Jahre befristete Betriebsgenehmigung.

Sicherheitsvorkehrungen für den Antennenerrichter

Nach den Unfallverhütungsvorschriften der Berufsgenossenschaft hat sich der Errichter vor Montage- bzw. Reparaturbeginn davon zu überzeugen, daß zwischen Antenne und Erde keine gefährliche Berührungsspannung besteht. Werden Arbeiten in der Nähe von Starkstrom-Freileitungen durchgeführt, sind hierfür Sicherheitsmaßnahmen zu treffen (VDE 0855). Vor Betreten eines Gebäudedaches hat sich der Antennenerrichter vorschriftsmäßig anzuseilen. Bei Arbeiten an Antennenanlagen auf dem straßenseitigen Teil des Hauses ist der Gehweg durch Schranken und Warnschilder abzusichern.

Wiederholungsfragen

1. Erklären Sie den Begriff Wellenwiderstand!
2. Welche Mindestabstände sind beim Verlegen von Antennenleitungen zu anderen Installationssystemen einzuhalten?
3. Nennen Sie die verschiedenen Bauteile, die zum Verteilungsnetz einer Anlage gehören!
4. Nach welchen zwei Systemen kann ein Verteilungsnetz aufgebaut sein?
5. Welche Aufgaben besitzen Antennenverstärker?
6. Wozu werden Antennenweichen verwendet?
7. Berechnen Sie den Verstärker einer Anlage bei einer Antennenspannung von 0,31 mV an 75 Ω, einer Anlagendämpfung von 40 dB für einen Steckdosenpegel von 66 dBµV!
8. In welche Gruppen teilt man Antennenanlagen ein?
9. Warum muß für ein Antennenstandrohr eine Windlastberechnung erfolgen?
10. Welche Antennenanlagen unterliegen der Genehmigungspflicht durch die Bundespost?

2. Teil: Werkstoffkunde

21 Physikalische und chemische Grundlagen

21.1 Wichtige physikalische Größen und Eigenschaften

Physikalische Größen beschreiben den Zustand eines Körpers (z. B. Länge, Temperatur) und sein Verhalten bei Änderung des Zustandes (z. B. Längenzunahme bei Temperaturerhöhung) ohne stoffliche Änderung.

Eine physikalische Größe ist bestimmt durch Maßzahl und Einheit, z. B.: Eine Leitung hat die Länge fünf Meter. Eine derartige Angabe erfolgt meist in Form einer physikalischen Gleichung:

$$l = 5 \text{ m}$$

— Einheitenzeichen
— Maßzahl
— Formelzeichen der Größe

In der Technik dürfen nur sogenannte SI*-Einheiten verwendet werden. Diese Einheiten sind in der Bundesrepublik durch das „Gesetz über Einheiten im Meßwesen" festgelegt. Jede Einheit ist entweder eine der sieben *SI-Basiseinheiten* selbst **(Tabelle 424/1)** oder aus SI-Basiseinheiten abgeleitet.

Tabelle 424/1: SI-Basisgrößen und -Basiseinheiten			
Größe	Formel-zeichen	Einheiten-name	Einheiten-zeichen
Länge	l	Meter	m
Masse	m	Kilogramm	kg
Zeit	t	Sekunde	s
Elektrische Stromstärke	I	Ampère	A
Thermodynami-sche Temperatur	T	Kelvin	K
Stoffmenge	v***	Mol	mol
Lichtstärke	I_v****	Candela	cd

21.1.1 Länge, Fläche, Rauminhalt

Feste, flüssige und gasförmige Körper verdrängen sich gegenseitig. So muß z. B. die Luft aus einer Flasche entweichen, wenn man eine Flüssigkeit eingießt. Körper nehmen einen Raum ein, sie haben eine Ausdehnung. Diese Eigenschaft wird durch die physikalischen Größen Länge, Fläche und Rauminhalt (Volumen) ausgedrückt.

Die **Länge** als *Basisgröße* (Grundgröße) hat die Basiseinheit (Grundeinheit) Meter. 1 m ist das 1 650 763,73-fache der Wellenlänge eines bestimmten Kryptonlichts im Vakuum.

Je nach der erforderlichen Genauigkeit werden Längen bei Werkstücken mit Maßstäben, Meßschiebern, Meßschrauben, Meßuhren oder auch mit Hilfe elektronischer und optischer Methoden ermittelt. Durch die physikalische Größe Länge wird auch der Abstand zwischen zwei Punkten auf einem Körper und der von einem Körper zurückgelegte Weg (Formelzeichen s) angegeben.

Die **Fläche** (Formelzeichen A) ist eine *abgeleitete Größe*. Im einfachsten Fall **(Bild 424/1)** kann man sie aus Länge l und Breite b berechnen. Entsprechend ist auch die Einheit der Fläche abgeleitet.

Einheit: $[A]$** = $[l] \cdot [b]$ = m · m = m² Größengleichung: $A = l \cdot b$

Unregelmäßig geformte Flächen sind bei Körpern konstanter Dicke durch Wägung bestimmbar, z. B. bei Papier und bei Blechen.

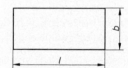

Bild 424/1: Rechteck

Das **Volumen** (Formelzeichen V) ist ebenfalls eine abgeleitete Größe. Auch die Volumeneinheit ist abgeleitet. Bei Körpern mit gleichbleibendem Querschnitt **(Bild 424/2)** gelten für die Volumenberechnung einfache Größengleichungen, z. B.

bei Quadern: $[V] = [l] \cdot [b] \cdot [h]$ = m · m · m = m³ $V = l \cdot b \cdot h$

bei allen Säulen: $[V] = [A] \cdot [h]$ = m² · m = m³ $V = A \cdot h$

Das Volumen unregelmäßig geformter Körper ist durch Wasserverdrängung, Auftriebsmessung oder Wägung bestimmbar.

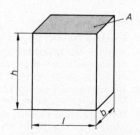

Bild 424/2: Körper mit konstantem Querschnitt

* Système International d'Unités (franz.) = internationales Einheitensystem
** [ ] Zeichen für „Einheit von"; *** griech. Kleinbuchstabe ny; **** Index v für „visuell"

21.1.2 Zeit, Geschwindigkeit, Beschleunigung

Die **Zeit** drückt das Ablaufen von Vorgängen aus, die sich gleichartig wiederholen, z. B. das Schwingen eines Pendels oder eines Quarzes.

Die **Geschwindigkeit** sagt aus, wie schnell sich der Standort eines Körpers ändert, z. B. der Standort eines Aufzugs gegenüber dem Gebäude. Die Geschwindigkeit ist eine abgeleitete Größe.

v Geschwindigkeit
s Weg
t Zeit

$$[v] = \frac{[s]}{[t]} = \frac{m}{s}$$

$$\boxed{v = \frac{s}{t}}$$

Die Geschwindigkeit eines Aufzugs z. B. ist nicht konstant. Sie ändert sich beim Anfahren und Abbremsen. Die Bewegung des Aufzugs ist wie die meisten in der Natur und in der Technik auftretenden Bewegungen *ungleichförmig*. Für eine solche Bewegung ergibt die Rechnung mit der obigen Größengleichung einen Durchschnittswert der Geschwindigkeit.

Es gibt Bewegungen, die über eine beschränkte Zeit mit konstanter Geschwindigkeit ablaufen, z. B. die Bewegung eines Tonbands gegenüber dem Aufnahmekopf. Solche Bewegungen nennt man *gleichförmig*.

Die **Beschleunigung** gibt an, wie sich die Geschwindigkeit eines Körpers in einer bestimmten Zeit ändert, z. B. die eines Aufzugs beim Anfahren und beim Abbremsen. Bei der Geschwindigkeitsabnahme spricht man auch von Verzögerung. Die Beschleunigung ist eine abgeleitete Größe.

a Beschleunigung
Δv Geschwindigkeitsänderung
Δt Zeitspanne

$$[a] = \frac{[v]}{[t]} = \frac{m/s}{s} = \frac{m}{s^2}$$

$$\boxed{a = \frac{\Delta v}{\Delta t}}$$

Wenn z. B. ein Aufzug in $\Delta t = 0{,}8$ s seine Geschwindigkeit um $\Delta v = 2$ m/s ändert, ist die Beschleunigung (Durchschnittswert) $a = 2{,}5$ m/s². Im Bereich der Erdoberfläche fällt ein Körper im luftleeren Raum mit einer Fallbeschleunigung von ungefähr 9,81 m/s².

Bei einer **Kreisbewegung** kann man die Geschwindigkeit am Umfang aus Drehzahl (Drehfrequenz) bzw. Umlaufdauer berechnen **(Bild 425/1)**. Häufig verwendet man dazu die Winkelgeschwindigkeit (Kreisfrequenz).

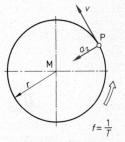

v Umfangsgeschwindigkeit
ω^* Winkelgeschwindigkeit
T Umlaufdauer
f Drehzahl, Drehfrequenz
r Halbmesser (Radius)

$$\omega = \frac{2\pi}{T} \qquad v = \frac{2\pi}{T} \cdot r$$

$$\omega = 2\pi \cdot f \qquad v = \omega \cdot r$$

$$\boxed{v = 2\pi \cdot f \cdot r}$$

$$f = \frac{1}{T}$$

Bild 425/1: Bewegung auf einer Kreisbahn

Die Bewegung eines Punktes P am Kreisumfang (Bild 425/1) ist auch bei konstantem Betrag v der Bahngeschwindigkeit beschleunigt. Ohne die ständige Beschleunigung dieses Punktes auf den Bahnmittelpunkt M zu, die Zentripetalbeschleunigung a_z, würde sich dieser Punkt geradlinig bewegen.

a_z Zentripetalbeschleunigung
v Bahngeschwindigkeit
r Bahnradius

$$[a_z] = \frac{(m/s)^2}{m} = \frac{m}{s^2} \qquad a_z = \frac{v^2}{r}$$

$$\boxed{a_z = 4\pi^2 \cdot r \cdot f^2}$$

Wenn z. B. die Kommutatorlamellen eines Gleichstrommotors von der Drehachse den Abstand $r = 0{,}025$ m haben, so erfahren sie bei einer Drehfrequenz von $f = 45\ ^1/s$ die Zentripetalbeschleunigung $a_z = 2000$ m/s². Das ist etwa die 200fache Fallbeschleunigung.

21.1.3 Masse und Dichte

Die **Masse** eines Körpers bewirkt, daß er *träge* ist. Durch die Trägheit ist ein ruhender Körper bestrebt, in Ruhe zu bleiben. Ein bewegter Körper will seine Geschwindigkeit und seine Bewegungsrichtung beibehalten. Die Trägheit macht sich z. B. beim Anfahren eines Kraftfahrzeugs und beim Fahren auf eisglatter Straße bemerkbar.

---

* griech. Kleinbuchstabe omega

Die Masse bewirkt auch, daß ein Körper *schwer* ist. Das rührt von der Anziehungskraft her, die zwischen der riesigen Erdmasse und der Körpermasse besteht und zum Erdmittelpunkt gerichtet ist.

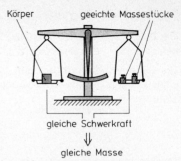

1 kg ist die Masse des Urkilogramms, eines Zylinders aus Platin-Iridium. 1 dm³ reines Wasser der Temperatur + 4 °C hat ebenfalls die Masse 1 kg.

Zwei Körper haben dann die gleiche Masse, wenn sie am gleichen Standort gleich schwer sind. Man kann die Masse eines Körpers bestimmen, wenn man die Schwerkraft des Körpers mit der Schwerkraft geeichter Massestücke vergleicht, z. B. mit Hilfe einer Balkenwaage (**Bild 426/1**).

Wenn zwei Körper die gleiche Masse haben, sind sie auch gleich träge. Sie erfahren dann beim Zusammenstoß die gleich große Geschwindigkeits-

Bild 426/1: Massenbestimmung mit der Balkenwaage

änderung. Ist beim Zusammenstoß zweier Körper die Geschwindigkeitsänderung eines Körpers z. B. doppelt so groß wie die des anderen Körpers, so beträgt seine Masse die Hälfte. Es sind also bei einem Verkehrsunfall die Insassen eines Personenkraftwagens dann besonders gefährdet, wenn ein Zusammenstoß mit einem Fahrzeug viel größerer Masse stattfindet.

Als **Dichte** (Formelzeichen ϱ*) eines Werkstoffs bezeichnet man seine Masse pro Volumeneinheit.

ϱ Dichte
m Masse
V Volumen

$$[\varrho] = \frac{[m]}{[V]} = \frac{kg}{m^3}$$

$$\varrho = \frac{m}{V}$$

Genau genommen ist ϱ die Volumendichte der Masse. Manchmal wird auch die Masse pro Flächeninhalt angegeben, die sogenannte Flächendichte der Masse; diese beträgt z. B. 2,7 kg/m² für Aluminiumblech der Dicke 1 mm.

21.1.4 Kraft

Beschleunigende Kraft. Geschwindigkeit und Bewegungsrichtung eines Körpers ändern sich nur, solange eine Kraft auf ihn wirkt. So vergrößert sich z. B. die Geschwindigkeit eines Düsenflugzeugs dadurch, daß die ausgestoßenen Gase eine Schubkraft ausüben. Reibungskräfte vermindern auf waagrechter Fahrbahn die Geschwindigkeit eines Fahrzeugs. Durch die Schwerkraft (Gewichtskraft) fällt ein Stein mit zunehmender Geschwindigkeit. Reibungskräfte zwischen Straße und Reifen ermöglichen die Änderung der Fahrtrichtung bei einem Fahrzeug.

Je größer Beschleunigung und beschleunigte Masse eines Körpers sind, um so größer ist die beschleunigende Kraft. Die Größe Kraft ist abgeleitet, ebenso die Einheit Newton** (Einheitenzeichen N).

F beschleunigende Kraft
m beschleunigte Masse
a Beschleunigung

$$[F] = kg \cdot \frac{m}{s^2} = N$$

$$F = m \cdot a$$

Da alle Körper am selben Standort im luftleeren Raum die gleich große Fallbeschleunigung erfahren, ist die Gewichtskraft (Schwerkraft) der Masse proportional. Auf die Masse 1 kg z. B. wirkt an der Erdoberfläche die Schwerkraft 9,8 N, also etwa 10 N (**Bild 426/2**). Die Schwerkraft am selben Körper ist in geringem Maße von seinem Standort abhängig. Der Standort, an dem die Masse 1 kg die Schwerkraft 9,807 N erfährt, heißt Normort.

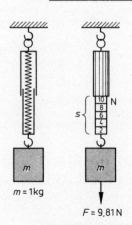

Verformende Kraft. Die Form eines Körpers ändert sich nur, wenn eine Kraft auf ihn wirkt. So wird z. B. die Dehnung einer Schraubenfeder durch eine Kraft verursacht. Man kann Kräfte auch über die Dehnung einer Schraubenfeder ermitteln. Eine entsprechend geeichte Feder ist ein Kraftmesser (Bild 426/2).

Beim gegebenen Federkraftmesser gilt das Gesetz von Hooke***: Die verformende Kraft F und die Verformung s sind einander proportional ($F \sim s$).

$m = 1\,kg$

$F = 9,81\,N$

**Bild 426/2:
Federkraftmesser**

* griech. Kleinbuchstabe rho
** Newton, engl. Physiker, 1643 bis 1727
*** Hooke, engl. Physiker, 1635 bis 1703

426

Zentripetalkraft

Um einen bewegten Körper auf einer Kreisbahn zu halten, ist eine Kraft erforderlich. Diese Kraft muß senkrecht zur momentanen Bewegungsrichtung, also auf den Bahnmittelpunkt M zu wirken (**Bild 427/1**). Sie verändert den Betrag der Bahngeschwindigkeit nicht, verursacht aber die Zentripetalbeschleunigung. Man bezeichnet sie als Zentripetalkraft.

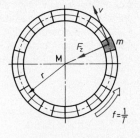

Bild 427/1: Kraft bei Drehbewegung

F_z Zentripetalkraft
m beschleunigte Masse
a_z Zentripetalbeschleunigung
r Bahnradius
f Drehzahl, Drehfrequenz

$$F_z = m \cdot a_z$$
$$a_z = 4\,\pi^2 \cdot r \cdot f^2$$

$$\boxed{F_z = 4\,\pi^2 \cdot m \cdot r \cdot f^2}$$

$$[F_z] = \frac{kg \cdot m}{s^2} = N$$

Z. B. muß bei einem Gleichstrommotor auf jede Kommutatorlamelle der Masse m = 0,020 kg im Abstand r = 0,025 m von der Drehachse bei einer Drehfrequenz von f = 45 ^{1}/s die Zentripetalkraft F_z = 40 N ausgeübt werden. Bei einer Verdopplung der Drehfrequenz müßte diese Kraft auf den vierfachen Betrag, also auf 160 N zunehmen. Bei unzulässig hoher Drehfrequenz des Motors ist es möglich, daß die Konstruktion des Kommutators die Zentripetalkräfte auf die Lamellen nicht mehr aufbringen kann; der Kommutator wird zerstört. Ähnliche Schäden sind bei allen umlaufenden Maschinen denkbar, z. B. bei Läufern von Motoren oder bei Schleifscheiben. Bei schlecht ausgewuchteten Maschinen müssen Wellen, Lager und Haltekonstruktionen große Zentripetalkräfte bewirken. Die ständig wechselnde Belastung dieser Teile kann zu einer raschen Materialermüdung führen.

Darstellung einer Kraft

Die Wirkung einer Kraft wird nicht nur durch ihren Betrag, z. B. F = 750 N, bestimmt. Sie hängt auch davon ab, wie die Kraft gerichtet ist und wo sie angreift. Die Kraft ist eine *gerichtete Größe* (Vektorgröße $\vec{F}$). Ihre Bestimmungsstücke sind Betrag, Richtung und auch Angriffspunkt. Die Darstellung einer solchen Größe ist zeichnerisch durch einen Pfeil möglich (**Bild 427/2**). Dabei entspricht die Länge des Pfeils dem Kraftbetrag, z. B. F = 750 N. Der Zusammenhang zwischen beiden Größen ist durch den Kräftemaßstab, z. B. 1 mm $\cong$ 50 N, festgelegt. Angriffspunkt und Richtung sind durch die Wirklinie und die Pfeilspitze gegeben.

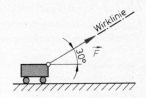

Bild 427/2: Darstellung einer Kraft

Moment

Eine Kraft kann nicht nur Vorwärtsbewegung (Translation*) und Längenänderung eines Körpers, sondern auch Drehbewegung (Rotation**) und Verdrehung (Torsion***) bewirken. So muß man z. B. beim Drehen einer Sechskantschraube (**Bild 427/3**) wegen der Reibung im Gewinde eine Kraft aufwenden. Die Wirklinie dieser Kraft darf aber nicht durch die Drehachse gehen. Den erforderlichen Abstand zwischen Wirklinie und Drehachse nennt man *Hebelarm*. Kraft und Hebelarm bilden ein Moment. Dieses ist um so größer, je größer die Kraft und je größer der Hebelarm ist.

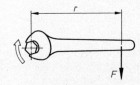

Bild 427/3: Moment beim Drehen einer Schraube

M Moment
F Kraft
r Hebelarm

$$[M] = [F] \cdot [r] = Nm$$

$$\boxed{M = F \cdot r}$$

Die Größe Moment hat wie die Größe mechanische Arbeit die Einheit Nm. Aber nur bei der Größe Arbeit ist 1 Nm = 1 J.

* translatio (lat.) = die Verschiebung
** rota (lat.) = das Rad
*** tortus (lat.) = das Winden

21.1.5 Druck, mechanische Spannung

Auf Flüssigkeiten und Gase können Kräfte nur über Flächen ausgeübt werden, da Angriffspunkte nicht möglich sind. So wirkt z. B. die Kolbenkraft F über die Kolbenfläche A auf die Flüssigkeit in einem Pumpenzylinder **(Bild 428/1)**. Dadurch entsteht in der Flüssigkeit ein Druck p. Dieser Druck ist um so größer, je größer die Kraft und je kleiner die Kolbenfläche sind.

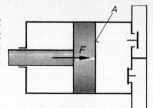

Bild 428/1: Erzeugen eines Flüssigkeitsdruckes

p Druck
F Kolbenkraft
A Angriffsfläche
    Kolbenfläche

$$[p] = \frac{N}{m^2} = Pa \ (Pascal^*)$$

$$[p] = bar \ (Bar); \quad 1 \ bar = 1000 \ mbar = 10^5 \ Pa$$

$$p = \frac{F}{A}$$

Auch feste Körper verformen sich bei Belastung geringfügig. Deshalb belastet z. B. die Zugkraft F an einem Anker **(Bild 428/2)** den ganzen Ankerquerschnitt S. Im Anker entsteht eine mechanische Spannung. Die Spannung ist groß, wenn die Kraft groß und der Querschnitt klein sind.

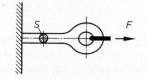

Bild 428/2: Erzeugen einer Zugspannung

σ^{**} Zugspannung bzw. Druckspannung
F Kraft
S Querschnitt

$$[\sigma] = \frac{N}{m^2} = Pa$$

$$\sigma = \frac{F}{S}$$

Die maximal erreichbare Zugspannung bezeichnet man als *Zugfestigkeit* eines Werkstoffs. Sie ist eine wichtige Eigenschaft, z. B. bei Werkstoffen für Freileitungsseile und für Schrauben. Manche Werkstücke, z. B. Stützisolatoren, werden auf Druck beansprucht. In ihnen entsteht eine Druckspannung.

21.1.6 Beanspruchungsarten bei Werkstücken

Kräfte und Momente können Werkstücke in verschiedener Weise beanspruchen. Man unterscheidet verschiedene Beanspruchungsarten **(Bild 428/3)**.

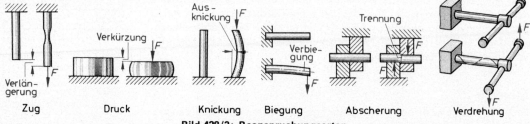

Bild 428/3: Beanspruchungsarten

Beanspruchung auf *Zug* tritt z. B. bei Schrauben auf, Beanspruchung auf *Druck* z. B. bei Fundamenten und Lagern. Druck kann bei langen Stäben zur *Knickung* führen. Auf *Biegung* werden z. B. Wellen beansprucht, auf *Abscherung* z. B. Nieten und Bolzen, auf *Verdrehung* (Torsion) z. B. Wendelbohrer und Wellen. Oft treten mehrere Beanspruchungen am gleichen Werkstück auf, z. B. Biegung und Torsion bei einer Kurbelwelle.

Bei der Biegung **(Bild 428/4)** sind die äußeren Fasern auf Zug, die inneren auf Druck beansprucht. Die mittleren Fasern werden nicht belastet; man bezeichnet sie als neutrale Fasern. Besonders widerstandsfähig gegen Biegung und Knickung sind Profilstäbe mit L-, T-, U- und I-Querschnitten. Kerben, Risse und Rauhigkeiten verringern besonders die Biegefestigkeit. Auch der zeitliche Verlauf der Beanspruchungen ist wesentlich. Wechselnde Belastung (z. B. zwischen Zug und Druck) ermüdet ein Werkstück mehr als gleichbleibende Belastung.

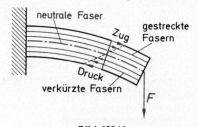

Bild 428/4: Beanspruchung auf Biegung

* Pascal, franz. Naturforscher und Mathematiker, 1623 bis 1662
** griech. Kleinbuchstabe sigma

21.1.7 Kohäsion, Aggregatzustand, Adhäsion

Werkstoffe können deshalb Zugkräfte aufnehmen, weil zwischen ihren kleinsten Teilchen, den Atomen oder Molekülen, sogenannte *Kohäsionskräfte* (Zusammenhangskräfte) wirken. Große Kohäsionskräfte ermöglichen z. B. eine große *Zugfestigkeit*. Bei einer Temperatur über dem absoluten Nullpunkt haben die Atome und Moleküle Bewegungsenergie (Wärmebewegung); sie wollen sich unabhängig voneinander bewegen. Von den Kohäsionskräften hängt es ab, ob ein Körper fest, flüssig oder gasförmig ist. Den Zustand fest, flüssig oder gasförmig bezeichnet man als den *Aggregatzustand* des Körpers.

Beim *festen Körper* sind die Kohäsionskräfte groß. Die Atome können geringfügig um eine Gleichgewichtslage schwingen, ihre Position gegeneinander aber praktisch nicht verändern. Ein fester Körper setzt deshalb der Formänderung und der Volumenänderung einen großen Widerstand entgegen. Die Kohäsionskräfte sind beim *flüssigen Körper* kleiner. Sie halten zwar Atome und Moleküle im kleinstmöglichen Abstand zueinander, können aber ein Verschieben der Teilchen gegeneinander nicht verhindern. Wie feste Körper verkleinern Flüssigkeiten ihr Volumen auch bei großen Drücken praktisch nicht. Sie haben jedoch keine feste Form; sie nehmen die Form des Gefäßes an. Zwischen den Teilchen eines *Gases* ist die Kohäsion fast Null. Durch die Wärmebewegung haben die Gasteilchen den größtmöglichen Abstand voneinander. Ein Gas füllt den zur Verfügung stehenden Raum ganz aus. Es hat kein festes Volumen. Das Volumen eines Gases läßt sich durch Druckänderung in weiten Grenzen verändern.

Auch zwischen Atomen und Molekülen verschiedener Stoffe treten Kräfte auf. Durch diese *Adhäsionskräfte* (Anhangskräfte) haften z. B. Lacke, Klebstoffe und Schmiermittel auf Werkstoffen.

21.1.8 Verformbarkeit

Verschiedene Stoffe setzen der Verformung einen verschieden großen Widerstand entgegen.

Hart ist ein Werkstoff, der dem Eindringen eines anderen Körpers, z. B. eines Meißels, einen großen Widerstand entgegensetzt. Harte Werkstoffe sind auch verschleißfest und spröde, z. B. gehärteter Stahl.

Elastisch ist ein Werkstoff, der nach einer Belastung seine ursprüngliche Form und Größe wieder annimmt, z. B. Gummi, manche Kunststoffe oder Federstähle. Für solche Stoffe gilt in einem begrenzten Bereich das Hookesche Gesetz ($F \sim s$).

Plastisch ist ein Werkstoff, der durch kleine Kräfte bleibend verformt wird, z. B. Wachs.

Zäh ist eine Flüssigkeit, in der große Strömungswiderstände entstehen. Eine solche Flüssigkeit hat eine hohe Viskosität (Zähflüssigkeit), wie z. B. dickflüssiges Öl. Die Viskosität nimmt bei Erwärmung meist ab.

21.1.9 Temperatur

Die Temperatur entspricht der in einem Körper enthaltenen Wärmeenergie. Diese ist gleich der Energie der Atome und Moleküle bei ihrer Wärmebewegung. Bei Temperaturerhöhung nimmt die Wärmeenergie eines Körpers zu, bei Temperaturrückgang nimmt sie ab. Viele Eigenschaften eines Körpers, wie z. B. Volumen, Festigkeit, Aggregatzustand und elektrischer Widerstand, sind von seiner Temperatur abhängig. Die temperaturabhängigen Eigenschaften eines Körpers machen es möglich, seine Temperatur zu messen.

Flüssigkeitsthermometer (Bild 430/1) beruhen auf Wärmedehnung. Als Meßflüssigkeit kann Quecksilber dienen. Die Skala ist auf Grund der Aggregatzustandsänderung von Wasser festgelegt. In schmelzendem Eis ist die Anzeige des Thermometers 0 °C (Grad Celsius*), beim Luftdruck 1013 mbar (Normdruck) in siedendem Wasser 100 °C. Die Skala ist zwischen diesen Punkten in 100 Teile eingeteilt und über diesen Bereich hinaus verlängert (Bild 430/1).

Die Temperatur eines Körpers geht zurück, solange er Wärme abgibt. Sie kann dabei einen Grenzwert erreichen, bei dem eine Wärmeabgabe nicht mehr möglich ist; der Körper enthält dann keine Wärmeenergie mehr. Diese tiefstmögliche Temperatur ist der absolute Nullpunkt. Er ist als 0 K (Kelvin**) festgelegt; auf ihm baut sich die absolute Temperaturskala auf (Bild 430/1).

---

* Celsius, schwed. Physiker, 1701 bis 1744
** Lord Kelvin, engl. Physiker, 1824 bis 1907

Die **absolute Temperatur** (Formelzeichen *T*) ist eine Basisgröße, das Kelvin (Einheitenzeichen K) eine SI-Basiseinheit. Da die absolute Temperatur der kinetischen Energie der Atome und Moleküle bei der Wärmebewegung proportional ist, bezeichnet man sie als thermodynamische* Temperatur. In den Temperaturdifferenzen stimmt die Kelvin-Skala mit der Celsius-Skala überein. So gilt z. B.

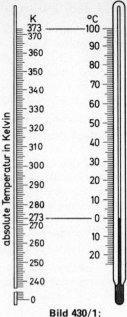

für den absoluten Nullpunkt: $\qquad$ 0 K = − 273 °C,
für den Eispunkt von Wasser: $\qquad$ 273 K = $\quad$ 0 °C,
für den Siedepunkt von Wasser: $\quad$ 373 K = + 100 °C.

Temperaturunterschiede gibt man in °C oder auch in K an, z. B.
$\qquad$ 318 K − 293 K = 45 °C − 20 °C = 25 °C = 25 K

Bimetallthermometer enthalten eine Spirale aus Thermobimetall (Seite 447). Bei Temperaturänderung ändert sich die Krümmung dieser Spirale. Dabei bewegt sich ein Zeiger, der am Ende der Spirale befestigt ist.

Elektrische Widerstandsthermometer haben als Fühler einen temperatur-abhängigen Widerstand, meist als Zweig einer Meßbrücke **(Bild 430/2)**. Die Spannung zwischen den Punkten A und B der Brücke entspricht dann der Temperatur des Fühlers. Sie wird durch ein Drehspulinstrument oder ein Kreuzspulinstrument mit Temperaturskala angezeigt. Der Fühler besteht beim Metallthermometer aus einem Drahtwiderstand (Meßbereich − 260 °C bis + 1000 °C bei Platindraht), beim Halbleiterthermometer aus einem Heiß-leiter (NTC-Widerstand, Meßbereich − 70 °C bis + 300 °C).

Bild 430/1:
Temperaturskalen

Thermoelektrische Pyrometer ** bestehen häufig aus einem Thermo-element und einem Anzeigeinstrument für die Thermospannung **(Bild 430/3)**.

Die Anzeige hängt von der Temperatur ϑ_m an der Meßstelle und der Temperatur ϑ_v an der Vergleichsstelle ab, entspricht also dem Temperaturunterschied $\vartheta_m - \vartheta_v$. Die Vergleichsstelle ist so weit vom Thermoelement entfernt, daß sie von der Meßstelle her nicht erwärmt wird. Die an den Kontakten der Vergleichsstelle entstehende Thermospannung entspricht dann der Raumtemperatur. Bei hohen Temperaturen an der Meßstelle (Meßbereich bis 1600 K) sind Temperaturänderungen an der Vergleichs-stelle vernachlässigbar. Man kann dann eine Vergleichstemperatur von $\vartheta_v = 20$ °C ansetzen.

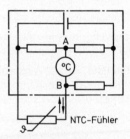

Bild 430/2:
Widerstandsthermometer

Strahlungspyrometer haben Meßbereiche zwischen 600 °C und 3000 °C. Bei ihnen wird entweder ein Thermoelement durch die Wärmestrahlung des Meßobjekts erwärmt. Oder man vergleicht auf optischem Wege die Glüh-farbe des Objekts mit der Glühfarbe eines Heizfadens bekannter Temperatur.

Längen- und Volumenänderung der Stoffe bei Temperaturänderung müssen berücksichtigt werden. So können z. B. in einem Werkstück hohe mechanische Spannungen entstehen, wenn es ungleichmäßig erwärmt oder abgekühlt wird oder wenn es aus verschiedenartigen Stoffen besteht. Bei Transformatoren mit Ölfüllung ist ein Ausdehnungsgefäß erforderlich, da sich das Öl bei Erwärmung stärker ausdehnt als das Gefäß. Ein Maß für die Wärmedehnung eines Stoffes ist der *Wärmeausdehnungskoeffizient*. Das ist der Bruchteil je K Temperaturdifferenz, um den sich ein Körper bei Erwär-mung ausdehnt (Ausdehnungskoeffizienten für Länge und Volumen siehe Tabellenbuch Elektrotechnik).

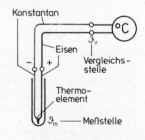

Bild 430/3: Thermo-elektrisches Pyrometer

Wiederholungsfragen

1. **Nennen Sie fünf SI-Basiseinheiten!**
2. **Wie ist die Einheit der Masse festgelegt?**
3. **Wie berechnet man die Dichte eines Körpers?**
4. **Nennen Sie zwei Wirkungen einer Kraft!**

5. **Wie berechnet man das Moment einer Kraft?**
6. **Geben Sie zwei Druckeinheiten an!**
7. **Geben Sie die Temperatur 100 °C in K an!**
8. **Nennen Sie fünf Temperaturmeßgeräte!**

---

* thermos (griech.) = heiß; dynamis (griech.) = Stärke, Gewalt
** pyr (griech.) = Feuer

21.2 Wichtige Grundstoffe und chemische Verbindungen

21.2.1 Sauerstoff (O)

Sauerstoff (Oxygenium) ist ein farbloses und geruchloses Gas mit der Dichte 1,43 kg/m³ bei Normalbedingungen (273 K und 1,013 bar). Etwa 20% des Volumens der Luft bestehen aus Sauerstoff. Viele Stoffe in der Erdrinde, z. B. Quarz (SiO_2) und Wasser (H_2O), enthalten chemisch gebundenen Sauerstoff. Zusammen mit Luft ist Sauerstoff in Wasser gelöst und erhöht so die korrodierende Wirkung des Wassers. Gasförmiger Sauerstoff besteht aus zweiatomigen Molekülen (O_2).

Der Siedepunkt von Sauerstoff (– 183 °C) ist höher als der Siedepunkt von Stickstoff (– 196 °C). Kühlt man Luft ab, so scheidet sich beim Unterschreiten der Temperatur – 183 °C Sauerstoff in flüssiger Form aus. Stickstoff bleibt oberhalb – 196 °C gasförmig. Der so gewonnene Sauerstoff wird in Flaschen abgefüllt. In den gefüllten Flaschen besteht dann bei üblicher Umgebungstemperatur (20 °C) ein Druck von etwa 150 bar. Dieser Sauerstoff ist verunreinigt, aber für viele technische Zwecke, z. B. zum Schweißen, brauchbar. Chemisch reinen Sauerstoff kann man durch Elektrolyse von Wasser erzeugen.

Um Verwechslungen auszuschließen, ist die Sauerstoff-Flasche blau gekennzeichnet und hat einen Anschluß mit R 3/4″ Rechtsgewinde.

Ventile von Sauerstoff-Flaschen müssen frei von Öl und Fett sein (Explosionsgefahr)!

Sauerstoff kann sich mit den meisten Grundstoffen chemisch verbinden. Dieser Vorgang ist eine *Oxidation* dieser Stoffe. Es entstehen Oxide. Bei Eisen besteht z. B. folgende Möglichkeit:

$$4 \text{ Fe} + 3 \text{ O}_2 \longrightarrow 2 \text{ Fe}_2\text{O}_3$$

Eisen   Sauerstoff   Eisen(III)-oxid

Bei einer Oxidation wird Wärme frei. Das zeigt sich vor allem, wenn sich ein Stoff rasch mit Sauerstoff verbindet. Der Vorgang wird dann als *Verbrennung* bezeichnet. Ist der Brennstoff in Luft oder in reinem Sauerstoff fein verteilt, z. B. als brennbares Gas, als Kohlenstaub oder Lacknebel, kann eine größere Stoffmenge fast gleichzeitig verbrennen. Es findet eine *Explosion* statt. Ausgelöst wird eine Explosion z. B. durch Flammen, durch Funken in Schaltern, durch elektrostatische Aufladung oder durch Reibungswärme.

Brennbarer Nebel und Staub, brennbare Gase und Dämpfe können Explosionen verursachen.

Die Verbrennung in reinem Sauerstoff spielt sich besonders heftig ab. Es entstehen dabei sehr hohe Temperaturen, in der Azetylen-Sauerstoff-Flamme beim Schweißen z. B. bis zu 3200 °C. Ein Gemisch aus einem Volumenteil Sauerstoff und zwei Volumenteilen Wasserstoff ist hochexplosiv; es wird als Knallgas bezeichnet. Da nur ein Teil der Luft aus Sauerstoff besteht, genügt schon ein kleiner Anteil von Wasserstoff oder anderer brennbarer Gase in Luft, um Explosionsgefahr hervorzurufen.

Ein Brennstoff kann den erforderlichen Sauerstoff auch einem anderen Oxid entziehen, z. B. bei der Gewinnung von Eisen aus Eisenoxid im Hochofen (Seite 437).

$$\text{Fe}_2\text{O}_3 + 3 \text{ CO} \longrightarrow 2 \text{ Fe} + 3 \text{ CO}_2$$

Eisenoxid   Kohlenmonoxid   Eisen   Kohlendioxid

Es findet eine *Reduktion** von Eisenoxid und gleichzeitig eine Oxidation von Kohlenmonoxid statt. Eisenoxid dient hier als Oxidationsmittel, Kohlenmonoxid als Reduktionsmittel. Dieser chemische Prozeß wird als Redox-Vorgang** bezeichnet.

21.2.2 Wasserstoff (H)

Wasserstoff (Hydrogenium) ist farblos und geruchlos. Mit 0,09 kg/m³ bei Normbedingungen (273 K und 1,013 bar) hat dieses Gas die kleinste Dichte aller Stoffe. Er ist chemisch sehr aktiv und kommt in der Natur deshalb nur chemisch gebunden vor, z. B. in Wasser, Steinkohle, Erdöl und in allen anderen organischen Stoffen. Gasförmiger Wasserstoff besteht aus zweiatomigen Molekülen (H_2).

---

* reducere (lat.) = zurückführen

** Kunstwort aus **Re**duktion und **O**xidation

Wasserstoff wird bei elektrochemischen Vorgängen frei, meist zusammen mit Sauerstoff, z. B. beim Galvanisieren und beim Laden von Akkumulatoren. Das entstehende Knallgas ist explosiv.

Reiner Wasserstoff wird durch *Elektrolyse* von Wasser gewonnen. Der für technische Anwendungen in großen Mengen benötigte Wasserstoff wird aus *Wassergas* erzeugt. Wassergas ist ein Gemisch aus Wasserstoff und Kohlenmonoxid, das beim Durchblasen von Wasserdampf durch glühenden Koks entsteht. Wasserstoff wird als Brenngas beim Schweißen, als Kühlmittel in Generatoren und in großen Mengen bei der Herstellung von Kunststoffen verwendet. Das Gas kommt auf 150 bar verdichtet in Stahlflaschen in den Handel. Wasserstoff-Flaschen sind rot gekennzeichnet und haben einen Anschluß mit W 21,8 x 1/14″ Linksgewinde. Es ist also nicht möglich, die Armaturen von Wasserstoff-Flaschen mit denen von Sauerstoff-Flaschen zu verwechseln.

21.2.3 Wasser (H$_2$O)

Wasser ist eine chemische Verbindung von Wasserstoff und Sauerstoff. Der Siedepunkt ist +100 °C bei Normdruck (1,013 bar). Bei +4 °C hat es seine größte Dichte. Eine Erwärmung über +4 °C oder eine Abkühlung von +4 °C auf 0 °C bewirkt eine Ausdehnung. Das Erstarren (Gefrieren) bei 0 °C führt zu einer weiteren Volumenvergrößerung. Ist das Wasser beim Gefrieren in Rohren oder Kühlern eingeschlossen, so zersprengt es diese mit großer Kraft. Wasser ist der einzige Stoff, dessen Volumen beim Abkühlen in einem Temperaturbereich und beim Erstarren größer wird (Anomalie des Wassers).

Chemisch reines Wasser ist ein schlechter elektrischer Leiter, da es nur wenige bewegliche Ladungsträger enthält. Beim Auflösen von Säuren, Laugen oder Salzen in Wasser steigt die Leitfähigkeit erheblich an, da sich beim Dissoziationsvorgang zusätzliche bewegliche Ionen bilden. Auch Verunreinigungen können die elektrische Leitfähigkeit des Wassers erhöhen. Feuchtigkeit in Verbindung mit Staub und Chemikalien setzt deshalb den Oberflächenwiderstand von Isolatoren erheblich herab; Kriechströme können entstehen. Beim Eindringen von Wasser in Isolierstoffe verkleinert sich auch der Durchgangswiderstand.

21.2.4 Luft

Die Erde ist von einer Lufthülle umgeben. Die Luft unterliegt wie jeder Körper der Schwerkraft. Dadurch entsteht der *Luftdruck*, der allseitig wirkt. Da sich der Luftdruck mit der Höhe und mit den Wetterverhältnissen ändert, hat man einen *Normdruck** festgelegt. Dieser beträgt 1,013 bar. Zur Messung kann man den Luftdruck mit dem Druck einer Quecksilbersäule oder einer Wassersäule vergleichen. Der Druck einer Quecksilbersäule der Höhe 760 mm ist so groß wie der Normdruck 1,013 bar.

Trockene Luft enthält in Raumteilen 78% Stickstoff, 21% Sauerstoff, fast 1% Argon und als Rest Kohlendioxid, Helium, Neon, Krypton und Xenon.

Stickstoff (N$_2$) ist farblos und geruchlos. Er brennt nicht und erstickt die Flammen. Stickstoff wird bei der Luftverflüssigung gewonnen. Man verwendet ihn in der Technik z. B. als Schutzgas, zur Füllung von Glühlampen und zur Oberflächenhärtung von Stahl.

Aus Stickstoff und Wasserstoff erhält man bei 500 °C und einem Druck von 200 bar mit Hilfe von Katalysatoren das Gas Ammoniak. Dieses wird vorwiegend zu Salpetersäure, Düngemitteln und künstlichem Harnstoff weiterverarbeitet. Salpetersäure und Harnstoff wiederum sind wichtige Ausgangsstoffe bei der Herstellung von Kunststoffen (Seite 454).

Edelgase sind die Luftbestandteile Argon, Helium, Neon, Krypton und Xenon. Sie sind einatomig und gehen keine chemischen Verbindungen ein. Man bezeichnet sie deshalb auch als inerte** Gase und verwendet sie zur Füllung von Glühlampen, Gasentladungslampen und als Schutzgas beim Elektroschweißen.

Trockene Luft ist ein elektrischer Isolator, da sie nur wenige Ionen enthält. Durch eine hohe elektrische Feldstärke kann durch Stoßionisation die Zahl der Ionen in der Luft lawinenartig zunehmen (ähnlich wie in einer Leuchtstofflampe beim Zünden). Das kann dann zu einem elektrischen Überschlag, z. B. zwischen Teilen einer Hochspannungsanlage, führen.

---

* durchschnittlicher Druck auf Meereshöhe
** iners (lat.) = untätig, unwirksam

Luft nimmt Wasserdampf auf und zwar um so mehr, je höher die Temperatur ist. Bei 0 °C z. B. beträgt die sogenannte Sättigungsmenge 5 g/m³, bei +20 °C bereits 17 g/m³. Feuchtigkeit kann also besonders bei warmer Luft den Isolationswiderstand stark herabsetzen. Beim Abkühlen von warmer und feuchter Luft scheidet sich Wasser in Form kleiner Tröpfchen aus. An Teilen elektrischer Anlagen kann sich Kondenswasser niederschlagen und Störungen verursachen.

21.2.5 Kohlenstoff (C) und Kohlenstoffverbindungen

Kohlenstoff ist der Hauptbestandteil der natürlichen Kohle (Braunkohle, Steinkohle, Anthrazit). Kohle enthält noch Wasserstoff, Schwefel, Stickstoff und Sauerstoff. Chemisch gebunden ist Kohlenstoff in allen Stoffen der belebten Natur und in Kunststoffen. Derartige Stoffe nennt man organische Verbindungen. Auch anorganische Verbindungen können Kohlenstoff enthalten, wie z. B. Kalkstein (Calciumcarbonat $CaCO_3$), die Kohlenstoffoxide oder die Carbide.

Modifikationen des Kohlenstoffs

Elementarer Kohlenstoff tritt in den zwei Modifikationen (Formen) Diamant und Graphit auf.

Diamant leitet den elektrischen Strom nicht und ist durchsichtig. Er ist der härteste aller Stoffe (Härte 10 nach der Mohs-Skala). Man verwendet Diamanten in der Technik z. B. zum Bestücken von Schneidwerkzeugen. Diamantstaub dient als Schleifmittel.

Graphit leitet den elektrischen Strom gut. Er ist schwarzglänzend und sehr weich (Härte 1 bis 2 nach der Mohs-Skala). Er läßt sich leicht in sehr kleine und dünne Plättchen spalten und hat deshalb eine gute Schmierfähigkeit, auch in Verbindung mit Öl. Graphit hat einen hohen Schmelzpunkt (3450 °C), ist chemisch sehr beständig und entzündet sich erst bei hoher Temperatur. Man verwendet ihn zur Herstellung von Schmelztiegeln. Weil er den elektrischen Strom gut leitet, eignet er sich als Werkstoff für Elektroden, Kohlebürsten und Widerstände. Ruß, Retortenkohle und Koks bestehen aus feinkristallinem Graphit.

Anorganische Verbindungen des Kohlenstoffs

Anorganische Verbindungen des Kohlenstoffs sind z. B. seine Oxide und die Carbide.

Kohlendioxid (CO_2) ist ein geruchloses und sauer schmeckendes Gas. Es löscht Flammen und erstickt Lebewesen. Ein Kohlendioxidgehalt von über 3% in der Atemluft ist für den Menschen lebensgefährlich. Zunächst tritt Benommenheit ein und dann der Tod durch Ersticken. Ein zu hoher Kohlendioxidanteil der Atemluft wird vom Menschen nicht wahrgenommen. Kohlendioxid wird mit der Atemluft ausgeschieden. Es entsteht bei Gärungsvorgängen und bei der vollständigen Verbrennung von Kohlenstoff. Seine Dichte (1,98 kg/m³) ist erheblich größer als die von Luft (1,29 kg/m³). Es sammelt sich deshalb an tiefen Stellen, wie z. B. in Mulden, Schächten, Kellern und in Futtersilos.

Kohlendioxid strömt an manchen Stellen in großen Mengen aus der Erde. Es ist auch in vielen Mineralwässern enthalten. Man fängt es auf und füllt es unter Druck in Stahlflaschen. Es wird als Feuerlöschmittel (Löschschaum) verwendet. Es dient auch zur Erzeugung sehr tiefer Temperaturen. Man läßt flüssiges Kohlendioxid verdampfen. Dabei kühlt es sich bis auf etwa −89 °C ab und geht in den festen Zustand über (CO_2-Schnee, Trockeneis).

Kohlenmonoxid (CO) entsteht durch die Verbrennung von Kohlenstoff bei ungenügender Sauerstoffzufuhr. Dieses Gas ist farblos, geruchlos und sehr giftig. Bereits ein Kohlenmonoxidgehalt von mehr als 0,5% in der Atemluft ist auf Dauer *tödlich*. Wenn das Gas eingeatmet wird, verbindet es sich mit dem roten Blutfarbstoff (Hämoglobin); dieser kann dann keinen Sauerstoff mehr aufnehmen.

Körperschäden durch eine Kohlenmonoxid-Vergiftung können nicht mehr behoben werden.

Kohlenmonoxid verbrennt mit blauer Flamme zu Kohlendioxid, z. B. über glühendem Koks. Wegen seines großen Bestrebens, sich mit Sauerstoff zu verbinden, kann Kohlenmonoxid viele Metalloxide reduzieren, z. B. Eisenoxid Fe_2O_3 zu Eisen.

$$2C \quad + \quad O_2 \longrightarrow 2CO \qquad\qquad 2CO \quad + \quad O_2 \longrightarrow 2CO_2$$

| Kohlenstoff | Sauerstoff | Kohlenmonoxid | Kohlenmonoxid | Sauerstoff | Kohlendioxid |

Carbide sind Verbindungen von Kohlenstoff mit Metallen. Eisencarbid (Fe_3C) z. B. ist ein Bestandteil des Stahls. Wolframcarbid (WC) und Titancarbid (TiC) werden wegen ihrer großen Härte zur Herstellung von Werkzeugschneiden (Hartmetalle) verwendet, Siliciumcarbid (SiC) für Schleifscheiben.

Organische Verbindungen

Diese Verbindungen enthalten außer Kohlenstoff meist Wasserstoff, Sauerstoff, Stickstoff und manchmal auch Chlor, Brom, Jod, Fluor (Halogene), Phosphor oder Schwefel. Kohlenstoffatome haben die Fähigkeit, sich miteinander und mit den genannten Stoffen zu verbinden. Die entstehenden Moleküle können aus sehr vielen Atomen bestehen (Riesenmoleküle) und die Form von Ketten und Ringen mit vielen Verzweigungen haben. Zwischen den Molekülen sind Vernetzungen möglich. Es gibt so eine sehr große Anzahl von natürlichen organischen Verbindungen und von Kunststoffen.

Einfache organische Verbindungen sind die *Kohlenwasserstoffe*. Sie sind im Erdöl, Erdgas und in der Steinkohle enthalten.

In **Kohlenwasserstoffen mit Einfachbindungen** bilden die Kohlenstoffatome häufig unverzweigte Ketten, wie z.B. bei Methan, Äthan, Propan, Butan **(Bild 434/1)**. Bei Raumtemperatur ergeben solche Ketten mit bis zu 4 Kohlenstoffatomen gasförmige, mit bis zu 15 Kohlenstoffatomen flüssige und mit mehr als 15 Kohlenstoffatomen feste Verbindungen.

Moleküle mit Einfachbindungen können andere Atome oder Atomgruppen praktisch nicht anlagern; sie können also auch keine Riesenmoleküle bilden. Kohlenwasserstoffe, die aus solchen Molekülen bestehen, nennt man *gesättigt*.

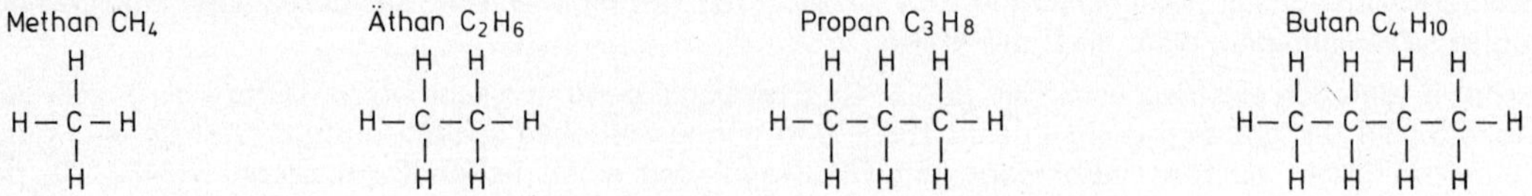

Bild 434/1: Gesättigte Kohlenwasserstoffketten

Kohlenwasserstoffe mit Mehrfachbindungen zwischen den Kohlenstoffatomen sind *ungesättigt*. Es gibt Doppelbindungen und Dreifachbindungen **(Bild 434/2)**. Bei derartigen Molekülen können sich überschüssige Bindungen zwischen den Kohlenstoffatomen lösen. Dadurch ist das Anlagern von Atomen und Atomgruppen möglich. Auf solchen Vorgängen beruht das Entstehen von Riesenmolekülen bei der Herstellung von Kunststoffen. Aus Äthylen (Bild 434/2) z.B. kann sich Polyäthylen bilden. Acetylen (Äthin) ist das Ausgangsprodukt für Polyvinylchlorid (PVC) und Acrylglas (Polymethylmethacrylat, PMMA).

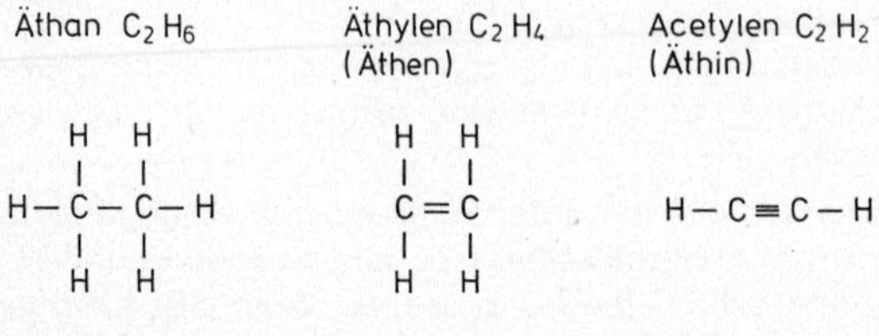

Bild 434/2: Einfach- und Mehrfachbindungen

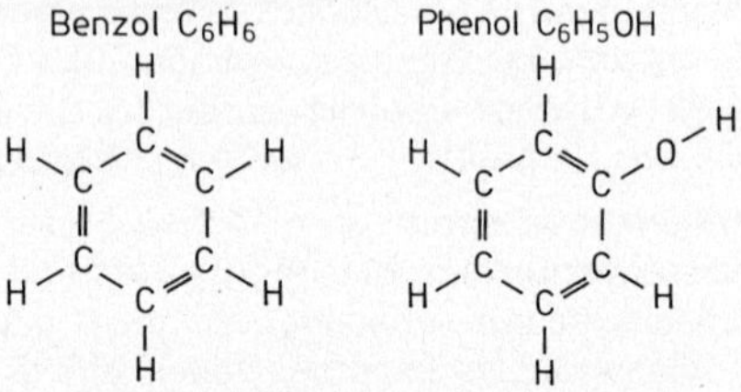

**Bild 434/3:
Ungesättigte Kohlenwasserstoffringe**

Ein wichtiger ungesättigter Kohlenwasserstoff mit ringförmigen Molekülen ist das Benzol **(Bild 434/3)**. Aus Benzol kann man Phenol herstellen, aus diesem den Kunststoff Phenolharz.

21.2.6 Silicium (Si)

Silicium ist ein halbmetallischer Stoff. Er kommt nicht elementar in der Natur vor. 25% der Erdrinde besteht aber aus Siliciumverbindungen. Die häufigste ist das Siliciumdioxid (SiO_2). Quarz ist kristallines Siliciumdioxid.

Man verwendet Silicium als wichtigsten Halbleiterwerkstoff. Es ist als Legierungsbestandteil in Stahl und in vielen Aluminiumlegierungen enthalten. Eine wichtige Verbindung ist das Siliciumcarbid (SiC). Sie wird im elektrischen Widerstandsofen aus Kohle und Quarzsand gewonnen. Siliciumcarbid ist sehr hart (Härte 9,5 nach der Mohs-Skala) und eignet sich als Schleifmittel.

Silicium ist wie Kohlenstoff vierwertig. Ähnlich wie Kohlenstoff kann es sich auf vielfältige Weise mit anderen Atomen und Molekülen, z. B. mit Wasserstoffatomen und mit Molekülen organischer Stoffe verbinden. Kunststoffe, deren Moleküle Siliciumatome enthalten, bilden die Stoffgruppe der *Silikone*.

21.2.7 Säuren

Reagiert ein Nichtmetalloxid mit Wasser, so entsteht eine Säure. So ist z. B. *Schwefelsäure* eine Verbindung aus Schwefeltrioxid und Wasser, *Kohlensäure* eine Verbindung aus Kohlendioxid und Wasser.

$$SO_3 \ + \ H_2O \longrightarrow H_2SO_4 \qquad\qquad CO_2 \ + \ H_2O \longrightarrow H_2CO_3$$

Schwefeltrioxid Wasser Schwefelsäure $\qquad\qquad$ Kohlendioxid Wasser Kohlensäure

Säuren sind auch Verbindungen von Wasserstoff mit Chlor, Fluor, Brom oder Jod in wäßriger Lösung. So entsteht z. B *Salzsäure* beim Auflösen von Chlorwasserstoff (HCl), *Flußsäure* beim Auflösen von Fluorwasserstoff (HF).

Säuren schmecken sauer und sind vor allem in konzentrierter Form stark ätzend. Zum Teil bilden sie schädliche Dämpfe.

Beim Arbeiten mit Säuren sind Augen, Haut, Atmungsorgane und Kleidung zu schützen.

Säuren lösen unedle Metalle und alle Metalloxide auf und bilden Salze dieser Metalle. Säuren weist man mit Indikatoren, z. B. mit Lackmusfarbstoff nach.

Säuren färben Lackmus rot.

Man unterscheidet anorganische Säuren (z. B. Schwefelsäure, Salzsäure) und organische Säuren (z. B. Essigsäure). Säuren sind Elektrolyte.

Schwefelsäure (H_2SO_4) ist in konzentrierter Form eine farblose, geruchlose, ölige Flüssigkeit hoher Dichte (1,84 kg/m³). Sie zieht begierig Wasser an, auch aus chemischen Verbindungen, und zerstört deshalb die meisten organischen Stoffe rasch. Beim Verdünnen von Schwefelsäure mit Wasser erwärmt sich die Lösung stark. Wird Wasser in konzentrierte Säure gegossen, so sammelt es sich wegen seiner kleineren Dichte zunächst an der Oberfläche und wird durch die Wärmeentwicklung zusammen mit Säure aus dem Gefäß geschleudert. Diese Gefahr besteht nicht, wenn man die Säure sehr langsam unter Umrühren in das Wasser gibt und Temperaturerhöhungen auf über 80 °C vermeidet.

Beim Verdünnen muß zuerst Wasser und dann langsam die Säure in das Gefäß gegossen werden.

Verdünnte Schwefelsäure dient zum Beizen von Metallen und Metallegierungen. Chemisch reine verdünnte Schwefelsäure mit einer Dichte von 1,2 bis 1,3 kg/dm³ wird als Elektrolyt in Bleiakkumulatoren verwendet.

Salzsäure (HCl) ist in reiner Form farblos. Rohe Säure für technische Zwecke ist durch Verunreinigung mit Eisen gelblich gefärbt. Sie riecht erstickend. Konzentrierte Salzsäure „raucht". Die aus der Säure entweichenden Dämpfe greifen Augen, Haut und Atmungsorgane an. Metalle korrodieren rasch, wenn sie mit diesen Dämpfen in Berührung kommen. Auch verdünnte Salzsäure greift die meisten Metalle an. Verdünnte Salzsäure dient beim Beizen zum Entfernen der Oxidschicht von gewalzten Kupfer- und Stahlblechen.

Salpetersäure (HNO_3) greift alle Metalle außer Gold und Platin an. Sie wird deshalb zum Beizen von Metallen, z. B. zum Gelbbrennen von Messing, verwendet. Dabei entstehen gasförmige Stickstoffoxide, darunter das braune, sehr giftige Stickstoffdioxid NO_2. Läßt man auf erwärmtes Kupfer oder Messing kurze Zeit konzentrierte Salpetersäure einwirken, der man noch Salzsäure zusetzen kann, so erhält man eine blanke, glänzende Oberfläche. Salpetersäure wird außerdem in großen Mengen bei der Herstellung von Kunststoffen und Sprengstoffen verarbeitet.

Essigsäure ($C_2H_4O_2$) ist eine leicht verdunstende (flüchtige) Säure. Eine Verbindung der Essigsäure ist das Propanon (Aceton, C_3H_6O), eine farblose Flüssigkeit, die als Lösungsmittel für Acetylen in Schweißgasflaschen und als Lösungsmittel für Lacke dient. Acetondämpfe sind giftig.

21.2.8 Laugen

Reagiert ein Metall oder ein Metalloxid mit Wasser, so entsteht ein Hydroxid dieses Metalls, z. B. Kalium-hydroxid.

$$2\ K\ +\ 2\ H_2O\ \longrightarrow\ 2\ KOH\ +\ H_2 \qquad\qquad K_2O\ +\ H_2O\ \longrightarrow\ 2\ KOH$$

Kalium   Wasser   Kaliumhydroxid   Wasserstoff   Kaliumoxid   Wasser   Kaliumhydroxid

Laugen sind Metallhydroxide in wäßriger Lösung. In der Regel versteht man unter Laugen die Lösung von Hydroxiden sehr unedler Metalle, wie Kalium, Natrium oder Calcium, in Wasser. Auch das Gas Ammoniak (NH_3) reagiert mit Wasser und bildet eine Lauge (NH_4OH). Laugen sind Elektrolyte.

Laugen greifen viele organische Stoffe an. Fette z. B. werden durch Laugen verseift; die entstehenden Seifen sind meist wasserlöslich. Laugen fühlen sich deshalb seifig an. Sie wirken stark ätzend.

Beim Arbeiten mit Lauge sind Augen, Haut und Kleidung zu schützen.

Auch manche Metalle, z. B. Aluminium werden von Laugen aufgelöst.

Zum Nachweis von Laugen dienen Indikatoren, wie z. B. Lackmusfarbstoff oder Phenolphtalein.

Laugen färben Phenolphtalein rot und Lackmus blau.

Kalilauge mit einer Dichte von 1,19 kg/dm³ dient als Elektrolyt in Nickel-Cadmium-Akkumulatoren. Natron-lauge wird zum Entfetten von Werkstücken aus Stahl und aus Nichteisen-Schwermetallen verwendet. Die Lauge bildet dabei mit den fetthaltigen Verunreinigungen wasserlösliche Seifen.

21.2.9 Salze

Eine Lauge und eine Säure können sich in ihrer Wirkung gegenseitig aufheben, wenn man sie im richtigen Verhältnis mischt. Sie neutralisieren sich dabei. Es entsteht ein neuer Stoff, ein Salz. Ist das Salz wasser-löslich, wird es nach dem Verdampfen des Wassers in Kristallform sichtbar. Wasserunlösliches Salz setzt sich als Niederschlag ab.

So entsteht z. B. aus Salzsäure und Natronlauge das wasserlösliche Natriumchlorid (Kochsalz).

$$NaOH\ +\ HCl\ \longrightarrow\ NaCl\ +\ H_2O$$

Natronlauge   Salzsäure   Natriumchlorid   Wasser

Reagiert eine Säure mit einem Metall, so entsteht ebenfalls ein Salz, z. B.:

$$Zn\ +\ 2\ HCl\ \longrightarrow\ ZnCl_2\ +\ H_2$$

Zink   Salzsäure   Zinkchlorid   Wasserstoff

Säuren bilden auch mit Metalloxiden Salze, z. B.:

$$CuO\ +\ H_2SO_4\ \longrightarrow\ CuSO_4\ +\ H_2O$$

Kupferoxid   Schwefelsäure   Kupfersulfat   Wasser

Die Salze der Salzsäure nennt man Chloride, die der Schwefelsäure Sulfate, die der Salpetersäure Nitrate, die der Kohlensäure Carbonate.

Salzlösungen verwendet man als Elektrolyte in Primärelementen. Bei der Galvanostegie werden Metalle aus Salzlösungen elektrolytisch abgeschieden. Salzschmelzen dienen in Badöfen zur schnellen und gleich-mäßigen Erwärmung beim Härten und bei der Oberflächenbehandlung (Nitrieren, Aufkohlen) von Stählen. Auch Nichteisen-Schwermetalle kann man in Salzbädern glühen.

Wiederholungsfragen

1. Nennen Sie ein Beispiel für eine Oxidation!
2. Beschreiben Sie an einem Beispiel einen Redox-Vorgang!
3. Wodurch wird bei Wasserstoff-Flaschen und Sauerstoff-Flaschen die Verwechslung der Armaturen verhindert?
4. Was versteht man unter Carbiden?
5. Nennen Sie die wesentlichen Eigenschaften der beiden Modifikationen des Kohlenstoffs!
6. Welche Schutzmaßnahmen sind beim Umgang mit Säuren erforderlich?
7. Warum müssen besonders Salzsäuregefäße dicht verschlossen sein?
8. Nennen Sie drei Beispiele einer Salzbildung!

22 Eisen und Stahl

Chemisch reines Eisen (Fe) findet wegen seiner geringen Festigkeit von etwa 150 N/mm² als Konstruktionswerkstoff keine Verwendung. Technisch wichtig sind jedoch die *Legierungen* von Eisen mit Nichtmetallen wie z. B. Kohlenstoff, Phosphor, Schwefel und Silicium, sowie mit den Metallen Nickel, Vanadium, Mangan und Molybdän.

22.1 Herstellung von Stahl und von Gußwerkstoffen

Eisen kommt in der Natur nur als chemische Verbindung, hauptsächlich mit Sauerstoff, als Eisenoxid, vor. Zusätzlich sind noch andere Stoffe, z. B. Schwefel, Phosphor, Silicium oder Mangan im Eisenerz enthalten. Man nennt diese Stoffe *Eisenbegleiter*. Die wichtigsten Eisenerze sind Magneteisenstein mit einem Eisen-Gehalt von etwa 60 % bis 70 %, Roteisenstein mit etwa 40 % bis 60 % und Spateisenstein mit etwa 30 % bis 40 %. Aus Erz wird im Hochofen durch Reduktion mit Kohlenstoff (Koks) Roheisen erzeugt. Man unterscheidet graues und weißes Roheisen. Im grauen Roheisen bewirkt Silicium, daß sich der Kohlenstoff beim Abkühlen des flüssigen Metalls als Graphit ausscheidet. Graues Roheisen wird zu Gußeisen weiterverarbeitet.

Gußeisen mit Lamellengraphit (Grauguß) wird in Elektroöfen aus grauem Roheisen und Schrott erschmolzen. Der Graphitgehalt gibt dem Bruch des Gußeisens seine typisch graue Farbe und bewirkt gute Gleiteigenschaften, leichte Bearbeitbarkeit und Schwingungsdämpfung des Gußeisens. Es läßt sich leicht gießen, z. B. zu Gehäusen von elektrischen Maschinen und Lagerschilden.

Gußeisen mit Kugelgraphit enthält Graphit in Kugelform. Dieser Gußwerkstoff hat im Gegensatz zu Grauguß bessere mechanische Eigenschaften wie Festigkeit und Dehnung bei guter Bearbeitbarkeit, guten Laufeigenschaften und hoher Verschleißfestigkeit. Er wird z. B. zu Gehäusen, Zahnrädern und Kurbelwellen verwendet.

Im weißen Roheisen bewirkt Mangan die Bildung von Graphit. Der Kohlenstoff verbindet sich mit Eisen zu dem harten Eisencarbid. Weißes Roheisen wird zu Stahl und zu Temperguß, einem zähen und z. T. biegbaren Guß, weiterverarbeitet.

Stahlherstellungsverfahren. Bei allen Verfahren zur Herstellung von Stahl werden im flüssigen Roheisen der hohe Gehalt an Kohlenstoff (etwa 2,5 % bis 6 %) und die unerwünschten Eisenbegleiter wie Schwefel, Phosphor und Silicium durch Oxidation beseitigt oder verringert. Dabei sinkt der C-Gehalt auf etwa 0,03 % bis 2,2 %. Wichtige Verfahren der Stahlherstellung sind das Sauerstoffaufblasverfahren, das Siemens-Martin-Verfahren und die Elektroverfahren.

Beim **Sauerstoffaufblasverfahren (Bild 437/1)** wird reiner Sauerstoff von oben auf die Schmelze geblasen. Dabei verbinden sich die Eisenbegleiter mit dem Sauerstoff. Wegen der freiwerdenden Reaktionswärme wird Schrott zur Kühlung beigegeben. Das Sauerstoff-Aufblasverfahren ist das z. Zt. meist verwendete Verfahren zur Stahlherstellung.

Der **Siemens-Martin-Ofen** wird mit Brenngas beheizt. Durch Vorwärmen der Verbrennungsluft werden Temperaturen bis 2000 °C erreicht. Man kann mit diesem Verfahren auch Schrott erschmelzen.

Beim **Elektroverfahren** wird Stahl meist nicht hergestellt, sondern veredelt. Es ermöglicht die Erschmelzung besonders reiner Stähle, da bei diesem Verfahren keine Verunreinigungen auftreten. Die Stahlherstellung erfolgt im Lichtbogenofen oder im Induktions-Tiegelofen. Der *Lichtbogenofen* **(Bild 437/2)** hat meist drei Kohleelektroden. Er kann Temperaturen bis 3500 °C erzeugen. Dadurch wird das Legieren mit hochschmelzenden Metallen wie Wolfram, Tantal und Molybdän möglich, z. B. für Werkzeugstähle. Beim *Induktions-Tiegelofen* **(Bild 437/3)** fließt Wechselstrom durch eine um den Schmelztiegel geführte, wassergekühlte Spule aus Kupferrohr. Die im Schmelzgut erzeugten Wirbelströme erwärmen und schmelzen das Material sehr rasch. Im Induktions-Tiegelofen werden hochlegierte Stähle hergestellt, z. B. auch manche Magnetstähle.

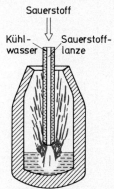

Bild 437/1: Sauerstoff-Aufblasverfahren

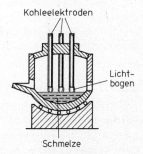

Bild 437/2: Lichtbogenofen

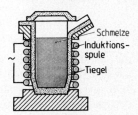

Bild 437/3: Induktions-Tiegelofen

22.2 Einfluß der Legierungsbestandteile auf Stahl und Eisen

Die Eigenschaften von Stahl und Eisen werden weitgehend von Art und Menge der Legierungsbestandteile bestimmt **(Tabelle 438/1)**.

Tabelle 438/1: Einfluß der Legierungsbestandteile auf die Eigenschaften von Stahl und Eisen				
	Bestandteil		erhöht	erniedrigt
Nichtmetalle	Kohlenstoff	C	Festigkeit bei Stahl, Härte, Härtbarkeit	Schmelzpunkt, Dehnung Schweiß- und Schmiedbarkeit
	Silicium	Si	Elastizität, Festigkeit, Korrosionsbeständigkeit, Graphitausscheidung bei Gußeisen, spezifischer Widerstand	Schweißbarkeit, Wirbelstromverluste
	Phosphor	P	Dünnflüssigkeit, Warmfestigkeit	Dehnung, Schlagfestigkeit
	Schwefel	S	Dickflüssigkeit, Rotbrüchigkeit, Spanbrüchigkeit	Schlagfestigkeit
Metalle	Mangan	Mn	Durchhärtbarkeit, Festigkeit, Schlagfestigkeit, Verschleißfestigkeit	Zerspanbarkeit, Graphitausscheidung bei Gußeisen
	Nickel	Ni	Zähigkeit, Festigkeit, Korrosionsbeständigkeit, Hitzebeständigkeit, Durchhärtbarkeit, spezif. Widerstand	Wärmedehnung (Eisen-Nickellegierung „Invar")
	Chrom	Cr	Härte, Festigkeit, Warmfestigkeit, Schneidhaltigkeit, Korrosionsbeständigkeit, Remanenz	Dehnung (in geringem Maße)
	Vanadium	V	Dauerfestigkeit, Härte, Zähigkeit, Warmfestigkeit	Empfindlichkeit gegen Überhitzung
	Molybdän	Mo	Härte, Warmfestigkeit, Dauerfestigkeit	Dehnung, Schmiedbarkeit
	Kobalt	Co	Härte, Schneidhaltigkeit, Koerzitivfeldstärke	Zähigkeit, Empfindlichkeit gegen Überhitzung
	Wolfram	W	Härte, Festigkeit, Korrosionsbeständigkeit, Warmfestigkeit, Hitzebeständigkeit, Schneidhaltigkeit	Dehnung (in geringem Maße)
	Aluminium	Al	Nitritbildung (Nitrierhärter), spezifischen Widerstand	

22.3 Werkstoffnormung von Stahl und Eisen

Die Werkstoffbezeichnung von Stahl und Eisen nach DIN 17006 und DIN 17007 bzw. nach EURONORM ermöglicht die Angabe der Werkstoffart durch Kurzzeichen oder durch Nummern. Nach diesen Normen werden die Stahl- und Eisenwerkstoffe entweder nach den mechanischen Eigenschaften und dem Verwendungszweck oder nach ihrer chemischen Zusammensetzung bezeichnet.

22.3.1 Normung nach DIN 17006

Die Zahlen nach den Buchstaben St (Stahl) oder G (Gußeisen) geben die gewährleistete **Mindestzugfestigkeit** in daN/mm² an (1 daN = 1 dekaNewton = 10 N). Die Zahl nach der Festigkeitsangabe von Baustählen gibt die Gütegruppe (1 bis 3) an. Stähle der Gütegruppe 3 haben die größte Reinheit. Bedeutung der Buchstaben siehe Tabellenbuch Elektrotechnik.

Beispiele: **St 50 − 1*** Stahl mit 490 N/mm² Mindestzugfestigkeit, Gütegruppe 1 (einfacher Baustahl)

GG − 15 Gußeisen mit Lamellengraphit (Grauguß) mit 147 N/mm² Mindestzugfestigkeit

GS − 60 Stahlguß mit 590 N/mm² Mindestzugfestigkeit

GTW − 35 Weißer Temperguß mit 340 N/mm² Mindestzugfestigkeit

Bei **unlegierten Einsatz- oder Vergütungsstählen** (Kohlenstoffstählen) wird der Kohlenstoffgehalt in % mit dem Multiplikator 100 multipliziert und bildet so die Kennziffer, z. B. bei C 15 (Stahl mit 0,15% Kohlenstoff) und C 45 (Stahl mit 0,45% Kohlenstoff). Ein kleines k nach dem Buchstaben C bedeutet einen besonders geringen Phosphor- und Schwefelgehalt des Stahles, z. B. bei Ck 45.

* Die Angabe der Mindestzugfestigkeit durch die Buchstaben St ist nach EURONORM nicht mehr vorgesehen, da diese Angabe der früheren Einheit kp/mm² entspricht. Der bisherige St 50 − 1 führt dann die Bezeichnung Fe 490 − 1. Beispiel für St 50: 50 kp/mm² = 50 · 9,81 N/mm² ≈ 490 N/mm².

Bei **niedriglegierten Stählen** (unter 5% Gesamtanteil an Legierungszusätzen) erscheint die Angabe für den Kohlenstoff an erster Stelle der Bezeichnung, aber ohne den Buchstaben C. Daran schließen sich die Symbole der Legierungsbestandteile an, die nach fallenden Prozentzahlen geordnet werden. Darauf folgen die dazugehörigen Kennzahlen in derselben Reihenfolge, z. B. 13 CrMo 4 4. Diese Kennzahlen der *Legierungsbestandteile* geben *nicht die wirklichen Prozentgehalte* der Legierungselemente an. Die Prozentgehalte sind vielmehr mit bestimmten Zahlen (Multiplikatoren) vervielfacht, damit man als Kennzahlen ganze Zahlen erhält **(Tabelle 439/1).**

Tabelle 439/1: Multiplikatoren für niedrig legierte Stähle		
4	**10**	**100**
Chrom Cr	Aluminium Al	Kohlenstoff C
Kobalt Co	Kupfer Cu	Phosphor P
Mangan Mn	Molybdän Mo	Schwefel S
Nickel Ni	Tantal Ta	Stickstoff N
Silicium Si	Titan Ti	
Wolfram W	Vanadium V	

Beispiele: 9 S 20   Stahl mit 0,09% C und $^{20}/_{100}$% (= 0,2%) Schwefel (Automatenstahl);

42 MnV 7   Stahl mit 0,42% C, $^7/_4$% (= 1,75%) Mn und wenig Vanadium (Vergütungsstahl).

Hochlegierte Stähle (über 5% Gesamtanteil an Legierungszusätzen) werden durch ein vorgestelltes X gekennzeichnet. Ihre Legierungsanteile sind direkt angegeben (Multiplikator = 1). Für den Kohlenstoffgehalt bleibt jedoch der Multiplikator 100.

Beispiele: X 8 CrMnNi 18 8   Stahl mit 0,08% C, 18% Cr, 8% Mn und wenig Nickel; nicht magnetisierbar

X 12 CrNi 18 8   Stahl mit 0,12% C, 18% Chrom und 8% Nickel; nichtrostender Stahl

22.3.2 Normung nach EURONORM

EURONORM* unterscheidet folgende Stahlsorten: Grundstähle, Qualitätsstähle und Edelstähle. Die Kurzbenennung von Stählen erfolgt nach den mechanischen Eigenschaften und dem Verwendungszweck oder nach den chemischen Zusammensetzungen.

Kurzbenennung nach den mechanischen Eigenschaften und dem Verwendungszweck

Die Stähle tragen das Anfangskurzzeichen Fe, Stahlguß das Zeichen FeG. Die folgende Zahl gibt die Mindestzugfestigkeit in N/mm^2 (bei FeE Angabe der Mindeststreckgrenze). Der Zahlenangabe können Buchstaben für besondere Eigenschaften folgen. Einzelbuchstaben nach dem Zeichen Fe geben Auskunft über den Verwendungszweck.

Beispiele: Fe 360 – 1   Mindestzugfestigkeit 360 N/mm², Gütegruppe 1   **Fe V 360**   Nicht kornorientiertes Feinblech

FeG 440   Stahlformguß mit 440 N/mm² Mindestzugfestigkeit

FeE 355   Mindeststreckgrenze 355 N/mm²   **Fe 350 TD**   normalgeglüht

Kurzbenennung nach der chemischen Zusammensetzung

Unlegierte Stähle haben nach EURONORM das Grundkurzzeichen C (für Stahlguß GC). Die folgende Kennzahl gibt den Kohlenstoffgehalt, die nachfolgende Buchstabengruppe besondere Eigenschaften an, z. B. TC (geglüht). Vor dem Grundkurzzeichen kann der Gütegrad stehen.

Niedrig legierte Stähle und **legierte Stähle** mit einem Gehalt je Legierungsbestandteil **unter 5%** enthalten meist Chrom, Nickel, Wolfram, Kobalt, Mangan, Molybdän und Vanadium. Als Grundzeichen steht der Gütegrad (Kennbuchstaben A, B, C, D). Stahlformguß hat den Kennbuchstaben G. Danach folgt die Kennzahl für den C-Gehalt und die chemischen Kurzzeichen für die Legierungselemente, sowie die Kennzahlen für den prozentualen Anteil der Legierungselemente (Multiplikator 100, Tabelle 439/1). Zusätzlich können Zeichen für besondere Güten stehen, z. B. TF (vergütet). Legierte Stähle mit mindestens einem Legierungsbestandteil über 5% werden durch ein vorangestelltes X gekennzeichnet (entsprechend DIN 17006).

Beispiele: 1 C 35 TC   Gütegrad 1; 0,35% C; besondere Güte: geglüht;

A 20 Mn 5   Gütegrad A; 0,2% C; $^5/_4$% = 1,25% Mangan;

X 10 CrNi 188   Hochlegierter Stahl (über 5%); 0,1% C; 18% Cr; 8% Ni.

* EURONORM 20 – 74 (9. 74): Einteilung der Stahlsorten

EURONORM 27 – 74 (9. 74): Kurzbenennung von Stählen

22.3.3 Normung von Werkstoffen durch Nummern

Eisenmetalle und Nichteisenmetalle können auch durch *Werkstoffnummern* nach DIN 17007 bezeichnet werden. Dieses Kennzeichnungssystem eignet sich besonders für die Datenverarbeitung. Werkstoffnummern sind siebenstellig. Die erste Zahl gibt die Werkstoffhauptgruppe an, z. B. 0 (Gußeisen), 1 Stahl und Stahlguß, 2 (NE-Schwermetalle), 3 (Leichtmetalle), 4 bis 8 (nichtmetallische Werkstoffe). Die folgende Sortennummer ist vierstellig. Sie wird aus der chemischen Zusammensetzung und aus einer Zählnummer gebildet. Die beiden Anhängezahlen drücken besondere Behandlungsverfahren aus, z. B. Warmbehandlung.

Beispiel: 1.0112.61

        └─ Anhängezahl; hier: SM-Stahl (6), normalgeglüht (1)
      └─ Zählnummer; hier: entspricht St 37.2
    └─ Sortenklasse; hier: unlegierter Baustahl
  └─ Hauptgruppe; hier: Stahl

22.4 Eigenschaften und Verwendung der Stähle

Die Stähle werden in unlegierte und legierte Baustähle und in unlegierte und legierte Werkzeugstähle eingeteilt. Sie werden gewalzt, geschmiedet, blankgezogen oder geschliffen geliefert.

22.4.1 Baustähle

Baustähle, z. B. St 33, werden nicht nur für Stahlkonstruktionen im Bauwesen, sondern auch für Bauteile von Maschinen, Vorrichtungen und Fahrzeugen verwendet. Der Kohlenstoffgehalt dieser Stähle schwankt zwischen 0,12 % und 0,60 %. Sie werden hauptsächlich für Stahlkonstruktionen, Maschinenteile, Bleche, Niete und Schrauben verwendet. Sie lassen sich gut spanend verarbeiten.

Einsatzstähle, z. B. 16 MnCr 5, werden für Bauteile verwendet, die bei entsprechender Wärmebehandlung eine harte Oberfläche bei zähem, weichem Kern erhalten. Es gibt legierte und unlegierte Einsatzstähle. Sie werden z. B. für Wellen, Bolzen und Zahnräder verwendet.

Vergütungsstähle, z. B. 34 CrMo 4, erhalten durch Vergüten (Härten mit nachfolgendem Anlassen auf etwa 670 °C) gute Zähigkeit bis in den Kern und Festigkeiten von 550 bis 1300 N/mm². Sie werden für hochbeanspruchte Teile, wie z. B. Achsschenkel bei Kraftfahrzeugen, Wellen, Zapfen, verwendet.

Als **Sonderstähle** werden z. B. nichtrostende Stähle, hitzebeständige Stähle und Federstähle geführt. Zu den Sonderstählen gehören auch die *nichtmagnetisierbaren Stähle*.

Nichtrostende Stähle, wie z. B. X 5 CrNi 18 9, sind korrosionsbeständig gegenüber Wasser und den meisten Säuren und Laugen. Hitzebeständiger Stahl, wie z. B. X 15 CrNiSi 25 20, hält Temperaturen bis zu 1200 °C stand ohne zu verzundern. Man verwendet diese Stähle z. B. für Schutzrohre von Thermoelementen. Federstähle sind elastisch und haben eine hohe Zugfestigkeit. Nichtmagnetisierbare Stähle sind wegen ihrer hohen Chrom-, Nickel- und Mangananteile auch bei Temperaturen unterhalb des Curiepunktes (769 °C) nicht magnetisierbar. Alle anderen Stähle sind unterhalb dieser Temperatur magnetisierbar.

22.4.2 Werkzeugstähle

Unlegierte Werkzeugstähle (Kohlenstoffstähle) haben einen Kohlenstoffgehalt von 0,5 % bis 1,5 %. Sie lassen sich gut schmieden und härten (Wasserhärter). Da sie schon bei Temperaturen von über 200 °C ihre Härte und Schneidfähigkeit verlieren, werden sie nur zu Werkzeugen verarbeitet, die keinen nennenswerten Arbeitstemperaturen ausgesetzt sind, z. B. zu Hämmern, Meißeln und Sägen.

Niedriglegierte Werkzeugstähle enthalten neben 0,5 % bis 1,7 % Kohlenstoff bis 5 % Legierungsbestandteile wie Wolfram, Chrom, Mangan, Nickel und Vanadium. Sie werden meist in Öl gehärtet und lassen höhere Schnittgeschwindigkeiten als unlegierte Stähle zu. Man verwendet sie z. B. für Wendel- und Gewindebohrer, Reibahlen und Fräser.

Hochlegierte Werkzeugstähle enthalten über 5 % Legierungszusätze wie Wolfram, Molybdän, Chrom, Kobalt, Vanadium, Nickel und Titan. Sie werden hauptsächlich zu spanabhebenden Werkzeugen, wie Dreh- und Hobelmeißel, Fräser, Gewindeschneidwerkzeuge und Werkzeuge für die spanlose Formgebung, z. B. Schneidplatten und Ziehstempel, verarbeitet.

23 Leiterwerkstoffe und Widerstandswerkstoffe

23.1 Leiterwerkstoffe

23.1.1 Nichteisen (NE)-Schwermetalle

Schwermetalle sind Metalle mit einer Dichte von $\varrho \geqq 5\ \text{kg/dm}^3$.

Kupfer (Cu, lat. Cuprum)

Dichte	$8,9\ \text{kg/dm}^3$
spezifischer Widerstand ϱ	$0,0178\ \dfrac{\Omega \cdot \text{mm}^2}{\text{m}}$
Leitfähigkeit $\varkappa$	$56\ \dfrac{\text{m}}{\Omega \cdot \text{mm}^2}$
Schmelzpunkt	$1085\ ^\circ\text{C}$
Zugfestigkeit	$200 \ldots 360\ \text{N/mm}^2$
Dehnung	$50 \ldots 35\%$

Eigenschaften. Kupfer hat nach Silber die größte elektrische Leitfähigkeit. Geringe Verunreinigungen setzen jedoch die elektrische Leitfähigkeit des Kupfers stark herab. Kupfer leitet nach Silber auch die Wärme am besten. Es wird von trockener Luft nicht angegriffen. In feuchter Luft bildet sich Patina (Kupfercarbonat), die eine undurchlässige Schicht bildet und das Kupfer vor weiteren Angriffen schützt.

Reines Kupfer ist weich und läßt sich deshalb schlecht zerspanen, es schmiert. Man wählt daher an den Schneidwerkzeugen große Spanwinkel und als Schmiermittel Petroleum oder Bohremulsion. Kupfer läßt sich leicht verformen, z. B. durch Walzen oder Ziehen. Kaltverformung macht Kupfer spröde. Durch Glühen wird das Metall wieder weich.

Reinstkupfer mit einem Reinheitsgrad von 99,9% wird meist auf elektrolytischem Wege hergestellt. Es wird als Elektrolytkupfer bezeichnet und trägt die genormte Bezeichnung KE-Cu (Katodenkupfer). Als Leiterwerkstoff kommt in der Elektrotechnik nur Reinstkupfer, das sogenannte Elektrolytkupfer, zur Verwendung.

Kupferverbindungen sind giftig.

Verwendung. Elektrolytkupfer wird in der Elektrotechnik vorwiegend als Leiterwerkstoff für elektrische Leitungen, für Wicklungen und Kollektoren in Motoren und Generatoren, für Leiterbahnen in gedruckten Schaltungen und als Kontaktwerkstoff in Hochspannungsschaltern verwendet. Außerdem dient es als guter Wärmeleiter, z. B. bei Lötkolben, Kühlrohren und Kühlflächen für Halbleiter. Elektrolytkupfer ist ferner ein wichtiger Bestandteil der Kupferlegierungen (Seite 443). Wegen seiner Korrosionsbeständigkeit stellt man aus Kupfer Dachabdeckungen, Rohrleitungen und Klemmen her.

Zink (Zn, lat. Zincum)

Dichte	$7,1\ \text{kg/dm}^3$
spezifischer Widerstand ϱ	$0,063\ \dfrac{\Omega \cdot \text{mm}^2}{\text{m}}$
Leitfähigkeit $\varkappa$	$15,9\ \dfrac{\text{m}}{\Omega \cdot \text{mm}^2}$
Schmelzpunkt	$419\ ^\circ\text{C}$
Verdampfungstemperatur	$907\ ^\circ\text{C}$

Eigenschaften. Zink hat eine bläulich-graue Farbe und einen grobkristallinen Bruch. Es hat von allen Metallen die größte Wärmeausdehnung. Seine Beständigkeit gegen Sauerstoff und gegen Laugen ist gut, die gegen Säuren gering.

Verwendung. Zink verwendet man vor allem als Überzugsmetall zum Verzinken von Stahlteilen zum Korrosionsschutz, z. B. für Hochspannungsmaste und Erder, ferner als Zinkblech, z. B. für Rohrdrähte und als Legierungsbestandteil für Kupferlegierungen (Seite 443). Zink wird auch zur Herstellung von Zink-Braunstein-Elementen verwendet. Als Leiterwerkstoff darf Zink nicht verwendet werden.

Zinn (Sn, lat. Stannum)

Dichte	$7,3\ \text{kg/dm}^3$
spezifischer Widerstand ϱ	$0,12\ \dfrac{\Omega \cdot \text{mm}^2}{\text{m}}$
Leitfähigkeit $\varkappa$	$8,33\ \dfrac{\text{m}}{\Omega \cdot \text{mm}^2}$
Schmelzpunkt	$232\ ^\circ\text{C}$

Eigenschaften. Zinn hat eine silber-weiße, glänzende Farbe. Es ist gegen Luft und Wasser beständig, wird jedoch von Säuren und Laugen angegriffen. Zinn ist gut gießbar. Seine Zugfestigkeit beträgt etwa 40 bis 50 N/mm².

Verwendung. Zinn eignet sich wegen seiner guten Korrosionsbeständigkeit als Überzugsmetall für Stahlbleche (Weißblech für Konservendosen), zum Verzinnen von Kupferdrähten z. B. bei gummiisolierten Leitungen, um den im Gummi enthaltenen Schwefel vom Kupfer fernzuhalten. Es dient ferner als Legierungsbestandteil für Weichlote (Seite 466) und für Kupfer-Zinn-Legierungen (Zinnbronzen).

Blei (Pb, lat. Plumbum)

Dichte	$11{,}3\ \text{kg/dm}^3$
spezifischer Widerstand ϱ	$0{,}208\ \dfrac{\Omega \cdot \text{mm}^2}{\text{m}}$
Leitfähigkeit $\varkappa$	$4{,}8\ \dfrac{\text{m}}{\Omega \cdot \text{mm}^2}$
Schmelzpunkt	$327\ ^\circ\text{C}$

Eigenschaften. Blei ist chemisch beständig gegen Schwefelsäure, Salzsäure und Phosphorsäure, nicht jedoch gegen Salpetersäure oder Laugen. Seine Farbe ist bläulich-grau. Es läßt sich leicht dehnen (30% bis 50%) und ist so weich, daß man es mit dem Messer schneiden kann (Zugfestigkeit 15 bis 20 N/mm²).

Verwendung. Blei wird für Akkumulatorplatten, für Bleimäntel von isolierten Leitungen und Kabel (Korrosionsbeständigkeit), ferner als Legierungsbestandteil in Loten und Lagermetallen, zur Herstellung von Bleimennige sowie von optischen Gläsern verwendet. Blei eignet sich als Strahlenschutz, weil es von kurzwelligen Strahlen, z. B. Röntgenstrahlen, und von radioaktiven Strahlen (außer Neutronenstrahlen), nur schwer durchdrungen wird.

Blei und Bleiverbindungen sind sehr giftig.

Bei der Verarbeitung von Blei sind daher besondere Bestimmungen zu beachten (Bleimerkblatt).

Nickel (Ni, lat. Niccolum)

Dichte	$8{,}85\ \text{kg/dm}^3$
spezifischer Widerstand ϱ	$0{,}095\ \dfrac{\Omega \cdot \text{mm}^2}{\text{m}}$
Leitfähigkeit $\varkappa$	$11{,}5\ \dfrac{\text{m}}{\Omega \cdot \text{mm}^2}$
Schmelzpunkt	$1450\ ^\circ\text{C}$

Eigenschaften und Verwendung. Nickel ist silberweiß, hart, zäh und läßt sich spanlos gut verformen und polieren. Es ist korrosionsbeständig. Nickel gehört neben Eisen und Kobalt zu den ferromagnetischen Werkstoffen. Es dient als Legierungsbestandteil in hartmagnetischen Werkstoffen und Elektroblechen, als Bestandteil für die Platten von Nickel-Eisen-Sammlern und Nickel-Cadmium-Sammlern sowie als Legierungsbestandteil in Widerstandswerkstoffen wie Nickelin (Seite 445) und Kontaktwerkstoffen. Nickel ist ferner ein Metall für galvanische Überzüge (Korrosionsschutz).

Beryllium (Be)

Dichte	$1{,}86\ \text{kg/dm}^3$
elektrische Leitfähigkeit $\varkappa$	$31{,}2\ \dfrac{\text{m}}{\Omega \cdot \text{mm}^2}$
Zugfestigkeit	$600\ \text{N/mm}^2$
Schmelzpunkt	$1285\ ^\circ\text{C}$

Beryllium ist ein silberweißes, hartes Metall, das vor allem für Stahl-, Kupfer- und Nickellegierungen verwendet wird. Kupfer-Beryllium hat eine hohe Festigkeit (bis 1500 N/mm²), große Härte und ausgezeichnete Federeigenschaften, ferner gute elektrische Leitfähigkeit und ist beständig gegen Korrosion. Es findet Verwendung für Federn, z. B. Uhrfedern, Kontaktteile und funkenfreie Werkzeuge in explosionsgefährdeten Betrieben. Be-Ni-Legierungen sind sehr hart und sehr korrosionsbeständig (chirurgische Instrumente).

Quecksilber (Hg, lat. Hydrargyrum)

Dichte	$13{,}5\ \text{kg/dm}^3$
spezifischer Widerstand ϱ	$0{,}958\ \dfrac{\Omega \cdot \text{mm}^2}{\text{m}}$
Leitfähigkeit $\varkappa$	$1{,}04\ \dfrac{\text{m}}{\Omega \cdot \text{mm}^2}$
Schmelzpunkt	$-39\ ^\circ\text{C}$

Eigenschaften. Quecksilber ist das einzige Metall, das bei Raumtemperatur flüssig ist. Es verdampft bereits bei Raumtemperatur. Dabei entwickeln sich giftige Dämpfe. Im Quecksilber bestehen im Vergleich zu anderen Flüssigkeiten relativ große Kohäsionskräfte. Darum bildet es beim Ausgießen kugelförmige Körper. Es benetzt die Unterlage nicht.

Verwendung. In der Elektrotechnik wird Quecksilber als Quecksilberdampf in Leuchtstofflampen und in Quecksilberdampf-Hochdrucklampen sowie als Kontaktmetall in Quecksilberschaltern verwendet. Es dient ferner als Meßflüssigkeit in Thermometern und Barometern.

Verschüttetes Quecksilber muß restlos aufgefangen werden. Vorsicht! Quecksilber und seine Verbindungen sind hochgiftig!

Wiederholungsfragen

1. Welche Eigenschaften hat Kupfer?
2. Wozu wird Kupfer in der Elektrotechnik verwendet?
3. Welchen Verwendungszweck hat Zink?
4. Wozu wird Zinn verwendet?
5. Nennen Sie die Eigenschaften von Blei!
6. Welche Verwendung hat Blei in der Elektrotechnik?
7. Welche Eigenschaften haben Kupfer-Beryllium-Legierungen?
8. Wozu wird Quecksilber in der E-Technik verwendet?

23.1.2 Legierungen der Nichteisen (NE)-Schwermetalle

Die Eigenschaften der reinen Metalle lassen sich durch Legieren verändern (Seite 133). Unter Legieren versteht man das Auflösen von flüssigen oder festen Metallen in einer Metallschmelze. Härte und Festigkeit werden durch das Legieren fast immer höher, während die Dehnung abnimmt. Die elektrische Leitfähigkeit wird durch Legieren kleiner. Bei der spanenden Bearbeitung bilden sich günstigere Späne. Legierungen haben meist einen niedrigeren Schmelzpunkt als die dazu verwendeten Grundmetalle. Auch die Farbe eines Metalls läßt sich durch Legieren verändern. Die Benennung einer Legierung erfolgt stets nach dem Metallbestandteil, der mit mehr als 50% enthalten ist.

Die wichtigsten Legierungen der NE-Schwermetalle sind die Kupferlegierungen.

Kupfer-Zink-Legierungen

Kupfer-Zink-Legierungen mit einem Kupfergehalt von 56% bis 95% nennt man auch Messing, z. B. CuZn 20. Messing hat eine gelb-rote Farbe. Seine Dichte beträgt etwa 8,6 kg/dm^3. Die elektrische Leitfähigkeit von Messing ist je nach Kupfergehalt 10 bis 20 m/($\Omega \cdot$ mm^2), seine Zugfestigkeit 300 bis 600 N/mm^2. Man unterscheidet Kupfer-Zink-Knetlegierungen, z. B. CuZn 80, CuZn 37, und Kupfer-Zink-Gußlegierungen, z. B. G-CuZn 35.

Kupfer-Zink-Gußlegierungen lassen sich gut gießen, haben eine höhere Festigkeit und größere Zähigkeit als Graugruß. Sie können durch spanabhebende Werkzeuge mit Schnittgeschwindigkeiten bis zu 120 m/min bearbeitet werden.

Kupfer-Zink-Gußlegierungen verwendet man für Armaturen, z. B. im Freileitungsbau, für Schneckenräder und für Gehäuse.

Kupfer-Zink-Knetlegierungen. Bleche oder Bänder dieser Legierungen werden aus gegossenen Blöcken warm oder kalt gewalzt. Durch Kaltwalzen steigen Festigkeit und Härte; die Dehnung nimmt dabei jedoch ab. Drähte, Rohre, Flach- und Profilstäbe stellt man auf Strangpressen und Ziehbänken her. Kupfer-Zink-Knetlegierungen können durch Legieren und durch entsprechende Weiterverarbeitung (Kaltwalzen, Glühen) in ihren Eigenschaften in weiten Grenzen verändert werden. Es ist daher möglich, Bleche mit verschiedenen Härtegraden zu walzen, z. B. weich, halbhart, federhart, hart. CuZn 40 Pb 2 ist eine für Automaten geeignete Kupferlegierung. Ein geringer Bleizusatz (etwa 2%) bewirkt kurze Späne.

Kupfer-Zink-Legierungen mit hohem Cu-Gehalt lassen sich schlecht spanabhebend, aber gut spanlos, z. B. durch Ziehen, Gesenkschmieden, Biegen, Treiben oder Drücken verformen. Die durch Kaltverformung entstehende Verfestigung kann durch Glühen bei etwa 600 °C beseitigt werden. Diese Legierungen lassen sich ferner gut weich- und hartlöten. Bleche aus Cu-Zn-Legierungen sollen möglichst quer zur Walzrichtung gebogen werden.

Kupfer-Zink-Knetlegierungen verwendet man in der Elektrotechnik vor allem für Schalter und Fassungen sowie Klemmen, Ösen, Schrauben, Muttern, Scheiben und Nieten. Kontaktfedern bestehen aus Sondermessing.

Kupfer-Zinn-Legierungen

Legierungen aus Kupfer und Zinn nennt man auch Zinnbronzen, Sie enthalten 80% bis 98% Kupfer und 20% bis 2% Zinn, z. T. auch Zink. Ihre Dichte beträgt etwa 8,8 kg/dm^3, ihr Schmelzpunkt etwa 1000 °C. Die elektrische Leitfähigkeit ist etwa 10 m/($\Omega \cdot$ mm^2). Die Zugfestigkeit liegt zwischen 300 und 600 N/mm^2. Aus Zinnbronze stellt man z. B. stromzuführende Federn her. Diese sind sehr korrosionsbeständig.

Niedriglegierte Kupferlegierungen

Niedriglegierte Kupferlegierungen haben weniger als 5% Legierungsbestandteile, z. B. Silber, Kadmium, Tellur, Zirkon, Kobalt oder Beryllium. Aus Kupfer-Kadmium-Legierungen stellt man z. B. Fahrdrähte für elektrische Bahnen, Kollektorlamellen und Elektroden für Widerstandsschweißung her. Aus Kupfer-Kobalt-Beryllium-Legierungen fertigt man Kontaktteile und stromführende Federn.

Wiederholungsfragen

1. Was versteht man unter Legieren?
2. Welche Eigenschaften werden durch Legieren meist verbessert?
3. Wie verändert sich die elektrische Leitfähigkeit durch Legieren?
4. Welche Eigenschaften hat Messing?
5. Nennen Sie Anwendungsbeispiele für Kupfer-Zink-Knetlegierungen!
6. Welche Legierungen nennt man Zinnbronzen?
7. Wie hoch ist der Legierungsanteil bei den niedriglegierten Kupferlegierungen?

23.1.3 Leichtmetalle

Als Leichtmetalle bezeichnet man Metalle mit einer Dichte unter 5 kg/dm³.

Aluminium (Al)

Dichte	2,7 kg/dm³
spezifischer Widerstand ϱ	0,0278 $\dfrac{\Omega \cdot mm^2}{m}$
Leitfähigkeit $\varkappa$	36 $\dfrac{m}{\Omega \cdot mm^2}$
Schmelzpunkt	658 °C

Eigenschaften. Aluminium hat eine hohe elektrische Leitfähigkeit und ist ein guter Wärmeleiter. Es überzieht sich an der Luft mit einer Oxidschicht, die sehr dicht ist und das darunter liegende Material vor weiterer Oxydation schützt; dadurch ist Aluminium korrosionsbeständig. Allerdings wird Aluminium auch von schwachen Laugen angegriffen.

Verwendung. In der Elektrotechnik wird Reinaluminium (99,5% Al) als Leiterwerkstoff für Freileitungen, wegen seiner Korrosionsbeständigkeit und seiner geringen Dichte auch für Kabelmäntel verwendet. Seine gute Verformbarkeit macht es geeignet für Kondensatorfolien, seine gute Gießbarkeit als Legierung für Läuferkäfige. Als Legierungsbestandteil dient es bei manchen Magnetwerkstoffen (Seite 448) und bei nichtmagnetisierbaren Stählen. Man verwendet es ferner für Verpackungen (Folien, Tuben, Behälter), als wärmeableitende Kühlbleche für Halbleiterbauelemente, zur Herstellung von Gehäusen für elektrische Geräte, ferner für Fahrdrähte (Al/Stahl-Verbund), Stromschienen, Kabel und Schaltelemente, z. B. in Trennschaltern für Hochspannung.

Magnesium (Mg)

Dichte	1,74 kg/dm³
Schmelzpunkt	650 °C

Eigenschaften und Verwendung. Magnesium ist leichter als Aluminium, aber sehr wenig korrosionsbeständig. In Span- und Pulverform brennt es leicht. Wegen seiner geringen Festigkeit wird das reine Metall als Baustoff nicht verwendet.

23.1.4 Legierungen der Leichtmetalle

Aluminium-Legierungen

Durch Legieren mit Mangan, Kupfer, Silicium und mit Magnesium lassen sich die Eigenschaften von Aluminium so verändern, daß der Werkstoff gut gießbar (Gußlegierungen), z. B. für Läuferkäfige oder plastisch gut verformbar wird (Knetlegierungen). Die wichtigste Aluminium-Knetlegierung für die Elektrotechnik ist E-AlMgSi (Aldrey), aus der Freileitungsseile und Sammelschienen hergestellt werden. Aus den AlCuMg-Legierungen, z.B. Duralumin, kann man aushärtbare Teile mit erhöhter Festigkeit, z. B. Aluminiumschrauben herstellen. Aluminium-Gußlegierungen, z. B. G-AlSiMg, sind korrosionsbeständig und lassen sich gut bearbeiten. Man stellt aus dieser Legierung z. B. Gehäuse für Pumpen und Getriebe her.

Aluminiumlegierungen lassen sich durch spanabhebende Werkzeuge leicht und wirtschaftlich bearbeiten. Dazu sind besondere Werkzeuge mit großen Spanwinkeln und geräumigen Spanlücken notwendig, die eine gute Spanabfuhr ermöglichen. Es ist auf reichliche Schmierung zu achten.

Magnesium-Legierungen

Man unterscheidet Knetlegierungen und Gußlegierungen der Gattungen MgMn, MgAl, G-MgAl, GD-MgAl (Druckguß). Magnesiumlegierungen werden dort verwendet, wo ein geringes Gewicht gefordert wird. So bestehen z. B. Gehäuse von elektrischen Handwerkzeugen und von Kameras aus Magnesiumlegierungen. Da die Korrosionsbeständigkeit der Mg-Legierungen gering ist, müssen die Teile einen Oberflächenschutz erhalten. Für die Bearbeitung, die dazu nötigen Werkzeuge und Schnittgeschwindigkeiten gilt dasselbe wie für die Aluminiumbearbeitung. Zur Kühlung ist nur Petroleum zulässig. Späne der Magnesiumlegierungen geraten leicht in Brand.

Magnesiumbrände müssen mit Sand oder Graugußspänen erstickt werden.
Nicht mit Wasser löschen (Stichflamme)!

Wiederholungsfragen

1. Nennen Sie die wichtigsten Eigenschaften von Aluminium!
2. Welche Arten von Al-Legierungen unterscheidet man?
3. Wie müssen die Schneiden der Werkzeuge für die Bearbeitung von Aluminium-Legierungen beschaffen sein?
4. Welche Eigenschaften hat Magnesium?
5. Wozu werden Mg-Legierungen verwendet?
6. Nennen Sie Anwendungsmöglichkeiten für Aluminiumlegierungen!
7. Wie löscht man einen Magnesiumbrand?

23.2 Widerstandswerkstoffe

23.2.1 Widerstandslegierungen

Widerstandslegierungen sind Legierungen mit kleiner elektrischer Leitfähigkeit. Ihr Temperaturbeiwert, d. h. die Abhängigkeit des Widerstandswertes von der Temperatur, ist bei den einzelnen Legierungen verschieden. So verlangt man z. B. von Widerstandsdraht für Meßzwecke einen möglichst kleinen Temperaturbeiwert, für Widerstandsthermometer dagegen einen großen.

Die Widerstandswerkstoffe sind genormt. CuNi 44 z. B. bedeutet: Legierung aus 44% Nickel, Rest Kupfer. Handelsnamen wichtiger Widerstandswerkstoffe sind z. B. Konstantan, Nickelin, Manganin, Isabellin.

Konstantan (CuNi 44)

spezifischer Widerstand ϱ_{20}	$0{,}49 \; \dfrac{\Omega \cdot mm^2}{m}$
Temperaturbeiwert α	$\pm\, 0{,}000\,04$ $^{1}/K$
Hitzebeständigkeit	bis 600 °C

Konstantan ist eine Kupfer-Nickel-Legierung mit sehr geringer Temperaturabhängigkeit. Es eignet sich für Widerstände, deren Wert sich durch Temperaturschwankungen möglichst nicht ändern darf, z. B. für Meßwiderstände. Da seine Thermospannung gegen Kupfer hoch ist (40 µV/K) verwendet man es auch für Thermoelemente.

Manganin (CuMn 12 Ni)

spezifischer Widerstand ϱ_{20}	$0{,}43 \; \dfrac{\Omega \cdot mm^2}{m}$
Temperaturbeiwert α	$\pm\, 0{,}000\,01$ $^{1}/K$
Hitzebeständigkeit	bis 960 °C

Manganin ist eine Kupfer-Mangan-Legierung mit sehr kleinem Temperaturbeiwert und sehr kleiner Thermospannung gegen Kupfer ($-0{,}6$ µV/K). Es wird vor allem für Meß- und Präzisionswiderstände verwendet, sowie für Vergleichswiderstände in der Meßtechnik. Aus Manganin stellt man auch Widerstandsfolien (aus Folien geätzte Widerstände) her.

Nickelin (CuNi 30 Mn)

spezifischer Widerstand ϱ_{20}	$0{,}4 \; \dfrac{\Omega \cdot mm^2}{m}$
Temperaturbeiwert α	$\pm\, 0{,}000\,15$ $^{1}/K$
Hitzebeständigkeit	bis 500 °C

Nickelin hat einen größeren Temperaturbeiwert als Konstantan. Es eignet sich daher nicht für Meßwiderstände. Man verwendet es für Anlaßwiderstände und für Belastungswiderstände. Die Thermospannung gegen Kupfer beträgt -25 µV/K. Es läßt sich, wie alle Widerstandslegierungen, gut hartlöten. Auch Weichlöten ist möglich.

23.2.2 Heizleiterwerkstoffe

Heizleiter haben die Aufgabe, elektrische Energie in Wärme umzuwandeln, z. B. in Heizelementen von Lötkolben, Heißwasserbereitern oder Kochgeräten. Reine Metalle kommen dafür nicht in Frage, da ihr spezifischer Widerstand zu gering ist. Man verwendet daher Legierungen, z. B. aus Eisen mit Zusätzen von Chrom, Nickel und Aluminium. Diese Werkstoffe haben einen hohen spezifischen Widerstand.

Heizleiter dürfen sich wegen der geforderten hohen Temperaturen (1100 bis 1300 °C) nicht mechanisch verändern, d. h. für sie wird eine hohe Warmfestigkeit gefordert. Wenn sie in andere Stoffe, z. B. in Keramikmassen, eingebettet sind, darf ihre Wärmeausdehnungszahl nicht größer sein als die des sie umgebenden Materials. Ferner werden gute Korrosionsbeständigkeit, Zunderbeständigkeit bei freiliegenden Heizleitern und ein möglichst hoher Schmelzpunkt gefordert.

Heizleiter werden z. B. für Heizwendeln zur Luft- oder Flüssigkeitserwärmung, zur Maschinenheizung, Werkzeugheizung, Weichenheizung und in elektrischen Haushaltgeräten benötigt. Auch hochbelastbare Widerstände stellt man aus Heizleiterwerkstoffen her.

Die Heizleiterlegierungen sind genormt. Übliche Heizleiterwerkstoffe sind z. B. NiCr 60 15 (60% Nickel, 15% Chrom, Rest Fe) oder CrNi 25 20. Weitere Heizleiterwerkstoffe siehe Tabellenbuch Elektrotechnik.

Wiederholungsfragen

1. Welche Eigenschaften werden von Widerstandswerkstoffen gefordert?
2. Warum muß der Temperaturbeiwert eines Meßwiderstandes möglichst klein sein?
3. Was bedeutet die Bezeichnung CuNi 20 Mn 10?
4. Woraus bestehen Heizleiterwerkstoffe?
5. Wozu werden Heizleiterwerkstoffe verwendet?

24 Kontaktwerkstoffe und Thermobimetalle

24.1 Eigenschaften und Aufbau von Kontakten

Kontakte sollen in Stromkreisen elektrisch leitende Verbindungen herstellen. Es gibt Kontakte, die geschraubt oder gesteckt sind, z. B. zum Anschließen von Netzgeräten, Verbrauchsmitteln, Steuergeräten und Bauteilen. Sie werden selten betätigt. Kontakte können die Aufgabe haben, Stromkreise häufig zu öffnen und zu schließen, wie z. B. in Schaltern und Schützen, oder sehr hohe Ströme abzuschalten, wie z. B. in Schutzschaltern. Derartige Kontakte werden beim Schließen aufeinandergepreßt. Gleitende Kontakte verwendet man z. B. bei Umschaltern in Meßgeräten, bei Stellwiderständen (Potentiometern), Stelltransformatoren und Stromwendermaschinen.

Je nach Anwendung der Kontakte werden an die Kontaktwerkstoffe folgende Anforderungen gestellt: Kleiner spezifischer Widerstand, kleiner und möglichst gleichbleibender Kontaktwiderstand (Widerstand zwischen den Kontaktflächen), hohe Wärmeleitfähigkeit, geringer Abbrand, kein Verschweißen, chemische Beständigkeit, geringe Werkstoffwanderung, hohe Formbeständigkeit und Verschleißfestigkeit.

Kontaktwerkstoffe, die diese Forderungen erfüllen, enthalten meist Edelmetalle. Stifte und Federn bei gesteckten Kontakten haben deshalb häufig nur dünne Überzüge aus Kontaktwerkstoff. Bei Schaltern und Schützen befinden sich Kontaktniete auf Trägern. Die Niete können massiv sein. Oder man verwendet Bimetallniete (**Bild 446/1**); bei ihnen ist das Kontaktstück auf einen Träger aufgeschweißt oder aufgelötet. Auch Kontaktfedern aus Bimetall werden eingesetzt (Bild 446/1); bei ihnen ist der Kontaktwerkstoff auf das Trägermetall aufgewalzt (plattiert).

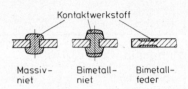

Bild 446/1: Kontakte

24.2 Metallische Kontaktwerkstoffe

Reines Kupfer leitet zwar den Strom und die Wärme gut, korrodiert aber an der Oberfläche. Es ist deshalb für Kontakte wenig geeignet.

Reines Silber (Feinsilber) hat die höchste elektrische und thermische Leitfähigkeit aller Stoffe und ist korrosionsbeständig. In Verbindung mit Schwefel bildet es jedoch schlecht leitende Überzüge aus Silbersulfid. Es ist aber weich und neigt zum Verschweißen und bei Gleichstrom zur *Materialwanderung*. Dabei werden Metallatome an der Stromaustrittsstelle des Kontakts abgetragen und an der Stromeintrittsstelle angelagert, wenn der Kontakt öffnet oder schließt (Schaltlichtbogen). Man verwendet Silber als Überzug auf Kontaktstücken, Kontaktfedern und -stiften.

Silberlegierungen haben die nachteiligen Eigenschaften des reinen Silbers in geringerem Maße. Bereits kleine Beimengungen von Nickel erhöhen Festigkeit und Härte des Werkstoffs, ohne seine elektrische und thermische Leitfähigkeit wesentlich zu verkleinern. Wegen des geringen Abbrandes beim häufigen Schalten werden aus dieser Legierung z. B. Kontakte für Temperaturregler in Haushaltsgeräten hergestellt. Legierungen aus Silber und Kupfer, das sogenannte Hartsilber, sind besonders hart und abriebfest. Aus ihnen können Kontakte von Schützen und von Schaltern der Starkstromtechnik bestehen. Legierungen aus Silber und Palladium, einem relativ preisgünstigen Platinmetall, sind besonders korrosionsfest. Ein Zusatz von Kupfer erhöht die Festigkeit. Kontakte aus diesen Legierungen haben eine hohe Lebensdauer bei praktisch konstantem Kontaktwiderstand. Sie sind für Schalter in der Meßtechnik und für Präzisionspotentiometer geeignet.

Verbundwerkstoffe mit Silber als Hauptbestandteil enthalten Beimengungen, die in Silber nicht löslich sind, z. B. Metalloxide und Nichtmetalle, oder auch andere Metalle in einem größeren nicht löslichen Anteil. Verbundwerkstoffe werden meist durch *Sintern* hergestellt. Dabei preßt man die pulverförmigen Stoffe unter hohem Druck und läßt sie bei Temperaturen unterhalb des Schmelzpunkts zusammenbacken. Gesinterte Silber-Nickel-Kontakte haben eine hohe elektrische und thermische Leitfähigkeit und einen kleinen Kontaktwiderstand bei großer Härte und Abbrandfestigkeit. Eine Materialwanderung beim Schalten tritt praktisch nicht auf. Diese Kontakte sind deshalb auch für hochbelastete Gleichstrom-Schaltgeräte geeignet. Gesinterte Silber-Cadmiumoxid-Kontakte sind besonders abbrand- und schweißfest und neigen nicht zum Oxidieren. Sie können bei hoher Nennbelastung starke Einschaltströme und Kurzschlußströme schalten und sind deshalb in Leistungsschaltern, Leistungsschützen und Schutzschaltern für Niederspannung vorwiegend eingebaut. Silber-Grafitkontakte verschweißen praktisch nicht und haben gute Gleiteigenschaften. Man verwendet sie in Schutzschaltern, Kondensatorschützen und als gleitende

Kontakte in Potentiometern, Stelltransformatoren und Fahrschaltern. Silber-Wolfram-Kontakte sind besonders hart, verschleißfest und abbrandfest, haben aber einen relativ hohen Kontaktwiderstand. Eingesetzt werden sie in Last- und Leistungsschaltern, bei Mittelspannung und Hochspannung in Verbindung mit einer Schaltflüssigkeit.

Legierungen mit Gold und Platinmetallen (Platin, Iridium, Palladium, Rhodium) können absolut korrosionsfest sein. Kontakte aus diesen Werkstoffen haben über ihre ganze Lebensdauer sehr niedere Kontaktwiderstände. Sie schalten auch bei Spannungen im Mikrovoltbereich einwandfrei und werden deshalb in der Nachrichtentechnik, Mikroelektronik und Meßtechnik eingesetzt. Man legiert diese Metalle miteinander und zur Erhöhung der Härte und Festigkeit mit Kupfer und Nickel. Legierungen aus Palladium, Kupfer, Nickel, Silber und Wolfram ergeben harte und abbrandfeste Kontakte mit kleiner Werkstoffwanderung; diese sind oft in Reglern für niedere Spannungen eingebaut.

24.3 Elektrokohle

Elektrokohle wird aus Anthrazit, Koks und Holzkohle künstlich hergestellt. Aus Elektrokohle bestehen vor allem gleitende Kontakte in Verbindung mit Schleifringen oder Kommutatoren. Bei diesen sogenannten *Kohlebürsten* **(Bild 447/1)** unterscheidet man harte Kohlen, Grafitkohlen, Edelkohlen und metallhaltige Kohlen.

Bild 447/1: Kohlebürste

Harte Kohlen mit Schleifzusätzen werden meist bei Kommutatoren mit nicht ausgekratzter Glimmerisolation verwendet, insbesondere für Haushaltsgeräte, Handbohrmaschinen und Nähmaschinen. *Grafitkohlen* sind weich und haben besonders gute Gleiteigenschaften. Durch ihren hohen Widerstand werden Kurzschlußströme zwischen den überdeckten Kommutatorlamellen klein gehalten. Sie eignen sich für Generatoren und als kunstharzgebundene Grafitkohlen für Universalmotoren z. B. in Büromaschinen, Küchenmaschinen und Staubsaugern. *Edelkohlen* (Elektrografitkohlen) haben besonders wenig Verunreinigungen. Sie sind die gebräuchlichsten Bürstenkohlen. Man baut sie in Gleichstrommaschinen jeder Leistung, in Drehstrom-Kommutatormaschinen und Bahnmotoren ein. *Metallhaltige Kohlen* bestehen aus Kupfer, anderen Metallpulvern und Grafit. Sie haben eine höhere Leitfähigkeit als andere Kohlebürsten und werden deshalb in Gleichstrom-Kleinspannungsmaschinen, z. B. Kraftfahrzeug-Anlassern, eingesetzt.

Eine besonders lichtbogenfeste Elektrokohle verwendet man für Stromabnehmer von elektrischen Bahnen, Kranen und Oberleitungsbussen.

24.4 Thermobimetalle

Thermobimetalle bestehen aus zwei Metallschichten mit verschiedener Wärmedehnung. Die beiden Schichten sind durch Walzen (Plattieren) miteinander verbunden. Erwärmt man das Thermobimetall, so versucht die Schicht mit dem größeren Wärmeausdehnungskoeffizienten sich mehr auszudehnen. Dadurch entsteht eine Krümmung des Bimetalls **(Bild 447/2)**. Für große Ausbiegungen verwendet man Streifen in Form von Spiralen und Wendeln **(Bild 447/3)**.

Thermobimetalle bestehen meist aus Eisen-Nickel-Legierungen. Als Werkstoff kleiner Ausdehnung dient eine Legierung mit 36% Nickel (Invar). Man setzt die Thermobimetalle bei Temperaturen zwischen − 70 °C und + 500 °C in Thermometern, Temperaturreglern, Schutzschaltern und Gasflammsicherungen ein.

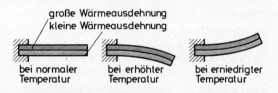

große Wärmeausdehnung
kleine Wärmeausdehnung

bei normaler Temperatur — bei erhöhter Temperatur — bei erniedrigter Temperatur

Bild 447/2: Wirkungsweise eines Thermobimetalls

Bild 447/3: Bauformen von Thermobimetallen

Wiederholungsfragen

1. Nennen Sie drei Kontaktwerkstoffe aus Silberlegierungen!
2. Nennen Sie drei Verbundwerkstoffe mit Silber!
3. Welche besondere Eigenschaft und Anwendungsmöglichkeit haben Kontakte aus Gold und Platinmetallen?
4. Nennen Sie vier Arten von Kohlebürsten!

25 Magnetwerkstoffe

Die Magnetwerkstoffe teilt man in hartmagnetische Werkstoffe (Dauermagnete) und weichmagnetische Werkstoffe ein. Hartmagnetische Werkstoffe werden in einem starken Magnetfeld magnetisiert und sollen den Magnetismus möglichst lange halten. Weichmagnetische Werkstoffe dagegen sollen den Magnetismus einer Spule nur solange verstärken, wie Strom durch die Spule fließt. Sie dürfen ferner möglichst wenig Verluste beim Ummagnetisieren haben.

Hartmagnetische und weichmagnetische Werkstoffe bestehen im wesentlichen aus den gleichen Stoffen. Durch Legieren und durch andere Techniken, z. B. Sintern, lassen sich ihre Eigenschaften ändern.

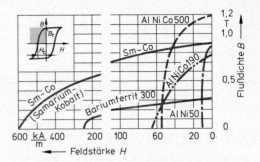

Bild 448/1: Entmagnetisierungskennlinien von hartmagnetischen Werkstoffen

25.1 Hartmagnetische Werkstoffe

Von hartmagnetischen Werkstoffen fordert man eine möglichst *hohe Koerzitivfeldstärke*, damit die Magnete gegen Erschütterungen und Fremdfelder möglichst unempfindlich sind, und eine *hohe Remanenz*. Diese Forderungen erfüllen Werkstoffe mit einer hohen und breiten Hysteresiskurve **(Bild 448/1)**.

Hartmagnetische Werkstoffe (Dauermagnetwerkstoffe) teilt man ein in metallische und in keramische Dauermagnetwerkstoffe. Zu den metallischen Dauermagnetwerkstoffen zählen die AlNiCo-, die Platin-Kobalt- (PtCo-), die Eisen-Kobalt-Vanadium-Chrom- (FeCoVCr-) und die Seltenerdmetall-Kobalt-Legierungen. Keramische Dauermagnetwerkstoffe sind z. B. die Bariumferrite.

AlNi- und **AlNiCo-Magnete** werden entweder gegossen (G-AlNi) oder sie werden aus Metallpulver gepreßt und anschließend gesintert (S-AlNi). Die Fertigbearbeitung solcher Magnete erfolgt durch Schleifen.

Seltenerden-Kobalt-Magnete besitzen eine noch höhere Koerzitivfeldstärke als Bariumferrit-Magnete. Sie bestehen aus Legierungen von Kobalt mit Seltenen Erden wie z. B. Samarium (Sm), Yttrium (Y) oder Cer (Ce). Die Koerzitivfeldstärke von Samarium-Kobalt-Magneten beträgt etwa 600 kA/m bei einer Remanenz von etwa 0,9 T (Bild 448/1). Diese Magnete lassen sich wegen ihrer Kunststoffbindung auf Kunststoff-Spritzmaschinen verarbeiten und mit normalen spanabhebenden Werkzeugen bearbeiten.

Bariumferrit-Magnete sind hartmagnetische Ferrite, d. h. gesinterte (keramische) Werkstoffe aus Mischungen von Eisenoxid mit anderen Metalloxiden. Sie sind sehr hart und spröde und lassen sich nur durch Schleifen bearbeiten. Sie sind stoßempfindlich und haben eine größere Koerzitivfeldstärke, aber eine kleinere Remanenz als AlNiCo-Magnete.

Verwendung. Hartmagnetische Werkstoffe werden z. B. für Haftmagnete, magnetische Kupplungen und Lager, Ständermagnete von Kleinmotoren für Spielzeuge und Uhren sowie für Fahrraddynamos, Lautsprecher, Kopfhörer, Meßwerke sowie zur Bildkorrektur bei Fernsehbildröhren verwendet. Weitere hartmagnetische Werkstoffe siehe Tabellenbuch Elektrotechnik.

25.2 Weichmagnetische Werkstoffe

Weichmagnetische Werkstoffe verwendet man für magnetische Kreise, die ständig ummagnetisiert werden, z. B. für Transformatoren und elektrische Maschinen. Bei der Ummagnetisierung erwärmt sich das Eisen; es treten *Ummagnetisierungsverluste* auf. Die Ummagnetisierungsverluste setzen sich aus den Hystereseverlusten und den Wirbelstromverlusten zusammen.

Die *Hystereseverluste* sind klein, wenn der Kernwerkstoff magnetisch weich ist, d. h. wenn er eine schmale Hysteresekurve hat (Bild 94/1). Die *Wirbelströme* verkleinert man durch einen hohen spezifischen Widerstand des Werkstoffs und durch Unterteilung der Kerne in Bleche, die voneinander isoliert sind. Als Isolierung dieser *Elektrobleche* dienen Oxid- oder Phosphatschichten, Isolierlacke oder Papier. Diese Isolierschichten sind 2 μm bis 20 μm dick. Die Güte der Elektrobleche wird durch den Ummagnetisierungsverlust V gekennzeichnet.

V 100-35 B bedeutet 1,0 W/kg Verlustleistung für 1 kg Eisenkernwerkstoff bei einer Flußdichte $\hat{B}$ von 1 T und 50 Hz. Die Angabe 35 kennzeichnet die Blechdicke, z.B. 0,35 mm.

Ein großer Ummagnetisierungsverlust verkleinert den Wirkungsgrad des Betriebsmittels. In einem Groß-transformator mit 50 000 kg Transformatorenblech entsteht bei V 260—50 A $\triangleq$ 2,6 W/kg eine Verlustleistung von 130 kW und im Jahr bei 8000 Betriebsstunden eine Verlustarbeit von über 1 000 000 kWh.

Siliciumlegierte Elektrobleche

Elektrobleche bestehen meist aus Baustahl, dem zur Erhöhung des spezifischen Widerstandes bis zu 4,5% Silicium zulegiert wurde. Ein höherer Siliciumgehalt macht den Werkstoff für die Bearbeitung zu spröde. Die Hystereseverluste hängen wesentlich vom Herstellungsverfahren der Bleche ab.

Bei *warmgewalzten Elektroblechen* beträgt der Ummagnetisierungsverlust V 100 ≈ 1 W/kg. Sie werden in Dicken von 0,5 mm bis 1 mm (Dynamoblech) und 0,35 mm (Transformatorenblech) hergestellt.

Kaltgewalzte Elektrobleche werden vor allem für Transformatoren verwendet. Man walzt die Bleche zuerst warm auf 2,5 mm und dann kalt auf 0,8 mm Dicke. Nach einer Zwischenglühung bei etwa 900 °C werden sie auf 0,35 mm Dicke kalt fertiggewalzt. Bei einer nachfolgenden Streckglühung brennt man gleichzeitig eine anorganische Isolierschicht ein.

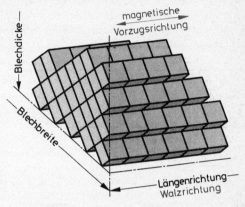

Bild 449/1: Kornorientiertes Elektroblech

Der magnetische Werkstoff ist aus Kristallen aufgebaut. Jeder Kristall läßt sich den Kanten entlang besonders leicht magnetisieren. Durch die Kaltwalz- und Glüh-behandlung werden alle Kristalle so angeordnet (korn-orientiert), daß ihre Kanten in gleicher Richtung ver-laufen **(Bild 449/1)**. So erhält das Blech die magnetische Vorzugsrichtung. Das kornorientierte Blech läßt sich in Walzrichtung sehr leicht magnetisieren. Für eine vorge-gebene magnetische Flußdichte in dieser *magnetischen* Vorzugsrichtung benötigt man daher einen kleineren Magnetisierungsstrom als bei nicht kornorientiertem Blech. In der magnetischen Vorzugsrichtung ist der Ummagnetisierungsverlust besonders niedrig, z.B. 0,89 W/kg beim kornorientierten Blech VM 89-27.

Durch die glatte Oberfläche haben kaltgewalzte Bleche einen großen *Füllfaktor*, ebenso durch die dünne Isolierung (2 μm bis 10 μm). Der Füllfaktor ist das Verhältnis des Eisenquerschnitts zum Kernquerschnitt. Er beträgt bei kornorien-tiertem Blech bis 0,97 gegenüber 0,90 bei nicht kornorientiertem, warmgewalztem Blech.

Eisen-Nickel-Legierungen

Für den Bau von Meßwandlern, Übertragern und Abschirmungen verwendet man Eisen-Nickel-Legie-rungen. Sie enthalten als Hauptbestandteil 30% bis 80% Nickel und neben Eisen noch andere Bestandteile, z.B. Mangan, Chrom, Kupfer und Silicium. Ihre Sättigungsflußdichte beträgt 0,6 bis 1,5 Tesla bei einer Koerzitivfeldstärke von 0,8 A/m bis 12 A/m.

Ferrite

Ferrite werden auch als weichmagnetische Werkstoffe verwendet. Da ihr spezifischer Widerstand 10^5 bis 10^{15} mal so hoch ist wie der von Metallen, sind sie Isolierstoffe. Es bilden sich daher keine Wirbelströme.

Die wichtigsten weichmagnetischen Ferrite sind *Mangan-Zink-Ferrite* ($MnO \cdot ZnO \cdot Fe_2O_3$) und Nickel-Zink-Ferrite ($NiO \cdot ZnO \cdot Fe_2O_3$). Weichmagnetische Ferrite werden vor allem bei hohen Frequenzen in Bauteilen der Nachrichtentechnik verwendet, z.B. als Kerne für Spulen, Übertrager und Zeilentransfor-matoren sowie für Ferritantennen.

Wiederholungsfragen

1. Welche Forderungen werden a) an hartmagne-tische, b) an weichmagnetische Werkstoffe ge-stellt?
2. Welche Eigenschaften haben hartmagnetische Ferrite?
3. Wozu werden hartmagnetische Werkstoffe ver-wendet?
4. Welchen Einfluß hat der Legierungsanteil Silicium bei Elektroblechen?
5. Welchen Vorteil haben kornorientierte Elektro-bleche?

26 Isolierstoffe

Isolierstoffe sind elektrisch schlecht leitende Stoffe. Sie werden z. B. zum Trennen von elektrischen Leitern verwendet. Isolierstoffe dienen auch als Berührungsschutz, z. B. bei der Schutzisolierung. Von einem *Dielektrikum* wird gesprochen, wenn die Wechselwirkung zwischen dem Isolierstoff und dem elektrischen Feld wichtig ist, wie z. B. bei Kondensatoren.

Die Verwendbarkeit von Isolierstoffen für einen bestimmten Zweck wird durch ihre elektrischen, thermischen und mechanischen Eigenschaften bestimmt. Die Auswahl ist ferner von der Beständigkeit gegen Umwelteinflüsse, den Möglichkeiten der Formgebung und der Verarbeitung abhängig.

26.1 Elektrische Beanspruchung von Isolierstoffen

Folgende elektrische Eigenschaften können bei Isolierstoffen geprüft werden: Kriechstromfestigkeit, Durchschlagfestigkeit sowie die elektrischen Widerstandswerte (spezifischer Durchgangswiderstand und Oberflächenwiderstand). Außerdem können die Dielektrizitätszahl, der dielektrische Verlustfaktor und die Lichtbogenfestigkeit geprüft werden.

26.1.1 Kriechstromfestigkeit

Unter Kriechstrom versteht man einen Strom an der Oberfläche eines Isolierstoffes. Dabei bilden leitfähige Verunreinigungen den Weg für den Strom. Durch den Kriechstrom kann der Isolierstoff verkohlen. Es können auch rillenartige Aushöhlungen auftreten, die man Kriechspuren nennt. Eine ununterbrochene Kriechspur von einem spannungsführenden Teil zu einem anderen nennt man Kriechweg. Unter *Kriechstromfestigkeit* versteht man die Widerstandsfähigkeit des Isolierstoffes gegen das Entstehen von Kriechspuren durch Ströme auf der Oberfläche der Werkstücke.

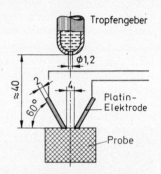

Bild 450/1: Bestimmung der Kriechstromfestigkeit

Zur Bestimmung der Kriechstromfestigkeit **(Bild 450/1)** wird zwischen zwei auf das Prüfstück aufgesetzten Elektroden eine elektrisch leitende Flüssigkeit aufgetropft und bei konstanter Spannung von z. B. 380 V/50 Hz die Anzahl der Tropfen bis zum Kurzschluß ermittelt.

In der Praxis ist die Kriechstromfestigkeit von Bedeutung z. B. bei Hochspannungsisolatoren, in Schaltanlagen, bei der Isolation des Zeilentransformators im Fernsehgerät und bei gedruckten Schaltungen.

26.1.2 Durchschlagfestigkeit

Unter Durchschlagspannung U_d versteht man den Effektivwert einer sinusförmigen Wechselspannung, bei der Durchschlag erfolgt. Unter Durchschlagfestigkeit E_d **(Tabelle 450/1)** versteht man die Durchschlagspannung je mm Werkstoffdicke.

E_d	Durchschlagfestigkeit
U_d	Durchschlagspannung
d	Dicke der Werkstoffprobe

$$E_d = \frac{U_d}{d}$$

Tabelle 450/1: Durchschlagfestigkeit E_d in kV/mm

Isolierstoff	E_d	Isolierstoff	E_d
Luft	2,3	Epoxidharz	35
Porzellan	30…35	Polyäthylen	70
Transformatorenöl	20…30	Polyvinylchlorid	40…50

Die Durchschlagfestigkeit hängt von der Zeit ab. Es wird meist die Kurzzeit-Durchschlagfestigkeit bei 50 Hz gemessen. Die Spannung wird dabei langsam auf den gewünschten Wert erhöht und dann eine Minute gehalten **(Bild 450/2)**. Die Durchschlagfestigkeit hängt auch von der Dicke des Isolierstoffes ab. Die in der Tabelle 450/1 angegebenen Werte gelten für eine Schichtdicke von 1 mm bis 2 mm. Die Durchschlagfestigkeit hängt außerdem von der Temperatur und vom zeitlichen Verlauf der Spannungssteigerung ab.

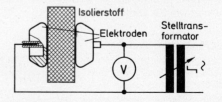

Bild 450/2: Messen der Durchschlagfestigkeit

26.1.3 Elektrische Widerstandswerte

Der **spezifische Durchgangswiderstand** ϱ_D ist so groß wie der Widerstand einer Probe von 1 cm² Querschnitt und 1 cm Dicke. Seine Einheit ist Ωcm **(Tabelle 451/1)**. Der spezifische Durchgangswiderstand wird aus dem gemessenen Durchgangswiderstand, der Meßfläche und der Probendicke berechnet.

R gemessener Durchgangswiderstand
A Meßfläche
d Dicke der Probe

$$[\varrho_D] = \Omega cm \qquad \varrho_D = \frac{R \cdot A}{d}$$

Tabelle 451/1: Spezifischer Durchgangswiderstand ϱ_D in Ωcm bei 23 °C

Holz	10^9	Glas	10^{14}
Phenolharz	10^{10}	Glimmer	10^{15}
Porzellan	10^{11}	PVC	10^{16}
Polyamid	10^{13}	Polystyrol	10^{18}

Beim Messen werden zwei Elektroden an die Probe gelegt **(Bild 451/1)**. Die Meßanordnung gewährleistet durch die ringförmige Schutzelektrode, daß nur der Durchgangswiderstand gemessen wird. Der spezifische Durchgangswiderstand wird bei den meisten Stoffen mit zunehmender Temperatur kleiner.

Der **Oberflächenwiderstand** R_O gibt Aufschluß über den an der Oberfläche eines Isolierstoffes herrschenden Isolationszustand. Er ist nicht exakt zu messen, weil stets ein Teil des Durchgangswiderstandes mitgemessen wird. Der Oberflächenwiderstand wird in Ω oder als

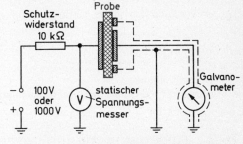

Bild 451/1: Schaltung zur Bestimmung des spezifischen Durchgangswiderstandes

Vergleichszahl angegeben. Der Wert für den Oberflächenwiderstand liegt rund zwei Zehnerpotenzen unter dem Wert für den spezifischen Durchgangswiderstand. Die ungenaue Kenntnis des Oberflächenwiderstandes genügt meist: Kommt es auf diesen Wert an, z. B. bei gedruckten Schaltungen, so schützt zusätzlich der verwendete, sehr gut isolierende Lack. Damit wird eine Veränderung des Oberflächenwiderstandes durch Feuchtigkeit, Staubablagerungen oder andere Verunreinigungen verhindert.

26.1.4 Dielektrizitätszahl und dielektrischer Verlustfaktor

Die **Dielektrizitätszahl** (Permittivitätszahl) ε_r **(Tabelle 451/2)** gibt an, um wieviel mal die Kapazität eines Kondensators größer wird, wenn an Stelle von Luft (genau: Vakuum) ein anderer Isolierstoff als Dielektrikum verwendet wird.

ε_r Dielektrizitätszahl (Permittivitätszahl)
C_L Kapazität eines Kondensators mit dem Dielektrikum Luft
C_M Kapazität eines Kondensators mit einem anderen Dielektrikum

$$\varepsilon_r = \frac{C_M}{C_L}$$

Bei Isolierstoffen ist eine möglichst kleine, bei Dielektrika von Kondensatoren eine möglichst große Dielektrizitätszahl (Permittivitätszahl) erwünscht. Die Dielektrizitätszahl ist je nach Stoff stark frequenzabhängig.

Der **dielektrische Verlustfaktor** tan δ (Tabelle 451/2) ist ein Maß für die dielektrischen Verluste. Er ist der Tangens des Fehlwinkels, um den bei einem Kondensator die Phasenverschiebung zwischen Spannung und Strom von 90° abweicht.

Tabelle 451/2: Dielektrizitätszahl ε_r und Verlustfaktor tan δ bei 23 °C

Isolierstoff	ε_r	tan δ	
		50 Hz	10^6 Hz
Glimmer	6...8	0,002	0,0005
Hartpapier	4...8	0,05...0,1	0,02...0,08
Isolierpapier	2...6	< 0,01	—
Polyäthylen	2,3	0,0004	
PVC	3,4...4	0,02	0,015
Rutilhaltige Stoffe	40...60	0,001	—
Steatit	5,5...6,5	0,001...0,003	0,0003...0,0005

Die dielektrischen Verluste wachsen mit zunehmender Spannung; sie sind von der Frequenz und von der Temperatur abhängig. Die Verluste sind bei hoher Frequenz meist hoch. Bei der Verwendung im hochfrequenten Anwendungsbereich werden besondere Isolierstoffe benutzt, die möglichst verlustarm sind (Tabelle 451/2), d. h. nur eine geringe Erwärmung des Dielektrikums aufweisen. Zum Messen des Verlustfaktors $\tan \delta$ werden Brückenschaltungen verwendet.

26.1.5 Lichtbogenfestigkeit

Durch die Prüfung auf Lichtbogenfestigkeit kann festgestellt werden, in welchem Maße der Isolierstoff selbst durch Einwirkung eines *Lichtbogens* dauernd oder vorübergehend an der Stromleitung beteiligt ist, oder inwieweit sich ein Isolierstoff unter der Einwirkung eines Lichtbogens wesentlich verändert. Auf das Probestück werden Elektroden gesetzt und mit 220 V Gleichspannung zwischen ihnen Lichtbogen erzeugt. Je nach Ergebnis werden die Stoffe in Stufen eingeteilt.

Wiederholungsfragen

1. Erläutern Sie die Begriffe Kriechstrom, Kriechspur und Kriechweg!
2. Was versteht man unter Durchschlagspannung?

3. Geben Sie die Formel zur Berechnung der Durchschlagfestigkeit an!
4. Wie wird der spezifische Durchgangswiderstand eines Isolierstoffes berechnet?

26.2 Anorganische Isolierstoffe

26.2.1 Naturstoffe

Die Verwendung von Naturstoffen ohne Zusätze ist in der Elektrotechnik selten. Häufig werden Naturstoffe als Beimengung zu anderen Stoffen verwendet.

Dichte	2,5...3,2 kg/dm³
ε_r	6...8
tan δ	0,0001...0,0005 bei 10^6 Hz
ϱ_D	$10^{15}...10^{17}$ Ωcm
E_d	30...70 kV/mm
Schmelzpunkt bis 1380 °C	
Wärmeleitfähigkeit 1,25 $\dfrac{kJ}{m \cdot h \cdot K}$	

Glimmer ist ein durchsichtiges, in dünne Blättchen spaltbares, elastisch-biegsames Gestein. Glimmer ist hitzebeständig und hat sehr gute Eigenschaften als elektrischer Isolator. Seine Wärmeleitfähigkeit liegt über der von Hartpapier und Asbest. Es wird als Dielektrikum in Kondensatoren und als Isolierstoff in Stromwendern verwendet, ferner als Isolierstoff und Konstruktionswerkstoff, z. B. für flache Heizplatten.

Mikanit besteht aus Spalt- oder Feinglimmer und Kunstharz. Der Isolierstoff wird z. B. als Kommutator-Mikanit oder Heiz-Mikanit verwendet. Glimmerpulver wird mit Glaspulver zu Formstücken aufbereitet. Es hat gute elektrische, thermische und mechanische Eigenschaften. Folienglimmer (Glimmerpapier) wird aus fein zerkleinertem Glimmer hergestellt. Der bahnenförmige Folienglimmer wird aus einer wäßrigen Aufschwemmung von Glimmerflitter mit Spezialpapiermaschinen erzeugt. Folienglimmertafeln werden aus Folienglimmerbahnen unter Zugabe eines Bindemittels hergestellt. Solche Tafeln werden in elektrischen Maschinen für die Isolierung z. B. von Kommutatorstegen verwendet.

Folienglimmerbänder werden gleichfalls für Isolierungen im Elektromaschinenbau eingesetzt, wie z. B. bei Formspulen oder Ständerstäben. Als Träger für den Glimmer wird Glasseidegewebe, als Bindemittel werden Epoxidharze oder Silikonharze benutzt. Mikafolium wird aus Spaltglimmer oder Feinglimmerfolie sowie einem dünnen Träger, z. B. Papier oder Gewebe, hergestellt. Synthetischer Glimmer wird aus Tonerde und Silikaten im elektrischen Widerstandsofen gewonnen und wie natürlicher Glimmer verarbeitet.

Dichte	2,1...2,8 kg/dm³
Schmelzpunkt	1150...1550 °C
Wärmeleitfähigkeit	$\dfrac{0,88 \ kJ}{m \cdot h \cdot K}$

Asbest* ist ein leicht in Fasern aufteilbares Gestein. Man unterscheidet Serpentinasbest (Magnesiumsilikat) und Hornblendeasbest (Calciummagnesiumsilikat). In gefasertem Zustand ist Asbest weich und biegsam. Asbest ist säurefest und hitzebeständig, wird aber durch längeres Erhitzen brüchig, da bei 300 °C bis 400 °C das Kristallwasser entweicht.

* asbestos (griech.) = unverbrennbar

Asbest läßt sich zu Garnen verspinnen (Drahtisolierung für hohe Temperaturen) und zu Papier und Geweben verarbeiten (Wickelbänder, Heizkissen). Er dient ferner als Füllstoff bei Preßmassen und Schichtpreßstoffen. Bei der Bearbeitung von Asbest ist das Einatmen von Asbeststaub zu vermeiden, weil dies in hohem Maße gesundheitsschädigend ist.

26.2.2 Keramik-Isolierstoffe und Glas-Isolierstoffe

Isolierteile aus Keramik oder Glas werden wegen ihrer besonders guten elektrischen und thermischen Isoliereigenschaften sowie wegen der hohen mechanischen Festigkeit und der Temperaturbeständigkeit häufig in der Elektrotechnik eingesetzt.

Unter keramischen Werkstoffen versteht man solche anorganischen Stoffe, die durch Pressen in kaltem Zustand ihre Form und durch Zusammenbacken in der Hitze (Brennen, Sintern bei 900 °C bis 2000 °C) ihre Festigkeit erhalten. Die Rohstoffe (Ton, Kaolin, Speckstein, Feldspat, Quarz und eine Reihe von Metalloxiden) werden in Pulverform verarbeitet.

Die keramischen Massen sind in 7 Hauptgruppen genormt (siehe Tabellenbuch Elektrotechnik). Die Gruppe 100 umfaßt das Hartporzellan, die Gruppe 200 Steatiterzeugnisse, die Gruppe 700 fast reine Metalloxide.

Dichte	$2,3...2,6$ kg/dm³
ε_r	$5...6$
ϱ_D	$10^{11}...10^{12}$ Ωcm
E_d	35 kV/mm
$\tan \delta$	$0,02...0,006$

Porzellan wird aus Kaolin (47% SiO_2, 30% Al_2O_3, 14% H_2O), dem Feldspat und Quarz beigemischt werden, hergestellt. Porzellan ist spröde und hat geringe Zug- und Biegefestigkeit. Es ist jedoch ein guter Isolator und besitzt eine hohe Widerstandsfähigkeit gegen chemische Einflüsse.

Je nach der Zusammensetzung und der Brenntemperatur unterscheidet man verschiedene Porzellanarten. So werden Hartporzellane z. B. für Hochspannungsisolatoren verwendet.

Dichte	$2,6...2,7$ kg/dm³
ε_r	6
ϱ_D	10^{12} Ωcm
E_d	$30...45$ kV/mm
$\tan \delta$	$0,0003...0,0005$

Steatit wird aus gemahlenem Speckstein (Magnesiumsilikat, Talkum) durch Pressen und Sintern hergestellt. Steatiterzeugnisse weisen gegenüber Porzellan doppelte Zug- und Druckfestigkeit, größere Maßgenauigkeit und geringere dielektrische Verluste auf.

Aus Steatit sind z. B. Schmelzeinsätze von Sicherungen sowie Einsätze für Steckdosen und Schalter. Aus den gleichen Grundstoffen wie Steatit werden weitere Keramikisolierstoffe, z. B. KER 221, hergestellt, die sich durch sehr geringe dielektrische Verluste bei Hochfrequenz auszeichnen.

Kondensatorkeramik. Keramik wird als Dielektrikum z. B. für Kondensatoren verwendet. Rutilhaltige Isolierstoffe enthalten Titandioxid (TiO_2). Sie haben bei sehr kleinen dielektrischen Verlusten sehr große Dielektrizitätszahlen und dienen deshalb als Dielektrikum für Kondensatoren. Bariumtitanat ($BaTiO_3$) erreicht für die Dielektrizitätszahl ε_r Werte von 1000 bis 2000. Die Dielektrizitätszahl von Bariumtitanat ist temperaturabhängig.

Glas ist u. a. durchsichtig, farblos, klar, hart und spröde. Seine Isolierfähigkeit ist temperaturabhängig. Glas findet in der Elektrotechnik Verwendung z. B. für Glühlampen, Leuchtstofflampen, Röhren, Isolatoren und säurefeste Behälter bei ortsfesten Bleiakkumulatoren. Glas kann aus dem flüssigen Zustand zu feinen Fäden ausgezogen werden. Diese werden zu Glasseide versponnen und zu Geweben verarbeitet. Glasseide-Erzeugnisse dienen zur Isolierung von Drähten und Wicklungen bei höheren Betriebstemperaturen.

Quarzglas ist praktisch wärmedehnungsfrei, chemisch sehr beständig und für ultraviolette Strahlung durchlässig. Es wird für Gefäße verwendet, die stark wechselnden Temperaturen ausgesetzt sind, z. B. für Quarzlampen und Pyrometerschutzrohre.

Wiederholungsfragen

1. Welche besonderen Eigenschaften hat Glimmer?
2. Nennen Sie Anwendungen von Asbest, Porzellan und Steatit in der Elektrotechnik!
3. Welche besonderen Eigenschaften haben rutilhaltige Stoffe?
4. Wofür wird Quarzglas verwendet?

26.3 Organische Isolierstoffe

26.3.1 Aufbau und Einteilung der organischen Isolierstoffe

Alle organischen Isolierstoffe sind aus Makromolekülen* aufgebaut. Dies sind makromolekulare Naturstoffe, chemisch abgewandelte Naturstoffe und synthetische Stoffe (Kunststoffe) (**Tabelle 454/1**). Der wichtigste Baustein der organischen Isolierstoffe ist das Kohlenstoffatom, mit dem vielfältige Verbindungen hergestellt werden. Ähnlich verhält sich Silicium, mit dem die Kunststoffgruppe der Silikone aufgebaut wird.

Tabelle 454/1: Makromolekulare Isolierstoffe

Gruppe	Beispiele
Naturstoffe	Mineralöl, Baumwolle, Kautschuk
chemisch abgewandelte Naturstoffe	vulkanisierter Kautschuk, Vulkanfiber, Zelluloseester
Kunststoffe durch: Polymerisation	Polyäthylen, Polyvinylchlorid, Polystyrol, synthet. Kautschuk
Polykondensation	Phenoplaste, Polyamide, Silikone
Polyaddition	Epoxidharze, Polyurethane

26.3.2 Reine und chemisch abgewandelte Naturstoffe

Von den makromolekularen Naturstoffen werden als Isolierstoffe z. B. Paraffine, Mineralöle, Baumwolle, Naturseide und Papier verwendet. Von den chemisch abgewandelten Naturstoffen werden als Isolierstoffe z. B. vulkanisierter Kautschuk, Zelluloseäther und Zelluloseester angewendet. Die synthetischen Isolierstoffe haben die Naturstoffe bzw. die Umwandlungsprodukte von Naturstoffen weitgehend verdrängt.

Dichte	$\approx$ 0,7 kg/dm³
ε_r	2
E_d	20...30 kV/mm

Isolierpapiere. Als Ausgangsstoff für die Papiergewinnung dient die aus Holz oder Baumwolle gewonnene Zellulose. Kondensatorpapiere werden in Papierkondensatoren und Metallpapierkondensatoren verwendet. Papiere für Elektrolytkondensatoren müssen saugfähig sein. Transformatoren- und Kabelpapiere haben ähnliche Eigenschaften wie Kondensatorpapiere, sind aber dicker.

Preßspan ist eine zähe, feste und dichte Feinpappe aus Zellulosefasern. Preßspan wird durch Zusammenwalzen von dünnen Papierbahnen mit großem Wassergehalt, aber ohne Zugabe von Bindemitteln hergestellt.

Zellulosekunststoffe

Wird Zellulose mit einer Zinkchloridlösung weiterbehandelt, so wird Vulkanfiber gewonnen (**Bild 454/1**). Vulkanfiber hat gute mechanische Eigenschaften und wird für Formteile in der Elektrotechnik verwendet. Behandelt man Zellulose mit Essigsäure, so entsteht Zelluloseester (Azetylzellulose). In Folienform kann es für die Isolation von Spulenwicklungen und als Nutisolation bei elektrischen Maschinen verwendet werden. Mit Äthylchlorid oder Methylchlorid behandelte Zellulose (Zelluloseäther) wird je nach Wahl der Äthergruppe als Lack oder als Anstreichmittel benutzt.

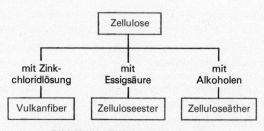

Bild 454/1: Zellulosekunststoffe

26.3.3 Vollsynthetische Isolierstoffe (Kunststoffe)

Durch chemische Synthesen hergestellte Werkstoffe nennt man *Kunststoffe*. Die Kunststoffe sind verhältnismäßig leicht, wasserbeständig, wenig wärmeleitend, elektrisch isolierend sowie widerstandsfähig gegen pflanzliche und tierische Schädlinge. Eine besondere Eigenschaft der Kunststoffe ist ihre Korrosionsbeständigkeit. Diese Eigenschaft ist für den Gebrauch ein Vorteil, für die Beseitigung von Kunststoffmüll jedoch ein Nachteil.

---

* Makromolekül: aus Tausenden oder Millionen Atomen bestehendes Riesenmolekül

Aufbau und Einteilung der Kunststoffe. Alle Kunststoffe bestehen aus Makromolekülen, die durch Vereinigung von Molekülen (Monomeren) entstehen **(Bild 455/1)**. Die Makromoleküle können fadenförmige, strauchähnliche oder raumnetzförmige Gestalt haben **(Bild 455/2)**.

Die fadenförmigen und die strauchähnlichen Makromoleküle können ungeordnet wie ein Knäuel, richtungsorientiert wie Fasern oder teilkristallin sein. Kunststoffe mit fadenförmigen oder strauchähnlichen Makromolekülen sind plastisch verformbar. Bekannt sind sie unter dem Namen *Thermoplaste*** (Plastomere). Sie sind bei Raumtemperatur spröde oder zähelastisch und können durch Erwärmen in den plastischen Zustand versetzt werden.

Thermoplaste erweichen bei Erwärmung.

Kunststoffe mit raumnetzförmiger Gestalt sind nicht mehr plastisch verformbar. Sind die Makromoleküle engmaschig vernetzt, so sind die Stoffe duroplastisch****. *Duroplaste* (Duromere) sind hart, spröde, nicht plastisch verformbar. Ihre mechanischen Eigenschaften werden durch Füllstoffe verbessert. Sind die Makromoleküle weitmaschig vernetzt, so können bei Zugbeanspruchung die Molekülketten teilweise aneinander abgleiten. Diese Stoffe werden *Elastomere* genannt. Sie sind je nach Temperatur hartelastisch bis gummielastisch. Die Elastomere sind nicht plastisch verformbar.

Duroplaste und Elastomere sind nicht plastisch verformbar.

Zur Herstellung der Kunststoffe werden die Polymerisation, die Polykondensation und die Polyaddition angewendet **(Tabelle 455/1)**.

Thermoplaste (Plastomere)

Thermoplastische Kunststoffe lassen sich durch Wärme beliebig oft verformen, wenn nicht durch Einwirkung übermäßiger Wärme Stoffverände-

Viele kleine Moleküle bilden ein großes Fadenmolekül

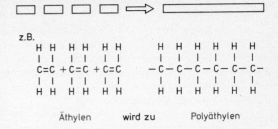

z.B.

Äthylen   wird zu   Polyäthylen

Bild 455/1: Entstehen von Makromolekülen

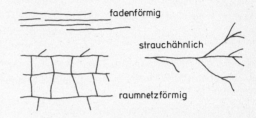

fadenförmig

strauchähnlich

raumnetzförmig

Bild 455/2: Gestalt der Makromoleküle

Tabelle 455/1: Synthetische Herstellung der Kunststoffe		
Herstellungsart (Produkt)	Beispiele für	
	Thermoplaste	Duroplaste
Polymerisation (Polymerisate)	Polyäthylen Polyvinylchlorid Polystyrol	— — —
Polykondensation (Polykondensate)	Polycarbonat Polyamide	Phenoplaste Aminoplaste Silikone
Polyaddition (Polyaddukte)	Polyurethane	Epoxidharze

rungen eintreten. Thermoplaste werden von der chemischen Industrie z.B. als Granulat oder Pulver angeboten. Diese halbfertigen Erzeugnisse werden dann z.B. durch Spritzgießen oder Pressen weiterverarbeitet.

Am Aufbau der Thermoplaste sind nur wenige Elemente beteiligt. Es können dies z.B. Kohlenstoff, Wasserstoff, Sauerstoff, Chlor, Fluor, Stickstoff oder Silicium sein. Ausgangsstoffe für Thermoplaste sind Erdöl, Erdgas, Kohle, ferner Kalk, Kochsalz, Wasser und Luft. Durch Zusetzen von Weichmachern kann ein sonst harter und spröder thermoplastischer Stoff weicher und elastisch, sogar gummiartig, hergestellt werden.

Dichte	$1{,}38 \text{ kg/dm}^3$
ε_r	$3{,}4\ldots4$
$\tan\delta$	$0{,}02$
E_d	$20\ldots50 \text{ kV/mm}$
ϱ_D	$10^{16} \ \Omega\text{cm}$

Polyvinylchlorid (PVC) ist farblos und durchsichtig, kann aber durch Zusatz von Farbstoffen beliebig gefärbt werden. Es ist geruch- und geschmackfrei und gegen Laugen, Salze und schwache Säuren sowie gegen Benzin sehr beständig. Im ursprünglichen Zustand ist PVC hart und neigt in der Kälte zum Sprödwerden. Es kann durch Weichmacher dauerhaft leder- oder gummiartig weichgemacht (weichgestellt) werden. In der Elektrotechnik dient PVC z.B. zur Isolation von Kabeln und Leitungen sowie zur Herstellung von Isolierschläuchen.

* thermos (griech.) = Wärme
** duros (griech.) = hart

455

Dichte	1...1,2 kg/dm³
ε_r	2,3...2,8
tan δ	0,0002...0,001
E_d	50 kV/mm
ϱ_D	10^{16} Ωcm

Polystyrol (PS) ist ein vielverwendeter Kunststoff, dessen Ausgangsstoff Kohle ist. Meist wird das Polystyrol im Spritzgußverfahren verarbeitet. In reinem Zustand ist es spröde und glasklar.

Polystyrol wird wegen seines hohen Widerstandes und der sehr geringen dielektrischen Verluste in der Elektrotechnik vielseitig verwendet, insbesondere in der Hochfrequenztechnik zur Herstellung von Spulenkörpern, Klemmleisten, Isolierfolien. Als Schaumstoff (Styropor $\varepsilon_r = 1,08$, tan $\delta = 0,00015$) dient es zur Isolierung und Zentrierung des Leiters in abgeschirmten Hochfrequenzleitungen, ferner als hochwertiges Isoliermittel für Wärme und als Verpackungsmittel.

Dichte	0,92 kg/dm³
ε_r	2,3
tan δ	0,0004
E_d	60...150 kV/mm
ϱ_D	10^{15} Ωcm

Polyäthylen (PE) hat ausgezeichnete elektrische Eigenschaften, die von der Temperatur und Frequenz nahezu unabhängig sind, und gute mechanische Eigenschaften, insbesondere hohe Zähigkeit und Dehnung. Es ist beständig gegen die gebräuchlichen Lösungsmittel und verdünnte Säuren.

Verwendung: Spritzguß- und Preßteile, Folien für Isolierung und Verpackung, Mantelisolation für Kabel, Isolation für Antennenleitungen.

Polyamid (PA), bekannt unter den Handelsnamen Perlon, Nylon und Ultramid, ist ein synthetischer Stoff, der bis etwa 100 °C formbeständig, gegen gebräuchliche Lacklösungsmittel widerstandsfähig, sehr zäh und abriebfest ist.

Verwendung: Der Werkstoff wird wegen seiner günstigen Gleiteigenschaften für geräuscharme Zahnräder, z. B. für Tachometer, für Lagerbüchsen und in der Elektrotechnik z. B. für elektrische Steckvorrichtungen, für Elektrohandwerkzeuge und für Mauerdübel verwendet.

Polytetrafluoräthylen (PTFE) hat eine große Dichte (2,1 kg/dm³), ist äußerst beständig gegen chemische Einwirkungen und Lösungsmittel und ist warmfest bis 320 °C.

Verwendung: Nutisolation im Elektromaschinenbau, Kabelisolation, Leiterisolation, elektrisch und thermisch hochwertige Spritzgußteile.

Polyisobutylen (PIB) ist bei Raumtemperatur eine zähflüssige Substanz. Es wird in der Elektrotechnik als Isolieröl, zur Herstellung von Klebstoffen, in Mischungen mit Naturwachsen zu Vergußmassen, in Mischung mit Polyäthylen, Natur- oder Kunstgummi für besonders wasserfeste und ozonbeständige Isolierungen, z. B. bei Kabeln, verwendet.

Polymethylmethacrylat (PMMA; Acrylglas) ist vor allem unter dem Handelsnamen Plexiglas bekannt. Es wird z. B. für Beleuchtungskörper, für durchsichtige Abdeckungen an Schaltkästen und als Austauschwerkstoff für Glas verwendet.

Duroplaste (Duromere)

Die härtbaren Kunststoffe sind synthetische Harze, die durch Erwärmung bis 180 °C oder chemisch — durch Zusatz von Härtemitteln — gehärtet werden können. Duroplaste sind in gehärtetem Zustand nicht mehr erweichbar, nicht lösbar und schwer brennbar.

Phenolharz (PF; Phenolformaldehyd). Aus Phenol (auch Karbolsäure genannt) und Formalin (Formaldehydgas CH_2O in Wasser gelöst) erhält man das Kunstharz Phenolformaldehyd, auch Phenolharz genannt. Der Karbolgeruch haftet dem Harz und seinen Erzeugnissen lange an. Die ursprünglich hellgelben Phenolharze sind nicht lichtecht. Sie werden am Tageslicht dunkelrotbraun.

Verwendung: Preßteile; Grundlage für Phenolharzlacke.

Harnstoffharz (UF). Aus synthetischem Harnstoff (aus Luftstickstoff gewonnen) und Formaldehyd wird das Harnstoffformaldehyd hergestellt, das auch Harnstoffharz genannt wird. Da es von Natur glasklar und lichtecht ist, läßt es sich auch zu hellfarbigen und weißen Preßteilen verarbeiten. Harnstoffharz ist geruchlos und geschmackfrei.

Verwendung: Hellfarbige oder weiße elektrische Isolier- und Schalterteile, Leuchtenschalen, Hartpapierplatten (Resopalplatten), Lacke, Warm- und Kaltleim (Kauritleim).

Melaminharz (ME), auch Melaminformaldehyd genannt, wird aus Calciumcarbid und Stickstoff gewonnen. Es hat etwa dieselben Eigenschaften und Anwendungen wie Harnstoffharz.

Gießharze werden in der Elektrotechnik häufig verwendet, z. B. zur Herstellung von Kabelmuffen und Kabelendverschlüssen **(Bild 457/1)**, zur Isolierung und Festlegung von Wicklungen in Strom- und Spannungswandlern. Das Harz muß mit einem Härter gemischt werden und ist dann nur während einer beschränkten Zeit, der sogenannten Topfzeit, gießbar.

Polyesterharz (UP, ungesättigte Polyester) wird durch Beimischen eines Katalysators gehärtet. Wird Glasfasergewebe mit Polyesterharz umgossen, so können großflächige Platten, Wannen und Behälter hergestellt werden, z. B. Kabelschränke, Behälter für die Galvanotechnik. Die glasfaserarmierten Wandungen sind wetterfest, stoß- und druckfest und können bei Beschädigung durch Neuauftragung von Polyesterharz repariert werden.

Epoxidharz (EP), auch Äthoxylinharz genannt, wird durch Beimischen eines Härters gehärtet. Epoxidharze sind in gehärtetem Zustand zähfest, haben hochwertige elektrische Eigenschaften und sind chemisch gut beständig. Sie werden wegen ihrer hervorragenden Haftfähigkeit vor allem als Klebe- und Lackharze verwendet.

Preßmassen. Der größte Teil der Phenolharze wird, mit Füllstoffen gemischt, zu Preßmassen verarbeitet. Die Füllstoffe, wie z. B. Gesteinsmehl, auch Metallpulver, Holzmehl, Textilfasern oder Gewebeschnitzel, beeinflussen je nach ihrer

Erdungs-schraube

Gießform

Kabel

**Bild 457/1:
Kabelendverschluß
vor dem Ausgießen**

Eigenart die Elastizität, Festigkeit, Wärmeleitung und die elektrischen Eigenschaften der Preßteile. Durch Beimischen von Teerfarben wird der gewünschte Farbton, z. B. bei Phenolharz braun oder schwarz, erzielt. Gewinde an Preßstücken können durch die Preßform miterzeugt werden. Metallteile für elektrische Anschlüsse oder zum Befestigen der Preßteile werden vor dem Füllen in die Form eingelegt und sitzen nachher im Preßteil fest.

Preßteile aus Kunstharzmischungen sind gute Isolatoren für Elektrizität und Wärme. Ihre Druckfestigkeit beträgt 120 N/mm² bis 150 N/mm². Die Zugfestigkeit ist kleiner. Die Zähigkeit hängt von der Art des Füllstoffes ab. Die Dichte der Preßmassen ist je nach Füllstoff 1,5 kg/dm³ bis 1,8 kg/dm³.

Verwendung: Isolierende Gehäuse, Griffe für Schalthebel, Schalterteile, Teile für Fernsprech- und Rundfunkgeräte, Gehäuse von Kleinmotoren und Staubsaugern.

Schichtpreßstoffe bestehen aus sogenannten Harzträgern und Harzen als Bindemittel. Als Harzträger dienen Papier, Vulkanfiber, Gewebe aus Baumwolle, Chemiefasern, Glasfasern, Asbest sowie Holzfurniere. Als Bindemittel werden meist Kunstharze verwendet. Die Harzträger werden mit den Bindemitteln getränkt und warm gepreßt. Man unterscheidet *Hartpapier* und *Hartgewebe.*

Verwendung für Hartpapier: Isolierplatten, Isolierrohre, Trennwände.

Verwendung für Hartgewebe: Schwingungsdämpfende Zahnräder, Lagerschalen.

Silikonkautschuk:	
Dichte	1,2...2,3 kg/dm³
ε_r	2,5
E_d	20...30 kV/mm
tan δ	bis 0,02
Wärmeformbeständigkeit bis 200 °C	

Silikon (SI). Als Silikone bezeichnet man eine Reihe von Kunststoffen, bei denen der Kohlenstoff ganz oder zum Teil durch Silicium ersetzt ist. Dadurch sind sie in der Wärmebeständigkeit den sonstigen Kunststoffen überlegen. Auch besitzen sie eine Reihe anderer guter Eigenschaften, z. B. hohe Elastizität und Ölfestigkeit.

Silikonöle sind wasserklare, geruchlose Flüssigkeiten, die ihre Zähflüssigkeit (Viskosität) in dem Temperaturbereich von −60 °C bis +250 °C wenig ändern.

Naturgummi quillt durch Silikonöl nicht auf. Silikonöl, als hauchartig dünner Überzug auf Kunststoff- oder Gummipreßformen gespritzt, bewirkt ein leichtes Lösen der Preßteile von der Form. Sehr geringe Mengen von Silikonöl machen Porzellanisolatoren, Lacke, Lackpflegemittel, Bodenwachse, Papier und Textilien wasserabstoßend und verhindern das Schäumen von Lacken und Ölen.

Silikonharze härten durch mehrstündiges Erhitzen bei 180 °C bis 250 °C. Man verwendet sie für Preßmassen und Schichtpreßstoffe und als Lackrohstoffe, z. B. zur Herstellung von hitzebeständigen Isolierlacken für Kupferdrähte.

Silikonkautschuk wird anstelle von Naturkautschuk oder Kunstkautschuk für Schläuche, Dichtungen, Draht- und Kabelisolierungen verwendet, die besonders hohen oder niedrigen Temperaturen ausgesetzt sind oder besonders ölfest sein müssen.

Elastomere

Elastomere bestehen aus langen Polymerketten, die durch Vulkanisation vernetzt sind, wie z. B. Naturkautschuk, Styrol-Butadien-Kautschuk, Nitrilkautschuk und Chloroprenpolymerisate. Die Elastomere können aber auch im Polyadditionsverfahren, z. B. Polyurethanelastomere, hergestellt werden. Durch Polykondensation wird der bereits genannte Silikonkautschuk hergestellt.

Die Kunstgummisorten Buna und Perbunan werden aus dem Zwischenprodukt Butadien hergestellt, das meist aus Erdöl oder Erdgas gewonnen wird. Durch Vulkanisieren erhalten sie gummiähnliche Eigenschaften. In der Wärme- und Alterungsbeständigkeit sind sie dem Naturgummi überlegen. Perbunan ist besonders quellbeständig gegen Öl und Benzin. Styrol-Butadienkautschuk (SBR) wird z. B. für Leitungsisolierungen im Niederspannungsbereich und für Stecker verwendet.

26.3.4 Isolierflüssigkeiten

Flüssige oder wachsartige Stoffe werden in der Elektrotechnik zur Isolierung, zur Tränkung von Papier und Geweben sowie als Vergußmassen benutzt. Es kommen dafür Erdölerzeugnisse in Frage, wie z. B. Vaseline, Paraffine und Bitumen. Neben diesen Naturprodukten werden synthetische Stoffe verarbeitet, z. B. Polyisobutylene, Fluorkohlenwasserstoffe und Silikonöle.

Transformatorenöl (neu)	
Dichte	0,887 kg/dm³
ε_r	2...2,4
ϱ_D	$5 \cdot 10^{13}$ Ωcm
tan δ	0,004
E_d	> 24 kV/mm
Flammpunkt über 140 °C	

Isolieröle haben die Aufgabe, die Isolation zu verbessern und schädliche Hohlräume auszufüllen. Sie dürfen imprägnierte Isolationsstoffe (Papier, Gewebe) nicht angreifen und sollen saugfähige Isolierstoffe tränken und so vor Feuchtigkeitsaufnahme schützen.

Als Isolieröle werden hauptsächlich Erdöldestillate verwendet, deren Reinigung (Raffination), insbesondere von Schwefel, von aschebildenden Stoffen und gelösten Gasen, sehr sorgfältig durchgeführt wurde. Man unterscheidet *Transformatorenöle, Schalteröle, Kabelöle, Kondensatoröle*.

Clophen (Transformatorentyp)	
Dichte	1,56 kg/dm³
ε_r	4...5
ϱ_D	10^{14} Ωcm
tan δ	< 0,001
E_d	> 22 kV/mm

Transformatorenöle sollen isolieren und die Verlustwärme aus dem Eisenpaket und den Wicklungen abführen. Da die Wärmeleitfähigkeit der Öle gering ist, kann die Wärmeabfuhr nur durch die Bewegung des Öles (Konvektions- oder Pumpenumlauf) erfolgen. Dazu sind dünnflüssige Öle erforderlich.

Kolophoniumdestillate und chlorierte Kohlenwasserstoffe, z. B. Diphenylchlorid (Clophen), haben etwas bessere elektrische Eigenschaften als die Erdöldestillate, sind aber teuer. *Chlophen* ist nicht brennbar, seine Dämpfe sind gesundheitsschädlich. Es darf nicht mit Wunden in Berührung kommen. Chlophen wird in Transformatoren und Kondensatoren verwendet.

Isolierlacke. Lacke werden in flüssiger Form auf das Werkstück aufgetragen (aufgespritzt), oder das Werkstück wird in den Lack getaucht. Lacke bestehen aus filmbildenden Stoffen, denen häufig Weichmacher zugesetzt werden, und aus einem Lösungsmittel.

Der Film entsteht durch Verdunsten des Lösungsmittels (z. B. bei Zelluloselacken) durch Oxidation (z. B. bei Öllacken) oder durch Aushärten (z. B. bei Kunstharzlacken). Dem Lack können Farbstoffe (Pigmente) zugesetzt werden.

Als Filmbildner können fast alle Kunstharze oder Mischungen von Kunstharzen untereinander oder Mischungen von Kunstharzen mit trocknenden Ölen verwendet werden. Auch Thermoplaste und Silikone finden Verwendung. Bei den Isolierlacken unterscheidet man Drahtlacke und Tränklacke.

Drahtlacke. Die Umspinnung von Leitern mit Baumwolle, Seide oder Glasseide wird vielfach durch Lackierung ersetzt. Lackdrähte sind meist billiger und haben einen kleineren Außendurchmesser als umsponnene Drähte.

Drahtlack muß elastisch und zäh sein und auf dem Metall fest haften, damit er durch die mechanische Beanspruchung beim Wickeln und Formen der Spulen keine Risse bekommt. Er darf in den Tränklacken nicht löslich sein und auch nicht aufquellen. Drahtlack soll schnell trocknen oder aushärten, damit viele dünne Auftragungen gemacht werden können. Mehrere Schichten verhindern Isolationsfehler durch Poren.

Ölhaltige Drahtlacke sind Mischungen von trocknenden Ölen mit öllöslichen Kunstharzen und Weichmachern. Beim Aushärten entsteht eine rubinrote Färbung.

Ölfreie Drahtlacke besitzen höhere Festigkeit und Elastizität, sind aber schwieriger zu verarbeiten. Man verwendet als Filmbildner häufig Epoxidharze in Verbindung mit Phenol- oder Harnstoffen und auch Polyamide.

Silikonlacke haben sehr gute mechanische und elektrische Eigenschaften; sie sind temperaturbeständig bis 180 °C, haften aber schlecht auf Kupfer. Silikon-Lackdrähte werden deshalb zuerst mit Glasseide umsponnen.

Tränklacke. Die fertigen Wicklungen werden durch Eintauchen in Tränklacke getränkt. Nach dem Trocknen oder Aushärten des Lackfilms im Trockenofen sind die Wicklungen festgelegt und gegen Fliehkräfte und Erschütterungen gesichert. Außerdem sind zellulosehaltige Isolierstoffe und Bandagen vor Einwirkung des Luftsauerstoffs und gegen Eindringen von Feuchtigkeit geschützt. Tränklacke sollen in alle Hohlräume der Wicklungen eindringen und diese ausfüllen, damit keine Glimmentladungen auftreten können. Zur Abführung der Verlustwärme an die kühlende Außenluft soll die Wärmeleitung ausreichend sein. Tränklacke dürfen die Lackisolation der Drähte nicht schädigen. Anstelle von Tränklacken werden auch lösungsmittelfreie Gießharze als Träufel- oder Tränkharze verwendet.

Überzugslacke sollen den elektrisch fertigen Bauteilen einen schützenden oder verschönernden Überzug geben. Man unterscheidet Schutzlacke gegen Feuchtigkeit, gegen chemische und gegen mechanische Einwirkungen. Als Filmbildner gegen chemische Einflüsse und Feuchtigkeit eignen sich PVC und Polystyrol, gegen mechanische Einwirkungen vor allem Polysterharze. Überzugslacke dürfen die Tränklacke nicht schädigen.

Wiederholungsfragen

1. Aus welchen Stoffen wird Zellulose gewonnen?
2. Nennen Sie zellulosehaltige Isolierstoffe!
3. Wozu werden Isolierpapiere verwendet?
4. Was versteht man unter Preßspan?
5. Erläutern Sie den Begriff Makromolekül!
6. Nennen Sie verschiedene Formen für Makromoleküle!
7. Was versteht man unter Thermoplasten?
8. Nennen Sie drei wichtige Thermoplaste!
9. Welche Haupteigenschaften haben die härtbaren Kunststoffe?
10. Nennen Sie eine andere Bezeichnung für härtbare Kunststoffe!
11. Nennen Sie härtbare Kunststoffe!
12. Wofür werden Gießharze verwendet?
13. Welche Schichtpreßstoffe werden in der Elektrotechnik verwendet?
14. Erläutern Sie den Begriff Silikon!
15. Welche Eigenschaften haben Silikonöle?
16. Welche besonderen Eigenschaften haben Silikonharze?
17. Nennen Sie ein Elastomer, welches für Leitungsisolation verwendet wird!
18. Welche Aufgaben erfüllt Isolieröl?
19. Welche Aufgaben haben Transformatorenöle zu erfüllen?
20. Nennen Sie einen besonderen Vorteil von Clophen!
21. Nennen Sie besondere Eigenschaften der Drahtlacke!
22. Nennen Sie besondere Eigenschaften der Tränklacke!

27 Isolierte Leitungen, Kabel und Freileitungen

27.1 Farbkennzeichnung von isolierten Leitungen und Kabeln

Die in elektrischen Anlagen verlegten isolierten Leitungen und Kabel müssen den VDE-Bestimmungen entsprechen. Diese Bestimmungen gelten für den Aufbau der Leitungen und für die Eigenschaften der verwendeten Leiterwerkstoffe und Isolierwerkstoffe.

Leitungen und Kabel, die den Prüfbestimmungen des VDE entsprechen, dürfen den *schwarz-roten VDE-Kennfaden* bzw. nach den „Harmonisierungsbestimmungen für Starkstromleitungen in Europa" den schwarz-rot-gelben Kennfaden führen. Die Leitungen müssen ferner den Firmenkennfaden des Herstellers tragen. Kunststoffisolierte Leitungen haben anstelle der Kennfäden auf der ganzen Länge in kurzen Abständen das Firmenzeichen und das VDE-Kennzeichen, bei den harmonisierten Leitungen zusätzlich die Buchstabenfolge ⊲ HAR ⊳ aufgedruckt. Einzelne Adern in Mehrfachleitungen und Kabeln müssen durch verschiedene Farben voneinander unterscheidbar sein. Leitungen und Kabel sind nach Querschnitt, Aufbau, Kurzzeichen und Farbkennzeichen genormt **(Tabellen 460/1 und 460/2).**

Tabelle 460/1: Farbkennzeichnung der Adern für isolierte Starkstromleitungen

Ader-zahl	Leitungen mit Schutzleiter	Leitungen ohne Schutzleiter
Leitungen für feste Verlegung		
2	—	sw/hbl
3	gnge/sw/hbl	sw/hbl/br
4	gnge/sw/hbl/br	sw/hbl/br/sw
5	gnge/sw/hbl/br/sw	sw/hbl/br/sw/sw
Leitungen für ortsveränderliche Stromverbraucher		
2	—	br/hbl
3	gnge/br/hbl	sw/hbl/br
4	gnge/sw/hbl/br	sw/hbl/br/sw
5	gnge/sw/hbl/br/sw	sw/hbl/br/sw/sw
6 und mehr	gnge/weitere Adern sw mit Zahlenaufdruck	Adern sw mit Zahlenaufdruck

Farbkurzzeichen: br = braun, **gnge** = grün-gelb, **hbl** = hellblau, **sw** = schwarz

Papierisolierte Kabel haben anstelle der Farbe Grün-Gelb die Kennzeichnung Grün-Naturfarben (gn-nat), anstelle der Farbe Braun Naturfarben (nat).

27.2 Isolierte Leitungen

Man unterscheidet bei isolierten Leitungen solche mit grün-gelb gekennzeichneter Ader (Kurzzeichen „J" bzw. „G") und Leitungen ohne grün-gelb gekennzeichneter Ader (Kurzzeichen „O" bzw. „X"). Die Kurzzeichen „J" und „O" gelten für die Leitungen, die noch nicht den Harmonisierungsbestimmungen entsprechen und für zugelassene nationale Typen.

Zum Anschluß des Schutzleiters oder PEN-Leiters ist die grün-gelbe Ader vorgeschrieben. Für den Anschluß des Neutralleiters wird die hellblaue Ader empfohlen. Ist kein Neutralleiter vorhanden, so kann die hellblaue Ader für einen Außenleiter, jedoch nie für den Schutzleiter bzw. PEN-Leiter verwendet werden.

Für den Schutzleiter und den PEN-Leiter ist die grün-gelbe Ader vorgeschrieben.

Isolierte Leitungen werden, soweit es sich noch nicht um harmonisierte Ausführungen oder um nationale Bauarten handelt, nach VDE 0250 gekennzeichnet (Tabelle 460/2).

Tabelle 460/2: Buchstaben-Kurzzeichen für isolierte Starkstromleitungen Nach VDE 0250

Kurz-zeichen	Bedeutung	Beispiele	Kurz-zeichen	Bedeutung	Beispiele
A	Ader	NYFA**w**	M	Mantelleitung	NY**M**
B	Bleimantel	NY**B**UY	N	genormte Leitung	**N**...
F	feindrähtig	NY**I**F	O	Leitung ohne Schutzleiter	NYM-**O**
FF	feinstdrähtig	NSL**FF**öu	PL	Pendellitze	NY**PL**Yw
G	Gummiisolation	NS**G**AFöu	R	Rohrdraht	NY**R**UZY
I	Stegleitung	NY**I**F	Y	Kunststoffisolierung	N**Y**M
J	grün-gelber Schutzleiter	NYM-**J**	öu	ölbeständig und flammwidrig	NIFL**öu**
L	Leitung	NIFL**ö**u	w	erhöhte Wärmebeständigkeit	NYFA**w**
	Leuchtröhrenleitung	NY**L**			

Weitere Leitungsbezeichnungen für isolierte Leitungen siehe Tabellenbuch Elektrotechnik.

Tabelle 461/1: Typ-Kurzzeichenschlüssel für harmonisierte Starkstromleitungen für Europa
Nach VDE 0281/0282

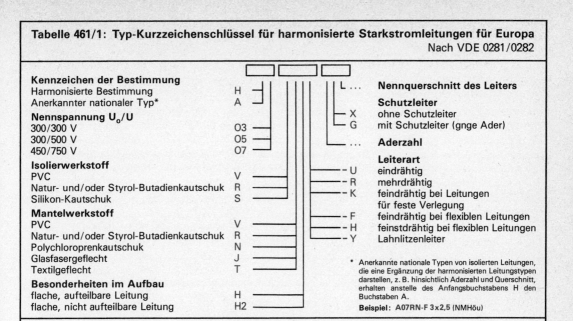

Kennzeichen der Bestimmung				Nennquerschnitt des Leiters
Harmonisierte Bestimmung	H		L ...	
Anerkannter nationaler Typ*	A			**Schutzleiter**
Nennspannung U_o/U			X	ohne Schutzleiter
300/300 V	O3		G	mit Schutzleiter (gnge Ader)
300/500 V	O5			
450/750 V	O7		...	**Aderzahl**
Isolierwerkstoff				**Leiterart**
PVC	V		– U	eindrähtig
Natur- und/oder Styrol-Butadienkautschuk	R		– R	mehrdrähtig
Silikon-Kautschuk	S		– K	feindrähtig bei Leitungen für feste Verlegung
Mantelwerkstoff			– F	feindrähtig bei flexiblen Leitungen
PVC	V		– H	feinstdrähtig bei flexiblen Leitungen
Natur- und/oder Styrol-Butadienkautschuk	R		– Y	Lahnlitzenleiter
Polychloroprenkautschuk	N			
Glasfasergeflecht	J			
Textilgeflecht	T			
Besonderheiten im Aufbau				
flache, aufteilbare Leitung	H			
flache, nicht aufteilbare Leitung	H2			

* Anerkannte nationale Typen von isolierten Leitungen, die eine Ergänzung der harmonisierten Leitungstypen darstellen, z. B. hinsichtlich Aderzahl und Querschnitt, erhalten anstelle des Anfangsbuchstabens H den Buchstaben A.
Beispiel: A07RN-F 3×2,5 (NMHöu)

Beispiele: **HO7V-U 1,5 sw**   Kunststoffaderleitung, 1,5 mm², schwarz
HO5V-K 0,75 br   Kunststoffverdrahtungsleitung, feindrähtig, 0,75 mm², braun
HO5RR-F 3 G 2,5   Leichte Gummischlauchleitung, feindrähtig, 3adrig, mit grün-gelbem Schutzleiter, 2,5 mm²

Tabelle 461/2: Beispiele für isolierte Starkstromleitungen

Bezeichnungen jetzt	früher	
HO7V-U	NYA	**Kunststoffaderleitung** (PVC-Verdrahtungsleitung) Nennspannung: 450/750 V Aufbau: einadrig, eindrähtiger Leiter, Isolierhülle aus thermoplastischem Kunststoff. Verwendung: Bei geschützter Verlegung in Geräten sowie in und an Leuchten. Zugelassen für Verlegung in Kunststoffrohren auf und unter Putz.
HO3VV-F	NYLHY	**Leichte Kunststoffschlauchleitung** Nennspannung: 300/300 V Aufbau: zwei- und dreiadrig, Isolierhülle über jedem Leiter aus thermoplastischem Kunststoff auf PVC-Basis, Mantel aus thermoplastischem Kunststoff. Verwendung: Bei geringen mechanischen Beanspruchungen in Haushalten, Küchen und Büroräumen für leichte Handgeräte (Rundfunkgeräte, Tischleuchten, Büromaschinen usw.) und für nicht gewerbliche Elektrowerkzeuge (Heimwerker). Nicht zugelassen für Koch- oder Wärmegeräte. Nicht geeignet für die Anwendung im Freien und in gewerblichen oder landwirtschaftlichen Betrieben (Ausnahme Schneiderwerkstätten und dergl.).
HO5RR-F	NLH	**Leichte Gummischlauchleitung** Nennspannung: 300/500 V Aufbau: zwei- bis fünfadrig, verzinnte feindrähtige Kupferleiter, Isolierhülle aus Gummi, gummiertes Gewebeband, Mantel aus Gummi. Verwendung: Bei geringen mechanischen Beanspruchungen in Haushalten, Küchen und Büroräumen für leichte Handgeräte (z. B. Staubsauger, Küchengeräte, Lötkolben, Toaster usw.). Nicht geeignet für die ständige Anwendung im Freien, in der Landwirtschaft und in gewerblichen oder landwirtschaftlichen Betrieben und zum Anschluß von gewerblich genutzten Elektrowerkzeugen. Ausnahme: Schneiderwerkstätten und dergl.

Weitere Leitungen siehe Tabellenbuch Elektrotechnik.

27.3 Kabel für Starkstromanlagen

Neben Freileitungen werden zur Übertragung und Verteilung von elektrischer Energie auch Kabel verwendet. Kabelnetze sind weniger störungsanfällig und benötigen fast keine Wartung. Sie sind jedoch teurer als Freileitungsnetze. Bei Kabeln zur Verlegung im Erdboden müssen die Adern genügend mechanisch geschützt und isoliert sein.

Man unterscheidet nach der *Verlegungsart* Innenraum-, Erd- und Unterwasserkabel (Seekabel). Nach der *Leiterzahl* unterscheidet man Einleiter- und Mehrleiterkabel. Eine weitere Einteilungsart ist die nach der *Übertragungsspannung*, nämlich in Niederspannungskabel, Mittel-, Hoch- und Höchstspannungskabel. Man kann Kabel ferner nach der *Isolierung* einteilen z. B. in Papier-Bleikabel, Aluminiummantel-Kabel, Kunststoffmantel-Kabel, Gummi- und Kunststoffkabel (bleimantellose Kabel) und Ölkabel. Kabelarten und Kennzeichnung der Kabel siehe Tabellenbuch Elektrotechnik.

Tabelle 462/1: Kabel (Beispiele)

Aufbau	Typ	Nennspannung U_0/U^* in kV	Verwendung
	Kunststoffkabel mit Al-Leitern NAYY	0,6/1	Energiekabel für Ortsnetze und für Industrieanlagen
	Kunststoffkabel mit konzentrischem Schutzleiter NYCWY	0,6/1	Energiekabel mit konzentrischem Schutzleiter für Hausanschlüsse und Straßenbeleuchtungen, wo mit nachträglichen Beschädigungen zu rechnen ist.
	Dreimantelkabel NAEKEBA	11,6/20 17,3/30	Energiekabel als Netzkabel; jede Ader mit Bleimantel und Abschirmung.

* U_0 Spannung zwischen Leiter und metallischer Umhüllung (Metallmantel); U Spannung zwischen den Außenleitern

27.4 Freileitungen

Unter Freileitung versteht man blanke, umhüllte oder wetterfeste Leitungen, die mit Spannweiten über 20 m an Isolatoren verlegt sind. Der Mindestquerschnitt für Niederspannungs-Freileitungen ist 10 mm². Als Leiterwerkstoff wird Kupfer (eindrähtig oder mehrdrähtig) verwendet. Bei Querschnitten über 10 mm² verwendet man Leitungsseile aus Aluminium, Stahlaluminium oder aus Aldrey.

Aluminium-Stahl-Seile enthalten einen verseilten Aluminiummantel mit einer Stahlseele **(Bild 462/1)**. Das Querschnittsverhältnis von Aluminium zu Stahl ist genormt.

Aldrey (E-AlMgSi) ist eine Legierung aus 99% Aluminium, 0,5% Magnesium und 0,5% Silicium. Es hat eine höhere Zugfestigkeit als Aluminium und ist beständiger gegen Korrosion.

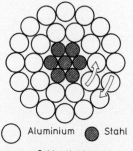

○ Aluminium ● Stahl

⇐ Schlagrichtung (Wickelrichtung)

Bild 462/1: Aufbau eines Aluminium-Stahl-Seiles

Wiederholungsfragen

1. Welche Aderfarbe ist für den Anschluß des Schutzleiters vorgeschrieben?
2. Welche Kabelarten unterscheidet man nach der Übertragungsspannung?
3. Welche harmonisierten Starkstromleitungen liegen vor bei a) H07V-K, b) H05VV-F, c) H03VH-Y, d) H07RN-F, e) H03VVH2-F?
4. Welche Leiterwerkstoffe werden für Freileitungen verwendet?

* corona (lat.) = Krone, Kranz

28 Verbindungstechniken

Durch *Fügen* werden lösbare und unlösbare Verbindungen hergestellt. Lösbare Verbindungen entstehen z. B. durch Schrauben oder Stecken, unlösbare Verbindungen z. B. durch Nieten, Kleben, Löten oder Schweißen. Bei den unlösbaren Verbindungen können die Teile nur durch Zerstörung des Verbindungsmittels getrennt werden.

28.1 Schraubverbindungen

Die Schraubverbindung kann durch Schraube und Mutter hergestellt werden (**Bild 463/1**). Eine andere Möglichkeit ist das Einarbeiten von Innengewinde in das Teil, in das die Schraube eingeschraubt wird.

Die wichtigsten Schraubenarten sind die Zylinderschraube, die Sechskantschraube, die Senkschraube und die Linsensenkschraube (**Bild 463/2**).

Die wichtigsten Mutterarten sind die Sechskantmutter, die Vierkantmutter, die Hutmutter und die Rändelmutter (weitere Schrauben und Muttern siehe Tabellenbuch Elektrotechnik).

Schraubensicherungen verhindern das Lockern der Schraubverbindung. Verwendet werden neben dem Federring, der Gegenmutter und dem Splint auch die flüssige Schraubensicherung. Für die dauerhafte Sicherung bei Metall- und Kunststoffschrauben eignen sich Kunststoffkleber.

Gewindeeinsätze werden bei Werkstücken aus Kunststoff oder Leichtmetall verwendet, weil in diesen Werkstoffen Innengewinde leicht ausreißen. In Kleingehäuse aus Kunststoffen werden Gewindeeinsätze vielfach eingegossen.

Schrauben und Muttern werden aus Metall (Stahl und Nichteisenmetallen) oder aus Kunststoff hergestellt. Die Verwendung von Schrauben, Muttern und Scheiben aus Kunststoff setzt sich in der Elektrotechnik immer mehr durch, weil diese leicht, elektrisch isolierend, beständig gegen viele Flüssigkeiten und korrosionsbeständig sind.

Zur Herstellung der Schraubverbindung werden als Werkzeuge Schraubenschlüssel, Drehmomentschlüssel und Schraubendreher verwendet (**Bild 463/3**).

Bei Schraubverbindungen von Metallen ist auf den elektrochemischen Korrosionsschutz zu achten. Die zu verbindenden Werkstoffe, Schraube sowie Mutter, sollen aus dem gleichen Werkstoff hergestellt sein. Bei der Verbindung von Werkstücken aus unterschiedlichen metallischen Werkstoffen ist darauf zu achten, daß keine Feuchtigkeit an der Verbindungsstelle auftritt.

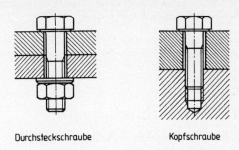

Durchsteckschraube　　　　Kopfschraube

Bild 463/1: Schraubverbindungen

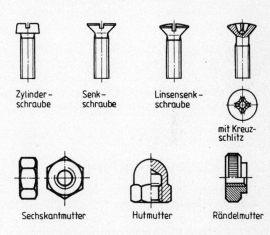

Zylinderschraube　　Senkschraube　　Linsensenkschraube

mit Kreuzschlitz

Sechskantmutter　　Hutmutter　　Rändelmutter

Bild 463/2: Schrauben und Muttern

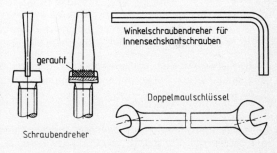

gerauht

Winkelschraubendreher für Innensechskantschrauben

Doppelmaulschlüssel

Schraubendreher

Bild 463/3: Schraubendreher und Schraubenschlüssel

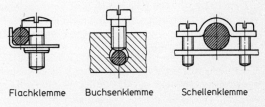

Flachklemme　　Buchsenklemme　　Schellenklemme

Bild 463/4: Klemmen

Schrauben werden in der Elektrotechnik z. B. zum Verbinden von Gehäuse und Deckel, zum Befestigen von Drehknöpfen und Schaltern, als Befestigung von Leitungen in Klemmleisten, zum Klemmen von Leitungen (**Bild 463/4**) verwendet.

Klemmen kann durch eine Schraubverbindung (Bild 463/4) oder schraubenlos (siehe Seite 468) erfolgen. Der notwendige Kontaktdruck wird entweder durch die Schraube oder durch Federkraft erreicht.

28.2 Nietverbindungen

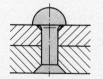
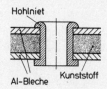

Durch Nieten entstehen unlösbare Verbindungen (**Bild 464/1**). Die Nietverbindung ist durch Schweiß- und Klebeverbindungen in erheblichem Maße verdrängt worden. Nietungen mit Sondernieten, insbesondere mit Hohlnieten, werden jedoch häufig verwendet.

Bild 464/1: Nietverbindung   **Bild 464/2: Hohlniet**

Hohlniete (**Bild 464/2**) sind Hülsen, die an einem Ende einen flachen Rand haben. Das andere Ende wird umgebördelt. Hohlniete eignen sich zum Verbinden dünner Bleche mit geringer Festigkeit, wie z. B. Aluminium. Sie werden auch zum Verbinden nichtmetallischer Werkstoffe verwendet. Beim Verbinden von Metallteilen soll der Niet aus dem gleichen Werkstoff wie die zu verbindenden Teile bestehen, um elektrochemische Korrosion zu vermeiden.

28.3 Klebeverbindungen

Kleben ist das Zusammenfügen von Teilen mit einer Hilfsschicht, dem Kleber. Der Kleber haftet an der sauberen, meist aufgerauhten, fettfreien Oberfläche des zu verbindenden Teils durch Adhäsion (Anhangskraft), oder er löst die Oberfläche des zu verbindenden Teils an. Die Verbindung kommt in diesem Fall durch Kohäsion (Zusammenhangskraft) zustande.

Oberflächenvorbereitung. Die Klebestellen müssen von Schmutz, Fett, Feuchtigkeit und Oxidschichten gereinigt werden. Kurz vor dem Kleben wird die Oberfläche mit Schmirgelleinen oder durch Schleifen angerauht. Die Oberfläche ist sorgfältig zu entfetten. Ein Aufrauhen der Klebestelle ist nicht bei allen Kunststoffen erforderlich. Auch bei keramischen Stoffen und Glas ist die Oberfläche sorgfältig zu reinigen. Oft ist es notwendig, durch eine Klebeprobe die günstigste Oberflächenvorbereitung zu ermitteln.

Einige Kleber enthalten entzündbare Lösungsmittel. Beim Kleben größerer Klebeflächen ist der Arbeitsraum gut zu lüften. Feuer und andere Zündmöglichkeiten sind zu vermeiden.

Die Gebrauchsanweisung des Herstellers ist zu beachten.

Einkomponentenkleber auf Cyanacrylat-Basis eignen sich zum Kleben von Metallen, von Kunststoffen, von Metallen mit Kunststoff, von Porzellan, Keramik, Hartpapier, Gummi und von Metallen mit Gummi. Mit ihnen können auch z. B. Ferritschalen verklebt oder Bauelemente auf Platinen befestigt werden.

Der Kleber wird auf der Klebestelle mit einem Spachtel dünn verteilt. Die zu verbindenden Teile werden sofort aufeinandergebracht und kurzzeitig angedrückt. Die Schichtdicke des Klebers soll weniger als 0,2 mm betragen. Die teilweise Aushärtung der Klebeverbindung wird in wenigen Sekunden bis Minuten erreicht. Die Teile lassen sich dann nicht mehr gegeneinander verschieben. Die vollständige Aushärtung ist erst nach Stunden abgeschlossen. Die Vorteile dieses Verfahrens sind der geringe Kleberverbrauch und die rasche, einfache Arbeitsweise.

Die Arbeitsgeräte lassen sich bei noch nicht ausgehärtetem Kleber leicht reinigen. Ist der Kleber bereits ausgehärtet, so kann die Reinigung mechanisch, z. B. durch Schleifen, oder chemisch mit Natronlauge erfolgen. Die Klebeverbindung läßt sich lösen durch Lagern in geeigneten chemischen Stoffen oder durch Einwirken von Temperaturen zwischen 200 °C und 250 °C.

Zweikomponentenkleber auf Epoxidharzbasis ergeben bei festen, unelastischen Stoffen hochwertige Verbindungen. Der Kleber besteht aus dem *Binder* und dem *Härter*. Die beiden Komponenten werden kurz vor dem Klebevorgang im vorgeschriebenen Mengenverhältnis gemischt.

Die Topfzeit (Zeit, in der die Mischung verarbeitet werden kann) beträgt z. B. 30 bis 45 Minuten je nach Temperatur.

Die Zeit für die vollständige Aushärtung beträgt oft über hundert Stunden bei +20 °C. Erst dann ist die höchste Festigkeit erreicht. Die Aushärtung wird durch erhöhte Temperatur beschleunigt. Dabei tritt zusätzlich noch eine Erhöhung der Festigkeitswerte ein. So läßt sich die Härtungszeit bei einer Härtungstemperatur von z. B. +150 °C auf ca. 10 Minuten herabsetzen, gleichzeitig steigt der Festigkeitswert um etwa 20%. Die Gefahr einer Überhärtung ist bei hohen Temperaturen groß. Ebenso soll die Härtungszeit nicht wesentlich überschritten werden. In beiden Fällen wird die Festigkeit der Klebeverbindung herabgesetzt. Eine Aushärtung ist auch durch induktive Erwärmung möglich. Die Klebeverbindung kann bei Temperaturen zwischen 150 °C und 200 °C schnell gelöst werden.

28.4 Lötverbindungen

Löten ist ein Verfahren zum Verbinden von metallischen Werkstoffen, die mit dem geschmolzenen Lot eine Legierung bilden.

Grundlagen des Lötens. Bei einer Lötverbindung muß das flüssige Lot die Lötstelle *benetzen*. Dies wird erreicht, wenn Werkstoff und Lot eine Legierung bilden und die Lötstelle metallisch rein ist. Dazu müssen Werkstück und Lot ausreichend erwärmt werden. Von entscheidender Bedeutung ist der Abstand der zu verbindenden Teile. Bei einem Lötspalt von 0,05 mm bis 0,2 mm wird das Lot in den Spalt hineingezogen (Kapillarwirkung). Die Ausbreitung des Lotes wird dadurch begünstigt.

Die niedrigste Oberflächentemperatur der Lötstelle, die zum Benetzen notwendig ist, wird als Arbeitstemperatur bezeichnet. Bei dieser Temperatur fließt und legiert das Lot. Ist die Temperatur zu niedrig, so entsteht ein hoher elektrischer Übergangswiderstand, die unerwünschte Kaltlötstelle. Ist die Temperatur zu hoch, so verdampfen Bestandteile des Lotes. Das Flußmittel ist dann weniger wirksam. Die Lötstelle wird spröde. Die Oberfläche einer einwandfreien Lötstelle ist glatt und metallisch glänzend.

28.4.1 Lötverfahren

Die Lötverfahren können nach der Arbeitstemperatur, nach der Art der Erwärmung, nach der Lotzuführung und nach der Form der Lötstelle eingeteilt werden.

Beim **Weichlöten** liegt die Arbeitstemperatur unter 450 °C. Die Festigkeit der meist verwendeten Zinn-Blei-Lote ist gering. Das Weichlöten wird in der Elektrotechnik häufig verwendet, weil die Verbindung gut leitfähig ist. An ihre mechanische Belastbarkeit können jedoch keine hohen Anforderungen gestellt werden.

Beim **Hartlöten** liegt die Arbeitstemperatur über 450 °C. Die Festigkeit der Lötverbindung ist groß.

Nach der Art der Erwärmung werden hauptsächlich das Kolbenlöten, Tauchlöten, Schwallöten und Induktionslöten unterschieden.

Bei der *Kolbenlötung* erfolgt die Erwärmung durch einen Lötkolben (**Bild 465/1**). Die Erwärmung des Lötkolbens erfolgt meist elektrisch. Eine Vielzahl von Lötkolben werden für die verschiedenen Lötarbeiten angeboten. Die Leistung der Lötkolben reicht von 5 W bis 750 W.

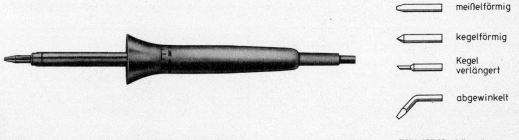

meißelförmig

kegelförmig

Kegel verlängert

abgewinkelt

Bild 465/1: Lötkolben   **Bild 465/2: Lötspitzen**

Die Lötkolbenspitze besteht meist aus Kupfer. Sie leitet die Wärme gut an die Lötstelle. Nach etwa 200 Lötungen muß die Kupferlötspitze nachgearbeitet werden. Es gibt deshalb Lötspitzen mit Schutzüberzug oder aus Legierungen, die z. B. eine Standzeit von 10 000 und mehr Lötungen haben. Die Lötspitzen haben verschiedene Formen, z. B. meißelförmig oder kegelförmig **(Bild 465/2)**. Die Spitzen können gerade, verlängert oder abgewinkelt sein.

Bei stufenlos temperaturgeregelten Lötkolben (Bild 465/1) kann die Leerlauftemperatur durch Verstellen des Griffvorderteils stufenlos zwischen z. B. 250 °C und 400 °C eingestellt werden. Die Temperatur wird mit einer Genauigkeit von ± 10 °C eingehalten. Die richtige Lötkolbentemperatur ist wichtig, weil mit zu hohen oder zu geringen Temperaturen keine einwandfreie Lötung erreicht wird. Der temperaturgeregelte Lötkolben kann am 220 V-Netz betrieben werden. Dabei ist ein Ableitstrom gegen Erde unvermeidbar. Beim Löten von empfindlichen elektronischen Bauelementen kann der Ableitstrom zur Zerstörung des Bauelements führen. Deshalb wird die Verwendung eines Sicherheitstransformators mit einer Ausgangsspannung von 24 V empfohlen. Ableitströme können dann nicht mehr auftreten.

Zum **Entlöten** mit dem Lötkolben wird ein Geflecht mit Flußmittel verwendet, wodurch das Lötzinn aufgesaugt wird. Die Lotsauglitze wird mit der Lötkolbenspitze auf die Lötstelle gedrückt. Nach Erwärmung wird das schmelzende Lot durch die Kapillarwirkung der Litze aufgesaugt. Für Auslötbarbeiten werden anstelle der Lötspitze auch Auslöteinsätze in den Lötkolben eingesetzt. Zum Auslöten von integrierten Schaltungen gibt es Auslöteinsätze mit 14 oder 16 Anschlüssen. Entlötarbeiten werden mit Entlötgeräten ausgeführt, bei denen die Saugleistung eingestellt werden kann.

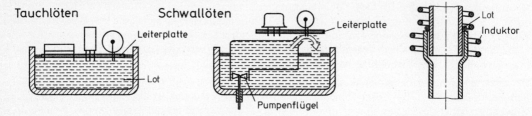

Bild 466/1: Industrielle Lötverfahren   **Bild 466/2: Induktionslöten**

Bei *industriellen Lötverfahren* werden besonders das Tauchlöten, das Schwallöten **(Bild 466/1)** und das Induktionslöten **(Bild 466/2)** angewendet.

Beim Tauchlöten und beim Schwallöten erwärmt das flüssige Weichlot die Lötstelle. Beim Tauchlöten wird die Lötstelle in die Lotschmelze eingetaucht. Beim Schwallöten wird die Lötstelle von einer Lotwelle berührt. Beide Verfahren werden häufig beim Löten von gedruckten Schaltungen verwendet.

Die induktive Erwärmung kann für das Weich- und Hartlöten von Werkstücken verschiedener Abmessungen und Formen aus Stahl und Nichteisenmetallen eingesetzt werden. Die Eindringtiefe der Wärme in das Werkstück ist von der Frequenz abhängig. Sie wird geringer mit steigender Frequenz. Es werden Mittelfrequenzanlagen mit etwa 10 kHz und Hochfrequenzanlagen mit 0,5 MHz bis 2 MHz verwendet. Das Induktionslöten eignet sich für große Stückzahlen.

28.4.2 Lote und Flußmittel

Lote werden in Form von Blöcken, Bändern, Folien, Stangen, Drähten, Fäden, in Pulverform und in Pastenform geliefert **(Tabelle 466/1)**.

Tabelle 466/1: Weichlote und Hartlote				
Benennung	Kurzzeichen	Zusammensetzung	Arbeitstemperatur in °C	Verwendung
Sickerlot (Weichlot)	L-Sn 63 Pb	63% Sn; Rest Pb	183	Verzinnen von Drähten; Elektrogerätebau
Zinn-Blei-Weichlot	L-Sn 60 PbAg	60% Sn; 3…4% Ag; Rest Pb	178…180	Elektronik; Miniaturtechnik
Silberlot	L-Ag 40 Cd	40% Ag; 20% Cd; 19% Cu; Rest Zn	610	Löten von Kupfer, Nickel, Stahl und ihren Legierungen

Flußmittel sollen Oxide lösen und eine weitere Oxidation verhindern, um ein Benetzen der Lötstelle mit dem Lot zu erreichen. Die Wahl des Flußmittels richtet sich nach dem Lötverfahren und dem Werkstoff des Werkstücks. Flußmittel werden durch Buchstaben und Zahlen gekennzeichnet. Zum Weichlöten in der Elektrotechnik wird als Flußmittel häufig *Kolophonium* verwendet.

28.5 Schweißverbindungen

Beim Schweißen von Metallen werden das Schmelzschweißen und das Preßschweißen unterschieden. Für thermoplastische Kunststoffe gibt es spezielle Schweißverfahren, wie z. B. das Heißgasschweißen oder das Hochfrequenzschweißen.

Eine wichtige Untergruppe des Schmelzschweißens ist das Lichtbogenschmelzschweißen. Beim Metall-Lichtbogenschweißen wird ein elektrischer Lichtbogen zwischen Elektrode und Werkstück als Wärmequelle benutzt. Die Energie wird einem Schweißtransformator entnommen.

Zum Preßschweißen gehören die verschiedenen Verfahren des Widerstandspreßschweißens. Bei diesen Verfahren wird die Wärme ausgenutzt, die beim Stromdurchgang durch das Metall entsteht. Es gibt z. B. das Punktschweißen **(Bild 467/1)**, das Rollnahtschweißen und das Stumpfschweißen.

Gehäuse und Schaltschränke aus Stahlblech werden oft durch Punktschweißen (Bild 467/1) zusammengefügt. Dabei werden zwei Kupferelektroden unter Druck auf die zu verschweißenden Bleche gesetzt. Beim Stromdurchgang erwärmt sich die Verbindungsstelle punktförmig; es entsteht die Schweißstelle. Die Elektroden müssen dabei mit Wasser gekühlt werden.

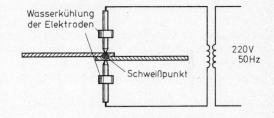

Bild 467/1: Punktschweißen

28.6 Weitere Verbindungs-
techniken

Für umfangreiche Verdrahtungen in Datenverarbeitungsanlagen, Fernsprechvermittlungsanlagen und anderen elektrotechnischen Anlagen werden spezielle Quetschtechniken, Wickeltechniken und Steckverbinder verwendet.

Bei der **Quetschverbindung** werden die abisolierten Drähte in die Anschlußhülse oder in die Verbindungshülse eingeführt **(Bild 467/2)**. Die leitende Verbindung wird mit einer Quetschzange hergestellt. Der Leiter kann eindrähtig oder feindrähtig sein.

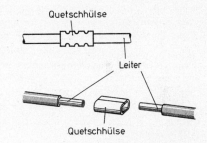

Bild 467/2: Quetschverbindung

Wickelverbindung. Die Entwicklung der lötfreien Verdrahtungstechnik hat zur Wickeltechnik (Wire-Wrap-Technik*) geführt. Diese Technik hat sich besonders bewährt. Dabei wird ein eindrähtiger Leiter mit einem elektrischen Wickelwerkzeug, der Wickelpistole, um den kantigen Anschlußstift gewickelt **(Bild 467/3)**. Das Wickelwerkzeug ist selbstabisolierend, d. h. der Draht wird während des Wickelvorgangs abisoliert und abgeschnitten. Das Verfahren ist einfach und hat in der Verdrahtungstechnik einen breiten Anwendungsbereich.

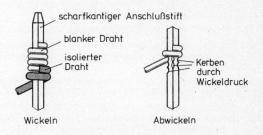

Bild 467/3: Wickelverbindung

Aus dem Englischen: wire: Draht; to wrap: wickeln; wire wrapping (sprich: waier wräpping) = Drahtwickeln

Die Isolation der Wickelverbindung kann dabei vollständig entfernt werden. Zur Verbesserung der Vibrationsfestigkeit wird meist die sogenannte modifizierte Ausführung benutzt, bei der eine Windung der Wicklung isoliert bleibt. Der abisolierte Draht kerbt den kantigen Anschlußstift durch den Wickeldruck.

Anschlüsse mit flexiblen Leitern oder massiven Leitern, die leicht entfernt bzw. umgesteckt werden müssen, können mit einem Aufsteckschuh auf den Anschlußstift geschoben werden **(Bild 468/1)**. Leiter und Aufsteckschuh werden durch Quetschen verbunden.

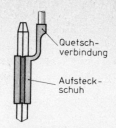

Bild 468/1: Steckleitung mit Aufsteckschuh

Steckverbindungen sind in der Elektrotechnik weit verbreitet, z. B. bei Stecker und Steckdose, Bananenstecker und Buchse, Klinkenstecker und Klinkenbuchse. Es gibt ein- und mehrpolige Steckverbindungen. So werden z. B. mehrpolige Steckverbinder mit Schraubverriegelung oder Bajonettverschluß und vielpolige Flachsteckverbinder **(Bild 468/2)** verwendet.

Eindrähtige oder feindrähtige Leiter mit Querschnitten von 0,2 mm² bis 16 mm² können in Direktstecktechnik mit Käfigzugfedern oder Käfigsteckfedern in Reihenklemmen, Anschlußklemmen von Schützen oder in Leiterplattenanschlüsse geklemmt werden **(Bild 468/3)**. In der Installationstechnik bei Schaltern, Abzweigdosenklemmen oder Leuchtenanschlußklemmen sind Steckklemmen für eindrähtige Leiter schon seit langem gebräuchlich. Die Leiter werden durch Federkraft gehalten. Die Verbindung ist lösbar. Flexible Leiter können gegen Aufspleißen z. B. durch Spleißschutzklammern geschützt werden. Die Ausziehkraft eines geklemmten Leiters ist von 4 mm² bis 16 mm² ebenso groß wie bei Schraubklemmen.

Bild 468/2: Steckverbinder

Als Werkzeug wird für die schraubenlose Anschlußklemme ein üblicher Schlitz-Schraubendreher mit 3,5 mm bis 5,5 mm Klingenbreite verwendet. Der Schraubendreher wird durch eine schlitzförmige, trichterähnliche Einführung im Gehäuse auf die Käfigzugfeder gedrückt. Dadurch kann der Leiter in die Klemme eingeführt und anschließend geklemmt werden. Wird nach der Klemmung die Zugfeder mit dem Schraubendreher nochmals in axialer Richtung gedrückt, so kann der Leiter wieder aus der Klemme gelöst werden. Die aufzubringenden Betätigungskräfte sind gering.

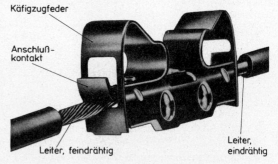

Bild 468/3: Direktsteckverbinder mit Käfigzugfeder für ein- und feindrähtige Leiter

Wiederholungsfragen

1. Wodurch werden Schraubverbindungen gegen Lösen gesichert?
2. Welche Vorteile bietet ein Drehmomentschlüssel?
3. Aus welchem Werkstoff soll der Niet bestehen, wenn zwei Bleche aus Messing vernietet werden sollen?
4. Nennen Sie Vor- und Nachteile der Klebeverbindungen gegenüber anderen Verbindungstechniken!
5. Nennen Sie die vorbereitenden Arbeiten an den Klebestellen!
6. Wodurch kann der Aushärtungsvorgang eines Zweikomponentenklebers beschleunigt werden?
7. Wodurch unterscheiden sich Weich- und Hartlöten?
8. Weshalb wird Kupfer als Werkstoff für Lötkolbenspitzen bevorzugt verwendet?
9. Begründen Sie, weshalb der Lötspalt nicht größer als 0,2 mm sein soll!
10. Welches Weichlot wird in der Elektrotechnik bevorzugt verwendet?
11. Warum ist beim Löten ein Flußmittel erforderlich?
12. Was versteht man unter Schweißen?
13. Nennen Sie den wesentlichen Unterschied zwischen Löten und Schweißen!
14. Erläutern Sie den Begriff Wickelverbindung!
15. Wodurch wird eine einwandfreie Wickelverbindung erreicht?
16. Womit werden Leiter in Direktsteckverbindern gehalten?

Firmenverzeichnis

Die nachfolgend aufgeführten Firmen haben die Bearbeiter der einzelnen Abschnitte durch Beratungen, durch Druckschriften, Retuschen sowohl bei der Textbearbeitung als auch bei der bildlichen Ausgestaltung des Buches unterstützt. Es wird ihnen hierfür herzlich gedankt.

AEG-Telefunken
1000 Berlin 33 und
6000 Frankfurt

AEG-Telefunken Zählerfabrik
3250 Hameln

AEG-Telefunken, Geschäftsbereich Niederspannungsgeräte
2350 Neustadt

Alcan Aluminiumwerk Nürnberg GmbH
8500 Nürnberg

Aluminium-Zentrale e. V.
4000 Düsseldorf

Amphenol Tuchel Elektronics GmbH
7100 Heilbronn

BASF AG
6700 Ludwigshafen

Eberhard Bauer GmbH & Co
7300 Eßlingen

Bauknecht GmbH
7000 Stuttgart

Berufsgenossenschaft der Feinmechanik und Elektrotechnik
5000 Köln

Bettermann Elektro OHG
5750 Menden

Binder Magnete GmbH
7730 Villingen

Robert Bosch GmbH
7000 Stuttgart
7314 Wernau

Brown, Boveri & Cie AG
6800 Mannheim

Calor Emag Elektrizitäts AG
4030 Ratingen

C. Conradty Nürnberg GmbH & Co KG
8500 Nürnberg

Daimon GmbH
5000 Köln 30

Degussa, Geschäftsbereich Technische Metallerzeugnisse
6450 Hanau

Dehn & Söhne
8500 Nürnberg

Deutsches Kupferinstitut
1000 Berlin

Deutsches Museum
8000 München

DRALORIC Elektronic GmbH
8672 Selb

E.G.O. Elektrogeräte Blanc und Fischer
7135 Oberderdingen

Eisen- und Metallindustrie E. Blum KG
7143 Vaihingen

ELFEIN Elektrofeingerätebau GmbH
6000 Frankfurt

Eltako Ing. Horst Ziegler
7012 Fellbach

Energie-Versorgung Schwaben AG
7950 Biberach

Ero-Starkstrom Kondensatoren GmbH
8300 Landshut

ERSA Ernst Sachs GmbH & Co KG
6980 Wertheim

Felten & Guilleaume Carlswerk AG
2890 Nordenham

Fördergemeinschaft Gutes Licht
6000 Frankfurt

FRAKO Kondensatoren und Apparatebau GmbH
7835 Teningen

Glühlampenwerk Merkur GmbH
4770 Soest

Gossen GmbH Meß- und Regeltechnik
8520 Erlangen

Grillo-Ampak Metallgesellschaft
6000 Frankfurt

E. Haller & Co, Relaisfabrik
7209 Wehingen

Hartmann & Braun AG
6000 Frankfurt

HEA, Hauptberatungsstelle für Elektrizitätsanwendung e. V.
6000 Frankfurt

Isabellenhütte Heusler GmbH KG
6340 Dillenburg

Kabel- und Metallwerke Gutehoffnungshütte AG
3000 Hannover

Kaiser Aluminium Kabelwerk GmbH
1000 Berlin

Fr. Kammerer GmbH
7530 Pforzheim

Klöckner-Moeller Elektrizitäts GmbH
5300 Bonn

Friedr. Krupp GmbH
4300 Essen

Küppersbusch AG
4650 Gelsenkirchen

Magnet Schultz GmbH & Co
8940 Memmingen

Metzenauer & Jung GmbH
5600 Wuppertal

Oerlikon Maschinenfabrik
CH 8 Zürich

OSRAM GmbH
8000 München

Karl Pfisterer GmbH & Co KG
7000 Stuttgart

Philips GmbH
2000 Hamburg

Radium Elektrizitätsgesellschaft mbH
5272 Wipperfürth

Ringsdorff-Werke GmbH
5300 Bonn

Ruhrgas AG
4300 Essen

Sachsenwerk Licht- und Kraft-AG
8000 München

Schiele Industriewerke KG
7746 Hornberg

Schupa GmbH & Co KG
5885 Schalksmühle

SIBA Sicherungen-Bau GmbH
4670 Lünen

Sichel-Werke GmbH
3000 Hannover

Siemens AG Unternehmensbereich Bauelemente
8000 München

Siemens AG Hauptbereich Werbung und Design
8520 Erlangen

Wilhelm Sihn jr. KG
7532 Niefern-Öschelbronn

R. STAHL GmbH & Co
7118 Künzelsau

Starkstrom Gummersbach GmbH
5279 Gummersbach

Steinert Elektromagnetbau GmbH & Co KG
5000 Köln

Stiebel Eltron GmbH & Co KG
3450 Holzminden

Thyssen Edelstahlwerke KG
4600 Dortmund

Vakuumschmelze GmbH
6450 Hanau

VALVO, Unternehmensbereich Bauelemente der Philips GmbH
2000 Hamburg

VARTA Batterie AG
6233 Kelkheim

Wagner KG, Fabrik elektromagnetischer Apparate
8941 Heimertingen

WAGO-Kontakttechnik GmbH
4950 Minden

Wickmann-Werke AG
5810 Witten

Wieland-Werke AG, Metallwerke
7900 Ulm

Sachwortverzeichnis